Über dieses Buch

Dieses erste «Lexikon der Parapsychologie» bietet in etwa 3 000 Stichwort-Artikeln mit zahlreichen Fallbeispielen das gesamte parapsychologische und okkulte Wissen fundiert und anschaulich in einem Band. Es definiert sowohl die vieldeutigen als auch die bisher wenig bekannten, oft erst in den letzten Jahren geprägten Begriffe aus dem Bereich des Paranormalen, die man in jedem anderen Lexikon vergeblich sucht. Es beschreibt alle Erscheinungsformen des Okkultismus und der Magie – von den geheimen Weisheitslehren der Antike bis zu den neueren aufsehenerregenden Ergebnissen der parapsychologischen Forschung und der Grenzwissenschaften.

Der Autor

Werner F. Bonin, geb. 1941, studierte Psychologie, Völkerkunde und Religionswissenschaft und promovierte 1969. Er absolvierte ein Praktikum am Institut für Grenzgebiete der Psychologie und Psychohygiene in Freiburg i. Br. und war Gastdozent für Philosophische Anthropologie an der Fachhochschule für Sozialwesen in Stuttgart. Es erschienen zahlreiche Übersetzungen und eigene Aufsätze zu parapsychologischen, psychologischen und ethnologischen Fragen von ihm.

Werner F. Bonin

Lexikon der Parapsychologie

und ihrer Grenzgebiete

Fischer Taschenbuch Verlag

Nachbemerkung zur Taschenbuchausgabe siehe Seite 589

Fischer Taschenbuch Verlag
Juni 1981
Umschlagentwurf: Jan Buchholz / Reni Hinsch
Fischer Taschenbuch Verlag GmbH, Frankfurt am Main
Lizenzausgabe mit freundlicher Genehmigung
des Scherz Verlages, Bern und München

Druck und Bindung: Clausen & Bosse, Leck
Printed in Germany
1680-ISBN-3-596-26479-0

VORWORT

»Ich muß wohl alles sagen,
was berichtet wird;
zu glauben aber brauche ich nicht alles.«
Herodot, Historien VII.

Dieses Lexikon will dem parapsychologisch Interessierten mehr geben als Definitionen von Fachausdrücken, Einführung in Theorien- und Hypothesenbildung, Methodologisches und bibliographische Nachweise. Vor allem hat es eine aufklärerische Intention: die Parapsychologie als akademisch integrierte natur- und sozialwissenschaftliche Disziplin von den Bereichen des Okkultismus, der Esoterik und des Glaubens abzugrenzen. Ferner soll Bekanntes in neuem Lichte gezeigt werden: So liest man z. B. in vielen gängigen Lexika über Charles Richet, daß er ein bedeutender Physiologe war, daß seine Entdeckungen auf diesem Gebiet ihm den Nobelpreis eintrugen, und vielleicht erfährt man auch noch, daß er sich in der Belletristik versuchte. Daß sich Richet nicht zuletzt auch als Parapsychologe verstand und daß ihn die Parapsychologie zu ihren Pionieren zählt, verschweigen die meisten Nachschlagewerke aus einer merkwürdigen Scham, die der psychologischen Betrachtung wert ist. Und Richet ist nur ein Beispiel für viele. – Etwas anders ist die Situation beim *homo religiosus*. Berichte von vielleicht paranormalen Ereignissen aus dem Leben Heiliger sind außerordentlich zahlreich. Beim *Verstehen* des Wirkens solcher Menschen sind diese Phänomene oft nur von peripherer Bedeutung, die Parapsychologie muß sich jedoch gerade diesen Erscheinungen widmen, auch auf die Gefahr hin, dem Werk und der Gestalt eines Heiligen, gleichgültig welcher Religion, nicht voll Gerechtigkeit widerfahren zu lassen.

Weiter gibt dieses Lexikon anhand reichen Materials aus zum Teil sehr entlegenen Quellen eine umfassende, facettierte Darstellung der Parapsychologie und ihrer Kasuistik. Das Referieren von Fallgeschichten, die Schilderung vorwissenschaftlicher Versuche und die zahlreichen Belege »wunderbarer« Begebenheiten schließen freilich keine Anerkennung der behaupteten Phänomene ein, nur der besseren Lesbarkeit und der Platzersparnis wegen wurde häufig auf die an sich notwendigen Beiwörter »angeblich«, »anscheinend«, »vermutlich« usw. verzichtet. Soweit Fälle aus dem ehernen Anekdotenschatz der Parapsychologie mitgeteilt werden, ist damit nicht unbedingt gesagt, daß gerade dieser Bericht besonders glaubwürdig oder gut verbürgt ist, geschweige denn beweiskräftig. Es ist indessen sinnvoll, diese Erzählungen mitzuteilen, da aus ihnen Typisches abstrahiert wurde, da sie die Methodik der Forschung beeinflußten und von der parapsychologischen Literatur oft als bekannt vorausgesetzt werden.

Den Berichten einfach mit Ungläubigkeit zu begegnen, zeugt nicht von wünschenswerter wissenschaftlicher Skepsis, sondern von engem Horizont. Um es mit den

Worten Henry Sidgwicks in seiner *Presidential Address* bei der Gründung der *Society for Psychical Research* am 17. Juli 1882 zu sagen:

»Der gegenwärtige Stand der Dinge ist für das aufgeklärte Zeitalter, in dem wir leben, ein Skandal. Es ist gänzlich unmöglich, die wissenschaftliche Bedeutung jener erstaunlichen Phänomene zu bestreiten, wenn auch nur ein Zehntel dessen, was von größtenteils glaubwürdigen Zeugen angegeben wurde, als wahr erwiesen werden könnte. Ich sage, es ist ein Skandal, daß der Streit um die Realität dieser Phänomene noch immer weitergeht, wo doch so viele maßgebliche Zeugen sich zu ihnen bekannt haben und so viele andere brennend an der Lösung dieses Problems interessiert sind. Es ist ein Skandal, daß dennoch die ganze gebildete Welt weiterhin in einer Einstellung der Ungläubigkeit verharrt.«

In den fast hundert Jahren, die seit dieser Äußerung vergangen sind, ist die Entwicklung wenigstens so weit fortgeschritten, daß der letzte Satz so pauschal nicht länger gilt!

In den letzten Jahrzehnten brachten Fachliteratur, das populäre Schrifttum und die Massenmedien zumindest zum Teil durchaus sachliche Informationen über die von der Parapsychologie untersuchten Phänomene. Damit wurde der Wißbegier einer breiten Öffentlichkeit Rechnung getragen. Die in der Bevölkerung zu beobachtende Hinwendung zum Gegenstand der Parapsychologie entspringt nicht nur innerer Unsicherheit, Ängsten oder Jenseitshoffnungen, sondern auch berechtigter Skepsis gegenüber dem bei uns oft als alleingültig betrachteten Weltbild. Daß die Kategorien des Weltverständnisses kulturbedingt sind, ist eine vielleicht unbequeme, aber immer wieder wichtige Erkenntnis, sie setzte sich gerade in den letzten Jahren verstärkt durch. Das Interesse eines breiten Publikums richtet sich ja nicht nur auf das Absonderliche in unserer Welt, sondern auf grundlegende Fragen nach dem Menschen und der »Wirklichkeit«. So leistet die Parapsychologie in ihrer Untersuchung psychischer und physischer Erscheinungen einen Beitrag zu einem neuen Bild von Welt, Mensch und Wissenschaft, dessen Bedeutung ständig wächst.

Das Lexikon berücksichtigt über die Parapsychologie hinaus auch deren *Grenzgebiete*. Der Rahmen dieser Grenzgebiete wurde so gezogen, daß die parapsychologisch relevanten Bereiche anderer Wissenschaften, z. B. der Psychologie, Tiefenpsychologie, der Physik und der Biologie, Beachtung fanden. Außerdem wurden vorwissenschaftliche Systeme wie Alchemie und Astrologie mitbedacht, desgleichen bestimmte kulturwissenschaftliche und religionsgeschichtliche Daten, denn wie der Theologe Vorbrodt, der deutsche Herausgeber Théodore Flournoys, es ausdrückt: »Mythus ist oft die Zuflucht für Unkenntnis von Metapsychik.«

Um bei Flournoy, dem großen und einfühlsamen Genfer Psychologen zu bleiben — er schrieb im letzten Jahr des vorigen Jahrhunderts über die Parapsychologie:

»Berühmte Meister moderner Psychologie verhehlen ihre Abneigung gegen dieses Gebiet nicht, welches scheinbar in besonderem Maße das der Illusion und des Betruges ist. Nach ihrer Meinung gehört das zu den Thematen, von denen ernste Wissenschaft sich sorgsam fernhalten müsse, um ihre Würde dabei nicht zu kompromittieren. Überall, besonders wo Spiritismus, Okkultismus oder Theosophie im Spiele sind, ist die Chance des Irrtums und die Gefahr des Verderbens zu beträchtlich, als daß ein Gelehrter, der sich achtet, sich ihr mit Recht aussetzen dürfte. Man könnte sogar meinen, daß sie im Grunde all dieser nebelhaften Chimären etwas Wahres zu entdecken fürchten; man weiß nicht recht, was; aber schließlich etwas, das dem im Laufe dieser letzten drei Jahrzehnte so sorgsam errichteten Gebäude unserer positiven Wissenschaften Gefahr bringen könnte. Diese Befürchtungen oder Vorurteile teile ich nicht; sie scheinen übrigens sogar in offiziellen und akademischen Kreisen immer mehr zu schwinden ... Was ich hier sagen will, ist, daß nach meiner Meinung Wissenschaft vor allem nicht in ihren *Resultaten* besteht, die infolge wachsender Ausdehnung menschlicher Erfahrung immerfort Modifikationen ausgesetzt sind, sondern in ihrer *Methode;* es ist daher kein Grund, ihrer Anwendung willkürliche Grenzen zu ziehen und ihr das Betreten gewisser jungfräulicher Gebiete unter dem Vorwand zu untersagen, es sei gefährliches Gestrüpp. Es ist das sogar ziemlich befremdlich, da gerade die Methode das Mittel ist, durch die Komplikation der Tatsachen einen unpersönlichen Weg zu schlagen, auf dem ein jeder einhergehen kann; es ist ziemlich befremdend, sie dort ausschließen zu wollen, wo man ihrer am nötigsten bedürfen sollte ...

Ein mißlicher Stand der Sache: Die, welche Methode besitzen, interessieren sich nicht für Untersuchung okkulter oder übernormaler Psychologie, und die, welche sich dafür interessieren, beweisen zu oft eine beklagenswerte Ignoranz jeder Methode. Indessen scheinen glückliche Zeichen das Nahen einer neuen Ära anzukündigen, wo infolge fortschreitender Erweiterung und immer größeren gegenseitigen Verständnisses der noch vor kurzem fast unversöhnlichen Gesichtspunkte sich jene Antinomie lösen wird.«

Gut drei Vierteljahrhundert später ist der Stand der Sache noch immer »ein mißlicher«, wenn auch vielleicht nicht ganz so mißlich wie einst. Aber noch immer sind da diese »glücklichen Zeichen« – sie machen Mut, dieses Lexikon vorzulegen. Die Grenzen der Wissenschaft wurden und werden von der Parapsychologie weiter hinausgerückt. Das soll dieses Werk dokumentieren. Letzte Antworten vermag allerdings auch nicht die Parapsychologie – wie keine Wissenschaft – zu geben.

August 1976 Werner F. Bonin

ABKÜRZUNGS-VERZEICHNIS

Allgemein gebräuchliche Abkürzungen sind nicht eigens aufgeführt.

Abb. = Abbildung
Abk. = Abkürzung
afrikan. = afrikanisch
ägypt. = ägyptisch
ahd. = althochdeutsch
amer. = amerikanisch
Apg. = Apostelgeschichte (Neues Testament)
arab. = arabisch
argent. = argentinisch
Astrol. = Astrologie
A.T. = Altes Testament

bayer. = bayerisch
Bd. = Band
Bde. = Bände
belg. = belgisch
Bibl. = Bibliographie
brasil. = brasilianisch
brit. = britisch
bulgar. = bulgarisch
bzw. = beziehungsweise

ca. = circa
chin. = chinesisch
christl. = christlich

d. Ä. = der Ältere
dän. = dänisch
d. h. = das heißt
d. J. = der Jüngere
dt. = deutsch

ebd. = ebenda
eigtl. = eigentlich
engl. = englisch
ersch. = erschienen
europ. = europäisch
evang. = evangelisch
evtl. = eventuell

finn. = finnisch
fläm. = flämisch
frz. = französisch

geb. = geboren(e)
gen. = genannt
ggf. = gegebenenfalls
got. = gotisch
griech. = griechisch
GW = Gesammelte Werke

hebr. = hebräisch
hist. = historisch
hl. = heilig
holländ. = holländisch
Hrsg. = Herausgeber
hrsg. = herausgegeben

i. allg. = im allgemeinen
ind. = indisch
iran. = iranisch
isländ. = isländisch
ital. = italienisch
israel. = israelisch, israelitisch

jap. = japanisch
Jh. = Jahrhundert
jüd. = jüdisch

Kap. = Kapitel
kath. = katholisch

lat. = lateinisch
Lit. = Literatur
lit. = literarisch

MA. = Mittelalter
Mme. = Madame
Mrs. = Mistress
Mz = Mehrzahl

neuseeländ. = neuseeländisch
niederländ. = niederländisch
norweg. = norwegisch
N. T. = Neues Testament

o. a. = oder anderes, oder andere
o. ä. = oder ähnliches
o. J. = ohne Jahr
österr. = österreichisch

pers. = persisch
philipp. = philippinisch
Philos. = Philosophie
philos. = philosophisch
poln. = polnisch
portugies. = portugiesisch
Pps. = Parapsychologie
pps. = parapsychologisch
Ps. = Psychologie
ps. = psychologisch

röm. = römisch
rumän. = rumänisch
russ. = russisch

s. a. = siehe auch
sämtl. = sämtlich(e)
sanskr. = Sanskrit
schott. = schottisch
schwed. = schwedisch
sog. = sogenannt(e)
sowjet. = sowjetisch
span. = spanisch
svw. = soviel wie

tibet. = tibetisch
tschech. = tschechisch
türk. = türkisch

u. a. = und anderes, und andere, unter anderem
u. a. m. = und anderes mehr
u. ä. = und ähnliches
u. ä. m. = und ähnliches mehr
u. ö. = und öfter
ungar. = ungarisch
usw. = und so weiter
u. U. = unter Umständen

verh. = verheiratet(e)
vgl. = vergleiche
Vp. = Versuchsperson
Vpn = Versuchspersonen

Wiss. = Wissenschaft
wiss. = wissenschaftlich

z. B. = zum Beispiel
zit. n. = zitiert nach
z. T. = zum Teil
zugl. = zugleich
Zushg. = Zusammenhang

A

AASE, Abk. für → *A*llgemeine *A*ußersinnliche *E*rfahrung.

AASW, Abk. für → *A*llgemeine *A*ußersinnliche *W*ahrnehmung.

Abaissement du niveau mental [frz., Herabsetzung des Bewußtseinsniveaus], z. B. im Schlaf oder in Hypnose, Ausdruck → Janets. Die Herabsetzung hat zur Folge, daß aus dem Unbewußten aufsteigenden Vorstellungen geringerer psychischer Widerstand entgegengesetzt wird.

»Nicht bei vollem Bewußtsein wird der Mensch eines wahren Sehersprudes fähig, sondern nur, wenn dieses im Banne des Schlafes, durch Krankheit oder in Ekstase gemindert oder geschwunden ist.« (Platon, *Timaios*, Kap. 32.)

Daß im Schlaf oder in → Trance so oft trivial erscheinende Erinnerungen auftauchen, liegt nach Freud an der großen, vor allem negativen Bedeutung, die diese Ereignisse früher einmal hatten, darum »vergessen«, d. h. verdrängt wurden, jetzt aber maskiert wieder auftauchen. → Dessoir war der Ansicht, daß alle Vorstellungen unbegrenzt reproduzierbar bleiben, auch wenn kein besonderer Assoziationswert vorliegt: »Aus unbekannten Gründen schweben sie als versprengte Stückchen umher. Sobald nun das aus Lebensnotwendigkeiten entstandene Bewußtseinsgefüge zerrüttet wird, können sie in die lockere Ordnung der Inhalte eindringen. Die Hauptbedingung ihres Wiederauflebens ist die veränderte Struktur des Bewußtseins.« (1917: 46.) Von hier aus läßt sich verstehen, warum die Inhalte bei ASW-Leistungen oft so banal sind und daß die bewußte Konzentration auf einen Gegenstand keine gute Voraussetzung für → Telepathie ist. Die Ziele der mediumistischen Trance, ekstatischer Kulte und meditativer Bemühungen können als a. d. n. m. verstanden werden.

Abbild, im philos. Sprachgebrauch seit dem 18. Jh. für »anschauliche Wiedergabe« eines (gelegentlich als abstrakte Idee gedachten) Vor- oder Urbildes, an der dieses »teilhat«. Der platonischen A.theorie entsprechend, besteht das Wesen der Erkenntnis darin, daß das Erkannte lediglich A. des zu Erkennenden ist. Sofern in der ASW Inhalte als Bilder erfahren werden, sind zwei Modalitäten möglich: 1. die realistische Wiedergabe eines Geschehens; 2. die symbolische Verschlüsselung in kollektiven bzw. individuellen Symbolen oder ein Erfahren feststehender bildlicher Muster wie im → Vörbrand oder Zweiten Gesicht.

Abdrücke, bei der Untersuchung von Materialisationsmedien war man immer wieder bemüht, vor allem A. der Extremitäten zu erhalten, um durch »handfeste Beweise« die Halluzinationshypothese zu widerlegen und eine sichtbare Spur des Unsichtbaren zu erhalten (Dunkelsitzung oder »nicht vollmaterialisiertes Phantom«; → Berührung), d. h. ein Dokument, das auch nach der Sitzung noch analysiert werden kann.

→ Zöllner erhielt bei Sitzungen mit → Slade Fußabdrücke auf mehlbestreuten oder berußten Flächen. Da sich keine entsprechenden Partikel am Fuß des Mediums fanden, zugl. eine Absicherung gegen Betrug. Außerdem entsprachen die A. nicht immer der Größe der Sladeschen Füße. Verdächtig allerdings, aber unerklärlich waren gelegentliche Spuren wie von Strumpfgewebe.

Tonabdrücke von Materialisationen, die später in Gips abgenommen wurden, erzielte man bei der → Paladino. Sie wiesen z. T. Ähnlichkeit mit dem Medium auf. Forscher, die dabei nicht an Betrug glauben (der bei den angewandten Kontrollen auch nur schwer vorstellbar ist), nehmen an, hier habe sich — wie in der → Psychofotografie oder → Psychophonie — eine Vorstellung des Mediums (→ Ideoplastie) realisiert.

1875 wurde erstmals von → Denton in Boston ein *Paraffinabdruck* gewonnen (das Paraffin hatte → Reichenbach 1830 im Holzteer entdeckt), und zwar von dem Medium Mary Hardy. Das Verfahren verbreitete sich sehr rasch. Bei den meisten Paraffinabdrücken handelt es sich um Hände: die »Materialisation« wurde gebeten, in ein Gefäß mit Paraffin in heißem Wasser zu greifen; steckte sie die Hand dann in ein zweites Gefäß mit kaltem Wasser, so erhielt man den Handabdruck. Pawlowski beschreibt das Verfahren am Beispiel des Mediums → Kluski, bei dem sich sogar das kalte Wasser erübrigte:

»Die Phantome tauchen ihre Hände in das Paraffin und lassen die handschuhartigen Formen auf den Tisch fallen ... Das Phantom braucht $^{1}/_{2}$—$^{3}/_{4}$ Minuten Zeit zur Herstellung einer Form. Als ich versuchte, dies selbst zu machen, dauerte es mehrere Minuten, bis das Paraffin nur so weit abgekühlt war [›Phantomkälte‹ wird aus vielen Sitzungen berichtet!], und auch dann war es unmöglich, den Handschuh, ohne ihn zu zerbrechen, von der Hand zu streifen, ja, ich konnte es nicht einmal mit einem einzigen Finger, der bis zum zweiten Glied in Paraffin getaucht war, fertigbringen.« (Pawlowski 1926: 12 f.)

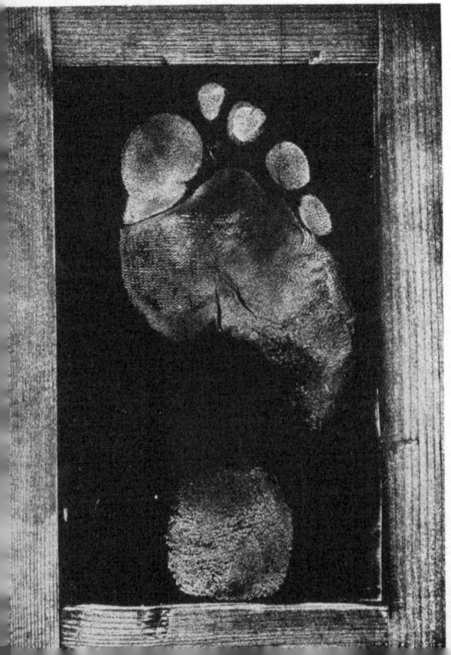

Fußabdruck eines Phantoms auf einer berußten Platte. (Experiment von Prof. Zöllner mit dem Medium Slade 1877.)

Die Kluskischen Paraffinformen fielen nach einigen Stunden durch ihr Eigengewicht in sich zusammen. Um einen Abguß zu erhalten, füllte sie Pawlowski mit Gips. Dabei mußte die Form mit Sand umgeben werden, um ein Zerspringen zu verhüten. Verdächtig, aber ebenfalls kaum zu erklären, sind feine Härchen (wie von einem Handrücken) im Paraffin.

»Echte« A. sind nicht unbedingt Beweis für ein materialisiertes Phantom; sie könnten auch der Effekt einer PK-Fernwirkung sein.

Noch nicht untersucht ist, ob bzw. inwieweit die Handabdrücke in einem Zushg. mit den Teufelshänden und Riesenfuß-Spuren, wie sie die Volkskunde kennt, stehen.

Lit.: Moser 1974 (mit Abb.); Pawlowski 1926 (mit Abb.)

Aberfan, Bergarbeiterdorf in Wales. 1966 fanden hier 144 Menschen, darunter 128 Kinder, den Tod bei einem Haldenrutsch. Der engl. Psychologe J. C. Barker suchte daraufhin durch einen Aufruf in der Presse nach Personen, die → Ahnungen oder → Wahrträume im Hinblick auf das Unglück gehabt hatten. Von 76 Zuschriften aus allen Gebieten Englands wurden 60 gründlich recherchiert, und in 24 Fällen konnte durch Zeugen dokumentiert werden, daß die Erlebnisträger *vor* dem Unglückstag anderen Personen von ihrem präkognitiven Erlebnis berichtet hatten. Bei den gesicherten Fällen überwogen Frauen (5 : 1), das Alter der Betreffenden lag zwischen 10 und 75 Jahren. Meist handelte es sich um Träume mit schreienden Kindern, schwarzen Massen, walisischer Landschaft u. ä. In einem Fall träumte eine Frau von Hunderten von schwarzen

Pferden, die mit Leichenwagen einen Berg hinunterfuhren: Rappe und Leichenwagen gehören zum klassischen Bildmaterial des → Zweiten Gesichts. — Weitere Umfragen steigerten die Zahl der A.-Vorahnungen auf über 200.

Lit.: Barker 1967.

Aberglaube, ein Glaube wider bessere Einsicht. Bei den Griechen bezeichnete *deisidaimonia* die Haltung, dem Göttlichen nicht vernünftig verehrend gegenüberzutreten, sondern ihm aus Furcht übertrieben und unwürdig zu begegnen; denselben Sinn hat das lat. *superstitio* (unbeschadet davon erschien den Griechen die röm. Religion als A.). Der Begriff A. kam ins Deutsche entweder über das holländ. *overgeloof,* »Überglaube« (dem widerspricht nicht unbedingt die Deutung »Afterglaube« = falscher Glaube), oder es wurde im 15. Jh. dem lat. *superstitio* direkt nachgebildet. A. bezeichnet einen Glauben an die Wirkung wiss. nicht nachweisbarer, oft personifiziert gedachter Kräfte, die auch die jeweils herrschende Religion nicht anerkennt; die Prädikatisierung stellt also immer ein relatives Urteil dar. — Jacob Grimm schreibt in der *Deutschen Mythologie:* »... da, wo das christentum eine leere stelle gelassen hat, ... wucherte der aberglaube oder überglaube.« Tatsächlich finden sich im A. oft *Survivals* (»Überlebsel«) vergangener Glaubenslehren, die im neuen Kontext fehl am Platze sind. Solche Reste können als Handlungen, deren Ursprung und Sinn kaum mehr bekannt sind (»dreimal auf Holz klopfen« usw.), als mißverstandenes Element in der offiziellen Glaubenswelt (etwa Germanisches im Christentum) oder als Vorurteil überleben (andererseits mögen auch Vorurteile mit pseudoreligiösen Argumenten gerechtfertigt werden).

Für die Volkskunde ist der A. eine Fundgrube alter, z. T. vorchristl. Überlieferungen, die sich in Gebräuchen, in → Zauberei, → Orakel, in → Abwehr oder Herbeiführung von Unheil erhalten haben. Diese abergläubischen Vorstellungen und Praktiken finden sich auch in außereurop. Kulturen, deshalb wird das Wort A. in der Völkerkunde durch *Volksglauben* ersetzt oder tendenziös abwertend verwandt, nur selten bezeichnet es hier die religiösen Survivals. Für die Pps. erscheinen beide Bezeichnungen sinnvoll: Volksglaube für das wichtige Reservoir vorwiss. Erklärungen des Paranormalen, A. für eine Position, die die Pps. ihrem aufklärerischen Selbstverständnis entsprechend dadurch bekämpfen will, daß sie ihr in »positiver Kritik des A.ns« (Bender 1958) die irrationale Legitimation entzieht. Diese psychohygienische Zielsetzung muß allerdings berücksichtigen, daß der A. vielfältige soziale Funktionen hat, so kann z. B. ein sozial schädlicher individueller Wahn aufgefangen werden durch Integrierung in ein kollektives, vom A.n bestimmtes System.

Im Zuge der Aufklärung wurden gelegentlich alle nichtwiss. Vorstellungen und die Inhalte traditioneller Wiss. zum A.n gerechnet. Die Folge dieses Vorurteils war, daß Volks- und Völkerkunde hinter Aussagen, die auf ein paranormales Geschehen hinzuweisen schienen, nur selten einen hist. oder naturwiss. wahren Kern vermuteten. Die reichen Falldarstellungen dieser beiden Disziplinen müssen deshalb für die pps. Kasuistik erst noch erschlossen werden.

Eine scheinbar partiell antiaufklärerische Position wurde für die Theologie bereits von → Horst (1830) vollzogen: »Aus dem Dunkel des A.ns geht oft das Licht der Wahrheit hervor, und dessen Unterlage beruht häufiger als wir glauben auf dem untergegangenen Rechtglauben.« Und Lecomte du Noüy (1947) sieht im A.n schlicht den Vorläufer des Glaubens. S. a → Alraune; → Amulett; → Analogie; → Besprechen; → Gespenst; → Hexe; → Partizipation; → Prokop; → Psychohygiene; → Segen; → Sympathie; → Tabu; → Talisman; → Versehen; → Volkskunde; → Volksmedizin.

Lit.: Auhofer 1960; Bächtold-Stäubli 1927—42; Bankofer 1974; Bender 1950, 1958, 1964 b; Caillet 1912; Freybe 1910; Grässe 1843; Grimm 1953; Hellwig 1908; Hermann 1973; Horst

1821—26; Lecomte du Noüy 1947; Lehmann 1908, 1925; Mensching 1957; v. Negelein 1931; Radford / Radford 1948; Read 1920; Stemplinger 1948; Wuttke 1900; Zucker 1948; Zwerenz 1956, 1974.

Abfuhr, von Freud geprägter Fachausdruck der Psychoanalyse. Die psychische Organisation wird dabei als physikalisches Modell gesehen: Durch äußere oder innere Reize wird ihr Energie zugeführt bzw. entzogen. Die vollständige oder teilweise Energieabgabe nennt man A. Störungen in der A. führen zu psychischen Kompromissen (→ Aktualneurose). Manche Spukphänomene, vor allem jene, bei denen Jugendliche die Bezugspersonen sind, können als Versuch einer A. durch die paranormalen Kräfte der Seele verstanden werden. Offen bleibt dabei zunächst, ob diese Energieabgabe nur als Modellvorstellung und ohne materielle Entsprechung existiert, wie die meisten Analytiker annehmen, oder real vorhanden ist, wie z. B. → Frei zu glauben scheint, wenn er von den »besonders starken odischen Kräften der Pubertierenden« spricht (1955: 6).

Abgeschirmte Tippzuordnung → Screened-Touch-Matching-Test.

Abkömmlinge des Unbewußten, von Freud oft verwandte Bezeichnung für verdrängte psychische Inhalte, die ins Bewußtsein zurückstreben und erneut abgewehrt werden (»sekundäre Abwehr« des → Ich, das sich der »Abkömmlinge der initial verdrängten Erinnerungen« zu erwehren sucht).

Das Konzept kann bei der Spukbetrachtung hilfreich sein, wenn man die paranormalen Manifestationen als Signale des Unbewußten auffaßt (vgl. z. B. die Behandlung der Heiligenfiguren im Fall → Cideville). Diese Signale können ungestört auftreten, da das Ich sich nicht für sie verantwortlich fühlt und keine → Zensur ausübt. Tatsächlich wird bei vielen Spukfällen berichtet, daß die eigtl. Bezugsperson von allen Anwesenden am gelassensten erscheint und die geringste Furcht verspürt. S. a. → Abwehr; → Projektion; → Psychoanalyse; → Verdrängung.

Abmelden, auch *Künden* und *Anmelden,* zeitgleiche paranormale Manifestation in Verbindung mit dem Ableben eines Menschen bei räumlicher Trennung des paranormalen Ereignisses vom Ort des Todesfalls; der Form nach kann reine ASW (z. B. Wahrtraum, Halluzination), PK (z. B. Stehenbleiben einer Uhr, Zerspringen eines Spiegels) oder eine Kombination beider Modalitäten unterschieden werden. Ist beim Erlebnisträger → Bedeutungsbewußtsein gegeben, so muß Telepathie angenommen werden, erschließt sich der Zushg. erst hinterher, nachdem man z. B. brieflich vom Todesfall erfahren hat, so läßt sich vermuten, daß der Sterbende — wie es das Wort A. suggeriert — allein die Manifestation verursachte. Denkbar wäre auch, daß dem Ereignis die unbewußte Information vom Sterben vorausgeht (ob man dabei nach Agent und Perzipient fragen darf, bleibe dahingestellt) und das Unbewußte verständlich (d. h. mit oder ohne Bedeutungsbewußtsein des Erlebnisträgers) die Information paranormal artikuliert. Dabei wird gelegentlich mit Symbolisierungen operiert: individuellen, den konkreten Erfahrungen der Beteiligten entstammenden, und überindividuellen, die sofort einleuchten (Stehenbleiben der Uhr) oder tiefenps. Deutung bedürfen. Auch alte religiöse Vorstellungen können hier wieder lebendig werden: In manchen Gegenden versteht man einen dreimaligen Käuzchenruf als A., galten Vögel früher doch als Seelentiere.

E. R. Dodds (1974: 21 f.) weiß aus der Antike 4 nicht sonderlich glaubhafte Fälle zu berichten, bei denen das Bild des Erscheinenden für ihn physische Gefahr oder den Tod bedeutete. Am bekanntesten davon ist wohl die angebliche Vision des → Apollonius vom Tod des Domitian.

→ Staudenmaier (1968: 201—204) berichtet den Fall der »alten Lisbeth«. Sie war jahrzehntelang bei einem Richter Hausgehilfin gewesen, hatte sich etwas erspart und wollte, nunmehr über 70, ihren Lebensabend bei einer Nichte verbringen. Der ehemalige Arbeitgeber gab ihr noch etwas Geld, schrieb ihr regelmäßig zu Weihnachten und zum

Geburtstag, verbunden mit weiteren Zuwendungen, hörte aber jahrelang nichts von seiner früheren Angestellten.
Eines Nachts erwachte er: »Ein unbestimmter Schrecken hatte mich erfaßt. Ich setzte mich im Bette auf. Eine rätselhafte Gewalt zwang mich, meine Augen nach dem freien Raum im Zimmer zu richten. Ich fühlte mich in einem Zustande reger Tätigkeit aller Geisteskräfte und doch wieder gebannt in eine Lähmung und Erstarrung und ein Gezwungensein unter eine fremde Kraft, einen fremden Willen. Ich erblickte dann in einer Entfernung von etwa zwanzig Schritten einen Fluß dahinströmen und wußte, daß es die Lahn sei...« Im Wasser sah er die Gestalt der alten Lisbeth. »Sie starrte mich mit irren, Verzweiflung blickenden Augen vorwurfsvoll an... Sie und ich sprachen nicht; wir lasen gegenseitig unsere Gedanken; es war aber nicht ein bloßes Lesen, sondern ich empfand auch einen fast körperlichen Eindruck auf mein Gehör...« Lisbeth macht ihm Vorwürfe, er rechtfertigt sich: Es stellt sich heraus, daß die Verwandten ihre Post unterschlugen, Lisbeth das Ersparte wegnahmen, sie im Stall schlafen ließen und drangsalierten. Als letzter Ausweg blieb ihr nur der Freitod. Das Ereignis ließ sich verifizieren.

In der älteren Lit. wurde sehr viel Gewicht auf die Frage der Gleichzeitigkeit gelegt: Fand das Ereignis etwas später als der Tod statt, so sahen manche darin ein Indiz für die spiritistische Hypothese. Diese Überlegungen wurden dadurch hinfällig, daß man heute die Vorstellung akzeptiert, die unbewußte Information könne sehr wohl gleichzeitig sein, aus irgendwelchen Gründen aber verspätet »aufsteigen« (vgl. → Zeit).
Lit.: Marcinowski 1925.

Abramelin, Zauberbuch, einem Abraham von Worms zugeschrieben, angeblich aus dem 15. Jh., wahrscheinlich aber aus dem 18. Jh. stammend. Ihm zugrunde liegt die Vorstellung, die Erde sei das Werk böser Geister; gelingt es dem Magier, in Verbindung zu seinem »Wächter-Engel« zu treten, so vermag er mit Hilfe der rituellen Magie diese Geister zu kontrollieren. Neuere Anhänger dieser magischen Richtung sehen im »Engel« das → Selbst des Magiers. Das Buch (Ausgabe Köln 1725) enthält zahlreiche typographische Arrangements mit → Mandala-Charakter, also Meditationsobjekte, die zum Selbst hinführen mögen. — Das Buch des A. beeinflußte sehr stark → Crowley und → Mathers.
1966 wurde durch Walter Berger in Pratteln (Schweiz) der *Orden von Abramelin* gegründet, eine Vereinigung, die sich der Erforschung und Anwendung grenzwiss. Erkenntnisse widmet.
Lit.: Mathers 1948.

Abrams, Stephen Irwin (*1938), aus den USA stammender Psychologe, Direktor des pps. Laboratoriums an der Universität Oxford; arbeitet über ASW in Hypnose (Mentalsuggestion) und beschäftigt sich mit untersuchungstechnischen und theoretischen Fragen der Pps.

Abreagieren, in der Psychoanalyse Bezeichnung für die Befreiung von einem traumabedingten Affekt. Das A. kann therapeutisch ausgelöst sein oder spontan auftreten. Ein paranormales A. scheint in manchen → Poltergeist-Phänomenen vorzuliegen.

Absence [frz.; Abwesenheit], kurzzeitiger, vorübergehender Bewußtseinsausfall.

Abulie [von griech. *bule;* Wille], Willenlosigkeit, krankhafte Unfähigkeit, einen Entschluß zu fassen; kann in der Symptomatik der → Mediumistischen Psychose auftreten.

Abwehr, 1. in der *Magie* (A. schädlicher Einflüsse, böser Geister usw.) eines der Hauptziele der magischen Operationen; 2. in der *Psychoanalyse* die ich-orientierten, meist unbewußten Operationen, um das innere Gleichgewicht des Individuums zu erhalten. Die A. richtet sich gegen eigene, als bedrohlich oder verboten empfundene Wünsche und Gefühle — die allerdings Reaktionen auf Außeneinflüsse sein mögen — und ist somit triebfeindlich oder zumindest triebkorrigierend. — In der Tiefenps. unterscheidet man folgende A.-mechanismen: Verdrängung, Regression, Reaktionsbildung, Isolierung, Ungeschehenmachen, Projektion, Introjektion, Wendung gegen die eigene Person, Verkehrung ins Gegenteil,

Verleugnung, Verschiebung, Phantasie, Identifikation, Rationalisierung, Sublimierung. Diese Mechanismen können »normal« oder Teil eines pathologischen Systems sein; 3. in der *Pps.* läßt sich der Sinn eines paranormalen Ereignisses gelegentlich erfassen als Effekt eines A.mechanismus, dem das Spektrum normalen Verhaltens nicht mehr ausreichte und dessen Anspruch so stark war, daß in einer Art psychischer Explosion das Paranormale in seinen Dienst gestellt wurde. Das Konstrukt der A.mechanismen kann zwar nicht als Erklärung, wohl aber dem Verständnis dienen:

Der Spezialisierung mancher Paragnosten auf die Sexualsphäre ihrer Klienten mag ein *projektiver* oder auch ein *identifikatorischer* Mechanismus zugrunde liegen; manche Spukphänomene können als *Verschiebung* gedeutet werden oder auch, wo aggressive Tendenzen nicht ausgelebt, sondern (paranormal) abreagiert werden, als *Sublimierung*. Manche Autoren, die die Mutter-Kind-Telepathie zur normalen Kommunikation des Kindes zählen, sehen in der Telepathie überhaupt eine *Regression* auf die Kleinkindstufe.

Es lassen sich aber auch Fälle denken, in denen die paranormale Manifestation nicht im Dienst der A. steht, sondern sie zu unterlaufen versucht.

Das gilt vor allem für die *Verdrängung*. Das System der A.mechanismen verhindert, daß die Impulse, die aufsteigen und bewußt werden wollen, ins Bewußtsein gelangen. In einer Art Übersprungshandlung aber gelingt es diesen Impulsen, sich außerhalb des Individuums im psychokinetischen Ereignis zu objektivieren: ein Todeswunsch, der ein Porträt zu Fall bringt; der Wunsch nach der Aufmerksamkeit des unerreichbaren verheirateten Pfarrers, die durch Einschalten von Spuk und Besessenheit doch noch erreicht wird (→ Dittus); der uneingestandene Sexualwunsch, der zum telepathischen Traum wird (→ Incubus).

Lit.: Devereux 1953.

Abwesenheitstelepathie, telepathischer Kontakt mit einer nicht (im selben Raum) anwesenden Person. Man spricht vor allem dann von A., wenn in einer Sitzung mit mehreren Teilnehmern das Medium das Bewußtsein oder das Unbewußte einer abwesenden Person anzapft.

Abzapfen, auch *Gedankenabzapfen,* gebrauchte der dän. Physiologe Alfred Lehmann (1858—1921), der alles Paranormale außer der Telepathie zum »Aberglauben« rechnete, an Stelle von *Gedankenlesen.* Der Begriff A. wurde beibehalten, bezieht sich heute aber auf psychische Inhalte allgemein, auch wenn sie nicht als Gedanken repräsentiert sind. A. suggeriert, der Perzipient sei der aktive Teil bei der telepathischen Kommunikation. A. wie → Abmelden sind mögliche Interpretationsformen paranormalen Geschehens, sie experimentell zu isolieren, d. h. den Agenten zu identifizieren, scheint theoretisch ausgeschlossen.

Lit.: Lehmann 1908, 1925.

Achtert-Zutz-AASW-Experimente, mit den studentischen Vpn Lutz Achtert (26) und Sabine Zutz (29) 1967/68 im → Institut für Pps. und Grenzgebiete der Ps. in Freiburg i. Br. am → Psi-Recorder durchgeführte AASW-Experimente (im ganzen 70). Die Ergebnisse waren meist hochsignifikant: Dem erzielten Überhang von 127 Treffern bei 2770 → Calls (zu erwarten sind 554 Treffer) entspricht eine → Antizufallswahrscheinlichkeit von 1 : 1 000 000 000. Telepathische Leistungen wurden nur erreicht, wenn die männliche Vp. als Sender, die weibliche als Empfänger arbeitete. Von den verwendeten Symbolen der → Zener-Karten wurde keines bevorzugt. Die Experimente stützen die These, daß Psi weniger eine Eigenschaft von Personen als ein Effekt bestimmter Konstellationen ist: Eine Wiederholung der Experimente im folgenden Semester blieb ohne Ergebnis.

Lit.: Bender 1971: 64—67; Mischo 1968.

Acta Sanctorum [lat.; »Heiligenakten«], Sammlungen oft legendenhafter Berichte aus dem Leben der Heiligen der kath. Kirche, hervorgegangen aus den *Acta Martyrum,* den »Märtyrerakten«, die bis in die Zeit der Christenverfolgungen zurückreichen. Seit 1643 wurden die A. S. (offizielle Abk. Acta SS) von dem gelehrten Jesuiten Jean Bolland und seinen Mitarbeitern und Nachfolgern (»Bollandisten«) hsg.

Die A. S. bringen unzählige Berichte über Hellsehen, Prophetie, Heilungen, Rettungen, die Gabe der → Durchsicht u. a. m. Die Qualität der Berichte ist unterschiedlich, Beweiskraft kommt nur wenigen zu, dennoch bilden die A. S. eine außerordentlich wertvolle Quelle für die pps. Kasuistik, deren systematische Aufarbeitung noch aussteht.
Lit.: Analecta Bollandiana 1882 ff.; Delehaye 1920.

Acting out [engl.; (aus)agieren], agieren bedeutet nach Freud, daß das Individuum unbefangen und in Unkenntnis ihrer Existenz unbewußte Triebe und Wünsche auslebt. In die Terminologie dt.sprachiger Analytiker wurde die engl. Übersetzung in einer Bedeutungsnuancierung übernommen: a. o. kennzeichnet ein impulsives Hervortreten des Verdrängten, das nicht in die Normalpersönlichkeit integriert ist und sich aggressiv gegen den Betreffenden selbst oder eine andere Person wenden kann.
Es erscheint fraglich, ob das Konzept des a. o. beim Verständnis ganzer Zustandsformen wie etwa dem Schlafwandeln helfen kann; aber in vielen Fällen des personengebundenen → Spuks können die Manifestationen als ein a. o. des Agenten angesehen werden.

Action research → Aktionsforschung.

Adamenko, Viktor (* 1937), russ. Physiker, entwickelte ein Gerät, das den Fluß psychischer Energie unabhängig von Emotionen und Bewußtseinszuständen messen soll, wobei die Elektroden des Apparats an bestimmten Akupunkturpunkten angelegt werden. Dieser *KKAP-Apparat* (Abk. für *K*onduktivität der *K*anäle für *A*kupunktur-*P*unkte) zeigt die Veränderungen des vermuteten bioplasmatischen Energieflusses im Diagramm an.
Experimente des sowjet. Psychiaters und Hypnoseforschers Wladimir Raikow mit diesem Gerät ergaben, daß die geistige Aktivität während des von ihm »Reinkarnation« gen. Zustandes größer ist als im normalen Wachzustand. — Bei Telepathie-Experimenten wiesen die Diagramme von Agenten und Perzipienten gleichgerichtete Schwankungen der bioplasmatischen Energieleistung auf.
Lit.: Ostrander/Schroeder 1971: 141 f., 208 f.

Adam Kadmon, der Erste Adam, symbolische Gestalt der Kabbala, der »Mensch im Menschen«, die erste Konkretisierung des → En-Soph, der Archetypus des Menschen. In der Spekulation, die durch Gnosis, Hermetik und Elemente hellenistischer und iran. Religion beeinflußt wurde, ist der Urmensch Symbol des Universums, seine Glieder sind von kosmischer Signifikanz. Als Wort ist A. K. zuerst in der Terminologie mittelalterlicher provençalischer Kabbalisten zu belegen — als Idee ist der Begriff älter, und Entsprechungen finden sich u. a. auch in der Mythologie westafrikanischer Völker (z. B. der Dogon), in der Alchimie und in der medizinischen Anthropologie des Paracelsus. Deutlich sind die Einwirkungen der A.-K.-Spekulation bei → Böhme und → Oetinger. — Die von Rhine geforderte und durch Bender, Tenhaeff u. a. in Ansätzen realisierte *pps. Anthropologie* sieht, Jung folgend, in der Vorstellung vom A. K. ein vorwiss. Modell eines Menschenbildes, das auch heutigen und künftigen ganzheitlichen Menschenbildern zum Modell dienen kann.
Lit.: Benz 1955; Häussermann 1968/69; Scholem 1957.

Adamsky, George, amer. Würstchenhändler, der Kontakt mit Venusbewohnern gehabt haben will; später spielte er eine ziemlich undurchsichtige Rolle als »Berater« im niederländ. Königshof. — *Werke* → Bibl.

Adare, Lord Windham Th. W., später Earl of Dunraven (1841—1926), seit 1867 mit → Home befreundet; war 2 Jahre lang fast ständig mit Home zusammen und blieb ihm auch später freundschaftlich verbunden. Über die von ihm miterlebten Phänomene erstattete er 1869 Bericht in seiner Schrift *Experiences in Spiritualism with D. D. Home* (^{2}1925). Zwar wandte er keine strengen Kontrollen an, aber gerade, daß sein Buch nicht die Maßnahmen eines

Wissenschaftlers bei der Anlage eines Experiments beschreibt, sondern wiedergibt, was er im Miterleben erfuhr, gibt der Arbeit ihren besonderen Wert in der Flut von Veröffentlichungen über Home.

Additor, besondere Form des → Oui-ja-Boards. Das Brett trägt, wie üblich, die Buchstaben des Alphabets. Über das Brett gleitet, von den Fingern eines oder mehrerer Benützer berührt, ein kleiner, leerer, kästchenartiger Aufsatz mit einem Zeiger. Unterstellt wird, daß dieser Aufsatz den dabei wirkenden paranormalen Kräften als Miniatur- → Kabinett dient.

Adept [lat.; der erlangt hat], ein in Mysterienkulte, Riten von Geheimgesellschaften, esoterisches Wissen, die Geheimnisse der Alchimie u. ä. Eingeweihter; → Meister.

Adler, Alfred (1870—1937), Begründer der → *Individualps.*, eine von der Psychoanalyse abgespaltene tiefenps. und psychotherapeutische Richtung. Die Individualps. sieht menschliches Verhalten durch zwei Prinzipien bestimmt: 1. das situationsbedingte Minderwertigkeitsgefühl (»Organminderwertigkeit«) und 2. den Versuch, dieses Minderwertigkeitsgefühl durch ein entsprechendes Machtstreben auszugleichen, zu »kompensieren«. Bei der Kompensation wird unterschieden nach Weiterentwicklung der zugrunde liegenden Funktion oder Entwicklung einer Ersatzfunktion. Eine besonders starke, über das Notwendige hinausgehende Kompensation nennt man »Überkompensation«. Im Hinblick auf die Pps. ließen sich Manifestationen des personengebundenen Spuks — individualps. gesehen — so verstehen: Die Organminderwertigkeit wird in einem Grade erlebt, die eine normale Kompensation, d. h. das Erringen sozialer Anerkennung, ausgeschlossen erscheinen läßt, deshalb wird versucht, ihr in paranormaler Überkompensation zu begegnen. Der Leidensdruck, unter dem manche Bezugspersonen des Spuks stehen, schließt diese Deutung keineswegs aus. — *Werke* → Bibl.

Lit.: Jacoby 1974; Rattner 1974; Sperber 1970.

Advaita [sanskr.; ohne ein zweites], das Eine; monistische Lehre vieler ind. Systeme, die davon ausgeht, daß die Welt und die einzelnen Seelen nur Körper und Eigenschaften eines letzten Einen, des Brahman seien (vgl. Jungs Spekulationen vom → *Unus mundus).*

Aeromantie [von griech. *aer;* Luft], mantische Ausdeutung von Wolkenformationen, seltener Rauchformen (eines Feuers, einer Räucherkerze u. ä.). Falls pps. relevant, ist an ein Aufsteigen unbewußter paranormal erworbener psychischer Inhalte zu denken. Die Wolkenbilder fungieren dabei als → Psychische Induktoren. Im Fall der Ausbildung von Rauchgestalten ist auch die PK-Hypothese zu berücksichtigen.

Affekt [lat.; Stimmung], vorübergehendes starkes Gefühl, mit Organempfindungen und meistens mit Ausdrucksbewegungen (A.ausbruch) verbunden.
Das Geschehen im personengebundenen Spuk kann als Versuch, A.e zu umgehen, betrachtet werden, also als spezifische Form der *Affektprojektion* (→ Projektion). Üblicherweise bezeichnet A.projektion die Technik, mit der die Außenwelt als A.träger erlebt wird.

Agent, in der Pps. der »Sender« einer telepathischen Information an den → Perzipienten oder »Empfänger«; auch der Verursacher einer PK-Manifestation.
Die *Agent-Perzipient-Beziehung* ist ein pps. Konstrukt, das allgemeinen nachrichtentheoretischen Modellen nachgebildet wurde; sie ist von heuristischem Wert, bislang aber experimentell nicht darstellbar. Die Bezeichnungen A. und Perzipient geben »nur die Beziehungen der Betreffenden zum Material an . . ., das telepathisch übertragen wird, ohne über den modus operandi eines jeden auszusagen. A. bedeutet also nur die Quelle, aus der der Perzipient sein transnormales Wissen bezieht.« (Moser 1974: 267.)
Über »gute« (im Sinne eines paranormalen Erfolgs) A.-Perzipient-Beziehungen gibt es verschiedene Meinungen (Zwillinge, Liebespaare, allgemein emotional Verbundene sollen gute Leistungen erbringen), aber kaum experimentell gesicherte Daten. Unbestritten scheint nur, daß Konzentration auf den

zu übertragenden Inhalt auf seiten des A.en und zu angespannte Aufmerksamkeit des Perzipienten der Übertragung eher schaden (vgl. die bei Moser 1974 referierten Untersuchungen des tschech. Mediziners Babák).

S. a. → Achtert-Zutz-AASW-Experimente; → Sweethearts-Experiment.

Lit.: Casper 1952; Rice / Townsend 1962; Schmeidler/McConnell 1958.

Aggression [von lat. *aggredi;* angreifen], in der Ps. und Tiefenps. kontrovers diskutierter menschlicher Trieb, der auf einen oder mehrere Antriebe zurückgeführt wird. Die biologische Grundlage der A. ist nicht geklärt. Ziel der A. ist die Zerstörung oder Schädigung eines Objekts bzw. einer Person, u. U. der eigenen. Hypothetisch vermutet die Psychoanalyse in Analogie zur Libido die *Destrudo* (Destruktionstrieb) als die der A. zugrunde liegende psychische Energie.

In vielen Konfliktsituationen scheint aggressives Handeln an Stelle einer an sich möglichen rationalen Lösung zu treten: in vielen Fällen, wie es scheint, eine Folge bestimmter Artikulationsschwierigkeiten. In selteneren Fällen scheint die aggressive Ersatzhandlung sich paranormaler Mittel zu bedienen: Viele Spukphänomene lassen sich ps. auf aggressive Motivation zurückführen (durch Anwenden entsprechender persönlichkeitsdiagnostischer Tests bei den mutmaßlichen Agenten), d. h., der Konfliktanfällige sieht keine Lösung seines Problems und mobilisiert deshalb parapsychische Möglichkeiten.

Agieren → Acting out.

Agnosie [von griech. *gnosis;* Erkennen], 1. ps.-medizinisch das Unvermögen, Wahrnehmbares trotz funktionstüchtiger Sinnesorgane zu erkennen (»Seelenblindheit«, »Seelentaubheit« usw.); durch Störungen in der Hirnrinde bedingt; 2. in der Philos. die Unwissenheit, Ausgangs- (Sokrates) oder Endpunkt (Skeptiker) eines philos. Systems.

Agnostizismus [griech.], philos. Lehre, die die Möglichkeit, das Absolute, Transzendente, Gott usw. zu erkennen, bestreitet und nur die Erfahrungswiss. gelten läßt. Die Animisten vertreten im Hinblick auf die spiritistische Hypothese den Standpunkt des A. (→ Animismus).

Agnoszieren, als richtig anerkennen; im Spiritismus vor allem die Identität einer → Kontrolle mit einem Verstorbenen annehmen.

Agpaoa, Antonio C., gen. »Tony« (*1939), bekannter philippinischer Heiler. Nach Augenzeugenberichten war er oft in der Lage, ohne chirurgische Instrumente den Leib der Patienten zu öffnen und trotz mitunter starker Blutungen narbenlos zu schließen. A. orientiert sich bei seinen Operationen angeblich an nur ihm sichtbaren Auren seiner Patienten und spürt, so behauptet er, Krankheitsherde mit den Fingerspitzen. Man spricht von »medialer Operation«, da A. sich früher bei Eingriffen in voller Trance befand; seit einiger Zeit operieren seine Hände angeblich in motorischem Automatismus.

A. gehörte früher der spiritistischen Unio Espiritista Cristiana de Filipinas an, später gründete er die Philippine Spiritual Church of Science and Revelation, Inc. Seine operativen Fähigkeiten bringt er mit asketischen und meditativen Übungen (Gebet und regelmäßiges Fasten, einmal angeblich 45 Tage) in Verbindung. Neben den Operationen werden von ihm weitere außergewöhnliche Fähigkeiten, zumindest für die Vergangenheit behauptet: Entzünden brennbarer Gegenstände durch Fixieren mit den Augen sowie ASW. Dies und seine Leistungen als Heiler erinnern an schamanistische Praktiken. Zumal A. auch von einem Hilfsgeist, seinem »Protector«, spricht. An den → Schamanismus erinnert auch das Entfernen von Substanzen aus dem Leib des Patienten, deren Bildung Beobachter als Bewegung unter der Haut gesehen haben. Man hat vermutet, daß diese Substanzen nicht das tatsächliche kranke Gewebe darstellen, sondern ektoplasmatische Bildungen sind, die im Gegensatz zum Ektoplasma europ. Séancen um die Jh.wende, nicht vom Medium bzw. Heiler, sondern vom Patienten ausgehen, die Entstehung soll vom Heiler nur angeregt sein, auch paranormale Apporte werden erwogen. Ungelöst ist ferner, wie ein solcher paranomaler Eingriff den Krankheitsverlauf beeinflussen soll; aber selbst bei ausbleibender Heilung läge ein parapsychisches Phänomen vor. Seine Existenz wird allerdings bestritten: → Bender vermutet bei den von ihm beobachteten Operationen A.s trickhafte Täuschung. Andere Autoren, z. B. → Motoyama, → Naegeli-Osjord, → Sherman und der dt. Chemiker Alfred Stelter, die A.s → Geist-Chirurgie untersuchten, sind jedoch von der Echtheit der Phänomene überzeugt. Filmmaterial über A.s Operationen findet sich beim Institut für den Wissenschaftlichen Film, Göttingen.

Lit.: Motoyama 1972; Sherman 1967; Stelter 1973.

Agravitation, auch *Antigravitation,* gelegentlich zur Bezeichnung eines der → Levitation möglicherweise zugrunde liegenden vermuteten Prinzips.

Agrippa von Nettesheim, Heinrich Cornelius (1486—1535), dt. Arzt, Philosoph, Jurist und Theologe. A. führte ein abenteuerliches Leben: Studien und Kriegsdienst führten ihn durch ganz Europa; in mehreren Ländern hielt er Vorlesungen über die verschiedensten Gegenstände, darunter auch über → Reuchlins *Kabbala.* Zeitweilig arbeitete er als Advokat, Arzt, Archivar und Historiograph. Sowohl innere Unrast als auch Anfeindungen (Vorwurf der Ketzerei und Verdacht der Hexerei, weil er die Verteidigung in einem Hexenprozeß übernommen hatte) und Schulden trieben ihn von einem Ort zum anderen.

Goethe entlieh einige Züge A.s für seinen *Faust.* Schon vorher hatte sich der Volksglaube seiner bemächtigt und Erzählungen um den »Magier« und seinen → »Familiar«, einen schwarzen Hund, gesponnen.

Agrippa von Nettesheim

A.s bedeutendstes Werk ist *De occulta philosophia libri III sive de magia* (»Drei Bücher über die okkulte Philosophie oder Über die Magie«), verfaßt um 1510, umgearbeitet ersch. 1531. Es erlebte zahlreiche Neudrucke und Übersetzungen. Große Verbreitung fand — seit 1916 immer wieder nachgedruckt — eine dt. Ausgabe *Magische Werke.* Sie enthält auch ein A. zugeschriebenes Buch (dessen Autor nach Peukkert 1956 allerdings mit dem Autor des *Dreifachen Höllenzwangs* identisch ist), das inhaltlich in krassem Widerspruch zum Werk A.s steht. Ein weiteres wichtiges Werk ist *De incertitudine et vanitate scientiarum et artium et de excellentia verbi dei* (»Über die Unsicherheit und Eitelkeit der Wissenschaften und Künste und über die Vortrefflichkeit des Wortes Gottes« 1530). Es beleuchtet skeptisch-witzig die Wiss. der Scholastik; ein Kompendium der Kritik der Philos., Astrol. und Alchimie und ein Aufruf zur einfachen Frömmigkeit. A. »kannte nichts Schöneres als die Provokation theologischen und akademischen Zorns« (Fritsche 1950).

In *De occulta philosophia* erweist sich A. als bedeutender Humanist, als großer Kompilator und origineller Interpret des Neuplatonismus. Gefördert von → Trithemius versucht A., die Magie als Naturwiss. zu erweisen. Christentum und Magie sollen sich auf neuplatonischem Boden wieder begegnen. Gott entwarf nach »seinem Bilde« — nach den → Archetypen, wie A. schon sagt, seines Geistes — das All; es umschließt die 3 Welten der Elemente, Gestirne und Engel (Geister). Diese Welten sind hierarchisch geordnet, die niedere bildet jeweils die höhere ab, alle durchdringt und belebt die → *Quinta essentia* (Weltseele, *Spiritus mundi*). Die → Sefirot-Lehre fand ebenfalls Eingang in dieses Weltbild: Die Namen Gottes sind Ausstrahlungen seiner Macht (→ Embleme). Der Mensch hat teil an allen 3 Welten; um in den Besitz der Kräfte der höheren Welt zu gelangen, bedarf er der Magie (die wir rückblickend definieren als ein in die Praxis umgesetztes Weltbild, das den Kosmos nach → Entsprechungen ordnet). Für die Welt der Elemente braucht er die *natürliche Magie;* für die der Gestirne die *himmlische* und für die Geisterwelt die *religiöse*. Das Durchschreiten der 3 Magien ist ein Stufenweg der Wiss. von Physik über Mathematik zur Theologie und damit zu Gott, und, sagt A.: »Nicht die Unterwelt noch die Sterne bewirken es, allein der Geist in uns!« Deshalb spricht er aus Glaube und nicht aus Ketzerei: »A. ist ein Philosoph, ein Dämon, Heros, Gott und alles.«

A. ist der erste Systematiker abendländischer Magie, auch der Begriff *Okkultismus* geht auf ihn zurück, zugl. nimmt er Konzepte der Pps. vorweg. Von sich selbst und auch von Trithemius behauptet A. telepathische Erlebnisse, und er versichert, daß Menschen, »deren Imagination und denkende Kraft sehr stark sei, solche Kraft erlangen können, daß sie sich der Seele anderer mitteilen und sie über ihre Gedanken und Wünsche unterrichten können, auch auf große Entfernungen.« Und, zu den Spukphänomenen überleitend: »Der Körper ist der Bewirkung durch eine fremde Seele nicht minder unterworfen als der durch einen fremden Körper.« *(De occ. phil.* I c 66.) — *Werke* → Bibl.

Lit.: Ludwig 1922; Nauert 1957, 1959; Peuckert 1956; Prost 1881 (Nachdruck 1965); Yates 1964.

Agyrten, orientalische Bettelpriester im antiken Griechenland, Wahrsager, wandernde Zauberer, Heiler und Beschwörer; am bekanntesten die *Metragyrten,* die im Dienste der »Großen Mutter« (Demeter, Kybele) standen.

Ahnfrau → Weiße Frau.

Ähnlichkeit, Klassifikationsmerkmal, das als auszeichnende Beziehung zwischen 2 oder mehreren Dingen unmittelbar wahrgenommen wird. Ä. folgt nicht daraus, daß einzelne Elemente der als ähnlich wahrgenommenen Dinge identisch sind. Das macht es schwer, im qualitativen Experiment, bei dem z. B. Bilder, Vorstellungen oder die Form eines Gegenstandes übertragen werden sollen, zu entscheiden, ob die Wiedergabe der Vorlage ähnlich ist. Der Pps. ist es in Ansätzen gelungen, hier eine meßbare Relation zu finden (Timm 1964).

Der Gedanke der Ä. ist in allen Kulturen von Bedeutung. Nach einer verbreiteten Lehre — die z. B. in unserer Volksmedizin einen wichtigen Platz einnimmt — bewirkt Ä. → Sympathie. So ergreift »das Süße das Süße, das Bittere strebt nach dem Bitteren, das Scharfe geht zum Scharfen, das Warme verbindet sich mit dem Warmen« (Empedokles). — Die *magische* Nutzanwendung dieser Erkenntnis besteht darin, daß z. B. das Fleisch der langlebigen Schildkröte, Greisen zur Nahrung gegeben, deren Leben verlängern soll; es aber jungen Menschen zu geben, ist gefährlich, es könnte ihre Schnelligkeit beim Laufen herabsetzen (Volksglaube in Togo). Derartige Vorstellungen sind jedoch die Ausnahme, i. allg. nimmt man an, daß Ä. nur in der gewünschten Weise wirkt. S. a. → Signaturenlehre; → Simile.

Ahnung, Akt spontanen Hellsehens oder spontaner Telepathie, experimentell nicht darstellbar, gelegentlich als optisches oder akustisches Erlebnis auftretend, im Wach- oder Schlafzustand; inhaltlich nicht sehr spezifisch, aber voll realistischer oder symbolischer Hinweise auf das tatsächliche Ereignis; mit unterschiedlichem Bedeutungsbewußtsein verbunden. Man kann A. inhaltlich differenzieren nach der Art des Ereignisses (→ Todesahnung; A.en, die sich auf freudige, auf traurige Ereignisse — letztere überwiegen — beziehen usw.), und man kann unterscheiden nach individuell-subjektiven und nach kollektiven A.en, die »wahrscheinlich eine materielle Objektivität besitzen« (Richet 1923: 187). Bei kollektiven A.en sind außerdem zu unterscheiden: *abhängige* (A. als Gruppenerfahrung) und *unabhängige* (ohne daß die Erlebnisträger voneinander wissen, beziehen sich ihre A.en auf dasselbe Ereignis). Der A. geht eine paranormale Information voraus, über deren »Aussendung«, »Transport« und »Empfang« wir in physikalischer Hinsicht nichts Positives wissen. Das mehr oder minder vage *Bewußtwerden* dieser Information ist die A. Diesem Bewußtwerden können somatische Erscheinungen vorausgehen (z. B. unerklärliches Weinen), es kann durch einen *normalen* objektiven Vorgang (z. B. ein Musikstück, das gerade gespielt wird) oder ein u. U. *paranormal* verursachtes objektives Ereignis (z. B. Stillstehen einer Uhr), ausgelöst, »induziert«, werden (→ Synchronizität).

Die Kasuistik der A.en ist außerordentlich groß, aber nur wenige Fälle sind gut dokumentiert; denn mitgeteilt werden A.en oft erst, wenn das Ereignis, auf das sie sich beziehen, auf normalem Wege bekannt wurde (wenn etwa nach einem Todesfall brieflich Nachricht eingeht), dann aber ist die Gefahr der *Erinnerungtäuschung* bei der Schilderung der A. groß. Schwierig ist oft der Nachweis, daß A. und Bezugsereignis zeitlich zusammenfallen. → Richet teilt einen Fall mit, in dem die Koinzidenz gesichert scheint:

»Herr William wußte, daß sein Schwager Georges schwer krank und dem Tode nahe war. Eines Morgens sieht er neben seinem Bett Georges' Gestalt und sagt zu seiner Frau: ›Ich habe Georges gesehen, er ist bei Sonnenaufgang eine Minute lang dagewesen.‹ In weiter Entfernung starb Georges in den Armen seines Vaters, der sagte: ›Die Sonne geht gerade in dem Augenblick auf, in dem unser lieber Sohn in das himmlische Vaterland eingeht.‹ — Die zeitliche Übereinstimmung ist so scharf, daß die Tatsache, daß Georges' Ableben zu erwarten war, bei dieser Ahnung wenig ins Gewicht fällt.« (Richet 1923: 192.)

Es ist nicht möglich, die A. scharf gegenüber anderen paranormalen Erlebnisformen abzugrenzen; was die A. charakterisiert, ist das nicht ganz Deutliche der Erfahrung. Zwar kann das Bild, oder was immer die A. ausmacht, deutlich erscheinen, aber das Ereignis, auf das sie sich bezieht, bleibt verschwommen. Die Übergänge zur klareren Gewißheit (→ Hellsehen; → Telepathie) sind fließend. — Manche Autoren verwenden den Begriff A. auch für ein Vorausfühlen künftiger Ereignisse; es erscheint aber sinnvoll, A. auf Gegenwärtiges zu beschränken und sie so von der → Vorahnung abzugrenzen.

Lit.: Bender 1958; Hanefeld 1971; Stevenson 1970.

Aissaoua, islamischer Orden in Nordafrika; in ekstatischen Vorführungen zeigen die Mitglieder Leistungen, die nach ihrem Selbstverständnis Gottesdienst und Gottesbezeugung sind, von außen betrachtet als schwer durchschaubare Mischung von Gaukelei, anästhetischen Demonstrationen (Feuer), Paranormalem und Körperbeherrschungs-Kunststücken erscheinen. Die A. spalteten sich im 15. Jh. vom Orden der Schadilijjah (nach Abul Hasan as-Schadili, † 1258) ab (→ Sufismus).

Aius Locutius, auch *Aius Loquens* [von lat. *aio;* bejahen, und *loquor;* sprechen], röm. Gottheit, offenbarte sich einmal (390 v. Chr.) als → *Direkte Stimme* und warnte die Römer vor den herannahenden Galliern. Die Warnung blieb unbeachtet, zur

Versöhnung der dadurch beleidigten Gottheit wurde ihr am Ort der Offenbarung ein Altar errichtet.
Der Bonner Religionsgeschichtler Hermann Usener (1834—1905) nannte Gottheiten wie den A. L. oder den *Rediculus* (von lat. *redeo;* zurückkommen; ein Gott, der bei seinem einmaligen Auftritt Hannibal zum Rückzug zwang und deshalb ein Heiligtum erhielt) *Augenblicksgötter*. Darin darf ein früher Versuch gesehen werden, Paranormales, das die bekannte Ordnung durchbricht, zu erfassen, indem man es in ein Pantheon aufnahm.

Akasha-Chronik, das Sanskritwort *akasha* kann mit »Raum-Äther« übersetzt werden, es bezeichnet eine feinstoffliche Substanz, die das gesamte All erfüllen soll. → Steiner spricht von einer A.-Ch. und meint damit ein Weltgedächtnis (→ Lévi spricht im gleichen Sinn von → Astrallicht), dem alle Begebenheiten der Vergangenheit eingeschrieben sind. Dem »Hellsichtigen« soll es möglich sein, diese Chronik zu lesen, d. h., er soll medial hist. Erkenntnisse erwerben können. Die Nützlichkeit dieses Verfahrens für die Geschichtsforschung ist da fragwürdig, wo die Ergebnisse nicht in herkömmlicher Weise verifiziert werden können. — Da die Vorstellung der A.-Ch. dem ind. Denken, dessen hist. Interessen gering sind, fremd ist, vermutet man, daß die → Blavatsky, von Paracelsus' *Anima mundi* ausgehend, diesen Gedanken in ihrem Werk *Die entschleierte Isis* (1877; dt. 1907) in die Theosophie einbrachte.
Lit.: Hauer 1922; G. Huber 1955; Steiner 1939.

AKE, Abk. für → *A*ußer*k*örperliche *E*rfahrung.

Akme [griech.; Spitze], Höhepunkt im Krankheitsverlauf, besonders bei Fieber; in der Pps. gelegentlich für den Kulminationspunkt bei Poltergeistphänomenen und Besessenheit.

Akoasma [von griech. *akon;* Gehör], bezeichnet in der Medizin einfache Geräuschhalluzinationen, also kein Stimmenhören o. ä.

Aksakow, Alexander N. (1832—1903), russ. Schriftsteller; Vertreter des Wiss. Okkultismus, Spiritist. A. übersetzte → Swedenborg und zeitgenössische westeurop. pps. und spiritistische Werke ins Russische. Ideologischer Schwierigkeiten wegen verlegte er seine Tätigkeit nach Deutschland und begründete 1874 die → *Psychischen Studien* (ab 1925 *Zeitschrift für Parapsychologie*). Seine Artikel gegen → Hartmann und dessen Buch *Der Spiritismus* (1885) faßte er in seinem Werk *Animismus und Spiritismus* (1890) zusammen. Darin differenziert er auch die drei Hypothesen des → Personismus, → Animismus und → Spiritismus. A.s Haltung ist unkritisch, die These eines echten Unbewußten vermag er nicht ernst zu nehmen; was nicht wenigstens in Spuren im Bewußtsein ist, stammt für ihn aus der Geisterwelt. — *Werke* → Bibl.
Lit.: Myers 1889/90.

Aktionsforschung, Verdeutschung des engl. *Action research*, soziologischer Fachbegriff zur Bezeichnung einer wiss. Untersuchung, die zugl. die Veränderung gegebener sozialer Verhältnisse anstrebt. Der Wissenschaftler ist Beobachter *und* Teilnehmer. — In der Pps. kann die Untersuchung spontaner Spukphänomene als A. betrachtet werden.

Aktionsstrom, bioelektrischer Strom bei Tätigkeit des Nervensystems, der Muskeln, des Gehirns, des Herzens und der Drüsen. Für die Pps. sind die Hirn-A.e, die von → Berger entdeckten Alpha- und Betawellen von besonderem Interesse. S. a. → Elektroenzephalogramm; → Schlaf; → Traum; → Wellen.

Aktive Imagination, therapeutische Technik in der Jungschen Psychotherapie; ein Hinführen zur Meditation mit dem Ziel, *archetypische Bilder* hervorzurufen, »eine eigtl. Denk- und Vorstellungsleistung, die nicht plan- und bodenlos ins Blaue hinausphantasiert« (Jung 1944: 234).

Aktualgenese [lat.-griech.], Begriff aus der → Gestaltps., beschreibt die Entstehung von klaren Wahrnehmungen aus ganzheitlichen diffusen Vorgestalten (Witte 1953, 1959, 1960). Es scheint, daß von hier aus Verstehensmöglichkeiten für die Ausstrukturierung z. B. telepathischer Erfahrungen oder psychometrisch gewonnener »Bilder« gefunden werden können. Das für die Aussagen eines Sensitiven so typische Herantasten an eine Vorstellung erhellt beim Betrüger aus der Beobachtung der Reaktion des Klienten, beim echten Paragnosten zeichnet es das Werden der Vorstellung nach. In diesem Prozeß wirken normal und paranormal erlangte Informationen als Determinanten zusammen.

Aktualisieren, Latentes manifest werden lassen, Vergessenes erinnern, Unbewußtes zum Bewußtsein kommen lassen. Bei zeitlichen Verschiebungen im telepathischen Erlebnis (z. B. verspätetes → Abmelden) scheint es, als bliebe die zur ereignisgleichen Zeit paranormal erworbene Information unbewußt, bis bestimmte auslösende Momente sie a. Entsprechend lassen sich manchmal scheinbar retrokognitive Erlebnisse als telepathische Phänomene deuten.

Aktualneurose, von Freud Ende der 90er Jahre entwickelter Begriff für einen Neurosentypus, dessen Ursache nicht in frühkindlichen Traumata liegt, sondern als Ausdruck bewußter Konflikte verstanden werden muß und darum durch Psychoanalyse auch nicht therapierbar ist. Gerade beim Versuch, den Konflikt einer A. zu lösen, scheinen manche Menschen paranormale Kräfte zu mobilisieren; so können einige Doppelgängererscheinungen zweifellos auf eine *Angstneurose* zurückgeführt werden. S. a. → Doppelgänger; → Neurose; → Phantom; → Psychoanalyse.

Akupunktur [von lat. *acus;* Nadel, und *punctum;* Stich], diagnostisches, therapeutisches und lokalanästhetisches Verfahren der chin. und jap. Medizin, das angeblich seit 5 Jahrtausenden in Ostasien angewandt wird. Dabei werden lange, dünne Nadeln aus Silber, Gold oder Stahl in bestimmte Punkte gestochen (in neuerer Zeit auch Elektroakupunktur, → Tobiskop; A. mit Laserstrahlen, Akupressur), die in Linien, den sog. Meridianen, den Körper überziehen. Die rund 750 A.-punkte, von denen jedoch nur etwa 350 bis 400 medizinisch benützt werden, sind angeblich von besonderer Struktur. Ihr Durchmesser beträgt ungefähr 3 mm, der elektrische Hautwiderstand an diesen Stellen liegt unter dem üblichen.

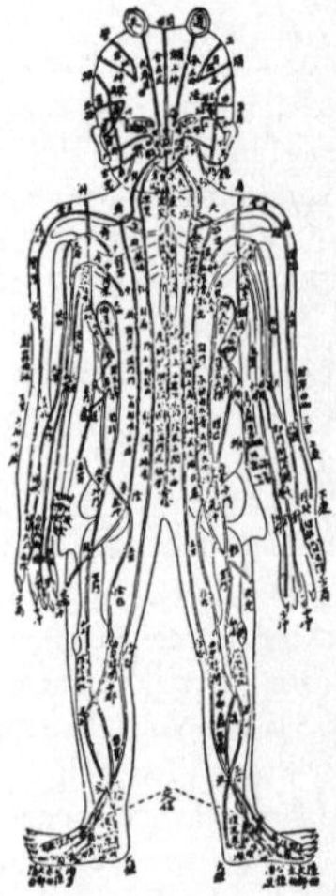

Alte Akupunkturtafel, die Meridiane und Punkte angibt, ca. 2500 Jahre alt.

In vielen Fällen ist die Wirkung der A. unbestritten, die Wirkungsweise aber ist ungeklärt; ein Zurückführen der Erfolge auf → Placebo, Auto- oder Heterosuggestion ist oft nicht möglich.

In der Bundesrepublik sind vorwiegend Heilpraktiker Akupunkteure; mehr und mehr interessiert sich aber auch die westliche Schulmedizin für die A.; so wurden in Gießen bis zum Jahresende 1975 bereits fast 300 Operationen bei A.analgesie durchgeführt. (Schon im 19. Jh. praktizierte üb-

rigens der Stellmacher Karl Baunscheidt, 1809—1874, ein A.verfahren: Er kombinierte das Nadeleinstecken mit Einreibungen!)
Ob und inwieweit die A. pps. relevant ist, wird unterschiedlich beurteilt. Hypothesen besagen, → *Ch'i* (gelegentlich auch *Ki*), die »Vitalenergie« oder »Lebenskraft« der chin. Tradition, fließe in den Meridianen, Ch'i und das Meridiansystem sollen so einen wohlorganisierten *Bioenergiekörper* bilden. Dieser Energiekörper, der einigen Autoren zufolge in der → Kirlian-Fotografie sichtbar und damit objektivierbar wird, könnte ggf. auch zur Erklärung mancher von der Pps. untersuchter Phänomene herangezogen werden (vgl. dazu → Chakra; → Head).
Lit.: Bischko [6]1975; Duke 1972; Fisch 1973; Köhnlechner 1974; Krippner/Rubin 1975; F. Mann 1972; Schnorrenberger 1975; Stelter 1973; J. White 1972.

Alacoque, Marguérite Marie (1647—1690), frz. Nonne, heiliggesprochene Visionärin; ihre Visionen weisen z. T. stark sinnliche Züge auf und beeinflußten nachhaltig die Herz-Jesu-Mystik: Jesus erschien A. in leiblicher Gestalt und ruhte an ihrer Brust. Sie tauschten ihre Herzen; Jesus senkte ihr Herz in seine Brust, die durch die Seitenwunde wie ein glühender Ofen aussah, und gab es dann der Nonne zurück. — *Werke* → Bibl.
Lit.: Hamon 1922.

Alästhesie [griech.-lat.; Fremdempfindung], Unterform der *Telepathie*, spontan oder provoziert auftretend, bei der die übermittelten seelischen Inhalte Sinnesempfindungen sind, d. h., was der Agent empfindet, z. B. Schmerz (einschließlich des Grenzfalls der Schmerzlosigkeit, → Anästhesie), was er riecht oder schmeckt, was er optisch und akustisch wahrnimmt (wieder einschließlich des Grenzfalls der negativen, »ausgeblendeten« Wahrnehmung), wird vom Perzipienten als eigene Erfahrung erlebt. A. lag besonders häufig im → Rapport vor, wie ihn die alten Magnetiseure beschreiben.

Albertus Magnus, eigtl. Albert Graf von Bollstädt (1193 o. 1206—1280), Heiliger, Dominikaner, Scholastiker, einer der bedeutendsten Gelehrten des MA.s, Bischof von Regensburg. A. M. brachte Aristoteles in die christl.-abendländische Kultur ein. Außerdem besaß er für seine Zeit erstaunliche naturwiss. Kenntnisse, die ihn im Volksglauben zum Magier stempelten. In Legenden werden ihm allerlei magische Experimente nachgerühmt: z. B. Blumen im Winter blühen lassen und Bau eines → Androiden (den sein berühmtester Schüler Thomas von Aquin zerstört haben soll). Bei einigen Schriften, die seinen Namen tragen, wird die Echtheit bestritten, andere, wie das Zauberbuch *Le Grand Albert,* sind mit Sicherheit nicht von ihm verfaßt. In diesen Werken findet sich sehr viel Material über die magische Wirkung der → Edelsteine und über den Einfluß der Gestirne auf die »Seelen« von Tier und Pflanze. In *De secretis mulierum et viorum* (»Über die Geheimnisse der Frauen und Männer«; nur von Thorndike [1923] A. M. zugeschrieben) werden u. a. planetarische Einflüsse in der Schwangerschaft behauptet: Jeder Planet »regiert« einen Schwangerschaftsmonat und setzt somit künftiges Schicksal. — Die unbestritten von A. M. stammenden Werke — eine Gesamtausgabe erscheint seit 1951 — zeigen ihn nicht nur als geschickten Kompilator, sondern durchaus auch als eigenständigen Philosophen und Theologen. Für die Geschichte abendländischer Seelenvorstellungen, die schließlich Ps. und Pps. mitprägten, sind die 10 verschiedenen Definitionen der Seele wichtig, die A. M. in seiner *Summa Theologiae* bietet.
Lit.: Scheeben [2]1955.

Albruna, auch *Aurinia,* bei Tacitus *(Germania,* VIII) erwähnte germanische Seherin; in ihrem Namen spiegeln sich vielleicht die Wörter → Alb und → Rune.

Alchimie, auch *Alchemie, Alchymie* [arab.; die Chemie; entweder von koptisch *kemi;* Ägypten, also »die ägypt. Kunst«, oder

Alchimistenküche. (Holzschnitt aus dem 16. Jh.)

von griech. *chymos;* Saft], eine naturwiss. philos. Disziplin des MA.s, die auf arab. und ältere ägypt. Quellen zurückgeht und deren Anfänge in der sozialen Sonderstellung der Schmiede, wie sie etwa die Völkerkunde beschreibt, zu sehen sind. Die A. bildet den Vorläufer der wiss. Chemie. Mittelpunkt der Lehre war, daß die irdischen Dinge Mischungen darstellen, weshalb die Umwandlung aller Stoffe ineinander möglich sein müsse; Hilfsmittel dazu waren der → Alkahest und der → Stein der Weisen, höchstes Ziel die Überführung niederer Elemente in »Gold«. Begreiflicherweise gab es Scharlatane und Betrüger unter den Alchimisten, die mit dem Versprechen, Gold gewinnen zu können, Gutgläubige prellten. Die eigtl. Alchimisten aber waren überzeugt von Sinn und Wert ihres Tuns. Soweit von geglückten → Transmutationen berichtet wird, ist ernsthaft zu überlegen, ob eine *parachemische* Verwandlung angenommen werden darf.

Die Sprache der A. ist doppeldeutig: Der Stein der Weisen (das Lebenselixier, die universale Medizin gegen alle Leiden und der Garant der Unsterblichkeit) wird in paradoxen Begriffspaaren beschrieben; er ist ein Stein und er ist kein Stein, er ist unbekannt und jeder kennt ihn, usw. Die dunkle Sprache soll vielleicht den Uneingeweihten abschrecken, sicherlich ist sie aber auch Ausdruck verbal kaum mitteilbarer Erfahrungen. — Die Mysterienreligionen, griech. Naturphilos., Neuplatonismus, Gnostizismus, Astrol., Kabbala und Christentum: sie alle haben zum Lehrgebäude der A. beigetragen; entsprechend vielfältig und verwirrend ist ihre Sprache und sind ihre Symbole. Eine eindeutige Interpretation dieser Begriffswelt verbietet die Natur der Sache. Die Heilige Hochzeit *(hieros gamos)* z. B. ist keineswegs bloß ein anderes Wort oder die Umschreibung für die Transmutation, sondern zugl. die Begegnung der Geschlechter, die Komplementarität von Feuer und Wasser, die Versöhnung mit Gott, die Eucharistie, das Zu-sich-selber-Finden u. a. m. — selbstverständlich in unterschiedlicher Akzentuierung bei den verschiedenen Richtungen der A. Eine frühe sinnbildliche Interpretation der A. hat die engl. Autorin Mary Anne Atwood (1813 bis 1910) in ihrem Buch *A Suggestive Enquiry into the Hermetic Mystery* (»Ein mehrdeutiger Erkundungsgang in das hermetische Geheimnis«, 1850) versucht. In unserem Jh. hat vor allem Jung den Weg der symbolischen Deutung der A. beschritten; er erkannte in der A. eine Naturps. und war der Ansicht, »daß die Analytische Ps. mit der A. merkwürdig übereinstimmt« (Jung 1944). Aber er sah wohl zu einseitig nur die unbewußten Quellen der A., die seiner Ps. und der A. gemeinsame spirituelle, religiöse und symbolhafte Welt. — Der pragmatischen A. verdankt die Naturwiss. bedeutsame Fortschritte: Ausbreitung des Experiments, das Laboratorium, Kenntnisse der Metalle und Mineralsäuren, Darstellung des Alkohols, die Einführung der quantitativen Naturbeschreibung durch genaue Rezepturen, wichtige Arbeitsgeräte und Arbeitsprozesse wie Destillieren und Sublimieren.

Die Pps. ist beiden Seiten der A., der »psychologischen« und der »chemischen« verpflichtet; der ps. wegen der durch Jung erarbeiteten erweiterten Kenntnis der psychischen Organisation des Menschen, der chemischen wegen der Hinweise auf mögliche parachemische Prozesse (vgl. z. B. → Meyrinks Transmutationsexperimente, M. 1973: 293—401). Vor allem aber ist die »ungeteilte A.« für die Pps. von Bedeutung: Die Kluft zwischen Geist und Materie, die die PK so unbegreiflich und schockierend macht, ist in der A. aufgehoben.

»Ein Phänomen, das weder mathematisch voraussehbar ist noch von einem beliebigen Experimentator unter den gleichen Bedingungen beliebig oft wiederholt werden kann, existiert nicht als wiss. beobachtbares Phänomen. Wir haben indessen nicht das Recht, es für nichtexistierend als Phänomen anzusehen. Eine Wiss., die das Studium derartiger Phänomene zum Gegenstand hätte, besäße keinen verständlichen normal-wiss. Wert, und doch stellte sie ein wahres Wissen dar, ein solches nämlich, das über seine eigene Logik und über seine eigenen Methoden und Experimentationsweisen verfügt. Es hat den Anschein, daß die A. weniger einer physikalischen Wiss. entspricht als einer ästhetischen Erkenntnis der Materie und daß sie ihren Platz auf halbem Wege zwischen der Poesie und der Mathematik — der Welt der Symbole und der Welt der Zahlen — hat. Darum ist es auch ein großer Irrtum, wenn man die A. nur aus der hist. gegebenen Entwicklung der Chemie erklären möchte.« (Alleau 1953: 27; zit. n. Amadou 1957: 421 f.)

Verwiesen sei noch auf die chines. A., die sich etwa um die Zeitenwende entwickelte. Die Wandlungen *(hud)*, die die chines. Alchimisten anstrebten, hatten die individuelle Unsterblichkeit zum Ziel.

Lit.: v. Bernus 1948; Berthelot 1888; Burland 1967; Cockren 1940; Crowley 1973; Eliade 1960; Federmann 1964; Ferguson 1906; Fierz-David 1945; Hartlaub 1959; Holmyard 1968; Hopkins 1930; Jung 1944, 1944b, 1955/56; Klossowski de Rola 1974; Lindsay 1970; Oetinger 1858 ff.; Peuckert 1960; Read 1936, 1957; Schmieder 1832 (Nachdruck 1959); Strindberg 1908 bis 1921; Taylor 1949; Thorndike 1923—58; A. E. Waite 1972; Yeats 1927.

Alektryomantie, auch *Alektoromantie* [von griech. *alektor;* Hahn], mantische Verfahren, bei denen ein Hahn eine Rolle spielt. Eine klassische Form bildete das Verstreuen von Getreidekörnern auf einer mit dem Alphabet beschriebenen Tafel (vgl. → Ouija-Board). Die Reihenfolge der Buchstaben, in welcher der Hahn die Körner pickte, wurde als Information verstanden und gedeutet. Auch das Krähen des Tieres konnte im Orakel verwendet werden. — Die Pps. muß beim Verständnis der antiken Orakelform berücksichtigen, daß eine (unbewußte) mental-suggestive Beeinflussung des Hahns durch den Wahrsagenden nicht ausgeschlossen werden kann; vor allem aber muß bedacht werden, daß bei der Deutung ps. und pps. Faktoren von Bedeutung sein können.

Alexis → Didier, Adolph und Alexis.

Algazel → Ghasali.

Alienation [lat.; Entfremdung], 1. das Andersartigwerden von Personen, Umständen und Gegenständen für den Wahrnehmenden; 2. svw. → Psychose.

Allachästhesie [von griech. *allache;* woanders, und *aisthesie;* Gefühl], das Lokalisieren eines Reizes an einer nicht gereizten Körperstelle; vielleicht mit dem Phänomen der → Sinnestransposition in Verbindung zu bringen.

Allbeseelung → Panpsychismus.

Allendy, René Félix Eugène (1889—1942), frz. Psychiater und Psychotherapeut. In *Le Problème de la Destinée* (»Das Problem der Bestimmung«, 1927) untersuchte A. scheinbar präkognitive Inhalte von Träumen seiner Patienten und konnte — ohne damit die Möglichkeit der ASW ausschließen zu wollen — zeigen, daß nicht nur bewußte Vorstellungen auf Handeln zielen, sondern auch unbewußte Bilder (→ Imago) sich verwirklichen wollen. Das persönliche Schicksal wird nicht zuletzt durch innere Faktoren determiniert:

»Ein Traum, der für den Psychoanalytiker einen augenblicklichen oder vergangenen unbewußten Zustand ausdrückt, kann auch . . . als eine Voraussage der Zukunft aufgefaßt werden. Diese beiden Aspekte vereinigen sich in unserem Begriff einer Imago, die sich zu verwirklichen sucht.«

Allgemeine Außersinnliche Erfahrung (AASE), außersinnliche Erfahrung, bei der nicht nach der Modalität (Hellsehen, Telepathie oder Präkognition) unterschieden wird.

Allgemeine Außersinnliche Wahrnehmung (AASW), engl. *General Extra Sensory Perception (GESP);* paranormaler Informationsgewinn, ohne daß eine bestimmte ASW-Modalität (Hellsehen, Telepathie oder Präkognition) als Träger behauptet wird.

Allison, Lydia Winterhalter (1880—1959), Mitbegründerin der Boston S. P. R. Ihre Beschäftigung mit der Pps. erwuchs aus dem persönlichen Anliegen, mit ihrem verstorbenen Mann in Verbindung zu treten. Sie hielt deshalb mit Mrs. → Leonard Sitzungen ab (Allison 1929). Im Auftrag der A. S. P. R. nahm sie an Séancen verschiedener amer. und europ. Medien teil (u. a. Rudi → Schneider). — *Werke* → Bibl.

Allopathie [griech.], von → Hahnemann geprägter Begriff für die Arzneibehandlung der Schulmedizin, die zum Ziel hat, im Körper des Kranken der Krankheit entgegengesetzte Wirkungen hervorzurufen; Gegensatz: → Homöopathie.

Allopsychie [griech.], bezeichnet in der Telepathie die eigtl. Gedankenübertragung (Übertragung von Inhalten, die die Form von Gedanken haben) sowie das Übertragen von Emotionen, Affekten und Vorstellungen.

Allotriogeusie [von griech. *allotrios;* fremd, und *geusis;* Geschmack], Täuschung des Geschmackssinns, Geschmackshalluzination (→ Halluzination). A. kann in Hypnose suggeriert werden, kann sich nachträglich als telepathisch ausgelöste Erfahrung erweisen und wurde gelegentlich als Bestandteil einer Vision erfahren (z. B. Christusvision bei gleichzeitiger Geschmacksempfindung »Honigsüße« im Mund).

Alp, im Volksglauben ein menschen- oder tierähnliches Wesen, das sich Schlafenden auf die Brust setzt und sie zu ersticken droht. Gefühle der Angst, Beklemmungszustand während des Schlafs oder beim Einschlafen, gelegentlich verbunden mit Halluzinationen eines bedrängenden Wesens. → Görres (1927: 276—80) vermutet einen → Rapport zwischen dem Leidenden (Ergriffenen) und einer anderen Persönlichkeit (→ Incubus).

Alphawellen, Hirnaktionsstrom, Hirnwellenmuster 10—12 Hertz, meistens mit Zuständen der Entspannung und herabgesetzten sensorischen Impulsen verbunden. Es besteht die experimentell noch nicht abgesicherte Vermutung, der Zustand, den A. charakterisieren, begünstige das Eintreten von ASW. Ggf. ist es von Bedeutung, daß in einem »A.-Rückkopplungsprogramm« (→ Biofeedback) Menschen das Erzeugen von A. trainieren können (→ Elektroenzephalogramm).

Lit.: Honorton u. a. 1971; Parapsychological Association 1968: 403—59; Stanford/Lovin 1970.

Alraune [von got. *runa;* Geheimnis], Wurzel der Mandragora, die bereits im klassischen Altertum als Amulett und Talisman verwandt und bis ins 19. Jh. in unseren Apotheken gehandelt wurde. Man stellte sich die A. als menschenähnliches Wesen vor (ihr rübenartiger, vielfach verzweigter Wurzelstock erinnert entfernt an eine menschliche Gestalt) und bewahrte sie — Erinnerung an den Kult der Hausgötter — an einem verschwiegenen Ort auf, verehrte, pflegte und bekleidete sie. Ihr Besitz sollte dem Betreffenden Glück, Reichtum und Gesundheit verleihen; außerdem diente sie als Hilfsmittel zum Orakel.

Lit.: Starck 1917.

Alrutz, Sydney Gustaf (1868—1925), schwed. Psychologe an der Universität Uppsala; glaubte, im hypnotischen Experiment eine »Nervenstrahlung« nachgewiesen zu haben; v. Loon und → Thouless, die der Demonstration eines A.-Schülers (Gustav Wallenius) beiwohnten, wurden jedoch nicht überzeugt. A.' Arbeit wurde von → Björkhem (1940) wiederaufgegriffen. — *Werke* → Bibl.

Lit.: v. Loon/Thouless 1926.

Alter, in der Ps., vor allem der Entwicklungsps. liegen seit langem zahlreiche Untersuchungen zu spezifischen Möglichkeiten und Problemen der verschiedenen Lebensalter vor. In der Pps. stehen entsprechende Forschungen noch am Anfang. Man begegnet gelegentlich jedoch der Ansicht, daß psychokinetische Phänomene eher Jugendlichen, ASW-Manifestationen (Zweites Gesicht) eher Erwachsenen widerfahren. Betont wird aber auch, daß Kleinkinder ausgesprochen ASW-begabt sein sollen und daß unter den → Sterbebettphänomenen psychokinetische Manifestationen besonders häufig sind. Der niederländ. Parapsychologe Johan George van Busschbach (1896 bis 1974) glaubt generell, daß die Psi-Fähigkeit im Kindesalter am größten ist und im Laufe der Entwicklung abnimmt.

Alter Ego [lat.; das andere Ich], 1. in der Religionswiss. und Völkerps. ein dem Menschen korrespondierendes Wesen — sein Schatten, ein Baum, Tier o. ä.; 2. in der Tiefenps. Freudscher Richtung das → Es, bei Jung → Anima oder Animus. Allgemein tiefenps. auch die negative Seite eines Menschen, und sozialps. kann die verachtete Minderheit (»Sündenbock«) als A. E. der dominierenden Gruppe angesehen werden; 3. der → Doppelgänger.

Lit.: Wundt 1900—20.

Altersregression → Altersrückversetzung.

Altersrückversetzung, engl. *age regression,* hypnotisches Verfahren, bei dem dem Hypnotisierten suggeriert wird, daß er sich auf immer früheren Stufen seines eigenen Lebens befindet. Scheint der »Sprung hinter die Geburt« zu gelingen, so werten dies manche Autoren als Beweis für → Reinkarnation.

Lit.: Bernstein 1973; Dethlefsen 1974; Stevenson 1966.

Alyta [griech.; Nicht-zu-Lösende], in der Philos. die Welträtsel (Metaphysik) und Denkaufgaben, die zu unauflöslichen Widersprüchen führen (Logik). In der Diskussion zwischen Animismus und Spiritismus zählen die Animisten die Frage des *Überlebens* zu den A.: Die Möglichkeit des Überlebens wird nicht bestritten, jedoch seine prinzipielle Unbeweisbarkeit behauptet.

Amadou, Robert (* 1924), frz. Schriftsteller, Hrsg. der *Revue Métapsychic* 1952—55, und von *La Tour Saint-Jacques 1955—59.* Sein Buch *La Parapsychologie (Das Zwischenreich,* dt. 1957*)* trug wesentlich dazu bei, daß pps. Fragen in weiten Kreisen bekannt wurden. — *Werke* → Bibl.

Ambitendenz → Ambivalenz.

Ambivalenz [lat.; Doppelwertigkeit], von → Bleuler geprägter Begriff für die Gleichzeitigkeit entgegengesetzter Neigungen, Einstellungen und Gefühle, die sich auf dasselbe Objekt richten (»Doppelgerichtetheit«). Er nahm A. für 3 Gebiete an:

Affekt — jemand liebt und haßt zugl. dieselbe Person; *Intellekt* — Ansicht und Gegenansicht werden gleichzeitig vertreten; *Wollen* — zur gleichen Zeit wird Entgegengesetztes gewollt. *Ambitendenz,* gelegentlich synonym zu A. gebraucht, bezieht sich im strengen Sinn nur auf die A. im Wollen. A. kann Krankhaftes und Normales beschreiben. In einem erweiterten Sinn spricht man auch bei Doppelbedeutung von A. und meint damit die Eigenschaft von Sachverhalten oder Wahrnehmungsbestandteilen, in verschiedenem Zushg. gesehen werden zu können (eine bestimmte soziale Position kann erstrebt *und* gefürchtet werden). So beschreibt auch → Klages doppeldeutige Schriftmerkmale in der Graphologie als *ambivalent.*

Freud hat die A. in das psychoanalytische Vokabular übernommen, wobei der Begriff wesentliche Umdeutungen und Erweiterungen erfahren hat: Manche Autoren nennen jeden Kompromiß und jeden Gegensatz ambivalent, für andere beschreibt A. eine Entwicklungsstufe des reifenden Menschen, die durch Triebschwankungen charakterisiert ist — der reife Mensch ist nicht länger ambivalent (so der Psychoanalytiker Karl Abraham); wieder andere (die Analytikerin Melanie Klein und ihre Schüler) sehen in jeder menschlichen Triebregung die A. von Liebe und Destruktion. Den meisten Definitionen ist gemein, daß A. einen *nichtaufhebbaren Gegensatz* beschreibt.

In der Pps. wird der Sinngehalt paranormaler Manifestationen oft als ambivalent charakterisiert. Schon die Doppeldeutigkeit der griech. Orakel ist weniger eine Hintertür, um das Nichteintreten einer Prophezeiung zu rechtfertigen, als vielmehr Ausdruck einer A., die sich nicht ins Entweder/Oder klassischer Logik zwängen läßt.

Lit.: Bleuler 1910; Bonin 1974; Freud 1909.

Ambrosia [griech.], in der Mythologie jene Speise, die die Götter unsterblich macht. Der engl. Gelehrte und Schriftsteller Robert Ranke-Graves (*1895) vermutet, daß es sich bei A. um eine halluzinogene Droge auf der Basis des Fliegenpilzes *(Amanita muscaria)* handelt; er glaubt, viele Mythen und Mysterien der griech. Religion als auf einem Pilzkult beruhend erklären zu können.

Lit.: Ranke-Graves 1960.

Ambrosius (ca. 340—397), lat. Kirchenlehrer, aus Trier gebürtig, seit 374 Bischof von Mailand. Heiliger, dem neben anderen wunderbaren Fähigkeiten auch die der → Bilokation zugeschrieben wurde. Die Ikonographie zeigt A. manchmal mit einer Geißel: 1338 soll er als eine Erscheinung mit der Geißel als Attribut die Feinde Mailands (Ludwig von Bayern und dessen Verbündete) vertrieben haben.

Lit.: Dassmann 1967; Dudden 1935.

American Institute for Scientific Research, 1906 von → Hyslop in New York gegründet; es sollte 2 Abteilungen umfassen: die eine sollte sich dem Studium anomaler psychischer Zustände widmen, die andere das Paranormale untersuchen. Die Arbeit konnte aber nicht in der vorgesehenen Weise aufgenommen werden, und so ging die zweite Abteilung in der → American Society for Psychical Research auf.

American Psychical Institute and Laboratory, 1920 von → Carrington in New York gegründete Forschungsstätte für pps. Untersuchungen; sie bestand bis 1922 und wurde 1933 erneut ins Leben gerufen (Publikationen: *Bulletins*).

American Psychical Society, wurde 1882 in Boston gegründet; sie bestand 2 Jahre und gab eine Vierteljahresschrift heraus.

American Society for Psychical Research (A.S.P.R.), gegründet 1885 in New York, 1889 der engl. S.P.R. angegliedert und 1906 unter → Hyslop als eigenständige Vereinigung neu konstituiert (Publikationen: *Proceedings* und *Journal*).

Amherst, Ortschaft in Neuschottland (Kanada). 1878/79 ereigneten sich dort Spukphänomene: Betroffen war die Familie Teed, die Bezugsperson schien Esther Cox, die Schwester von Mrs. Teed, zu sein. Es begann mit psychokinetischen Bewegungen. Besonders bemerkenswert ist, daß E. C. eines Nachts durch Anschwellen ihr Volumen wesentlich vergrößert haben soll (→ Elongation). Im weiteren Verlauf der Ereignisse flogen Kleidungsstücke durch die Luft, → Direkte Schrift und → Direkte Stimme (»Esther Cox, ich werde dich töten!«) traten auf. Kaltes Wasser sprudelte, als ob es koche, brennende Zündhölzer fielen von der Decke. Der all dies verursachende → Poltergeist kommunizierte durch Raps (→ Klopfalphabet) und teilte mit, er werde bis zum Tode von E. C. so fortfahren. Die Bedrohte verließ den Haushalt, doch auch in ihrer neuen Wohnung wiederholten sich die Phänomene noch eine Weile.

Eine Nachuntersuchung durch → Carrington (1907) bestätigte die Glaubwürdigkeit der von Hubbell mitgeteilten Beobachtungen.

Lit.: Carrington 1907; Hubbell 1888; H. Prince 1919/20.

Ammonios Sakkas (ca. 175—242). Der Lehrer des → Plotin in Alexandria gilt als Begründer des Neuplatonismus. In diesem Zushg. ist es von Bedeutung, daß der Indologe Helmuth von Glasenapp (1891 bis 1963) die These des Sanskritisten Heinrich Lüders (1869—1943) für akzeptabel hielt, daß »Sakkas«, üblicherweise mit »Sackträger« übersetzt, mit Sakya-Muni, dem Titel des Buddha, zusammenhänge. Demnach könnte A. S. ein buddhistischer Mönch gewesen sein, der, nach Alexandria gelangt, Plotin mit ind. Wissen bekannt gemacht hat. Für die Geschichte des Okkultismus folgt daraus, daß die ost-westliche Begegnung wesentlich älter ist, als man gemeinhin glaubt.

Amnesie [griech.; Erinnerungsverlust], zeitlich begrenzter völliger oder teilweiser Gedächtnisverlust; die Reproduktion von Erinnerungen wird organisch oder psychogen (→ Verdrängung) gehemmt; Störung bei Hysterie, Epilepsie, Gehirnerschütterung oder -quetschung u. a. *Retrograd* nennt man die A., wenn sie sich auf die Zeit vor, *anterograd*, wenn sie sich auf die Zeit nach dem akuten Störungsanlaß bezieht. In der → Hypnose kann eine A. möglicherweise aufgehoben werden, und es kann eine posthypnotische A. suggeriert werden (d. h. Verbot der Erinnerung der hypnotischen Erfahrung). Die Ergebnisse der Hypnoseforschung und tiefenps. Material belegen die Relativität der A.: Sie gilt jeweils auf bestimmten Bewußtseinsebenen und in Fällen von → Multipler Persönlichkeit von einer Person (einem Bewußtsein) nur in bezug auf eine bestimmte andere. Amnestisches Material kann mittels verschiedener Techniken (z. B. Hypnose) gelegentlich aktualisiert werden oder auch dadurch, daß der gleiche Bewußtseinszustand wie vor der Störung wieder eintritt. Latentes Material kann Verhalten steuern und sehr wahrscheinlich telepathisch von anderen Personen erworben werden.

Die Anhänger der → Reinkarnations-Hypothese nahmen als Regelfall die A. für die behaupteten früheren Existenzen an, glauben aber, daß sie gelegentlich aufgehoben werden kann (Bridey → Murphy).

Amodal, kennzeichnet in der Ps. Formen der Wahrnehmung, die auf keine Sinnesreizung zurückzuführen sind. Wortprägung des belg. Psychologen A. E. Michotte van den Berck (geb. 1881).

Amphiaraos, einer der Melampoiden → Melampus.

Amplifikation [von lat. *amplificare;* erweitern], nach Jung das assoziative Erweitern (»ausspinnen«) des als Kontext gegebenen Trauminhalts; schließt Vergleiche aus den Bereichen von Kunst, Religion und Mythos mit ein. — A. als technisches Verfahren kann bei der Deutung von Spukphänomenen und bei ASW-Manifestationen fruchtbar werden (vgl. dazu das Detail *coma Berenice* unter → Coombe-Tennant).

Amulett [von lat. *amolior;* fortschaffen, oder arab. *hamail;* das Schwertgehänge], ein passiv Unheil abwehrender, vor Unheil schützender Gegenstand; meist von einer Größe, daß man ihn mit sich tragen kann,

aus Metall, Stein, Pergament, Papier, mit bildlichen Darstellungen, Symbolen, Buchstaben, Versen aus hl. Schriften u. ä. versehen; oft handelt es sich um Nachbildungen menschlicher Körperteile (die dann sympathetisch den entsprechenden Körperteil schützen sollen). Manche A.e sollen erst nach bestimmten magischen Operationen ihre Kraft erhalten. A.e werden meist am Körper getragen, aber auch dem Vieh umgehängt oder in Fahrzeugen aufbewahrt. Verwendet werden sie sowohl bei Naturvölkern als auch in Hochkulturen, einschließlich der europ., obwohl ihr Gebrauch von der Kirche untersagt wurde (z. B. Synode zu Laodikaia, ca. 360).
Parapsychologen, die bei der → Psychometrie feinstoffliche wahrnehmbare Spuren für möglich halten, können dem A. nicht jede mögliche Wirkung absprechen. In den Fällen, wo der Besitzer eines A.s sich z. B. der wunderbaren Errettung aus einer Gefahr rühmt, ist es allerdings naheliegender anzunehmen, daß der Glaube an die Wirksamkeit des A.s beim Träger besondere, psychische, aber nicht unbedingt parapsychische Kräfte mobilisierte.

Lit.: Bonner 1950; Budge 1930; Hansmann/Kriss-Rettenbeck 1966; Laarss [3]1932; Petrie 1914; S. Seligmann 1927; Zucker 1948.

Anabasis [griech.; das Aufsteigen], in der Mystik das beglückende Gefühl des Emporschreitens; beglückend, weil es eine Vorahnung der herbeigesehnten Vereinigung schenkt. In der tiefenps. Symbolik steht das Treppensteigen oft für Koitieren (s. a. → Mystik).

Anachoret [griech.; der Zurückgezogene], svw. Eremit; das A.entum bildet eine Form des Mönchtums, die sich außerhalb der Klöster seit dem Ende des 3. Jh.s entwikkelte. Von vielen A.en behaupten Geschichte und Legende paranormale Erlebnisse: z. B. von Antonius dem Großen, auch »Antonius der Eremit« gen. (ca. 250—356), berichtet sein Zeitgenosse Athanasius, Bischof von Alexandria, in seinem *Leben des heiligen Antonius* verschiedene Fälle prophetischer Visionen und telepathisch-hellseherischer Erfahrung: »Wenn er auf dem Berge war, erblickte er oftmals das, was in Ägypten vorging, und erzählte es ...« Einmal beschrieb er den eine Tagesreise entfernten Ort, an dem ein Wüstenwanderer verdurstet war; dessen Begleiter konnte aufgrund der Angaben des Antonius gerettet werden.

Anagoge [griech.; Hinaufführung], die Erhebung des Geistes zur Erkenntnis des Geistigen; auch die Art der Schriftinterpretation, die dem Text einen tieferen Sinn unterlegt. — *Anagogische Deutung:* Deutungsweise von Träumen, Mythen usw., die das Symbol nicht analytisch auf seinen (z. B. sexuellen) Gehalt zurückführt, sondern es ethisch-moralisch einem Ideal zuordnet; von Freud als Rückfall in voranalytische Zeiten abgelehnt.

Lit.: Silberer 1914.

Analgesie, auch *Analgie* [von griech. *algos;* Schmerz], Schmerzlosigkeit, Schmerzunempfindlichkeit bei normalem oder verändertem Bewußtsein. A. bedeutet nicht Reizunempfindlichkeit. A. läßt sich in Hypnose suggerieren, tritt im → Rapport des animalischen → Magnetismus auf und bei der → Feuerunempfindlichkeit (s. a. → Anästhesie).

Analgie → Analgesie.

Analogie [griech.], Ähnlichkeit, Entsprechung oder Übereinstimmung in Merkmalen oder Verhältnissen. Im okkultistischen *A.-schluß* wird vermutet, daß aufgrund gewisser Ähnlichkeiten auch entsprechende Gesetzmäßigkeiten (Wirkungen, Verhalten) erwartet werden dürfen. Beim *A.zauber* soll z. B. Wirkung durch Nachahmung hervorgerufen werden: Der Zauberer verflucht z. B. den ihm greifbaren Mantel eines flüchtigen Mörders, der durch den Fluch krank wird oder gar stirbt.

Lit.: Stern 1893.

Analytische Psychologie, 1. svw. die Tiefenps. → Jungs und seiner Schule; 2. i. allg. Sinn jegliche analysierende, d. h. zergliedernde, die Psyche in Bewußtsein und

Unbewußtes zerlegende Ps. — Im vorliegenden Werk wird A.Ps. immer im Sinn der erstgenannten Bedeutung verstanden.

Anamnese [griech.; Erinnerung], 1. in Medizin und Ps. das Erfassen der Vorgeschichte eines bestimmten (meist krankhaften) Zustands; 2. in der Philos. die Wiedererinnerung der Seele an Ideen, die sie vor ihrer menschlichen Existenz sah — für Platon das Wesen aller Erkenntnisarbeit; 3. in Theorien zur Reinkarnation das Erinnern früherer Existenzen, z. B. bei der → Altersrückversetzung.

Anästhesie [griech.; Empfindungslosigkeit], unterschieden werden u. a. lokale (örtliche) und totale (allgemeine) A.n. Psychische A. charakterisiert die Melancholie. A.n können pathogen oder in Ausnahmezuständen spontan auftreten, und sie können, z. B. aus therapeutischen Gründen, hervorgerufen werden: medikamentös, verbal-suggestiv (→ Hypnose) oder durch technische Verfahren wie die → Akupunktur. Die A. kann als *negative Halluzination* betrachtet werden.

Bei den Torturen der Märtyrer und bei der Folter in Hexenprozessen trat immer wieder A. auf; eine Erklärung dafür sehen manche in der Annahme einer »visionären Entraffung«.

Die tieferen Stadien des → Somnambulismus sind durch eine Zunahme der A. gekennzeichnet. So hören wir von einer Schlafwandlerin, die während ihrer Anfälle das Essen zuzubereiten pflegte, wobei sie sich wiederholt kochendes Wasser über die Beine goß und schwere Brandwunden zuzog, ohne es zu merken (Moser 1974: 226 f.).

Lit.: Ramsay 1893/94.

Anblasen der Augen, Methode des animalischen → Magnetismus, um den magnetischen Schlaf zu beenden. Neuere Versuche innerhalb der → Nancyer Schule Bernheims bestätigten, daß ein Wecken aus der Hypnose, wenn Verbalsuggestionen versagen, durch A. möglich ist. Das Phänomen ist von erheblicher theoretischer Bedeutung, da es ein Verständnis der Hypnose nur aufgrund von Suggestion erschwert.

Andere Welten, pps. relevant ist die (spiritistische) Vorstellung in Zushg. mit der Frage nach dem → Überleben. Entsprechende Konzepte entwickelte u. a. der Oxforder Logiker H. H. → Price:

»Es liegt auf der Hand, daß es eine Welt geistig-seelischer Bilder sein müßte, eine Art von Traumwelt, die die Erinnerungen und Wünsche der sie Erlebenden spiegelt ... Eine solche Bilderwelt brauchte nicht rein subjektiv und privat zu sein. Mittels einer telepathischen Wechselwirkung könnten ähnlich geartete Perzipienten eine Art ›kollektiver Bilderwelt‹ aufbauen ... Es könnte viele solcher ›anderer Welten‹ geben – eine für jede Gruppe ähnlich gearteter, telepathisch aufeinander wirkender Perzipienten. Jede dieser Welten wäre für die anderen unzugänglich.« (1974: 572.)

Anderswo, Begriff bei → Tyrrell; bezeichnet eine raum-zeit-lose andere Ordnung als die der irdischen Welt. Wechselwirkungen zwischen den beiden Ordnungen sind in ihrem Bindeglied, dem Menschen, möglich; eine einseitige Adaptierung an die vertraute Raum-Zeit-Welt behindert jedoch solchen Austausch. — Erfahrbar ist das A. nur im Blick in die menschliche Psyche (vgl. → Dürckheim, *Vom doppelten Ursprung des Menschen).*

Lit.: Tyrrell 1972.

Andreae, Johann Valentin (1586—1654), dt. Theologe und Schriftsteller; wirkte als evang. Geistlicher in Württemberg. Um eine christl. esoterische Gemeinschaft, die er ins Leben rufen wollte, hist. zu legitimieren, erfand er in seinem Werk *Chymische Hochzeit* (1616) die Lebenslegende eines Ritters Christianus Rosencreutz, der im 14. Jh. eine Bruderschaft zur »General Reformation der gantzen weiten Welt« gegründet haben sollte. Diese Behauptung, unterstützt durch anonyme Schriften ähnlichen Inhalts aus dem Freundeskreis um A., entfesselte in der Folgezeit einen heftigen Gelehrtenstreit. Während die eine Partei das Buch als eine Satire auf Geheimgesellschaften i. allg. und die Alchimie im besonderen auffaßte, nahm die andere sie als eine ernst gemeinte und aufschlußreiche Einweihung in okkultes Wissen, z. B. in die Herstellung des → Steins der Weisen. A. selbst distanzierte sich von diesen Spekulationen 1617 durch eine Schrift, in der er die *Chymische Hochzeit* als »Spielwerk« *(ludibrium)* bezeichnete, mit dem er nur Anstoß geben wollte zur Erneuerung der Gesellschaft durch innere Umkehr. — Inzwischen hatte sich jedoch der Glaube an die Existenz einer → Rosenkreuzer-Bewegung so weit verbreitet, daß mehrere geheime Brüderschaften sich auf die traditionellen Ideale dieses »Ordens« beriefen, u. a. die Freimaurer.

Zur Wirkungsgeschichte A.s gehört auch sein Einfluß auf das Denken der Prinzessin → Antonia, der in ihrer »Lehrtafel« sichtbar wird. — *Werke* → Bibl.

Lit.: Kienast 1926; Yates 1975; Vogelgsang 1976.

Andrews, Mary, amer. Materialisationsmedium der 70er Jahre des 19. Jh.s. Die Séancen wurden sowohl bei Dunkelheit als auch bei Licht (mit → Kabinett) abgehalten. Zu den auftretenden Phänomenen zählten materialisierte Hände, → Leuchtphänomene, → Direkte Stimme, Wasserapporte und köstliche Düfte unbekannter Herkunft.

Lit.: Truesdell 1884.

Androide [griech.], 1. Automat in Menschengestalt; 2. ein künstlich hergestelltes menschenähnliches Wesen, das bestimmter Lebensäußerungen fähig ist (→ Homunkulus; Golem). Rabbi Löw aus Prag, Albertus Magnus, Roger Bacon, Faust u. a. wird von der Legende die Erschaffung eines A.n zugeschrieben.

Lit.: Völker 1971.

Aneignungszauber, dem → apotropäischen Abwehrzauber entgegengesetzte Handlung: Durch Berührung oder Einverleibung (Essen) wird dem den Zauber Ausübenden magische Kraft zugeführt.

Anekdote [griech.], die übliche Berichtform der älteren pps. Kasuistik. So unterbrach z. B. die griech. Philosophin Sosipatra einen Vortrag, um den Unfall eines Verwandten, der sich zur gleichen Zeit an einem anderen Ort zutrug, zu schildern, und → Augustinus berichtet, einer seiner Schüler habe dem karthagischen Wahrsager Albiverius die Aufgabe gestellt, wiederzugeben, woran er (der Schüler) gerade denke; richtig zitierte der Sensitive einen Vers des Vergil.

A.n dieser Art tauchen in der Weltlit. wie auch in der Triviallit. häufig auf: in den Schriften der Entdeckungsreisenden, versteckt in Fach-, Unterhaltungs- und Missionszeitschriften, Biographien, Briefausgaben usw. Es wurde bisher noch nicht versucht, sie systematisch zu erfassen, aus ihrem Kontext zu lösen, zu sammeln und aufzubereiten (z. B. mittels Computer). Beweisbar ist kaum eine dieser A.n — eine systematische Analyse würde aber sicherlich bestimmte → Patterns erkennen lassen.

Lit.: Nielsen 1922; Sexauer 1964; Thouless 1971.

Anenergie, auch *Anergie,* bei psychopathologischen Zuständen auftretende Energielosigkeit, u. U. sogar Unterdrücken von Willensregungen; gelegentlich bei Bezugspersonen im personengebundenen Spuk zu beobachten (Indiz für paranormale Kanalisierung von Spannungen?).

Angang, der Volksglaube an den Sinn, die Vorbedeutung eines zufälligen Ereignisses (wie z. B. die Begegnung mit einem Schornsteinfeger, einer schwarzen Katze usw.), wichtig sind dabei auch Ort und Zeit (Kreuzweg, Friedhof, Mitternacht usw.). S. a. → Synchronizität.

Angeln, Übersetzung des gleichbedeutenden engl. *fishing*. Bezeichnet die Technik mancher Hellseher, die sich bei der Demonstration ihrer vorgeblichen Fähigkeit an die richtige Aussage mit kaschiert suggestiv fragenden Sätzen »herantasten«. Etwa so: »Gab es da nicht ein entscheidendes Erlebnis während eines Urlaubs?« — »Ich sehe einen Mann mittleren Alters; kann er etwas mit einem Auto zu tun haben?«

Angelus, Heiliger, der im 12. Jh. gelebt haben soll; einer der ersten Karmeliter, angeblich aus Jerusalem; er wirkte als Bußprediger in Sizilien und wurde dort erschlagen. Während seiner Predigten sollen Rosen und Lilien aus seinem Mund gekommen sein; wenn man will, eine frühe Erwähnung von Blumenapporten.

Angewandte Parapsychologie, nicht eindeutig definierter Begriff, der die praktische Verwendung der paranormalen Fähigkeiten bezeichnet, im Gegensatz zur theoretischen Arbeit und zur Grundlagenforschung. Dabei ist die Abgrenzung gegenüber unseriösen bzw. betrügerischen Praktiken schwierig.

Eine gewisse Tradition — auch in außereurop. Kulturen — hat die A. P. in den Bereichen der sog. → Kriminaltelepathie und bei der nichtmedizinischen Diagnose und Therapie.

Bei der Kriminaltelepathie hat sich gezeigt (Tenhaeff 1967), daß der Sensitive sehr oft echte paranormale Informationen liefert, die pps. und ps. interessant sind, jedoch nicht der Aufklärung des betreffenden Falles dienen. — »Bei medialer Beratung«, etwa bei der Suche nach Vermißten oder verlorenen Gegenständen u. ä., scheint es notwendig, daß der Klient über pps. Kenntnisse verfügt oder der Sensitive über ps.: Es besteht die Gefahr, daß die Gedanken oder das Unbewußte des Klienten angezapft werden und die Aussage dessen Verdacht reproduziert, aber keine objektivierbare Information gibt. Oder: der Sensitive gibt seine Eindrücke wieder, ohne Rücksicht darauf, daß damit das Verhalten seines Klienten determiniert wird; der Sensitive hat keine Kontrolle über die Zuverlässigkeit seiner Aussagen, usw. All dies steht einer direkten praktischen Verwertung im Wege.

Bei den Aussichten über eine künftige A. P. scheinen 2 Meinungen zu konkurrieren: Die sowjet. Forscher hoffen wohl vor allem auf eine praktische Verwertbarkeit der Psi-Fähigkeit, im Westen verspricht man sich eher eine Erweiterung des Menschenbildes durch die pps. Forschung.

Lit.: Ostrander/Schroeder 1975.

Angst [ahd. *angust;* verwandt mit lat. *angustus;* eng — weist hin auf Atembeklemmung, Verengung], mit Verzweiflung und Erregung verknüpftes Lebensgefühl, das die rationale Steuerung der Persönlichkeit stark einschränkt oder ausschließt. Im Gegensatz zur Furcht, die ihr Objekt kennt, ist A. irrational. Von einigen Anthropologen wird A. als Grundbefindlichkeit des Menschen definiert, als A. vor dem Neuen, der Veränderung, dem Entgleisen der Ordnung. Kaufmann (1970: 179—193) hat versucht, A. und das Paranormale in Verbindung zu bringen: »Der Ort der Angst ist das Ich«; es erhebt sich die Frage, ob A. Gestalt gewinnen, Kräfte freisetzen kann, ob das paranormale Ereignis, vor allem das psychokinetische, eine Projektion der A. des Ich ist. In selteneren Fällen des Spuks scheint es allerdings, als ob hier A. kanalisiert werde. In Gegensatz zum menschlichen Urtrieb der A. steht das Vertrauen, dessen paranormale Manifestation in manchen telepathischen Erfahrungen ebenfalls gesehen werden kann.

Psychohygienisch von Bedeutung ist das »Geschäft mit der Angst«; die sozialps. Erscheinung eines populären Vulgärokkultismus, der falsche Hoffnungen macht, Lösungen in Krisensituationen verspricht. Diese »manipulierte Irrationalität« (Th. W. Adorno) dient dem Profit und gewissenloser Manipulation der Menschen.

Lit.: Kaufmann 1970; Riemann [8]1973.

Anhauchen, Methode des nichtorthodoxen Heilens, schon bei den Magnetiseuren des 19. Jh.s nachweisbar und in unserem Jh. z. B. von → Béziat, dem »Heiler von Avignon«, angewandt; gelegentlich auch beim → Exorzismus zu beobachten.

Anhorn, Bartholomäus (1616—1700), evang. Schweizer Pfarrer, der in seiner *Magiologia* (1674) den Christen zur Warnung ein Kompendium der Hexenkünste vorlegte, das für die Geschichte des Okkultismus wichtige Kasuistik enthält, dessen zeitgeschichtliche Bedeutung aber vor allem in der Verbreitung und Bestärkung des Hexenglaubens liegt.

Anima, Animus, nach Jung der → Archetyp »Weib« bzw. »Mann«, der Niederschlag aller entsprechenden Erfahrungen der menschlichen Ahnenreihe; zugleich ist Anima das Frauenbild des Mannes und umgekehrt Animus das Männerbild der Frau. Außerdem bezeichnet Anima die unbewußte weibliche Komponente im Mann (Launenhaftigkeit, aber auch Kreativität) und Animus die männliche Komponente der Frau.

Animalisch [lat.; tierisch], in der Pps. bezeichnet man mit a.en Funktionen gewisse unwillkürliche Bewegungen und Empfindungen, nicht in die Person integrierte Triebe und Leidenschaften.

Animalischer Magnetismus → Magnetismus, animalischer.

Animalismus, religiöse Verehrung von Tieren; bestimmte Jägerkulturen charakterisierende Weltanschauung, deren kennzeichnendes Element eine enge mystische Verbindung zwischen Tier und Mensch ist. Auf der Grundlage des A. entwickelten sich etwa Vorstellungen von tierischen Schutzgeistern, vom tierischen → Alter Ego (Doppelseele, die in einem menschlichen und einem tierischen Individuum repräsentiert ist), vom tierischen Menschen-Stammvater u. ä. m. Pps. relevant sind Phänomene wie das → Delphin-Locken und die magische → Faszination: Beide haben eine animalistische Wurzel.

Animal-Psi, aus dem engl.-amer. in den dt. Sprachgebrauch übernommen für den Komplex »paranormale Fähigkeiten in der Tierwelt und ihre Untersuchung«, Kurzform: *Anpsi.* → Tierparapsychologie.
Lit.: Morris 1973.

Animismus [von lat. *anima;* Seele], 1. von dem engl. Völkerkundler E. B. Taylor (1832—1917) eingeführte Bezeichnung für die Vorstellung, alle Dinge seien beseelt, aus der sich, nach Taylor, Religion entwickelt hat. Manche Autoren sahen im A. nicht die älteste Religionsform (hier wird Religion mit Welt-Vorstellung verwechselt!) und vermuten eine ältere, *präanimistische* Stufe, auf die auch Material der Jungschen Tiefenps. verweisen soll. In der Religionswiss. ist es aber generell umstritten, ob die religiöse Entwicklung der Menschheit sich überhaupt stufenweise zum Gottes- oder Götterglauben vollzog.

In der Ps. bezeichnet A. die Hypothese, somatischen Vorgängen liefen entsprechende psychische parallel.

In der Pps. kennzeichnet A. die Grundannahme, Ursache des paranormalen Geschehens seien *lebendige* Wesen. In dieser Bedeutung wurde A. durch → Aksakow in die Pps. eingeführt, um eine dem → Spiritismus entgegengesetzte Position zu bezeichnen.

Nach Aksakow beschreibt A. »unbewußte psychische Phänomene, welche sich außerhalb der Grenzen der körperlichen Sphäre des Mediums erzeugen ... die Elemente der Persönlichkeit überschreiten die Grenzen des Körpers und manifestieren sich in der Ferne nicht allein durch psychische, sondern auch physische und sogar plastische Wirkungen bis zur vollen Entäußerung oder Objektivierung — wodurch bewiesen wird, daß ein psychisches Element nicht bloß ein einfaches Bewußtseinsphänomen, sondern auch ein substantielles Kraftzentrum sein kann, welches denkt und organisiert — ... Sonach werden wir in den ›animistischen Phänomenen‹ Manifestationen der Seele als einer substantiellen Wesenheit vor uns haben ...« (Aksakow 1894: XXXI f.; dieser materialistische Seelenbegriff ist heute nicht mehr Bestandteil der animistischen These; → Idealismus.)

Der Spiritismus lehrt das »Hereinragen einer Geisterwelt« in unsere Sphäre, der A. will die Untersuchungen auf die Erforschung unserer Natur beschränken. Wiss.stheoretisch ist die spiritistische Hypothese weder beweisbar noch widerlegbar, der A. hingegen ordnet sich unserem Wiss.sbegriff ein. Vielen erscheint die spiritistische Erklärung — meist in der Form, der Geist eines Verstorbenen bewirke das Phänomen — jedoch leichter annehmbar als die animistische; tatsächlich müssen im konkreten Fall zur Verteidigung des A. oft recht gewagte Konstruktionen herhalten, andererseits bleibt die spiritistische Möglichkeit in der Sphäre des Glaubens und damit außerhalb der Wiss. Daß Medien oft gläubige Spiritisten sind, ist kein Argument für den Spiritismus. Wann immer ein Medium angeblich Mitteilungen eines Verstorbenen über dessen (frühere) persönliche Lebensumstände macht, sind diese nur verwertbar, wenn sie sich durch Dokumente oder Zeugenaussagen bestätigen lassen, das aber bedeutet, die Informationen können auch hellseherisch oder telepathisch erworben sein. Theoretisch macht es keinen Unterschied, ob hier eine oder Dutzende von Quellen angezapft werden müssen. In der Praxis fällt es manchen Forschern schwer, sich vorzustellen, daß wegen scheinbar unbedeutenden Kleinigkeiten so viele (lebende) Menschen konsultiert werden sollen, sie neigen gefühlsmäßig eher der spiritistischen Erklärung zu. Das gilt vor allem für William → James und in geringerem Umfang auch für → Driesch.

Manchmal erscheint ein Fall, der ursprünglich wie ein Indiz für den Spiritismus aussah, plötzlich in ganz anderem Licht:

In zwei Sitzungen → Soals mit dem spiritistischen Medium Blanche → Cooper im Jahr 1922 meldete sich Gordon Davis, ein Klassenkamerad Soals, den Soal nach Berichten von Dritten im Ersten Weltkrieg gefallen wähnte. Der »Geist« Davis' sprach von gemeinsamen Erinnerungen, aber auch von Sachverhalten, die Soal unbekannt waren, die sich aber 1925 verifizieren ließen, als Soal den fälschlich Totgeglaubten wiedersah. Man muß deuten, daß das Medium in telepathischen Kontakt zu Soal und Davis trat, aufgrund seines spiritistischen Glaubens aber die paranormal empfangenen Informationen durch den »Geist des Verstorbenen« artikulierte. *(Proc. S. P. R.* XXXV: 560 f.*)*

Nach → Du Prel (1950) besteht kein Unterschied zwischen den Fähigkeiten Lebender und Verstorbener, »weil der Mensch nicht als irdisches Wesen magisch wirkt, sondern durch den → Astralleib, so daß also der Agent in beiden Fällen der gleiche ist«. Hier wird die eine Schwierigkeit durch eine andere ersetzt: Das Überleben eines hypothetischen Astralleibs wirft die gleichen wiss.stheoretischen Probleme auf wie die spiritistische Hypothese.

In bezug auf den → Mesmerismus kennzeichnet A. die Position jener Magnetiseure, die die Erscheinungen nicht durch das Vorhandensein magnetischer Kräfte erklärten, sondern ein psychisches Einwirken des Magnetiseurs auf die Vp. annahmen.

Lit.: Aksakow 1894; Bender 1971; Kruijt 1906; Nieuwenhuis 1917; Söderblom 1926; Tylor 1873; Wundt 1920.

Anmelden → Abmelden.

Anormal, falsche Wortbildung, die aber auch im pps. Schrifttum verbreitet ist (z. B. Moser 1974); gemeint ist *abnorm* (von der Norm abweichend, krankhaft), oder *anomal* (unregelmäßig, gesetzwidrig); umgangssprachlich findet sich auch *abnormal* in der Bedeutung »ungewöhnlich«.

Anpsi, auch *An-psi,* im Sprachgebrauch engl. und amer. Parapsychologen gängige Kurzform von *Animal-Psi;* → Tierparapsychologie.

Anrufung → Evokation.

ANS → *A*utonomes *N*ervensystem.

Ansage → Call.

Anschauungsbilder, von dem dt. Psychologen Erich Jaensch (1883—1940) vorgeschlagene Bezeichnung für Erfahrungen, die zwischen → Nachbildern und Vorstellungen stehen; von anderen Autoren zu den → Halluzinationen gezählt (→ Eidetik).

Lit.: Jaensch 1927—31.

Anschütz, Georg Ernst (1886—1953), dt. Psychologe, Professor in Konstantinopel und Hamburg. Legte eine Systematik der Ps. vor; von Gestaltqualitäten ausgehend wandte er sich vor allem Fragen der Musikästhetik und der → Farbe-Ton-Forschung (Anwendung von → Synästhesien) zu. Die Relevanz der Farbe-Ton-Forschung für pps. Fragestellungen ist noch fraglich, eine Klärung ist vom → Multivariaten Experiment zu erhoffen. Bislang aber existieren nur Vermutungen: »Wie beim Farbe-Ton-Hören ... ist bei sehr vielen das Erleben des Fremdseelischen mit einer Farbvorstellung gekoppelt ... Diese Koppelung ist aber nicht unerläßlich, nicht wesensnotwendig!« (Walther 1974: 696 f.) In Hamburg gründete A. die Freie Forschungsgesellschaft für Psychologie und Grenzgebiete des Wissens. — *Werke* → Bibl.

Ansgar von Bremen (801—865), Heiliger, gen. der »Apostel des Nordens«, erster Erzbischof von Hamburg, fühlte sich in seinem Leben oft durch Traumgesichte und ekstatische Visionen geleitet. Folgende Vision könnte ein telepathisches Element enthalten: A. sah in der Todesstunde eines Knaben — von der Verwundung des entfernt von ihm Sterbenden wußte er allerdings —, wie dessen Seele von Engeln zum Himmel gebracht und der Schar der Märtyrer zugesellt wurde. Daß die paranormal erfahrene Information (hier: des Ablebens) durch ein konventionelles Bild (hier: Seelengeleitung) bewußt gemacht wird, ist ein verbreiteter Typus des telepathischen Erlebnisses (vgl. → Zweites Gesicht).
Lit.: Mehnert 1965.

Antaios, in der griech. Mythologie Sohn der Gaia (Erde) und des Poseidon, von Herakles im Ringkampf getötet. A. erhielt durch Berührung der Erde, seiner Mutter, stets neue Kraft, deshalb mußte Herakles ihn in die Luft heben, um ihn überwinden zu können.
Bemerkenswert oft wird behauptet, der Erdboden sei eine Kraftquelle für PK-Medien (»tellurischer Einfluß«; Moser 1974: 881—883). → Lafontaine berichtet vom Ausbruch eines körperlich eher schwachen Geisteskranken: 6 Verfolger setzte er matt, aber als man auf Asphalt kam, war er völlig wehrlos; kaum hatte man den Asphalt verlassen, vermochte er sich seiner Häscher wieder zu erwehren. Weitere Beispiele: die Phänomene des Mediums → Cottin, die ausblieben, wenn das Medium vom Boden isoliert war; das Medium → Paladino gewann ihr — wie sie es nannte — »Fluidum« durch Reiben der Füße auf dem Boden.

Anthropoflux, so nannte der Züricher Professor Farny die → Emanation, die der Elektroingenieur Karl Eugen Müller (*1893) durch eigens konstruierte Indikatoren beim Menschen nachwies. Vor allem den Finger- und Zehenspitzen soll das A. entströmen. Die »Emanation« erfolgt stoßweise, in schwankender Intensität und ist nichtelektrischer Natur.
Lit.: Müller 1932.

Anthropologie [griech.; Lehre vom Menschen], zu unterscheiden ist vor allem zwischen der *philos.* A., einem Zweig der Naturphilos., der sich in der Neuzeit neben der Ontologie, der Lehre vom Sein, entwickelte, und der *physischen* (medizinischen) A., die Art-, Rassen-, Konstitutions-, Erb- und Abstammungslehre umfaßt. Daneben wurden auch eine biologische, eine soziologische A. u. a. entwickelt. Im angelsächsischen Sprachbereich heißt A. svw. Völkerkunde.
Innerhalb der Pps. hat vor allem → Rhine immer wieder darauf hingewiesen, daß die Ergebnisse der Pps. eine neue A. bedingen, da durch sie ein noch weitgehend unbekanntes Bild des Menschen zutage tritt. → Tenhaeff fordert geradezu eine *anthropologische Pps.:* Er verweist dabei darauf, daß die Pps. nicht nur Tatsachen konstatieren dürfe — ein Anliegen der quantitativen Forschung —, sie müsse, da Mensch und Phänomen zusammengehören, auch den Menschen untersuchen. Als Gegenstand einer anthropologischen Pps. sieht er die Totalität Persönlichkeit *und* Phänomen.
Lit.: Tenhaeff 1974.

Anthroposophie [griech.; Menschenweisheit], Bezeichnung für die von → Steiner begründete Lebenslehre, einer Weiterentwicklung der → Theosophie. Das Wort geht entweder auf einen Buchtitel des 17. Jh.s (Thomas Vaughan, *Anthroposophica magica*) zurück oder auf den Schweizer Naturphilosophen Ignaz Troxler, der in seiner *Naturlehre des menschlichen Erkennens* (1828) eine philos. Anthropologie entwarf. Steiner sah in seiner A. einen Weg, das Geistige im Menschen hinzuführen zum Geistigen im All. Voraussetzung dafür ist die Kenntnis vom Wesen des Menschen, der Natur und vom Übernatürlich-Übersinnlichen. Diese Kenntnis kann in einer sog. »geistigen Schau« erlangt werden, zu der planmäßige Meditationen führen. Die Erkenntnis gipfelt im Schauen der → Akasha-Chronik, »worin alle Ereignisse der Vergangenheit, Gegenwart und möglicherweise der Zukunft aufgezeichnet sind, so daß sie vom Hellseher darin gelesen werden können« (Miers 1970: 14). Der Begriff »Hellsehen« wird in der A., abweichend vom pps. Sprachgebrauch, für diese besonderen Erkenntnisweisen verwendet.

Zur Pflege des anthroposophischen Geistesgutes wurde 1913 die Anthroposophische Gesellschaft gegründet, außerdem bestehen die Freie Hochschule für Geisteswissenschaft und das Goetheanum in Dornach (Schweiz) sowie eine Anzahl Schulen, Verlage usw.

Die A. greift ältere Vorstellungen des Okkultismus und verschiedener religiöser und philos. Systeme auf; manche ihrer Lehren werden in der pps. Diskussion gelegentlich als Modell herangezogen: Steiner setzte statt der psychologischen Zweiheit 4 »Glieder der menschlichen Wesenheit«: den *physischen Leib*, der der leblosen Materie entspricht; den *Lebens-* oder → *Ätherleib*, d. h. der Vitalfaktor, das Belebende im Menschen; den *Empfindungs-* oder → *Astralleib*, der Träger der Affekte und Triebe ist; und das *Ich*. Der physische Leib und der Ätherleib sind dem »länglichen Ei« des Astralleibs eingebettet; der Astralleib, der auch räumlich gedachte Ätherleib und die »höheren Seelenorgane«, die den → Chakras entsprechen, sind dem »geistigen Auge« wahrnehmbar. Der Mensch ist zur Entwicklung aufgerufen, besitzt er doch 3 weitere Anlagen, um die die 4 genannten »Glieder« zu ergänzen sind: *Geistselbst, Lebensgeist, Geistmensch*. Den 7 Gliedern entsprechen die Planeten. Wesentlich für die A. sind ästhetische Spekulationen, z. B. zur Farbsymbolik, und eine Zahlenlehre.

Lit.: Bindel 1950, 1958; Dessoir 1917: 254—63; Frick 1923; Glasenapp 1960; Hauer 1922; Leese 1926; Leisegang 1922; Stolzenburg 1925.

Antigravitation → Agravitation.

Antike und Parapsychologie, die A. kannte pps. Phänomene und interpretierte sie auf dem Hintergrund ihrer allgemeinen Glaubensvorstellungen. Die verbreitete Ansicht, in der A. hätte es keine Theorie der ASW gegeben, ist falsch: So entwickelte z. B. Demokrit das Konzept einer physikalisch vermittelten Telepathie. Verschiedene Begriffe für Telepathie, Hellsehen usw. kannte die A. nicht. → Divination (griech. *mantike*) schloß all dieses ein oder bezog sich nur auf die Antizipation der Zukunft. Unterschieden wurde zwischen induktiver (technischer) und intuitiver (natürlicher) Divination. Erstere bezieht sich auf Astrol., Eingeweideschau, Vogelflug, Loswerfen u. ä. regelhafte Verfahren. Pps. interessanter ist die intuitive Divination, d. h. die Offenbarungen des Träumers und des ekstatischen Sehers. In ihm kann ein Bindeglied zwischen dem Medizinmann der Naturvölker und den Sensitiven unserer Tage gesehen werden. Die Unterscheidung der Divination findet sich bei → Cicero *(De divinatione,* I, 6, 12.*)* und geht auf Platons *Phaidros* (244 B ff.) zurück.

Lit.: Bouché-Leclerq 1879—82; Delatte 1932; Dodds 1970, 1974; de Jong 1921.

Anti-Levitation, Wortvorschlag → Grunewalds (1920: 89) für das Phänomen des

Schwererwerdens eines Mediums bei Materialisationssitzungen (→ Mediumwaage).

Antizufallswahrscheinlichkeit, bezeichnet den Grad von Wahrscheinlichkeit, daß ein Ereignis *nicht* zufällig ist, ausgedrückt in einer Zahlenrelation etwa 1 : 10 000. Der Oxforder Logiker G. Spencer Brown bestritt die durchgehende Anwendbarkeit der Wahrscheinlichkeitstheorie beim quantitativen pps. Experiment. Die Ergebnisse der statistischen Interpretation bewiesen gar nichts, sie zeigten nur A.en, wie sie sich auch in zufälligen Verteilungen fänden, also → *Scheinsignifikanzen.* Tatsächlich läßt sich die Existenz eines Phänomens nicht mathematisch beweisen, wohl aber können statistische Verfahren erfolgreich — wie die Naturwiss.en gezeigt haben — bei einer Untersuchung eingesetzt werden. »Statistik ist also immer nur eine Forschungs-, aber nie eine Beweismethode.« (Tornier 1960: 115.)

Lit.: Bender 1960; G. S. Brown 1953, 1957; Koestler 1972.

Antonia, Prinzessin von Württemberg (1613—1679), christl. Kabbalistin. In einem Kreis von Gelehrten, die sie um sich scharte, wurde die sog. *Lehrtafel der Antonia* geschaffen. Sie steht heute in der Dreifaltigkeitskirche in Bad Teinach, Schwarzwald.

Diese »Lehrtafel« ist ein Höhepunkt christl. Kabbala; sie ist keine Armenbibel, sondern ein Meditationsobjekt, das Erkenntnis bringen soll, und zugl. ein gottesdienstliches Werk. In der Tafel gewannen christl., kabbalistische, neuplatonische und rosenkreuzerische Gedanken Gestalt. Die Deutung muß von verschiedenen Ansätzen aus auf verschiedenen Interpretationsebenen erfolgen. Nichts auf der Tafel scheint ohne Bezug: Farben, Buchstaben, Szenen (aus der Bibel, aus kabbalistischen Schriften, antiken Quellen wie dem *Physiologos*), die Symbolik des Männlichen und Weiblichen, des Rechts und Links, Oben und Unten, Astrologisches und die Symbolik des Gartens. Die Bildkomposition verbindet den → Sefirot-Baum mit einem → Mandala. Der Standort ist bezeichnenderweise ein Heilbad für *Herz*leiden.

Lit.: Benz 1958; Häussermann 1966/67, 1968/69; Oetinger 1763.

Antonius der Große → Anachoret.

Antonius von Padua (1195—1231), Heiliger, aus portug. Adel stammender Franziskaner und Kirchenlehrer; berühmt vor allem durch sein Wirken als Volksprediger in Italien und Südfrankreich. Die Legende überliefert viele Wunder des hl. A., besonders die Gabe, sich Anderssprachigen in feuriger Predigt verständlich zu machen (keine → Xenoglossie, vielleicht ein telepathisches Phänomen). Mehrere Wunder ereigneten sich in Verbindung mit Tieren: Als jemand die Präsenz Christi in der Eucharistie anzweifelt, läßt A. einen Maulesel bringen, der seit 3 Tagen ohne Nahrung war; er läßt ihm Futter geben und zeigt ihm gleichzeitig eine Hostie, ohne zu fressen, sinkt das Tier nieder. Am bekanntesten ist seine »Fischpredigt«: Die Bewohner von Rimini wollten ihm nicht zuhören, wohl aber die Fische. Sie kamen ans Ufer geschwommen und hoben lauschend ihre Köpfe. Während einer Gründonnerstagspredigt 1226 in der Kathedrale von Limoges erinnerte sich A., daß er zur gleichen Stunde in einem Kloster am anderen Stadtende eine Messe hätte lesen wollen; er sank, die Kapuze über den Kopf gezogen, am Altar für einige Minuten nieder. Zur selben Zeit sah man ihn in der Klosterkapelle im Gebet. Vgl. dazu → Bilokation.

Lit.: Clasen 1959; Farnum 1960; Felder 1933.

Anzapfen → Abzapfen.

Anziehungskraft des Bezüglichen, von dem dt. Schriftsteller Wilhelm von Scholz (1874 bis 1969) eingeführter Begriff zur Kennzeichnung des sinnvollen »Zufalls«. Scholz veröffentlichte am 15. 4. 1923 in der *Frankfurter Zeitung* einen entsprechenden Aufsatz; aus Leserzuschriften und eigenen Beobachtungen erwuchs die von ihm vorgelegte Sammlung solcher Zufälle (1924, 1937), die dem »Assoziationsgesetz des Geschehens« (1924: 21) folgen:

Eine Frau fotografierte 1914 im Schwarzwald ihren 4jährigen Sohn; den Film mit 6 Aufnahmen gab sie in Straßburg einer Bekannten, damit diese ihn in ein Labor zum Entwickeln bringe. Infolge des Kriegsausbruchs traf man diese Bekannte, eine Russin, nicht mehr und erhielt deshalb nicht den Zettel mit der Kontrollnummer des Labors; ohne Nummer sah sich die Firma jedoch außerstande, den Film zu finden — sehr zum Kummer der Mutter. 1916 kaufte sie im Frankfurter Raum einen Film und machte Aufnahmen ihrer inzwischen geborenen Tochter. Beim Entwickeln zeigen sich Doppelbelichtungen: Der neu gekaufte Film ist der in Straßburg verlorengegangene.

Um solche Ereignisse nicht als bloßen Zufall abzutun, wurden verschiedene Thesen formuliert: → Doyle in *Through the Magic Door* (»Durch die magische Pforte«) z. B. glaubt an das Eingreifen jenseitiger Geister; andere Autoren vermuten die Beteiligung einer Psi-Fähigkeit (und verweisen z. T. auf die der → Psychometrie angeblich zugrunde liegenden feinstofflichen Spuren); der letzte umfassende Erklärungsversuch ist im Pauli-Jungschen → Synchronizitäts-Prinzip zu sehen.

Lit.: Kammerer 1919; Koestler 1972.

Apathie [griech.], Antriebsschwäche, Teilnahmslosigkeit, Unansprechbarkeit, vor allem in Zushg. mit Fieber oder Geisteskrankheit, aber auch im Gefolge medialer Phänomene auftretend (→ Erschöpfung des Mediums).

Apollon, griech. Gott, Sohn des Zeus und der Leto, Zwillingsbruder der Artemis. Obwohl die Insel Delos als sein Geburtsort gilt, stammt der A.-Kult wahrscheinlich aus Kleinasien. (In der *Ilias* kämpft er auf seiten der Trojaner gegen die Griechen.) In die griech. Mythologie tritt er als geheimnisumwitterter Orakelgott (→ Delphi) ein, der zugl. Übel abzuwehren und zu stiften vermag, Krankheiten schickt oder heilt, die Gabe der Weissagung besitzt und anderen verleiht (z. B. → Kassandra). Seit dem 6. Jh. v. Chr. wird er als Gott der Sonne, der Ordnung und der Künste verehrt, vom 5. Jh. an auch in Rom, wo er ebenfalls über die Orakelstätten wacht (z. B. Cumae) und mit Weissagungen in Verbindung gebracht wird (→ Sibyllinische Bücher).

Lit.: Bömer 1963; Kerényi ²1953; Mette 1940, Miller 1939.

Apollonios von Tyana (geb. in Kappadokien), neupythagoreischer Denker und Magier des 1. Jh.s n. Chr. Lediglich Briefe, deren Echtheit fraglich ist, sind von ihm überliefert sowie ein Bruchstück seines Werkes *Weihehandlungen oder Über Opfer.* Flavius Philostratos verfaßte um 200 das *Leben des A. v. T.* (dt. Ausgabe 1883), die erste erhaltene profane Biographie eines Wundertäters. In diesem romanhaften Werk gelangt A. bis nach Indien:

»Ein Bote trat zu den Weisen und führte ihnen hilfsbedürftige Inder zu. Unter diesen war ein Weib, das sie wegen ihres Sohnes anflehte. Sie erzählte, er sei 16 Jahre alt und seit 2 Jahren besessen. Das Wesen des Dämons sei höhnisch und lügenhaft. Da nun einer der Weisen fragte, woher sie dies behaupte? sagte sie, der Knabe sei von besonders angenehmer Gestalt; daher liebe ihn der Dämon und gestatte ihm nicht, vernünftig zu sein, noch zu einem Lehrer oder Bogenschützen zu gehen, noch zu Hause zu bleiben, sondern treibe ihn in die öden Gegenden hinaus. Auch seine eigene Stimme, fuhr sie fort, hat der Knabe nicht, sondern er spricht in einem tiefen und hohlen Ton wie die Männer und schaut mehr mit fremden Augen (denen des Dämons) als seinen eigenen. Ich weine nun hierüber und härme mich ab und ermahne meinen Sohn, soviel ich vermag; er aber kennt mich nicht. Als ich nun hierher zu gehen beschloß — ich faßte diesen Entschluß im vorigen Jahr —, sprach sich der Dämon durch das Organ des Knaben aus und sagte, er sei der Geist eines Mannes, der im Kriege geblieben sei, bei seinem Tod habe er seine Frau geliebt, da sie aber gegen sein Bett gefrevelt und 3 Tage nach seinem Tode einen anderen geheiratet habe, sei ihm von dieser Zeit die Liebe zu dem weiblichen Geschlecht verhaßt worden, und er habe sich zu diesem Knaben gewendet. Er versprach mir, wenn ich ihn nicht bei euch verklage, dem Knaben viel Schönes und Gutes zu erweisen. Ich ließ mich hierdurch bewegen; er aber hält mich nun schon lange Zeit hin und hat mein Haus allein in seiner Gewalt und sinnt auf nichts als auf Frevel und Trug. Der Weise fragte hierauf weiter, ob der Knabe in der Nähe sei. Sie verneinte es. Zwar habe sie alles getan, um ihn hierher zu bringen; der Dämon aber, setzte sie hinzu, droht mit Felsen und Abgründen und will meinen Sohn ermorden, wenn ich ihn hier vor Gericht stellte. Sei getrost, sagte der Weise, er wird deinen Sohn nicht töten, wenn er dies hier liest, und dabei zog er einen Brief hervor und gab ihn dem Weib. Der Brief aber war an den Geist gerichtet und enthielt schreckende Drohungen.«

Bekannt wurde Philostratos' Bericht, A. sei bei einem öffentlichen Vortrag zu Ephesus in Trance gefallen und habe die zur gleichen Zeit stattfindende Ermordung Domitians zu Rom miterlebt und von ihr berichtet.

Im neueren Okkultismus spielt A. eine gewisse Rolle: In einer Sitzung mit → Bulwer-Lytton und → Lévy wurde A.s Geist zitiert. Alice → Bailey spricht von ihm als einem »inkarnierten Meister Jesu«, und *The New Nuctemeron* (1930), das erste automatisch geschriebene Buch (→ Automatische Literatur) des engl. Mediums Marjorie Livingston, soll von A. inspiriert worden sein.

»Apollo 14« → Mitchell, Edgar.

Apopathetisch, Verhalten, das durch die Gegenwart anderer bestimmt ist, bei dem jedoch kein Kontakt zu diesen Personen gesucht wird: z. B. Wichtigtuerei, Sich-Aufspielen vor anderen. Das Verhalten mancher Medien im Zirkel trägt solche Züge.

Apotropäisch [von griech. *apotropaios;* abwenden] svw. weg- oder vertreibend, in bezug auf bestimmte Handlungen gebraucht; bedeutet auch, »der magischen Abwehr dienend«. A.e Opferriten wurden u. a. im alten Rom vor dem Reifen der Ernte verrichtet *(Ambarvalien).*

Apparat, psychischer, Freud sprach vom Psychischen auch als dem p. A.; eine modellhafte Vorstellung, die darauf verweist, daß in ihm verschiedene Systeme zusammengeschlossen sind und daß er bestimmte Arbeiten (Energien umformen, weiterleiten usw.) verrichten kann.

Apparition [frz. von lat.; Erscheinung], Ausdruck, der die Andersartigkeit der → Erscheinung gegenüber dem »inneren Gesicht« betont.
Lit.: Tyrrell 1953.

Appersonierung, Schizophrenie-Symptom: die Ich-Umwelt-Grenze schwindet, Fremdes wird als Eigenes erlebt; tritt als vorübergehende, nicht krankhafte Erscheinung gelegentlich bei telepathischen Erfahrungen und im magnetischen → Rapport auf.

Apport, auch *Apportation* [von frz. *apporter*], das Herbeischaffen lebender oder toter Objekte ohne erkennbaren Kontakt zu den Gegenständen; im engeren Sinn: das Bringen in einen geschlossenen Raum, durch die Materie hindurch (→ Penetration), ohne daß z. B. eine Beschädigung der Wand nachweisbar wäre; lediglich wird am apportierten Gegenstand manchmal eine gewisse Erwärmung beobachtet. A. bezeichnet das Bringen, das Wiederverschwinden und den apportierten Gegenstand selbst.

Spontane A.e werden in Spukberichten angeführt; aber auch von spiritistischen Sitzungen und pps. Experimenten berichtet. Bei Naturvölkern spielen sie u. a. bei der schamanistischen Heilung eine Rolle. Der frz. Arzt G. Billot, Erforscher des animalischen → Magnetismus und überzeugt von der Existenz einer Geisterwelt und der Möglichkeit der Kommunikation mit Verstorbenen, berichtet als erster von einem A. in einer Séance. Während einer Sitzung mit 3 Somnambulen und 1 Blinden tauchte plötzlich eine Pappschachtel auf (1819); in einer Sitzung 1 Jahr später, bei der ebenfalls diese Blinde anwesend war, beobachtete er zum ersten Mal Blumen-A.e. Billot korrespondierte darüber mit → Deleuze, dem ähnliche Berichte vorlagen; er glaubte, ein Eingreifen von Geistern annehmen zu müssen, Deleuze neigte mehr einer »magnetischen« Erklärung zu. Um die Jh.wende häuften sich A.e bei spiritistischen und pps. Sitzungen. → Bozzano (1927) berichtet von einer Séance mit dem ihm befreundeten Medium Peretti im Jahr 1904: Das Medium war in Trance, Bozzano stellte der → Kontrolle die Aufgabe, ein Stück Pyrit, das auf seinem Schreibtisch (ca. 2 km entfernt) lag, zu holen. Die Kontrolle wies darauf hin, daß ihre »Kraft«

ziemlich erschöpft sei, versprach aber, ihr möglichstes zu tun. — Das charakteristische Auffallgeräusch, das sonst A.e begleitete — die Sitzungen fanden bei völliger Dunkelheit statt —, blieb diesmal aus. Die Kontrolle erklärte, sie hätte nicht mehr die Kraft zur Rematerialisierung. Man machte Licht: Möbel und Teilnehmer waren mit einer staubförmigen Pyritschicht bedeckt. Zu Hause stellte Bozzano fest, daß etwa zwei Drittel seines Pyritblockes fehlten.

Bekannte A.medien waren → Bailey, → d'Espérance, → Melzer, → Nichol; ihnen allen gelangen angeblich auch lebende A.e: Pflanzen oder gar Tiere. → Nichol und → Silbert zählen zu den wenigen *Lichtmedien* unter den A.medien, d. h. bei ihnen traten die A.e auch ohne Verdunkelung auf. In einigen Fällen scheinen A.e mit weiteren Phänomenen (Lichteffekte, psychokinetische Geräusche usw.) gekoppelt. Manchmal konnten bei Medien während des A.s Gewichtsveränderungen nachgewiesen werden. Nicht selten läßt sich die Herkunft des apportierten Gegenstandes ermitteln, oder das Objekt ist schon vorher bekannt, manchmal bleibt er unbekannt. Die mögliche Funktion der Entfernung beim A. ist noch unerforscht. 1941 soll ein schwerer Aschenbecher von Chicago in ein Sitzungszimmer nach New York verbracht worden sein (Eddy 1950). Es liegen Berichte vor, die A.e von Kontinent zu Kontinent behaupten.

Eine ganze Reihe von »Medien« wurde allerdings des bewußten Betrugs überführt. Besonderes Interesse verdient ein von → Janet mitgeteilter Fall: Eine 26jährige Hysterica verriet in Hypnose, daß sie in Trance »Apporte« vorbereite, indem sie Gegenstände mit Wachs an die Decke oder die Tischunterseite klebe; wenn das Wachs schmolz, fielen die Objekte zu Boden. Im Wachzustand wußte sie nichts von diesen Manipulationen.

Vor allem 2 Erklärungsmöglichkeiten werden für die A.e diskutiert. Die eine geht von der Annahme eines mehr als dreidimensionalen Raumes aus — → Zöllner dachte an einen solchen Transport durch eine → Vierte Dimension —, die andere nimmt an, daß die Objekte an einem Ort »entstofflicht« *(dematerialisiert,* auf den → Feinstoff reduziert*)* und an einem anderen wieder verstofflicht *(rematerialisiert)* werden. Das setzt einen uns noch nicht bekannten, von → Sudre postulierten Aggregatzustand der Materie voraus (vgl. → Bioplasma). In diesem Zushg. sind der mitgeteilte Bericht eines unvollkommenen A.s und die Hinweise auf höhere Temperaturen (z. B. heiße Steine) von Belang.

A.e von Menschen: → Teleportation; → Nichols.

Lit.: Barbanell 1959; Billot 1839; Blacher 1926; Bozzano 1927, 1930; Edmunds 1966; Janet [8]1919; Moufang 1927; Sudre 1960; Zöllner 1878—81 III.

Approximatives Bewußtsein, von Jung geprägter Begriff; eine Bewußtseinsform zwischen bewußt und unbewußt (»angenähertes« Bewußtsein); vgl. → Vorbewußtes.

Arbogast († ca. 678), vor allem im Elsaß verehrter Heiliger. Die Legende nennt ihn einen Einsiedler, der Bischof von Straßburg wurde. Zahlreich sind die ihm zugeschriebenen Wunder: die Auferweckung eines Sohnes des Merowingerkönigs Dagobert I. (König 625—39) vom Tod, Krankenheilungen und Dämonenaustreibungen, trockenen Fußes über Wasser gehen u. a. m.

Arcanum [lat.; das Abgeschlossene, Geheime], im religionswiss. Sprachgebrauch die geheimen Lehren und Mysterien; in der Alchimie ein Präparat, dessen Ingredienzen nicht mitgeteilt wurden, und in übertragener Bedeutung die großen Fragen der Alchimie (→ Stein der Weisen, Chymische Hochzeit). Bei → Paracelsus die verborgenen Kräfte der Natur; eine jüngere esoterische Richtung versteht das A. als ein zeitlos unergründliches Seiendes (Arcandisziplin).

Archaisch [griech.; alt, frühzeitlich], → Dacqué hielt ASW für eine normale Fähigkeit des Urmenschen. Betrachtet man die paranormalen Fähigkeiten als a., d. h. als ein Überbleibsel der Vergangenheit, erscheint es nicht sehr wahrscheinlich, daß der »Kulturmensch« jemals wieder ihre volle Beherrschung erlangt. Nach Ansicht mancher Tiefenpsychologen (vor allem Jungianer) ist die menschliche Frühzeit jedoch nicht abgetan, sondern lebt und wirkt in der Tiefe der Person weiter: Von daher kann man sich vorstellen, daß in bestimmten existentiellen Situationen (Gefahr, Todesstunde) Archaisches und damit auch Parapsychisches durchbricht (→ Deszendenztheorie, → Freud).

Lit.: Dacqué 1924, 1927; Ringger 1959.

Archaisches Denken, hypothetisches Denken des Frühmenschen, primitiver als das Denken von Völkern höheren Zivilisationsgrades, das heute noch im Denken rezenter Naturvölker, bei manchen Geisteskranken, auf frühen Stufen der kindlichen Entwicklung und in bestimmten Zügen des Volksglaubens zu finden sein soll. Der Glaube an nicht religiös sanktionierte Wesenheiten und das Für-wahr- oder -möglich-Halten gewisser paranormaler Phänomene werten manche Kritiker der Pps. als einen Rückfall in a. D. (→ Prokop).

Lit.: Storch 1922.

Archaeus [von griech. *arche;* der Anfang, der Ursprüngliche], bei → Paracelsus ein unsichtbares ätherisches, dem Leib komplementäres Geistwesen, entsprechend den → Äther- und → Astralleib-Vorstellungen.

Archetyp [griech.; das Zuerstgeprägte], Urbild; in dieser Bedeutung bei → Agrippa, → Kepler, → Oetinger, der für Urbild auch »perennierende Idee« sagt (so an die Platonische Ideenlehre erinnernd), und bei anderen abendländischen Denkern (z. B. Plotin, Kant). Heute ist A. ein zentraler Begriff der Jungschen Tiefenps. Jung versteht unter den A.en urtümliche Bilder, die bei einer Senkung des Bewußtseinsniveaus, z. B. in Dämmerzuständen oder Träumen, auftreten können. Der A. tritt aus dem → Kollektiven Unbewußten hervor, in dem die frühesten Erfahrungen der Menschheit gespeichert sind, ewig lebendig und wirksam. Dem Bewußtsein sind die A.en in der Erscheinungsform des Symbols zugänglich.

»Es gibt bekanntlich keine menschliche Erfahrung, und es ist auch gar keine Erfahrung möglich, ohne das Dazutreten einer subjektiven Bereitschaft. Worin besteht aber die subjektive Bereitschaft? Sie besteht in letzter Linie in einer angeborenen psychischen Struktur, die es dem Menschen erlaubt, überhaupt eine solche Erfahrung zu machen. So setzt das ganze Wesen des Mannes die Frau voraus, körperlich sowohl wie geistig. Sein System ist a priori auf die Frau eingestellt, ebenso wie es auf eine ganz bestimmte Welt, wo es Wasser, Licht, Luft, Salz, Kohlehydrate usw. gibt, vorbereitet ist. Die Form der Welt, in die er geboren wird, ist ihm bereits als *virtuelles Bild* eingeboren. Und so sind ihm Eltern, Frau, Kinder, Geburt und Tod als virtuelle Bilder, als psychische Bereitschaften eingeboren. Diese apriorischen Kategorien sind natürlich kollektiver Natur, es sind Bilder von Eltern, Frau und Kindern im allgemeinen und wohl keine individuellen Prädestinationen.« (Jung, GW VII: 209.)

A.en sind »Anordner«, sie strukturieren Lebensabschnitte, und sie organisieren, nach der Ansicht einiger Jungianer, auch die Bereiche des Anorganischen. Man kann sie als Prinzipien, Baupläne, Programme auffassen; für Jung jedoch waren sie *transzendente Wesenheiten* (»Götter«). Jung übte selbst und empfahl in der Therapie das Gespräch mit den A.en. — Man kann etwa einen bestimmten Typus von Schriftsteller dadurch charakterisieren, daß man seine Werke als Gespräch des Autors mit für ihn wichtigen A.en (und deren Unterhaltung untereinander) auffaßt — z. B. Karl May. Das gilt aber auch für zahlreiche sog. esoterische Autoren, in deren Werken sich Geister inkorporieren, sich Verstorbene zu Wort melden und alte »Meister« sich offenbaren (→ Beasant, → Blavatsky).

In einem 1919 vor der → S. P. R. gehaltenen Vortrag *Die psychologischen Grundlagen des Geisterglaubens* (dt. 1948) erklärte Jung »Geister« und »okkulte Phänomene« als »exteriorisierte Wirkungen unbewußter Komplexe«, d. h. »unbewußte autonome Komplexe, welche projiziert erscheinen«. 1947 revidierte Jung, nachdem

er die A.enlehre ausgebaut hatte, seine damalige Ansicht: Die paranormale Manifestation ist nicht vereinbar mit den Gesetzen von Raum, Zeit und Kausalität; ihre Wurzel ist in einer transpsychischen Realität anzunehmen, einem Bereich hinter den traditionellen Gegebenheiten von Physik und Ps. Die A.en sind die Vermittler der Manifestation. Für viele Parapsychologen wird mit diesem Schritt das Selbstverständnis der Pps., Teilgebiet der Ps. zu sein, aufgehoben. S. a. → Synchronizität.
Lit.: Balmer 1972; v. Franz 1970; Jung GW IX, 1.

Aretalogie [von griech. *arete;* Verdienst], in der Antike Katalog der wunderbaren Taten einzelner Götter. A.n wurden vom *Aretalogen* im Tempel rezitiert. Im Lichte pps. Kasuistik erscheinen manche dieser Wundertaten nicht länger als phantastisch-poetische Erfindungen, sondern als Versuch, Paranormales in ein Weltbild zu integrieren, dem die Existenz von Gottheiten wesentlich war.

Arigó, Zé, eigtl. José Pedro de Freitas († 1971), brasil. Landarbeiter, der unter der → Kontrolle eines dt. Arztes (»Dr. Fritz«) in Tausenden von Fällen erfolgreich Medizinen verschrieben oder medialchirurgische Operationen durchgeführt haben soll. Für seine Operationen verwandte er ein Federmesser; er operierte ohne Betäubung, aber schmerzfrei und unblutig, oft ohne richtig hinzusehen, im Gespräch mit anderen Patienten, aber mit sicherer Hand. Dr. Mauro Godoy, der Direktor des Städtischen Krankenhauses von Congonhas do Campo (Bundesstaat Mina Gerais) sagte:

»Vom ärztlichen Standpunkt bin ich ein großer Bewunderer seiner manuellen und intuitiven Kunst. Ich bin imstande, eine Staroperation in etwa 20 Minuten auszuführen, A. aber hat die gleiche Operation vor meinen Augen in 2 Minuten tadellos gemacht. Er hat dazu ohne nachteilige Folgen ein unsteriles Taschenmesser verwendet.« (Stelter 1973: 134 f.)

Obwohl wegen Kurpfuscherei verurteilt, übte er 20 Jahre lang seine Tätigkeit als Heiler — oft sehr prominenter Persönlichkeiten — aus, ohne daß ihm je eine Fehldiagnose oder -behandlung nachgewiesen werden konnte. Er starb an den Folgen eines Autounfalls.
Lit.: Fuller 1974; Stelter 1973.

Aristeas von Prokonnesos, antiker Dichter und Wundermann des 6. Jh.s v. Chr., der der Überlieferung zufolge den Apollonkult in Prokonnesos eingeführt haben soll. — Von ihm wurde vor allem die Fähigkeit, seine Seele ausschicken zu können, behauptet. Die Forschung nimmt an, daß in den Vorstellungen um A., über die Skythen vermittelt, zentralasiatische Gedanken von der schamanistischen Seelenreise in den Hellenismus gelangten.

Aristoteles (384—322 v. Chr.), griech. Philosoph, Schüler Platons, Begründer der abendländischen Logik und der wiss. Arbeitsteilung; vom MA. bis zum Beginn der Neuzeit die größte wiss. Autorität Europas.
A. versuchte Mantik (→ Divination) und Religion zu trennen; die Möglichkeit der induktiven Divination (vgl. → Antike und Parapsychologie) lehnte er ab, die intuitive hielt er für ein angeborenes seelisches Vermögen. In der Schrift *Über Weissagung durch Träume* versucht A. eine naturwiss. Erklärung des Wahrtraums: Er entwickelt das bedeutsame Konzept, daß die Beschäftigungen des Tages in den Traum eingehen können (bei Freud die Lehre vom »Tagesrest«), und fährt fort: »So müssen ja umgekehrt oft auch die im Schlaf erfolgenden Bewegungen die Ursache sein für die Handlungen des Tages« (Scheinpräkognition). Im Hinblick auf die Telepathie, die A. noch nicht begrifflich faßt, vertrat er die Vorstellung, die »Erregung« des Schlafenden pflanze sich durch die Luft fort; wer den Schlafenden kennt, ist um so eher in der Lage, diese sich fortpflanzende Erregung zu perzipieren und korrekt rückzuübersetzen (vgl. → Welle). — *Werke* → Bibl.
Lit.: Dodds 1974.

Arme Seelen, im Volksglauben »unerlöste Seelen« Verstorbener, die im Fegefeuer büßen oder »umgehen«, d. h. als → Erscheinung, → Poltergeist o. ä. sich bemerkbar machen. Ihren Hinterbliebenen begegnen sie vor allem zu bestimmten Zeiten (Seelenfesten) mal als Irrlichter, mal in Tier- oder Menschengestalt, warnen vor Unheil oder bitten um Speise oder erlösende Gebete. Vorchristl. und Christl. mischt sich in diesen Seelenvorstellungen, die als ein Versuch angesehen werden können, das Unbegreifliche — und damit auch Paranormale — begreiflich zu machen.
Lit.: Koren 1945.

Arnheim, Else, Berliner Medium; bei einer Sitzung im Jahre 1920 soll sich u. a. ein Pergament materialisiert haben, das in Uhlands Handschrift 2 Verse und die Unterschrift »Uhland 1920« trug.

Arnold von Villanova, eigtl. Arnoldo Bachuone (ca. 1235—1311), span. Arzt und Alchimist, der eine Verbindung von Magie und Naturwiss. anstrebte. Ihm soll vor Papst Bonifatius VII. eine → Transmutation gelungen sein. A. beschäftigte sich auch mit Traumdeutung und prognostischer Astrol. In seinem Werk *Refutatio magorum* trat er für die öffentliche Brandmarkung der wahrsagenden und geisterbeschwörenden Pseudomagier ein, geriet jedoch selbst in den Verdacht, zu diesem Kreis zu gehören. A.s Schriften wurden durch die Inquisition verboten, und er mußte seine Thesen vor einem geheimen Konsistorium widerrufen.
Lit.: Verrier 1947/49.

Arrangement [frz.; Übereinkommen], bei → Adler unbewußte, komplexhafte Mechanismen des Ich-Schutzes, die der Konfliktumgehung dienen. Das Konzept bietet Ansätze zum Verständnis der Mechanismen, die der Ausbildung von Tranceperсönlichkeiten zugrunde liegen.

Arrival case [engl.; Ankunftsfall], Illusion oder Halluzination, die die Ankunft einer Person in genau der Weise vorwegnimmt, wie sie sich später tatsächlich abspielt; eine optische Parallele zum → Vardögr.

Ars, Pfarrer von → Vianney.

Arst, Johann, 11jähriger Somnambuler, den → Kieser seit 1817 behandelte. A. litt an Krämpfen, epileptischen Anfällen, Veitstanz u. ä. Beschwerden. Im somnambulen Zustand, der allmählich tiefere Formen annahm, bewegte sich A. bei geschlossenen und verbundenen Augen mit großer Sicherheit im Zimmer; in diesem Zustand vermochte er mit den Fingerspitzen Farben zu unterscheiden und gedruckte Texte zu lesen. »Dieses Sehvermögen der Finger vervollkommnete sich weiter, stieg zum Sehen in größere Entfernung, und nun fast mit allen Teilen seines Leibes«, berichtet Kieser. Nach einem Jahr war A. geheilt, zugleich verlor er das ungewöhnliche Sehvermögen (→ Dermooptik).
Lit.: Kiesers Archiv III, 2.

Artseele, eine theoretisch postulierte überindividuelle seelische Organisation; die Einzelwesen einer Art stellen die jeweils individuelle Ausprägung der A. dar.

ASE, Abk. für → *A*ußer*s*innliche *E*rfahrung.

Ashtabula-Poltergeist, paranormale Störungen um die Mitte des 19. Jh.s im Ashtabula County, Ohio. Agent der Phänomene war eine junge Frau: sie empfing ASW-Informationen und provozierte PK-Phänomene (Raps, Steinwürfe, Leuchterscheinungen; in einem Fall sah eine Zeugin ein Phantom).

Asitie [lat.; Nahrungslosigkeit], auch *okkultes Fasten, Inedia,* ein aus verschiedenen Kulturen berichtetes Phänomen: z. B. sollen Yogis Zeitspannen ohne Nahrungsaufnahme leben, die medizinisch ausgeschlossen erscheinen; Stelter (1973: 129) teilt mit, → Agpaoa faste jedes Jahr mindestens 16 Tage (einmal sogar 45); während der Zeit nehme er nur etwas Wasser und Honig zu sich. Im Abendland sind es vor allem Frauen (meist zwischen 12 und 30

Jahren, oft nach vorhergehenden hysterischen Erscheinungen), von denen A. behauptet wird. Roger → Bacon verweist auf die »Frau von Norwich«, die 20 Jahre lang ohne Speise gelebt haben soll. → Görres berichtet gleich von mehreren Fällen: Rosa von Lima (1586—1617; die Schutzheilige Amerikas), die während einer ihrer Fastenperioden angeblich 50 Tage ohne Flüssigkeitszufuhr blieb; → Katharina von Siena (1347–1380), die in ihren letzten Lebensjahren nur vom Abendmahl gelebt haben soll; Nikolaus von der Flüe (gen. »Bruder Klaus«, 1417—1487), auch er blieb in seiner Eremitage angeblich 20 Jahre ohne Speise, sowie den Fall einer Nonne aus Leicester. Bei dieser Nonne, die schon 7 Jahre ohne Nahrung gewesen sein soll, ließ Bischof Hugo von Lincoln 1225 Beobachtungen vornehmen, die ihn von der Echtheit des Phänomens überzeugten. Auch bei »Bruder Klaus« scheinen überzeugende Kontrollen vorgenommen worden zu sein (Görres 1927: 75—78). Weitere Fälle sind die der Lidwina von Schiedam (1380 bis 1433; 19 Jahre A.) und des → Joseph von Copertino, »der beinah immerwährend fastete, weil er in Nachfolge seines Ordensstifters des hl. Franziskus 7 verschiedene 40tägige Fasten im Jahr hielt, während deren er, die Sonntage und Donnerstage ausgenommen, fast nichts genoß« (Kreyher 1880 I: 238). Auch bei den → Convulsionären soll A. aufgetreten sein, so z. B. bei Fontaine, dem Sekretär Ludwigs XV.

Vor allem aber bei Stigmatisierten wird die A. behauptet: bei der → Emmerich (länger als 10 Jahre; einmal 10 Tage lang ständige Kontrolle) und bei der → Lateau. Für die Stigmatisierte → Neumann wird neuerdings A. bestritten (Hanauer 1972: 306—364): Eine strenge Kontrolle fand, trotz Aufforderung durch die röm. Kurie, nie statt. Dagegen wurde die → Furtner, geb. 1823, nachdem sie angeblich 11 Jahre ohne Nahrung gelebt hatte, sorgfältig überwacht: 5 Wochen in einem versiegelten Krankenzimmer einer Münchner Klinik (Bericht in den *Gelehrten Anzeigen der Kgl. Bayrischen Akad. d. Wiss.* 1844, 139). Eine große Anzahl von Fällen teilt der Begründer der Physiologie, Albrecht von Haller (1708–1788) mit (1757–66 VI: 168 f.).

Über die Lateau äußerte der gutachtende Arzt Warlomont:

»Louise Lateau verbraucht Wärme, sie verliert jeden Freitag eine Quantität Blut [infolge der Stigmata]. Die Gase, welche sie ausatmet, enthalten Wasserdampf und Kohlensäure. Ihr Gewicht hat sich nicht bemerkbar geändert, seit sie sich in Beobachtung befindet — also verbrennt sie Carbon und entnimmt es nicht ihrem Körper. Woher nimmt sie es? Die Physiologie antwortet: sie ißt. — Die Enthaltung der L. L. von Essen und Trinken widerspricht den Gesetzen der Physiologie, also braucht nicht bewiesen zu werden, daß dieselbe Täuschung ist. Da es fest steht, daß sie mit diesen Gesetzen sich nicht verträgt, so liegt der Beweis denen ob, die zu diesen Gesetzen stehen.« (Zit. n. Kreyher 1880 I: 239.)

Tatsächlich wies → Richet nach, daß neben der normalen auch eine außergewöhnliche Nahrungsphysiologie existiert: Eine seiner Patientinnen verbrauchte z. B. in 16 Minuten 4 Liter Luft, ein normaler Mensch benötigt 128 Liter. Eine Berufstätige, die er 28 Tage lang beobachtete, während denen sie nur etwas Milch, Bier und Fleischbrühe zu sich nahm, erlitt einen Gewichtsverlust von 606 Gramm; der durchschnittliche tägliche Kalorienverbrauch betrug 265 Kalorien. Allerdings handelt es sich in einem solchen Fall — wie etwa bei Joseph von Copertino — noch nicht um echte A. Einige Autoren, etwa Walther Kröner, glauben, die A. mit Vampirismus in Verbindung bringen zu dürfen; weitere hypothetische Möglichkeiten wären Nahrungsapport und direkte Assimilation oder aber Materialisation ätherischer Substanzen. Jung hielt im Fall des »Bruder Klaus« eine paranormale Ernährung für möglich. Er erinnert daran, daß »bei pps. Versuchen Gewichtsabnahmen bis zu mehreren Kilogramm während der (physikalischen) Phänomene sowohl beim Medium wie bei gewissen Zirkelteilnehmern, die alle auf Waagen saßen, festgestellt wurden.« Weiter verweist er darauf, daß man bei den Austrittstellen des → Ektoplasmas eine erhöhte Ionisierung der Luft festgestellt haben will. Deshalb erwägt er, ob Menschen aus der Umgebung der Medien vielleicht als Ionenquelle dienen und ob »die Ernährung dadurch stattfindet, daß z. B. lebende Eiweißmoleküle von einem Körper in den andern wandern« (Jung 1950/51).

Lit.: Buchinger 1947; Kröner 1927, 1929; Richet 1930; Riko 1872; Tenhaeff 1957: 59—64; Yogananda 1957.

Askese, auch *Aszese* [griech.; Übung, Verzicht], oft religiös motivierter freiwilliger Verzicht auf sinnliche Genüsse; Willensübungen zur Beherrschung der Triebe und Leidenschaften, verbunden mit Fasten, Schlafverzicht, Einschränkungen der Bewegungsfreiheit (Einmauern in Reklusen, Ausharren auf einer Säule), Kasteiungen u. a. m.

»Petrus von Alcantara (1499—1562) hat nach dem Zeugnisse der hl. Teresa, die mit ihm in vielfacher Verbindung gestanden, 40 Jahre hindurch bei Tag und Nacht nie mehr als anderthalb Stunden, und zwar sitzend, das Haupt an einen Pfahl gelehnt, geschlafen, meist nur über den dritten, oft erst über den achten Tag Brot und Wasser gegessen, und durch jegliche Abtötung das organische Leben in seiner leiblichen Entwicklung in so enge Schranken zurückgewiesen, daß er aussah wie aus Baumwurzeln zusammengeflochten.« (Görres, zit. n. Benz 1969: 49.)

Diese Lebensweise begünstigt psychische Ausnahmezustände, Halluzinationen können auftreten und gelegentlich wird von psychokinetischen Effekten, z. B. → Levitation oder paranormalen Inhalten der Visionen berichtet. Solche Manifestationen werden in der religiösen A. als peripher, allenfalls als Bestätigung von seiten der Gottheit empfunden und nicht durch die Übung angestrebt; anders bei der von Görres sog. *dämonischen Aszese:* Um den Preis des Guten will der Mensch durch sie übernatürliche Macht im irdischen Bereich ausüben (Görres 1927: 348—354).

Lit.: Auer 1946; Capelle 1910; Lindworsky 1935; Raitz v. Frentz 1936.

Asklepios, Heros der griech. Mythologie; von dem weisen Zentauren Cheiron zum Arzt ausgebildet, gibt er seine Fähigkeiten an die von Homer als vorzügliche Ärzte erwähnten Söhne Machaon und Podaleirios weiter. A. selbst steigt im 5. Jh.v. Chr. zum Gott der Heilkunst und Sohn Apollons auf. Als solcher wurde er bis in die Spätantike verehrt: in Rom als *Aesculapius* (Äskulap). Schlange und Hund sind seine Attribute — vielleicht der Überrest eines alten Tierkults; in Schlangengestalt zieht A. in neue Kultstätten ein. Sein Hauptheiligtum ist im thessalischen Trikka. In anderen Kulten der Antike, sieht man von den Mysterien ab, treten die Menschen als Kollektiv vor die Gottheit, im A.-Kult steht der einzelne (als Kranker) in individueller Beziehung zum Gott. Die Therapie beruht auf der → Inkubation im Heiligtum. Oft jedoch müssen die Priester auch Träume auslegen und finden dabei allmählich zu therapeutischen Methoden wie Gymnastik, Diät, Bäder u. a., so daß man manche Heiligtümer mit Sanatorien verglichen hat.

Lit.: Edelstein / Edelstein 1945; Kerényi 1948, 1956.

Asport, das paranormale Verschwinden eines Gegenstandes, der verschwunden bleibt oder an anderem Ort wiedergefunden wird; in gewisser Weise Gegenbegriff zu → Apport.

»Zöllner äußerte einmal den Wunsch, → Slade möge einen Gegenstand verschwinden und wieder erscheinen lassen. Darauf gab einer der Herren Slade ein Buch; dieser hielt es auf einer Tafel unter den Tisch und zog sofort die Tafel ohne das Buch hervor. Nach etwa 5 Minuten fiel das Buch von der Decke herab, während Slade ruhig neben Zöllner gesessen hatte, die Hände auf der Tischplatte.« (Messer 1927: 83.)

A. S. P. R., Abk. für → *A*merican *S*ociety for *P*sychical *R*esearch.

Assassinen [arab.; Haschischesser], im 11. Jh. aus den Ismaeliten hervorgegangener islamischer Orden; ein politisch-religiöser Geheimbund, in dem ritueller Haschischgenuß geübt wurde. Die Mitglieder mißhandelten und töteten im Rausch und auf Weisung ihrer Oberen Unbeteiligte: das frz. *assassin,* Meuchelmörder, leitet sich von A. ab. Vom Gründer der A., Hasan i-Sabbah († 1124) wird u. a. überliefert, er habe einen Sturm auf dem Meer zu stillen vermocht. Mitte des 13. Jh.s wurden die A. von den Mongolen im Kampf aufgerieben; ihre Bibliothek – mit Lehren und Ritualen – wurde vom Feind verbrannt.

Marco Polo (1254—1324), der auf seinem Weg in den Fernen Osten Persien durchreiste, berichtet, daß der Führer der A., »der Alte vom Berg«, in einem befestigten Tal einen wunderbaren Garten mit seltenen Früchten angelegt hatte. Waffentüchtige junge Männer ließ der »Alte« im Haschischrausch in diesen Garten bringen und durch Musiker und Tänzer unterhalten. Aus dem Rausch erwacht, glaubten die Männer im Paradies gewesen zu sein und setzten künftig ihr Leben für den »Alten« ein, der die Möglichkeit hatte, sie wieder dorthin zu bringen. Erlebnisse der A. unter Drogeneinfluß dürften den wahren Kern dieser Erzählung bilden.

Historiker vermuten, daß der 1118 gegründete Templerorden in der Organisation den A. nachgebildet wurde und einige ihrer Symbole übernommen hat. Die beiden Orden begegneten sich in Syrien. Mitte des 12. Jh.s machten sich die Templer die syrischen A. tributpflichtig.

Lit.: MacKenzie 1969.

Astral [von griech. *astron* oder lat. *astrum;* Stern], 1. die Gestirne betreffend; 2. der niederländ. Gelehrte G. A. van Rijnberk (1875—1953) nennt das → Teleplasma das A.

Astralebene → Astralwelt.

Astralleib, auch *Astralkörper, Astral Double,* bezeichnet einen hypothetischen »feinstofflichen« Körper, der der normalen menschlichen Physis in irgendeiner Weise zugeordnet und das sie Belebende ist. Der Begriff erklärt sich aus der Vorstellung, daß der A. ein Bindeglied zwischen dem niederen, dem Irdischen zugeordneten Leib, und höheren, den Sternen korrespondierenden menschlichen Bereichen sein soll. Manche Sensitive können ihn angeblich erkennen, verschiedene Apparate ihn sichtbar machen. In der sog. Seelenexkursion (→ Astralwallen) findet nach Ansicht einiger Autoren eine vorübergehende Trennung von A. und Normalphysis statt.

Nach → Paracelsus — und diese Vorstellungen teilt im wesentlichen auch noch → Du Prel — ist der A. oder → *Siderische Leib* gemeinhin unsichtbar und untastbar, aber Träger des seelischen Vermögens (einschließlich der paranormalen Manifestationen), die Grundlage der psychischen Energie.

»Das Fleisch des Menschen muß also verstanden werden, daß seiner zweierlei Art ist, nämlich das Adam entstammende Fleisch und das Fleisch, das nicht aus Adam ist. Letzterem weicht jedes Gemäuer, das ist: dasselbe Fleisch bedarf keiner Türe, keines Loches, sondern es geht durch Mauern und Wand und zerbricht nichts; es ist ein subtiles Fleisch, das nicht zu binden oder zu fassen ist, denn es ist nicht aus Erde gemacht.« (Aus der *Philosophia sagax.*)

Dieser siderische Leib vermag zu Lebzeiten aus dem Körper auszutreten und sich in Spiegeln und Kristallen erscheinen zu lassen; er ist auch verantwortlich für die paranormalen Geräusche, »da allein ein Getön gehört und nichts gesehen wird«, und er kann sich postmortal zeigen.

In der *Theorie der Geisterkunde* → Jung-Stillings wird die Zweiheit A. und physischer Leib durch das Hinzutreten des schlechthin immateriellen *Geistes* zur Dreiheit erweitert (das »Mentale« → Astralwelt). Spätere Ausformungen, z. B. in der → Anthroposophie, nehmen noch weitere Untergliederungen vor, etwa eine Diffe-

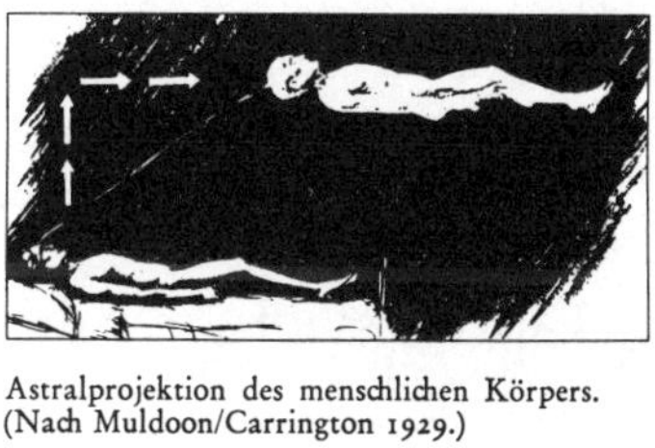

Astralprojektion des menschlichen Körpers. (Nach Muldoon/Carrington 1929.)

renzierung zum → Ätherleib (früher und noch bei Du Prel ein Synonym zu A.). Entsprechungen zum Konzept des A.s finden sich in den Seelenvorstellungen fast aller Religionen und Kulturen. Lange Zeit glaubte man, in ihnen primitive naturphilos. Deutungen des Traumgeschehens sehen zu dürfen oder verselbständigte unbewußte Teilpersönlichkeiten. Die Versuche des vorigen und unseres Jh.s, ob es nicht doch gelänge, einen feinstofflichen Körper nachzuweisen, gereichen der Pps. nicht alle zur Ehre. Z. B. stellte Hector Durvilles in seinem Werk, *Der Fluidalkörper des lebenden Menschen. Experimentelle Untersuchungen über seine Anatomie und Physiologie* (1912), die abenteuerliche Behauptung auf: Verwickeln sich z. B. die Verbindungsschnüre (»Silberschnur« → Astralwallen) zwischen Mensch und Astralleib von 2 Medien, so laufen die Unglücklichen vor Schmerzen schreiend umeinander herum, um sich zu entwirren ... Dies und ähnliches wird auch noch durch Zeugen belegt!
Dennoch werden in jüngster Zeit von der Naturwiss. wieder Überlegungen angestellt, ob als rationaler Kern der A.-Vorstellungen nicht doch ein *Meta-Organismus* angenommen werden könne (→ Injuschin), was ggf. eine Revolution der Pps. bedeuten würde. S. a. → Akupunktur; → Astral; → Astralwelt; → Bioplasma; → Feinstoff.
Lit.: Crookall 1961, 1964; Hänig 1925; Hein 1923; Leadbeater o. J.; Muldoon / Carrington 1929, 1964, 1966; Smith 1974; Tart 1969.

Astrallicht, nach verschiedenen esoterischen Lehren eine Region, die unsere Welt umgibt und die entsprechend Begabte »im Geist« zu sehen vermögen. Bei → Lévi heißt sie, anknüpfend an → Uroboros-Vorstellungen, »die große Schlange«; Paracelsus spricht von *siderischem Licht*. Der Gedanke des A.s hat auch verschiedene → Weltäther-Vorstellungen beeinflußt.

Astralplan → Astralwelt.

Astralprojektion → Astralwallen.

Astralreisen → Astralwallen.

Astralwallen, auch *Astralprojektion, Astralreisen, Astralwanderung,* vielleicht der Seelenreise im → Schamanismus verwandte Abtrennung des → Astralleibs vom physischen Körper und seine Aussendung, um Erfahrungen zu sammeln, bestimmte Handlungen zu vollbringen oder um ihn anderen Personen erscheinen zu lassen; ein esoterisches Konzept zur Erklärung von ASW, manchen PK-Effekten und der → Bilokation, das keine Anerkennung durch die offizielle Pps. gefunden hat, da diese der Hypothese eines Astralleibs mit großer Skepsis gegenübersteht.
Bei dem 1971 verstorbenen »Sylvan Muldoon begannen die Astralprojektionen bereits in ganz jungen Jahren ... Eines Nachts — er war gerade 12 Jahre alt — erwachte er und befand sich in einer völlig hilflosen Lage: unfähig zu sehen und zu hören; dennoch war er bei vollem Bewußtsein. Die Starre begann sich zu lösen, er fühlte, daß er schwebte, und plötzlich vibrierte sein ganzer Körper. Es war ihm, als ob er im Zickzack umhergerissen würde, und er verspürte einen starken Druck auf seinen Hinterkopf. Zuerst dachte er, er erlitte einen unerklärlichen Alptraum in totaler Dunkelheit. Allmählich aber kehrte seine Seh- und Hörfähigkeit wieder zurück, und da bemerkte er, daß er hoch über seinem Bett in der Luft schwebte.
Innerhalb kurzer Zeit konnte er sich aufrichten und seinen im Bett liegenden Körper betrachten. Es gab ihn also zweimal! Einmal in der Luft und einmal im Bett! Der Bub fing an, sich für verrückt zu halten. Natürlich rannte er zu seiner Mutter und lief dabei mitten durch die Tür. Doch seine Mutter konnte ihn nicht hören, noch merkte sie, wie er an ihr zog. Er versuchte es bei allen anderen Leuten im Haus mit dem gleichen Ergebnis. Dann fing er an zu weinen.
Zum Glück zog ihn schließlich die Kraft hinten in seinem Nacken zurück zu seinem physischen Körper. Sein Astralleib nahm direkt über dem Bett eine horizontale Lage ein, senkte sich zunächst langsam, fiel dann schnell und vereinigte sich wieder mit seinem physischen Gegenbild. Dabei fühlte er einen durchdringenden Schmerz, als ob er von Kopf bis Fuß gespalten worden wäre.« (S. Smith 1974: 36.)
Später konnte er das Phänomen sogar be-

wußt herbeiführen, vor allem wenn er krank war; mit fortschreitender Genesung ließ die Fähigkeit nach.

Lit.: Muldoon/Carrington 1929, 1964, 1966; Sculthorp 1962.

Astralwanderung → Astralwallen.

Astralwelt, auch *Astralebene, Astralplan,* für die Lehre der Theosophie und andere esoterische Systeme sind Vorstellungen einer »Weltschichtung« wesentlich. Die A. ist die nächsthöhere nach der Ebene der physischen Erscheinungen; die Emotionen, Hölle, Purgatorium und Elysium gehören zur A. Menschen und Tiere vermögen sie mit Teilen ihres Wesens, nämlich dem → Astralleib, im Schlaf oder nach dem Tod zu betreten. Die A. ist das Bindeglied zwischen der mentalen Welt und der eigentlich irdischen. Die letzte Ursache liegt im → Mentalen. Das Mentale bildet sich ab, erscheint in Ausformungen im Astralen und wirkt auf die Welt der Physis, ja, nach den Vorstellungen mancher Autoren schafft es diese erst.

Lit.: Leadbeater o. J.; Steiner 1909.

Astrobiologie, svw. → Kosmobiologie.

Astrologie, Sterndeutung; die Beschäftigung mit wiss. nicht anerkannten astrophysischen und astropsychischen Einflüssen auf irdisches Leben. Dabei wird zu einem bestimmten Zeitpunkt eine Beziehung zwischen Gestirnskonstellation und irdischem Ereignis angenommen, bei der dieses Geschehen als unabhängig betrachtet wird.

Man kann unterscheiden: 1. eine *praktische A.*, die allgemeine charakterologische Aussagen (→ Horoskop) über bestimmte Zielpersonen macht. Dabei werden die Geburtsstunde und der Geburtsort, als dem Astralen korrespondierend, zum schicksalsetzenden Moment. (Gelegentlich treten an ihre Stelle Zeugungsort und -stunde.)

2. Eine *prognostische A.*, die ebenfalls auf der Grundlage der Geburtsstunde und des Geburtsortes Aussagen über das zukünftige Schicksal eines Menschen macht.

3. eine *A. des günstigen Augenblicks:* Dabei wird der günstigste Zeitpunkt für ein bestimmtes Vorhaben festgelegt, gleichsam die Geburtsstunde der aus ihm resultierenden Ereignisse. (Manche Astrologen glauben, auch für die Zukunft von Unternehmen, Staaten, Gruppen, Ehen usw. astrol. fundierte Aussagen aufgrund von Datum und Ort der Gründung machen zu können.)

Der Glaube an eine Beziehung zwischen Astralem und Irdischem ist kulturgeschichtlich alt und weltweit verbreitet; zu einem wiss. oder vorwiss. (philos.-religiösen) System ausgebildet wurde er in den Hochkulturen — möglicherweise unabhängig voneinander an mehreren Orten, z. B. in Mesopotamien und Südostasien. Die A. des präkolumbischen Amerika ist wesentlich kosmologisch-religiös motivierte Kalenderwiss.

Aus dem Vorderen Orient, wo A. bereits vor 1000 v. Chr. gepflegt wurde — das älteste überlieferte Horoskop stammt aus dem Jahr 409 v. Chr. —, gelangte die A. nach Europa und Afrika.

Ein alter und zentraler Gedanke der A. war die Vorstellung einer Sympathie des Alls: »Das Untere ist wie das Obere und das Obere wie das Untere«, heißt es in der »Smaragdenen Tafel« *(Tabula Smaragdina)*, einem frühmittelalterlichen, aber auf ältere Quellen zurückgehenden alchimistischen Text. Jüngeren Datums ist die Vorstellung personifizierter Gestirne, der Gedanke, Planetengötter beeinflußten aufgrund ihres mythischen Charakters das Schicksal der Menschen, die unter ihrem Zeichen geboren werden. Daraus folgt die mögliche Konsequenz des astrol. Determinismus, dem man mit Fatalismus begegnete. Häufiger als Fatalismus aber war der Einwand: *Astra inclinant sed non necessitant* (»Die Gestirne machen geneigt, aber sie zwingen nicht«). Zum Menschenbild der antiken A. gehört auch, besonders in der → Orphik, der Gedanke vom Ab- und Aufstieg der Seele: Die Seele des Menschen existiert danach bereits vor ihrem irdischen Leben (Präexistenz) in astralen Höhen; bei der Geburt, d. h. während der Niederfahrt aus höheren Ebenen zur irdischen Sphäre, kommt die Seele an Gestirnen vorbei, die ihr von ihrer Qualität abgeben (die postmortale Seelenreise ist dann der Wiederaufstieg zu den ursprünglichen Höhen). Die A. lebte im Abendland christl. verbrämt, offiziell aber vom Christentum befehdet, bis zur Kopernikanischen Wende (16. Jh.) weiter (Ende des geozentrischen Weltbilds). Sie hatte wichtige Berührungen mit der Alchimie, und vom späten MA. bis zum Beginn der Neuzeit beherrschte sie das Denken. Danach blieb sie gegenwärtig im Volksglauben und in umgangssprachlichen Redewendungen. Die emotionale Erschütterung durch zwei Weltkriege führte ihr wieder zahlreiche Anhänger zu. Die Vulgär-A. der Zeitungshoroskope wird auch von Astrologen abgelehnt, sie stellt jedoch ein gewaltiges psycho-hygienisches Problem dar.

Die wiss.sgeschichtliche Bedeutung der A. ergibt sich aus ihrer früheren Position als Universalwiss.: Sie umfaßte in der Antike wiss. Sternkunde (heute Astronomie), Ps. und Mathematik. Vor allem die ihr zu verdankenden Leistungen auf mathematischem Gebiet (in der Spätantike war »Mathematik« ein Synonym für A.) prägten die gesamte Entwicklung der heutigen Wiss.

Das »Wie oben — so unten« der A. kann unterschiedlich verstanden werden: A.-Kritiker wenden ein, die Ausstattung der Gestirne mit bestimmten menschlichen Zügen sei eine gigantische Projektion des Menschen, der seine Eigenschaften in den Himmel »hineinsieht« (Schopenhauer geißelte die menschliche Hybris, die sich in der A. zeige). Für Astrologen aber sind diese planetarischen, solaren und lunaren Eigenschaften wirkliche Gegebenheiten, die menschlichem Wesen korrespondieren.

Die drei Haupteinwände gegen die A. sind: 1. Die astrologischen »Gesetze« wechseln von Kultur zu Kultur; 2. das Weltbild der A. ist geozentrisch, wir aber wissen heute, daß die Sonne der ruhende Pol unseres Planetensystems ist; 3. der astrol. → Tierkreis stimmt mit dem Kalender überein, nicht aber mit den wirklichen Gegebenheiten: Infolge der Präzession der Äquinoktien (Verschiebung der Daten der Tagundnachtgleiche) ist ein sog. Widdergeborener des 20. Jh.s eigtl. im Zeichen der Fische geboren, nur firmiert seit 2 Jahrtausenden diese Zeit eben unter dem Zeichen des Widders. Dennoch erregte die astrol. Hypothese in den letzten Jahrzehnten auch in wiss. Kreisen ein gewisses Interesse: Biologen beobachteten Korrespondenzen zwischen lunarem und solarem Geschehen einerseits und dem Verhalten von Organismen andrerseits. Schon Thomas von Aquin verweist im *Gottesstaat* auf Verhaltensbeeinflussung von Muscheln durch den Mond, und der amer. Biologe Frank O. Brown führte in unserer Zeit den Nachweis, daß das Öffnen und Schließen der Muscheln tatsächlich vom Mond beeinflußt wird: Vom Atlantik nach Illinois gebracht, adaptierten sich Muscheln innerhalb zweier Wochen; sie öffneten und schlossen ihre Schalen, *als ob* es in Illinois Gezeiten gäbe, d. h., ihr Verhalten war gezeitenunabhängig und wahrscheinlich vom Mond beeinflußt. Neben verschiedenen weiteren Zeugnissen der Naturwiss. trat statistisches Material: Jung untersuchte z. B. Horoskope von Eheleuten und entdeckte Übereinstimmungen, die mehr als nur zufällig waren (1952: 280—282). Vor allem aber war es → Gauquelin, der Material aus Frankreich, Italien, Belgien, Holland und der Bundesrepublik vorlegte, in dem sich »überzufällige« Entsprechungen zwischen Mensch und Gestirn (vor allem auf dem Sektor der Berufswahl) zeigten.

Ein völlig anderes Verständnis der astrol. Behauptungen ermöglicht die Theorie der → Synchronizität: die Annahme einer irrelationalen Gleichsinnigkeit zwischen astralem und irdischem Geschehen. Jung stellt diese Betrachtung ausdrücklich an, schränkt aber ein: »Im Lichte neuester astrophysikalischer Forschung betrachtet, handelt es sich bei der astrol. Entsprechung wahrscheinlich nicht [zu ergänzen: ausschließlich] um Synchronizität, sondern

zum größeren Teil um eine Kausalbeziehung.« (Jung 1952: 279.)
Unbestreitbar zählt die A. als eine Vorläuferin der Ps. zu den Grenzgebieten der Ps.; ihre Berührungen mit der Pps. sind noch ungeklärt. Es gibt jedoch Fälle in der praktischen Anwendung der A., bei denen es wahrscheinlich ist, daß der Astrologe ein Horoskop nicht nach astrol. Regeln interpretiert, sondern mit ihm als → Psychischem Induktor zu → ASW-Informationen gelangt.
Lit.: Amand 1945; Bächtold-Stäubli IX 1927—41; Bender 1973; Boll/Bezold 1931; Bouché-Leclerq 1899; Carter 1952, 1954; Collin 1955; Cumont 1937; Cumont u. a. 1898—1953; Gauquelin 1958, 1959, 1973; Gundel 1952; McIntosh 1969, 1970; Maury 1877; Neugebauer 1957; Peuckert 1961; Ring 1956 ff.; Strauß 1926; Tiedemann 1787; Werthmann 1971/72; Zedler 1961—1964.

Astropsychisch, von Gestirnen auf das Seelenleben wirkend. Verbreitet sind Vermutungen lunaren Einflusses bei der Menstruation (die »Sympathie« der 28 Tage?), beim Schlafwandeln u. a. Mme. Michaël Bouissou (* 1900), ein professionelles Pariser Medium, behauptet einen günstigen Einfluß des Vollmondes auf ihre ASW-Leistungen (1956: 115). Die → Astrologie nimmt planetarische Einflüsse auf den Menschen an; manche Autoren: z. B. → Fritsche, vermuten auch stellare.

ASW, Abk. für → *A*ußer*s*innliche *W*ahrnehmung.

ASW-Kanal, pps. Hypothese. Das System der Informationsübermittlung bei der ASW ist unbekannt; denkbar ist ein Prozeß im Perzipienten und/oder ein Prozeß im Agenten (beim Hellsehen im wahrgenommenen Objekt). Eine dritte Möglichkeit wäre ein Prozeß außerhalb vom Agenten (oder Objekt) und Perzipienten, mutmaßlich mit irgendeiner bekannten oder unbekannten Energie als Träger. Dieser dritte Fall wird als ASW-K. *(ESP channel)* bezeichnet. Für diesen Kanal wurden verschiedene Modelle entwickelt: 1. Das Objekt der ASW strahlt Informationen aus, die von einem Sensitiven aufgefangen werden; 2. das »Radarmodell«: der Perzipient ist der Träger der Kanal-Aktivität und schickt so etwas wie einen Radar-Suchstrahl zum Objekt aus; 3. die Exkursionstheorie: der Sensitive sendet sein Bewußtsein oder einen Teil desselben ins Zielgebiet; 4. Netzhypothese: Unabhängig von Subjekt und Objekt umspannt ein weltweites Netz (dem Telefonnetz vergleichbar) den Raum, in dem die ASW stattfindet; dank dieses Netzes finden der Perzipient und der Agent (oder Objekt) »Anschluß«. — Lediglich Modell 1 kann durch → Distanzexperimente als widerlegt gelten: Die Selektivität der ASW verträgt sich nicht mit einem Ausstrahlungsmodell; die anderen Modelle bedürfen noch der experimentellen Überprüfung.
Lit.: Osis 1974.

ASW-Test → Zener-Karten.

Aszendent → Horoskop.

Atavismus [lat.; Rückschlag], eine Regression in der Evolution; das plötzliche Wiederauftreten von physischen Merkmalen bei Menschen, Tieren und Pflanzen sowie von seelisch-geistigen Eigenschaften (Verhaltensweisen) stammesgeschichtlicher Vorfahren. Als *atavistische Regression* bezeichnet die Tiefenps. die Erscheinung, daß im Traum, bei Neurosen und Psychosen, Vorstellungen auftauchen können, die uns auch in den Mythen und Sagen der Naturvölker begegnen.
Manche Autoren halten die Psi-Funktion für eine atavistische (→ Dacqué), andere dagegen für die Vorwegnahme einer künftigen Eigenschaft, die sich bis jetzt nur bei einzelnen manifestiert, wenn sie auch bei allen latent vorhanden ist.
Lit.: Rhine 1974.

Atem [verwandt mit sanskr. *atma;* Hauch, Seele], die Luft, die durch die Lungen eingesogen und ausgestoßen wird. Der Begriff entwickelte sich in manchen religiösen Systemen sowie in der ind. Philos. zum Bild der *Lebenskraft* und der *Seele.*

Einige Richtungen der westlichen Psychotherapie schreiben der A.gymnastik stützende Funktion bei der Behandlung zu. In östlichen meditativen Systemen nehmen A.übungen breiteren Raum ein:

Die »bewußte Beobachtung des Ein- und Ausatmens«, *anapanasati*, dient im Buddhismus der Steigerung der erlösenden Bewußtheit. Die »Beruhigung der inneren Welt«, *cittaprasadana*, will die bewußte A.beobachtung. Oft findet sich in den Texten: »Da setzt sich, ihr Mönche, ein Mönch, nachdem er sich in einen Wald, an den Fuß eines Baumes oder an eine einsame Stätte begeben hat, mit gekreuzten Beinen nieder, den Körper aufgerichtet und erweckt das (rechte) Gedenken *(sati)*. Besonnen atmet er ein, besonnen atmet er aus. Atmet er lang ein, so ist er sich wohl bewußt: ›Ich atme lang ein‹; oder atmet er lang aus, so ist er sich wohl bewußt: ›Ich atme lang aus‹; oder atmet er kurz ein, so ist er sich wohl bewußt: ›Ich atme kurz ein‹; oder atmet er kurz aus, so ist er sich wohl bewußt: ›Ich atme kurz aus‹. ›Jeden Atemzug voll empfindend will ich einatmen‹, so übt er sich. ›(Diesen) Körper-Prozeß beruhigend, will ich ausatmen‹, so übt er sich.« (Hauer 1958: 168; ein Beispiel, in dem Information und meditative Vorlage in eins fallen.)
Im Yoga besteht die A.zügelung darin, zwischen Ein- und Ausatmen eine Pause *(kumbhaka*, Stauen*)* einzuschalten. »Auch diese Übung hat im → Hatha-Yoga eine Hypertrophie erlitten ... Besonders wurde das A.anhalten teilweise ins Maßlose gesteigert: Der Yogi sollte minuten- und stundenlang den A. anhalten können, und gewisse Yogi wie Haridas (ein Yogi des 19. Jh.s; Braid 1850) sollen es sogar so weit gebracht haben, daß das Atmen überhaupt aufhörte und sie sich wochenlang begraben lassen konnten. Für das Ziel des echten Yoga sind diese Dinge sinnlos. Betrachten wir sie im Lichte der Physiologie und Ps., so müssen sie gedeutet werden als Versuche, abnorme Seelenzustände wie Trance usw. herbeizuführen. Diese Gefahr hat den Yoga zu allen Zeiten und auf allen Stufen begleitet und hat ihn bei den ernstlich nach echter Innenschau und innerer Befreiung Strebenden in Mißkredit gebracht.« (Hauer 1958: 317.) Hier wird deutlich, daß die Phänomene, für die sich die Pps. interessiert, aus der Sicht des Yoga lediglich periphere und hypertrophe Erscheinungen sind, die mit dem Wesen des Yoga wenig zu tun haben.

Veränderungen im A.rhythmus signalisieren die beginnende Trance. Schon → Swedenborg beobachtete, daß seinen Erfahrungen A.veränderungen vorausgingen. Sowohl im Osten als auch im Westen wird behauptet, die → Levitation beginne mit Atmungsänderungen. Hier sei auf ein »Hebe-Spiel« verwiesen, das in seinem mechanisch-physiologischen Ablauf noch nicht recht geklärt ist:

4 Personen heben eine fünfte, die auf einem Stuhl sitzt, in die Höhe, indem sie ihre Finger unter die Arme und Knie des Sitzenden legen. Gleichzeitig bewegen sie sich mehrmals vor und zurück und atmen (auch der Sitzende) im Takt ein und aus. Beim fünftenmal halten alle den A. an, und nun läßt sich die sitzende Person leicht mit den Fingern anheben. Es scheint, als habe sie stark an Gewicht verloren.

Lit.: Glaser 1957; Kuppe 1960; Lothar 1943; H. Schultz 1956.

Athanor [hebr.-arab.; Feuerstelle], 1. der alchimistische Schmelzofen; 2. die vom Alchimisten beherrschte und gelenkte eigene → Aura.

Athenodorus von Tarsos, stoischer Philosoph des 1. Jh.s v. Chr. Plinius d. J. (62—ca. 114) berichtet, A. habe unter Poltergeist-Störungen zu leiden gehabt, von denen er sich dadurch befreite, daß er dem Leichnam des unruhigen Geistes ein ehrbares Begräbnis bereitete.

Äther [griech.; Himmelsluft], in der griech. Philos. das fünfte Element: »Das fünfte Element nennen manche den Himmel, manche Licht, andere Äther« (Plutarch). Außerdem: 1. die höheren Luftschichten; 2. bis zu Beginn unseres Jh.s in der Physik angenommene feinstoffliche Materie, die den Raum ausfüllen sollte, der hypothetische Träger der Lichtausbreitung; 3. in der Chemie Sammelname für Alkoholanhydride; das Einatmen ihrer Dämpfe führt über u. U. rauschhafte Bewußtseinsveränderungen zur Bewußtlosigkeit; 4. die überholte astrophysikalische Ä.theorie überlebte z. T. in verschiedenen esoterischen und spekulativen Systemen. Ä. wird hier als ein Geistig-Stoffliches höherer

Ordnung, von anderer Materialität als das Physische, betrachtet.
In seiner *Theorie einer natürlichen Magie, gegründet auf Kants Weltlehre,* nimmt Ernst Marcus (1924) eine »überall gleichartige ätherische Masse an, von der unser Leib nur die vor unseren Sinnen auftretende diskontinuierliche Erscheinung ist«. Die »organisierenden Vorstellungen« wirken direkt auf den Ä., aber dessen Vibrationen sind unseren Sinnen nicht zugänglich, sondern nur deren »Wahrnehmungsrepräsentanten«. S. a. → Bioplasma und das *Fluid* des → Mesmerismus.

Ätherialisation, gelegentlich für schemenhafte → Materialisation.

Ätherisches Sehen, außerhalb der Pps. vor allem im → Lectorium Rosicrucianum, für Hellsehen. Die Bezeichnung hebt auf 2 Vorstellungen ab, die allerdings zusammenfallen können: 1. ein »Lesen« im Welt*äther* (→ Weltgedächtnis, → Akasha-Chronik); 2. ein Erfahren durch das Medium eines → *Äther*leibs.

Ätherleib, auch *ätherisches Doppel,* zahlreiche esoterische Schulen und Richtungen sind der Ansicht, daß außer dem sichtbaren menschlichen Leib noch eine oder mehrere Körper von einer Stofflichkeit »höherer Ordnung« existieren. In der → Anthroposophie wird der Ä. oder → Bildekräfteleib dem physischen Leib unbedingt zugeordnet, ohne Ä. wäre der physische Leib tot; der Ä. ist das »Vehikel des Bios«.
In Ausnahmezuständen oder von Menschen, die über eine besondere geistige Wahrnehmung (z. B. durch Meditation) verfügen, soll der Ä. in der Art eines Lichtes erfahren werden können.
→ Grunewald fand bei seinen Untersuchungen Hinweise auf Polbildungen magnetischer Felder, die außerhalb des Körpers der Vp. — z. B. mehrere Zentimeter über dem Kopf — lagen, ihr aber zugeordnet waren; spekulativ bringt er sie mit Ä.- oder → Astralleib-Vorstellungen in Verbindung (1920: 54).
Lit.: Ford 1972; Leadbeater o. J.

Atreya, Bhikhan Lal (* 1897), ind. Professor der Philos.; beschäftigte sich mit den Leistungen der Yogi aus pps. Sicht, untersuchte spontane PK und Reinkarnation; er ist Autor philos., religionsphilos. und pps. Schriften, darunter eine Einführung in die Pps. (1952).

Atwood, Mary Anne → Alchimie.

Aub, Ludwig († 1926), Sensitiver aus München; er scheint außer Intuition auch eine echte paranormale Begabung besessen zu haben; eine systematische Untersuchung seiner Fähigkeiten wurde jedoch nie vorgenommen. Die Aussagen A.s gegenüber seinen Besuchern waren von der Art: »Ich sehe in Ihrer Wohnung ein sehr großes Bild, ein Ölbild aus der Zeit Albrecht Dürers, in wunderbaren Farben, Ihr Stolz, Ihr kostbarster Besitz« (ein venetianischer Meister, 16. Jh.); oder: »Sie haben eine starke Vorliebe für Flaubert« (am Vormittag hatte der Besucher einen Aufsatz über Flaubert verfaßt).
Lit.: Dingfelder o. J.; Tischner 1920.

Aubert, Georges, frz. Musikmedium, das zu Anfang unseres Jh.s in Paris auftrat. Ohne eine musikalische Ausbildung zu haben, spielte er mit Komponisten klassischer Musik (Beethoven, Chopin, Mozart, Schumann, Wagner u. a.) als → Kontrollen anspruchsvolle Improvisationen (vgl. Rosemary → Brown).
Lit.: Aubert 1920.

Audition [von lat. *audire;* hören], Gegenstück zur → Vision; ein Hören mit dem »inneren Ohr«, gelegentlich auch als → Direkte Stimme empfunden, im Schlaf oder Wachen erfahren. Religionsgeschichtlich stellt sich das Phänomen als Privileg Weniger, von einer Gottheit Erwählter dar. Die A. wird als übermenschliche Macht erlebt, der Betroffene vermag sich ihr nicht zu entziehen und muß das Gehörte, sei es Sprache oder »himmlische« Musik, oft

zwanghaft weitergeben. Die A. als solche ist noch nicht paranormal, erst durch eine ASW-Information wird sie pps. relevant.
Es erscheint sinnvoll, A. als Fachausdruck dem religiösen Erlebnis vorzubehalten und bestimmte Automatismen, Inspirationsreden und Verwandtes als *säkularisierte* Formen der A. anzusehen.
Lit.: Benz 1969: 411—40.

Audition colorée → Farbenhören.

Auferstehung, die Vorstellung, daß am Ende aller Zeiten die Toten auferstehen werden, gelangte aus der pers. Religion ins späte Judentum und wurde später Bestandteil des christl. Glaubens. Die Ägypter glaubten an eine »A. des Fleisches« gleich nach dem Tod des einzelnen. Im Christentum wird die sofortige A. nur von Jesus und einigen begnadeten Menschen angenommen. Es existieren einige Berichte von leeren Gräbern (→ Gommel); doch die Fälle sind nicht nachprüfbar, und es bleibt offen, ob hier eine paranormale Erscheinung vorliegt und wie diese zu denken wäre.
Seitens pietistischer Theologen wurde gelegentlich darauf verwiesen, daß die Phantome des physikalischen → Mediumismus eine Bestätigung der christl. A.slehre darstellten (Kreyher 1880 I: 325).

Auferweckung von Toten, mehrfach behauptete extreme Form der wunderbaren Heilung; → Augustinus berichtet von mehreren Fällen, die sich an seinem Amtssitz zugetragen haben sollen. — Zu bedenken ist in diesem Zushg., daß die moderne Medizin ihr Instrumentarium zur Feststellung des Todes wesentlich verfeinert hat.

Aufklärung, um 1750 aufgekommene Bezeichnung für die programmatische Forderung, nur die Vernunft als oberste Autorität anzuerkennen. Kant definierte A. in seinem Aufsatz »Beantwortung der Frage: Was ist A.?« *(Berlinische Monatsschrift, 1784)* als den »... Ausgang des Menschen aus seiner selbstverschuldeten Unmündigkeit« und nannte zugl. das 18. Jh. »das Zeitalter der A. oder das Jh. Friedrichs«. Von da ab ist mit A. weniger eine allgemeine Haltung als eben diese geistige Strömung des 17. und 18. Jh.s gemeint, die noch heute spürbare Auswirkungen auf die europ. Kultur und die von ihr beeinflußten geistigen Strömungen hatte.
Die Pps. ist in ihrem Selbstverständnis — im Gegensatz zum Okkultismus — aufklärerisch; dennoch wird sie oft (z. B. von Prokop/Uhlenbruck 1975) antiaufklärerischer Ziele bezichtigt. Tatsächlich hat die A. als hist. Epoche den rationalen Kern in der Kasuistik des Außergewöhnlichen oft nicht gesehen und die Möglichkeit des Paranormalen grundsätzlich geleugnet. In einer häufig übersteigerten Gegenreaktion haben dann romantische Philos., Wiss. und Kunst das Okkulte oft irrational behandelt; was dennoch nicht ausschließt, daß dabei bleibende Entdeckungen (das Unbewußte, die Natur des Traums, fremdseelische Beeinflussungen u. a. m.) gemacht wurden (→ Rosenkreuzer; → Romantik).
Lit.: Cassirer 1932; Heimpel-Michel 1928; Wolff 1950.

Auge, lichtempfindliches Sinnesorgan. Mensch und Tier können nach dem Volksglauben durch das Auge schaden: z. B. der → Böse Blick beim Menschen; die Schlange, die ihr Opfer fasziniert; der Basilisk, dessen Blick tötet. Dem Toten die Augen schließen, bedeutete ursprünglich, ihn unschädlich machen. — Als »Gegengift« sind deshalb A.ndarstellungen auf Amuletten häufig. — Doppelpupille, zusammengewachsene Braue, Triefaugen und Einäugigkeit sind Zeichen des Zauberers und der Hexe. — Lidzucken bedeutet im Volksglauben die Ankündigung eines wichtigen Ereignisses.
Lit.: Koenig 1975; S. Seligmann 1910 a, b; 1922.

Augenbinde, vor allem von Varietékünstlern bei ihren Auftritten verwendetes Utensil: Mit verbundenen Augen vermag der Vorführende Briefe zu lesen, Gegenstände zu erkennen u. ä. Der Trick kann in der Binde selbst liegen (z. B. schwarzer

Gummi mit Sehschlitzen in durchsichtiges schwarzes Tuch eingenäht; einer Kontrollperson wird die Binde undurchsichtig vorkommen, wird sie vor die Augen des angeblichen Hellsehers gespannt, öffnen sich die Sehschlitze) oder Assistenten helfen mit akustischen o. a. Signalen.

Auch bei wiss. Experimenten wurde und wird mit Augenbinden gearbeitet. Nach Untersuchungen der S. P. R. gibt es, vor allem wenn → Hyperästhesie ins Spiel kommt, keine zuverlässige A.

Schon die alten Magnetiseure operierten mit A.n. Die Versuchsanordnung des bedeutenden Experimentators Charpignon im folgenden Versuch dürfte allerdings gegen optische Wahrnehmung hinreichend abgesichert sein:

»Ich verklebe einer so begabten Somnambulen die Augen mit mehreren Streifen Heftpflaster und bedecke sie mit einer Binde bis zu den Nüstern, deren Ränder ebenfalls verklebt werden, von den Backen bis zu den Ohren! Nachdem die Spalten, die sich bilden konnten, geglättet worden sind, betrachte ich den Durchgang eines Lichtstrahls für unmöglich. Dann gebe ich der Vp. verschiedene Gegenstände: sie nennt sie sofort, lege Farben vor: sie erkennt jede, öffne ein Buch: sie liest fließend. Der Tastsinn ist ganz ausgeschlossen, auch die Sehachse unterbrochen, denn manchmal neigt sie den Kopf und bietet Schläfe oder Stirn.« Der Magnetiseur Laurent nahm gar eine Metallmaske ohne Öffnung mit einem Atemluftvorrat von etwa 5 Minuten und stülpte sie der Somnambulen Prudence über: Prudence las Buchstaben und unterschied Gegenstände und Farben. → Lafontaine dagegen empfahl, nicht die Vp. zu belasten, sondern den zu erkennenden Gegenstand zu bedecken. (Zit. n. Moser 1974: 425 f.)

Augenblicksgott → Aius Locutius.

Augendiagnose → Irisdiagnostik.

Augenloses Sehen → Dermooptik.

Augenzauber → Böser Blick.

Auguren [von lat. *augere;* mehren], röm. Divinationskollegium, dessen Mitglieder nicht eigtl. Priester waren (sie waren weder Kultträger noch brachten sie Opfer). Die A. waren die Hüter der staatlichen Weissagung, sie befragten Jupiter im Hinblick auf konkrete, zur Entscheidung anstehende Fragen. Mit dem *lituus* (Krummstab; für einige eine Art Zauberstab, andere Autoren sehen eine Verbindung zum Würdezeichen der hethitischen Könige) zeichneten sie ein nach den Himmelsrichtungen viergeteiltes Beobachtungsfeld *(templum* oder *effatum)*; in ihm beobachteten sie die Vorzeichen *(auguria;* Vogelruf und -flug, Himmelszeichen*)*. Bis zum Ende des 4. Jh.s bestand diese Institution. Cicero, selbst Augur, schrieb ein Buch *De auguriis.* S. a. → Auspicium.

Augurium → Divination.

Augustinus, Aurelius (354—430), Heiliger, Kirchenlehrer und Bischof, aus Tagaste in Numidien, Nordafrika, stammend. Ein Mann, »der mehr als jeder andere Denker zwischen Aristoteles und Kant einen Ehrenplatz in der Geschichte der pps. Forschung verdient« (Dodds 1974: 23). A. berichtet mehrfach paranormale Ereignisse aus seiner Umgebung; so in seinem Hauptwerk *De Civitate Dei (Über den Gottesstaat,* XVIII, 18*)* den Fall einer, wie A. versichert, glaubwürdigen Person, die einmal vor dem Einschlafen den Eindruck hat, ein ihr bekannter Gelehrter komme herein und erläutere bestimmte Fragen der Platonischen Philos. Es stellte sich nachträglich heraus, daß dieser Gelehrte in eben der Nacht geträumt hatte, diesen Besuch zu machen. Bei der Erklärung der Phänomene ist A. vorsichtig: »Wenn irgend jemand den Ursachen und Wirkungsformen dieser Visionen und Divinationen nachgeht und sie wirklich verstehen kann, möchte ich lieber dessen Standpunkt kennenlernen, als daß man von mir erwartet, das Thema selbst zu erörtern.« (Zit. n. Dodds 1974: 25.)

Aura [griech.-lat.; Luft, Hauch, Schimmer], 1. in der antiken Kunst Verkörperung der milden Lüfte in weiblicher Gestalt, durch segelartiges Tuch über dem Kopf gekennzeichnet; 2. bei → Empedokles die ausströmende Substanz des Lichtes; 3. dem Auge oder auch dem Geruchssinn wahrnehmbare Vorzeichen unmittelbar vor einem epileptischen Anfall; 4. als Leuchterscheinung Sensitiven oder in Ausnahmefällen wahrnehmbaren Hof, der den ganzen Körper oder auch nur Teile einer Person umgibt; eine angeblich »feinstoffliche« Ausstrahlung des menschlichen Körpers. Soll manchmal auch an Tieren oder Gegenständen wahrnehmbar sein, vorwiegend jedoch bei außergewöhnlichen Menschen (z. B. Heiligen) und in besonderen Situationen. Es handelt sich dabei um verschiedene okkultistische Konstrukte, deren pps. Bedeutung noch umstritten ist. Immer wieder wurden Versuche unternommen, die A. mittels technischer Vorrichtungen sichtbar zu machen: → Kilner, → Reichenbach. Die interessantesten Ergebnisse lieferte bisher die → Kirlian-Fotografie.

Polychrome Auren sollen je nach Farbgebung im Hinblick auf Charakter, Krankheit oder Schicksal deutbar sein; so werden z. B. in der → Anthroposophie 5 A.-schichten unterschieden.

Der Glaube an eine A. ist alt und in vielen Kulturen verbreitet, er begegnet in verschiedenen Ausformungen, verwiesen sei auf das ägypt. → *Ka*, das chin. → *Ch'i* und das ind. → *Prana*. Das christl. MA. unterschied z. B. nach *Nimbus* und *Halo* (auf den Umkreis des Kopfes beschränkte oder zumindest von ihm ausgehende A.), → *Aureole* (den Körper umgebende A.) und *Glorie* (Aureole und Nimbus).

Daß der lebende Körper von bestimmten meßbaren »Mänteln« (z. B. Wärme) umgeben ist, scheint einleuchtend; pps. bedeutsam sind vor allem solche Theorien zur A., die behaupten, sie sei die → Exteriorisation einer psychischen Energie — 1852 entwickelte → Buchanan das Konzept einer Nervenaura —, möglicherweise eine Vorstufe von Materialisationen und Ursache psychokinetischer Effekte. Ein Teil der A.-wahrnehmungen läßt sich mit → Tenhaeff als »symbolische Vision« verstehen: Charaktereigenschaften, telepathisch oder normal erfahren, vielleicht auch auf den Beobachteten projiziert, werden symbolisch in Farbe erfahren, etwa so, wie manche Menschen Musik in Farben »sehen« können.

»Zunächst scheint die Aura sich immer um den Menschen herum zu befinden, zu dem sie ›gehört‹. Sie scheint unlöslich mit seiner physischen Erscheinung verbunden zu sein ... Beim Betreten des vegetarischen Restaurants ›Freya‹ in München spürte ich einmal eine besonders schöne, intensive blaue Aura, die den ganzen Raum zu durchdringen schien. Ich suchte festzustellen, von wem sie ausging, und entdeckte nun erst einen mir völlig unbekannten Inder als die zu der Aura gehörigen Person. Nach längerer Zeit ›sah‹ ich beim Betreten desselben Restaurants wieder diese Aura und suchte nun nach dem Inder, den ich dann auch entdeckte ... Das aurische und das physische Sehen müssen demnach also doch voneinander verschieden sein ... Man hat auch geglaubt, die Aura entspreche durchaus den gewöhnlichen, sinnlichen Farben, sei nur gleichsam ›dünner‹ oder ›feiner‹ als diese. Alle derartigen Definitionen dürfen nur als Hinweise, als Analogien, keinesfalls wörtlich genommen werden.« (Walther 1955: 68 f.)

5. In der Tierps. spricht man von *Nesta*. und meint damit den art- oder gemeinschaftseigenen Geruch, der anscheinend dem gegenseitigen Erkennen dient.

S. a. → Ätherleib; → Astralleib; → Aureole; → Feinstoff.

Lit.: Bendit/Bendit 1961; Görres 1927: 175—83; Kilner 1911; Krippner/Rubin 1975; Kröner 1955; Leadbeater o. J.; Miers 1967; de Rochas 1911; Spiesberger 1963; Tenhaeff 1957; Walther 1932, 1952/53; 1955; Warrick 1938; van Wijk 1940; Wüst 1951/52, 1954.

Aurafotografie → Kirlian-Fotografie.

Auraschirm → Kilner, Walter.

Aureole [lat.], 1. weißer oder farbiger Hof um Sonne und Mond, Effekt einer optischen Brechung; 2. gelegentlich zu beobachtende Leuchterscheinung an elektrisch geladenen Körpern bei hohen Spannungen; 3. *Heiligenschein:* ikonographisches Element mehrerer Kulturen, auch im Erzählgut belegt (Indien, Griechenland, Rom, Islam u. a.), ein Strahlenkranz, der be-

stimmte Personen (Götter, Heroen, Könige) auszeichnet. Die christl. Kunst übernahm diese Tradition für die Darstellung der Dreifaltigkeit (auch für das Herz Jesu), Engel, Propheten, Apostel, Maria und der Heiligen. Bei einigen hist. Persönlichkeiten (meist nachmaligen Heiligen) wurden angeblich auch A.n beobachtet, möglicherweise eine pps. relevante Erscheinung. — Umgibt das Licht nur den Kopf, spricht man von *Nimbus*.
Von Okkultisten und auch innerhalb der Pps. wurde immer wieder vermutet, der Heiligenschein habe eine materielle Basis und sei ein Bild der → Aura, die bei außerordentlichen Menschen besonders intensiv sein soll.

Auréoles neuropathiques [frz.; neuropathische (auf »kranke Nerven« bezogene) Aureolen], Charles Féré, seinerzeit ein bekannter frz. Neurologe, veröffentlichte 1905 unter diesem Titel Beobachtungen, die er an Kranken gemacht hatte. So sah er z. B. bei einer Patientin, seit 12 Jahren Hysterica, während eines Anfalls von deren Kopf und Händen ein orangefarbenes Licht ausgehen, etwa 20 cm weit strahlend und nach außen hin schwächer werdend.
Lit.: Dietz 1942; Féré 1905.

Auspicium [lat.; Vogelschau], antike Form des Erkundens des Götterwillens, oft nach Bitte um ein Zeichen. Gedeutet wurde das Gebaren verschiedener Vögel — die Richtung des Vogelflugs, die Stimmen, die Art des Fressens (bei Hühnern) —, gelegentlich von einem bestimmten Standort aus. Ein Kenner dieser Kunst war, laut Homer, → Kalchas. Einige mythische Seher verstanden außerdem die Sprache der Vögel: z. B. → Melampus, → Teiresias; im germanischen Bereich Sigurd. In Rom wurden häufig wichtige politische Entscheidungen von den »Auspizien« abhängig gemacht, deren Deutung den → Auguren oblag.
Aus anderen Kulturen kennen wir vergleichbare Formen der → Mantik; so werden z. B. bei den Dogon (Westafrika) die Spuren des Fennek (Wüstenfuchses) im Sand interpretiert.

Aussage → Call.

Ausscheidung des Empfindungsvermögens, Theorie de → Rochas, angeblich in Experimenten demonstriert: Seinen »magnetisierten« Vpn entströmte, wie beobachtende Sensitive bestätigten, ein Fluidum. Dieses Fluidum war sensibel, es stellte die »exteriorisierte Empfindung« dar, während die Physis der Magnetisierten empfindungslos blieb. Führte man einen Gegenstand, z. B. eine Puppe, in die Fluidalschicht, so spürten die Magnetisierten angeblich, welche Manipulationen an diesem Objekt (z. B. Brennen, Kneifen, Verletzen) vorgenommen wurden. Auch in einzelnen Körperteilen soll sich Lebenskraft über den Tod hinaus oder nach einer Amputation erhalten. Vgl. → Phantomschmerz.

Außerkörperliche Erfahrung (AKE), in Anlehnung an Außersinnliche Wahrnehmung (ASW) gebildete Eindeutschung von → Out-of-Body-Experience.

Außersinnliche Erfahrung (ASE), von → Tischner vorgeschlagener Ausdruck, der aber »Außersinnliche Wahrnehmung« nicht zu ersetzen vermochte, obgleich das Problematische der Bezeichnung ASW, nämlich der Begriff »Wahrnehmung«, der in der Ps. und Physiologie als »sinnlich vermittelt« definiert ist, durch ihn vermieden wird.

Außersinnliche Wahrnehmung (ASW), entspricht dem engl. *Extra-Sensory Perception (ESP)*. Eine nicht durch die Sinne vermittelte Wahrnehmung ist ein Widerspruch in sich selbst, denn Wahrnehmung ist als »sinnlich vermittelt« definiert. → Tischner schlug deshalb vor, korrekter von Außersinnlicher *Erfahrung* (ASE) zu sprechen; der Vorschlag setzte sich aber nicht durch, und ASW bürgerte sich, eingeführt von → Pagenstecher, als Fachausdruck der Pps. ein.
Unter ASW wird eine Erfahrung, die auf

irgend etwas außerhalb des Erlebnisträgers bezogen ist, ohne Beteiligung der Sinnesorgane verstanden. Vorsichtiger ist die Formulierung: »der *uns bekannten* Sinnesorgane und ohne Vermittlung *in der üblichen Weise*« (vgl. Staudenmaier 1968). → Bender (1974: 115) bietet die »neutralere« Bestimmung: »... Antwort auf einen äußeren Vorgang, der durch kein bekanntes Sinnesorgan repräsentiert wird«; zu ergänzen ist, daß hier Fremdseelisches, Innenereignisse einer anderen Person ohne identifizierbare objektive Repräsentanz, als äußerer Vorgang aufgefaßt werden.

Einzuflechten ist, daß nach Auffassung der Jungschen Tiefenps. auch die »normalen« Wahrnehmungen nicht aus den realen äußeren Gegebenheiten folgen, sondern die bewußte Übereinstimmung zwischen Objekt und Bild in der Wahrnehmung ist eine den → Archetypen zugeschriebene »Innenleistung«.

ASW kann spontan oder provoziert (Experiment, Orakel) auftreten; im Normalbewußtsein wie in anderen Bewußtseinszuständen, z. B. Schlaf (→ Wahrtraum), Trance, Dämmerzustände, oder auch unbewußt bleiben. Im letzteren Fall muß sie aus dem Verhalten geschlossen oder durch physiologische Daten nahegelegt werden (→ Plethysmograph; man denke etwa auch an ein unerklärliches Weinen, dem, wie sich nachträglich herausstellt, ein trauriges Ereignis korrespondiert).

Der Form nach sind zu unterscheiden: spontane Kenntnis eines Sachverhalts, ein sehr unbestimmtes Ahnen (emotionale Veränderungen) oder ein Pseudosinneseindruck (Halluzination, Traumbild). Im dritten Fall ist weiter zu unterscheiden zwischen einer realistischen Darstellung und einer symbolisch verschlüsselten.

Über die Art, wie ASW zustandekommt, besitzt die Pps. noch kein positives Wissen; hypothetisch wird als Ursache eine Grundfunktion → Psi angenommen, deren Modalitäten ASW und PK sein sollen. Die ASW selbst wird heuristisch in die Modalitäten → *Hellsehen*, → *Telepathie* und → *Präkognition* gegliedert, ohne daß sicher ist, ob diese 3 Phänomene nicht aufeinander rückführbar sind (→ Urphänomen); z. B. kann eine Hellseherfahrung immer auch als telepathisch vermittelt gedacht werden, nur ps. Wahrscheinlichkeiten sprechen für Hellsehen oder Telepathie.

Man hat versucht, nach dem Objekt der Erfahrung zu differenzieren (Berendt 1974: 19) und erhielt für die Telepathie ein *psychisches*, für das Hellsehen ein *physisches*, für die Präkognition ein *künftiges* Objekt. Aber diese Gliederung ist in ihrem Wert durch das Konzept einer *präkognitiven Telepathie* gemindert. Will man eine Differenzierung in der ASW vermeiden, so spricht man von → *Allgemeiner Außersinnlicher Wahrnehmung* (AASW), die Eindeutschung von *General Extra-Sensory Perception* (GESP).

Das Auftreten der ASW wird begünstigt durch ein affektives Engagement der Beteiligten (→ Feld). Manche Menschen, sog. → Sensitive, scheinen für ASW-Erfahrungen besonders prädestiniert zu sein. Dabei zeigt sich eine gewisse »selektive Affinität« (Moser 1974: 564), d. h., die Sensitiven sind individuell unterschiedlich empfänglich für verschiedene Thematiken. Sie sind dabei keine bloßen Rezeptoren, sondern zum kognitiven Aspekt tritt ein kreativer. »Vielleicht besteht die Grundkraft des Menschen, der es auch das Erkennen einzuordnen gilt, in der Kreativität?« (Landmann 1975.)

Die Pps. hält die Existenz der ASW in den genannten 3 Formen für erwiesen, ohne entschieden zu haben, ob diese Dreigliederung endgültig ist, und ohne eine beweisbare Erklärung für das Zustandekommen der ASW zu haben (die wichtigsten Theorien referiert v. Noorden 1968). Wissenschaftler anderer Disziplinen sind teilweise abweichender Meinung, wobei einige die ASW völlig leugnen, hingegen andere nur diese oder jene Form für nicht bewiesen erachten (die wiss.stheoretischen Probleme, die die ASW aufwirft, sind z. B. für Hellsehen und Präkognition verschieden; → Präkognition).

In der Zeitschrift *American Psychologist* schrieb der Physiker M. A. Rothman: »Sollte es tatsächlich eine außersinnliche Wahrnehmung geben, dann wäre dies die wichtigste Entdeckung der modernen Physik, weil man, um sie zu erklären, eine neue Kraft annehmen müßte, eine Kraft, die den Physikern zur Zeit nicht bekannt ist. Die einzige Alternative wäre, die Kausalität zu verneinen, was zu einer noch größeren Revolution in der Wissenschaft führen würde.« (1970.)
Lit.: Bender 1973 a; Driesch 1962; Hansel 1966; Mischo 1972; Neuhäusler 1958; Pratt 1973; L. E. Rhine 1961, 1967; Richet 1888/89; Schmeidler 1969; Smythies 1967; Tenhaeff 1962.

Außersinnliche Wahrnehmung und Hypnose → Hypnose und Außersinnliche Wahrnehmung.

Australide [lat.], die irreführend auch »Australneger« oder »Uraustralier« genannte Rassengruppe liefert in ihrer Mythologie einen bemerkenswerten vorwiss. Beitrag zur Frage Psi und Evolution (vgl. → Deszendenztheorie). Die Stämme glauben übereinstimmend an eine *Urzeit*, die zugl. *Schöpfungszeit* war; diese Zeit wird in fast allen Sprachen mit dem jeweiligen Wort für Traum, Vision oder Ekstase benannt. Die A.n halten diese psychischen Ausnahmezustände für die dem Menschen eigene Möglichkeit, mit seinem kreativen Potential in Verbindung treten zu können; deshalb erfolgt die Gleichsetzung dieser Zustände mit einem »schöpferischen« Zeitalter.

Auto- [von griech. *autos;* selbst], Bestimmungswort mit der Bedeutung selbst-, Selbst-.

Autochthone Ideen, Vorstellungen und Gedanken, die der Normalpersönlichkeit fremd sind, keinen Bezug zu den übrigen seelischen Inhalten zu haben scheinen, sich aber bei pathogenen Zuständen behaupten; oft erscheinen sie den Patienten als von »außen« (je nach Milieu u. U. spiritistisch) oktroyiert.

Autogenes Training, von dem Berliner Nervenarzt Johannes Heinrich Schultz (*1884) entwickelte autosuggestive Methode der Selbstentspannung. Ineinandergreifende Konzentrationsübungen führen zu einer gewissen Kontrolle der ANS-Funktionen. In der erreichten *Versenkung* wird die Selbsteinrede (»Psychotherapie durch formelhafte Vorsatzbildung«) besonders wirksam. Das A. T. ist mit bestimmten Übungen des Yoga *(bhavana,* das Hervorrufen durch seelische Übungen*)* und der Autohypnose verwandt.
Lit.: Langen 1971; Lindemann 1973; Schultz 1956, [14]1973.

Autographismus, svw. → Dermographismus.

Autogravitation, von → Puschkin vorgeschlagene Bezeichnung für eine besondere Form der → Biogravitation; die Fähigkeit des Menschen, instabile Schwerefelder zu erzeugen.

Autohypnose [von griech. *hypnos;* Schlaf], Selbstversenkung in Hypnose im Gegensatz zur Heterohypnose (Fremdhypnose), → Hypnose.

Autolevitation, Selbsterhebung [vgl. → Levitation). Oft lediglich eine subjektive Empfindung; als Vorstufen für die echte Levitation können Gewichtsverringerungen mancher Medien in Sitzungen (z. B. bei der → Paladino) betrachtet werden oder das Phänomen, daß die »Seherin von Prevorst« (→ Hauffe) im »magnetischen« Zustand nicht im Bad untertauchen konnte (→ Wassergehen, → Wasserprobe).

Automatische Literatur, Produkte → Automatischen Sprechens und Schreibens, die nicht so sehr einzelne »Botschaften« enthalten, sondern längere geschlossene Texte, oft poetischer Natur, darstellen.
In der Lit.geschichte gibt es Vorformen der A. L. im Werk so unterschiedlicher Autoren wie Beecher-Stowe, Blake, Goethe, Löns, May, Rilke u. a., die von einigen ihrer Werke behaupten, sie (fast) ohne eigenes Zutun geschrieben zu haben, nach »innerem Diktat« o. ä.
Ins Vorfeld der A. L. gehören auch *inspirierte Reden.* Verwiesen sei auf die Pre-

digten der Johanna vom Kreuz (Cubas bei Madrid, 16. Jh.), in ihren ekstatischen Predigten soll auch das Phänomen der → *Xenoglossie* (u. a. arab., baskisch, griech., lat.) aufgetreten sein. — Eine spezifische Form der A. L. bieten in unserem Jh. die Bemühungen der Surrealisten u. a. experimentierender Dichter, die einzeln und simultan versuchten, auf dem Wege des Automatischen Sprechens und Schreibens Wortkunstwerke zu gewinnen.

Auch verschiedene hl. Schriften zählen zur A. L. (so soll der Engel Gabriel Mohammed den Koran diktiert haben; vgl. die Lehre von der Verbalinspiration in der christl. Theologie) und religiöse Texte, z. B. die Diktate der → Emmerich, die Brentano (unverändert?) niederschrieb, sowie sehr viele erbauliche Schriften und schlichte Historienschilderung. Einige Beispiele: Charles Hammond, *Light from the Spirit World. The Pilgrimage of Thomas Taine and Others to the Seventh Circle* (1852); Charles Linton verfaßte automatisch und meist bei Normalbewußtsein 1853 in 4 Monaten ein umfangreiches religiös-lit. Werk, *The Healing of Nations*. Als 14jährige schrieb Hermance Dufeaux automatisch 2 Bücher, ein Leben der hl. Johanna und Bekenntnisse Ludwigs XI. Die → Kryschanowskaja-Rochester soll ca. 40 Romane automatisch niedergeschrieben haben, manche in korrektem Französisch, das sie sonst nur mangelhaft sprechen konnte. Einer ihrer Romane mit dem Schauplatz Ägypten verrät Detailkenntnisse, die normalerweise nur Fachleute besitzen. Die → Cummins schrieb zwischen 1928 und 1943 automatisch mehrere Romane, die in der christl. Antike spielen (dt. Übersetzungen der auf engl. erschienenen Bücher: *Die Schriften des Cleophas, Paulus in Athen, Die großen Tage von Ephesus, Der Weg zur Unsterblichkeit* u. a.). Ihre Detailkorrektheit wollen manche mit → Retrokognition erklären, aber die irische Professorentochter kann sehr wohl manches mehr oder weniger unbewußt zu Hause vernommen und in ihren Romanen, ebenfalls unbewußt, verarbeitet haben. → Duguid, ein schott. Kunstschreiner, der auch bei völliger Dunkelheit automatisch malte, diktierte in Trance die Biographie *Hafed, Prinz von Persien*, mit erstaunlichen hist. und ethnographischen Kenntnissen. Elsa Barker, eine engl. Automatistin, schrieb unter einer → Kontrolle »X«, über deren Identität vielfach spekuliert wurde, die *Letters from the Living Dead Man* (1914; es folgten *War Letters from a Living Dead Man*, 1915, und *Last Letters from the Living Dead Man*, 1919).

Die erste automatische Buchniederschrift mit Schreibmaschine stammt von dem Amerikaner John B. Newbrough — *Oahspe: A New Bible* (1882).

Eine besondere Rolle spielen jene Fälle, in denen ein verstorbener Autor sich angeblich eines lebenden zur Niederschrift bedient, so Shakespeare des schon genannten Charles Linton. 1872/73 schrieb T. P. → James eine unvollendete Erzählung von Dickens, *The Mystery of Edwin Drood*, zu Ende. Verwiesen sei ferner auf die *Psychic Messages from Oscar Wilde* (1924) der Hester Travers Smith. Manchen sind diese Werke, vor allem wenn sie sich in Wortwahl, Satzbau, entsprechenden Archaismen dem vorgeblichen Autor anpassen, Indiz für die spiritistische Hypothese. Ps. aber genügt die Annahme einer Leistung des schöpferischen Selbst des Mediums. Dabei können paranormale Informationen selbstverständlich eine Rolle spielen, sie sind aber im konkreten Fall kaum nachweisbar. 1926 entschied ein Londoner Gericht, daß das Copyright vorgeblich postumer Texte verstorbener Autoren bei den Medien liegt.

Lit.: Benz 1969; W. James 1896/97; Salter u. a. 1928/29; Hester T. Smith 1919.

Automatisches Buchstabieren, kann als Variante des → Automatischen Schreibens angesehen werden; die Methoden sind vielfältig, am bekanntesten wurden das sog. → Glasrücken, → Typtologie und der Gebrauch der → Planchette; auch das → Pendeln über einem Buchstabenfeld ist hier zu erwähnen. Verfahren des A. B.s waren bereits in der Antike bekannt und finden sich auch in verschiedenen Orakeln außereurop. Kulturen. A. B. kann von einer Person allein oder mehreren zusammen geübt werden. Von besonderem ps. und pps. Interesse sind die Fälle, in denen eine Person zur Erzielung eines Ergebnisses die Unterstützung anderer Teilnehmer braucht. Es sind z. B. Fälle bekannt, in denen mit der Planchette nur dann ein sinnvoller Text gelang, wenn die Person, welche die Planchette berührte, ihrerseits von einem weiteren Teilnehmer angefaßt wurde. — Besondere Beachtung verdienen die Fälle, in denen die im A. B. zutage tretende Information paranormal erworben sein muß. Z. B. erpendelte der belgische Hauptmann Charlotteaux in dt. Kriegsgefangenschaft im Februar 1941 als Datum des Kriegsendes richtig den 8. Mai 1945.

Lit.: Tenhaeff 1951.

Automatisches Malen und Zeichnen, automatische (→ Automatismus) Produktion von Bildern, die künstlerischer Intention zu folgen scheint oder auch einfache Informationen graphisch vermittelt (z. B. Geländeskizze, in der ein bestimmter Fundort gekennzeichnet ist); sie kann manchmal mit anderen Automatismen, z. B. → Automatischem Schreiben, gekoppelt sein. Bereits in den Heiligenviten finden wir Belege für A. M.; → Görres nennt in seinem Werk *Die christliche Mystik* (Bd. II) mehrere Maler, die in der »visionären Entrückung«, z. T. bei völliger Dunkelheit, Bilder verfertigten. Dabei gibt es Übergänge zwischen dem A. M. und dem mehr oder minder bewußten bildnerischen Nachgestalten einer gehabten Vision, zwischen inspirierter Malerei und einem Malen wie unter fremder → Kontrolle. (Zur inspirierten Malerei vgl. Teile des Werks von → Blake.)

Für die automatische Produktion scheint in vielen Fällen charakteristisch ein sehr schnelles Arbeiten und keine oder fast keine optische Kontrolle der Produktion. → Osty (1930) schildert den Fall der Mme. Marguerite Burnat-Provins, die in Hun-

Automatische Zeichnung der 12jährigen Jutta Kieser aus Bamberg (1930).

derten von Bildern Visionen gestaltete, dabei wich der Skizzierstil deutlich von dem ab, der für das Normalbewußtsein des Mediums charakteristisch war. Das poln. Medium Marjan Gruzewski malte im Institut Métapsychique in Paris um 1920 bei totaler Dunkelheit Porträts in Öl. Das dt. Malmedium Heinrich Nüßlein malte Mitte der 20er Jahre in 2 Jahren automatisch rund 2000 Bilder, einige bei Dunkelheit; einige sind »psychometrische Porträts«, d. h. Porträts aufgrund eines → Psychischen Induktors. 1930 erregte die 12jährige Jutta Kieser aus Bamberg mit Automatischen Zeichnungen vorwiegend klassisch-persischer und ägyptischer Motive Aufsehen, die sie mit frappierender Geschwindigkeit zu Papier brachte. Sie wurden in München ausgestellt. — Bei Bender (1971: 14 f.) finden sich Bilder, die ein Mann 1947 wie unter Zwang gemalt hatte, ohne sie in ihrer Symbolik zu verstehen. Nachträglich schien es, als drückten sich in ihnen Ahnungen vom bevorstehenden Tod seines Bruders aus, der noch im gleichen Jahr ertrank.

Lit.: Böhm 1928; Cassoli 1975; Egidi 1954; Osty 1927/28, 1930.

Automatisches Schreiben, motorischer → Automatismus, in Trance, bei getrübtem oder auch bei scheinbarem Normalbewußtsein; in Experimenten → Gurneys und → Janets aufgrund posthypnotischen Auftrags. Der Automatist schreibt unwillkürlich und in der Regel zwanghaft, der Sinngehalt des Textes erscheint oft persönlichkeitsfremd.

In selteneren Fällen ist A. S. mit anderen Automatismen gekoppelt. So kam es manchmal bei Mrs. → Piper zum Zusammentreffen von A. S. und → Automatischem Sprechen: Während »George Pelham« mit der Hand der Mrs. Piper schrieb, sprach »Phinuit« aus ihrem Mund. Weitere gelegentliche Besonderheiten sind extrem kleine Schrift, die nur mit der Lupe zu entziffern ist, oder regelhafte Buchstaben- und Wortvertauschungen, oder daß z. B. nur jedes zweite Wort sinntragend ist, oder der Text von oben nach unten bzw. von unten nach oben gelesen werden muß, in Spiegelschrift oder Anagramm erscheint. Selbst neue Schriften und ganze Pseudosprachen können entwickelt werden (Helene → Smith). Gerade solche Besonderheiten machen es dem Medium oft schwer zu glauben, selbst der Urheber dieser Texte zu sein. Soweit sie spontane Antworten auf gestellte Fragen sind, ist die Kürze der Zeit, die das Medium zur entsprechenden »Verschlüsselung« der Antwort braucht, besonders verblüffend (Beispiele bei Moser 1974: 571 f.). Als physische Begleiterscheinung kann Anästhesie der Schreibhand auftreten.

Von *Transfiguration* der Schrift darf gesprochen werden, wenn das Schriftbild mit der Normalschrift des Mediums keine Ähnlichkeit zeigt; hier sind 3 Fälle zu unterscheiden: a) die Schrift ist nicht zu identifizieren, b) sie gleicht der Schrift einer lebenden Person oder c) einer bereits verstorbenen. Die Abweichung von der Normalschrift des Mediums ist nicht verwunderlich; wir betrachten Schrift als Funktion der Persönlichkeit — wird nun die Normalpersönlichkeit vorübergehend partiell oder völlig von einer anderen ersetzt, so ist auch ein geändertes Schriftbild zu erwarten. Bemerkenswert ist oft das Schreibtempo: bei dem Medium → Cummins z. B. bis zu 2000 Wörter in der Stunde.

A. S. wird für die Pps. erst zum Gegenstand, wenn die Inhalte Erfahrungen wiedergeben, die paranormaler Natur sein müssen. Interpretiert wird das A. S. entweder als Leistung des Unbewußten oder einer extraindividuellen Instanz. Für den zweiten Fall wird unterschieden zwischen der spiritistischen Hypothese und jener der »automatischen Telepathie« (Stead 1908; die Annahme, ein Lebender »bediene« sich der Hand des Mediums). Am meisten verbreitet — außerhalb der Pps. und vor allem bei Medien — ist die spiritistische Hypothese: danach »kontrolliert« ein Verstorbener, der sich zu erkennen gibt oder unter einem Pseudonym auftritt, das sog. Schreibmedium und gibt Botschaften durch dessen Hand. Bei → Stead artikulierten sich in einem Zeitraum von 15 Jahren sowohl Verstorbene als auch Lebende: entfernt lebende Freunde, die z. T. verblüfft waren, wenn man sie mit »ihren« Botschaften konfrontierte, sie aber wenigstens teilweise anerkannten.

Als hist. früher Fall des A. S. wird manchmal der Brief des Propheten Elia an König Jehoram genannt (2. Chronik 21, 12 bis 15) — der Bibeltext wird dadurch aber wohl überinterpretiert. Für die Antike belegt sind allerdings Fälle von → Automatischem Buchstabieren. Aus jüngerer Zeit erscheint A. S. möglich bei der hl. → Theresia von Avila und der Mme. de la → Mothe-Guyon, ziemlich wahrscheinlich bei Marie-Louise de Vallière, einer Stiftsdame aus Lyon, 18. Jh. (Amadou 1957: 152; Joly 1938). Die Zeit der großen Schreibmedien setzte in der 2. Hälfte des 19. Jh.s ein und dauerte bis in die ersten Jahrzehnte des 20. Jh.s; Höhepunkte aus der Sicht der Pps. waren die Leistungen der Mrs. Piper und die → Kreuz-Korrespondenzen.

»Mrs. Willett« (→ Coombe-Tennant) notierte 1910: »Ich hatte mich etwas ausgeruht und kam die Treppe herunter, plötzlich fühlte ich mich ziemlich verwirrt und benommen, ich spürte eine heiße Welle im Nacken — ich sah auf die *Times* — ich dachte nicht an Schreiben, bis ich meine Hände sich zusammenziehen fühlte — ich konnte sie nicht auseinanderstrecken, das

Gefühl wurde unangenehm —, in einer Art Anfall fühlte ich mich gezwungen, nach Schreibmaterial zu greifen, mich hinzusetzen, obgleich Leute im Zimmer waren ...« Es entstand der Text: »Sie fühlten den Ruf es, ich, es ist: ich der schreibt Myers. Ich will daß Sie es dringend sagen, sagen Sie dies Lodge, dieses Wort Myers Myers ...« *(Proceedings S. P. R.* Juni 1911.*)*

A. S. bei Analphabeten: eine Fähigkeit, die → Richet (1923: 167 f.) in Zushg. mit der → Xenoglossie bringt. Es gibt einige Fälle, wo Kinder schrieben, ohne die Buchstaben des Alphabets zu kennen; so lesen wir von dem Fall eines 11jährigen Mädchens aus Melbourne, das automatisch, allerdings schlecht lesbar, in chin. Schrift schrieb. Der Fall wurde von → Crookes, der von »Wiedergabe einer visuellen Vorstellung« sprach, und anderen im *Journal* der *S. P. R.* (1906: 276 f.) diskutiert. Einige weitere Fälle teilt → Bozzano (1910: 9 f.) mit. S. a. → Automatische Literatur; → Automatisches Malen und Zeichnen.

Lit.: Barkworth 1891/92; Ford 1972; Hill 1928/29; Myers 1885, 1886/87; Piddington 1908; Verrall 1906.

Automatisches Sprechen, motorischer → Automatismus, bei dem es nach Lautbildung, Sprechstil und Inhalt den Anschein hat, als bediene sich eine fremde Intelligenz der Sprechwerkzeuge des Mediums. Das Phänomen des *Automatischen Singens,* bereits in Heiligenviten überliefert, steht zwischen A. S. und *Automatischer* (instrumenteller) *Musik.*

Pps. bedeutsam wird das A. S. erst, wenn im Inhalt Informationen auftauchen, die dem Medium eigtl. unbekannt sein müßten. Vor allem bei engl. Berufsmedien ist A. S. als Methode verbreitet (→ Piper).

Automatismus [griech.; ein sich selbst Antreibendes], nicht vom Willen kontrollierte Handlungen; 1. spontan ablaufende Vorgänge wie Atmen oder Pulsschlag; 2. ererbte oder erlernte Verhaltensweisen, die ungewollt ausgelöst werden (Reflexe, Instinkthandlungen); 3. in der Psychiatrie persönlichkeitsfremde krankhafte spontane Handlungen.

Die Pps. interessieren vor allem die Automatismen, die nicht als Leistung des sie tatsächlich produzierenden Menschen erscheinen, also seelische Vorgänge, die sich vom Ich abgespaltet haben und »nach einer besonderen Ausdrucksweise streben« (Dessoir 1917: 20). Nach spiritistischer Auffassung ist der Urheber der Geist eines Verstorbenen, nach animistischer Ansicht aber — die auf den frz. Philosophen Hippolyte Taine (1828—1893) zurückgeht — sind *abgespaltene psychische Prozesse* der Persönlichkeit des Mediums oder, falls sich ein »Ich« artikuliert, *sekundäre Persönlichkeiten* verantwortlich. Bei manchen Personen, die keineswegs krank im Sinne der Psychopathologie sein müssen, treten, ohne daß das Wachbewußtsein eingeschränkt scheint, bei leichterer oder stärkerer Einschränkung desselben oder auch bei seiner völligen Ausschaltung spontan oder provoziert motorische oder sensorische Erscheinungen auf, deren Auslösung und Steuerung nicht bei diesen Personen zu liegen scheint. Im motorischen Bereich sind es vor allem → Automatisches Schreiben, Zeichnen und Malen, Sprechen in Trance, → Transfiguration, bestimmte Begleiterscheinungen des → Tischrückens u. a., im sensorischen Bereich Sinneseindrücke ohne objektivierbare Auslösung (»Gesichte« in einem Spiegel oder einer Glaskugel, das Hören von Stimmen aus einer Muschel u. ä.). Diese Automatismen sind keine paranormalen Erscheinungen; als verselbständigte Persönlichkeitskomplexe treten sie neben oder an die Stelle der Normalpersönlichkeit. »Automatisch« sind die von ihnen gesteuerten Handlungsabläufe nur im Hinblick auf diese Normalpersönlichkeit, sie erscheinen durchaus als intelligent gesteuerte Handlungen. Provoziert (z. B. in Hypnose) oder auch bei spontanem Auftreten können sie z. B. in der psychiatrischen Diagnostik wertvoll sein (Mühl 1930).

Pps. relevant werden psychische Automatismen, wenn in ihnen Informationen mitgeteilt werden, die dem Medium eigtl. unbekannt sein müßten. Nach einem von → Tischner eingeführten Bild wirkt der A. als »Steigrohr des Unbewußten«, d. h., paranormal erhält das Unbewußte Kenntnis von einem vergangenen, gegenwärtigen oder zukünftigen Sachverhalt oder von Inhalten einer anderen Psyche. Im Ablauf des psychischen A. »steigt« diese Information »auf« und wird dem Automatisten selbst oder Beobachtern erfahrbar. Zu unterscheiden sind Fälle, in denen sich das Bedeutungsbewußtsein erst später aufgrund zusätzlicher Informationen einstellt. → Myers unterschied außerdem *subliminale* Automatismen, vom eigenen Unbewußten ausgelöste, von *telergischen*, die eine fremde Psyche zum Auslöser haben sollen. Die motorischen nannte Myers auch *aktive*, die sensorischen *passive* Automatismen. Für die motorischen schlug er folgende Klassifikation vor:

1. Starke Antriebe, zwanghaftes Zurücklegen großer Strecken, u. U. in anderem Bewußtseinszustand (vom Normalbewußtsein nachträglich als → Teletransport gedeutet?); hierher gehören auch die pps. relevanten Beispiele von Menschen, die »aus innerem Antrieb« irgendwo hineilten und dort in letzter Minute ein Rettungswerk vollbringen konnten.
2. Einfache unbewußte Antriebe, wie sie z. B. beim Glasrücken von Bedeutung sind.
3. Musikalische Darbietungen (vokal oder instrumental); von → Fodor (1969) um schauspielerisches Agieren und (Trance-) Tanz ergänzt.
4. Automatisches Zeichnen und Malen.
5. Automatisches Schreiben.
6. Automatisches Sprechen.
7. Psychokinetische Bewegungen.

Zu den sensorischen Automatismen rechnete Myers Hellsehen, Hellhören, kristallomantische Visionen, so daß die wesentlichen pps. Forschungsgegenstände für Myers als Automatismen begriffen werden.
Der frz. Staatsanwalt, Arzt und Parapsychologe Joseph Maxwell differenzierte nach:

1. Einfachen muskulären Automatismen: Typtologie, Automatisches Buchstabieren.
2. Graphische muskuläre Automatismen: Automatisches Schreiben, Zeichnen, Malen.
3. Phonetische Automatismen: Automatisches Sprechen, Singen.
4. Mischautomatismen: Besessenheitsphänomene.

Auch das *Unterlassen* einer geplanten Handlung kann als A. aufgefaßt werden: Wenn z. B. jemand eine Reise mit einem bestimmten Zug, Flugzeug oder Schiff antreten will und eine Art psychische Lähmung (Bann) hindert ihn daran. Stellt sich nachträglich heraus, daß er auf diese Weise einem Unglück entging, so deutet man das Ganze als präkognitive Erfahrung, die nicht bis zum Bewußtsein aufstieg, aber dennoch als A. wirksam wurde, indem sie den Betreffenden vor dem Unfall bewahrte.

Lit.: Bender 1936; Bleuler 1966; Maxwell 1903; Myers 1885, 1886/87.

Automatismus, geistiger, auch *basaler A.*, Begriff der frz. Psychiatrie, der vom *psychischen A.* → Janets zu unterscheiden ist; umfaßt alle unwillkürlichen Vorgänge, psychisches Geschehen, bei dem das Ich nicht erlebt wird.

Automatist, Sensitiver, dessen Erfahrungen durch → Automatismus realisiert werden.

Automatograph, svw. → Autoskop.

Autonomes Nervensystem (ANS), visceraler (d. h. die Eingeweide betreffend) Teil des peripheren Nervensystems, auch vegetatives Nervensystem genannt, gliedert sich in einen *sympathischen* Teil, der in Gefahrensituationen die Funktionen reguliert, und einen *parasympathischen,* zuständig für die ständigen lebenswichtigen Funktionen. Das ANS kontrolliert wesentliche Aspekte der *Emotion.* Die Bezeichnung »autonom« ist eigtl. irreführend, da nur einige Funktionen des Systems, etwa die Verdauung, sich selbst regulieren, mit dem Begriff autonom sollte aber vor allem die Unabhängigkeit des Systems vom Willen ausgedrückt werden.
Von ind. Yogis (→ Yoga), aber auch von Menschen anderer Kulturen, wird behauptet, sie könnten ihr ANS trainieren, z. B. Pulsschlag und Körpertemperatur bewußt kontrollieren. Z. B. konnte der Ägypter Hamid Bey willkürlich Frequenzunter-

schiede zwischen Puls und Herzschlag erzeugen: Einmal wurde, bei einem Herzschlag von 96, an der linken Hand ein Puls von 102, an der rechten von 84 Schlägen pro Minute gemessen. — Die abendländische Wiss. stand derartigen Berichten stets skeptisch gegenüber, bis in letzter Zeit unter Laborkontrolle beim → Biofeedback solche Fähigkeiten untersucht und gemessen wurden.

Lit.: Blofeld 1970.

Autonomie, funktionelle, nach dem amer. Psychologen Gordon Willard Allport (*1897) die Verselbständigung von Mitteln, die ursprünglich bestimmten Zielen dienten. Das anfängliche Motiv verliert an Gewicht und die Methode wird zum Selbstzweck (vgl. die Ätiologie der → Mediumistischen Psychose).

Autophanie [griech.], Selbstreproduktion als Phantom; → Vision de soi.

Autoskop, nach dem Vorschlag → Barretts jede Apparatur, mittels derer unterbewußte Inhalte aufsteigen können oder durch die paranormale Kontakte mit anderen (Lebenden oder Toten) möglich sein sollen, also: → Oui-ja-Board, → Pendel, → Planchette, u. U. auch Tonbandgerät, z. B. bei Stimmenphänomenen (→ Direkte Stimme).

Lit.: Barrett 1917.

Autoskopie [griech.; Selbstschau], 1. zur Zeit des → Mesmerismus von dem frz. Arzt Charles Féré für Doppelgängervisionen (vor allem bei Moribunden) gebraucht; dafür auch »äußere A.«; 2. »innere A.«: die Eigendiagnose in der Form, daß der Patient außerhalb seines Normalbewußtseins seine eigenen Organe »sieht« und Veränderungen an ihnen beschreiben kann (falls entsprechende Diagnose bei anderen Personen: *»innere Heteroskopie«*).

Ein Patient de → Puységurs, Victor Rasse, ein Bauer, fiel während der Behandlung in eine Art tiefen Schlaf, konnte dabei aber Fragen beantworten. Auf die Frage, was ihm fehle, beschrieb er in treffenden Ausdrücken sein Leiden und auf eine weitere Frage auch die Therapie, die später tatsächlich zum Erfolg führte. Nach dem Erwachen hatte Rasse keine Erinnerung an das Vorgefallene. De Puységur galt aber schon bald als Wiederentdecker der → Inkubation.

»Das Phänomen der inneren Autoskopie tritt zumeist völlig unerwartet auf. Alle unsere Patienten ... haben sich in dieser Hinsicht gleich verhalten ... Plötzlich stellt man eine Veränderung in ihrem Benehmen fest, und gleichzeitig beginnen sie ... einige ihrer Organe zu beschreiben. Nicht allein ihren inneren Bau, sondern auch ihre Beschaffenheit ... Sie geben dabei Einzelheiten an, die der Anatom erst kennenlernte, als er sich eines Mikroskops bedienen konnte ... Diese Vision ist bald nach innen, bald nach außen gerichtet ... Der eine wird sagen, daß er sozusagen Augen im Bauch hat, der andere zeichnet etwa bei der Beschreibung die Organe mit dem Finger in die Luft. Ein dritter sieht sich selbst wie in einem Spiegel, oder er vermeint, in sich selbst hineinzuschauen, als wäre er völlig durchsichtig. Diese verschiedenen Arten des ›Sehens‹ zeigen sich manchmal bei ein und demselben Menschen ... Wenn wir auf die Erzählungen der Versuchspersonen hören, fällt uns auf, daß sie fast nie Fachausdrükke gebrauchen ... selbst bei Dingen, die sie doch kennen müssen, Sehnen und Flechsen sind für sie etwa Schnüre ... Adern ... Röhrchen, ... durch die etwas fließt ... Die Gehirnzellen sind für sie kleine Behälter mit Spitzen, in denen etwas Weiches steckt ... Ich kann mir das alles nur so erklären, daß die Versuchspersonen die Organe nicht im Ganzen ›sehen‹, wahrnehmen, sondern nur bruchstückweise. Ähnliche Beschreibungen kann man auch erhalten, wenn man einen Laien irgendein Präparat durch ein Mikroskop betrachten läßt ...« (Sollier, zit. n. Tenhaeff 1957: 163 f.)

3. Das → Doppelgängererlebnis, die *Vision de soi;* spontan erlebt etwa von → Goethe (in Sesenheim), Maupassant u. a. oder experimentell herbeigeführt in der → Kristallomantie. Eine paranormale Manifestation kann dabei in zweifacher Weise auftreten: Das Phänomen kann eine ASW-Information vermitteln, und falls keine Illusion oder Halluzination vorliegt, ist an ein psychokinetisches Ereignis zu denken.

Lit.: S. Bach 1966; Sollier 1903; Tenhaeff 1957.

Autosuggestion [von lat. *suggere;* eingeben], bewußte oder unbewußte Selbsteinredung. In manchen Fällen paranormalen Geschehens scheint die Überzeugung »das kann ich« notwendige Voraussetzung für die Manifestation zu sein (→ Psychometrie).

Autotelephanie, selten gebrauchte Bezeichnung für das Erscheinen eines Lebenden als Phantom (→ Doppelgänger) in größerer räumlicher Entfernung.

Autoteleportation → Teleportation.

Avicenna, latinisierte Form des arab. Namens Abu Ali al-Husain ibu Abdallah Ibn S'ina (980—1037), islamischer Theologe, Philosoph und Arzt. Seine Kommentare zu Aristoteles haben maßgeblich dazu beigetragen, das Denken dieses Philosophen dem Morgenland nahezubringen. Die medizinischen Erkenntnisse des Arztes A. prägten die Heilkunde für Jh.e.
A. betrachtete räumliches Hellsehen sowohl im Wach- als auch im Schlafzustand als erwiesen und glaubte, daß die »Einbildungskraft« *(imaginatio)* heilen *und* schaden könne. Die seelische Fernwirkung *(actio in distantia)* hielt er für ein natürliches Vermögen, während → Thomas von Aquin den transzendentalen Ursprung des »Übersinnlichen« betonte. A.s Hauptwerk ist seine 18 Bde. umfassende philos. Enzyklopädie *Buch der Genesung der Seele,* von der Teile bereits im 12. Jh. auf lateinisch vorlagen. Der wichtigste Teil »Metaphysik«, wurde ins Deutsche übersetzt (1907). *Lit.: Goichon 1951; Ley 1953.*

Axinomantie, antike Form der Weissagung mit Beilen, möglicherweise orientalischer Herkunft. Plinius d. Ä. (23—79) erwähnt sie in seiner *Naturgeschichte* (30, 14; 36, 142), ohne daß die Technik daraus recht ersichtlich wird: Es scheint, daß Kohle, auf glühende Beile gelegt, wenn sie nicht völlig verascht, die Erfüllung eines Wunsches kündet. Ein anderes axinomantisches Verfahren konnte bei der Überführung eines Übeltäters angewandt werden: Man nannte z. B. eine Reihe von Namen potentiell Schuldiger; beim richtigen fing eine locker gehaltene Axt an, sich zu bewegen. — Falls ein paranormaler Vorgang beteiligt ist, wäre das Geschehen so zu deuten: Die unbewußte ASW-Information über die Person des Täters vermag nicht in das Bewußtsein aufzusteigen, statt dessen bringt sie, wie beim Pendeln, durch unwillkürliche Muskelbewegungen die Axt zum Schwingen. Auf diesem »Umweg« wird durch die Konvention des Verfahrens die Information bewußt.

B

Ba, Begriff des altägypt. Geisteslebens, der verschiedene Bedeutungsnuancierungen erlebte. Die ursprüngliche Bedeutung scheint *Erscheinungsform* zu sein, der sichtbare »Körper« eines Wesens und damit auch Träger oder Übermittler von dessen Macht. Mit dem Ende des Alten Reiches wandelt sich diese Vorstellung: Jeder Mensch hat einen B., er verläßt beim Tode den Körper und vermag sich frei auf Erden zu bewegen. Damit wird B. zur *Seelen*vorstellung.

In dem über 4000 Jahre alten Text *Das Gespräch eines Lebensmüden mit seinem Ba* (Berliner Hierat. Pap. 3024; Barta 1969), der in der Ägyptologie lange als dunkel und unverständlich galt, wird geschildert, wie in einer existentiellen Situation (akute Suizidneigung) der B. verselbständigt dem Menschen gegenübertritt, mit ihm spricht und ihn gerade durch diese erlebte Dualität zu *einer* ganzheitlichen, individuellen Persönlichkeit macht; der B. erscheint als ein → Archetyp des → Selbst. *Lit.: Jacobsohn 1952.*

Baader, Franz Xaver von (1765—1841), dt. kath. Philosoph, Vertreter der Romantik. B. versuchte in seiner Theosophie eine Synthese der Anschauungen von → Böhme und Schelling. Selbst seit seiner Jugend von zeitweiligen somnambulen Zuständen befallen, hat sich B. in seinem Werk häufig bestimmten ps.-psychiatrischen Randgebieten zugewandt. — *Werke* → Bibl.

Im *Fragment aus der Geschichte einer magnetischen Hellseherin* (Sämtl. Werke IV) berichtet B. aus eigener Beobachtung von einem einfachen Bauernmädchen, das keine »höheren« Interessen hatte, sich namentlich auch an religiösen Dingen uninteressiert zeigte. Im somnambulen Zustand bot sie jedoch hellseherische Leistungen und sprach vorzugsweise über religiöse Gegenstände. Daneben entwickelte sich ein zweiter somnambuler Zustand — die Besessenheit durch einen bösen, gottfeindlichen Geist: »So mußte man von nun an drei [Zustände] unterscheiden, den des gemeinen Wachens, den des guten magnetischen und jenen des bösen magnetischen Wachens. Stimme, Gebärde und Physiognomie, Gesinnung waren in diesen beiden letzteren Zuständen wirklich wie Himmel und Hölle unterschieden und namentlich die Gesichtszüge wechselten so schnell, daß man seinen Augen kaum trauen und sie in dem satanischen Anfall kaum für dieselbe Person wieder erkennen konnte... In dieser bösen Krisis sprach sie auch von sich selbst jedesmal in der dritten Person... Eines Tages traf ich die Somnambule in einem wahrhaft gräßlichen Zustand... Alle Gliedmaßen schienen flüssig und aufgelöst und für eine tiefer wirkende Aktion gleichsam durchsichtig. Ein paarmal erschraken wir nicht wenig, weil wir wirklich wegen der Beweglichkeit des Kopfes, das Genick gebrochen glauben mußten; ein andermal zeigten sich Arme und Beine wie verrenkt oder gebrochen. Die Leidende wurde... im Bett bald empor, bald fürchterlich hin und wieder geworfen, und zwar ein paarmal mit solcher Wut gegen die Mauer, daß wir alle meinten, Kopf und Genick müßte entzwei sein.«

Die Ekstase sah B. *(Über den Begriff der Ekstasis als Metastasis,* ebd.*)* wie frühere Autoren als eine Antizipation des Todes in dem Sinne, daß in ihr die Seele frei sei von der leiblichen Gebundenheit an Hirn, Nerven und Sinnesorgane. Dabei ist der Ekstatiker nicht in eine andere Welt entrückt, sondern nur an seine anders, »magisch« gebunden, das beweist die Existenz des Hellsehens. B. nimmt eine »doppelte Gemeinschaft« des Menschen mit der Welt an, eine leiblich-sinnlich vermittelte und eine »außer dem Leib«, die magische. Der magische Verkehr folgt anderen Gesetzen als der sinnliche Kontakt. »Im Normalzustand decken sich beide... Gemeinschaftssphären als konzentrische Kreise, sind je-

doch leicht zersetzbar, wie denn des Menschen waches (körperlich-sinnliches) Bewußtsein nur zu leicht verrückbar ist, obschon der Materialist wie der Skeptiker auf dasselbe felsenfest bauen zu können wähnen. — Das fixierte Nebeneinanderbestehen oder Außereinander-gehalten-Bleiben dieser beiden Sphären führt notwendig zur Verrücktheit, und ein großer Teil unserer Narren ist wohl auf diesem Wege verrückt geworden.« *(Über die Ekstase oder das Verzücktsein der magnetischen Schlafredner*, ebd.*)*
Lit.: Siegl 1957.

Baal Schem → Chassidismus.

Babinski, Joseph François Félix (1857 bis 1932), frz. Nervenarzt poln. Abstammung. Beschrieb einen nach ihm benannten Reflex, der bei Läsionen der Pyramidenbahn auftritt, sowie den sog. Pithiatismus: therapeutische Suggestion und die ihr zugänglichen psychischen Leiden. Er veröffentlichte in einer »wenig bekannten und selten zitierten Arbeit Forschungen, die feststellen sollten, daß bestimmte hysterische Manifestationen unter dem Einfluß des Magneten von einer Person auf die andere übertragen werden können« *(Revue Philosophique* 1886, Bd. XXII: 697; zit. n. Amadou 1957: 162*)*.

Bächtold-Stäubli, Hanns (1886—1941), schweizer. Volkskundler. Sein von ihm in 9 Bänden (1927—1942) herausgegebenes *Handwörterbuch des deutschen Aberglaubens,* »der B.-St.«, ist ein reiches Reservoir vorwiss. Konzepte zum Verständnis des Paranormalen; umgekehrt vermag die Pps. manches dort Unverständliche im Licht neuer Erkenntnisse zu erhellen.

Backster-Effekt, angebliche Reaktion von Pflanzen auf *gedachte* menschliche Absichten. Benannt nach Cleve Backster, einem amer. Fachmann für Polygraphen (»Lügendetektoren«). Sie registrieren bei Erregungszuständen verschiedene Abweichungen vom Regelmäßigen: Schwankungen des Blutdrucks, der Atmung u. a. m. Manche Psychologen glauben, bei Befragungen aufgrund der vom Polygraphen gelieferten Daten entscheiden zu können, ob die Vp. gelogen hat oder nicht.
1966 schloß Backster eine *Dracaena masangeana* (Drachenbaum) an den Galvanometer seines Polygraphen an, um die Veränderung der bioelektrischen Aktivität der Pflanze zu messen. Backster wollte feststellen, wie schnell zugegossenes Wasser in der Pflanze aufsteigt (und dabei ihre elektrische Leitfähigkeit verändert). Zufällig beobachtete er einen starken Ausschlag, während er gerade eine weitere Versuchsanordnung aus*dachte*: nämlich ein Blatt zu versengen. Die Versuche wurden systematisch variiert, Distanzexperimente über 15 Meilen und 1000 Kilometer durchgeführt und die Versuchsobjekte gegen elektromagnetische Strahlung im Faradayschen Käfig abgeschirmt: Immer meldeten Backster und andere, die in seine Fußstapfen traten, Erfolge. Zu den bemerkenswertesten der behaupteten Daten zählen: Pflanzen erkennen Menschen wieder und sie vermögen die Absichten von Tieren (z. B. einer Spinne) zu »erkennen«.

»Um festzustellen, ob eine Pflanze auch eine Gedächtnisleistung vollbringen könne, wurde folgende Versuchsanordnung erarbeitet: Backster sollte den heimlichen Mörder einer Pflanze aus einer Reihe von sechs ›Verdächtigen‹ herausfinden. Sechs von Backsters Studenten stellten sich für den Versuch zur Verfügung, darunter auch erfahrene Polizisten. Mit verbundenen Augen zogen die Studenten aus einem Hut zusammengefaltete Papierchen. Eines davon enthielt die Anweisung, von zwei Pflanzen in einem Raum eine mit den Wurzeln auszureißen, darauf herumzutrampeln und sie völlig kaputtzumachen. Der Täter hatte sein Verbrechen heimlich zu begehen; weder Backster noch einer der übrigen Studenten durfte seine Identität kennen, so daß nur die andere Pflanze im Raum Zeuge der Tat sein würde.
Backster schloß die überlebende Pflanze an einen Polygraphen an, führte die Studenten, einen nach dem anderen, diesem ›Zeugen‹ vor und konnte so den Schuldigen ermitteln. Tatsächlich reagierte die Pflanze auf fünf der Studenten gar nicht, während sie jedesmal, wenn der Schuldige sich ihr näherte, das Galvanometer in wilde Bewegung versetzte. Backster war so vorsichtig,

darauf hinzuweisen, daß die Pflanze möglicherweise die Schuldgefühle des Täters registrierte und wiedergab; aber da der ›Verbrecher‹ ja im Interesse der Wissenschaft gehandelt hatte und sich wohl kaum besonders schuldig fühlte, blieb die andere Möglichkeit, nämlich daß eine Pflanze fähig ist, sich an den Menschen zu erinnern und den wiederzuerkennen, der einer ihrer Mitpflanzen etwas angetan hatte, bestehen.« (Tompkins/Bird 1974: 23 f.)

Aufgrund dieser und anderer Untersuchungen gelangte Backster zu der Annahme von Bewußtsein, Empfindung und Gedächtnis auf zellularem Niveau (und vielleicht noch tiefer: Backster bezieht die molekulare, atomare und eine subatomare Ebene in seine Überlegungen ein; sog. Primärwahrnehmung). — Einige der Wissenschaftler, die den B.-E. experimentell überprüften, so z. B. John M. Kmetz, der Forschungsdirektor der Science Unlimited Research Foundation, erhielten allerdings nur negative Resultate (K. 1975).

Lit.: Backster 1968; Ostrander/Schroeder 1970; Tompkins/Bird 1974.

Bacon, Francis, Baron Verulam (1561 bis 1626), engl. Politiker und Philosoph, gilt als Begründer des modernen Empirismus. In seiner monumentalen *Instauratio magna* — »Die große Erneuerung« — (gemeint ist: der Wiss.en), von der er nur Teile vollendete (ersch. 1620—58), beschäftigt er sich mehrfach mit Gegenständen, die die pps. Forschung berühren: Er entwirft eine Angewandte Metaphysik, die »natürliche Magie«, und zwischen Physiologie und Ps. stellt er eine Disziplin, die Gedanken der → Physiognomik antizipiert. Von einer vorgesehenen Abhandlung über die Sympathie und Antipathie zwischen den Dingen existiert nur ein Entwurf. Zum dritten, nicht fertiggestellten Teil der *Instauratio* gehört das 1626 veröffentlichte Werk *Sylva sylvarum, or A Natural History in Ten Centuries* (»Stoffsammlung der Stoffsammlungen oder Eine Naturgeschichte in zehn Hundertschaften«), eine Sammlung der verschiedenartigsten Daten, der älteren Lit. entnommen und in 10 mal 100 Paragraphen ohne zwingendes Ordnungsprinzip aneinandergereiht. In einigen Punkten werden hier Fragen der ASW- und PK-Forschung vorweggenommen (die entsprechenden Stellen sind abgedruckt bei Bender 1974: 34—38):

B. entwirft dabei mögliche Versuchsanordnungen, um das Phänomen der *Imagination,* für ihn ein allgemeiner Ausdruck, unserem Psi vergleichbar, zu erforschen. Er unterscheidet 3 Wirkweisen: 1. auf den Körper des Erlebnisträgers, einschließlich der möglichen Wirkung der Schwangeren auf den Fötus (→ Versehen); 2. auf unbelebte Gegenstände; 3. auf die Psyche von Menschen und anderen Lebewesen (= ASW). Als nicht zu eliminierenden Faktor in der Versuchsanlage sieht er mögliche Einflüsse böser Geister. — Trotzdem erscheinen ihm Experimente erfolgversprechend, die, durch das Mittel der Imagination, eine Veränderung menschlicher Affekte zum Gegenstand haben; er regt aber auch Versuche mit Pflanzen an (mentale negative Wachstumsbeeinflussung) und nimmt in seiner Anregung moderne quantitative Versuche vorweg: »Was unbelebte Dinge anbelangt, so sind sicher die Bewegungen des Mischens von Karten oder Werfens von Würfeln ...« Aber auch für den qualitativen Experimentalbereich finden sich Vorwegnahmen, so, wenn B. vorschlägt, nah miteinander verwandte Vpn. zu wählen. — Die bekannten Berichte, daß eine Leiche beim Hinzutreten des Mörders zu bluten beginne, will er der zu untersuchenden Kraft zurechnen. — Besonderes Interesse verdient seine Vermutung, daß die Imagination bei mehreren »Sendern« sich addieren könnte: Er verweist dabei auf Berichte, daß der Ausgang von Schlachten über weite Entfernungen unerklärlich schnell bekannt geworden sei. Die Spannung der vielen Zuhausegebliebenen und Freud oder Leid der zahlreichen Angehörigen von Siegern und Besiegten mögen sich da zur Übermittlung der Botschaft vereinigt haben. — Definitives wagt B. jedoch nicht zu sagen: »Die Berichte über die Kraft der Imagination und die geheimen Vorgänge der Natur sind so ungewiß, daß sie ein großes Maß von Prüfung erfordern, bevor wir Schlüsse aus ihnen ziehen können.«

Lit.: Anderson 1948; Frost 1927; A. W. Green 1952.

Bacon, Roger (ca. 1214 bis ca. 1292), engl. Franziskaner. Diese »hervorragendste geistige Persönlichkeit« des MA., wie A. v. Humboldt ihn nannte, verfügte über eine

universale Bildung. Auf Anregung Papst Clemens' IV. legte er in den wiss.kritischen Abhandlungen *Opus maius, Opus minus, Opus tertius* (»Größeres, Kleineres und Drittes Werk«) Reformvorschläge für das Studium der Theologie und Philos. sowie der Naturwiss. vor. Das Werk ist nicht abgeschlossen und nur teilweise erhalten. Die Theologie ist aller Wiss. vorgeordnet, aber — und hier ist B. seiner Zeit um Jh.e voraus — zur Erkenntnis auf allen Gebieten bedarf es dreier Mittel, die einander stützen müssen: Autorität, Vernunft und *Erfahrung*. Sein Erfahrungsbegriff steht zwischen der göttlichen Erleuchtung des Augustinus und der Empirie des Francis Bacon. B. unterscheidet äußere und innere Erfahrung (Inspiration); höchster Grad der inneren Erfahrung ist die Ekstase.
Seine Kenntnisse der Alchimie (im *Opus minus* dargestellt), Astronomie und Physik ließen B. in den Verdacht der Schwarzen Magie geraten (er diskutierte bereits technische Möglichkeiten des Fliegens, sah Mikroskop und Teleskop voraus), und er verbrachte die letzten 14 Lebensjahre im Kerker. — Eine »Fernbeeinflussung« in pps. relevantem Sinn hielt B. für eine Tatsache: »Wenn also darüber hinaus eine böswillige Seele stark auf Beeinträchtigung einer anderen sinnt, dies glühend wünscht und eindeutig anstrebt und heftig bedenkt, daß sie schaden könne, so ist kein Zweifel, daß die Natur den Gedanken dieser Seele gehorcht.« *(Opus maius.)* S. a. → Asitie; → Redehaupt.

Bahrgericht, auch Blutprobe, eine → Ordal-Form: Der des Mordes Beschuldigte wird an die Bahre des Getöteten geführt; ist er schuldig, so beginnen die Wunden angeblich wieder zu bluten. Eine pps. Erklärung wäre, daß der tatsächlich Schuldige, wenn er an das Phänomen glaubt, zum Agenten eines PK-Effektes wird. (Neben der Ordalerklärung: Eingreifen Gottes, findet sich auch die Erklärung, der Geist des Getöteten bezeichne seinen Mörder.)

Bailey, Alice Ann, auch als A. A. B. bekannt (1880—1949), Autorin, Begründerin einer theosophischen Schule. Nachdem ihre Ehe mit einem Geistlichen der Episkopalkirche geschieden war, wandte sich B. vom Christentum ab und der Theosophie zu. 1923 gründete sie die »Arcanschule«, eine bis heute lebendige esoterische Vereinigung, die ihren Schülern verheißt, daß sie unter der Führung einer christusgeleiteten Hierarchie innerer Geister die Vervollkommnung erlangen werden. Verschiedene → Kontrollen, so »Kut Humi« (»Koot Hoomi«), der »Tibeter«, »Meister Djwahl Khul« u. a., diktierten B. mehrere Bücher. S. a. → Automatismus; → Automatische Literatur; → Automatisches Schreiben.

Bailey, Charles, austral. Medium. Die mediumistischen Fähigkeiten des ehemaligen Schusters wurden Ende der 80er Jahre des 19. Jh.s entdeckt; vor allem leistete er Apporte lebender und toter Objekte. Eine Sammlung seiner archäologischen Apporte (Imitationen antiker Töpferei, echte Münzen u. a.) wird von der Stanford University in Kalifornien verwaltet. 1904 fanden Sitzungen in Europa, u. a. in Mailand und Rom, unter wiss. Kontrolle statt, die allerdings heutigen Ansprüchen nicht mehr genügt. Apporte, darunter Vögel, die sich teils dematerialisierten, teils in Gefangenschaft starben, traten auf, und man konnte Pflanzenwachstum (Aufgehen von Mango-Saat u. a.) beobachten, ohne daß Betrug nachgewiesen wurde. Anders bei Sitzungen in Grenoble (1910) und vor der S. P. R. in London (1911): zumindest der Betrugsvorsatz scheint in diesen Fällen sicher: B. kaufte vor den Sitzungen Vögel in einer Tierhandlung.

Lit.: Doyle 1926; H. Price 1931.

Baker-Eddy, Mary → Eddy, Mary.

Balfour, Arthur James, First Earl of (1848 bis 1930), engl. Diplomat, Altphilologe; 1893 Präsident der S. P. R., Bruder von Eleanor → Sidgwick und G. W. Balfour. Die Protokolle von Sitzungen, die →

Coombe-Tennant für B. gab, wurden erst 1960 veröffentlicht; B. glaubte in der Trancepersönlichkeit des Mediums eine verstorbene Freundin, Mary Lyttelton, zu erkennen. — *Werke* → Bibl.

Balfour, Gerald William, Second Earl of (1853—1945), engl. Staatsmann, Bruder von A. J. Balfour. 1906/07 Präsident der S. P. R., deren Vizepräsident er bis zu seinem Tode blieb. B. arbeitete vor allem über die Frage der → Kreuz-Korrespondenzen und trat dabei für die Hypothese des persönlichen Überlebens ein. Seine Veröffentlichungen erschienen vorwiegend in den *Proc. S. P. R.* (1906/07; 1911; 1913; 1915; 1916—18; 1935).

Balkentheorie → Crawford, W. J.

Balsamo, Giuseppe → Cagliostro.

Bandzauber, magische Praktik, der die Vorstellung zugrunde liegt, auch etwas Unsichtbares, u. U. sogar etwas Entferntes ließe sich durch Bänder festhalten oder gegen feindliche Einflüsse schützen. Der Kreis gilt als vollkommene Gestalt, deshalb ist kreisförmig Umschlossenes besonders gefeit. Neben anderem sind z. B. Eheringe auf derartige Vorstellungen zurückzuführen, ebenso die Beschwörung in einem auf der Erde gezogenen »Zauberkreis« und auch das »Kette schließen«, d. h. das An-den-Händen-Fassen der meist am runden Tisch sitzenden Teilnehmer einer Séance (rationalisiert, indem behauptet wird »fluidale Kräfte« hätten so eine bessere Zirkulationsmöglichkeit).

Lit.: Scheftelowitz 1912.

Bangs, aus dem Englischen übernommene Bezeichnung für paranormale Töne oder Geräusche, die sich mit »Hammerschlägen« vergleichen lassen.

Bangs-Schwestern (Lizzle und May), Medien, die sich um die Jh.wende in Chicago auf → Direkte Schrift (einschließlich Direkter Zeichnungen und Gemälde) spezialisiert hatten. Außerdem produzierten sie Raps, Apporte, Schrift mittels Schreibmaschine, ohne diese zu berühren, die Verwandlung von Tinte in schmutziges Wasser u. a. m. Mehrfach wurden sie des Betrugs überführt; aber einige Sitzungen sollen auch bei sehr strengen Kontrollen erfolgreich verlaufen sein.

Lit.: Carrington 1910, 1911; Coates 1911; Richmond 1888.

Bannen, bezeichnet im Volksglauben verschiedene magische Praktiken: 1. durch Wort oder Handlung ohne direkten Kontakt einen Menschen der Bewegungsfähigkeit berauben, ihn »festmachen«, bis ein Gegenspruch ihn wieder »losmacht«; Entsprechendes gilt auch für Gegenstände, die dann selbst bei großer Kraftanstrengung nicht von der Stelle zu bewegen sein sollen; 2. den Ort eines Spuks von den Erscheinungen befreien (der »Geisterbanner« nimmt dem »Geist« seine Bewegungsfähigkeit); 3. gelegentlich auch für Unverwundbarmachen, »feien« und besprechen.

Im 1. Fall kann, wenn der Gebannte an die Fähigkeit des Banners glaubt, an einen autosuggestiven Effekt gedacht werden, aber auch paranormale, mentalsuggestive Beeinflussung ist nicht auszuschließen; auch psychokinetische Phänomene anzunehmen, wurde erwogen. Im 2. Fall ist ebenfalls zu fragen, ob das Ereignis in einem Personenkreis geschieht, für den »Gespenster« eine Realität darstellen oder nicht. Im Bezugsrahmen eines solchen Glaubenssystems dürfte die magische Handlung psychotherapeutischen Effekt haben, doch auch dabei könnte Mentalsuggestion eine Rolle spielen. Im 3. Fall spielt der Glaube an die Handlung sicherlich ebenfalls eine wichtige Rolle: Das Gefühl der Sicherheit kann helfen, einer Verwundung zu entgehen. Aber auch pps. Konstrukte, z. B. der → Ektoplasma-Schirm, können zur Deutung herangezogen werden.

Bei den Magnetiseuren taucht mehrfach die Behauptung auf, wenn sie einen »magnetischen Strich« mit oder ohne Kreide auf dem Boden ziehen, so könne der Magnetisierte ihn nicht überschreiten. Diese Behauptung läßt sich mit ethnographischen Belegen und durch experimentelle Befunde aus neuerer Zeit (verbal- u. mentalsuggestive Versuchsanordnung) stützen. (Moser 1974: 293—95.)

Baquet, kleiner hölzerner Zuber, später auch aus Eisen gefertigt und dann *siderisches B.* [von griech. *sideros;* Eisen] genannt. Mesmer empfahl anfangs »im Innern eines kleinen bedeckten Holzzubers eine Anzahl mit magnetisiertem Wasser gefüllte Glasflaschen konzentrisch, die Mündung nach innen, zu legen und mit Wasser und Eisenfeil zu überschütten. Ein in der Mitte sämtlicher Flaschen eingesteckter Eisenstab wird dann teils durch abgehende eiserne Seitenäste oder durch daran befestigte wollene Bänder mit den Kranken in Verbindung gesetzt, welche sofort durch ein gelindes Streichen gegen sich hin die Heilwirkung sich zuführen.« (C. G. Carus, zit. n. Schopenhauer 1961: 237.)

Baraduc, Hippolyte d. J. (1850—1909), frz. Erforscher des Okkulten; legte 1895 der Akademie der Medizin eine Denkschrift über »Gedankenfotografie« — er sprach von *Ikonographie* [griech.; Bildbeschreibung] — vor. Seine fotografischen Untersuchungen regten → Besant und → Leadbeater zu ihren → *Gedankenformen* (1908) an. Bei Aufnahmen am Sterbebett glaubte B. im Augenblick des Todes etwas nebelhaft Amorphes, das den Körper verließ, fotografiert zu haben. — Der von ihm konstruierte *B.sche Biometer* diente dem Nachweis einer Art Aura außerhalb des menschlichen Körpers. — *Werke* →Bibl.

Bardon, Franz (1909—1938 im KZ Brünn), tschech. Okkultist; ein Kreis seiner Schüler praktiziert heute nach seinen Lehren in der Schweiz. — *Werke* → Bibl.

Barrett, Sir William Fletcher (1845—1926), bedeutender Physiker, Professor an der Universität Dublin, dessen Untersuchungen z. B. wesentlich für die Verbreitung des Telefons waren. Mitbegründer der S. P. R. Schon als 18jähriger begann er mit experimentellen Arbeiten auf dem Gebiet des Okkulten. 1876 legte er der British Association for the Advancement of Science seine Schrift *Some Phenomena Associated with Abnormal Conditions of Mind* (»Einige Phänomene, die mit abnormalen Geisteszuständen verknüpft sind«) vor. Er referierte darin seine telepathischen Experimente und bezeugte unerklärliche Klopflaute, die er in der Nähe eines Krankenbettes gehört hatte. Diese Schrift — vom Fachbereich Biologie zurückgewiesen, aber von der anthropologischen Sektion unter → Wallace akzeptiert — war der Anstoß zur Gründung der S. P. R. Auch für die Gründung der A. S. P. R. gab B. auf einer USA-Reise (1885) die entscheidende Anregung. — B.s Hauptarbeit galt dem Wünschelrutenproblem, daneben aber hat er auf nahezu allen pps. Gebieten Untersuchungen angestellt; mit den meisten großen Medien seiner Zeit hat er experimentiert oder war wenigstens bei ihren Sitzungen anwesend. Ausdrücklich aufgrund seiner wiss. Arbeit bekannte er sich zum Spiritismus. — *Werke* → Bibl.

Sir William Barrett

Baerwald, Richard (1867—1929), dt. Psychologe. B. stand der Pps. zunächst ablehnend gegenüber; beim Versuch, die paranormale Erfahrung als Trug und Täuschung zu entlarven, überzeugte er sich aber allmählich von der Existenz der ASW, meinte jedoch, alle ihre Erscheinungsformen auf Telepathie zurückführen zu können, was einige recht gewagte Konstruktionen zur Folge hatte: Zur Erklärung eines Wahrtraums z. B. nahm B. an, der Träumende beeinflusse, nachdem er geträumt hat, telepathisch so viele Personen als notwendig sind, das geträumte Ereignis herbeizuführen. Manche herausragenden Sensitiven läßt B. an einem »telepathischen Netz« partizipieren, das alle Menschen miteinander verbindet; damit sollen die verblüffendsten Leistungen der Präkognition, des Hellsehens über große Entfernungen, der Retrokognition (Kategorien, die B. nicht gelten läßt!) »verstanden« werden. Offen bleibt aber die Frage, wie der Sensitive aus der Fülle aller möglichen Informationen die beziehungsvollen herauszugreifen vermag. — *Werke* → Bibl.

»Der Spiritismus ist vor unseren Augen zusammengebrochen, der metaphysische Glaube an ein höheres Dasein jenseits der greifbaren natürlichen Erscheinungswelt hat wieder einmal eine Niederlage erlitten. Aber die unausrottbare Sehnsucht des Menschen nach einem Mystischen, Unsichtbaren hinter der gleichgültigen Wahrnehmungswelt bleibt dennoch nicht unbefriedigt, sie findet, was sie sucht, nur an einer anderen Stelle. Ein neues ›Jenseits der Seele‹ [Dessoir] tut sich auf, ein Unterbewußtsein hinter dem normalen, alltäglichen Bewußtsein, so voll von ahnungsvollem Wissen und unbekannten Kräften, daß seine Wunder denen des geträumten Himmels, der angenommenen Geisterwelt kaum nachstehen. Im eigenen Innern, im Psychologischen und Sittlichen, gewinnt der Mensch wieder, was philos. und naturwiss. Kritik seinem Glauben draußen im All entrissen haben ...« (Baerwald 1920: 125.)

Basic Technique → Grundtechnik.

Bastian, Harry, amer. Materialisations-Medium. → Hellenbach rief 1884 B. nach Wien zu Privatsitzungen für Erzherzog Johann und Kronprinz Rudolph. In der dritten Sitzung wurde ein »Phantom« als das Medium selbst entlarvt. Allerdings bleibt merkwürdig, daß das »Geistergewand« spurlos verschwand. Deshalb hat Hellenbach auch in seiner *Logik der Tatsachen* (1884) die Hypothese des einfachen Betrugs zurückgewiesen. Du Prel (1905 II: 270) teilt außerdem mit, daß B. die ihm nachträglich für die Sitzungen angewiesenen 1000 Gulden Honorar zurückschickte und künftig nicht mehr als Medium auftrat. Er ist der Meinung, B. sei bei Ausschaltung seines Bewußtseins als Phantom (er nennt es den »unbewußten Betrug des nachtwandlerischen Kleiderstockes«) aufgetreten.

Bauchredner, eine Person, die imstande ist, ohne Lippenbewegung mit Gaumensegel und Kehlkopf Wörter hervorzubringen. Heute treten B. gelegentlich in Varietés auf, in der Antike gehörten sie zu den Wahrsagern. Auch die Hexe von → Endor zählte zu dieser Klasse von Propheten. Die Septuaginta nennt sie *eggastrimythos* (Eingeweideredner). Diese antiken B. müssen nicht unbedingt mit Tricks gearbeitet haben, man kann auch an eine unbewußt gesteuerte Artikulation echter ASW-Erfahrung denken.
Lit.: Dodds 1971.

Beam theory → Crawford, W. J.

Beauchamp, der Fall der »Miss B.« ist einer der berühmtesten Fälle von *Persönlichkeitsspaltung;* er wurde von dem amer. Psychopathologen Morton Prince († 1929) untersucht, der allerdings (nach M. Oesterreich 1954: 112) den möglicherweise pps. relevanten Teil des Materials aus Abneigung gegen die Pps. nicht veröffentlichte. Miss B., eine Genfer Studentin, wurde mit 23 Jahren von Prince wegen nervöser Reizbarkeit behandelt. Nach einiger Zeit stellte sich heraus, daß die psychische Einheit der jungen Frau seit 1893 zerfallen war; Prince begegneten verschiedene Persönlichkeiten: B I, die er »die Heilige«

nannte, B III, »der Teufel« oder »Sally«, wie sie sich ansprechen ließ, und B IV, von Sally »die Idiotin« genannt. B II war das hypnotische Ich von B I und B IV. B I und B IV kannten sich nicht, hatten aber von B III gehört; B III kannte alle und hatte ein kontinuierliches Gedächtnis. Jede behauptete, die echte Miss B. zu sein, es kam, bei oft zahlreichen Wechseln innerhalb 24 Stunden, dadurch zu widersprechenden Handlungen: z. B. wurden Dinge, die eine Persönlichkeit angefertigt hatte, durch eine andere zerstört. B IV war leichtfertig und ehrgeizig, sie konnte sprechen, aber z. B. nicht Geige spielen (Miss B. spielte Geige und konnte auch Noten lesen). Sie versuchte eine Gedächtnislücke von 6 Jahren zu verbergen. B III war boshaft, bizarr, stark, vom Charakter eines → Tricksters. Sie wußte alles, was Miss B. dachte, verfügte aber ebenfalls nicht über bestimmte Kenntnisse, die Miss B. besaß (Fremdsprachen, Stenographie) und koexistierte mit den alternierenden anderen Persönlichkeiten. Zeitweilig kontrollierte sie die Motorik und die Augen (sie konnte z. B. Halluzinationen hervorrufen). Sie haßte Miss B., trieb mit ihr Schabernack, fügte ihr Schaden zu: Sie, die Kräftige, liebte Anstrengungen, die Miss B. überforderten, sie praktizierte ihr Spinnen in den Weg und genoß Miss B.s Erschrecken. Für Prince verfaßte sie ihre Biographie, die u. a. auch die Gedanken enthielt, die sie dachte, während Miss B. das Gehen erlernte. Sally war das Unterbewußtsein, das seit 1897 sein eigenes Leben führte; B I und B IV waren veränderte Weiterentwicklungen des ursprünglichen, später dissoziierten Ich.

Der Fall B. ist u. a. auch für die Phänomenologie der → Besessenheit von Belang: Besessenheit braucht als Bezugsrahmen ein Glaubenssystem; wo der Glaube an die Möglichkeit der Besessenheit fehlt, kann sich ein Fall wie der vorliegende entwikkeln.

Fälle von Persönlichkeitsspaltung sind selten (vgl. → Fisher), ihre grundsätzliche Gegebenheit aber wird in der Lit. nicht bestritten. S. a. → Multiple Persönlichkeit.
Lit.: M. u. W. F. Prince 1932.

Becherweissagung → Kylikomantie.

Bechterew, Wladimir (1857—1927), russ. Neurologe und Psychiater. Mitbegründer der Reflexologie (Lehre vom bedingten Reflex, zusammen mit Pawlow entwickelt). War Vertreter eines energetischen Monismus. Im Bewußtsein sah er eine Begleiterscheinung bestimmter Gehirnfunktionen; »seelische Äußerungen« betrachtete er als Effekte einer »neuropsychischen Energie«, die in den Ganglien gespeichert sei. Diese Energie ist anderen Energiearten (Wärme, Licht usw.) vergleichbar; der lebende Organismus vermag andere Energieformen in neuropsychische Energie umzuwandeln.

Sein Interesse für Telepathie gab B. an seinen Schüler → Wassiliew weiter.

B. selbst hat u. a. die → Mentalsuggestion zwischen Mensch und Tier experimentell überprüft: Einem Hund wurden Aufgaben gestellt, der Versuchsleiter fixierte das Tier, hielt es dabei an der Schnauze und konzentrierte sich auf die Aufgabe. Durch Variationen in der Versuchsanordnung konnten die Fehlerquellen — unwillkürliches Flüstern oder Bewegen (vor allem Augenbewegung) — ausgeschlossen werden. »Die Aufgabe, die nur mir bekannt war, bestand darin, daß der Hund ein Taschentuch aus der rechten Hand von Dr. S. ziehen sollte, der etwas zurückstand. Wie gewöhnlich dauerte die Suggestion nicht mehr als eine halbe Minute. Danach stürzte sich der Hund augenblicklich auf die rechte Hand von Dr. S. und riß ihm das Taschentuch weg« (B. 1924). B. vermutete als Übermittler »irgendeine Art von Strahlenenergie«.
Lit.: Wassiliew 1965.

Bedeutungsbewußtsein, in der Ps. 1. die Überzeugung des Individuums von seiner eigenen außerordentlichen Wichtigkeit; 2. das Wissen um die bedeutungsvollen Beziehungen eines Sachverhalts oder eines Objekts.

In der Pps. ist — bei ASW-Manifestationen — B. notwendig, damit der Erlebnisträger das Paranormale der Erfahrung erkennt. Dieses B. kann zugl. mit dem Erlebnis gegeben sein (als Ahnung oder als konkrete Gewißheit von etwas Außergewöhnlichem) oder sich nachträglich, durch das Hinzukommen »normaler« Informationen, einstellen. In manchen Fällen können auch nur Beobachter und nicht der Erfahrende selbst das Paranormale eines Geschehens erkennen.

Begabung, angeborene Befähigung zu einigen oder allen einem Individuum oder einer Gruppe (Volk, Rasse) möglichen Leistungen; zugl. Voraussetzung, bestimmte Kenntnisse zu erwerben bzw. Leistungen zu vervollkommnen. Der B.sforschung verdankt die Testps. entscheidende Anstöße. — In der Pps. gilt die Psi-Fähigkeit als eine besondere B. (→ Sensitive), die durch das Testverfahren mit → Zener-Karten feststellbar sein soll. Es existiert außerdem die Vorstellung, daß bestimmte ethnische Gruppen, z. B. Naturvölker, aber auch die Schotten (→ Zweites Gesicht) in besonderem Maße über eine Psi-B. verfügen. Die meisten Forscher scheinen der Ansicht zu sein, daß latent alle Menschen und (höheren) Tiere psi-begabt sind.

Begraben lassen, lebendig, besonders eindrucksvolles Kunststück mancher Yogis, das aber mit den eigtl. Zielen des → Yoga wenig zu tun hat. Für den provozierten Scheintod ist die (noch nicht paranormale) Kontrolle des → ANS Voraussetzung; die Stunde des Wiedererwachens wird vorherbestimmt, der Yogi suggeriert sie sich vermutlich autohypnotisch. Bei Berichten von freiwilligem lebendig Begrabenwerden und Wiederauferstehen sind einige als echt, viele wohl als Übertreibung und Zwecklegende anzusehen; als dritte Gruppe kommen die mythischen Belege hinzu. Bei diesen ist weniger an eine Erinnerung echter Ereignisse zu denken, sondern eher an die symbolische Gestaltung ganz anderer Erfahrungen.

Über den Yogi Haridas († 1837) lesen wir: »Die besondere Methode, die er befolgte, war neben allerhand Reinigungen die in den Hatha-Yoga-Schriften ausführlich angegebene, wonach das Zungenband an der unteren Zungenwurzel zerschnitten und die Zunge so lange trainiert wird, bis man mit ihr die Augenbrauen berühren kann. Um zum völligen Trancezustand zu kommen, wird dann die Zunge zurückgebogen, so daß sie den Eingang der Luftröhre völlig verdeckt und Scheintod eintritt. Der genannte Haridas ließ sich in diesem Zustand nach dem Bericht von Augenzeugen in dem Garten eines seine Fähigkeiten bezweifelnden Raja 40 Tage lang begraben. Dieses Begräbnis wurde mit Hilfe von mohammedanischen Soldaten, die dem Yogi als Hindu nicht gewogen waren, unter den größten Vorsichtsmaßregeln innerhalb eines Gebäudes, das dann zugemauert wurde, vorgenommen. Nach genauen Anweisungen wurde er nach 40 Tagen ausgegraben und von seinem Schüler erweckt. Nach der Rückkehr aus diesem seligen Stand der Erlösung zum irdischen Leben verschwand er allerdings über Nacht mit einer Schönen aus dem Harem des von der Wunderkraft des Yogi nun überzeugten Raja. Er ist dann bei einem späteren Experiment dieser Art ins endgültige Nirvana eingegangen.« (Hauer 1958: 271 f.)

Lit.: Braid 1850; Klinckowstroem 1922.

Behaviorismus [von engl. *behavio(u)r;* Verhalten], von J. B. Watson (1878—1958) begründete einflußreichste Schule der amer. Ps., nach der die Ps. sich auf das objektiv beobachtbare und meßbare Verhalten beschränken sollte. Reiz und Reaktion sind der Ausgangspunkt jeder Betrachtung, Bewußtseinsinhalte (Denken, Fühlen, Wahrnehmen) bleiben ausgeschlossen und erst recht Konstrukte wie das Unbewußte. Zum Verständnis des Paranormalen vermag der B. nichts zu leisten, aber pps. Experimentieren ist innerhalb des B. möglich.

Lit.: Jephson 1933.

Bekker, Balthasar (1634—1694), holländ. Theologe und bedeutender Bekämpfer des Hexenglaubens. Seine rationalistische Aufklärungsschrift *Die bezauberte Welt* (1690) brachte ihn um sein Predigeramt — weniger wohl weil er, ein früher Vorläufer der → Entmythologisierung, das Übernatürliche der biblischen Wunder bestritt, sondern weil er das Magisch-Zauberische schlechthin befehdete. — Für die Pps. interessant ist vor allem der 4. Teil seines Werks; eine Zusammenstellung verschie-

dener magischer Tricks und ihre natürliche Erklärung. — *Werke* → Bibl.
Lit.: Soldan/Heppe 1968.

Bektaschi, Angehöriger eines überwiegend türk. Derwischordens, dessen Gründer, Hadschi Bektasch, um 1300 gelebt haben soll. Der Orden wurde 1925 in der Türkei nominell aufgehoben; hat aber dort und vermutlich auch in Albanien im Untergrund Anhänger. In seiner geheimgehaltenen Lehre vereinigte sich sufitisches, schiitisches, gnostisches und jüd.-christl. Gedankengut.

Die pps. relevanten Phänomene, die von den B.s berichtet werden, wie Seelenreise, Trance, Besessenheit durch Hilfsgeister (auch mit Levitation u. a. PK-Leistungen verbunden), verweisen auf den zentralasiatischen Schamanismus und lassen so im Kern ein genuin türk. Element erkennen.
Lit.: Köprülüzade 1929.

Bell Witch Case, Spukfall, der die Bevölkerung Nordamerikas zu Anfang des vorigen Jh.s erregte; steht ursächlich mit der Entstehung einer spiritistischen Welle in Verbindung.

»Bell Witch« war der weiblich gedachte Poltergeist der Familie Bell in Tennessee und avancierte zum berühmtesten »Geist« der USA. Er kümmerte sich intensiv um das Leben der Familie Bell: Die Tochter Betsie nötigte sie, ihre Verlobung zu lösen und statt dessen ihren Lehrer zu heiraten; Lucy Bell brachte sie Nüsse und Obst ans Krankenbett; John Bell wurde ins Gesicht gekniffen. Sie produzierte Direkte Stimme (Gesang) und neben anderen Phänomenen → Asports: seltsamerweise Whisky und Eiscreme.
Lit.: Carrington/Fodor 1951.

Belmez de la Moraleda, andalusisches Bergdorf; auf dem Küchenfußboden eines Bauernhauses erschienen erstmals 1971 farbige Zeichnungen menschlicher Gesichter, die sich zu verändern schienen, außerdem kamen mehrmals neue hinzu. Grabungen unter dem Boden des Hauses — es steht auf einem ehemaligen Friedhof — förderten zwei kopflose Skelette zutage. Nach der Zuschüttung traten die Manifestationen erneut auf; ihr Zustandekommen wird mit medialen Kräften der Bewohnerin Maria de Pereira in Verbindung gebracht. Versuche mit Tonbandgeräten erbrachten angeblich paranormale Tonbandstimmen, die verschiedene Interpreten als Vergewaltigungsszene deuten.
Lit.: Naegeli-Osjord 1974; Nager 1974.

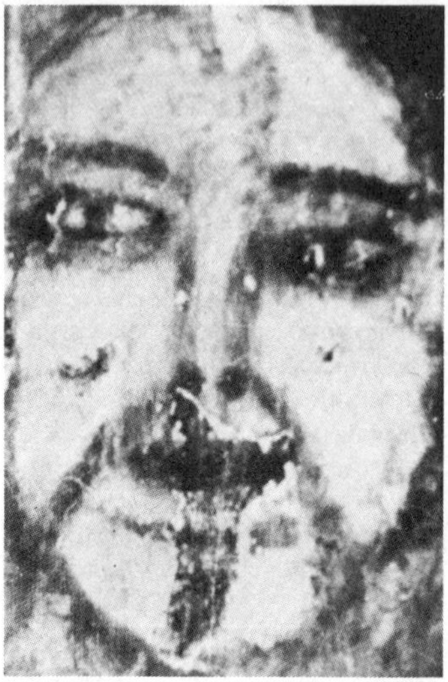

Eines der Geisterporträts von Belmez de la Moraleda (»Christuskopf«).

Beloff, John → S. P. R.

Bender, Hans (* 1907), dt. Parapsychologe, Professor für Ps. und Grenzgebiete der Ps. an der Universität Freiburg i. Br. (bis 1975), Gründer und Leiter des → Instituts für Grenzgebiete der Ps. und Psychohygiene. B. studierte in Freiburg, Paris, Heidelberg und Bonn Ps., Philos. und Romanistik. Zu seinen Lehrern zählten der frz. Psychiater Pierre Janet, der Philosoph und Psychologe Erich Rothacker und der Romanist und Lit.historiker Ernst Robert Curtius. In Ps. promovierte B. mit einer Arbeit über psychische Automatismen (1936), in der er sich ausdrücklich zur Existenz der ASW bekannte. Daran schloß sich ein Zweitstudium der Medizin. — In seine pps. Arbeit integrierte B. wahrnehmungs-, persönlichkeits- und tiefenps. Aspekte; den Experimenten mit Sensitiven stellte er Untersuchungen der affektiven Einstellung zur Pps. zur Seite. Im Bereich der Psychohygiene arbeitete er über neurotische Fehlhaltungen in bezug auf parapsychische und angrenzende Phänomene. Seit 1948 zählt auch die Spukforschung zu seinen Arbeitsgebieten.

Im dt.sprachigen Raum ist es B. dank jahrzehntelanger Bemühungen und Forschungen gelungen, die Pps. aus dem »Dunstkreis des Okkulten« zu holen, sie ins Bewußtsein der Öffentlichkeit zu rücken und als akademisches Lehrfach zu etablieren. B. betont, daß die Pps. mitarbeitet an einer allgemeinen Anthropologie und daß sie dabei im Rahmen der anerkannten Sozial- und Naturwiss.en betrieben werden muß:

»Die paranormalen Erscheinungen in ihren verschiedenen Formen sprengen den bisherigen Bezugsrahmen unserer wiss. Weltauslegung. Sie sind der Schlüssel zu einer erweiterten Ordnung der Natur und der Stellung des Menschen darin. Die Ordnung der körperlichen Welt, die wir in den vertrauten Anschauungsformen Raum und Zeit erfahren, spiegelt offenbar nur einen Teilaspekt einer übergreifenden Wirklichkeit. Die Psyche des Menschen scheint die Schaltstelle zwischen diesen beiden Aspekten der Wirklichkeit zu sein. So wie die Sinnesorgane dem Menschen Informationen aus dem einen Teil vermitteln und er, motorisch reagierend, auf sie antwortet, so wird er der Signale des verborgenen Teils durch die außersinnliche Erfahrung teilhaftig; er kann zudem auf eine bisher unverständliche Weise, den motorischen Reaktionen entsprechend, auf die Welt einwirken. Dem ›sensomotorischen Gestaltkreis‹ — der Verschränkung von Sinneseindruck und handelndem Ausgriff — scheint ein ›paranormaler Gestaltkreis‹ — ASW und PK — zu entsprechen.

Einer künftigen Lehre vom Menschen, einer sowohl naturwiss. als philos. Anthropologie bleibt es vorbehalten, unser empirisches Wissen vom anderen Teil der Wirklichkeit in seiner ganzen Tragweite einzubeziehen.

Prof. Hans Bender bei einem ASW-Experiment in seinem Freiburger Institut.

Die Ordnung der körperlichen Welt und die andere Ordnung zu einer nach wiss. Gesichtspunkten formulierten Weltauslegung zu integrieren ..., ist indessen eine noch unabsehbare Aufgabe künftiger Forschung, die alle wiss. Disziplinen betrifft.« (Bender 1971: 133 f.)

Lit.: Bauer 1974 (darin Werkverzeichnis B.: 221—224).

Benedikt von Nursia (ca. 480 bis ca. 550), Heiliger, Gründer des Benediktinerordens. Papst Gregor I. (540—604) berichtet in seinen Dialogen *(Dialogorum de vita et miraculis patrum Italicorum, libri IV)* von folgender Vision B.s:

Er »stand am Fenster und betete zum allmächtigen Gott. Wie er so in frühester Stunde hinausblickte, sah er plötzlich, wie sich ein Licht von oben her ergoß, die ganze Finsternis der Nacht verscheuchte und so hell aufleuchtete, daß dies in der Finsternis strahlende Licht den ganzen Tag übertraf. Etwas sehr Wunderbares war mit dieser Erscheinung verbunden: Es wurde ihm nämlich, wie er später selbst erzählte, auch die ganze Welt wie in einem einzigen Sonnenstrahl vereinigt vor Augen geführt.«

Vielleicht ist dies einer der Fälle, wo eine Vision durch einen Außenreiz, nämlich den »wirklichen« Sonnenaufgang, ausgelöst wurde; die theologische Interpretation sieht in der Vision ein Versprechen für die Endzeit: die ganze Welt im Licht der Gnade. Die gleiche Quelle spricht B. die Gabe der Unterscheidung zu, also die Fähigkeit, »in jemandens Herz zu sehen« — für die Theologie ein Charisma, für die Pps. ein telepathischer Akt:

»Als einst der ehrwürdige Vater zur Abendstunde Nahrung zu sich nahm, war es einer seiner Mönche, eines vornehmen Mannes Sohn, der ihm bei Tisch das Licht hielt. In diesem Mönch regte sich der Geist des Stolzes, und er dachte bei sich: Wer ist dieser, dem ich das Licht halte und beim Essen aufwarte? Wer bin ich, daß ich ihm dienen soll? Da wandte sich der Mann Gottes plötzlich um und sagte heftig: ›Bezeichne dein Herz mit dem Kreuze, Bruder! Was sagst du? Bezeichne dein Herz!‹ Sogleich rief er die Brüder, ließ ihm das Licht abnehmen und befahl ihm, den Dienst einem anderen abzutreten. Von den Brüdern befragt, erzählte der Gedemütigte, was er im Herzen gehabt.«

Gregor, die einzige Quelle über das Leben B.s, berichtet noch weitere pps. relevante Episoden, darunter die wunderbare Wiederbelebung einer Leiche durch Gebet. — Manche Devotionalien, die mit B. in Verbindung gebracht werden, haben Amulettcharakter und sollen vor schwerem Tod, Unwetter, Bezauberung u. a. schützen.

Lit.: Herwegen [4]1951.

Bennett, Allen (1872—1923), Mitglied des esoterischen Ordens der »Goldenen Dämmerung«, Theosoph, Freund und Lehrer → Crowleys, interessiert an ritueller Magie. 1900 ging er nach Ceylon und war vorübergehend buddhistischer Mönch. Crowley rühmte seine paranormalen Fähigkeiten; so will er ihn 1902 in Burma in Levitation gesehen haben.

Lit.: Symonds 1971.

Beobachtung, Grundlage aller pps. Forschung; ein prozeßhaftes Ereignis wird mit bestimmten Zielvorstellungen planmäßig verfolgt und registriert.

Als *erwartende B.* kann in der Pps. eine bestimmte Form der Untersuchung von und mit Sensitiven bezeichnet werden. Der Ingenieur J. M. J. Kooy z. B. hatte festgestellt, daß sich manche seiner Träume auf Zukünftiges bezogen. Um dieses Phänomen kontrollieren und beweisen zu können, führte er ein Traumtagebuch; jahrelang notierte er beim Erwachen seine Träume und schickte täglich ein Duplikat der Notizen an → Tenhaeff. Trat dann ein Ereignis ein, das im Traum vorweggenommen schien, reichte er den Kommentar nach (s. a. → Dunne-Effekt; Christine → Mylius). Erwartende B., in gewissem Sinn eine Vorform des Experiments, fand in der Regel bei der Teilnahme an Séancen durch Parapsychologen statt und ist die hauptsächlichste Form der Spukuntersuchung.

Lit.: Bender/Mischo 1960, 1961; Driesch [3]1957: 15—17.

Béraud, Marthe → C., Eva.

Berger, Hans (1873—1941), Neurophysiologe und Psychiater. B. wies mit der von ihm entdeckten Elektroenzephalographie Hirnaktionsströme nach. In seinem wegen der Kriegszeit wenig bekannt gewordenen Buch *Psyche* (1940) bekannte B. sich aufgrund eigener und vor allem fremder Untersuchungen zur Realität der Telepathie und versuchte vergeblich, sie mittels einer energetischen Theorie zu erklären. — *Werke* → Bibl.

Lit.: Bender 1963 b; Kolle 1956; Schrenk 1970.

Bergson, Henri (1859—1941), frz. Philosoph, Professor am Collège de France (seit 1900) und Mitglied der Akademie; 1927 erhielt er den Nobelpreis für Lit. Jahrzehntelang bestimmte B. als bedeutendster Vertreter der Lebensphilos. (→ Vitalismus) die zeitgenössische frz. Philos. Sein Denksystem hat sich aus einer Kritik der Zeitauffassung Kants entwickelt: Die Zeit als Kontinuum von Zuständen zu sehen, hielt er für eine rein verstandesmäßige Deutung, die dem Phänomen »Zeit« nicht gerecht wird. Nur intuitiv lasse Zeit sich erfassen, und da sei ihr Wesen *Dauer*, in der das Lebendige sich verwirklicht — die Vorstellung einer dem Menschen zugänglichen ewigen Gegenwart wies B. allerdings zurück. Auf Intuition und nicht auf Verstand gründete er auch seine Erkenntnisse auf den Gebieten Ps., Kosmologie und Ethik. B. bestritt, daß der Mensch nur die Wahl habe, für die Entwicklungsgeschichte entweder einen automatisch ablaufenden vorherbestimmten Plan anzunehmen oder dem Finalismus zu folgen, der alles einem Endziel zustreben sieht. Beide Verstandeskonstruktionen gingen am Eigentlichen, dem *élan vital*, der schöpferischen Lebenskraft, vorbei. Der Absage an die Kantsche Kategorienlehre folgt mit der Lehre vom *élan vital* (der auch eine Metapher für Gott ist) die Hinwendung zur Mystik: »Hineintauchen in den ungeteilten Strom des Lebens« heißt B.s Forderung.

B. hat sich intensiv mit Pps. beschäftigt. Er war 1912 Präsident der S. P. R. und verfaßte u. a. die Studie *Fantômes de Vivants et Recherches Psychiques*, 1919 (»Geistererscheinungen und psychische Forschungen«). Wichtiger wurde für die Pps. jedoch B.s philos. System überhaupt, da er zeigte, daß auch ein Denken außerhalb der Kantschen Kategorien möglich ist, sowie seine Reflexion des Leib-Seele-Problems: In *Matière et Mémoire*, 1896 (»Materie und Gedächtnis«) erteilt er dem Materialismus, dem Idealismus und dem plumpen Dualismus gleichermaßen eine Absage; in der konkreten Wahrnehmung werden die Gegensätze von Körperlichem und Geistigem überbrückt. — *Werke* → Bibl.

Lit.: Pflug 1959; Pradines 1943.

Bergspiegel, Begriff aus dem Volksglauben für eine bestimmte Art von → Psychischem Induktor, in dem sich zeigt, wonach der Benützer fragt; ursprünglich wahrscheinlich ein Bergkristall.

Über Bergspiegelbenützung im Schwarzwald lesen wir in einer Nachricht aus dem Jahre 1926 von einem Gastwirt: »Er besitzt den Bergspiegel schon mindestens in der zweiten oder dritten Generation. An einem hiesigen Wirtshaustisch erzählte mir einmal ein junger ernster Mann allen Ernstes, daß er seiner Mutter den Tod auf den Tag genau gesagt habe. Sie hatte ihn einer

Bergspiegel

Krankheit wegen konsultiert.« Und über einen anderen Sensitiven: »Derselbe ... treibt Landwirtschaft und Bienenzucht. Er hat ein besonderes Warte- und Sprechzimmer, kann zu jeder Tageszeit besucht werden, nur sonntags nicht, um keinen Preis. Der Ort ist Wallfahrtsort und katholisch ... Bei diesem war ich auch schon einmal vor etlichen Jahren wegen meines Vaters. Ich mußte Namen und Geburtstag angeben und über was er klage. Dann mußte ich wieder zurück ins Wartezimmer. Nach vielleicht fünf Minuten rief er mich wieder und sagte mir ganz genau, wie die erkrankten Organe angegriffen seien, wie es stehe, und was es werde, wenn nicht sofort energisch zugegriffen werde. Das war am ersten Mai. Wenn die Operation nicht nächstens gemacht werde, so sei mein Vater bis allerspätestens im Herbst unter fürchterlichen Schmerzen erledigt. — Seither sind zwei oder drei Jahre vergangen. Im Januar dieses Jahres mußte die Operation auf Tod und Leben gemacht werden. Jetzt ist er daheim, oft auf, oft im Bett, aber so schwach, daß er nie mehr zum Schaffen kommt. — Verlangen tut der Bergspiegelmann direkt nichts ... Man gibt drei Mark. — Wird für Fremde gefragt, so gibt er keine Antwort, nur bei Familienangehörigen. Soll es aber, wie man sagt, merken, wenn er angelogen wurde in diesem Punkt. — Auch bei Diebstählen wird er aufgesucht ... Aber ich hörte schon öfters sagen, daß er bei Diebstählen nie einen Namen nenne, sondern nur sage, wo und wie die Sache zu finden sei; wenn er das nicht beschreiben kann, lasse er den Bestohlenen selbst in den Spiegel sehen und dann sah man ganz deutlich die betreffende Person.« (Mitgeteilt bei Messer 1927: 50 f.)

Nicht zu verwechseln mit dem B. ist der *Erdspiegel*, ein magisches Gerät, oft nur eine mandalaförmige Zeichnung mit für Uneingeweihte nicht verständlichen Sigeln, das bei der Schatzhebung hilfreich sein soll.

Bermuda-Dreieck, geographisches Dreieck vor der Küste Floridas (etwa Miami—Kingston, Jamaica—Bermudas). Seit 1945 verschwanden in oder über diesem Seegebiet mehr als 100 Flugzeuge und Schiffe; viele angeblich ohne jede Spur. Die Ursache, falls überhaupt eine gemeinsame angenommen werden darf, wird von einigen Autoren in ungewöhnlichen meteorologischen Bedingungen gesehen (Kusche 1974); andere erwägen neue geophysikalische Annahmen (z. B. eine Gravitationsdifferenz aufgrund unterschiedlicher Dichte der submarinen Erdkruste), es fehlt aber auch nicht an Spekulationen, die UFOs oder Psi ins Spiel bringen. — Sensitive, darunter → Cayce, »sahen« in Trance Verbindungen zu hypothetischen vorgeschichtlichen Kulturen wie Atlantis; danach sollen im B.-D. gesunkene Relikte dieser Kulturen Ursache der Störungen sein.

Lit.: Berlitz 1975; Gaddis 1965; Edwards 1959.

Bernburger Hellsehprozeß (1924/25), angeklagt war der Lehrer August Christian Drost. Er arbeitete nicht selbst als »Hellseher«, sondern hypnotisierte mehrere Medien, auf die er dabei angeblich eigene Kräfte übertrug. Die Fragen der Klienten — meist von der Art: »Wer ist der Dieb?« — wurden von den Hypnotisierten beantwortet. — Die Anklage stützte sich auf ein Gutachten des Potsdamer Landgerichtsdirektors Albert Hellwig, der 1924 eine gegen die Pps. gerichtete Schrift, *Okkultismus und Strafrechtspflege*, veröffentlicht hatte (weitere *Werke* → Bibl.). Die Sachverständigen, unter ihnen → Tischner, nahmen im Gerichtssaal Experimente vor, die ihres Erachtens — sieht man von Hellwigs Meinung ab — ein positives Ergebnis zeitigten. Das Gericht klammerte die Frage nach der Existenz des Parapsychischen aus, fand aber 1925 zu einem Freispruch.

Lit.: Seeling 1925.

Bernhard von Clairvaux (1091—1153), 1174 heiliggesprochener Abt, der eigtl. Begründer des Zisterzienserordens; Patron der Todesstunde. Seiner Geburt ging ein als präkognitiv gedeuteter Traum seiner Mutter voraus, sein Leben war von Erscheinungen, Mirakeln (darunter auch Heilungen) und für bedeutend erachteten exorzistischen Leistungen begleitet.

Lit.: van Duinkerken 1966.

Bernheim, Hippolyte M. (1840—1919), Hauptvertreter der → Nancyer Schule, der die Hypnose nicht wie → Charcot als künstliche Hysterie betrachtete, sondern sie in den Dienst der Therapie stellte. Freud erlernte 1886 bei B. und → Liébeault die Hypnosetechnik.

»Man hat sich auf die sog. Gedankenübertragung oder *Suggestion mentale* berufen, und sehr aufgeklärte und achtungswerte Männer haben hier Dinge beobachtet, welche von zwingender Beweiskraft zu sein scheinen. Ich habe mich an Hunderten von Personen vergebens bemüht, Gedankenübertragung zu erzeugen; ich habe nichts Deutliches finden können und bin darüber im Zweifel geblieben. Es ist ja möglich, daß Tatsachen, die ich an meinen Versuchsobjekten nicht feststellen konnte, sich an anderen beobachten lassen, und es wäre ganz unwiss., ohne weitergehende Erfahrungen im abweisenden Sinne zu entscheiden.« (Bernheim 1888.)

Bernstein, Schloßspuk → Weiße Frau.

Bernus, Alexander Freiherr von (1880 bis 1965), dt. Dichter und Übersetzer. Betrieb praktische und lit. Studien zur Alchimie und veröffentlichte Arbeiten zum Thema Alchimie und Heilkunst (*Werke* → Bibl.). Er vertrat, oft in poetischer Gestaltung, die Lehre der *Reinkarnation:*

»Nur das ist Tod: Erst aus der Zwischensphäre / Auf sich zurückzusehn; im eignen Haus / Umherzugehn, als obs ein Andrer wäre, / Den keiner merkt — und dann den Flug hinaus, / Den großen Flug hinauszutun in Weiten, / In Sternenweiten, um an Götterhand / Nach hellen einverseelten Weltgezeiten / Als Seele wieder gläubig einzugleiten / In einen Körper, den sie vorempfand.«

Lit.: Schmitt 1971.

Berry, Catherine (1813—1891), engl. Medium, Automatistin (Schreiben, Malen), Geistheilerin. In Einzelsitzungen produzierte sie kaum physikalische Phänomene. Sie soll aber über eine außerordentlich starke psychische Kraft verfügt haben: Teilnehmer ihrer Séancen konnte sie mit einer Handbewegung umwerfen. Deshalb kamen andere Medien zu ihr, um ihre eigenen Kräfte zu stärken, und sie hielt mit diesen Medien (z. B. → Herne und → Nichol) gemeinsam Sitzungen ab. — *Werke* → Bibl.

Berserk [altnordisch; »Bärenhäuter«, Mz. Berserker], im altnordischen Volksglauben ursprünglich »Werbären«, also Männer, die der reversiblen Verwandlung in Bären fähig waren (→ Lykanthropie); in späterer Zeit Männer mit außergewöhnlichen Körperkräften, die ohne schützende Waffen in einer Art Rauschzustand kämpften. Diese *B.-Wut* wurde vermutlich durch Drogen herbeigeführt.

Lit.: Peuckert 1951.

Berührung, die außerordentliche Bedeutung der B. für die Religionswiss. wurde bereits im 19. Jh. von dem Cambridger Philologen Robertson Smith formuliert: Heiligkeit wird als Fluidum betrachtet, »das durch B. übergeht« (Priesterweihe, Segen durch Handauflegen usw.). Im Okkultismus und in der Pps. gibt es ebenfalls die Vorstellung, daß durch B. Kräfte weitergeleitet und akkumuliert werden können. Im → Mesmerismus betonen viele Magnetiseure, daß B. für den magnetischen Rapport wichtig sei: Der Magnetisierte kann z. B. nur Aussagen über einen Dritten machen (ihn »sehen«), wenn der Magnetiseur diesen berührt. Ähnlich ist es bei jenen Telepathen, die erst dann zu einer Aussage fähig sind, wenn sie die andere Person berühren, und sei es nur mit einer Fingerspitze: Schlagartig sind die Informationen da, als sei ein Stromkreis geschlossen. Manchmal scheint diese Übermittlung nicht nur durch direkte B. möglich, sondern auch über Materialien von physikalisch sehr unterschiedlicher Leitfähigkeit: Draht oder Stoffbänder (vgl. → Passes und → Baquet). — Für Tischlevitationen gilt manchmal Berühren als notwendig: Dabei erfolgt ein minimaler Druck nach unten, der Tisch aber steigt nach oben. → Paladino verlangte hin und wieder, daß sie ein entfernteres Objekt, das sie bewegen wollte, vorher berühren durfte; wohl nicht nur ein dramatischer Trick, um die Aufmerksamkeit auf diesen Gegenstand zu lenken (vgl. entsprechende Probleme der → Psychometrie).

Von einer zweiten Form von B. wird bei Materialisationssitzungen gesprochen: Teilnehmer haben ohne sichtbare materielle Ursache B.sempfindungen, durch die entweder etwas mitgeteilt oder die Aufmerksamkeit auf etwas gelenkt wird, oder die auch als reine Druckempfindungen vorkommen, manchmal mit zusätzlichen Empfindungen (Hitze, Kälte, Feuchte) verbunden. Als Urheber werden unsichtbare Ektoplasmaformen genannt.

Eine dritte Klasse bilden B.en als Zeichen dafür, daß eine sichtbare Erscheinung nicht nur optische Halluzination ist. In der älteren Lit. gibt es zahlreiche dramatische Berichte von B.en, nach denen z. B. das Brandmal einer feurigen Hand zurückblieb. In solchen Fällen muß die Möglichkeit des → Dermographismus in die Überlegung einbezogen werden (s. a. → Zugun) und, falls das Mal nicht auf der Haut, sondern an einem Gegenstand auftritt, die Hypothese, die Bezugsperson in einem Spukphänomen habe das Mal psychokinetisch hervorgerufen.

Besant, Annie (1847—1933), engl. Sozialreformerin, Frauenrechtlerin und Esoterikerin. Aufgewachsen als Calvinistin, konvertierte sie zum Katholizismus, heiratete einen Geistlichen der Kirche von England und wandte sich nach der Scheidung von ihrem Mann (1873) dem Atheismus zu. Doch dann entdeckte sie die Theosophie, arbeitete in der Krischnamurti-Bewegung, der Freimaurerei und in einem rosenkreuzerischen Orden mit. Sie ist mitverantwortlich für innertheosophische Spaltungen und damit mittelbar auch für das Auftreten der → Anthroposophie. Nach dem Tode der → Blavatsky nahm B. eine führende Position in der Theosophischen Gesellschaft ein; auch für die ind. Unabhängigkeitsbewegung waren ihre Aktivitäten von Bedeutung. B. selbst besaß keine »übernatürlichen« Fähigkeiten, dennoch wurde sie von ihren Anhängern wie ein höheres Wesen verehrt. — *Werke* → Bibl.

Lit.: Besterman 1924, 1928; Nethercot 1961, 1963.

Beschwörung, ein ritualisiertes magisches Wirken auf eine als real gedachte Geisterwelt (Dämonen, Geister, Seelen Verstorbener): meist im Sinne des Herbeirufens (»Zitierens«) eines Geistwesens, z. B. zu Dienstleistungen, seltener im Sinne der Abwehr (wie z. B. in der exorzistischen B.). S. a. → Exorzismus; → Magie.

Lit.: Jensen ²1960; Peuckert ²1956.

Besessenheit, Krankheitsbild auf der Grundlage des Glaubens, eine andere Wesenheit (Gottheit, Dämon, Verstorbener, auch lebender Mensch und selbst Tier) habe mit ihren spirituellen Teilen Besitz von einem lebenden Menschen genommen, »wohne« in ihm, handle und spreche durch und aus ihm. Dabei tritt ein zweites Persönlichkeitsbewußtsein neben oder an die Stelle des ersten. Im Ausdruck (z. B. Mimik, Sprechweise) verändert sich der Besessene — die Sprechinhalte gehören immer zur neuen Individualität —, und im Fall der B. durch einen Toten können Angleichungen an dessen bekanntes Gebaren und Aussehen (→ Transfiguration) auftreten. Bei der sog. *dämonischen B.* kommen sowohl fratzenartiges Aussehen als auch gewaltige motorische Leistungen vor. Liegt Doppelbewußtsein vor, d. h. ist der Patient passiver Zuschauer dessen, was geschieht, spricht → Oesterreich von *luzider B.* (vgl. → Staudenmaier). Den häufigeren Fall, daß nur die besitzende Persönlichkeit auftritt, die zwar den Besessenen kennt, nicht aber umgekehrt, kennzeichnet Oesterreich als *somnambule B.* (oder dämonischer Somnambulismus). Es gibt spontane und gewollte B. In der gewollten, oft *kultischen B.* (→ Umbanda) ist das Verhalten z. T. ritualisiert. So erkennt man in Westafrika an den Tanzschritten des Trancetänzers, welche Gottheit ihn gerade besitzt. Belege für B. finden sich in allen Kulturen in jeweils typischen Ausprägungen.

Das Krankheitsbild der B. hat sich von den Berichten des N. T. bis zu den westeurop. Fällen des 19. Jh.s nicht geändert. (Das A. T. kennt nur einen Fall: Saul, den David durch Harfenspiel zu behandeln sucht; im N. T. finden sich an folgenden Stellen Belege: Matth. VII, 28 ff.; XII, 22, 24 ff., 43 f.; XVII, 14 ff.; Mark. I, 23—25; III, 11 f., 22 f.; V, 5 f.; IX, 17 ff.; Luk., III, 23 ff.; VIII, 26 ff.; IX, 37 ff.; XI, 14 ff.; XIII, 10 ff.; Apg. XIX, 13—16.)

Zur Entstehung der B. können mehrere Mechanismen beitragen: 1. Eine ambivalente Gemütslage wird als B. interpretiert; 2. der Glaube, besessen zu sein, hat eine Bewußtseinsspaltung zur Folge; 3. »Infektion« (s. Surin im Fall → Loudun); 4. Identifikation mit einem anderen (u. U. nach vorhergehender Halluzination); 5. die B. wird unwillentlich vom Arzt (Priester) oktroyiert; 6. aus Schuldbewußtsein kann die B. autosuggestiv hervorgerufen werden. Die Analyse zeigt nach Oesterreich in allen Fällen, daß die dem zweiten Ich zugeordneten Prozesse und Seelenzustände ursprünglich dem primären Ich angehören (also keine »echte« B. im theologischen Sinne). Dagegen steht die Hypothese, daß in der B. durch einen Lebenden, d. h. im telepathischen → Rapport, auch tatsächlich der andere agieren könnte. — Die notwendige Voraussetzung der B. ist der Glaube an die Möglichkeit der B. beim Patienten und in seiner Umwelt; B. ist ein »Theater«, bei dem das Publikum »mitspielt«; so betrachtet ist der → Exorzismus in gewisser Hinsicht Teil dieses »Theaters«.

Besessene sind »auffallend häufig jüngere, sexualabstinente Frauen, bei denen der uneingestandene Drang zu erkennen oder zu vermuten war, mehr zu erleben und mehr zu bedeuten als die eigene Substanz hergab« (Wunnenberg in Zacharias 1972: 112). Tritt in dieser Situation der erotisch attraktive, aber unerreichbare Mann auf — sehr oft ein Priester (vgl. den Fall → Dittus) —, so kann das die B. auslösen.

Verschiedene Formen des Mediumismus jüngerer Zeit können als Verwandte der B. aufgefaßt werden; im Spiritismus liegt sogar eine retheologisierte Form der B. vor.

Die kath. Kirche verlangt nach dem *Rituale Romanum* (→ Exorzismus) Zeichen für eine »echte« B. Diese Zeichen bestehen z. T. in paranormalen Manifestationen wie Hellsehen und → Xenoglossie und stellen das eigentlich pps. Relevante der B. dar.

»Auf unvermutetes Vernehmen, daß zwei besessene Weibsleute in hiesiges Armenhaus gebracht worden, ging ich, Pfarrer, den 14. Dezember 1714 abends aus starkem Trieb meines Gewissens ins Armenhaus, und ... da fing bei der einen Besessenen ... alsbald der Paroxysmus damit an, daß der Satan aus ihr mich anfuhr: ›Du Narrenmaul! was tust du hier im Bettelhaus, du bekommst gewiß Läuse usw.‹ — Ich gab ihm die Antwort: ›Durch das Blut, die Wunden und die Marter Jesu Christi sollst du überwunden und ausgetrieben werden!‹, worüber er heftig schnaubte und brüllte und schrie: ›Hätten wir Teufel Gewalt, wir wollten Himmel und Erde untereinander werfen usw., was Gott nicht sein will, das ist unser!‹ ... Mittags um 11 Uhr kam diese Besessene auf mein Verlangen, aber nicht mit ihrem guten Willen, in hiesige Kirche, darin ich, um nach ihrem höchst jämmerlichen Zustand mich zu richten, den Gesang: ›Gott der Vater wohn uns bei‹ singen ließ und nach nötig befundener Vorbereitung auf der Kanzel die zwei merkwürdigen Stellen von etlichen Besessenen, Markus 5. und 9. Kapitel, mit angehängter Applikation so lange vorlas, bis der Satan aus der Besessenen mir auf die Kanzel schrie: ›Wann ist's einmal genug?‹ Nach meiner erteilten Antwort: ›Wenn's Gott genug ist, dir Teufel ist's gleich genug!‹ beklagte sich der Satan über mich: ›Wie quälest, wie plagest du mich! Wäre ich nur nicht in deine Kirche gegangen.‹ Als er unverschämt sprach: ›Nur meine Kreatur muß leiden andern zum Exempel!‹, stopfte ich ihm sein Maul also: ›Teufel! Die Kreatur ist nicht dein, sondern Gottes! Dein ist Kot und Unflat, Hölle und Verdammnis in Ewigkeit‹, und als ich mit kräftigen Ausdrücken vom Namen Jesu auf den Satan zudrang, schrie er: ›O heiß! O heiß! O Qual! O Qual!‹, oder fuhr er mich zornig an: ›Was hast du für ein Geplapper?‹ Inwährend des Betens, Schreiens, Kämpfens der Gemeinde, marterte der Satan die arme Kreatur jämmerlich, brüllte aus ihr entsetzlich und warf sie so starr, so unempfindlich zur Erde nieder, daß sie lange eiskalt, ohne daß man einen Atemzug bemerkte, wie ganz tot dalag, bis sie endlich mit Gottes Hilfe wieder zu sich selbst kam ... Obwohl nun die Besessene auch diesmal wieder den Gebrauch der gesunden Vernunft, bei welchem sie sich, nota bene, niemals zu entsinnen wußte, was der Satan aus ihr geredet, erlangt, so ließ ihr doch der Satan nach meinem Abschied nicht lange Ruhe, sondern quälte sie wie zuvor ...« (Andreas Hartmann, *Hauspostill*, 1745; mitgeteilt bei Kerner 1834; zit. n. Oesterreich 1921: 8 f. — Für viele Fälle von B. ist es typisch, daß, wie hier, gleichsam nach bestimmten Regeln Herrschaft attackiert wird.)

Lit.: Azam 1888; Bull 1932; Calmeil 1845; Claus 1922; van Dam 1970; Görres IV, 1 1842; Hafner 1894; Janet 1898, 1903; Kerner 1834; Löwenfeld 1904; Mischo 1971; G. Müller 1759; Myers 1900/01; Oesterreich 1921, 1923, 1924; Rodewyk 1966; Semler 1762, 1779; Staudenmaier 1912; Stoll 1904; Sulzer 1921; Sutter 1923; Taczak 1903; Winkler 1936; Wyssling 1952/53.

Besessenheitsepidemien, waren in Europa vom MA. bis ins 19. Jh. häufig: Auf religiösem Hintergrund artikulierte sich, nach tiefenps. Verständnis, in ihnen eine negative Seite des Christentums. Bekannt wurden die Fälle von → Loudoun, Friedeberg in der Neumark (1593; 150 Besessene) und der Fall der besessenen Kinder von Morzine (Kanton Genf), der von 1857 an etwa ein Jahrzehnt lang dauerte. (Im Fall von Morzine wurde → Xenoglossie behauptet, doch → Lafontaine, der einige Kinder behandelte, erklärte, in diesem wie in anderen Fällen hätten die Patienten mit einer gewissen Leichtigkeit bizarre Laute aneinandergereiht, die man dann als Sprache eines anderen Volkes deutete.)

Lit.: Huxley 1955; Lafontaine 1867.

Besetzung, Begriff der Psychoanalyse; beschreibt die Bindung psychischer Energie an ein bestimmtes Objekt oder eine Vorstellung. In der pps. Terminologie kennzeichnet B. bevorzugte Muster paranormalen Geschehens; so kann man von einer *destruktiven B.* von Spiegeln oder Bildern in todesbezogenen Wahrträumen sprechen; auch im PK-Bereich fallen (affektive?) B.en auf, z. B. von Tischen.

Besinnet, Ada M., verh. Roche, amer. Medium, das Materialisationen, Direkte Stimme und Lichtphänomene hervorrief. → Hyslop urteilte nach 70 Sitzungen (1909/1910), es handle sich im Fall B. um die Ausbildung einer sekundären Persönlichkeit: Im hysterischen Zustand manipuliere das Medium alle Erscheinungen, ohne jedoch zu betrügen. — Andere Beobachter hielten die Phänomene einschließlich Transportation (mehrfach soll das Medium in Trance auf unerklärliche Weise in andere Räumlichkeiten »transportiert« worden sein) für paranormal. — *Werke* → Bibl.

Lit.: Carrington 1930; Hyslop 1911; McKenzie 1922.

Besitzung, in älterer Lit., z. B. bei → Kerner, für → Besessenheit; »Besitzungen« bedeutet dann Besessenheitsanfälle.

Besprechen, magisch-verbale Behandlungsweise in der Volksmedizin, um einen Zustand (Krankheit, Warzen, fließendes Blut, aber auch Feuer) zu beenden. Ein frühes Beispiel für unsere Kultur bilden die *Merseburger Zaubersprüche*, vermutlich aus dem 8. Jh.; ein Heilspruch daraus lautet: »Bein zu Beine, / Blut zu Blute, : Glied zu Gliedern, / als wenn sie geleimet wären.«

B. kann als Suggestionstherapie betrachtet werden. Als Beleg für die außerordentliche Macht der Suggestion diene folgender Fall → Liébeaults (allerdings erfolgt hier die Suggestion in Hypnose):

»1874 brachte man Liébeault ein 14jähriges Mädchen, dem eine Spielgenossin vor 5 Jahren eine Glasperle ins Ohr gestopft hatte. 22 Ärzte, darunter ein renommierter Chirurg, hatten vergebens versucht, sie zu entfernen. Das ganze Ohr mit benachbarten Partien, Schläfengegend usw. war entzündet. Ein serös-eitriger Ausfluß entleerte sich in großen Mengen aus dem Gehörgang. Das Gesicht war verzerrt infolge von Facialislähmung ... Dazu kamen Amaurose (funktionelle Blindheit) des rechten Auges, Tremor der rechten Hand, hochgradige Erschlaffung des ganzen Körpers usw. In tiefer Hypnose gab L. die Suggestion, daß die Entzündung in weniger als 8 Tagen verschwinden und die Perle aus dem Gehörgang gedrängt werden solle. So geschah es: Die Entzündung verminderte sich allmählich und nach Ablauf des vierten Tages glitt die Perle heraus. 4 Tage später erfolgte die Heilung.« (Moser 1974: 213.)

In jüngster Zeit versicherte der Neurologe (!) → Lindenberg, er könne bei sich blutende Wunden stillen, indem er auf russisch sagt: »Ging eine schwarze Kuh über den Graben, ging und blieb stehen, das Blut hörte auf zu fließen.« (L. 1974: 28.)
Lit.: Ebermann 1903; Staack 1930.

Besterman, Theodore (* 1904), Bibliothekar und Parapsychologe, Mitarbeiter der S. P. R., für die er an Sitzungen mit → Leonard und Rudi → Schneider teilnahm. Von besonderer Bedeutung ist eine von ihm 1931 entwickelte Versuchsserie zur Glaubwürdigkeit von Zeugen einer Séance, die als Ergebnis u. a. erbrachte, daß für die Beobachtung pps. Phänomene entsprechend *trainierte Beobachter* notwendig sind. B. veröffentlichte wichtige pps. Bibliographien und gab Sammelpublikationen heraus. Monographisch arbeitete er vor allem über → Kristallsehen und, zusammen mit → Barrett, über das Wünschelrutenproblem. — *Werke* → Bibl.

In der Wünschelrutenfrage lehnten B. und Barrett die physikalischen Theorien ab: »Zusammenfassend versichern wir, daß die Wünschelrutengängerei ein rein pps. Problem ist, daß der Ausgangspunkt für alle diese Erscheinungen in der Psyche des Wünschelrutengängers liegt, daß keine der physikalischen Theorien einer aufmerksamen Untersuchung standhält und daß die Bewegungen der Wünschelrute oder des Wünschelrutengängers selbst mit dem Entdecken etwa des Wassers keinen anderen Zushg. haben als den, welcher darin besteht, eine psychische, abstrakte Erkenntnis auf sichtbare und physische Art zum Ausdruck zu bringen.« (Barrett/Besterman 1926: 267; zit. n. Amadou 1957: 107 f.) Pps. relevant dabei ist die unbewußte paranormale Erkenntnisfähigkeit des Rutlers.

Bestiarium → Physiologos.

Betrug, Hypothese, die bei jedem vorgeblich paranormalen Ereignis zu prüfen ist. Betrügen kann der Erlebnisträger (Agent) und/oder ein Außenstehender, auch der Versuchsleiter. Während in juristischer Definition der B. die *vorsätzliche* Irrtumserregung bezeichnet, ist die Motivation zum B. beim wiss. Experiment (auch außerhalb der Pps.) ungleich vielfältiger. Bewußter, halbbewußter, vor- und unbewußter Betrug ist in der Pps. aus Geltungsdrang, aufgrund wirtschaftlicher Interessen, persönlicher Anliegen (z. B. »Rache« am Versuchsleiter) und aus anderen, vergleichbaren Gründen möglich.

Häufig wurden auch den Agenten spontanen Spuks Manipulationen nachgewiesen, und kaum eines der großen anerkannten Medien hat nicht dann und wann betrogen:

»Nicht eines dieser berühmten Medien der modernen Forschungsära, das nicht belastet ist zumindest mit dem stärksten Betrugsverdacht, auch wo der Betrug infolge der aufgezwungenen Bedingungen nicht direkt nachweisbar ist«, schreibt Moser (1974: 749 f.) und meint damit Eva C., Erto, Guzik, Kluski, Silbert, Margery, Zugun, Goligher, Laszlo u. a. Auch W. und R. Schneider hält sie für gelegentliche Betrüger, aber diese sind wenigstens »trotz allem echt« (ebd.: 757). Sie zitiert auch Flammarion: »Es sind fast alle berühmten Medien durch meinen Salon gegangen, und ich habe sie fast alle beim Betrügen ertappt. Man geht keinesfalls zu weit mit der Behauptung, daß der größte Teil der Medien systematisch und der andere mindestens zeitweise betrügt oder wenigstens nachhilft.« (Ebd.: 70.)

Klassisch ist der Betrugsfall jener 4 Berner Mönche, die 1509 ihrer Taten wegen auf dem Scheiterhaufen hingerichtet wurden: Ein Stuttgarter Angehöriger des Predigerordens, Wigandus Wirt, hatte eine heftige Auseinandersetzung mit einem Franziskaner, die mit Pamphleten und Schmähreden geführt wurde. Als der Fall in Rom zur Entscheidung anstand und zu ungunsten Wirts auszugehen schien, inszenierten die 4 gen. Mönche mit einem Novizen »Wunder«, die Wirt bestätigen sollten. Unter großem Zulauf des Volkes sah man Stigmata, Geistererscheinungen, hörte sprechende Statuen u. ä. Unter Bruch des Beichtgeheimnisses verwandten sie Informationen, deren Kenntnis den Hörern übernatürlich erscheinen mußte. Das bereitete die Hörer emotional darauf vor, daß sie auch Prophezeiungen der Art glaubten, Bern würde untergehen, wenn es nicht die Franziskaner vertriebe. (Görres 1927: 394 ff.) Bemerkenswerterweise erfüllt dieser manipulierte Wunderspuk das → Thoulessche Kriterium der Kombination von ASW und PK. —

Ein ebenfalls früher Fall ist der des Franziskaners Alicourt aus Orléans: 1534 inszenierte er einen Klopfgeist, der nach einem bestimmten Code Mitteilungen machte (→ Klopfalphabet).

Die Psychiatrie kennt das Krankheitsbild der *Pseudologia phantastica*, in dem, vereinfacht ausgedrückt, der Patient handelt wie ein Hochstapler, im Gegensatz zu diesem aber selbst seinen Worten glaubt und seinen Handlungen traut. Vergleichbare Zustandsbilder scheinen auch bei Medien aufzutreten: Sie manipulieren in einem Zustand veränderten Bewußtseins, ohne ihre Eigenverantwortlichkeit zu erkennen. Eine dritte Kategorie — nach vorsätzlichem und mehr oder minder unbewußtem B. — bildet der B. als mentalsuggestiver Effekt der Erwartungen der Beobachter: Die → Paladino entschuldigte sich, in Trance sei ihr bewußtes Wollen ausgeschaltet oder zumindest eingeschränkt; die spürbare Erwartung der Sitzungsteilnehmer, sie werde betrügen, wirke suggestiv.

Die B.sabsicherung in der Pps. ist wegen der Labilität der Medien oft schwierig: Es kann sinnvoll sein, vor allem in ersten Sitzungen, auf Kontrollen weitgehend zu verzichten. Zu irgendeinem Zeitpunkt müssen aber Kontrollen eingeführt werden. Dabei treten neben die qualifizierte Beobachtung (Trickexperten, Psychologen u. a.) auch technische Mittel (Fesselung, elektrische Kontrollen, wie sie → Ochorowicz bei der Paladino einsetzte, die Infrarotschranke, die → Osty 1930 bei Rudi → Schneider benützte, Ton- und Bildaufzeichnung u. a. m.).

Um den Experimentator gegen den B.svorwurf zu sichern, müssen auch diese Kontrollen kontrolliert werden. Dabei ist anzumerken, daß man Parapsychologen wesentlich weniger Kredit einräumt als anderen Wissenschaftlern. Es ist zu unterscheiden zwischen dem B.svorwurf gegen einzelne (z. B. → Levy; vgl. → Kammerer) und dem pauschalen Vorwurf, alle Parapsychologen würden bewußt oder unbewußt betrügen.

Der pauschale Vorwurf wird nicht mehr oft erhoben (vgl. aber Prokop/Uhlenbruck 1974). Der amer. Chemiker George R. Price behauptete 1955 in seiner Arbeit *Science and the Supernatural* (»Wissenschaft und das Übernatürliche«, in: *Science* 122: 359—367), die nichtzufälligen Ergebnisse der quantitativen pps. Forschung müßten, soweit sie nicht auf Irrtum oder unbewußter Wahrnehmung beruhten, durch »bewußten B. oder leicht abnorme psychische Bedingungen« erklärt werden. Nach 17 Jahren entschuldigte sich Price öffentlich in der gleichen Zeitschrift (1972): sein Vorwurf, der sich gegen Rhine und andere gerichtet habe, sei »äußerst unfair« gewesen.

Lit.: Baerwald 1926; Dessoir u. Schröder 1925; O. *Fischer 1926; Lambert 1925; Lehmann 1908; Messer 1927: 98—108; Peter 1925; Podmore 1907; Ringger 1972: 88—92; Schrenck-Notzing 1926; Schröder 1924; Tischner 1924.*

Bewegungen, paranormale, eine wesentliche Gruppe der PK-Manifestationen erscheint als Bewegungsphänomene, beginnend mit Vibrationen (z. B. eines Tisches) und selbstspielenden Musikinstrumenten bis zu veritablen Objektbewegungen, z. B. eine Tür, die sich paranormal öffnet, ein Milchtopf, der hindurchfliegt und einen skeptischen (!) Beobachter im Genick trifft. Manche B. vollziehen sich unter den Augen der Betrachter, manche Objekte sieht man angeblich während der B. vorübergehend nicht. So berichtet → Zöllner von einem kleinen Tisch, der verschwand, gesucht und nicht gefunden wurde, bis man ihn plötzlich in der Luft schweben sah (Medium: → Slade). — Manchmal werden B. zu sinnvollen Bewegungssequenzen kombiniert. Das Tempo paranormal bewegter Objekt scheint sich im Flug beschleunigen zu können, die Flugbahn wirkt gelegentlich bizarr, die Beschädigung des bewegten Objekts ist selten und steht oft in keinem Verhältnis zur Wucht des Aufpralls. Die B. erscheinen manchen Betrachtern intelligent gesteuert.

»Die Bewegung der Gegenstände verläuft gewöhnlich ganz verschieden von der durch

Schwerkraft oder sonstige Anziehung bewirkten. Sie rutschen umher, steigen empor, bewegen sich, mitunter ganz gemächlich, auf unberechenbare Art, machen oft in ihrem Laufe kehrt und senken sich dann meist ruhig, ohne die Beobachter zu verletzen. Andere Male wird ein ungeheures Gewicht hochgehoben, oft bei Tageslicht und ohne daß jemand sich in der Nähe befindet, Geschirr wird umhergeworfen und zerbrochen, Leintücher werden weggezogen, die im Bett Liegenden manchmal sacht herausgehoben und auf den Boden gelegt, während die Bettstelle hochgekippt oder im Zimmer umhergeschleift wird. Die Phänomene tragen sich sowohl am hellen Tage wie bei Nacht zu. Zuweilen läutet ununterbrochen eine Glocke, selbst wenn alle elektrischen Drähte entfernt worden sind. Häufig werden Steine geschleudert, doch kommt dabei niemand zu Schaden.« (Barrett 1911, zit. n. Thurston 1955: 12.)

Als Erklärung werden mehrere — meist vom mechanistischen Weltbild des 19. Jh.s geprägte — Hypothesen angeboten: noch unbekannte Energieform, »Magnetismus«, »Fluid«, Ektoplasma (→ Cantilever), → Mind over Matter, Exteriorisation motorischer Energie usw. Bei einer Spukstörung 1967 in Miami, Florida, gelang es, Skizzen der Objektbewegungen zu erhalten, d. h., auf einem Lageplan wurde, soweit möglich, der Weg eingezeichnet, den ein Objekt jeweils zurückgelegt hatte. Aufgrund dieser Skizze ließ sich die Hypothese formulieren, ein rotierendes Feld sei Ursache der B. gewesen (Roll 1974). S. a. → Parakinese, → Telekinese.

Bewegungen, unbewußte, der frz. Chemifrz. Magnetiseur, Gesundbeter und erkannte als erster, daß mit bloßem Auge nicht oder kaum wahrnehmbare u. B. manche Phänomene des Tischrückens und verwandter Praktiken erklären können (→ Muskellesen).

Lit.: Babinet 1856; Chevreul 1854; Cumberland 1884; Faraday 1853; Grunewald 1920; Sugden 1882/83.

Bewohner der Schwelle, auch »Bewahrer« oder »Hüter der Schwelle«. Nach → Bulwer-Lytton, *Zanoni,* Hüter der nächsten Stufe in der →Initiation, lokalisiert im Selbst des Initianten; bei → Blavatsky »gewisse bösartige, astrale Doppelgänger von Verstorbenen«, bei → Steiner selbständige Wesenheiten.

Lit.: Liljegren 1957.

Bewußtsein, das unmittelbare ich-integrierte Insgesamt des seelischen Erlebens, die Summe aller wirklichen oder gleichzeitig gegenwärtigen Vorstellungen. Im topischen (räumlichen) Modell der Tiefenps. hat das B. seinen Platz an der »Oberfläche des seelischen Apparates«: als Empfangsstation und Umschlagplatz für Wahrnehmungen, Empfindungen und Erinnerungen. Die Wahrnehmungen kommen dabei von außen, die Empfindungen und Erinnerungen dagegen von innen, aus einer tieferen psychischen Schicht als das B. Deshalb wird das B. auch gelegentlich näher bestimmt als *Oberbewußtsein.* Außerdem wird zwischen verschiedenen B.sgraden (z. B. getrübtes, gesenktes, erhöhtes B.) und B.sarten differenziert: Gegenstands-, Tages-, Normal-, Wach-, Ich- und Selbstbewußtsein einerseits und Traumbewußtsein, B. in Hypnose, in der Meditation, in der Ekstase andrerseits sowie weitere B.szustände. — Das B. selbst scheint ein unableitbares Phänomen zu sein: »Die wunderbare Tatsache, daß mein normaler Bewußtseinsraum sich deckt mit demjenigen anderer Menschen, ist also nicht mehr in der Weise zu beschreiben, daß wir alle die gleiche ›reale Außenwelt‹ wahrnehmen, sondern ist als eine Urtatsache hinzunehmen.« (Jordan 1947: 79.)
Die Pps. hat zum Verständnis von Psi-Manifestationen Modelle entwickelt, nach denen paranormale Ereignisse an veränderte B.szustände (andere Arten des B.s) geknüpft sind oder im Übergangsbereich von einer zur anderen psychischen Schicht stattfinden. Damit hat die Pps. mit daran teil, daß das B. nicht bloße philos. Spekulation blieb, sondern zu einem zentralen Begriff der empirischen Anthropologie wurde (→ Abaissement du niveau mentale).

Lit.: Osis 1974.

Bewußtsein, kosmisches, dem kanadischen Arzt Richard M. Bucke (1837—1902) zufolge ein B., das sämtl. Daten des Universums umfaßt. Die Evolution geht dahin, daß alle Menschen dieses B.s teilhaftig werden; bis jetzt sind jedoch nur einzelne Individuen durch das k. B. erleuchtet worden (Bucke nennt Buddha, Jesus, Paulus, Plotin, Mohammed, Dante, Jakob Böhme, Balzac, Walt Whitman u. a.). Die Erfahrung des k. B.s wird als überwältigende Vision beschrieben.
Lit.: Bucke 1910; Nomad 1913.

Bewußtseinsschwelle, die als fließend gedachte Übergangszone zwischen Bewußtem und Unbewußtem; ein Punkt, an dem ein unbewußter Prozeß zu einem bewußten wird, ist nicht genau fixierbar.

Bewußtseinsseele, bei → Steiner Teil des »Ichkerns«.
Lit.: Unger 1954.

Bewußtseinsstrom → James, William.

Béziat, Jean, gen. der »Heiler von Avignon«, frz. Magnetiseur, Gesundbeter und Heilmedium; ursprünglich Lehrer an einer Gartenbauschule, widmete er sich nach dem Ersten Weltkrieg ausschließlich dem Heilen.
Lit.: Tenhaeff 1957: 270 f.

Beziehungswahn, Wahn, bei dem alle in der Umwelt beobachteten Vorgänge als auf den Betrachter bezogen wahrgenommen werden. Eine solche Beziehung kann aber manchmal tatsächlich und nicht wahnhaft hergestellt werden: »Es gibt eine Form der Vision, bei der überhaupt keine Veränderung des Zustandes des Tagesbewußtseins, keine ›Entraffung‹ eintritt, sondern in der der betreffende Beobachter mit seinen normalen Augen einen normalen Vorgang im normalen Lebensbereich wahrnimmt, ihm aber plötzlich der symbolische Gehalt, der ›Sinn‹, die ›tiefere Bedeutung‹ des Geschauten aufgeht. Was hier vor sich geht, besteht darin, daß spontan ein Sinngehalt eines Vorgangs entdeckt wird, der zu einer wichtigen Frage des eigenen Lebens des Beobachters in Beziehung steht; die Entdeckung dieses symbolischen Gehaltes und dieser geheimnisvollen Beziehung des Geschauten zu dem eigenen Lebensproblem wird als eine ›Offenbarung‹ empfunden!« (Benz 1969: 94; ebd. illustriert er das Gesagte mit einem Beispiel: Der Mystiker Heinrich Seuse beobachtete im Kreuzgang eines Klosters einen Hund, der mit einem alten Lappen spielte — durchaus kein ungewöhnlicher Vorgang, dennoch sah Seuse darin die Antwort auf eine existentielle Frage, die ihn gerade beschäftigte.)

Bhuten, auch *Bhutas* [sanskr.], in Südindien verehrte und gefürchtete Geister, z. T. Totengeister. Mit Hilfe von Musik und anderen Stimulantien kann die → Besessenheit durch B. herbeigeführt werden; mittels körperlicher Berührung (ritualisierte Striche und Schläge) ist die Besessenheit auf andere Kultteilnehmer übertragbar.
Lit.: Oesterreich 1924.

Bibel, da man das Parapsychische heute als ein Universalium betrachtet, das es zu allen Zeiten und in allen Kulturen gab, wundert es nicht, daß sich auch in der Bibel zahlreiche Belege dafür finden: So scheinen sich einige der großen Propheten (ca. 1000 bis 500 v. Chr.) durch stimulierende Musik in eine Art Trance versetzt zu haben. Wir lesen von dem berühmten Fall der »Hexe von → Endor«, und von Mosis Verbot der Divination, Magie und vor allem Nekromantie, die er als heidnisch verwarf — nur die Offenbarung im Traum und in der Vision hielt er für göttlichen Ursprungs. Eine solche Traumoffenbarung wurde Jakob zuteil: die Verheißung seines künftigen Landes. (1. Mose 28, 13.) Sowohl Joseph (in Ägypten) als auch Daniel (in Babylonien) betrieben Traumdeutung; Joseph anscheinend auch noch → Becherweissagung. (Vgl. 1. Mose 41,8; 5. Mose 18,11; 1. Sam. 28,3 u. 7; 2. Kön. 23,24; Jes. 8,19; 44,25; Mich. 3,7 u. 11; Apg. 16,16.)
Ein außerordentlich merkwürdiger Bericht, falls es sich nicht um eine Halluzination handeln sollte, ist die Geschichte von Elia Entrückung (2. Kön. 2).

Auch das N. T. verweist mehrfach auf möglicherweise paranormale Ereignisse: Visionen Pauli, der Prophet Agabus (Apg. 11,28 u. 21,10) und vor allem die Heilungen und Wundertaten Jesu. Aufgrund der Ergebnisse der Pps. ist die Theologie jetzt genötigt, ihre Auffassung der genannten Berichte zu überdenken (vgl. die Entmythologisierung in der zeitgenössischen protestantischen Theologie).

Lit.: Bazak 1972; Kretschmer 1956; Kreyher 1880; Stark 1975.

Bibliomantie, auch *Bibliomantik* [von griech. *biblion;* Buch], divinatorische Ausdeutung von Textstellen, die durch ein Zufallsverfahren in Büchern ermittelt werden, z. B. durch blindes Aufschlagen einer Seite und Deuten mit dem Finger oder einem Stäbchen auf einen beliebigen Abschnitt oder ein Wort. Mit Vorliebe wurden im Altertum und MA. hierfür die Bücher des A. T.s, sowie astrol. Werke, Orakelsammlungen (sog. Losbücher) und angeblich göttlich inspirierte Dichtungen *(Sortes Homericae* oder *Vergilianae)* benutzt. Der Gebrauch hl. Schriften zur Wahrsagerei war allerdings von der Kirche seit der Synode von Vennes (465) verboten und wurde mit Exkommunikation bestraft.

Bien Boa, eine der Materialisationen der Eva → C., angeblich ein vor 300 Jahren verstorbener Brahmane. Mit Barytwasser demonstrierte Richet, daß B. B. atmete.

Bild, 1. anschauliche, gegenstandsadäquate Wiedergabe eines Objekts oder Sachverhalts (»Abbild«); 2. in der Schau erfaßbare sinntragende Elemente der Dinge, die in unmittelbarer Beziehung zur Seele stehen (so bei Jung und Klages).
Die Bilder, die in der ASW begegnen, lassen sich teils 1, teils 2 zuordnen.

Bildekräfteleib, bei → Steiner gelegentlich für → Ätherleib.

Bilokation [von lat. *bi;* zwei, und *locus;* Ort], Fähigkeit, an zwei oder mehr Orten zu gleicher Zeit zu sein. Wir kennen entsprechende Berichte aus allen Erdteilen und Epochen. In der Antike wurde diese Fähigkeit z. B. Apollonius von Tyana, Aristeas und Pythagoras zugeschrieben, in der christl. Überlieferung dem Antonius von Padua, Severus von Ravenna, den Heiligen Ambrosius und Clemens, Alfons von Liguori und vielen anderen Heiligen; in jüngster Zeit dem Pater Pio (→ Forgione). Von Bedeutung könnte sein, daß wiederholt berichtet wird, zu der Zeit, als man den → »Doppelgänger« sah, hätte der Betreffende »in tiefem Schlaf« oder »totenstarr« dagelegen und nach dem Erwachen die Erlebnisse des Phantoms als Traum geschildert. Es gibt verschiedene Erklärungsmöglichkeiten der B.: Denken läßt sich die physische Anwesenheit eines materiellen Substrats oder eine bloße optische Erfahrung des Betrachters (Halluzination). Die physische Materialisation könnte vom Bilozierten ausgehen oder, aufgrund einer telepathischen Information, vom Erlebnisträger.

»Eine Frau in Philadelphia hatte von ihrem nach Europa verreisten Ehemann, einem Schiffskapitän, keine Nachricht mehr erhalten und war in großer Not um ihn. Sie begab sich zu einem in der Nähe der Stadt einsam wohnenden Mann, der im Rufe wundersamer Fähigkeiten stand. Dieser, nachdem sie ihm ihren Jammer geklagt, forderte sie auf, ein wenig zu warten, und ging ins Nebenzimmer. Als er sehr lange ausblieb, hob die Frau den Vorhang von dem Guckfenster an der Tür und sah den Mann wie einen Toten auf dem Sofa liegen. Bald darauf trat er zu ihr herein und berichtete: ihr Mann sei augenblicklich in London in Lloyds Kaffeehaus, werde aber nächstens heimkehren; auch gab er die Gründe an, weswegen jener so lange nicht geschrieben. In der Tat traf der Kapitän nicht lange danach ein. Er bestätigte ihr die Angaben des Mannes. Alsdann von seiner Frau zu diesem hingeführt, bestätigte er ferner, ihn an jenem Tage und an jenem Orte gesehen und von ihm den Kummer seiner Frau vernommen, auch ihm die Ursache seiner verzögerten Heimreise und seines langen Schweigens angegeben zu haben.« (Jung-Stillung, zit. n. Nielsen 1922: 315.)

Lit.: Thurston 1956.

Bioenergie [von griech. *bios;* Leben], hypothetische biologische Kraftfelder, hervorgerufen vom → Bioplasma-Körper.

Bioenergotherapie, Heiltherapie des tschech. Heilers Josef Zezulka (* 1912), die dieser auf der Internationalen Konferenz für psychotronische Forschung (Prag 1973) in einem Vortrag darlegte. Er unterscheidet nicht nur zwischen somatischen und psychischen Erkrankungen, sondern führt als dritte Krankheitsart die Störungen der »vitalen Kraft« an. In diesem Bereich setzt die B. — auch *Biotronische Heilung* oder *Biotronik* genannt — ein: Dabei überträgt der Heiler im Laufe der Therapie seine gesunde Kraft auf den Patienten. — Nicht zu verwechseln ist die B. mit der *Bioenergetik,* einer von dem amer. Psychologen Alexander Lowen nach 1945 entwickelten Methode zur ganzheitlichen Behandlung psychophysischer Konflikte bzw. Schäden.
Lit.: Zezulka in GW, *H. 3, 1974.*

Biofeedback, ein Verfahren, mit dessen Hilfe bislang als unkontrollierbar geltende Körperfunktionen (z. B. Verdauung, Herzschlag usw.) bewußt gesteuert werden können. Indem Pulsfrequenz, Alphawellenemission usw. für die Vp. optisch oder akustisch wahrnehmbar gemacht werden, kann die entsprechende physiologische Funktion »rückgemeldet« [engl. *feedback;* Rückmeldung] werden und so als Grundlage der Kontrolle dienen.
Einen frühen Beleg für B. bietet → Bernheim (1916): Er veränderte den Pulsschlag seiner Vpn durch schnelleres bzw. langsameres Mitzählen (falsche Rückkopplung); der Puls normalisierte sich dann, wenn man mit dem Zählen aufhörte (Abweichung bis + 15 bzw. — 7 Schläge pro Minute).
Lit.: B. Brown 1974; Karlins/Andrews 1973.

Biogenese, primäre → Reich, Wilhelm.

Biogenetisches Grundgesetz, das von dem dt. Zoologen Fritz Müller (1821—1897) 1864 aufgestellte und von dem dt. Zoologen Ernst Haeckel (1835—1919) 1866 endgültig formulierte b. G. besagt, daß in der Entwicklung eines jeden Individuums die Entwicklung der Gattung verkürzt wiederholt wird: »Die Ontogenese rekapituliert die Phylogenese.« Ursprünglich bezog sich das b. G. auf die vorgeburtliche Gestaltwerdung, auf angelegte, aber nicht realisierte morphologische Vorformen, doch gerade in dieser Hinsicht werden mittlerweile von zoologischer Seite Bedenken angemeldet (z. B. durch den Schweizer Zoologen Adolf Portmann, * 1897). Allerdings wurde das b. G. auch auf die geistige Entwicklung des Menschen extrapoliert.
Für die Pps. ergab sich daraus folgende Hypothese: Wenn es wahr ist, daß in der Frühzeit der Menschheit Psi eine größere Rolle bei der Daseinsbewältigung, vor allem in der Kommunikation, gespielt hat, dann muß sich das in den frühen Phasen der geistigen Entwicklung des rezenten Menschen spiegeln. Die Hypothese ist in der Pps. umstritten; von seiten der Entwicklungsps. liegen keine Beiträge zu der Frage vor (→ Deszendenztheorie).

Biogravitation, der sowjet. Physiker W. Bunin definierte 1960 B. als die Fähigkeit lebender Organismen, Gravitationswellen zu erzeugen und zu empfangen. → Puschkin glaubt, durch die B. die Phänomene der PK erklären zu können.

Bioinformation, Fachausdruck der sowjet. Pps., der dem im Westen üblichen → AASW im Prinzip entspricht. Der Begriff AASW impliziert aber nach russ. Ansicht bereits unzulässige Hypothesen, während B. nur eine fundamentale Fähigkeit des Lebendigen ausdrückt.

Bio-Introskopie, im Sprachgebrauch sowjet. Forscher svw. → Dermooptik.

Biokommunikation, im Sprachgebrauch sowjet. Parapsychologen svw. → ASW.

Biokybernetik, im Sprachgebrauch von Forschern des Ostblocks gelegentlich für Parapsychologie.

Biolaser-Effekt, Hypothese des sowjet. Neurophysiologen Genadij A. Sergejew, die be-

sagt, → Bioplasma könne gebündelt aus dem menschlichen Hirn austreten.
Lit.: Sergejew 1973.

Bio-Logik, spekulative Naturphilos., entwickelt von J. G. Hille: »Modell ist die durch eine semipermeable Grenzmembran regulierte Beziehung zwischen ›Innerlichkeit‹ (Adolf Portmann) und Umwelt der Zelle. Dieses Modell verkörpert zugl. die beiden Typen körperlicher Reaktions- und psychischer Verhaltensdynamik.« (Hille 1967.)

Biolokation, in der sowjet. pps. Terminologie svw. → Hellsehen. Nicht zu verwechseln mit → Bilokation.

Biolumineszenz → Kirlian-Fotografie.

Bio-magnetodyl-Radiometer, eine von einem Herrn van den Dorpe um 1920 entwickelte Apparatur nach Art des → Magetometers von Abbé Fortin (→ Biometer).
Lit.: v. d. Dorpe 1922—25.

Biometer, von → Baraduc entwickelter Apparat zum Nachweis einer mechanischen Wirkung menschlicher Ausstrahlung *(Biostrahlen)*: In einem Glaszylinder befindet sich eine wie ein Pendel funktionierende Stahlnadel. → Boirac verwandte eine ähnliche Konstruktion, nahm an Stelle der Nadel jedoch einen Strohhalm. — Vergleichbare Apparate sind das → Sthenometer, Fortins → Magnetometer u. a. m.
Lit.: Bonneaymé 1919; Hofmann 1926; Montadon 1927; Wendler 1920.

Bion → Reich, Wilhelm.

Bionik (Kurzwort aus *Bio*logie und Tech*nik*), Disziplin, die die Funktionsweise lebender Organismen im Hinblick darauf untersucht, inwieweit sie als Vorbild für die Konstruktion technischer Apparate dienen können. In der ČSSR erhofft man sich von der B. her eine neue Untersuchungsmöglichkeit des Parapsychischen: → Psychotronik.

Bioplasma, Konstrukt sowjet. Forscher, bezeichnet ein der Physis korrespondierendes Energiefeld; dem physischen Körper mit seinen Atomen und Molekülen soll ein gestalthafter »biologischer Plasmakörper«, durch ionisierte Teilchen charakterisiert, entsprechen. Das Ehepaar Kirlian will diesen Körper unter den verschiedensten Bedingungen fotografiert und beobachtet haben (→ Kirlian-Fotografie). Einer Hypothese zufolge sind die Meridiane der → Akupunktur und die Akupunkturpunkte diesem Plasmakörper zugeordnet. Unter bestimmten Bedingungen soll das B. zur Ursache paranormaler Erscheinungen werden (vgl. → Crookes' vierten Aggregatzustand; C. 1907).
Lit.: Krippner/Rubin 1975; Ostrander/Schroeder 1971.

Biorhythmik, svw. biologischer Rhythmus, rhythmische Strukturierung des Lebensablaufs. Alle bisher vermuteten »Lebenswellen« beim Menschen (z. B. nahm Goethe einen Siebenjahresrhythmus an; vgl. → Fliess) blieben spekulativ.
Forschungen des Tübinger Pflanzenphysiologen Erwin Bünning (* 1906) und ps. Untersuchungen zum Zeitgefühl des Menschen in einer isolierten Kammer verweisen auf die Existenz einer inneren »physiologischen Uhr«, mit der sich vielleicht auch Phänomene wie die → »Kopfuhr« verstehen lassen.
Die jüngere Physiologie ersetzte den als vorwiss. betrachteten Begriff B. teilweise durch *Circumdiane Rhythmik.*
Lit.: Aschoff 1971; Gauquelin 1973; Raknes 1973; Ward 1973.

Biosemiotik, die B. versucht, psychophysische Beziehungen im Modell der linguistischen Semiotik (Zeichenlehre auf der Basis einer dreiwertigen Logik) zu beschreiben. Der dt.-jüd. Gelehrte F. S. Rothschild hat eine biosemiotische Theorie der Pps. vorgeschlagen. Sie versteht Psi-Manifestationen als Phänomene im Sinne Husserlscher Phänomenologie. Ihr Ursprung liegt in einem transzendentalen Subjekt, sie werden vermittelt durch organismische (dem Organismus gleichende) Systeme, und sie sind nur vermittelbar in der Initialphase kom-

munikativer Prozesse, deren mikropsychische und mikrophysische Korrelate nicht beobachtbar sind (weil die Beobachtung den Prozeß ändern würde).
Lit.: Rothschild 1968.

Biosophie [griech.; Lebenswissenschaft], gelegentlich synonym gebraucht für → Theosophie oder auch → Okkultismus.

Biostrahlen → Biometer.

Biotelekommunikation, im Sprachgebrauch sowjet. und tschech. Parapsychologen svw. → AASW.

Bipersonalität, gelegentlich für die »therapeutische Dyade«, die Einheit von Patient und Heiler während der Behandlung, gebraucht (vgl. → Rapport).

Birgitta von Schweden (1303—1373), Heilige, Visionärin, Stifterin des Birgittenordens. Ihre »Offenbarungen« setzten ein, als sie bereits Mutter von 8 Kindern war. B. unterschied — aufgrund einer Offenbarung! — scharf zwischen *Traumgesicht* und *Offenbarung*. In ihren Visionen erschienen der »nordischen Seherin« Maria und Jesus. Bei einer Marienerscheinung in Bethlehem sieht sie die Geburt Jesu, in einer anderen Vision seinen Tod; beide Ereignisse vermag sie in Einzelheiten zu beschreiben. Oft spricht Jesus in charakteristischen Gleichnisreden zu ihr. In anderen Gesichten übte B. prophetische Kritik an der Kirche und griff in die hohe Politik ein; so beeinflußte sie die Rückkehr des Papstes aus Avignon. — Manche der geoffenbarten Informationen über das Schicksal bestimmter Persönlichkeiten erscheinen pps. relevant, vor allem wenn sie, was mehrfach berichtet wird, den Tod eines Menschen voraussieht.
Lit.: Claus 1888; Fogelklou 1929; Fogelklou/Nordlind 1933; Montag 1964; Stolpe 1961.

Bisexualität, unter dem Einfluß von → Fliess führte Freud das Konzept der B. in die Psychoanalyse ein, d. h. die Lehre von der homoerotischen Komponente bei Mann und Frau. Extreme Positionen in der Psychopathologie des oft auftretenden Rollenkonflikts zwischen diesen Komponenten markieren manche Fälle von → Persönlichkeitsspaltung und → Besessenheit; auch bei → Poltergeist-Phänomenen scheint dieser Konflikt häufiger ausgetragen zu werden.

Bishop, Washington Irving, amer. »Gedankenleser«, der auf einer Englandtournee 1882/83 großen Erfolg hatte, vor allem in aristokratischen Kreisen; dieser Erfolg blieb ihm auch am Zarenhof treu. 1886 entdeckte ein Reporter des *Boston Globe* das Prinzip, nach dem B. arbeitete: das → Muskellesen.

Bißstigmen → Schuppart; → Zugun.

Bjerre, Poul (1876—1972), schwed. Psychotherapeut und bildender Künstler; nahm an Sitzungen mit Mme. → d'Espérance teil und stellte den »Fall Karin« dar. — *Werke* → Bibl.

Björkhem, John (1910—1963), schwed. Psychiater, Religions- und Parapsychologe; führte zahlreiche Experimente mit über 3000 Vpn zur Frage der ASW in Hypnose durch. — *Werke* → Bibl.

Black Hawk → Powell, Evan.

Blake, Elizabeth († 1920), amer. Medium, das vor allem Direkte Stimmen produzierte. Sie bediente sich dazu eines Geräts, der sog. »Trompete«: zwei an der Spitze verbundene Trichter, deren einen sie an ihr Ohr legte. Physikalisch gibt es keine Erklärung, wie auf diese Weise Stimmen hervorgerufen werden sollen. Man könnte — wie bei Serios' → Gismo — von einem »psychokinetischen Induktor« sprechen.
Lit.: Guthrie, Abbot, Hyslop u. Clawson 1913.

Blake, William (1757—1827), engl. Maler, Graphiker und Dichter. Der Mystiker B. hat seine romantisch-visionäre Weltschau in Wort und Bild festgehalten. Für die Tiefenps., z. B. für die → Archetypen-Forschung, liegt damit reiches Material vor; dessen pps. Sichtung wurde immer wieder angeregt, steht jedoch noch aus.
Lit.: Bagdasarianz 1936; Davies 1948; P. F. Fisher 1961; Frye 1950; Plowman 1927; Saurat 1929.

Blance, Juan (* 1928), philipp. Heiler in Manila. B. »sieht« angeblich oft das erkrankte Organ seiner Patienten; paranormal soll er den Leib der Erkrankten öffnen, dann entfernt er überflüssiges Blut und kranke Gewebeteile; die Wunde heilt schließlich normal. In anderen Fällen produziert B. eigenartige Gebilde, vielleicht primitive Materialisationen. Wie bei → Agpaoa und anderen Heilern erinnern die Operationen an schamanistische Eingriffe.

Aus etwa 20 Zentimeter Distanz öffnet B. durch eine Handbewegung — meist mit dem Zeigefinger einer anderen zuschauenden Person – angeblich psychokinetisch den Körper des Patienten. Steht dem Heiler zum Zeitpunkt der Operation weniger »mediale Kraft« zur Verfügung, braucht er den Kontakt seiner Hand mit der zu öffnenden Körperstelle, was begreiflicherweise die Betrugskontrolle erschwert. Meist setzt er dann ein Schröpfglas auf. B. entfernt oberflächennahe Geschwülste, Lipome (Fettgeschwülste), Atherome (Breigeschwülste) usw. Umfangreiche Untersuchungen von → Motoyama und Hiram Ramos verifizierten die Gewebe als vom Patienten stammend, in anderen Fällen scheint es sich – will man nicht Betrug annehmen – um ektoplastische Gebilde zu handeln, Materialisationen, die in dieser Form nicht im Körper vorkommen und deren Gestalt der unbewußten Formgebung des Heilers (Ideoplastie) entspringt, die ihrerseits auf kulturelle Tradition zurückgeht (vgl. Stelter 1973: 276).

Blasius († 316), Heiliger, Bischof von Sebaste (Armenien), Märtyrer, einer der 14 Nothelfer. Die legendenhafte Vita erzählt mancherlei Wunderbares, das an Parapsychisches erinnert: Vögel trugen ihm Nahrung zu, wilde Tiere näherten sich ihm freundlich; B. vollzog Wunderheilungen an Menschen und Tieren und schritt trockenen Fußes über Wasser. — Im kath. Volksglauben wird B. gegen Halsleiden angerufen.

Blatty, William Peter (* 1928), amer. Schriftsteller; sein als Buch und Film außerordentlich erfolgreicher Roman *Der Exorzist* (1974) behandelt einen angeblich hist. Besessenheitsfall, der sich mit einem 14jährigen Jungen (im Roman ein Mädchen) 1949 im US-Bundesstaat Maryland zugetragen haben soll. Buch und Film lösten — in den USA ungleich stärker als in Europa — eine Welle existentieller Betroffenheit aus, die in mehreren Fällen zu Selbstmord oder psychischen Störungen führte und zeigt, wie brüchig die rationalisierten Schutzwände vor dem Irrationalen in unserer Gesellschaft sind. S. a. → Besessenheit; → Exorzismus.

Lit.: Rosin/Wessels 1974.

Blavatsky, Helena Petrowna, geb. Hahn v. Rottenstern (1831 Jekaterinoslaw — 1891 London), Okkultistin, Mitbegründerin der Theosophischen Gesellschaft (1875). B. behauptete von sich selbst mediumistische Kräfte und arbeitete zeitweilig als Berufsmedium, Zeugen bestätigten ASW- und PK-Phänomene; ihre → Kontrollen waren nach eigenem Bekunden John → King und vor allem die »Meister«, geheimnisvolle tibetische Weise. Ihre Hauptwerke *Isis Unveiled,* 1877 (»Entschleierte Isis«) und *The Secret Doctrine,* 1888 (»Die Geheimlehre«) wurden zumindest teilweise in Automatischer Schrift niedergeschrieben (»Diktat der Meister«). Diese Meister inszenierten für Mme. B. auch eindrucksvolle Wunder, die → Hodgson allerdings als betrügerisch entlarvte *(Proc. S. P. R.* 1885). Mme. B. zählt zu den bemerkenswertesten Persönlichkeiten des 19. Jh.s; ihr bizarres Leben (zahlreiche Reisen, als Mann verkleidet kämpfte sie unter Garibaldi, schwere Krankheiten, oft in Todesgefahr usw.) harrt noch der kritisch-objektiven Darstellung. — *Werke* → Bibl.

Lit.: Ransom 1931; Roberts 1931; Symonds 1958.

Bleuler, Eugen (1857—1939), schweizer. Psychiater, stand der pps. Forschung aufgeschlossen gegenüber und unterstützte sie; er nahm selbst an einer Versuchsserie zur Telepathie teil, berichtete von einem selbsterlebten Spukfall und war Teilnehmer an Sitzungen mit Rudi und Willi → Schneider. B. betonte das ps. Moment der psychokinetischen Phänomene, die nicht blind-mechanisch ablaufen, hatte aber kei-

ne Erklärung für das Paranormale. — *Werke* → Bibl.
Lit.: Bernoulli 1927.

Blindversuch, Kontrollversuch im experimentellen Design bei medizinischen, ps. und pps. Untersuchungen, um bestimmte Variable (z. B. Suggestionseffekte) auszuschließen. Im B. kennt die Vp. die experimentelle Anlage nicht; im *Doppel-B.* hat auch der Experimentator keine entsprechende Kenntnis.

Bloßheit, Fachausdruck dt. Mystiker des MA. zur Beschreibung eines Seinszustands, der spontan auftritt oder meditativ erreicht werden kann; er bezeichnet das Aufhören der Erfahrungen und Empfindungen des Irdischen, an ihre Stelle tritt ein »Unirdisches«. Der Begriff entspricht in seiner Bedeutung dem Sanskritwort *kaivalya.* Die Übereinstimmung verweist auf die Wirklichkeit einer Erfahrung, denn ein hist. Zushg. ist ausgeschlossen.
Lit.: Hauer 1958: 108, 364.

Blumenmedium → Rothe, Anna.

Blumenwachstum, paranormales, unter den meist fragwürdigen Blumenapporten, wie sie um die Jh.wende verbreitet waren, ragt ein besonders seltsamer Fall heraus:

Im Kabinett der Mme. → d'Espérance standen für Blumenapporte immer Wasser und Sand bereit. Am 4. August 1880 verlangte die → Kontrolle des Mediums (»Yolande«), man solle Wasser und Sand in eine Karaffe füllen. Die materialisierte Yolande nahm ein Tuch von ihren Schultern und legte es über die Karaffe. Der Zirkel wurde angehalten zu singen. Man sah, wie das Tuch sich hob, schließlich entdeckte man eine Pflanze in der Karaffe, die auch noch zu blühen begann. Es handelte sich um eine ind. *Ixora crocata,* offensichtlich schon einige Jahre alt. Wie sie in das Glas gekommen war, blieb ungeklärt, der Wurzelballen war viel zu groß für den Karaffenhals (s. a. → Pflanzenpsychologie).
Lit.: Tompkins/Bird 1974.

Blumhardt, Johann Christoph → Dittus, Gottliebin.

Blutregen, durch Staub (Saharasand), tierische oder pflanzliche Beimengungen rötlich gefärbter Regen; galt den Indern, Griechen, Römern und Germanen und bis ins hohe MA. hinein als böses Vorzeichen (Krieg, Seuchen).

Blutwunder, rätselhaftes Phänomen, das bei der Heiligenverehrung im Katholizismus eine Rolle spielt. Zahlreiche Berichte von blutenden Heiligenstatuen liegen vor, und zu Anfang unseres Jh.s machte der Abbé Vachère aus Mirbeau bei Poitiers mit blutenden Hostien, Kunstdrucken und Statuen viel von sich reden; die Phänomene konnten nicht befriedigend erklärt werden. Der Tübinger Chemiker, Botaniker und Pharmakologe Karl Hummel (* 1902) allerdings meint (1969):

»Man sollte ... aufhören, jener Vorstellung einer Umwandlung der chemischen Substanzen dadurch Vorschub zu leisten, daß man bis in die heutige Zeit blutige Hostien als Zeugnis vom Fleisch Christi verehrt, obwohl man seit vielen Jahrzehnten weiß, daß die blutenden Hostien eine Kolonie roter Bakterien auf verdorbenem Substrat sind. Eigentlich müßte sich eine religiöse Verehrung einer unappetitlichen Masse schon aus dogmatischen Gründen verbieten.«

Im Dom zu Neapel befindet sich als Reliquie eine schwärzliche Substanz, angeblich Blut des hl. Januarius (ca. 250—305), in einem Glasbehälter. Zu bestimmten Zeiten verflüssigt sich dieses Blut, meist am Samstag vor dem 1. Mai (Fest der Überbringung der Reliquie nach Neapel), am 19. September (Martyrium des Januarius) und am 16. Dezember, dem Gedächtnistag der Warnung vor dem Vesuvausbruch (1631). In den letzten 400 Jahren wurden zusätzlich noch etwa 80 Verflüssigungen außerhalb der genannten Zeiten gezählt. Das »B. des hl. Januarius« wird seit dem 14. Jh. berichtet, seine pps. Relevanz ist ungeklärt.
Lit.: Bender 1956 b.

Bodin, Jean (ca. 1530—1596), frz. Gelehrter; bedeutender Staatsrechtslehrer, der sich sehr verschiedenen wiss. Gegenständen zuwandte (u. a. stammt von ihm die Quantitätstheorie des Geldes). Seine 1580

unter Pseudonym erschienene *Démonomanie des Sorciers* (dt. Straßburg 1581, Neudruck 1973) bildet eine ausführliche, reich belegte Zusammenstellung des Zauberglaubens und der Dämonenlehre, die nicht nur zeitgeschichtliches Interesse verdient, sondern auch einen Beitrag zur pps. Kasuistik leistet. — B. griff das Thema noch einmal in dem allerdings erst 1841 erschienenen *Colloquium Heptaplomeres* (»Siebenergespräch«, 1.—3. Buch) auf.
Lit.: Roellenbleck 1964.

Böhme, Jakob (1575—1624), evang. Mystiker. Der Schuhmacher aus der Lausitz entwickelte eine Lehre, in der traditionelle dt. Mystik und Naturphilos. zu einer eigenständigen Theosophie verschmolzen, die nachhaltig auf Idealismus, Pietismus und Romantik (besonders Baader, Hamann, Hegel, Novalis, Schelling) wirkte. Diese Lehre erwuchs aus der wortschöpferischen Beschreibung seiner Visionen und Erkenntnisse, deren Niederschrift bei einigen Werken (z. B. *Aurora,* 1612 verfaßt) weitgehend bei geminderter Bewußtseinskontrolle erfolgte; B. verstand sich als Inspirierter. Seine Lehre kann als emblematische Theologie im Sinne → Oetingers betrachtet werden. — *Werke* → Bibl.
Schon als Kind hatte B. Visionen und ASW-Erfahrungen, als Lehrling ein Berufungserlebnis. Eine ekstatische Vision aus seiner Wanderburschenzeit schildert er in der *Aurora* mit den Worten:
»Ich weiß nicht, wie ich die Gehobenheit und das Siegesgefühl, das ich dabei empfand, beschreiben soll. Ich kann einen solchen geistigen Triumph nur als eine geheimnisvolle Geburt mitten im Tode bezeichnen. Es war wie eine Auferstehung von den Toten. Die Augen meines Geistes wurden aufgetan, und ich sah Gott in wunderbarem Lichte. Das innerste Wesen aller Dinge war erleuchtet. Von da an konnte ich Gott in allem, was da ist, erkennen — in den Tieren, in den Pflanzen und Gräsern. Ich verstand, was Gott ist und wie er ist. Doch muß ich sagen, daß diese glorreiche Erfahrung zu aufregend und zu blendend war, um für irdische Sinne voll verständlich zu sein.«
Lit.: Benz 1937; Grunsky 1956; Koryé 1929; Nigg 1959; Peuckert 1956; Weiß 1956; L. C. Richter 1943.

Bohrversuch (BV), Verdeutschung des amer. *Down Through (DT),* von → Tischner eingeführt; eine Versuchsanordnung im quantitativen ASW-Experiment, bei der die Vp. die Reihenfolge der vor ihr auf einem Stapel liegenden 25 Zener-Karten »raten« soll. Die Versuchsanordnung zielt auf → »Reines Hellsehen« (Tischner gebraucht das Kürzel »RH«), denn keine Person hat die Karten nach dem Mischen in ihrer Reihenfolge betrachtet, dadurch ist im Falle eines überzufälligen Ergebnisses Telepathie (falls man den klassischen Zeitbegriff beibehält!) ausgeschlossen.
Das signifikante Ergebnis eines B.s ist ein gewichtiges Indiz gegen eine herkömmliche physikalische Erklärung der ASW: Die 25 Symbole liegen so dicht aufeinander, daß es schwer vorstellbar ist, wie unterschiedene Wellen oder Strahlen von ihnen ausgehen oder zu ihnen finden sollen. Einer der bekanntesten B.e ist das → Martin-Stribic-Experiment. Der *Vorschau-B. (VBV)* bildet eine besondere Variante des B.s: dabei soll die Vp. die Reihenfolge der Karten angeben, die sie nach noch nicht erfolgtem Mischen einnehmen werden (Präkognition). Der besonderen Schwierigkeit, daß das Mischen paranormal beeinflußt werden könnte, durch die bis dahin ja vorliegende Aussage der Vp., nötigte die Experimentatoren an der → Duke University zu einer besonderen Versuchsbedingung: Nach anfänglichem maschinellem Mischen ging man dazu über, die Karten nach einem Zahlenschlüssel zu mischen, den man aus den niedrigsten und höchsten Tagestemperaturen gewann. Damit hoffte man, einen Faktor eingeführt zu haben, der sich der menschlichen Kontrolle (auch der paranormalen) entzog. Auch bei dieser Anordnung wurden überzufällige Ergebnisse erzielt.
Lit.: Rhine 1950.

Boirac, Emile (1851—1917), frz. Philosoph und Pädagoge. Auf pps. Gebiet untersuchte er die Frage der *Emanation* (im

Sinne eines Austritts psychischer Energie) sowie methodische Probleme. Von seinen übrigen Schriften sind für die Pps. vor allem seine *Psychologie Inconnue* (1903) und *L'Avenir des Sciences Psychiques* (1917) wichtig. — *Werke* → Bibl.

Bond, Frederick Bligh (1864—1945), engl. Archäologe und Architekt. B. berücksichtigte durch → Automatisches Schreiben gewonnene Informationen bei seiner archäologischen Arbeit und wurde deshalb von seinem Posten als Leiter der Ausgrabungen von Glastonbury Abbey entbunden. Auf pps. Gebiet beschäftigte er sich vor allem mit Automatischer Schrift und mit → Psychofotografie. 1921—26 gab er die Zeitschrift *Psychic Science,* 1930—36 das *Journal of the A. S. P. R.* heraus. — *Werke* → Bibl.

Borderland Dreams, Schwellenträume, Träume im Halbschlaf; der Ausdruck geht auf → Gurney zurück. Schwellenträume enthalten nicht notwendig paranormale Informationen; wie im folgenden Bericht aus dem Jahre 1889 kann es aber der Fall sein:

»Meine älteste Tochter Kathleen, damals [1883] ein Kind von 5 Jahren, war von zu Hause abwesend. Sie weilte zu Besuch bei meiner Mutter ... Mein Töchterchen hatte sich schon einige Monate vor seiner Abreise in einem geschwächten nervösen Gesundheitszustand befunden. Allein ein dreimonatiges Verweilen in jener bezaubernden Gegend und der ständige Aufenthalt im Freien wirkten bei ihr Wunder ... Alle meine Sorge um das Kind war verflogen. Mein 3 Wochen altes Baby neben mir, lag ich in friedlichem Schlaf. Da wachte ich plötzlich auf. Ich hörte Kathleen mit erschreckter Stimme nach mir rufen: ›Mama, o Mama!‹ Ich vergaß, daß das Kind nicht da war, setzte mich im Bett auf und rief das Kindermädchen, zu dem ich sagte: ›Schauen Sie mal nach, was Kathleen fehlt!‹ — ›Aber gnädige Frau‹, erwiderte sie, ›Sie haben geträumt, Sie wissen doch, daß Kathleen in Newport ist.‹ Jetzt war ich hellwach. Ich lachte und legte mich wieder zum Schlafen nieder. Aber ich war gerade eingenickt, als ich von neuem aufgeschreckt wurde. Ich hörte die Stimme des Kindes aus dem oberen Stockwerk, wo es schlief, wenn es zu Hause war. Es rief die Treppe herunter: ›Mama, o Mama!‹ — Jetzt schrie ich einfach das Kindermädchen an: ›Ich habe sie wieder rufen hören, Schwester! Mit dem Kind stimmt etwas nicht!‹ Ich zitterte an allen Gliedern, denn alles war so wirklich ... Ich lag hellwach und dachte über das eben Erlebte nach, da traf Katleens Ruf wieder mein Ohr: ›Mama, o Mama! Ich habe Scharlach, ich habe Scharlach!‹ — Diese Nacht fand ich keinen Schlaf mehr ... Am Morgen telegrafierte ich nach Newport. Hier ist das Ergebnis: Als Kathleen am Vorabend zu Bett gebracht wurde, klagte sie über Kopfschmerzen. Im Bett wurde sie so heiß und fiebrig, daß meine Mutter die ganze Nacht bei ihr sitzen blieb ... Kathleen sagte unaufhörlich die ganze Nacht: ›Wenn doch Mama hier wäre! Warum bin ich von Mama weggegangen!‹« ... Ein herbeigerufener Arzt befürchtete Scharlach. »Kaum hörte das Kind, was der Arzt sagte, als es jenen wilden Schrei ausstieß, den ich vernahm: ›Mama, o Mama! Ich habe Scharlach, ich habe Scharlach!‹ — Und über fast 200 Meilen hinweg trafen diese Worte mein Ohr!« (Hyslop 1906; zit. n. Moufang/Stevens 1953: 201 f.)

Lit.: Gurney u. a. 1886.

Borley Rectory, im Pfarrhaus von Borley, England, erschien 58 Jahre lang (1885 bis 1943) der »Geist« einer Nonne, den meh-

Borley Rectory. Englands bekanntestes Spukhaus.

rere Zeugen gesehen haben wollen. Ihm wurden verschiedene Poltergeistphänomene angelastet: Raps, andere Geräusche, Glokkenläuten, Apporte und das Verschwinden von Gegenständen; die vollständige Aufzählung umfaßt über 2000 Einzelphänomene.

Lit.: Dingwall u. a. 1956; R. J. Hasting 1969.

Borri, Giuseppe Francesco (1602—1681?), berühmter und berüchtigter Mailänder Arzt und Alchimist, der als Abenteurer Europa durchzog wie nach ihm → Cagliostro und der Graf von → Saint-Germain. Wurde 1661 in Rom als Ketzer und Magier in Abwesenheit zum Tode verurteilt, stand bei Königin Christine als »Chemiater« und Goldmacher in Diensten und wurde nach einer Reise in die Türkei 1670 gefangen nach Wien gebracht. Dort deckte er während einer Audienz bei Kaiser Leopold I. auf, daß die Wachskerzen des Salons in mörderischer Absicht vergiftet worden waren, und wurde daraufhin nur unter der Bedingung an das Inquisitionsgericht des Papstes ausgeliefert, daß man sein Leben schonen würde. B. mußte zwar seine »Irrlehren« abschwören und blieb inhaftiert, durfte sich jedoch bis an sein Lebensende in der Engelsburg mit alchimistischen Studien beschäftigen. — *Werke* → Bibl.

Bosco, Don Giovanni (1815—1888), Heiliger, kath. Priester und Pädagoge, der sich vor allem um die sozial Schwachen kümmerte. B. war sein Leben lang von Traumvisionen begleitet, die bereits in seiner Kindheit paranormale Anteile erkennen ließen (z. B. zweimaliges Vorausträumen von Klassenarbeiten; Benz 1969: 116). Einige der Traumvisionen beziehen sich auf entscheidende Schritte seiner Lebensarbeit (Benz 1969: 1151—24). Folgender Traum könnte ein präkognitives Element enthalten: Er träumte von einer Hausdurchsuchung, und tatsächlich erfolgte kurz darauf bei ihm eine, da er in den Verdacht politischer Umtriebe geraten war. — *Werke* → Bibl.

Bose, Sir Jagadis Chandra (1858—1937), ind. Physiker, legte bedeutende Arbeiten zur Pflanzenphysiologie vor; u. a. stellte er die These auf, daß die Reaktionen bei Pflanzen den nervösen Reaktionen der Tiere vergleichbar seien. Durch zahlreiche selbstentwickelte Präzisionsinstrumente gelang es B., diese Hypothese experimentell zu stützen. »Dank Boses wunderbaren Erfindungen sind die stummen Pflanzen zu den beredtesten Zeugen ihrer bis dahin nie erzählten Lebensgeschichte geworden.« (→ Bergson, zit. n. Tompkins/Bird 1974.) Das Werk B.s ist noch weithin unbekannt, vielleicht läßt sich aus ihm Erhellendes für die Untersuchungen zum → Backster-Effekt gewinnen. — *Werke* → Bibl.

Lit.: Poggendorff 1863 ff., Bd. 4, 6; Tompkins/Bird 1974: 107—18.

Böser Blick, angebliche schadenszauberische erbliche Fähigkeit, die willentlich eingesetzt werden kann, oder die — wie meist angenommen wird — automatisch wirkt. Der Glaube an den B. B. ist bereits für die Antike belegt und findet sich heute noch im Volksglauben der Slawen und mediterranen Bewohner. Oft ist es nur das eine Auge eines Menschen, das diese Wirkung haben soll, gelegentlich wird gesagt, dieses eine Auge habe 2 Pupillen (so bei Plinius d. J., *Nat. hist. VII,* 2). Die Wirkung des behexenden B. B.s richtet sich gegen Menschen (vor allem Kind, Braut, Schwangere), beeinflußt wichtige Handlungen (z. B. Kochen, Backen, Säen) und richtet sich gegen Tiere (»totsehen«) und Pflanzen (verdorren lassen).
Als Abwehrmaßnahmen sind der Gebrauch von Amuletten, bestimmten Gesten und das Anrufen bestimmter Heiliger verbreitet. Sowohl Amulette wie Gesten haben oft phallischen Bezug.

Lit.: Koenig 1975; Meisen 1950, 1952; S. Seligmann 1910, 1922, 1927.

Botschaften auf dem Winde, nach → David-Neel tibetische Bezeichnung der telepathischen Kommunikation.

Boursnell, Richard (1832—1909), engl. ASW-Medium, arbeitete bereits 1851 auf dem Gebiet der → Psychofotografie.

Bozzano, Ernesto (1862—1943), ital. Parapsychologe, Altmeister der ital. Pps. (Sitzungen mit der → Paladino u. a.). Untersuchte 532 Spukfälle, 374 davon ließ er als Spuk gelten, und bei 304 wies er nach, daß ein Todesfall vorausging, nur in 2 Fällen akzeptierte B. lebende Agenten. Er verfaßte Hunderte von Artikeln und ca. 25 Bücher über Pps. — *Werke* → Bibl.

Braid, James (1795—1860), engl. Chirurg, wohnte 1841 einer mesmeristischen Vorführung des Schweizer Magnetiseurs → Lafontaine bei; er studierte die Phänomene und verwarf die Erklärung des animalischen → Magnetismus. Nicht die → Passes, nicht eine besondere physiologische (»magnetische«) Fähigkeit des Experimentators sollten für die Erscheinungen ursächlich sein; vielmehr sollten sie allein aus der Physik verstanden werden: Eine durch Außenreize hervorgerufene »Veränderung des Nervensystems« führe zu einer »Neuordnung der nervösen Energie«. Diese Außenreize seien nicht mit Physis oder Psyche des Therapeuten verbunden, sondern bestünden z. B. aus monotonen Geräuschen (tropfendes Wasser, tickende Uhren), gleichmäßigem Bürsten eines Körperteils (Erinnerung an die Passes?) oder, am bekanntesten, dem Fixieren eines glänzenden Gegenstandes (gläserner Knopf, Spiegel usw.), dem *Braidschen Spiegel.* Für das Verfahren prägte B. 1843 den Begriff → *Hypnose.*

In späterer Zeit erkannte B. neben der Hypnose mit physikalischen Mitteln eine Hypnose durch Suggestion an und verwandte schließlich nur noch verbale Reize. (Schon vor ihm vertrat Alexandre Bertrand in seinem *Traité du Somnambulisme,* 1823, die Suggestionshypothese.) Schließlich gab B. die Ansicht auf, seine »Hypnose« sei identisch mit dem, was die Magnetiseure getan und erreicht hatten; er wollte nur noch eine Analogie sehen. — *Werke* → Bibl.

Lit.: Bramwell 1896/97; Preyer 1881.

Bremen, Spuk von. Von Mitarbeitern des Freiburger → Instituts für Grenzgebiete der Psychologie 1965 untersuchte psychokinetische Effekte in der Porzellanabteilung eines Geschäfts in Bremen-Neue Vahr. In Gegenwart des 15jährigen Heiner Sch. war für ca. 5000 DM Porzellan buchstäblich von den Regalen »gesprungen«. — Die Untersuchung macht wahrscheinlich, daß der Junge, frustriert durch die als ihn ablehnend empfundene Familie, destruktive Aggressivität entwickelte, die, vermutlich durch den Schock einer mehrstündigen ps. Untersuchung, in psychokinetische Manifestationen umschlug. Heiner Sch. stand einige Wochen stationär unter psychiatrischer Beobachtung, die Phänomene setzten sich in vergleichbarer Weise unter den Augen von Psychologen und Psychiatern fort. — Der Junge kam zu Pflegeeltern; weitere Phänomene ereigneten sich am neuen Arbeitsplatz bis zum Juni 1967, z. T. in Gegenwart von Mitarbeitern des Freiburger Instituts.

Lit.: Mischo, Timm u. Vilhjálmsson 1968.

Brentano, Clemens (1778—1842), der dt. romantische Dichter protokollierte von 1818 bis 1824 in umfangreichen Tagebüchern die Gesichte und Visionen der Anna Katharina → Emmerich. Ein vom Autor stark bearbeiteter Bd. dieser Protokolle erschien anonym 1833 als das Werk eines »Evangelisten« und Dolmetschers göttlicher Offenbarungen unter dem Titel *Das bittere Leiden unseres Herrn Jesu Christi. Nach den Betrachtungen der Gottseligen Anna Katharina Emmerich, Augustinerin des Klosters Agnetenberg zu Dülmen nebst dem Lebensumriß dieser Begnadigten* (Neuausgabe 1946).

Lit.: J. Adam 1955.

British College of Psychic Science, 1920 von → McKenzie und dessen Frau in London als pps. Forschungsstätte gegründet. Nach McKenzies Tod (1929) wurde → Doyle

Leiter der Institution, die jetzt College of Psychic Studies hieß. Sie verschmolz 1939 mit dem International Institute of Psychic Research. Diese Einrichtung blieb bis 1946 erhalten. College of Psychic Science nennt sich seit 1956 die frühere London Spiritualist Alliance. — Berühmtester Absolvent des B. C. o. P. S. war → Garrett.

Britten, Emma Hardinge (1823—1899), engl. Spiritistin, Autorin und Medium (Automatisches Schreiben, Geistige Heilung, Psychometrie). Nach ihren Vorstellungen wurde 1900 eine Ausbildungsanstalt für Medien gegründet, das Britten Memorial Institute, Deansgate, Manchester. — *Werke* → Bibl.

Bromley, Thomas (1629—1691), engl. Mystiker und Visionär, war neben Jane Leade und Pordage eine der führenden Persönlichkeiten der »Philadelphen«, einer spiritualistisch-christlichen Gruppe in der Nachfolge → Böhmes.

Brown, Rosemary, engl. spiritistisches Medium. 12 große Musiker (Bach, Beethoven, Berlioz, Chopin, Liszt, Schubert u. a.) sollen durch sie in 6 Jahren über 400 post mortem komponierte Musikstücke der Nachwelt mitgeteilt haben. Auch Einstein, Shaw und andere tote Berühmtheiten traten mit ihr in Verbindung, diktierten neue Formeln und lit. Texte, ließen Bilder malen usw. Mrs. B., die nur geringe musikalische Ausbildung genoß, zeichnete Kompositionen und andere »Botschaften aus dem Jenseits« z. T. vor Fernsehkameras auf. Die Musik klingt nach dem Urteil einiger Kritiker authentisch (2 Langspielplatten bei Philips). — Gelegentlich will Mrs. B. durch einen entfernten Verwandten, einen verstorbenen Arzt, auch Hinweise für Heilungen erhalten haben.

Die Pps. lehnt die spiritistische Hypothese ab und schreibt die schöpferische Leistung dem → Selbst des Mediums zu. Für die Produktionen der Mrs. B. sind sicherlich biographische Daten, wie z. B. schwere Krankheiten im Kindesalter und der Tod des Ehemannes, von Belang. Psychiatrische und psychodiagnostische Untersuchungen, durchgeführt von → Tenhaeff und Mitarbeitern, erbrachten keine abnormen Daten. Eine ASW-Begabung ist wahrscheinlich. — *Werke* → Bibl.

Lit.: »Der Spiegel« XXIV: 28: 138, 1970; Ford 1972.

Brown, Spencer, Oxforder Logiker, der die statistischen Ergebnisse der quantitativen pps. Forschung als mathematische Illusion zu erklären versuchte und meinte, damit einen grundsätzlichen Mangel der Wahrscheinlichkeitstheorie bewiesen zu haben. Bei seiner Suche nach vergleichbaren »Scheinsignifikanzen«, z. B. in den Ausspiellisten von Glücksspielen, fand er allerdings keine so hohen Signifikanzen, wie sie die pps. Kasuistik aufweist. Der Haupteinwand gegen die B.sche These ist aber, daß er seine Frage falsch stellt: Er läßt außer acht, daß Variationen des pps. Experiments auch die Ergebnisse entsprechend variieren. Z. B. hatte man → Pearce die Aufgabe gestellt, daß er, nachdem er in einer Serie von Versuchen mit → Zener-Karten durchschnittlich 8 Treffer erzielt hatte, jetzt eine möglichst geringe Trefferzahl erreichen sollte: Bei den 275 folgenden Versuchen betrug die Trefferzahl durchschnittlich 1,81. Dieser Abfall von 8 auf unter 2 ist hochsignifikant und mathematisch nicht zu erklären. Er bedarf der pps. Deutung. — *Werke* → Bibl.

Lit.: Bender 1974: 654—663; Koestler 1972; Tornier 1960.

Brugmans, Henri J. W. F. (1885—1961), niederländ. Psychologe, ein Pionier der holländ. Pps. 1919 legte er in Groningen ein Telepathie-Experiment an, bei dem die Vp. nach telepathisch gegebenen Instruktionen eines Agenten bestimmte Felder auf einem Brett mit 48 Quadraten finden sollte. Die Zielquadrate wurden ausgelost und dann »gesendet«. Bei 178 Versuchen wurde mit 60 Treffern die Mittlere Zufallserwartung von 4 Treffern hochsignifikant überboten. Bei seinen Experimenten versuchte B. den Einfluß von Alkohol auf die

Leistung zu testen: Eine Dosis von 30 Gramm steigerte die Perzeptionsfähigkeit erheblich.

Lit. Brugmans, Heymans u. Weinberg 1921; Brugmans 1922.

Brunton, Paul (* 1898), engl. Journalist und Verfasser vielgelesener Bücher über okkulte und parapsychische Phänomene (u. a. *Unter Yogis, Magiern und Fakiren,* 1967, dt. zuerst unter dem Titel *Yogis,* 1937), die er auf Reisen durch Ägypten und den Sudan, Indien, Südostasien, China und Japan erforschte. Entscheidend wurde für ihn die Begegnung mit dem ind. Heiligen Sri Ramana Maharshi. — *Werke* → Bibl.

BT → Grundtechnik.

Bubendorf, das Pfarrhaus zu B., in der Nähe von Basel, war einige Zeit Ort eines Spuks. → Moser hat den Bericht einer Pfarrfrau, die 1886—99 Zeuge der Vorkommnisse war, veröffentlicht. Es handelte sich bei den Manifestationen um Geräusche (u. a. Schritte) und seltsame Bewegungen (z. B. Verrücken eines Bettes); ein Kind wollte eine Erscheinung gesehen haben. Einige der akustischen Phänomene scheinen bestimmten Geräuschen von Hausbewohnern entsprochen zu haben: Charakteristisches Türenschließen einer bestimmten Person, ihr »typischer« Tritt auf der Treppe usw. Im Gegensatz zu den → Vardögr-Erzählungen gingen diese Geräusche aber nicht entsprechenden Handlungen eben dieser Personen voraus. S. a. → Mimikry.

Lit.: Moser 1950: 189—97.

Buchanan, Gemeinde in Virginia, USA, 1870 Ort eines Pfarrhausspuks, dessen Agent mutmaßlich eine junge Hausangestellte, Anna Pring, war.

Der betroffene Pfarrer Thrasher schreibt: »Fünf Tage der vergangenen Woche hindurch waren die Manifestationen häufig, vielfältig und heftig. Ziegelsteine, alte Knochen, Holzklötze, Kornähren, Steine usw. flogen im Haus herum, ohne daß man hätte sagen können, wie, und im Wohnzimmer und in den Schlafkammern wurde ein ums andere Mal alles auf den Kopf gestellt. Eines Tages befanden sich zwei junge Damen im Haus, die durchaus dem Geheimnis auf die Spur kommen wollten. Zu diesem Zweck brachten sie die Wohnstube in Ordnung, verriegelten sämtliche Türen, schickten Anna Pring mit unserem Söhnchen, das den Aufpasser ihr gegenüber spielen sollte, in die Küche und trugen sämtliche Schlüssel in das Zimmer der Hausfrau. Das alles hatte nur wenige Minuten gedauert, doch als sie in die Wohnstube zurückkehrten, fanden sie die Türen offen, die Bücher vom Mitteltisch auf dem Boden verstreut, die Lampen vom Kaminsims auf den Boden gestellt und alles übrige im Durcheinander; und was das Ganze noch rätselhafter machte: Es stak ein fremder Schlüssel, der in kein Schloß im Hause paßte, im Schlüsselloch der Wohnzimmertür ... Die Manifestationen dauerten in meinem Haus in Virginia vier Monate lang an und hörten erst eine Woche vor meiner Übersiedlung in den neuen Wohnort auf. Es ist mir nicht gelungen, der Ursache auf die Spur zu kommen; sie ist noch immer in tiefes Dunkel gehüllt.« (Zit. n. Thurston 1955: 174 f.)

Buchanan, J. Rhodes (1814—1899), amerik. Mediziner; legte u. a. einen phrenologischen Atlas (1843) vor. Für die Pps. ist B. wichtig als der Begründer der von ihm als wiss. Disziplin gedachten → Psychometrie. Eine von ihm postulierte Kraft, *Nervenaura,* die der Mensch ausströmt, sollte in der Lage sein, die Spuren vergangener Ereignisse an gegenwärtigen Objekten zu entschlüsseln. Später wich B. von diesen Vorstellungen wieder ab: der Psychometrist brauche keine tatsächlichen Spuren, es genüge ein Hinweis, z. B. der Name einer Person in einem Umschlag, um Aussagen über sie zu machen. Heute erklärt man einen solchen Fall meist mit → Abzapfen. — *Werke* → Bibl.

Buchtest, ASW-Experiment, angelegt auf reines Hellsehen. Der früheste Fall wird von → Moses berichtet, die ersten systematischen Untersuchungen wurden mit Mrs. → Leonard vorgenommen. Eine mögliche Versuchsanordnung ist die, daß man das Medium auffordert, einen Satz zu lesen, der auf einer bestimmten Seite eines Buches steht, dessen Lage genau angegeben wird (»im Haus von N., im 1. Stock, im linken Zimmer, auf dem 2. Regalbrett, das 3. Buch von rechts«). Es soll gewährleistet sein, daß das Medium die Bibliothek nicht kennt. Damit auch der Versuchsleiter das Buch nicht kennt, gebrauchte man gelegentlich die Vorsicht, durch Dritte vor Beginn des Experiments die Bücher umstellen zu lassen.

Eine andere Form des B.s — von »Test« wird dabei allerdings zu Unrecht gesprochen — war die, daß die → Kontrolle des Mediums Angaben zu einem Buch machte, den Ort eines bestimmten Satzes angab und den Inhalt dieses Satzes als Botschaft verstanden wissen wollte. Für manche ein Beweis für die spiritistische Hypothese (vor allem wenn das Buch in der Bibliothek des Verstorbenen stand, der angeblich aus dem Medium sprach).

Es muß betont werden, daß bei solchen Experimenten nur eine gefühlsmäßige Wahrscheinlichkeit für Hellsehen spricht; keine Versuchsanordnung kann Hellsehen rein darstellen, d. h. Telepathie mit völliger Sicherheit ausschließen. S. a. → Dänemark.

Lit.: Besterman 1931/32; E. Sidgwick 1921.

Buddha, 1. im Buddhismus Bezeichnung für einen Menschen, dem die Erleuchtung zuteil wurde; 2. der Stifter des Buddhismus Prinz Siddharta Gautama (ca. 560—480 v. Chr.). Der Prinz verließ, des höfischen Lebens anscheinend überdrüssig, mit 29 Jahren seinen Palast. Nach jahrelangem Studieren und Meditieren — die Legende spricht von 7 Jahren —, verbunden mit asketischen Übungen unter der Anleitung mehrerer Meister, wurde ihm in einer Vision plötzlich die Wahrheit entdeckt [*bodhi;* Erleuchtung]: Er gab seine Erfahrung weiter und begründete so den Buddhismus. (Nach buddhistischer Anschauung ist Gautama jedoch nicht Religionsstifter, sondern nur ein Prophet; auch einige westliche Forscher, darunter der bedeutende Indologe Helmuth von Glasenapp [1891–1963] halten es für möglich, daß schon vor dem Prinzen bereits andere B.s an der Entwicklung der Lehre arbeiteten. Vergleichbar wäre z. B. die Rolle der Essener im Hinblick auf die Entstehung der Lehren Christi.)

In den Lebensbeschreibungen des Heiligen lassen sich Legende und geschichtliche Tatsache oft nicht trennen. Die zahlreichen Wunder, die sein Leben begleitet haben sollen, und die schon vor seiner Geburt einsetzten, können somit nur im Rahmen einer allgemeinen Phänomenologie des Paranormalen berücksichtigt werden.

Bulwer-Lytton, Edward George, seit 1866 *Lord Lytton* (1803—1873), engl. Romancier und Politiker; war stark am Okkulten und Paranormalen interessiert, nahm an Sitzungen mit ritueller Magie teil und hatte 1855 → Home zu Gast. Von seinen zahlreichen Werken sind für den Okkultismus vor allem *Zicci* und *Zanoni* (1842) wichtig (→ Bewohner der Schwelle). In *The Coming Race* (1871; dt. *Das Geschlecht der Zukunft*) berichtet er von einer geheimen, mit besonderer Macht begabten Zivilisation, die im Innern der Erde lebt (vielleicht Vorbild für Robert Krafts [1869–1916] *Loke Klingsor*) und eine besondere Energieart, *Vril*, zu nutzen versteht. Vril, eine Art Gegenkraft zu → Lévis Astrallicht, fand Eingang in den Sprachgebrauch esoterischer Kreise. → Steiner würdigte *The Coming Race* als »hellseherische Schau einer frühen menschlichen Kultur«. — *Werke* → Bibl.

Lit.: Liljegren 1957.

Burbank, Luther (1849—1926), amer. Gärtner und Pflanzenzüchter, erzielte über 1000 Neuzüchtungen, darunter kernlose Pflaumen, einen stachellosen Kaktus und eine Kartoffel, die seinen Namen trägt. B. glaubte an vielfältige Möglichkeiten der Sinneswahrnehmungen bei Pflanzen und war überzeugt, daß liebevolle Zuwendung (z. B. mit der Pflanze sprechen) die Pflanzen stimuliere und ihre Entwicklung positiv beeinflusse.

Lit.: Besson 1927; Tompkins/Bird 1974: 126—30.

Burchard von Worms (ca. 965 bis ca. 1025), der Bischof und Jurist verfaßte in *Zwanzig Büchern von den Vorschriften (Decretorum libri viginti)* die bis dahin vollständigste Sammlung der Kirchenrechte. Vor allem im 10. und 19. Buch bringt er aus eigener Anschauung und aus verschiedenen älteren Quellen Material zum Brauch und Volksglauben seiner Zeit. Im einzelnen geht der Autor u. a. auf Angang, Bannen, Entrückung, Geister, Hexen, Orakel, Philtren (Liebeszauber), Werwolf und Wetterzauber ein; manche der gen. Phänomene hält er für gegeben, die beiden letzten für irreal.
Lit.: Diederich 1908.

Bürospuk, bei der Betrachtung von → Poltergeist-Manifestationen fällt auf, daß bestimmte Bereiche menschlicher Tätigkeit der bevorzugte Ort der Spukereignisse werden können, z. B. → Pfarrhausspuk, Spuk in der Küche oder → Stallspuk. Kulturgeschichtlich jünger ist der *B.:*

Der 1916 verstorbene Lister Drummond, Rechtsanwalt und nachmaliger Londoner Polizeirichter, berichtet von sonderbaren Ereignissen in einem Büro der Londoner City im Jahr 1901; in einigen Fällen war er selbst Zeuge: Büroutensilien flogen — z. T. in merkwürdigen Flugbahnen — umher, verschlossene Schränke öffneten sich, Unrat wurde verstreut, Stühle kippten um. Sehr häufig scheinen → Penetrationen gewesen zu sein: Der Inhalt verschlossener Schränke fand sich plötzlich außerhalb derselben. »Ein ganzer Schauer von Gegenständen kam von der Decke herab — Steine und Quarzstücke, Kupfermünzen, Nägel und anderes mehr« (aus einem Drummond zugeleiteten Bericht); ein Angestellter schützte sich mit aufgespanntem Regenschirm. Wie in vielen Spukfällen zeigte sich auch bei diesem B. eine gewisse Entwicklung. Im Laufe der Zeit gelang es, mit dem »Etwas«, das die Manifestationen verursachte, zu kommunizieren; der »Geist« verkehrte durch Klopfen oder mündlich mit den Angestellten. Die Inhalte seiner Botschaften waren oft obszön, verrieten aber auch Wissen, das auf ASW-Informationen beruhen mußte. (Nach Thurston 1955: 137—49.)

Ein B. aus neuerer Zeit ist der Fall → Rosenheim.

Buttersack, Felix (1865—1950), dt. Arzt, Vertreter einer okkulten Metabiologie. Sein medizinisches Glaubensbekenntnis »Nicht die physikalischen Energien, nicht die chemischen Valenzen erzwingen den Laboratoriumsgesetzen zufolge ihre Heilerfolge, sondern der Glaube des Arztes an seine Therapie« postuliert eine paranormale Komponente im Arzt-Patient-Verhältnis. — *Werke* → Bibl.

BV, Abk. für → *B*ohr*v*ersuch.

C

C. (= Carrière), Eva, Pseudonym der Marthe Béraud, verh. Waespé, in den Publikationen → Schrenck-Notzings; → Richet nennt sie in seinen Veröffentlichungen mit dem richtigen Namen (geb. 1887). Nach dem Tod ihres Verlobten, dem Sohn des Generals Noël, lebte sie im Haus seiner spiritistisch gläubigen Eltern in Algier; hier wurden ihre mediumistischen Fähigkeiten entdeckt. 2 Jahre lang traten wiederholt → Materialisationen auf; vor allem »Bien Boa«, ein angeblich vor 300 Jahren verstorbener Brahmane, dessen Schwester und eine junge Ägypterin.

»Nach ziemlich langem Warten sehe ich kaum 40 cm von mir entfernt, vor dem unbeweglichen Vorhang, einen weißen Dampf. Er gleicht einem weißen Schleier, einem Taschentuch auf dem Boden. Dieses Weiße erhebt und rundet sich. Bald ist es ein Kopf unmittelbar am Boden; es erhebt sich noch mehr, wird größer und wird zu einer menschlichen Gestalt; es ist ein Mann von kleiner Statur mit einem Bart, er trägt einen Turban und einen weißen Mantel und geht vor dem Vorhang leicht hinkend von meiner Rechten zu meiner Linken; vor dem General [Noël] angekommen, fällt er plötzlich vor dem Vorhang auf den Boden mit einem Geräusch, ähnlich dem, das ein plötzlich fallendes Skelett hervorbringen würde. 3 oder 4 Minuten später erscheint das Phantom wieder (diesmal in der Nähe des Generals), indem es sich in gerader Linie vom Boden erhebt, gewissermaßen aus ihm entstehend; dann kehrt es mit demselben Geräusch wie das letzte Mal in den Boden zurück . . . es war keine Falltür vorhanden . . .« (Richet 1923: 397 f.)

Richet, der 1905 eingeladen worden war, beobachtete mehrere Materialisationen; einen ersten Bericht darüber veröffentlichte er 1906 in den *Annales des Sciences Psychiques*. Zunächst hielt er eine Täuschung für möglich, war dann jedoch von der Echtheit der Phänomene überzeugt, da er die Materialisationen und das Medium gleichzeitig unter Bedingungen sah, die das Hinzutreten einer dritten Person undenkbar erscheinen ließen. In einer zweiten Phase ihrer Mediumschaft (1909—13) stellten sich in Paris, Biarritz und München bei strengeren Versuchsbedingungen — die Beobachter waren u. a. Richet und Schrenck-Notzing – unter der Kontrolle von »Berthe« weitere Materialisationen ein, die nicht so ausgeprägt waren und die auszubilden das Medium stark erschöpfte (die Teilnehmer verglichen C.s Anstrengungen mit Wehen). Aus jenen Jahren stammen über 200 Aufnahmen (Abb.en u. a. in Schrenck-Notzing 1914; 1920; 1923) von teilmaterialisierten Phanto-

Eva C. in Trance mit einer der umstrittenen Materialisationen.

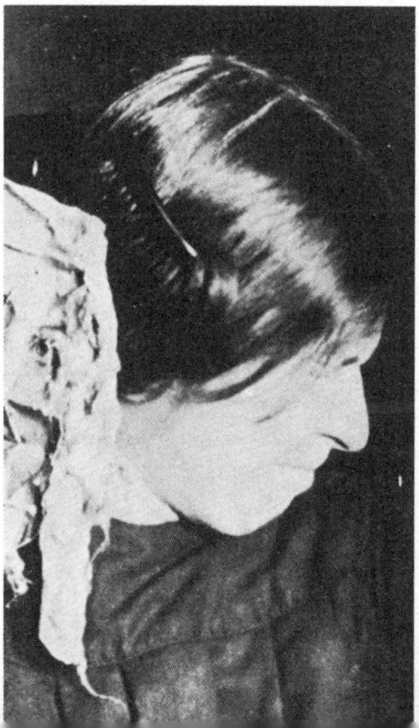

men, austretendem → Ektoplasma u. ä. In diese Zeit fallen auch außergewöhnliche geistige Leistungen der C., so das Automatische Lesen imaginärer philos. Texte, deren Niveau C. im Wachbewußtsein nicht gewachsen war. — In den Jahren 1917/18 arbeitete → Geley in seinem Labor mit C. Fast 100 Wissenschaftler waren Zeugen dieser Versuche. »Ich sage nicht nur, daß kein Betrug vorlag, ich sage, daß überhaupt keine Möglichkeit für einen Betrug bestand«, meint Geley (1919: 59) und schildert die von ihm beobachteten Phänomene so:

»Ihr Erscheinen wird im allgemeinen angekündigt durch die Gegenwart von flüssigen weißen und leuchtenden Flocken, von der Dimension einer Erbse bis zu einem Fünffrancstück, da und dort verstreut auf dem schwarzen Kleid des Mediums, hauptsächlich auf der linken Seite. Diese Manifestation bildet ein Ankündigungsphänomen *(phénomène prémonitoire)* ziemlich lange Zeit vorher, manchmal ... bis zu einer Stunde vor den anderen Erscheinungen ... Die Substanz ... geht aus dem ganzen Körper ... aber speziell aus den natürlichen Öffnungen und den Extremitäten, dem Scheitel des Kopfes, den Brustwarzen und den Fingerspitzen. Der häufigste Austritt ... ist jener aus dem Munde: Man sieht dann die Substanz von der inneren Fläche der Wangen, dem Gaumensegel und dem Zahnfleisch aus sich exteriorisieren.

Die Substanz tritt in verschiedener Form auf; bald als streckbarer Teig, bald eine veritable protoplastische Masse; bald als zahlreiche dünne Fäden; bald als Schnüre von verschiedener Stärke, als schmale und starre Strahlen, bald als breites Band ... in summa ... wesentlich polymorph ... In gewissen Fällen bedeckt sie das Medium vollständig wie ein Mantel.« Die Färbung ist nach Geley überwiegend weiß, aber auch schwarz und grau; die Sichtbarkeit verschieden gut. Die Substanz ist gewöhnlich »feucht und kalt, manchmal klebrig und zäh, seltener trocken und hart ... Die Substanz ist mobil ... für Lichtstrahlen empfindlich ... Jede Berührung wirkt schmerzhaft auf das Medium zurück ... Wenn das materialisierte Organ vollendet ist, so hat es das vollkommene Aussehen und alle die biologischen Eigenschaften eines lebenden Organs. Der Autor hat Finger wahrgenommen, welche bewunderungswürdig modelliert waren, samt den Nägeln, vollständige Hände bemerkt, mit Knochen und Gelenken; eine lebende Hirnschale gesehen, deren Knochen unter dichtem Haar von ihm berührt wurden. Er konstatierte wohlgebildete, lebende menschliche Gesichter.« (Geley 1920; zit. n. Schrenck-Notzing 1920: 192—94.)

An die Geleyschen Versuche schlossen sich 1920 40 Sitzungen in London vor der S. P. R. an, die z. T. ergebnislos verliefen, z. T. schwache oder umstrittene Phänomene zeitigten: Es wurde der nicht näher präzisierte Vorwurf erhoben, C. habe versucht, irgendwelche Materialien auszuwürgen. 15 Séancen mit Wissenschaftlern der Sorbonne verliefen 1922 ebenfalls ergebnislos. Die von Schrenck-Notzing u. a. publizierten Aufnahmen wurden von manchen als — teilweise sehr schlechte — Trickaufnahmen abgetan. Tatsächlich sollen einige Materialisationen wie auch bei der → Gazerra ziemlich flächenhaft gewirkt haben. Der Vorwurf, es handle sich um manipulierte Fotos, wurde schon früh erhoben (z. B. von Kemnitz 1914), und auch Cavendish (1974: 56) behauptet, die meisten »Materialisationen« auf den Abb.en bei Schrenck-Notzing seien offensichtlich aus Illustrierten ausgeschnittene Gestalten. Richet weist diese Anschuldigung entschieden zurück: Er hält die zweidimensionalen »Materialisationen« für embryonale Bildungen, die noch nach voller Organisation streben, oder für Mißbildungen.

Es läßt sich wohl kaum ernsthaft behaupten, die Untersuchenden seien durch das Auswürgen von Illustriertenfotos getäuscht worden. An Alternativen bleiben: die Echtheit zumindest eines großen Teils der Pariser Manifestationen anzunehmen oder die dabei jeweils anwesenden Wissenschaftler für die Komplicen einer Betrügerin zu halten. Das erscheint bei der großen Anzahl der Zeugen unsinnig, ebenso die Annahme, bei all diesen Wissenschaftlern habe eine geistige Störung vorgelegen. Tatsächlich waren die Kontrollbedingungen sehr streng. Bei den Schrenck-Notzingschen Untersuchungen wurde das Kabinett, in dem das Medium sich während der Séance auf-

hielt, vor und nach der Sitzung genauestens inspiziert; Eva C. entkleidete sich vor Zeugen, ehe sie in ihr Trikot schlüpfte; gelegentlich wurde ihr Kopf mit einem Schleier bedeckt, den man am Kragen festnähte; Haare, Achselhöhle, Nägel, Mund, Knie, wiederholt auch Rectum und Vagina wurden vor der Séance untersucht. Manchmal mußte C. vor der Sitzung größere Mengen Heidelbeerkompott essen: Trotzdem kam die Substanz weiß aus ihrem Munde. Brechmittel, nach der Sitzung verabreicht, förderten nie Betrugsmaterialien zutage.
Richet war von der Echtheit sowohl der algerischen als auch der Pariser Materialisationen überzeugt: »Heute, nach 16 Jahren, scheinen mir die uns gemachten Einwände sehr kümmerlich und meiner ganzen Verachtung würdig.« (Richet 1923: 394.)

Lit.: Bibl. zur ersten Phase der Mediumschaft in Grasset, 2. A., o. J.: 370—74; Bulletin de l'Institut Physiologique, Paris, 1, 1918; Bisson 1914; Deinhard 1906; Geley 1919, 1920; Moser 1974: 652—65; Oesterreich 1921: 110—26; Richet 1906, 1923; Schrenck-Notzing 1914, 1920, 1923; Verrall 1915.

C., Stella, eigtl. Stella Deacon, Londoner Krankenschwester, deren mediale Fähigkeiten 1923 von Harry → Price entdeckt wurden: Unter Versuchsbedingungen traten Raps, Tischlevitationen, Bewegungen von Gegenständen und andere psychokinetische Phänomene auf. Dabei sank, vom Thermometer registriert, die Temperatur im Sitzungszimmer. Price konstruierte mehrere Geräte, darunter einen »Tricktisch« (vgl. → Strippentisch), um die Phänomene zu kontrollieren.

Lit.: H. Price 1927.

Caedmon, auch *Cadmon, Cedmon* (ca. † 680), einfacher Hirte, der zum ersten christl. Dichter Englands wurde; aufgrund einer → Audition rezitierte er noch nie gehörte Verse, und inspiriert sprach er poetische Paraphrasen biblischer Berichte. C. sagte seine eigene Todesstunde voraus.

Lit.: Beda Venerabilis, »Historia ecclesiastica gentis Anglorum« IV, 24.

Cagliostro, Alessandro Graf von, eigtl. Giuseppe Balsamo (1743—1795), ital. Abenteurer. C. verstand es, durch alchimistische Kunststücke, Geisterbeschwörungen und »Wunderheilungen« immer wieder Aufsehen zu erregen und Einfluß zu gewinnen (u. a. soll er erfolgreich Lotteriegewinnnummern vorhergesagt haben). Wurde er irgendwelcher Manipulationen überführt, mußte er meist fliehen; sein unstetes Leben führte ihn nach Rußland, England, Belgien, Polen, Frankreich, Deutschland. In Rom wurde er wegen Ketzerei zum Tode verurteilt, jedoch zu lebenslänglicher Haft begnadigt. — Seine Lebensgeschichte lieferte Stoff für mehrere Romane (z. B. *Der Geisterseher* von Schiller, 1789) und Dramen (z. B. *Der Groß-Kophta* von Goethe, 1791). Paranormal begabt scheint C. nicht gewesen zu sein, doch wußte er den in seiner Epoche vorherrschenden Glauben an das Übersinnliche geschickt für sich zu nutzen.

Cahagnet, Alphonse (1809—1885), frz. Geschäftsmann und Verfasser zahlreicher Bücher, in denen er seine Forschungsergebnisse, bei Sitzungen mit Somnambulen gewonnen, vorlegte. Vor allem bei dem Medium Adèle Maginot gelangte er aufgrund sehr sorgfältiger Untersuchungen zu der Überzeugung, mit spirituellen Wesenheiten zu kommunizieren. Das Medium beschrieb in Trance Gestalten, die es »sah« und die Sitzungsteilnehmer aufgrund der Schilderung als bestimmte Verstorbene identifizieren konnten; auch von abwesenden Lebenden wurden Beschreibungen geliefert und private Daten mitgeteilt, die für eine ASW-Information sprechen. — *Werke* → Bibl.

Call [engl.; Ruf, Abruf], im Sprachgebrauch dt. Parapsychologen neben *Aussage* und *Ansage* gebraucht; bezeichnet die einzelne Nennung eines Symbols durch die Vp. im → Zener-Kartentest (ein »Spiel« bedeutet also 25 C.s).

Calvados, als »Fall C.« berichtet → Flammarion über den gut dokumentierten Spukfall auf einem Schloß in der Normandie, wo sich 1867 folgende Phänomene ereigneten: verschlossene Türen öffneten sich ohne ersichtliche Ursache, unerklärliche Geräusche (Knallen, Klopfen, Musik, Brüllen, Schreien usw.) waren zu hören, Möbel wurden umgestellt u. ä. m. Man hörte Schritte, aber nie wurde jemand oder etwas gesehen. Schon der vorher auf diesem Grundstück stehende, 1855 abgerissene Bau, galt als Spukschloß. — Ein Exorzismus blieb wirkungslos, und schließlich zog der Besitzer aus.
Lit.: Flammarion 1923: Kap. 3; Moser 1950: 149—56.

Campbel(l), Gilbert, schott. Weber, dessen Haus 1654 Ort merkwürdiger Erscheinungen war: Arbeitsgerät und Hausrat wurde zerstört, Kleidungsstücke, selbst die, die man gerade trug, gingen entzwei, als seien sie mit Scheren zerschnitten, das Haus wurde heftig mit Steinen beworfen, ein Brand brach aus und der Pfarrer unterhielt sich mit einer → Direkten Stimme.
Lit.: Görres 1927: 334—38.

Cantilever [engl.], Ausdruck aus dem Bauwesen, bezeichnet einen auskragenden Träger, von → Crawford eingeführt, um me-

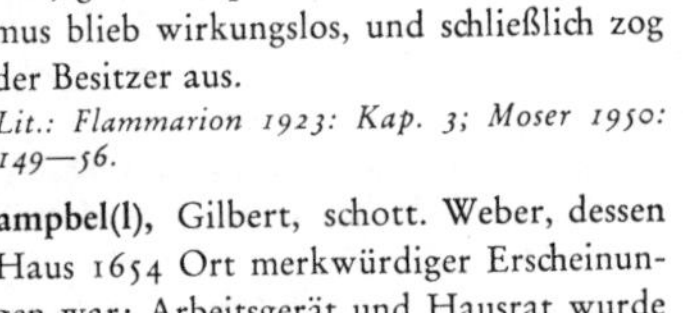

AB ist der in C durch die Krümmung stabilisierte Cantilever, der vom Medium (M) ausgeht und auf der Senkrechten B den Tisch (T) trägt.

chanische Eigenschaften der von ihm untersuchten, im wesentlichen unsichtbaren Ektoplasmafäden zu kennzeichnen.

Cao-Dai [vietnamesisch; Großer Palast], Name einer Gottheit, die durch den Verwaltungsbeamten Ngo Van Chieu die gleichnamige Religion *(Caodaismus)* offenbarte (1919). Es handelt sich um eine synkretistische Religion, die Elemente des Konfuzianismus, Buddhismus, Taoismus und Katholizismus enthält, den Glauben an Seelenwanderung lehrt und in der spiritistische Medien eine wesentliche Rolle spielen. Einschließlich der Sekten, die sich seit der offiziellen Proklamation des C. (1926) bereits abgespalten haben, schätzt man heute die Anhängerschaft in Südvietnam und Nachbargebieten auf weit über 2 Millionen.
Das Interesse der Bevölkerung beruht nicht zuletzt darauf, daß hier traditionelle Formen der Geisterbefragung in eine neue Religionsform integriert wurden. Die Medien bedienten sich anfangs des Tischrückens, heute des → Automatischen Schreibens (ein Schnabelkörbchen mit Tintenfaß und Feder gehört zum Kultgerät). Besonders häufig sollen sich — neben Li T'ai-po und Sun Yat-sen — Jeanne d'Arc und Victor Hugo manifestieren.
Lit.: Gobron 1950.

Carancini, Francesco (geb. 1863), ital. Medium, produzierte psychokinetische Bewegungen und, seltener, Materialisationen. C.s Sitzungen fanden im Dunkeln statt, doch war er dabei sorgfältig gefesselt; während der Séance wurden Blitzlichtaufnahmen gemacht. Untersuchungen fanden in Rom, Paris und Genf statt; zu den Beobachtern zählen → Flournoy und de → Vesme.
Lit.: Flournoy 1911.

Cardanus, Hieronymus (1501—1576), ital. Arzt, Mathematiker und Astrologe, Vertreter einer astrol. orientierten → Metoposkopie, Verfasser einer (mantischen) Traumdeutung und einer die Wahrscheinlichkeitstheorie z. T. vorwegnehmenden Untersuchung zur Theorie der Glücksspiele. C. hatte selbst mehrere außergewöhnliche, teilweise paranormale Erlebnisse: Als Kind vermochte er in tiefster Dunkelheit genau zu sehen, später wurde ihm in Träumen, aber auch bei anderen Gelegenheiten (darunter → Fingernagel-Visionen) Künftiges offenbar. 1560 zeigte sich bei ihm an der Wurzel des Ringfingers ein blutiges Mal, kurz darauf erhielt er die Nachricht, daß sein Sohn wegen eines Giftmordanschlags auf seine Ehefrau verhaftet worden war und nach Mailand gebracht werden sollte. 5 Wochen lang wuchs dieses Mal, bis es die Fingerspitze erreichte. An diesem Tag wurde sein Sohn enthauptet — und sofort bildete sich das Mal zurück und war nach wenigen Tagen wieder verschwunden. — *Werke* → Bibl.

Carington, eigtl. Smith (Namensänderung 1933), Walter Whately (1884—1947), engl. Parapsychologe. C. untersuchte u. a. die Medien Eva → C., → Goligher und → Leonard; er war einer der ersten Befürworter der quantitativen pps. Forschung und beobachtete auch als erster den sog. Verschiebungseffekt (→ Verschiebung): daß die Vp. beim → quantitativen Experiment nicht das Zielobjekt nennt, sondern das jeweils vorhergehende bzw. folgende. — Zur Erklärung der Telepathie formulierte C. die Theorie der → Psychonen. — *Werke* → Bibl.

Carpenter-Effekt → Ideomotorik.

Carrel, Alexis (1873—1944), frz., in den USA wirkender Chirurg (Nobelpreis für Medizin 1912). In seinem zuerst 1935 erschienenen anthropologischen Werk *L'homme cet inconnu (Der Mensch, das unbekannte Wesen,* 1955*)* beklagt C. die einseitige technologische und naturwiss. Entwicklung der modernen Forschung auf Kosten der Wiss. vom Menschen und fordert eine allumfassende Humanwiss., die dem Menschen als einem physischen, geistig-moralischen und psychischen Wesen wirklich gerecht wird. Weniger begrüßenswert sind allerdings die ebenfalls von ihm geforderten, entschieden faschistoiden psychohygienischen Maßnahmen, die den Weg für diese Humanwiss. bereiten sollen.

Der Pps. stand C. aufgeschlossen gegenüber; am Beispiel des Wunders (→ Lerrac) und der Gebetsheilung verwies er darauf, daß es noch unbekannte Fähigkeiten des Körpers und unbekannte Beziehungen zwischen Physis und Psyche gäbe.

Carrington, Hereward Hubert Lavington (1880—1958), engagierter pps. Autor und Forscher, der u. a. die → Paladino zu sehr sorgfältigen Untersuchungen in die USA brachte. In seiner letzten Veröffentlichung (1958) bekannte er sich ausdrücklich zur Realität paranormaler Phänomene, »aber bei der Erklärung dieser Vorkommnisse kann ich nur zu einer Art Agnostizismus zurückkehren«. — *Werke* → Bibl.

Carus, Carl Gustav (1789—1869), dt. Arzt, Philosoph und Maler; der vitalistische Naturphilosoph hat als Psychologe → Klages beeinflußt und Konzepte der Psychoanalyse und der Analytischen Ps. vorweggenommen (Jung beruft sich bei der Formulierung seiner Theorie vom Kollektiven Unbewußten auf C.). Mit seinem erkenntnistheoretischen *Organon der Erkenntnis der Natur und des Geistes* (1856) liegt die vielleicht tiefste romantische Interpretation metaphysischer Grundthemen wie Einheit, Raum und Zeit vor. In seinem Hauptwerk *Psyche. Zur Entwicklungsgeschichte der Seele* (1846) entwickelt C. seine bedeutsamen Konzepte eines »Unbewußten« und Vorbewußten: »Der Schlüssel zur Erkenntnis vom Wesen des bewußten Seelenlebens liegt in der Region des Unbewußtseins.« — C. versuchte des weiteren eine wiss. Kranioskopie (Schädellehre) zu begründen sowie eine chirologische Charakterdeutung und lieferte bedeutende Beiträge zur Physiognomik, die sich z. T. in der Ausdrucksps. und in ps. Typologien unseres Jh.s wiederfinden. Den Phänomenen des Somnambulismus, einer in seiner genetischen Betrachtungsweise »unserem Urzustand nahen Lebensform«, widmete C. ebenfalls seine Aufmerksamkeit und entdeckte dabei deren Verwandtschaft mit dem Träumen, akzeptierte auch paranormale Manifestationen im Somnambulismus (so die Innere → Autoskopie), warnte aber zugleich, un-

ter Hinweis auf → Kerner, vor allzu großer Leichtgläubigkeit.
Lit.: Krewald 1939.

Carver, George Washington (1864—1943), farbiger amer. Pflanzenphysiologe und Chemiker. Er leitete die Landwirtschaftsreform der infolge Monokultur verarmten Südstaaten ein und erschloß neue Möglichkeiten der Verwertung von pflanzlichen Produkten. C. behandelte seine Pflanzen wie lebende Wesen, er sprach mit ihnen und behauptete, von ihnen Antwort zu bekommen. Dieser Naturmystizismus läßt sich tiefenps. als kreativer Umgang mit dem eigenen Selbst verstehen; manche Autoren sehen darin aber auch eine Anwendung des → Backster-Effekts.
Lit.: Holt 1947; Tompkins/Bird 1947: 131—36.

Caesar, Gajus Julius (100—44 v. Chr.), röm. Staatsmann, Feldherr und Schriftsteller. Die Legende will von mehreren Prophezeiungen im Hinblick auf C.s Ermordung wissen. So soll kurz vorher in einem Grab in Capua eine griech. Inschrift gefunden worden sein: »Wenn einst die Gräber Capuas geöffnet werden, dann wird ein Zweig des Julianischen Hauses von der Hand eines Verwandten fallen.« Er wurde vor den »Iden des März« gewarnt; in der Nacht vor dem Mord träumte er selbst, er sei zu Jupiter entrückt, und seine Frau Calpurnia träumte, er läge blutend in ihren Armen.

Caesarius von Heisterbach (ca. 1180 bis ca. 1240), Zisterzienser, Prior des Klosters Heisterbach im Siegkreis, Prediger und Historiker. Seine naiv verfaßte, erbaulich gedachte Exemplasammlung *Dialogus magnus visionum atque miraculorum* (»Großer Dialog von den Gesichten und Wundern«) bietet wertvolles Material zur Kulturgeschichte des MA. und bereichert trotz der Geistergläubigkeit des Autors und der unkritischen Darstellung die pps. Kasuistik wesentlich. – *Werke* → Bibl.

Casaubon(us), Méric (1599—1671), Oxforder Theologe, der an die Wirklichkeit von Dämonen, Hexerei und Zauberei glaubte. Das 1659 von ihm herausgegebene Buch *A true and Faithfull Relation of what Passed for Many Years Between Dr. John Dee and Some Spirits* ist zwar ein wichtiges pps. Quellenwerk (so belegt es z. B. das visuelle automatische Buchstabieren, → Oui-ja-Board), diskreditierte jedoch zugl. → Dee, den Verfasser dieses »spirituellen Tagebuchs«, auf Jh.e. C. klagte Dee in seiner Einleitung der Zauberei an — ein Vorwurf, den »aufgeklärte« Zeitalter zwar nicht mehr ernst nahmen, trotzdem wurde es erst vor wenigen Jahrzehnten möglich, Dee zu rehabilitieren und auch seine befremdlichen Gespräche mit Engeln und anderen Wesen als psychische Automatismen zu verstehen.
Lit.: Bender 1965; Yates 1975.

Case history [engl.; Fallgeschichte], im ps. Sprachgebrauch die Zusammenfassung aller vorliegenden Daten, die eine Person, einen »Fall« betreffen. Von diesem detaillierten Bild erhofft man sich die Erklärung konkreter Ereignisse und Umstände im Zushg. mit dieser Person.
Die Technik der Datenerhebung heißt *case study*, Fallstudie.

Castaneda, Carlos (* ca. 1939/40), Völkerkundler, aus Brasilien stammend, studierte in den USA. 1960 lernte er Don Juan Matus, einen Yaqui-Indianer kennen, der *brujo* (Medizinmann, »Hexer«) ist; durch ihn kam er mit Peyote und dem Peyote-Kult in Berührung. Auf einer späteren Stufe der *Brujo*-Lehre verzichtete Don Juan auf psychotrope Stoffe, und C. lernte nach eigenem Bekunden, daß die phänomenale Welt des europ. Gebildeten nur *eine* mögliche Beschreibung der Welt ist, diese Welt aber auch als »andere Realität« erfahren werden kann. C.s Publikationen *(Werke* → Bibl.*)* lösten sowohl in den USA als auch in Westeuropa eine Welle von Interesse und Begeisterung, vor allem unter jüngeren Lesern, aus.
C. berichtet von magischen Prozeduren und mystischen Erlebnissen. In einer ekstatischen Erfahrung »unterhielt« er sich mit

einem Kojoten. Später spricht er darüber mit seinem Lehrer:

»›Du hast ganz einfach *die Welt angehalten*‹, bemerkte er, als ich mit meinem Bericht zu Ende war ... ›Aber es ist unbegreiflich, daß ein Kojote reden kann‹, sagte ich. ›Es war nicht reden‹, antwortete Don Juan. ›Was war es denn dann?‹ — ›Dein Körper hat zum erstenmal verstanden, aber du hast es versäumt, zu erkennen, daß es erstens kein Kojote war und zweitens kein Sprechen, so wie du und ich sprechen.‹ — ›Aber der Kojote hat wirklich gesprochen, Don Juan!‹ — ›Wer redet denn jetzt wie ein Idiot? Nach all den Jahren des Lernens solltest du es eigentlich besser wissen. Gestern hast du *die Welt angehalten*, und du hast vielleicht sogar *gesehen*. Ein magisches Wesen hat dir etwas erzählt, und du warst fähig, es zu verstehen, weil deine Vorstellungen von der Welt zusammengebrochen waren.‹ — ›Die Welt war so, wie sie heute ist, Don Juan.‹ — ›Nein, das war sie nicht. Heute erzählen dir die Kojoten nichts, du kannst die *Linien der Welt* nicht *sehen*. Gestern konntest du all das einfach deshalb machen, weil etwas in dir zum Stillstand gekommen war.‹ ... ›Meinst du, Don Juan, daß weder die Welt der gewöhnlichen Menschen noch die der Zauberer wirklich ist?‹ — ›Es sind wirkliche Welten. Sie können auf dich einwirken. Du hättest den Kojoten zum Beispiel nach allem fragen können, was du wissen wolltest, und er wäre gezwungen gewesen, dir zu antworten.‹ ... Don Juan erklärte, daß der Kojote während meines ganzen Lebens mein Begleiter sein werde.« (Castaneda 1974: 286—88.)

Caverne → Erfolgsraum.

Cayce, Edgar (1877—1945), amer. religiöser Seher.

Schon in seiner Kinderzeit zeigte der Farmerssohn aus Kentucky »Fähigkeiten der Wahrnehmung, die weit über die normalerweise unseren fünf Sinnen gesetzten Schranken hinauszureichen schienen. Schon mit 6 oder 7 Jahren erzählte er seinen Eltern, daß er ›Erscheinungen‹ sehen und befragen könne, so etwa u. a. solche kürzlich verstorbener Verwandter. Seine Eltern jedoch schrieben dies der überspannten Einbildungskraft eines eigenbrötlerischen Jungen zu, der durch die bildkräftige Sprache der religiösen Wiedererweckungsandachten, die damals in jenem Gebiet sehr beliebt waren, beeinflußt worden sei. Später entwickelte er, über seinen Schulbüchern ›schlafend‹, eine Art von fotografischem Gedächtnis, das ihm rasche Fortschritte auf der ländlichen Schule erlaubte. Doch diese Fähigkeit verblaßte wieder, und Edgar war lediglich in der Lage, die siebte Klasse der Grundschule abzuschließen, bevor er versuchen mußte, auf eigenen Beinen in der Welt zu stehen.« (Carter 1974: 10.)

Doch in späteren Jahren gelang es ihm, an seine früheren Fähigkeiten erfolgreich anzuknüpfen, und in selbsterzeugtem Trancezustand machte der »schlafende Prophet« nicht nur allgemeine, christl. orientierte Prophezeiungen (z. B. über das »neue Jerusalem« oder über Atlantis), bei denen er aus dem üblichen Reservoir okkulter Lehren schöpfte, sondern entwickelte sich vor allem zu einem außerordentlichen medizinischen Diagnostiker (seit 1901).

»Eine Reihe von Ärzten in Hopkinsville und Bowling Green, Kentucky, zogen Nutzen aus C.s einzigartiger Begabung und setzten sie ein bei der Diagnose ihrer Patienten. Sie fanden bald heraus, daß sie C. lediglich den Namen und die Anschrift des Patienten nennen mußten, worauf dieser, wo immer der Patient sich im Augenblick aufhielt, in der Lage war, sich telepathisch auf den Geist und Körper des Genannten ›einzustimmen‹, als hätten sich beide im gleichen Raum befunden. Er benötigte und erhielt dabei keinerlei zusätzliche Informationen über irgendeinen der Patienten.« (Carter 1974: 11.)

Edgar Cayce

Bei seinem Tod hinterließ C. mehr als 14 000 Protokolle seiner telepathisch-hellseherischen Aussagen, die er in einem Zeitraum von 43 Jahren gemacht hatte und die sich sowohl auf allgemeine Zeitumstände als auch auf über 8000 individuelle Zielpersonen bezogen. Diese Dokumente, die *Cayceschen Readings* (je nach Sinneszushg. svw. Interpretation, Diagnose, Prophezeiung) sind zum Teil sehr gut beglaubigt. Eine 1932 gegründete Stiftung, The Association for Research and Enlightenment, Inc., kurz: ARE (»Gesellschaft zur Forschung und Aufklärung«), in Virginia Beach, Virginia, betreut die *Readings*. Eine Reihe von C.s Aussagen stellen echte paranormale Leistungen dar. So ist ein Fall bekannt geworden, wo C. von einer bestimmten Person behauptete, sie sei die Wiedergeburt eines Mannes, der im Sezessionskrieg auf der Seite der Konföderierten gedient habe. Die Existenz dieses Soldaten ließ sich verifizieren; das ist kein Beweis für die Reinkarnationshypothese, macht aber eine ASW-Information wahrscheinlich. 1955 promovierte der amer. Religionspsychologe Harmon Hartzell Bro (* 1919) an der Universität von Chicago über C. und legte damit eine der ersten nordamer. Dissertationen mit pps. Gegenstand vor.

Lit.: Bro 1969; Carter 1974; L. W. Robinson 1974; Stearn [8]1972; Sugrue 1943; Zimmermann 1950.

Cazotte, Jacques (1719—1792), frz. Schriftsteller. In seinem Hauptwerk *Le diable amoureux*, 1772 (»Der verliebte Teufel«, dt. Übersetzungen auch unter dem Titel *Biondetta*), zeichnet er das Übersinnliche und Magische realistisch und mit einer Leichtigkeit, die der späteren »Schwarzen Romantik« fehlt. C. wurde die Gabe der Präkognition zugeschrieben.

Im Nachlaß des frz. Schriftstellers Jean François de La Harpe (1739—1803) wurden 1806 Aufzeichnungen über berühmt gewordene Prophezeiungen C.s gefunden, die dieser bei einem Diner (1788?) gemacht haben soll (u. a. abgedruckt in Jung-Stillings *Theorie der Geisterkunde*, 1808, und in Hippolyte Taines *L'ancien régime*, [15]1887):

»Ein Einziger hatte an der Unterhaltung keinen Teil genommen. Dies war C., ein liebenswürdiger und origineller Mann, aber zum Unglück ein großer Schwärmer. Sein Heldenmut hat ihn später berühmt gemacht. Er sprach endlich mit ernsthaftem Tone: ›Meine Herren, freuen sie sich, Sie werden alle die große Revolution erleben, nach der sie so sehr verlangen. Wissen Sie indes, was mit dieser Revolution kommen wird...? ... Sie, Herr von Condorcet, werden auf dem Pflaster eines Kerkers an dem Gifte sterben, welches Sie nehmen werden, um dem Henker zu entgehen... es wird zu der Zeit in ganz Frankreich nur noch Tempel der Vernunft geben... Sie Herr von Chamfort... werden sich die Adern durch 21 Schnitte mit dem Rasiermesser öffnen und doch erst einige Monate später sterben... Sie Herr Vicque d'Azir werden sich zwar nicht selbst die Adern öffnen, Sie werden sie aber sechsmal an einem Tage öffnen lassen und in der Nacht sterben. Sie Herr von Nicolai werden auf dem Schafott sterben, Sie Herr von Bally auf dem Schafott, Sie Herr von Malesherbes auf dem Schafott...« (Zit. n. Kreyher 1880 I: 178 f.)

Die Prophezeiung hat sich als Nachlaßfälschung herausgestellt — entweder durch La Harpe selbst, oder, was wahrscheinlicher ist, durch einen Eingriff von dritter Seite.

Lit.: J. Richter 1960.

Cazzamalli, Ferdinando († 1958), ital. Neurologe. Im Rahmen seiner Experimente in den Jahren 1923—25 stellte C. einen Hörfunkempfänger in einen → Faradayschen Käfig, wodurch jeglicher Empfang ausgeschlossen war. Dennoch sollen seine Vpn — 2 Epileptiker, 2 Hysteriker, 1 paranormal Begabter —, die ebenfalls in dem Käfig waren, hörbare Geräusche im Rundfunkgerät erzeugt haben. C. schloß daraus, daß das menschliche Gehirn unter bestimmten Umständen kurzwellige elektromagnetische Strahlungen (er spricht von *zerebralen Radiowellen*) aussenden könne. → Bechterew übernahm diese Ansicht als Arbeitshypothese; beide Forscher glaubten, in diesen Wellen den Träger der Telepathie vermuten zu dürfen. — *Werke* → Bibl.

Lit.: Azam 1927; Tischner 1926 a, b, 1927.

Census of Hallucination [engl.; (Volks-) Befragung zur Halluzination], 1889 durch die S. P. R. begonnene Enquete zur Erhärtung des in den → *Phantasms of the Living* vorgelegten Materials. 32 000 Antworten gingen ein; von den 17 000 engl. Einsendern behaupteten rund 10 %, schon einmal eine »Erscheinung« gesehen zu haben. Ein Komitee unter Leitung von H. → Sidgwick veröffentlichte 1894 einen Census-Report *(Proceedings S. P. R.* X*)*. Weitere ähnliche Umfragen wurden von der → A. S. P. R. und von → Flammarion durchgeführt.

Cevennische Inspirierte, die Protestanten (Hugenotten) in den Cevennen, die sich nach der Aufhebung des Edikts von Nantes (1685), das sie und ihren Glauben geschützt hatte, verzweifelt gegen die Anordnungen Ludwigs XIV. wehrten (1701 bis 1704). Einige von ihnen zeigten Ähnlichkeit mit den »Somnambulen« ihrer Zeit, so z. B. die Schäferin Isabeau Vincent. Bei ihren Anfällen reagierte sie weder auf Rufen und Schütteln noch spürte sie Stechen und Brennen. Stundenlang sang sie dabei Psalmen, konnte sich nach dem Erwachen jedoch an nichts mehr erinnern. — Bei den Gottesdiensten *(assemblées du désert,* Versammlungen in der Einöde*)* und im Feldlager der Aufständischen waren Ekstasen häufig. Sie wurden eingeleitet durch körperliche Phänomene wie Wärmegefühl, Gähnen, Schaum vor dem Mund, Krämpfe. Das inspirierte Reden, Deklamieren und Stammeln erfolgte oft bei Bewußtlosigkeit, wenn die Ekstatiker auf dem Rücken lagen. Die Ekstasen waren »ansteckend«, 1701 schätzte man 8000 Inspirierte. Das intellektuelle Niveau der Reden ging oft über die normalen Fähigkeiten der Betreffenden hinaus; auch paranormale Leistungen (ASW und PK) werden berichtet.

»Jean Cavalier, Vetter eines Führers der Aufständischen, berichtet von einem Essen, an dem auch ein gewisser Mazorin teilnahm: ›Als wir nun zu Tische saßen, Mazorin meinem Vetter zur Rechten und ich zur Linken, ward ich mit starken Bewegungen vom Geist ergriffen und brachte die Worte hervor: ›Ich sage dir, mein Kind, einer von denen, die zu Tische sitzen und seine Hand mit meinem Diener in einer Schüssel hat, ist willens, ihn mit Gift umzubringen.‹ Mein Vetter ließ alsbald die Türen mit Posten besetzen und aß nicht mehr. Kurz darauf wurde Bruder Ravanel ... mit sehr gewaltsamen Convulsionen plötzlich inspiriert und verkündete, daß der Verräter dem Feinde versprochen habe, den Anführer mit Gift umzubringen, und wenn dies nicht gelänge, den Brunnen zu vergiften ... Zu gleicher Zeit meldete jemand, daß Bruder Duplan ..., der sich in einem anderen Zimmer befand, soeben eine Eingebung desselben Inhalts gehabt habe ..., da kam Duplan in noch fortdauernden Convulsionen ins Zimmer, ging geradewegs auf Mazorin los, legte seine Hand auf seinen Arm und rief mit großer Heftigkeit: ›Weißt du ...‹ Mazorin ... wollte leugnen. Aber Duplan, dessen Inspirationen immer heftiger wurden, erklärte auf das bestimmteste, daß das Gift in seiner Schnupftabaksdose und unter dem Aufschlag am Ärmel seines Rockes wäre. — Tatsächlich wurde das Gift dort gefunden.« (Zit. n. Kreyher 1880 I: 199.) Im Sprachgebrauch dieses Berichts werden offensichtlich Inhalt der Inspiration und körperliche Begleiterscheinung gleichgesetzt.

Lit.: Misson 1707.

Chaffin-Testament, sehr bekannt gewordener *Wahrtraum,* den einige Autoren als Beleg für das Einwirken Verstorbener auf die Sphäre der Lebenden interpretieren: Nach dem im November 1905 gemachten Testament des in North Carolina lebenden Farmers James L. Chaffin erhielt nur einer von 4 Söhnen das gesamte Erbteil. Einem der anderen Söhne aber erschien der 1921 Verstorbene im Traum und offenbarte ihm, wo ein zweites, später abgefaßtes Testament lag (»Du wirst mein Testament in meiner Manteltasche finden«). Kein Lebender scheint von der Existenz dieses zweiten Testaments gewußt zu haben; aufgrund des Traums wurde es gefunden und gerichtlich anerkannt, obwohl nur handschriftlich erstellt und ohne Zeugenunterschriften.

Eine normalps. Deutung (Vergessenes wird aktualisiert, ohne daß der Betreffende merkt, daß es sich um eine Erinnerung han-

delt) scheint auszuscheiden. Für das pps. Verständnis gibt es zwei Möglichkeiten: *Hellsehen* oder *Telepathie*. Die telepathische Deutung wäre, daß der nachmalige Träumer zu Lebzeiten des Erblassers paranormal die Information erhält, ohne daß sie ihm bewußt wird. Unter dem psychischen Druck, hervorgerufen durch die ungerechte Erbschaftsregelung, steigt die Information erst später aus dem Unterbewußtsein auf.
Lit.: Bender 1972; Myers (J. S. P. R. 1927).

Chakra [sanskr.; Rad], nach der ind. Ps. potentielle Kraftzentren im geistigen Körper des Menschen, die man durch asketische Übungen und Meditation realisieren und aktivieren kann; sie werden als Lotosblüten *(padma)* dargestellt. Möglicherweise sind die Ch.s mit Nervenzentren (z. B. dem Solarplexus) oder bestimmten Akupunkturpunkten identisch. — Die Zahl der Ch.s wird mit 88 000 angegeben; von Bedeutung sind aber nur etwa 40, die wichtigsten davon, die 7 Hauptch.s, befinden sich zum größten Teil (6) innerhalb des physischen Körpers, das 7. jedoch außerhalb, und zwar über der Stirn. S. a. → Kundalini-Yoga. Die neuzeitliche → Theosophie hat Teile der Ch.-Lehre in ihr System übernommen.
Lit.: Avalon 1971; Bohm [3]1974; Leadbeater 1968.

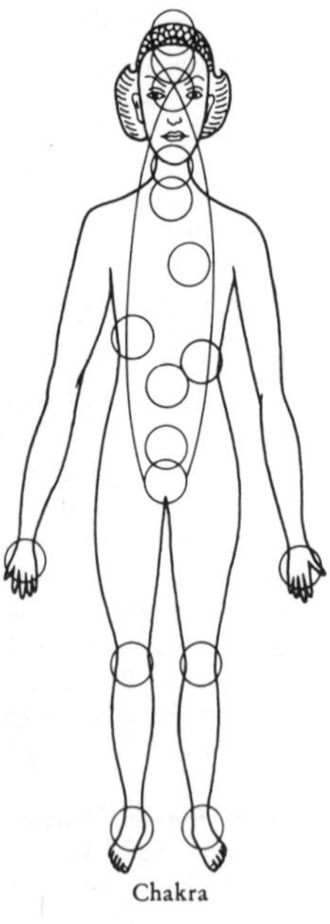
Chakra

Chambers, Robert → Home, D. D.

Channel → ASW-Kanal.

Charcot, Jean-Martin (1825—1893), frz. Neurologe; Haupt der sog. »Pariser Schule«, einer Richtung in der Hypnoseforschung, die die moderne Entwicklung der Psychopathologie wesentlich beeinflußte. Zu Ch.s Schülern zählt auch Freud.
Zur Frage paranormaler Erscheinungen in der Hypnose äußerte sich Ch., ohne eine eindeutig positive oder negative Entscheidung zu treffen: »Der Hypnotismus ist eine Welt, in der man an der Seite von handgreiflichen, grob-sinnlichen, materiellen Tatsachen, die immer wieder an die Physiologie grenzen, unbedingt außergewöhnliche und bis zur Stunde unerklärliche Tatsachen antrifft, die keinem einzigen physiologischen Gesetz unterworfen und durchaus seltsam und überraschend sind; ich beschäftige mich nur mit den ersteren, wobei ich die letzteren völlig außer acht lasse.« (Zit. n. Moser 1974: 67.)

Charisma [griech.; Gnadengabe], im theologischen Sprachgebrauch die dem einzelnen vom Geist Gottes verliehene Gabe — z. B. Prophetie —, die nicht an Amt oder Sakrament gebunden ist. Der Begriff bezieht sich außerdem auf Gaben wie Heilkraft, → Durchsicht (Gedanken und Charakter eines anderen »durchschauen« können) und ähnliche der Pps. vertraute Gegenstände. — In der Umgangssprache meint Ch. die nicht alltäglichen Eigenschaften, die einen Menschen auszeichnen, ihn für besondere Aufgaben »berufen« erscheinen lassen.

Chassidismus [von hebr. *chassid;* den Gottesbund wahrender Frommer], volkstümliche mystische Bewegung im Ostjuden-

tum, die das Gedankengut der Kabbala popularisierte und mit Vorstellungen des Sabbatai Zwi (→ Sabbatianismus) verknüpfte. Ihr Begründer war der Rabbi Israel ben Elieser, bekannt unter dem Beinamen *Baal Schem* (ca. 1699—1760). Seine Lehren und die Legenden, die sich um ihn rankten, sind erst im 19. Jh. schriftlich fixiert worden (*Schibche ha-Bescht,* 1815). Nur wenige Chassidim überstanden die nationalsozialistische Verfolgung; kleine chassidische Gemeinden finden sich heute noch in Israel und New York.
In Erzählungen, Sagen und Legenden der ostjüd. Folklore findet sich viel Wunderbares und Parapsychisches; aber die Führer des Ch. beschäftigten sich auch theoretisch mit dem »Übernatürlichen«. So hat der »Große Maggid« (d. h. Prediger), Rabbi Dow Baer von Meseritz († 1773), der bedeutendste Schüler des Baal Schem, die Ansicht vertreten, die »kleine prophetische Schau« (ASW im Gegensatz zur göttlichen Offenbarung) sei möglich, wenn der Betreffende sich selbst nicht mehr spüre, wenn er mit dem »Allerinnersten seines Gedankens« verbunden sei, wenn er den Weg zum Unbewußten (*kidmat ha'sechel*) gefunden habe. Das Unbewußte, dem Bewußtsein vorrangig gedacht, ist in diesem Zushg. ein eher pps. als theologischer Ausdruck. – Ein anderer, Rabbi Dow Baer († 1827), Sohn des Rabbi Schneur Salman aus Ladi, hat in seinem *Kuntras ha-Hithpa' aluth* (»Einführung in die Ekstase«) eine Analyse der verschiedenen Arten der Verzückung unternommen. — Der bedeutendste Historiker und Interpret des Ch. ist Martin Buber (1878—1965), dessen Version der *Erzählungen der Chassidim* (1950) in die Weltlit. einging. Unter dem »dt. Ch.« versteht man eine Richtung jüd. Mystik, die im MA. in Deutschland sehr verbreitet war. — S. a. → Hithlahabuth; → Wunderrabbi.

Lit.: Dubnow 1931; Hurwitz 1952; Scholem 1967.

Chauvin, Rémy (* 1913), frz. Ethologe. Unter dem Pseudonym Pierre Duval verfaßte der Ordinarius an der Sorbonne pps. Arbeiten über Psi bei Tieren und paranormale Fähigkeiten des Menschen. Sein Interesse gilt sowohl der ASW als auch der PK; auf diesen Gebieten arbeitete er auch experimentell. — *Werke* → Bibl.

Cheirologie, Nebenform zu → Chirologie.

Chenoweth → Soule, Minnie Meserve.

Cheopspyramide → Pyramiden.

Ch'i, in der chin. Medizin die *Lebenskraft;* → Akupunktur.

Chiliasmus [von griech. *chilioi;* tausend], aus iran. und spätjüd. religiösen Denken stammende Vorstellung eines 1000jährigen Reiches (Millennium) vor Ausbruch des Jüngsten Gerichts. In weiterem Sinn werden alle Vorstellungen künftiger endzeitlicher Reiche, deren Kennzeichen Frieden, Reichtum u. ä. sind, *chiliastisch* genannt. In chiliastischen Bewegungen, deren Anhänger sich als Wegbereiter des Millenniums sehen, das die gegenwärtige Unterdrückung aufheben wird, treten gelegentlich paranormale Manifestationen auf, die offensichtlich durch die psychischen Veränderungen, die das »Erwecktsein« impliziert, begünstigt werden.
João de Camargo, der sich als zur Erde herabgestiegener Gott bezeichnete, begründete in Brasilien einen spiritistischen Kult, der kath., indianische und afrikanische Elemente in sich verbindet. Camargo war Visionär und spiritueller Heiler. – In einer kalifornischen Indianerreservation (Klamath) entwickelte sich in den Jahren 1875—78 ein Traumtanzkult; von einem Medizinmann begründet, spielten Visionen (oft von Totengeistern) eine wesentliche Rolle. Im gleichen Jahrzehnt scharte sich im Staat Washington eine Bewegung um den Propheten Kolaskin, dessen Prophezeiungen möglicherweise echte paranormale Elemente enthielten. — Der melanesische Taro-Kult, eine eindeutig chiliastische Bewegung, wurde 1914 von Boninia, einem Mann aus dem Dorf Taututu (Neu-Guinea), gegründet. Ekstatische kollektive Besessenheit ist ein Kennzeichen dieses Kultes. – Auf Hon-shu, der jap. Hauptinsel, ist die Bewegung *Mioshie* (»Göttliche Lehre«) verbreitet. Sie breitete sich nach dem

Zweiten Weltkrieg bis Osaka, Jokohama und Tokio aus. Ihre Gründerin Kitamura Sayo, die den Namen Ogami-sama (»Große verehrungswürdige Göttin«) annahm, trat als Wundertäterin, Seherin und Heilerin auf. Auch bei den Adventisten, Baptisten, Mormonen und den Zeugen Jehovas sind chiliastische Ideen wirksam.

Lit.: Lanternari o. J.

Chirognomie → Chirologie.

Chirologie [von griech. *cheir;* Hand], Charakterdeutung aufgrund von Handinnenformen und -linien. Die Interpretation erfolgt im Regelfall statisch, d. h. ohne Berücksichtigung der Handbewegungen (Gestik). Einige Autoren sehen die Ch. als Teilgebiet der → Physiognomik und sprechen dann von *Chirognomie* oder *Chirognomik.*

Über die Anfänge und das Alter der Ch. und der → *Chiromantie* (auch *Chiromantik*), aus der sich die Ch. ausgrenzte, ist wenig Sicheres bekannt: Die Bedeutung der Handabdrücke bei Felsbildern, die sich aus z. T. sehr alter Zeit auf allen Kontinenten finden, dürften schon mit der chirologischen Vorstellung zusammenhängen, daß die

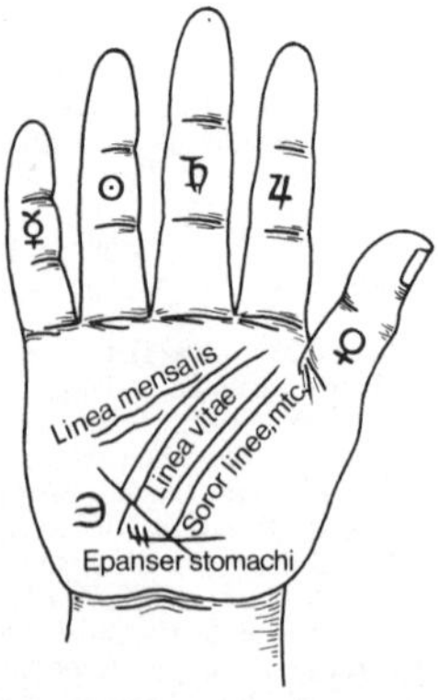

Hauptlinien der rechten Hand und ihre astrologische Zuordnung. In neuer Zeit ist folgende Zuschreibung verbreitet:
♃ = Ehrgeiz; ☿ = Geschäftssinn;
♄ = Unabhängigkeit; ♀ = Liebe;
☉ = Kunst, Herz; ☽ = Einbildungskraft.

Hand stellvertretend für den ganzen Menschen stehen kann. — Eindeutig chirologisch sind vedische Texte (um 1000 v. Chr.); chin. Ch.-Texte sind vermutlich noch älter. Ein früher Zeuge abendländischer Ch. ist Aristoteles. In den folgenden Jh.en läßt sich noch keine klare Trennung zwischen Chiromantie und Ch. durchführen; außerdem ist die Handlesekunst z. T. eng verbunden mit alchimistischen und anthropologischen Lehren (z. B. gelten die einzelnen Finger als von bestimmten Planeten »regiert«; Entsprechendes gilt für die Handinnenformen: Venus-, Jupiterberg usw.). So veröffentlichte z. B. 1644 John Bulwer, der sich vornehmlich mit Alchimie und dem Studium des Neuplatonismus beschäftigte, eine *Chirologia. Die natürliche Sprache der Hand.* → Fludd und Paracelsus sind bedeutende Vertreter der Ch. in späterer Zeit; bis ins 18. Jh. war die Ch. sogar an dt. Universitäten vertreten.

Aristoteles nannte die Hand »das Organ der Organe«, → Carus sprach vom »merkwürdigsten Kapitel der Symbolik menschlicher Gestalt« und Anthropologen des 20. Jh.s begründeten die Sonderstellung des Menschen in der Evolution mit der Ausbildung der Hand. Die Ps. untersucht und deutet die Produktionen der *Ausdruckshand* (Ausdrucksps.) — Geste, Gebärde, Schrift — und die Funktionen der *Arbeitshand* (Berufs-, Arbeitsps.). Ein Übergang von der Ps. zur Ch. kann da gesehen werden, wo Psychologen die Hand als konstitutionstypisch sehen *(Konstitutionshand),* wie etwa Kühnel (1932).

In der zeitgenössischen Ch. gibt es keine einheitliche Systematik; allen Betrachtungsweisen liegt aber die Vorstellung zugrunde, daß der Mikrokosmos »Hand« den Makrokosmos »ganzheitlicher Mensch« abbildet. Auf der Landkarte der Hand werden seelische und geistige Areale lokalisiert und ausgedeutet. Bei einigen Autoren findet eine Parallelisierung zwischen räumlichen Modellen der psychischen Organisation (z. B. dem topischen Modell Freuds) und der räumlichen Realität der Hand statt.

Daneben aber gibt es noch immer Verbindungen zur Astrol.: Dabei werden Häuser des Horoskops mit bestimmten Handarealen gleichgesetzt.
Die meisten Chirologen deuten die Linke im Sinne angeborener Persönlichkeitsmerkmale, die Rechte als Träger der erworbenen und individuellen Möglichkeiten (dahinter steht die Vorstellung, daß der Mensch sich sein Leben mit der Rechten schafft; entsprechend gilt die chirologische Regel bei Linkshändern umgekehrt).
Die Ch. ist ein Grenzgebiet der Ps., das die Psychologen wegen seiner Nähe zur Chiromantie weitgehend vernachlässigt haben. Es ist deshalb von besonderer Bedeutung, daß Jung ein Vorwort zu einem chirologischen Werk schrieb (Spier 1955). — Nach ihrem Selbstverständnis hat die Ch. keine Berührungspunkte mit der Pps. Bei einzelnen Chirologen darf man allerdings vermuten, daß sie Sensitive sind, ihre Informationen paranormal erwerben und durch die Hand oder den Handabdruck als → Psychischem Induktor bewußt werden lassen.
Lit.: Benham 1900; Dürckheim/Mangoldt 1966; Gettings 1965.

Chiromantie, auch *Chiromantik,* Wahrsagung aus der Hand, Zukunftsdeutung aus Handinnenformen und -linien. Diese noch heute lebendige Vorform der → Chirologie ist Gegenstand pps. Forschung. Für den Fall, daß sich entsprechende Aussagen verifizieren lassen, ist die Hypothese, Hand oder Handabdruck fungierten als → Psychischer Induktor (psychometrisches Objekt) wahrscheinlich berechtigt. Sonderformen der Ch., z. B. das Erkennen von Buchstaben in Handlinien (z. B. die Anfangsbuchstaben vom Namen des künftigen Ehepartners) verdienen besonderes Interesse; soweit sie nicht auf Scharlatanerie beruhen, kann in ihnen ein Mechanismus der → »Steigrohre des Unbewußten« gesehen werden: Die unbewußte paranormale Information steigt auf und wird mit Hilfe einer optischen Illusion realisiert — ein Beleg dafür, daß die Bewußtseinsschwelle keine Demarkationslinie, sondern ein Übergangsfeld ist.
Lit.: D. Hill 1972; Rakoczi 1970.

Chirosophie, altertümlicher Ausdruck für die Handlesekunst (→ Chirologie), der von Ernst Issberner-Haldane in seinen Schriften *Wissenschaftliche Handlesekunst* (1925) und *Der Chiromant. Aus der Praxis eines Chirosophen* (1932) wieder aufgegriffen wurde.

Chirothesie, vor allem im kath. Sprachgebrauch das Heilen durch Handauflegen. → Bernhard von Clairvaux soll an einem Tag 11 Blinde und 18 Lahme durch Ch. kuriert haben. 34 Chirotheten — darunter auch Bernhard von Clairvaux — wurden heiliggesprochen.

Chirurgie, mediale → Geist-Chirurgie.

Chorea St. Viti → Veitstanz.

Chresmologe, besonderer Typ des antiken Wundermannes: Orakelsammler und -deuter. Mehrere Weissagungssammlungen wurden fiktiven Ch.n zugeschrieben, um ihren Wert zu erhöhen; zahlreiche Namen vermutlich authentischer Ch.n überlieferten Aristophanes und Thukydides.

Chris, 9 Jahre alter Bastardrüde des George H. Wood, trat in den 50er Jahren mehrfach im amer. Fernsehen auf. Ch. konnte durch Klopfen mit der Pfote Zahlen anzeigen und so das Ergebnis mathematischer Operationen mitteilen. Wörter lernte er über einen Zifferncode buchstabieren und war so auch »verbaler« Antworten fähig. Zu seinen berühmtesten »hellseherischen« Leistungen zählt die richtige Angabe des Ergebnisses eines Baseballspieles, das gerade zu Ende gegangen war und das noch keiner der Anwesenden kannte. → Pratt vermutet, daß Wood sensitiv war, ohne sich dessen bewußt zu sein, und seinem Hund unwillkürlich Zeichen gab.
Lit.: Wood/Cadoret 1958.

Christaller, Helene (1872—1953), dt. Schriftstellerin. In der Novelle *Spuk* (ersch. in der Sammlung *Geheimnisse des Lebens,* Basel o. J.) schildert sie, lit. verfremdet, einen Spukfall in einem schwäbischen Pfarrhaus, den sie seinerzeit mit ihrem Ehemann, der dort (1894—1902) Pfarrer war, erlebt hatte. → Moser interviewte die Schriftstellerin und nahm deren Bericht in ihr Werk *Spuk* (Bd. 1), ergänzt um eigene Nachforschungen, auf. Die Vorgänge begannen mit Geräuschphänomenen (u. a. Schritte), dann bewegte sich das Geschirr in der Küche von allein und »etwas« planschte mit Wasser. Höhepunkt und Ende der Ereignisse war die nächtliche Erscheinung eines Phantoms: ein rumpfloser Männerkopf. Der Spuk wurde mit der Selbsttötung (1790) des Sohnes eines früheren Pfarrers in Verbindung gebracht. Nachforschungen ergaben, daß auch vor der Pfarrzeit Ch.s bereits Spukmanifestationen in dem Haus beobachtet worden waren.

Lit.: Moser 1950: 167—181.

Christian Science [engl.; Christl. Wiss.], 1866 von Mary Baker-Eddy (→ Eddy) gegründete Glaubensgemeinschaft, die sich 1879 als Kirche organisierte. Ihre Anhänger lehnen im Krankheitsfall eine medikamentöse Therapie ab; der ärztliche Beruf gilt als Götzendienerei. Denn da die Materie nur als wesenloser Schein gilt, Gott jedoch als allmächtig und Inbegriff alles Guten, kann er Krankheit nicht wollen, so daß ein *kranker* Mensch in erster Linie ein *sündiger* Mensch ist, der rasch gesunden wird, sobald er wieder auf dem rechten Wege wandelt (→ Suggestion, → Hypnose). Aufgrund eigener Erfahrung der Stifterin wird die Genesung nur durch Gebet und Lektüre der *Schrift* erhofft (heute weniger die Bibel, als vielmehr *Science and Health* von M. Baker-Eddy, das Werk, auf dessen Gedankengut sich die Bewegung vor allem stützt). Der Mutterkirche in Boston sind einige 1000 Gemeinden unterstellt.

Lit.: Dessoir 1917: 240—48; Zweig 1931.

Christina von Stommeln (1242—1312), dt. christl. Ekstatikerin und Visionärin, seliggesprochen. Bei ihren oft ganz- oder gar mehrtägigen Gesichten und Zuständen scheint gelegentlich auch Paranormales (ASW und PK) aufgetreten zu sein. Katalepsie leitete gewöhnlich ihre Erfahrungen ein:

»Da fiel die Jungfrau plötzlich in eine solche Verzückung, daß sie in allen ihren Sinnen unbeweglich und am ganzen Körper erstarrt war und kein Lebenszeichen mehr von sich gab... Man konnte gar kein Atemholen mehr an ihr bemerken«, berichtet als Augenzeuge der ihr nahestehende schwed. Dominikanermönch Petrus von Dacien († 1289), ihr »Seelenführer« (Benz 1969: 243.)

Während dieses Zustands war das Bewußtsein, so scheint es, ausgeschaltet; mit dem Abklingen der Katalepsie kehrte es jedoch allmählich zurück und nahm teil an der vermutlich schon früher einsetzenden visionären Schau. Auch diese war manchmal von körperlichen Phänomenen begleitet, etwa dem Auftauchen eines »blumengeschmückten Kreuzes« auf der linken Handfläche (→ Dermographismus). Bei einem anderen Typus ihrer Ekstasen fehlte die kataleptische Initialphase: Die Verzückte verrichtete während des Gesichts bei Ausschaltung ihrer Sinne und des Bewußtseins weiter eine mechanische Tätigkeit (etwa Spinnen). — Ausführlich werden bei Ch. v. St. physische Phänomene beschrieben, die auch von anderen Ekstatikern berichtet werden: akustische (»Jauchzen«, »Jubeln) und motorische (Zittern, Schütteln) Erscheinungen begleiten die Euphorie — die Seele »springt« im Leibe, nennt es Meister → Eckhart. — Bemerkenswert ist eine bestimmte Form von Auditionen der Ch. v. St.: die »himmlische Musik«, die die »Entraffte« hört, wird auch von Zeugen wahrgenommen und irgendwo »zwischen Brust und Kehlkopf« der Visionärin lokalisiert:

»Als sie einst vom Herrn redete, wurde sie plötzlich vom Geist ergriffen, und ihr Körper wie ein Kreisel... in die Runde getrieben, mit solcher Schnelle, daß man wegen der Heftigkeit der Umdrehung nicht mehr die Form ihrer Glieder unterscheiden konnte. Als sie eine Zeitlang also umgelaufen, ruhte sie, als ob die Heftigkeit nachgelassen, mit allen ihren Gliedern; nun begann aber zwischen Kehlkopf und Brust ein wundersames Singen, das niemand zu begreifen ... Nur das Fließende der Musik und die Tonfolge war in diesem Gesang; die Worte der Melodie aber, wenn man dergleichen je Worte nennen kann, klangen in gänzlich unbegreiflicher Weise mit ein [man vgl. dazu die *scats*, »sinnlose« Silben im geistlichen und weltlichen Lied nordamer. Neger]. Indes ging weder aus ihrem Mund noch aus ihrer Nase ein Ton oder Hauch hervor; denn nur innerhalb der Brust war diese engelgleiche Melodie beschlossen. Alle Glieder ihres Leibes waren indessen in tiefster Ruhe, und ihre Augenlider wie bei einem Schlafenden geschlossen ... Als sie ... erst recht zu sich kam, und von den anderen erfuhr, was sie getrieben, floh sie vor Scham und Bestürzung davon.« (Görres 1927: 210 f.)

Lit.: Benz 1969: 242—47, 438; Görres 1927: 146—49, 169, 210 f.; Wollersheim 1859.

Chromatoskopie, Unterscheiden von Farben durch Tasten bei verbundenen Augen. S. a. → Dermooptik.

Lit.: Tanagra 1926.

Cicero, Marcus Tullius (106—43 v. Chr.), röm. Staatsmann, Redner und Schriftsteller. Von seinem vielseitigen Werk ist vor allem *De divinatione* (»Über die Wahrsagung«) pps. relevant. Auf Platon zurückgehend unterscheidet C. zwischen »technischer oder induktiver« und »natürlicher oder intuitiver« → Divination. Für die erste Gruppe bringt er Beispiele des Deutens von Eingeweiden oder Blitzen, das Loswerfen u. a., zur zweiten Gruppe rechnet er die Weissagung in Ekstase und den Wahrtraum:

In Megara nächtigen zwei Freunde in verschiedenen Häusern. Der eine erscheint dem anderen im Traum und bittet ihn, seine Ermordung zu verhindern. Der Träumer erwacht, hält das Ganze nur für einen Traum und schläft wieder ein. Wieder erscheint ihm der Freund und bittet ihn, wenn er ihm schon das Leben habe nicht retten können, wenigstens seinen Tod zu rächen. Der Wirt habe ihn ermordet, die Leiche auf einen Wagen geworfen und mit Mist bedeckt. Die Angaben erweisen sich als wahr, der Wirt ist überführt. *(De divinatione* I, § 27.)

In seiner Grundhaltung skeptisch, räumt C. dennoch ein:

»Ich denke, daß es wirklich eine Weissagung gibt, das heißt, das, was die Griechen *mantike* nannten. Wenn wir die Existenz von Göttern annehmen, deren Geist die Welt regiert und deren Güte über das Menschengeschlecht wacht, so sehe ich keinen Grund, die Möglichkeit der Weissagung zu bestreiten.« *(De legibus* II §§ 32 f.)

Lit.: Finger 1929.

Cideville, im Pfarrhaus zu C., einem Städtchen in Nordfrankreich, kam es vom 26. 11. 1850 an zu einer Reihe von Spukereignissen: Es begann mit Klopfen, und wenn man sang, klopfte es im Takt. Dann flogen Steine und Haushaltsgeräte herum, und Tische levitierten. Man vereinbarte mit dem Geist einen Klopfcode, und der Geist beantwortete Fragen durch eine bestimmte Anzahl von Klopfzeichen. Ein Gespenst wurde gesehen, ein Nagel, an der Stelle seines Erscheinens in den Boden getrieben, wurde rotglühend, und eine Person, die man in Verdacht hatte, der normale oder paranormale Urheber der Erscheinungen zu sein, hatte anderentags eine Gesichtsverletzung. Der Pfarrer verprügelte den Gezeichneten, dieser klagte, und die Pps. verdankt diesem Umstand die Gerichtsprotokolle der Zeugenvernehmungen. Bei aller Bizarrerie und trotz der erheiternden Merkwürdigkeiten verdient der Fall doch Interesse, da er mit einem imponierenden Zeugenaufgebot aufwarten kann. — Aufgeklärt wurden die Vorgänge nicht, doch irgendwie waren 2 Schüler am Geschehen beteiligt; das paßt zu dem Muster, daß Pubertierende oft Bezugspersonen im Spuk sind.

Lit.: Halifax 1944; Kaufmann 1970: 102 f.; Lang 1903/04; de Mirville 1851; Thurston 1955: 117—23.

Cinder Woman → Spontane Selbstverbrennung.

Clairaudience → Hellhören.

Clairvoyance [frz.; Hellsehen], auch im engl. amer. und dt. Sprachgebrauch üblich, heute svw. Hellsehen; das Wort stammt aus der Zeit der Magnetiseure (frühes 19. Jh.); seine Bedeutung lag zunächst nicht fest. So verstand → Ochorowicz darunter ein pseudooptisches Durchdringen eigentlich undurchsichtiger Gegenstände, also etwa das Lesen verschlossener Briefe, und der dt. Neurologe und Hypnoseforscher L. Loewenfeld *(Werke* → Bibl.*)* gebrauchte C. nur im Sinne von Präkognition.

Clarendon, Stadt in der Provinz Quebec (Kanada), war 1889 Ort spukhafter Vorgänge: Im Haushalt des Landwirts Dagg wurden auf unerklärliche Weise Speisen verunreinigt, Gegenstände fortgeschafft, Fenster eingeworfen; Brände brachen aus und Wasserpfützen bildeten sich in der Wohnung. — Nach einiger Zeit sprach der unsichtbare Poltergeist mit den Anwesenden, ja, es gelang ihm sogar, mit einem Bleistift zu schreiben; dabei blieb »er« unsichtbar, man sah bloß die Bewegung des Stiftes.
Vermutlich war ein 11jähriges, von der Familie adoptiertes Mädchen Agentin der Ereignisse. Zusammen mit anderen Kindern sah es eines Tages auch eine phantomartige Gestalt.
Lit.: Thurston 1955: 227—39.

Clementine, Katze, bekannt aus der Kasuistik des → Psi-trailing. Ihre Besitzer verzogen von Dunkirk, New York, nach Denver, Colorado, und ließen sie bei ihren Nachbarn zurück. Sie verschwand dort und tauchte 4 Monate später in Denver auf. Ihre Identifikation war u. a. dadurch möglich, daß sie an den Vorderpfoten je 7 Zehen hatte.
Lit.: Greenhouse 1973: 148.

Cloudbuster [engl.; Wolkenzerstörer], von → Reich entwickelter Apparat, der, *Orgonenenergie* abstrahlend, das Wetter beeinflussen sollte:

»Es waren keine Wolken zu sehen. Er [Reich] installierte einen C., richtete ihn auf eine bestimmte Region am Himmel und entfernte die Kappe von den Röhren. Nach eineinhalb Stunden verschloß er die Röhren wieder, baute den C. ab und kündigte an, wir könnten in etwa 8 oder 9 Stunden Regen erwarten, wenn seine Überlegungen stimmten. Das war um 12.30 Uhr mittags. Abends gegen 21 Uhr begann es zu regnen, ein leichter Nieselregen, der bis morgens 5 Uhr dauerte.« (Raknes 1973: 79.)

Cock-Lane-Geist, paranormale Störungen in Cock Lane, Smithfield (bei London), im Jahre 1762. Die Manifestationen bestanden aus Raps und Objektbewegungen ohne erkennbare menschliche Einwirkung und waren auf die 12jährige Elizabeth Parsons ausgerichtet. Eine untersuchende Kommission bedrängte das Mädchen so, daß sie zu sehr plumpen Täuschungsmanövern griff; die ursprünglichen Phänomene dagegen scheinen echt gewesen zu sein. — Der Poltergeist gab vor, der »Geist« einer ermordeten Vorbewohnerin des Hauses zu sein.
Lit.: Anonym 1762; Elliot 1852; Lang 1894.

Cocktailparty-Phänomen, selektives Wahrnehmungsvermögen auf akustischem Gebiet: Im Stimmengewirr einer Gesellschaft z. B. vermag jemand einer ganz bestimmten Erzählung genau zu folgen.
Extrem ausgebildet scheint diese Fähigkeit des Rapports zur Zeit der alten Magnetiseure gewesen zu sein. Zahlreich sind die Berichte, nach denen Somnambule bei regen Unterhaltungen nichts hörten als bestimmte, an sie gerichtete Sätze, auch wenn diese nur geflüstert worden waren.
Lit.: Cherry 1967.

College of Psychic Studies → Garrett, Eileen.

Columba von Rieti (1467—1501), ital. Ekstatikerin. Äbtissin in Perugia, von der die Hagiographen neben Hellsehen und Präkognition, dem Charisma, der → Durchsicht und der Asitie auch Levitationen berichten. Außerdem soll sie aus ihrer verschlossenen Kammer verschwunden sein (Teletransportation), und als einige Männer sie vergewaltigen wollten, »wurde sie unter ihren Händen wie Stein, und sie vermochten sie nicht von der Stelle zu bewegen«.
Lit.: Görres 1927: 82—93.

Comenius, latinisierte Form von Komensky, Jan Amos (1592—1670), tschech. Priester und Pädagoge; Hrsg. der berühmtesten Sammlung von Visionen (1657) aus der

Zeit des Dreißigjährigen Krieges: *Lux in tenebris* (»Licht im Schatten«), die die Visionen → Kotters und der → Poniatovia enthält.

Lit.: Benz 1969; Blekastrad 1969; Yates 1975.

Communication de pensées [frz.; Kommunikation der Gedanken], seit dem frühen 19. Jh. gelegentlich in den Schriften der Magnetiseure für Gedankenübertragung, Telepathie.

Communigraph, der »Ashkir-Jobson-Communigraph« ist eine der neuzeitlichen Varianten des bereits von dem röm. Historiographen Ammianus Marcellinus beschriebenen »Wahrsagetischs« (→ Tischrücken): Unter einem kleinen Tisch kann ein freischwingendes Pendel beim Ausschlag Metallplättchen berühren, die die Buchstaben des Alphabets repräsentieren. Ist der Kontakt geschlossen, leuchtet der entsprechende Buchstabe auf einer Mattscheibe auf dem Tisch auf.

Compton, Elizabeth J. (geb. 1830), amer. Waschfrau, 1875 als PK-Medium entdeckt. Sie soll während der Sitzungen, nachdem man sie im Kabinett gefesselt hatte, in Trance die sehr komplizierten Fesseln abgestreift haben und als Phantom »verwandelt« im Sitzungszimmer aufgetaucht sein. Die behauptete Verwandlung bestand in Gewichtsveränderung, → Elongation, verjüngtem Aussehen u. ä.

Lit.: Olcott 1875.

Conceptophonie [von lat. *conceptus;* Einfall, Begriff, Vorstellung, und griech. *phone;* Stimme], Wortvorschlag von → Resch für das paranormale Zustandekommen von Stimmen auf Tonträgern (meist Tonband); vgl. → Psychophonie.

Conrad-Martius, Hedwig (1888—1966), dt. Philosophin und Biologin. Mit ihrem Hauptwerk *Der Selbstaufbau der Natur* (1944) trat sie das Erbe → Drieschs in der Naturphilos. an. Sie postuliert, daß dem Lebendigen etwas eignet, das zwar weder physisch noch psychisch ist, keineswegs aber als transzendent angesehen werden darf: Es handelt sich dabei »um die eigenen inneren Bedingungen der Natur« (C.-M. 1949: 138), objektive, aber nicht physische Faktoren. Damit wird, und das ist auch für die Pps. von Belang, der Gegensatz zwischen Leib und Seele in gewisser Weise aufgehoben. — Ebenfalls für die Pps. von Interesse ist C.-M.' Stellung zur → Kausalität. Sie ist der Ansicht, »daß die exakt-naturwiss. Betrachtungsweise der Natur — so wichtig sie zunächst nach ihren empirischen Ergebnissen ist — die wahren vollkausalen Begründungszushg.e mit *ihrer* Methodik gar nicht zu erreichen imstande ist. Sie bezieht sich grundsätzlich immer nur auf funktionelle Bedingungskausalitäten, während sich doch in Wahrheit sowohl die organische wie die anorganische Natur aus ihr selbst zugrunde liegenden Potenzialitäten (z. B. unter anderem entelechialer Art) zu ihrer vollen substantiellen Gestaltungswirklichkeit erhebt.« (Koch 1968: 60.)

Constant, Alphonse-Louis → Lévi, Eliphas.

Convulsionäre, im Jansenismus, einer volksreligiösen kath. Bewegung des 17. und 18. Jh.s, breiteten sich seit 1731 (zum ersten Mal bei einem Kranken, der sich während einer religiösen Zusammenkunft auf den Grabstein eines Volksheiligen, des Abbé François von Paris, gesetzt hatte) epidemisch Konvulsionen aus; es folgte inspiriertes Reden, das oft die Bildung und die normale Beredsamkeit der sog. C. überstieg; außerdem werden paranormale Inhalte (erfüllte Weissagungen) behauptet.

Lit.: Kreyher 1818 I.

Cook, Florence, gen. »Florrie«, seit 1874 verh. Corner (1856—1904), engl. Materialisationsmedium. Schon in ihrer Kindheit soll die C. »übersinnliche« Erfahrungen (Stimmen, Gesichte) gehabt haben. Mit 15 lernte sie das Tischrücken als Gesellschaftsspiel kennen; dabei ereignete sich angeblich eine Levitation C.s. Später trat Automatisches Schreiben auf und in weiteren

Sitzungen — einige zusammen mit dem engl. Medium Frank Herne — erneut Levitationen; einmal wurde C. dabei von unsichtbarer Hand entkleidet. Ihre bekannteste Trancepersönlichkeit war »Katie → King«, die, allmählich voll materialisiert, gleichsam als Hausgenossin bei dem Medium lebte — was für den Ehemann mancherlei Probleme aufgeworfen haben soll. Katie King behauptete, John → Kings Tochter zu sein; irdischer Sünden wegen müsse sie büßen, und Teil ihrer Buße sei es, Zeugnis für die jenseitige Welt abzulegen. — Später trat eine andere Kontrolle, »Marie«, auf, die sich mehrfach, z. B. 1899 während einer Sitzung in Berlin, materialisierte. — Auch die beiden Schwestern der C. waren medial begabt, vor allem Katie C., die ebenfalls Materialisationen produzierte. → Wallace will einer dieser Materialisationen, die er von London her kannte, in New York bei einer Sitzung mit einem anderen Medium wiederbegegnet sein.

Die Leistungen der C. sind umstritten; Trevor Hall, ein engl. Vermessungsbeamter und pps. Autor, hält sie für eine Betrügerin und behauptet, daß → Crookes, immerhin ein sehr angesehener und bedeutender Gelehrter, der die Erscheinung alles in allem 44mal fotografiert sowie Katie King mehrfach gesehen, sie berührt hat (er schwärmte von der »vollkommenen Schönheit ihres Gesichts«) und sich für die Echtheit verbürgte, eine Liaison mit C. hatte und deshalb ihre Betrügereien deckte. Die Sitzungsbedingungen waren jedenfalls so, daß es in vielen Fällen ausgeschlossen scheint, daß das Medium selbst, etwa in Transfiguration, als »Katie King« auftrat; so wurde z. B. durch das sich in Trance befindende Medium im Dunkelkabinett ein elektrischer Strom geschickt und außerhalb des Kabinetts der Ausschlag am Galvanometer verfolgt: Während sich »Katie King« zeigte, muß C. völlig bewegungslos gewesen sein. Auch andere Forscher verbürgten sich für die Echtheit des Phantoms, so etwa → Aksakow, der es bei zwei Séancen sah und sprach. Ein Herr Volkmann, der »Katie« für das Medium hielt, griff nach ihr und, so wird behauptet, erlebte, daß sie Arme und Beine verlor und aus seinen Händen verschwand. → Marryat, die alle großen engl. und amer. Medien ihrer Zeit kannte, schreibt:

»Katie (d. h. das von Fräulein Cook losgelöste Phantom) stellte sich an die Wand des Salons mit ausgestreckten Armen, wie wenn sie gekreuzigt wäre. Man zündete drei große Gasflammen an, die alles sehr gut beleuchteten, Katie blieb noch etwa eine Sekunde wie zuvor stehen, dann begann sie sich nach und nach aufzulösen. Zuerst wurden die Züge verschwommen, die Augen traten in die Augenhöhlen zurück, die Nase verschwand ebenso wie die Stirn. Dann schienen die Glieder sich aufzulösen und in Stücken auf den Boden zu fallen. Zuletzt blieb noch ein Stück des Kopfes und ein Haufen weißer Kleider, dann verschwand alles.« (Zit. n. Richet 1923: 386 f.)

Lit.: Aksakow I 1894: 228 f., 238–69; Crookes 1871, 1874, 1923; Edmunds 1966; Hall 1962, 1965; Marryat 1891, 1894; Wallace 1908.

Coombe-Tennant, Winifred Margaret Serocold, gebrauchte als Medium das Pseudonym Mrs. Willett (1874—1956), engl. Automatistin. Sie war kein Berufsmedium, sondern arbeitete als Friedensrichterin und Politikerin; ihre medialen Fähigkeiten hatten sich nach dem Tode ihrer Tochter entwickelt. C.-T. war wesentlich an den → Kreuz-Korrespondenzen beteiligt. Als *Palm Sunday Case* (»Palmsonntagsfall«) wurde eine Reihe automatischer Niederschriften der C.-T. aus der Zeit 1912—18 bekannt, die sich auf das Privatleben A. J. → Balfours bezogen: Die angebliche Urheberin der Botschaften war Mary Lyttelton, mit der Balfour sich verloben wollte und die an einem Palmsonntag gestorben war. C.-T. schrieb in der Regel nicht in Trance, sondern bei vollem Bewußtsein, dennoch verstand sie ihre Texte oft selber nicht. — Ein Beispiel aus dem *Palm Sunday Case:*

»Die May Flower — das Schiff, das in die Neue Welt fuhr. Aber es ist kein Schiff, über das ich rede, ich will von einer Person sprechen ... Ein schlankes Mädchen,

mit sehr vollem Haar in zwei schweren Zöpfen ... Was hat sie mit *Coma Berenice* zu tun?«
Der Text ist in zweierlei Hinsicht interessant. Er zeigt, wie in die Niederschrift *Deutungen* der paranormalen Information durch das Medium mit einfließen: *May Flower* [engl.; Maiblume] steht für ein Mädchen, aber gleichsam die erste Assoziation des Mediums dazu ist nicht das Mädchen, sondern ein hist. Faktum, das Schiff *May Flower* (mit dem die Pilgrim Fathers 1620 in Cape Code, Massachusetts, landeten). Außerdem werden Anspielungen gemacht, die C. offensichtlich *nicht versteht:* May bezieht sich auf Mary Lyttelton, die — im Mai geboren — in der Familie »May« gerufen wurde. Auf dem Sterbelager wurde Mary Lytteltons Haar abgeschnitten, und Balfour erhielt eine Strähne davon, die er in einem Kästchen aufbewahrte. (Haaropfer gehörten in der Antike zu den die Hochzeit vorbereitenden Riten.) *De Coma Berenice* ist ein Gedicht von Catull über die Römerin Berenice, die im Tempel ihr Haar für die sichere Heimkunft ihres Gemahls opferte. —

Im Herbst 1929, ein halbes Jahr vor dem Tode Balfours, besuchte ihn die C.-T. Bei der Musik eines Beethoventrios fiel sie in Trance und schilderte, wie »jemand« (von Balfour als Mary Lyttelton gedeutet) kam und sich zu Balfour hinunterbeugte. C.-T. betonte, es sei kein Phantom gewesen, sondern habe sich um eine *Wahrnehmung des geistigen Auges* gehandelt: vielleicht ein »Abzapfen« von Erinnerungen Balfours, die die Musik bei ihm ausgelöst hatte? — Nach C.-T.s Tod trat W. H. Salter (1880 bis 1970; Präsident der S. P. R. 1947/48) an → Cummins heran, mit der Frage, ob sie Botschaften der verstorbenen Mutter eines Majors C -T. empfangen könne. Das Medium wußte nicht, daß »Mrs. Willett« und C.-T. identisch waren, und im Laufe von 3 Jahren entstand eine Serie automatisch empfangener Nachrichten, die scheinbar von C.-T. stammten, Daten aus deren Familienleben betrafen und teilweise auch den Balfour-Lyttelton-Komplex berührten — darunter eine Beschreibung der Ereignisse in Balfours Zimmer 1929:

»Vor einigen Jahren verbrachte ich eine seltsame Stunde in einem Zimmer, als einer von dreien. Wir hörten große Musik, und alles war voll Friede. Aber die Musik trug mich nicht hinweg. Sie rief einen unsichtbaren Toten herbei ... eine Frau in altmodischem Kostüm. Sie entstammte einer anderen Epoche ... so anziehend, die verkörperte Jugend ... mit schwerem wunderschönem Haar ...«

Lit.: G. Balfour 1935; J. Balfour 1960; Cummins 1965; Heywood 1959.

Cooper, Blanche, engl. Medium, bekannt durch → Buchtests, psychometrische Sitzungen und Direkte Stimme. → Soal experimentierte mit ihr in den Jahren 1921/22. Während der Sitzungen schienen verstorbene Bekannte Soals durch das Medium mit ihm zu sprechen. In einem bemerkenswerten Fall kommunizierte er dabei mit einem totgeglaubten Bekannten, Gordon Davis, von dem sich 1925 herausstellte, daß er noch lebte. C. hatte in der Séance Einzelheiten aus der Jugend Davis' mitgeteilt, die Soal kannte, außerdem aber auch Daten, die sich auf die derzeitigen Lebensumstände Davis' bezogen und die 1925 verifiziert wurden. In der Sitzung agierte »Davis« jedoch als Verstorbener. — Soal, selbst Automatist, machte in diesen Sitzungen mit C. die wichtige Feststellung, daß das Medium Fragen ausweichend oder gar nicht beantwortete (»... ich kann jetzt nichts sagen, ich will's später versuchen ...«), wenn Soal die richtige Antwort deutlich bewußt war. Waren ihm die Antworten jedoch selbst nicht recht klar (sondern halb oder ganz ins Unterbewußte abgesunken), erfolgte die richtige Aussage durch das Medium wesentlich prompter. Das wirft Licht auf jene Fälle — wie etwa Mrs. → Piper —, in denen das Medium nebensächliche Jugenderinnerungen des Konsultanten erwähnt, das »Wesentliche« aber auszusparen scheint.

Lit.: Soal 1926.

Cooper, James Fenimore (1789—1851), amer. Schriftsteller; Verfasser der »Lederstrumpf«-Erzählungen. In Rochester (New York) war C. Mitglied des Komitees zur Untersuchung der Phänomene der Geschwister Fox (→ Hydesville). Später entwickelte er selbst mediale Fähigkeiten.

Coover, John Edgar (1872—1938), amer. Psychologe, der als einer der ersten (1912) in der ASW-Forschung mit Karten experimentierte. Bei seinen 10 000 Versuchen mit Spielkarten (den Satz zu 40 Karten) arbeitete er mit 97 Agenten und 105 Perzipienten. Die positive Abweichung von 44 von der Zufallserwartung (250 Treffer auf 10 000) ist nach heutiger Auffassung → signifikant, dennoch wertete C. das Ergebnis nicht als Indiz für ASW. — *Werke* → Bibl.

Lit.: Thouless in Proc. SPR *April 1935.*

Cordovero, Moses ben Jakob (1522—1570), Kabbalist aus Córdoba, lebte in Safed (Palästina); sein hebr. geschriebenes, erstmals 1584 gedrucktes Hauptwerk *Pardes rimmonim* (»Der Granatapfelhain«) stellt eine der tiefgründigsten Einführungen in die Problematik des Seins der Symbole dar:

»Man hat das Verhältnis des göttlichen Seins zu seinen mystischen Qualitäten dem der Seele zum Leib verglichen. Das Bild leidet aber darunter, daß Leib und Seele verschieden gedacht werden, nämlich materiell und spirituell. Eine solche Scheidung in der Gottheit aber wäre blasphemisch.«

Die Kabbala C.s ist der Vorläufer der Lurianischen; indes die Lit. hat C. gelegentlich als Theoretiker, Isaak → Luria aber als »praktischen Kabbalisten« gezeichnet. Dieses Bild ist falsch: C. verfügte über genuine mystische Erfahrungen, und er und sein Lehrer Salomo Alkabez hatten ein besonderes Verfahren, die Spontaneität in der Eingebung zu erhöhen (Scholem 1967: 440).

Corpus ibi agere non potet, ubi non est [lat.; der Körper vermag dort, wo er nicht ist, nicht zu handeln], scholastische Maxime, die durch eine erwiesene → Bilokation widerlegt wäre.

Cottin, Angélique (geb. 1833), besaß als 13jährige bei körperlicher Gesundheit, aber leichter geistiger Anomalie vorübergehend die merkwürdige Fähigkeit, Gegenstände, die sie berührte, momentan anzuziehen, die dann genauso rasch wieder vor ihr zurückzuckten. Ein 75 kg schwerer Backtrog sprang dabei immerhin 30 cm hoch. Die »Kraft« ließ sich auch durch einen Seidenfaden oder durch ein Stück Papier leiten; die Phänomene traten aber nur auf, wenn C. den Boden berührte, außerdem fanden sie meist zwischen 19 und 21 Uhr statt und schienen vor allem von der linken Körperhälfte auszugehen. Neben den genannten Erscheinungen wird auch noch das blitzschnelle Lösen bzw. Schürzen von Knoten behauptet. Mehrere Personen waren Zeugen der Phänomene, darunter die behandelnden Ärzte.

Tenhaeff verweist im Zushg. mit C. auf Versuche des Frankfurter Physiologen G. Oppenheim, der experimentell aufgrund elektrostatischer Hautladung Erscheinungen hervorrief (Haften bzw. Abstoßen von Gegenständen), die eine gewisse Ähnlichkeit mit den Phänomenen der C. zeigten. C. war Strumpfwirkerin, was eine Hautaufladung begünstigen dürfte; unklar ist jedoch, wieso ein Berühren des Bodens isolierend wirken soll, so daß das Problem vorerst ungelöst bleibt.

Lit.: Harnack 1905; Lafontaine 1851; Mondeil 1937/38; Oppenheim 1933; de Rochas 1906: 554—63; Tanchou 1846; Tenhaeff 1957: 47—49.

Couéismus, von dem frz. Apotheker Emile Coué (1857—1926) entwickelte Autosuggestionstherapie. Coué war von den Arbeiten der → Nancyer Schule (Bernheim, Liébault) beeinflußt; seinen Patienten suggerierte er: »Ich habe keine Heilkraft, nur Sie selbst!« — Vorgeschrieben war die Übung, 20mal morgens und abends den Satz zu sagen: »Mir geht es in jeder Hinsicht täglich besser und besser.« In den 20er Jahren war der C. eine sehr populäre Therapie.

Lit.: Baudouin 1926 a, b; Coué 1925.

Covert response, auch *covert behavior* [engl.; verborgene Reaktion, verborgenes Verhalten], ein von Watson (→ Behaviorismus) 1913 geprägter Begriff, der Reaktionen bezeichnet, die nur mit Hilfe entsprechender Apparate nachgewiesen werden können — z. B. Denkprozesse, da ihnen kaum wahrnehmbare Muskelbewegungen zugeordnet sein sollen (vgl. → Muskellesen sowie → Autogenes Training).

Cox, William Edward (* 1879), engl. Pionier der Pps. In der Lit. wird C. meist als »Serjeant C.« erwähnt, da er von Beruf *Serjeant-at-Law* (altertümlich für einen bei höheren Gerichten zugelassenen Anwalt) war. C. forschte auf pps. Gebiet, noch bevor die S. P. R. ins Leben gerufen wurde, und gründete dann eine Psychological Society for Great Britain zum Studium paranormaler Phänomene. Mit → Crookes zusammen betrieb er die ersten Untersuchungen → Homes; die spiritistische Interpretation lehnte er ab und schlug vor, eine hypothetische »psychische Kraft« *(psychic force)* als Ursache der parapsychischen Erscheinungen anzunehmen. — *Werke* → Bibl.

Cox, William Edward (* 1915), amer. Parapsychologe; arbeitete zeitweilig als Zauberkünstler; seine Arbeiten zur Psychokinese, die er teilweise als Mitarbeiter Rhines in Durham leistete, trugen ihm den Spitznamen *»Mr. PK«* ein. — *Werke* → Bibl.

CR, 1. Abk. für *Critical Ratio* [engl.; kritischer Wert, kritischer Bruch]; die → Signifikanz eines quantitativen Experiments kann in einem CR-Wert ausgedrückt werden. CR bezeichnet das Verhältnis der tatsächlich beobachteten gegenüber der typischen Abweichung vom mathematischen Erwartungswert (bei der üblichen Versuchsanordnung mit → Zener-Karten beträgt der Erwartungswert 5). Bestimmte Konventionen legen fest, wann der Wert des kritischen Verhältnisses *signifikant* genannt werden kann (→ Deviation).
2. Abk. für *Conditioned Response* [engl.; bedingter Reflex].
Umwandlungstabelle CR in Wahrscheinlichkeitswerte (P = Probability, Wahrscheinlichkeit):

CR	P
1,00	0,32
1,75	0,080
2,00	0,046
2,30	0,021
2,50	0,012
3,00	0,0027
3,50	0,00047
4,00	0,000063
5,00	0,00000057
6,11	0,000000001

Craddock, Frederick Foster, engl. professionelles Materialisationsmedium, das mehrfach dabei ertappt wurde, selbst als »Phantom« zu agieren. Dennoch wird ein paranormaler Anteil der Darbietungen behauptet: C. war bei den Auftritten in Trance, und in einem Fall soll sich ein Teil der Maskerade des Pseudophantoms dematerialisiert haben (vgl. → Bastian). C. trat seit den 70er Jahren des 19. Jh.s bis etwa 1930 als Medium auf.
Lit.: Bradley o. J.

Crandon, Mina Stinson, bekannt als »Margery« († 1941), das umstrittenste der berühmten amer. PK-Medien. C. wurde unter dem Einfluß ihres Ehemannes, eines bekannten Bostoner Chirurgen, Spiritistin. In Gegenwart der C. traten 1923 bei einer Séance Raps auf. Daraufhin arbeitete C. bis an ihr Lebensende an ihren medialen Fähigkeiten. Ihre → Kontrolle war ihr verstorbener Bruder Walter. Erstaunliche Dinge ereigneten sich während der Séancen: Uhren blieben zur vorher angekündigten Zeit stehen, Direkte Musik, Direkte Stimmen traten auf, das → Kabinett wurde von unsichtbaren Kräften zertrümmert. Erste Untersuchungen von → McDougall und → Murphy führten zu ersten Betrugsvorwürfen. 1923 fanden mit → Richet und → Geley Sitzungen in Paris statt, später mehrere in London, bei denen Harry → Price Zeuge zweier Tischlevitationen wurde, außerdem entstanden Psychofotos. Zurück in den USA, traten erstmals Lichterscheinungen auf, später materialisierte

Hände sowie Direkte Schrift. Eine Untersuchungskommission der Zeitschrift *Scientific American* kam 1924 zu keinem einstimmigen Ergebnis. → Carrington war von der Echtheit der Phänomene überzeugt, → Houdini nicht, andere waren sich ihres Urteils nicht sicher. Daumenabdrücke von »Walter« sind jedenfalls in einer späteren Sitzung betrügerisch manipuliert worden: Man ermittelte den Urheber, einen Bostoner Dentisten.

Lit.: Bird 1924, 1926/27, 1929; Carrington 1930; Crandon 1925; Dingwall 1925; H. Price 1933; Richardson 1928; Tietze 1973.

Crawford, William Jackson († 1920), irischer Naturwissenschaftler und Ingenieur, Professor an der Universität Belfast. C. trat 1916 mit dem Buch *The Reality of Psychic Phenomena* (»Die Realität der psychischen Phänomene«) an die Öffentlichkeit. Er beschrieb darin seine Experimente mit der → Goligher und deren Familie (ihr Vater, 3 Schwestern, ein Bruder, ein Schwager: der sog. Goligher-Zirkel). C. bezeugt eine Vielzahl psychokinetischer Phänomene, darunter Tischlevitationen, Ektoplasmaproduktion und paranormale Geräusche. C. arbeitete mit Tonaufnahmen, Fotoapparat und Waage. Er und die Teilnehmer der Sitzungen, die unentgeltlich mitmachten, waren überzeugte Spiritisten. Einige seiner Versuche verliefen etwa so:

Rotlicht, der Zirkel der Familienangehörigen, in der Mitte Tisch oder Stuhl, außerhalb des Kreises das Medium (meist nicht in Trance) auf einer Waage sowie 2 Beobachter und der Versuchsleiter C. Wenige Minuten nach Beginn der Sitzung hört man die ersten Klopfzeichen (sie werden lauter, sind 2 Stockwerke weit vernehmbar), der Fußboden zittert, Geräusche wie Ballonplatzen, Pferdetrab, Tritte; nach einer Viertelstunde bewegt sich der Tisch, schwebt einige Minuten, steigt auf und ab, schaukelt und dreht sich. Eine Handglocke steigt auf und läutet in verschiedenen Klangfarben, die Teilnehmer spüren Berührungen. Nach etwa anderthalb Stunden tritt der Höhepunkt ein: Der Tisch erhebt sich, obwohl ein schwerer Mann auf ihm sitzt, oder der Tisch ist so schwer, daß man ihn nicht heben kann, oder er schwebt und kann nicht heruntergedrückt werden. Während des Experiments wurden Instruktionen an die »Operatoren«, die hypothetischen Gäste aus einer anderen Welt, gegeben, etwa, den Tisch so hoch als möglich schwebend zu halten: Er schwebte in ca. 1,20 m Höhe. Die Operatoren teilten sich meist durch → Raps, seltener durch Sprechen des Mediums in Trance mit. Meist war das Medium bei Bewußtsein, die Arme starr, und sein Gewicht hatte etwa um das des Tisches zugenommen, wie die Tabelle zeigt:

Versuchs-Nr.	Gewicht des Tisches in kg	Gewichtszunahme des Mediums absolut in kg	in % des Tischgewichtes
1	4,70	4,52	94,0 %
2	4,70	4,76	101,0 %
3	4,76	4,59	96,4 %
4	2,72	2,55	93,7 %
5	2,83	2,66	94,0 %
6	1,24	1,30	104,5 %

Die Datenschwankung interpretierte C. dahingehend, daß auch andere Zirkelteilnehmer an der Levitation mit etwa 5 % beteiligt waren; er ging dabei davon aus, daß die Operatoren die Waage nicht direkt manipulierten. Weiter nahm C. an, daß *Kraftlinien (psychic rods,* psychische Gerten*)* vom Medium, meist etwa in Höhe der Fußknöchel, ausgingen, sich verfestigten und dann die Levitation bewirkten (→ Cantilever). Diese Verfestigungen (Balken oder Röhren, daher auch »Balkentheorie«) sind meist unsichtbar; es gelang aber auch, Fotos von ihnen zu machen. Sie fühlten sich »wie die Haut eines Reptils« an.

C. setzte seine Untersuchungen bis zu seinem Tod (Selbsttötung) fort. Kontrollexperimente durch die S. P. R. wies er zurück. → Carrington, der 2 Sitzungen beiwohnte, erklärte nach der ersten die Phänomene für echt, nach der zweiten, 4 Jahre später, glaubte er, das Medium habe betrogen. 20 Sitzungen 1922 blieben ohne Manifestationen (Fournier d'Albe 1922). — Es ist schwer, allgemeine Schlüsse aus den Ergebnissen C.s zu ziehen; weder lassen sich *alle* von ihm beobachteten Phänomene mit Hilfe seiner Theorien erklären, noch liefen Sitzungen bei anderen Medien in vergleichbarer Weise ab. — *Werke* → Bibl.

Lit.: Schrenck-Notzing 1920: 116—79.

Croiset, Gérard (* 1910) holländ. Heilpraktiker, Magnetopath und Sensitiver, der vor allem von → Tenhaeff, aber auch von → Bender, → Neuhäusler u. a. untersucht und beobachtet wurde. Bekannt wurden seine sog. → Platzexperimente oder Greifversuche, beides auf Präkognition hin angelegte Experimente.

»Am 12. 2. 1955 setzte sich der Schiffszimmermann Hakvoort aus Urk, einem kleinen Fischerdorf am Rande des Ijsselsees, der früheren Zuiderzee, telefonisch mit Herrn Alpha (= Croiset) in Verbindung. Das Gespräch wurde auf Tonband aufgenommen. Er teilte ihm mit, daß seit dem Nachmittag des Vortages ein kleiner Junge, Jelle Schenk, verschwunden sei. Herr Alpha, der niemals in Urk gewesen war, hatte sogleich Eindrücke, die er beschrieb. Er sah eine Kaianlage, unter der Wasser hindurchläuft. In der Nähe ein Lagerhaus, eine dunkle Scheune oder etwas ähnliches. Dann eine Schiffsanlegestelle. Wie in manchen anderen Fällen auch, gab Herr Alpha nun ein Koordinationssystem an: er empfahl, eine Linie von dem Lagerhaus zur Anlegestelle zu ziehen und dann eine zweite Linie, die im rechten Winkel zur Kaianlage läuft. Am Schnittpunkt der beiden Linien sollte die Leiche des vermißten Kindes liegen. Diese Angaben entsprachen nicht den Erwartungen, denn man hatte das Wasserbecken schon einmal vergeblich abgesucht, und nach Ansicht des Wärters der Entwässerungsanlage, Herrn Scheffer, hätte das Kind, wenn es ertrunken wäre, durch die starke Strömung wesentlich weiter herausgetrieben sein müssen. Bevor das Becken zum zweiten Mal abgesucht wurde, rammte man an der von Herrn Alpha bezeichneten Stelle einen Pfahl ein. Dort wurde dann tatsächlich das ertrunkene Kind gefunden.« (Tenhaeff 1974: 287 f.)

Gérard Croiset

C. lieferte bei Versuchen mit → Zener-Karten nur durchschnittliche Ergebnisse; seine ASW-Leistungen waren dann am besten, wenn die Situation, über die er eine Aussage machte, eine Beziehung zu seinem eigenen Leben hatte. Besonders oft waren seine Angaben im Hinblick auf Vermißte zutreffend, die ertrunken waren; C. selbst wurde mit etwa 8 Jahren von einem Spielkameraden ins Wasser gestoßen, ein Passant konnte ihn gerade noch retten. — Auch als Heiler glaubt C. aufgrund eigener Jugenderfahrungen vor allem bei einer Krankheit (Kinderlähmung) besonderen paranormalen Erfolg zu haben. Untersuchende Ärzte haben den heilenden Effekt bestätigt, vermuten aber eine besondere psychische Bindung zwischen Therapeut und Klient als Ursache der Heilung.

Lit.: Bender 1957; Pollack 1965; Tenhaeff 1957.

Crookes, Sir William (1832—1919), bedeutender engl. Physiker und Chemiker, Entdecker des Thalliums (1861), von 1896 bis 1899 Präsident der S. P. R. Auf dem Gebiet der Pps. interessierte er sich vor allem für die physikalischen Phänomene des Mediumismus; er arbeitete u. a. mit den Medien Florence → Cook und → Home und entwickelte dabei verschiedene Apparate zur technischen Kontrolle der Phänomene. Nach → Richet beginnt mit C.' Arbeiten die »wiss. Periode« der Pps.

Zwar gab C. nach einiger Zeit diese Experimente wieder auf, doch er verleugnete seine »pps. Phase« nie, und nach 1916, dem Todesjahr seiner Frau, glaubte er, mit dem Geist der Verstorbenen zu kommunizieren. — *Werke* →Bibl.

Lit.: Barrett 1920; Hall 1962; Lodge 1924; Tischner 1923, 1925.

Cross-Telepathy [engl.; Kreuz-Telepathie], im Kreis um → Hodgson, → Lang und → Sidgwick gebildete Hypothese zur Erklärung der → Abwesenheitstelepathie: Sie besagt, daß das Medium über das Unbewußte eines Anwesenden den Rapport zu dem betreffenden Abwesenden herstellt. Ein dt. Begriff für dieses Phänomen hat sich nicht eingebürgert; gelegentlich findet sich neben C.-T. auch in der dt. Lit. die frz. Bezeichnung *Télépathie à trois.*

Crowley, Aleister, eigtl. Edward Alexander C., Pseudonyme: *To Mega Therion* [griech.; das große Biest], Gérard Aumont, Frater Perdurabo u. a. (1875—1947), engl. Magier, Lyriker und Gründer mehrerer esoterischer Orden, der sich als Mittler zwischen den verborgenen Mächten und den Menschen verstand. Seine Maxime: »Tue, was du willst, soll das ganze Gesetz sein«, wurde allerdings vielfach mißverstanden: Es ist nicht der Aufruf zur schrankenlosen Willkür, sondern die fast fatalistische Erkenntnis, daß das Ich dem Geschehen ausgeliefert ist.

C. beschäftigte sich mit dem → I Ging und dem Tarot und gründete 1920 in Cefalù auf Sizilien seine Abtei Thelema, in der er zusammen mit seinen Anhängern magische, sexualokkulte und drogenbedingte »bewußtseinserweiternde« Erfahrungen anstrebte, wobei ein exzessives bisexuelles Liebesleben für sein Verständnis von Magie von Bedeutung war. 1923 wurde er aus Italien ausgewiesen. — C. besaß die Fähigkeit des Automatischen Schreibens, und er glaubte, Geister beschwören zu können. Berichte von mehreren Zitationen liegen vor, aber es läßt sich kaum entscheiden, ob die Effekte der Beschwörung über Illusion bzw. Halluzination hinausreichten. Ggf. müßte die Pps. annehmen, daß der Glaube an transzendentale Mächte und an die Wirksamkeit des Ritus zu einem psychischen Ausnahmezustand führen, in dem latente paranormale Fähigkeiten aktualisiert werden und sich als Raps, Spuk, vielleicht sogar Materialisation (Phantom) objektivieren. — *Werke* → Bibl.

Lit.: Cannel 1951; Fritsche 1970; Grant 1973; Maugham 1975; Symonds 1971.

Cumberlandismus, abgeleitet von Stuart C. *Cumberland,* dem Pseudonym von Charles Gardner, einem Pseudo-Gedankenleser; svw. → Muskellesen. 1884 trat Cumberland in Berlin auf; → Dessoir versuchte sich daraufhin selbst im C. und entdeckte dabei die Technik des Muskellesens.

Cummins, Geraldine Dorothy († 1968), irische Schriftstellerin, die 1923 bei sich die Fähigkeit des → Automatischen Schreibens entdeckte; bis 1943 verfaßte sie so 9 hist. Romane aus der Zeit des Frühchristentums (z. B. *Die Schriften des Cleophas, Paulus in Athen, Die großen Tage von Ephesus*), angeblich alte, verlorengegangene Schriften, die hier mit Hilfe einer → Kontrolle rekonstruiert wurden. Fachleute bestätigen, daß aus diesen Texten erstaunliche hist., theologische und geographische Kenntnisse sprechen, die der Autorin nicht bewußt gewesen sein können. Allerdings mag sie in ihrer Jugend als Tochter eines Professors sehr viele wiss. Daten beiläufig gehört haben. Durch C. schrieben außerdem noch der verstorbene → Myers: *The Road to Immortality* (»Die Straße zur Unsterblichkeit«) und »Mrs. Willett« (→ Coombe-Tennant): *Swan on a Black Sea* (»Schwan auf einem schwarzen See«). Die Geschwindigkeit der automatischen Produktion der C. war erstaunlich: Einmal — am 16. März 1926 — wurden in 65 Minuten 1750 Wörter notiert. — Neben den automatischen Texten schrieb C. Novellen, Dramen und Essays zur Pps. Zusammen mit einem Arzt arbeitete sie in therapeutischen Sitzungen: Ihre Anwesenheit sollte das Aufsteigen unbewußter psychischer Inhalte beim Patienten begünstigen. — *Werke* → Bibl.

Lit.: Edmunds 1966; Heywood 1970.

D

Dacqué, Edgar (1878—1945), dt. Paläontologe und Naturphilosoph; sah in der Psi-Begabung ein entwicklungsgeschichtlich frühes, normales Vermögen des Menschen; erst im Laufe der Evolution soll die sinnliche Wahrnehmung die außersinnliche überlagert haben. ASW- und PK-Manifestationen betrachtete D. als oft sinnlos erscheinende Einbrüche des → Archaischen in die Gegenwart. — *Werke* → Bibl.

Lit.: Ringger 1959.

Dajo, Mirin → Mirin Dajo.

Dämmerzustand, längere Bewußtseinsunterbrechung mit mangelhafter und/oder verfälschter Wahrnehmung der Außenwelt; gelegentlich von → Amnesie gefolgt.

Dämon, im homerischen Griechenland neben *theos* eine Bezeichnung für die Gottheit. Theos bezog sich auf den in Kult und Mythos greifbaren personalen Gott, D. mehr auf das göttliche Vermögen, die besondere Kraft der Überirdischen, die Schicksalsmacht. In der spätantiken Vorstellung (etwa seit Platon) versteht man unter D. ein höheres Wesen, gut oder böse, göttlich, aber nicht eigtl. ein Gott; in der Gnosis werden die D.en den Engeln in etwa gleichgestellt. Im Christentum der ersten Jh.e wurden die »heidnischen« Götter, deren Existenz nicht bezweifelt wurde, zu bösen Dämonen. Im D.englauben des MA., und im neuzeitlichen Verständnis der → Besessenheit kamen ambivalente Tendenzen des Christentums zum Tragen. Die Ps. sieht heute in den D.en Projektionen und Objektivationen innerpsychischer Qualitäten; die magischen D.enbeschwörungen erscheinen auf diesem Hintergrund als autotherapeutische Maßnahme, als Versuch, die eigene Persönlichkeit zu integrieren und zu kontrollieren.

Lit.: v. Petersdorff 1956/57; Rodewyk 1963.

Dämonomanie [von griech. *mania;* Wahnsinn], Besessenheitswahn, die pathogene Vorstellung, mit Geistern, Teufeln o. ä. in Verbindung zu stehen; paranoides und hysterisches Symptom. Das Urteil »pathogen« wird zwar im Rahmen eines bestimmten kulturellen Bezugssystems gefällt, ist aber dennoch von krankheitsgeschichtlichem Wert.

Dänemark, Hersch, Oberrabbiner aus Siebenbürgen, der in den 40er Jahren des vorigen Jh.s in Österreich, Deutschland, Frankreich und der Schweiz öffentlich auftrat; seine Produktionen können als Vorläufer der späteren → Buchtests gesehen werden.

Über seinen Auftritt am 26. 9. 1842 in Basel lesen wir: »Der Rabbi ließ von einer Anzahl aus der dortigen Universitätsbibliothek herbeigeschaffter hebräischer Bücher durch die Gesellschaft, welche aus Universitätsprofessoren und Geistlichen bestand, ein beliebiges auswählen, ließ von den Anwesenden die Zahl einer Seite des Buches und eine Zeile auf derselben nennen und gab augenblicklich die auf diesen Stellen enthaltenen Worte an. Er bezeichnete mit dem Finger eine Stelle des zusammengeschlagenen Buches und las dieselbe sofort. Er hieß jemanden den Finger oder eine Stecknadel in irgendeine Stelle eines beliebigen hebräischen Buches legen oder ein Blatt an einer Ecke umschlagen und nannte die unten und oben von der Nadel, dem Finger oder der Ecke des Blattes berührten Stellen, oder er ließ mit einer Stecknadel mehrere Blätter durchstechen und gab die Zahl der durchstochenen Blätter sowie das Wort an, auf dem die Nadelspitze stehengeblieben war.« (Kreyher 1880 I: 154 f.)

Daniel, frommer Jude des A. T.; das biblische Buch D., entstanden um 165 v. Chr., enthält den Bericht eines merkwürdigen Ereignisses, das sich bei einem Gelage des letzten babylonischen Königs Belsazar zutrug und als das berühmte »Menetekel« in den Sprachgebrauch einging: »Alsbald aber kamen Finger einer Menschenhand hervor, die schrieben gegenüber dem Leuchter auf den Kalk der Wand des königlichen Palastes. Als nun der König die Fingerspitzen der Hand, die da schrieb, gewahrte, erbleichte des Königs Antlitz . . .« (Dan. 5,5 f.). Mehrfach ist darauf verwiesen worden, daß hier ein → Pattern beschrieben wird, das im neuzeitlichen physikalischen Mediumismus wiederbegegnet (in jüngster Zeit z. B. bei → Manning).

Danov, Peter (1864—1944), Begründer der »Weißen Brüderschaft«, einer Bewegung in Bulgarien, die mit einer Art Eurhythmie die »Entfaltung der Seele« fördern wollte. Anhänger bezeichnen D. als Propheten, der vom Stern »Alfeola« zur Erde gekommen sei. Er proklamierte 1914 das Zeitalter des Wassermanns.

Däumeln, Begriff aus dem Umkreis des württembergischen Pietismus: In einem Buch, meistens der Bibel, wird ohne hinzusehen geblättert und mit dem Daumen irgendeine Textstelle bezeichnet, die dann als göttlicher Wink, als Orakel (Bibliomantie), verstanden und ausgedeutet wird. S. a. → Mörike.

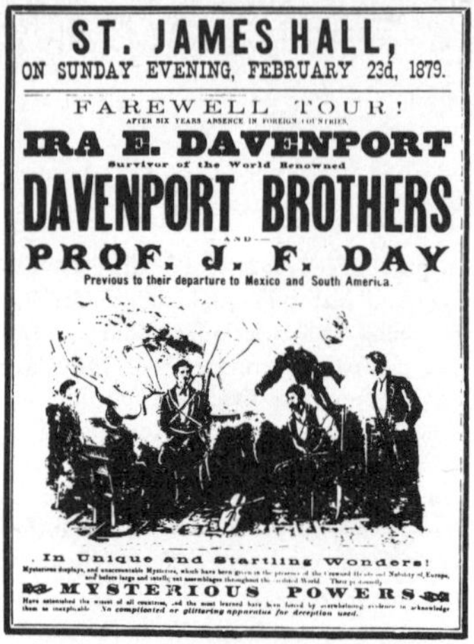

Ankündigung einer Veranstaltung der Davenport-Brothers.

Davenport-Brothers, Ira Erastus (1839 bis 1877) und William Henry (1841—1911), amer. Medien, die vor großem Publikum auftraten. 1846 hörte man eines Nachts paranormale Geräuschphänomene in der elterlichen Wohnung; 4 Jahre später spielten die Kinder zusammen mit einer jüngeren Schwester »Tischrücken«: Raps, Botschaften im Klopfalphabet, zwanghaftes Automatisches Schreiben bei Ira waren die Folge; als Höhepunkt der Séance wird die gleichzeitige Levitation der 3 Kinder behauptet. Kurze Zeit später wurde zum erstenmal »John → King«, die → Kontrolle der D.-B., als Schemen gesehen, und bald darauf traten die Brüder in Amerika, Europa und Australien auf: Entfesselung (die Stricke wurden durch eine »Phantomhand« entfernt und gelegentlich anderen Sitzungsteilnehmern angelegt), Direkte Stimme, Schrift und Musik, Tischlevitationen u. a. standen auf ihrem »Programm« — mal bei Licht (nur die Schwester, die Brüder stets im Dunkelkabinett), mal in Dunkelsitzungen. Wiss. Prüfungen, u. a. durch ein Komitee von Harvard-Professoren, kamen zu verschiedenen Ergebnissen. Einen Teil der Phänomene hielt man für echt, in manchen Fällen schien Betrug vorzuliegen. S. a. → Verdoppelung.

Lit.: Cooper 1867; Nichols 1864, 1865.

David-Neel, Alexandra (1868—1969), frz. Orientalistin, die Jahrzehnte in Tibet lebte und ausgedehnte Reisen durch Süd- und Innerasien unternahm. Sie war die Adoptivmutter des 1955 verstorbenen Lama Yongden *(Werke* → Bibl.*)*. Ihre Berichte und Bücher über den Buddhismus sowie den Dämonen- und Götterglauben Tibets sind von tibetologischem und pps. Interesse. — *Werke* → Bibl.

Davis, Andrew Jackson, gen. der »Seher von Poughkeepsie« (1826—1910), führender Theoretiker des Spiritismus. 1843 lernte D. einen herumreisenden Mesmeristen, den »Elektro-Biologen« und »Professor der Jurisprudenz« (den Titel scheint er sich selbst verliehen zu haben) J. Stanley Grimes in Poughkeepsie, New York, kennen, der mesmerische Kuren mit → Phrenologie verbunden praktizierte. Grimes versuchte zunächst vergeblich, D. zu mesmerisieren, später aber gelang dem Dorfschneider das Kunststück. D. entdeckte dabei, daß ihm in diesem Zustand Menschen durchsichtig erschienen und er ihre Krankheiten diagnostizieren konnte. Er arbeitete nun selbst als Heiler: mit Rezepten der Volksmedizin (»Rattenhaut, hinters Ohr geklemmt, hilft bei Taubheit«) und medialer Diagnose in den beiden von ihm gegründeten »Hellseh-Kliniken«; 1886 promovierte er in Medizin.

1845 begann D. sein philos. Hauptwerk *The Principles of Nature* (»Die Prinzipien der Natur«) in Trance zu diktieren: eine seltsame Mischung aus poetisch-visionärer Kosmologie und frühsozialistischem Gedankengut. Offenbart wurden ihm diese Kenntnisse 1844 in einer Trancesitzung durch 3 »höhere Geister«, einer davon war → Swedenborg, ein anderer → Galen. Tatsächlich finden sich Übereinstimmungen zwischen Texten D.' und Swedenborgschen Schriften — es läßt sich aber kaum klären, welche Bücher Swedenborgs D. gekannt haben könnte. Manche seiner astronomischen Behauptungen verblüffen. So spricht D. von 9 Planeten, Pluto wurde aber erst 1933 entdeckt. Andere Angaben sind jedoch eindeutig falsch.

Die → Hydesville-Ereignisse bewogen D. und die Mitarbeiter seiner Zeitschrift *The Univercoelum* (Wortprägung nach Swedenborgs *universum coelum*, Allhimmel) sich verstärkt der Propagierung und Kommentierung des Spiritismus zuzuwenden. Mit dem von D. eingeführten »Summerland«, dem paradiesischen Jenseits, liegt ein mittlerweile klassisches Bild der spiritistischen Erfahrung vor: Dutzende von Medien nach D. berichteten von dieser spirituellen Welt, »die zum Teil aus den Wünschen ihrer Bewohner geschaffen wurde«, wie Blundsdon (1961) definiert.

Pps. interessant sind D.' mediale Diagnosen und die Behauptung, beim Automatischen Sprechen hätte er sich u. a. eines korrekten Hebräisch bedient (→ Xenoglossie). — *Werke* → Bibl.

Lit.: Evans 1925.

Dean, Eric Douglas (* 1916), in den USA lebender engl. Chemiker, zeitweilig Mitglied des Forschungsstabs der Parapsychology Foundation; D. führte positive PK-Versuche durch, er verwandte physiologische Datenaufzeichnung im ASW-Versuch, und er untersuchte das Wünschelrutenproblem experimentell. — *Werke* → Bibl.

Deane, Ada Emma, engl. Psychofotografin. Auf den von ihr, z. T. unter strenger Kontrolle belichteten Platten zeigten sich unerklärliche Lichtspuren sowie Gesichter, von denen sich einige identifizieren ließen: So erhielt Allerton Cushman, Direktor der National Laboratories, Washington, in einer Sitzung auf einer von ihm mitgebrachten Platte das Foto seiner Tochter. — Das erste → Extra wurde 1920 entdeckt.

Lit.: Barlow 1933; Carrington 1925; Cushman 1921.

Deasil, magischer Schutzzauber der alten Schotten. Eine glückliche Heimkehr soll es bewirken, wenn man einen Abreisenden vor seinem Aufbruch dreimal in Richtung Sonnenumlaufbahn umkreist. Walter Scott (1771—1832) teilt in der *Chronik von Canongate* folgende Episode mit: Ein gewisser Robin Oig bricht zu einer Reise auf, seine Tante geht um ihn das D. und schreit plötzlich: »Du hast Blut an deiner Hand, und zwar englisches Blut!« — Am gleichen Abend ersticht Robin Oig einen engl. Viehhändler bei einem Wirtshausstreit. Unabhängig davon, ob diese Erzählung auf einer wahren Begebenheit beruht oder poetische Erfindung ist, illustriert sie einen bekannten Mechanismus: Durch eine vorgegebene Übung (meditative Technik oder rituelle Magie) wird ein Bewußtseinszustand erlangt, der aufnahmebereit macht für unbewußt empfangene ASW-Informationen. (Im zitierten Beispiel läßt sich allerdings auch ein Handeln des Robin Oig aus Erfüllungszwang denken.)

Lit.: Meyrink 1973: 430; Nielsen 1922: 230—32.

Decline effect [engl.; Absinkungseffekt], bezeichnet im quantitativen Experiment die Tendenz der Trefferzahlen bei positiven ASW-Versuchen innerhalb einer Versuchseinheit abzusinken; für die Erscheinung werden ps. Faktoren (Ermüdung, Gewöhnung) als Ursache vermutet.

1934 an der Duke University vorgenommene PK-Versuche mit Würfeln (die Vpn sollten das Fallen von Würfeln dahingehend beeinflussen, daß hohe oder niedrige Würfe, gerade oder ungerade Zahlen zustande kamen) erbrachten keine Treffersignifikanzen. Wohl aber erschienen → Rhine die Verteilung (→ Positionseffekt) und das *Absinken* der Trefferzahl innerhalb eines Versuchsdurchgangs signifikant. S. a. → Viertelverteilung.

Dédoublement [frz.; Verdopplung], Ausbildung eines → Doppelgängers, → Bilokation. — *Dédoublement de la personnalité* bedeutet Auftreten einer sekundären Persönlichkeit; → Persönlichkeitsspaltung.

Lit.: Azam 1890; Richet 1875: 348—78.

Dee, John (1527—1608), walisischer Mathematiker, Astrologe und Kristallomant, der, in der hermetischen Tradition der Renaissance wurzelnd, Mathematik, Kabbala und Alchimie miteinander zu verbinden suchte; Autor von etwa 50 wiss. Werken, die z. T. große Beachtung fanden und u. a. auf → Andreae und die Rosenkreuzer-Bewegung starken Einfluß ausübten. Sein wichtigstes Werk ist wohl die 1564 erschienene, pythagoräisch-kabbalistische Schrift *Monas hieroglyphica* (Übersetzung: Josten 1964).

Reisen auf dem Kontinent führten D. u. a. in das Prag Kaiser Rudolphs II. Dabei

Dee und der Totenbeschwörer Edward Kelley bei der Nekromantie. (Zeitgenössischer Holzschnitt.)

scheint er auch eine religiöse Reformbewegung ins Leben gerufen zu haben, deren Ziel die Aufhebung der religiösen Zersplitterung in einer mystischen philos. Harmonie war. Vorbild dieser Ordnung waren ihm die hierarchisch gegliederten Reiche der Engel. — Am 21. 11. 1582 will D. am westlichen Fenster seines Studierzimmers von einem Engel (»Uriel«) einen Kristall erhalten haben, der ihm als visionäres Hilfsmittel diente (vgl. Meyrinks Roman *Der Engel vom westlichen Fenster,* 1927). D. glaubte an die Realität der Engel und an die Möglichkeit, sich ihrer Dienste durch kabbalistische Magie versichern zu können. Die Verbindung von Engelsvisionen und Mathematik, die durch die Veröffentlichung seines »spirituellen Tagebuches« (durch → Casaubon 1659) offenbar wurde, diskreditierte den Menschen und Wissenschaftler D. für Jh.e.

Von D. werden einige PK-Manifestationen — Raps im Labor — berichtet; die Fälle sind aber von geringem Wert, da meist nur sein Assistent Edward Kelley, ein Advokat von zweifelhaftem Ruf, der Gewährsmann ist. Die Kristallvisionen D.s scheinen echte paranormale Elemente enthalten zu haben, und Teile seiner Werke erfolgten wahrscheinlich in Automatischer Schrift (Kiesewetter 1893). 1873 trat bei → Moses eine Trancepersönlichkeit auf, die sich durch Automatische Schrift mitteilte und behauptete, D. zu sein (es bestand keine Ähnlichkeit mit D.s Handschrift).

Lit.: French 1972; Webster 1677; Yates 1975.

Defixion [lat.; Anheftung], zauberische Maßnahme zum Schaden eine anderen: In Schrift oder Bild wird der betreffende auf eine *Fluchtafel* gebannt oder als *Defixionspuppe* dargestellt. Das ihn repräsentierende Objekt wird beschädigt (z. B. angebrannt, mit Nadeln durchstochen u. ä.), um auf diese Weise der Zielperson Schaden zuzufügen (→ Analogie). Weiß der Betroffene von der Maßnahme, und *glaubt* er an die Wirksamkeit der Praxis, so kann er sich u. U. autosuggestiv schaden, ja sogar den »Tabu-Tod« sterben (Schmidbauer 1975: 24 ff.). Hält man Telepathie oder PK für erwiesen, so muß man auch die Möglichkeit der Beeinträchtigung des Befindens einer Person durch eine andere auf paranormale Weise in Erwägung ziehen. Es bleibt zu überlegen, ob die magische Praxis den sie Ausübenden zu stärkerer paranormaler Leistung befähigt (vgl. auch → Magie; → Synchronizität).

Déjà-vu [frz.; schon gesehen], Form der *fausse reconnaissance* (falsches Wiedererkennen); die bei Gesunden, häufiger jedoch bei Kranken auftretende Gedächtnistäuschung, in einer neuen Situation, in bisher unbekannter Umgebung, das Gefühl zu haben, dasselbe schon einmal gesehen bzw. erlebt zu haben. Die verschiedenen vorgeschlagenen Erklärungen sind: 1. Erinnerung an Ähnliches; 2. Erinnerungsfälschung aufgrund psychischer Dissoziation, pathogene Umstände; 3. getrenntes Funktionieren eines unterbewußten Systems und des Bewußtseins könnte zu zweimaliger bewußter Erfahrung des gleichen Phänomens führen (Myers, *Proc. S. P. R.* XI); 4. echte Erinnerung an ein vergessenes präkognitives Erlebnis (z. B. Traum). Es sind Fälle bekannt, in denen eine Person sicher war, bei einem bestimmten Erlebnis müsse es sich um eine Erinnerungstäuschung handeln, und später zeigte sich, daß der Betreffende doch schon, z. B. im Alter von 2 Jahren, an diesem Ort war. Tenhaeff (1957: 290) reklamiert für einige Fälle des angeblichen D.-v. präkognitive Erfahrungen als Ursache.

Lit.: Bernard—Leroy 1898.

Delanne, Gabriel (1857—1926), frz. Ingenieur und der »wissenschaftlichste der frz. Spiritisten« (→ Flournoy); Hrsg. der *Revue Scientifique et Moderne de Spiritisme* und Autor einschlägiger Bücher. – *Werke* → Bibl.

Delboeuf, Joseph Franz (1831–1896), belg. Philosoph und Hypnoseforscher; untersuchte vor allem das *Zeitwissen* der Hypnotisierten und Somnambulen. Bei zweien seiner Vpn, ungebildeten Bauernmädchen, die kaum die Zeit von einer Uhr ablesen konnten und gewiß nicht imstande waren, Minuten in Stunden umzurechnen, erzielte er gute Versuchsergebnisse mit posthypnotischen Befehlen: Eine bestimmte Handlung sollte nach Ablauf einer festgelegten Frist erfolgen; die Frist wurde in Minuten – bis 3300 – angegeben (1892). Milne Bramwell, der D.s Versuche fortsetzte, erreichte noch erstaunlichere Ergebnisse: in einem Fall die richtige Ausführung eines Auftrags nach 21 434 Minuten (1913). Telepathische Suggestionen seitens der Versuchsleiter sind bei diesen Experimenten nicht wahrscheinlich, denn manchmal irrte sich der Versuchsleiter sogar beim Ausrechnen des Zeitpunkts, und dennoch hielt die Vp. ihn präzis ein (→ Kopfuhr). – *Werke* von D. und Bramwell → Bibl.

Deleuze, Jean Philippe François (1753 bis 1835), frz. Magnetiseur, hatte im Rahmen seiner Experimente bereits die meisten Phänomene entdeckt, die im Mediumismus der Jh.wende bekannt wurden; er war überzeugt davon, daß sie von intelligenten Wesen gesteuert wurden, zeigte aber eine gewisse Abneigung gegenüber der spiritistischen Hypothese. D., ein Schüler → Puységurs, zählte zu den vorsichtigen und kritischen Magnetiseuren; er warnte vor schwindlerischen Somnambulen und betonte, daß auch solche, die bereits gute Leistungen (z. B. in der medialen Diagnostik) erbracht haben, einmal schwerwiegend irren könnten.

Das »Fluidum« versteht D. als *principe vital*, als »Lebensprinzip«. »Da wir nicht verstehen können, wieso ein Körper, der sich in einem gewissen Abstand von einem anderen Körper befindet, auf ersteren einwirkt, ohne daß zwischen den beiden irgend etwas liegt, was eine Verbindung herstellt, vermuten wir, daß von dem Magnetisierenden eine gewisse Selbständigkeit ausströmt, die auf den Magnetisierten übergeht, einer vom Willen bestimmten Richtung gemäß. Diese Selbständigkeit ist es, die unser Leben in Gang hält und die wir magnetisches Fluidum nennen. Art und Wesen dieses Fluidums sind uns unbekannt; es ist noch nicht einmal bewiesen, daß ein solches wirklich besteht. Aber alles geht vor sich, als ob es bestünde, und das genügt uns, es als Tatsache anzunehmen ...« — Über die Substantialität der Seele sagt er: »Unter jenen, die sich mit dem Magnetismus beschäftigt haben, gibt es unglücklicherweise einige Materialisten. Ich kann nicht verstehen, daß so viele Erscheinungen, deren Zeuge sie gewesen sind, wie das Sehen auf große Entfernungen, die Gabe, etwas vorauszusehen, die Wirkungen des Willens, die Mitteilung von Gedanken ohne äußerliche Zeichen, ihnen nicht genügend Beweise für die Immaterialität der Seele waren.« (D. 1825; zit. n. Tenhaeff 1957: 102, 295.)

De Louise, Joseph, amer. Sensitiver; sagte am 16. 1. 1969 genau um 11 Uhr in Chicago voraus, 2 Züge würden südlich der Stadt zusammenstoßen und das größte Bahnunglück Chicagos seit 25 Jahren verursachen. Um 13 Uhr stießen, genau südlich der Stadt, 2 Züge zusammen, 47 Personen wurden verletzt, 3 starben.

Delpasse-Effekt → Psinergie.

Delphi → Orakel.

Delphin-Locken, nach einem Bericht über die Gilbert-Inseln (Mikronesien) gibt es dort Menschen, die die Gabe besitzen, Delphine anzulocken: Im beschriebenen Fall arbeitete (Meditation, Trance?) der »Lokker« in einer Hütte; nach mehreren Stunden sprang er heraus und versicherte, daß jetzt »unsere Freunde aus dem Westen« kommen würden. Tatsächlich kamen große Scharen von Delphinen, ließen sich über das seichte Wasser hinweg zum Ufer tragen, wurden dort mit Girlanden geschmückt und dann geschlachtet. — Schon → Bozzano beschreibt die »hypnotische Faszination aus der Entfernung« in einem afrikanischen Fall, wo Panther mental »gerufen« wurden.

Delrio, Antonio Martinez (1551—1608), span. Theologe (Jesuit), Dämonologe und Jurist. Seine Erfahrungen als Richter in Hexenprozessen schlugen sich in seinen außerordentlich einflußreichen *Disquisitionum magicarum libri sex* (»Sechs Bücher magischer Untersuchungen«) nieder. Das Werk ist von zeitgeschichtlichem Wert; es enthält, unkritisch referiert, für die Geschichte des Okkultismus wichtige Fallgeschichten.

Delta-Stadium, bei → Romains Bezeichnung eines hypnoiden Zustands, in dem → Paroptische Wahrnehmung möglich werden soll.

Dematerialisation, in der Pps. hypothetische psychokinetische Fähigkeit, einem Objekt seine materielle Substanz zu nehmen. Diskutiert wird dabei die Frage, ob eine Überführung in einen anderen Aggregatzustand anzunehmen ist oder der Transport in eine → Vierte Dimension oder eine so schnelle Bewegung im Raum, daß der Beobachter diese nicht mehr wahrzunehmen vermag. Der D. soll die *Rematerialisation* korrespondieren, d. h., die D. wird als Phase im Prozeß des Apports (→ Penetration) gesehen, wobei der Theorie zufolge das ur-

sprüngliche Objekt rematerialisiert wird. Es gibt jedoch auch die Vorstellung, daß sich aus der dematerialisierten Substanz, zumindest vorübergehend, ein anderes Objekt materialisiert.
Gegenstand der D. können sein: tote Gegenstände, lebende Organismen (Pflanzen, Tiere, aber auch Menschen oder einzelne Körperteile) und Materialisationen (Abbau ektoplasmatischer Substanz).
Die partielle D. des Mediums (verbunden mit der Vorstellung, aus dem dematerialisierten Organ werde ein »Phantom« materialisiert) wird gelegentlich behauptet. → Aksakow hielt den Fall der Mme. → d'Espérance für beweiskräftig: Man sah und ertastete den Oberkörper des Mediums, von den Beinen war angeblich nichts zu fühlen. Von 15 Sitzungsteilnehmern verbürgen sich aber nur 3 für die Echtheit des Phänomens. Bei einer Simulation des Experimentes konnte außerdem gezeigt werden, daß es im Schutz der Dunkelheit möglich ist, die Beine zwischen Lehne und Sitz eines Rohrstuhls, wie ihn das Medium benutzt hatte, nach hinten zu schieben, ohne die Kleidung dabei vom Sitz zu ziehen (Carrington 1907). – Auf einer Fotografie → Bien Boas sieht man die Gestalt des Mediums Eva C.; ihr linker Ärmel scheint leer: Liegt hier Täuschung vor, partielle D., oder schlüpfte C. aus den Kleidern und agiert als Phantom? → Richet ist der Meinung, »daß das anscheinende Leersein des linken Ärmels ... keinen sehr schweren Einwand darstellt«, denn man sieht »Evas Bluse, ihre Knie und den ganzen Körper so deutlich« (1923: 399). Für → Moser ist eben dieses Foto Betrugsindiz (1974: 658).

Demokrit (ca. 470/60 bis ca. 380 v. Chr.), griech. Philosoph, von dessen Schriften nur wenige Fragmente erhalten sind. Seine Lehre von den letzten unteilbaren Einheiten (»Atome«) und seine These, Affekte seien auf mathematisch faßbare Größen zurückzuführen, wirkten bis in die Gegenwart. – D. stellte auch eine naturwiss. Hypothese für die ASW auf, in der er die Information als physikalisch vermittelt betrachtete. Sein Werk *Über Bilder* ist verloren, die darin entwickelte Theorie wird aber bei Plutarch *(Moralia)* referiert: Sachen und Personen senden angeblich ständig »materielle Bilder« *(simulacra)* aus, die die Poren der Haut von Schläfern durchdringen und auf diese Weise in deren Träume gelangen. So weit soll ihm Epikur (341–270) gefolgt sein, nicht aber in der Ansicht, daß die »Bilder« Informationen über die geistige Tätigkeit und den Charakter der sie aussendenden Individuen transportieren. D. versuchte die unterschiedliche Qualität der Übertragung durch äußere (Wetterschwankungen) und innere Faktoren (Intensität der »Sendung«) zu erklären. Um das Phänomen der Präkognition verständlich zu machen, nahm D. »göttliche Bilder« an, d. h., er erkannte bereits das Problem der → Kausalität. Auch wußte er schon, daß Erregungszustände telepathische Phänomene begünstigen. – Sogar den → Bösen Blick erklärte D. mit seiner »Bildertheorie«.
Lit.: Dodds 1974.

Denken, psychischer Prozeß, der als das Herstellen von Beziehungen und das Erkennen von Bedeutungen betrachtet werden kann. Da D. sich wesentlich in der Selbstbeobachtung manifestiert, gibt es verschiedene Theorien über das D.; die ältere, die D. als bloße »Folge von Vorstellungen« definierte, gilt heute als überholt; hinzu treten »determinierende Tendenzen«, »Bewußtseinslagen« u. ä. m. Wichtiges Hilfsmittel des D.s ist die Sprache, doch ist die Denkleistung nicht einfach als ein inneres Sprechen zu verstehen. Für die Ps. heißt die kleinste Einheit des Denkerlebnisses *Gedanke*, außerhalb der Ps. versteht man unter einem Gedanken auch wesentlich komplexere geistige Zushg.e.
Vor diesem Hintergrund ist es außerordentlich problematisch, von → Gedankenübertragung zu sprechen. Die mögliche pa-

ranormale Übertragung eines Gedankens (im ps. Sinn) ist grundsätzlich zwar nicht auszuschließen, aber das Konzept der Telepathie umfaßt weitere Bereiche, einschließlich der unbewußten, als die der Gedanken. Der Begriff »Gedankenübertragung« stammt aus der Zeit der Assoziationsps., die D. als Kette von Vorstellungen verstand, und ist in diesem hist. Kontext zu sehen.

Denton, William (1823—1883), Geologieprofessor in Boston; versuchte, → Buchanans Ergebnisse zur → Psychometrie in 30jähriger Arbeit und mit Tausenden von Experimenten zu überprüfen. Seine Vpn waren seine Ehefrau, sein Sohn und seine Schwester Anna Cridge. Die Vp. blieb meist im Wachzustand, das psychometrische Objekt wurde in der Regel etwas oberhalb der Augenbrauenlinie (bei geschlossenen Augen der Vp.) gehalten; manchmal ergriff die Vp. das Objekt und zeichnete die Vorstellung, die im Zushg. mit diesem Gegenstand in ihr auftauchte. Bekannt wurde das Experiment vom 17. 10. 1872: D.s Sohn Sherman erhielt ein Stück Stuck aus dem Haus des röm. Geschichtsschreibers Sallust (86—35 v. Chr.) in Pompeji — selbstverständlich ohne daß man ihm sagte, um was es sich dabei handelte. Er sprach daraufhin zushg.los von einem Fluß, der Ankunft von Schiffen, beschrieb die Stadt, ihre Bewohner (Kleidung, Mahlzeiten, Spaziergänge, Theater, Prozessionen) und eine Feuersbrunst.

Auch in der geologischen Forschung operierte D. mit der Psychometrie, die er physikalisch erklärte. Strahlen sollen Ereignisse und Objekte in der diese jeweils umgebenden Materie abbilden; aber alle Ergebnisse D.s lassen sich mit der Telepathie-Hypothese erklären.

D. war auch der erste, der versuchte, von Materialisationen → Abdrücke in Paraffin zu erhalten. In der Folge entstanden immer wieder Abdrücke, aber auch plastische Formen aus einem Guß, die Gliedmaßen und Gesichter zeigten, die nicht mit dem Aussehen des Mediums übereinstimmten. — *Werke* → Bibl.

Depersonalisation [lat.; Entpersönlichung], Zustand der Selbstentfremdung, Störung des Ich-Erlebnisses und der Außenwelterfahrungen. Den Begriff dürfte der Psychologe Gerardus Heymans eingeführt haben:

»Unter D. ist ein momentan sich einstellender, meist auch schnell vorübergehender Zustand zu verstehen, während dessen alles, was wir wahrnehmen, uns fremd, neu, eher Traum als Wirklichkeit zu sein scheint; die Menschen, mit denen wir uns unterhalten, auf uns den Eindruck machen, bloße Maschinen zu sein; auch die eigene Stimme uns fremd, wie diejenige eines anderen, in die Ohren klingt; und wir im allgemeinen das Gefühl haben, nicht selbst zu reden und zu handeln, sondern nur als müßige Zuschauer unser Handeln und Reden zu beobachten.« (Heymans 1904: 321.)

Lit.: Oesterreich 1906/07.

Dermographismus [von griech. *derma;* Haut, und *graphein;* schreiben], in der Medizin die sichtbare Hautreaktion bei mechanischer Reizung. Außerdem sind Fälle bekannt, in denen eine Vorstellung oder unbewußte psychische Inhalte ausgeprägten D. hervorriefen: Bei der stigmatisierten »Nonne von Dülmen« (→ Emmerich) zeigte sich auf der Brust ein Y-förmiges Kreuz, dessen Vorbild wohl ein Kreuz in der St.-Lambert-Kirche in Coesfeld war, vor dem sie oft betete. Charles H. Foster, ein Amerikaner, produzierte sich 1860 in England: Er konnte Wörter auf seiner Haut erscheinen lassen. Von der Stigmatisierung über das Muttermal bis zur in Hypnose suggerierten Brandblase wollte man Phänomene dem D. zuordnen, dabei werden allerdings physiologische Abnormitäten und die Unterschiede zwischen einer simplen Rötung und komplexen, u. U. symbolischen, graphischen Darstellungen unzulässig verwischt. Es ist in erster Linie ein Problem der Physiologie zu erklären, wie manche Menschen anscheinend nur aufgrund von Vorstellungen oder unbewußten Bildern Hautzeichnungen hervorrufen können. Pps. relevant sind allerdings die von → Osty, → Richet u. a. 1928 vorgenommenen Untersuchungen an dem Medium Olga Kahl. Frau K. soll gedachte Worte oder Bilder als D. auf der Haut der Unterarme und der Brust realisiert haben. Beispielsweise schrieb die Ehefrau des frz. Neurologen Professor Bernard Cunéo in einem Nebenzimmer etwas auf einen Zettel, faltete ihn zusammen, kam zurück und gab ihn Richet, der ihn in die Tasche steckte. Frau Kahl bat daraufhin Frau Cunéo, mit der Hand kurz ihren Arm zu berühren. Unmittelbar danach bildeten sich an der Berührungsstelle die Buchstaben SAB NI. Auf dem Zettel stand Sabine; für das »I« war im D. Raum gelassen, das Schluß-I des D. kann als angefangenes »E« betrachtet werden; vor allem aber glichen sich das S der Handschrift und das S des D. formal. Dieser Umstand spricht gegen die → Flüsterhypothese. Man denkt bei solchen Erscheinungen nicht an ein psychokinetisches Einwirken einer anderen Person auf die Haut des Mediums, sondern meint, daß der Organismus selbst den D. bewirkt, nachdem das Unterbewußte des Mediums telepathisch das Zielbild erfahren hat.

Dermooptik, Hautsehen; ein Erfahren von Farben oder geschriebenen Texten durch die Haut (meist die der Fingerspitzen), das der optischen Wahrnehmung entspricht. Man spricht auch von einem »dermal-optischen Sinn«, »Par(a)optik«, *eyeless sight* [engl.; augenloses Sehen] und neuerdings in der Sowjetunion von »Bio-Introspektion«. In 3 Wellen wurde das Hautsehen in den letzten beiden Jh.en für eine bestimmte Zeit populär. Zur Blütezeit des animalischen → Magnetismus waren mehrere Fälle bekannt, die z. T. mit verschiedenen Experimenten überprüft wurden. Ein Mädchen in Kerners *Geschichte zweier Somnambulen* (1824) besaß diese Fähigkeit, ferner die Somnambule Koch (Kiesers Archiv 10,3) und der Knabe Arst, der mit den Zehen »sah« (ebd. 3,2). In den 20er Jahren unseres Jh.s beschäftigte sich mit dem Phänomen der frz. Universitätsprofessor Louis Farigoule, bekannter als Schriftsteller unter dem Pseudonym Jules Romains, der in seinem Buch *La Vision extra-rétinienne et le Sens paroptique*, 1921 (»Das Sehen ohne Retina und der paraoptische Sinn«), die Annahme eines bislang unbekannten Sinnes vorschlug. Außer ihm arbeiteten zu der Zeit in Deutschland die Forscher → Tischner (Augenarzt!), → Wasielewski und in Rußland Leontjew an dem gleichen Problem. 1962 wurde in der UdSSR der Fall der Rosa Kuleschowa bekannt, ein Mädchen, damals Anfang 20, das Farben unterscheiden und Buchstaben erkennen konnte, wenn sie den Finger auf die Vorlage legte. Der Tastsinn konnte dadurch ausgeschlossen werden, daß man die Vorlage auf eine Glasplatte projizierte. In den folgenden Jahren wurden weitere Personen mit dieser Fähigkeit bekannt, in der Sowjetunion waren es u. a. die 9jährige Lena Blisnowa und die blinde Schülerin Nadia Lobanowa, in den USA die Hausfrau Patricia Ainsworth Stanley, die seit ihrer Schulzeit (1939) wußte, daß ihre Finger Farben unterscheiden konnten, dies aber für keine besondere Fähigkeit hielt. 5 Erklärungsmöglichkeiten bieten sich für die D. an: Betrug, → Hyperästhesie, spezieller (dermooptischer) Sinn, Telepathie und Hellsehen. Betrug seitens der Versuchsleiter und/oder der Vpn darf für die Untersuchungen der letzten Jahre ausgeschlossen werden; dagegen spricht auch die merkwürdige Übereinstimmung der Phänomene bis ins Detail bei Berichten aus verschiedenen Zeiten und Orten. Schließt man Betrug aus, dann dürfen auch die alten Berichte und Experimente in der Theorienbildung voll berücksichtigt werden. Der Hyperästhesie-These, einer Überentwicklung des Hautsinns, steht eine ganze Anzahl von physiologischen Schwierigkeiten entgegen. Eine Versuchsanordnung, die zwischen dermooptischem Sinn, Telepathie oder Hellsehen zu differenzieren vermag, wurde noch nicht entwickelt. Die meisten der westlichen

Forscher neigen aber dazu, Telepathie oder Hellsehen als Erklärung heranzuziehen.

Lit.: Chowrin 1898, 1919; Farigoule 1921; Holterhoff, Heyn u. Maublanc 1926; Ivanov 1964; Mirel 1964; Moser 1974: 412—34; Ostrander/Schroeder 1970: 155—68; Tischner 1921, 1925; v. Wasielewski 1921; Werthmann 1964.

Derrygonnelly, Dorf in der Nähe von Enniskillen, Irland. → Barrett untersuchte hier 1877 einen Spukfall, in dessen Mittelpunkt die älteste, 20jährige Tochter eines Bauern stand. Barrett wurde Zeuge von Klopfgeräuschen und forderte selbst den Poltergeist auf, die Zahl zu klopfen, die er (B.) sich denke – das gelang. Auch die Frage, wie viele Finger er in seiner Tasche ausgestreckt halte, beantwortete der Geist durch Klopfen richtig.

Lit.: Barrett 1911.

Derwisch [wahrscheinlich von pers. *darvesh;* arm], Angehöriger einer islamischen Bruderschaft oder auch allein wandernder Bettelmönch. Vor allem den geistlichen Lehrern dieser Bruderschaften werden häufig paranormale (theologisch: charismatische) Fähigkeiten nachgesagt. Durch verschiedene Übungen, das Dikr (→ Sufismus) – Tanz, Musik, Atem- und Bewegungstechniken –, meist in der Gruppe ausgeführt, versetzt sich der D. in Bewußtseinszustände, die ihn mystischer Erfahrungen teilhaftig werden lassen und deren Eintritt manchmal durch bestimmte Phänomene demonstriert wird: Schmerz- bzw. → Feuerunempfindlichkeit, Immunität gegen Gifte (demonstriert durch Verschlingen von lebenden Tieren wie z. B. Skorpione und Schlangen); auch PK- und ASW-Manifestationen werden behauptet. – Dem pers. D. entspricht arab. *faqir.*

Lit.: Kißling 1960/61.

Ein Derwisch demonstriert seine Schmerzunempfindlichkeit.

Desaggregation, psychische, von p. D. oder »Zerteilung der Seelenkräfte« sprach → Aksakow, um bestimmte Phänomene des Somnambulismus und der Hypnose zu charakterisieren. Zugl. sah er hier Ansätze, die Erscheinungen des physikalischen → Mediumismus zu erklären. Aksakow ging von einem bestimmten Begriff der Persönlichkeit aus:

»Sie ist nicht mehr eine bewußte, unteilbare und beständige Einheit, wie die alte Schule behauptete, sondern eine ›psychophysiologische Koordination‹, ein Zusammenhängendes, ein *consensus,* eine Synthese, eine Assoziation von Phänomenen des Bewußtseins, kurz ein *Aggregat von psychischen Elementen;* folglich kann eine Partie dieser Elemente unter gewissen Bedingungen sich vom Zentralkern ablösen, *lostrennen* bis zu dem Grade, daß diese Elemente *zeitweise* den Charakter einer unabhängigen Persönlichkeit annehmen können.« (Aksakow 1894 I: XXXV. Heute versteht man unter »Aggregat« eine unstrukturierte Anhäufung von Einzelteilen.)

Descartes, René (1596—1650), frz. Philosoph und Naturwissenschaftler, der erste systematische Denker der Neuzeit und (mit dem Satz von der Konstanz der Bewegungsgröße im Universum) der Vorläufer der mechanistischen Weltauffassung, die auch er bereits auf die Ps. ausdehnte. In Einzelfragen widerlegt, blieb D. doch in der Methodologie bis heute wegweisend.

Die Pps. eher »belastet« hat D. mit seiner Lösung des Leib-Seele-Problems: Er unterschied zwischen den beiden »Substanzen« räumliche Körperwelt und unausgedehnte Seele, sah beide vereinigt im Menschen und entwickelte eine komplizierte Theorie der Wechselwirkung (vgl. das → Eine).

Für einzelne Probleme der Pps. schlug er Erklärungsmöglichkeiten vor. Im Hinblick auf die Telepathie z. B. meinte er in den *Grundlagen der Philosophie:* Eine Emotion, ein Wunsch, ein Gedanke rufe eine Erhitzung hervor, durch die die »tierischen Geister« aus dem Menschen herausgestoßen werden und so auf den → Perzipienten einwirken können. (Dasselbe Prinzip vertrat schon → Demokrit in seiner »Bildertheorie«.)

Lit.: Leroy 1929.

Design [engl.], Forschungsvorhaben und die Art seines Vollzugs; alle gedanklichen und operationalen Teile einer sozialwiss. Untersuchung. Unter experimentellem D. versteht man eine Versuchsanordnung.

Desinkarnation, svw. Sterben; nur gebraucht, wenn man nach dem Tod eine → *Re*inkarnation erwartet.

Dessoir, Max (1867—1947), dt. Mediziner und Philosoph, Professor für Ps., der sich sein Leben lang mit pps. Problemen beschäftigte.

Seine zunächst vorsichtige Haltung mag folgendes Zitat illustrieren: »Überblickt man also alles, was uns über die Seherin von Prevorst überliefert ist, so erhält man den Eindruck, daß die Beobachtung teils dilettantisch, teils durch vorgefaßte Meinung beeinflußt war. Nur wenig bleibt übrig, woraus wir allenfalls den Schluß ziehen dürfen, daß die Seherin von Prevorst jene ebenso seltenen wie seltsamen Fähigkeiten besaß, die auch heute noch bei einigen Individuen vorhanden sein sollen. Sichere Feststellungen darüber sind bei der Dürftigkeit und wissenschaftlichen Unzulänglichkeit der Berichte völlig ausgeschlossen.« (Dessoir 1917: 110.) Diese Zurückhaltung wurde ihm nicht immer gedankt: »...einer der peinlichsten unglücklichen Liebhaber des Okkulten, die uns je beschert wurden. Universitätsprofessor, Ästhet und Journalist, nicht ohne Charme und Witz, aber ohne Tiefe, las er Kollegs über Pps. und schrieb dicke Bücher über okkulte Probleme, ohne je zu anderen Resultaten als zu einer selbstgefälligen Negation zu gelangen. Unfruchtbar blieb ihm die Metaphysik und blieb er ihr.« (Fritsche, zit. n. Du Prel 1950.) Heute gilt dagegen, daß D. einen wichtigen Platz in der Entwicklung der Pps. einnimmt. Den allmählichen Gesinnungswandel illustriert ein Zitat aus D.s letzter Veröffentlichung (1947: 184): »Vielleicht, daß Lehren, die wir heute noch als okkultisch bezeichnen, sich zu wiss. Erkenntnissen entwickeln. Ebenso wie aus der Alchimie die Chemie hervorging, würden dann die noch ungeklärten Sachverhalte der Telepathie und des Hellsehens, ja sogar der ›physikalischen Phänomene‹ in die Form feststehender und begreiflicher Tatsachen übergehen.«

D. war es auch, der der Pps. ihren Namen gab: In einem Aufsatz in der Zeitschrift *Sphinx* schlug er vor, die Disziplin, die Phänomene untersucht, die sich weder der Psychologie des Normalen noch der Psychopathologie zuordnen lassen, »Parapsychologie« zu nennen. Die »Aufhellung des Dunkels«, das noch über diesen Erscheinungen liegt, stellte er sich nicht als bloßes Entlarven und Reduzieren auf schon Bekanntes vor, sondern neben die »sichtende Prüfung« sollte das »einfühlende Verstehen«, das er an → Bender so lobt, treten (1946: 131). Selbst das außerpps. Konzept der → Synchronizität ist bei D. schon antizipiert, denn man wird »den Gedanken wagen dürfen, daß es sinnvolle Beziehungen zwischen gleichzeitigen, aber auch verschiedenen Ursachen entsprungenen Ereignissen gibt, die auf ein verborgenes Gefüge der Weltordnung weisen. Eine solche geheime Zusammengehörigkeit hätte es mit der Bedeutung der Vorgänge zu tun, keineswegs mit ihrem mechanischen oder psychologischen Entstehen« (D. 1931). — *Werke* → Bibl.

Lit.: Bauer 1967; Kurzweg 1975; Schiller 1921/22.

Deszendenztheorie, auch *Abstammungslehre, Evolutionstheorie,* Lehre von der Entwicklung aller heute lebenden Arten aus einfachen Organismen, u. U. aus einer

einzigen Urzelle, im Gegensatz zu Linnés Lehre von der Konstanz der Arten (1758), die eine je einmalige Schöpfung annimmt. Im Darwinismus werden Mutation und Selektion für den Evolutionsmechanismus verantwortlich gemacht: Mutierend treten Veränderungen des Erbguts auf, über deren Beibehaltung die Umwelt, im »Kampf ums Dasein«, selektiv entscheidet. Die Mutationen erfolgen richtungslos, wobei das Brauchbare im Zufälligen beibehalten wird. Der dt. Paläontologe → Dacqué allerdings vertrat die Ansicht einer zielgerichteten Evolution (→ Finalität, → Kausalität, → Vitalismus).
Weitgehend abgelehnt wird heute die Lehre des *Lamarckismus* (1809), die behauptet, daß Umwelteinflüsse zu vererbbaren Eigenschaften führen können; allerdings glaubt man, daß Umwelteinflüsse bestimmte Mutationen auslösen können. Noch wenig diskutiert im Rahmen der D. ist die *Fulgurationstheorie* (von lat. *fulgor;* Blitz), die besagt, daß sich in der Evolution unabhängig voneinander bestimmte Eigenschaften, Möglichkeiten und Qualitäten entwickeln, die sich blitzartig zu neuen Systemen zusammenschließen können, wenn alle Subsysteme gegeben sind.
In der Pps.-Diskussion blieb bislang offen, ob Psi als eine – evolutionsgeschichtlich betrachtet – archaische Eigenschaft zu verstehen ist, doch haben die verschiedenen Hypothesen der D. (auch die von der akademischen Anthropologie nicht anerkannten) die pps. Theorienbildung wiederholt beeinflußt.

Detektor [von lat. *detegere;* aufdecken, enthüllen], svw. → Perzipient.

Deuteroskopie, svw. → Zweites Gesicht.

Deutung, in der Psychoanalyse in zweifacher Weise verwandt: 1. im therapeutischen Gespräch gebotene Erklärung für eine Verhaltensweise oder einen mitgeteilten seelischen Inhalt (Vorstellung, Traum, Phantasie); 2. die Zurückführung manifester Bewußtseinsinhalte oder Vorstellungen auf determinierende unbewußte Wünsche, falls man in den paranormalen Phänomenen (ASW und PK) Bildungen des Unbewußten sehen will.

Deva [von sanskr. *div;* scheinen; etymologisch verwandt mit lat. *deus;* Gott] allgemein für vedische Gottheiten, »die Himmlischen«, weder gute noch schlechte Geister, dem Menschen unsichtbare Wesen, die in einer anderen Sphäre leben, aber ebenso wie der Mensch dem beständigen Kreislauf von Geburt, Alter, Tod und Wiedergeburt unterworfen sind. Die D.s wurden im hinduistischen Pantheon zu Göttern mit niedrigen Funktionen, Werkzeugen des Ritus, in der zoroastrischen Religion zu → Dämonen *(daeva, daiva).*

Devereux, George (* 1908), in Ungarn geborener, heute in den USA lebender Völkerkundler und Psychiater, zeitweilig Professor für Soziologie. D. steht der Existenz parapsychischer Phänomene ablehnend gegenüber; widmet ihnen aber sehr viel Aufmerksamkeit als Realität im Geistesleben von Individuen und Kulturen. – *Werke* → Bibl.

Deviation [lat.; Abweichung], 1. in der Sozialps. (hier meist statt D. *Devianz*) die Abweichung von der sozialen Norm; 2. in der Statistik die Abweichung vom erwarteten Ergebnis; 3. in der pps. Statistik meist die Abweichung von der Zufallserwartung im quantitativen Experiment (→ MCE).

Diagnose [griech.; Unterscheidung, Beurteilung], in der Medizin die Bestimmung einer Krankheit durch das Identifizieren der sie definierenden Merkmale; die Methoden der D. sind Untersuchung, Exploration und Anamnese. Neben die ätiologische (auf Ursachen abhebende) D. tritt die prognostische (auf die Entwicklung in der Zukunft gerichtete). In der ps. Diagnostik werden, oft mittels Tests, Charaktereigenschaften, allgemeine Begabung oder spezifische Eignung festgestellt.

Die Pps. kennt den Begriff der »Medialen D.« und versteht darunter die Befunderhebung bei Krankheiten mit den Mitteln der ASW. In von → Osty entwickelten Versuchsanordnungen arbeiteten die sensitiven Diagnostiker teilweise mit psychometrischen Objekten (Foto, Handschrift). In diesen Zushg. gehört auch das »Auspendeln« einer Krankheit (→ Pendel). Eine andere Form des vermutlich gleichen Phänomens bildet die Selbst- oder Fremddiagnose in der → Autoskopie.

Lit.: Kröner 1925; Osty 1929/30; Stelter 1973: 55—65; Tenhaeff 1957: 111—67.

Dialektik der Hierophanien, auch *Dialektik des Heiligen;* von dem Religionswissenschaftler und Ethnologen Mircea Eliade (* 1907) geprägter Fachausdruck der Religionsgeschichte; er bezeichnet »die radikale Trennung zwischen Profanem und Heiligem und die Durchbrechung des Wirklichen, die damit geschieht«. Aus ihr erwächst die psychische Krise, durch die eine religiöse Berufung sich zuallererst offenbart. Eine solche Offenbarung gilt nicht für »ewige Zeiten«, es entspricht vielmehr dem Wesen der D. d. H., »dieselbe paradoxale Heiligung der Wirklichkeit ad infinitum zu wiederholen« (Eliade 1954: 2 bzw. 7).

Bedenkt man, daß paranormale und religiöse Phänomenologie relativ oft gekoppelt sind und parallel zu dem komplementären Paar »heilig — profan« das Paar »Psyche — Materie« zu sehen ist (vgl. v. Franz 1970), so bietet sich in dieser »Dialektik« ein interessanter Zugang zum Verständnis des Paranormalen.

Diapsychik, von → Boirac vorgeschlagener Ausdruck, der den Begriff Telepathie ersetzen sollte.

Lit.: Boirac 1920.

Dibbesdorf, Ortschaft bei Braunschweig; 1767/68 hörte man auf dem Anwesen des Bauern Anton Kettelhut merkwürdige Klopfgeräusche, deren Ursache nicht ausfindig zu machen war. Bald zeigte sich, daß das »Kloppedings« intelligent gesteuert wurde: Die Klopflaute ergaben sinnvolle Antworten auf die verschiedensten Fragen: Fragte man nach der Anzahl der Pferde, die vor dem Haus standen, wieviele Knöpfe man an der Jacke habe usw., so wurde die richtige Anzahl geklopft. Ein Bauer tat, ohne sie vorher zu zählen, Münzen in einen Beutel und fragte dann den »Geist«, wieviel darin seien (auf Hellsehen angelegtes Experiment!): Es erklangen 681 Schläge — wie sich nachher erwies, war das die richtige Antwort. Man warf die Eheleute Kettelhut ins Gefängnis, aber das Rumoren ging weiter, und schließlich mußte man auf eine Aufklärung der Phänomene verzichten. Möglicherweise war das junge Kindermädchen Agentin der Erscheinungen.

Gotthold Ephraim Lessing bekannte seine Hilflosigkeit vor diesen Ereignissen, wie folgendes Zitat aus der *Hamburger Dramaturgie* zeigt, das sich auf die »Klopfgeist«-Erfahrung von D. bezieht:

»Wir glauben keine Gespenster mehr? ... Was heißt das? Heißt es soviel: wir sind endlich mit unseren Einsichten so weit gekommen, daß wir die Unmöglichkeit davon erweisen können ... Das kann es doch nicht heißen! Wir glauben keine Gespenster kann nur soviel heißen: in dieser Sache, in welcher sich fast ebensoviel dafür als dawider sagen läßt, die nicht entschieden ist und nicht entschieden werden kann, hat die gegenwärtig herrschende Art zu denken den Gründen dawider das Übergewicht gegeben.«

Lit.: Kiesewetter 1895: 393 ff.

Didacus († 1463), span. Laienbruder des Franziskanerordens, 1588 hl.gesprochen; auf Abb.en des D. ist oft die sog. »Engelsküche« zu sehen: Während D. in Ekstase war, besorgten Engel für ihn den Küchendienst im Kloster.

Didier, Adolph und Alexis, frz. Brüderpaar, neben → Home die berühmtesten Sensitiven des 19. Jh.s. Vor allem Alexis († 1886) bot in wachem, aber auch in somnambulem Zustand erstaunliche Leistungen: Lesen verschlossener Botschaften, paranormale Ortsbeschreibungen u. ä. m. Er war stets von seinem Leibmagnetiseur Marcillet begleitet und behauptete für seine Aussagen niemals die Unterstützung irgendwelcher Geister. Robert Houdini, berühmter Trickexperte seiner Zeit, bestätigte, daß allein durch Zufall oder Geschicklichkeit Alexis' Leistungen nicht zu erreichen seien. Alexandre Dumas d. J. wohnte einer Sitzung bei, und Victor Hugo experimentierte mit ihm. – *Werke* → Bibl.

Alexis selbst beschreibt seine Erfahrungen so: »Eine innere Umwälzung, die alle Gesetze der Physiologie umstürzt und durch andere ersetzt, läßt gewissermaßen die Seele vom Zustand des Todes in den Zustand des Lebens übergehen. Es erfolgt in der Tat eine Übertragung der körperlichen Funktionen auf die Seele. Ich trete mit den mit mir in Rapport befindlichen Personen in eine direkte Gemeinschaft von Gedanken, Gefühlen und Empfindungen ein. Mit Hilfe einer bloßen Haarsträhne fühle und sehe ich sie. Sie leben ihr Leben in mir. Ich fühle, wie ich ihre Schmerzen erleide, mich mit ihnen freue, ihre Liebe mitliebe. Ich habe nach einem Namen für dieses erstaunliche Wunder gesucht und ich habe keinen geeigneteren gefunden als Kommunion.« (Zit. n. Amadou 1957: 159.)

Lit.: Flammarion 1920; Houdin 1859; Lee 1866.

Dimitrowa, Wanga (* 1920), bulgar. Sensitive, erblindet; dermooptisch begabt, mit starken präkognitiven Fähigkeiten, die Jahrzehnte in die Zukunft reichen sollen. — Ihre Leistungen werden von dem Psychiater und Parapsychologen Georgi Losanow (* 1927), Direktor eines staatlichen Instituts für Suggestologie und Pps. in Sofia, protokolliert und untersucht.

Lit.: Ostrander/Schroeder 1970: 223—41.

Diodenstimmen, behauptetes psychophones Phänomen: Über eine Antenne werden — nach spiritistischer Auffassung — »Stimmen« empfangen, die eine Diode hörbar macht, damit sie dann auf Band aufgenommen werden können (→ Radiostimmen).

Dionysios, Ohr des → Kreuz-Korrespondenzen.

Dionysios Areopagita, auch D. Areopagites, von Paulus bekehrter Grieche, Mitglied des Rats von Athen (Areopag), angeblich erster Bischof von Athen (1. Jh.), Märtyrer (Apostelgeschichte 17,34). Unter seinem Namen verfaßte ein namentlich nicht bekannter syrischer Philosoph, der Pseudo-Dionysius Areopagita, in der 2. Hälfte des 5. Jh.s mehrere Schriften, in denen sich christl. mit neuplatonischen (gnostischen) Gedanken verbinden. Einige Autoren sehen in Pseudo-D. den Petros Gnapheus, Patriarch von Konstantinopel († 488). Für die Mystik der Ost- und Westkirche war der Pseudo-D. von außerordentlicher Bedeutung. Seine *Angelologie* prägte das gesamte mittelalterliche Weltbild:

»Wir müssen zeigen, in welche heiligen Gestalten die heiligen Beschreibungen der Schrift die himmlischen Ordnungen einkleiden, und zu welcher Erhabenheit man durch diese Gebilde erhoben werden soll, damit wir nicht gleich der Menge die unheilige Auffassung teilen, als wären die himmlischen und gottähnlichen Geister Wesen mit vielen Füßen und vielen Gesichtern; als seien sie nach der tierischen Figur von Stieren oder nach der Raubtiergestalt von Löwen gebildet; als seien sie nach dem Bilde des Adlers mit einem Krummschnabel oder wie die Vögel mit struppigem Gefieder ausgestattet. Damit wir nicht, sage ich, uns einbilden, es liefen da gewisse feurige Räder über den Himmel, und es seien da Throne aus irdischem Stoff, die der Urgottheit zum Zurücklehnen dienen; als gäbe es gewisse buntscheckige Pferde und speertragende Kriegsoberste, und was sonst alles von der Schrift in heiliger Plastik und einer bunten Fülle beziehungsreicher Bilder überliefert ist. Denn ganz natürlich hat sich die Offenbarung bei den gestaltlosen Geistern hieratischer Fiktionen bedient, weil sie, wie gesagt, auf unser Erkenntnisvermögen Rücksicht nahm und für eine ihm entsprechende und naturgemäße Emporführung Sorge trug.« *(Himmlische Hierarchie* II, 1.*)* — *Werke* → Bibl.

Lit.: Ball 1958: 62—211.

Dionysos, auch *Bakchos* [lat. *Bacchus*], griech. Gottheit, Sohn des Zeus und der Semele; als seine Heimat gilt Thrakien. Vegetationsgott, vor allem der Gott des Weins. Als *Mänaden, Bakchen* oder *Thyaden* schlossen sich Frauen bei den winterlichen orgiastischen D.-Feiern dem Festzug an. Diese Frauen gerieten, keineswegs weintrunken, in Ekstase und wurden im Tanz von D. besessen (→ Enthusiasmus). Zeichen der Anwesenheit des Gottes, d. h. der Besessenheit, war die Halluzination, aus der Erde träten Milch, Honig und Wein. Auf dem Höhepunkt der Verzückung rissen die Mänaden Tiere und verzehrten sie roh (Omophagie). – Im Delphischen Orakel war D. in späterer Zeit neben → Apollo präsent.

Die Überlieferungen der D.-Feiern sind alle dichterischer Natur (z. B. in Euripides' *Bakchen;* die D.-Feste sind möglicherweise überhaupt der Ursprung des europ. Dramas), der hist. Kern ist deshalb nur zu vermuten; einzelne Züge (Maske, Zepter u. a. m.) überlebten im Karneval.

Lit.: Kerényi 1956; Otto 1933.

Direkte Schrift, seltenes, aber altes Phänomen – denkt man z. B. an den Bericht im *Buch Daniel* (5, 5; »Menetekel«) oder an die Tafeln des Dekalogs. Ohne erkennbare oder erklärbare Beteiligung eines Mediums entstehen mittels vorbereitetem Material oder auch völlig spontan Schriftzüge auf irgendeiner Unterlage. In der Neuzeit trat das Phänomen bei dem Baron → Güldenstubbe auf; angeblich sahen »viele Zeugen die Schriftzüge sich bilden ..., vor ihren Augen bei hellem Tages- oder Kerzenlicht« (1870: 93). Allerdings scheinen diese Versuche nicht hinreichend gegen einen möglichen Betrug abgesichert gewesen zu sein. – Bei den Sitzungen der → Paladino (ein des Schreibens fast gänzlich unkundiges Medium) traten mehrfach Schriftmanifestationen auf. In einem Fall nahm sie den Finger eines Versuchsleiters (Schiaparelli) und fuhr mit ihm in schreibähnlichen Bewegungen über einem Blatt Papier durch die Luft: Auf dem Papier bildete sich Schrift. Häufig liest man auch von Schrift, die durch materialisierte Hände oder vollmaterialisierte Phantome (z. B. Katie → King) produziert wurde. Crookes schreibt über eine Sitzung mit Kate → Fox, daß eine »leuchtende Hand« von »oben« kam, ihm seine Feder aus der Hand nahm, schrieb, die Feder wegwarf und wieder nach oben in die Dunkelheit verschwand. – Oft wird behauptet, daß D. S. mit großer Geschwindigkeit entsteht. – Auch *Xenographie,* d. h. Text in einer Sprache, die kein Anwesender kennt, soll in D. S. aufgetreten sein. –

→ Doyle war der Ansicht, daß auch der → *Dermographismus* eine Form von D. S. sei, hervorgerufen durch extrasomatische Wesenheiten. – Mit der D. S. verwandt scheinen *Direkte Flammenschrift* in der Luft oder am Himmel und eingebrannte → Hände bei Poltergeiststörungen (häufiger wird bei Spukfällen von D. S. auf Zetteln oder Wänden – meist obszönen oder blasphemischen Inhalts – berichtet) sowie die *Direkten Gravierungen,* die neben D. S. in den Sitzungen des Mediums → Silbert auftraten. – Auch bei der → Psychofotografie finden sich zuweilen Schriftzeichen oder ganze Texte. *Direkte Schreibmaschinenschrift* (angeblich u. a. bei den → Bangs-Schwestern) entspricht dem Spielen von nichtberührten Musikinstrumenten (eine um die Jh.wende sehr oft behauptete Manifestation).

Einen Fall betrügerischer D. S. schildert → Dessoir:

»Da war einer, der auf die Innenfläche von zwei fremden, durch Schrauben zusammengehaltenen Tafeln Schriftzüge zu zaubern imstande war. Er hielt die Tafeln für Augenblicke zwischen Tisch, Stuhl und Schenkeln fest, holte aus einer Geheimtasche an der Innenseite der Hose einen kleinen Keil aus weichem Holz, preßte damit die Tafeln weit genug auseinander, um mit der an einem überzogenen Fingerling befindlichen Spitze hineinzukommen, und schrieb nun schnell ein paar, freilich schwer lesbare, Wörter hinein.« (D. in der *Gartenlaube,* 1907, Nr. 3; wiederabgedruckt in D. 1917: 151.)

S. a. → Eglington, → Slade, → Tafelschrift.

Lit.: Farmer 1886; Güldenstubbe 1870; Oxon 1882.

Direktes Malen und Zeichnen, behauptetes PK-Phänomen: Mittels vorbereiteter Materialien oder auch ganz ohne Hilfsmittel, auf jeden Fall ohne ersichtliche Betätigung eines Menschen, sollen Bilder entstehen. Häufig wurden Medien beim Versuch ertappt, dieses Phänomen zu tricksen. Die mögliche Echtheit dieser Manifestation vorausgesetzt, könnte eine Verwandtschaft zur → Psychofotografie und zu Phänomenen wie den »Geisterporträts« von → Belmez de la Moraleda bestehen.

Direkte Stimme, seit der Antike mehrfach behauptete paranormale Manifestation: Spontan oder in einer Séance werden eine oder auch mehrere Stimmen gehört; ein Sprecher oder eine andere Ursache ist nicht erkennbar. Die Objektivität des Phänomens folgert man daraus, daß mehrere Hörer gleichzeitig dasselbe hören wollen. Sollte das Phänomen echt sein, wäre es der PK zuzuordnen, je nach Inhalt der D. S. mit ASW gekoppelt oder nicht.

Ein sprachbegabter Poltergeist spukte Anfang des 17. Jh.s im Haus des hugenottischen Pfarrers François Perrault zu Mâscon. Er rief nach dem katholischen (!) Priester, »dem ich beichten will. Und sage, daß er geweihtes Wasser mitbringt, denn das könnte mich vertreiben«. Wie in Fällen des 19. und 20. Jh.s wurde schon damals beobachtet, daß die Stimme zuerst mühsam und zögernd artikulierte und allmählich an Fähigkeiten und Verständlichkeit gewann. Im Fall des Pfarrers Perrault teilte die Stimme Inhalte mit, die vielleicht auf ASW verweisen. Der durchaus kritische irische Physiker und Chemiker Robert Boyle (1627—1691), der Perrault kennenlernte und von ihm die Abschrift eines Berichts über die Vorfälle erhielt, zeigte sich beeindruckt; die Begegnung mit dem Autor und Erkundigungen, die er über ihn einholte, »haben«, so bekennt er, »zuletzt in mir ... meine eingewurzelte Abneigung, an solch sonderbare Dinge zu glauben, ganz überwunden«. (Thurston 1955: 61—75.)

Im Mediumismus des 19. und frühen 20. Jh.s war das Phänomen häufig; etwa bei der Amerikanerin Maud Lord-Drake und auch bei → Home. Einmal hörte → Crookes in Gegenwart Homes für etwa 10 Minuten einen Mann singen, paranormal auf dem Akkordeon begleitet, d. h. ohne erkennbaren Spieler. → Crowley soll im Frühjahr 1904 vor einer altägyptischen Horus-Darstellung durch selbstentworfene Riten D. S. provoziert haben (Lekve 1948). Neben Sprechen und Gesang werden — in den Akten der Hexenprozesse wie in den Séance-Protokollen neuerer Zeit — auch »Direkte Tierstimmen« behauptet. Die menschlichen Stimmen wurden von den Hörern gelegentlich mit den Stimmen Lebender oder Toter identifiziert. Ferner ist eine Art → Xenoglossie überliefert: z. B. ist auf einer Schallplattenaufnahme aus dem Jahr 1927, die in Gegenwart des Mediums → Valiantine gemacht wurde, angeblich D. S. zu hören, u. a. auf baskisch, gälisch, japanisch und russisch. Die Sicherung gegen Betrug war einfach: Man ließ das Medium den Mund voll Wasser nehmen.

Was bei der D. S. spricht oder sprechen soll, ist unklar; manche vermuten einen ektoplasmatischen Kehlkopf. Zur angeblichen Verstärkung der D. S. bedienten sich einige Medien verschiedener Schalltrichter (sog. »Trompeten«), ohne daß dadurch das Phänomen physikalisch erklärbar würde. Jonathan Koons, ein amer. Medium der 2. Hälfte des vorigen Jh.s, scheint als erster die »Trompete« eingesetzt zu haben. In der Regel hielten die Medien die »Trompeten« in der Hand, manchmal aber, liest man, wurden sie auch an Ektoplasmafäden durch den Raum gezogen.

Disjektion, in der Ps. die Verdoppelung eines Trauminhalts (man sieht z. B. sich selbst zugl. als Handelnden und als Zuschauer dieser Handlung); seltener für Persönlichkeitsspaltung. In der Pps. ein verdoppelter Inhalt im »Gesicht« des Sensitiven, entsprechend dem angeführten Traumbeispiel.

Distanzexperimente, qualitative oder quantitative Experimente zur ASW über größere Entfernungen; sie sind prinzipiell auch für PK denkbar, doch stehen da systematische Untersuchungen aus. D. haben den Vorteil, daß Täuschungen erschwert werden und unwissentlich gegebene mimische oder akustische Informationen das Ergebnis nicht beeinflussen können. Vor allem aber erlauben sie die genauere Erforschung der Natur dieser vermuteten Kraft: Wird z. B. beim Telepathieversuch mehr Zeit für die Übertragung der Nachricht benötigt, wenn die Entfernung größer ist? Streut die Qualität der Leistung, wie es zu erwarten wäre, wenn dabei Wellen eine Rolle spielen? Hat die Erdkrümmung einen Einfluß auf das Phänomen, die Gravitation, der Erdmagnetismus? Und wie steht es mit der Maxwellschen Theorie? Gibt es doch laut der Nahewirkungstheorie von James Clerk Maxwell (1831 bis 1879), die allerdings nicht mehr im atomaren Bereich gilt, in der Natur keine ursächliche Wirkung unmittelbar in die Ferne; Wirkung geschieht vielmehr im Raum von Punkt zu Punkt.

»Also vermag auch die Magica (= Hexe) zu handeln, daß einer mag hören eine Stimme jenseits des Meeres, also auch, daß einer, der im Okzident wohnt, mit einem im Orient mag reden«, sagt bereits Paracelsus, und Schopenhauer wies darauf hin, daß es »völlig einerlei sei«, ob der »Raum zwischen dem Wirkenden und dem Bewirkten ... einen Zoll oder eine Billion Uranusbahnen beträgt«. Tatsächlich gibt es eine reiche Kasuistik spontaner ASW über größere Entfernungen; → Moll — ein Gegner der Pps. — teilt folgenden Fall eines Amerikaners mit: »Als ich im Halbschlaf lag, sehe ich meinen Vater, stark angeheitert, von der Straße durch den Hof um die hintere Ecke eines mir unbekannten Hauses kommen und dort auf einem großen flachen Stein, der unter der Mündung der Dachrinne gelegt war, abgleiten und mit dem Kopf gegen die Mauerkante schlagen, worauf er bewußtlos und blutüberströmt auf dem Stein liegen blieb.« Der Erlebnisträger, der das → Zweite Gesicht kannte, notierte sich Inhalt und Zeitpunkt der Erfahrung. Nach einem Jahr besuchte er seine Eltern in Europa in deren neuem Heim; er geht dort in den Hof: »Ich sehe an der Ecke den Stein exakt wie im Traume. Sofort rief ich meine Mutter und zeigte ihr den Stein und teilte ihr mit, was geschehen war. Da mir dies verheimlicht werden sollte, fragte sie mich, wer mir das gesagt habe? Ich sagte, was ich wußte, und zeigte ihr, was ich ins Notizbuch geschrieben hatte. Es stimmte sogar die Stunde, d. h., nach Berechnung der Längengrade. Mein Vater hatte an jenem Tag ein größeres Geschäft abgeschlossen; der Kapitalist ließ aus Freude den Wein reichlich kredenzen und zwang meinen Vater, mehr zu trinken als er wollte.« Gegen ein zufälliges Zusammentreffen spricht, daß der Vater sonst nie getrunken haben soll. (Moll 1907: 329; zit. n. Moser 1974: 356 f.)

Die experimentelle Untersuchung der ASW über größere Distanz setzte bereits bei den alten Magnetiseuren ein. Bei später berühmt gewordenen Experimenten wurden Entfernungen wie Schweiz–Korsika, Florida–Zürich, New York–Athen, Indien–England usw. überwunden. Bereits um die Jh.wende gelang der Nachweis der ASW über Hunderte von Kilometern: Strecke Bristol–London (Usher/Burt 1909), und → Rhine führte transozeanische Experimente mit signifikantem Ergebnis durch (Rhine/Humphrey 1942). In den meisten Fällen nahm die Menge der übermittelten Information mit wachsender Entfernung ab; allerdings besagt das wenig: Die Vpn wußten, wie groß die Distanz war, und das bedeutet, daß unkontrollierbare ps. Momente das Ergebnis beeinflußt haben können. – Die A. S. P. R. entwickelte Versuchsanordnungen, bei denen die Vpn nicht wußten, über welche Entfernung sie kommunizieren sollten (es sei denn, sie erlangten diese Information paranormal!); dabei zeigte sich eine geringe, aber dennoch signifikante Verringerung der Informationsmenge bei wachsender Entfernung. Die entscheidende Bedeutung der ps. Faktoren demonstrierte jedoch eindrucksvoll die Tatsache, daß besonders hohe Trefferzahlen ein Experiment ergab, das beinahe nicht wie geplant zwischen Australien und den USA hatte stattfinden können, weil das Flugzeug, in dem eine Vp. saß, auf den Philippinen notlanden mußte (die amer. Vpn wußten nichts von dem Unfall). Die Güte der telepathischen Leistung hängt nämlich nicht (nur) von der Entfernung ab, sondern (auch) von der emotionalen Beteiligung der Betreffenden, und die ist bei einem Unfall besonders groß.

Lit.: Jephson, Soal u. Besterman 1930/31; Osis 1965, 1974; Osis/Turner 1968; Osis, Turner u. Carlson 1971; Ostrander/Schroeder 1970; Soal 1931/32.

Dittus, Gottliebin, aus Möttlingen (Württemberg), erkrankte im Alter von 27 Jahren, 1842, schwer: Neben somatischen Beschwerden (Brustbluten, Gesichtsrose, Nierenentzündung) stellten sich auf dem Höhepunkt der Krankheit massive PK-Phänomene ein: Raps, Stimmen, Apporte, Levitationen, Metallgegenstände drangen durch die Haut, Blut floß in medizinisch nicht erklärbarer Menge. Die Patientin entwickelte auch ASW-Fähigkeiten: So sah sie den großen Brand von Hamburg (1842) und ein Erdbeben in Westindien (8. 2. 1843). Die Details mancher Schilderungen scheint sie paranormal den Bewußtseinsinhalten ihres Seelsorgers, des protestantischen Pfarrers Johann Christoph Blumhardt, entnommen zu haben. Vampirismus und dämonische Besessenheit wurden zur Erklärung der Phänomene bemüht. Blumhardt gelang es schließlich, die D. durch das Gebet zu heilen. Seiner vorgesetzten Behörde legte er einen ursprünglich nicht für die Öffentlichkeit bestimmten Bericht über die Ereignisse vor:

»Es fing mit Erbrechen von Sand und kleinen Glasstücken an. Allmählich kamen allerlei Eisenstücke, namentlich alte und verbogene Bretternägel, deren einmal vor meinen Augen nach langem Würgen nacheinander 12 in das vorgehaltene Waschbecken fielen, ferner Schuhschnallen von verschiedener Größe und Gestalt, oft so groß, daß man kaum begriff, wie sie den Hals heraufkommen konnten ... Es hatte öfters das Ansehen, als ob Stricknadeln mitten durch den Kopf gezogen wären, von einem Ohr bis zum anderen; und es kamen das eine Mal einzelne fingerlange Stücke zum Ohr heraus; ein andermal konnte ich es unter der Handauflegung fühlen und hören, wie die Nadeln im Kopf zerbrachen ... Aus dem Auge zog ich einmal 2, dann wieder 4 Stecknadeln heraus ... Ich erwähne nur noch das, daß auch lebendige Tiere, welche ich jedoch selbst zu sehen nicht Gelegenheit bekam, aus dem Munde kamen, einmal 4 der größten Heuschrecken ... ein andermal 6—8 Fledermäuse ... Ich trat ein; aber ein Blutdunst erstickender Art wollte mich wieder heraustreiben. Sie saß in der Mitte der kleinen Stube, hatte vor sich einen Kübel, der wohl zur Hälfte mit Blut und Wasser gefüllt war, und die ganze Länge der Stube vor ihr und hinter ihr floß eine breite Blutlache. Sie selbst war über und über so mit Blut überzogen, daß man die Kleider kaum mehr erkannte ... das Blut rieselte lebhaft aus beiden Ohren, aus beiden Augen, aus der Nase und sogar oben aus dem Kopfe in die Höhe. Das war das gräßlichste, das ich je gesehen habe. Ich kann es wahrlich niemand übelnehmen, der mißtrauisch gegen obige Mitteilungen wird.« (Blumhardt [8]1955: 43 f.)

Die Pps. kann diese Phänomene nicht erklären, sie kann ihnen nur Parallelen an die Seite stellen (daß Gegenstände durch die Haut getrieben werden, wird im → Schamanismus häufiger berichtet) bzw. eine tiefenps. Deutung des Geschehens versuchen: Durch die Krankheit erzwingt die D. von Blumhardt, der als Mann für sie unerreichbar ist — einmal wegen des sozialen Unterschieds, zum andern weil er bereits verheiratet ist —, die seelsorgerlich-therapeutische Zuwendung; sie wird in seinen Haushalt aufgenommen, und später werden tatsächlich wesentliche familiäre sowie die Amtsgeschäfte betreffende Entscheidungen von ihr mitbestimmt. — Die D. wurde vollständig geheilt, einige Jahre später heiratete sie und bekam noch 3 Söhne.

Lit.: Blumhardt [8]1955; Kaufmann 1970: 116—33; H. F. Lavater 1952; Michaelis in: Bitter o.J., 57—75; Mischo 1972; Zündel 1920.

Divination [von lat. *divinus;* göttlich bzw. *divinatio;* Ahnung, Weissagung, Sehergabe], das Erkennen räumlich oder zeitlich entfernter Gegenstände, oft nur auf zukünftige Ereignisse bezogen. D. ist die lat. Übersetzung des griech. *mantike* [*mantis;* Seher] und ein Oberbegriff für alles, was man heute der ASW subsumiert, für deren Modalitäten die Antike noch keine eigenen Begriffe entwickelt hatte.

Die Griechen und Römer unterschieden nach Platon *(Phaidros)* eine *intuitive* (natürliche) und eine *induktive* (kunstmäßige, technische) D. Cicero *(De divinatione)* nannte als Beispiele für die erste Form den Wahrtraum und ekstatische Zustände, für die zweite → Augurium, Eingeweideschau, Deutung von Blitzen, Astrol., Losen u. a. m. – Vor allem Berichte zur intuitiven D. sind für die pps. Kasuistik von Bedeutung. Bei der induktiven D. betrachtet, soweit die Aussagen zutreffen, die Pps. die mantischen Hilfsmittel als → Psychischen Induktor (u. U. mit psychokinetischer Manipulation); auch die Theorie der → Synchronizität bietet Interpretationsmöglichkeiten.

Lit.: Dodds 1974.

Dixon, Jeane (* 1918), amer. Sensitive, astrol. Kolumnistin, gen. »die Seherin von Washington«. Bereits als Kind zeigte sich bei ihr ASW-Begabung: Sie fragte nach einem Brief mit schwarzem Rand, wenige Tage später kam er mit der Nachricht vom Tod eines Großvaters, oder sie beschrieb ein Geschenk, das ihr der Vater ein paar Tage später von einer Geschäftsreise mitbrachte. D. arbeitet in der Firma ihres Mannes und in der privaten Kinderwohlfahrt; in manchen Jahren erhält sie über 100 000 Briefe von Ratsuchenden. Sie gibt individuelle Ratschläge und macht allgemeine Prophezeiungen (z. B. über politische Entwicklungen; u. a. sagte sie die Ermordung John F. Kennedys voraus). Ihre parapsychischen Fähigkeiten empfindet sie als ein Geschenk Gottes – Gebet, Besuch der Messe und Meditation gehören zu ihrem täglichen Tun; die angenommene vermittelnde Instanz der ASW sieht sie in der Dreieinigkeit.

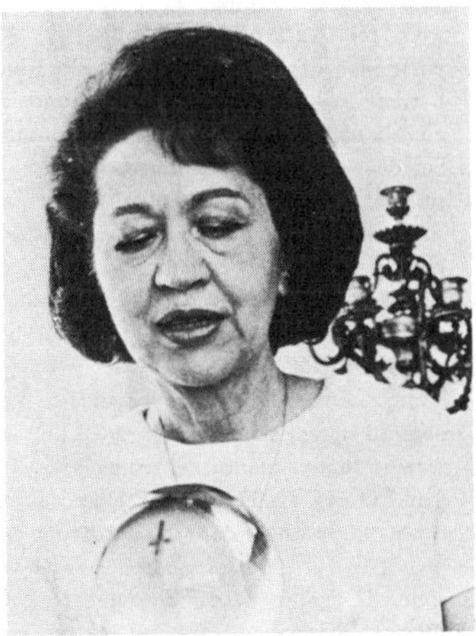

Jeane Dixon

D. operiert manchmal mit einem Kristall; ihr Klient starrt hinein und konzentriert sich auf sein Problem: »Sein Geist ist in diesem wunderbaren Kristall geballt und jetzt kann ich seine Gedanken aufnehmen. Das ist Telepathie.« (D. in einem Interview in *Psychic* 1, 1969.) Das Fixieren dürfte bei beiden Beteiligten einen leicht autohypnotischen Effekt auslösen, der die ASW begünstigt. D.s Leistungen schließen Psychometrie sowie den Empfang visueller Erfahrungen quasioptischer Natur (z. B. Symbole, manchmal in Farbe) beim Berühren einer Person mit dem Ringfinger der linken Hand ein. — *Werke* → Bibl.

Lit.: Bryan 1976; Montgomery 1965.

Dodona, altes griech., vermutlich schon vorgriech. Orakel in Epirus, dem Zeus und der Erdgöttin Dione geweiht; 219 v. Chr. von den Ätolern zerstört, existierte es trotzdem noch einige Jh.e weiter. Die Techniken des Orakels waren vielfältig, die Überlieferung ist jedoch lückenhaft. Gedeutet wurden jedenfalls das Rauschen der Eichen und das Tönen von Kupferbecken.

Berühmt ist die Prophezeiung, Pyrrhus werde den Tod erleiden vor einem Wolf, der mit einem Bullen kämpft: Er wurde (272 v. Chr.) in Argo während einer Straßenschlacht ermordet – vor einer Plastik, die diesen Kampf darstellte.

Dominicus von Jesu Maria (1559—1630), span. Ekstatiker; schon vor seiner Geburt sollen Zeichen das Besondere dieses Menschen angekündigt haben. Eine heilende Hand und wunderwirkende Gebete wurden ihm nachgesagt, vor allem auf seinen Reisen vollbrachte er viele Wundertaten. Seine Visionen sollen auch präkognitive Elemente enthalten haben. Bemerkenswert

scheint, daß nur seine Ordensvorgesetzten in der Lage waren, seinen ekstatischen Zustand zu beenden, und zwar allein durch *gedachte* Befehle; gedachten Befehlen anderer Personen konnte D. Folge leisten, ohne aus seinem Zustand zu erwachen. Damit liegt eine Schilderung des Rapports vor, wie er später von den Magnetiseuren des animalischen → Magnetismus beschrieben wird.
Lit.: Görres 1927: 155 f.

Donatismus, Bezeichnung für hypnotische → Faszination. Das Wort wurde nach *Donato* geprägt, einem öffentlich auftretenden Hypnotiseur des ausgehenden 19. Jh.s. Versuche, die mentalsuggestiven Phänomene der alten Magnetiseure zu wiederholen, gelangen ihm nur selten – einmal im Beisein → Aksakows – bei einer Sitzung mit → Ochorowicz versagte er.

Doodles, aus dem Engl. übernommener Begriff: die tastenden Kringel und Kritzeleien, mit denen manchmal das → Automatische Schreiben beginnt und aus denen sich dann geordnete Buchstaben entwikkeln.

D. O. P., Abk. für *D*ermo-*O*ptic *P*erception [engl.; dermooptische Wahrnehmung], → Dermooptik.

Doppel, auch in der frz. Form *Double* gebräuchlich; die »ätherische« Entsprechung zum physischen Leib eines jeden Menschen (bei einigen Autoren synonym zu → Astralleib). Glaubensgegenstand verschiedener religiöser Systeme, immer wieder aber auch als Arbeitshypothese in der Pps. verwendet. Das D. soll auf noch ungeklärte Weise mit dem Leib verbunden sein; in manchen Situationen – z. B. akute Lebensgefahr – ist es angeblich in der Lage, sich körperfrei an anderen Orten, den dort anwesenden Menschen sichtbar, aufzuhalten; wie zahlreiche der berichteten Fälle zeigen, tritt das Phänomen allerdings auch auf, ohne daß eine Extremsituation für den Betreffenden vorliegt. Das D. ist *eine* mögliche Erklärung der → Doppelgänger-Erscheinungen.

Doppel, fluidisches, von → Ochorowicz aufgrund von Untersuchungen der → Paladino postulierter feinstofflicher Körper, der relativ unabhängig vom physischen Leib existieren kann und für die PK-Manifestationen verantwortlich sein soll. Das fluidische D. entspricht in etwa dem → Bioplasma-Körper und verwandten Vorstellungen neuerer und älterer Zeit.

Doppelgänger, Phänomen, das in vielen Kulturen seit Jh.en bekannt ist, in der christl. Tradition als → Bilokation bezeichnet; der Ausdruck D. geht auf Jean Paul zurück. – Im Idealfall wird ein Individuum tatsächlich von mehreren Zeugen an 2 Orten zugl. gesehen und die betreffende Person verfügt nach der Manifestation über offensichtlich nur paranormal (»exkursorisch«) erreichbares Wissen. So liegen z. B. Fälle vor, in denen jemand aufgrund eines Traums einen bestimmten Ort und die dort anwesenden Menschen beschreiben kann, während jene Leute den Träumer zur selben Zeit, als er angeblich in seinem Bett schlief, bei sich gesehen haben wollen. Es lassen sich verschiedene Grade und Abstufungen der Apparitionen denken: von telepathisch stimulierten Halluzinationen und Illusionen bis zu tatsächlichen (materiellen) Phantomen, bei denen wieder zu unterscheiden ist, ob sie voll materialisiert oder schemenhaft sind und ob ihr Verursacher der Perzipient ist oder die Person, als deren D. die Erscheinungen auftreten. Wichtig erscheint weiterhin, ob die Erfahrung ASW-Elemente enthält oder nicht.
Vom spontanen D. sind provozierte Formen zu unterscheiden: So werden die Materialisationen mancher Medien von einigen Autoren als D. aufgefaßt, und es finden sich Berichte, daß D. durch die Anwendung von → Passes hervorgerufen sein sollen (Durville 1912). Eine andere Form des D.-Phänomens, das provoziert oder spontan auftreten soll und das einige For-

scher als eigenständige Manifestation betrachten, ist die sog. Astralprojektion, bei der das »astrale Doppel« den physischen Leib verlassen und während dieser Exkursion Träger des Bewußtseins sein soll. Die Psychiatrie bezeichnet die halluzinatorische Selbsterscheinung als *D.-Phänomen* und interpretiert sie als Indiz für eine Persönlichkeitsspaltung. – Eine besondere Form des menschlichen D.s ist der vor allem in Norwegen allgemein bekannte → Vardögr oder Vorbote (Smith 1974: 97 f.).

Mehrfach findet sich in der Geistesgeschichte die Spekulation, das eigtl. Wesen des Menschen sei die Zweiheit. Vor diesem Hintergrund ist es zu verstehen, wenn der Münchner Psychiater Max Mikorey (→ Lebensbilderschau) schreibt: »Der eineiige Zwilling ist ein realisierter Doppelgänger, der Doppelgänger ist ein imaginärer Zwilling« (1952: 31), und: »Der Mensch ist ein phantombildendes Lebewesen« (ebd.: 67).

Berühmt wurde der Fall der frz. Erzieherin Emilie Sagée: Sie war, damals 32 Jahre alt, 1845 von einem livländischen Mädchenpensionat angestellt worden. Sehr bald fiel auf, daß mehrere Personen Mademoiselle Sagée zur gleichen Zeit an verschiedenen Orten gesehen haben wollten. Was man anfangs für Irtum und Versehen hielt, mußte in einem andern Licht erscheinen, nachdem die ganze Klasse einmal ihre Lehrerin doppelt vor sich sah. Das Phänomen wurde noch häufiger beobachtet: Einmal sah man die Erzieherin im Garten Blumen pflücken, gleichzeitig aber saß sie im Aufenthaltsraum auf einem Stuhl. Die Bewegungen der Blumenpflückerin wurden schlaffer während der Manifestation; später befragt, sagte Emilie Sagée, sie habe gesehen, daß die aufsichtführende Lehrerin ihren Platz verlassen habe und sich darüber Gedanken gemacht. Man könnte vermuten, diese Sorge habe die Aussendung des Doppels bewirkt. 2 Schülerinnen, die das »Phantom« berührten, sagten aus, sie hätten einen leichten Widerstand verspürt, eine Schülerin behauptete, sie sei, ohne daß dies die Erscheinung zu beeindrucken schien, mit der Hand durch das Phantom gefahren. — Nach über einem Jahr wurde der Pädagogin, da die Vorkommnisse dem Renommee des Hauses schadeten, gekündigt: Daraufhin gestand sie, daß sie aufgrund ähnlicher Vorfälle bereits 18 Stellungen verloren hatte. (Aksakow 1890.)

Lit.: Lhermitte 1938; Menninger-Lerchenthal 1933, 1946; Müller-Erzbach 1951; Pötzl 1924; Rank 1925; Schilder 1923; Tart 1969.

Doppel-Ich, von → Dessoir geprägter Begriff für die krankhafte Aufspaltung, den Zerfall der Persönlichkeit. Neben das »normale« → Ich treten seelische Inhalte des Unterbewußtseins mit einem »Zug ins Unbestimmte und Eigenschaftslose« (Dessoir).

Lit.: Dessoir 1889; Hennig 1908; Sidis/Goodhart 1905.

Doppeltraum, Träume gleichen Inhalts, die 2 Personen zum etwa gleichen Zeitpunkt träumen (bei 3 Personen: *Tripeltraum*). Häufig dürfte die Erklärung dieses Phänomens in den gleichen Erinnerungen der Träumer (gemeinsame Tagesreste) zu suchen sein, doch sind auch Fälle telepathischer Doppelträume bekannt, wobei das gemeinsame Traummaterial jeweils individuelle Gestaltung erfährt:

»Drei Mädchen schlafen in einem Zimmer. Die eine träumt, sie hütet auf einer Wiese Gänse. Da kam ein dunkler Mann und fragte, ob sie mit ihm gehen wolle. Er war erst wie im Nebel, ganz verschwommen. Als er näher kam, sah sie, daß er eine schwarze Rüstung hatte. Er sagte: ›Du bist nun meine Beute. Komm mit mir auf mein Roß. Wir haben einen weiten Ritt.‹ Sie hatte Angst und weinte: ›Wirst mir nichts machen?‹ Er blickte ihr tief in die Augen und sagte feierlich: ›Ich bin dein Freund und komme, um dich zu trösten.‹ Die letzten Worte erinnerten sie an das Lied ›Der Tod und das Mädchen‹. Sie wachte mit Herzklopfen auf und muß einen Schrei ausgestoßen haben, denn die Schwestern erwachten und berichteten sich ihre Träume. Sie waren über deren Ähnlichkeit erstaunt. Die Ältere hatte geträumt: Du saßest vor dem Walde in einer grünen Mulde, wo wundervolle Blumen blühten. — Da kam ein schwarzer Jüngling, faßte dich bei der Hand und setzte dich auf sein schwarzes Roß. Ich sah euch im Galopp entschwinden und dachte traurig: ›Du wirst sie nie mehr sehen.‹ — Die Jüngere: ›Ich sah einen Hochzeitszug — viele, viele Menschen, Trommler, Pfeifer. Unter dem Baldachin gingest du mit deinem Bräutigam. Es war ein schwarzer Ritter, der dir zärtlich in die Augen sah und unverständliche Worte flüsterte. Ich war traurig, als ob du begraben würdest. Ich wollte dich hindern, dem Ritter zu folgen. ›Er ist falsch‹, sagte ich. Der Ritter sah mich streng an und berührte mich mit der gepanzerten Faust, die eiskalt war, so daß ich zusammenzuckte und vor Schmerzen aufwachte.« (Stekel, zit. n. Moser 1974: 341. Die Träume bezogen sich auf eine lebensbedrohende Erkrankung der ersten Träumerin; der Ritter ist ein Symbol des Todes, die Hochzeit steht für Begräbnis. Eine telepathische Verbindung ist wahrscheinlich, nicht aber ein präkognitiver Inhalt: Die dem Wachbewußtsein noch nicht erkennbare, sich aber bereits vorbereitende Krankheit artikulierte sich symbolisch bei der ersten Träumerin. Dieser Traum induzierte dann wohl telepathisch die beiden anderen Träume.)

Doppelursachen-Theorie → Leib-Seele-Pro-Problem.

DOR → ORANUR.

Doris → Fisher, Doris.

Dorothea von Montow (1347—1394), christl. Visionärin einfacher Herkunft. Ihr Anliegen war die Nachfolge Christi durch völlige Abtötung des eigenen Ich. Ihre Askese (Fasten, Wachen usw.) kollidierte mit ihren Pflichten als Ehefrau und Mutter und die Biographen schildern ihr Leben als Martyrium: allzeit niedrige und schwere Arbeit, vom Mann geprügelt, der sogar die in Visionen Verzückte (vergeblich) durch Güsse kalten Wassers in die Realität zurückzubringen versuchte. Später traten beide ins Kloster ein, und nach dem Tod ihres Mannes wurde D. eine Rekluse (d. h. in eine Klause Eingemauerte); dort in der Abgeschiedenheit setzten sich ihre Visionen fort. — Von pps. Interesse sind mehrere prophetische Visionen der D. v. M. Sie enthalten wiederholt die Vorausschau des Todes von Kirchenfürsten; in 7 Fällen bezieht sich präkognitives Material auf das Leben des Ordensmeisters Konrad von Jungingen, der ihr 2 Jahre vor ihrer ersten wirklichen Begegnung bereits in der Gestalt erschien, in der er ihr dann entgegentrat. Weiter wird von wundersamen Hilfen berichtet und vom Charisma der → Unterscheidung.
Lit.: Toeppen 1863.

Doten, Lizzie (1828—1908), amer. Medium, das »inspiriert« Gedichte vortrug — vor allem E. A. Poe soll »aus ihr« gesprochen haben. Sie gilt als das bedeutendste Phänomen ihrer Art im 19. Jh. (vgl. auch T. P. → James). — *Werke* → Bibl.

Double → Doppelgänger.

Dowden, Hester, verh. Tavers-Smith, irische Automatistin, die meist unter der Führung einer der folgenden → Kontrollen stand: »Peter«, der sich zu Lebzeiten pps. Forschungen gewidmet haben wollte und jetzt nach seinem Tod dem Kreis um D. interessante Experimente vorschlug; »Eyen«, ein ägypt. Isispriester; »Astor«, der behauptete, eigtl. die Kontrolle der → Cummins, die gelegentlich mit D. gemeinsam Sitzungen abhielt, zu sein, und der auf ASW-Phänomene spezialisiert war; »Shamar«, angeblich aus Indien, der vor allem Botschaften von Schlafenden übermittelte, und »Johannes«, ein vorchristl. Philosoph, der sich 1924 auch in einer Sitzung mit der → Valiantine durch Direkte Stimme meldete. Im Hinblick auf die ersten 4 Kontrollen sagte → Barrett, er neige dazu, in ihnen eigenständige psychische Wesenheiten zu sehen und nicht bloß Erscheinungsformen der Persönlichkeit des Mediums (B. im Vorwort zu D. 1919). Großes Aufsehen erregte D.s zweites Buch *Psychic Messages from Oscar Wilde,* 1923, (»Paranormale Botschaften von O.W.«). — Ps. interessant ist bei D. vor allem die Spezialisierung der einzelnen Kontrollen auf bestimmte (paranormale bzw. nicht paranormale) Phänomene; pps. relevant sind die ASW-Phänomene, die in allen 3 Modalitäten — Telepathie, Hellsehen, PK — während der Sitzungen D.s auftraten.

Down Through Test → Bohrversuch.

Doyle, Sir Arthur Conan (1859—1930), engl. Schriftsteller und Arzt. War zeitwei-

lig Mitglied der S. P. R., die er kurz vor seinem Tode verließ, aus Protest gegen die erniedrigenden und seines Erachtens übertriebenen Kontrollwünsche im Zushg. mit den Sitzungen von → Millesimo. D.s Ruhm begründeten seine *Sherlock-Holmes-Romane*, doch er schrieb auch über andere Gegenstände. 10 seiner etwa 60 Bücher befassen sich mit den Phänomenen des Spiritismus. D. war überzeugter Spiritist und wollte möglichst viele seiner Mitmenschen zu seinen Ansichten bekehren: Er unterhielt jahrelang in London ein »Spiritistisches Museum« und einen »Psychischen Buchladen«. – Seine Angehörigen wollen nach seinem Tod noch oft Nachrichten von ihm durch Medien erhalten haben. – *Werke* → Bibl.
Lit.: Ford 1972; Lamond 1931.

Dreamy state [engl.; träumerischer Zustand], traumartige Bewußtseinstrübung von kurzer Dauer; u. U. mit → *Fausse reconnaissance* und → Mikroteleopsie verbunden.

Dreimännerbuch, eine Arbeit der Autoren Walter v. Gulat-Wellenburg, Carl Graf Klinckowström und Hans Rosenbusch mit dem Titel *Der physikalische Mediumismus*, erschienen in dem von → Dessoir herausgegebenen Werk *Der Okkultismus in Urkunden* (Berlin 1925). Das D., eine wichtige Publikation im Rahmen der dt.sprachigen pps. Lit., rief eine außerordentlich heftige Resonanz hervor; die Diskussion wurde vor allem in der *Zeitschrift für Kritischen Okkultismus* ausgetragen. Die Tendenz der Autoren ist eindeutig: Sie wollen die Medien des Betrugs und der Täuschung überführen (allerdings räumt Klinckowström ein »vielleicht echt« bei den Phänomenen Willi → Schneiders ein). Nur zwei der Verfasser hatten überhaupt an Sitzungen teilgenommen, und die einschlägige Lit. kannten sie nur mangelhaft. So berücksichtigt z. B. Rosenbusch, der über die → Paladino schrieb, das Standardwerk über dieses Medium, das fast 1000seitige Werk des Mailänder Psychiaters Morselli (1908) gar nicht, sondern ist auf die Betrugshypothese geradezu fixiert. Auch über die Medien Eva → C., Goligher und → Laszlo wird ein vernichtendes Urteil gesprochen. Aber gerade diese wenig differenzierte Ablehnung hatte zur Folge, daß ein so bedeutender Gelehrter wie → Bleuler bekannte, die Lektüre des D.es hätte ihn der Pps. gegenüber positiver gestimmt (in einem Vortrag an der Universität Zürich 1927). – Als Antwort auf das D. verfaßten Parapsychologen ein Werk, das als → Siebenmännerbuch in die pps. Lit. einging.
Lit.: Bleuler 1926; Lambert 1927.

Driesch, Hans (1867—1941), dt. Biologe und Philosoph, der einen antimaterialistischen → Vitalismus vertrat, wobei er sich z. T. auf den Aristotelischen Entelechie-Begriff stützte (statt Entelechie sagt D. zuweilen auch *Psychoid*). In der Pps. sah D. eine Bestätigung seiner philos. Lehre. Er ist der Verfasser der ersten Methodenlehre der Pps.: *Parapsychologie, die Wissenschaft von den »okkulten« Erscheinungen* (1932, 1967). 1926/27 war D. Präsident der S. P. R. – Auch der Astrol. stand er wohlwollend gegenüber. – *Werke* → Bibl.
Lit.: Oesterreich 1941; Wenzl 1951.

Drittes Auge, von der → Blavatsky einer hermaphroditischen menschlichen Urrasse am Hinterkopf zugeschrieben. Andere Autoren glauben an die Existenz eines normalerweise nicht wahrnehmbaren dritten (»geistigen«) Auges auf der Stirn des Menschen. Man vgl. dazu → Dentons Versuchsanordnung in der Psychometrie; s. a. → Chakra. – Das einem Tibeter, Lobsang Rampa, zugeschriebene Buch *Das dritte Auge* (1957) hat einen Engländer zum Autor.

Drogen und parapsychische Leistung, eine »Pharmakoparapsychologie« hat sich noch nicht entwickelt, Vermutungen über Zushg.e von Drogengenuß und paranormaler Leistung sind jedoch alt: Die Ethnomedizin kennt dafür reiche Belege (vgl. das Lorbeerblattkauen der → Pythia und die sog. Hexensalben), die auch auf den kultischen

Ursprung der Genußgifte hinweisen. Diese Zushg.e sind komplex, individuelle Unterschiede wahrscheinlich: Bestimmte Dosen bestimmter psychotroper Substanzen können ASW-Leistungen steigern, angeblich auch hervorrufen, andere Dosen derselben Droge ASW im Einzelfall ausschließen.

Keineswegs bedeutet drogenbedingte Bewußtseinsveränderung automatisch ein größeres Potential für Psi-Leistungen (stets jedoch bedeutet das unkontrollierte Experiment eine psychohygienische Gefahr). Die »intrapsychische Konvergenz« (Lockowandt 1974: 122), d. h. die drogenbedingte Steigerung der Erlebnisfähigkeit und die Weckung oder Steigerung paranormaler Fähigkeiten sind nicht notwendig miteinander verbunden und können sich sogar in bestimmten Situationen ausschließen. → Meyrink allerdings berichtet von präkognitiven Erfahrungen unter Drogeneinfluß, und eine Vp. → Brugmans verbesserte ihre Leistungen im ASW-Versuch nach Alkoholgenuß: Die Zufallswahrscheinlichkeit der quantitativen Ergebnisse ohne Alkohol betrug 1 : 628 Millionen; die der Experimente mit alkoholischer Stimulans 1 : 3753 Milliarden (Brugmans 1974: 312). Dabei mag eine leichte Enthemmung der Vp. ausschlaggebend gewesen sein. Bei anderen Erfahrungen (es liegen entsprechende Versuche mit → Mescalin vor) kann es eine Rolle spielen, daß derjenige, der die Droge nimmt, mythologischen Situationen begegnet (C. G. Jung): Im Sinne eines synchronistischen Effekts (→ Synchronizität), so läßt sich denken, könnten diese Situationen der Realität korrespondieren.

»Lachgas und Äther ... regen das mystische Bewußtsein in einem außerordentlich hohen Grade an. Dem, der sie einatmet, scheint sich immer tiefere Wahrheit zu enthüllen. Diese Wahrheit verblaßt indessen oder entweicht in dem Augenblick, da er sie zu fassen sucht. Und wenn einige Worte, in die sie sich zu kleiden schien, übrig bleiben, so erweisen sie sich als vollständiger Nonsens. Nichtsdestoweniger bleibt das Gefühl, es sei ein tiefer Sinn darin gewesen, und ich kenne mehr als einen Menschen, der überzeugt ist, in Lachgasbetäubungen echte Offenbarungen über die letzte Wirklichkeit erhalten zu haben.

Vor einigen Jahren habe ich selbst einige Beobachtungen über diese Wirkung von Lachgasbetäubung gemacht. Dabei drängte sich mir ein Urteil auf, dessen Richtigkeit mir bis heute unerschüttert geblieben ist. Nämlich dies, daß unser normales, waches Bewußtsein — unser rationales Bewußtsein, wie wir es nennen können — nur eine bestimmte Art von Bewußtsein ist, und daß um dasselbe herum potentielle Bewußtseinsformen liegen, die ganz andersartig und von ihm nur durch eine ganz dünne Wand geschieden sind.« (W. James 1907: 363.)

Lit.: Dunbar 1905/07; Huxley 1954; Masters/Houston 1967; Pahnke 1971; Puharich 1959, 1962; Reko 1938; vom Scheidt 1972; Wasson o. J.; Zaehner 1960.

Droste-Hülshoff, Annette Freiin v. (1797 bis 1848), bedeutendste dt. Dichterin des 19. Jh.s. In ihrer Heimat, dem Münsterland, war das → Zweite Gesicht eine nicht seltene Gabe, auch die D.-H. und andere Familienmitglieder besaßen diese Fähigkeit, die die Dichterin als schwere Last betrachtete: »O sprich ein Gebet, inbrünstig, echt, / Für die Seher der Nacht, das gequälte Geschlecht.« (Aus dem Gedicht *Vorgeschichte*, mit dem Untertitel *Second sight*, Zweites Gesicht.) Ihr Großneffe Heinrich Freiherr Droste zu Hülshoff behauptet von ihr auch → Bilokation und PK-Phänomene, darunter das → Wassergehen:

Hülshoff ist eine Wasserburg; eine Insel mit Pavillon lag in einem Teich, mittels einer kleinen hölzernen Brücke erreichbar: »Es sind nun mehrere Fälle ausdrücklich bezeugt, daß Annette zur Abkürzung des Weges einfach über das Wasser zu der Insel ging und auch wirklich heil und trokken überkam.« (Droste zu Hülshoff 1927 b.) — Eine Erinnerung solcher Erfahrung kann in den Versen des Gedichtes *Brennende Liebe* gesehen werden: »Auch weiß ich eine Gestalt, / So leicht und kräftig zugleich, / Die schreitet vor mir im Wald / Und gleitet über den Teich; / ...«

Lit.: H. Droste zu Hülshoff 1927 a, b.

Drost-Prozeß → Bernburger Hellsehprozeß.

Drude, auch *Drute, Trud, Trude, Trut,* Etymologie ungeklärt; im Volksglauben in

Deutschland, Österreich, Siebenbürgen und Dänemark ein weiblicher böser Nachtgeist (→ Alp); seltener ein schöner und guter weiblicher Geist aus dem Gefolge der Perchta (Frau Holda oder Holle). – Der Drudenfuß, ein Fünfstern (Pentagramm) auf 2 Spitzen stehend, schützt angeblich vor D.n und anderen bösen Geistern (Goethe, *Faust I*, V. 1395); schon bei den Pythagoreern war das Pentagramm wichtig (vermutlich aufgrund der Symbolik der 5, die als Summe der männlichen 3 und der weiblichen 2 ein Zeichen der Ganzheit bildet); später hatte es Bedeutung in der Gnosis und in der mittelalterlichen Magie.

Druiden [verwandt mit griech. *drus;* Eiche], keltische Gelehrtenklasse mit richterlichen, priesterlichen (Opfer, Weissagung) und erzieherischen Funktionen. Der Eichenkult spielte im Rahmen ihrer religiösen Übungen eine wichtige Rolle; der Unterricht wurde ausschließlich mündlich erteilt, das Aufschreiben von Lehren war verboten. Unter dem politischen und missionarischen Druck Roms verloren die D. mehr und mehr an Bedeutung (nur in Irland hielten sie sich bis ins 6. Jh.) und wurden zu bloßen Zauberern und Wahrsagern. – Versuche in der Neuzeit, das D.tum wiederzubeleben (Gründungen von sogenannten D.orden in England, Amerika, Australien seit 1781), stehen in keinem wirklichen Traditionszushg. mit den keltischen D.

Zu den zauberischen Praktiken der D. zählt auch der »Stierschlaf« *(tarbfess)*, ein divinatorisches Verfahren, um den Namen des zukünftigen Königs in Erfahrung zu bringen: »Ein weißer Stier wird getötet, irgend jemand ißt sich satt an seinem Fleisch und an der Brühe davon und schläft unter der Wirkung des Mahles ein. Ein *ór fírinne* (›Gold der Wahrheit‹) wird von 4 D. über ihn gesungen. Der Schlafende schaut nun in einer Vision die Art desjenigen Mannes, der dort König werden wird, nach seiner Gestalt und seinem Gebaren, und die Art der Beschäftigung, der er gerade obliegt.« (Krause 1929: 41.)

Lit.: Le Roux 1961.

DT-Test, auch *DT-Arrangement,* Abk. für *D*own *T*hrough Test, → Bohrversuch.

Duguid, David (1832–1907), schott. Berufsmedium, dessen Vielseitigkeit besonders auffiel. Raps, physikalisch unerklärliche Bewegungen, sich selbst aufziehende schwebende Spieluhren, Direkte Stimme, Direkte Schrift, Direkte Bilder, Levitation des Mediums, Feuerunempfindlichkeit, Entfesselungen, Lichterscheinungen, Psychofotografie, Berührungen der Sitzungsteilnehmer, unerklärliche Gerüche und Xenoglossie sollen sich bei Sitzungen mit D. ereignet haben. Durch → Automatisches Malen entstand u. a. eine Kopie des *Wasserfalls* von Jakob von Ruisdael (1628/29 bis 1682). Abweichungen vom Original erklärte die → Kontrolle »Ruisdael« als spätere Zusätze von fremder Hand, d. h., das durch Automatisches Malen entstandene Bild soll das »authentischere« sein. Tatsächlich stellte man fest, daß Ruisdaels Gemälde später von einem anderen Maler »ergänzt« worden war. Vielleicht liegt hier eine paranormale Information vor.

Außerdem schuf D. hist. Romane durch Automatisches Sprechen; die Zuhörer schrieben seine Äußerungen auf. Die Illustrationen, angeblich als Direkte Bilder erschienen, erwiesen sich teilweise als identisch mit Vorlagen aus *Cassel's Family Bible.* Das war für Spiritisten, die glaubten, »Geister« hätten hist. korrekte Bilder geliefert, ein Betrugsbeweis; für den Animisten nicht. – Mit 73 Jahren wurde D. tatsächlich eines Betrugsversuchs überführt: Man entdeckte vor der Sitzung in seiner Kleidung versteckt die Gemälde, die die »Geister« erst noch malen sollten. – *Werke* → Bibl.

Duke University, Universität in Durham (North Carolina, USA). 1927 kam der engl. Psychologe → McDougall von der Harvard University, wo er bereits auf pps. Gebiet gearbeitet hatte, an die D. U. und gründete dort mit den Biologen Louisa E. und Joseph B. → Rhine ein pps.

Laboratorium: Im Laufe der folgenden 2 Jahrzehnte wurden dort jene quantitativen pps. Experimente (zu ASW und PK) durchgeführt, die der Pps. entscheidend zur akademischen Anerkennung verhalfen. Das Laboratorium wurde nach der Emeritierung Rhines in das Institute for Parapsychology mit dem privaten Stiftungsträger Foundation for Research on the Nature of Man (FRNM) überführt.

Dukpa, auch *Dugpas* [in wiss. Transkription *hBrug-pa;* tibetisch; Rotmützen], tibetische Sekte, die Buddhismus und Dämonenglauben eng miteinander verband; ihre Angehörigen standen im Geruch magischer, vor allem schwarzmagischer, Fähigkeiten.

Duncan, Helen Victoria, schott. Materialisationsmedium, das Anfang der 30er Jahre unseres Jh.s Aufsehen erregte: Phantome, teilweise Dematerialisation des Körpers des Mediums, Entfesselungen u. ä. m. traten auf. D. wurde aber des Betrugs überführt (u. a. → Ruminationsversuch), vor Gericht gestellt und trotz entlastender Zeugen verurteilt.
Lit.: H. Price 1931.

Dunkelheit, angeblich begünstigt D. manche Materialisationsphänomene. Da sie sicherlich auch den Betrug begünstigt, wurde der Forderung nach D. stets mit Mißtrauen begegnet. Heute, wo bessere Kontrollmöglichkeiten (z. B. Infrarotfotografie) bestehen, fehlen leider die Materialisationsmedien. Auch manche → Automatischen Maler arbeiten bei völliger D.

Dunkelmedien, Medien, die ihre Sitzungen nur bei Dunkelheit abhalten oder Dunkelheit bevorzugen. Um dem Verdacht des Betrugs zu begegnen, sind besondere Kontrollmaßnahmen notwendig: Fesselung, elektrische Kontakte u. ä. Manche Medien ließen Leuchtstreifen oder Rotlicht zu.

Dunne-Effekt, nicht nur »Tagesreste« (Freud) können Traumauslöser sein, sondern auch ihre »Umkehrung«: Ereignisse aus der nahen Zukunft. → Tenhaeff spricht von »präkognitiven Träumen mit fragmentarischer Übereinstimmung« oder vom D.-E. Der irische Luftfahrtingenieur John William Dunne (1875–1949), der u. a. den Vulkanausbruch auf Martinique, 1902, vorausträumte, untersuchte diesen Traumtypus systematisch.

Ein Beispiel bietet Dunnes Traum von der Ankunft einer Expedition in Khartum. Am nächsten Tag las er von dieser Ankunft, mitsamt den geträumten Details, in der Zeitung. — Die tatsächliche Ankunft lag vor dem Traum, so daß Hypothesen eines → Astralwallens nach Khartum o. ä. ausgeschlossen erscheinen.
Tenhaeff berichtet aus eigenem Erleben: Ihm träumte von einem Mann, der hinter einem Handkarren herläuft, auf den 2 friesische Standuhren geladen sind. — Ungefähr 8 Stunden später zeigt ihm jemand eine friesische Standuhr, die er geerbt hat. → Eisenbud gibt den Traum eines Patienten wieder: »Ein stämmiger Strolch dringt in das eheliche Schlafzimmer ein und versucht, sich seiner Frau sexuell zu nähern, die neben ihm schläft. Er greift nach einem Hammer mit der Absicht, den Angreifer zu vertreiben, indem er pausenlos auf dessen Kopf und Gesicht einschlägt, aber er fühlt sich dabei schwach wie ein kleines Baby. Der Kerl lacht nur und kommt drohend auf ihn zu.« — Am Abend darauf geht der Patient in ein Kino, im Beiprogramm läuft ein Kurzfilm mit Ausschnitten früherer Leinwandkomödien. »Der erste Ausschnitt aus einer sehr alten Mack-Sennett-Komödie zeigt ein Baby, das neben einem riesigen alten Schurken liegt, der eingeschlafen ist. Das Baby bekommt einen Hammer zu fassen und fängt an, damit auf den Kopf des Mannes einzuschlagen, der Schlafende scheint jedoch ungerührt und macht nur hin und wieder eine Bewegung, als wolle er eine Fliege verscheuchen.« (Eisenbud 1974: 56 f.) Vor allem das letzte Beispiel — zu dessen mythologischen Entsprechungen z. B. eine Episode Thors in Utgard in der germanischen Überlieferung zu zählen ist — zeigt, daß die tiefenps. Interpretation (Hammer als Sexualsymbol!) die Motivation zur Wahl des Auslösers plausibel machen kann.

Schon Leibniz glaubte, daß der Mensch seine Zukunft im Innern kennt; Dunne entwarf anhand seiner Beobachtungen Zeitmodelle, um sich dieses Phänomen erklären zu können, und entwickelte so seine berühmte Theorie des *Serialismus*, die die Zeit als Vierte Dimension betrachtet (zur Kritik daran vgl. v. Franz 1970: 133): »Wenn sich die Zeit bewegt, müssen wir sie messen können, aber die messende Zeit muß aus anderen Zeiteinheiten bestehen als die gemessene. Die messende Zeit muß man wiederum mit einer dritten Zeit messen usw.« Diesen Gedanken der »Zeitfeld-Serien« hatte bereits Schopenhauer in Erwägung gezogen und wieder verworfen. Schopenhauer teilt übrigens selbst einen Traum mit D.-E., den »Tintenklecks-Traum«, mit (Sch. 1961: 131).

Lit.: Borges 1966; Dunne 1909, 1927, 1940; Priestley 1964; Tenhaeff 1974: 165—69.

Dünzling, Spuk im kath. Pfarrhaus zu D., Bayern. Ein Pater Benno hörte und sah 1890 das Phantom eines Bauern nachts etwa 2 Stunden in seinem Zimmer; andere Pfarrer waren Zeugen für unerklärliche Geräusche, Stimmen, Lichterscheinungen.

Lit.: Ludwig 1921; Moser 1950: 242—50; Schleinkofer 1932.

Du Prel, Karl Freiherr (1839—1899), Privatgelehrter, ursprünglich Offizier. Von den Naturwiss.en ausgehend und durch die Philos. → v. Hellenbachs und Schopenhauers beeinflußt, verstand D. P. seine okkultistischen Studien (hist., naturwiss. und philos.) als antimaterialistische und antimechanistische Beiträge. Sein anthropologischer Ansatz war die Hypothese einer »doppelten humanen Existenz«: Im Diesseits ist der Mensch ganz irdischer Mensch, zugl. aber ist er im Jenseits transzendentales Subjekt. Die sog. okkulten Phänomene sind ein Herübergreifen aus der Transzendenz. — *Werke* → Bibl.

Durbin, Henry († 1799), ein angesehener Bürger Bristols (England), untersuchte 1761/62 Spukvorgänge, die sich in einem Gasthof ereigneten, und kam zu dem Ergebnis, daß Betrug ausgeschlossen sei; sein Bericht wurde postum (1800) veröffentlicht. D. beobachtete selbst einige der Phänomene (Geräusche und paranormale Bewegungen). Charakteristisch waren feindselige Attacken gegen 2 Kinder (13 und 8 Jahre), aber auch gegen andere Personen. D. sah, daß sich Hautstellen bei einem Kind eindrückten, wie von einem unsichtbaren Finger berührt; anschließend trat eine Rötung auf. Die Kinder klagten über Zwicken und Kneifen, manche Beobachter wollen auch eine Hand in ihrer Nähe gesehen haben. Bei den Kindern traten Bißwunden auf: Man registrierte u. a. die Abdrücke eines Gebisses von etwa 20 Zähnen und schäumenden übelriechenden Speichel auf der Haut. Außerdem wiesen die Kinder Verletzungen wie von stumpfen Messern auf und wurden von »realen« Nadeln gekratzt und gestochen. Von diesen meist krumm gebogenen Nadeln kam eine ganze Sammlung zustande. In einem Experiment vor Zeugen markierte D. 5 Stecknadeln, steckte sie ins Nadelkissen in der Tasche des älteren Mädchens und ließ es die Hände kreuzen. Sofort wurde dem Kind die Haut am Hals von der ersten Nadel durchstochen, die sich dabei krümmte.

Lit.: Thurston 1955: 33—44.

Durchsicht, die *introspectio spiritus*, der »geistige Einblick«, galt als christl. → Charisma und bezeichnet das — pps. betrachtet — telepathische Phänomen, daß jemand Wünsche, Vorstellungen und Gedanken seines Gegenübers kennt. Oft wird gesagt, daß ein Priester die Sünden eines Menschen schon vor der Beichte »weiß«.

Dürckheim, Karlfried Graf (* 1896), dt. Philosoph und Psychologe, der, ausgehend von Meister Eckhart und dem jap. Zen-Buddhismus, versucht, östliche Weisheit dem abendländischen Menschen nahezubringen. Vor allem auf psychotherapeutischem Gebiet arbeitet D. an einer fruchtbaren Verbindung von östlichen und westlichen Erkenntnissen. Als philos. Anthropologe ist D. überzeugt vom »doppelten Ursprung des Menschen«: in der raumzeitlichen Welt und in der Transzendenz. »Eine uns jahrhundertelang beherrschende Anthropologie erweist sich als zu eng. Sie reduziert die Ganzheit des Menschen auf das, was er kraft seiner fünf Sinne, seiner Ratio, seiner Zugehörigkeit zu einer Gemeinschaft und in seiner Bindung an weltliche Werte und Ordnungen ist. Was darüber hinausgeht, ist ›transzendent‹ und Sache des Glaubens. Gewiß, es ist transzendent, insofern es den Horizont des natürlichen Welt-Ichs überschreitet, ja die ihm immanente Transzendenz sein *Wesen* ausmacht. Und noch eins kommt heute hinzu: dies Wesen, die uns einwohnende Transzendenz, hört auf, eine Sache nur des Glaubens zu sein. Sie tritt in den Kreis der Erfahrung und wird zum Wissen. Wo das geschieht, da scheiden sich die Geister. Und damit ist ein neues Zeitalter angebrochen!« (Dürckheim 1973: 13.)

Die sich bei D. abzeichnende Anthropologie reflektiert bereits pps. Erkenntnisse, und umgekehrt kann sie pps. Denken stimulieren. S. a. → Passes. – *Werke* → Bibl.

Lit.: Hippius 1966.

Dürr, Jacob (1777—1840), dt. Wunderheiler. Durch den Schneidermeister D. kam → Kerner darauf, Besessene mit Hilfe entsprechend begabter Menschen (Sensitive, er nannte sie »Medicamente«) zu heilen. Um 1817–19 liefen D. die Patienten in Scharen zu; er therapierte mit Segenssprüchen, angeblichen Hilfsgeistern, hypnotischen Verfahren, oft unter Einsatz der eigenen Lebenskraft und um geringes Entgelt. → Eschenmayer urteilte: »Sein Auge ist durchdringend, er verfügt über geheime Formeln und Kräfte, besitzt Amulette und weiß sie herzustellen, hat Umgang mit Geistern, mit seinen wie den Schutzgeistern anderer, und erzählt davon seltsame Geschichten.« Leider zeichnete niemand diese Geschichten auf; aus 2 Briefen an Kerner (heute im Schiller-Museum, Marbach) wissen wir aber, daß er sich nicht als Heiler aus eigener Kraft empfand: »Gesetze«, wie er es nannte, banden ihn an ein Geisterreich. Dies und seine Hilfsmittel (Stärkegürtel, Rausch, Aussenden von Schutzgeistern u. a.) zeichnen das Bild eines Heilers mit schamanistischen Zügen (vgl. → Schamanismus). Ferndiagnosen sprechen für eine ASW-Begabung. S. a. → Immermann.

Lit.: Eschenmayer 1837; Gehrts 1961, 1962.

Dynamik, Lehre von den Kräften, die aus bzw. durch sich selbst wirken, also nicht wie in der Mechanik eines direkten Anstoßes (Zug oder Druck) bedürfen. In der Ps. versteht man unter D. psychische Veränderungen unter dem Einfluß von Kräften, die als Instinkte, Destrudo, Libido, Triebe, Antriebe, Strebungen o. ä. bezeichnet werden. – Die Pps. geht davon aus, daß auch die Kräfte des Parapsychischen einer regelhaften D. unterliegen, die es allerdings noch zu erforschen gilt. In zahlreichen Überlegungen wurde versucht, dynamische Modelle der Ps. und Tiefenps. für die Pps. fruchtbar zu machen.

Dynamis [griech.; Vermögen, essentielle Kraft], als in der griech. Vorstellungswelt der Glaube an personale Gottheiten allmählich schwand, trat an seine Stelle der Glaube an die Macht von Kräften einer Allgottheit oder eines Weltprinzips. Sich diese Kräfte dienstbar zu machen, an ihnen teilzuhaben, ist das Ziel der Magie. Zahlreiche zauberische und hermetische Schriften beschäftigen sich mit diesen Ideen.

Lit.: Röhr 1923.

Dynamismus, die Auffassung, Sein und Werden ließe sich auf Kräfte in der Natur und im menschlichen Willen zurückführen; selbst Materie ist die Erscheinungsform bestimmter Kräfte. Diese Kräfte sind unpersönlich gedacht, doch finden sich auch Übergänge zu Seelenvorstellungen. Die ältere Religionswiss. sah den D. als frühreligiöse Erscheinung; heute gilt als wiss. gesichert, daß der D. immer neben anderen Religionsformen auftritt und nicht zu den ältesten faßbaren zählt.

In der Philos., vor allem im dt. Idealismus und im Vitalismus → Bergsons kennzeichnet D. die antimechanische Position.

Dynamistograph → Autoskop, angeblich unter Kontrolle einer jenseitigen psychischen Wesenheit von den niederländ. Physikern J. L. W. P. Matla und G. J. Zaalberg van Zelst konstruiert; es sollte den direkten Verkehr (also D. statt Medium) mit dem Jenseits ermöglichen. Die Erfinder wollen mit dem D. erfolgreich gearbeitet haben.

Lit.: Matla/Zaalberg v. Zelst 1911.

E

Ebenen, die verschiedenen Stufen, Sphären, Bereiche oder Welten, in die der Okkultismus – in Anlehnung an östliche und antike Weisheitslehren und Religionen – das als hierarchisch geordnet gedachte Universum einteilt. Entsprechend der → Makrokosmos-Mikrokosmos-Spekulation sind diese Stufen oder E. im Menschen als »Prinzipien« repräsentiert.

Eckartshausen, Karl v. (1752—1803), bayer. Jurist und Archivar; verfaßte mehrere okkultistische u. alchimistische Schriften (u. a. *Sammlung der merkwürdigsten Visionen,* 1793; *Entwurf einer ganz neuen Chemie,* 1800). Seine *Zahlenlehre der Natur* (1794) greift kabbalistisch-rosenkreuzerisches Gedankengut auf, vor allem aber Ideen von → Fludd. Das Werk nimmt in der Zahlentheorie des Abendlands eine besondere Stellung ein, weil es explizit den qualitativen Aspekt der Zahlen hervorhebt (v. Franz 1970).

Eckhart, auch *Eckart, Eckehart,* gen. »Meister [d. h. Magister] E.« (ca. 1260—1327/1328), bedeutendster dt. Mystiker. Ziel seiner mystischen Spekulationen war die Einswerdung mit Gott *(unio mystica),* die »Geburt« Gottes aus dem Seelengrund. E. schuf zahlreiche dt. Begriffe, um über das averbale Erlebnis der Vision (Schau) *reden* zu können. Der dt. Idealismus und die Romantik griffen diese Terminologie auf. – Die Heiligung sah E. als *Verjüngung:* »Wäre der Geist alle Zeit mit Gott vereint in dieser Kraft [gemeint ist die oberste ›Kraft‹ in der ›geschichtet‹ gedachten Seele], der Mensch könnte nicht altern.« (Zit. n. Benz 1969: 213.)
Nach kirchlicher Lehre leugnete E. den Unterschied zwischen dem Sein Gottes und dem Sein der Geschöpfe sowie die Zeitlichkeit der Welt; ihm wurde deshalb das Prädikat »Kirchenlehrer« aberkannt, und man erklärte ihn zum Häretiker. – *Werke* → Bibl.

Edda, 2 Werke des altisländ. Schrifttums, die Einblicke in Volksglauben und Mythologie der Nordgermanen erlauben. Die E. enthält Götter- und Heldensagen aus dem 9.–12. Jh., die im 13. Jh. in Island aufgezeichnet wurden, u. a. die Sagen von Sigurd, Brünhild, Gudrun und das Lied von Atli (Etzel). Die sog. »ältere E.« (die andere wird »jüngere« oder »Prosa-E.« gen., ihr Verfasser ist Snorri Sturluson) beginnt mit der berühmten »Völuspa«, der Weissagung der Seherin. Im Hinblick auf die pps. Kasuistik bietet die E. Belege für Wahrträume, Hellsehen, Mantik, Wiedergänger, Erscheinungen Sterbender, Spuk, Geister und Jenseitsschau.
Lit.: Walther 1938.

Eddington, Sir Arthur Stanley (1882 bis 1944), engl. Astronom und Physiker, Direktor der Sternwarte in Cambridge (später Greenwich), Autor vielbeachteter Werke zur Astrophysik und zur Relativitätstheorie. E. war der Ansicht, daß die Struktur des Erkenntnisvorgangs die physikalischen Grundgesetze mitforme; eine umstrittene These, die er 1946 in seinem Werk *Fundamental Theory,* (»Grundlegende Theorie«) ausführlich darlegte.
Pps. relevant ist seine Erklärung: »Ich glaube, daß der Geist die Kraft hat, Atomgruppen zu beeinflussen, daß er sich sogar einmischen kann, wenn auf atomarer Ebene verschiedene Prozesse möglich sind, ja, daß sogar der Lauf der Welt nicht durch

physikalische Gesetze vorherbestimmt ist, sondern geändert werden kann durch den nicht determinierten Willen der Menschen.« (Greenhouse 1973: 243.)
Lit.: Koestler 1972.

Eddy, Horatio und William, 2 Brüder, die auf einer Farm in Chittenden, Vermont, lebten. Sie waren »mediumistisch vorbelastet«: Eine Ahnin soll 1692 in → Salem als Hexe verurteilt worden sein. Als sich bei den Kindern erste Anzeichen abnormer Geisteszustände (u. a. Trance) zeigten, griff der Vater zu brutalen »Heilmethoden« wie heißen Wassergüssen u. ä. – Später traten die Brüder als professionelle Medien auf. → Olcott untersuchte im Auftrag einer Zeitung die Phänomene (bei seinem Besuch in Chittenden lernte er die → Blavatsky kennen) und bezeugt in seinen später als Buch erschienenen und vor allem von → Home heftig angegriffenen Reportagen die verschiedensten psychokinetischen Erscheinungen, einschließlich mehrerer 100 voll materialisierter Phantome, die er während seines 10wöchigen Aufenthaltes (1874) gesehen haben will.
Lit.: Home 1877; Olcott 1875; Shindler 1877.

Eddy, Mary, geb. Baker (1821—1910), Begründerin der → Christian Science. Sie war zunächst Anhängerin des Uhrmachers und Magnetopathen → Quimby, dem es 1862 gelang, E. von ihren (wahrscheinlich hysterisch bedingten) Lähmungen zu heilen. Anfangs begeistert von Quimby und seinen Heilmethoden, wandte sie sich nach Entwicklung ihrer eigenen, sehr ähnlichen Lehre von ihm ab und strich seinen Namen schließlich ganz aus ihrem Buch *Science and Health with Key to the Scriptures,* 1875 (»Wissenschaft und Gesundheit mit Schlüssel zur Heiligen Schrift«), das, mehrfach revidiert, unverändert seit 1910, zur hl. Schrift der neuen religiösen Bewegung wurde. Es lehrt, allen Krankheiten mit geistigen Mitteln (Gebet) zu begegnen.

»Der Mensch ist göttlich, Gott ist das Gute, folglich kann es nichts Böses wirklich geben, und alles Böse, Krankheit, Altern und Sterben ist nicht Wirklichkeit, sondern trügerischer Schein, und wer dies einmal erkannt hat, den kann keine Krankheit mehr befallen, kein Schmerz mehr quälen. In diesem Extrakt liegt alles enthalten, und eine so allverständliche Grundformel stellt keine intellektuellen Ansprüche. Damit war die ›Science‹ von vornherein befähigt, ein Massenartikel zu werden, handlich wie ein Kodak, eine Füllfeder; sie stellt ein absolut demokratisches Geistesprodukt dar. Und erwiesenermaßen haben ja zahllose Schuhmacher, Wollagenten und Handlungsreisende die christliche Heilkunde in den vorgeschriebenen zehn Lektionen tadellos erlernt, also in geringerer Zeit, als man benötigt, um ein anständiger Hühneraugenoperateur, Korbflechter oder Raseur zu werden, Christian Science ist jedermann sofort zugänglich, sie erfordert weder Bildung noch Intelligenz noch irgendwelche menschlich-persönliche Gereiftheit: dank dieser Grobschlächtigkeit wird sie von vornherein breiten Massen zugänglich, eine Everyman-Philosophie.« (Stefan Zweig 1931.)
Lit.: Kralmielitzki 1930; Mark Twain 1907.

Edelsteine, auch Halbedelsteine, sind nach esoterischen Lehren und magischem Verständnis Träger spezifischer Kräfte; sie können deshalb in Form einer Gemme (d. h. mit eingeschnittenem Bild) oder Kamee (erhabene Arbeit) als Talisman und Amulett dienen. In der Antike und im MA. galten pulverisierte, in Wein getrunkene E. als Heilmittel, wobei bestimmte Steine jeweils bestimmten Krankheiten zugeordnet waren. Zu den besonderen Eigenschaften der Steine zählte z. B. auch, daß der Türkis Versöhnung schafft, der Saphir vor Zauber schützt und einem Fürstengunst erwarb, der Opal dem Dieb entwischen half. Einige Steine der Antike und des MA.s waren fiktiv, so der Stein *Quirim,* der nur im Nest eines Wiedehopfs gefunden werden konnte, und der, einem Schlafenden unter den Kopf gelegt, diesen zum Aussprechen von Geheimnissen brachte.

Auch mit *paranormalen* Fähigkeiten wurden E. in Verbindung gebracht:

»Eine sehr wunderbare Eigenschaft, die besonders an australischen Opalen, sog. Schalen, beobachtet wurde, ist die, daß die

Träger dieser Steine in einer bestimmten Richtung hellsehend werden. Sie können nicht nur gewisse Jenseitige auch bei Tage erkennen, sondern sie sehen jedem Menschen seine Todesstunde an den Augen an. Eine Dame in der Hauptstadt unseres Landes hatte diesen Blick so ausgebildet, daß sie sogar in der Straßenbahn diesen Leuten sofort ansah, ob sie alt oder jung dieses Leben verlassen würden. Bei Nachforschungen ergaben sich diese hellseherischen Eindrücke als richtig.« (Lorenz 1914: 277.)

Edgehill, Ort in der mittelengl. Grafschaft Warwickshire; am 23. 10. 1642 Schauplatz einer Schlacht im engl. Bürgerkrieg. Etwa 8 Wochen später sahen die Bewohner der Umgebung eine Wiederholung der Schlacht in der Luft und hörten auch die entsprechenden Kampfgeräusche. Das Phänomen hielt mehrere Tage an. König Karl I. schickte eine Kommission, die sogar einzelne Personen, z. B. einen Sir Edmund Varney, zu erkennen vermochte.
Es ist gänzlich offen, ob in solchen Fällen – das Vorkommnis steht nicht völlig allein in der Überlieferung – an eine Massenhalluzination, einen seltenen physikalischen Effekt oder eine paranormale Manifestation zu denken ist.

Edison, Thomas Alva (1847—1931), amer. Ingenieur, bekannt durch eine Reihe epochemachender Erfindungen (Phonograph, Kohlenfadenlampe, Kinetographen u. a.). Daneben beschäftigte er sich auch mit dem Paranormalen: Er experimentierte mit → Reese und hinterließ eine nicht abgeschlossene Konstruktion, die den Kontakt zu Verstorbenen ermöglichen sollte.

Edmond, John Worth (1816—1874), Senatspräsident am Obersten Gerichtshof in New York, überzeugter und einflußreicher Spiritist, der sich publizistisch für die Existenz paranormaler Phänomene, ASW wie PK, einsetzte. Er entwickelte selbst gewisse mediale Fähigkeiten, die noch eindrucksvoller bei seiner Tochter Laura (→ Xenoglossie) auftraten. – *Werke* → Bibl.

Edwards, Harry (* 1893), engl. Heiler. Seit 1930 praktiziert E., dessen Patienten nach

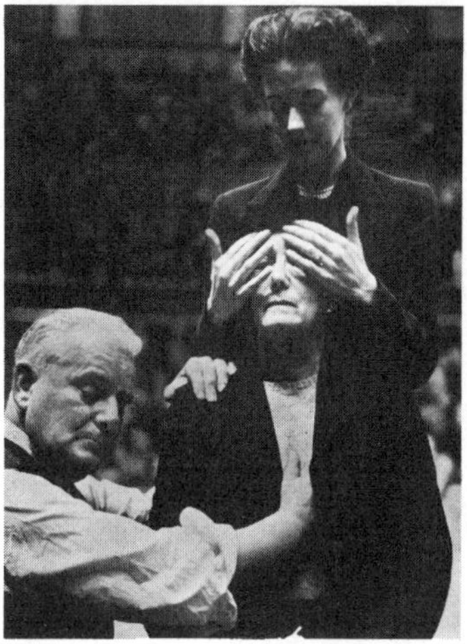

Harry Edwards bei einer Geistheilung.

Millionen zählen, erfolgreich; eigener Aussage zufolge strahlt er eine »heilende Kraft« göttlichen Ursprungs aus. Diese Kraft vermag auch auf Distanz zu wirken, indem E. sich auf den betreffenden Patienten einstellt. E. ist Spiritist; angeblich helfen ihm die Geister Verstorbener bei seinen Therapien. »Daß Herr Edwards ein gläubiger, rechtschaffener Mensch ist, der sich tatsächlich für ein Werkzeug im Dienste höherer Mächte ansieht, bezweifelt niemand, der ihn näher kennt.« (Tenhaeff 1957: 198.) Dennoch können seine angeblichen Heilerfolge möglicherweise nur auf Autosuggestion und spontaner Remission beruhen. – *Werke* → Bibl.
Lit.: Barbanell 1953; Rose 1955.

EEG, Abk. für → *E*lektro*e*nzephalo*g*ramm.

Effluviographie, die Sichtbarmachung des → Effluviums; meist mit den Mitteln der Fotografie. Bei den frühen Versuchen waren die hauptsächlichen Fehlerquellen, die zu einer positiven Deutung der E. führten, Schleier, die sich beim Entwickeln der Platte bildeten, sowie Veränderungen – z. B. durch Wärme – die eintraten, wenn

die Hand, deren Effluvium abgebildet werden sollte, auf die Platte gelegt wurde. Der frz. Forscher → Delanne war einer der ersten, der seine Experimente systematisch variierte, um Wärme- und Schweißabsonderungseffekte auszuschließen. S. a. → Etat vibratoire; → Kirlian-Fotografie.
Lit.: Delanne 1909 I: 358 ff.; Edmunds 1961.

Effluvium [lat.; Ausfluß, Ausdünstung], manchmal behauptete oder vermutete Ausstrahlung des Menschen. Sie soll allen Menschen eigen sein oder, nach anderer Auffassung, nur bestimmten; vgl. → Geistheilung.

Eglinton, William, gen. Willie (geb. 1857), professionelles engl. Medium. Bei Sitzungen im Elternhaus, die mehr ein Gesellschaftsspiel waren als ernsthafte Experimente, zeigten sich bei dem damals etwa 17jährigen erstmals paranormale Fähigkeiten. In wenigen Monaten kam es zu verschiedenen Phänomenen (oft bei Licht, in mehreren Räumen), die E. vorher nicht präpariert haben konnte. Bei Untersuchungen, sogar im Freien, gelangen ihm Materialisationen, darunter vollmaterialisierte Phantome, Levitationen und Teleportationen (am 16. 3. 1878 soll E. durch die Decke in ein darüber liegendes Zimmer gelangt sein). E. reiste viel – bis nach Afrika, Amerika und Indien –, hielt Sitzungen in verschiedenen Ländern Europas ab (u. a. für Du Prel, Richet, Zöllner) und levitierte angeblich im Beisein des russ. Zaren, des Herzogs von Oldenburg u. a. Der frz. Maler J. J. J. Tissot (1837–1902) hat auf seinem Bild *Apparation Medianimique* eine Materialisationssitzung E.s festgehalten, in der der Künstler seine verstorbene Braut zusammen mit E.s → Kontrolle sah. In Indien konnte man E. ziemlich plumper Manipulationen mit angeblichen Briefapporten zwischen ihm und der → Blavatsky überführen. Ab 1884 versuchte er sich in Tafelschrift-Experimenten (→ Direkte Schrift auf Schiefertafeln).
Der dt. Physiker Robert Friese schilderte in einem Brief an → Aksakow eine Sitzung mit E., der er 1878 in London beiwohnte: Etwa 12 Personen waren anwesend, es brannte ein Gaslicht, E. saß hinter einem schwarzen Vorhang, Friese hielt durch einen Vorhangschlitz hindurch, die Hände des Mediums; 2 Zinkeimer, der eine mit kaltem Wasser, der andere mit geschmolzenem Paraffin, standen bereit, um Handabdrücke der Phantome zu erhalten: »Ich hatte kaum die Hände E.s ergriffen, so hörte man Joeys (eines E. kontrollierenden Geistes) spitze Stimme Befehle hinter dem Vorhang erteilen: — ›Steck nur hinein die Hand — so, so, tiefer so! Nun schnell ins Wasser!‹ — Darauf wurde der betreffende Geist aufgefordert, das Experiment zu wiederholen. — ›Tiefer! Was? Zu heiß? Unsinn, tiefer, so!‹ ... Darauf hörte ich die feine Paraffinform der Hand auf den Zinkboden des Kaltwassereimers auffallen ... Derselbe Prozeß wiederholte sich. Der Vorhang wurde geöffnet, und man überzeugte sich, daß ich E.s Hände festhielt, wie auch, daß in dem kleinen abgegrenzten Raum kein sichtbares Wesen anwesend war. Die Formen, die außerordentlich zart und doch fest genug waren, so daß wir sie, freilich mit Vorsicht, in die Hände nehmen konnten, lagen auf dem Boden des Wassereimers ... Was sofort auffiel, war, daß sie beide, weit über die Handwurzel hinauf, ein Stück des Armes zeigten.« (Aksakow 1894 I: 205 f.)
Weniger zufrieden mit den Leistungen E.s zeigte sich → Dessoir: »Dem wackeren E. übergab ich ein Stück Leder, aus dem mehrere Streifen so ausgeschabt waren, daß sie an beiden Enden mit dem ganzen Stück zusammenhingen, und ließ seine Geister ersuchen, in diese Streifen Knoten zu zaubern – nichts dergleichen geschah.« (Dessoir 1917: 14; vgl. → Knotenexperiment.)
Lit.: Davey 1886; Farmer 1886; Hodgson 1892.

Ego [lat.; ich], Ego oder *Ich* kennzeichnet im philos. und ps. Sprachgebrauch – nach Autor und Schule variierend – bestimmte Aspekte der *Person.* Besonders bekannt wurde der psychoanalytische Ich-Begriff, der zwar auch verschiedene Ausformungen erfahren hat, im wesentlichen aber ein relativ autonomes System bewußter und unbewußter Funktionen beschreibt, das eine Mittlertätigkeit zwischen den Triebansprüchen (»Es«, »Id«) und den moralischen Forderungen (repräsentiert im »Über-Ich«, »Super-ego«) ausübt. Das Ich ist zugl. der

Teil der Person, den diese als Ursache des eigenen Handelns begreift.
Will man der vermuteten Psi-Fähigkeit im psychoanalytischen Modell einen Platz zuweisen, so liegt er vermutlich sowohl im Id als auch im Ego; die meisten psychoanalytisch orientierten Parapsychologen scheinen zu vermuten, daß Psi wesentlich im Id beheimatet ist und nur marginal im Ich auftritt.
Bei esoterischen Autoren werden manchmal 2 Egos unterschieden: etwa ein sterbliches (Persönlichkeit) und ein unsterbliches (Individualität).

Egregore, auch *Eggregore, Egregora* [ital. von lat. *eggressus;* das Herauskommen (?)], okkultistische Vorstellung von durch den bloßen Gedanken erschaffenen Wesenheiten. Die »Kraft« des Initialgedankens nährt sie und hält sie am Leben – u. U. Jh.e über den Tod dessen, der sie dachte, d. h. »denkend schuf«, hinaus. Manche Autoren vergleichen die körperliche Beschaffenheit dieser Wesenheiten mit der des → Astralleibs.
Lit.: Lévi 1926.

Ehrenwald, Jan (* 1900), aus der Tschechoslowakei stammender, in New York lebender Psychiater und Psychoanalytiker; untersuchte auf pps. Gebiet u. a. die Frage der Psi-Manifestation in der analytischen Situation und die psychische Konstitution → Hitlers. – *Werke* → Bibl.

Eibe, immergrüner, harzloser Nadelbaum, bei den Kelten im Totenkult und in der Mantik von Bedeutung. Nach einem Vers aus dem Spessart »vor den Eiben / kann kein Zauber bleiben« auch von → apotropäischer Wirkung. In jüngster Zeit legten Psychiater und Naturwissenschaftler Material vor, das einen Zushg. zwischen Eiben in Wohngebieten und psychischen Erkrankungen bis hin zum Freitod belegen soll.

Eid, rituelle Anrufung einer verehrten oder gefürchteten Macht als Zeuge der Wahrheit einer Aussage oder eines Versprechens, zugl. meist die Aufforderung, ggf. den falschen oder gebrochenen E. zu rächen (Selbstverfluchung). Aus älterer Zeit wird berichtet, daß einem Meineidigen die zum Schwur erhobene Hand plötzlich steif wurde (→ Katalepsie) oder daß eine der Parteien tot niederfiel, nachdem sie einen Schwur als Falscheid bezeichnet hatte (Hellwig 1908: 119 f.); in diesen Fällen ist ein autosuggestiver Effekt anzunehmen. Bei Eidesleistungen, die mit Opfern verbunden sind – in der Antike und bei Naturvölkern verbreitet –, dient das Opfer dazu, die Aufmerksamkeit des eidschützenden Gottes zu erwecken. Es gibt aber auch Schwurzeremonien, bei denen rituell behandelte Objekte vergraben oder sonst irgendwie aufbewahrt werden, ohne daß dieselben als »Opfer« bezeichnet werden (z. B. in Ostafrika): In diesen Fällen mag es aus europ. Sicht richtig sein zu sagen, hier werde versucht, paranormale Kräfte zum Schutz des Versprechens zu mobilisieren.

Eidetik, von dem dt. Psychologen und Philosophen Erich Jaensch (1883–1940) geprägte Bezeichnung für die Fähigkeit, subjektive Anschauungsbilder erzeugen zu können. Jaensch knüpfte daran weitreichende Folgerungen für Gedächtnis und Wahrnehmung und entwickelte davon ausgehend seine Persönlichkeitstypologie. Neueren Forschungen ist es nicht gelungen, E. als eigenständiges Phänomen zwischen Vorstellung und physiologischem Nachbild zu erweisen.
Nur der Forscher Karl Schmeïng versuchte, die Schau des → Zweiten Gesichts auf eidetischer Grundlage zu deuten; er vermied es jedoch, Parallelen zur Pps. zu ziehen. Der Fragenkomplex ist keineswegs abgeschlossen und bedarf weiterer ps. und pps. Untersuchung.
Lit.: Düker 1965; Jaensch 1941; Schmeïng 1930, 1936, 1937 a, b, 1954; Traxel 1962; Urbantschitsch 1907.

Eidolon [griech.; Gestalt, Bild], bei Homer die körperlosen Schattenbilder der Ver-

storbenen; Traumbild, Trugbild, später auch Gespenst; bei den stoischen Philosophen das Bild in der Seele, die Vorstellung; Bild eines Gottes (bei christl. Schriftstellern Götzenbild, Idol).
Innerhalb der Pps. hat man, dem Vorschlag Georg Friedrich Daumers (1800 bis 1875) folgend, einen bestimmten Typ Materialisationen E. genannt, und zwar die flächenhaften Gebilde ohne Relief wie sie bei Eva → C. und der → Gazerra auftraten.

Eine, das; → Jung entwickelte die Vorstellung, *Bewußtsein* und *Realität* könnten einen gemeinsamen Urgrund haben, der Dualismus von Materie und Psyche könnte in einem »Dritten« aufgehoben sein, das weder Materie noch Psyche ist und die letzte transzendentale Wirklichkeit beider bildet. Dieses »Dritte« erkannte Jung wieder im »Einen« der Alchimisten, die dafür auch die Bezeichnung → *unus mundus,* »die eine Welt«, und »das Einfache« (im Doppelsinn von »simpel«, einfältig und nur einmal gegeben) wählten.
»Die metaphysische ›*unus-mundus*‹- (die *eine* Welt-)Spekulation von Jung ... kommt der pps. Erfahrung entgegen, daß zwischen Psyche und Materie nicht der Abgrund bestehen kann, in den uns Descartes mit seinem *Discours de la Méthode* (›res extensa‹, ›Physis‹, contra ›res cogitans‹, ›Psyche‹) hineinmanövriert hat.« (Bender 1971: 133.)
Lit.: Jung 1944, 1954; v. Franz 1970; H. Wilhelm 1951.

Eingebrannte Hand → Hand, eingebrannte.

Eingebung, das scheinbar unvermittelte Aufleuchten eines klärenden Gedankens bzw. die ohne Mühe plötzlich erlangte Problemlösung. Ps. läßt sich ein unbewußter Arbeitsprozeß annehmen, der zur Lösung führt, die ins Bewußtsein steigt und als E. (sog. subliminale Aufwallung) erscheint. Der Wortsinn deutet noch auf ein anderes Verständnis der E. hin: auf die Vorstellung von einem eingebenden Agenten – Gott, Engel oder Heiliger –, der den Einfall schickt.

Eingeweideschau → Leberschau.

Einstein, Albert (1879—1955), Physiker, Mathematiker und Philosoph, dessen Werk das Denken des 20. Jh.s entscheidend veränderte (→ Relativitätstheorie). Der Pps. stand E. aufgeschlossen gegenüber, wie sein Geleitwort zu → Sinclairs Werk *Radar der Psyche* (dt. 1973) zeigt:
»Die Ergebnisse der in diesem Buch sorgfältig und deutlich beschriebenen telepathischen Experimente stehen sicher weit außerhalb desjenigen, was ein Naturforscher für denkbar hält. Andererseits aber ist es bei einem so gewissenhaften Beobachter und Schriftsteller wie Upton Sinclair ausgeschlossen, daß er eine bewußte Täuschung der Leserwelt anstrebt.«
Berichtet wird folgende Anekdote: 1915 hatte E. Freud und den Sensitiven → Messing zu Gast, und man beschloß, Messings angebliche Fähigkeiten zu prüfen: Freud sollte ihm einen mentalsuggestiven Befehl geben. — Messing ging ins Badezimmer, holte eine Pinzette und zupfte E. drei Barthaare aus; Freud bekannte, dies sei in der Tat sein gedachter Auftrag gewesen.

Einzäpfen, ein Abwehr- und Übertragungszauber: die Krankheit, offensichtlich wesenhaft als Geist gedacht, wird zusammen mit einem materiellen Substrat (Blut, Eiter o. ä.) in ein vorbereitetes Loch in einen Baum gesperrt und dieses Loch mit einem Zapfen verschlossen; beschrieben u. a. von Jeremias Gotthelf in seiner Novelle *Die schwarze Spinne* (1842). S. a. → Gesundbohren.
Lit.: Volmar 1969.

Eisenbud, Jule (* 1908), amer. Psychiater und Psychonalytiker; untersuchte und beschrieb die Phänomene des Psychofotografen → Serios sowie die Bedeutung parapsychischer Elemente im psychoanalytischen Prozeß (→ Triangulation). — *Werke* → Bibl.

Ekphorie [von griech. *ekphora;* das Ausplaudern], das Wiederhervorrufen eines Erinnerungsbildes, ausgelöst durch den »ekphorierenden Reiz«; → Engramm.

Ekstase [von griech. *ek-stasis;* Aus-sich-Heraustreten], außergewöhnlicher Bewußtseinszustand, in dem der Mensch im Ge-

fühl der Entrückung oder Verzückung der Kontrolle seines normalen Bewußtseins entzogen ist. Häufig kommt es dabei zu Visionen oder Auditionen, manchmal treten auch motorische Automatismen wie Tanz oder → Glossolalie auf; dabei können ASW-Informationen mitgeteilt werden, doch sind sie ebenso wie mögliche PK-Phänomene (z. B. Levitation) oder das zuweilen behauptete Phänomen der Gewichtszunahme des Ekstatikers nur periphere, nicht zentrale Erscheinungen der E. Entscheidend für den »göttlichen Wahnsinn« [griech. *theomania*] – den Plato höher schätzte als die nüchterne Besonnenheit, da die Seele das Göttliche, das sie geschaut hat, handelnd hervorzubringen imstande ist – ist jedoch, daß der Entrückte *Objekt* der E. ist, er wird ungewollt »ergriffen«; Ort, Häufigkeit und Dauer der E. werden nicht von ihm bestimmt. – Der jüd. Philosoph Philon von Alexandria († ca. 50 n. Chr.) nahm etwas vom Konzept des Unbewußten vorweg, wenn er lehrte, daß die E. aus dem »Untergang des Bewußtseins« und der »geistigen Nacht« entsteht. Von Caterina → Ricci wird berichtet: »... tief gingen die Wirkungen, die die göttliche Liebe kraft der heiligen Kommunion in ihr hervorbrachte. Vom Jahre 1542 ab traten sie noch viel häufiger hervor; ja der geringste Anlaß, der sie an Gott erinnerte — eine religiöse Handlung, ein heiliges Lied, ein frommes Bild oder ein Wort der Erbauung —, genügte, um ihren Geist in höhere Sphären zu entrücken. Dieser Zustand kam über sie ohne Rücksicht auf Ort und Zeit, er konnte ebensogut im Garten, im Kreuzgang, im Arbeitszimmer, im Refektorium wie im Chor und in der Kirche eintreten. Ihr allzeit zu Gott erhobener Geist schwebte so nah an dem himmlischen Gestade, daß ein Hauch genügte, um ihn hinüberzutragen. Außer solchen unvorhergesehenen Augenblicken gab es auch bestimmte Zeiten und Gelegenheiten, die bei Caterina ganz unfehlbar den ekstatischen Zustand herbeiführten, zum Beispiel jeden Morgen nach Empfang der heiligen Kommunion, jeden Abend bei der Salve-Regina-Prozession, wie auch jede geistliche Lesung und jede Zeremonie, die der Verehrung des heiligen Kreuzes und der heiligen Reliquien galt, dieselbe Wirkung auf sie ausübte.« (Zit. n. Benz 1969: 225.)
Lit.: Achelis 1902.

Ektenische Kraft [von griech. *ekteneia;* Eifer, Inbrunst], nach dem Vorschlag → Thurys svw. psychische Kraft.

Ektoplasma [von griech. *ektos;* außen, und *plasma;* Gebilde], in der Biologie die äußere Protoplasmaschicht des Zellkörpers; von → Richet in die Pps. übernommen zur Bezeichnung des hypothetischen Stoffes, der aus dem Medium austreten soll (unsichtbar oder als weiß-graues schleierartiges Gebilde, auch in Form mehr oder minder starrer Fäden). Diese »feinstoffliche« Substanz soll die Ursache paranormaler Objektbewegungen sein und das Substrat der → Materialisationen. Die Organisation des exteriorisierten Plasmas gilt als

Ektoplasmabildung bei Medium in Trance. Versuch von Schrenck-Notzing mit Stanislava P.

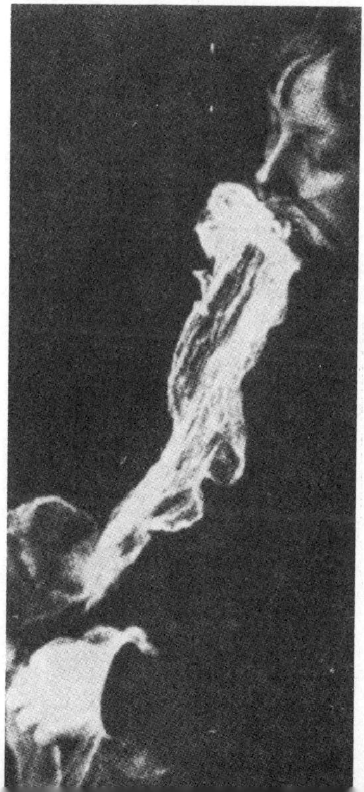

Leistung des Unbewußten eines Mediums. → Crawfords Wiegeversuche sprechen dafür, daß außer dem Medium auch andere Sitzungsteilnehmer E. abgeben. Gelegentlich soll E. reabsorbiert worden sein. E. gilt als instabile (lichtempfindliche) organische Substanz. Gleichbedeutend mit E. ist der von → Schrenck-Notzing geprägte Begriff → *Teleplasma.*

Lit.: Geley 1920; Schrenck-Notzing 1923.

Ektoplasma-Schirm, Hypothese zur Erklärung bestimmter, vielleicht paranormaler Erscheinungen wie → Feuerunempfindlichkeit oder Unverwundbarkeit, Unempfindlichkeit gegen Säure u. a.; dabei wird vermutet, daß die Person, die diese Leistungen vollbringt, z. B. ein Schamane, Derwisch oder Yogi, einen stabilen E.-Sch. zwischen sich und dem normalerweise verletzenden Objekt (glühende Kohle, Waffe usw.) materialisiert.

Lit.: Stelter 1973: 271 f.

Ektoplasmie, bei → Richet und anderen Autoren Bezeichnung für die → Materialisation von lebenden Formen oder Gestalten; im dt. Sprachgebrauch nach Schrenck-Notzing meist → *Teleplastik* (oder Ektoplastik).

Ektropie [von griech. *ektrope;* Ablenkung], latente Energie, die noch umgesetzt werden kann; Gegensatz: Entropie, gebundene Energie.

Elan vital → Bergson, Henri.

Elberfelder Pferde, Karl Krall, ein Kaufmann aus Elberfeld (heute Vorort von Wuppertal), erbte das Pferd »Kluger Hans«, das 1904 von sich reden machte, nachdem ihm sein Besitzer, der Lehrer Wilhelm von Osten (1838–1909), Lesen und Schreiben beigebracht haben soll. Er kaufte, neben anderen Pferden, noch »Muhamed« und »Zarif« dazu, 2 arab. Hengste, sowie »Berto« und das Pony »Hänschen«. Die Tiere wurden trainiert, nach einem festgelegten Code, einem »Hufschlagalphabet«, die Uhrzeit abzulesen, Rechenergebnisse mitzuteilen, Texte zu buchstabieren. Außerdem konnten sie angeblich bestimmte Fragen sinnvoll beantworten. Man zeigte dem Tier z. B. das Foto eines Mädchens und fragte: »Was ist das?« In einem phonetischen Alphabet soll die Antwort geklopft worden sein: »metgen«. – »Warum ein Mädchen?« – »weil lang hr hd« (weil lang Haar hat), usw. Auch in Abwesenheit Kralls »löste« Muhamed Aufgaben wie

$$\sqrt[4]{2825761} - \sqrt[4]{531\,441} \; (= 14)$$

Die naheliegendste Erklärung solcher Phänomene ist selbstverständlich Dressur zum Betrug; es wäre auch möglich, daß das Tier sich an kaum wahrnehmbaren Ausdrucksbewegungen seines Herrn (die diesem selbst u. U. unbewußt bleiben) orientiert und so merkt, wann es mit Klopfen aufhören soll. Die dritte These nimmt Telepathie zwischen Herr und Pferd an und eine vierte, die Krall selbst vertrat, behauptet die eigenständige Denkleistung der Tiere. → Ochorowicz meinte in diesem Zushg., der wache Zustand des Pferdes habe »viel Ähnlichkeit mit dem Somnambulismus des Menschen«, und → Maeterlinck machte die zutreffende Anmerkung, daß wir bei sog. »Rechenkünstlern« auch nicht wissen, wie sie die mathematischen Operationen, die uns so verblüffen, vornehmen, und daß oft die Fähigkeit zum außergewöhnlichen Kopfrechnen nur vorübergehend (z. B. in der Kindheit oder Jugend) auftritt. Bis heute ist es allerdings nicht gelungen, das Phänomen der E. P. zu erklären.

Lit.: Baerwald 1927; Krall 1912; Maeterlinck 1924: 104–25; Pfungst 1907.

Eldred, Charles, engl. Materialisationsmedium, 1906 des Betrugsversuchs überführt. Einige Beobachter versicherten trotzdem die Echtheit der Phänomene, die aus der Zeit, ehe E. Berufsmedium wurde, bezeugt sind.

Lit.: Letort 1905.

Elektrische Menschen, mehrfach beobachtetes Phänomen, daß Menschen für längere Zeit oder kurzfristig, u. U. nach einem entsprechenden konkreten Ereignis (z. B.

Gewitter), elektrische Phänomene – z. B. leuchtende Entladungen – zeigen. Danach treten oft deutliche Erschöpfungszustände auf.

Den verblüffendsten Fall stellt wohl jener 1837 geborene Junge dar, bei dessen Entbindung der Arzt einen elektrischen Schlag erhielt; 24 Stunden dauerte der merkwürdige Zustand des Kindes, der durch eine Reihe von Experimenten nachgewiesen wurde. Bemerkenswert auch der seltsame Fall der 12jährigen Philippine Singer, ein Mädchen aus der Pfalz, das 1852/53 beobachtet wurde: Sie zog leichte metallische Gegenstände an, die an ihren Händen haften blieben und oft nur unter Schmerzen wieder entfernt werden konnten. Die Fähigkeit ließ sich durch Hautkontakt auch auf andere Personen übertragen. Ähnliche Erscheinungen wurden 1879 bei einer 19-jährigen in Ontario, Kanada, beobachtet; sie traten nach einer unbekannten, von Krämpfen begleiteten Krankheit auf.

»Doch die starken elektrischen Entladungen können noch mehr als Menschen in Speicherbatterien verwandeln, sie betätigen sich auch künstlerisch – als Glasschneider... Einer der seltsamsten Fälle dieser Blitzschlag-Fotografie ereignete sich im Dezember 1891 in Indiana, als offensichtlich das Bild einer Frau, die 4 Tage zuvor gestorben war, in das Fenster ihres Vorderhauses eingraviert wurde. Das Bild wies, wie jeder, der es betrachtete, zugeben mußte, eine verblüffende Ähnlichkeit mit der verstorbenen Frau auf; es hielt sich etwa 7 Tage lang, bevor es wieder verschwand. Nach einem Monat erschien es erneut, zuerst nur schwach, dann schärfer und schärfer. Obwohl mehrere Leute versuchten, das Bild wegzukratzen, ließ es sich nicht entfernen; erst ein Sohn der Verstorbenen, der zur Zeit ihres Todes in Kalifornien gewesen war, brachte es zum Verschwinden, indem er es mit seinem Taschentuch einfach wegwischte.« (Krippner/Rubin 1975: 24 f.)

Lit.: Moser 1974: 883 f.

Elektroenzephalogramm (EEG) [von griech. *enkephalos;* Gehirn], elektrische Aufzeichnung der Gehirnaktionsströme. Die *Elektroenzephalographie,* eine Methode, um die Aktionsströme des Gehirns von der Schädeldecke abzuleiten, zu verstärken und als Kurven zu registrieren, entwickelte 1929 → Berger. Schlaf, Krankheit, Erregungen u. ä. verändern das Kurvenbild (EEG) jeweils entsprechend, d. h., die in ihren Frequenzen unterscheidbaren Potentialschwankungen, die als Alpha-, Beta-, Theta- und Delta-Wellen bezeichnet werden. Diese Veränderungen sind diagnostisch verwertbar. – Die Alpha-Wellen überwiegen im Wachzustand, die Delta-Wellen im Schlaf; die Beta-Wellen werden von psychischen Abläufen beeinflußt. Der psychische Zustand, den die Alpha-Wellen charakterisieren, ist nach Meinung mancher Autoren ASW-fördernd. Durch Rückkoppelungsapparaturen kann die Produktion von Alpha-Wellen verstärkt werden: Im sog. → Biofeedback erhält die Vp. dann die Information, daß und wann sie Alpha-Wellen produzierte; mit Hilfe dieser Information wiederum kann die Vp. die *willkürliche* Produktion von Alpha-Wellen trainieren. Das Material ist noch nicht eindeutig, es liegen aber bereits Daten zur ASW in »Alpha-Sitzungen« vor (→ Nikolajew; → Traum).

Elementale [lat.] in der Magie den Elementen assoziierte »Naturgeister«, als Wesenheit oder als »Kraft« gedacht; sie können durch die magische Beschwörung gezwungen werden, sich zu offenbaren. Jedem Element sind besondere E. zugeordnet: dem Feuer die Salamander, der Luft die Sylphen, dem Wasser die Undinen und der Erde die Gnomen.

Elementargedanke, nach dem dt. Völkerkundler Adolf Bastian (1826–1905) Grundvorstellungen religiöser, sozialer, ästhetischer und rechtlicher Art, die sich aufgrund übereinstimmender psychischer Anlagen des Menschen immer wieder in der gleichen Weise ausformen (anthropologische Konstanten). Heute in der Völkerkunde ziemlich umstrittene Hypothese, die vor allem durch die Migrationstheorie – Kulturgüter verbreiteten sich durch Völkerwanderungen und Entlehnung – und die Konvergenztheorie abgelöst wurde. Letztere kann als Weiterentwicklung der Vorstellung von E.n betrachtet werden. Sie besagt, daß Entsprechungen kultureller Art nicht notwendig gleichen Ursprungs

sein müssen. Von verschiedenen Ausgangspunkten aus können unabhängig voneinander verschiedene Entwicklungen zu einander entsprechenden Ergebnissen führen. Die Entwicklungslinien konvergieren, weil die Wünsche und Motivationen der Menschen einander entsprechen, d. h. die psychische Organisation in bestimmten Punkten die gleiche ist.
Die Idee des Paranormalen kann als E. im Sinne Bastians aufgefaßt werden.
Lit.: Bastian 1881.

Elementargeister, von manchen okkultistischen Autoren gelegentlich synonym zu → Elementale gebraucht; bei anderen Seelen(teile) Verstorbener, die, ihrer »niederen Qualität« wegen, auf subhumane Stufen (Erd-, Wassergeister usw.) herabgesunken sind.

Eleusis, Mysterienheiligtum nahe Athen, 396 von dem Westgotenkönig Alarich zerstört. Augustus, Cicero und Hadrian waren in röm. Zeit bekannte Eingeweihte der *Eleusischen Mysterien,* einem Kult der Demeter und Kore-Persephone; dem Gläubigen wurde ewiges Leben verheißen.
Eleusische Riten nannte → Crowley eine Reihe von ihm verfaßter Ritualspiele. Ihre Aufführung sollte bei den Darstellern zur Besessenheit führen. Sein Schüler Victor Neuburg soll, Crowley zufolge, bei einer Aufführung vom Mars besessen, den Balkankrieg (1912) und den Ersten Weltkrieg vorausgesagt haben.
Lit.: Mylonas 1961; Noack 1927.

Elevation [lat.; Erhöhung, Erhebung], in der Pps. svw. → Autolevitation; das Levitieren des Menschen aus, wie es scheint, eigener Kraft. Manche Autoren beziehen E. jedoch nur auf Gegenstände und beschränken → Levitation auf Personen.

Elfen, in der germanischen Mythologie kleine (hilfreiche oder böse) Geister, im christianisierten Europa svw. Zaubergeister; erst seit dem 18. Jh. gelten E. als liebliche Geisterwesen. Zu Beginn unseres Jh.s behaupteten in England 2 Mädchen, 17 und 10 Jahre alt, mit E. getanzt zu haben. 1917 legten sie entsprechende Fotos vor, die sie angeblich mit einer Kamera, der ersten, die sie je in Händen hielten, gemacht hatten. Verschiedene Theorien wurden aufgestellt. → Doyle glaubte an einen eigenständigen Feenzweig des evolutionären Stammbaums, andere hielten Feen und E. für menschliche Geister, die sich manchmal – und nur Kindern – sichtbar materialisieren können. (Selbst nicht betrügerisch hergestellte Fotos sind im übrigen kein Existenzbeweis, sie könnten auch durch einen paranormalen psychofotografischen Effekt entstanden sein.)
Die Ethnologie vermutet, daß sich in den Erzählungen von E. und anderem »kleinen Volk« die Erinnerung an unterworfene Völker anderer Rassen erhalten hat.
Lit.: Doyle 1922; Evans-Wentz 1912; Kirk 1961.

Elisabeth von Schönau (1129?—1164), Heilige, Benediktinerin, Äbtissin zu Schönau bei Bingen, Visionärin. Bemerkenswert bei E. ist die Verbindung von Heilung und Vision: Einmal vollzog in der Vision Christus selbst an ihr die Wunderheilung, ein anderes Mal ging die wunderbare Heilung (empfunden als Geschmackswahrnehmung wie von Honig) der ekstatischen Vision voraus. – Auch präkognitive Erfahrungen werden von E. berichtet: u. a. soll sie den Tod einer Ordensschwester vorhergesehen haben.
Lit.: Köster 1952; Roth 1884.

Elmsfeuer (nach St. Elmo, dem Schutzpatron der romanischen Seeleute), auch *Eliasfeuer* (nach dem Propheten, der im Feuerwagen zum Himmel fuhr, 2. Kön. 2) oder *Fermis Feuer* (nach dem ital.-amer. Physiker Enrico Fermi, 1901—1954), eine leuchtende, büschelförmige, elektrische Gasentladung, die sich bei hohen elektrischen Feldstärken in der Atmosphäre (z. B. Gewitter) an Kanten und Spitzen (Takelage, Türme, Blitzableiter usw.) zeigen kann. Das E. ist sicherlich kein parapsychisches Phänomen, es mag in vielen Fällen sogar die »natürliche« Erklärung für eine als paranormal

erachtete Manifestation sein. – Möglicherweise besteht eine Verbindung zur → Kirlian-Fotografie.
Lit.: Krippner/Rubin 1975.

Elongation [lat.; Verlängerung, Ausdehnung], 1. in der Pps. die Fähigkeit eines Mediums, den Körper sichtbar zu verlängern und danach seine Normalgröße wiederherzustellen. Entsprechende Berichte kennen wir aus der Antike, der Völkerkunde und auch aus Heiligenerzählungen. Den frühesten Beleg dieser Erscheinung bietet → Jamblichos in seiner Schrift *De mysteriis Aegyptorum* (III. c. 4, 5). → Görres berichtet ein einschlägiges Erlebnis der Ida von Leuven. In neuerer Zeit wurden vor allem von → Home E.en bezeugt, und zwar E. in Höhe und Breite, E. einzelner Extremitäten sowie Verkürzungen des Körpers; die Abweichungen von der Normalgröße wurden mit maximal + 28 bzw. – 20 cm angegeben. Besonders eindrucksvoll und leicht zu messen war die E. einer Hand Homes: Vor der E. wurden die Umrisse der normalen Hand auf einem Blatt Papier festgehalten, nach der E. war die Hand wesentlich größer als diese Umrißzeichnung. Home soll auch die Fähigkeit der E. bei anderen Medien stimuliert oder auf sie übertragen haben.

»Die Verlängerung findet gewöhnlich von der Hüfte aus, eine Spanne weit, statt, und bei einer Gelegenheit maß ich eine überaus große Verlängerung des Körpers von vollen 8 Zollen. Die Verkürzung des Körpers ist gleich wundervoll. Ich bin Zeuge gewesen, wie Mr. Home ungefähr auf 5 Fuß zusammenschrumpfte; desgleichen habe ich . . . die Ausdehnung und Zusammenziehung der Hand und des Armes und Beines gemessen.« (Jenken, zit. n. Du Prel 1905 I: 14.)

Auch von materialisierten Phantomen wurde mehrfach die E. behauptet; so z. B. von → Crookes bei »Katie King«, dem Phantom der Florence → Cook (Richet 1923: 386) und bei »Florence«, dem Phantom des Mediums Mary Showers (bei einer Sitzung 1894 wurde allerdings »Florence« als – die in Trance befindliche? – Miss Showers entlarvt).

Vielleicht besteht ein geistesgeschichtlicher Zushg. zwischen dem parapsychischen Phänomen der E. und einer bestimmten, bei Hexenprozessen angewandten Folter, dem »Zug« (auch *Expansion, Elevation);* dabei wurde die »Hexe«, die Zehen mit Gewichten beschwert, an den Händen frei schwebend in die Luft gezogen. »Du sollst so dünn gefoltert werden, daß die Sonne durch dich scheint«, lautete eine Henkersformel vor Beginn der Folterung.

2. In der Astronomie, auch für die Astrol. relevant, bezeichnet E. den Winkelabstand zwischen einem Planeten und der Sonne oder einem Mond und seinem Planeten; 3. in der Physik gibt die E. die jeweilige Entfernung eines schwingenden Pendels (oder eines anderen Körpers) von seiner Ruhelage an.
Lit.: Gauld 1968.

Emanation [lat.; Ausströmung], in der antiken Religionsphilos., im → Gnostizismus und Neuplatonismus die Lehre, daß die Schöpfung »Ausfluß« der Gottheit sei, hervorgegangen aus einer göttlichen Substanz. Im Okkultismus und in der Pps. hypothetische, allem Lebendigen – und nach manchen Autoren vielleicht der Materie überhaupt – innewohnende »feinstoffliche« Substanz (Fluidum, Nervengeist, Nervenäther, psychische Energie, Od usw.), die mittels bestimmter Techniken, z. B. »Magnetisieren« aktiviert werden kann, Träger psychischer Kräfte ist und daher verschiedene Wirkungen auszulösen vermag. Am häufigsten werden als Effekte Heilungen (Mark. 5, 28), Erkrankungen und Objektbewegungen (ohne erkennbare Berührung) genannt. Einer Theorie zufolge prägen E.en das psychometrische Objekt; dem Sensitiven soll es möglich sein, ihren Ursprung zu erkennen: → Richet sprach deshalb von einer *pragmatischen E.* als Erklärung der → Psychometrie.

1925 berichtete der Züricher Elektroingenieur E. K. Müller erstmals über den Nachweis einer menschlichen E. (→ Anthropoflux) mit Hilfe eines von ihm konstruierten *Elektro-Emanoskops.* Seine Ergebnisse, von Jung und Moser aufgegriffen, werden

auch heute noch unterschiedlich gedeutet: als normaler physiologischer Effekt der Hautoberfläche (Wüst/Wimmer 1934) oder als Grundlage paraphysischer Vorgänge (Ringger 1972: 82).
Lit.: Kotik 1908; E. K. Müller 1932; Wendler 1928.

Emanationsfotografie → Radiografie.

Emanoskop → Emanation.

Emmerich, auch Emmerick, Anna Katharina (1774–1824), dt. stigmatisierte Nonne (Augustinerin); → Brentano war der Chronist ihrer Visionen. Die Echtheit der

Die stigmatisierte Anna Katharina Emmerich.

Stigmata wurde zwar immer wieder angezweifelt, doch scheint sie durch mehrere ärztliche Untersuchungen erwiesen zu sein. – Der Prozeß der Seligsprechung, 1892 begonnen, ist noch nicht abgeschlossen.
Lit.: Hümpfner 1923.

Emotion, 1. in der Ps. svw. Gefühl (Freude, Ärger, usw.); 2. in verschiedenen esoterischen Lehren bestimmte Stufe (Sphäre, Ebene) einer hierarchisch geordneten Welt; bei → Steiner z. B. die »Seelenwelt«, in anderen Lehren die »Begierdenwelt«.

Empedokles (ca. 500 bis ca. 430 v. Chr.), griech. Naturphilosoph (Vorsokratiker) aus Akragas (heute Agrigent), Sizilien. Die sprachgewaltigen Werke des Philosophen sind nur in Fragmenten erhalten. Aus ihnen herauszulesen, daß E. sich des Besitzes magischer und übernatürlicher Kräfte (Heilung, Prophetie) rühmte, ist nicht unbedingt haltbar: »Weiter will ich dir sagen: Geburt ist nirgends, bei keinem aller irdischen Dinge, noch Ende im schrecklichen Tode, sondern nur Mischung ist und wechselnder Tausch des Gemischten ...« *(Peri physeos,* »Über die Natur«, Fragment B 8*).* In dieser neuen und großartigen Weltschau, in die Mystisch-Orphisch-Pythagoräisches einging, hat der Dichter schöpferisch teil an diesen Kräften, was mehr ist, als gewisse magische Fähigkeiten zu besitzen.

Empirismus [griech.], philos. bzw. wiss.-theoretische Richtung, die als einzige Erkenntnisquelle die Erfahrung gelten läßt und nur Experiment und Beobachtung als wiss. Methoden akzeptiert. Die Hauptvertreter des E. waren Francis → Bacon, John Locke (1632–1704) und John Stuart Mill (1806–1873), die seine theoretischen Grundlagen erarbeiteten bzw. weiterentwickelten. Der strenge E. ist durch die ps. und ethologische Forschung widerlegt: Es gibt sowohl angeborene (Nativismus) als auch erworbene (Umwelttheorie) Kenntnisse und Eigenschaften. Die Pps. ist eine empirische Wiss., insoweit sie ihre Schlüsse auf durch Beobachtung und Experiment erbrachte Daten stützt, sie teilt aber nicht die Prämisse des klassischen E. → *Nihil est in intellectu quod non prius fuerit in sensu.*

Endogen [griech.], im Körper entstanden, nicht durch äußere Einflüsse bedingt; Gegensatz: *exogen.*

Endor, Ort in Israel (heute *Endur),* die »Hexe von E.« war eine Totenbeschwörerin, die dem König Saul den Geist des

Propheten Samuel erscheinen ließ (1. Sam. 28, 7–25). Im biblischen Bericht wird nicht recht deutlich, wie Beschwörung und Befragung stattfanden, möglicherweise wurde die »Hexe« von Samuel »besessen« und Samuel sprach aus dem »Medium« (vgl. → Bauchreden).

Endopsychisch, innerseelisch, im Zentrum der Persönlichkeit stehend. In der Pps. gilt ein Phänomen als e., das ohne fremde Einflüsse (von Lebenden oder Toten) zustande gekommen ist; vgl. → exopsychisch.

Energie, Erhaltung der → Erhaltungssatz der Energie.

Energie, psychische, in Anlehnung an die Physik hat die Tiefenps. eine p. E. postuliert; sie folgt damit dem im 19. Jh. dominierenden mechanistischen Denken, ohne dabei ein eigenes Modell zu entwikkeln, wie diese p. E. funktionieren soll und welches physiologische Korrelat ihr zugehört. Dagegen forderte → Berger ein materielles Äquivalent der Bewußtseinsvorgänge, das dem Gesetz von der Erhaltung der E. unterworfen ist.
In der → Analytischen Ps., wie man die Jungsche Tiefenps. zur Unterscheidung von der Freudschen Psychoanalyse nennt, drängt die p. E. machtvoll aus dem → Kollektiven Unbewußten und wird von kraftvollen Archetypen kanalisiert. Kollidieren p. E.ströme, d. h., bedrängen sich gegensätzliche Forderungen in der Psyche, so ist es ein Schritt in der → Individuation, durch ein sich spontan bietendes »vereinigendes Symbol« die Gegensätze in neuer Gestalt zu einen. Das Weltverständnis von Kindern und die Naturerklärungen der Naturvölker verstehen die Analytiker Jungscher Richtung als unbewußte, unassimilierte p. E.; der → Animismus, im religionswiss. Sinn, wird als Projektion gedeutet.
Freud hat im *Entwurf einer Psychologie* (1895) die Begriffe *freie* und *gebundene E.* verwandt, aber in anderem Sinn als in der Physik üblich. (→ Helmholtz hatte für die Physik definiert, daß freie E. in verschiedene Arbeitsformen verwandelt werden kann, während die nur als Wärme erzeugbare E. gebunden heißt.) Bei Freud nun ist die freie E. die direkt nach → Abfuhr drängende p. E. in ihrer ursprünglichen Form; gebunden ist die aufgehaltene, kontrollierte, disponible E.
Libido bezeichnet in der Tiefenps. immer jede Form der p. E. und keine spezifisch sexuelle.
In der Pps. wird von p. E. in verschiedenem Sinn gesprochen, da schon die Wortbedeutung von »psychisch« nicht einheitlich ist: Manche am engl. oder frz. Sprachgebrauch orientierte Autoren verwenden »psychisch« im Sinn von »parapsychisch«. Der Begriff E. wird bei manchen ähnlich wie in der Tiefenps. gebraucht, die Mehrzahl der Autoren – soweit der Begriff überhaupt differenziert verstanden wird – rückt ihn aber näher an die in der Physik übliche Verwendung: Wie Josef Breuer, der frühe Mitarbeiter Freuds, denken sie an eine im Nervensystem vorhandene E.-form (»nervöse Spannung«, »intrazerebrale tonische Erregung« u. ä.). Diese besondere E., die für die paranormalen Vorgänge verantwortlich sein soll, heißt *psychophysische E.* (→ Kotik), *mediumistische E.* (z. B. bei → Grunewald), *metaätherische* (Khérumian) oder auch einfach *psychische Kraft* o. ä. Forscher wie → Rhine halten dagegen Psi für einen nichtphysikalischen Vorgang und können deshalb auf eine energetische Theorie verzichten. Und auch der Marburger Physiker Petzold glaubt, Telepathie und Hellsehen ohne die Annahme eines Energietransportes in ein physikalisches Weltbild integrieren zu können (1968). Das letzte Wort über die energetische Hypothese ist aber damit sicherlich noch nicht gesprochen (vgl. → Strahlen; → Wellen).
Lit.: Berger 1910; Harding o. J.; Jung 1928.

Energiekörper → Bioplasmakörper.

Engel [von griech. *aggelos;* Bote], personale leibfreie Geistwesen antiker Religionen und des Christentums. Nach jüd. Vorstellung repräsentieren die E. gute oder böse Mächte, während sie im christl. Bereich vornehmlich für die guten Mächte stehen (Ausnahme: die »gefallenen Engel« um Luzifer). In verschiedenen philos. und religiösen Systemen wurde den E.n ein besonderer Platz in der universalen Hierarchie zugewiesen: So sind sie z. B. bei Philon, einem jüd.-hellenistischen Religionsphilosophen des 1. Jh.s n. Chr., Helfer bei der Schöpfung, Kräfte, durch die Gott noch heute auf die Welt wirkt und auch Boten des Menschen zu Gott. An diese Funktionen der E. knüpft die Magie an, wenn sie die E. zum Objekt magischer Manipulation oder zu »Hilfsgeistern« der magischen Operation macht (vgl. → Dee).

Lit.: Davidson 1971.

Engramm [griech.], hypothetische Gedächtnisspur, organische Veränderung aufgrund von Reizeinwirkung. Alle E.e zusammen bilden die *Mneme,* das biologische Gedächtnis; die gespeicherten Inhalte sind unbewußt, können jedoch fallweise bewußt, d. h. erinnert werden. Bislang ist eine isolierte Lokalisierung von Gedächtnisspuren irgendwo im Nervensystem noch nicht gelungen; gelänge sie, könnte Telepathie, zumindest in der Form des → Abzapfens, als eine Art Hellsehen betrachtet werden.

Lit.: Lashley 1950; Penfield 1952; Semon 1904.

Enniscorthy, Stadt im Südosten der Republik Irland, in der sich 1910 Spukereignisse zutrugen, die → Barrett untersucht hat: Man hörte Geräusche, vor allem ein Hämmern; die charakteristischsten Phänomene bestanden im Wegziehen von Bettlaken und Kopfkissen. Ein sehr schweres Bett wurde verschoben, stellte sich hochkant und sank geräuschlos wieder in seine alte Lage. Ein Stuhl tanzte, ohne daß ihn jemand berührte, im Zimmer. Im Mittelpunkt der Geschehnisse stand ein 18jähriger Junge.

Lit.: Barrett 1911.

Enquete [frz.; Umfrage, Erhebung], systematische Meinungserhebung mit Fragebogen.

Umfragen fanden in der Pps. immer wieder statt: Einige der Gründer der S. P. R. hatten schon vorher als Mitglieder der Ghost Society mittels Fragebogen Daten zu Erscheinungen und ASW-Phänomenen aufgenommen. Manche Umfragen erfolgten über Presse, Rundfunk oder Fernsehen; so 1882 (Gründungsjahr der S. P. R.) in der engl. Presse:

»Ist es Ihnen seit dem 1. 1. 1874 passiert, daß Sie den ganz deutlichen Eindruck hatten, ein menschliches Wesen zu sehen oder von ihm berührt zu werden, ohne daß Sie diesen Eindruck mit irgendeiner äußeren Ursache in Verbindung bringen konnten? Ist es unter den gleichen Bedingungen vorgekommen, daß Sie eine menschliche Stimme hörten? Es handelt sich, wohlverstanden, hier nur um Eindrücke, die Sie im völligen Wachzustand empfanden.« (Von den 5705 Antworten akzeptierten die Autoren Gurney, Myers und Podmore 688 Fälle als spontane Telepathie, 399 davon mit Bezug auf einen Todesfall; das Material wurde als *Phantasms of the Living,* »Erscheinungen Lebender«, 1886 veröffentlicht.)

Bei einer E. mit 10 000 verschickten Fragebogen erhielt W. F. Price 2263 Antworten (1928, 1931, 1933). In Frankreich unternahmen Flammarion (1900, 1920/21), Richet, Warcollier und die *Révue Métapsychique* weitere Umfragen; außer Flammarion aber mit geringer Resonanz. Kritik an der frühen Fragebogenmethode findet sich vor allem bei dem frz. Psychopathologen N. Vaschide (1908). Ein Existenzbeweis für ein paranormales Phänomen läßt sich durch eine Fragebogenaufbereitung sicherlich nicht gewinnen, denn die Chance, daß ein Erlebnisträger angesprochen wird, dessen Fall sich exakt verifizieren und dokumentieren läßt, ist sehr gering. Deshalb sieht man heute den Vorteil von E.n darin, daß sie Patterns, Muster des Paranormalen, zeigen und daß sie vor allem Hinweise auf die Einstellung gegenüber dem Paranormalen in der Bevölkerung und auf die Persönlichkeitsstruktur parapsychischer Erlebnisträger geben (Sannwald 1961). – Neuere E.n bilden Rhines Umfrage zu Psi bei Tieren und Erhebungen zum → Geller-Phänomen.

Ensalmadores [span.; Besprecher], zusammen mit den *Saludadores* (Heilern) bildeten sie nach dem Zeugnis → Delrios und → Bodins vor allem im Spanien des 15. Jh.s einen organisierten Verband. Teils ambulant, teils niedergelassen übten sie ihre Kunst, erkannten einander an »natürlichen Zeichen«, waren feuerunempfindlich, hellseherisch begabt und versetzten sich für ihre Arbeit oft in einen Weinrausch (vgl. → Dürr). Besonders erfolgreich sollen sie bei der Therapie der Tollwut gewesen sein. Der span. Generalinquisitor Thomas de Torquemada (1420—1498) berichtet ausführlich von einer an seinem Vater vollzogenen Heilung.
Lit.: Görres 1927: 275 f.

Entelechie [griech.; was sein Ziel in sich hat], nach Aristoteles in der Entwicklung der Materie angenommene Zielgerichtetheit. Bei → Driesch die »ganzmachende Kraft« im Organismus: ein hypothetischer, kausal nicht erklärbarer, immaterieller Faktor im Lebendigen.

Entfesselung, zählt zum klassischen Programm bei Zauberkünstlern und Trickexperten. Das Interesse an der E. entstand aber keineswegs mit dem Varieté des 19. Jh.s: in vielen Mythen spielen Fesselung und E. eine Rolle.
Unter den neuzeitlichen E.skünstlern wurde vor allem → Houdini berühmt: Von 6 Paar Handschellen befreite er sich unter Wasser in 90 Sekunden; die Leistung wurde erst 1974 überboten: Mit 13 Paar Handschellen ließ sich Mario Manzini in New York in einen Swimmingpool werfen und war nach 46 Sekunden wieder frei. In der Pps. wird E. manchmal als paranormales Phänomen behauptet (vgl. → Davenport-Brothers; → Maskelyne); vor allem aber interessiert die E. als Trick, denn Fesselung zählte zu den wichtigsten Kontrollmaßnahmen bei → Dunkelmedien. Falls ein solches Medium E. und Wiederfesselung als Trick beherrscht, kann es selbstverständlich zahlreiche Phänomene manipulieren.
Einen frühen Beleg angeblich paranormaler E. bietet → Simon der Magier, von dessen Levitationsvermögen der Apostel Petrus Zeuge gewesen sein soll und der überhaupt vieles vom Programm eines neuzeitlichen Mediums vorwegnahm: »Bin ich gebunden, so kann ich mich selbst ledig machen ... Ich will machen, daß plötzlich Bäume und Sträucher sollen aufwachsen; wenn ich ins Feuer geworfen werde, werde ich nicht brennen; mein Angesicht verwandle ich, daß man mich nicht kennt; ich fliege in die Luft, gleich als ein Vogel.« (Zit. n. Du Prel 1905 I: 12.)

Entgrenzung, das mystische Transzendieren; auch gebraucht, um die Geisteshaltung der Romantik zu charakterisieren.

Enthusiasmus [griech.; das Erfülltsein von Gott], im Hellenismus bezeichnet E. zweierlei: 1. die Raserei der Anhängerinnen des → Dionysos, zum anderen das aus der → Mantik bekannte Phänomen, daß Gott »aus dem Seher« spricht. E. ist so Gegenbegriff zur → Ekstase, in der der Mensch »außer sich« ist; 2. im christl. Sprachgebrauch bedeutet E. das Erfülltsein vom Heiligen Geist; im allg. bezeichnet E. ein Getriebenwerden von Ideen, Werten, Idealen und svw. Begeisterung, Schwärmerei, Leidenschaft. Zwischen Erscheinungen des antiken (Dionysos-)E. und den Leistungen neuzeitlicher Medien besteht sicherlich eine Verwandtschaft: Ob jemand als »von Gott ergriffen«, »vom Teufel besessen«, Taschenspieler oder Medium verstanden wird, hängt wesentlich vom jeweiligen kulturellen Hintergrund ab und weniger vom Phänomen als solchem.

Entmythologisierung, Bestrebung in beiden christl. Konfessionen, die Aussagen der Bibel dem modernen Weltbild entsprechend zu interpretieren, sie des »mythischen Gewands« zu entkleiden und ihre existentielle Bedeutung für den heutigen Menschen herauszuarbeiten. Diese Forderung wurde vor allem von dem evang. Theologen Rudolf Bultmann (* 1884) erhoben. Von denen, die der E. entgegentraten, war Adolf Köberle (* 1898) – ebenfalls evang. Theologe – derjenige, der unter Hinweis auf die Ergebnisse der Pps. den »mythischen« Charakter von Wunder, Besessenheit u. ä. Erscheinungen bestritt und ihre hist. Realität behauptete. (Schwarz 1966.)

Entoptisch, heißen Lichtempfindungen, die nicht durch Außenreize (Licht) bedingt sind, sondern durch Reizungen im Auge selbst entstehen.

Entrückung, svw. → Ekstase; in der Theologie auch die real oder visionär gedachte Versetzung eines Lebenden in den Himmel (z. B. Elias; vgl. → Furseus).
»Ich kenne einen Menschen in Christo ..., der war entrückt ins Paradies und hörte unaussprechliche Worte, welche kein Mensch sagen kann.« (2. Kor. 12, 3 f.; vgl. 1. Mose 5, 24; 1. Kön. 18, 11 f.; 2. Kön. 2, 11; Hes. 3, 11–15; Apg. 8, 39 f.)
Allgemein versteht man unter E. die Versetzung eines Menschen an einen anderen Ort, ohne daß die bewirkende Kraft (Gottheit) des Vorgangs immer bekannt ist. Raumzeitliche Dimensionen können dabei gesprengt werden: Das Ziel wird »im Nu« erreicht, scheinbar kein Weg zurückgelegt. Im *Gilgamesch*-Epos wird die E. von Utnapischti berichtet, bei Homer die von Menelaos *(Odyssee* 4, 560 ff.*)*. Auch in der Kyffhäuser-Erzählung und verwandten Sagen (Kaiser Friedrich II., Karl der Große im Untersberg, Tannhäuser) spricht man von E. Ein Teil dieser Sagen kann als Kombination von Heroenkult und Unsterblichkeitssehnsucht interpretiert werden. Für andere E.sberichte, in denen jemand vor den Augen von Zeugen verschwand, stehen Erklärungen aus.

Entspannung, der Wechsel zwischen Spannung und E. scheint notwendige Voraussetzung eines seelisch gesunden Lebens zu sein.
In pps. Fallberichten wird E. häufig als Bedingung paranormaler Erfahrungen genannt.
Lit.: Stokvis/Wiesenhutter 1961.

Entsprechung, Grundlage des Weltverständnisses des → Magischen Idealismus. E.slehren finden sich in vielen Kulturen, für das Abendland vor allem im Neuplatonismus und in der Renaissance; dabei gelten äußerliche Gestalten als Zeichen für verborgene Möglichkeiten (z. B. Tee aus herzförmigen Blättern könnte bei Herzleiden helfen). Eine E. ist nicht »an sich« gegeben, sondern ist das Produkt eines intuitiven Abstraktionsaktes, bei dessen Vollzug Psi eine Rolle spielen kann.
Lit.: Eisenbud 1974; Granet 1971.

Envoûtement [frz.], Schadenszauber unter Verwendung einer das Zielobjekt bzw. die Zielperson repräsentierenden Puppe; → Analogie; → Defixion.

Ephemeriden, von griech. *epi;* auf, und *hemera;* Tag], Tabellen, die den Stand der Planeten, der Sonne und des Mondes für jeden Tag (heute entsprechend ihrem Stand um 12 Uhr Greenwich) angeben. Die ersten derartigen E. stammen von Purbach und Regiomontanus (für 1450–1461 und 1475 bis 1506). E. sind ein wichtiges Hilfsmittel des Astrologen *(Die deutsche Ephemeride,* Bd. I–VI*)*.

Epilepsie [von griech. *epilambanein;* anfallen], auch *Morbus sacer* [lat.; heilige Krankheit], Fallsucht, Sammelbegriff für anfallartig auftretende Gehirnkrankheiten; Als »epileptische Äquivalente« werden Desorientiertheit, Dämmerzustände, Halluzinationen u. ä. bezeichnet, die statt eines Anfalls auftreten oder ihn begleiten können. – E. und Vision gingen z. B. bei den Zuständen der → Poniatovia eine enge Verbindung ein.

Epiphanie [griech.; Erscheinung], in der Antike Bezeichnung für das plötzliche Sichtbarwerden, das In-Erscheinung-Treten der Gottheit. Im Licht der Pps. könnte manche aus der Antike überlieferte E. eines Gottes oder einer numinosen Macht als parapsychische Manifestation verstanden werden.

Epopteia [griech.; Aufsicht], der dritte und höchste Weihegrad bei den Eleusischen Mysterien (→ Eleusis); *Epopten:* die Eingeweihten, in weiterem Sinne Geheimniskundige, Seher.

Epworth-Fall → Old Jeffrey.

Erblichkeit der Psi-Fähigkeit, die Ergebnisse der statistischen Auswertung von Stammbäumen, die der engl. Naturforscher Sir Francis Galton (1822–1911) in den Jahren nach 1869 durchgeführt hat, lassen es wahrscheinlich erscheinen, daß hohe Begabung in starkem Maße erbbedingt ist. Für die Frage der E. d. Psi-F., wenn man sie als Begabung bezeichnen will, liegen noch keine größeren Untersuchungen vor. So ist auch das entsprechende pps. Material vorerst nur anekdotisch: Bei Großmutter, Mutter und einem Bruder der Helen → Smith traten Fälle von → Automatismus auf; in Niederdeutschland wurde von ganzen Familien behauptet, sie hätten die Gabe des → Zweiten Gesichts; aus der Verwandtschaft der Droste-Hülshoff sind Fälle pps. Begabung bekannt, und in einem psychokinetischen Versuch an der Universität Bonn soll die einzige erfolgreiche Vp. aus einer »Familie mit Zweitem Gesicht« stammen (Binski 1958). Verwiesen sei auch auf Geschwister-Medien (→ Davenport, → Schneider u. a.). Bei manchen Naturvölkern war das Amt des → Schamanen, Medizinmannes oder anderer Funktionsträger, bei denen parapsychische Fähigkeiten eine Rolle spielen könnten, erblich – vielleicht ein Indiz für die E. d. Psi-F., aber sehr oft wurden solche Ämter auch von Personen bekleidet, die sich berufen fühlten, die ein besonderes Erlebnis hatten oder aus irgendwelchen anderen Gründen. – Betrachtet man den augenblicklichen Stand der pps. Erkenntnis, so muß die Frage nach einer E. d. Psi-F. praktisch verneint werden.

Erdbebenfühligkeit, Fähigkeit, Erdbeben vorher oder auf große Entfernung zu »fühlen«; bei Tieren als sensorische Leistung beobachtet (Bender 1971: 122) und auch von Menschen behauptet. Beim Vorausfühlen läßt sich an eine nicht paranormale Sensibilität der Wahrnehmung denken, beim »Fühlen« über große Entfernungen ist vielleicht Parapsychisches mit im Spiel. Eckermann berichtet unter dem 13. 11. 1823 von einer Unterredung mit Goethes ehemaligem Kammerdiener, der ihm ein 4 Jahrzehnte zurückliegendes Erlebnis mitteilte: »Einst klingelte er mitten in der Nacht, und als ich zu ihm in die Kammer trete, hat er sein eisernes Rollenbett vom untersten Ende der Kammer herauf bis ans Fenster gerollt und liegt und beobachtet den Himmel. ›Hast du nichts am Himmel gesehen?‹ fragte er mich, und als ich dies verneinte: ›So laufe einmal nach der Wache und frage den Posten, ob der nichts gesehen.‹ Ich lief hin, der Posten hatte aber nichts gesehen, welches ich meinem Herrn meldete, der noch ebenso lag und den Himmel unverwandt beobachtete. ›Höre‹, sagte er dann zu mir, ›wir sind in einem bedeutenden Moment, entweder wir haben in diesem Augenblick ein Erdbeben, oder wir bekommen eins.‹ Und nun mußte ich mich zu ihm aufs Bett setzen, und er demonstrierte mir, aus welchen Merkmalen er das abnehme ... Ich glaubte ihm aufs Wort, denn *was er vorhersagte, war immer richtig!* Diesmal bezog sich die Erfahrung auf Messina, Wochen später erfuhr man, daß es in eben dieser Nacht durch ein Erdbeben teilweise zerstört worden war.«

Da Goethe am nächsten Tag bei Hof von seinen Beobachtungen berichtet hat, scheint die Gleichzeitigkeit von Unglück und Erfahrung gesichert; ungeklärt ist, wie wir uns dieses Erlebnis vorstellen sollen: Goethe dachte offensichtlich an objektive, beobachtbare Vorgänge am Himmel, die aber außer ihm niemand sah. Man kann erwägen, ob Goethe das Firmament als → Psychischer Induktor diente, und er irgendwelche (nicht realen) Bewegungen visionär schaute, die er dann als Erdbeben-Zeichen deutete und ihm auf diese Weise eine unbewußt gegebene, paranormal empfangene Information bewußt wurde.

Erdspiegel → Bergspiegel.

Erdstrahlen, hypothetische physikalische Strahlungen, die vor allem in sog. »geopathischen Reizzonen« Wachstum und Gesundheit lebender Organismen positiv oder negativ beeinflussen sollen; ihr Nachweis ist angeblich durch → Pendel und → Wünschelrute möglich. – Laut esoterischer Spekulation mancher theosophischer Kreise verbinden sich E. und Sonnenstrahlen zu einer geistigen Wesenheit.

Lit.: F. Dietrich 1952; Dobler 1934; Prokop 1957.

Erfahrungen, exsomatische, in der pps. Fachlit. auch häufig *Out-of-Body-Experiences,* Erlebnisse, bei denen die Betreffenden den Eindruck haben, sich außerhalb ihres physischen Leibes zu befinden und sich gleichsam von außen zu beobachten; eine Erfahrung, die in Ausnahmesituationen erfolgen kann (Unfall, Operation), im Traum, aber auch in scheinbar normalen Situationen, ohne erkennbaren außergewöhnlichen Anlaß. Celia Elizabeth Green (* 1935; 1961 Mitbegründerin der Psychophysical Research Unit, Oxford) unterscheidet zwischen *asomatischen* (d. h. leibfreien) und den selteneren *parasomatischen* (die »Seele« erlebt sich in einer Art Sekundärleib) Erfahrungen. Die wohl vollständigste Sammlung von Fallbeispielen zum Phänomen der »außerkörperlichen Wanderschaft« und der Doppel-Erscheinung von Personen bietet Susy Smith in *Die astrale Doppelexistenz* (1974).

Erfolgsraum, *Caverne* oder E. heißt bei einer bestimmten Séanceordnung der für die PK-Phänomene vorgesehene Raum: Das → Kabinett ist zweigeteilt – in dem einen Teil hält sich das Medium auf, der andere Teil, zwischen Medium und Sitzungsteilnehmern gelegen, dient als E. Der Architekt Wilhelm Winkler schlug sogar vor, jedem Sitzungsteilnehmer eine eigene, abgetrennte, zum Medium hin offene Einzelkabine anzuweisen. Auch → Maack trat für die E.-Methode ein.

Lit.: Winkler 1911.

Erfüllungszwang, in der pps. und ps. Fachlit. auch *self-fullfilling prophecy;* es wird angenommen, daß das Wissen um ein künftiges Ereignis das Verhalten des Betreffenden unbewußt so determinieren kann, daß dieser das entsprechende Ereignis »herbeiführt«. »Prophezeit« man jemandem, er werde zu einem bestimmten Zeitpunkt einen Verkehrsunfall haben, so kann diese Ankündigung denjenigen derart beunruhigen, daß er nicht mehr voll fahrtauglich ist und auf diese Weise den Unfall herbeiführt. Aus diesem Grund werden z. B. auch Träume, die das eigene Todesdatum nennen, selbst wenn sie sich erfüllen, nicht als Wahrträume anerkannt.

Bei theoretischen Überlegungen, ob Präkognition auf Hellsehen oder Telepathie zurückzuführen sei, taucht manchmal der Gedanke eines *mentalsuggestiven E.s* auf; er besagt, daß der Sensitive, der eine präkognitive Aussage über eine Person gemacht hat, unbewußt-telepathisch auf diese Person einwirkt, damit die Aussage auch in Erfüllung geht. Da die Pps. die Präkognition als eigenständiges Phänomen mittlerweile für gesichert hält, erscheinen solche Konstruktionen als überflüssig.

Erhaltungssatz der Energie, Grundgesetz der Physik, das für abgeschlossene Systeme (Systeme für die eine Kräftefunktion gilt, d. h. konservative Systeme) die Erhaltung der Energie fordert. Der E. d. E. spielt eine wichtige Rolle im Dialog zwischen Physik und Pps. Soll Psi ins physikalische Weltbild eingeordnet werden, so muß die Physik verlangen, daß auch für die parapsychischen Phänomene der E. d. E. gilt. Energietransport ist für die PK nach → Rhine nicht zu erkennen, andere Autoren nehmen Energietransport unter Wahrung des Erhaltungssatzes an. Bei einer Versuchsanordnung, in der die Vp. vorhersagen soll, wie ein Würfel fallen wird (oder, bei den Versuchen Helmut → Schmidts, wie Quantenversuche verlaufen werden), ist bei positivem Ergebnis nicht mehr zu entscheiden, ob hier PK oder Präkognition vorliegt. Betrachtet man Präkognition als Empfang eines Signals vor seiner Übermittlung, dann ist der E. d. E. außer Kraft gesetzt, die Einordnung der Präkognition ins gegenwärtige Weltbild der Physik nicht mehr möglich. – Telepa-

thie und Hellsehen können, nach einer Hypothese des theoretischen Physikers J. Petzold, Marburg, ohne vermittelnde Energie gedacht werden, ohne dabei den Rahmen der Physik zu sprengen; er geht davon aus, daß Elementarteilchen unendliche Ausdehnung haben, d. h. überall sind.
Lit.: Capra 1975; Petzold 1968.

Erinnerung, das Bewußtwerden früherer Erlebnisse, vor allem ihr ins Bewußtseinrufen; im engeren Sinne können das nur Erlebnisse des sich erinnernden Individuums sein und nur solche, die ihm einmal bewußt waren. Der verbreitete Sprachgebrauch von menschheitsgeschichtlich frühen »Erinnerungen«, die sich in Sagen, Märchen oder Mythen erhalten haben sollen, ist somit in doppelter Hinsicht nicht ganz korrekt: Weder handelt es sich dabei um Erlebnisse des *Individuums,* noch werden ihm die Begebenheiten im symbolischen Gewand der Erzählung richtig *bewußt.* (Für Jungianer stellt sich das Problem etwas anders: nach Jung findet kein Erinnern statt, sondern der situationsdeterminierte → Archetyp spricht *jetzt.)*
Die Pps. interessiert sich für E. in diesem weiten Sinn – ist z. B. Spuk ein frühzeitliches *revival* (»Überlebsel«)? – sowie im engeren ps. Sinn. In Zushg. mit letzterem ist vor allem die Frage der *E.stäuschung* als eine Selbsttäuschung von Belang; sie ist ein regelhafter psychischer Prozeß, was im synonym gebrauchten E.sfälschung noch deutlicher zutage tritt. Neben pathogenen Formen stehen »normale« E.stäuschungen, bei denen Phantasien, Hoffnungen, Wünsche und Ängste E.slücken schaffen und sie mit nicht wirklich Erlebtem füllen. Die Pps. kann wegen der Möglichkeit der E.stäuschung praktisch keiner präkognitiven Aussage (z. B. angeblicher Wahrtraum) Beweiskraft zumessen, wenn die Aussage nicht vor ihrer Erfüllung – möglichst schriftlich – mitgeteilt wurde.

Erinnerungen, pränatale, i. allg. unbewußte Verhaltensdeterminanten, die aus fötaler Zeit stammen; in der Pps. und in religiös-okkulten Systemen wird aber auch die Frage diskutiert, ob sich, bewußt oder unbewußt, Erinnerungen an eine frühere Existenz, gewissermaßen »präkonzeptionelle E.«, erhalten könnten (→ Altersrückversetzung; → Reinkarnation). Bereits → Rochas d'Aiglun vertrat die Ansicht, es gäbe möglicherweise derartige E. an frühere Existenzen: Seine hypnotisierten Vpn lieferten auch entsprechende Berichte, doch scheint es, daß – ungeachtet einiger paranormaler Informationen – die Vpn in ihren Erzählungen auf seine Verbalsuggestionen reagierten.
Lit.: Bernstein 1973; de Rochas 1892, 1894.

Erlebnis, das Inne- oder Bewußtwerden eines inneren oder äußeren Objekts oder Vorgangs. P. Ferdinand Zahlner, der Leiter der Arbeitsgemeinschaft für Pps. (AGP) an der Wiener Katholischen Akademie, differenziert das paranormale E. nach 2 »Grundtypen«:
»1. paranormale Erlebnisse modal-formaler Art (maßgebend ist die Art und Weise des Zustandekommens des Erlebnisses); 2. paranormale Erlebnisse intentional-materieller Art (maßgebend ist die dem Geschehen eignende, auf das Subjekt gerichtete inhaltliche Bedeutsamkeit).« (Zahlner 1972, Stichwort: »Erlebnis«.)
Es fragt sich, ob der 2. »Grundtyp« ein Urphänomen darstellt: Dem Bedeutungsbewußtsein, das einen normal erfahrenen Sachverhalt ins Licht parapsychischer Relevanz rückt, liegt vermutlich ein paranormaler Informationsprozeß des Typs 1 zugrunde; damit aber wird die 2. Grundform zu einem Mischtyp, in dem paranormale und normale Erfahrung einander überlagern.

Erlebnissage, von dem dt. Germanisten Friedrich Ranke (1882–1950) vorgeschlagene Bezeichnung für Sagen mit einem ps. (zu erweitern: und pps.) Erzählungskern.
Lit.: Burkhardt 1951; Ranke 1935; Volmar 1972.

Erleuchtung, auch Illumination, die in der mystischen Erfahrung geschenkte religiöse Erkenntnis; in der griech. Mystik als *photismos* Höhepunkt der Mysterienfeier. Allgemein bedeutet E. das plötzliche Erkennen eines Sinnzushg.s, den alles entscheidenden Augenblick, »wo gleichsam ein rascher Blitz des innersten Bewußtseins uns das, was wir besitzen und sind, in seiner ganzen Gestalt sehen läßt, in der überwältigenden Fülle seiner Wirklichkeit, während es dann scheint, als wäre man bisher nur in einem gewöhnlichen Traum befangen gewesen« (→ Mörike in einem Brief an seine Braut Luise Rau vom 4. 12. 1828).

Erkenntnis, das Erfassen einer Sache mit Sinnen, Verstand und Vernunft (Kant); in der Mystik das mystische Erfahren einer Wahrheit. Die parapsychische Erfahrung kann – auch bei echten paranormalen Inhalten – sowohl ohne als auch mit E. des Vorgangs ablaufen.

Ermacora, Giovanni Battista (1869—1898), ital. Physiker, der sich intensiv pps. Forschungen widmete (u. a. Experimente mit der → Paladino). 1895 Mitbegründer der Zeitschrift *Rivista di Studi Psichici.* – *Werke* → Bibl.

Erscheinung, philos. Begriff, bezeichnet den Gegenstand nicht in seinem realen Sein, sondern so, wie er in der Wahrnehmung *phänomenal* gegeben ist; i. allg. Sprachgebrauch werden auch → Illusionen und → Halluzinationen E.en genannt. In der Pps. wird unter E. eine paranormale Manifestation verstanden: ein »Gesicht« (Illusion oder Halluzination mit paranormalem Inhalt) oder ein materielles Phantom. – Die Realität, mit der es die Ps. zu tun hat, ist, im Gegensatz zur Realität der Physik, die Welt phänomenaler Wahrnehmung. Die Realität der Tiefenps. ist von anderer Qualität (anderer E.); über den Charakter der pps. relevanten Realität, möglicherweise eine Welt wieder anderer E., sind die Ansichten geteilt.
Lit.: Defoe 1727; Tyrrell 1953.

Erschöpfung des Mediums, wird oft nach einer paranormalen Leistung registriert: »Ganz gebrochen, fast paralysiert, sitzt sie dann auf ihrem Stuhl, die Beine oft gelähmt, daß sie herausgetragen werden muß. Oder sie liegt unbeweglich und bewußtlos da. Puls sehr beschleunigt, hart und gespannt, als wollten die Arterien platzen. Atmung keuchend. Kalter Schweiß bedeckt Stirn und Hände. Linke Seite jetzt hyperästhetisch. Blick starr, schlaftrunken. Die herabhängenden Wangen und Mundwinkel, die spitze Nase, geben dem wachsbleichen Gesicht etwas gealtertes und leichenhaftes. Die aufgelösten Glieder offenbaren den enormen Energieverlust. Im Urin starke Vermehrung von Eiweiß und Verminderung des Zuckergehaltes. Die Muskelkraft, die normal 60 kg rechts, 25 kg links beträgt, und mit ›Johns‹ (die Kontrolle John → King) Hilfe während den Sitzungen außerordentlich gesteigert ist, fällt sofort auf fast Null herab. Wiederholt wurde auch ein Gewichtsverlust registriert. Hatte sie vor der Sitzung gegessen, übergibt sie sich. Dieser Erschöpfungszustand verschwindet nur langsam; bei Eusapia z. B. dauerte es gegen 1/2 Stunde, bis sie einigermaßen wieder zu sich kam. Nachher ist sie noch ganz zerschlagen, halbwach, verwirrt, unfähig, Fragen richtig zu verstehen und zu beantworten. Sie braucht mindestens einen Ruhetag, um wieder zu einer guten Sitzung fähig zu sein.« (So Morselli, Flammarion, Ochorowicz u. a. über die Erschöpfung bei der → Paladino, resümiert bei Moser 1974: 874.)
Diese E. ist vielleicht ein Indiz gegen die Hypothese, Psi sei nichtphysikalischer Natur (vgl. → Decline effect).

Erto, Pasquale (* 1895), ital. Chemiker, produzierte als Medium angeblich paranormale farbige Lichtphänomene (»der lebende Regenbogen«). 1924 bei manchen Erscheinungen in verschiedenen Sitzungen in Paris des Betrugs überführt; allerdings blieben einige Manifestationen unerklärlich. Bei Untersuchungen in London (1931) traten unter strenger Kontrolle keine nennenswerten Phänomene auf – wohl aber bei fehlender Überwachung.
Lit.: Geley in »Révue Métapsychique« 1924.

Erweckungsbewegungen, sog. religiöse Erneuerungsbewegungen, die (oft in politischen Krisenzeiten auftretend) eine Intensivierung des geistigen Lebens anstreben (häufig unter Rückgriff auf religions- oder kirchengeschichtlich ältere Glaubensformen) und meist einen oder mehrere charismatische Führer als Kristallisationspunkt haben. Die *Erweckung* gilt als einschneidende nicht-rational gemachte Erfahrung (→ Erleuchtung). Sowohl im → Charisma der Führerpersönlichkeiten als auch bei den Anhängern der E. treten häufig paranormale Erscheinungen auf, die als bestätigende Erfahrungen verstanden werden. Meist wird von → Auditionen (himmlische Musik), Leuchterscheinungen, Heilungen, → Glossolalie und Prophezeiungen berichtet.

Erweiterung des Ich um das Du, häufige Definition der → Telepathie; sie erscheint einleuchtend für manche Fälle des magnetischen → Rapports und für telepathische Kommunikationen zwischen Kleinkind und Bezugsperson.

Es oder **Id,** in der Psychoanalyse Bezeichnung für die Sphäre der Triebe, die nach Realisierung drängen und dabei in Konflikt geraten mit den anderen psychischen Instanzen, mit dem → Ich und dem → Über-Ich. In der psychoanalytischen Betrachtung der Psi-Manifestationen erscheinen die Phänomene im wesentlichen es-ausgelöst und -gesteuert (vgl. → Psychoanalyse).

Eschenmayer, Karl August v. (1768—1852), Tübinger Professor für Philos. und Medizin, zugl. einer der ersten dt. Psychiater. E. begründete das *Archiv für den Thierischen Magnetismus* (1817—27), beschäftigte sich mit Somnambulismus, dämonischer Besessenheit (er war dämonengläubig) und verwandten Erscheinungen; er stand → Kerner nahe. In seinem Buch *Conflict zwischen Himmel und Hölle* (1837) hat E. die Heilung der Caroline Stadelbauer durch → Dürr beschrieben; eine Besessenheit, die E. als Kampf zwischen himmlischen und teuflischen Mächten erlebte. — *Werke* → Bibl.

Esdaile, James (1808—1859), engl. Arzt, praktizierte in Kalkutta und führte zahlreiche Eingriffe an hypnotisierten Patienten aus, davon allein über 300 schwere Operationen in den Jahren von 1845—51. »Wegen der noch fehlenden Erfahrungen und mangels guter Kreislaufmittel war der Narkosetod während der Operationen sehr häufig. E. operierte seine hypnotisierten Patienten mit einer für damalige Verhältnisse sensationell niedrigen Tödlichkeitsquote, und auch die Infektionsgefahr schien in der Hypnose herabgesetzt zu sein. Trotz dieser eindeutigen Erfolge bezeichnete man E.s Methode als ›unwissenschaftlich‹ und ihn selbst als Scharlatan ... Unter dem Druck der gegen ihn gerichteten Angriffe stellte er das Operieren von Hypnotisierten ein.« (Stelter 1973: 157.) — *Werke* → Bibl.

Esotera, im Hermann Bauer Verlag in Freiburg i. Br. hrsg. Monatszeitschrift über »die Wunderwelt an den Grenzen unseres Wissens« (so der Untertitel). Vorläufer dieser Zeitschrift im gleichen Verlag war *Der Spiegel,* der sein Erscheinen während des Zweiten Weltkrieges einstellen mußte. 1958 übernahm der Verlag die seit 1949 erscheinende Zeitschrift *Die okkulte Stimme* vom Löwen-Verlag, Braunschweig, und gab sie unter dem Titel *Die andere Welt* (ihr bisheriger Untertitel) heraus. Mit der Nr. 1/1970 änderte sich der Titel in *E.;* seit der Nr. 12/1970 ist *E.* mit *Die Weiße Fahne,* dem Organ der dt. → Neugeist-Bewegung, vereinigt.

»E. kann und will nicht mehr ..., als dem erfahrenen Esoteriker, dem pps. Interessierten und Forscher neue wissenswerte Fakten aus dem breiten Spektrum der aktuellen Ereignisse und neuen Erkenntnisse zur Verfügung stellen ... Zugleich ... völlig desinformierte Menschen mit dem so ungeheuer wichtigen und zukunftsweisenden Wissensgut der Pps. und Grenzwiss.en und dem wertvollen Gedankengut der Esoterik in ersten Kontakt zu bringen. Die existentielle Bedeutung dieses Vorhabens — und seine Schwierigkeit — sollten angesichts des beängstigenden Verfalls geistiger und materieller Lebensqualität in unserer Zeit keiner Diskussion bedürfen ...« (Aus einer redaktionellen Mitteilung vom Sept. 1974.)

Esoterik [von griech. *esoteros;* innerlicher], Geheimlehre bzw. geheimes Wissen, religiöser oder wiss. Natur, dessen Kenntnis und Weitergabe einem bestimmten Personenkreis vorbehalten bleibt; – *esoterisch,* geheim, nur für Eingeweihte verständlich.

ESP, auch *E. S. P.*, Abk. für → *E*xtra-*S*ensory-*P*erception.

Espérance, Elizabeth d', eigtl. Hope, verh. Reed (1855–1919), engl. Medium. Als Kind schon soll »Mme. d'E.« anderen Familienmitgliedern unsichtbare Besucher (»Geister«) gesehen haben, sie war Schlafwandlerin und wie von → Moses, so wird auch von ihr berichtet, daß sie nachts einen Aufsatz für die Schule verfaßte, ohne daß es ihr bewußt war. Mit 19 heiratete Miss Hope und lernte kurz darauf das Tischrücken als Gesellschaftsspiel kennen. Bald stellten sich bei ihr Raps sowie andere PK- und ASW-Phänomene ein. Sie wird zum Medium, nutzt ihre Fähigkeiten jedoch nie professionell. Mit mehreren → Kontrollen arbeitet sie auch als Automatistin (Schreiben), dabei behandelten die Kontrollen manchmal wiss. Themen, die über dem Bildungsniveau des Mediums zu liegen schienen. Es folgten mehrere Auslandsaufenthalte: Südfrankreich, Bremen (bei dem dt. Physiker Robert Friese und → Zöllner), Schweden. In Schweden traten zum ersten Mal Materialisationen auf; besonders bekannt wurde das materialisierte Arabermädchen »Yolande«. Außerdem Rosenapporte, Nachwachsen von Schnittblumen, Psychofotografie und, als seltsamstes der behaupteten Phänomene, eine teilweise Dematerialisation des Mediums.

Aus den Aufzeichnungen der d'E. gewinnt man den Eindruck subjektiver Echtheit der Erfahrungen. Die oft kranke Sensitive scheint den Produktionen ihres Unbewußten wehrlos ausgeliefert gewesen zu sein; so sind ihre Niederschriften und seltsam morbiden Erfahrungen (z. B. wurde »Yolande« vergewaltigt, das Medium erkrankte daraufhin) von hohem ps. Interesse. Bei den meisten angeblich psychokinetischen Manifestationen dürfte es sich aber um unbewußten Betrug handeln (s. a. → Dematerialisation). – *Werke* → Bibl.

Lit.: Friese 1879, 1880.

ESP-Projektion, svw. → Seelenreise.

ESP-Test → Zener-Karten.

Etat vibratoire [frz.; vibrierender Zustand], von → Baraduc behaupteter Zustand, der durch Erlebnisse hervorgerufen oder durch den Experimentator provoziert werden kann: »Es ist ein Wirbel von kosmischen Kräften in uns, von links nach rechts gehend, analog der Bewegung der Gestirne von West nach Ost, welche den Lebensherd und seine äußere Atmosphäre bildet.« Effekt der Vibration ist die unsichtbare, aber reale → Aura. Im E. v. sind die Vibrationen stark genug, um sich z. B. auf einer fotografischen Platte abzubilden; Baraduc spricht in diesem Zushg. von → Effluviographie.

Lit.: Baraduc 1908.

Ethnographie und Parapsychologie → Völkerkunde und Parapsychologie.

Eugenik [von griech. *eugeneia;* Wohlgeborenheit], von dem engl. Naturforscher Sir Francis Galton (1822–1911) begründete Disziplin der Erbhygiene. Galton ist in den Jahren nach 1869 anhand statistischer Auswertung von Stammbäumen zu dem Schluß gekommen, daß außergewöhnliche Begabung in starkem Maße erbbedingt sei (→ Erblichkeit der Psi-Fähigkeit).

In esoterischen Kreisen und im Okkultismus wurden – oft in Verbindung mit Reinkarnationsvorstellungen – gelegentlich erbhygienische Postulate auf der Basis des jeweiligen Gedankenguts formuliert (vgl. Kyber 1923: 160 f.)

Euphorie [von griech. *eu;* wohl, und *phora;* Zustand, Befinden], Wohlbefinden, gesteigertes Lebensgefühl. Im engeren medizinischen Sinn das mit etwas oberflächlicher Fröhlichkeit gemischte Gefühl der Zufriedenheit und des subjektiven Wohlbefindens; begegnet zu Anfang einer Narkose, bei bestimmten Krankheiten und nach manchen Erkrankungen. – E. heißt auch das gelegentlich kurz vor dem Tod zu beobachtende »Aufleben« des Sterbenden. Gegensatz zur E.: *Dysphorie,* bedrückte, gereizte Stimmungslage. *Euphorika* sind Pharmaka, die Lustgefühle steigern, »die Stimmung heben«. – Euphorische Zustände, vor allem die E. vor dem Tode, scheinen bestimmte paranormale Erlebnisse wie z. B. das → Astralwallen zu begünstigen.

Eva C. → C., Eva.

Evans, Walter H. (1817—1889), amer. → Swedenborgianer, auf den sich – neben → Quimby – die sog. → Neugeist-Bewegung beruft.

Everitt, Mrs. (1825—1915), engl. Trancemedium, das von seinem 30. Lebensjahr an Séancen abhielt; behauptet wurden die Phänomene Direkte Stimme, paranormale Bewegungen, Raps, Direkte Schrift (100 bis 150 Wörter in der Sekunde!) sowie Lichterscheinungen.
Lit.: Theobald o. J.

Evidenz, Einsicht in einen Sachverhalt mit der Gewißheit des richtigen Verständnisses. Da diese Gewißheit aber lediglich subjektiv ist, darf Erkenntnis nicht auf bloßer E. gründen: Der Sachverhalt muß analysiert werden. (Ein Beispiel irriger E. in der Ps. bilden z. B. die optischen Täuschungen.) → Sidgwick behandelte das Problem der E. in der Pps. in seiner *Presidential Address* vor der S. P. R.
Lit.: Neuhäusler 1959; Sidgwick 1889.

Evokation [lat.; Herausrufung], Anrufung einer höheren Wesenheit im Kult, im Gebet und in der Magie, mit dem Ziel, der oder das Angerufene möge einem Schutz verleihen oder »sich zeigen« (bis hin zur physischen Präsenz).

Ewigkeit, religiöses oder philos. Postulat, durch Spekulation oder mystische Erfahrung gewonnen. Der Begriff bezeichnet eine Sphäre außerhalb der menschlichen erlebten Zeit, die die geschichtliche Zeit einschließt oder an diese anschließt. Die Fragen einer E. der Welt oder einer E. des Menschen (durch Neuschöpfung, Wiedergeburt, Unsterblichkeit) sind pps. irrelevant. Allenfalls kann die Hypothese eines zeitweiligen → Überlebens von Teilen der Persönlichkeit über den Tod hinaus in der Pps. berücksichtigt werden. S. a. → Jenseitsvorstellungen.
Lit.: Saintyves 1919.

Exakte Wissenschaften, Wiss.en, deren Erkenntnisse objektiv nachprüfbar sind (durch Messungen, Versuchswiederholungen usw.), wie z. B. in Mathematik, Astronomie, Chemie oder Physik. Nach heutigem Wiss.verständnis ist völlig e. Wiss. außerhalb der Mathematik nicht möglich: Die Grenze zwischen den sog. e. W. und anderen Wiss.en, zu deren Instrumentarium ebenfalls das Messen gehört und zu denen auch die Pps. zählt, ist fließend.

Executive ESP [engl.], bezeichnet die Anwendung von ASW im täglichen, vor allem beruflichen Leben, z. B. Präkognition als unternehmerische Entscheidungshilfe.
Lit.: Ostrander/Schroeder 1975.

Exekration [von lat. *execrare;* einen Eid zurücknehmen], magische Operation zur Aufhebung der → Konsekration.

Exkarnierte, aus der Fleischeshülle Geschlüpfte. Laut → Fritsche sollte man »verstorbene Menschen, die sich irdisch kundtun, ›E.‹ nennen, so wie die Menschen im Erdenleben ›Inkarnierte‹ heißen. Unter den Jenseitigen gibt es aber auch noch Wesenheiten, die niemals Mensch waren: Engel und Dämonen – um sie im Sprachgebrauch der Theologie zu benennen –, ferner → Elementargeister, außerdem Wesen von so gewaltiger Majestät, daß man sie ›Götter‹ nennen darf.« (In: Du Prel 1950: 174.)

Exkurrierendes Hellsehen, auch *Reisendes* oder *Wanderndes Hellsehen,* svw. → Astralwallen, bezeichnet außerdem bestimmte Formen der → Bilokation u. a. m. Viele dem e. H. zugerechnete Phänomene zählt die Pps. zur Telepathie. Dieser vieldeutige Begriff ist kein Fachausdruck der Pps.

Exobiologie, biologische Disziplin, die die Möglichkeiten außerirdischen Lebens untersucht; svw. → Kosmobiologie.

Exoplasma, seltene Nebenform zu → Ektoplasma.

Exopsychisch, außerpsychisch. In der Ps. zur Kennzeichnung nicht näher definierter marginaler Eigenschaften der Persönlichkeit. In der Pps. psychische Fremdinhalte (nach animistischer Hypothese von Lebenden, nach spiritistischer von Verstorbenen), die nicht assimiliert werden.

Exorzismus [von griech. *ex-orkizein;* Dämonen abwehren (ursprünglich *ep-orkizein;* Dämonen herbeirufen)], in der jüd. und christl. Religion Befehl im Namen Gottes an Teufel und Dämonen, einen Gegenstand oder einen Menschen zu verlassen bzw. nicht zu quälen. Im Christentum beruft man sich dabei auf Jesus, der nach dem Zeugnis des N. T.s selbst exorzierte. – Der E. ist im Christentum Teil des Taufritus und auch bei bestimmten Weihen üblich. Der *Große E.* darf nur bei Besessenheitsfällen und nur mit bischöflicher Erlaubnis durchgeführt werden. Vorausgehen muß ihm eine Prüfung der Echtheit der Besessenheit; Kriterien dafür sind u. a. bestimmte paranormale Manifestationen (die vom theologischen Standpunkt aus anders als in der Pps. bewertet werden). Form und Wortlaut des E. schreibt im Katholizismus das *Rituale Romanum* vor.

Der hl. Antonius beim Exorzismus. (Ausschnitt aus einem Gemälde von Niklaus Manuel, 1520.)

Exoterik [von griech. *exoterikos;* öffentlich], Komplementärbegriff zu → Esoterik; das jedermann zugängliche Wissen.

Expansionserlebnis, Erfahrung der Ausweitung des Ich in der Meditation oder im mystischen Erlebnis: »Die Seele ist weiter als die ganze Welt.«
Lit.: Schüttler 1974: 109–14.

Expérience libératrice [frz.; befreiende Erfahrung], eine Erfahrung in der Liebe, in der Kunst oder in der Religiosität, die, dem mystischen Erlebnis gleich, das Psychische transzendiert. Sie ist, ebenso wie die mystische Erfahrung, vom Paranormalen zu unterscheiden, obwohl Paranormales sie begleiten kann, denn inhaltlich betrachtet existieren das Paranormale wie das Normale innerhalb der Raum-Zeit-Welt und transzendieren sie nicht.

Experiment [lat.; Versuch, Probe], der wiss. Versuch, die »Frage an die Natur« (Kant). Charakteristika des E.s sind *planmäßiges Vorgehen, Variierbarkeit* und *Wiederholbarkeit.* – Als Begründer der Experimentellen Ps., die keine eigene Schule innerhalb der Ps. bezeichnet, sondern alle experimentell arbeitenden Richtungen in der Ps. meint, gilt → Fechner; es erscheint allerdings sinnvoller, die Experimentelle Ps. schon mit der Arbeit der alten Magnetiseure beginnen zu lassen.

»Vergleicht man das parapsychologische mit dem naturwissenschaftlichen Experiment, so sind folgende Unterschiede festzustellen ... Es ist nicht beliebig wiederholbar; es ermöglicht keine Voraussage; und Abweichungen von der Zufallserwartung können nicht auf eine zureichende Ursache zurückgeführt werden, die einem bekannten Beziehungssystem, bzw. ›Realhintergrund‹ angehört. Doch sind in Bezug auf die mangelnde Wiederholbarkeit Einschränkungen zu machen; bei begabten Sensitiven führen Wiederholungen oft geraume Zeit hindurch zu signifikanten Ergebnissen, die manchmal eine → Antizufallswahrscheinlichkeit erreichen, die nur in astronomisch hohen Zahlen ausgedrückt werden kann. Außerdem führten in einigen Fällen planmäßige Variationen der Versuchsbedingungen zu je verschiedenen signifikanten Ergebnissen, was genau den induktiven Korrelationen der Naturwiss. entspricht.« (Bender 1959.)

Experimental-Metaphysik, um die Jh.wende gelegentlich statt wiss. Okkultismus, Pps. oder Psychische Forschung gebraucht. Unter Berufung auf Roger → Bacon, der die Magie eine »praktische Metaphysik« genannt hatte, sprach Schopenhauer schon vom animalischen → Magnetismus als einer E.-M., und das Hellsehen nannte er »eine Bestätigung der Kantischen Lehre von der Idealität des Raumes, der Zeit und der Kausalität, die Magie aber überdies auch der meinigen von der alleinigen Realität des Willens als des Kerns aller Dinge.« (Schopenhauer 1961: 196.)

Experimentelle Neurosen, neurotischen Störungen gleichende Verhaltensweisen von Tieren, hervorgerufen durch Überforderung bei bestimmten Versuchsanordnungen. – Im menschlichen Selbstversuch induzierte Neurosen (→ Staudenmaier) können als *experimentogen* bezeichnet werden (vgl. → Mediumistische Psychose).

Experimentum crucis [lat.; Kreuzversuch], von Francis → Bacon geprägter Begriff für ein Experiment, das dem Wissenschaftler in einer schwierigen Situation hilft, einen Sachverhalt endgültig zu klären. (Eine andere Wortinterpretation besagt, das E. c. spanne die Natur auf die Folter – *crux* – und zwinge ihr so eine Antwort ab.)

Der wechselseitige Zushg. von Theorie und Experiment bedingt jedoch, daß der Wiss.sprozeß keine endgültigen Positionen kennt, so daß z. B. ein Experiment, das von Parapsychologen als E. c. betrachtet wird, durch eine neue physikalische Entdeckung zum »einfachen« Experiment »degradiert« werden kann.

»Als ich mit Slade zu tun hatte, machte ich ihm den Vorschlag, die ›Durchdringung der Materie‹ mit Hilfe zweier zugeschmolzener Glasröhren, die in einer größeren Röhre enthalten sind, nachzuweisen. In der einen Röhre befindet sich sehr verdünntes Blutlaugensalz; die geringste Vermischung ergibt eine tiefblaue Färbung. Ein Ausschuß kann vorher und nachher den Befund aufnehmen, ohne das Medium während der Sitzung im geringsten mit Vorsichtsmaßregeln zu belästigen. Der Gedanke scheint mir noch heute beachtenswert; schade nur, daß Slade nichts davon wissen wollte.« (Dessoir 1917: 14.)

Exsomatisch → Erfahrungen, exsomatische.

Exteriorisation [von lat. *exterior;* äußere, nach außen], Nach-außen-Verlegung eines Teiles der leibseelischen Individualität; → Rochas d'Aiglun sprach von der »Ausscheidung des Empfindungsvermögens« *(Exteriorisation de la sensibilité,* 1912*)* und der »Ausscheidung des Bewegungsvermögens«. Als mitexteriorisierte Träger dieser Vermögen wird von einigen Autoren ein feinstofflicher Körper (→ Astralleib) angenommen; eine Vorstellung, die zuweilen mit Hypothesen über das → Ektoplasma kombiniert wird, indem man ektoplasmatische Materialisationen des Astralleibs – ganz oder teilweise – als Träger der gen. Vermögen annimmt.

Im 19. Jh. versuchten Forscher den exteriorisierten Teil zu fotografieren (Durville, de Rochas) oder zu wiegen (Malta, Zaalberg van Zelst). In neuerer Zeit wurden die Forschungen zur E. wieder aufgenommen: durch → Hart an der Duke University, durch → Crookall, der zu Beginn der 60er Jahre bei der Analyse von rund 1000 Fällen in England bestimmte Muster der E. entdeckte (Austritt am Kopf, Bewußtseinsverlust bei Aus- bzw. Wiedereintritt), durch Charles T. Tart, der seit 1965 in den USA auf diesem Gebiet experimentiert, und durch Celia Green in Oxford. Auch → Osis beschäftigt sich seit 1971 mit der Frage der E. (Untersuchungen mit dem Medium Ingo Swann). E. als subjektive Erfahrung ist unbestritten, offen bleibt vorerst, ob die Dramatisierung eines psychischen Ereignisses (evtl. ASW-Erfahrung) vorliegt oder eine physikalisch relevante (d. h. im Raum sich ereignende) E. – Mehrere Autoren schenkten der Frage besondere Beachtung, ob dieses leibfreie oder mit einem sekundären (feinstofflichen, ektoplasmatischen) Leib ausgestattete Bewußtsein (im Falle des Spuks vielleicht auch exteriorisiertes motorisches Vermögen ohne Bewußtsein?) den Tod des physischen Leibes überdauern kann.

Externalisation, svw. → Exteriorisation; C. G. Jung sprach z. B. von externalisierter, d. h. nach außen verlegter psychischer Energie als Ursache psychokinetischer Manifestationen.

Externalisierung, in der Ps. die Verlegung von inneren Prozessen in die Außenwelt; z. B. in der Projektion, u. U. auch bei Halluzinationen und Verhaltensweisen; psychoanalytisch oft als Abwehr verstanden.

Externalität, übergroße Empfänglichkeit gegenüber Außenreizen.

Extra, paranormal entstandene Figur (Gesicht, Gegenstand o. a.), die auf einer entwickelten Fotografie zusätzlich (»extra«) zu den aufgenommenen Objekten erscheint (vgl. → Geisterfotografie).

Extraretinales Sehen, ein von der Netzhaut (Retina) unabhängiges Sehvermögen; svw. dermooptisches Sehen, Hautsehen (→ Dermooptik).

Extra-Sensory-Perception [engl.] → Außersinnliche Wahrnehmung; von → Rhine geprägte, heute über den angloamer. Sprachraum hinaus übliche Bezeichnung, meist in der Abk. ESP gebraucht.

Eyeless sight → Dermooptik.

F

Fahler, Jarl Ingmar (* 1925), finn. Psychologe, Psychotherapeut und Politiker. In pps. Experimenten untersuchte F. die ASW und PK unter verschiedenen Bedingungen (Entfernung, Hypnose, Drogeneinfluß). – *Werke* → Bibl.

Fakir → Derwisch.

Faktorenanalyse, statistisches Prüfverfahren, um die einzelnen, voneinander abhängigen oder unabhängigen Größen zu bestimmen, die an einer (im Test gemessenen) Leistung beteiligt sind. Über das »Wesen« der Faktoren vermag die F. keine Aussage zu machen.
Lit.: Hofstätter/Wendt 1965.

Fakultät X, das der ASW zugrunde liegende latente Vermögen des Menschen (C. Wilson 1971).

Fallstudie, auch *case study,* in der Persönlichkeitsps. entwickelte Methode, die alle individuell bedeutsamen Daten zusammenfaßt, um vor diesem Hintergrund das jeweilige Einzelphänomen zu verstehen. Die Pps. hat den Begriff übernommen.
Lit.: Allport 1942.

Familiäres Unbewußte, von dem ungar.-schweizer. Psychologen Leopold Szondi (* 1893) angenommene psychische Instanz, dem »persönlichen Unbewußten« Freuds und dem »Kollektiven Unbewußten« Jungs vergleichbar; sie hebt ab auf die familiäre Szene – Freundschaften, Partner, Beruf (»Schicksalsanalyse«). Das Konstrukt könnte sich als sinnvoll erweisen in der inhaltlichen Bestimmung und Deutung telepathischer Phänomene innerhalb einer Gruppe und vor allem bei bestimmten präkognitiven Inhalten.

Fancher, Mollie (1849—1910), Amerikanerin; durch einen Unfall blind und ans Bett gefesselt entwickelte sie besondere, z. T. paranormale Fähigkeiten: Hellsehen, → Asitie (über 9 Jahre!), Körperstarre, außergewöhnliches Absinken der Körpertemperatur usw. Außerdem schien sie, oft in raschem Wechsel, von verschiedenen Persönlichkeiten besessen.
Lit.: Dailey 1894; W. F. Prince 1915/16.

Faraday, Michael (1791—1867), engl. Physiker und Chemiker, schuf die Grundlagen für eine Theorie des elektromagnetischen Feldes. In einem Leserbrief an die *Times* (30. 6. 1853) teilte er, aufgrund entsprechender Experimente, seine Ansicht mit, daß das Tischrücken unbewußten Muskelbewegungen der Sitzungsteilnehmer zuzuschreiben sei. Zum selben Ergebnis war bereits früher der frz. Chemiker Eugène Chevreul (1786–1889) gekommen, der seine Theorie aber erst 1854 publizierte.

Faradayscher Käfig, von → Faraday konstruierter, geschlossener »Käfig« aus Maschendraht oder Blech, der ein elektrisches Feld abschirmt. Versuche, bei denen der Agent im F. K. und der Perzipient außerhalb des F. K. war und die positiv im Sinne der ASW-Hypothese verliefen, schließen elektromagnetischen Energietransport als Träger der ASW aus. Entsprechende Experimente wurden im Leningrader Institut für Hirnforschung (Vpn in Eisen- oder Bleikammern) erfolgreich durchgeführt. Auch im psychokinetischen Einzelversuch wurde der F. K. eingesetzt, ohne die paranormale Leistung zu unterbinden: Bei den psychofotografischen Experimenten von → Serios gab es die Versuchsanordnung Kamera im F. K., Vp. außerhalb.

Farben, Qualitäten der Lichtempfindung; ihre Wahrnehmung ist in erster Linie durch den optischen Sinnesapparat gegeben, doch stellt die Persönlichkeitsstruktur dabei ebenfalls eine wichtige Bedingung dar. Farberfahrungen ohne optischen Reiz gibt es im *Farbenhören* (→ Farbe-Ton-Forschung), im Traum, bei Halluzinationen, möglicherweise beim »Sehen« einer Aura und in der ASW (z. B. → Dixon). Aus Gefühlsvalenzen (warme F., kalte Farben u. ä.) und aus Farbqualitäten bestimmter Stoffe (z. B. Rot des Blutes) entwickelte sich eine *Farbsymbolik,* die allerdings kulturelle Unterschiede aufweist (z. B. ist in manchen Kulturen schwarz, in anderen weiß die Trauerfarbe). Auf der Farbsymbolik beruht die Verwendung von F. im Kult.

In der Esoterik wurden z. T. besondere Farbsymboliken entwickelt; auch in der Rituellen Magie können F. eine Rolle spielen. Es gibt Meditationstechniken, die wesentlich von F. ausgehen und z. T. von der Schulmedizin nicht anerkannte therapeutische Verfahren, die F. verwenden (Ousley 1961).

Farbenhören, auch *audition colorée,* das Auftreten von Farbvorstellungen beim Hören bestimmter Töne oder Tonfolgen.

Farbe-Ton-Forschung, auf den → Synästhesien beruhende ps. Forschungsrichtung, die die künstlerische Verwendung der Synästhesie untersucht (z. B. »Farblichtmusik«).

In der Pps. gibt es Ansätze einer F.-T.-F.: Tenhaeff untersuchte den niederl. Maler A. de Winter, der farbige Auren, die er bei Besuchern sah, bildlich wiedergab:

De Winter unterscheidet 3 Grundfarben: Gelb, Rot, Blau; Gelb steht für Intellekt, Rot für Vitalität, Blau für »geheimnisvolle Tiefe«; »hingebungsvolle Naturen« haben viel Blau in der Aura. »Selten sehe ich reine Farben, meist verschiedene Abstufungen. Das bedeutet, daß die Eigenschaften, die durch die Farben angedeutet werden, mehr oder weniger ausgeprägt vorhanden sind.« De Winter besitzt auch die Gabe des → Farbenhörens. (Tenhaeff 1957: 33 f.)
Lit.: Anschütz 1929.

Faria, Abbé († 1819), der portugies. Indienreisende vollbrachte ähnliche Leistungen wie die Magnetiseure, bekämpfte aber die → Fluidum-Hypothese. 1814 demonstrierte er, daß einfache Befehle (»Schlaf!«) genügten, um eine Vp. in den »magnetischen« Zustand zu versetzen. In der Ablehnung der Fluidum-Hypothese ein Vorläufer → Bernheims, schlug er eine neue Terminologie vor: *concentrateur* für Magnetiseur, *concentré* für die Somnambule bzw. das Medium, *concentration* für den »magnetischen« Zustand.

Fasten, okkultes → Asitie.

Faszination [frz.; Bezauberung], 1. i. allg. Verständnis svw. Bezaubert-, Hingerissensein; 2. in der Tiefenps. das Ausrichten der psychischen → Energie auf ein → Symbol oder einen → Archetypus hin; 3. in der älteren Lit. zur Hypnose svw. Kaptation, das Hervorrufen bestimmter Illusionen (z. B. eine Kartoffel für einen Apfel halten oder einen Stock für eine Schlange) und Halluzinationen (z. B. ein leeres Zimmer als voll mit Tieren erleben).

Faszination, magische, charakterisiert meist eine besondere Beziehung zwischen Mensch und Raubtier; dem faszinierten, wie »gebannt« dastehenden Tier ist es nicht möglich, den betreffenden Menschen anzugreifen. Zahlreich sind die Berichte von solcher »magischen Gewalt« über Tiere bei den ägypt. → Anachoreten, die mit Löwen, Hyänen u. a. wilden Tieren umgegangen sein sollen. Außerdem bezeichnet m. F. das »Herbeirufen« von Tieren (Jagdzauber) durch Mentalsuggestion oder magische Handlungen (vgl. → Delphinlocken).
Lit.: Bozzano 1975.

Fatima, portugies. Wallfahrtsstätte seit dort 1917 die Schafe hütenden Kinder Jacinta (7 Jahre), Lucia (10 Jahre) und Francisco (11 Jahre) mehrfach Marienerscheinungen hatten, in denen ihnen Zukünftiges und Verborgenes offenbart wurde. – Nach Ankündigung erfolgte in F. vor Zehntausenden von Zeugen das sog. *Sonnenwunder:*

Die Sonne drehte sich mit rasender Geschwindigkeit, schien auf die Erde zu stürzen und nahm dann ihre normale Lage wieder ein, berichten die Beobachter. Dieses Sonnenwunder soll sich mehrfach, auch in anderen Ländern, wiederholt haben, so im Oktober und November 1950 vor Papst Pius XII. in den Vatikanischen Gärten. – Aus F. werden → Lourdes vergleichbar, zahlreiche Wunderheilungen berichtet.
Lit.: Barthas [5]1974; Holgerson 1967.

Fatum [lat.; das Gesagte], Vorsehung, Weissagung; Schicksal, Verhängnis; »das, was sich erfüllen muß«. Aus der Vorstellung weiblicher Schicksalsspender, *fatae*, entwickelten sich die westeuropäischen *Feen*.

Fausse reconnaissance [frz.; falsches Wiedererkennen], Gedächtnistäuschung, begegnet in den Modalitäten des → *Déjà vu, Déjà li, Déjà audit* (schon gesehen, – gelesen, – gehört).

Faust, Johannes (ca. 1480 bis ca. 1540), Alchimist, Astrologe und Magier aus Knittlingen/Württemberg; F. wahrscheinlich svw. »der Knittlinger« über *fustis* [lat.; der Knüppel, süddt. Knüttel]. Studierte in Heidelberg Theologie, in Krakau angeblich Magie und trat dann an verschiedenen Orten zwischen Elbe und Rhein als Horoskopsteller, Hellseher und Zauberkünstler auf. Zu Lebzeiten vom Ruhm seiner »Konkurrenten« → Agrippa, → Paracelsus und → Trithemius überstrahlt, machten ihn die seit 1587 erscheinenden Volksbücher vom Doktor F. berühmt als Symbolgestalt des nach Allwissenheit und dem Unmöglichen strebenden (deutschen) Gelehrten. Die F.sage (Teufelspakt, Geisterbeschwörung usw.) vermischte sich mit Sagen über andere Magier (z. B. → Simon Magus) und ging schließlich in die Hochlit. ein (Marlowe, Goethe).

Ältestes Porträt des Doktor Faust. (Rembrandt zugeschrieben.)

Die halbwegs authentischen Berichte über F.s magische Leistungen lassen vermuten, daß er nicht nur mit Tricks operierte, sondern auch über hypnotische und suggestive Kräfte verfügte und verschiedene mantische Verfahren beherrschte. – Alle F. zugeschriebenen Zauberbücher stammen aus späterer Zeit.
Lit.: Bianquis 1935; Birven 1963; Kiesewetter 1893; Peuckert 1948/49; Theens 1948.

Fay, Annie Eva, amer. PK-Medium, das mit einer öffentlichen Sitzung im Londoner Kristallpalast 1874 Aufsehen erregte. → Crookes veranstaltete daraufhin eine Séance, bei der das → Dunkelmedium einer elektrischen Bewegungskontrolle ausgesetzt war. Während F. anscheinend bewegungslos verharrte, traten mehrere PK-Manifestationen auf. – Rückblickend erscheint dennoch eine Trickvorführung (durch eine eingeschmuggelte elektrische Spule) wahrscheinlich.
Lit.: H. Price 1930.

Fechner, Gustav Theodor, auch bekannt unter dem Pseudonym »Dr. Mises« (1801 bis 1887), dt. Philosoph und Naturforscher, Begründer der → Psychophysik und Anhänger der Theorie von der Allbeseelung des Universums. Die Materie betrachtete er nur als Hülle des Daseins. Zusammen mit → Zöllner stellte er Experimente mit dem Medium → Slade an. Sitzungen mit Frau Ruf, einer der Sensitiven → Reichenbachs, führten, bei variierenden Versuchsbedingungen, zu positiven Ergebnissen. Die Ablenkung einer Magnetnadel durch die Hand des Mediums gelang zu wiederholten Malen.

F.s Bedeutung für die Pps. besteht zum einen in der Entwicklung notwendigen experimentellen Rüstzeugs (im Zuge seiner Forschungen zur Psychophysik), zum anderen in seinen theoretisch-philos. Überlegungen: So legt er im *Büchlein vom Leben nach dem Tode* (1836) dar, wie die Seele materieunabhängig der freien Kommunikation mit allen Seelen des Alls fähig ist; wie gute und böse »Geister« personenähnlich in den Menschen »hineinragen« und da agieren (ohne dadurch den freien Willen außer Kraft zu setzen). In *Nanna oder Über das Seelenleben der Pflanzen* (1848) publizierte F. seinerzeit vielbelachte *pflanzenpsychologische* Überlegungen, die heute teilweise in anderem Licht erscheinen (→ Backster-Effekt). In der Nachfolge Spinozas, aber nicht in Abhängigkeit von den Theorien des Philosophen, entwickelte F. 2 Betrachtungsweisen der Welt – von innen und von außen, spiritualistisch und materialistisch: »Spinoza lehrt nämlich, daß der Kausalablauf in jedem der beiden Gebiete nicht bloß für sich verfolgt werden könne, sondern auch für sich verfolgt werden müsse; es gibt nach ihm kein Übergreifen der Kausalität aus dem einen Gebiet ins andere. Bei uns ist ein solches Übergreifen jederzeit möglich, und zwar deshalb, weil wir jederzeit den Standpunkt der Betrachtung wechseln können.« (Fechner 1919: 279.) – *Werke* → Bibl.

Lit.: Adolph 1923; Leisering 1907.

Fehlleistung, Begriff der Psychoanalyse; ein Kompromiß zwischen bewußter Intention und unbewußten Wünschen. Das einer Handlung gesetzte Ziel wird durch ein anderes ersetzt, oder, anders ausgedrückt, der Vollzug einer Leistung wird gestört: z. B. durch Verlesen, Versprechen oder Verschreiben.

Eisenbud spricht, in Anlehnung an Freuds *Zur Psychopathologie des Alltagslebens* von einer »Para-Psychopathologie des Alltagslebens« und behandelt darunter F.en und verwandte Erscheinungen, bei deren Zustandekommen Psi eine Rolle spielen soll (E. 1974: 279–311). Beispiel: Ein Vater will seine Tochter vom Arbeitsplatz abholen und fährt aus »Versehen« zu einer anderen Adresse, die ihm eigtl. nichts sagt und die er gar nicht kennt. 2 Häuser neben der falschen Adresse wollte sich seine Tochter am nächsten Tag zu einer Aussprache mit einem ehemaligen Liebhaber treffen (ausführliche Deutung des Falles bei Eisenbud 1974: 279–82).

Feinstoff, hypothetischer Stoff von geringerer Materialität (Dichte) als der menschliche Leib; aus ihm soll sich der → Ätherleib organisieren. Das Konzept wurde als Gegenentwurf zu einem heute veralteten physikalischen Materiebegriff entwickelt.

Feiung, wortverwandt mit *Fee* heißt Feiung svw. Schutz vor Krankheit, Tod, Bösem Blick u. ä.; sie ist das Ziel magischer Operationen. In der *Ynglinga saga* (Buch VI) des Snorri Sturluson (ca. 1178–1241) wird z. B. von den → Berserkern berichtet, sie seien dank F. feuer- und eisenfest. – Im medizinischen Sprachgebrauch bedeutet F. ein aktives Immunisieren, ohne daß die Krankheit in Erscheinung tritt.

Feld, ein durch bestimmte Kräfte dynamisch strukturierter Raum. *F.handlungen* nennt die Sozialps. Handlungen, bei denen der Betreffende völlig den vorherrschenden Feldkräften ausgeliefert ist, dagegen *beherrschte Handlungen* jene, bei denen die F.kräfte und die Kräfte, die von der Person ausgehen, in Widerspruch zueinander stehen.

Auch das paranormale Ereignis kann als F.geschehen betrachtet werden. Bender hat in diesem Zushg. das Konzept des *affektiven Feldes* entwickelt: Parapsychische Fähigkeiten sind nicht willkürlich steuerbar und scheinen nur bei wenigen Menschen in ausgeprägter Weise vorhanden zu sein oder sich zu manifestieren. Eine Wiederholung der Leistung ist nicht immer möglich (was kein Argument gegen die Realität dieser Fähigkeiten ist). Man weiß noch wenig über die Bedingungen, die Paranormales begünstigen. Jedenfalls scheint Psi wesentlich eine soziale Dimension zu haben: Eigenschaften des Versuchsleiters und der Vp. spielen eine Rolle, und die Personen, die beim spontanen Ereignis oder beim Experiment beteiligt sind, strukturieren das affektive F., in dem das Paranormale geschieht. Für Versuchsanordnungen folgt aus diesen Überlegungen, daß Situationen mit Aufforderungscharakter, Ansporn und *»thrill«* hergestellt werden müssen, was z. B. für das klassische Kartenexperiment (→ Zener-Karten) kaum gilt.

Lit.: Bender 1964; Lewin 1951; Rao u. a. 1968.

Ferguson, Jesse Babcock, amer. Prediger des 19. Jh.s, der sich mit Fragen des animalischen → Magnetismus befaßte (seine Ehefrau diente ihm als Vp.). Z. T. bei anderen Medien lernte er weitere Phänomene kennen: Raps, Automatisches Schreiben u. a. Schließlich war er davon überzeugt, daß hier Kommunikation mit einer überirdisch-geistigen Welt stattfinde. 1864 begleitete F. die → Davenport-Brothers nach England. – *Werke* → Bibl.

Lit.: Nichols 1865.

Fernbewegung, Bezeichnung für PK-Phänomene, bei denen Gegenstände ohne erkennbare verursachende Kraft auf Distanz bewegt werden; Willi → Schneider zeigte z. B. solche Leistungen. F. und das gleichbedeutende »Telekinese« sind nicht mehr gebräuchlich, dafür heute → Psychokinese.

Lit.: Schrenck-Notzing 1924.

Fernheilung, paranormale Heilung bei räumlicher Trennung von Therapeut und Patient; eine paranormale Einwirkung ist nur dann wahrscheinlich, wenn der Patient vom Zeitpunkt der Kur nichts weiß. Ein früher Bericht einer F. findet sich im NT (Matth. 15, 28); in der Gegenwart wird F. von einigen Geistheilern geübt, z. B. → Edwards. In verschiedenen esoterischen Vereinigungen, z. B. im → Lectorium Rosicrucianum, wird die F. auch als Gruppenleistung geübt: Durch spirituelle Konzentration der Gemeinschaft sollen heilende Effekte beim abwesenden Patienten erzielt werden.

Fernhypnose, der Versuch, eine Person über eine größere Entfernung hinweg telepathisch zu hypnotisieren. Den Zeitpunkt des Experiments darf weder die Vp. noch jemand aus ihrer Umgebung kennen; auch darf ihn der Hypnotiseur erst bestimmen, wenn er die Vp. verlassen hat, um auszuschließen, daß es sich um einen mentalsuggestiven Befehl über kurze Distanz handelt. Die frühesten bekanntgewordenen Versuche dieser Art unternahmen frz. Magnetiseure des 19. Jh.s. Der Arzt Henri-Marie Husson legte 1833 der Pariser Medizinischen Akademie, deren Mitglied er war, einen Bericht vor über das Hervorrufen von Somnambulismus auf Distanz; darin referierte er Versuche, die er zusammen mit Baron du Potet 1825 vorgenommen hatte. Auch → Lafontaine, Gibert und → Janet unternahmen entsprechende Experimente. 1887 wiederholte → Richet fernhypnotische Versuche mit dem Medium → Léonie, der Vp. Janets und Giberts, mit positivem Ergebnis. Aus neuerer Zeit wurden fernhypnotische Versuche von sowjet. Forschern und von → Rýzl bekannt. Bereits in den 30er Jahren gelangen → Wassiliew Versuche mit Vpn über eine Distanz von 1700 km. – Das Phänomen kann als gesichert gelten, über seine Bezeichnung mag gestritten werden: In der Hypnose sind angeblich *verbale* Suggestionen ausschlaggebend, in der sog. F. stellt sich der Hypnotiseur meist das Bild der schlafenden Vp. vor.

Lit.: Baerwald 1925; Dusart 1875; Moser 1974: 283–89.

Fernschlaf, mentalsuggestiv erklärtes Phänomen, das aus dem animalischen → Magnetismus und der Ethnographie bekannt ist. Es liegen zahlreiche, z. T. systematische Untersuchungen von frz. Forschern des 19. Jh.s sowie von → Myers u. a. vor. Manchmal erfolgten die Experimente über Entfernungen von mehreren Kilometern.

Die eingeschläferte Person blieb dabei in → Rapport mit dem Versuchsleiter und reagierte nicht auf Eingriffsversuche (Wekkenwollen) dritter (s. a. → Fernhypnose). »Eines Abends, als ich mit meiner Familie zusammen war, kam mir der Gedanke: könnte ich Anna jetzt magnetisieren, während sie in ihrer Wohnung ist? Ich wußte, daß leichtes Unwohlsein sie dort festhielt. Ich bat alle Anwesenden, die Stunde zu notieren, es war genau 9 Uhr, und Zeuge zu sein, daß ich jetzt und hier ein magnetisches Experiment vornahm. Ich versuchte, mir A. lebhaft vorzustellen und unterstützte meine Gedanken sogar durch Ausführung der gewöhnlichen Striche. Ich sagte nach einer Stunde: Jetzt befehle ich A. aufzuwachen. Am folgenden Morgen erschien sie beim Frühstück und rief: ›Ach, mein Herr, haben Sie mich gestern abend magnetisiert? Ungefähr 9 Uhr schlief ich ein, und Mutter und Schwester sagten, sie hätten mich trotz Schütteln nicht wecken können, so daß sie ganz erschrocken waren. Aber nach einer Stunde wachte ich von selbst auf. Ich glaube deshalb, daß es ein magnetischer Schlaf war. Er hat mir auch gutgetan. Nach gewöhnlichem Schlaf fühle ich mich nie so erfrischt.‹ Diese Worte wurden sofort genau aufgezeichnet.« (Townshend 1844: 12 f.; zit. n. Moser 1974: 289.)

Lit.: Héricourt 1878; Janet 1885; Lafontaine 1851; Liébeault 1891; Myers 1910; Ochorowicz 1889.

Fernsinn, hypothetischer Sinn, der das → Heimfindevermögen mancher Tiere erklären soll. Auch in anderer Bedeutung gebraucht: 1. ein der ASW angeblich zugrunde liegender »Sinn«; 2. das außergewöhnliche, verfeinerte Orientierungsvermögen, das bei Blinden vermutet wird (Kohler 1952).

Festmachen, 1. die in Zauberbüchern oft erwähnte magische Kunst, sich gegen Hieb, Stich und Kugel zu feien; 2. → Bannen im Sinne: jemandem die Bewegungsfähigkeit nehmen (Magie, Zauberspruch; pps. u. U. → Mentalsuggestion).

Fetischismus [von lat. *facere;* machen, oder ital. *fattizio;* künstlich, oder portugies. *feitico;* Zauber], 1. auf den frz. Historiker Charles de Brosses (1709–1777) zurückgehender völkerps. und religionswiss. Ausdruck zur Bezeichnung einer Weltanschauung, in der »leblose« Gegenstände als Sitz übermenschlicher und göttlicher Wesenheiten oder Kräfte angesehen werden. Ein solcher Gegenstand, ein *Fetisch,* mag eine gewisse rituelle Pflege erfahren, ist aber nicht eigentlich Gegenstand kultischer Verehrung. In magischen Operationen kann er beim Abwehr-, Schadens- und Mehrungszauber Verwendung finden (s. a. → Amulett und → Talisman); 2. in der Sexologie Bezeichnung einer Richtungsveränderung des Sexualtriebs: Der Fetisch (z. B. Schuhe, Haare, Unterwäsche) ersetzt als Sexualobjekt die Person.

Lit.: Lévy-Bruhl 1930.

Feuerlaufen → Feuerunempfindlichkeit.

Feuerunempfindlichkeit, aus vielen Kulturen bekanntes Phänomen: Besonders Begabte (Trainierte) oder Menschen in Ausnahmesituationen sollen in der Lage sein, glühendheiße Gegenstände anzufassen, über heiße Asche oder Glut zu gehen, im wahrsten Sinne des Wortes »die Hand ins Feuer zu legen«. Das Phänomen kann Bestandteil einer religiösen Handlung sein, Teil eines Ordals oder spontan auftreten. »Ich habe am Sonntag, den 2. Januar 1972, auf der Insel La Réunion gesehen, wie etwa 30 Personen – Männer, Frauen und ein 15jähriger Junge – barfuß durch einen 5½ m langen Graben voller Glut gingen und sich nicht verbrannten; ... 18 Tage lang dauerte die Vorbereitungszeit der Feuerläufer auf La Réunion. Sie fasten, und jeden Abend nach der Arbeit treffen sie sich im Tempel und beten. Der Feuerlauf verändert die Menschen. Die Enthaltsamkeit, das Fasten, der Hunger und die Schmerzen, die freiwillig auf sich genommen werden, die Erfahrung der eigenen Macht beim Gang durchs Feuer geben den Gläubigen eine neue Identität. Dem Ungläubigen gegenüber, der den Kuli ausbeutete, war der Feuerlauf hier, bewußt oder unbewußt, immer auch Demonstration dieser Macht.« (Ladiges 1973: 255, 273 f.; es handelt sich um eine ind. Bevölkerungsgruppe.)

→ Katharina von Siena fiel während einer ihrer Ekstasen so unglücklich, daß sie die Glut einer Feuerstelle berührte, dennoch blieb sie ohne Verletzung. Entsprechende Berichte begegnen in der Kirchengeschichte häufiger; sie finden sich vor allem in den Märtyrerakten, nach denen zum Feuertod Verurteilten das Feuer nichts anhaben konnte (vgl. auch Daniel 3, 19–27, die 3 Jünglinge im Feuerofen) – auch zum Tod verurteilte »Hexen« sollen dem Feuer widerstanden haben.

Clary, ein Camisarde, verlangte 1703 in Ekstase, man solle ein Feuer entzünden; er sprang hinein, und der »Geist« redete aus ihm. Etwa eine Viertelstunde blieb er im Feuer, die Flammen schlugen über ihm zusammen. (Kreyher 1880, I: 283.)

Von Marie Sonnet, einer → Konvulsionärin, wird überliefert, daß sie, ohne sich selbst dabei zu verletzen, Schuhe und Strümpfe im Feuer stehend zu Asche verbrennen ließ; bei anderer Gelegenheit wiederum zeigte weder ihre Kleidung noch ihr Körper Spuren des Feuers.

Von → Home wird behauptet, daß er eine glühende Kohle minutenlang in der Hand halten konnte und diese »Feuerfestigkeit« auf andere zu übertragen vermochte. Von Harry Price 1936 durchgeführte Untersuchungen erbrachten, daß der Inder Kuda Bux barfüßig einen Graben mit Glut durchschreiten konnte, ohne daß sich die Körpertemperatur an den Fußsohlen erhöhte; die Temperatur der Glut betrug an der Oberfläche 430° C, innen 1400°.

Eine pps. Relevanz des Phänomens der F. wurde häufig vermutet; eine Erklärungsmöglichkeit bietet die Annahme, zwischen Körper und Feuer bilde sich ein → Ektoplasma-Schirm (Stelter 1973: 272). Schon im *Hexenhammer* taucht, in ideologischer Verbrämung, dieser Gedanke auf: Es wird davon abgeraten, Hexen dem Ordal des glühenden Eisens zu unterwerfen, denn der Teufel könne geschwind einen anderen Körper zwischen die Hände und das glühende Eisen schieben. – Synonym zu F. wird *Pyrobatie* gebraucht.

Lit.: Dennert 1925; Ingalls 1939; Ladiges 1973; Lang 1900/01; Leroy 1932; Mahaluxmivala 1928; Millar 1930; Naegeli-Osjord 1970; Du Prel 1905 I: 152—84; H. Price 1936; Thomas 1934; White 1934.

Figuier, Louis (1819—1894), frz. Schriftsteller, Professor der Naturwiss. in Paris, Erforscher des Okkulten. Mit seiner vierbändigen *Histoire du Merveilleux dans les Temps modernes,* 1829–65 (»Geschichte des Wunderbaren«), legte er eine reich dokumentierte Anthologie entsprechender klassischer Fälle vor; in späteren Jahren bekannte sich F. zum Spiritismus.

Findhorn, an der Mündung des *F. River* an der Nordküste Schottlands, in der Nähe von Inverness, ist der Sitz der *F. Foundation,* einer Gemeinschaft, die sich aufgrund von meditativ erlangten spirituellen Weisungen von Eileen Caddy (gen. »Elixir«) bildete. Der Ehemann E. Caddys, ein ehemaliger Hotelmanager, zog mit seiner Familie und einer Bekannten 1962 aufgrund »göttlicher Führung« nach F. Weitere Botschaften *(guidances,* Führungen), die seine Frau empfing, verlangten das Anlegen eines Gartens in der unwirtlichen Gegend F.s. Im Laufe von wenigen Jahren entstanden die *magischen Gärten von F.:* über 100 Nutz- und Zierpflanzen, z. T. angeblich sonst nur in südlichem Klima gedeihend, »Bäume, Beete und Blumenrabatten, alle in Herrlichkeit erblüht und leuchtend in den Farben, dicht bei dicht, groß und gesund, inmitten einer Landschaft, die nur Büsche und Gräser hervorzubringen imstande ist« (Eichler 1975: 33). Landwirtschaftsexperten fanden bislang keine Erklärung dafür; eine paranormale Beeinflussung des Pflanzenwachstums durch Menschen kann erwogen werden. Die Mitglieder der F.-Gemeinschaft, die sich um die Familie Caddy gebildet hat und die mehrere Empfänger von *guidances* zu den ihren zählt (so Dorothy McLean, gen. »Divina«), versteht das Phänomen aufgrund empfangener Weisungen als Effekt einer menschlich-pflanzlichen Wechselwirkung, die ermöglicht werden soll durch das Eingreifen vermittelnder Instanzen, die sich Divina und anderen als → Devas offenbarten. Die Mitglieder der F.-Gemeinschaft sehen die Devas als hierarchisch gegliederte Organisation spiritueller Wesenheiten (»kosmische Engel«): Den einzelnen Pflanzen sind bestimmte Devas zugeordnet, die meditativ erfahren werden können. S. a. → Backster-Effekt; → Blumenwachstum, paranormales; → Pflanzenpsychologie.

Lit.: Hawken 1975.

Findlay, J. Arthur (1883—1964), engl. Schriftsteller, Friedensrichter und in der Sozialarbeit tätig. Auf dem Gebiet der Pps. ist er als Gründer der Glasgower S. P. R. zu nennen und als Forscher im Bereich → Direkte Stimme. Er arbeitete vor allem mit dem nicht als Berufsmedium auftretenden Sensitiven → Sloan. F. berichtet z. B. wie in Direkter Stimme sein verstorbener Vater und ein Geschäftsfreund desselben zu ihm sprachen, und zwar über Gegenstände, die weiteren Personen nicht bekannt waren. – Aus diesen Beobachtungen entwickelte F. eine Theorie universeller Vibrationen; das Paranormale stellt sich dieser Theorie zufolge als ein Umsetzen von ätherischen in physische Vibrationen dar. – *Werke* → Bibl.

Fingernagel-Vision, Sonderform der → Kristallomantie. Will man das Phänomen als gegeben annehmen, so könnte ein Erklärungsansatz sein, daß der Fingernagel als Braidscher Spiegel (→ Braid) wirkt und eine Autohypnose erzeugt, in der paranormale Erfahrungen stattfinden; vgl. auch → Induktor.

»Manche (Visionen) entstehen, wenn ein unberührtes Kind auf seinen eigenen Fingernagel schaut, wo – wie dieses Kind sich einbildet – der gestohlene Gegenstand, der Dieb, der Name des Diebes, die Wege, die er eingeschlagen hat, der Ort, wo er den Gegenstand verborgen hat, oder wo er verborgen war, zu sehen ist. Nun ist es wegen der Kleinheit des Nagels offensichtlich unmöglich, daß der Dieb sich selbst auf ihm befindet ... Es ist folglich in seinem eigenen Inneren, wo das Kind dies alles sieht und den Namen des Diebes sprechen hört.« (Guillaume d'Auvergne, 1228 bis 1249 Bischof von Paris; 1974: 31.)

Fingerspitzen, Sehen mit den F. → Dermooptik.

Firth, Violet Mary (1891—1946), engl. Schriftstellerin; nach der ital. Devise *Dio non Fortuna* (»Gott, nicht der Zufall!«) nannte sie sich »Dion Fortune«. Sie verfaßte zahlreiche Romane und Erzählungen, die im Reich des Okkulten spielen und die einige Kritiker den Horror- und Geistererzählungen des amer. Schriftstellers H. P. Lovecraft an die Seite stellen, sowie Abhandlungen zur Theorie und Praxis der Magie. F. kam von der → Christian Science her und gründete die Fraternity of the Inner Light (»Bruderschaft vom Inneren Licht«). – *Werke* → Bibl.

Fisher, Doris (* 1891), ein bekannter Fall von Persönlichkeitsspaltung: D. war das jüngste von 13 Kindern; als sie 3 Jahre alt war, warf sie der betrunkene Vater einmal heftig auf den Boden; von dem Zeitpunkt an traten Spaltungsphänomene (Dissoziation) auf. 4 Persönlichkeiten wurden im Laufe der Jahre entwickelt: *Margaret, Sick Doris* (»Kranke Doris«), *Sleeping Margaret* (»Schlafende Margaret«), und *Sleeping Real Doris* (»Schlafende echte Doris«).

W. F. → Prince, der sich 1916 der Pps. zuwandte, übernahm die Therapie der D. F. Über 40 Monate hinweg protokollierte er (mit wenigen Unterbrechungen) die Phänomene. 1911 nahm er D. F. in seinen Haushalt auf. Allmählich genas die Patientin, d. h. die Sekundärpersönlichkeiten verschwanden. Nach 19 Jahren Dissoziation wurde F. 1913 wieder gesund, nur *Sleeping Margaret* – eine Art Schutzengel –, die versicherte, einer jenseitigen Welt anzugehören, kam noch allabendlich für wenige Minuten. – Nach der Genesung traten psychokinetische Erscheinungen und ASW-Phänomene auf (u. a. bei → Automatischem Schreiben in Trance oder im Schlaf und in → Kristallvisionen); die Phänomene verschwanden 1926 nach einer Blinddarmentzündung.

Lit.: Morton/Prince 1932; M. Oesterreich 1954: 110 ff.; Oesterreich 1932; Prince 1905.

Fishing → Angeln.

Flaga, bei → Paracelsus Bezeichnung für Haus- und Familiengeister.

Flammarion, Nicolas Camille (1842—1925), frz. Astronom, 1923 Präsident der S. P. R. Der Begründer der Frz. Astronomischen Gesellschaft, der sich besonders um die Popularisierung der Astronomie verdient gemacht hat, befaßte sich auch intensiv mit pps. Forschung. In seinem Haus gab die → Paladino 8 Séancen, und durch Zeitungsaufrufe sammelte er Berichte von paranormalen Spontanphänomenen. Ein Aufruf aus dem Jahr 1899 erbrachte 4280 Zuschriften. 786 der 1824 positiven Einsendungen erschienen F. beweiskräftig, und er veröffentlichte sie in seinem Buch *L'Inconnu,* 1900 *(Das Unbekannte,* 1908). Dabei ging F. allerdings reichlich unkritisch vor: Er ließ die Phänomene für sich selber sprechen und verzichtete weitgehend auf Nachprüfungen. – *Werke* → Bibl.
Lit.: Nachrufe in: Psychische Studien 1925 VII, Proc.S.P.R. XXXV, 95, 1925.

Fleming, Alice, bekannt als »Mrs. Holland« (1868–1948), Schwester des engl. Schriftstellers Rudyard Kipling; sie zählt zu den Autoren der → Kreuz-Korrespondenzen und lebte seinerzeit in Indien. → Gurney, → Myers und → Sidgwick sollen sich nach ihrem Tod durch das Medium Mrs. Holland zu Wort gemeldet haben.
Lit.: A. Johnson 1907/09, 1910.

Fletcher, John William (1852—1913), amer. ASW-begabtes professionelles Trancemedium, verheiratet mit Susie F., die ebenfalls als Medium auftrat.
Lit.: Gay 1883; Marryat 1892.

Fliegende Untertasse → UFO.

Fliess, Wilhelm (1858—1928), dt. Arzt. Bekannt wurde vor allem seine *Periodenlehre,* die u. a. Freud stark beeindruckte; dabei nahm er eine 23tägige männliche und eine 28tägige weibliche Periodik an:

F. wertete dazu Biographien bedeutender Männer aus: So hat Franz Schubert an bestimmten Tagen des Jahres 1815 besonders fruchtbar gearbeitet und bis zu 10 Lieder komponiert. »Solche Daten wie der 27. Februar und der 22. Mai sind 3mal 28 Tage auseinander, und die ferneren: 15. Mai, 25. August und 15. Oktober haben die Intervalle zweimal 23 + 23 sowie 28 + 23. Dabei sind die beiden Serien auch noch untereinander verknüpft. Denn zwischen dem ersten und dem letzten Datum (27. Februar und 15. Oktober) liegen genau zehnmal 23 Tage. Diese Reihe setzt sich überdies bis zu Schuberts Todestag (19. November 1828) mit 218mal 23 Tagen fort.« Und A. Grobe-Wutischky, Schriftleiter des *Zentralblatt für Okkultismus* (VIII, 6, 1914: 295), hält es für notwendig, noch Beziehungen zwischen diesen Daten und dem Horoskop herzustellen.

Einer solchen oder ähnlich gearteten Periodik glaubte auch Goethe schon auf der Spur zu sein:

»Ich muß den Zirkel, der sich in mir umdreht, von guten und bösen Tagen, näher bemerken. Leidenschaften, Anhänglichkeit, Trieb, dies oder jenes zu tun, Erfindung, Ausführung, Ordnung, alles wechselt und hält einen regelmäßigen Kreis. Heiterkeit, Trübe, Stärke, Elastizität, Schwäche, Gelassenheit, Begier ebenso. Da ich sehr diät lebe, wird der Gang nicht gestört, und ich muß herauskriegen, in welcher Zeit und Ordnung ich mich um mich selbst bewege.« (Tagebucheintragung vom 26. 3. 1780.)

Bisher aber ließ sich die F.sche Annahme nicht wiss. bestätigen. – *Werke* → Bibl.
Lit.: Aebly 1928.

Floodlight state [engl.; Flutlichtstadium], Zustand eines »Überbewußtseins«, einer gesteigerten Sensibilität, einer mystischen Offenheit gegenüber aller Umwelt. Manche Autoren sprechen auch von → »kosmischem Bewußtsein«. Der Zustand kann eine religiöse Erfahrung sein, kann aber auch durch Drogen oder in Hypnose herbeigeführt werden.

Flournoy, Théodore (1854–1920), Schweizer Psychologe, Professor in Genf, der sich intensiv mit pps. Forschung beschäftigte. Schon 1898 verschickte er Fragebogen zum Thema »Erscheinungen Sterbender« und nahm an Untersuchungen mit der → Paladino teil; vor allem aber wurde er bekannt durch seine Arbeit mit Helene → Smith. – *Werke* → Bibl.

Fludd, Robert, latinisiert Robertus de Fluctibus (1574–1637), engl. Arzt, Naturforscher und Philosoph, gehörte zum geistigen Kreis der Rosenkreuzer. Beeinflußt von der → Makrokosmos-Mikrokosmos-Spekulation, entwickelte F. eine »Oben-unten-Dualität« (Himmel – Erde, Hell – Dunkel, Geist Gottes – Gottferne usw.): Die sichtbaren Dinge sind Mischungen dieser Polarität, begreifbar als Sympathien und Antipathien gegenüber oben und unten; die Wiss. muß diese geheimen Wirkkräfte erkunden und wirksam machen. F. war stark geprägt von der Renaissance-Kabbala und -Magie, von → Paracelsus und → Dee. In seiner *Geomantik* vertrat F. ein quaternäres System, dessen Herkunft im Orient zu suchen ist und das in hist. Verwandtschaft mit dem afrikan. Ifà-Orakel steht. F. postuliert in der Erklärung des Systems ein, in heutiger Sprache, transintellektuelles unbewußtes Aktionszentrum im Menschen, das die psychischen Funktionen »regiert«. Aus der Wirkung der → Geomantie schließt F. auf die Existenz dieser mentalen Instanz. Wegen seiner okkultistischen Neigungen wurde er von → Kepler und dem frz. Naturforscher und Philosophen Pierre Gassend (Petrus Gassendi, 1592–1655) scharf bekämpft. – *Werke* → Bibl.

Lit.: Craven 1962; Josten 1964; Yates 1975.

Hermetisches Diagramm aus einem kosmologischen Werk von Robert Fludd.

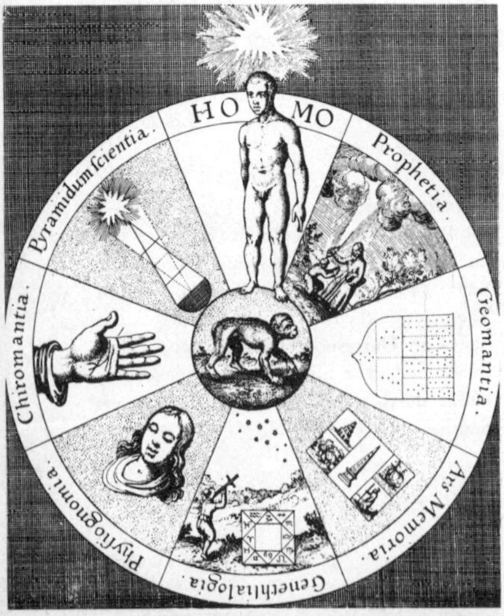

Flug, magischer → Schamanismus.

Fluidum [von lat. *fluidus;* fließend], i. allg. Sprachgebrauch ein nur schwer definierbarer Gesamteindruck, den ein Mensch oder ein Objekt macht, eine bestimmte Atmosphäre, die jemanden oder etwas umgibt. In Naturphilos., Okkultismus und Pps. wurde häufig ein Fluidum postuliert, das vom Menschen »abstrahlt« oder in das die Menschen eingehüllt sind und das Informationstransport (ASW) oder psychokinetische Wirkungen erklären sollte.

Älter ist die Vorstellung eines allg. F.s, z. B. bei → Mesmer, der hier in der Tradition der Renaissance schreibt:

»Es besteht ein gegenseitiger Einfluß zwischen den Himmelskörpern, der Erde und den beseelten Körpern. Der Träger dieses Einflusses ist ein überall verbreitetes Fluidum, das sich überallhin derart fortsetzt, daß es nirgends ein Vakuum gestattet, ein Fluidum, dessen Feinheit keinen Vergleich mit etwas anderem zuläßt, das seiner Natur nach fähig ist, alle Bewegungseindrücke aufzunehmen, fortzupflanzen und zu vermitteln.« *(Propositions* V, 1780.)

Aus dem allgemeinen F. wurde, so Mesmer, ein individuelles F. Von dieser Vorstellung ausgehend, entwickelten einige Forscher verschiedene energetische Theorien: die klassischen Theorien eines »feinstofflichen«, »halbstofflichen« usw. F.s führten zur Konstruktion zahlreicher Apparate, die sich mit → Amadou in *Fluidographen* und *Fluidometer* einteilen lassen, also solche, die das F. nachweisen, aufzeichnen und solche, die Messungen vornehmen. Aber die Existenz eines F.s war schon zu Mesmers Zeiten umstritten: Barbarin vertrat bereits 1785 in Lyon die Ansicht, *Wille* und *Glaube* genügten zur Erklärung der magnetischen Erscheinungen; in unserem Jh. hielt man dann die Hypothese für endgültig überwunden (Pascal 1936), die Vorstellung vom → Bioplasma scheint sie aber teilweise zu rehabilitieren.

→ Tenhaeff (1957), von der Existenz eines

F.s keineswegs überzeugt, aber ebensowenig von seiner Nicht-Existenz, gliedert die Forschungsansätze im wesentlichen wie folgt:
1. subjektive Methoden: → Reichenbach, Aura-Seher; 2. chemische: → Effluviographie; 3. physikalisch-naturwiss.: → Kotiks psychophysische Energie, die Versuche → Cazzamallis, das → Magnetometer des Abbé Fortin, organische Elektrizität, Teleplasma; 4. physiologische: »magnetisierte« Pflanzen, »magnetisiertes« Wasser, Mumifizierung, die Untersuchungen von → Alrutz, Forschungen zur → Asitie und zu paranormalen Heilungen.

Lit.: Baraduc 1896; Moner 1937.

Fluidum, aseptisches, → Maeterlinck (1924: 1 f.) glaubte durch die Annahme aseptischer Fluida bei manchen Medien das Phänomen der verhinderten oder verzögerten organischen Zersetzung (vgl. das angebliche Nicht-Verwesen der Leiber mancher Heiliger) erklären zu können.

Fluoreszenz [lat.], 1. in der Physik die Eigenschaft mancher Stoffe, während und nach einer Bestrahlung selbst zu leuchten; 2. bei → Myers bedeutet F. *mediale Nachwirkung:* das Auftreten paranormaler Effekte, z. B. Raps, nach Beendigung einer Sitzung oder gar nachdem das Medium bereits fortgegangen ist.

Flüsterhypothese, »natürliche« Erklärung angeblich telepathischer Vorgänge; die Vermutung, daß im telepathischen Experiment der Agent das zu übermittelnde Zielwort (oder die verlangte Handlung) unwillkürlich flüstert und der Perzipient, u. U. bei außergewöhnlich gesteigertem Hörvermögen, die Information akustisch empfängt. Eine Variante bildet das Von-den-Lippen-Lesen, das ebenfalls unwillkürliche motorische Bewegungen beim Agenten voraussetzt. Die Hypothese wurde experimentell überprüft (Krall 1926; Sidgwick 1896/97) und als irrelevant abgelehnt. Tatsächlich mag sie den einen oder anderen konkreten Fall erklären; sie kann aber kein Argument gegen die Telepathie überhaupt sein, da telepathische Phänomene über große Entfernungen und durch geschlossene Räume hindurch gut beglaubigt sind. S. a. → Muskellesen; → Elberfelder Pferde.

Lit.: Baerwald 1927; Lehmann 1908.

Fodor, Nandor (* 1895), aus Ungarn stammender, in New York lebender Jurist und Psychoanalytiker, zu dessen zahlreichen Publikationen neben einem Wörterbuch der Psychoanalyse (Fodor/Gaynor 1950) auch die wichtige *Encyclopaedia of Psychic Science* (1934 u. ö.) gehört. In Aufsätzen und Büchern zur Pps. widmete F. vor allem dem psychoanalytischen Verständnis des Parapsychischen sein Augenmerk; einen weiteren Schwerpunkt seiner Untersuchungen bildeten Poltergeistphänomene. 1935 bis 1938 war er Forschungsdirektor des International Institute for Psychical Research, London. — *Werke* → Bibl.
Die Libido, aufgefaßt im Sinne Freuds als sexuelle Energie, erscheint F. als Schlüssel zum Verständnis des Paranormalen. So deutete er den Spuk des *Ash Manor Ghost,* den er 1936 zusammen mit → Garrett untersuchte, auf der Grundlage der ungewöhnlichen sexuellen Beziehungen in der betroffenen Familie (1959).

Fokal-Effekt → Stepanek, Pavel.

Folie à deux [frz.; Narrheit zu zweit], induziertes Irresein; krankhafte psychische Veränderungen, die ein Geisteskranker bei Personen seiner Umgebung, etwa in der Familie hervorruft. Die Trennung vom Ersterkrankten (Induktor) läßt in der Regel auch die Sekundäreffekte verschwinden. — Dieser psychische Mechanismus kann bei der Beurteilung eines Spukfalles von Belang sein. → Spuk, zumindest der personengebundene, scheint immer ein soziales Phänomen zu sein und immer auch ein der Therapie bedürftiger Fall. Bei der pps. Auswertung des Geschehens ist deshalb die Frage möglicher Induktionsmechanismen zu überprüfen.

Folklore [engl.], von dem engl. Gelehrten

William John Thomas 1846 eingeführter Begriff, der fälschlich oft synonym zu Volkskunde verwandt wird. F. bezeichnet die Wiss. von den »Weistümern« eines Volkes, dem Wissen, das sich im Volksglauben, in Erzählungen, Liedern und Bräuchen, niedergeschlagen hat. Insofern sind auch die vorwiss. Theorien zum Parapsychischen Forschungsgegenstand der F.

Ford, Arthur (1896—1971), amer. ASW-Medium und Spiritist; ursprünglich Pfarrer einer Christian-Science-Gemeinde, der im Ersten Weltkrieg seine medialen Fähigkeiten entdeckte und konsequent trainierte. Stellte sein Leben von 1924 an ganz in den Dienst der okkultistischen Forschung, arbeitete mit zahlreichen Wissenschaftlern, hielt Séancen und Vorträge in vielen Ländern, bei denen er vor allem seine Jenseitskontakte, vermittelt durch einen Kontrollgeist namens »Fletcher«, demonstrierte. Weltweit bekannt wurde F. als »das Medium, das → Houdinis Code brach« und durch seine 1967/68 z. T. vom kanadischen Fernsehen übertragenen telepathischen und hellseherischen Kontakte mit dem Bischof → Pike. Obwohl die von F. gebotenen Phänomene keine Bestätigung der spiritistischen Hypothese bedeuten, gaben F.s z. T. umstrittene Leistungen und Bücher (z. B. *Bericht vom Leben nach dem Tode*, 1972) der »Jenseitsforschung« Anfang der 70er Jahre neue Impulse. – Die spiritistische Schriftstellerin Ruth Montgomery behauptete, in Automatischer Schrift Botschaften aus dem Jenseits von ihm erhalten zu haben.

Arthur Ford

Lit.: Montgomery 1973; Spraggett 1973.

Forensische Parapsychologie, die gerichtliche Pps. hat heutzutage vor allem die Aufgabe, Gutachten zu erstellen, wenn einem Angeklagten Betrug in Verbindung mit unbefugtem Heilen, angeblichem Hellsehen, medialer Lebensberatung o. ä. vorgeworfen wird. Dabei arbeitet die f. Pps. mit der forensischen Ps. und Psychiatrie eng zusammen. Ein weiteres Aufgabengebiet der f. Pps. ist die Erforschung möglicher paranormaler Momente delinquenten Verhaltens, ein Gegenstand, der in der gegenwärtigen pps. Arbeit jedoch noch kaum eine Rolle spielt. – Bedingt kann auch die Untersuchung sog. »Kriminalmedien« (Sensitive, die paranormal erworbene Informationen zum Tathergang oder zur Täterpersönlichkeit wiedergeben; s. a. → Kriminaltelepathie) zum Bereich der f. Pps. gerechnet werden; → Bleuler z. B. forderte, die Aussagen von Sensitiven bei Ermittlungen zu berücksichtigen.

Lit.: Byloff 1902; Hellwig 1908; Hornung 1925; Löwenstimm 1897; Mannhardt 1879; Schäfer 1963; Stubenvoll 1897.

Forgione, Francesco, gen. »Padre Pio« oder »Pater Pio« (1887–1968), ital. Franziskaner; trug fast 50 Jahre Stigmata, 5 tiefe Wunden, je 2 an Händen und Füßen, die fünfte, 7 cm lang, in der Form eines umgekehrten Kreuzes an der Seite:

»... eine fast kreisförmige, anatomische Verletzung mit reinen Rändern, im Durchmesser von etwas mehr als 2 Zentimetern ... Verletzung, die mit einer rotbraunen Kruste bedeckt ist ... Von Zeit zu Zeit löst sich diese Kruste, zuerst vom äußeren Rand, und dann, nach und nach gegen das Zentrum zu, vollständig ab: und dann erscheint die Verletzung in allen ihren Einzelheiten: rotbraun und immer blutend.« (Der

Pater Pio (Francesco Forgione)

untersuchende Arzt Giorgio Festa, zit. n. Sessa 1958: 21.)

Das ausfließende Blut soll von besonderem Wohlgeruch gewesen sein. Von den paranormalen Phänomenen, die von F. berichtet werden, ist vor allem das Charisma der → Durchsicht (pps: Telepathie) beglaubigt: In der Beichte hielt er den Gläubigen noch nicht ausgesprochene Sünden vor. Außer der Telepathie werden noch Präkognition, 21tägige Asitie (sieht man von der Hostie ab), zahlreiche Heilungen – er unterhielt ein eigenes Krankenhaus in Foggia – (darunter auch Fernheilungen) behauptet. Die erstaunlichsten Phänomene, von denen man hört, sind aber die → Bilokation und die Penetration einer Mauer. »Hier die Kurzfassung des Falles Maria D. aus Viareggio: 1940 hatte der damals 24-jährige einen Arbeitsunfall. Defekt der Lendenwirbelsäule mit nachfolgender Atrophie des Kreuzbeins. Mit Gipskorsett war er beschränkt arbeitsfähig, bis er 1950 bei einer körperlichen Anstrengung zusammenbrach. Danach bestand vollständige Lähmung und Anästhesie der Beine. Der Patient war an das Bett gebunden. Hinzugezogene Fachärzte stellten weder eine exakte Diagnose, noch konnten sie helfen. Am 17. März 1951 stand ihm wegen einjähriger Krankheit die endgültige Entlassung aus seinem Arbeitsverhältnis bevor. Am Nachmittag brachte seine Frau ein Buch über Pater Pio mit nach Hause und bat ihren Mann, die Hilfe des Paters anzurufen. Der Patient hatte eine Abneigung gegen alles Religiöse im Allgemeinen und gegen Geistliche im Besonderen und sagte, nachdem er das Buch beiseite gelegt hatte, ohne Überzeugung: ›Wenn du schon so viele Wunder gewirkt hast, dann hilf doch auch mir.‹ Im selben Augenblick sah er, wie sich die Tür seines Zimmers öffnete und ein Kapuziner in einer Kutte ins Zimmer trat, auf ihn zukam und sagte: »Steh auf, dir fehlt nichts mehr!« (Stelter 1973: 94.)

Lit.: Carty 1954; Villedieu [7]1971; Winowska [19]1972.

Fortean Society → UFO.

Forthuny, Pascal, eigtl. Georges Cochet (geb. 1872), frz. Schriftsteller, Maler, Musiker und Kritiker, besaß vorübergehend die Fähigkeit der → Automatischen Schrift; eindrucksvoller Psychometrist: So beschrieb F. z. B. korrekt das Landhaus des Mörders Landru aufgrund einer Handschriftenprobe, die ihm, in einem verschlossenen Umschlag, 1922 im Institut Métapsychique, Paris, übergeben wurde. – Der entscheidende Anstoß für F.s Interesse an pps. Forschung war der Tod seines Sohnes bei einem Flugzeugabsturz (1918). Eine Vision F.s von einem Luftfahrtunglück 1924 scheint sich auf den tödlichen Absturz → Geleys in der Nähe von Warschau im gleichen Jahr bezogen zu haben. Eventuell ein weiteres Indiz dafür, daß die Inhalte der ASW oft von prägenden Erlebnissen bestimmt werden (vgl. → Croiset).

Lit.: Osty 1925; Richet 1928; Woolley 1930/31.

Fortleben nach dem Tode → Überleben.

Fortune, Dion → Firth, Violet Mary.

Foster, Charles H., gen. der »Seher von Salem« (1838–1888), amer. Medium. F. war bekannt dafür, paranormale, angeblich mit Hilfe von Kontrollgeistern erworbene Informationen durch → Dermographismus oder Raps mitzuteilen. Aber auch Materialisationen, Levitationen (des Mediums, eines Klaviers usw.) wurden behauptet. Es steht jedoch auch fest, daß man F. bei betrügerischen Manipulationen ertappte. Während seiner Besuche in Europa trat er vor Bulwer-Lytton, Dickens, Napoleon III., Thackeray, Tennyson u. a. auf. F. starb als Alkoholiker im Delirium.

Lit.: Sargent 1867.

Fowler, Lottie, eigtl. Charlotte Connolly (1836—1899), amer. Medium mit präkognitiver Begabung und der Fähigkeit zu paranormaler Diagnose. Bei einem Englandbesuch soll sie von Ärzten des Hofes wegen einer Erkrankung des Prince of Wales konsultiert worden sein.

Lit.: Fritz 1873; Hellenbach 1876; Marryat 1892, 1894.

Fox, George (1624—1691), engl. Wanderprediger, Ekstatiker, Heiler und Visionär, gründete 1652 die Christliche Gemeinschaft der Freunde, bekannt geworden als die »Quäker« [von engl. *to quake;* zittern] — eine Anspielung auf die unter den ersten Anhängern angeblich häufiger auftretenden ekstatischen Erscheinungen. Einige von F.' Visionen scheinen präkognitive Inhalte gehabt zu haben (Cromwells Tod, Brand von London u. a.).

Lit.: G. Fox, The Journal *1664.*

Fox, Geschwister → Hydesville.

Francé, Raoul Heinrich (1874—1943), österr. naturwiss. Schriftsteller, leitete in München ein Biologisches Institut. In seinen Werken vertrat F. die Ansicht, Pflanzen seien willentlicher Bewegung fähig; er nahm eine steuernde Intelligenz im pflanzlichen Verhalten an, die von außen oder innen eingreife. Eine Welt von den Pflanzen zugeordneten → Devas (→ Findhorn) hielt F. für möglich. — *Werke* → Bibl.

Lit.: Tompkins/Bird 1974: 8 ff.

Franz von Assisi, eigtl. Giovanni Bernardone (1181/2—1226), Ordensstifter und Heiliger. »O wie oft sagte er zukünftige Übel voraus!« schreibt sein erster Biograph Thomas de Celano († 1260). Er erkannte das »Verborgene fremder Herzen«, und in einem (auch von Thomas mitgeteilten) Fall sieht er während des Gebets in seiner Zelle »von ferne« die Ankunft eines Bruders und weiß sofort, was diesen herführt. — Als er einen Neugeborenen auf den Arm nimmt, erkennt er in ihm den künftigen Papst (Nikolaus III.). Einmal, im Jahre 1224, sitzt F. auf dem Berg Alverna, und zur gleichen Zeit sieht man ihn *levitiert* in Arelate (Bilokation?). Levitationen berichtet Thomas häufig: F. schwebt im Gebet in Baumhöhe, ja, zeitweise soll er dabei sogar den Blicken entschwinden. In einem seiner Ausnahmezustände führte F. einen ekstatischen Freudentanz auf. Auch außergewöhnliche Heilungen werden berichtet und ein Exorzismus an einer Besessenen.

F. gilt als erster Stigmatisierter. → Görres teilt (Thomas folgend) mit, daß die Stigmatisierung Folge einer Vision war: »Als er eines Morgens am Fest der Kreuzerhöhung betete, im herzlichen Verlangen, mit dem Herrn gekreuzigt zu werden, sah er das Gesicht eines Seraphs und zwischen den Flügeln die Gestalt eines Gekreuzigten. Als die Erscheinung verschwand, hatte sie ihm im Herzen einen großen Brand, in seinen Gliedern aber eine wunderbare Zeichnung zurückgelassen. Es waren nämlich an seinen Händen und Füßen die Zeichen der Nägel erschienen, wie er sie eben am Bilde des Gekreuzigten gesehen. Zugleich hatte er an seiner Seite ein großes, drei Finger breites Wundmal. Sämtliche Male waren blutrot, durch Zusammenziehen des Fleisches wie gerundet und oft mit Blut seine Kleider benetzend. Nie gingen sie in Eiterung über, nie wendete er Heilmittel dagegen an. Er lebte mit denselben noch zwei Jahre. Vor den Leuten verhüllte er übrigens die Male, so viel er vermochte, legte Schuhe an und trug die Hände sorgfältig bedeckt. Doch sahen bei seinen Lebzeiten viele, was sich nicht verbergen ließ. Papst Alexander und mehrere Kardinäle gaben als Augenzeugen davon Zeugnis. Nach seinem Tode sahen sie Unzählige an seiner Leiche.« (Görres 1836 f., II: 422.)

Lit.: Merkt 1910; Sabatier 1895; Thomas de Celano (vor allem Bd. 3) 1925, 1955.

Franz Xaver, eigtl. Francisco de Jassuy Javier (1506—1552), geb. auf Schloß Xaver, Niederrhein, Jesuit, Missionar in Ostasien; gehört zu den am meisten verehrten Heiligen seines Ordens. U. a. werden durch ihn bewirkte Wunderheilungen und Bilokation bezeugt.

Frankenberg, auch Franckenberg, Abraham v., Pseudonym Amadeus v. Friedleben (1593–1652), dt. Mystiker, Schüler des Paracelsus, Freund und Biograph → Böhmes. In seinen eigenen Werken vertrat F. die → Signaturenlehre. Er unterscheidet 3 medizinische Therapieformen: eine chemische (= somatische), eine kabbalistisch-geistliche und eine magische. Bei den magischen Kuren spielen Phantasie und Einbildungsvermögen eine Rolle, die kabbalistisch-geistlichen vermitteln besondere Kräfte und Fähigkeiten, z. B. Hellsehen. – *Werke* → Bibl.

Frei, Gebhard (1905—1967), schweizer. Philosoph und Religionswissenschaftler; war Mitbegründer und Präsident der → Internationalen Gesellschaft Katholischer Parapsychologen. – *Werke* → Bibl.

Freiheit, dem Zwang und der Notwendigkeit entgegengesetzte Position; die Möglichkeit, dem eigenen freien Willen entsprechend zu handeln. Es war und ist ein philos. und ps. Problem zu klären, ob in freiwilliger Anerkennung des Notwendigen freiheitliche Entfaltung und Selbstbestimmung möglich ist bzw. ob nicht erst durch diese Anerkennung F. sich konstituieren kann (nicht F. *wovon,* sondern F. *wozu* wäre dann das entscheidende Problem).

Auf die immer wieder diskutierte Frage, ob F. und *Präkognition* einander ausschließen oder nicht, antwortet Kant:

»Man kann also einräumen, daß, wenn es für uns möglich wäre, in eines Menschen Denkungsart, so wie sie sich durch innere sowohl als äußere Handlungen zeigt, so tiefe Einsichten zu haben, daß jede, auch die mindeste Triebfeder dazu uns bekannt würde, im gleichen alle auf diese wirkende äußere Veranlassungen, man eines Menschen Verhalten auf die Zukunft mit Gewißheit, so wie eine Mond- oder Sonnenfinsternis, ausrechnen könnte, und dennoch dabei behaupten, daß der Mensch frei sei.« *(Kritik der praktischen Vernunft* I, 1.)

Präkognitive Aussagen beziehen sich auf Ereignisse in der Zeitlichkeit; F. aber ist nach Kant eine transzendentale Größe (vgl. auch → Astrologie).

Freisteigende Vorstellungen, so nannte der dt. Psychologe, Philosoph und Pädagoge Johann Friedrich Herbart (1776–1841) Vorstellungen, für deren Auftreten sich keine assoziative Verbindung zu Wahrnehmungen oder anderen Vorstellungen erkennen läßt (z. B. in seinem Werk *Psychologie als Wissenschaft,* 1824/25).

Freitas, José Pedro → Arigó, Zé.

French, Emily S. (1830—1912), Medium aus Buffalo, USA; bekannt durch ihre Manifestationen von → Direkter Stimme. Jahrelang immer wieder angestellte Untersuchungen (u. a. von → Hyslop) erbrachten keinen Anhaltspunkt dafür, daß F.s Stimmwerkzeuge diese Stimmen produzierten.

Lit.: Randall 1916.

Freud, Sigmund (1856—1939), österr. Arzt, Begründer der Psychoanalyse. Zeit seines Lebens interessierte F. sich für das Okkulte und Paranormale, er war Mitglied der A. S. P. R. und Ehrenmitglied der S. P. R.; daß er das Parapsychische in der Psychoanalyse nicht thematisierte, mag daran liegen, daß er fürchtete, die Anerkennungsschwierigkeiten für die Psychoanalyse dadurch noch zu vergrößern. An → Carrington schrieb F. am 1. 8. 1921: »Wenn ich mein Leben noch einmal zu leben hätte, würde ich mich lieber der Pps. als der Psychoanalyse widmen.« (Zit. bei Mischo 1962.)

Sein Biograph, der engl. Psychoanalytiker Ernest Jones (1879–1958), spricht im Hinblick auf F.s pps. Interessen von Seitensprüngen in den Bereich des »reinen Unsinns«. Es muß aber genau unterschieden werden zwischen dem »abergläubischen« F., der in primitiven pseudokabbalistischen Zahlenspielen Todesdatum, Krankheiten und Lebensrhythmen bei sich entdeckte (auch wenn → Moser ihm »mystische Neigungen« abspricht, 1974: 67), und dem

Wissenschaftler F., der die Telepathie für ein erwiesenes und auch von ihm beobachtetes Faktum hielt, die anderen parapsychischen Erscheinungen (Hellsehen, Präkognition, PK) aber noch weiter untersucht wissen wollte; der selbst an PK-Séancen teilnahm, ohne jedoch zu einem positiven Urteil zu gelangen.

»Ich habe in meinen persönlichen Erfahrungen auf dem Gebiet des Okkultismus kein Glück gehabt, nie etwas erlebt, was der nachträglichen Kritik standgehalten hätte – mit einer einzigen Ausnahme. Ich mußte in wenigstens 2 Fällen durch Analyse von Prophezeiungen (die, nebenbei, nicht eingetroffen sind) die Wahrscheinlichkeit anerkennen, daß es Gedankenübertragung auf anderem als physischem Wege gibt.« (F. in einem Brief an Fanny Moser vom 13. 7. 1918; mitgeteilt bei Moser 1974: 67.)

In den *Kleinen Beiträgen zur Traumlehre* (1925: 74) verweist er darauf, daß die Prophezeiungen professioneller Wahrsager, unabhängig davon, ob sie sich erfüllen, oft Material darstellen, das den affektgeladenen Wünschen der Klienten paranormal entnommen wurde und daher mit psychoanalytischen Mitteln deutbar sind.

Die Theorie der Psychoanalyse bietet mehrere Konzepte, die für die Pps. fruchtbar wurden oder werden könnten; pps. relevant sind die F.schen Texte *Traum und Telepathie* (1922; G. W. XIII), *Traum und Okkultismus* (30. Folge der *Vorlesungen zur Einführung in die Psychoanalyse*, G. W. XV, 1933), *Die okkulte Bedeutung des Traumes* (G. W. I) und *Psychoanalyse und Telepathie* (in den Nachlaßschriften, G. W. XVII).

Sozialps. bedeutsam ist F.s Vermutung, Telepathie könne in Gruppenprozessen auftreten:

»Man weiß bekanntlich nicht, wie der Gesamtwille in den großen Insektenstaaten zustande kommt. Möglicherweise geschieht es auf dem Wege solch direkter psychischer Übertragung. Man wird auf die Vermutung geführt, daß dies der ursprüngliche, archaische Weg der Verständigung unter den Einzelwesen ist, der im Laufe der phylogenetischen Entwicklung durch die bessere Methode der Mitteilung mit Hilfe von Zeichen zurückgedrängt wird, die man mit den Sinnesorganen aufnimmt. Aber die ältere Methode könnte im Hintergrund erhalten bleiben und sich unter gewissen Bedingungen noch durchsetzen, z. B. auch in leidenschaftlich erregten Massen.« (Aus *Traum und Okkultismus.*)

In deutlicher Jung-Nähe steht F. mit folgendem Zitat:

»Darüber hinaus bringt der Traum Inhalte zum Vorschein, die weder aus dem reifen Leben noch aus der vergessenen Kindheit des Träumers stammen können. Wir sind genötigt, sie als Teil der archaischen Erbschaft anzusehen, die das Kind, durch das Erleben der Ahnen beeinflußt, vor jeder eigenen Erfahrung mit sich auf die Welt bringt. Die Gegenstücke zu diesem phylogenetischen Material finden wir dann in den ältesten Sagen der Menschheit und in den überlebenden Gebräuchen.« (G. W. XVII: 89.)

Lit.: Devereux 1953; Ehrenwald 1956; Eisenbud 1974 (vor allem: 200 ff., 182 ff., 315); Jones 1960–62; Mischo 1974.

Fritsche, Herbert (1911–1960), dt. Zoologe, Vertreter einer »okkulten Biologie«, der sich als Schriftsteller und Hrsg. mit Fragen der → Esoterik, u. a. okkulter Medizin, beschäftigte und führendes Mitglied mehrerer esoterischer, vor allem theosophischer Vereinigungen war. – *Werke* → Bibl.

Fronczek, Janusz, poln. PK-Medium. F. produzierte → Leuchtphänomene und konnte angeblich Objekte psychokinetisch bewegen. Auch bei Sitzungen vor der S. P. R. im Jahre 1925 stellten sich die Phänomene ein. Betrugsverdacht wurde geäußert, obwohl man, von einem Fall abgesehen, keine rechte Erklärung dafür hatte, *wie* F. hätte betrügen können.

Lit.: Woolley/Dingwall 1926–28.

Führer, gelegentlich für Trancepersönlichkeit (→ Kontrolle).

Fulgurationstheorie → Deszendenztheorie.

Funktionales Phänomen, in der Tiefenps. die Bezeichnung für eine bestimmte symbolische Verschlüsselung im Traum: Das Traumsymbol bezieht sich nicht auf den

konkreten Denkinhalt, z. B. auf einen Gegenstand, mit dem der Träumer am Tag zu tun hatte, sondern auf die Funktion des Gedankenablaufs, in dem das Objekt nur Material war.
Bei der Interpretation von möglichen Wahrträumen, aber auch bei den Aussagen von Paragnosten, deren Eindrücke sich in symbolischer Verschlüsselung einstellen, ist die Möglichkeit des Effekts eines F. Ph.s zu berücksichtigen.
Lit.: Silberer 1909.

Furseus (um 650), zunächst Abt des Klosters Chaobsburg in Irland, später Eremit. F. hatte wiederholt → Out-of-Body-Experiences, bei denen er die Seele als vom Leib getrennt erlebte: Während eines solchen Zustandes werden ihm durch Engel Prophezeiungen zuteil; als die Seele nach beendeter Vision in den Körper zurückwill, berührt sie ein teuflischer Dämon: Später zeigt der Körper 2 Brandmale – physisches Korrelat zur psychischen Erfahrung. Als seine Seele den entseelten Leib liegen »sieht«, weigert sie sich, in ihn zurückzukehren. Aber ein Engel befiehlt ihr die Rückkehr, er öffnet den Leib in der Brustgegend, um der Seele eine Tür zu schaffen. – Dieselbe visionäre Erfahrung berichtet auch der dt. Religionswissenschaftler Karl Beths (mitgeteilt bei Mattiesen 1936 I: 304 f.).

Furtner, Anna Maria → Asitie.

Fylgja [altnordisch; Folgerin], altnordische Vorstellung eines *Folgegeistes:* Die ältere Vorstellung scheint die eines seelischen Doppels, eines → Alter Ego gewesen zu sein, das in Tier- oder Frauengestalt den Menschen begleitete. Unter christl. Einfluß hat dann die F. den Charakter eines Schutzgeistes angenommen; im Isländ. heißt der Schutzengel bezeichnenderweise *Fylgja-engill.*

G

Gagern, Friedrich Freiherr v. (1882–1947), dt. Erzähler, vor allem als Jagdschriftsteller bekannt; er verfaßte jedoch auch eine Reihe von »Spuk-Novellen«, denen authentische Berichte und Erfahrungen zugrunde lagen, so daß sie für die pps. Kasuistik von Belang sind, zumindest dürfen sie »nicht ohne weiteres beiseite geschoben werden« (Driesch 1952: 33). – *Werke* → Bibl.

Galen(us), Claudius (129—199) aus Pergamon, neben Hippokrates der bedeutendste Arzt der Antike, u. a. Leibarzt des Kaisers Marc Aurel; verfaßte annähernd 300 Schriften, von denen ca. 80, meist physiologischen und anatomischen Inhalts, erhalten sind. G. arbeitete nicht selbst als Forscher, sondern resümierte in Anlehnung an Platon die Ergebnisse griech. Wiss., vor allem die gesamten Erkenntnisse der Heilkunde. Seine Wirkung reicht bis weit in das MA. hinein. – Es wird überliefert, daß G. die für seine Patienten jeweils geeignete Therapie im Traum erfuhr.
Lit.: Sarton 1954.

Galgani, Gemma (1878—1903), ital. Stigmatisierte; ihre Stigmen (an den Extremitäten und an der Seite) glichen in der Form einem Kruzifix, vor dem sie zu beten pflegte (→ Emmerich). Außerdem zeigte sich bei ihr das Phänomen der blutigen Tränen, und bei einer Gelegenheit (1901) erschienen auf ihrem Körper Male wie von einer Geißelung.
Lit.: Moser 1974: 214.

Gall, Franz Joseph → Phrenologie.

Gallus (ca. 550 bis ca. 645), aus Irland stammender Heiliger; von den ihm zugeschriebenen Wundern sind pps. bemerkenswert: die Zähmung wilder Tiere und medizinisch unerklärliche Heilungen. Beim Bau einer Kirche – an ihre Stelle trat 719 das bekannte Kloster St. Gallen – erwies sich ein Balken als zu kurz: Nach einem Gebet G.' und dem Genuß der Eucharistie hatte der Balken die richtige Länge.

Ganzheit, 1. in der Tiefenps., vor allem der Jungscher Prägung, versteht man unter G. den »versöhnten Menschen«, d. h. die Aussöhnung der bewußten mit der unbewußten Seite der Psyche; zugl. ein dem Menschen angeborenes Ur- und Vorbild, auf das hin er dynamisch ausgerichtet ist. Vorläufer dieser Vorstellung bilden der »Kugelmensch« Platons (Timaios) und der mittelalterliche Gedanke des → Rotundum (vgl. → Reich, Wilhelm).
Religiös-kultische und manche magische Riten können als Versuch, diese Aussöhnung herbeizuführen, interpretiert werden; so gesehen sind Riten (z. B. bei → Lévi) unbewußten Prozessen entsprungene empirische Versuche der → Individuation.
G.ssymbole sind → Mandalas, (magischer) Kreis u. a. m.
2. In der Ps. bezeichnet G. ein Gebilde, dessen Charakteristika sich nicht aus den Eigenschaften seiner einzelnen Teile ableiten lassen: »Das Ganze ist mehr als die Summe seiner Teile.«
3. Die ganzheitliche Betrachtung ist ein methodisches Postulat der Ps., das mehr und mehr auch in der Pps. erhoben wird, z. B. wenn man fordert, Erlebnis und Erlebnisträger nicht isoliert zu sehen, denn: »Mensch und Phänomen gehören zusammen.« (Tenhaeff 1974: 7.)
Lit.: Ehrenfels 1890; Ehrenstein 1935; Krueger 1926, 1953; Sander 1928; Witte 1952 a.

Gardner, Gerald Brosseau (1884—1964), engl. Verwaltungsbeamter und Pflanzer in

Südostasien. Nach seiner Rückkehr nach England trug G. wesentlich zum Aufblühen einer Hexenbewegung bei, da er den Hexenglauben für die europ. Urreligion hielt, die es wiederzubeleben galt. In Castletown, Isle of Man, unterhielt G. ein »Museum für Magie und Hexerei«. – *Werke* → Bibl. (z. T. unter Pseudonym »Scire«).

»Persönlich bin ich der Ansicht, daß etwas Richtiges an dem Glauben der Hexen ist... Ich meine, daß eine Art elektrischmagnetisches Feld alle lebenden Wesen umgibt und von manchen als Aura wahrgenommen werden kann. Manchmal vermag ich es selbst zu sehen, aber nur am nackten Körper, so daß ich annehmen muß, Kleider verhindern tatsächlich die Ausstrahlungen... Eine Hexe kann, wie ich annehme, durch Zauberformeln ihre Kräfte lebendig machen oder möglicherweise steigern. Man sagt, daß Hexen durch unaufhörliche Übung und Anspannung ihren Willen dazu erziehen können, diese Nervenkraft, oder was es sein mag, als Kraftstrahl zur Wirkung zu bringen, oder daß sie diese auf andere Weise einsetzen, z. B. um Hellsichtigkeit zu erlangen...« (G. 1965: 15.) G. nimmt an, daß die »Hexenkraft«, deren Wesen noch unbekannt ist, bestimmten Menschen eignet und erblich ist. Infolge der europ. Hexenverfolgungen sei die Gruppe dieser Menschen jedoch sehr klein geworden und die Verbreitung dieser »Kraft« daher nur noch gering.

Gardner, Jeanne → Jeanne d'Arc.

Garrett, Eileen (1893—1970), Paragnostin und pps. Autorin, Begründerin und bis zu ihrem Tod Präsidentin der Parapsychology Foundation, New York, einer Gesellschaft zur Förderung pps. Forschung. 1924–28 wurden G.s ASW-Fähigkeiten von → McKenzie – dessen spiritistische Überzeugung sie allerdings nicht teilte – am → British College of Psychic Science ausgebildet. G. diente bedeutenden Forschern als Vp., so vor allem in den 30er Jahren → McDougall und → Rhine an der Duke University; Grey Walter, ein engl. Neurophysiologe, zeichnete eine Woche lang während eines Versuchs ununterbrochen ihr EEG auf, und in über 50 Versuchen prüfte G. Veränderungen ihrer ASW-Fähigkeiten unter Mescalin-Einfluß. – *Werke* → Bibl.

G. stammte aus Irland, wurde aber später Bürgerin der USA. Vor ihrer Übersiedlung erregte sie Aufsehen durch eine Reihe von Trance-Botschaften und Gesichten, die sich auf den Absturz des Luftschiffes R-101 im Jahre 1930 bezogen. G. hatte die dt. Luftschiffangriffe auf London 1916 erlebt. 1926, auf einem Spaziergang, hatte sie die Vision eines Luftschiffes, die sich 1928 wiederholte; G. war beunruhigt, dachte an ein Unglück. 1929 sah sie wieder das Luftschiff, diesmal in Flammen. Großbritannien baute damals 2 Luftschiffe: die R-100 und R-101. Für die R-101 sah G. den Absturz voraus. Ein Jahr früher schon hatte der bei einem Absturz getötete Captain Raymond Hinchliffe durch das Medium sprechend gewarnt, die R-101 werde abstürzen. Die Piloten lachten über die Warnung. Kurz vor dem Absturz meldete sich während einer Séance wieder Hinchliffe als → Kontrolle: »Es wird stürmischer, nur ein Wunder kann sie retten.« Wenige Tage nach dem Absturz schienen Besatzungsmitglieder durch Mrs. G. zu sprechen, sie teilten technische Details mit, die das Medium nicht wissen konnte (Angoff 1974; Beard 1966).

Als ein Arzt im amer. Mittelwesten verschwand, machte G. aufgrund eines Stückchen Tuchs, das man aus einem Hemd des Vermißten geschnitten hatte, zutreffende Angaben über den Gesuchten und nannte auch seinen gegenwärtigen Aufenthaltsort: La Jolla (ein Vorort von San Diego, Kalifornien). Diese psychometrische Leistung

Eileen Garrett

kann als telepathisches → Anzapfen der Ehefrau des Arztes verstanden werden: Sie erhielt am gleichen Tag einen Brief ihres Mannes, der sich aus La Jolla meldete; man kann also einen in der eigenen Psyche nicht bewußt gewordenen → Dunne-Effekt bei der Frau des Vermißten vermuten.

Ghasali, al-, eigtl. Abu Hâmid ibn Muhammed al-Ghasâli at-Tûsi asch-Schâii, latinisiert Algazel (1058–1112), bedeutender pers. Philosoph und Theologe des Islam. Nach existentiellem Zweifeln und Suchen fand Gh. zum → Sufitum. Er schrieb über die »Zustände« der Sufi, nie jedoch über seine eigenen mystischen Erlebnisse. In seiner Anthropologie vertrat er eine Art Lehre vom doppelten Ursprung des Menschen (→ Dürckheim). Er lehrte zunächst in Bagdad und lebte dann als wandernder Derwisch. In seinen Streitschriften gegen die Philos. bestritt er die Allgemeingültigkeit des Kausalprinzips, vertrat den → Okkasionalismus und entwickelte eine metaphysisch begründete Gewissenslehre. – Eine der Trancepersönlichkeiten von → Moses nannte sich Gh. – *Werke* → Bibl.

Gasparin, Agénor Comte de (1810—1871), frz. Politiker und Schriftsteller, der sich vor allem durch seine Verteidigung des Prinzips der Religionsfreiheit einen Namen machte. G. untersuchte experimentell (auf streng animistischer Basis) ASW-Phänomene und PK-Manifestationen. Er konstatierte die Realität der beiden Psi-Modalitäten, ihre intelligente Steuerung und → Gewichtsveränderungen in der PK ohne nachweisbare materielle Verbindung zwischen Agent und Objekt. 1853 begann er unter Mitarbeit → Thurys in Valleyres (Schweiz) mit Untersuchungen zu Tischbewegungen, -levitationen und Raps. Bemerkenswerterweise stand kein eigentliches Medium im Mittelpunkt, sondern der gesamte Zirkel (ca. 12 Personen): Reihum schied man im Verlauf der Séancen einzelne Teilnehmer aus, aber die Phänomene, die anfangs nur schwach waren, blieben, ja, sie wurden sogar noch eindrucksvoller. G. arbeitete bereits mit einer besonderen Tischkonstruktion (klappbare Platte), um möglichen Betrug zu erschweren; dennoch wurden Levitationen erzielt. – *Werke* → Bibl.

Lit.: Borel 1880.

Gaßner, Johann Joseph (1727—1779), kath. Priester und seinerzeit bekannter Exorzist; entwickelte eine Krankheitslehre, die zwischen natürlichen und vom Teufel geschickten Krankheiten unterschied. Gegen letztere setzte er Exorzismen ein. Nachdem ihm eine Autotherapie gelungen war – man vgl. in diesem Zushg., daß z. B. auch der → Schamane die Krankheiten selbst erlitten haben muß, ehe er sie bei anderen heilen kann (Kranksein als Teil der Initiation!) –, heilte er auch andere Personen. Er praktizierte in Konstanz, Ellwangen und Regensburg und hatte ungeheuren Zulauf. Er selbst, seine Gegner und seine Anhänger verfaßten zahlreiche Schriften über das Für und Wider seiner »Kuren«. Man kann G. keineswegs als Scharlatan bezeichnen, verstand er die Heilung doch als Teil seines seelsorgerischen Auftrags. Bei seinem magnetische und hypnotische Verfahren vorwegnehmenden Exorzismus ist das Auftreten von ASW-Phänomenen wahrscheinlich; z. B. wenn Patienten, die des Lateinischen nicht mächtig waren, lat. gegebene Befehle ausführten.

Lit.: Binz/Bonin 1962; Hanauer 1958.

Gast, der fremde, eine Metapher → Maeterlincks; er sieht das Paranormale als »Kundgebungen der Kraft ..., die wir abwechselnd und ziemlich wahllos das Unbewußte, das Unterbewußte, das Subliminale, d. f. G. genannt haben« (Maeterlinck 1924: 176), und vermeidet so eine Entscheidung zwischen den verschiedenen Hypothesen, die als Urheber des Parapsychischen die Geister Verstorbener, die im Individuum weiterlebenden Ahnen o. a. sehen wollen. Maeterlinck nennt das »unsterbliche Unterbewußtsein ... hellsichtig, vielleicht allwissend, aber unkundig der Bedeutung« (ebd.: 178).

Gauquelin, Michel (* 1928), nach dem Studium der Ps. und Statistik an der Sorbonne widmete er sich der Erforschung der kosmischen Einflüsse auf das menschliche Leben und astrol. Problemen. G. ist Leiter des Instituts für Studien der Beziehungen zwischen kosmischen Rhythmen und Psychophysiologie in Paris und wiss. Berater der frz. Zeitschrift *Psychologie*. – *Werke* → Bibl.

Gauricus, Lucas (1476—1558), ital. Mathematiker, Astrologe und Bischof; Autor zahlreicher Schriften, u. a. eines *Prognosticons* für die Jahre 1503—35 (ersch. 1512), das verschiedene Katastrophen voraussagte. Bekannt wurde G.' Prophezeiung, König Heinrich II. von Frankreich werde im Duell am Auge verwundet werden und daran sterben: 1559 ging diese Voraussage in Erfüllung.

Gazerra, Linda (* 1887), ital. PK-Medium. G. wurde von dem ital. Arzt E. Imoda entdeckt und u. a. von → Richet untersucht; → Schrenck-Notzing ertappte sie 1911 in Paris bei einem Betrugsversuch, dennoch nahm er einen »echten« Anteil bei den von ihr produzierten Phänomenen an. G. arbeitete in Trance unter → Kontrollen (»Vicenzo«, »Charlotta«); die psychokinetischen Phänomene korrespondierten größtenteils der linken Körperseite. Die Sitzungen fanden bei Dunkelheit mit meist 4—6 Teilnehmern statt; auf Befehl der Kontrolle (»Foco!«) wurde Blitzlicht ausgelöst und Gesichter, Hände, ein Blumenstrauß usw. waren auf den Fotos zu sehen. Die Autoren vermuten, soweit sie nicht an Betrug glauben, die zeitweilige Existenz dieser Objekte; die Hypothese einer paranormalen Beeinflussung der Platte durch das Medium (→ Psychofotografie) stand noch nicht zur Debatte.

Lit.: v. Gulat-Wellenburg 1925; Imoda 1912; Richet 1922; Schrenck-Notzing 1912.

Geber, 1. im Telepathie-Experiment gelegentlich für → Agent, Sender; 2. latinisierte Namensform des hist. schwer faßbaren arab. Alchimisten *Jabir ibn Hayyan*, der im 8. Jh. gelebt haben soll. Zahlreiche wichtige alchimistische Traktate werden ihm zugeschrieben.

Gebet, allen Religionen bekannte, bestimmte Form des Umgangs mit dem Göttlichen; eine in Worte gekleidete gedachte oder ausgesprochene Hinwendung des Menschen zu einer Gottheit. Der Text kann festgelegt sein oder spontan formuliert werden; zu den rituellen Elementen des G.s können zählen: bestimmte Kleidung, Körperhaltung, Waschungen, bestimmte Zeiten, Ort, G.srichtungen, Hilfsmittel (Rosenkranz oder Gebetsmühlen) usw. Sehr oft enthält das G., wie auch der dt. Wortstamm anzeigt, eine Bitte. Die Erfüllung dieser Bitte, die *Gebetserhörung* kann, jenseits der theologischen Deutung, auch ps. und pps. untersucht werden, ja, die von manchen vertretene theologische Interpretation des erhörten G.s als → Charisma verweist gerade auf eine besondere Fähigkeit. G. geht in Magie und Beschwörung über, wenn versucht wird, die überirdische Macht in irgendeiner Weise zu *zwingen*. So wird von manchen chassidischen Wunderrabbinern behauptet, ihr Gebet könnte Gott zwingen.

Das G. mag autosuggestiv normale Kräfte mobilisieren (etwa bei der Bitte um Heilung), aber auch ein *affektives Feld* konstituieren, in dem sich Parapsychisches ereignen kann. *Gebetsheilungen* (des Betenden selbst oder anderer) werden seit Jh.en (vgl. N. T.) berichtet; zu unterscheiden ist zwischen den Gebeten einzelner »Begnadeter« (Gebetsheiler, Gesundbeter) und dem institutionalisierten Gebet um Heilung in der Gruppe. So haben z. B. in den USA die Pfarrer Comb und Worcester in Zusammenarbeit mit Ärzten versucht, Gebet und Psychotherapie zu verbinden: die sog. »Immanuelbewegung« (vgl. auch → Christian Science).

Lit.: Heiler 1918; Spranger 1947.

Gebser, Jean (1905—1973), Schweizer Kulturphilosoph, Schriftsteller und Lyriker. In seinem Hauptwerk, der Kulturphänomenologie *Ursprung und Gegenwart* (1949 bis 1953), sieht er die Pps. als eine »Manifestation der aperspektivischen Welt«, sie gilt G. als Indiz für ein aufkommendes neues Weltbild. – *Werke* → Bibl.

Gedächtnis, die Reproduktion früherer Erlebnisinhalte (Wiedererkennen, Erinnern), die notwendig ist für jede individuelle und kollektive (kulturelle) menschliche Entwicklung. Als Voraussetzung der Reproduktion werden Spuren (→ Engramm) des früheren Erlebens vermutet, wobei nicht entschieden ist, ob diese Spuren neurale Veränderungen darstellen oder als »rein mentaler« Vorgang, d. h. ohne materielles Substrat, zu denken sind.
Die Pps. muß in ihrer Theorienbildung zur ASW alle ps., tiefenps., soziologischen und philos. Erwägungen zum G. reflektieren, denn die außersinnlichen Erfahrungen sind, zumindest wo sich ihr ASW-Charakter nachweisen läßt, immer auch G.inhalte eines Menschen oder mehrerer anderer Individuen. Im ps. Sprachgebrauch bezieht sich G. immer auf Bewußtseinsvorgänge. Manche Autoren sprechen aber auch von einem individuellen bzw. kollektiven unbewußten G. zur Bezeichnung des Spurenfelds der G.phänomene. Diese hypothetischen Spurenfelder können ebenfalls zur Deutung paranormaler Leistungen herangezogen werden.

Lit.: Ebbinghaus 1885; Halbwachs 1966; Hering 1876; Penfield 1952; Wieck 1955.

Gedächtnis, hypnotisches, verschiedene Bewußtseinsebenen scheinen verschiedenen »Gedächtnissen« zu korrespondieren: Erzählt man einer nur leicht hypnotisierten Vp. eine Geschichte, so vermag sie sich in tieferer Hypnose dieser Erzählung nicht zu erinnern, wohl aber, wenn sie in den ersten Zustand zurückversetzt wird. Umgekehrt gilt, daß im zweiten Zustand Erfahrenes *nur* in diesem erinnert werden kann. Wie viele solcher Stadien möglich sind, ist offen – die Angaben schwanken zwischen von 2 bis zu 9 experimentell gesicherten Zuständen. Das Phänomen einer G.spaltung tritt nicht nur in der Hypnose auf, sondern auch bei multipler Persönlichkeit und im Zushg. mit Alkohol: Erfahrungen im Rausch können dem Nüchternen nicht mehr gegenwärtig sein, bei erneuter Betrunkenheit aber wieder erinnert werden. Es fragt sich, inwieweit für das Erinnern überhaupt Bewußtseinsschwankungen bestimmend sind. Diese anscheinend gegebenen verschiedenen G.ebenen dürften für die ASW relevant sein: Im Experiment versucht man zu klären, ob bestimmte Ebenen bei Agent und Perzipient einander zugeordnet sind.

Gedanke, der dt.-amer. Psychologe Karl Bühler (1879–1963) definierte den G.n als »letzte Erlebniseinheit des Denkerlebnisses«, als dessen kleinsten isolierbaren, aber unselbständigen Teil (Bühler 1907). In der Philos. wird unter G.n der Denkakt verstanden, das Produkt des Denkens oder die Idee. Schelling z. B. sieht im G.n eine von der Seele erzeugte, danach aber »unabhängige, für sich fortwirkende Macht«. – Ist im Okkultismus oder in der Pps. von G.nbildern, -formen, -lesen, -fotografie, -übertragung usw. die Rede (vgl. die entsprechenden Stichwörter), so wird eher an die philos. G.nkonzepte als an die ps. Definition angeknüpft.

Gedankenfotografie → Psychofotografie.

Gedankenabzapfen → Abzapfen.

Gedankenbilder → Imprägnationstheorie.

Gedankenformen [engl. *tought forms*], von → Leadbeater eingeführter Begriff für bestimmte Muster mit → Mandala-Charakter, die der Hellseher angeblich sehen soll, wenn sich die Vp. auf einen bestimmten Gedanken konzentriert; die sichtbare Form also von Ideen, Vorstellungen und Wünschen auf der (hypothetischen) Astralebene. In einem weiteren Sinn spricht man auch von G., wenn es um die optische Realisation von Denkinhalten geht (so gelegentlich in der → Psychofotografie seit → Baraduc). Vgl. auch → Egregore und → Ideoplastie.

Lit.: Besant/Leadbeater 1901.

Gedankenkraft, nicht näher definierte Bezeichnung für ein menschliches Vermögen, das über die Autosuggestion hinaus psychische und physische Wirkungen zeitigen soll (→ Neugeist).
Lit.: K. O. Schmidt 1959.

Gedankenlesen, 1. svw. → Muskellesen; 2. Form der ASW: »Beim G. ist ... der Perzipient, meist ein ausgesprochener → Metagnom ..., aktiv, wenn auch meist nur unterbewußt aktiv; er will lesen, d. h. Wissensinhalte erwerben. Der Agent läßt rein passiv in sich lesen, gibt in reiner Passivität seine Seeleninhalte her.« (Driesch 1952: 22.) Den umgekehrten Vorgang — aktiver Agent, passiver Perzipient — nennt → Driesch Telepathie; für → Myers waren Telepathie und G. noch Synonyme. Heute ist der Begriff G. in der Pps. ungebräuchlich, will man die von Driesch gemeinte Form der ASW bezeichnen, so spricht man von → Abzapfen und versteht den Vorgang als Unterform der Telepathie. In einem bestimmten Sinn kann auch von G. gesprochen werden, wenn der Perzipient Wörter hört oder geschriebene Sätze sieht, die Inhalte einer fremden Psyche sind.
Lit.: Barrett, Creery u. Stewart 1882/83.

Gedankenstille, das willkürliche Nicht-Denken; Teil oder Ziel verschiedener meditativer Praktiken.
Lit.: Douval 1955.

Gedankenübertragung, heute in der Pps. nicht mehr übliche Bezeichnung; früher 1. svw. → Gedankenlesen oder → Telepathie; 2. (in engerem Sinn) die Form der Telepathie, bei der der Perzipient als der passiv Erfahrende gedacht wird.
Lit.: Coover 1914; Dessoir 1888/89; Guthrie 1884, 1885; Lodge 1884, 1891/92; Miles/Ramsden 1907/09, 1914; Rawson 1895; Richet 1891; Schmoll 1886/87; Schmoll/Mabire 1888/89; Schrenck-Notzing 1891/92; Sidgwick, Sidgwick u. Smith 1889/90; Sidgwick/Johnson 1892; Thaw 1892; Verrall 1914; Wales 1920/21.

Gegenwahrscheinlichkeit → Wahrscheinlichkeit.

Gegenwartserweiterung im Raum, Bezeichnung des Psychiaters Jaroslaw Marcinowski (geb. 1868) für die Form von Telepathie, bei der der Erlebnisträger das Gefühl hat, an 2 Orten zugl. zu sein (→ Persönlichkeitserweiterung um das Du).

Geheimbünde, bei Naturvölkern, vor allem in Afrika, Amerika und Melanesien, sind G. ein wesentliches Element der kulturellen Tradition; sie stehen trotz ihrer Geheimhaltung im Zentrum des Stammeslebens. (Einer Theorie zufolge bilden diese ausschließlich Männern vorbehaltenen G. eine Art Gegengewicht in diesen — zumindest ursprünglich — oft mutterrechtlich organisierten Kulturen.)

Die soziale Funktion der G. kann mit der der Kirchen in höheren Kulturen verglichen werden; tatsächlich bestehen Verbindungen zur Entwicklung der Mysterienreligionen. Im ethnographischen Material finden sich Belege dafür, daß G. ihren Sonderstatus gegenüber Nichtmitgliedern u. a. durch den Einsatz paranormaler Fähigkeiten demonstrieren. — Die *Geheimgesellschaften* der westlichen Kulturen sind gegenüber den G.n abzugrenzen: Sie stehen nicht im Mittelpunkt des kulturellen Lebens, sondern sind Organisationen, die aufgrund bestimmter Voraussetzungen Mitglieder aufnehmen und sich dem Studium bestimmter Lehren widmen. Von diesen Lehren wird gesagt, daß sie sich allgemeiner Mitteilbarkeit, d. h. rein rationaler Bewältigung, entziehen: Sie sind esoterisch (→ Esoterik). Gelegentlich berühren auch sie sich mit pps. Untersuchungsgegenständen; so, wenn die Mitglieder behaupten, durch das praktische und theoretische Studium der jeweiligen Lehren paranormale Fähigkeiten erlangt zu haben.
Lit.: Heckethorn 1897; Peuckert 1951.

Geheimgesellschaften → Geheimbünde.

Geheimnis, ein Wissen, das einer oder eine Gruppe mit niemand teilen will, es sei denn, der Einzuweihende weist bestimmte Qualifikationen nach (Prüfung, Initiation). In der Psychoanalyse bezeichnet G. die dem bewußten → Ich verborgenen konfliktauslösenden Inhalte; ein Ziel der Analyse ist das »Geständnis«, d. h. das Bewußtmachen des G.es. In der → Analytischen Ps. ist das G. ein verschlüsselter Hinweis auf etwas Anzustrebendes, etwas Künftiges. In wichtigen Träumen wird der Träumer einem G. konfrontiert oder in mythischen Erzählungen begegnet der fahrende Held einem G., das er aufdecken muß: Das G. ist hier Bild für das Charakteristische der nächsthöheren → Individuationsstufe.

Geheimschrift, Geheimsprache, auch *Steganographie, Steganologie,* heute nur noch als Gaunersprache, Zinken, Bubensprache und bei Naturvölkern als Sprachen eines Geheimbunds; u. U. Sakralsprache. Die Tatsache aber, daß bedeutende Gelehrte, z. B. des Neuplatonismus, Geheimsprachen entwarfen (auch Alchimisten wie Thurneysser und der Magiosoph → Trithemius beschäftigten sich damit), zeigt, daß eine frühere Wiss. von einer Geheimschrift oder -sprache nicht so sehr erwartete, daß sie ein Geheimnis vor den Nichteingeweihten hüten könne, sondern sich durch ihren Entwurf Erkenntnis, einen Zugang zu noch verborgenen Teilen der Welt erhoffte.

Geheimwissenschaft, von → Steiner vermutlich in Anlehnung an → Blavatsky, *Arcane Sciences* (»Verborgene Wissenschaften«), eingeführte Bezeichnung für die Lehre von den Dingen, deren Erkenntnis sich dem bloßen Verstandesdenken entzieht. In der Mz. *Geheimwissenschaften* (auch: Geheime Wiss.en) allgemeine Sammelbezeichnung für esoterische und okkultische Lehren, die sich im Gegensatz zur Pps. nicht als Teil der allgemeinen Wiss. verstehen. »Statt einer Häufung von Experimenten und einer noch größeren Häufung von Anhängern ihrer Ergebnisse wird stets die Erweckung einer Elite von Eingeweihten das Ziel der G.en sein und bleiben.« (Fritsche in Du Prel 1950: 189).
Lit.: Freimark 1913; Steiner 1930.

Gehirn, der Teil des Zentralnervensystems bei Mensch und Tier, der im Schädel liegt; Schaltstelle für die über die Nervenbahnen laufenden psychischen und sinnlichen Eindrücke. Einer Theorie zufolge ist das G. der Speicher des Gedächtnisses, und man versuchte und versucht, durch sukzessive Lähmung bestimmter Regionen die verschiedenen Zentren zu lokalisieren. Gelänge die Verifizierung dieser Theorie, so wäre das von großer Bedeutung für eine Telepathie-Hypothese: Man könnte sich z. B. vorstellen, daß die aufgrund der Speicherung spezifisch veränderten Hirnareale ein Bild dieser Veränderung durch Strahlung einem anderen G. mitteilen könnten; dieses andere G. müßte dann der Rückübersetzung fähig sein, damit es fremde G.inhalte erfahren kann. Entsprechende Theorien von G.strahlen oder -wellen sind in der Pps. zahlreich, ihrer Wahrscheinlichkeit stehen jedoch massive Gründe entgegen. → Bergson wies schon 1913 darauf hin, daß, falls Lähmung Erinnerung verhindert, dies kein Hinweis auf eine lokalisierbare Speicherung sein muß, da seiner Ansicht nach nicht die gespeicherte Erinnerung zerstört wird, sondern der Mechanismus der Heraufholung (vgl. → Berger; → Cazzamalli).

»Wir müssen an dieser Stelle gestehen, daß keine Untersuchung der Hirntätigkeit ein Licht auf die besonderen Verhaltensformen geworfen hat, die unter den verschiedensten Bezeichnungen als Zweites Gesicht, Hellsehen, Telepathie, übersinnliche (korrekter: außersinnliche) Wahrnehmung und Psychokinese bekannt sind. Bei der Suche nach einer materiellen Basis für das sonst unberechenbare Verhalten ist oft angenommen worden, daß die elektrische Hirntätigkeit derjenige Mechanismus sei, durch den von Hirn zu Hirn Informationen übermittelt werden können, und daß die elektrische Sensitivität des Gehirns ein Mittel der Kommunikation mit einem gewissen alles durchdringenden Einfluß sein könne. Ganz abgesehen von jedem philosophischen Einwand gegen ein solches Argument bieten uns die wirkliche Skala und die Eigenschaften der elektrischen Hirnmechanismen keine Stütze dafür ... jedes wie auch immer sich fortpflanzende Signal wird in seinem Verlauf abgeschwächt, bis sein Umfang unter den Rauschpegel und unter die Interferenz seiner Umgebung fällt. Jenseits dieses Punktes kann es niemals wiedergefunden werden, wie groß auch das Auflösungsvermögen und die Selektivität des Empfängers sein mag. Wenn wir die größten Hirnwellen als gelegentliche Radiosignale auffassen, können wir uns ausrechnen, daß sie wenige Millimeter von der Kopfoberfläche entfernt unter den Rauschpegel fallen würden.« (W. G. Walter 1961: 265 f.)

Lit.: Bender 1963 b; Campbell 1973; Cazzamalli 1927; Hydén 1961; Luys 1893; Tischner 1927.

Geist, philos. vieldeutiger Begriff; gelegentlich substantiell, manchmal immateriell gedachtes Lebensprinzip; Synonym zu Seele; Inbegriff höherer menschlicher Fähigkeiten; Gegenbegriff zu *Stoff*. In der Spekulation wird Gott als G. betrachtet, aber auch die überpersönliche Macht, die Geschichte und Natur durchwaltet, ist G. (»Weltgeist«). In der Ps. wird G. als Oberbegriff für das menschliche Denken und Wollen gebraucht oder ganz allgemein als Bezeichnung für das Nichtphysische.

Im Glauben an die Unsterblichkeit der Seele tritt die Vorstellung von *G.ern der Verstorbenen* (nach spiritistischer Ansicht imstande, auf unsere Welt einzuwirken) auf. Die germanische Wurzel des Wortes G. meint »schreien«, »entsetzen«; so wird G., nachweisbar seit der Christianisierung der Germanen, auch im Sinn von »Gespenst« (engl. *ghost)* verwendet.

Lit.: Jung 1920/21.

Geist-Chirurgie, auch *Geistige Chirurgie, psychische Chirurgie, Logurgie;* nicht sichtbare, meist keine Narben hinterlassende operative Eingriffe am Patienten, oft vorgenommen durch → Kontrollen (z. B. verstorbene Ärzte), die sich des G.-Chirurgen als Medium bedienen. – Das Konzept erinnert an die Hilfsgeister, die den → Schamanen unterstützen. Nach animistischer Interpretation sind die »Geister« dissoziierte Teile der Psyche des Heilers. Von G.-Chirurgen (engl. *psychic surgeons)* wird vor allem aus Südamerika (→ Arigó) und den Philippinen berichtet, doch sind auch europ. Fälle bekannt. Zu der Union Espiritista Cristiana auf den Philippinen gehören fast 50 Geistheiler, darunter auch die »mentalen Chirurgen« → Agpaoa, → Blance und Juanito Flores. In beiden Bereichen sind die Phänomene in einen religiös-magischen Hintergrund eingebettet. Die Meinungen der Fachwissenschaftler zu den Leistungen der G.-Ch. sind nicht einhellig: der Züricher Arzt → Naegeli-Osjord ist von der Echtheit der Eingriffe überzeugt, → Bender nimmt für den von ihm beobachteten Agpaoa Täuschung an und vermutet für dennoch auftretende Besserungen psychogene Ursachen.

Der Begriff *Psychochirurgie* wird gelegentlich synonym zu G.-Chirurgie verwandt, bezeichnet aber in der Medizin hirnchirurgische Maßnahmen (Leukotomie, Lobotomie) mit dem Ziel einer psychischen Veränderung des Patienten.

Lit.: Naegeli-Osjord 1973; Sherman 1967; Stelter 1973.

Geisterfotografie, auch *Spiritfotografie,* seit der Mitte des 19. Jh.s bis in das 20. Jh. hinein wesentlicher Zweig der okkultistischen Forschung. G. meint sowohl das einzelne Bild als auch die gesamte fotografische Richtung. Der Begriff kann das Fotografieren von Geistern meinen, aber auch ein Fotografieren unsichtbarer Gegenstände mit Hilfe von Geistern oder aufgrund spezieller paranormaler Fähigkeiten des Fotografen. Allerdings wollen Sensitive entsprechende Phantome auch schon während des Fotografierens gesehen haben. Oft wird behauptet, diese Phantome seien die »Geister« Verstorbener.

Am Anfang der G. scheint der Bostoner Graveur und Fotograf William H. Mumler († 1884) zu stehen, der 1862 (auf einem Selbstbildnis entdeckte er als → Extra eine verstorbene Kusine) mit entsprechenden Aufnahmen an die Öffentlichkeit trat. Von der Anklage des Betrugs wurde er freigesprochen, doch blieb der Verdacht bestehen, zumal in mindestens 2 Fällen seine »Geister« als Abbilder Lebender identifiziert wurden (was allerdings ein paranormales Zustandekommen der Aufnahmen nicht

Geisterfotografie mit Extra.

unbedingt ausschließt!). Männer wie Lincoln und → Edmond traten für Mumler ein. 1872 erreichte die G. durch Mrs. → Guppy und den Fotografen Frederick A. Hudson England: Die Aufnahmen wurden jedoch bald als Doppelbelichtungen entlarvt. Im gleichen Jahr erzielte F. M. Parkes bei seinen Fotos Extras (einschließlich Schrift), wenn seine Frau oder ein anderes Medium bei den Aufnahmen anwesend war. Die Echtheit dieser Extras ist umstritten. Der 1874 in Paris auftretende Buguet wurde des Betrugs überführt, sein Geständnis widerrief er später jedoch teilweise. Nur betrügerisch scheint der vor allem in Amerika um die Jh.wende auftretende W. M. Keeler gearbeitet zu haben (W. F. Prince 1910/20). Charles Hall Cook, ein amer. Geistlicher, experimentierte unter gewissen Testbedingungen erfolgreich mit dem 1848 in Kalkutta geborenen Fotografen Wyllie (Reid 1901). Bemerkenswert sind auch die im Crewe Circle in Glasgow gemachten G.n. In Frankreich konstituierte sich 1908 unter Mitarbeit von → Flammarion und → Richet eine Société d'étude de la photographie transcendentale, und auch in England bildete sich zu der Zeit eine entsprechende Vereinigung. Vielleicht der erste, der die Hypothese der → Psychofotografie vorwegnahm, war →Wallace: Er verwies darauf, daß Fotos paranormal entstehen könnten, ohne »Geister-Porträts« sein zu müssen (der Okkultforscher General Joseph Peter sprach später von *fotografischer Ideoplastik).*

Das Material der G. ist außerordentlich umfangreich; in vielen, auch von Physikern, Optikern, Fotografen und anderen Sachkundigen kontrollierten Fällen traten unerklärliche Phänomene auf. Manche rechnen auch Handabb.en, die unsichtbare »Geister«, das → Double des Mediums o. a. zur Ursache haben sollen, zur G. Die Hypothese der G. ist für die Pps. nicht mehr akzeptabel, wohl aber läßt sich denken, daß bei einigen nicht manipulierten Aufnahmen Psychofotografien vorliegen.

Lit.: Barlow u. Rampling-Rose 1933; Hyslop 1915; Krippner/Rubin 1975; Peter o. J.; W. F. Prince 1920; Reid 1901; Sidgwick 1892.

Geister-Schach, divinatorische Spielform des Schachs im alten China. Die Figuren wurden blind auf das Spielbrett geworfen. Das so entstandene Arrangement, das als durch Hilfe eines Geistes (eines Verstorbenen) zustande gekommen gedacht wurde, konnte von Sachkundigen gedeutet werden.

Lit.: Needham 1959 IV: 326 f.

Geisterseher, volkstümliche Bezeichnung für Personen, die angeblich »mehr sehen«, z. B. anderen Menschen unsichtbare Phantome. Nach Überlieferungen sind Kinder dafür besonders begabt, aber auch bestimmte Tiere, z. B. Hunde.

→ Moser (1950: 199–203) teilt die Eröffnung mit, die der G. Heinrich Isenecker († 1832) aus Bubendorf bei Basel, seinem Pfarrer, Nikolaus von Brunn, auf dem Sterbebett machte. Bemerkenswert ist, daß

Isenecker diese Gabe nur als Gesunder besaß. Der Bericht legt die Vermutung nahe, daß zwischen den Gesichten und den unbekannten auslösenden Reizen keine bildliche Ähnlichkeit bestand, sondern daß die Bilder bestimmten Mustern folgten, wie etwa im → Zweiten Gesicht. (Vgl. Schillers Romanfragment *Der Geisterseher* [1787].) S. a. → Dürr; → Gommel; → Kant; → Schopenhauer.

Lit.: Hennings 1780.

Geistheilung, auch *Geistige Heilung* [engl. *spirit healing*], ein schwer abgrenzbarer Bereich therapeutischer Verfahren außerhalb der Schulmedizin, bei dem ein geistiger oder psychischer Einfluß für den Krankheitsverlauf wesentlich sein soll. Wichtig ist dabei ein religiöses Moment, der Glaube, beim Kranken und beim Heiler (Heilungsvermittler). → Thouless unterschied *Glaubensheilung* (geistige Neuorientierung, vgl. → Christian Science), *Gebetsheilung* (Gebet des Heilers, einer Gemeinde, des Kranken), *Ritualheilung* (Operationen wie Handauflegen, Wallfahrten usw.) und *Geisterheilung* (im Spiritismus behauptete therapierende verstorbene Ärzte; sie heilen als → Kontrolle eines Mediums oder kommunizieren direkt mit dem Patienten durch Automatismen; → Arigó). In der Praxis sind die Übergänge fließend; es könnte ein paramedizinisches Phänomen vorliegen (→ Edwards). Eine erste umfassende Untersuchung über die Hintergründe von G.en fand 1955 an der Universität Freiburg i. Br. statt (vgl. → Trampler).

Lit.: Racanelli 1950; Stelter 1973; Strauch 1958; Tenhaeff 1957; Thouless 1955.

Geistige Chirurgie → Geist-Chirurgie.

Geistige Heilung → Geistheilung.

Geley, Gustave (1868—1924), frz. Arzt und Parapsychologe, 1919—24 Direktor des Institut Métapsychique, Paris; untersuchte u. a. die Medien Eva → C., → Guzyk und → Kluski. — G. nahm eine immaterielle psychische → Energie an, von der er in späteren Jahren glaubte, sie sei nicht individuell-personal gebunden, sondern trete in gewisser Weise von »außen« an das Medium und die Sitzungsteilnehmer heran. Dieser in *De l'Inconscient au Conscient,* 1919 (»Vom Unbewußten zum Bewußten«), dargelegte Gedanke erinnert in gewisser Weise an Jungs Konzept eines → Kollektiven Unbewußten, nur daß dieses nicht von »außen«, sondern gleichsam von »innen« an das Individuum herantritt. — *Werke* → Bibl.

Lit.: Lodge 1924.

Geller, Uri (* 1946), israel. Sensitiver mit ASW- und PK-Leistungen. Bekannt machten ihn 1973/74 Fernsehauftritte in USA und Europa, bei denen er, angeblich paranormal, Besteckteile und Schlüssel verbog, stehende Uhren in Gang setzte, Telepathie-Experimente vorführte usw. Bemerkenswert viele Zuschauer behaupteten hinterher ähnliche Manifestationen bei sich selbst oder in ihrer Umgebung festgestellt zu haben (→ Geller-Effekt). Die Ergebnisse umfangreicher positiver Labortests, die amerik. und engl. Forscher (u. a. der Londoner Physiker John Taylor) mit G. durchführten, vermochten den Verdacht nicht zu zerstreuen, daß sich bei G. Trick, Übertragung und echte paranormale Leistung mischen, zumal das Medium selbst und sein Mentor → Puharich teils unglaubwürdig sensationelle Phänomene berichteten, und der junge Israeli seine Fähigkeiten von kosmischen Wesen erhalten haben will. — *Werke* → Bibl.

Lit.: Hanlon 1974; Puharich 1974; Targ/Puthoff 1974.

Geller-Effekt, nach → Gellers Fernsehauftritten und den entsprechenden Berichten darüber in der Presse kam es in der Bundesrepublik, in Österreich und in der Schweiz zu einer okkulten Welle: Tausende von Menschen — besonders Jugendliche — meldeten, daß unter G.s Einfluß bei ihnen zu Hause sich Besteck oder Schlüssel verbogen habe, defekte Uhren wieder liefen, Lampen ausgingen u. ä. m. Dieser G.-E. zeigte z. T. einer Massenhysterie ähnliche Züge. Ein Teil der behaupteten

Uri Geller (Mitte) mit den Fußballstars Gerd Müller und Sepp Maier, der eine angeblich psychokinetisch verbogene Gabel in der Hand hält.

Phänomene ist wohl dem Zufall zuzuschreiben (z. B. das Erlöschen von Glühlampen), ein Teil beruht auf subjektiven Täuschungen, manche Personen mögen auch, um Aufmerksamkeit zu erregen, betrogen oder falsche Angaben gemacht haben. Ein letzter Teil aber dürfte echt sein; dabei nimmt die Pps. nicht an, daß Gellers paranormale Kräfte über das Fernsehen wirkten, sondern daß seine echte oder getrickte Demonstration latente Kräfte beim Zuschauer weckte. – Erste Erhebungen über den betroffenen Personenkreis ergaben eine psychodiagnostische Normalverteilung, d. h., die Betreffenden unterscheiden sich nicht durch besondere Persönlichkeitsmerkmale von ihrer Mitwelt.

Lit.: Bender 1975; Bender, Hampel, Kury u. Wendlandt 1975/76.

General Extra-Sensory Perception (GESP) [engl.], → Allgemeine Außersinnliche Wahrnehmung.

Generatoren, psychotrone → Psychotronik.

Genius [lat.], in der röm. Religion die als Gottheit gedachte Zeugungskraft: Jedem Mann ist zu Lebzeiten sein G. zugeteilt. Daraus entwickelten sich Schutzgott-Vorstellungen, die in späterer Zeit auch entindividualisiert wurden: Genien eines Ortes, eines Landes usw. (im Christentum Schutzengel, Schutzpatron). – Die arab. Bezeichnung *dschinn* für gute oder böse Geister geht nicht auf G. zurück.

Lit.: Schopenhauer 1961: 75–78; Wellhausen 1961: 148.

Geomantie, auch *Geomantik,* mantische Disziplin, die für China (dort eine Form unter dem Namen »Feng-schui«; Wind und Wasser), Vorderasien, Nord- und Westafrika, Mittelamerika und Europa belegt ist: Beobachtungen des Erdbodens oder eines die Erde repräsentierenden Objekts führen zu Antworten auf bestimmte Fragen. In der europ. Variante der G., der sog. »Punktierkunst«, spielen auch astrol. Deutungen eine Rolle: Der Wahrsager zeichnet rasch 16 Punkte oder Punktreihen aufs Papier (oder markiert sie in Wachs, Sand, Ton), die dann mit Hilfe eines »geomantischen Spiegels« (ein aus 12 Feldern bestehendes Quadrat) geordnet und gedeutet werden.

Lit.: Agrippa von Nettesheim, Occulta philosophia, *Buch II, 48. Kap.; Bonin 1969; Josten 1964; Lehmann 1908.*

Genoveva, auch Genovefa (ca. 422 bis ca. 502), Heilige, Schutzpatronin von Paris. Zahlreiche Legenden berichten Wunderbares von ihr: Wunderheilungen, Erwekkung eines Toten, Vertreibung von Seeungeheuern, Selbstentzündung von Kerzen, wenn sie sie in die Hand nahm; den Bauleuten der Kirche von St. Denis gab sie einen Kelch, der sich immer wieder füllte, bis der Bau vollendet war; vor ihr öffneten sich verschlossene Türen, und noch an ihrem Grab (unter dem heutigen Panthéon) ereigneten sich Wunder.

Geon, von dem poln. Psychologen Helan Jaworski (* 1880) auf dem Pps. Kongreß in Kopenhagen 1928 vorgeschlagene Bezeichnung für die »Seele«, den »Geist« der Erde; das individuelle Leben wird nur als eine Art Bewußtseinszustand des G.s gesehen; das G. gilt als »biologische Notwendigkeit« (Jaworski 1928), um die Erscheinungen des Lebendigen und mit ihnen das Paranormale erklären zu können.

Geopathie, Lehre von angeblich krankheitserregenden Erdstrahlen.

Lit.: F. Dietrich 1952.

Geopsychologie, auch Geopsychik, Zweig der Ps., der die atmosphärischen, landschaftlichen u. ä. Einwirkungen auf die menschliche Psyche untersucht. Es gibt ältere und jüngere grenzwiss. Theorien zur G. (z. B. → Geopathie), die von der Schulps. jedoch noch nicht berücksichtigt wurden.

Lit.: Hellpach 1950.

Gerloff, Hans (1887—1967), dt. Philologe und Schriftsteller, beschäftigte sich in der Pps. vor allem mit den Phänomenen des physikalischen Mediumismus; u. a. veranstaltete er Sitzungen mit → Nielsen. — *Werke* → Bibl.

Gertrud von Helfta, gen. »G. die Große« (1256?–1302), Heilige, Zisterzienserin, dt. Mystikerin, Visionärin seit dem Jahre 1281. Außer den üblichen Christus- und Marienvisionen (einmal kam es dabei sogar zu einer Verschmelzung mit Maria), »sah« sie in ihren Gesichten Verstorbene und erfuhr, wie es ihnen in ihrer jenseitigen Existenz erging. – *Werke* → Bibl.

Lit.: Lampen 1939.

Gerüche, Wohlgerüche, aber auch Gestank, werden gelegentlich als parachemisches Phänomen behauptet. In den Berichten über Heilige der kath. Kirche ist manchmal von angenehmen, unerklärlichen G.n die Rede, die zu deren Lebzeiten oder bei Öffnung ihres Grabes wahrgenommen wurden. In neuerer Zeit wurde der Fall des stigmatisierten »Padre Pio« (→ Forgione) bekannt, dessen Blut angeblich einen Wohlgeruch ausgeströmt haben soll. Entsprechend liest man bei angeblichen dämonischen oder teuflischen Manifestationen von begleitendem Gestank. Unter den Medien neuerer Zeit sollen parachemische Gerüche bei → Duguid, → Home, → Margery, → Mirabelli, → Moses aufgetreten sein sowie bei den wenigen und fraglichen PK-Phänomenen der Mrs. → Piper.
Ärzte haben beobachtet, daß bei bestimmten Krankheiten die Haut der Patienten bestimmte Düfte ausströmt; dabei scheint Buttersäure eine Rolle zu spielen. Vielleicht dürfen diese Beobachtungen mit den vermuteten paranormalen G.n in Verbindung gebracht werden und ein für beide Phänomene verantwortlicher, noch unbekannter physiologischer Prozeß angenommen werden.

Geschlechtsunterschiede, psychische, die allgemein verbreiteten Ansichten über p. G. – z. B. Männer seien rationaler, Frauen emotionaler, Männer schöpferischer, Frauen stärker der Zuwendung fähig, usw. – kennzeichnen wahrscheinlich eher eine kulturtypische Spezialisierung als einen geschlechtsspezifischen Unterschied, doch die Frage – umweltbedingt oder angeboren – ist von der Ps. noch keineswegs beantwortet worden. Auch die Pps. beschäftigt sich mit dem Problem der p. G. So schrieb bereits Paracelsus: »Die Frauen übertreffen in solchem Imaginieren [gemeint hier: mentalsuggestive schädigende Beeinflussung] die Männer, denn sie sind hitziger in der Rache.« Manche Autoren glauben, bei der Telepathie seien die Männer bessere Sender, die Frauen bessere Empfänger. Selbst wenn das wahr sein sollte, bleibt offen, ob sich hier vielleicht nicht nur ein kulturell tradiertes Vorurteil als sog. »self-fulfilling prophecy« erweist.

Lit.: Freeman 1963, 1965, 1966, 1967, 1968.

Gesellschaft für Experimentalpsychologie (G. E. P.), 1888 in Berlin gegründete Gesellschaft, die sich mit der Erforschung der Hypnose und mit pps. Gegenständen beschäftigte. Zu ihren Mitgliedern zählten → Dessoir, → Moll und der Schriftsteller Julius Stinde (1841–1905), dessen bekanntestes Werk sein Romanzyklus *Die Familie Buchholz* (1884 ff.) ist.

Lit.: Dessoir 1946: 126 ff.; Kurzweg 1975.

Gesicht, 1. der Bereich des Kopfes, der für die medizinische (neurologische) und ausdrucksps. (mimische) Diagnostik wichtig ist; 2. Sehvermögen, der optische Sinn; 3. geträumte oder halluzinierte Erscheinung von in der Realität nicht vorhandenen bzw. entfernten Personen, Umständen oder Dingen; in diesem Sinn vor allem von der Religionsps. gebraucht (svw. → Vision; s. a. → Zweites Gesicht).

GESP, Abk. für *G*eneral *E*xtra-*S*ensory-*P*erception → Allgemeine Außersinnliche Wahrnehmung.

Gespenst, aus der Bedeutung »lockendes (teuflisches) Trugbild« entwickelte sich die heutige Bezeichnung des Volksglaubens für die Ursache eines Spukphänomens. Dabei kann das G. angeblich in Person gesehen werden, oder man hört und sieht nur die Folgen seiner Handlungen. Meist ist ein G. schemenhaft und unpersönlich, seltener wird es mit einem konkreten Verstorbenen identifiziert. Der oft betonte Zug der »Gesichtslosigkeit« eines G.es verweist auf Vorstellungen des Unerlöstseins des Betreffenden. Die Pps. sieht in G.ergeschichten Hinweise auf paranormale psychokinetische Manifestationen; manche esoterische Kreise aber knüpfen an den im Volksglauben nicht mehr sehr lebendigen G.erglauben an:

»Der Ausdruck ›Gespenster‹ sollte reinen Spukphänomenen vorbehalten bleiben, d. h. erdgebundenen Jenseitigen, deren metaphysische Unstimmigkeit – denn der normale Jenseitige ist eben *nicht* erdgebunden und zu Spukphänomenen gezwungen – von irdisch lebenden Menschen als unheimlich und furchterregend empfunden wird.« (Fritsche in Du Prel 1950: 174.)

Lit.: Correvin 1919; Lavater 1569; G. W. Wagner 1749.

Gestalt, ein Ganzes, dessen Qualitäten nicht aus den Eigenschaften seiner einzelnen Teile allein abgeleitet werden können (→ Ganzheit): Nach heute überwiegender ps. Ansicht organisieren sich Phänomene nach G.gesetzen. Ausgehend von der Wahrnehmungsps. haben andere ps. Teildisziplinen, vor allem die Sozialps. (Gruppentheorie) g.theoretische Ansätze integriert.

Für die Pps. können G.theorien und → G.ps. in zweifacher Weise fruchtbar werden; z. B. bei der Frage, wie sich die »Bilder« strukturieren, die der Sensitive »sieht«, und bei der Betrachtung des sozialen Aspekts paranormaler Phänomene: im ganzheitlichen Begreifen von Phänomen und erlebenden Menschen.

Lit.: Helson 1925/26, 1933.

Gestaltpsychologie, Richtung der Ps., die von der Wahrnehmungsps. ausgehend schließlich alle Bereiche der Ps. erfaßte. Im engeren Sinn bezeichnet G. die Arbeit der sog. Berliner und Leipziger Schule, deren Ausgangspunkt die wahrnehmungsps. Untersuchungen des dt. Psychologen Max Wertheimer (1880–1943, zuletzt in New York) waren, der seinerseits von Forschungen des österr. Psychologen Christian Freiherr v. Ehrenfels (1859–1932) angeregt worden war. Vorläufer dieses Gestaltgedankens können in Platon und Aristoteles, aber auch bei Vertretern der dt. Klassik (vgl. z. B. den Strukturbegriff bei Schiller) gesehen werden. Mit der G. wandelte sich die Grundauffassung vom Psychischen in der Ps.: Der Gedanke einer primären Ganzheitlichkeit löste die Ansicht vom Seelischen, das aus Elementen addiert sein sollte, ab.

Geständnis, die meisten großen Medien haben (auch) betrogen, den Betrug eingestanden und später das G. widerrufen. So wie in der Kriminologie das bloße G. nur als schwaches Indiz gilt, so spielt auch für die Echtheitsfrage bei der angeblich paranormalen Manifestation das G. nur eine Rolle, wenn das Medium zugl. die Weise des Betrugs demonstriert; sonst interessiert das G. nur bei der Frage nach der Persönlichkeitsstruktur des Mediums. S. a. → Betrug.

Gesundbeten, aus alter und neuer Zeit liegen zahlreiche Berichte über Fälle von G. vor: Luther soll durch sein Gebet Melanchthon geheilt haben, und immer wieder machen sozusagen hauptberufliche Gesundbeter von sich reden. Da die Gesetze vieler Staaten derartige Praktiken verbieten, fehlen verläßliche Angaben über die Anzahl dieser Heiler; sie scheint aber nicht unbeträchtlich zu sein (Colinon 1957), und das G. wirft somit auch psychohygienische Fragen auf. Die unbezweifelbaren gelegentlichen Erfolge lassen sich teilweise durch spontane Remission erklären, z. T. auch als → Placebo-Effekt (G. als Suggestionstherapie). In den Fällen, wo der Patient die Stunde des G.s nicht kennt und dennoch eine Besserung eintritt, muß eine mentalsuggestive Wirkung in Betracht gezogen werden (s. a. → Christian Science; → Gebet; → Geistheilung).

Lit.: Hellwig 1914; Tenhaeff 1957: 176—88.

Gesundbohren, volkstümliche Bezeichnung für eine verbreitete Therapieform, die die europ. Volksmedizin und zahlreiche Naturvölker kennen: das → Einzäpfen einer Krankheit in einen Baum. Bei der magischen Handlung wird die Krankheit durch »Krankheitsteile« (Eiter, Schweiß, Urin des Patienten usw.) auf den Baum übertragen, z. B. indem man ein Loch in seinen Stamm bohrt, die Substanz hineinfüllt und das Loch dann mit einem Zapfen verschließt; manchmal wird der Baum aber auch nur mit dem Messer angeritzt oder ein »infizierter« Lappen wird um seinen Stamm oder an einen Ast gebunden. In der Wahl der Bäume (Art, Standort: z. B. Friedhof) zeigt sich, daß alte religiöse Vorstellungen eine Rolle spielen, aber auch »rationale« Überlegungen — etwa daß ein schnellwachsender Baum die Krankheit rascher überwinden wird.

Lit.: Hellwig 1906.

Gettatore [ital.], Träger des → Bösen Blicks.

Gewichtsveränderungen, paranormale G. wurden bereits in der Frühzeit der Pps. festgestellt und gemessen, so durch → Gasparin, → Thury, → Crookes u. a.
Veränderungen können bei Objekten und beim Medium selbst auftreten. Gewichtsverringerungen beim Medium sind als Vorstufe der Levitation (oder z. B. des → Wassergehens) anzusehen. Die → Paladino konnte während einer Sitzung bis zu 10 Pfund ab- bzw. zunehmen. Die G. unterliegen, zumindest in Grenzen, dem Willen des Mediums; offen bleibt nach wie vor die schon von Thury gestellte Frage nach dem Sitz der bewirkenden Kraft. Thury (und Gasparin) zeigten jedoch, daß mechanische Tätigkeit diese Kraft fördert. Andere Forscher bestätigten diesen Befund. Reiben der Hände, rhythmische Bewegungen, verstärkte Atmung usw. scheinen die Phänomene zu begünstigen. Eine physikalische Erklärung der Beziehung zwischen diesen Bewegungen und den G. wurde aber noch nicht gefunden. Den jüngsten Erklärungsversuch für die G. bietet die These der → Biogravitation.

Lit.: Grunewald 1920; Moser 1974: 795 f., 887 f.; Thury 1835.

Gibier, Paul (1851—1900), frz., in New York lebender Naturwissenschaftler; arbeitete bis zu seinem Tod mit dem Medium »Mrs. Salmon« (→ Sawyer). Für seine eigene paranormale Begabung sprechen bestimmte Umstände seines Todes: Des Morgens erzählte er seiner Frau, ihm habe geträumt, er sei bei einer Ausfahrt von der Kutsche geschleudert worden und an den dabei erlittenen Verletzungen gestorben. — Am selben Tag verletzte ihn ein fremdes Pferd tödlich. — *Werke* → Bibl.

Gilgul [hebr.; Rollen], Bezeichnung der Seelenwanderung in der Kabbala. Am Anfang, d. h. im 12. Jh., war G. ein Ausnahmefall, die Strafe für ein, meist sexuelles, Vergehen; später entwickelte sich in der kabbalistischen Theologie die Lehre einer allgemeinen Seelenwanderung. Ob es sich dabei um eine eigenständige Entwicklung handelt oder eine Übernahme katharischer Lehren vorliegt, ist eine noch offene Frage der Forschung.

Lit.: Scholem 1956.

Gill, Madge († 1961), engl. Automatistin, Hausfrau, ohne Ausbildung im Zeichnen und Malen, daher war sie überzeugt, daß die zahlreichen Bilder, die sie anfertigte, Geistern zuzuschreiben seien, die sich lediglich ihrer Hand bedienten (→ Automatisches Malen und Zeichnen).

Ginseng [chin. *jenshen;* menschenähnliche Wurzel], Bezeichnung der Wurzel des Araliengewächses *Panax ginseng,* einem Verwandten des Efeus. G. gilt als lebensverlängernd, anregend und Allheilmittel; es spielt in der chin. Volksmedizin heute eine ähnliche Rolle wie die → Alraune im Europa des MA.s. Auch in der westlichen Welt findet G. in den letzten Jahren auf medikamentösem Gebiet mehr und mehr Verwendung.

Gismo → Serios, Ted.

Giveletscher Apparat, der frz. Ingenieur Givelet stellte auf dem pps. Kongreß 1935 in Oslo ein von ihm konstruiertes Gerät vor, das menschliche Ausstrahlungen durch Ausschlag eines Galvanometers sichtbar machen sollte. Vergleichbare Apparate gab es aber schon vorher; die Ausschläge erklären sich durch Veränderungen der Luftfeuchtigkeit, denn die Elektroden kommen mit der Luft in Berührung und reagieren dementsprechend (van Wijk 1940).

Glanvill, auch Glanvil, Joseph (1636—1680), engl. Geistlicher, Staatsmann und Philosoph, Hofkaplan Karls II. Die Pps. zählt G. zu ihren Ahnherren. Er war von der Wirklichkeit des Paranormalen überzeugt, akzeptierte jedoch ebenfalls die Hypothese einer übernatürlichen (dämonischen) Zauberei. Telepathie hielt er durch das Modell einer Weltseele für erklärbar; zugl. schlug er aber auch eine physikalische (mechanistische) Hypothese vor: ein fluidaler Stoff, G. spricht von »flüssiger Materie«, den er zwischen allen Körpern annimmt, könnte die Erregung der Hirnfasern eines Individuums zu anderen übertragen; dem Empfänger obläge dabei die Aufgabe der »Rückübersetzung« (→ Gehirn). G. stellte die Allgemeingültigkeit des Kausalitätsprinzips in Frage; er war sein Leben lang bemüht, die Existenz von Hexerei und Spuk wiss. nachzuweisen — aus christl. Motiv, da Dämonenleugnung als Beginn des Atheismus galt. 1666 veröffentlichte er *A Philosophical Endeavour Towards the Defense of the Being of Witches and Apparitions* (»Eine philosophische Bemühung um die Verteidigung der Existenz von Hexen und Erscheinungen«; bekannter unter dem Titel *Sad(d)ucismus triumphatus,* 1681) und legte darin 26 Fallgeschichten aus dem Bereich des Okkulten vor.

Lit.: Bender 1974; Cope 1956.

Glasrücken, eine Person oder mehrere Teilnehmer einer Sitzung legen einen Finger auf ein Glas, das auf einem → Oui-ja-Board steht; das Glas gerät in Bewegung, die dabei berührten Buchstaben ergeben eine u. U. sinnvolle Botschaft. Der Vorgang ist ps. als → Automatismus zu verstehen; die so erlangten »Botschaften« können gelegentlich paranormale Informationen enthalten.

Glastonbury, alte engl. Wallfahrtskirche in der Grafschaft Somerset, die 1539 im Zuge der Reformationswirren zerstört wurde; die Trümmer wurden anderweitig verbaut, Pläne blieben nicht erhalten. 1907 sollten unter Leitung des Architekten und Altertumsforschers Frederick Bligh Bond die Fundamente der Kirche ausgegraben werden. Bligh Bond setzte einen Freund, John Alleyne (Captain John Allen Bartlett, 1861–1933), ein, der in → Automatischer Schrift die Pläne rekonstruierte. (In diesem Zushg. sei auf die ital. Bäuerin Maria Mattaloni verwiesen, die mit der Wünschelrute etruskische Gräber lokalisierte; Greenhouse 1973: 125.) Obgleich die Rekonstruktionen sich archäologisch verifizieren ließen, wurde Bligh Bond wegen dieses unorthodoxen Vorgehens seines Postens enthoben. Außer John Alleyne waren noch → Dowden und 3 weitere Automatisten an der Erstellung der *G. Scripts* (»G.-Schriften«; so der Titel, unter dem Bond die automatisch notierten Texte in 9 Heften veröffentlichte) beteiligt. Einige dieser Texte heben auf Bezüge zur Gralssage und auf König Artus ab; spätere Autoren wollen im Grundriß von G. den → Tierkreis und den → Sefirot-Baum erkennen.

Lit.: Bond 1918, 1919, 1924; Hartley 1968.

Glaube, das subjektive Für-wahr-Halten einer Aussage oder Lehre, vor allem im Hinblick auf religiöse Inhalte; auch das Vertrauen in eine Person. Für die Wirksamkeit von Suggestionen ist das Phänomen des G.ns grundlegend (Künkel 1935). Im animalischen → Magnetismus dagegen ist, so glaubten jedenfalls zahlreiche Magnetiseure, der G. des Patienten an die Wirksamkeit der Kur für deren Erfolg nicht entscheidend.

»Das Vertrauen, das für den Magnetiseur ein unbedingtes Erfordernis ist, muß beim Magnetisierten nicht vorhanden sein. Man kann sowohl auf jene einwirken, die an den Magnetismus glauben, als auch auf jene, die das angeblich nicht tun. Es genügt, daß sich der zu Magnetisierende dem Magnetiseur völlig hingibt und sich in keiner Weise widersetzt.« (Deleuze, zit. n. Tenhaeff 1957.)

Gleichzeitigkeit, die »geheimnisvolle Duplizität der Ereignisse« gilt im Volksglauben als etwas Besonderes; sagen z. B. zwei Personen zufällig im selben Augenblick das gleiche, dürfen sie sich etwas wünschen, ein glückliches Ereignis kündigt sich an o. ä. (→ Synchronizität).

Glocke, im Volksglauben spielt das Läuten der G. eine bedeutende Rolle bei der Abwehr des Dämonischen; »magische G.n« finden aber auch in der → Theurgie zur Herbeirufung von Geistern Verwendung. Läuten hebt den → Wetterzauber auf; auch Zwerge, Riesen und Teufel sollen angeblich den Klang der G. fürchten. Abgefeiltes G.nmetall gilt als Heilmittel. Vor diesem Hintergrund, in dem Christl. und Vorchristl. sich mischen, müssen die Besonderheiten des *G.nspuks* gesehen werden: unsichtbare Glocken läuten oder Glocken schlagen, ohne berührt worden zu sein; auch von G.n-Apporten wird berichtet. Am bekanntesten wurde der Spuk im Haus des Majors Edward Moore in Great Bealings, Suffolk. 1834 läuteten 53 Tage lang immer wieder G.n im Haus. In seinem Buch *Bealings Bells*, 1841 (»Die Glokken von Bealings«) vertritt der Hausherr die Ansicht, das Läuten sei nichtmenschlichen Ursprungs. → Bozzano berichtet in 39 Fällen spontanes paranormales G.nläuten (18 entsprechende Fälle finden sich in Volmar 1969: 5–45).

Lit.: Bozzano 1930; Erdmann 1931; Pesch 1919.

Glossolalie [von griech. *glossa;* Zunge, und *lalein;* reden; → Zungenreden], in bestimmten, vor allem ekstatischen Zuständen auftretende Erscheinung: Mit veränderter Stimme werden scheinbar unbekannte Sprachen gesprochen; in der Regel scheint es sich jedoch um Pseudosprachen oder der Deutung bedürftige Abwandlungen der Muttersprache zu handeln. Die G. wird oft als religiöse Offenbarung (Sprache der Engel!) betrachtet. Ein paranormales Element läge in der G. erst vor, wenn

→ Xenoglossie aufträte (vgl. 1. Kor. 14, 13 f.).

Glück, i. allg. der Inbegriff des Guten und Angenehmen; im dt. Volksglauben nicht, wie z. B. in der Antike *Tyche* oder *Fortuna,* personifiziert, doch kann man sich das G. »geneigt machen« durch allerlei Mittel (G.sstein, -ring, -pfennig usw.), es anderen wünschen, und durch zahlreiche Orakel läßt sich das G. erforschen.

G. kann als eine vorwiss. Kategorie betrachtet werden, die auf Konstrukte wie die → Synchronizität abhebt und die manche paranormalen Phänomene, die den Rahmen der üblichen Erfahrung sprengen, in das Weltbild zu integrieren versucht. Komplementärbegriff zu G. ist *Pech.* Demoskopische Untersuchungen in der Bundesrepublik in den 50er Jahren zeigten, daß 50 % der Befragten *Serien* von G.s- und Pechsträhnen beobachtet hatten. Im Volksglauben gibt es g.verheißende Orte und G.stage; mit G.szeiten sind möglicherweise G.szahlen verknüpft. Vor allem beim G.skind und dem ihm entsprechenden Pechvogel ist zu erwägen, ob mit diesen Begriffen parapsychische Fähigkeiten rationalisiert werden.

Gnom, zuerst bei Paracelsus in der lat. Form *gnomus* belegte Bezeichnung für Kobolde, zwergenhafte Elementargeister; der Ausdruck ist evtl. auf griech. **genomoi,* Erdbewohner, zurückzuführen (und nicht auf *gnomon,* was u. a. Wächter bedeutet).

Gnostizismus [von griech. *gnosis«* Wissen, Erkenntnis], eine synkretistische religiöse Bewegung, die um Christi Geburt im Römischen Reich auftrat und sich von Osten nach Westen ausbreitete; den verschiedenen Ausformungen (monistisch oder dualistisch, hellenistisch, jüd., christl.) ist gemeinsam, daß das Heil des Menschen von der Erkenntnis der Welt und der Gottheit (→ Theosophie) abhängt. Kosmogonie und Anthropogonie der gnostischen Systeme wirkten u. a. auf die Lehren des Neuplatonismus und damit auch auf den neuzeitlichen Okkultismus. In der Alchimie zeigen sich ebenfalls deutlich gnostische Einflüsse. In unserer Zeit griffen → Gurdjew und Jung auf gnostisches Gedankengut zurück und versuchten eine Weiterentwicklung. – Vor allem in den volkstümlicheren Formen des G. spielen Zahlen- und Wortmagie, Astrologisches, Dämonenglaube und Amulettenwesen eine wichtige Rolle.

Lit.: Haardt 1967; Jonas 1934, 1954; Leisegang 1955.

Goëtie [von griech. *goeteia;* Zauberei, Täuschung], → Schwarze Magie, teuflischer Zauber; manchmal auch für Totenbeschwörung (→ Nekromantie) oder für das Beschwören dämonischer Mächte mit Hilfe blasphemischer Riten (→ Schwarze Messe; → Nigromantie). In neuerer Zeit auch als Gegensatz zur → Theurgie gedacht, als eine Zauberei, in der die »bösen Geister« eine Rolle spielen.

Golem [hebr.; formlose Masse], ein sprachloser → Homunkulus, den manche Kabbalisten angeblich erschaffen haben. Ursprünglich scheint sich der G. seinem Schöpfer nur in der Ekstase belebt zu haben; die frühesten erhaltenen Vorschriften zu seiner Erschaffung stehen bei dem Wormser Rabbiner Eleasar ben Juda ben Kalonymos (ca. 1160–1230). Die Erzeugung des G. aus Erde, belebt durch die Buchstaben des Namens Gottes (geschrieben auf ein Blatt Papier, das der aus Lehm geformten menschenähnlichen Gestalt in den Mund gelegt wurde), wiederholt die Erschaffung des ersten Menschen Adam [hebr. *adamah;* Erde]. Der Mythos wurde, wohl erst zu Beginn des 19. Jh.s, auf Juda Löw ben Bezalel, den »hohen Rabbi Löw« aus Prag (1520–1609), übertragen; in dieser Form wurde das Motiv von → Meyrink in seinem Roman *Der Golem* (1915) aufgegriffen.

»Die Kraft der Rede konnte er [R. Löw] dem G. nicht eingeben, denn was diesem innewohnte, war eine Art Lebenstrieb, aber keine Seele. Er war wohl mit einem gewissen Unterscheidungsvermögen ausgestattet, aber Dinge der Weisheit und höhere Einsicht blieben ihm versagt. – Wiewohl nun der G. keine Seele hatte, merkte man ihm am Sabbat etwas Besonderes an, und sein Gesicht erschien freundlicher als an Wochentagen ... Der G. barg in seinem Innern keinerlei Neigungen, weder gute noch sündhafte. Was er tat, geschah nur unter Zwang und aus Furcht, zurück ins Nichts versenkt zu werden. Alles, was zehn Ellen über und zehn Ellen unter der Erde lag, war für ihn mit Leichtigkeit zu erreichen, und nichts konnte ihn an der Ausführung des einmal Unternommenen hindern. – Er mußte ohne Zeugungstrieb erschaffen werden, sonst hätte sich kein Weib vor ihm retten können ... Weil er aber keinen Trieb kannte, so haftete ihm auch keine Krankheit an ... R. Löw behauptete, daß der G. auch Anteil am ewigen Leben haben werde, da er sovielmal Israel vor schwerer Not bewahrt hatte.« (Emanuel ben Gorion 1959: 674 f.)

Lit.: Rosenfeld 1934; Scholem 1954.

Goligher, Kathleen → Crawford, W. J.

Gommel, Johannes, gen. »'s Geisterhannesle« (1811–1841), schwäbischer pietistischer Geisterseher. G., der lediglich seinen Namen schreiben konnte, bei Normalbewußtsein schüchtern war und stotterte, entwickelte sich während der Inspiration zu einem eindrucksvollen geistlichen Redner. Bereits in seiner Kindheit hatte er Erscheinungen Verstorbener; ein »ehrwürdiger Geist«, der ihm anfangs im Traum erschien, später aber auch, wenn er nachts wach lag, unterwies ihn in Heilpflanzenkunde, und G.s Kuren hatten Erfolg. G. befreite sich jedoch von diesem Geist, der – übrigens ein verstorbener Diakon –, unter furchtbarem Krachen aus dem Haus fuhr. Des weiteren werden von G. berichtet: Jenseitsreise, »Entzückungen«, → Durchsicht, Gebetsheilungen und -erhörungen, → Leuchterscheinungen (von anderen an ihm beobachtet), Präkognition, ASW in der Gegenwart, Retrokognition (er »sah« z. B. an einem bestimmten Ort Geister in Mönchsgewändern, und Nachfragen ergaben, daß dort früher ein Kloster stand). – Bis heute findet sich in Pietistenkreisen gelegentlich die Meinung, G. sei »leiblich auferstanden«, denn bei Öffnung seines Grabes, Jahre nach der Bestattung, fanden sich keine Leichenreste.

Lit.: Hahn o. J.

Goodrich-Freer, A., engl. Sensitive, die under dem Pseudonym »Miss X« eigene paranormale Erfahrungen und Berichte über Spuk, Zweites Gesicht u. ä. veröffentlichte. – *Werke* → Bibl.

»Am Sonnabend, dem 9. März, hatte ich einen etwas ungeduldigen Brief an eine Freundin geschrieben, in dem ich ihr vorwarf, daß sie, nach zweimonatlichen Reisen auf dem Festland, jetzt schon zehn Tage in London verweile, ohne mich zu besuchen. Ich war daher nicht überrascht, als sie am Sonntagabend vor mir im Kristall erschien, konnte jedoch nicht begreifen, weshalb sie mit abbittender Gebärde eine Musikmappe in die Höhe hielt. Am Montag erhielt ich die tags zuvor geschriebene Antwort, die mir als Entschuldigung mitteilte, meine Freundin besuche jetzt die königliche Musikakademie und sei während des größeren Teiles des Tages dort beschäftigt. Diese Erklärung war mindestens unerwartet, denn die Dame ist eine verheiratete Frau, die sich immer nur als Dilettantin mit Musik beschäftigt und ihre Erziehung in der üblichen Weise vor der Hochzeit ›abgeschlossen‹ hat. Ich habe mich später versichert, daß sie in Wirklichkeit eine der gleich nach der Vision aufgenommenen Skizze entsprechende Musikmappe trägt.« (G.-F. 1899; zit. n. Dessoir 1917: 122.)

Gordon, Henry, umstrittenes amer. PK-Medium; mehrere Levitationen werden von ihm behauptet, die erste (1851) gilt als die früheste in den USA.

Görres, Joseph v. (1776–1848), dt. Publizist, Historiker und Philosoph. Für die Pps. von außerordentlichem Wert ist seine 5bändige *Christliche Mystik* (1836 ff.). An den rund 3000 Druckseiten arbeitete der Autor etwa ein Jahrzehnt; in einem Brief sagt er von seinem Werk: »Es ist eine schlagende, alles vor sich niederwerfende unwiderstehliche Masse von Tatsachen, und ich will den sehen, der die Stirn hat, dabei noch von Pfaffentrug zu reden.« Es handelt sich um eine phänomenologische Darstellung der mystischen Erfahrung, die aus zahlreichen Quellen zusammengetragen ist. Bei der systematischen Aufbereitung der Texte spricht vor allem der *Christ* G. und zeigt die prinzipiellen Möglichkeiten des menschlichen Lebenswegs: Aufstieg zu

Gott durch hohe Mystik oder der Abstieg ins Dämonische durch niedere pervertierte Mystik. Man hat G. mangelnde Quellenkritik und die zu starke Berücksichtigung »okkulter« Erscheinungen vorgeworfen. Für letzteres weiß ihm die Pps. Dank, obwohl G. keineswegs immer das Übersinnliche im Auge hatte: Nach einem Besuch bei der Ekstatikerin Maria Mörl erklärte er, »er könne darin nichts Übernatürliches sehen, es scheine all das nach der Vitalität des Leibes möglich« (Sepp 1877: 376). – G. veröffentlichte außerdem Aufsätze über → Novalis und → Swedenborg; mit → Brentano verfaßte er eine antiaufklärerische Spottschrift, und zusammen besuchten beide eine Stigmatisierte in Lothringen. – *Werke* → Bibl.

Lit.: Wesseling 1923.

Gossmansdorf, Dorf in Franken. Im kath. Pfarrhaus von G. sollen sich um die Jh.-wende Spukphänomene ereignet haben. Man hörte Geräusche, eine Stimme und sah angeblich »Flämmchen«. Der kath. Theologe Prof. A. F. Ludwig, der jahrzehntelang Spukfälle zusammentrug und in den 90er Jahren des vorigen Jh.s in G. Pfarrer war, berichtet auch von rätselhaftem Sandwerfen.

Lit.: Clericus (= Ludwig) 1908, 1920; Moser 1950: 236—41.

Goethe, Johann Wolfgang v. (1749—1832), der als Naturwissenschaftler bei seiner Suche nach den »Urphänomenen« auch Wege jenseits der akademischen Wiss.en beschritt, stand dem »Okkulten« durchaus positiv gegenüber.

Geradezu abergläubisch hielt G. an Vorbedeutungen fest: Er war überzeugt, daß kleinere Unfälle die Vorboten größerer sind, daß man nichts vorher aussprechen (»berufen«) dürfe, wenn es gelingen soll, u. ä. m. – Ausdrücklich bejahte er die außersinnlichen Erfahrungen: »Soviel ist wohl gewiß, daß in besonderen Zuständen die Fühlfäden unserer Seele über ihre körperlichen Grenzen hinausreichen können und ihr ein Vorgefühl, ja auch einen wirklichen Blick in die nächste Zukunft gestattet ist« *(Gespräche mit Eckermann, 7. 10. 1827).* Über die nächste Zukunft hinaus ging der Blick in dem bekannten Doppelgängererlebnis, das er nach seinem Abschied von seiner Sesenheimer Freundin Friederike Brion hatte:

»Als ich Friederike die Hand noch vom Pferde reichte, standen ihr die Tränen in den Augen, und mir war sehr übel zu Mute. Nun eilte ich auf dem Fußpfade gegen Drusenheim, und da überfiel mich eine der sonderbarsten Ahnungen. Ich sah nämlich, nicht mit den Augen des Leibes, sondern des Geistes, mich mir selbst denselben Weg zu Pferde wieder entgegenkommen und zwar in einem Kleide, wie ich es nie getragen: es war hechtgrau mit etwas Gold. Sobald ich mich aus diesem Traume aufschüttelte, war die Gestalt ganz hinweg. Sonderbar ist es jedoch, daß ich nach acht Jahren in demselben Kleide, das mir geträumt hatte, und das ich nicht aus Wahl, sondern aus Zufall gerade trug, mich auf demselben Wege fand, um Friederike noch einmal zu besuchen. Es mag sich übrigens mit diesen Dingen, wie es will, verhalten, das wunderliche Trugbild gab mir in jenen Augenblicken des Scheidens eine Beruhigung.« *(Dichtung und Wahrheit, 11. Buch.)*

Nicht »Zufall«, sondern (unbewußter) Erfüllungszwang mag schuld gewesen sein, daß G. gerade dieses Gewand trug; bemerkenswert jedenfalls ist der Trost, den der Doppelgänger spendet (vgl. Mikorey zum → Panoramatischen Erlebnis).

Neben dieser *vision de soi* stehen verschiedene spukhafte Vorgänge, die G. erlebte: Mehrfach sah er Gestalten und Schemen, in seiner Umgebung wurden gelegentlich Klopflaute gehört, und mehrere Quellen berichten von phantomartigen Erscheinungen, die in seinem Arbeitszimmer und in seinem Garten – auch nach seinem Tod – gesehen wurden. → Mimikry-Geräusche, und zwar Holzhacken und -sägen, sollen seinem Tod vorausgegangen sein. Nataly von Eschstruth (1860–1939) bringt in ihrer Sammlung *Spuk* (1897) einen Bericht, für den sich der weimarische Geheimrat Klemm verbürgt.

Klemm ging 1813 mit G. spazieren; plötzlich sah G. seinen Freund Friedrich Rochlitz, seltsamerweise in G.s Morgenrock und

Pantoffeln: »Wahrhaftig, er ist es! Freund Friedrich! Hier in Weimar! Aber um Gottes willen, Mensch, wie siehst du aus? In meinem Schlafrock – in meinen Morgenschuhen gehst du hier auf offener Straße?!« – Klemm sah von der Erscheinung nichts. Tatsächlich war Rochlitz G. besuchen gekommen und wartete in dessen Wohnung; vom Regen durchnäßt, hatte er seine Kleidung abgelegt und sich aus G.s Kleiderschrank etwas geliehen. Auf dem Sofa anschließend eingenickt, träumte er »realistisch« die Begegnung mit G.

Verständlich, daß Parapsychisches auch vielfach ins Werk Eingang fand, und nicht nur in den *Faust*. Man denke z. B. an den komplizierten Fall von Versehen beim im doppelten Ehebruch gezeugten Kind in den *Wahlverwandtschaften*. In den *Unterhaltungen deutscher Ausgewanderter* werden mehrere paranormale Ereignisse erwähnt, und in einer Deutung klingt geradezu etwas Archetypisches an: »... eine einzelne Handlung oder Begebenheit ist interessant, nicht weil sie erklärbar oder wahrscheinlich, sondern weil sie wahr ist.« – Den Schluß der *Unterhaltungen* bildet das *Märchen*, es kann als poetische Paraphrase der → Individuation gedeutet werden.
Über Astrol., animalischen Magnetismus und Wünschelrutengehen äußerte sich G. reserviert, aber zustimmend. Eine geheime Sympathie in der Natur war ihm selbstverständlich und sowohl praktisch als auch dichterisch beschäftigte er sich mit Alchimie und Magie *(Der Groß-Kophta, Faust)*. Besondere Erwähnung verdient die seltsame Gestalt der Makarie als Mensch, Seherin und zugl. Alter Ego eines Sterns *(Wilhelm Meisters Wanderjahre)*. Fragen der Mystik und vor allem der Unsterblichkeit wurden von G. u. a. im *Gespräch mit Falk* erörtert. G.s Einstellung zur reinen Wiss., zur Farbenlehre, zu Fragen der Mystik und des Parapsychischen wurde vor allem im anthroposophischen Denken aufgegriffen.

Lit.: Seiling 1920; Vollendorf 1976.

Gothic novel [engl.; gotischer Roman], Bezeichnung einer bestimmten Richtung der romantischen epischen Lit. in England um 1800, umgangssprachlich auch »Schauerroman« genannt, deren wesentliches Element die Begegnung mit dem Übernatürlichen und Unerklärlichen ist. Diese poetischen Versuche sind für die Pps. durchaus von Interesse.
Die engl. Hauptvertreter dieser Lit. sind → Maturin, → Lewis, Radcliffe und Walpole; zur Verdeutlichung ihres theoretischen Standorts wichtig sind Edmund Burkes *Untersuchung über den Ursprung unserer Ideen vom Erhabenen und Schönen* (1756) und Anna Laetitia Aikins Essay *Über das Vergnügen, das wir aus den Gegenständen des Schreckens gewinnen* (1773). Von der engl. G. n. direkt oder indirekt beeinflußt zeigen sich in Deutschland Goethe *(Unterhaltungen deutscher Ausgewanderter)*, Schiller *(Geisterseher)*, Tieck und vor allem E. T. A. → Hoffmann, in unserem Jh. Hanns Heinz Ewers *(Alraune)* und → Meyrink. Für die frz. Lit. sind → Villiers de l'Isle-Adam und Maupassant, für die russ. Gogol und Turgenjew zu nennen. Zu den engl. und amer. Nachfolgern zählen → Bulwer-Lytton und Poe.
Um die Mitte des 20. Jh.s erfuhr die G. n. in Deutschland eine Leserenaissance; aber auch dt. Autoren zeigten verstärkt Interesse am Irrationalen, an der Begegnung der Realität mit einer »anderen Welt«.

Lit.: Garte 1935; Kanzog 1951; Varma 1957.

Gottesurteil, auch *Gottesgericht, Ordal,* vor allem im MA. angewandtes Verfahren zur Ermittlung eines Täters bzw. einer Schuld. In Verbindung mit einer Feuer-, Wasser- oder Blutprobe u. ä. wird eine höhere Macht angerufen, Unschuld zu enthüllen oder Schuld zu strafen. Jacob Grimm (1785–1863) nannte es eine »rückwärts gerichtete Weissagung«. Manche Verfahren des G.s, wie etwa das Gehen über eine glühende Pflugschar, verweisen auf Phänomene, die der pps. Kasuistik vertraut sind (→ Feuerunempfindlichkeit).

Grab, Ort der Leichenruhe bei Erdbestat-

tung (Versenkung des Verstorbenen in die Erde) oder Moundbestattung (Beisetzung unter künstlichem Erdhügel; meist mit Totenkult verbunden). In verschiedenen Kulturen und Religionen sind Gräber pps. relevant; vor allem wird behauptet, daß sich an einem Grab spontane Heilungen ereignen können. Darauf verwies z. B. im Hinblick auf Heiligengräber Papst Gregor der Große in seinen *Dialogen* (um 600). Diese christl. Vorstellung und verwandte Vorstellungen von Marabutgräbern (Marabuts sind islamische Einsiedler, vor allem in Nordwestafrika) gehen auf antikes Glaubensgut im Zushg. mit Heroengräbern zurück (→ Inkubation).
Berührungen mit dem Komplex Heilung an Gräbern finden sich im *Reliquienkult* und in der Vorstellung, daß das Anfassen des Leichnams eines Heiligen Wunder wirke (entsprechende Heilungen werden von der Leiche des hl. Alexius, um 400, überliefert).

Graham, James (1745—1794), schott. Arzt. »Der erste Quacksalber« und »Meister der Scharlatane« (Blei 1929), zugl. ein Meister der Selbstreklame. Er hielt Vorlesungen, schrieb und verkaufte Traktätchen. Seine Patienten behandelte er mit »magnetischen Kuren«, bei denen »elektrischer Äther« eine Rolle spielen sollte. G. wurde später christl. Pamphletist.

Gral [verwandt mit lat. *crater;* Waschbekken, Gefäß], nach mittelalterlichen Erzählungen ein wunderwirkender Stein (der Weisen), die Abendmahlsschale oder ein Gefäß, das aus einem Amethyst gefertigt wurde, der Luzifer aus der Krone fiel, als er aus dem Himmel verbannt wurde (Engelsturz). In diesem Behältnis soll Joseph von Arimathia das Blut des Gekreuzigten aufgefangen haben. Im 12. und 13. Jh. entstanden eine Anzahl G.sromane (z. B.: Wolfram von Eschenbachs *Parzival*, um 1205), in denen, wie Margarete Riemschneider gezeigt hat, sehr alte vorchristl. und z. T. schon damals nicht mehr verstandene okkulte Motive ineinander verwoben sind. In der mystischen Spekulation des MA.s wurde der G. zu einem Bild der Wahrheit und des eigentlichen Seins. – Verschiedene esoterische Vereinigungen der Gegenwart haben in ihrer Bezeichnung oder in ihrer Lehre das Wort G. aufgegriffen, ohne daß ein hist. Zushg. zur mittelalterlichen Tradition besteht.
Lit.: Bumke 1970; Burdach 1974; Gauger 1976.

Grandier, Urbain → Loudun.

Graphologie [von griech. *graphein;* schreiben], ausdrucksps. Disziplin, die charakterologische Aussagen aufgrund der Handschrift gewinnt; man setzt voraus, daß das Wesen des Schreibers in der Schrift, zumindest teilweise, zum Ausdruck kommt. Bereits Goethe, Lavater u. a. äußerten sich zur Schriftdeutung; eine wiss. G. entwickelte sich in der 2. Hälfte des vorigen Jh.s. Als ihr Begründer gilt der frz. Abbé Jean Hippolyte Michon (1806–81), als bedeutendster dt. Vertreter → Klages.
Die G. ist ein psychodiagnostisches Hilfsmittel, keine »okkulte Wiss.« oder ein Forschungsgegenstand der Pps. – Anders steht es da, wo die Handschrift zum → Psychischen Induktor wird und ein Sensitiver aufgrund einer Schriftprobe charakterologische, allgemeine oder gar präkognitive Aussagen über den Schreiber macht. Man spricht dann nicht länger von G., sondern von *Graphomantik* oder → *Meta-G.* Manche sehen allerdings in einer gewissen »intuitiven G.« einen Übergang zwischen G. und Meta-G.
Lit.: Heiss 1943; Klages 1949; Knobloch 1953; Michon 1875; Müller/Enskat 1961; Wieser 1973.

Graphomantik → Graphologie.

Gravierung, mediale → Silbert, Maria.

Greaterakes, Valentine, gen. »The Stroker«, der Streicher (geb. 1628), irischer Edelmann und Heiler. 1662 träumte er wiederholt, er könne mit seiner Hand Kröpfe heilen. Ab 1665 heilte er verschiedene Krankheiten, auch Aussatz, durch Berühren, Handauflegen und Striche mit der Hand (vgl. → Passes), die das Leiden von seinem Sitz hinweg durch die Extremitäten austreiben sollten. Karl II. rief ihn nach London, doch G. zog sich bald wieder vom Hof zurück, da man begann, sich über ihn lustig zu machen, vor allem als er auch Tiere mit seiner Methode zu heilen versuchte. Nach Hause zurückgekehrt, richtete er seine Wohnung als Klinik ein; der Arzt J. N. Pechlin überwachte, kontrollierte und protokollierte seine Heilungen. → Glanvill nannte G. fromm und wahrheitsliebend; G. selbst hielt seine Fähigkeit für eine Gottesgabe und ließ sich deshalb auch nicht bezahlen. Nach einigen Jahren verlor er seine Kraft. – Im Jahr 1665 hatte G. bezeugt, daß er und ein anderer einen levitierten Diener zu halten versuchten, er sei aber über Kopfeshöhe emporgestiegen. – *Werke* → Bibl.

Lit.: Pechlin 1691; Stubbe 1666.

Greeley Horace (1811—1872), bedeutender amer. Publizist. Hrsg. der *New York Tribune* und wichtiger Förderer des Spiritismus in den USA. In Reden, Aufsätzen und in seinen Erinnerungen *Recollections of a Busy Life*, 1868 (»Erinnerungen aus einem erfüllten Leben«) trat er für die subjektive Glaubwürdigkeit von ihm beobachteter Medien (z. B. die Geschwister → Fox) und die Echtheit paranormaler Manifestationen ein.

Green, Celia Elizabeth (* 1935), Mitbegründerin (1961) und Direktorin des Psychophysical Research Unit, Oxford, die u. a. Untersuchungen zur → Astralprojektion durchführte. – *Werke* → Bibl.

Gregory, William (1803—1858), schott. Chemiker. Hauptvertreter des → Mesmerismus in Großbritannien und Hrsg. der engl. Übersetzungen → Reichenbachs. G. unterschied bereits Hellsehen und Telepathie, indem er von »direktem Hellsehen« (Hellsehen) und »sympathetischem Hellsehen« (Telepathie) sprach. – *Werke* → Bibl.

Greifversuch → Croiset, Gérard.

Grenze, das Ordnende der phänomenalen Welt, mit der Doppelfunktion zu trennen und zu verbinden (strukturieren), somit grundlegend für das Erleben. Die gleiche Funktion der Grenze ist auch im sozialen (behavioralen) Bereich gegeben, und sie gilt für die Systematik der Wissenschaften.

Lit.: W. Witte 1952.

Grenzgebiete der Wissenschaft (GW), aus der Zeitschrift *Verborgene Welt* (begründet von Josef Kral, 1887—1967) 1967 hervorgegangene Zeitschrift, erscheint in Innsbruck, Herausgeber ist → Resch.

»Unter Grenzgebieten der Wissenschaft ist hier der Bereich von Tatbeständen und Vorgängen gemeint, die auf eine die materielle Welt transzendierende Wirklichkeit hinweisen. *Grenzgebiete der Wissenschaft* umreißt somit jenen Bereich von Grenzfällen, um deren Klärung sich Pps. und andere Spezialdisziplinen verschiedener Wissenschaften bemühen. Eine wiss. Untersuchung dieser Grenzfälle kann sich nicht damit begnügen, diese bloß zu beschreiben und zu registrieren. Sie muß auch versuchen, ihnen auf den Grund zu gehen. ... *Grenzgebiete der Wissenschaft* ist somit die Zeitschrift für Ausbau und Vertiefung des christlichen Welt- und Menschenbildes durch Einbau der Kenntnisse aus dem Bereich der Grenzgebiete der für das Welt- und Menschenbild bedeutsamen Wissenschaften.« (Editorial GW, 1/1967)

Grenzwissenschaften, Sammelbezeichnung für verschiedene wissenschaftlich nicht anerkannte Verfahren der Erkenntnis oder der Therapie (Astrologie, Radiästhesie, esoterische Lehren u. dgl.), deren Standort zwischen Wissenschaft und Nicht-Wissenschaft (z. B. Religion) gesehen wird. Da die Pps. nach ihrem Selbstverständnis Wissenschaft ist, kann sie nicht als Grenzwissenschaft angesprochen werden.

Grimoire [frz., verballhornt aus *grammaire;* Grammatik], Zauberbuch mit Beschwörungen und Zaubersprüchen. Die Leser der G.s waren nicht die Kenner der Magie, sondern die unkritisch Abergläubischen im Volk; die Texte sind oft fast bis zur Unkenntlichkeit entstellte Wiedergaben klassischer magischer Lit. Bekannte G.s sind

Holzschnitt aus *Le Grand Grimoire* (1823). Schatzhütender Dämon.

Le grand G. (1823) und *Les admirables Secrets d'Albert le Grand* (vom Hrsg. → Albertus Magnus zugeschrieben, 1791). Auch in der Gegenwart findet die Bezeichnung noch Verwendung, z. B.: *The Secret G. of Turiel*, 1960.

Gröben, das Pfarrhaus zu G. (bei Stadtroda in Thüringen) war 1718 Ort eines Spukfalls, dessen Hauptmanifestationen in Steinregen und -würfen bestanden. Der Berichterstatter, der damalige Pfarrer, betont, daß die Steine zwar Sachschaden anrichteten, aber vor Personen niederfielen, ohne die Betreffenden zu verletzen. Außerdem beschreibt er ihre seltsame Flugbahn, die »nach der Ordnung eines natürlichen Wurfes unmöglich bleibt« (vgl. dazu Roll 1974).

Lit.: Heinisch 1723; Thurston 1955: 57 f.

Groß-Erlach, württembergisches Dorf, wo 1916 im Haus einer 35jährigen Kriegerwitwe spukhafte Störungen auftraten; zuerst im Stall, später in der Wohnung: Vieh wurde losgebunden und Gegenstände (Hausrat, Steine) flogen durch die Luft. Im Haus lebten 4 Kinder zwischen 3 und 14 Jahren. Nach etwa einem Jahr scheinen die Störungen langsam aufgehört zu haben.

Lit.: Illig 1951/52; Krönert 1916.

Gruber, Karl (1881—1927), dt. Mediziner und Zoologe, Ordinarius in München. G. kam über Beobachtungen an den → Elberfelder Pferden und dem Hund → Rolf zur Pps. Er stellte Selbstversuche (Automatismen) an und arbeitete zusammen mit → Schrenck-Notzing und → Tischner; nahm an Sitzungen mit den Brüdern → Schneider u. a. Medien teil und beschäftigte sich u. a. mit der Frage der Telepathie zwischen Mutter und Kind. – *Werke* → Bibl.

Lit.: Schrenck-Notzing 1927.

Gruhle, Hans Walter (1880—1958), dt. Neurologe und Psychiater, Vertreter der sog. »Heidelberger Schule« der Psychiatrie. G. arbeitete u. a. auf dem Gebiet der Forensischen Psychiatrie; er wurde als Gutachter hinzugezogen, als bei den beiden Bürgermeistermorden in Heidelberg 1921 die Frankfurter Sensitive M. Schmidt Angaben zum Versteck der Leichen machte, die sich in einigen Details als zutreffend erwiesen. G. forderte daraufhin eine gewisse Offenheit der Kriminalistik gegenüber pps. Fragen – eine Haltung, die seinerzeit nur wenige seiner Kollegen teilten.

Lit.: Hellwig 1924.

Grün, Anastasius, eigtl. Anton Alexander Graf v. Auersperg (1806–1876), österr. Dichter und Politiker; G. vertrat eine Weltanschauung, die in ihrer Anthropologie Anklänge an ind. → Karma-Vorstellungen zeigt:

»Das ist die große Gerechtigkeit der Schöpfung, daß jeder sich die Bedingungen seines zukünftigen Seins selbst schafft. Die Handlungen werden den Menschen nicht durch äußerliche Belohnungen und Strafen vergolten; es gibt keinen Himmel und keine Hölle in dem gewöhnlichen Sinne (mit Marterwerkzeugen, siedendem Öl, glühendem Eisen und schwarzen, bocksfüßigen Henkersknechten), wohin die Seele nach dem Tode käme, sie macht weder einen Sprung aufwärts, sie zerplatzt nicht, sie zerfließt nicht in das Allgemeine, sondern nachdem sie die große Stufenkrankheit, Tod, überstanden, entwickelt sie sich nach der unwandelbaren, jede spätere Stufe über dem Grunde der früheren aufbauenden Folgerichtigkeit der Natur auf der Erde ruhig fort in einem und zu einem höheren Sein, und je nachdem der Mensch gut oder schlecht, edel oder gemein gehandelt, fleißig oder müßig gewesen, wird er im folgenden Leben einen gesunden oder kranken, einen schönen oder häßlichen, einen starken oder schwachen Organismus als sein Eigentum finden, und seine freie Tätigkeit in dieser Welt wird seine Stellung zu den anderen Geistern, seine Schicksalswege, seine Anlagen und Talente für das weitere Fortschreiten in jener Welt bestimmen. Der Mensch denkt, er sei bloß für sich da, sich zu vergnügen, zu wirken und zu schaffen für sein eigenes leibliches und geistiges Wachstum; er ist auch für sich da, aber zugleich ist sein Leib und Geist nur eine Wohnung, worin höhere, fremde Geister eintreten, sich verwickeln und entwickeln und allerlei Prozesse untereinander treiben, die zugleich das Fühlen und Denken des Menschen sind und ihre höhere Bedeutung für die dritte Lebensstufe haben. – Des Menschen Geist ist ununterscheidbar zugleich sein Eigentum und das Eigentum jener höheren Geister, und was darin vorgeht, gehört stets beiden zugleich an, aber auf verschiedene Weise. –« (Aus der Studie *Leben nach dem Tode,* Werke Bd. VI, o. J.: 124 f.)

Grundtechnik [engl. *Basic Technique* (BT)], Versuchsanordnung beim quantitativen ASW-Experiment, das auf Hellsehen hin angelegt ist: Wenn die Vp. zu einer Karte eine Aussage gemacht hat, legt der Versuchsleiter die Karte, ohne sie anzusehen, zur Seite; die Auswertung wird erst am Ende der Versuchsserie vorgenommen.

Grunewald, Fritz († 1925), Berliner Ingenieur, der sich seit 1906 mit pps. Fragen beschäftigte und ein pps. Laboratorium entwickelte, dessen Aufbau und Instrumentarium (Mediumwaage, Phantomwaage, automatische Registriergeräte, Strippentisch u. a. m.) auf dem pps. Kongreß 1921 in Kopenhagen vorgestellt wurde und danach ähnlichen Einrichtungen in Paris und London als Vorbild diente (ausführliche Beschreibung in G. 1920). G. arbeitete u. a. mit den Medien → Guzyk und → Nielsen.

Gruppenseele [engl. *group soul*], 1. in der Sozialps. und Gruppendynamik gelegentlich verwandte Bezeichnung, die nicht verbindlich definiert ist; i. allg. wird darunter eine, u. U. durch vorübergehenden Außendruck ausgelöste, wechselseitige Identifizierung von Gruppenmitgliedern verstanden; 2. in einem spezifischen Sinn bedeutet G. den Zusammenschluß mehrerer »Seelen« unter einem »Geist«. Im Anschluß an buddhistische Karma-Vorstellungen wird behauptet, daß ein Mensch Dutzende oder Hunderte von Seelen in seine Existenz einbringen könne. Diese Auffassung vertritt das durch → Automatische Schrift gewonnene Buch *The Road to Immortality* (»Die Straße zur Unsterblichkeit«) von → Cummins. Nach spritistischem Verständnis ist der verstorbene → Myers sein eigentlicher Verfasser (s. a. → Automatische Literatur).

Gtummo, auch *Tumo* [tibet.; mystische Wärme, magische Hitze; sanskr. *canda*], → Mi-la ras-pa lebte dank G. monatelang im eisigen Hochgebirgswinter, nur in dünne Baumwolle gekleidet. – Der Einweihung in manche tantrische Systeme gehen Prüfungen voraus, zu denen auch der Nachweis von G. zählen kann: Der Adept muß nasse, um den bloßen Leib gewickelte Tücher in der Kälte stehend trocknen. – Der Ursprung des Phänomens muß aber nicht zwingend im indo-tibet. Raum vermutet werden: wahrscheinlich ist ein früheres Auftreten im Umkreis des Schamanismus. – Auch im europ. Bereich sind Fälle von willkürlicher Erhöhung der Körpertemperatur bekannt; so vermochte eine Patientin → Schleichs ihre Temperatur willkürlich bis auf 42° C zu steigern.

Guaita, Stanislas Marquis de (1861–1897), frz. Jurist, symbolistischer Dichter und Okkultist, Schüler von → Lévi; G. behauptete von sich die Fähigkeit der »spirituellen Kommunikation« mit Verstorbenen; in die für diesen Kontakt nötige Ekstase versetzte er sich durch Musik. – *Werke* → Bibl.

Lit.: Wirth 1935.

Guide [engl.; Führer], auch im dt. Sprachgebrauch gelegentlich für Trancepersönlichkeit. Es handelt sich um autonome Bewußtseinszentren; deshalb ist bei Medien, bei denen G.s auftreten, unbeschadet der Frage, ob es sich um Teilpersönlichkeiten des Unbewußten oder extraindividuelle Instanzen handelt, deren Einverständnis zum Sitzungsverlauf einzuholen. Treten mehrere → Kontrollen auf, so bezeichnet G. die dominierende.

Güldenstubbe, Ludwig Baron von (1820 bis 1873), der schwed. Adelige beschäftigte sich als erster in Frankreich mit Tischrükken; sein Hauptforschungsgebiet war die → Direkte Schrift, die er in seinem Werk *Positive Pneumatologie* (1870; »Pneumatologie« im Sinne von »Geisterkunde«, »positiv« im Sinne von »bewiesen«, »empirisch«) spiritistisch deutete.

Günther-Geffers, Else → Insterburger Hellsehprozeß.

Guppy, Samuel, mutmaßlicher Autor der 1863 anonym in London erschienenen Schrift *Mary Jane, or Spiritualism Chemically Explained, with Spirit Drawings* (»Mary Jane [= Marihuana] oder Spiritualismus chemisch erklärt, mit Geist-Zeichnungen«), in der paranormale Manifestationen aus den Sitzungen seiner Ehefrau (Apporte, → Lichterscheinungen) beschrieben werden. – Dieses Medium ist nicht zu verwechseln mit der bekannteren Mrs. Guppy (→ Nichols).

Gurdjew, auch *Gurdjieff*, Georg Iwanowitsch (ca. 1868–1949), Armenier griech. Abstammung; verbrachte viele Jahre auf Reisen in Asien und wohl auch in Ägypten, wo er angeblich Zugang zu alten esoterischen Lehren fand, die er zu einem ganzheitlichen System, das eine Physiologie und Ps. des Menschen einschloß, zusammenfaßte; ein System, das lehrbar war und dem Schüler die Erfahrung der eigenen Wirklichkeit schenkte. Zum Erlangen dieser Erfahrung hatte G. praktische Übungen entwickelt, einen sog. »Vierten Weg« (neben Fakir, Mönch und Yogi), den Weg der »Selbst-Erinnerung«; diese Übungen lehrte er in seinem »Institut zur harmonischen Entwicklung des Menschen« – zunächst in Tiflis, dann (ab 1922) auf Schloß Avon bei Fontainebleau. Bedeutende Künstler und Wissenschaftler suchten die Begegnung mit G. und seiner Lehre, z. B. der Physiker und Einstein-Schüler J. G. Bennett, Georgette Leblanc (Maeterlincks erste Frau), die engl. Schriftstellerin Katherine Mansfield, der amer. Architekt Frank Lloyd Wright u. a. Als bedeutendster Schüler G.s wird → Ouspensky betrachtet.
G. galt abwechselnd und gleichzeitig als Scharlatan, Weiser, Okkultist, Spion, Politiker, Gelehrter, Künstler, Magier, als Träger »übersinnlicher« Kräfte, als Bewahrer und als Neuerer. Für die Pps. werden G. und seine Jünger interessant im größeren Zushg. einer pps. fundierten Anthropologie: Gibt es eine erfahrbare tiefere Wirklichkeit des Menschen? – *Werke* → Bibl.
In der Gegenwart findet sich eine Gegenposition bei dem schwed. Dichter und Wissenschaftler Lars Gustafsson (*1936): »Wer in ein kybernetisches Gerät blickt, der sieht keine Gedankengänge, er sieht nur Maschinenteile. Es wäre reinster Animismus, wollten wir dem Gerät Leben zuschreiben. Wer einen Menschen öffnet und hineinblickt, sieht allerdings auch keine Gedanken; nur indem er sich selbst beobachtet, erlebt der Mensch sich als ein Bewußtsein. Wie, wenn auch dies eine animistische Vorstellung wäre?« (1973: 14.)

Lit.: Bennett 1973; Ouspensky 1966; Pauwels 1974; Peters 1965; Walker 1957.

Gurney, Edmund (1847–1888), engl. Gelehrter, der sich mit alten Sprachen, Musik, Ps. und Medizin befaßte und zu den Gründungsmitgliedern und wichtigsten frühen Mitarbeitern der S. P. R. zählt. Von 1856 bis 1888 war er Hrsg. des *Journals of the S. P. R.* Vor allem seine Untersuchungen zu telepathisch induzierten Halluzinationen gelten als wegweisend; seine Experimente zur ASW in Hypnose wurden von → Rýzl z. T. wieder aufgegriffen. – *Werke* → Bibl.

Lit.: Gurney, Myers u. Podmore 1886.

Guru [sanskr.; Lehrer], geistiger Lehrer oder Führer ind. Provenienz, angeblich oft mit paranormalen Fähigkeiten begabt. G.s haben vor allem zu Beginn der 70er Jahre auch im westlichen Kulturbereich eine zahlreiche Anhängerschaft um sich versammelt (z. B. Maharishi Yogi).

»Das Wort G. wird gewöhnlich als ›Meister‹ oder ›Lehrer‹, ›Weiser‹ übersetzt. Seine wörtliche Bedeutung aber läßt uns erst den tiefen Sinn dieser Art von Lehrer erkennen, denn das Wort bedeutet ›der Gewichtige, der Schwere‹. Gewichtig, schwer ist dieser Mensch nicht nur kraft seines Wissens, sondern durch seine innere Vollmacht, die in der radikalen Erfahrung dessen wurzelt, was er lehrt, also was er in seinem innersten Wesen ist. Dieses gibt ihm die selbstverständlich wirkende Kraft und Vollmacht.« (Hauer 1958: 432.)

Lit.: Roy/Devi 1973.

Guy, der »Geist des G.« taucht des öfteren in mittelalterlichen Berichten auf; es handelt sich dabei um eine Stimme, die man 1324 im provençalischen Alais im Haus des G. (Gye) de Torno einige Tage lang nach seinem Tod hörte. Der Prior des Predigerordens von Alais, Jean Goby, untersuchte mit anderen die Vorkommnisse und unterhielt sich dabei sogar mit der Stimme. Sie gab sich als »Geist« des G. zu erkennen, der um seiner Sünden willen nachts in diesem »persönlichen Fegefeuer« hier spuken müsse, es sei denn, Messen, Fürbitten und Ablaßabtretungen befreiten ihn vorzeitig von seinem Los. Der Geist konnte weiter sagen, daß Jean Goby eine Monstranz unter seinem Gewand verborgen mit sich trug, was nur Goby selbst wußte. – Alle Beteiligten bezeugten ein »leises Windeswehen«, als der Geist von ihnen schied. – Einem anderen Bericht zufolge wurde der Geist beschworen zu sagen, in welcher Gestalt er rede; er antwortete: als Taube, und zum Beweis dafür wurde das Zimmer mit weißen Federn übersät. Eine mögliche Deutung der behaupteten Geschehnisse bildet die Annahme, das Unbewußte der Witwe – der »Geist« klagte sie ungesühnter Sünden an – habe paranormale Manifestationen hervorgerufen.

Lit.: Anonymus 1486; Thurston 1955: 80–89 (mit Quellenangaben).

Guyon, Jeanne Marie → Mothe-Guyon.

Guzyk, Jan (1975–1928), poln. Materialisationsmedium mit außerordentlich vielseitigen Leistungen: Leuchtphänomene, Raps, Mimikry-Geräusche, Direkte Stimme, Direkte Schrift, Phantome, Apporte usw.; am merkwürdigsten waren seine *Tiermaterialisationen.* PK-Manifestationen traten bei G. erstmals in seiner Lehrlingszeit auf; mit 15 Jahren wurde er Berufsmedium, und auf dem Höhepunkt seiner Karriere gab er bis zu 5 Séancen täglich. – In einem »hist. Dokument« (Geley) bestätigten über 30 Geistesgrößen, die jeweils an mehreren von 80 Sitzungen in den Jahren 1922/23 vor dem I. M. I. teilgenommen hatten: »Wir versichern unsere Überzeugung, daß die mit J. G. erhaltenen Phänomene sich nicht erklären lassen, weder durch individuelle noch kollektive Illusionen und Halluzinationen, noch durch irgendeinen Betrug.« – Dennoch wurde G. mehrfach des Betrugs und des Betrugsversuchs überführt. Das → *Siebenmännerbuch* hielt trotzdem an der Echtheit mancher Phänomene fest und nahm nur gelegentlich Betrug an. Die Pps. vermochte nicht, sich eine einhellige Meinung über G. zu bilden.

Lit.: Geley 1924; Moser 1974.

Gyromantie [von griech. *gyros;* rund], 1. Schicksalsbefragung, bei der man so lange im Kreis herumlaufen mußte, bis man vor Schwindel hinfiel. Den Kreis bildeten u. U. irgendwelche Objekte und Zeichen; das Objekt, bei dem der Seher niedersank, wurde im Sinne der Fragestellung gedeutet. Im Zentrum des Kreises konnte auch die Person stehen, über deren Schicksal Auskunft gegeben werden sollte (→ Deasil). Rasches Im-Kreis-Herumlaufen kann zu Bewußtseinstrübungen infolge von Schwindelanfällen führen, was u. U. das Aufsteigen unbewußter Informationen erleichtert.

Mit der G. verwandt sind magische Operationen in oder mit einem Kreis; 2. veralteter Ausdruck für → Pendeln.

H

Haggard, Sir Henry Rider (1856–1925), engl. Schriftsteller, teilte im *Journal S. P. R.* im Oktober 1904 einen Traum mit, den er im Juli des gleichen Jahres gehabt und seiner Frau erzählt hatte, da diese ihn mitten in der Nacht weckte, erschrocken über sein Seufzen und Klagen im Schlaf:

»Ich sah den guten alten Bob [den Jagdhund seiner Tochter] zwischen dem Röhricht eines stehenden Gewässers auf der Seite liegen. Zugleich schien es mir, als ob ich soeben aus dem Körper Bobs mit meiner Persönlichkeit auf geheimnisvolle Weise herausgetreten wäre, während Bob sich heftig anstrengte, seinen Kopf zu meinem Gesicht emporzurichten. Er versuchte, mit mir zu sprechen, und weil ihm das mit Tönen nicht gelang, übermittelte er mir auf eine andere, undefinierbare Art Kenntnis davon, daß er im Sterben liege.« (Ringger 1972: 38.)

H. erzählte den Traum am nächsten Morgen 2 weiteren Personen; der Hund war tatsächlich verschwunden, und man fand ihn 4 Tage später mit zerschmettertem Schädel und gebrochenen Beinen in einem Teich. Etwa 3 Stunden vor H.s Traum scheint er von einem Zug erfaßt und in das Schilf geschleudert worden zu sein. Wahrscheinlich währte sein Todeskampf nicht bis zur Zeit des Traums; H.s Unbewußtes dürfte die Information gleichzeitig empfangen haben, aber erst im Schlaf konnte die Information ins (Traum-)Bewußtsein aufsteigen.

Fälle des → Abmeldens von Tieren werden immer wieder berichtet: So sah eine Frau in Menton ihren Hund durch ihr Hotelzimmer laufen, der zur selben Zeit zu Hause in Norfolk starb *(Proc. S. P. R.* XIV: 285*)*; in einem anderen Fall wurde ein Ehepaar geweckt, weil sie ihren Hund im Schlafzimmer hörten; tatsächlich befand er sich zu der Zeit in einem entfernten Teil des Hauses und drohte dort zu ersticken *(Proc. S. P. R.* IV: 289*)*.

Hagiographie, Schriften, die Leben und Werk von Heiligen schildern; die H. entwickelte sich im Christentum aus den Märtyrerlegenden und enthält reiche pps. Kasuistik. Allerdings läßt die hist. Zuverlässigkeit (in der röm.-kath. H. noch stärker als in der griech.-orthodoxen) zu wünschen übrig. – Die wiss. Beschäftigung mit der H. heißt *Hagiologie*. S. a. → Acta Sanctorum.

Lit.: Aigrain 1953.

Hahnemann, Samuel (1755–1843), dt. Arzt, Begründer der → Homöopathie. H. praktizierte nur wenige Jahre und arbeitete dann als wiss. Übersetzer, Hrsg. *(Apothekerlexikon* 1793–99*)* und Pharmazeut. Das Verreiben und Verschütteln (»Dynamisierung«, d. h. materielle Abschwächung der Wirksamkeit) sowie vor allem das Verdünnen (nach einem bestimmten System) von Arzneien zählen zu H.s wichtigsten Leistungen auf pharmazeutischem Gebiet.

Die Wirksamkeit stark verdünnter Medikamente (sog. »Hochpotenzen«) ist umstritten; Forschungen aus unserem Jh. lieferten aber Indizien dafür, daß in den Hochpotenzen ein noch unbekannter physikalischer Faktor wirksam wird (Tischner 1959: 113). Manche Autoren vermuten hier aber auch einen *paramedizinischen* (→ Fritsche nennt ihn *biomagisch*) Effekt; außerdem ließe sich die Heilung auch als synchronistisches Phänomen denken (→ Synchronizität), provoziert durch das nach dem Prinzip des → Simile ausgewählte Medikament.

Doch war H. keinswegs, wie ihm oft vorgeworfen wurde, ein Mystiker und

Schwärmer, denn trotz seiner mesmeristischen und vitalistischen Neigungen war er ein Anhänger strenger Empirie (»Erfahrungsverehrung« mit seinen eigenen Worten), und seine »Geheimmittel« waren nur insofern geheim, als sie mit den damaligen Möglichkeiten der Wiss. nicht analysiert werden konnten.

Selbst von Anhängern der Homöopathie wurde H. lange mißverstanden (z. B. meinte er mit *außen* das *Materielle,* mit *innen* das *Psychische,* viele seiner Jünger aber glaubten, »innere Leiden« hieße bei H. »von außen nicht sichtbare organische Erkrankungen«).

H. war seiner geistigen Herkunft nach ein Kind der Aufklärung, ließ aber in manchen seiner Vorstellungen den enegn geistigen Horizont seiner Zeit weit hinter sich; zu Recht spricht Fritsche vom »Magus im Rationalistengewande« (1944: 209). Dafür spricht auch, daß H. bei der Therapie für die Berücksichtigung des Psychischen eintrat; u. a. regte er die Musiktherapie an, und bei Geisteskrankheiten forderte und praktizierte er etwa gleichzeitig mit dem frz. Arzt Philippe Pinel (1745–1826), den er wahrscheinlich gar nicht kannte, gewaltfreie therapeutische Maßnahmen. – *Werke* → Bibl.

Lit.: Diepgen 1926; Fritsche 1953, 1954.

Halluzination [von lat. *alucinari;* faseln, träumen], Sinnestäuschung ohne erkennbaren Sinnesreiz (vgl. dagegen → Illusion). Man unterscheidet: optische H.en, akustische (Akoasmen, Stimmen, auch Musik, Geräusche), haptische (auf das Tastvermögen bezogene) sowie H.en der Geruchs- und Geschmackswahrnehmung, des Gleichgewichtssinns und der Leibgefühle. Weiter kann man differenzieren nach *negativen* H.en (Nichtwahrnehmen, Ausblenden; möglicherweise ein Grenzfall der Illusion) und *teleologischen* (zielgerichteten: Warnungen, Empfehlungen usw.). – Gleichzeitig mit den H.en treten reale Wahrnehmungen auf. Die Art der H. (optisch oder akustisch usw.) läßt in der Psychiatrie Rückschlüsse auf die Erkrankung zu. Der Psychiater und Philosoph Karl Jaspers (1883–1969) betont bei der H. die *Leibhaftigkeit* im Gegensatz zur *Bildhaftigkeit* der → Pseudohalluzination. »Die echten H.en sind leibhaftige Trugwahrnehmungen, die nicht aus realen Wahrnehmungen durch Umbildung, sondern völlig neu entstanden sind, und die neben und gleichzeitig mit realen Wahrnehmungen auftreten. Durch letzteres Merkmal sind sie von Traumh.en unterschieden.« (Jaspers, *Allgemeine Psychopathologie,* 1946.)

Man nimmt in der Wiss. überwiegend nicht an, daß der H. ein tatsächliches äußeres Ereignis korrespondiert. Nur bei wenigen Autoren, z. B. bei → Staudenmaier, findet sich die Überlegung, H. sei eine Umkehrung der Wahrnehmung: Vorgänge im Gehirn, die üblicherweise Produkt einer sinnlichen Reizung sind, sollen ohne Reizung auftreten, Nerven erregen und Veränderungen in der Umwelt bewirken, d. h., Licht strahlt aus den Augen und im Raum entsteht ein reales optisches Bild; entsprechend produziert die Membran des Ohrs objektive Geräusche und Töne, Fernbewegungen werden als motorische H. aufgefaßt, und sogar Materialisationen sieht Staudenmaier als komplexe H.en mit objektiven Gegebenheiten.

H.en treten spontan bei bestimmten Kranken auf, sie können auch alkoholbedingt sein, sind aber beim Gesunden selten. Bei den meisten Menschen – ob gesund oder krank – lassen sich jedoch H.en provozieren (z. B. in Hypnose, vorausgesetzt man bindet H.en nicht per definitionem ans Normalbewußtsein). – Die pps. Lit. kennt mehrere Fälle mentalsuggestiv hervorgerufener H.en. Dazu mögen auch manche angebliche PK-Leistungen von Medien oder Fakiren zählen. So vermutet → Moser, daß → Homes berühmter Fensterflug zwar eine paranormale Leistung war, aber eben nur eine mentalsuggestiv bewirkte H. bei den Beobachtern.

Im Rahmen einer groß angelegten Erhebung (1890) fragte die S. P. R.: »Hatten Sie jemals, wenn Sie sich völlig wach glaubten, den lebendigen Eindruck, ein lebendes oder totes Objekt zu sehen oder von jemand berührt zu werden, oder eine Stimme zu hören – und war dieser Eindruck, soweit Sie es beurteilen können, ohne realen Außenweltreiz?« Von den rund 17 000 Antworten waren knapp 10 % bejahend, davon hatten 32 % Erscheinungen Lebender, 14,3 % Toter und 33,2 % nicht identifizierbarer Personen (*Proc. S. P. R.* X, 1894).

H.en, die ASW-Informationen enthalten, nennt man in der Pps. *H.en mit realer Grundlage,* oder, wenn sie verifiziert sind, mit einem Ausdruck Tenhaeffs *bestätigte H.en.*

Lit.: Gurney 1885; Perovsky-Petrovo-Solovovo 1907—09.

Halluzinose, akutes psychotisches Zustandsbild, gekennzeichnet vor allem durch akustische Sinnestäuschungen. Das Bewußtsein ist dabei nicht oder nur wenig getrübt, doch können Größenvorstellungen oder Minderwertigkeitsgefühle und Angst auftreten.

Hamingja, altnord. Vorstellung der Seele als eher unpersönliche Lebenskraft; eine scharfe Trennung zwischen ihr und der individuellen Seele, → Fylgja, ist jedoch nicht möglich. Das Wort steht etymologisch in Zushg. mit *hamr,* der männlich gedachten Seele der → Berserker.

Handauflegen, 1. Handlung mit kultisch-ritueller Bedeutung: z. B. Weihen, Segnen, in eine Gemeinschaft aufnehmen (Taufe), etwas in Besitz nehmen; 2. therapeutisches Verfahren mancher Heiler (z. B. → Edwards), im theologischen Sprachgebrauch Chirothesie. (Ein früher Beleg für Heilung durch H. findet sich Apg. 9, 10 ff.: Ananias nimmt Saulus die Blindheit durch H.)

Lit.: Allwohn 1939; Calcar 1912.

Hände, eingebrannte, mehrfach bezeugte Erscheinung auf Holz oder Textilien, deren Entstehung ungeklärt ist. Der Volksglauben sieht darin das Zeichen einer aus dem Fegefeuer erlösten »armen Seele«. Die Pps. ordnet das Phänomen vorerst in der Nähe der Manifestationen → Direkte Schrift, Direktes Bild ein.

Lit.: Grabinski 1953; Peter 1923.

Handlesekunst → Chirologie.

Hanna, Prophetin der biblischen Geschichte. Die mittelalterliche Ikonographie zeigt die als Heilige betrachtete H. mit einem Buch (dem A. T.) als Attribut: *S. Anna wiszagerin.* Das N. T. nennt H. eine Prophetin (Lukas 2, 36—38): Die 84jährige erkannte in dem im Tempel dargestellten Jesus den Messias.

Hannie P. → Kogelnik.

Hans, der »Kluge H.« war ein russ. Hengst, den der Lehrer Wilhelm von Osten (1838 bis 1909) im Jahre 1900 erwarb. Dieser brachte ihm anscheinend Zählen, Rechnen, Lesen bei und lehrte ihn, harmonische von unharmonischen Akkorden zu unterscheiden. H. beantwortete die entsprechenden Fragen mit einem bestimmten »Hufschlag-Code«. Der Psychologe und Musikwissenschaftler Carl Stumpf (1848—1936) sowie seine Mitarbeiter v. Hornbostel und Sturm wiesen jedoch nach, daß H. unbewußte Ausdrucksbewegungen des Fragestellers registrieren konnte. Ob sich damit alle Leistungen des Pferdes erklären lassen, blieb umstritten. Soweit diese unwillkürlichen Zeichen optisch wahrgenommen werden sollen, fallen sie jedenfalls als (paranormale) Erklärung für die Leistungen des blinden Berto (→ Elberfelder Pferde) weg.

Lit.: Krall 1912; Pfungst 1907.

Hanussen, Erik Jan → Leitmeritzer Hellsehprozeß.

Hardinge-Britten, Emma (1823—1899), engl. Trancemedium, war wesentlich daran beteiligt, den Spiritismus in England zur religiösen Bewegung zu entwickeln. Von Bedeutung waren dabei die »Sieben Spiritistischen Prinzipien«, die ihr der Geist des utopischen Sozialisten Robert Owen (1771 bis 1858) diktiert haben soll. Es begegnet im 19. Jh. mehrfach, daß sich okkultistische Bewegung und sozialistisch-emanzipatives Engagement berühren. – *Werke* → Bibl.

Hardy, Mary → Abdrücke.

Hares Gerät für Automatisches Schreiben. Auf eine mit dem Alphabet beschriftete, für das Medium nicht sichtbare Tafel übertrug ein Zeiger die unbewußten Handbewegungen.

Hare, Robert (1781–1858), amer. Chemiker und Mediziner, der es für eine notwendige psychohygienische Aufgabe hielt, der »Verrücktheit« des Spiritismus entgegenzutreten: 1853 konstruierte er verschiedene Apparate und stellte damit im Rahmen einer Versuchsreihe mehrere Medien auf die Probe. Zu seiner Überraschung stieß er dabei auf unerklärliche, intelligent gesteuerte Phänomene. Aufgrund dieser Erfahrung wurde er zum gläubigen Spiritisten und entwickelte, eigenen Angaben zufolge, selbst mediale Fähigkeiten. – *Werke* → Bibl.

Harnbeschau, auch *Uroskopie,* seit Jh.en in der Volksmedizin geübte Form der »medialen Diagnostik«. Soweit es sich bei der H. nicht um Betrug handelt, sind für die Pps. 2 Erklärungsmöglichkeiten denkbar: 1. Psychometrie; 2. das Harnfläschchen wirkt als »magischer Spiegel«, der eine hypnotische → Hypermnesie hervorruft.

In den 20er Jahren machten eine Frau Jurach aus Felling-Maria Trost bei Graz und Johannes Höller aus Stainz (Steiermark) viel von sich reden. Frau Jurach stellte monatlich über 1000 Diagnosen nur aufgrund der Harnproben und oft bei Abwesenheit des Patienten. Anschließend verschrieb sie einen entsprechenden Kräutertee. Die engl. Beobachterin Barbara McKenzie († 1963) bemerkte bei Frau Jurach während des Betrachtens der Flasche eine gewisse Apathie, die vermutlich auf eine Herabsetzung des Bewußtseinsniveaus hinweist (→ Abaissement du niveau mental).

Lit.: B. McKenzie 1927.

Harris, Thomas Lake (1823–1906), amer. Mystiker und Lyriker. Eine Begegnung mit → Davis weckte in dem jungen H. das Interesse für → Swedenborg und spiritistische Fragen. Um 1850 begann er, in Trance mystische lyrische Texte zu verfassen. Zweimal gründete H. religiöse Gemeinschaften, deren Mitglieder alle zusammenlebten, bestimmte Atemtechniken übten und sich in Verbindung mit spirituellen Welten glaubten. – *Werke* → Bibl.

Hart, Hornell Norris → Out-of-Body-Experience.

Hartlaub, Gustav Friedrich (1884–1963), dt. Kunsthistoriker, Förderer moderner Kunst, Vertreter des magischen Idealismus, legte neben zahlreichen kunsthist. Arbeiten eine Anzahl Untersuchungen vor, die eine Brücke schlagen sollten zwischen den Erkenntnissen der Pps. und dem magischen Weltbild, das die Kulturgeschichte beschreibt und dessen Auswirkungen H. auch im künstlerischen Schaffen sah. – *Werke* → Bibl.

Hartlieb, Johann (ca. 1405–1468), Leibarzt des Herzogs Albrecht von Bayern, verfaßte um 1455 für den Markgrafen Johann von Brandenburg ein *puech aller verpotten kunst, ungelaubens und der zauberey* (die Handschrift befindet sich in der Wolfenbüttler Bibliothek; Auszüge teilt Grimm 1953 III: 426 ff. mit). H. beschäftigt sich darin u. a. mit Kristallomantie, → Mantik, Hexenflug, Bildzauber. – *Werke* → Bibl.

Lit.: Peuckert 1956.

Hartmann, Eduard v. (1842–1906), dt. Philosoph. In seinem Versuch einer Synthese der Lehren Hegels, Schellings und Schopenhauers erklärte H. das → Unbewußte als den letzten Grund der Welt: Das Absolute ist der einheitliche unbewußte Geist. Seine *Philosophie des Unbewußten* (1869) beeinflußte wesentlich die Tiefenps. und deren Aufnahme beim Publikum. Das postulierte Unbewußte machte es H. nicht möglich, an eine individuelle Unsterblichkeit zu glauben; folgerichtig wandte er sich in mehreren Arbeiten gegen den Spiritismus. Die psychokinetischen Phänomene mancher spiritistischen Medien betrachtete er als Betrug oder Täuschung; ASW hielt er jedoch als »Telefonanschluß im Absoluten« (dem Unbewußten) für möglich. Gegen H.s Kritik am Spiritismus schrieb → Aksakow sein erfolgreiches Werk *Animismus und Spiritismus* (1898). – *Werke* → Bibl.

Lit.: Petraschek 1926.

Hartmann, Franz (1838–1912), bedeutender dt. Theosoph. Der Mediziner und Pharmazeut H., Mitbegründer der Theosophischen Gesellschaft in Deutschland (→ Theosophie), verfaßte zahlreiche Arbeiten über theosophische, aber auch allgemein okkultistische Themen, die z. T. in seinen Zeitschriften *Lotosblüten* und *Neue Lotosblüten* erschienen. – *Werke* → Bibl.

Haruspices [Mz. von *Haruspex;* von lat. *hariolatio;* Wahrsagung, und *specio, spexi;* spähen, schauen], etruskische, später röm. Seher und Priester, die aus den Eingeweiden der Opfertiere den göttlichen Willen »lasen« und außergewöhnliche Zeichen, wie etwa Blitze, deuteten. Der »Opferschau« lag die Vorstellung zugrunde, daß sich im Mikrokosmos, z. B. der Leber eines Opfertieres, Spiegelungen und Entsprechungen makrokosmischen Geschehens erkennen lassen.

Haschisch [arab. *haschisch al-fokkora;* Kraut der Fakire], ein Hanfharzextrakt *(Cannabis sativa),* Rauschmittel vor allem in Asien; der Gebrauch ist seit fast 3 Jahrtausenden nachweisbar. Ein ASW-Experiment unter H.-Einfluß beschreibt → Meyrink.

Hasina, auf Madagaskar eine Kraft, die zu außergewöhnlichen Leistungen befähigt und die vor allem die Adligen besitzen, in geringerem Maße aber alle Lebewesen und auch bestimmte Steine (→ Mana).

Hatha-Yoga, ein Yoga-System, dessen Begründer Goraksanatha im 15. Jh. gelebt haben soll. Ind. Gelehrte betrachten den H.-Y. als Hilfsmittel zum höheren Yoga (Raja-Yoga); wesentlich für das System sind psychotechnische körperliche Übungen (Asanas und Mudras), oft mit magischen und sexuellen Operationen verbunden. Der H.-Y. bedingt eine Atmosphäre, »die echte Tiefenerfahrung und Tiefenerkenntnis hindert« (Hauer 1958: 271). Gegen die Vergröberung des Yoga im H.-Y. wandte sich im 16. Jh. Vijnanabhiksu, einer der größten ind. Denker. Der philos. Betrachtung stellt sich der H.-Y. als Entartung, als dekadenter Yoga dar; davon un-

abhängig stellt sich die Frage, ob nicht gerade in seiner Betonung des äußerlichen Wunderbaren paranormale Phänomene begünstigt werden, die für den hohen Yoga nur periphere, eher lästige Erscheinungen sind.
Lit.: Iyengar 1975; v. Lysebeth 1973.

Hauchseele, Bezeichnung für die Vorstellung, der Atem habe Seelencharakter und könne durch den *Hauchzauber* magische (heilende, krankmachende, exorzistische) Wirkungen ausüben.
Lit.: Wundt 1900—20.

Hauffe, Friederike, geb. Wanner (1801 bis 1829), berühmte dt. Somnambule, wurde von 1826 bis zu ihrem Tod von → Kerner behandelt. Sie »sah« Geister, provozierte angeblich Materialisationen — Kerner sah einmal eine »graue Nebelsäule« an ihrem Bett —, rief Raps, Fernbewegungen, Apporte u. a. hervor. Die psychokinetischen Phänomene sind umstritten, allerdings war → Richet (1923: 23) von ihrer Echtheit überzeugt; ASW-Leistungen dagegen sind in einem Maße verbürgt, daß selbst der kritische Theologe und Philosoph David Friedrich Strauß (1808—1874) von ihnen überzeugt war (Amadou hält jedoch auch die ASW für unbewiesen, 1957: 158; ebenso Dessoir, 1917: 106—111). H. ging 1829 durch Kerner als die »Seherin von Prevorst« (Prevorst ist ein Ortsteil des württemberg. Oberstenfeld) in die Lit. ein; sie verdankt diese Bezeichnung Gesichten und Phantasien, die Kerner für echte Offenbarungen einer überirdischen Geisterwelt hielt, in denen die heutige Wiss. aber nur die Phantasien einer Kranken sieht. — Von ausdrucksps. und tiefenps. Interesse sind von H. gezeichnete Mandalas.
Lit.: Hesse 1926; Kerner 1829; Kretschmar 1930; Straumann 1928.

Friederike Hauffe, die »Seherin von Prevorst«.

Hauser, Kaspar (1812 ?—1833), Findelkind rätselhafter Abkunft, dessen plötzliches Erscheinen in Nürnberg 1828 weithin Aufsehen erregte. Nach eigener Aussage in einem verdunkelten Verschlag aufgewachsen, machte der junge Mann einen körperlich und geistig verwahrlosten Eindruck. Eine Reihe von bedeutenden Männern interessierte sich für den »Fall«, zumal manche — z. B. der Jurist Anselm v. Feuerbach, der K. H. bei sich aufnahm — ihn für den Sohn des Großherzogs von Baden hielten, den die Grafen von Hochberg beseitigt haben sollen. 1833 wurde K. H. von einem Unbekannten erstochen. — ASW-Fähigkeiten, die über hyperästhetisches Vermögen hinausgehen, wurden von H. behauptet.
Der Psychoanalytiker Alexander Mitscherlich (* 1908) bezeichnet bestimmte Entwicklungsstörungen aufgrund fehlender sozialer Bindungen als *K.-H.-Komplex.*
Lit.: Daumer 1873; Mitscherlich 1950; Pies 1926.

Hautsehen → Dermooptik.

Hayen, Hemme (1633—1686), niederländ. Mystiker und Visionär. Von dem protestantischen Laien wird berichtet, er sei während einer Vision geheilt worden; ASW, → Xenoglossie (Hebräisch, Griechisch, Latein) und → Astralwallen (». . . so jemand zu der Zeit bey meinen äußerlichen Leib gekommen wäre, er selbigen nit

anderst als todt würde gefunden haben, so lang die Entzückung währete«) sollen zu seinen Fähigkeiten gehört haben. H. war nicht stigmatisiert, aber als physisches Zeugnis einer Passionsvision zeigte sich in seiner rechten Hand ein Kreuz (→ Dermographismus). Während dieser Vision hatte sein Sohn eine irdene Schüssel fallen lassen und H. durchfuhr das Geräusch wie ein tödlicher Schwertstoß.
Lit.: Benz 1969: 216 f., 547; Reitz 1740.

Head, Henry (1861–1940), engl. Neurologe. Nach ihm sind die *Headschen Zonen* benannt, jene Hautareale, die mit besonderer Sensibilität auf bestimmte innere Erkrankungen reagieren. Vielleicht besteht eine Verbindung zwischen diesen Hautbezirken und den Meridianen der → Akupunktur.

Heautoskopie [von griech. *h'eautos;* sich selbst], Sich-selbst-sehen, d. h. seinen → Doppelgänger sehen; die visionäre oder halluzinatorische Erscheinung der eigenen Person. H. wird von vielen Großen der Lit. und Geschichte berichtet: Elisabeth I. v. England, Goethe, Katharina die Große (die auf ihre Doppelgängerin zu feuern befahl), Maupassant, Musset, Lemaître, Shelley. Es wäre möglich, das Phänomen ideoplastisch zu erklären, d. h., die Erscheinung wird als Projektion des eigenen Körperschemas aufgefaßt (Menninger-Lechenthal 1954).
Lit.: Frei 1969.

Heilen, geistiges → Geistheilung.

Heilige, hervorragende Menschen, die innerhalb einer Religionsgemeinschaft – meist erst nach ihrem Tode – verehrt und als Vorbild betrachtet werden. Die Verehrung kann im Rahmen des Kults erfolgen. In manchen Religionen wird den H.n Macht über den Tod hinaus zugesprochen, sie werden daher um Hilfe angerufen, sei es durch ein direktes Eingreifen in das Schicksal des Bittenden oder durch ihre Fürsprache bei Gott.
Viele H. sollen in ihrem Leben »Wunder« gewirkt haben, die oft eine Verwandtschaft zu pps. Phänomenen aufweisen; darüber hinaus werden auch postmortale Wunder berichtet, die im Katholizismus oft in Verbindung mit *Bilder-* oder *Reliquienkult* (Grabkult) stehen. (Dabei findet sich der Reliquienkult stärker im westlichen, die Bilderverehrung mehr im östlichen Christentum.)
Die Integration eines unerklärlichen Ereignisses in ein System der H.nverehrung kann im Licht der Pps. als vorwiss. Form der Klassifikation einer beobachteten paranormalen Manifestation betrachtet werden. – Die Pps. interessiert sich aus kasuistischen Gründen für das Wunder als isoliertes Phänomen, das damit in der Regel eine Umakzentuierung erlebt: In der religiösen Sphäre ist das Wunder nur ein *Zeichen,* etwas Sekundäres, und noch nicht einmal unbedingt Maßstab der Heiligkeit. Allerdings gibt es in allen Religionen, die H. kennen, hier Unterschiede zwischen der theologischen Auffassung und dem Volksglauben; so sieht z. B. die kath. Volksfrömmigkeit im H.n eher den direkten Helfer als den Fürbitter bei Gott.
Lit.: Beissel 1890—92; Jeremias 1958; Klauser 1960; Lackmann 1958; Schauerte 1948.

Heiligenschein, auch *Nimbus, Gloriole,* aus nichtchristl. Quellen in die christl. Ikonographie übernommenes Element: ein Strahlenkranz, der die Gestalt, meist jedoch nur den Kopf Gottes oder eines Heiligen umgibt (seit dem 4. Jh.). Zugrunde liegt möglicherweise eine beobachtete Begleiterscheinung eines mystischen Erlebnisses, ein physisches Korrelat der → Lichtvision. S. a. → Aura.

Heiliger Rock, im Dom zu Trier aufbewahrte Reliquie, der Legende nach (bestätigt durch eine Bulle von Papst Leo X., 1515) der aus einem nahtlosen Stück bestehende Leibrock Christi, um den die Soldaten unter dem Kreuz gelost haben. Die Reliquie wird in unregelmäßigen Abständen (erstmals 1512) den Gläubigen zur Verehrung gezeigt. Während der Ausstellungen im Jahre 1844 und 1891 sollen sich zahlreiche Spontanheilungen ereignet haben. Von den Ausstellungen in unserem Jh. (1933, 1959) wurden keine derartigen Ereignisse berichtet.

Lit.: Kempf 1959.

Heilschlaf, im alten Griechenland angewandte Heilmethode. Geistesgestörte und Kranke schliefen im »Hof der Träume« des Äskulap-Tempels. Ihre Träume wurden von den Priestern, die annahmen, der Gott gäbe in diesen Träumen Anweisungen zur Heilung, gedeutet und therapeutisch verwertet. Teilweise vergleichbare Praktiken finden sich bei der Initiation nordamer. Indianer und anderer Naturvölker (der junge Noch-nicht-Krieger erfährt im Traum, durch welche Tat er sich als Krieger beweisen kann) sowie in der mediterranen und westeurop. Volksmedizin unserer Tage (hier muß oft die Nacht auf einem Menhir, dem Grab eines christl. Heiligen oder eines Marabut – ursprünglich wohl Heroengrab – verbracht werden).

Es soll auch vorgekommen sein, daß der Arzt die richtige Kur träumt (→ Galen). – Die → Analytische Ps. versteht diese Verfahren als den Versuch, dem Individuum eine positive Begegnung mit seinem Unbewußten zu ermöglichen. S. a. → Autoskopie; → Inkubation.

Heiltraum → Inkubation.

Heimfindevermögen, die Fähigkeit von Tieren, ihr Revier stets wiederzufinden; auch Tierwanderungen zu Nistplätzen (»Vogelzug«) oder Laichorten sind nur aufgrund des H.s möglich. Optische, akustische, olfaktorische und haptische Faktoren können bei der Orientierung eine Rolle spielen.

Bestimmte Meeresschildkröten schwimmen in Abständen von einigen Jahren von der brasil. Küste nach dem über 2000 km entfernten Ascension, einer Insel von nur 8 km Länge. Ein markiertes Exemplar fand »nach 4 Jahren und 4500 km« an eine Stelle zurück, die nur 200–300 m von seinem Ausgangspunkt lag. Die Biologen rechnen hier mit chemischen und visuellen Signalen (Orientierung am Sonnenstand bei Zeitempfindung aufgrund endogener Rhythmik? – Carr 1965).

Die Autoren Lindenlaub und Precht trafen folgende Versuchsanordnung: Sie brachten Mäuse aus ihrem Revier in ein Labyrinth mit verschiedenen Ausgängen. Beim Transport wurde versucht, Anhaltspunkte, die der Orientierung dienen könnten, zu eliminieren. Es wurde beobachtet, wie oft die Mäuse den Labyrinthausgang wählten, der ihrem Revier am nächsten lag. Obgleich zur Vorsicht die beobachtenden Personen nicht wußten, in welcher Richtung das Nest der Maus lag – d. h. mögliche Telepathie zwischen Versuchsleiter und Maus war ausgeschlossen –, verließen die Mäuse überzufällig das Labyrinth in der richtigen Richtung (P./L. 1954; L. 1955).

Da die Kenntnisse der Biologie über diese Orientierungssysteme noch sehr lückenhaft sind, ist es vielleicht verfrüht, bereits pps. Hypothesen in die Überlegungen einzubringen, grundsätzlich aber muß mit einer paranormalen Komponente im H. gerechnet werden. Notwendig wird die Psi-Hypothese, wenn nicht das Tier aus dem Heim gebracht wird, sondern, gleichsam umgekehrt, das Heim entfernt wird. Das ist der Fall beim Wegzug einer Familie, die das Haustier in der alten Wohnung zurückläßt. Gelegentlich finden solche Tiere den neuen Wohnort auch über große Entfernungen (→ Psi-trailing).

Heksluiters [niederländ.; Zauntürschließer], bestimmte Form des → Zweiten Gesichts in den Niederlanden, vor allem in der Provinz Gelderland: Steht in der näheren Umgebung eines entsprechend Begabten ein Todesfall bevor, dann öffnet dieser – das Ereignis vorhersehend – schlafwandelnd das Tor für den Leichenzug (vielleicht wortverwandt mit Hexe).

Hellenbach, Lazar Freiherr v. (1827–1887), österr.-ung. Philosoph und Sozialreformer. H. war ein Anhänger Schopenhauers, mit dem er durch ein Medium kommunizierte. Er differenzierte zwischen Seele und Bewußtsein; letzteres, eine Funktion des Gehirns, stirbt mit dem Tode, nicht jedoch die Seele, die als »transzendentales Sub-

Hellsehen als gesellschaftliches Ereignis. Madame Robin bei einer Séance in Leipzig 1853.

jekt« einen Metaorganismus besitzt, den → Astralleib, mit dem sie den physischen Tod überlebt. Spiritistische Phänomene betrachtete er als empirischen Nachweis dieser Auffassung. Aus der Postexistenz folgt die, im Gegensatz zum → Überleben nicht »empirisch« belegbare → Präexistenz. In der transzendentalen Natur des Menschen sieht H. auch die Grundlage für die Ethik (sein philos. System hat → Du Prel stark beeinflußt). In seiner Schrift *Die Magie der Zahlen* (1882) nahm H. teilweise Erkenntnisse der → Farbe-Ton-Forschung vorweg. – H. verfolgte Sitzungen mit → Bastian, → Eglinton und → Slade. Bei einer Séance mit Bastian (1884), an der Erzherzog Johann und Kronprinz Rudolf teilnahmen, wurde ein »Phantom« als das Medium selbst entlarvt: Der Erzherzog verfaßte daraufhin ein Pamphlet gegen den Betrüger, H. aber hielt Bastian unbewußtes Handeln in Trance zugute. – *Werke* → Bibl.

Lit.: Hübbe-Schleiden 1891; Kiesewetter 1891; Richter 1888; Tischner 1924.

Hellhören, auch Clairaudience, auditive Form der ASW; der Betreffende glaubt, etwas zu »hören«, ohne daß ein objektives akustisches Ereignis vorläge bzw. eine physikalische Schallquelle auszumachen wäre (akustische Halluzination).

Hellriechen, Geruchshalluzination, die ASW-Informationen vermittelt (→ Veridike Halluzinationen).

Hellsehen, 1. in der Umgangssprache häufig für ASW; 2. in der Pps. die Form der ASW, die definiert ist als ein paranormales Erfahren von Gegenständen oder Sachverhalten in Gegenwart oder Vergangenheit ohne Vermittlung einer fremden psychischen Organisation, d. h., Agent und Perzipient sind *eine* Person. Manche Autoren schließen dabei das gesamte Spektrum entsprechender außersinnlicher Erfahrung ein (also auch → Hellhören, → Hellriechen, spontanes paranormales Wissen usw.), andere beschränken H. auf die optische, besser quasioptische paranormale Erfahrung. → Rhine ist von der Existenz des H.s und vom Nachweis desselben überzeugt; andere Forscher meinen, bei

entsprechender Erweiterung des Telepathiebegriffs, das H. der Telepathie zuordnen zu können.
Ein theoretisch voll befriedigender Ausschluß anderer ASW-Formen durch das experimentelle Design scheint nicht möglich. Die theoretische Differenzierung der 3 ASW-Formen hatte außerordentlich elegante und diffizile Versuchsanordnungen zur Folge. Es fragt sich allerdings, ob durch das Festschreiben keineswegs exakt nachweisbarer Unterschiede nicht auch neue und nützliche Ansätze verhindert werden; 3. in der neuzeitlichen → Theosophie und → Anthroposophie die intuitive Erkenntnis hist. Zushg.e, »höherer Welten« usw.; 4. gelegentlich wird H. auch im reinen Wortsinn zur Bezeichnung eines paranormalen Phänomens gebraucht: in Dunkelheit sehen, als ob es hell wäre (Auguste → Müller). S. a. → Experimental-Metaphysik.

Lit.: Rhine 1950; Rhine/Pratt 1962; H. Schaefer 1952; Tenhaeff 1962.

Helltraum → Luzider Traum.

Helmholtz, Hermann v. (1821–1894), dt. Physiologe und Physiker, lehrte an den Universitäten Königsberg, Bonn, Heidelberg und Berlin. H. ist der wohl wichtigste Vertreter der empirischen und physikalischen Medizin seines Jh.s. Er entwarf u. a. eine Elektrizitätslehre und formulierte und begründete das Gesetz von der Erhaltung der Energie. Seelische Phänomene versuchte er unter physikalischem Aspekt zu erklären: Er entwickelte eine physiologische Theorie des Hörens und Sehens und maß die Leitungsgeschwindigkeit der Nerven. Für die Ps. sind vor allem seine erkenntnistheoretischen Arbeiten über Messen, Zählen und Wahrnehmung von Bedeutung.
Der Pps. stand H. schroff ablehnend gegenüber. Nach → Barrett soll er geäußert haben: »Weder die Zeugnisse aller Mitglieder der Kgl. Akademie der Wiss.en, noch das Zeugnis meiner eigenen Sinne würden mich auch nur von der Gedankenübertragung überzeugen.« (Zit. n. Bender 1974: 113.) Die ihm angetragene Untersuchung des Mediums → Slade lehnte er ab *(Psychische Studien* 1878).

Helmholtz-Schule, Bewegung in der Nachfolge von → Helmholtz: antiidealistisch, antireligiös, antivitalistisch; bei strengem Kausaldenken vertrat sie die These, Struktur und Verhalten lebender Organismen seien ausschließlich physikalisch-chemisch beschreibbar. Das »Bekenntnis« der H.-Sch. formulierten 1842 die Physiologen Ernst Wilhelm Ritter v. Brücke (1819 bis 1892), einer der Lehrer Freuds, und Emil Du Bois-Reymond (1818–1896):

»Im Organismus sind ausschließlich die elementaren physikalischen und chemischen Kräfte am Werke. Die gegenwärtig noch ungeklärten Phänomene müssen entweder mit der physikalisch-mathematischen Methode in ihrer spezifischen Funktion erforscht oder es müssen neue Kräfte definiert werden. Diese müssen den der Materie inhärenten, chemisch-physikalischen Kräften ebenbürtig und auf die Vorgänge der Anziehung und Abstoßung reduzierbar sein ...« (M. Wertheimer 1971: 69.)

Helmont, Jan (Johann) Baptist(a) van (1577 bis 1644), fläm. Arzt, Philosoph und Naturwissenschaftler. Bekannt wurde er vor allem durch seine chemischen Untersuchungen von Gasen (er führte den Namen *Gas* für den dritten Aggregatzustand ein). Zusammen mit seinem Sohn Franciscus Mercurius (1614–1699), der sich als Naturforscher, Kabbalist und Philosoph (er beeinflußte Leibniz' Monadenlehre) einen Namen machte, versuchte H., eine Synthese von Alchimie und Theosophie herzustellen.

Lit.: Giesecke 1908; Strunz 1907.

Hemisomnambulismus, Bezeichnung → Richets für die Spaltung der Persönlichkeit bei → Automatisten; z. B. kann in manchen Fällen die eine Hand den Text der → Personifikation A schreiben, die andere gleichzeitig den von B, und das Medium sich, scheinbar bei Normalbewußtsein, während der Niederschrift der beiden »Diktate« noch unterhalten.

Henochisch, eine unbekannte, geheimnisvolle Sprache, die im esoterischen Schrifttum gelegentlich erwähnt wird. → Dee soll sie beherrscht haben, → Crowley publizierte einige Texte auf H. – Vielleicht stellt das H.e eine Parallele zum »Martischen« der Helene → Smith dar.

»Madariatza das perifa Lil cabisa micaolazoda saanire caosago of fifia balzodizodarasa iada. Nonuca gohulime: micama adoianu mada faods beliorebe, soba ooanoa cabisa luciftias yaripesol, das aberaasasa tofejilo marebe pereryo Idoigo od torezodulape...«

»O ihr Himmel, die ihr lebt in der ersten Luft, ihr seid mächtig in den Teilen der Erde und führt das Gericht der höchsten aus. Euch ist es gesagt: Sehet das Antlitz eures Gottes, der Anfang der Tröstung, dessen Augen sind der Glanz der Himmel, der für euch bereitet hat die Herrschaft der Erde und ihre unaussprechliche Vielfalt...« (Deacon 1968, zit. n. Cavendish 1974: 83; aus den Anrufungen Dees an die Engel.)

Henslow, George (1834–1926), engl. Botaniker, Geistlicher und Spiritist, arbeitete vor allem über → Psychofotografie und → Psychometrie. – *Werke* → Bibl.

Hepatoskopie → Leberschau.

Hereinragen einer Geisterwelt in die unsere, oft gebrauchtes Schlagwort zur Erklärung paranormaler Phänomene; es geht auf den Untertitel des Buches von → Kerner zurück: *Die Seherin von Prevorst. Eröffnungen über das innere Leben des Menschen und über das Hereinragen einer Geisterwelt in die unsere* (1829).

Hermann Joseph von Köln, auch (nach dem Begräbnisort) H. J. von Steinfeld (1150 bis 1229), christl. Visionär. Bemerkenswert ist vor allem eine musikalische Audition: H. J. verehrte besonders die hl. Ursula und ihre 11 000 Jungfrauen; eine dieser 11 000 war ihm beim Verfassen einer Hymne zu Ehren der Jungfrauen *(O vernantes Christi Rosae...)* behilflich. Da es aber auch mit dem Komponieren nicht so recht gelingen wollte, sang der Chor der Jungfrauen ihm so lange vor, bis er die Melodie niedergeschrieben hatte.

Weitere Beispiele geoffenbarter »Engelsmusik« enthält die um 850 entstandene *Musica disciplina* des Aurelius Reomensis; s. a. → Rolle.

Lit.: Benz 1969: 421 f.; Görres 1927: 123 f.

Hermas, christl. Schriftsteller um die Mitte des 2. Jh.s, Bruder von Papst Pius I., einer der sog. Apostolischen Väter sowie der letzte »freie«, ämterlose Prophet (d. h. ohne Weihen, kein Priester) der Kirchengeschichte. Seine Gesichte, die er nicht direkt von Gott, sondern angeblich durch vermittelnde Engel u. a. Wesenheiten erhielt, bezogen sich auf die Zukunft der Kirche. Der von ihm in Rom verfaßten oder redigierten apokalyptischen Bußpredigt *Der Hirt* wurde zeitweise eine ähnliche Bedeutung beigemessen wie den Büchern des N. T.

Hermes Trismegistos [griech.; der dreifach größte Hermes], um die Zeit Christi eingeführter griech. Name des ägypt. Gottes der Weisheit, der Schrift und der Zahlen *Thot.* H. T. gilt im Späthellenismus als Autor religiöser und magisch-wiss. Offenbarungen sowie als geistiger Vater der Alchimie.

Astrolog., magische, alchimistische, medizinische und philos. (über Korrespondenzen und Sympathie) Schriften wurden dem H. T. zugeschrieben und spielten eine bedeutende Rolle im → Gnostizismus und im Christentum bis hin zur Renaissance. Auch heute berufen sich manche esoterischen Gruppen noch auf H. T. oder gebrauchen Ausdrücke der hermetischen Lit.

Lit.: Festugière 1944–54, 1967; Hartlaub 1959; Mead 1964; Yates 1964.

Hermetisch, 1. auf → Hermes Trismegistos verweisender Begriff. H. heißen Schriften, die aus dem ersten vor- und den beiden ersten nachchristl. Jh.en stammen, von der Kultur des hellenistischen Alexandrien getragen sind und ägypt., jüd., neuplatonisches und christl. Gedankengut zusammenfassen: Die wesentlichen Themen dieser Bücher sind Astrol., Alchimie, Medizin, Talisman- und Amulettkunde. Im späten

MA. nannte man neu verfaßte Schriften zu diesen Themen ebenfalls h., um den Eindruck von Quellentexten hervorzurufen; 2. im heutigen Sprachgebrauch hat sich, über die Alchimie vermittelt, h. zur Bezeichnung eines luft- und wasserdichten Verschlusses erhalten; 3. außerdem verwendet die Lit.wiss. den Begriff als lit. Kategorie, vor allem im Sinne von »unzugänglich«, verschlüsselt.

Hermetisches Gefäß, auch *Vas Hermetis,* aus der Alchimie übernommener Ausdruck; in der → Analytischen Ps. Symbol für eine Individuationsstufe; kann in Träumen und Phantasien durch ein Zeichen wie Kochtopf, Kessel, Ei, Retorte usw. vertreten sein (Harding o. J.: 333 f.). In der symbolischen Deutung nach Jung steht das Gefäß makrokosmisch für die Einheit der Elemente, für die gesamte Schöpfung, und mikrokosmisch für den Menschen als ein Gefäß, in dem die zersprengte Psyche gesammelt und geeint wird.
In Fortführung dieses Deutungsansatzes könnte man z. B. einen Topf, der im Rahmen eines Spukereignisses herumfliegt oder zerstört wird, als Zeichen des Widerstands gegen die → Individuation interpretieren.

Hesychasmus [von griech. *hesychia;* Ruhe], ostkirchliche Praxis mystischer Frömmigkeit mit dem Ziel, »das ungeschaffene Licht der Gottheit zu schauen«. Dieses »ungeschaffene Licht« sahen die Hesychasten (Mönchssekte, die sich auf Johannes Hesychastes, 454—559, zurückführt und im 14. Jh. auf dem Athosberg residierte) in dem Licht, das Jesus auf dem Berge Tabor umgab, und schrieben ihm eine dauernde göttliche Wirkungsweise zu. Außerdem behaupteten sie, dieses Licht wahrnehmen zu können, wenn sie, mit gesenktem Haupt in völliger körperlicher und seelischer Ruhe verharrend und bestimmte Gebetsformeln wiederholend, das Auge starr auf den Nabel gerichtet hielten *(Omphaloskopie,* »Nabelschau«). Seit 1351 ist das »ungeschaffene« Taborlicht (»göttliche Energie«) Dogma der griech.-orthodoxen Kirche.
Lit.: Ammann ²1948.

Heteroskopie, innere, von manchen Somnambulen berichtete Fähigkeit, paranormal die inneren Organe anderer Menschen zu sehen und in einer Art medialen Diagnose krankhafte Veränderungen dieser Organe beschreiben zu können, auch → *Xenoskopie* (→ Autoskopie).

Heterosuggestion, Suggestion, die von einer anderen Person ausgeht (Gegensatz: → Autosuggestion). Man ist jedoch der Ansicht, daß die H. lediglich eine Sonderform der Autosuggestion ist, d. h., nur eine H., die akzeptiert wird, kann wirken; gegen den Willen des Betreffenden vermag sie nichts auszurichten. S. a. → Hypnose.

Heuristik [von griech. *heurisko;* finden], Lehre von den wiss. Methoden; Erfindungskunst. Nicht bewiesene und sogar nicht beweisbare oder widerlegbare Hypothesen können von heuristischem Wert sein, indem sie z. B. Anregungen für eine bestimmte Versuchsanordnung geben. So gehören Spiritismus, Theosophie, okkulte Systeme u. ä. zwar nicht zur Pps., doch sind die von diesen weltanschaulichen Richtungen vertretenen Lehren und Ansichten auch für die pps. Forschung zumindest von heuristischem Interesse.

Hexenprozesse → Hexenwesen.

Hexensalbe → Hexenwesen.

Hexenwaage, bei der Wahrheitsfindung in Hexenprozessen verwandtes Gerät. Bekannt wurde die bis 1754 in Gebrauch gewesene H. zu Oudewater: Mit ausdrücklichem Privileg Karls V. wurde die Stadtwaage in Prozessen als H. eingesetzt. Man schätzte das Gewicht der Beschuldigten, dann wog man sie, wurden sie dann »zu leicht befunden«, machte man ihnen den Prozeß (vgl. → Wasserprobe). — Du Prel zog Parallelen zu mediumistischen Erschei-

Die berüchtigte Hexenwaage von Oudewater (Holland).

nungen der → Gewichtsveränderung: »Auch hier hat der Aberglaube nur in der Erklärung geirrt, nicht aber bezüglich der Tatsache« (D. P. I 1905: 5).

Hexenwesen, Sammelbegriff für den Glauben an bestimmte zauberische Fähigkeiten mancher Frauen, seltener Männer. Bereits in der Antike und im vorchristl. Norden Europas belegt. Die vor allem im angelsächsischen Raum verbreitete Hypothese, im H. habe sich der Rest einer vorindogermanischen mutterrechtlichen Kultur erhalten, wie sie z. B. von der engl. Ägyptologin Margaret A. Murray (1863–1963) vertreten wurde, trägt nicht weit. Denn ungeachtet seiner vorchristl. Wurzeln und seiner außereurop. Parallelen weist das europ. H. deutlich christl. Einfluß auf, vor allem als Projektionsmöglichkeit für die Schattenseiten des Christentums, zu denen auch die Frauen- und Sexualfeindlichkeit in bestimmten Bereichen der christl.-jüd. Kultur zählen. Der mittelalterliche Glaube an ein organisiertes H. mit dem Satan an der Spitze ist zumindest für Mitteleuropa als männliche Projektion verdrängter Ängste und Wünsche zu betrachten. Im Gedanken des Hexensabbaths *(synagoga diabolica)* kommt noch eine antisemitische Komponente hinzu. Zwar gibt es in der Gegenwart in England und in den USA ein ritualisiertes H., es scheint aber nicht an frühe Religionen oder Frauen-Geheimbünde anzuknüpfen. Normalerweise geht es um einzelne Hexen: Frauen, die als zauberisch begabt gelten, die Liebeszauber üben, das Wetter beeinflussen, Stallspuk auslösen, die Ernte verderben u. ä. m. Stets ist dabei eine sexuelle Komponente im Spiel.

Die Verbreitung des Hexenglaubens nach der Erfindung des Buchdrucks führte zu nachgerade massenhysterischen Hexenverfolgungen, vor allem zwischen 1500 und 1700, vereinzelt seit dem 13. Jh. (z. B. eine Hexenverbrennung in Toulouse bereits 1275), bis in spätere Zeit (die letzten offiziellen Hinrichtungen waren in Spanien 1781, Schweiz 1782, Deutschland 1793, Peru 1888). Dem *Hexenprozeß* lagen i. allg. die Vorwürfe der Teufelsbuhlschaft *(crimen exceptum)* und der Zauberei *(crimen magiae)* zugrunde. – Die oft erwähnte *Hexensalbe,* mit der sich Hexen eingerieben haben sollen, ehe sie die Fahrt zum Versammlungsplatz ihrer Genossinnen antraten, scheint, wie Selbstversuche von → Kiesewetter, → Peuckert u. a. nahelegen, ein Psychopharmakon gewesen zu sein, das u. a. Flughalluzinationen hervorrief. Manche den Hexen vorgeworfene Praktik und vor allem Phänomene, die beim peinlichen Verhör (Folter) und bei sog. Hexenproben (→ Wasserprobe, → Hexenwaage) auftraten, können im Licht der Pps. als mediumistische Phänomene verstanden werden (Du Prel 1905).

Manche Autoren, die an eine Erblichkeit paranormaler Begabung glauben, vermuten, durch die Hexenprozesse seien ASW-begabte Bevölkerungsteile mehr oder weniger ausgerottet worden (Geley 1926).

Heutzutage ist der Hexenglaube noch immer ein ernstzunehmendes psychohygienisches Problem (die zeitgenössische engl. Hexenbewegung hat sogar ihre eigene »Göttin« – Aradia); der Pps. kommt dabei aufklärerische Funktion zu.

Lit.: Baroja 1967; Baschwitz 1963; Becquer 1922; Biedermann 1974; Bodin 1580; Cauzons 1922; Gardner 1965; Hansen 1901; Hole 1957; Hughes 1952; Kiesewetter 1889; Kittredge 1928; Leland 1899; Michelet 1863; Murray 1921, 1933; Riegler 1896; Soldan/Heppe 1912; Summers 1926; Yve-Plessis 1900.

Hieromantie, auch *Hieroskopie* [griech.; Opferschau oder Schau des Heiligen], 1. in der Antike Weissagung nach Betrachtung der Eingeweide von Opfertieren (→ Haruspices); 2. im theologischen Sprachgebrauch das → Charisma, eine Reliquie von anderen, »profanen« Gegenständen unterscheiden zu können. Von manchen Parapsychologen wird die Fähigkeit mit der → Psychometrie in Verbindung gebracht.

High-scorer, aus dem Engl. übernommener Fachausdruck, bezeichnet eine Vp. mit ungewöhnlich hoher Trefferzahl im quantitativen Experiment. Entsprechende Versuche bzw. Versuchsreihen werden, ihrer großen Seltenheit wegen, in der pps. Lit. mit dem Namen der Vp. bezeichnet, z. B. die → Achtert-Zutz-AASW-Experimente.

Hildegard von Bingen (1098–1179), Heilige; Benediktinerin, Visionärin und Dichterin. Diese auch als Naturwissenschaftlerin bedeutende erste dt. Mystikerin wurde bekannt durch ihre Gesichte, von denen sie mit Hilfe eines Mönchs und einer Nonne im Laufe von 10 Jahren 26 niederschrieb; so entstand das berühmte »Scivias« (eigtl. *Sci vias seu visionum ac revelationum libri III,* »Wisse die Wege [des Herrn] oder Drei Bücher über Gesichte und Offenbarungen«), eine Dogmatik in Bildern, die auch prophetische, vor allem apokalyptische Teile enthält. Der paranormale Gehalt der Weissagungen wurde früher hoch veranschlagt (vgl. Arnim 1849), erscheint aber heute eher fraglich. – Bemerkenswert sind Texte von ihr in einer unbekannten »Sprache«, in der sie angeblich die Engel hat singen und sprechen hören. Eine philologische Analyse dieser Texte steht noch aus (vgl. Helene → Smith; → Henochisch).

Lit.: Schipperges 1963.

Hilfsgeister, nichtmenschliche feinstoffliche oder spirituelle Wesenheiten, die einen bestimmten Platz in der kosmischen Hierarchie einnehmen und die sich der Mensch durch bestimmte (magische) Prozeduren derart dienstbar machen kann, daß sie ihm behilflich sind, ein bestimmtes Ziel zu erreichen. Die Vorstellung findet sich im → Schamanismus, aber auch im neuzeitlichen Okkultismus (z. B. die »Meister« in der → Theosophie und die sog. Geisterärzte, die Heilern, z. B. → Arigó, bei ihren Operationen zur Seite stehen).

Himmelsrichtungen, die Nordsüdorientierung ohne Kompaß – eine Fähigkeit der meisten Zugvögel, für die die Biologie keine allgemein akzeptierte Erklärung hat – soll auch einigen Sensitiven ohne Sonnenstandsbeobachtung oder vergleichbare Hilfen möglich sein; so z. B. dem Major Philippi, einer Vp. → Reichenbachs.

Hineinsehen, Tendenz und Möglichkeit, in Zufallsformen oder toten Gegenständen bei Leugnung ihrer Zufälligkeit Sinn und Gestalt zu sehen; ein assimilierender oder identifizierender Prozeß, oft Motiv zur künstlerischen Gestaltung. – Pps. relevant ist das H., wo es paranormalen Wissenserwerb demonstriert: Das kann geschehen beim Deuten von Wolkenbildern, bei der Interpretation von gegossenem Blei oder bei Formen der Hydromantie. – Das H. ist eine Voraussetzung für die projektiven Tests der ps. Diagnostik, z. B. für den Rorschach-Test.

Hitchcock, Ethan Allan (1798–1870), amer. General, der sich im Ruhestand vor allem mit alchimistischen Studien und den Werken → Swedenborgs beschäftigte. In seinem Buch *Remarks upon Alchemy and the Alchemists,* 1857 (»Bemerkungen zur Alchimie und den Alchimisten«), sieht er, wie später Jung, in der Alchimie eine Vorläuferin der Ps. Nach H.s Ansicht ist der einzige wahre Gegenstand der Alchimie der Mensch, die geschilderten chemischen Prozesse seien lediglich symbolische Umschreibungen der Läuterung der Seele (→ Individuation; → Hermetisches Gefäß).

Hithlahabuth [hebr.; Brennen], das raumzeitlose Gottumfangen; die Inbrunst der Ekstase chassidischer Mystiker, »über der Natur und über der Zeit und über das Denken« (Buber 1916).

»Wenn ein Mensch die ganze Lehre und alle Gebote erfüllt hat, aber die Wonne und das Brennen hat er nicht gehabt: wenn der stirbt und hinübergeht, öffnet man ihm das Paradies, aber weil er in der Welt die Wonne nicht gefühlt hat, fühlt er auch die Wonne des Paradieses nicht.« (Ebd.: 2.)

Besonders ausgeprägte Formen chassidischer Ekstase waren der Tanz und das (Automatische) Singen des Zaddik (des Heiligen); auf der höchsten Stufe aber entgleitet der Entrückte der eigenen Inbrunst und erscheint »erkaltet«: »Wenn man dahin kommt, wird man alles Wesens los und kann nicht mehr entbrennen.« (Ebd.: 6). – H. ist einer der wenigen religiösen Termini, die der → Chassidismus hervorgebracht hat.

Hitler, Adolf (1889–1945); psychopathologische Deutungsversuche der Persönlichkeit des nationalsozialistischen »Führers« stimmen weitgehend in der Annahme paranoischer oder paranoider Züge überein, vermögen aber nicht, seinen Aufstieg und die von ihm ausgegangene Faszination zu erklären. → Ehrenwald ist der Ansicht, »solange wir die pps. Dimensionen nicht berücksichtigen, muß eine Beurteilung seiner Persönlichkeit unvollständig bleiben« (1974: 23). Ehe sich H. der Politik zuwandte, hatte er sich eine Zeitlang mit Mystizismus und Okkultismus beschäftigt, und im Dunstkreis des Nationalsozialismus finden sich geförderte okkult-magische Gruppen und Vereinigungen neben verfolgten Sensitiven und Okkultismusforschern. (Ein – völlig abwegiges – Gerücht will wissen, daß H. und Rudi → Schneider die gleiche Amme hatten.) Ehrenwald geht davon aus, daß H. echte paranormale Erfahrungen hatte, die er als Bestätigung seines Weges durch die »Vorsehung« empfand. Darüber hinaus versucht Ehrenwald, H.s Handlungen überhaupt im Bild einer Psi-Manifestation zu begreifen. Allerdings: »Wie weit hier ein nachweisbarer Psi-Faktor hereinspielte, bleibt Sache der Spekulation.« Im Fall H. war »Psi weit mehr als ein harmloses, im Laboratoriumsversuch erzeugtes Kunstprodukt, ein Spiel mit Chi-Quadraten und statistischer Signifikanz. Psi war wieder in seine archaische Urform umgeschlagen und zur Hexerei, Schwarzen Magie und Dämonologie geworden. Welten trennten es von dem Wunsch einer Versuchsperson nach möglichst vielen Treffern bei ASW-Experimenten oder von dem aus unbewußten Quellen gespeisten, schlafwandlerischen Schöpfungsakt des Künstlers.« (Ehrenwald ebd.: 34.)

Hitze, magische → Gtummo.

Hochfrequenzfotografie → Kirlian-Fotografie.

Hodgson, Richard (1855–1905), austral.-amer. Jurist, frühes Mitglied der S.P.R. und ein gefürchteter Entlarver betrügerischer Medien, seit er 1884 in Adyar (Indien) zeigte, daß die paranormalen Manifestationen um Mme. → Blavatsky normale Betrügereien waren: So hatten z. B. die »Schreine«, in die die »Meister« ihre Botschaften legen sollten, eine kaschierte Öffnung an der Rückseite! Dem unbewußten Betrug, der Wahrnehmungstäuschung und der (unbewußten) Erinnerungsverfälschung widmete H. weitere Arbeiten. Von der Echtheit paranormaler Phänomene wurde er erst überzeugt, als er in den Jahren nach 1887 in der A.S.P.R. arbeitete und dabei vor allem die Untersuchungen der Phänomene um Mrs. → Piper, sein eigentliches Lebenswerk, leitete.

Die Überzeugung von der Echtheit der paranormalen Phänomene der Mrs. Piper gewann H. durch ein beeindruckendes persönliches Erlebnis: Er hatte 1878 Australien verlassen, weil die Eltern seiner Jugendliebe nicht in die Ehe einwilligten. Durch Mrs. Piper, die wie niemand aus seiner Umgebung von diesen privaten Dingen wissen konnte, teilte ihm dieses Mädchen seinen Tod mit; die Nachricht erwies sich als wahr. Gegen sein Lebensende hin scheint H. selbst sensitive Fähigkeiten entwickelt zu haben, und nach seinem Ableben gab sich eine der → Kontrollen Mrs. Pipers als der verstorbene H. aus: Merkwürdige Dialoge entwickelten sich zwischen William → James – der bei der Untersuchung des Falls Piper H.s Freund geworden war – und dieser Kontrolle. James rügte einmal die Handschrift bei einer durch → Automatisches Schreiben gewonnenen Botschaft. »Hodgson« antwortete: »Hm, hm, William! Erinnerst Du Dich, wie ich Dir einmal schrieb, als Du krank warst? Margaret [James' Tochter] mußte Dir lesen helfen – Du schriebst mir, es sei eine abscheuliche Schrift, und Du hofftest, ich würde einem kranken Freund künftig lesbarer schreiben. Wie habe ich darüber gelacht!« James bestätigte diesen Briefwechsel und andere Vorkommnisse; er gewann den Eindruck, nicht nur mit der Tiefenperson der Mrs. Piper zu kommunizieren, konnte sich aber nicht dazu entschließen anzunehmen, der verstorbene H. sei tatsächlich sein Dialogpartner. – *Werke* → Bibl.

Lit.: Baird 1949; W. James 1909.

Hoffmann, Ernst Theodor Wilhelm, nannte sich Amadeus (1776–1822), Schriftsteller, Komponist und Zeichner, ursprünglich Jurist (Kammergerichtsrat), ein Hauptvertreter der dt. Romantik. Stellte in seinen Märchen und Erzählungen sowie in seiner Oper *Undine* (1816) realistische Alltagswelt und Geisterwelt als unmittelbar nebeneinander existierend und ineinander übergehend dar; z. B. in *Die Elixiere des Teufels* (1815/16), *Nachtstücke* (1817) und *Klein Zaches genannt Zinnober* (1819). *Der Magnetiseur* (1813) und *Der unheimliche Gast* (1818) zeigen Beziehungen zu → Schuberts *Ansichten von der Nachtseite der Naturwissenschaft* (1808).

Lit.: Negus 1965; Ochsner 1936; Watts 1972; v. Wolzogen 1922.

Hohenwarter, Peter (1894–1969), österr. Theologe und Naturwissenschaftler; nahm u. a. an ca. 100 Sitzungen mit dem Medium → Silbert teil und untersuchte → Nielsen. 1958 gründete er an der Wiener Katholischen Akademie eine Arbeitsgemeinschaft für Parapsychologie (AGP). – *Werke* → Bibl.

Holismus [von griech. *holos;* ganz], von dem südafrikan. General und Staatsmann Jan Christian Smuts (1870–1950) begründete »Ganzheitslehre«, ein Weltbild, das zwischen Vitalismus und Mechanismus vermittelnd in ganzheitlicher Betrachtungsweise alles Geschehen, also auch die physikalischen Phänomene, auf biologische Ursachen zurückführt (»metabiologisches Prinzip«).

Lit.: Haldane 1936; Meyer-Abich 1948; Smuts 1938.

Holland, Mrs., Pseudonym von Alice Kipling Fleming (1868–1948), engl. Schreibmedium, Schwester des Schriftstellers Rudyard Kipling; Mrs. H. schrieb, meist im Wachzustand, automatische Gedichte. Einige der → Kommunikatoren, die sich –

nachdem Mrs. H. 1903 Myers' Buch *Human Personality* gelesen hatte – durch sie meldeten, behaupteten, die verstorbenen → Gurney, → Myers und → Sidgwick zu sein. Diese bis 1910 anhaltende Produktion gehörte teilweise zu den → Kreuz-Korrespondenzen. Sie erhält dadurch einen besonderen Stellenwert, daß Mrs. H. zunächst in Indien lebte und sich von dort aus in die Kreuz-Korrespondenz »einschaltete«, ehe sie später in London Mitglieder der S.P.R. kennenlernte.
Lit.: A. Johnson 1907/09; 1910 a–c.

Holligen, Schloß bei Bern (Schweiz), über das die Sage allerlei Spukhaftes zu berichten weiß. Eine Expertenkommission – die Professoren Philipp Friedrich Beck (1768–1821, Pharmazeut), Friedrich Trechsel (1716–1849, Physiker, Mathematiker) und Christian Schenk (1781–1834, Mechaniker) – untersuchte 1816 »das sonderbare Geschelle zweier Glöckchen« in H., das vom 31. 7. bis zum 3. 8. mit Unterbrechungen andauerte, auch nachdem die Glockenschnüre durchtrennt worden waren. – Der Schweizer Erzähler Jakob Frey (1824–1875) hat den »Glögglispuk« in seiner Erzählung *Die Waise von Holligen* (1863) wieder aufgegriffen. – 1928 erklang noch einmal 3 Tage lang ein unerklärliches Läuten in H.
Lit.: Volmar 1969: 5–45.

Hollis (-Billing), Mary J., amer. Medium. H. besuchte 1874 und 1880 England und hielt da Séancen ab. Ihre Manifestationen waren → Direkte Stimme, → Direkte Schrift (gelegentlich mittels einer materialisierten Hand), Objektbewegungen, Levitation des Mediums, Phantom-Materialisationen; H. befand sich während der Ereignisse im Dunkelkabinett, meist aber nicht in Trance.
Lit.: Wolfe 1874.

Holzer, Hans (* 1920), österr. Schriftsteller, lebt in New York als Leiter des Forschungsprogramms des Committee for the Investigation of Paranormal Occurences. In populären Büchern beschäftigt sich H. mit Erscheinungen (die er mehrfach fotografiert haben will), Spuk und der Rekonstruktion hist. Tatbestände durch den Einsatz von Sensitiven: So will er z. B. auf diese Weise gezeigt haben, daß der österr. Kronprinz Rudolf 1889 in Mayerling einem Mordanschlag zum Opfer fiel; Indizien sind ihm die Aussagen eines Mediums, die Erscheinung einer → Weißen Frau, → Extras auf Fotografien u. a. m. (Holzer 1970: 199–230). – *Werke* → Bibl.

Home, Daniel Dunglas (1833–1886), das bedeutendste PK-Medium neuerer Zeit, seine Mutter gehörte einer Familie an, in der das → Zweite Gesicht erblich war. Nach eigener Aussage war der Schotte H. ein illegitimer Sohn des 10. Earls of Home. Er war oft leidend, erst mit 6 Jahren lernte er Gehen, vorübergehend zeigten sich bei ihm Lähmungen, Gedächtnisschwund und Nervosität. Seine Jugend verbrachte er in den USA; zwei Visionen mit paranormalen Informationen (jeweils ein Fall von → Abmelden) werden aus früher Zeit berichtet. Erst nach der Pubertät kamen die paranormalen Fähigkeiten zum Durchbruch. Die Manifestationen begannen mit Raps, es folgten, noch in den USA, weitere Phänomene (Direkte Musik, Levitation). 1855 kehrte H. nach England zurück, und nun begann seine große Zeit als Medium: Er produzierte – bei Tageslicht! – nahezu alle bekannten paranormalen Phänomene; meist schien er dabei im Wachzustand zu sein, und nur bei wenigen Manifestationen (Elongation, Levitation, Feuerunempfindlichkeit) war H. offenbar in Trance.
1858 heiratete er in St. Petersburg Alexandrina Gräfin von Kroll, eine Kusine → Aksakows; Dumas war Trauzeuge, Tolstoi der Brautführer. Er bereiste Italien, Frankreich, Rußland; gekrönte Häupter baten ihn um Séancen, Papst Pius IX. empfing ihn in Privataudienz (H. konvertierte zum Katholizismus, machte aber seine Ankündigung, in ein Kloster zu gehen, nicht wahr), und in Baden-Baden gab er eine Sitzung für den späteren Kaiser Wilhelm II. – Einmal setzten, von »Geistern«

angekündigt, H.s parapsychische Fähigkeiten für ein Jahr aus. Gelegentlich beobachtete er bei seinen Sitzungen das erst später beschriebene Phänomen des → Psi missing, d. h., in Gegenwart bestimmter Personen blieben die Manifestationen aus oder waren gestört. Ab 1871 wurde H. vor allem von → Crookes beobachtet, der die Untersuchungen meist bei Licht im eigenen Laboratorium durchführte. Vor allem wurden zwei Erscheinungen immer wieder überprüft: das plötzliche Spielen von Instrumenten (z. B. eines Akkordeons, das mehrfach die Melodie *Home, sweet Home* erklingen ließ), ohne daß diese manuell bedient wurden, und Gewichtsveränderungen bei Gegenständen und Menschen. Crookes verbürgte sich außerdem als Zeuge für drei Levitationen H.s (einmal auf einem Stuhl sitzend) und zweier Levitationen einer anderen Person. – Die häufigsten Materialisationen waren Hände; Crookes berichtet, daß einmal, während er H.s Extremitäten kontrollierte, ihm eine kleine, wohlgestaltete Hand aus einer Tischplatte heraus eine Blume reichte (= Verbindung von Materialisation und Apport). ASW-Phänomene werden von H. nur wenige behauptet, aber auch sie sind eindrucksvoll: Raps-Botschaften enthielten paranormale Informationen. Besonders bemerkenswert ist folgender Fall:

»Er sprach in Hartford bei Leuten, die er zum erstenmal sah, von einer kleinen, in graue Seide gekleideten Dame, die er flüchtig erblickt habe und die offenbar ein Gespenst sei, da sie aus der Welt der Lebenden abgeschieden sei. Dann hörte H. eine Stimme, die ihm sagte: ›Es mißfällt mir, daß ein anderer Sarg auf den meinigen gestellt wurde; ich werde dies nicht dulden.‹ Er verstand die Bedeutung dieses rätselhaften Satzes nicht. Als die Gesellschaft am anderen Tage zum Kirchhof ging, um das Grab der in graue Seide gekleideten Dame zu besuchen, sagte der Wächter, während er den Schlüssel in das Schloß des Grabgewölbes steckte: ›Verzeihen Sie mir; da über dem Sarg der gnädigen Frau noch etwas Platz war, haben wir gestern den Sarg des Kindes von L. dorthin gestellt. Wir hatten nicht die Zeit, Sie zu benachrichtigen.‹« (Richet 1923: 121 f.)

D. D. Home in Levitation, umgeben von umherfliegenden Gegenständen. (Zeitgenössischer Stich.)

Am berühmtesten unter den behaupteten Phänomenen ist ein von mehreren Personen bezeugter »Flug« aus dem Fenster im dritten Stock eines Hauses und die Rückkehr durch ein anderes Fenster am 13. 12. 1868. Manche Autoren vermuten dabei eine echte Levitation, andere einen Trick (Balancieren auf dem Fenstersims o. ä.), eine dritte Gruppe, zu der → Moser zählt, glaubt an eine mentalsuggestiv erzeugte Kollektivhalluzination. – Betrug wurde H. nie nachgewiesen. Allerdings legte der Dichter Robert Browning, dessen Ehefrau Elizabeth Barrett B. (1806–1861) Spiritistin war, in dem wohl auf H. gemünzten Gedicht *Mr. Sludge, the Medium* den Betrugsverdacht nahe. Auch Charles Dickens bezichtigte ihn mancher Manipulation. Solche Vorwürfe schadeten zwar H.s Ruf in der zeitgenössischen Öffentlichkeit; im Urteil der Pps. aber zählt H. bis heute zu den größten Medien, die je von Parapsychologen untersucht wurden.

H. verfaßte mehrere Bücher; am bekanntesten davon wurde *Incidents in My Life* (1863), zu dem der engl. Schriftsteller Robert Chambers (1802–1871) das Nachwort *(Connection of Mr. Home's Experiences with Those of Former Times)* schrieb. – *Werke* → Bibl.

Lit.: Bormann 1909; Burton 1944; Crookes 1871, 1889/90; Dunraven 1925; de Gloumeline Home 1888, 1890; Metternich 1920; Perovsky-Petrovo-Solovovo 1930/31; Tischner 1925.

Homöopathie [von griech. *homoios;* ähnlich, und *pathos;* Krankheit], durch → Hahnemann begründetes, von der Schulmedizin (Allopathie) nicht unbedingt anerkanntes Heilverfahren. Nach dem Prinzip, daß Gleiches mit Gleichem behandelt werden soll, erhält der Patient kleine Dosen von Substanzen, die in höherer Dosierung gerade die zu behandelnden Krankheiten hervorrufen würden.

Homunkulus [lat.; Menschlein], künstlich erzeugter Mensch. Schon in der Antike findet sich der Glaube, durch Schmelzung von Metallen ließe sich ein H. [griech. *anthroparion*] gewinnen. 1773 soll der Österreicher Johann Ferdinand Graf v. Kufstein zusammen mit einem Abbé Geloni im alchimistischen Laboratorium Homunkuli erzeugt haben, und der Philosoph J. J. Wagner hielt noch 1841 eine künftige Menschwerdung durch Kristallisation für möglich.

Anweisungen zur Herstellung eines H. raten, die Überreste eines Toten sorgfältig zu sammeln und auf bestimmte Weise zu kochen: Im Rauch oder Wasserdampf soll das neue Wesen bildhaft sichtbar werden bzw. leibhaftig wiedererstehen. (Diese Prozedur erinnert an Schilderungen von der Entstehung mancher → Materialisationen.) Die in Goethes *Faust II* beschriebene Erzeugung eines H. folgt Paracelsus' Anleitung in *De generatione rerum naturalium* (»Über die Erzeugung der natürlichen Dinge«).

Lit.: Dessoir 1917: 218; Eis 1967.

Hoene-Wronski, Josef Maria (1776–1853), poln. Philosoph und Erfinder; entwickelte einen religiös-philos. Messianismus, für den vor allem gnostizistische und kabbalistische Elemente kennzeichnend sind. Zu seinen bedeutendsten Schülern und Anhängern zählten Charles Baudelaire und → Lévi. S. a. → Polnischer Messianismus.

Hope, William (1863–1933), ein engl. Tischler, der als Psychofotograf Aufsehen erregte. Immer wieder des Betrugs bezichtigt – obwohl H. nicht für Geld »fotografierte« – hielten namhafte Forscher seine Leistungen dennoch für paranormal.

Lit.: Barlow/Doyle 1923; Barlow/Rampling-Rose 1933; Barrett 1924; H. Price 1922.

Hopfgarten, über den Spuk von H. wurde am 19. 4. 1921 vor einem Schöffengericht in Vieselbach (Thüringen) verhandelt. Der Angeklagte wurde beschuldigt, seine Stiefmutter mittels »hypnotischer Beeinflussung« geschädigt zu haben. Erwiesen scheint, daß in der Umgebung der schwerkranken Stiefmutter nach den angeblichen Hypnoseversuchen psychokinetische Erscheinungen (Bewegungsphänomene, Raps) auftraten; bis zu 12 Polizeibeamte waren Zeugen der Vorkommnisse. Die Patientin starb bald darauf; vielleicht kann deshalb der Spuk als → Sterbebettphänomen betrachtet werden.

Lit.: Kaufmann 1970: 112 f.; Walther 1962: 251.

Horoskop [griech.; Stundenseher], astrol. Schema der Gestirnskonstellation zu einem bestimmten Ort und Zeitpunkt; in der Regel die Geburtsstunde und der Geburtsort dessen, über den der Astrologe Aussagen (Schicksal, Charakter betreffend) machen soll (→ Astrologie); älteres Synonym *Nativität,* in neuerer Zeit *Kosmogramm.* In eingeschränktem Sinn bezeichnet H. nur den *Aszendenten,* das Tierkreiszeichen, das in der Geburtsminute am Osthorizont aufsteigt; das Schema der Konstellation wird, um es davon abzusetzen, dann *Radix-H.* genannt. – Das älteste bekannt gewordene H. stammt aus dem 5. Jh. v. Chr. (Babylonien).

In neuerer Zeit ist das H. meist ein Kreis, aus den Zeichen des Zodiaks bestehend, in den Sonne, Mond, Planeten, Aspekte und Häuser eingetragen werden. (Zeitungs-»Horoskope«, die lediglich den Sonnenstand in einem Tierkreiszeichen zugrunde legen, sind somit keine H.e in streng astrol. Sinn.)

Das Erstellen eines H.s ist ein regelhafter Vorgang, bei dem keine Möglichkeit einer paranormalen Leistung gegeben ist; anders die Ausdeutung: Hier mag gelegentlich bei sensitiven Astrologen das H. zum → Psychischen Induktor werden. Dabei mag es von Bedeutung sein, daß das H. ein → Mandala bildet.

Horst, Georg Conrad (1767–1838), evang. Theologe, der sich als Gelehrter mit dem Okkulten und Magischen auseinandersetzte. Seine *Dämonomagie* (1818) ist ein erster Versuch, eine Geschichte der Hexenprozesse zu schreiben. 1821–26 erschien in Mainz in 6 Teilen die *Zauberbibliothek oder von Zauberei, Theurgie und Mantik, Zauberern, Hexen und Hexenprozessen, Dämonen, Gespenstern und Geistererscheinungen. Zur Beförderung einer rein-geschichtlichen, von Aberglauben und Unglauben freien Beurtheilung dieser Gegenstände.* Mit zahlreichen Abb.en versehen legt H. in diesem Werk eine z. T. kommentierte Anthologie alter Manuskripte und Schriften zu Magie und Aberglauben vor: Berichte antiker Autoren, Hexenprozeßakten, Legenden über Vampirismus, Protokolle über → Pordage und → Leade, Luthers Diabologie und Dämonologie, einschlägige Texte der Kirchenväter, → Grimoires, Faustbücher, den Fall → Loudun, verschiedene Spuk- und Besessenheitsfälle, astrol. Schriften u. a. m. (mit 55 Seiten Register!). – Seine 1830 erschienene *Deuteroskopie* [griech.: Zweites Gesicht] ist eine dokumentierte Sammlung von Prophezeiungen und Wahrträumen, der noch Lehmann (1908: 263) großes Lob zollte.

Hostie, blutende → Blutwunder.

Houdini, Harry (1874–1926), Taschenspieler, Entfesselungskünstler. Wie es H. gelang, seine Fesseln – z. B. mehrere Paar Handschellen – abzustreifen, blieb ungeklärt. → Doyle hielt ihn sogar für ein Medium, das nur als Taschenspieler auftrat und sich, gefesselt, dematerialisierte, um sich, der Fesseln ledig, wieder zu rematerialisieren (vielleicht auch die Fesseln de- bzw. rematerialisierte?). Die Entfesselung selbst wurde nie beobachtet, sondern fand unter Wasser oder in verschlossenen Kisten bzw. Räumen statt. Die jüngste Theorie geht dahin, daß H. den Schlüssel zu den Handschellen verschluckte, ihn durch → Rumination wiedergewann und sich dann mit seiner Hilfe befreite.

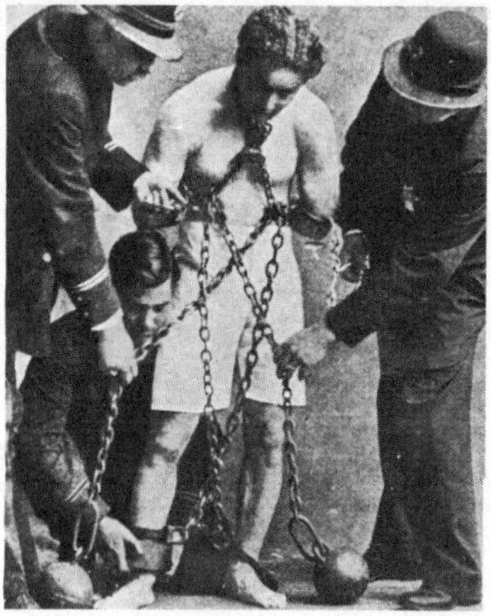

Der Entfesselungskünstler Houdini wird von Betrugsexperten untersucht.

Mit der Pps. kam H. mehrfach in Berührung. 1924 war er Mitglied eines Komitees, das die Zeitschrift *The Scientific American* einberufen hatte mit dem Ziel, ein psychokinetisches Medium zu beobachten, dessen Leistungen dann mit 2500 Dollar honoriert werden sollten. Außer H. gehörten u. a. → Carrington und → McDougall der Prüfungskommission an. Die Kandidatin war »Margery« (→ Crandon). Trotz etwa 80 Sitzungen konnten die Beobachter, nicht zuletzt beeinflußt durch H.s Mißtrauen gegenüber der Echtheit der Erscheinungen

(H. hatte bereits mehrere »Medien« als Betrüger entlarvt), sich nicht entschließen, die auftretenden Phänomene für paranormal zu erklären. – Mit seiner Frau verabredete H. ein kompliziert codiertes Schlüsselwort: Sollte nach seinem Tod durch ein Medium eine Botschaft von ihm kommen, so sollte dieses Wort (»Rosabelle believe!«) die Echtheit des Vorgangs bezeugen. Die Botschaft kam durch → Ford. Die Witwe H.s bestätigte die Echtheit, widerrief aber später. (Ein Beweis für die spiritistische Hypothese kann auf diese Weise sowieso nicht erbracht werden: Das Schlüsselwort braucht nämlich nicht vom Verstorbenen zu kommen, sondern kann einem Lebenden, hier der Witwe, »abgezapft« worden sein; → Abzapfen.)

Lit.: Doyle 1930; Ernst/Carrington 1932; Kellock 1928; Rauscher/Spraggett 1975.

Howitt, William (1792–1879), engl. Autor, Bahnbrecher des engl. Spiritismus. In H.s Familie traten, bei seiner Frau, seinen Kindern und H. selbst, automatistische und paranormale Phänomene (ASW und PK) auf. – *Werke* → Bibl.

Lit.: Howitt-Watts 1883.

Hübbe-Schleiden, Wilhelm (1846–1915), dt. Forschungsreisender und Kolonialpolitiker, Jurist; zeitweilig Besitzer eines Handelskontors in Westafrika, kam über die ind. Theosophie zum Okkultismus und gab von 1886–96 die Zeitschrift *Sphinx* heraus, zu deren Mitarbeitern u. a. Dessoir, Kiesewetter und Du Prel zählten. 1884 war H.-S. in Elberfeld Mitbegründer der dt. Theosophischen Gesellschaft.

Hudson, Thomson Jay (1834–1903), amer. Schriftsteller. H. entwickelte in seinem Buch *The Law of Psychic Phenomena*, 1893 (»Das Gesetz der psychischen Phänomene«) eine Theorie, nach der der Mensch über 2 Bewußtseinssysteme verfügt. Die Wechselbeziehung zwischen diesen beiden Systemen soll jene Phänomene erklären, die nach spiritistischer Ansicht von den Geistern Verstorbener bewirkt werden.

Hufeland, Christoph Wilhelm (1762–1836), dt. Arzt, Freimaurer und Okkultist. Er war nicht nur ein bekannter und erfolgreicher Arzt (er behandelte u. a. Schiller und Wieland), sondern auch ein populärer Autor. Sein bekanntestes Werk: *Makrobiotik oder Die Kunst, das menschliche Leben zu verlängern* (1796). Dabei versteht er Makrobiotik [von griech. *makrobiotes;* der Langlebige] nicht als bloße Diätvorschrift, sondern in einem umfassenderen psychohygienischen Sinn. – In der Therapie akzeptierte H. auch nichtorthodoxe (volksmedizinische) Verfahren und die Anwendung des animalischen → Magnetismus.

Hugo, Victor (1802–1885), einer der bedeutendsten und einflußreichsten Dichter Frankreichs im 19. Jh., Führer der frz. Romantik, für dessen Ästhetik die Bedeutung des Grotesken, Häßlichen und Unheimlichen (→ Gothic novel) wesentlich ist. – Den Dichter betrachtete H. als *Seher.* Er glaubte an die Wiedergeburt und besaß kabbalistische Kenntnisse. Bekannt wurden seine Erfahrungen mit einem »sprechenden Tisch« (so der damalige Ausdruck): H. lebte, da er sich politisch mißliebig gemacht hatte, in der Verbannung auf der Insel Jersey. 1853 besuchte ihn dort seine todkranke Freundin de Girardin, um Abschied von ihm zu nehmen. Sie erzählte von Tischphänomenen und animierte die Gesellschaft, es auch mal mit dem Tischrücken zu versuchen. Nach mehreren Fehlschlägen kamen durch Tischbebewegungen und Klopfen sinnvolle Botschaften zustande, die teilweise auch ASW-Informationen enthielten (scheinbar Kontakte zu H.s verstorbener, ertrunkener Tochter). Die Experimente wurden bis 1855 fortgesetzt; es scheint, daß Charles Hugo, Sohn H.s und selbst Dichter, wenn auch von geringer Bedeutung, als »Medium« anzusehen ist. Erstaunlich sind Verse und Prosa, die der Tisch buchstabierte: Sie sind z. T. von einer Qualität, die Charles H. bei Normalbewußtsein nie zustande brachte. Es scheint, daß H. an der Produktion irgendwie beteiligt war, auch wenn er bei manchen dieser Sitzungen gar nicht im Raum weilte. S. a. → Cao-Dai.

Lit.: Amadou 1952; Poortman 1952; Richet 1923; Saurat 1929, 1951; Simon 1923; Viatte 1942.

Hugo von Lincoln († 1200), Heiliger, Bischof. → Görres berichtet eine Geschichte aus H.s Leben, »die Züge der Glaubwürdigkeit aufweist« (1927: 577):

»Am Tage, wo er nach erhaltener Weihe [1186] in seinem bischöflichen Sitze angekommen, kam auch ein Schwan, den man zuvor nie dort gesehen, angeflogen, tötete alle Schwäne, die er um ein nahes Schloß her vorgefunden, binnen wenig Tagen, und ließ nur einen weiblichen übrig, den er sich beigesellte. Er zeigte sich nur allein dem Bischof vertraut und zahm, nahm Brosamen aus seinen Händen, versteckte seinen Kopf mit dem langen Halse in seine weiten Ärmel wie sonst im Wasser, und blieb Tag und Nacht bei ihm wie ein treuer Schutzwächter. Ging der Bischof auf Reisen, dann flog er zum Teich zurück; die Rückkehr des heiligen Mannes aber verkündete er dann meist drei oder vier Tage zuvor durch Hin- und Herfliegen, Schreien und andere ungewöhnliche Bewegungen, so daß die Diener zueinander zu sagen pflegten: Laßt uns alles in Ordnung bringen, der Bischof wird bald zur Stelle sein. Bei seiner letzten Rückkehr vor seinem Tode ging er ihm aber nicht entgegen, konnte auch von den Dienern nur mit Mühe herbeigeführt werden und ließ, als er ihn sah, kein Zeichen von Freude und Vertraulichkeit blicken, sondern mit hängendem Kopfe sich krank stellend ging er trauernd davon. Er blieb aber nach dem Tode H.s noch viele Jahre im Schlosse.« (Görres 1927: 143; s. a. → Tierparapsychologie.)

Hunde; Mythologie und Folklore kennen Beispiele für die Gabe der H., Geister wahrzunehmen (*Odyssee* 16, 160; Grimm 1965: 533); in zahlreichen Spukberichten findet sich die Mitteilung, ein Hund habe offensichtlich auf etwas Unsichtbares reagiert. – ASW-Fähigkeiten bei H.n untersuchten vor allem russ. Forscher, so → Bechterew. H. mit andressierten »paranormalen« Leistungen traten häufig in Varieté und Zirkus auf (z. B. der »gedankenlesende« Schäferhund Mars des sowjet. Dompteurs Durow; Asra und Kurwenal, die »sprechenden H. von Weimar«, die nach einem bestimmten Code Buchstaben bellten und so Fragen zu beantworten vermochten). – H. als umherlaufende Materialisationen wurden in den Sitzungen von Haxby, einem engl. Medium der 70er Jahre des vorigen Jh.s, gesehen. S. a. → Chris; → Haggard; → Rolf.

Lit.: Moser 1950.

Huneke, Ferdinand (1891–1966), dt. Arzt, entwickelte zusammen mit seinem Bruder Walter (* 1897) die Neuraltherapie, ein nicht in die Schulmedizin integriertes Heilverfahren, bei dem Injektionen (Impletol) in alte Narben oder am Ort früherer Verletzungen blitzartig akute Krankheitszustände beheben (sog. *Huneke-* oder *Sekunden-Phänomen)*, ohne daß ein Zushg. zwischen der früheren Verletzung und dem gegenwärtigen Zustandsbild ersichtlich wäre. Ein Placebo-Effekt erscheint ausgeschlossen, da das H.-Phänomen auch in der Tiermedizin behauptet wird. – Möglicherweise gibt es Beziehungen zwischen Neuraltherapie und Akupunktur. – *Werke* → Bibl.

Lit.: Dosch 1970, 1972.

Hung-Siu-ts'-uen, chin. Prophet des 19. Jh.s. Der ehemalige Dorfschullehrer war der Anführer des sog. Taiping (»Großer Friede«)-Aufstandes (1849–66). Seine Berufung erfuhr er 1837 während einer Krankheit durch Himmelsentrückungs-Visionen. H. betrieb christl. Mission, ließ sich selbst aber nicht taufen, sondern erklärte sich zum jüngeren Bruder Christi, ranggleich dem Dalai-Lama und den Kaisern von China und Japan. Angeblich soll H. die Gabe der Präkognition besessen haben.

Lit.: Sykes 1863.

Hurkos, Peter (* 1911), niederländ. Sensitiver; seine Begabung zeigte sich zum ersten Male nach einem Unfall H.s 1941. Vor allem bei der Suche nach Vermißten waren seine Angaben wiederholt hilfreich. Auch präkognitive Aussagen von ihm konnten verifiziert werden. Die Polizei verschiedener Länder bediente sich seiner Fähigkeiten bei Ermittlungen, so z. B. in einem Bostoner Mordfall (*Strangler murder case*); Scotland Yard rief ihn, als 1951 der schott. Krönungsstein aus Westminster Abbey (mit dem PK-Phänomene verbunden sein sollen) verschwunden war – er wurde mit H.' Hilfe wiedergefunden. – *Werke* → Bibl.

Husk, Cecil (1847–1920), engl. Sänger, Medium. Soll eindrucksvolle psychokinetische Leistungen gezeigt haben; er arbeitete unter mehreren → Kontrollen, deren Guide John → King war. Berühmt wurde ein Experiment, bei dem ein Armreif, der zu schmal war, um über die Hand gestreift zu werden, vom Arm des Versuchsleiters verschwand und sich plötzlich am Arm H.s befand.
Lit.: Wyld 1884.

Huter, Carl (1861–1912), dt. Arzt, Begründer der sog. »Naturell-Lehre«, einer Konstitutionstypologie, die ein psychisches, ein physikalisches und ein chemisches Naturell (auch Empfindungs-, Bewegungs-, Ernährungsnaturell gen.) unterschied und von H. zu einem System medizinischer und charakterologischer Diagnostik, die sich auf Körperbau, Kopfform und Physiognomie stützte, ausgebaut wurde. H.s Hauptwerk trägt den Titel *Menschenkenntnis durch Körper-, Lebens-, Seelen- und Gesichtsausdruckskunde* (5 Bde., 1904–06).
Lit.: Kupfer 1958.

Huxley, Aldous (1894–1963), engl. Schriftsteller, vorübergehend vom Buddhismus beeinflußt. Pps. interessant sind u. a. sein hist. Dokumentarbericht *Die Teufel von Loudun* (1955) und sein essayistischer Report über Selbstversuche mit Mescalin *Die Pforten der Wahrnehmung* (1954). – *Werke* → Bibl.

»Alles was man von Dingen wie geistigen Heilungen und Gebetserhörungen sagen darf, ist, daß Gott sie, genau wie andere natürliche psychophysikalische Phänomene, zuläßt. Wie seit undenklichen Zeiten erwiesen, besitzen wir umfassende Kräfte, die weit über die im Alltagsleben verwendeten hinausgehen. Sie wurden zu allen Zeiten und in allen Ländern ausgebeutet durch Medien, Heiler, Propheten, Medizinmänner, Magier, den Hatha-Yoga übende Yogis und andere komische Käuze, wie es sie in jeder Gesellschaft immer gab und geben wird. Im Laufe der letzten zwei oder drei Generationen wurden einige Anstrengungen gemacht, diese Kräfte und die Bedingungen, unter denen sie sich manifestieren, zu erforschen ... Wenn Menschen, die unter den keineswegs inspirierenden Laboratoriumsbedingungen arbeiten, hellseherisch Vorwissen oder Vorgriffe auf noch Zukünftiges tätigen, ja gar das Fallen des Würfels durch rein psychische Schwingungen beeinflussen können, dann haben wir entschieden kein Recht, im Falle gleicher Phänomene ein direktes Eingreifen Gottes zu beschwören, nur weil sie in einer Kirche oder unter Begleitung religiöser Riten geschehen. Die großen Mystiker machten immer einen scharfen Unterschied zwischen dem ›Psychischen‹ und dem ›Geistigen‹ ...« (H. in Isherwood 1963: 132.)
Lit.: Zaehner 1960.

Hydesville, Ortschaft im Staat New York, USA. 1846 fühlte sich ein gewisser Michael Weakman in seiner Wohnung in H. durch unerklärliche Geräusche belästigt und zog deshalb aus. Wohnungsnachfolger wurde 1847 der Farmer John D. Fox (die Vorfahren hießen Voss, später Foss), methodistischer Konfession, mit seiner Frau und den Töchtern Margaret (eigtl. Margaretta, 1838–93) und Kate (eigtl. Catherine, 1841–1892). Von den Vorfahren wird bereits Parapsychisches berichtet, eine der Urgroßmütter war somnambul. In der neuen Wohnung wurde eine dritte Tochter, Leah, geboren († 1890). Kurz vorher setzten unerklärliche Störungen ein: Geräusche, Schritte, Bewegungen von Gegenständen. Am 31. 3. 1848 entdeckte ein Besucher, Isaak Post, daß die Klopfgeräusche sinnvoll gesteuert schienen: Es gelang, ein *Klopfalphabet* zu entwickeln, eine bestimmte Anzahl von → Raps bezeichnete bestimmte Buchstaben. Diese »Erfindung« ist die Geburtsstunde der spiritistischen Bewegung in der modernen westlichen Welt, der Ursprung des geradezu epidemischen Tischrückens, das bis ins 20. Jh. hoch im Kurs stand, und ein wesentlicher Anstoß zur Entwicklung der wiss. Pps.

Als Ursache der Geräusche bekannte sich in

den Raps-Mitteilungen ein Händler namens Charles B. Rosma; man habe ihn im Alter von 31 Jahren seines Geldes wegen ermordet und im Keller begraben. Tatsächlich fanden sich 1848 im Keller Skelettreste. In der Folge will man noch oft unerklärliche Geräusche gehört haben; aber erst 1904 erfolgte die vollständige Bestätigung für die Untat: Kinder spielten im mittlerweile unbewohnten Haus, als plötzlich eine Kellermauer einstürzte; es zeigte sich, daß sie keine tragende Wand war: Zwischen ihr und der eigentlichen Kellerwand fand man ein kopfloses Skelett. Fox schickte nach dem Fund von 1848 Margaret zu einer verheirateten Schwester nach Rochester, Kate zu Freunden in eine benachbarte Ortschaft: die Raps begleiteten beide Kinder. Die Auftritte der Mädchen erregten weithin Aufsehen (erst wiss. Untersuchung 1852), vergleichbar der Diskussion um den animalischen → Magnetismus um 1780. Die Bewegung, die rasch eine spiritistische Ideologie entwickelte, wurde wesentlich durch die »Bekehrung« des Senators und Richters → Edmond gestärkt. Alle Fox-Geschwister arbeiteten als Berufsmedien, am bekanntesten wurde Kate, verh. Jencken, wiederverh. Mrs. Sparr, die auf Einladung → Aksakows in Rußland Séancen abhielt, in England sich → Crookes für Untersuchungen zur Verfügung stellte und in gemeinsamen Sitzungen mit Mrs. → Guppy und → Home auftrat. Die Karriere der Fox-Geschwister als Medien verlief allerdings nicht ohne Skandale: Betrügerische Manipulationen wurden nachgewiesen, »Geständnisse« abgelegt und widerrufen; die heutige Pps. nimmt dennoch an, daß zumindest am Anfang echte paranormale Manifestationen standen.

Lit.: Der erste dt. Bericht erschien in Magikon V, *1852; Mattiesen 1936 I: 161 ff.*

Hygiene, psychische → Psychohygiene.

Hylomantie [von griech. *hyle;* Wald, Materie], von → Bleuler statt → Psychometrie vorgeschlagen: paranormaler Wissenserwerb mit einem toten Gegenstand als → Psychischem Induktor.

Hylozoismus [von griech. *hyle;* Materie, und *zoe;* Leben], von dem engl. Philosophen Ralph Cudworth (1617–1688) zur Bezeichnung der frühen griech. Naturphilos. geprägt; Cudworth selbst vertrat einen H., der Lebensfunktionen und seelisches Geschehen im anorganischen Bereich behauptete. – Einschlägige Vermutungen finden sich auch im Okkultismus (z. B. in einer esoterischen Gesteins- und Minerallehre) und neuerdings gelegentlich bei der Deutung von → Kirlian-Fotografien toter Gegenstände.

Hypalgesie, auch *Hypoalgesie* [von griech. *algesia;* Schmerz], verminderte Schmerzempfindlichkeit. Sie trat manchmal bei den Gefolterten der → Hexenprozesse auf und galt seinerzeit als ein nicht normales, Gott oder dem Teufel als Urheber zugeschriebenes, menschliches Vermögen. Gegensatz: *Hyperalgesie,* gesteigerte Schmerzempfindlichkeit, z. B. bei bestimmten Nervenerkrankungen.

Hyperästhesie, Überempfindlichkeit, vor allem der Sinnes- und Gefühlsnerven. Gegensatz: *Hypästhesie, Hypoästhesie.* – Es ist manchmal schwierig, zwischen H. und ASW zu unterscheiden: H. bezeichnet eine periphere, aber sinnlich vermittelte Wahrnehmung, ASW eine Erfahrung eigener Art. Kritiker der Pps. versuchten immer wieder und mit z. T. gewagten Konstruktionen, die Fälle der ASW-Kasuistik als H. zu interpretieren, so z. B. wenn jemand lediglich aufgrund des Geruchs unter 50 oder 60 Personen den Besitzer eines Handschuhs herausfinden konnte, oder wenn schon am Ausgangsort kaum hörbar akustische Signale über kilometerweite Entfernungen vernommen wurden. Nach Ansicht der Pps. bleibt aber ein unbezweifelbarer Rest an ASW-Phänomenen. → Baerwald schlug vor, das Hellsehen als eigenständiges Phänomen aufzuheben und die entsprechenden Fälle als Telepathie oder H. zu betrachten.

A. N. Chowrin, Oberarzt an der Irrenanstalt Tambow, legte 1898 eine Arbeit über »Hyperästhesie der höheren Sinnesorgane« vor (dt. 1919; der Übersetzer → Schrenck-Notzing spricht im Titel von »räumlichem Hellsehen«!). Die Patientin, die Chowrin 1892–94 untersuchte, war eine 32jährige Hysterica: Ihre linke Körperhälfte war in jeder Hinsicht anästhetisch, rechts war die Sensibilität erhöht, vor allem der Tastsinn des Mittelfingers der rechten Hand; bei allmählicher Farbenblindheit des Auges entwickelte sich eine optische H. der Hand, die, auch im Dunkeln, Farben erkennen konnte. Suggerierte man der Patientin, auf einem leeren Blatt Papier sei eine Abbildung, so vermochte sie dieses Blatt Papier später aus einer Reihe anderer Blätter herauszufinden. Sie »las«, nach Chowrin, aufgrund des Tastsinns den Inhalt verschlossener Briefe (bei gefaltetem Blatt!). Chowrin stand den Hypothesen des Okkultismus mißtrauisch gegenüber, doch mittlerweile ist man der Ansicht, daß H. eine unzulängliche Erklärung der Phänomene seiner »mustergültigen Untersuchung« (Baerwald) ist; wahrscheinlich liegt ASW vor.

Lit.: Baerwald 1926; Chowrin 1919; Moser 1974; 217–20, 412–20; Tischner 1927.

Hyperbulie [griech.; übersteigerter Willensdrang], im medizinisch-ps. Sinn ganz allgemein ein krankhafter Betätigungsdrang. In der Pps bezeichnet H. (etwa bei Moser 1974: 210) die Erweiterung der Möglichkeiten des Willens, z. B. die Hervorbringung und Kontrolle organischer Veränderungen durch Suggestion in der Hypnose, die Phänomene der Stigmatisation u. ä.

Hypermnesie [von griech. *mnesis;* Erinnerung], überentwickeltes Erinnerungsvermögen, z. B. übernormale Gedächtnisleistung in der → Hypnose.

Hypnagogische Halluzinationen, auch *H. Täuschungen,* optische Trugwahrnehmungen kurz vor dem Einschlafen. Die entsprechenden Halluzinationen kurz vor dem Erwachen werden nach → Myers *Hypnopompische Visionen* genannt.

Lit.: Leaning 1925.

Hypnogog [griech.; zum Schlaf führend], Bezeichnung für den halbwachen Zustand vor dem Einschlafen, das → Prädormitium.

Hypnose [von griech. *hypnos;* Schlaf],

Der Hypnotiseur. (Stich von Daniel Chodowiecki.)

hetero- oder autosuggestiv bewirkte Ausschaltung des normalen Wachbewußtseins; das Bewußtsein wird eingeengt, teils herabgesetzt, teils sensibilisiert. Die H. ist durch erhöhte Suggestibilität gekennzeichnet; Sinnestäuschungen und motorische Blockaden können auftreten. Entsprechend der »Tiefe« der Hypnose unterscheidet man verschiedene Stadien. – Die H. wird in der medizinischen Therapie angewandt: In der Psychotherapie und statt Narkose bei chirurgischen Eingriffen (erstmals in neuerer Zeit 1845 durch den engl. Arzt → Esdaile). Die physiologischen Grundlagen der H. sind trotz zahlreicher Untersuchungen nach wie vor ungeklärt. → Charcot sah in der Hypnose eine artifizielle Hysterie. Tiefenps. gesehen erscheint die H. als Reaktualisation einer frühen Erfahrungsstufe: Der Hypnotisierte sieht im Hypnotiseur eine Elternfigur, der er kindlich vertrauensvoll begegnet, d. h. er ist suggestibel. Das Individualitätsgefühl wird gemindert, der Hypnotisierte regrediert auf eine infantile Stufe und versucht, sich mit der

Elternfigur zu identifizieren: Das Ergebnis ist der hypnotische Rapport. In diesem Zushg. ist die Hypothese wichtig, ASW sei in der Eltern-Kind-Beziehung häufiger als bei der Kommunikation zwischen Erwachsenen.

In seltenen Fällen scheinen in H. spontan ASW-Informationen zutage zu treten. Systematische Untersuchungen, in jüngster Zeit vor allem durch → Rýzl, haben gezeigt, daß in Hypnose ASW trainiert werden kann, auch bei Vpn, die noch nie paranormale Erfahrungen hatten (Mischo 1963). Allerdings steht eine Bestätigung der Rýzlschen Versuche durch andere Experimentatoren noch aus; unter den älteren Forschern dieser Richtung ist → Ochorowicz zu nennen.

Die Beziehungen zwischen H. und Pps. gehen bis in die Zeit des animalischen → Magnetismus zurück. Letzterer ist ein Vorläufer der H. mit durchaus okkultem Charakter. In der Weiterentwicklung über → Braid (der 1843 das Wort H. prägte) bis ins 20. Jh. wurde die H. ein reines Suggestivverfahren und damit aus der Pps. ausgegrenzt. → Richet hatte an diesem Prozeß mit einer frühen Arbeit (1875) entscheidenden Anteil. »Der Hypnotismus interessiert die Pps. nur durch die Steigerung der → Kryptästhesie« (Richet 1923: 36). Dieser Meinung wird neuerdings von einigen Forschern widersprochen.

Nach der derzeit vorherrschenden Ansicht aktualisiert die H. *im* Individuum vorhandene Vermögen (Suggestibilität) – nach Ansicht der Magnetiseure werden in der H. der Vp. Kräfte von *außen* zugeführt. Moser (1974: 237 ff., 329 u. ö.) fragt, ob hier nicht ein qualitativer Unterschied besteht: Reine Suggestionsh. wäre pps. tatsächlich nur von geringem Interesse; vielleicht aber enthält die H. einen »okkulten Rest« des animalischen Magnetismus, den die Pps. ans Licht bringen könnte. Für einen solchen Rest spricht auch, daß offensichtlich die *Person* des Hypnotiseurs und nicht die erlernte *Technik* einen Einfluß auf den Hypnotisierten ausübt, der über die gegebenen Suggestionen hinausgeht (z. B. der therapeutische Effekt der → Passes *mancher* Hypnotiseure); vielleicht darf hier an eine mentalsuggestive Überlagerung der Verbalsuggestion gedacht werden.

Lit.: Alrutz 1921/22, 1924; Bramwell 1896/97; Dingwall 1967/68; Düsterbehn/Schaumberger 1972; Edmunds 1961; Gurney 1884 a, b, 1888/89 b; Honorton/Krippner 1969; v. Loon/Thouless 1926/28; Moll ⁴1907; Myers 1886/87 b; Rhine 1965; Rýzl 1971, Rýzl/Rýzlova 1962; Stokvis 1947; Stoll 1904; Wassiliew 1965.

Hypomnesie [griech.], lückenhafte Erinnerung.

Hyponoische Mechanismen, von dem dt. Psychiater Ernst Kretschmer (1888–1964) gewählte Bezeichnung für »erhalten gebliebene phylogenetische [stammesgeschichtliche] Unterstufen«, die in der Schizophrenie und bei herabgesetzten Bewußtseinszuständen auftreten sollen (vgl. Atavistische Regression unter → Atavismus).

Hypnopompische Visionen → Hypnogogische Halluzinationen.

Hypnos [griech.; Schlaf], griech. Gott des Schlafs, Zwillingsbruder des *Thanatos* (Tod), Sohn der *Nyx* (Nacht) und Vater des → *Morpheus* (Traumgott). H. hat selbst Macht über Zeus, den er gegen dessen Willen einzuschläfern vermag (Homer, *Ilias* 14, 231 ff.).

Hypotaxie, mittlerer Grad der → Hypnose, charakterisiert durch → Katalepsie und Befehlsautonomie, ohne posthypnotische → Amnesie.

Hyslop, James H. (1854–1920), amer. Philosoph, Psychologe und Parapsychologe, der u. a. auch in Leipzig studierte. H. war ein persönlicher Freund von William → James. Seine Hauptforschungsgebiete waren die multiple Persönlichkeit, die Besessenheit (er glaubte, daß echte Besessenheit nur sehr selten vorkommt) und die Frage des persönlichen → Überlebens, die er unter philos. und ps. Aspekten betrachtete. Nach 16 Sitzungen mit Mrs. → Piper beantwortete er die Frage, ob er glaube, mit den Geistern Verstorbener gesprochen zu haben oder mit Teilpersönlichkeiten des Unbewußten der Sensitiven, so: »Ich ziehe es vor zu glauben, daß ich mit meinen toten Verwandten in Person gesprochen habe, das ist einfacher.« – Auch nach seinem Tod soll H. spiritistischer Ansicht zufolge noch für die Überlebenshypothese eingetreten sein: als einer der Kommunikatoren der → Kreuz-Korrespondenzen.

1904 versuchte H. ein American Institute for Scientific Research aufzubauen; zwei Abteilungen waren vorgesehen: Die eine sollte die Ps. des Abnormen untersuchen, die andere sich dem Paranormalen widmen. Nur die zweite Abteilung konnte eingerichtet werden – die heute bekannte → A.S.P.R., deren Präsident H. von 1907–20 war. Sein Sohn George H. H. (* 1892), ein angesehener Psychiater, war ebenfalls viele Jahre Präsident der Gesellschaft. – *Werke* → Bibl.

Lit.: Ford 1972; G. H. Hyslop 1950; Tubby 1929.

Hysterie [von griech. *hystera;* Gebärmutter], Krankheit, die sich in körperlichen und seelischen Störungen manifestiert, ohne daß organische Ursachen erkennbar wären (umgangssprachlich: »nervöse« Störungen); die H. wird auf unbewußte seelische Konflikte zurückgeführt. Von der Antike bis zum 12. Jh. und vereinzelt bis in die Gegenwart hielt man, wie der Wortstamm auch zeigt, die H. für ein typisches Frauenleiden. In der heutigen Psychotherapie wird der Begriff der H. nicht einheitlich gebraucht, manche Autoren lehnen seine Verwendung völlig ab. Die Symptomatik der »klassischen« H. (wie sie → Charcot beobachtete) ist heute völlig verschwunden: Kennzeichnend für die H. ist ein imitierend theatralisches Moment; der Patient ahmt Leiden nach, z. B. zu einer Zeit, wo epileptische Anfälle häufig zu beobachten waren, imitierten Hysteriker auch oft den epileptischen Anfall. Weitere klassische Symptome sind (hysterische) Blindheit, Taubheit, Lähmung. Charcot verstand die H. als ein Produkt von quälenden Vorstellungen, die nicht bei Normalbewußtsein, sondern in hypnoiden Zuständen erworben wurden. – → Klages sprach vom *hysterischen Charakter* zur Kennzeichnung solcher Persönlichkeiten, die durchweg zu hysterischen Reaktionen neigen. – Die Kasuistik der H. weist Fälle auf, bei denen es naheliegt, daß paranormale Informationen die hysterische Reaktion auslösten oder dem Ablaufmuster der Reaktion zugrunde liegen (darauf verwies bereits → Schleich im Zushg. mit der hysterischen → Schwangerschaft).

Manche geistigen Epidemien, charakterisiert durch seelische Ansteckung, Panik oder andere Affekte, reduzierte Urteilsfähigkeit und erhöhte Suggestibilität der einzelnen werden von manchen Autoren als *massenhysterische Erscheinung* bezeichnet. Einige dieser Epidemien sind durch Okkultgläubigkeit gekennzeichnet. In diesem Sinn zeigte der → Geller-Effekt massenhysterische Symptome, die allerdings in manchen Fällen latente psychokinetische Fähigkeiten aktualisiert zu haben scheinen.

Lit.: Janet 1892; Jaspers ⁸1965.

Hysteron-Proteron [griech.; das Spätere (ist) das Frühere], ein nicht erlaubter Kunstgriff in der Logik, ein Scheinbeweis, dem ein erst noch zu beweisender Satz zugrunde liegt. – Der Physiker Percy W. Bridgman (1882–1961) erhob gegen die quantitative pps. Forschung den Vorwurf, zunächst würde Nichtzufälliges konstatiert, und dann erst auf ein Ursächliches, nämlich die Psi-Funktion, geschlossen (B. 1956). – In der Tat muß der statistischen Arbeit eine sinnvolle Hypothese vorausgehen, die aber mittels der qualitativ gewonnenen Ergebnisse formuliert werden kann (→ Phänomenologische Methode).

I

Iatromant [griech.; Seherarzt], Bezeichnung des griech. Dichters Aischylos (525–456 v. Chr.) für Apollon; → Empedokles, der sich magischer Künste und prophetischer Gaben rühmte, nannte sich selbst einen I.en. Ein I. betont die Vorrangstellung von Prognostik und Prophylaxe gegenüber der Therapie.

Ibn Chaldun, Abd ar Rahman (1332–1406), arab. Gelehrter, dessen geschichtliche, geographische, politische und ethnographische Schriften wesentliche soziologische und geschichtsphilos. Erkenntnisse unserer Zeit vorwegnehmen. – Mehrfach äußerte er sich zu pps. Fragen, z. B.:

»Der Seher sagt oft die Wahrheit, und das stimmt dann mit der Wirklichkeit überein. Aber oft sind seine Worte voll Falschheit, denn er ergänzt seine Mängel durch Fremdes und gar nicht mit seiner Wahrnehmung Übereinstimmendes. So mischen sich bei ihm Wahres und Falsches, und er ist nicht zuverlässig. Oft nimmt er Zuflucht zum Raten und zu Hypothesen, weil er im Wunsch nach übernatürlicher Perzeption sich selbst und diejenigen betrügt, die seinen Rat suchen.« (Zit. n. Berendt 1972: 41.)

Ich, das Subjekt allen Wollens und Denkens; das sich seiner selbst bewußte menschliche Individuum; eine, wie manche vermuten, stammesgeschichtlich erst spät sich entwickelnde psychische Instanz.

Es gibt zahlreiche theologische, philos. und ps. I.-Theorien. Für die Geschichte der Pps. von Bedeutung ist die von → Oesterreich (gegen → Wundt) in seiner *Phänomenologie des Ich* (1910) entwickelte monadologische Seelenlehre: Sie führt zu anderen Deutungen der Automatismen, Spaltungsphänomene usw. als üblich. Von weitreichendem Einfluß wurde Freuds I.-Lehre: Er betrachtete das I. als eine psychische Instanz neben → Über-I. und → Es, von diesen beiden anderen Instanzen abhängig, aber in relativer Autonomie zwischen ihnen vermittelnd; ein System von bewußten und unbewußten Funktionen. Bewußte I.-Funktionen sind Wahrnehmung, Erinnerung, Denken usw., unbewußte die → Abwehr gegenüber Es bzw. Über-I. und die Bewältigung der Außenwelt (I.-Triebe). Wo → Janet eine »Verdoppelung der Persönlichkeit« sah und → Dessoir vom »Doppel-I.« sprach, sieht Freud *einen* Konflikt, der *im I.* ausgetragen wird. Nur wenn zwei Haltungen konfliktfrei im I. nebeneinander existieren, spricht Freud von *I.spaltung.* Durch Freud selbst und durch Schüler und Nachfolger wurde und wird die I.-Lehre innerhalb der Psychoanalyse wesentlich modifiziert und weiterentwikkelt.

Ich, transzendentales, bei → Du Prel die Seele, die er, ähnlich wie → Hellenbach, als vom Bewußtsein unterschieden sieht; sie ist transzendental, d. h., ihr Ort ist nicht die Raum-Zeit-Welt des irdischen menschlichen Lebens; als Vehikel dient ihr der → Astralleib.

Id [lat.; es], in der Tiefenps. synonym zu → Es gebraucht.

Ideagen [griech.], durch Vorstellungen ausgelöst, aufgrund von Vorstellungsbildern entstanden; im Gegensatz zu *thymogen,* durch Affekte, Gemütsbewegungen ausgelöst.

Idealismus, Erkenntnistheorie, die, ausgehend von der Ideenlehre Platons, lehrt, daß alle Wirklichkeit bloße Erscheinung ist, hinter der sich die wahre Welt der

Ideen verbirgt. – Der sog. *Deutsche I.* (Hauptvertreter: Fichte, Schelling und Hegel) ist – vereinfacht formuliert – der Ansicht, daß alle Wirklichkeit letztlich Geist sei, und steht damit einer Pps., wie sie z. B. → Rhine vertritt, positiv gegenüber. – Heute nehmen vor allem angloamer. Autoren an, die Existenz von Psi erfordere eine idealistische Auffassung vom psychischen → Apparat: Die parapsychischen Phänomene seien Indiz für eine von chemischen und physikalischen (physiologischen) Funktionen unabhängige Psyche.

»Die Durchdenkung des Phänomens der Präkognition nötigt uns, zweierlei Seiendes anzunehmen, ein materielles und ein ideelles. Sie sind in jedem Gegenstand und Ereignis verbunden. Das ideelle ist zeitlos, das materielle zeitlich, dem Nacheinander unterworfen. In der ideellen Komponente ist dann je alles ›schon da‹, in der materiellen jedoch ist ›noch nicht‹ alles da, in ihr muß sich konkret ein Ereignis nach dem anderen vollziehen. Beide sind aufeinander bezogen wie ›Idee und Ausführung‹.« (Neuhäusler 1957; zit. n. Bender 1974: 801.)

Idealismus, magischer → Magischer Idealismus.

Ideen, fixe, auch überwertige I., affektbesetzte dominierende Vorstellungen und Einfälle, die alle anderen Strebungen beiseite drängen; im Gegensatz zum Paranoiden ist es beim Träger f. I. möglich, zu mindest vorübergehend, Einsicht in die Realität zu wecken.

Identifikation, auch *Identifizierung* [von lat. *idem;* derselbe, und *facere;* machen], Einswerdung, Gleichsetzung, Verschmelzung; bei → Schopenhauer zur Charakterisierung des magnetischen Rapports. Auch → Tenhaeff spricht in diesem Zushg. von I. oder *Mitergriffenheit* (vor allem beim Phänomen der inneren → Heteroskopie; T. 1957: 98).

Im psychoanalytischen Sprachgebrauch bezeichnet I. mehrere Mechanismen, mit denen sich jemand (ein »Ich«) Eigenschaften eines anderen »einverleibt«, sich nach dessen Bild wandelt. Auch die Verschmelzung zweier Objekte in der Vorstellung heißt I. I.smechanismen können zum Verständnis paranormaler Phänomene beitragen: Scheinbar sinnleere Träume oder unsinniger Spuk erhalten plötzlich einen Sinn, wenn es gelingt, zugrunde liegende I.en zu erkennen (z. B. zwischen geträumten und tatsächlichen Personen, zwischen im Spuk attackierten Objekten und als bedrohlich empfundenen Personen aus der Umwelt des Spukagenten).

Identitätsübertragung, paranormale Übertragung psychischer Inhalte, ohne daß diese dabei eine Veränderung erfahren, d. h., die Persönlichkeit des Perzipienten färbt nicht auf sie ab (Driesch).

Ideomotorik, auch *Carpenter-Effekt,* von dem engl. Physiologen W. B. Carpenter (1813–1885) beobachteter und als *ideomotorisches Gesetz* bezeichneter Tatbestand, daß die bloße Vorstellung von Bewegungen solche unwillkürlich auszulösen vermag. Phänomene wie etwa das → Muskellesen und das → Glasrücken versucht man mit diesem Prinzip zu erklären. *Psychomotorisch* oder (nach William → James) *ideomotorisch* heißen Vorstellungen, die auf physiologische (und nicht psychokinetische) Weise ohne besonderen Willensantrieb kurzschlußartig Bewegungen und Handlungen hervorrufen. Das → Automatische Schreiben und das → Pendeln z. B. gehören zu den ideomotorischen Erscheinungen.

Entsprechend verwendet man *ideosekretorisch* (z. B. Speichelabsonderung bei der bloßen Vorstellung zu essen), *ideosensorisch* (Mit-Leiden, halluzinatorische Schmerzempfindung, die eine Vorstellung begleitet) und *ideoplastisch.* Zur → Ideoplastik wird u. a. die Stigmatisation gerechnet, aber auch die Scheinschwangerschaft (hysterische → Schwangerschaft, Schleich 1925). Manche Autoren sehen in der normalen Ideoplastik einen Vorläufer der paranormalen *Ideoplastie* (s. a. → Materialisation).

Lit.: Tischner 1950.

Ideoplasma, andere (veraltete) Bezeichnung für → Ektoplasma.

Ideoplastie, auch *Ideoplastik,* wahrscheinlich von dem Schweizer Psychiater und Naturforscher Auguste Henri Forel (1848–1931) geprägter Begriff zur Bezeichnung organischer Effekte aufgrund von Vorstellungen und Gedanken; psychische Wirkungen auf den eigenen Körper (→ Ideomotorik). Die Pps. fragt nach der Grenze dieses Vermögens und erwägt eine Fortsetzung des Ideoplastischen außerhalb des Körpers:

»Eine Materialisation ist nicht nur eine paraphysische, sondern auch eine parapsychische Ausgeburt des Mediums, gewissermaßen eine verdichtete Halluzination ... Die Pps. lehrt ... eine sogenannte I., eine dem Seelenbereich entspringende Kraft, die nicht nur innerhalb, sondern auch außerhalb des Leibes wirksam werden kann, und zwar in formgebender und substanzgebender Weise.« (Ringger 1972: 86.)

Ideoplastik, fotografische, bei → Ochorowicz svw. → Psychofotografie.
Lit.: Ochorowicz 1909; Peter o. J.

Ideoprojektion, soll materialisierte zweidimensionale Bilder im Gegensatz zur eigtl. dreidimensionalen Materialisation bezeichnen (Hamilton 1913; s. a. Eva → C.).

Ideoplastisches Gebilde, nach einer Zeichnung des Psychiaters J. Marcinowski, 1922.

I-Ging, auch *I-ching* [chin.; Buch der Wandlungen], chin. Orakelbuch, dessen älteste Teile spätestens aus dem 6. vorchristl. Jh. stammen. Um das Orakel zu befragen, werden Schafgarbenstengel gezogen; der sich dabei ergebenden Zahlen-Konstella-

I-Ging-Ideogramm

tion der Stengel, die als Hexagramm notiert wird, sind jeweils Texte zugeordnet, die auf das konkrete Anliegen des Wahrsagenden hin gedeutet werden. Dabei können sich nach Jung, der das I. als Standardwerk chin. Wiss. bezeichnete, synchronistische Phänomene einstellen. Pps. betrachtet ließe sich auch denken, daß der Orakelnde über paranormale unbewußte Informationen verfügt, die das Wählen der Stengel beeinflussen.
Lit.: Jung/R. Wilhelm 1957; H. Wilhelm 1958; R. Wilhelm 1960; Yüan-Kuang ²1975.

Ignatius von Loyola (1491–1556), span. Ordensstifter. Nachdem er als Offizier schwer verwundet worden war, widmete er sich asketischen Übungen, studierte Theologie und wurde Priester. 1534 legte er mit 6 Gefährten die Gelübde ab und begründete mit ihnen den Jesuitenorden. Seine *Exercitia spiritualia,* 1548 (dt. *Geistliche Übungen,* 1645), der Legende zufolge nach dem Diktat der Maria niedergeschrieben, sind eine Anweisung, unter Leitung eines Seelenführers das Heilsgeschehen gleichsam sinnlich zu erfahren. I. v. L. hatte manchmal → Lichtvisionen, die er als Bestätigung getroffener Entscheidungen empfand. Auch will man ihn im Gebet lichtumflossen und sogar levitiert gesehen haben. 1622 heiliggesprochen.

Ignath, Lujza Linoczecgh (* 1891), ungar. Medium, stigmatisierte Heilerin, die angeblich ASW-Phänomene, → Apporte und → Direkte Schrift produzierte; eine Besonderheit bilden die identifizierbaren nußgroßen Köpfe, die sich unter ihrem Einfluß in wassergefüllten Gläsern materialisiert haben sollen.
Lit.: Besterman 1928/29.

Ignoramus et ignorabimus [lat.; wir wissen es nicht, und wir werden es nicht wissen], geflügeltes Wort, das die prinzipielle Unlösbarkeit sog. Welträtsel behauptet; aufgestellt von Du Bois-Reymond (→ Helmholtz-Schule) in seiner Schrift *Über die Grenzen des Naturerkennens* (1872).

Ilga → K., Ilga.

Illumination → Erleuchtung.

Illusion [von lat. *illudere;* vortäuschen], Wahrnehmungstäuschung; Falschdeutung (meist mit viel Phantasie) von Sinneseindrücken, bei denen im Gegensatz zur → Halluzination äußere Erscheinungen gegeben sind. Der philos. *Illusionismus* lehrt, die Außenwelt sei scheinhaft und existiere nur in der Vorstellung.

Illusionist, berufsmäßiger Taschenspieler, Trickkünstler, auch der Pseudo-Hellseher des Varietés.

Imagination, Einbildungskraft, schöpferische Phantasie. In der mittelalterlichen Philos. svw Vorstellung; später bei einigen Autoren wie etwa Francis → Bacon eine Fähigkeit, die heute meist mit dem Begriff → Psi bezeichnet wird. Zur Zeit des Mesmerismus wurde I. in doppelter Bedeutung verwandt; einmal hieß es svw. Suggestion, zum andern stand I. für »paranormales Vermögen«. Coué (→ Couéismus) gebraucht den Ausdruck im Sinne von »autosuggestiv wirkende Einbildung«. Außerdem gibt es esoterische Theorien, die unter I. eine höhere seelische »Bildekraft« verstehen (Douval 1955).

Imago [lat. Bild], von Jung 1911 eingeführter Begriff; bezeichnet unbewußte → Abbilder von Personen der frühkindlichen Umwelt, zu denen eine triebhafte Beziehung bestanden hat. Die größte Bedeutung haben dabei selbstverständlich das Vater- und Mutter-I. Auf diese Weise bildet sich ein Schema, nach dem andere Personen überhaupt erfahren werden. *I.* hieß auch eine »Zeitschrift für Anwendung der Psychoanalyse auf die Geisteswissenschaften« (Leipzig u. Wien 1912–37, von Freud begründet).

Imago mundi, Internationale Interessengemeinschaft für Grenzgebiete der Wiss. Die Vereinigung ging aus der → Internationalen Gesellschaft Katholischer Parapsychologen hervor; auch eine von ihr hrsg. Schriftenreihe (Paderborn 1968 ff.) trägt den Titel I. M. Der Sitz des Generalsekretariats von I. M. ist Innsbruck.

I. M. I., Abk. für → Institut Métapsychique International.

Immermann, Karl Leberecht (1796–1840), dt. Dichter und Theaterintendant. In seinem satirischen Roman *Münchhausen* (1938/39) übt I. Kritik am subjektivistischen Idealismus mancher Zeitgenossen: pps. interessiert vor allem Persiflierendes auf Görres' *Christliche Mystik* und die Polemik gegen → Kerner, die teilweise auf die Kuren mit → Dürr abhebt *(Münchhausen,* 4. Buch, »Poltergeister in und um Weinsberg«*).*

Imprägnationstheorie, von → Pagenstecher u. a. zur Erklärung der Psychometrie vertreten. Die I. besagt, daß alles, was einem Gegenstand widerfährt, eine Spur an ihm (→ Influenzen) hinterläßt, die der Sensitive rückübersetzen kann. Auch die Versuche mit »bedachtem Papier« von Chowrin (→ Hyperästhesie) sowie → Kotik u. a.

setzen die I. voraus: Jemand blickt konzentriert auf ein Stück Papier und stellt sich dabei ein bestimmtes Bild vor; der Sensitive vermag später das Bild auf dem Papier zu »sehen« oder kann das betreffende Blatt aus einer Anzahl gleichaussehender Blätter herausfinden. –
In neueren Untersuchungen mit dem tschech. Sensitiven P. Stepanek konnte → Rýzl zeigen, daß sich im Lauf von Serien von ASW-Experimenten mit denselben Zielobjekten (Karten) die Leistungen bei bestimmten Karten, die äußerlich nicht von anderen zu unterscheiden waren, in der Wiederholung verbesserten. Er schließt daraus auf einen experimentell induzierten Effekt am Objekt, der als Stimulus beim wiederholten ASW-Experiment wirkt, eine »mentale Imprägnierung« (Rýzl 1968). Dieses Sich-Einspielen auf ein bestimmtes Objekt bei wiederholten ASW-Versuchen ist auch als *Fokal-Effekt* (engl. *focusing effect*) bekannt (Rýzl/Pratt 1963).

Incendium amoris [lat.; das Feuer der (göttlichen) Liebe], theologisch als Gnadenerweis verstandene physiologische Veränderung, die u. a. von den Heiligen Katherina von Genua (1447–1510) und Maria Magdalena von Pazzi (1566–1607) berichtet wird. Die äußeren Zeichen sind ein objektiv nachweisbarer Anstieg der Körpertemperatur und ein Leuchten, das vom Antlitz der Betroffenen ausgeht und das Beobachter gesehen haben wollen. In diesem Zushg. ist an das Phänomen der willentlichen Temperaturerhöhung zu erinnern: in einem Fall bei → Schleich (1916: 258) bis 42° (vgl. → Ideomotorik; → Ideoplastik), bei Padre Pio (→ Forgione) einmal 45° und bei → Cottin zeigte der linke Arm Temperaturerhöhungen; ebenfalls zu erwähnen ist hier die »magische Hitze« der Schamanen und anderer ind. und tibet. Asketen (→ Gtummo).

Incorporeal Personal Agent (IPA), [engl.; unkörperlicher persönlicher Agent], hypothetische geistige Wesenheit; der Verstorbene, der durch ein Medium hindurch operiert und Urheber paranormaler Phänomene sein soll (→ Spiritismus).

Incubus [von lat. *incubare;* beschlafen] und **Succubus** [von lat. *succumbere* bzw. *succubare;* sich beschlafen lassen bzw. unter etwas liegen], nach den Vorstellungen der Spätantike und des MA.s teuflische Wesen, die wollüstige Träume hervorrufen und mit schlafenden Menschen verkehren: Die Incubi mit Männern, die Succubi mit Frauen. Noch zu Beginn der Neuzeit glaubten so hervorragende Männer wie etwa → Bodin und → Luther, Dämonen verschafften sich auf diese Weise Samen, um selbst zeugungsfähig zu werden, und nichtmenschliche Wesen kämen so zu menschlichen Nachkommen. Dagegen lehnte der durchaus magiegläubige Bischof → Burchard von Worms den Glauben an Incubi und Succubi ausdrücklich ab.
Gelegentlich gehen die Vorstellungen von I. und S. in den Glauben an → Elementargeister über.
Paracelsus glaubte: »Die Imagination ist ein Ursprung der Succubi und Incubi; sie kommen aus der starken Imagination derer, die in Sinnen und Gedanken buhlen. So einer sich selbst eine Frau phantasieret und mit ihr seine Buhlschaft zuende führet, wird aus seinem verlorenen Samen ein I. oder S. geboren statt eines Kindes, wenn der Same in seine richtige Matrix gekommen wäre. Da werden dann viele seltsame Monstra erzeugt ... Sie bilden eine Art dunstförmige Anhängsel an die Körper ihrer Erzeuger, und zwar in der Art, daß ihre Verletzung auf ihre Erzeuger übertragen werden kann.« (Zit. n. Meyrink 1973: 385.)
Mehrere Fälle, die teilweise in Erscheinungen der Besessenheit übergehen, teilt Görres mit (1927: 486–96). Vom Standpunkt der Pps. läßt es sich vertreten, bei einzelnen Berichten von solchen Beiwohnungen an *telepathische* sexuelle Attacken zu denken. Je nach der Einstellung zu den von manchen Parapsychologen behaupteten Materialisationsphänomenen wird man an einen rein telepathischen Akt denken müssen oder auch physisch-materielle Gebilde für möglich halten.

Indianapolis, Spuk von, von → Roll untersuchte → Poltergeist-Phänomene, die sich im Frühjahr 1962 in I. (USA) zutrugen. Es handelte sich um Raps, Objektbewegungen und Körperverletzungen ohne erkennbare Ursache, die an Insektenstiche bzw. Tierbisse erinnerten und manchmal bluteten. Im Haushalt lebten ein 13jähriges Mädchen, deren Mutter und Großmutter. Ziel der Attacken war vor allem die Großmutter, auslösende Person wahrscheinlich die Mutter.
Lit.: Roll 1971.

Individualpsychologie, 1. im Gegensatz zur Sozialps. die Ps., deren Gegenstand das Einzelwesen, das Individuum ist; 2. die Ps. der Persönlichkeit, d. h. die Lehre von den individuellen seelischen Besonderheiten; 3. die Tiefenps. in ihrer Ausprägung durch → Adler.

Individuation, Begriff der → Analytischen Ps., bezeichnet den Weg zum eigenen Selbst, die Selbstverwirklichung; eine Reise durch die Stationen des individuellen und → Kollektiven Unbewußten. Die Schriften der Alchimisten betrachtete Jung weniger als Beschreibung chemischer Experimente, denn als bildhafte Protokolle des I.sprozesses; auch die großen Heldenfahrten *(Odyssee)* vieler Mythologien können so gedeutet werden. An wichtigen Stationen der I., in Situationen, in denen → Archetypen ins Bewußtsein treten, können parapsychische und synchronistische Phänomene ins Spiel kommen. – Die schrittweise Einweihung in Mysterienkulte und Geheimgesellschaften kann als Abbild des Stufenwegs der I. verstanden werden.
Lit.: Goldbrunner o. J.; Jung GW XII.

Indridason, Indride († 1912); bekanntestes isländ. Medium; zu seiner Untersuchung konstituierte sich eine »Experimentalps. Gesellschaft Reykjavik« unter Vorsitz des Theologieprofessors Haraldur Nielsson. Anfangs waren bei I. nur → Automatisches Schreiben und Sprechen aufgetreten; später entwickelten sich paranormale Heilkräfte, Direkte Stimme, Materialisationen, Objektbewegungen und Levitationen, gelegentlich vor Dutzenden von Sitzungsteilnehmern. Selbst mehrmalige Teil-Dematerialisation des Mediums (jeweils des linken Arms) wird bezeugt.

Aufgrund beunruhigender Erlebnisse hatte man zwei Freunde J.s, Oddgeirsson und Thorlaksson, gebeten, bei dem Medium zu schlafen. Die beiden wurden Zeugen des folgenden Falles: »Herr Thorlaksson, der im Vorzimmer gestanden hatte, stürzte herein und sah, wie das Medium mit den Füßen gegen das Fenster in der Luft schwebte. Er packte es, zog es ins Bett herab und hielt es dort fest. Da fühlte er, wie er mitsamt dem Medium hochgehoben wurde und rief Oddgeirsson zu Hilfe. Oddgeirsson eilte in die Schlafkammer, doch es wurde ihm ein Stuhl entgegengeschleudert, der neben dem Ofen im Vorzimmer hinfiel, weil Oddgeirsson ihm auswich. Oddgeirsson gelangte daraufhin in die Kammer, wo er Thorlaksson auf der Brust des Mediums liegend fand. Er warf sich nun mit seinem ganzen Gewicht über die Knie des Mediums, das sich heftig im Bett hin und her warf. Da flog ein Polster unter dem Kissen des Mediums hervor in die Luft und plumpste auf die Erde. Zu gleicher Zeit kamen die Kerzenhalter aus dem Vorzimmer durch die Luft geflogen und schlugen ebenfalls auf dem Boden des Schlafzimmers hin.« (Aus einem Vortrag Nielssons vor dem Kongreß in Warschau 1923; zit. n. Thurston 1955: 21 f.)
Lit.: Hanneson 1924.

Induktion [von lat. *inducere;* hineinführen], der logische Schluß vom Besonderen, vom Einzelfall, auf das Allgemeine, Gesetzmäßige (Gegensatz: *Deduktion).* Die I. ist die wichtigste logische Methode aller empirischen Wiss.en.

William → James plädierte dafür, induktiv *und* deduktiv zu arbeiten: Es ist wiss. Methode, vom Einfachen auszugehen, denn das Einfache soll den Keim des Hohen enthalten; aber man muß »sich an die vollkommendsten und höchst entwickelten Formen wenden, wenn es sich in erster Linie darum handelt, den Sinn einer Sache zu erfassen«.

In der Psychopathologie bezeichnet I. eine bestimmte seelische Beeinflussung: → Induktionskrankheiten, → Induziertes Irresein. Entsprechend I.smechanismen spielen manchmal eine Rolle bei der Art, wie eine

Gruppe Spukphänomene u. a. paranormale Erscheinungen wahrnimmt.

Induktionskrankheiten, durch »seelische Ansteckung« erworbene Leiden; früher manchmal epidemisch in Klöstern auftretend, heute gelegentlich in Internaten zu beobachten: hysterische Erscheinungen, Besessenheitsphantasien (→ Loudun), Wahnideen u. ä., dem → Induzierten Irresein verwandt.

Induktor [lat.], 1. → Psychischer I.; Objekt, das dem Sensitiven die ASW ermöglicht oder erleichtert; 2. vor allem bei sowj. ASW-Versuchen heißt der Agent gelegentlich I. (manchmal auch der Hypnotiseur).

Induziertes Irresein [franz. *folie à deux;* Narrheit zu zweit], psychische Veränderungen; die ein Geisteskranker bei Personen seiner Umgebung auslöst und die diese in gleicher Weise erkrankt erscheinen lassen; Wahnideen eines einzelnen können von größeren Gruppen übernommen werden. Im Regelfall verschwinden die Symptome bei der Trennung der Angesteckten vom Induktor.

Inedia, auch *Inedie* [lat.; Hungern], svw. → Asitie.

Infestation, die erste Stufe der Besessenheit; charakterisiert durch Attacken auf die Umgebung des Opfers: Gerüche, Geräusche, Verrücken von Gegenständen usw.

Influenzen, hin und wieder benutzte Bezeichnung für die feinmateriellen Spuren, die frühere Besitzer an einem Objekt hinterlassen haben sollen und die angeblich dem Sensitiven den paranormalen Wissenserwerb ermöglichen (→ Psychometrie).

Informationsbiophysik, programmatische Bezeichnung für eine pps. Forschungsrichtung, die z. B. der zeitgenössische sowjet. Psychologe Wenjamin Puschkin verwendet; durch eine Erweiterung des Studiums der physikalischen Grundlagen psychischer Prozesse hofft man, parapsychische Erscheinungen in das Weltbild der Physik integrieren zu können.

Lit.: Puschkin 1974.

Initiation [lat.; Einweihung], bei vielen Naturvölkern geübte rituelle Aufnahme der Jugendlichen, vor allem der Knaben, in die Erwachsenenwelt; auch bei Aufnahme in einen Geheimbund oder bei Erreichen eines höheren Grades im Rahmen eines solchen Bundes spricht man von I. Durch die I. soll der Initiand zu einem anderen Menschen werden.

Es liegen glaubhafte Berichte vor, daß bei einigen Kulten zwingend, bei anderen zuweilen die I. in Trance eines oder mehrerer Beteiligter erfolgte; das bedeutet allerdings nicht, daß dabei auch paranormale Ereignisse auftreten *müssen*: kultische Trance sensibilisiert nicht generell für Psi-Manifestationen (Figge 1973: 218).

Lit.: v. Gennepp 1909; Speiser 1928.

Injuschin, Viktor M., sowjet. Biologe, arbeitet in Alma-Ata, Kasachstan; er führte Untersuchungen zum sog. → Bioplasma-Körper, einem hypothetischen Elektronen-Protonen-Feld, durch und nimmt eine Verwandtschaft des Bioplasma-Körpers mit dem → Astralleib der okkulten Tradition an *(Werke* → Bibl.). Er erklärte:

»Die Entdeckung der Kirlians hat die Möglichkeit erschlossen, die plasmatischen Zustände des Organismus zu studieren. Durch den biologischen Plasmakörper reagieren wir auf das gesamte kosmische Geschehen. Unsere Biologen haben alle Arten von biologischen Reaktionen der Menschen, Pflanzen und Tiere auf Störungen in der Sonne (oder Sonnenprotuberanzen) registriert. Diese Störungen verursachen Veränderungen im ganzen plasmatischen Gleichgewicht des Universums und wirken wiederum auf das Bioplasma der lebenden Organismen ein. Das Ergebnis sind physische Veränderungen, die wir sehen können.« (Ostrander/Schroeder 1970: 197 f.)

Inkarnation [lat.; Fleischwerdung], in christl.-theologischem Sinn die Menschwerdung Christi; im spiritistischen Sprachgebrauch svw. Inkorporation; im Okkultismus svw. Geburt (→ Desinkarnation, → Reinkarnation).

Inkorporation, auch *Inkorporierung* [lat.; Einverleibung], der Glaube, daß die Seele eines Menschen nach dem Tod in ein anderes Lebewesen (Mensch, Tier oder Pflanze) übergeht; zu unterscheiden sind dabei Vorstellungen, nach denen das *Individuum* weiterexistiert, von solchen, die ein *allgemeines* Überleben in einem Seelentier (Schmetterling, Vogel) oder Seelensitz (z. B. Baum) vertreten. Bei Besessenheit und in der spiritistischen Trance wird eine zeitweilige I. angenommen: Vorübergehend nimmt eine Gottheit, ein Dämon, ein Lebender oder ein Verstorbener – gerufen oder ungerufen – Besitz vom Körper eines Menschen.

Inkubation [lat.; Ausbrütung], 1. in der Medizin die Zeit zwischen Ansteckung und Ausbruch einer Infektionskrankheit. 2. in der Ps. die unbewußte Phase bei Prozessen, die teils bewußt, teils unbewußt ablaufen. So sind etwa im kreativen Prozeß Problemstellung und Problemlösungsversuche bewußte Phasen, der Weg zum Finden der Lösung (die wieder eine bewußte Phase bildet) aber verläuft unbewußt und ist von nicht vorhersagbarer Dauer. Man weiß z. B. aus der Wiss.sgeschichte, daß manchem Forscher die Lösung für ein langgesuchtes Problem im Traum »einfiel«. Die Erklärung »Eingabe durch ein höheres Wesen« ist ps. unannehmbar. Falls nicht ein anderer Mensch bereits die Lösung kennt (das ließe die Deutung Telepathie zu), muß angenommen werden, daß der Betreffende sie in sich selbst (in der Begegnung mit seinem Selbst) gefunden hat. Die Zeit, die er sich unbewußt mit dem Problem beschäftigte, heißt I.; 3. in der Antike und im frühen Christentum bezeichnet I. den → Tempelschlaf.

Lit.: Bjerre 1936; Deubner 1900; Edelstein/Edelstein 1945; Herzog 1931.

Innere Stimme, subjektives Hörerlebnis; Form des Bewußtwerdens unbewußter Inhalte. Sind diese Inhalte paranormaler Natur, spricht man von → Hellhören.

Innere Wahrnehmung → Selbstbeobachtung.

Inspiration [von lat. *inspirare;* einhauchen], spontan ins Bewußtsein tretender oder geäußerter schöpferischer Gedanke; er wird vom Betroffenen, u. U. auch von Zeugen als »Eingabe«, als Geschenk eines Gottes, Dämons oder, im Spiritismus, des Geistes eines Verstorbenen empfunden. Die Ps. betrachtet die Vorstellung der Eingabe als Dramatisierung einer kreativen Leistung; der Inspirierte dagegen ist vom Nichtsubjektiven der Leistung überzeugt:

»Stets empfand ich dabei eine außerordentliche Erhebung zu Gott, bei welchem ich daher beteuere, daß ich weder durch irgend jemand bestochen oder verleitet, noch durch eine weltliche Rücksicht bewogen bin, durchaus keine anderen Worte auszusprechen als solche, die der Geist oder der Engel Gottes selbst bildet, indem er sich meiner Organe bedient!« (Ein Camisarde, zit. bei Dessoir 1917: 5.)

»Nicht ja die Sänger / Sind's, nur allein ist Zeus zu beschuldigen, welcher es eingibt / Allen empfindsamen Menschen, nach Willkür jeden begeisternd.« (Homer. *Odyssee* I, 348–50.)

Zum Gegenstand der Pps. wird die I. erst, wenn sie paranormale Informationen transportiert.

Inspirationsmantik, Weissagung aufgrund göttlicher Eingebung, die einem Priester (→ Orakel), einem Ratsuchenden oder einem Medium zuteil wird – entweder im Schlaf (→ Inkubation), im Wachzustand oder in Ekstase.

Lit.: Dodds 1951.

Instase, auch *Instasis* [lat.-griech.; Hineintreten], die Innenschau im Gegensatz zur → Ekstase.

Insterburger Hellsehprozeß, fand 1927–30 statt; angeklagt war Else Günther-Geffers aus Königsberg/Preußen, die Ehefrau eines Schuldirektors, die gelegentlich als Kriminaltelepathin arbeitete (in Trance; → Kriminaltelepathie). Obwohl sie dieser Tätigkeit offen nachging und ihre Einkünfte daraus versteuerte, wurde sie des Betrugs geziehen und mußte 5 Monate in Untersuchungshaft verbringen. Als bestellter Gutachter trat u. a. → Dessoir auf; vor Gericht wurden ASW-Experimente durchgeführt, doch die Frage, ob die Angeklagte paranormal begabt war oder nicht, wurde nicht entschieden, da sie dem Gericht im Hinblick auf den Vorwurf des Betrugs irrelevant erschien. Da die Angeklagte ihre Klienten stets auf die Fehlbarkeit ihrer Eindrücke hingewiesen hatte, wurde sie in erster und zweiter Instanz freigesprochen. *Lit.: Kröner 1928; Lambert 1929; Zenz 1928.*

Instinkt, angeborene Verhaltensweise; eine Verhaltenssequenz, die, durch einen bestimmten Auslöser einmal in Gang gesetzt, völlig automatisch abläuft. Beim Menschen kommt rein instinktives Verhalten nicht vor, da evtl. vorhandene I.reste von erworbenen Reaktionsmechanismen überlagert werden. Gelegentlich finden sich Überlegungen, die I. und paranormale Fähigkeiten in Verbindung bringen (z. B. C. Schneider 1926); dabei wird allerdings selten der strenge I.begriff der Ethologie zugrunde gelegt, sondern ein diffuses tierisch-frühmenschliches, nichtreflexives Vermögen.

Institut für Grenzgebiete der Psychologie und Psychohygiene, Freiburg i. Br., von einem Verein getragene, durch den derzeitigen Leiter → Bender 1950 gegründete pps. Forschungsstätte, die mit dem Lehrstuhl für Ps. und Grenzgebiete der Ps. an der Albert-Ludwig-Universität zusammenarbeitet. (Dieser Lehrstuhl wurde 1966 durch Umwandlung von Benders persönlichem Ordinariat für Psychologie geschaffen; seit der Emeritierung Benders, 1975, ist → Mischo Lehrstuhlinhaber.) Forschungsgegenstände des I.s sind neben der Pps. bestimmte Bereiche der Sozialps., der Tiefenps. und Psychopathologie, des außerschulischen Heilens, der Chirologie, Astrologie u. ä. m. In der psychohygienischen Arbeit werden vor allem aufklärerische Ziele verfolgt; ihnen dient u. a. die rege Vortragstätigkeit der I.sangehörigen.
Seit 1957 gibt das I. die → *Zeitschrift für Parapsychologie und Grenzgebiete der Psychologie* heraus (von 1960–68 die Zeitschrift *Neue Wissenschaft).* Zur Ausrüstung des I.s zählt eine Fachbibliothek, Laboratoriumsgerät (so z. B. → Psi-Recorder). Am I. entstanden bedeutende wiss. Arbeiten, darunter eine Habilitationsschrift zu ASW-Fragen (Mischo 1972); es gelang außerdem, ASW und PK zu dokumentieren.

Institut Général Psychologique, 1904 für pps. Forschungen in Paris gegründete Einrichtung, von deren Untersuchungen vor allem die Experimente mit der → Paladino Aufsehen erregten. Das I. arbeitete bis 1909; bei seinen Untersuchungen wirkten so bedeutende Gelehrte wie → Babinski, → Bergson und das Ehepaar Curie mit.

Institut Métapsychique International (I. M. I.), 1918 in Paris gegründete pps. Forschungsstätte. Ihr erster Präsident (1919 bis 1929) war der ital. Arzt Rocca Santoliquido (1854–1931), ihr erster Direktor → Geley (bis 1924); zu seinen Nachfolgern zählen → Osty (1924–38), → Warcollier (1951–62); der derzeitige Leiter ist der Mediziner Marcel Martiny (* 1897), ein ehemaliger Mitarbeiter → Carrels. Das I. gibt die *Revue Métapsychique* (1920–40, 1949 ff.) heraus. – Zu den bekanntesten Untersuchungen, die am I. durchgeführt wurden, zählen Experimente mit Rudi → Schneider.

Intellektuelle Phänomene [*phénomènes intellectuelles*], vor allem in Frankreich gebräuchliche Bezeichnung für ASW.

Intelligenz [von lat. *intellectus;* Einsicht, Verstand, Vernunft, Erkenntnisvermögen], in der Ps. unterschiedlich definierter Begriff, der sich auf die Verstandesfähigkeiten bezieht. Fast allen Definitionen gemeinsam ist, daß als wesentliches Moment der I. die Fähigkeit betrachtet wird, sich in einer neuen Situation aufgrund bereits gemachter Erfahrungen zurechtzufinden; entscheidend dabei ist jedoch nicht die bloße Erfahrungsübertragung, sondern das Erfassen von Ähnlichkeiten bzw. Beziehungen zwischen den verschiedenen Situationen. I., so wie sie mit Hilfe der verschiedenen I.-Tests gemessen wird, sagt über das paranormale Leistungsvermögen des Betreffenden nichts aus. In okkultistischer Lit. werden »spirituelle Wesenheiten«, dazu zählen manche auch die Trancepersönlichkeiten (→ Kontrolle), I.en genannt.

Interiorisation [von lat. *interior;* innen befindlich], der Wiedereintritt des vorher exteriorisierten (→ Exteriorisation) → Astralleibs in den physischen Leib.

Internationale Gesellschaft Katholischer Parapsychologen (IGKP), wurde 1958 von → Frei, dem Publizisten Josef Kral (1887–1965; *Werke* → Bibl.) u. a. gegründet; 1966 erfolgte in München die Umbenennung in → Imago mundi.

Intervention [von lat. *intervenire*; dazwischentreten; Eingriff, Störung], bei Louisa → Rhine eine Maßnahme zur Verhinderung eines Ereignisses, das vorher in echter Präkognition gesehen worden war; z. B. das Verschieben einer Reise, nachdem im Traum der Untergang des Schiffes, das man zunächst nehmen wollte, vorhergesehen worden war.

Interzeptor [lat.; einer, der etwas unterschlägt], in der Terminologie sowj. Parapsychologen eine ins ASW-Experiment eingeführte zusätzliche Vp., die den Auftrag hat, eine telepathische Botschaft während der Übertragung abzufangen, ohne daß Agent und Perzipient etwas von diesem »Störfaktor« wissen.

Introjektion, von dem ungar. Neurologen und Psychoanalytiker Sandor Ferenczi (1873–1933) eingeführter Fachausdruck der Tiefenps.: der Verinnerlichung verwandtes Aufnehmen fremder Anschauungen und Einstellungen in das Ich; Grundvorgang der → Identifikation. Freud rückte die I. in die Nähe der oralen Einverleibung. Gegensatz zu I.: → Projektion.

Intuition [von lat. *intuitio, intueri;* genau hinsehen, betrachten], der Offenbarung ähnliche Einsicht aufgrund unmittelbaren Erfassens, ohne Überlegung und Berücksichtigung der Erfahrung. Bei erfahrenen Diagnostikern (Medizinern, Graphologen, aber z. B. auch Kunstsachverständigen, die ein Echtheitsgutachten erstellen sollen) mag es vorkommen, daß jene Phase des Erkenntnisprozesses, in der die Erfahrung berücksichtigt wird, weitgehend unbewußt verläuft: man spricht dann von »intuitiven« Urteilen → Tenhaeff ist der Ansicht, daß intuitiver »Menschenkenntnis« Telepathie zugrunde liegt.
Lit.: Marcinowski 1928; Tenhaeff 1949: 177 ff.

Intuitionsfunktion, in der Tiefenps. Jungs eine psychische Grundfunktion, die unbewußte Wahrnehmungen vermittelt. – weder Sinnesempfindung, noch Gefühl, noch intellektueller Schluß, sondern »eine Art instinktiven Erfassens«.

Inversion [von lat. *inversus;* umgekehrt], in der Ps. der normalen Wahrnehmung die Umkehrbarkeit von sog. Täuschungs- oder Kippfiguren, die man auf zweierlei Weise sehen kann; in der Ps. der paranormalen Wahrnehmung das Vertauschen von Elementen um eine Symmetrieachse: → Rýzl u. a. haben demonstriert, daß Sensitive, die Uhrzeiten paranormal »ablesen« sollten, die Ziffern um die Symmetrieachse (rechts–links, oben–unten) gespiegelt sahen, also z. B. statt 16.10 Uhr 19.50 Uhr). Verwiesen sei auch auf einen bei den → Elberfelder Pferden häufigen Vertauschungseffekt: Statt z. B. 74 klopften sie 47 usw.
Lit.: Mischo 1963.

Invokation [lat.; Anrufung], 1. religionsphänomenologisch: sich an eine höhere personale Macht wenden; im Katholizismus z. B. einen Heiligen um Fürsprache bitten; 2. in der Magie das ritualisierte Ansprechen, Herbeirufen, eines Geistes (Dämons).

IPA, Abk. von → *I*ncorporeal *P*ersonal *A*gent.

Irisdiagnose, auch *Iridologie,* diagnostisches (von der Schulmedizin nicht anerkanntes) Verfahren, das aus Veränderungen der Re-

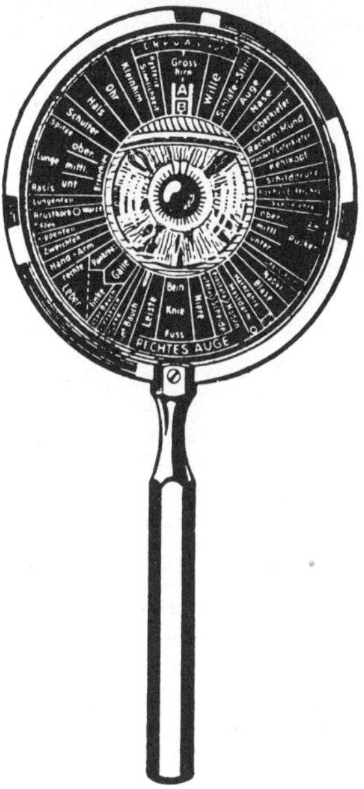

Irisdiagnoster, der das Ablesen der Krankheitsherde ermöglichen soll.

genbogenhaut (Iris) des Auges Krankheitsdispositionen und Krankheiten erkennen will. In einzelnen Fällen ließe sich denken, daß bei einem sensitiven Therapeuten das Auge als »magischer Spiegel« fungiert.

Die I. wurde gegen Ende des vorigen Jh.s von dem ungar. Arzt Ignaz Peczely begründet. Er soll als Kind beobachtet haben, wie sich im Auge einer Eule, die sich in seinen Arm verkrallt hatte, ein Zeichen bildete, als eines ihrer Beine brach.

Lit.: Deck 1965; Hommel 1975; Kriege 1969 a, b.

Irrational, dem Verstand nicht faßbar, unlogisch, unvernünftig; aber auch übervernünftig, die Vernunft übersteigend, nur in der Offenbarung erfahrbar.

»Auch die ›Irrationalismen‹ ... sind im Recht. Sie bilden keinen Verrat an der Vernunft, sondern nehmen sich dankenswerterweise derjenigen Partialtriebe der Vernunft an, die von der herrschenden Linie der Vernunft zu Unrecht in die Illegitimität gestoßen wurden.« (Landmann 1975.)

Irrlicht, auch *Ignis fatuus,* Leuchterscheinungen in sumpfigen Gebieten, vielleicht durch Selbstentzündung von Methangas entstehende Flämmchen oder phosphoreszierendes Holz. Im Volksglauben als Seelen Verstorbener (oft: ungetaufter Kinder) oder als *Irrwische,* böse bzw. koboldartige Geister, die Wanderer in die Irre führen (im Oldenburgischen *Spoklecht,* Spuklicht, gen.) gedeutet. Diese Vorstellungen sind in Europa weit verbreitet, aber erst seit dem 16. Jh. belegt. Manche Sensitive, z. B. → Moses, sahen auf Friedhöfen oder an Orten, wo jemand verstorben war, I., die andere Anwesende nicht sahen.

Irvingianer, unkorrekte Bezeichnung für die erste kath.-apostolische Gemeinde in London nach dem schott. Prediger Edward Irving (1792–1834), der 1834 ihr Vorsteher wurde. Die I. machten von 1831–33 durch Prophezeiungen, Zungenreden u. außergewöhnliche Heilungen von sich reden.
Lit.: R. Baxter 1833.

Isolated Spontaneous Psychokinesis (ISPK), [engl.; vereinzelt auftretende Psychokinese], wiss. Bezeichnung für einmalige bzw. ganz selten auftretende PK-Manifestationen; Komplementärbegriff zu → *Recurrent Spontaneous Psychokinesis* (RSPK), wiederholte spontane Psychokinese, dem Fachausdruck für Poltergeistphänomene oder Spuk.

Isolierende Variation, experimentelle Methode: Bei der Wiederholung eines (pps.) Experiments wird jeweils *eine* Bedingung geändert, um so Art und Intensität der Wirkung eines jeden Faktors zu bestimmen.

Isolierrapport, → Rapport eines tief Hypnotisierten; die Vp. folgt *ausschließlich* den Anweisungen des Hypnotiseurs.

Israel Parapsychology Society, gegründet 1950, ihr Präsident ist (seit 1962) der dt.-israel. Zahnmediziner und Parapsychologe H. C. Berendt (* 1911). Seit 1968 gibt die Gesellschaft die Zeitschrift *Mysterious Worlds* (»Geheimnisvolle Welten«) heraus.

J

Jacob, Auguste Henri, gen. »der Zuave« (1828–1913), frz. Heilmedium. 1867 entdeckte man bei dem medizinischen Laien und Angehörigen eines in Frankreich stationierten Zuavenregiments Heilkräfte: J. nahm daraufhin seinen Abschied und betätigte sich von nun an erfolgreich als Handaufleger, Magnetiseur und Gesundbeter. Nach eigenem Verständnis kommunizierte er mit Hilfsgeistern, die ihn bei der Behandlung unterstützten: J. ging durch das mit wartenden Patienten gefüllte Zimmer; kam er zu einem Kranken, dem er nicht helfen konnte, »fiel ein Schleier«, wie er sagte, er konnte ihn nicht sehen; die anderen schickte er als angeblich geheilt nach Hause, oft ohne sie auch nur berührt zu haben. – *Werke* → Bibl.

Jacopone da Todi, auch Jacobus de Benedictis oder de Tuderto (ca. 1230–1306), ital. Dichter und Visionär. J. war ein erfolgreicher Advokat, der sich erst nach dem Tod seiner Frau von der Welt abwandte, 1278 Franziskanermönch wurde und 10 Jahre lang in strengster Askese lebte. Seine scharfe Papstkritik brachte ihm 5 Jahre Kerker ein (1303, im Todesjahr Bonifaz' VIII., kam er wieder frei). Seine erste Vision erlebte er auf der Toilette (entsprechende Berichte liegen auch von Luther und von einem Zen-Meister vor). Als er im Sterben lag, drängten ihn die Mitbrüder, sich mit den Sakramenten versehen zu lassen, J. aber wollte noch auf einen entfernt wohnenden Freund, Fra Giovanni, warten; hatte er doch in einem Gesicht erfahren, daß sein Freund auf dem Weg zu ihm sei. Fra Giovanni erfuhr im Gebet, daß er sogleich zu dem Sterbenden eilen müsse, und er kam noch rechtzeitig an: Vielleicht eine telepathische Kommunikation mit *bewußten* Inhalten bei Agent und Perzipient.

Jaffé, Aniela (* 1903), schweizer. Tiefenpsychologin. Die langjährige Sekretärin und Mitarbeiterin Jungs untersuchte Paranormales aus der Sicht der → Analytischen Ps. und arbeitete über das Verhältnis Jungs zur Pps. – *Werke* → Bibl.

Jagdzauber, magische Praktiken, die zu Jagdglück führen sollen: Der Jäger kann sich durch bestimmte Handlungen mit besonderer Stärke ausrüsten, die Waffen können »besprochen«, der Jagdtag nach bestimmten Regeln gewählt werden. Es ist möglich, eine Gottheit oder einen Waldgeist (»Herr der Tiere«) um Beute zu bitten, und man kann das Tier magisch zwingen, nicht das Revier zu verlassen, oder im Analogiezauber die Tötung des Wildes vorwegnehmen:

Der dt. Völkerkundler und Kulturhistoriker Leo Frobenius (1873–1938) schilderte die Jagdvorbereitungen, die er 1905 bei Pygmäen im Kongo-Urwald beobachtete: »Drei Männer und eine Frau waren beteiligt: Einer zeichnete eine kleine Antilope mit dem Finger in den Sand, die anderen murmelten dazu. Die Sonne ging auf, und als ihre Strahlen das Bild berührten, erhob die Frau ihre Hände zu ihr und rief laut. Gleichzeitig schoß ein Mann einen Pfeil in den Hals der Antilope, dann sprangen die Männer mit ihren Waffen in den Wald. Mit einem Schuß in die Halsschlagader erlegten sie später einen Buschbock.« Nach der Jagd wurde eine weitere Zeremonie mit dem Bild vorgenommen, dann wurde es ausgestrichen. – Eine ähnliche Nachricht liegt von den Buschmännern vor. Außerdem wird vermutet, daß manche Felsbilddarstellungen im Sinn dieser Beobachtung gedeutet werden dürfen; ggf. ein Indiz für das hohe Alter des J.s.

Es läßt sich denken, daß der J. autosuggestiv dem Jäger Sicherheit verleiht, die sich dann im Jagdglück niederschlägt. Diese *psychologische* Deutung versuchte u. a. der dt. Psychologe und Pädagoge Eduard Spranger (1882–1963). *Parapsychologisch* dagegen ist die Vermutung, daß Jäger sich, z. B. durch einen Tanz, in einen psychischen Zustand versetzen können, der es ihnen möglich macht, mentalsuggestiv (durch »magische Faszination«) Jagdtiere zu zwingen, daß sie herbeikommen.
Lit.: Danzel 1910; Spranger 1947.

Jamblichos (ca. 250–325), syrischer neuplatonischer Philosoph. J. hinterließ mehrere Schriften über den Pythagoreismus. Sein Werk *De mysteriis Aegyptorum*, das die rituelle Magie verteidigte, Levitationen, Direkte Stimme und Phantome bezeugte, wirkte bis in den Okkultismus der Neuzeit.
Lit.: Parthey 1857.

James, T. P., Mechaniker aus Vermont, USA, mit nur geringer Bildung, der 1874 Dickens' unvollendeten Roman *The Mystery of Edwin Drood* zu Ende schrieb und publizierte. Der Teil von J. ist umfangreicher als das hinterlassene Fragment und weist Eigentümlichkeiten Dickens' in Stil, Wortwahl und Orthographie auf. Die von manchen Spiritisten vertretene Hypothese, Dickens (auch Poe u. a.) hätten sich dieser Medien bedient, ist zur Erklärung des Vorgangs nicht notwendig (Fairbanks 1892). *Gerade* die Unbelesenheit James' läßt es verständlich erscheinen, daß er sich so sehr in Dickens' Romanwelt, in Sprache und Handlung, eingelebt hatte, daß sein Unbewußtes die Fortsetzung »automatisch« zu produzieren vermochte. – Übrigens wurde ein nachgelassenes Kapitel zu diesem Roman unter Dickens' Papieren gefunden, das in der Jamesschen Fassung allerdings nicht enthalten ist. – *Werke* → Bibl.

James, William (1842–1910), amer. Philosoph und Psychologe; Begründer des Pragmatismus, einer philos. Lehre, die den Menschen ausschließlich als handelndes Wesen versteht. Zur selben Zeit wie → Wundt, nämlich 1875, führte J. das ps. Laboratorium ein. Seine *Principles of Psychology*, 1890 (dt. 1909), beeinflußten die Ps. bis heute: Zwar gilt seine physiologische Lerntheorie als überholt, doch sein Konzept vom Bewußtseinsstrom *(stream of consciousness)*, das die Seele als Bewußtseinsprozeß versteht, hat auf die moderne Lit. (»innerer Monolog«), auf Philos. und Ps. gleichermaßen gewirkt.
Mit seiner Schrift über *Die religiöse Erfahrung in ihrer Mannigfaltigkeit* (dt. 1907) begründete er eine moderne Religionsps. Im Paranormalen sah J. ein »unklassifizierbares Residuum« der menschlichen Erfahrung und reklamierte es als wiss. Arbeitsgebiet; er war Mitbegründer der A.S.P.R., 1894/95 Präsident der S.P.R. und lieferte der Pps. wertvolle theoretisch-philos. Modelle (z. B. zur Frage der Unsterblichkeit), vor allem das Konstrukt eines kosmischen → Bewußtseins. Außerdem widmete er sich Detailuntersuchungen, besonders an Mrs. → Piper: »Will man das Gesetz, daß alle Krähen schwarz sind, stürzen, muß man nicht zu zeigen versuchen, daß keine Krähe es ist, es genügt, eine weiße Krähe vorzuweisen. Meine weiße Krähe ist Mrs. Piper.« (Zit. n. Murphy/Ballou 1960.) – *Werke* → Bibl.
Lit.: Muishead 1911; Myers 1891/92; H. A. Smith 1911.

Janet, Pierre (1859–1947), frz. Psychiater. J. legte zusammen mit dem Arzt Gibert 1885 der Gesellschaft für physiologische Ps. eine Mitteilung über »einige Phänomene des Somnambulismus« vor, die von überzeugend angelegten und korrekt durchgeführten Experimenten berichtet, deren Ergebnisse auch heute noch nur als telepathische → Mentalsuggestion interpretiert werden können: Es gelang, die Vp. → Leonie über Entfernungen bis zu 2 km mentalsuggestiv einzuschläfern und zum Realisieren gedachter Handlungen zu veranlassen. Dennoch lehnte J. die telepathische Deu-

tung ab, ohne allerdings eine andere vorschlagen zu können. – *Werke* → Bibl.
Lit.: Baerwald in Bender 1947: 179–90.

Jansenisten, eine vor allem in Frankreich und den Niederlanden verbreitete kath. Bewegung des 17. und 18. Jh.s, die in der Nachfolge des niederländ. Theologen Cornelius Jansen (1585–1638) stand. Die J. zeichneten sich u. a. durch eine besonders strenge Moralauffassung und die Betonung der Prädestination aus. Von einer Gruppe Pariser J., den → Convulsionären, werden um 1730 gut beglaubigte Wunderheilungen berichtet.

Januarius → Blutwunder.

Jeanne d'Arc, gen. Jungfrau von Orléans, hl. Johanna (1412–1431), frz. Nationalheldin, Bauernmädchen, das sich im Hundertjährigen Krieg von überirdischen Stimmen beauftragt glaubte, das Vaterland zu befreien und den Dauphin (Karl VII.) nach Reims zur Krönung zu führen. Es gelang ihr zwar, das Kriegsgeschehen entscheidend zu beeinflussen, doch wurde sie bald von den Burgundern gefangengenommen und den Engländern ausgeliefert. Man klagte sie als Zauberin und Ketzerin an und verbrannte sie aufgrund des Urteils eines geistlichen Gerichts in Rouen. Das Urteil wurde 25 Jahre später von der Kirche aufgehoben, J. 1920 heiliggesprochen. Es gibt zahlreiche lit. und hist. Darstellungen ihres Lebens, z B. von Anouilh, Brecht, France, Schiller, Shaw, Voltaire u. a.
Auch die Pps. hat sich mehrfach mit J. beschäftigt, die als inspirierte Rednerin gefeiert wurde, Visionen hatte und den Dauphin von der Göttlichkeit ihres Auftrags durch ASW-Demonstrationen überzeugt haben soll. (Eine Quelle, die diese Manifestationen belegt, bilden die Prozeßakten; sie wurden 1943 auf dt. veröffentlicht.)
Als eine Nachfahrin der J. wird gelegentlich *Jeanne* (!) *Gardner* bezeichnet; Hausfrau aus Elkins, Virginia, die ständig von einer »Stimme« begleitet ist, die ihr u. a. den Tod Senator Kennedys 3 Tage vorher ankündigte. Auch ihre Mutter und Großmutter können diese Stimme hören (vielleicht kann man in Erweiterung des psychopathologischen Induktionsbegriffs von einer telepathischen → Induktion sprechen).
Lit.: Lang 1895, 1908; de Vesme 1900 II.

Jehuda der Fromme, auch Juda d. F., Juda ben Samuel ha-Chassid († ca. 1217), Rabbiner, Leiter der Regensburger Talmud-Hochschule, Begründer der Deutschen Kabbala, einer mystischen Bewegung. Der aus einer Wormser Rabbinerfamilie stammende J. schreibt in seinem Hauptwerk *Sefer ha-Chassidim* (»Buch der Frommen«):
»Siehst du, daß jemand über den Messias weissagt, so wisse, daß er sich mit Zauberei oder Dämonenspuk abgibt. Oder aber er gehört zu denen, die mit dem Gottesnamen Beschwörungen vornehmen. Weil sie nun die Engel oder Geister für sich bemühen, sagen die zu ihm: Verkünde es nicht so, daß es aller Welt offenbar werde. Und am Ende wird er vor aller Welt zuschanden, weil er die Engel und Dämonen bemüht hat, und statt dessen tritt ein Unglück ein ... Die Dämonen kommen und lehren ihn ihre Berechnungen und apokalyptischen Geheimnisse, um ihn und die ihm glauben zu beschämen, denn niemand weiß etwas über das Kommen des Messias.« (Scholem 1967: 96.)
Lit.: Günzig 1921.

Jenseits, Vorstellung von einem Ort oder Zustand des Menschen nach seinem Tode. Die meisten Religionen kennen J.vorstellungen (Himmel, Hölle, Fegefeuer, Hades, Totenreich, Unterwelt usw.). Im Spiritismus spielt das J. als »Aufenthaltsraum« der Toten eine wesentliche Rolle. Es wird von den Medien, die mit den Geistern Verstorbener in Verbindung zu stehen behaupten und deren Botschaften übermitteln, als rein geistiges, ätherisches oder auch konkret weltähnliches Gefilde beschrieben. Entsprechend wird die Existenzform der Verstorbenen bald als körperlos, bald körperlich-lebensähnlich beschrieben, fast immer allerdings mit stark religiöser Komponente. – Besonders charakteristisch und prägend für die spiritistische Anschauung sind die berühmt gewordenen J.beschreibungen, die → Myers nach seinem Tod durch → Kreuz-Korrespondenz mit mehreren Medien, vor allem → Cummins, gab. Er sprach von 7 Stadien oder Stufen der J.erfahrung, die dem Verstorbenen erreichbar seien. – Der im Ersten Weltkrieg gefallene Sohn von → Lodge lieferte durch das Medium → Leonard umfangreiche J.reportagen. Über seinen »neuen Körper« sagte er aus:

»Er ist dem vorigen sehr ähnlich. Manchmal kneife ich mich selbst, um zu sehen, ob er wirklich ist, und er ist's, aber es tut nicht so weh, wie wenn ich früher den fleischlichen Körper kniff. Die anderen Organe scheinen nach dem gleichen Prinzip zu arbeiten wie vorher. Sie können also wohl nicht ganz die gleichen sein, wenn es auch den Anschein hat. Ich kann mich irgendwie freier bewegen ...

Wenn jemand ganz zerschossen und verstümmelt ist, dauert es einige Zeit, bis der Geist-Körper sich vervollständigt und wieder komplett ist. Er sondert eine gewisse Menge einer Substanz ab, die zweifellos ätherischer Natur ist, und diese muß wieder verdichtet werden. Der Geist ist natürlich nicht zerschossen, aber er ist doch irgendwie angegriffen.« (Lodge zit. n. Ford 1972: 165.)

Zu Beginn der 70er Jahre standen im Zushg. mit dem gesteigerten Interesse an pps. Fragen auch die Probleme einer J.welt und die Möglichkeit von Kontakten zwischen Diesseits und J. durch Medien wieder zur Diskussion, z. T. angeregt durch die Bücher von → Ford.

In der tiefenps. Betrachtung, besonders der Jung-Schule, werden J.vorstellungen als Bilder und Projektionen des Unbewußten angesehen:

»... das Unbewußte ist laut ältester Auffassung das Traum- und zugleich das Toten- und Ahnenland. Das Unbewußte scheint in der Tat nach allem, was wir darüber wissen, eine Seinsform relativ unabhängig von den Schranken von Raum und Zeit darzustellen; auch wäre gegen die Idee, daß das Bewußtsein und seine Welt im Meere des Unbewußten gewissermaßen eingeschlossen seien, nichts einzuwenden. Die unbewußte Psyche ist von unbekannter Erstreckung.« (Jung in White 1963: 12.)

S. a. Summerland bei → Davis.

Lit.: Belline 1973; Ford 1972; Hemleben 1975; James 1926; Lodge 1925; Randall 1917, 1922, 1931; Tenhaeff o. J.; S. E. White 1963; J. Witte 1929.

Jermolajew, Boris, psychokinetisch begabte Vp. der sowjet. Forschung. → Puschkin stellte in Untersuchungen fest, daß J. zwischen seinen auseinandergehaltenen Händen Gegenstände schweben lassen kann. Die Versuche gelangen am besten mit kompakten Gegenständen größerer Oberflächen; notwendig war die Hilfe eines Freundes von J., der zu einem bestimmten Zeitpunkt seine Hände über den Gegenstand und die Hände J.s halten mußte.

Lit.: Puschkin 1974.

Jesus Christus [hebr. *Jeschua;* Jahve hilft, und griech. *Christos;* der Gesalbte] (ca. 8 v. Chr. – ca. 30 n. Chr.), J. steht im Mittelpunkt der neutestamentlichen Botschaft, dennoch sind die Nachrichten über sein Leben spärlich. Er wirkte auf Art eines Rabbi vor allem in Galiläa, in seiner Anhängerschaft (»Jünger«) sind die Anfänge des Christentums zu sehen. Populär machten J. zu seinen Lebzeiten seine Predigten und seine Taten *(Wunder).* Nach den Evangelien war bereits seine Geburt von übernormalen Zeichen begleitet, an Wundern werden u. a. überliefert Krankenheilungen, Fernheilungen, Totenerweckung, Wasserverwandlung, Stillung des Sturms, Brotvermehrung, Wassergehen, ASW (z. B. Joh. 2, 25; Joh. 11, 11; Luk. 5, 22; Luk. 9, 47; Luk. 5, 1 ff.; Mark. 2, 7 f.; Mark. 9, 34; Matth. 9, 3), Stimme vom Himmel, Verwünschung des Feigenbaums, Verklä-

Jesus heilt den Wassersüchtigen.

rung, besondere Umstände beim Tode (Erdbeben, Finsternis) und Auferstehung. J. selbst bezeichnete diese Taten als »Finger« Gottes (Luk. 11, 20) und nicht als Demonstration besonderer ihm eignender Macht (Matth. 12, 38 f.). – Unbeschadet ihrer theologischen Interpretation dürfen die Taten J. auch im Lichte der Pps. betrachtet werden.

Lit.: Bultmann 1951; Kreyher 1880 II: 130–185; Mussner 1967; Rýzl 1975.

Joachim von Fiore, auch Gioacchino da Fiore, Joachim von Floris (ca. 1130–1202), ital. Zisterzienser, Abt in Corazzo, Stifter des Florenser-Ordens, der bis 1633 bestand. J. galt zu seiner Zeit als Prophet und lebt als solcher in volkstümlichen Wahrsagebüchern bis in die Gegenwart fort. Nach seiner Lehre von den 3 Zeitaltern (dem Gottvaters, dem des Gottessohnes und dem des Hl. Geistes) war das Ende der Klerikerkirche spätestens 1260 zu erwarten. – Zu seinen Schriften erstellte J. ein »Figurenbuch« *(Liber figurarum),* in dem er versuchte, Gedanken und vielleicht auch sprachlich nicht Faßbares in Bildern auszudrücken. Man vermutet, daß Dante vom Figurenbuch beeinflußt wurde. – *Werke* → Bibl.

Jobson, Mary, Engländerin, die 1839, im Alter von 13 Jahren, plötzlich von einer rätselhaften Krankheit befallen wurde: Krämpfe traten auf, von Raps begleitet; die Patientin hörte Stimmen, machte präkognitive Angaben, Wasserapporte wurden beobachtet, und mehrere Zeugen wollen eine unerklärliche Musik gehört haben. Lähmungen, Blindheit und Taubheit stellten sich ein, bis das Mädchen nach monatelangem Leiden genauso plötzlich und unerklärlich wieder gesundete.

Lit.: Clanny 1841.

Joga → Yoga.

Johanna von Jesus Maria, span. Witwe, die im Alter von fast 60 Jahren 1626 Nonne in Burgos wurde. In der Verzückung ahmte sie die Leiden Christi nach; ohne eigtl. »wahrzunehmen«, was mit ihr geschah, imitierte sie die Geschehnisse von der Fußwaschung über Festnahme, Geißelung, bis zur Dornenkrönung; physische Korrelate waren blutende Stigmata. J. legte sich, so versichert ein notarielles Zeugnis, anschließend auf ein Kreuz, das sich mit ihr erhob; sie blieb an ihm wie angenagelt hängen, und Ströme von Blut flossen. Schließlich fiel sie vom Kreuz, das stehen blieb. 20 Jahre lang soll sich dieser Vorgang jeden Donnerstag und Freitag wiederholt haben.

Lit.: Görres 1927: 227–33.

Johanna von Orléans → Jeanne d'Arc.

Johannes vom Kreuz → Juan de la Cruz.

Johannes von Gott → Juan de Dios.

Johannes von Nepomuk (1350 ?–1393), Geistlicher aus Pomuk, Böhmen; erzbischöflicher Generalvikar von Prag, wurde als politischer Märtyrer in der Moldau ertränkt (deshalb sieht man sein Standbild oft an Brücken). Bei der Graböffnung 1719 waren Gebeine und Zunge unversehrt (er hatte sterben müssen, weil er sich weigerte, das Beichtgeheimnis zu verletzen). 1729 wurde J. v. N. heiliggesprochen.

Johnson, Douglas, zeitgenössischer engl. Paragnost. → Björkhem schildert ein interessantes psychometrisches Experiment: Man ging mit J. durch ein Museum, und er machte ausführliche und zutreffende Angaben zu den einzelnen antiken Stücken; bei einem Objekt blieb die »innere Mitteilung« jedoch aus, und tatsächlich handelte es sich um eine moderne Fälschung. (Zit. n. Berendt 1972: 87.) J. stellte seine Kräfte des öfteren bei der Untersuchung sog. Spukhäuser zur Verfügung. Bei einem Fall 1968/69 in Florida (in einem Ort bei Jacksonville; die Untersuchung leiteten zwei Professoren der Duke-Universität) ging J. mehrfach durch das Gebäude und machte auf Tonband Aussagen über das, was er dort von früheren Bewohnern und Erscheinungen »sah und hörte«. Einige der Aussagen ließen sich verifizieren, viele nicht, doch standen diese auch nicht in Widerspruch zu bekannten Daten. Unerklärliche Geräusche, die J. hörte, scheinen objektiver Natur gewesen zu sein, denn sie wurden vom Tonband registriert. (Joines/Artley 1969.)

Johnson, Martin U. (* 1930), schwed. Psychologe, Professor für Pps. an der Universität Utrecht, Begründer und Hrsg. der Zeitschrift *The European Journal of Parapsychology* (1975). – *Werke* → Bibl.

Joller, Melchior (1818–1865), schweizer. Rechtsanwalt, Journalist und Politiker (Nationalrat). Seine *Darstellung selbsterlebter mystischer Erscheinungen* (1863) ist ein bedeutendes Quellenwerk der Spukforschung, das durch die Nachuntersuchungen → Mosers noch an Wert gewann. – Neben seiner Anwaltspraxis und seinen politischen Tätigkeiten bewirtschaftete J. in Stans am Vierwaldstättersee ein ererbtes Gut.

Allem »Okkulten« stand er ablehnend gegenüber, und als im Herbst 1860 eine Magd ein Klopfen an ihrem Bett gehört und gefühlt haben wollte und das als »Künden« (→ Abmelden) deutete, wurde ihr dieser Unsinn streng verwiesen. Aber einige Wochen später hörten in J.s Abwesenheit seine Frau und eine seiner Töchter in einem Tisch ebenfalls ein Klopfen; sie erschraken und ließen sich auf einen »Dialog« mit dem Klopfenden ein: Falls der Betreffende etwas mitzuteilen habe, möge er noch einmal klopfen. Es klopfte! J.: »Ich glaubte die Ursache ... etwa im Losspringen einer Leiste zu finden, indem ich nicht begreifen wollte, wie ein körperloses Wesen [dessen Existenz er offensichtlich für möglich hält!] klopfen könne.« Im nächsten Jahr hörte der 9jährige Sohn ein Klopfen und beim Anblick einer »weißlichen, unförmigen Gestalt« fiel er in Ohnmacht. Kinder und Dienstmagd wollen im gleichen Jahr noch häufiger Gestalten gesehen haben, die Magd hörte einmal ihren Namen, alle Familienmitglieder hörten unerklärliche Geräusche, die jedoch nicht weiter beachtet wurden; man vermutete Mäuse oder andere Tiere als Ursache. In J.s Abwesenheit machte seine 14jährige Tochter ein Experiment und rief: »In Gottes Namen, wenn es etwas ist, so soll es kommen und klopfen!« Es klopfte. Der Versuch wurde zweimal mit gleichem Ergebnis wiederholt. Die Kinder flohen vors Haus; dort fiel ein faustgroßer Kiesel zwischen sie. Nachdem sie das Haus wieder betreten hatten, fanden sie alle Zimmer- und Schranktüren offenstehen. Die Tür zum Arbeitszimmer öffnete sich immer wieder, auch wenn man sie verriegelte und verschloß. Am gleichen Tag sprangen die Fenster auf, ein Stuhl drehte die Beine nach oben, man hörte eine Stimme, Musik, und sah formlose Gestalten; eine der Gestalten löschte gar das Herdfeuer mit Wasser – später erfuhr man, daß am gleichen Tag ein Verwandter J.s in Konstanz ähnlich heimgesucht worden war. – J. schaltete die Polizei ein, eine Überprüfung mit Hilfe wiss. Geräte fand statt, eine Regierungskommission zur Untersuchung des Falles wurde ernannt. Die Neugierigen strömten in Scharen herbei. Nach kurzer Ruhepause wurde es nur noch toller. Eines Morgens erklärte J. nach Zeugenaussagen ziemlich verstört, »er wisse jetzt alles, er müsse nach Rom, es dem Papst melden«. Was dann geschah, liegt im Dunkeln, da die weiteren Aufzeichnungen J.s verlorengingen; jedenfalls zieht er mit seiner Familie nach Rom und stirbt bald darauf.

→ Servadio, der Nachkommen J.s interviewte, war überzeugt, daß verschiedene Familienmitglieder mediale Eigenschaften gehabt haben. Und auch über J. selbst, der stets bemüht war, von sich ein möglichst rationalistisches Bild zu zeichnen, wird eine Anekdote berichtet, die ihm telepathische oder hellseherische Fähigkeiten zuschreibt: Während eines Gerichtstermins in einer anderen Ortschaft soll er plötzlich, ganz blaß im Gesicht, gesagt haben: »Jetzt treibt der Spuk in meinem Haus wieder sein Unwesen.«

Lit.: Joller 1863 (auch in Moser 1950); Bozzano 1930; Perty 1861, 1863, 1877.

Jordan, Pascual (* 1902), dt. Physiker. J., einer der Begründer der Quantenmechanik, beschäftigte sich in seinem Buch *Verdrängung und Komplementarität* (²1951) auch mit Fragen der Pps.; dabei ist er wie → Rhine der Ansicht, daß das Wirken der Psyche nicht-physikalischer Natur sei, die Pps. also die Hoffnung aufgeben muß, daß ihr die Physik noch unbekannte Strahlen, Wellen, Energieformen »liefert«, mit deren Hilfe sie das parapsychische Geschehen erklären könnte. Allerdings, meint J., können physikalische Modelle und Prinzipien auch für die Pps. fruchtbar gemacht werden. J. (1955) verweist darauf, daß im Verhalten einzelner Teilchen (→ Quantenphysik) Verkehrungen des Vorher-Nachher möglich zu sein scheinen: eine Hypothese, die der Allgemeingültigkeit der Kausalität entgegentritt und vielleicht für die Diskussion der Präkognition von Bedeutung sein kann. – *Werke* → Bibl.

Lit.: Chari 1974.

Joseph von Copertino (1603–1663), ital. Heiliger und Visionär. Seine wunderbaren Erscheinungen, Ekstasen und Prophezeiungen waren so zahlreich, daß man ihn, um zu großes Aufsehen zu vermeiden, auf Betreiben der Inquisition vom Volk fernhielt. J. sah sein eigenes Schicksal und den Lebensweg ungezählter anderer voraus; dem Kardinal Rapaccioli schrieb er die Antwort auf einen Brief, den er noch gar nicht erhalten hatte; Vögel und andere Tiere flohen ihn nicht, sondern folgten seinem Befehl. Schon als Kind hatte er die ersten Visionen; von chronischen Krankheiten (Ausschlag, Entzündungen) heilte ihn ein Eremit. Sein Versuch, Laienbruder bei den Kapuzinern zu werden, scheiterte: Nach 8 Monaten schickte man ihn wegen Tölpelhaftigkeit wieder fort. Später wurde J. dann Franziskaner.

J. erkannte manchmal das Nahen einer Ekstase an physiologischen Anzeichen (z. B. Veränderung des Herzschlags). In der Verzückung zeigte er vollständige → Anästhesie: Herumschleifen, Brennen, Verrenken, Fingerdruck aufs Auge, Splitter unter den Nägeln spürte J. nicht; einem Mitbruder erschien er in der Ekstase leicht wie ein Strohhalm. Außerordentlich zahlreich sind die Berichte von Levitationen J.s: Er soll von der Mitte der Kirche in Grotella zum Hochaltar geflogen sein und öfter Strecken bis zu 80 Schritten im Flug zurückgelegt haben; sogar Menschen, die er an der Hand hielt, sollen mitgeflogen sein. Auch der protestantische Herzog Friedrich von Braunschweig wurde 1650 in Rom Zeuge eines Flugs. Das Abheben war manchmal von einem Schrei begleitet, einmal von einem Schlag, als ob es donnere. – Ein süßer Duft ging von J.s Körper und Kleidung aus, der tagelang auch seine Besucher umgab und sich jahrelang in seiner Zelle hielt.

Lit.: Görres 1927: 225–64; Nuti 1678; Thurston 1919; Anonymus Luzern 1753.

Josiane, der »Fall J.« wurde von H. Christiaens, Professor an der Universität Lille, 1942 recherchiert, ohne daß er die Erlebnisträgerin selbst untersuchte. – In einem Dorf in Nordfrankreich ereigneten sich 5 Wochen lang Spukphänomene in der Umgebung des 19jährigen Hausmädchens J.: Klopftöne, laute Schläge und andere Geräusche. Vor allem Gegenstände des religiösen Brauchtums wie Heiligenstatuen fielen um oder bewegten sich hüpfend vorwärts, einige zerbrachen. Lampen schwangen, elektrische Schalter knipsten sich von allein an und aus, Knöpfe wurden von Kleidern gerissen, immer wieder ging J.s Wecker entzwei, einmal wurde J., auf ihrem Bett liegend, durchs Zimmer geschleift. Die Vorgänge fanden ihr Ende mit dem – der Vorkommnisse wegen beschlossenen – Wegzug des Mädchens. Christiaens charakterisierte J. so: »Sie wird uns als apathisch, weich und willenlos beschrieben; ein Mädchen, das gern die Aufmerksamkeit auf sich lenkt und über das, was ihr geschah, jammerte und zugl. geschmeichelt war.«

Lit.: Christiaens 1960/61; Kaufmann 1970: 26–36.

Journal of the S. P. R. → Society for Psychical Research.

J. S. P. R., Abk. für *J*ournal of the → *S*ociety for *P*sychical *R*esearch.

Juan de Dios [span.; Johannes von Gott], (1495–1550), span. Ordensstifter und Visionär. Er begründete 1540 in Granada einen Hospitaliterorden mit modern anmutenden, das Psychische berücksichtigenden Pflegemethoden. Der Schutzpatron der Buchhändler und -drucker soll der Legende nach zahlreiche Wunder gewirkt haben, u. a. hat er angeblich bei einer Brandkatastrophe vor etwa 70 Zeugen mitten aus dem Feuer Menschen und Gerät gerettet, ohne dabei selbst verletzt zu werden – bis auf angesengte Brauen und Wimpern; auch seine Kleidung blieb unversehrt (→ Feuerunempfindlichkeit). 1690 heiliggesprochen.

Juan de la Cruz [span.; Johannes vom Kreuz], eigtl. Juan de Yepes (1542–1591), span. Mystiker, Dichter und Kirchenlehrer; 1726 heiliggesprochen. Aufgrund seiner visionären Erfahrungen entwickelte J. eine Ps. der Mystik. Im Wert rangierte dabei der »einfache« Glaube vor der Verzükkung! Seine mystische Lehrschrift *Aufstieg zum Berg Karmel* beginnt bezeichnenderweise mit einer Warnung vor Visionen:

»Der Sinn der Einbildungskraft und der Phantasie ... ist die Tür und der Eingang zur Seele ... Dahin kommen denn auch Gott und der Teufel mit ihrem Geschenk von Bildern und Gestalten, um sie dem Verstande anzubieten.« (Zit. n. Benz 1969: 269.)

Lit.: Schering 1959.

Judd, Pearl (* 1908), neuseeländ. Lichtmedium; produzierte Direkte Stimme und andere PK-Phänomene; J.s Leistungen sollen in gemeinsamen Sitzungen mit einem angeblich ebenfalls paranormal begabten Onkel besonders eindrucksvoll gewesen sein.

Lit.: Chapman 1927; H. Price 1930.

Judge, William Quan (1851–1896), amer. Theosoph. Der aus Irland eingewanderte J. war Rechtsanwalt und beschäftigte sich seit 1874 mit Magie und Mesmerismus. Sein Zusammentreffen mit der → Blavatsky führte zur Gründung der Theosophischen Gesellschaft, deren zweiter Präsident er (nach der Blavatsky) wurde. – *Werke* → Bibl.

Lit.: Conger 1951.

Juliana von Norwich (ca. 1340–ca. 1413), engl. Benediktinerin und Visionärin, die als Klausnerin bei der Kirche von Norwich lebte. In einer Vision wurde sie von ihrer Krankheit geheilt, um die sie als Buße selbst gebeten hatte. Er folgten 15 Offenbarungsvisionen, der sich noch eine sechzehnte anschloß, in der die Aussagen der vorangegangenen 15 bestätigt wurden. Den Rest ihres Lebens bemühte J. v. N. sich, das ihr Geoffenbarte zu begreifen. – *Werke* → Bibl.

Lit.: Molinari 1958.

Jung, Carl Gustav (1875–1961), schweizer. Tiefenpsychologe und Psychiater; Begründer der → Analytischen (Komplexen) Ps., die sich von der Psychoanalyse Freudscher Prägung abspaltete. Viele ihrer Konzepte liefern Verstehensmöglichkeiten für parapsychische Manifestationen (z. B. → Archtyp; → Individuation; das → Kollektive Unbewußte).

J., Sohn eines Pfarrers, interessierte sich zeit seines Lebens für religiöse Probleme, für eine andere, ewige Welt – deren Realität für ihn, zumindest in Grenzsituationen, erfahrbar war –, für okkulte und paranormale Phänomene, bis hin zu den Erscheinungen der → UFOs.

Bereits in seiner Dissertation *Zur Psycho-*

C. G. Jung

logie und Pathologie sogenannter occulter Phänomene (→ Preiswerk) schrieb J. (im Nachwort):

»Mein Bestreben ging vor allem dahin, entgegen der öffentlichen Meinung, welche für die sogenannten okkulten Phänomene nichts als ein geringschätziges Lächeln hat, die zahlreichen Verknüpfungen derselben mit dem Erfahrungsgebiete des Arztes und der Psychologie darzustellen und auf die zahlreichen wichtigen Fragen hinzuweisen, welches dieses unerforschte Gebiet noch für uns birgt. Den Anstoß zu dieser Arbeit gab mir die Überzeugung, daß auf diesem Gebiete eine reiche Ernte für die Erfahrungspsychologie reift...« (Zit. n. d. Ausgabe 1971: 102.)

J.s Mutter (Emilie J., geb. Preiswerk, 1849–1923) und Großmutter (Augusta Preiswerk, geb. Faber, 1805–1862) waren ASW-begabt, und mehrfach war J. selbst Erlebnisträger von ASW-und PK-Phänomenen. So erwachte er z. B. eines Nachts von der Empfindung eines Schlags am Hinterkopf – am nächsten Tag erfuhr er, daß einer seiner Patienten sich in dieser Nacht durch Kopfschuß getötet hatte. – 1899 spaltete sich laut krachend ein Nußbaumtisch in der mütterlichen Wohnung, und bis zu seinem Tod bewahrte J. die Reste eines Brotmessers auf, das um die gleiche Zeit mit einem Knall in der Schublade in 4 Teile zersprungen war.

1910 hörten er und Freud während eines Gesprächs einen lauten Schlag in einem Bücherregal; J. kündigte einen zweiten Schlag an, der auch prompt erfolgte – Ausdruck einer paranormalen Entladung der Spannung zwischen den Gesprächspartnern? 1920 wurde J. Zeuge eines ortsgebundenen Spuks in England (Moser 1950: 253–61); zusammen mit → Bleuler und → Schrenck-Notzing nahm J. in den folgenden Jahren an Sitzungen mit Rudi → Schneider teil.

Zur ASW schrieb J. in *Seele und Tod* (1934): »Eine objektive Sichtung und Kritik der vorhandenen Beobachtungen läßt feststellen, daß sich Wahrnehmungen ereignen, die teils so vor sich gehen, als ob es keinen Raum gäbe, teils so, als ob es keine Zeit gäbe.« 1919 hatte er in einem Vortrag vor der S.P.R. den »Geister«-Glauben auf »exteriorisierte Wirkungen unbewußter Komplexe« (also auf Projektion) zurückgeführt; als der Vortrag 1947 nachgedruckt wurde, merkte der Autor an, daß er mittlerweile eine rein »psychologische« Betrachtung der in Rede stehenden Phänomene nicht mehr für ausreichend erachte, es »wird die Frage der transpsychischen Realität, welche der Psyche unmittelbar zugrunde liegt, aufgeworfen«.

Besondere Aufmerksamkeit schenkte J. dem Problem nichtkausaler Vorgänge (Wahrträume, »Zufälle«, Astrol., Mantik, Tarot) – als Erklärungshypothese entwikkelte er das Konzept der → Synchronizität. – *Werke* → Bibl.

Lit.: Bender 1961 c; v. Franz 1970; Jaffé 1960, 1962; Storr 1974.

Jung-Stilling, Johann Heinrich (1740 bis 1817), dt. Schriftsteller; erlernte den Schneiderberuf, wurde später Dorfschullehrer, studierte in Straßburg Medizin (wo er Goethe kennenlernte, der J.-St.s erste autobiographische Schrift herausgab), praktizierte als Augenarzt, erhielt eine Professur für Medizin, später für Verwaltungswiss., betrachtete aber als seinen eigtl. Beruf den des religiösen Schriftstellers. Von pps. Interesse ist seine *Theorie der Geister-Kunde* (1808); anhand der Phänomene des animalischen → Magnetismus, des Somnambulismus, des Hellsehens, der Visionen, Ahnungen und Erscheinungen wird versucht, die Existenz einer übersinnlichen Welt zu beweisen. »Äther« und »Licht« gelten J.-St. als Brücken der Seele zu dieser Welt. Den Menschen entwirft J.-St. dreigegliedert als Leib, Geist und Ätherleib (Seelenvehikel). Der *Theorie* voraus gingen die *Scenen aus dem Geisterreiche* (1795–1801): Pietistisch-didaktische Visionen aus der überirdischen Welt. – *Werke* → Bibl.

Jürgenson-Effekt, das Phänomen unerklärlicher, auf Tonband gespeicherter Stimmen, auch Musik, Geräusche usw. (→ Tonbandstimmen-Phänomen); benannt nach dem

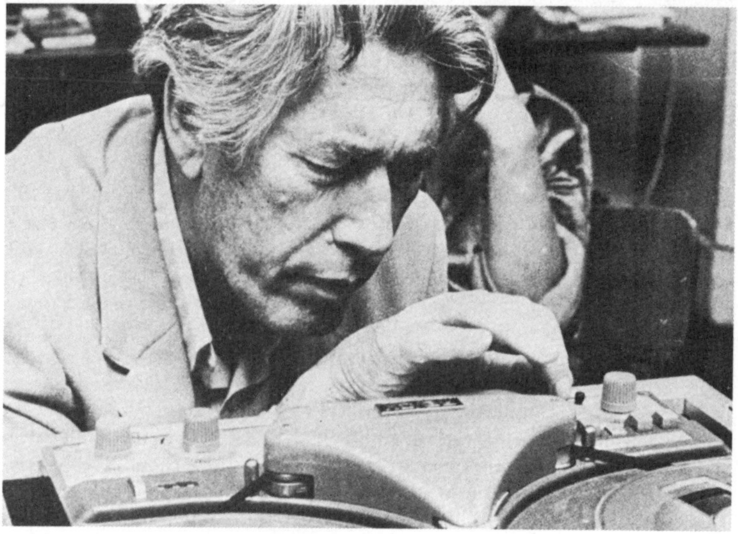

Friedrich Jürgenson beim Abhören von Tonbandstimmen.

schwed. Filmproduzenten Friedrich Jürgenson, der diese Erscheinung 1959 zum ersten Mal beobachtete. Eine Absicherung gegen Täuschung ist bei derartigen Manifestationen schwierig, denn mit wachsender Komplexität der Technik mehren sich auch die Täuschungs- und Fehlerquellen. → Bender ließ bei seinen Aufnahmen mit Jürgenson die Sitzungsteilnehmer einen Radiergummi zwischen die Zähne klemmen, um so zu verhindern, daß unwillkürliche Worte oder Geräusche der Teilnehmer, die man während der Sitzung vielleicht überhört, auf das Band geraten. (Besser wäre vielleicht ein Kehlkopfmikrophon für jeden Teilnehmer oder eine Schallisolierung des Aufnahmemikrophons wie etwa Mulacz, 1974, ausführt.) Das Phänomen scheint direkt vom Band auszugehen und nicht via Mikrophon zu erfolgen: Beim Überspielen sollen nämlich manchmal neue Stimmen hinzukommen, mehrfaches Abspielen im Beisein der Vpn erhöhte gelegentlich die Lautstärke (d. h. die Stimme wird beim *Abhören* fixiert oder verstärkt!), und die paranormal erhaltene Magnetspur soll auf unbenutzte Nachbarspuren streuen (Mulacz 1974).

Der J.-E. scheint kein reines PK-Phänomen zu sein: Einige der empfundenen Botschaften sollen präkognitiven Inhalt haben (L. Schmid 1974). Von einer Erklärung des Effekts ist man noch weit entfernt; schlagwortartige Hypothesen wie »akustische Gedankenbilder« knüpfen an Vorstellungen des 19. Jh.s (→ Gedankenfotografie) an, ohne recht weiterzuhelfen, und Thesen wie die folgende sind z. Z. nicht beweisbar: »Sicher ist nun, daß beim Denken millionenfach chemisch-physikalische Abläufe eine Rolle spielen, davon solche bioelektrischer Art in den Neuronen (Nervenzellen), die sich offenbar in Vibrationen im ausgetretenen Plasma fortpflanzen und vermutlich durch Induktion im Leitungssystem des Gerätes den Effekt hervorrufen.« (Henn 1974.) S. a. → Raudive.

Lit.: Bander 1972; Jürgenson 1967.

K

K., Ilga, ein litauisches, evtl. debiles Mädchen, das im Alter von 9 Jahren (1937) lesen und Probleme lösen konnte, wenn seine Mutter oder der Arzt neben ihm standen und die entsprechende Operation im Geist vornahmen.

Lit.: Bender 1938, 1940.

Ka, im alten Ägypten die Kraft, die von allen Wesen und Gegenständen ausströmt; ursprünglich wohl die Zeugungskraft. Auf Abb.en wird der Ka oft in Menschengestalt als »spirituelles Doppel«, hinter seinem Träger stehend, dargestellt. In verschiedenen Spekulationen gliederte man den Ka in einzelne Vermögen (Stärke, Se-

Der Gott Chnum bildet mit dem Kind zugleich dessen Ka.

hen, Hören usw.) auf, die als die 7, später 14, Schutzgeister gedacht wurden (ihre weiblichen Pendants hießen *Hemuset*) – Lebensdauer, Glück und Leid, Krankheit und Gesundheit, Stärke und Schwäche, für alles war der Ka verantwortlich. Der Ka starb nicht zusammen mit seinem »Besitzer«, sondern kehrte, so die ägypt. Vorstellung, irgendwann einmal in die leblose Körperhülle zurück. Daher waren die Speisen und Getränke unter den Grabbeigaben auch nicht für die Mumie gedacht, sondern zur Ernährung des Ka.

Lit.: Erman 1913; Kees 1956.

Kabbala [hebr.; Überlieferung], mystische, theosophische Bewegung in der jüd. Religionsgeschichte, die verschiedene Richtungen umfaßt. Die Anfänge reichen in vorchristl. Zeit zurück, eine wichtige Übermittlerrolle spielte die jüd. Gnosis, aber von K. im eigtl. Sinne kann erst seit dem 12. Jh. gesprochen werden.

Die K. kennt die Phänomene aller Mystik – außerordentliche Seelenzustände, Ekstase und parapsychische Manifestationen –, sieht in ihnen aber nur mehr oder weniger wichtige Begleiterscheinungen der eigtl. religiösen Erfahrung. Selbst die im Augenblick realisierte mystische Vereinigung *(unio mystica)* ist nicht das Ziel der Mystik, sondern vielmehr der *debekuth* untergeordnet, dem »Anhangen« (an Gott), einem ständigen Bei-Gott-Sein. Zu den Techniken, die die Vereinigung vorbereiten können, zählt die *Kawwana,* eine im Gebet erlangte meditative Konzentration; das Bewußtsein ist allein auf das Gebet gerichtet (Scholem 1934).

Magie ist der kabbalistischen *Theorie* fremd, aber in der K. als hist. Phänomen berührten sich oft Ekstase, Theurgie und Magie, und im Volksglauben sind – vor allem im → Chassidismus – die Kabbalisten Männer, die der unglaublichsten Wundertaten fähig sind: *Praktische K. (maassit* im Gegensatz zur theoretischen K., *ijjunit)* meint sehr oft bloße Magie, selbst im Sprachgebrauch der Kabbalisten. Zu den bekannteren Techniken der praktischen K. zählen z. B. die *Namensdeutung* – der

Versuch, über die Zahlenwerte von Buchstaben (→ Reuchlin) Aufschlüsse über den Namensträger zu erhalten (Reichstein 1961) – und *Temura*; dabei werden nach bestimmten Regeln einzelne Buchstaben eines Wortes gegen andere ausgetauscht, um auf diese Weise einen neuen Wortsinn zu erschließen.

Die Berichte von möglichen paranormalen Ereignissen und Erfahrungen aus dem kabbalistischen Umkreis sind zahlreich. Von Jacob Halevi aus Marvège (um 1200) hat sich eine Sammlung von Offenbarungen erhalten, die ihm vom Himmel (vom »Herrn des Traums«) geschickt wurden, nachdem er strittige Fragen des rabbinischen Gesetzes als »Traumanfragen« *(scheeloth chalom)* formuliert hatte. – Moses aus Tachau (Moses Taku), der um die gleiche Zeit lebte und ein Schüler → Jehudas des Frommen war, sagte von solchen praktischen Kabbalisten:

»Sie machen sich selbst zu Propheten, indem sie sich darin üben, heilige Namen auszusprechen oder manchmal auch nur ihre Intention auf sie richten, ohne sie über die Lippen zu bringen. Dann ergreift den Menschen ein Schrecken, und sein Körper fällt kraftlos hin. Keine Scheidewand steht nun mehr vor der Seele, er selbst tritt ins Zentrum und schaut in die Ferne, und erst nach einer Weile, wenn die Kraft jenes Namens von ihm weicht, kehrt er mit verworrenem Bewußtsein in seinen früheren Zustand zurück. Genauso machen es die Magier, welche Dämonenbeschwörung benutzen. Sie sprechen über einen der Ihren unreine Beschwörungen, damit er ihnen mitteilt, was etwa in einem fernen Lande geschieht. Er fällt an Ort und Stelle hin, und seine Adern erstarren im Krampf, und er ist wie ein Toter. Nach einer Weile aber steht er ohne Bewußtsein auf und läuft aus dem Haus, und würde man ihn nicht an der Tür an den Gliedern festhalten, würde er sich Kopf und Körper zerschlagen. Wenn er nun wieder ein wenig zu sich kommt, so sagt er ihnen, was er gesehen hat.« (Zit. n. Scholem 1967: 111 f.)

Einen Höhepunkt der *christl. K.* bildet das Werk des dt. Dichters, Politikers und Alchimisten Christian Knorr von Rosenroth (1631/36–1689). Von großem Einfluß in christl. Kreisen wurde seine mit Hilfe jüd. Gelehrter angefertigte lat. Übersetzung von Auszügen kabbalistischer Schriften, die 1677–84 in 2 Bdn. anonym erschienene *Kabbala denudata* (»Die enthüllte Kabbala«). S. a. → Antonia; → Oetinger.

Lit.: Benz 1958; Kemp 1971; Scholem 1927, 1967.

Kabinett, in der Regel die durch einen Vorhang abgeteilte Ecke des Sitzungszimmers bei Séancen. Über den Zweck des K.s gibt es verschiedene Hypothesen: Z. T. ist man der Ansicht, die »physische Energie« muß sich in einem kleineren Raum sammeln, um wirksam werden zu können (vgl. → Additor und die lang herabhängende Decke beim → Tischrücken); andere meinen, das Medium in Trance braucht die Dunkelheit, deshalb hält es sich im K. auf, die Manifestationen aber können außerhalb des K.s bei Licht von den Sitzungsteilnehmern gesehen werden.

Verständlicherweise hielten manche Skeptiker das K. nur für eine Kammer zur Aufbewahrung der betriebsnotwendigen Betrugsrequisiten; aber zum einen kann man ein K. sorgfältig durchsuchen, zum anderen arbeiteten manche Medien, z. B. → Home, stets ohne K. Vielleicht verfügten sie über größere »Kraft«, es mag aber auch sein, daß dem K. nur die Funktion eines → Psychischen Induktors zukommt.

Kaffeesatz, das Weissagen aus Kaffee- oder Teerückständen zählt zu den bekanntesten Beispielen volkstümlicher »Hellseh«-Praxis. Wo der K. nicht Requisit eines Betrugs ist, kann an folgende Verstehensmöglichkeiten gedacht werden: 1. Der K. fungiert als → Psychischer Induktor; 2. der noch feuchte K. wirkt als eine Art Spiegel – durch das Daraufstarren verfällt der »Hellseher« in einen passiven Zustand mit herabgesetztem Bewußtseinsniveau, Vorstellungen verlieren ihren Zushg. und unbewußte Inhalte können aufsteigen; 3. zufällige Formen im K. oder in den Teeblättern werden illusionär als sinnvoll betrachtet und entsprechend gedeutet. Alle Möglichkeiten können auch zusammenwirken.

Kahin [verwandt mit hebr. *kohen;* Priester], vor allem im vorislamischen Arabertum der Wahrsager, der auch priesterliche Funktionen haben konnte – z. B. wenn das Orakel in einem Heiligtum untergebracht war. Die Hauptformen des Orakels der K. waren das Reden in Trance und das Losen *(istiqsam),* in erster Linie nach belomantischem Verfahren: In einem Köcher befanden sich Pfeile, die mit »ja«, »nein« o. ä. bezeichnet waren; der Köcher wurde geschüttelt, und der Pfeil, der zuerst herausfiel, brachte die Antwort.
Lit.: Wellhausen 1961: 131–40.

Kahl, Olga, lebte als russ. Emigrantin in Paris und war schon während des Ersten Weltkriegs wegen ihrer paranormalen Fähigkeiten weithin bekannt; 1927/28 wurde sie von → Osty untersucht. K. vermochte in einem bestimmten Bewußtseinszustand nichtwillkürlich sinnvolle Dermographismen (auf Armen und Brust) hervorzurufen. Eine übliche Versuchsanordnung war, daß einer der Anwesenden sich ein graphisches Zeichen oder ein Wort dachte, das dann nach etwa 15–60 Sekunden auf der Haut der K. erschien.
Aus der Anfangszeit ihrer Laufbahn als spiritistisches Medium werden auch psychokinetische Phänomene behauptet: Apporte, Objektlevitationen, Direkte Schrift, Raps u. a. m.
Lit.: Amadou 1957: 202–205; Moser 1974: 398–400; Osty 1932; Toukhola 1922.

Kahlbutz, Ritter († 1702), der brandenburgische Feudalherr soll 1690 einen Schäfer erschlagen haben, weil dessen Braut ihm den Vollzug des legendären »ius primae noctis« verweigert hat. Vor Gericht hat K. jedoch angeblich beteuert: »Wenn ich der Mörder war, soll mein Leib nicht verwesen.« Und genau das geschah wirklich: Die etwa 10 kg schwere und 1,70 m große Mumie des Ritters ist eine Attraktion für Touristen des In- und Auslands, die in Scharen (über 100 000 Besucher allein 1975) zu der kleinen Wehrkirche von Kampehl (bei Potsdam) pilgern, um die rätselhafte Mumie, die weder einbalsamiert noch durch irgendeine andere feststellbare Methode konserviert wurde, zu besichtigen. – Auch die Wiss. konnte das Rätsel bisher nicht lösen.

Kahn, Ludwig, ein Hellseher (früher Gehilfe → Reeses), der zu Beginn unseres Jh.s von sich reden machte: Ein Karlsruher Gericht hatte ihn 1908 wegen Betrugs verurteilt; um seine Rehabilitation bemüht, wandte er sich an den Freiburger Psychologen Max Schottelius, der sich, von K.s Leistungen beeindruckt, positiv äußerte. Auch → Osty sprach nach Untersuchungen 1925 von einem »unbestreitbaren Phänomen«. K.s Fähigkeit bestand darin, Wörter oder Zeichnungen auf gefalteten Zetteln zu erkennen. Die angewandten Kontrollen waren zumindest in vielen Fällen unzulänglich, Trickexperten wurden zur Untersuchung nicht hinzugezogen. → Moser resümiert (voreilig?): »Vom Hellseher K. ... bleibt also nichts als – die Harmlosigkeit der Experimentatoren!«
Lit.: Dingwall 1926 (mit Bibl.); Moser 1974: 411 f. (dort Rob. *K. gen.); Osty 1925; Schottelius 1913.*

Kahuna, hawaiianische Priester; Max Freedom Long, der erstmals 1918 Hawaii besuchte, glaubt, die esoterische Ps. und die Magie der K. zumindest teilweise rekonstruiert und entschlüsselt zu haben. Als besondere Fähigkeiten eines K. nennt er → Feuerunempfindlichkeit, Orakelkunst, Heilkräfte und Wetterzauber. Seine Versuche, K. etymologisch an *Kohen* und → *Kahin* anzuschließen, sind wiss. nicht haltbar.
Lit.: Long 1966.

Kakodämonisch, von → Kerner u. a. benutztes griech. Kunstwort: svw. von einem bösen Geist herrührend.

Kalchas, Seher der griech. Mythologie, begleitete die Achäer nach Troja. Schon vor der Abfahrt der Flotte prophezeite er, daß der Krieg 10 Jahre dauern und die Eroberung der Stadt nicht ohne Achill und den Bogen des Philoktet möglich sein werde (Homer, *Ilias,* 2, 299 ff.). K. selbst war der

Tod geweissagt worden, wenn er auf einen besseren Seher träfe. Nachdem ihn der Seher Mopsos (der zusammen mit dem Seher Amphilochos das Traumorakel zu Mallos in Kilikien gründete, um dessen Besitz die beiden dann miteinander kämpften und dabei fielen) in einem Rätselwettstreit besiegt hatte, starb K. aus Gram oder durch Selbsttötung. — K. gilt als Begründer des Traumorakels von Daunia in Apulien.

Kälte, paranormale, Temperaturveränderungen als Ankündigung oder Begleitung einer psychokinetischen Manifestation. Soweit es sich um einen »kalten Hauch« handelt, von dem der Erzähler spricht, mag es sich um eine subjektive Empfindung, um ein Schaudern vor dem Unheimlichen handeln. Es liegen jedoch auch durch Meßinstrumente gesicherte Daten von Experimentalsitzungen vor: Während einer Séance → Homes sank das Thermometer einmal um mehrere Grade. Manchmal wird die K. als kühler Wind beschrieben und oft hinzugefügt, dieser ginge vom Medium aus, so bei der → Cottin und der → Paladino; bei letzterer galt als Ausgangspunkt dieser K. eine Narbe an der linken Schläfe; die Luftbewegung wurde mit Papierfähnchen u. ä. objektiv nachgewiesen. Auch das Abkühlen der Hände des Mediums vor oder während einer Manifestation wurde bei mehreren Medien beobachtet (Eglinton, Paladino, Slade u. a.) und als Indiz dafür betrachtet, daß dem Medium Energien entzogen werden, die für die Manifestation notwendig sind.

Kammerer, Paul (1880–1926), österr. Zoologe (Genetiker), Lamarckist, d. h. Vertreter der heute in der Biologie abgelehnten Lehre, daß erworbene Eigenschaften vererbt werden können. Die von ihm vorgenommenen Experimente zur Verifizierung der lamarckistischen Hypothese bedürfen noch immer der Nachprüfung. An einem von K. als Beweis betrachteten Präparat wurde dilettantisch manipuliert, was K. den Vorwurf des Betruges einbrachte – vermutlich der Grund für seinen Freitod. → Koestler machte wahrscheinlich, daß der Betrug nicht von K. selbst verübt wurde, so daß die Versuchsergebnisse K.s wirklich als Indizien für die lamarckistische Hypothese gewertet werden können. Allerdings muß auch eine pps. Erklärung bedacht werden: K. war seinen Versuchstieren (Amphibien) affektiv und emotional sehr verbunden — könnte er die Entwicklung dieser Tiere in einer Weise (mentalsuggestiv/psychokinetisch) beeinflußt haben, wie sie dem → Versehen zugrunde liegen soll? Diesen Erklärungsversuch hätte K. nicht akzeptiert, er verstand sich als »Materialist« und lehnte Okkultismus und Pps. scharf ab, wie auch seine, für die Geschichte der Pps. nichtsdestoweniger wichtige Theorie der *Serialität* zeigt. K. sammelte etwa seit 1900 Beobachtungen von auffälligen unerklärlichen »Zufällen« und veröffentlichte sie 1919 unter dem Titel *Das Gesetz der Serie:*

»Die Serie stellt sich als eine gesetzmäßige Wiederholung gleicher oder ähnlicher Dinge und Ereignisse dar – eine Wiederholung (Häufung) in der Zeit oder im Raume, deren Einzelfälle, soweit es nur sorgsame Untersuchung zu offenbaren vermag, nicht durch dieselbe, gemeinsam fortwirkende Ursache verknüpft worden sein können.«

Damit postulierte K. das kausalitätsunabhängige Prinzip der Serialität. (»Originell und durchaus nicht absurd«, urteilte Einstein.) Um dieses Prinzip näher beschreiben zu können, entwarf K. eine Typologie, Morphologie und Systematik des Zufalls. Über die Wirkungsweise des »Gesetzes« der Serialität konnte K., da es außerhalb der Kausalität steht, nichts sagen; den Einfluß psychischer Tiefenbereiche als Erklärung heranzuziehen, lehnte er ab. — Das Prinzip der Serialität zählt zusammen mit entsprechenden Vorstellungen des russ. Dichters Velimir (eigtl. Viktor Wladimirowitsch) Chlebnikow (1885–1922) zu den bedeutendsten Vorläufern des Gedankens der → Synchronizität. — *Werke* → Bibl.

Lit.: Koestler 1974; Przibram 1926.

Kanalisierung, in der Sozialps. Bezeichnung dafür, daß menschliche Bedürfnisse so gelenkt (»kanalisiert«) werden, daß die resultierenden Verhaltensweisen gesellschafts- und kulturkonform sind. – Manche Spukphänomene wirken wie ein Protest gegen die K., eine Form des Protests, der die Gesellschaft ziemlich machtlos gegenübersteht.

Kant, Immanuel (1724–1804), dt. Philosoph, Vollender und Überwinder der Aufklärung, dessen Werk die neuere Philos. wesentlich beeinflußte. Bestimmte Lehren K.s sind für die Pps. von besonderem Interesse, so seine Kategorienlehre (→ Kausalität, Einheit, Vielheit, usw.), die Lehre von den Anschauungsformen Raum und Zeit (→ Raum-Zeit-Kontinuum) und von der »Erscheinungswelt«: Danach sind die Erscheinungen (Phänomene) dem Menschen nur in den Formen zugänglich, die er auf sie projiziert. (K.s *Psychologische Vorlesungen* gab, mit einer Einleitung versehen, → Du Prel heraus.)

Zu Lebzeiten K.s erregten → Swedenborgs Visionen einiges Aufsehen und waren auch Anstoß für K.s Schrift *Träume eines Geistersehers* (1766), die keineswegs nur als satirisch bezeichnet werden kann. K. hat sich intensiv mit Gesichten Swedenborgs beschäftigt und in einigen Fällen die behaupteten paranormalen Leistungen durch einen Freund, der in Schweden weilte (den Engländer Green), verifizieren lassen. So besitzen die folgenden Zitate wohl auch Bekenntnischarakter: »Eben dieselbe Unwissenheit macht auch, daß ich mich nicht unterstehe, so gänzlich alle Wahrheit an den mancherlei Geistererzählungen abzuleugnen, doch mit dem gewöhnlichen, obgleich wunderlichen Vorbehalt, eine jede einzelne derselben in Zweifel zu ziehen, allen zusammen genommen aber einigen Glauben beizumessen.« – »Es ist demnach zwar einerlei Subjekt, das der sichtbaren und unsichtbaren Welt zugleich als ein Glied angehört, aber nicht eben dieselbe Person, weil ... was ich als Geist denke, von mir als Mensch nicht erinnert wird ... Diese Ungleichartigkeit der geistigen Vorstellungen und derer, die zum leiblichen Leben des Menschen gehören, darf indessen nicht als ein so großes Hindernis angesehen werden, daß sie alle Möglichkeit aufhebe, sich bisweilen der Einflüsse von Seiten der Geister sogar in diesem Leben bewußt zu werden.« Die Metaphysik aber bleibt dabei »eine Wissenschaft von den Grenzen der menschlichen Vernunft«.

Lit.: Benz 1947; Du Prel 1905; Ebbinghaus 1943; Schopenhauer 1961; Zeller 1922.

Kaptivation [von lat. *captivus;* gefangen], Pseudohypnose, vorhypnotischer schlafähnlicher Zustand.

Karagulla, Shafica, in den USA arbeitende türkische Neurologin und Psychiaterin, die sich auf dem Gebiet der Pps. vor allem mit ASW, medialer Diagnostik und Aura-Sehen beschäftigt; sie akzeptiert die Hypothese einer nicht-physikalischen Natur von Psi nicht und spricht deshalb auch statt von ASW von HSP (*H*igher *S*ense *P*erception; höhere Sinneswahrnehmung). – *Werke* → Bibl.

Kardec, Allan, Pseudonym des frz. Arztes Hippolyte Léon Denizard Rivail, der sich für die Wiedergeburt eines Druiden namens K. hielt (1804–1869), Gründer des *Kardecianismus,* einer religiösen Bewegung, die Spiritismus und Reinkarnationsglauben miteinander verband und die vor allem in Frankreich und Brasilien zahlreiche Anhänger fand. – K., Sohn eines Lyoner Juristen und Schüler Pestalozzis, hatte ein Institut im Geist seines Lehrers gegründet und beschäftigte sich mit Mesmerismus. (In Brasilien werden noch heute von kardecianischen Heilern Patienten mit → Passes an Heil-Kultstätten behandelt.) 1856 trat er dem 7 Jahre zuvor von einer aus Amerika zurückgekehrten Mme. d'Abunour gegründeten spiritistischen Zirkel bei. Er sichtete und systematisierte das dort im Lauf von 5 Jahren angefallene Material von »Botschaften«; so entstand 1859 sein berühmtes und einflußreiches *Buch der Geister* (dt. 1868), oft als spiritistische Bibel apostrophiert. Es begründete die romanische Spielart des Spiritismus.

In »Zusammenarbeit« mit den Geistern von Napoleon, Augustinus, Martin Luther, Pascal, Sokrates und Swedenborg schrieb K. eine Reihe von Büchern, die seinerzeit großen internationalen Erfolg hatten. Über sein Medium Célina Bequet erfuhr K. von einer spirituellen Geisterwelt, in der es keine Evolution gibt und die hierarchisch geordnet ist; der Fortschritt besteht in der humanen Reinkarnation – so lange, bis alle Geister selig geworden sind. Auch die paranormalen Phänomene erklärt K. durch diese Geisterwelt: Die Geister kennen Vergangenheit, Gegenwart und Zukunft und – materialisiert – können auf die Materie wirken (→ Spiritismus). – *Werke* → Bibl.

Kardioskopie [lat.-griech.; Herzensschau], theologischer Begriff: das Charisma der → Durchsicht.

Karin, der »Fall K.« ist ein bemerkenswerter Spukfall, der sich 1904 in einem südschwed. Forsthaus ereignete. Die Phänomene begannen mit Raps; die Suche nach einer natürlichen Erklärung der Klopfgeräusche blieb erfolglos, dagegen zeigte sich ihre intelligente Steuerung: Nach einem vereinbarten Code beantworteten die Klopftöne Fragen. Allmählich wurden die Raps immer differenzierter, außerdem zeigte sich eine Verbindung zu vorhergegangenen Versuchen der Förstersfrau K., mit → Automatischem Buchstabieren; dabei hatte sich eine Personifikation, die sich »Piskator« nannte, artikuliert. K. selbst war zur Zeit der Vorkommnisse 27 Jahre alt; 1898 hatte sie einen Nervenzusammenbruch erlitten und war seither gelegentlich leidend. Einer der den Spuk untersuchenden Autoren, → Bjerre, hypnotisierte K.; damit wurde Hypnose zum ersten Mal in der Geschichte der Pps. bei der Untersuchung einer Poltergeiststörung eingesetzt. Es gelang in der hypnotischen Sitzung, »Piskator« zu bewegen, zu einer vorher bestimmten Zeit die Raps ertönen zu lassen: Dadurch wandelte sich die Situation der erwartenden Beobachtung zum – positiven – Experiment.
Lit.: Bjerre 1907, 1947; Lockowandt 1962/63; Wijk 1905.

Karma [sanskr.; Tat, Handlung], im Hinduismus und Buddhismus Prinzip der universalen Kausalität, einer allumfassenden Determination, die dem Zufall keinen Raum läßt. »Schicksal« ist eine Kette von Effekten früherer (in anderer Existenz) begangener Taten; »unter ›K.‹ ... wird die gute oder böse Vergeltungskraft moralischer oder unmoralischer Akte verstanden« (v. Glasenapp 1957: 118).

Kartenlegen → Kartomantie.

Kartenversuche → Zener-Karten.

Kartomantie, auch *Kartenlegen, Kartenschlagen,* weit verbreitete Orakeltechnik; meist werden die Karten gemischt, der Konsultant hebt ab, und der Orakelnde legt nach bestimmten Regeln die Karten offen hin; u. U. auch mehrfaches Abheben oder Ziehen einzelner Karten durch den Konsultanten. Bestimmte Karten und Kartenkonstellationen ist eine Bedeutung zugeschrieben, die auf die besondere Situation des Fragenden hin interpretiert wird. In der Praxis überwiegen bei zutreffenden Aussagen sicherlich die Fälle, in denen der Kartenleger durch Beobachtung und geschickte Vorfragen Wünsche erraten konnte, in selteneren Fällen dürfte ASW eine Rolle spielen; dabei hätten die Karten dann für den Kartenleger die Funktion eines → Psychischen Induktors. Theoretisch nicht auszuschließen ist, daß unbewußte ASW-Informationen, über die der Kartenleger verfügt, das Mischen psychokinetisch beeinflussen. S. a. → Tarock.
Lit.: Bartels o. J.; Glahn 1925.

Kassandra, 1. Seherin der griech. Mythologie; nach der antiken Überlieferung Tochter des Königs von Troja, Priamos, und der Hekuba; von Apoll, den sie abwies, damit gestraft, daß niemand ihren, meist unheilvollen, Weissagungen glaubte; nach dem von ihr vorausgesagten Fall Trojas folgt K. dem Agamemnon als Sklavin nach Griechenland und wird von Klytämnestra getötet; 2. wie *Sybille* allgemeine Bezeichnung für eine Wahrsagerin, die meist nur Katastrophen vorauszusehen vermag.

Kasuistik [von lat. *casus*; Fall], Fallsammlung, z. B. Sammlung von Krankheitsgeschichten, Gerichtsurteilen, paranormalen Erscheinungen usw., die bei der Betrachtung eines neuen Einzelfalls erste Urteile erleichtern können; K. kann auch die Summe aller in einer bestimmten Disziplin bekannt gewordenen Fälle bezeichnen. Die pps. K. der Spontanphänomene ist kaum beweiskräftig für die Existenz einer Psi-Funktion, aber sie ist von heuristischem Wert, notwendig bei der Interpretation neuer (auch im Experiment erzielter) Manifestationen, und sie regt neue Versuchsanordnungen an.

Katalepsie [griech. *katalepsis*; das Festhalten], Starrsucht (nicht mit Starrkrampf, Tetanus, einer Infektionskrankheit, zu verwechseln!). Ein der Psychopathologie bekannter und auch durch Hypnose (Suggestiv-K.) oder Autosuggestion (z. B. Fakir, Sadhu) herbeiführbarer Zustand der Gliederstarre mit unterschiedlichem Widerstand gegenüber passiver Bewegung. In diesem schon → Gaßner und → Mesmer und seinen Schülern bekannten Zustand sollen häufiger paranormale Phänomene, vor allem ASW beobachtet worden sein. Bereits hagiographische Berichte bringen Seelenexkursion (Entzückung) mit K. in Verbindung – ein Gedanke, der auch in neuerer Zeit wieder auftauchte (vgl. Muldoon/Carrington 1929).

Katharer [griech.; die Reinen], in Frankreich *Albigenser* gen., manichäisch orientierte Sekte von Asketen, die sich seit dem 10. Jh. von den Bogomilen Bulgariens abtrennte und sich in Süd- und Westeuropa verbreitete. Sie wurden im 13. und 14. Jh. weitgehend vernichtet; ihr Name überlebte im Begriff des *Ketzers*. Katharisches Glaubensgut dürfte in das Denken der Waldenser u. a. Gruppierungen Eingang gefunden haben. Die den Hexen gemachten Vorwürfe heben z. T. auf katharische Riten ab. Die K. vertraten einen rigorosen Dualismus: Unversöhnlich stehen sich Gut und Böse (der gute und der böse Gott, ihre Söhne, Christus und Satan, gnostisch der »Archon dieser Welt«) gegenüber. Die Ablehnung Satans impliziert die Ablehnung der Welt und postuliert eine extrem spiritualistische Einstellung. Kultische Orgien sollten nach dem Selbstverständnis der K. das Irdisch-Böse reinigen; tiefenps. erklären sie sich aus der Ambivalenz der Ablehnung.

Lit.: Borst 1953.

Katharina von Bologna (1413–1463), 1712 heiliggesprochene Äbtissin eines Klarissinnenklosters. Görres (1927: 122) berichtet u. a. von ihr, daß sie Musik, die sie in einer → Audition gehört hatte, auf einer Laute – ein Instrument, das sie normalerweise nicht beherrschte – nachspielen konnte.

Katharina von Ricci (1522–1590), Dominikanerin, stigmatisierte Mystikerin. Ihre Visionen, in denen sie mehrmals von verschiedenen Krankheiten geheilt wurde, waren von verschiedenen physischen Verhaltensauffälligkeiten begleitet: Oft soll sie nur 2 bis 3 Stunden im Monat geschlafen haben, in der Ekstase zeigte sie → Transfiguration der Stimme, und einer Legende zufolge starb sie in der Levitation. Die Kanonisationsbulle (Heiligsprechungsurkunde) des hl. Filippo → Neri aus dem Jahr 1622 bezeugt, daß K. dem Heiligen bilociert erschien.

Lit.: Bayonne 1911.

Katharina von Siena (1347–1380), 1461 heiliggesprochene Patronin der Dominikaner. K., die ein asketisches Büßerleben führte, war bekannt für ihre Ekstasen und Visionen; an paranormalen Begleiterscheinungen werden u. a. Levitationen (erstmals als 6jährige im Gebet) berichtet; einmal soll sie während der Verzückung in ein Herdfeuer gefallen sein, in dem sie, ohne von den Flammen verletzt zu werden, liegenblieb. K. war während der Ekstase am ganzen Leib kataleptisch. Seit einer Christusvision am 18. 8. 1370 war sie stigmatisiert:

»Ich sah den Herrn, ans Kreuz geschlagen, in großem Glanz auf mich herabkommen, und darum wurde mein Leib im Ungestüm des Geistes, der seinem Schöpfer entgegen wollte, genötigt, sich zu erheben [Levitation?]. Da sah ich aus seinen heiligen Wunden fünf blutige Strahlen nach meinen Händen, Füßen und meinem Herzen gehen, ... wechselten die Strahlen die Blutfarbe in eine hellglänzende, und in der Form reinen Lichtes kamen sie an die fünf Stellen meines Körpers.«

Die Stigmatisierung durch (Licht-)Pfeile ist ein verbreiteter Typus der Stigmatisation, der auch durch Abb.en belegt ist (z. B. Giotto in Santa Croce, Florenz).

Lit.: Benz 1969: 403 f.; Görres 1927.

Kathexis, auch *Kathexie* [griech.; Festhalten], von Freud geprägter Fachausdruck der Psychoanalyse; bezeichnet das Konzentrieren der psychischen Energie in eine bestimmte Richtung oder auf ein bestimmtes Objekt; kann beim Verständnis mancher spontaner psychokinetisch bewirkter Bewegungen als Erklärung in Betracht gezogen werden (z. B. Herabfallen eines Bildes, Stehenbleiben einer Uhr u. ä. Phänomene des → Abmeldens).

Katzen, kulturgeschichtliche Fakten bringen gelegentlich K. mit paranormalen Erscheinungen in Verbindung: Man denke z. B. an die schwarze K. des Volksglaubens und an die K. als Hexenbegleiterin. Sowohl in der germanischen als auch in der ägypt. Religion waren K. von Bedeutung.

Bis zum Ende des 17. Jh.s wurde in Schottland ein Opferritus, *Taigheirm,* zelebriert; einer der letzten Taigheirms fand auf der Insel Mull statt: K., wahrscheinlich schwarze, wurden dem Teufel geweiht, dann aufgespießt und verbrannt. Die Opferung geschah durch Allan Maclean und Lachlain Maclean. Nach dem letzten Schrei einer geopferten K. durfte keine Minute vergehen, bis die nächste verbrannt wurde. Mindestens 3 Tage hindurch mußte der Opferer ununterbrochen opfern, falls das »Werk« nicht vergeblich sein sollte. Maclean hielt 4 Tage durch – während der magischen Handlung durfte er nichts essen –, bis er zusammenbrach. Im Laufe der Zeremonie will man Delegationen der Hölle gesehen haben. Beide Opferer besaßen anschließend magische Kräfte; u. a. eignete ihnen die Gabe des Zweiten Gesichts *(taigh).* (Nach Horst 1821–26; s. a. M. Martin 1716.)

Von → Home wurde kolportiert, er teile das Schlafgemach mit einer Anzahl K., so erhalte er seine »elektrischen« Fähigkeiten. Dagegen zeigte eine Reihe bekannter und berühmter Leute eine merkwürdige K.phobie. → Fodor (1966: 128) teilt mehrere Fälle mit, z. B.:

»Während einer Schlacht in Afghanistan blieb General Roberts, von seinem Stab umgeben, wie üblich ruhig beim Hagel der Geschosse und Granaten. Plötzlich begann er zu zittern, und dieser Mann, der hundert Schlachten gesehen, wies mit verzweifelten Gesten auf eine in der Nähe stehende Mauer. Seine Offiziere sahen sich um und entdeckten eine halbverhungerte Katze. Als man sie verjagte, gewann Lord Roberts wieder seine Selbstkontrolle!« (Frederick Sleigh Earl Roberts of Kandahar and Pretoria, 1832–1914, war bis 1904 Oberbefehlshaber des brit. Heeres.)

Solche Reaktionen gegenüber K., die, wie es scheint, nur Männer zeigen, und die über bloße Allergie oder Idiosynkrasie (erworbene oder angeborene Überempfindlichkeit gegenüber bestimmten Stoffen) hinausgehen, wurden tiefenps. als Angst vor Frauen (K. als Symbol des Weiblichen) zu deuten versucht; aber Fodor z. B. denkt an eine pps. relevante Emanation, die von den K. ausgeht (Fodor 1966: ebd.). – Unter → Osis wurden an der Duke University positive pps. Experimente mit K. als Versuchstieren durchgeführt. S. a. → Clementine; → Smoky; → Zoanthropie.

Kausalität [lat.; Ursächlichkeit], Abhängigkeit eines Geschehens, einer Wirkung, von einem Bedingenden, einer Ursache. Nach klassischem naturwiss. Verständnis sind alle wiss. verifizierbaren Prozesse kausal determiniert. Eine erste Einschränkung erfuhr das K.sprinzip durch die → Relativitätstheorie: Nach der Quantenmechanik tritt im mikrophysikalischen Bereich an die Stelle der K. statistische Regelhaftigkeit.

Die von der Pps. untersuchten Phänomene scheinen zumindest z. T. dem K.sprinzip zu widersprechen. Es wurden deshalb verschiedentlich Anstrengungen unternommen, mittels bestimmter Hypothesen, das Parapsychische in ein kausales Weltbild zu integrieren: bei PK, Hellsehen und Telepathie lassen sich energetische Prozesse als Ursache denken; Hellsehen und Telepathie

sind auch ohne Energietransport und ohne Verletzung des K.sprinzips denkbar (Petzold 1968); allein die → Präkognition scheint mit der K. nicht vereinbar zu sein.
Lit.: Rohracher 1961.

Keeler, Pierre, amer. PK-Medium, das seit den 70er Jahren des vorigen Jh.s Séancen abhielt. K. produzierte vor allem → Tafelschrift und scheint mehrfach betrügerische Manipulationen vorgenommen zu haben. Sein Bruder, W. M. K., legte → Geisterfotografien vor.
Lit.: Carrington 1908.

Kepler, Johannes (1571–1630), dt. Astronom und Mathematiker; zu seinen wichtigsten Leistungen zählen die Begründung der »geometrischen Optik« und die Beschreibung der Gesetze der Planetenbewegung. Wiss. Grundlage K.s waren die Lehren Platons und des Pythagoras; von ihnen ausgehend entwirft er eine kosmische Ordnung, die Weltharmonie (die »Sphären« der Planeten entsprechen den platonischen Körpern).
Zur Astrol. hatte K. ein ambivalentes Verhältnis: »Meine Sterne waren nicht Merkur in Quadratur zum Mars, sondern Kopernikus und Tycho Brahe ...« (*Weltharmonie* 1619 IV, 7); sein Horoskop ist mit dem seiner Mutter fast identisch, er sieht aber keine Ähnlichkeit in den Lebensläufen. Dennoch veröffentlichte er 1595 ein *Calendarium und Prognosticum* für die Zeit von 1591–99, und Kaiser Rudolf II., Wallenstein u. a. stellte er das Horoskop. Sicherlich bewog ihn mehr als die Bemühung um kaiserliche Gunst – Rudolf II. interessierte sich sehr für Astrol. –, einen wahren Kern der Astrol. anzunehmen, der aus der Harmonie der Welt resultiert (*De fundamentis astrologiae certioribus,* 1602, »Über die sicheren Grundlagen der Astrologie«).
Lit.: Gerlach/List 1966.

Kerner, Justinus (1786–1862), dt. Arzt und Dichter (einer der Hauptvertreter der »Schwäbischen Dichterschule«), der sich eingehend mit Somnambulismus und animalischem → Magnetismus beschäftigte. – Bekannt wurden *Die Geschichte zweyer Somnambülen* (1824; die eine von ihnen zeigte u. a. dermooptische Phänomene) und vor allem seine Darstellung der Krankengeschichte der Friederike → Hauffe (*Die Seherin von Prevorst,* 1829) mit Mitteilungen über paranormale Träume und Visionen der Patientin sowie von ihr hervorgerufenen psychokinetischen Phänomene. Auch belletristische Texte K.s, wie z. B. die Erzählung *Die Heimatlosen,* enthalten pps. Relevantes. Es ist aber falsch, K.s Okkultismusforschung als Teil seines poetischen Schaffens sehen zu wollen: Er betrachtete sich im Hinblick auf seine »Geisterforschung« als Naturwissenschaftler (heute würde man ihn vielleicht als philos. Anthropologen bezeichnen). – Der handschriftliche Nachlaß K.s im Schiller-National-Museum in Marbach a. N. enthält noch unveröffentlichtes Material zum Komplex seiner okkulten Studien (von Jennings 1965, 1968, 1974 teilweise ausgewertet). Die Quellen von K.s Okkultismus sind der Pietismus, die romantische Philos. eines Schelling und Schubert, die Gedanken Jung-Stillings und Swedenborgs; für den Arzt K. die Lehren Mesmers (K. behandelte mit → Passes und glaubte an die Existenz eines feinstofflichen Fluidums). Diesen seinen Quellen stand K. jedoch keineswegs unkritisch gegenüber: »Gegenwärtig lese ich Jungs Geistertheorie. Schreckliche Dummheit mit vielen mißkannten Wahrheiten durchwebt!« schreibt er 1811 an Uhland (Zit. n. Jennings 1974: 108). Auch dem populären Spiritismus des Tischrückens begegnete K. skeptisch; zur Erklärung dieses Phänomens genügt seiner Ansicht nach die Annahme des *Fluidums,* »will man nicht dem amer. Glauben an Klopfgeister in den Tischen huldigen, zu dem ich es, bei allem sonstigen Glauben an Geister, noch nicht gebracht habe« (Kerner 1853: 54). – *Werke* → Bibl.
Lit.: Du Prel 1887; Gehrts 1962, 1966; Hesse 1926; Jennings 1965, 1968, 1974; Kretschmer 1930; Ringger 1953, 1959; Sopp/Spiesberger 1953; Straumann 1928.

Kerning, Johann Baptist, eigtl. J. B. Krebs (1774–1851), Freimaurer und Mystiker, dessen Ziel es war, dem Menschen eine »prophetische Kraft« zurückzugewinnen. Er entwickelte verschiedene meditative Übungen, die das Erreichen dieses Ziels erleichtern sollten, und stellte auch die Freimaurerei in den Dienst seiner Bemühungen. Seine Gedanken fanden in zahlreiche esoterische Kreise Eingang.

Kette, Praktik bei meist spiritistischen Séancen: Die Teilnehmer halten sich an den Händen; angeblich wird dadurch eine Verstärkung und Konzentration medialer Energie erreicht.

Keyserling, Hermann Graf v. (1880–1946), dt. Philosoph, thematisierte das Irrationale in Naturphilos. und Anthropologie; begründete nach einer großen Weltreise 1920 in Darmstadt die »Schule der Weisheit« (mit eigener Schriftenreihe) – keine Institution im eigtl. Sinne, sondern eher ein Wirkungsrahmen für K. und seine Freunde. Erbe und Nachlaß K.s pflegt das K.-Archiv in Innsbruck-Mühlau. – *Werke* → Bibl.

»Ich habe über das Okkulte persönlich gar keine Ansicht; ich warte ab, bis ich zur Einsicht gelange. Einstweilen schließe ich nichts Ungewöhnliches, von dem ich erfahre, als unmöglich aus meinem Bewußtsein aus. Die Berichte der Propheten und Astrologen nehme ich als solche in genau der gleichen Einstellung zur Kenntnis, wie die der Historiker und Astronomen. Da die Bedingungen möglichen Urteils noch fehlen, so urteile ich nicht. Doch halte ich für wahrscheinlich, daß die Wissenschaft letzten Endes mehr uralte Behauptungen, das Okkulte betreffend, bestätigen als widerlegen wird.« (v. K. 1923: 42 f.)

Khunrath, Heinrich (1560–1605), dt. Arzt und Alchimist; den »berühmten Philoso-

Die Höhle der Erleuchteten. (Khunrath, *Amphitheatrum Sapientiae Aeternae.*)

phen der geheimen Wissenschaften« nennt ihn Elias Ashmole (1617–1692), der selbst zu den bedeutendsten Gelehrten seiner Zeit zählte. → Peuckert dagegen hält ihn für einen »Zusammenraffer und wirren Kopf«. Kh. vertrat eine Philos., die eine Verbindung zwischen den Lehren → Dees (dem er 1589 persönlich begegnete) und den Aussagen der rosenkreuzerischen Manifeste darstellte. Kh.s bedeutendstes Werk, *Amphitheatrum Sapientiae Aeternae (Das Amphitheater der ewigen Weisheit,* 1608 u. ö.), geht von der → Makrokosmos-Mikrokosmos-Spekulation aus und versucht, Alchimie, Magie und Kabbala in einer Theosophie zu verschmelzen, die Religion und Philos. des neuen Menschen werden soll. Die besondere Bedeutung des Buches liegt in seinen zahlreichen Kupfern: Sie illustrieren nicht den Text, sie wollen etwas visualisieren, was letztlich unsagbar ist.

Lit.: Peuckert 1956; Yates 1975.

Kiesewetter, Carl (1854–1895), Schriftsteller und Privatgelehrter; mit seiner Faust-Monographie, seiner *Geschichte des neueren Okkultismus* (1891) und dem Werk *Der Okkultismus des Altertums* (1896) (für alle 3 wertete er zahllose Quellen aus), hat K. umfangreiches und für die Pps. sehr wichtiges Material vorgelegt.

»C. K., ein ... Außenseiter, konnte sich nicht genug tun im veröffentlichen von Aufsätzen und Büchern. Er schrieb um des Unterhaltes willen und blieb doch in unaufhörlichem Kampf mit Gläubigern. Als ich ihn 1888 in Meiningen aufsuchte, wo er bei seiner Mutter lebte, sah ich einen ziemlich großen, gewiß 100 kg schweren Menschen mit glattem Kopf und gerötetem Gesicht. Er war nichts weniger als ein Asket und Nabelbetrachter. Man muß vielmehr sagen, daß er ein recht wüstes Leben führte. Die Herren und Damen der vornehmen Gesellschaft, die sich am Okkultismus ergötzten, waren ihm ein Greuel. Selbst den Dr. Carl Du Prel rechnete er dazu. Sein grimmiger Haß galt der Münchner Psychologischen Gesellschaft, ihrer ›mystischen Duselei und Du-Prellerei‹. Es war merkwürdig an K., daß er gegenüber alten Urkunden sich gläubig verhielt wie ein Kind, gegenüber den Berichten aus seiner eigenen Zeit jedoch ein hartnäckiger und spöttischer Zweifler blieb.« (Dessoir 1946: 129.)

Kilner, Walter (1847–1920), engl. Arzt, Erfinder des *Kilner-Schirms,* einer Vorrichtung, die die menschliche → Aura sichtbar machen sollte (s. a. → Kirlian-Fotografie). – *Werke* → Bibl.

»Zu Anfang unseres Jahrhunderts entdeckte Dr. Walter Kilner vom St.-Thomas-Hospital in London, daß er, wenn er durch mit Dicyanid gefärbte Glasscheiben schaute, die Aura um den menschlichen Körper sehen konnte. Kilner zufolge war es eine Strahlungswolke, die sich über etwa 15 bis 20 Zentimeter erstreckte und deutliche Farben aufwies. Ermüdung, Krankheit oder wechselnde Stimmungen konnten die Größe der Wolke und die Farben verändern; die Strahlung wurde auch durch Magnetismus, Hypnose und Elektrizität beeinflußt. Er entwickelte ein ganzes Repertoire von Diagnosesystemen aus der Aura, und die Erforschung der Aura und der Zusammenhänge mit Krankheitssymptomen dauert in Europa noch an.« (Ostrander/Schroeder 1970: 182.)

Lit.: de Fontenay 1912.

King, John, Trancepersönlichkeit, die zuerst bei den → Davenport-Brothers auftrat, später auch bei den Medien Blavatsky, Eglinton, Firman, Guppy, Nelson Holmes, Houghton, Husk, Marshall, Paladino, Williams, Wriedt u. a. Er artikulierte sich in mannigfacher Weise, bis hin zur Realisierung als Phantom; zu Lebzeiten wollte er der Pirat Henry Morgan und nachmalige Gouverneur von Jamaika gewesen sein. – Von einem sehr seltsamen Vorkommnis berichtet der ital. Ingenieur Cavaliere Francesco Graus in einem Brief (veröffentlicht in *Luce e Ombra,* April 1907): Eusapia → Paladino war Schmuck gestohlen worden, und sie geriet völlig außer sich. Graus wurde nun Zeuge, wie plötzlich in Gegenwart des Mediums ein Tisch – durch Raps – buchstabierte: »Rette meine Tochter, sie ist verrückt!« (In früheren Sitzungen hatte »John King« erklärt, Eusapia sei eine Reinkarnation seiner Tochter.) Sekunden später will Graus das Phantom eines alten bärtigen Mannes gesehen haben, der dreimal seine Hand zunächst ihm an die Schläfe und dann über den Kopf der Paladino hielt. Das Medium wurde daraufhin wieder »normal«, das Phantom verschwand. Graus glaubte, man habe ihm »Lebenskraft« entzogen, und er fühlte sich 3 Tage lang erschöpft. S. a. Katie → King.

King, Katie, Name, den sich mehrere → Kontrollen zulegten. Am bekanntesten ist die sich so nennende Trancepersönlichkeit der → Cook, die 1872–74 auftrat und ihren eigtl. Namen mit Annie Owen Morgan angab. Andere »Katie Kings«, die allerdings – ihren eigenen Aussagen nach – identisch miteinander sein wollten, traten bei den → Davenport-Brothers und bei → Williams auf, eine weitere 1874 in Philadelphia, wieder eine andere wurde 1930 in Winnipeg fotografiert. Diese verschiedenen »Katie Kings« sind sicherlich kein Beweis für die spiritistische Hypothese, doch wie sich bei diesen Manifestationen Betrug, Selbsttäuschung und paranormales Phänomen auch mischen mögen, es zeigt sich die Tendenz des Spiritismus, eine Gemeinde zu bilden. Eine Parallele zu den → Kreuz-Korrespondenzen ist nicht gegeben, denn über die verschiedenen Erscheinungen der K. K. lagen gedruckte Berichte vor, die in spiritistischen Kreisen allgemein bekannt waren. Bei einer Séance in Rom am 19. 7. 1974 soll sich K. wieder materialisiert haben; Fotos von dieser Séance liegen vor (Kay 1974). S. a. John → King.

King, Robert (geb. 1869), engl. Berufsmedium, das, ohne in Trance zu fallen, vor allem mediale Diagnosen stellte. K. war befreundet mit → Crookes.

Kingsford, Anna Bonus (1846–1888), engl. Vertreterin eines Mystizismus mit spiritistischen, christl. und magischen Zügen; sie hatte Kontakt zu Kreisen um → Lévi und zu Mme. → Blavatsky. In London gründete sie einen »Hermetischen Zirkel«. Sie verfolgte ihre Träume und behauptete, mit Geistern zu sprechen. Als ihre Lebensaufgabe betrachtete K. den Kampf gegen die Vivisektion; sie war überzeugt, 2 Wissenschaftler wegen dieses »Verbrechens« durch magische Praktiken getötet zu haben.

Kipling-Fleming, Alice → Holland, Mrs.

Kircher, Athanasius (1601–1680), dt. Universalgelehrter, Professor in Würzburg, Avignon und Rom, wo er Hebr. und Mathematik lehrte. K. betrieb zahlreiche und vielseitige hist. Studien (u. a. über Hieroglyphen und Archäologie), legte eine Altertumssammlung an, beschäftigte sich mit Physik (Neuerfindung der Laterna magica, Arbeiten auf den Gebieten Magnetismus und Akustik) und Zoologie (sog. Tierhypnose). In der Ps. war K. der erste, der Nachbilder (optisches Phänomen nach Beendigung einer Reizwirkung) beschrieb. Für die Geschichte der Pps. sind vor allem seine magischen Studien von Bedeutung. – *Werke* → Bibl.

Kirchhof, das Spüren, »Wittern«, daß ein K. – der selbstverständlich nicht sichtbar sein darf – in der Nähe oder sogar in weiterem Umkreis liegt, ist ein häufiger behauptetes Phänomen; im Einzelfall ist es schwer, hier → Hyperästhesie und ASW zu trennen, möglicherweise handelt es sich tatsächlich um ein Mischphänomen, Die Gabe wurde u. a. von der »Seherin von Prevorst« (→ Hauffe), von Kaspar → Hauser und von Schiller behauptet.

Kirlian-Fotografie, auch *Aurafotografie, Elektrofotografie, Hochfrequenzfotografie,* von dem sowjet. Elektronik-Ingenieur Semjon Davidowitsch Kirlian aus Krasnodar und seiner Ehefrau Walentina Krisanowa in den Jahren 1939–58 entwickeltes Verfahren, organische oder anorganische Objekte unter dem Einfluß hochfrequenter Ströme zu fotografieren:

»Das Grundprinzip der Fotografie mit Hilfe von Hochfrequenzströmen basiert auf der Umwandlung von nichtelektrischen Eigenschaften des fotografierten Objekts in elektrische durch die Bewegung in einem Feld, in dem die kontrollierte Übertragung elektrischer Ladungen von einem Objekt auf einen fotografischen Film oder Leuchtschirm stattfindet.« (Kirlian/Kirlian zit. n. Krippner/Rubin 1975: 31.)

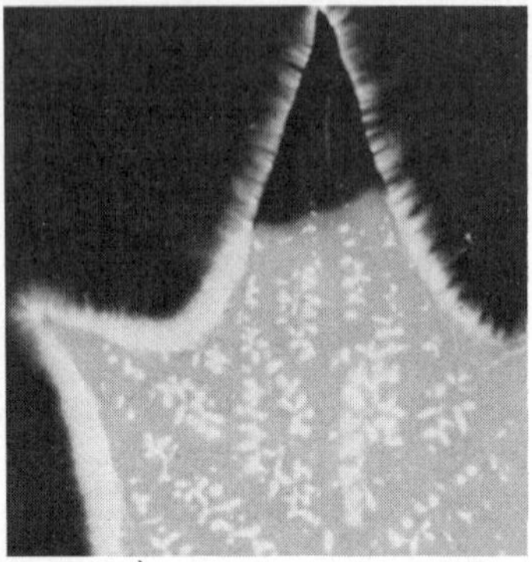

Kirlian-Fotografie eines »Phantomblattes«. (Foto: H. B. Andrade.)

Die Anfänge des Verfahrens können in den durch Georg Christoph Lichtenberg 1777 nachgewiesenen und nach ihm benannten »Lichtenberg-Figuren« gesehen werden. – Fotografiert werden selbstleuchtende Entladungskanäle von zu Elektroden gewordenen Objekten (z. B. Fingerspitzen). – Nach Ansicht einiger Forscher handelt es sich nicht um Entladungskanäle, sondern um eine Strahlung, die mit der hypothetischen Aura in Verbindung gebracht wird und die Veränderungen des ebenfalls vermuteten Energiekörpers signalisieren soll. In diesem Zushg. werden mögliche Wechselbeziehungen zwischen K.-F. und Akupunktur diskutiert (z. B. sollen die Abstrahlungen an den Akupunkturpunkten von besonderer Qualität im Hinblick auf Diagnosemöglichkeiten sein). Ohne die Frage, ob der »Kirlian-Effekt« sich mit den Mitteln der gegenwärtigen Physik erklären läßt oder ob tatsächlich Aurafotografie (→ Aura) vorliegt, zu entscheiden, kann für beide Fälle (Entladungskanäle oder Strahlung) eine diagnostische Verwendung der K.-F. vermutet werden.

Lit.: Krippner/Rubin 1975 (mit Bibl.); Ostrander/Schroeder 1970.

KKAP-Apparat → Adamenko.

Klages, Ludwig (1872–1956), dt. Philosoph, einer der Begründer der modernen Ausdrucksps. (vor allem der Graphologie); abweichend von der klassischen Physiognomik gründete K. seine Ausdruckskunde jedoch auf die lebendige Bewegung. So wie in K.' Weltbild das Lebendige überhaupt im Mittelpunkt steht – der ganze Kosmos ist »lebendig«; über die Bewußtseinsakte, das begriffliche Denken, setzt K. in scharfem Dualismus das Seelische. Als Graphologe scheint K. gelegentlich über paranormale Erfahrungen verfügt zu haben (→ Metagraphologie). – *Werke* → Bibl.

Lit.: Grundwald 1938; Frauchinger 1947; Hager 1957 (mit Bibl.); Witte 1939.

Klinckowstroem, Carl Graf v. (1884–1969), dt. Schriftsteller, Autor naturwiss. und okkultistischer Sachbücher. Auf pps. Gebiet arbeitete er über den physikalischen Mediumismus, dem er u. a. bei Sitzungen mit den Brüdern → Schneider im Hause von → Schrenck-Notzing begegnete. K. war Mitarbeiter bedeutender pps. Zeitschriften (*Zeitschrift für kritischen Okkultismus, Zeitschrift für Pps. und Grenzgebiete der Ps.* und des → Dreimännerbuches); sein Hauptforschungsgebiet war jedoch das Wünschelrutenproblem. – *Werke* → Bibl.

Klopfalphabet, mehrfach wurde die Beobachtung gemacht, daß paranormale Klopftöne »intelligent antworten« können, d. h., daß z. B. auf bestimmte Fragen – »Wie viele Männer sind im Nebenzimmer?« – die richtige Anzahl Klopftöne erfolgt. Einen Fall aus dem Jahr 1526 berichtet Bischof Adrian de Montalembert; im Mittelpunkt der Ereignisse stand eine Lyoner Nonne (Maxwell 1921). Als im Hause der Geschwister Fox (→ Hydesville) Klopftöne auftraten, schlug ein gewisser Isaac Port dem klopfenden Wesen einen (Antwort-)Code vor, dem das Alphabet zugrunde lag; so war eine sprachliche Kommunikation mit dem Unbekannten möglich. Diese Entdeckung (vielleicht auch Wiederentdeckung) bildete den Ausgangspunkt des neuzeitlichen Spiritismus und seiner verschiedenen Erscheinungsformen wie z. B. die »tanzenden Tische« u. ä.

Klopfen, Klopftöne und pochende Geräusche sind einfache und, wie es scheint, universale PK-Phänomene. Sie können spontan oder provoziert auftreten, sich auf wenige Schläge beschränken (→ Jung) oder über größere Zeiträume hin immer wieder in großer Zahl und oft zu bestimmten Zeiten erfolgen. Beschäftigt man sich mit dem Phänomen, so kann es geschehen, daß eine intelligente Steuerung des K.s bemerkbar wird. Manchmal hört das K. ohne erkennbaren Grund wieder und für immer auf, manchmal ist es nur das Vorspiel zu massiveren Spukmanifestationen. Der Verdacht einer akustischen Halluzination ist zumindest in den Fällen ausgeschlossen, in denen es gelang, das K. durch Tonbandaufnahmen zu objektivieren; aber auch bei einer größeren Anzahl von Zeugen ist die Annahme einer Massenhalluzination außerordentlich unwahrscheinlich.

Vom November 1958 bis Januar 1959 ereignete sich im Internat des Klosters St. Ursula in Brig, Schweiz, ein »Klopfspuk«, der nicht sehr dramatisch verlief, sich auch nicht zu gewaltigeren Phänomenen auswuchs, der aber in einer Nachuntersuchung 1964 ps. interessantes Material erbrachte: Am 25. 11. 1958 gegen 22 Uhr ertönte an der Tür eines von 8 Mädchen belegten Schlafraumes ein Pochen, als begehre jemand Einlaß. Man zog Zeugen hinzu, die Direktorin, 2 Patres, Lehrschwestern, alles in allem waren 14 Personen Zeugen. Das K. erfolgte nur bei Dunkelheit, immer an der gleichen Stelle (in halber Türhöhe, wo man üblicherweise anklopft), in Intervallen von 15–20 Minuten jeweils 6 rasch aufeinanderfolgende Töne. Ca. 3 m von der Tür entfernt lag eines der Mädchen auf dem Rücken im Bett, »mit eigenartigem Lächeln« und als einzige ohne Anzeichen von Furcht. »Die im Dunkeln mit dem Rücken gegen die inwendige Seite der Tür lehnende Direktorin war sehr erstaunt, das kommende Klopfen jeweils im voraus deutlich zu verspüren: es war, als ob vom Bett jener X. (das gen. 15jährige Mädchen) ... ein Kraftstrom ausginge, den die an der Tür stehende Direktorin jeweils in der Zwerchfellgegend empfing und warm in sich hochsteigen fühlte. Das dann jeweils hörbar einsetzende 6malige Klopfen an der Türe verspürte sie deutlich im Rücken.« Auch andere Beobachter spürten im voraus den Beginn des Klopfens. »Die Direktorin konnte jeweils auch mit Bestimmtheit sagen, daß die Klopfserie für heute beendet sei.« X. hatte seinerzeit Mühe, dem Unterricht zu folgen (nach nichtbestandenem Examen verließ sie das Internat), und war ziemlich unausgeglichen; Phantasien, die sie als reale Erlebnisse schilderte, zeigen eine verfrühte Erlebnisbereitschaft und vielleicht hysteroide Züge. »Die in der empfindsamen, innerlich vereinsamten X. angestauten psychologischen Triebkräfte – in denen bei ungenügenden Schulleistungen auch kompensierender Geltungsdrang mitgewirkt haben mochte – manifestierten sich durch erwünschtes, Aufsehen erregendes Klopfen, ... eine ihr unbewußt wohl einige Sensation und Genugtuung bereitende ›Triebabfuhr‹.« (Volmar 1969: 195–99.)

Wie in dem dargelegten Fall sind sehr oft Jugendliche und meist Mädchen Bezugspersonen solcher Erscheinungen (was nicht bedeuten muß, Mädchen seien einschlägig begabter; wahrscheinlich haben oder hatten in unserer Kultur Knaben leichter andere Möglichkeiten, Aufmerksamkeit zu erregen). Daneben werden aber auch Fälle berichtet – und vor allem an ihnen ist der Volksglaube interessiert –, wo K. als → Sterbebettphänomen auftritt: Die hauptsächlichen Muster sind dabei K. in der Bettlade und → Abmelden durch K. am Fenster oder an (in) der Wand. S. a. → Raps.

Klopfgeist, volkstümlich für Spukphänomene, die sich im wesentlichen auf → Klopfen beschränken; dahinter steht sehr oft die Vorstellung, der Klopfende sei der »Geist« eines Verstorbenen (z. B. im Fall → Dibbesdorf). S. a. → Raps.

Kluski, Franek (geb. 1874), Pseudonym eines poln. Mediums und Schriftstellers. Bereits als Kind soll K. »Gesichte« gehabt haben; nach dem Besuch einer Séance mit → Guzyk wurden seine Fähigkeiten entdeckt. K. produzierte verschiedene PK-Phänomene: Klopflaute, Levitationen (Gegenstände, Medium, Sitzungsteilnehmer), Funken, materialisierte Augen, Hände, Arme, Köpfe, ganze tierische oder menschliche Erscheinungen, Paraffinabdrücke von materialisierten Händen und Füßen, Apporte, magnetische

(Magnetnadelablenkung), elektrische, thermische und chemische Phänomene, Erscheinungen Lebender, Bilokation, Automatische Schrift (mit ASW-Elementen im Inhalt) usw.

Wenn mit zunehmender Erschöpfung des Mediums im Lauf der Sitzung die Phantome kleiner wurden, sagte der Leiter der Séance: »›Wir wollen dem Medium helfen‹ (ein technischer Ausdruck im Zirkel). Er fängt dann an, im Takt zu klopfen, wobei alle Teilnehmer tief und gleichmäßig atmen. Der Effekt dieser Prozedur ist wunderbar: die verkleinerte Phantomgestalt wächst und erreicht in wenigen Sekunden seine [!] volle Größe.« (Pawlowski 1926: 9, 20.)

Die Sitzungen fanden ausschließlich in Dunkelheit oder bei schwachem Rotlicht statt; das Medium war manchmal in Trance, manchmal (scheinbar) bei Bewußtsein. Die Untersuchungen, u. a. 1920/21 durch → Geley und → Richet in Paris, fanden ohne ausreichende Betrugssicherung statt. Das → Dreimännerbuch, aber auch → Moser bestreiten die Echtheit der Phänomene; dem Autor des K.-Kapitels im Dreimännerbuch, → Klinckowstroem, antwortete Kröner (→ Siebenmännerbuch).

Lit.: Geley 1922.

Knotenexperiment, von → Zöllner am 17. 12. 1877 mit → Slade durchgeführter Versuch: In einen geschlossenen (endlosen) Faden gerieten während der Sitzung, z. T. mehrere, echte Knoten. Zöllner wiederholte das Experiment mit Lederstreifen und wertete das positive Ergebnis als Beleg für eine räumliche → Vierte Dimension.

Lit.: Zöllner 1878 III.

Kobold, Haus- und Stallgeist, der allmählich tricksterhafte Züge (→ Trickster) angenommen hat; im Volksglauben besteht keine scharfe Trennung zwischen K. und Poltergeist.

»Zu allen Zeiten und bei allen Völkern haben sich in der Nähe der Menschen Wirkungen mancherlei Art begeben, die sie, weil keine physische Ursache zu ihrer Er-

Gipsabguß von materialisierten Körperteilen, wie sie sich bei Séancen mit dem Polen Kluski bildeten.

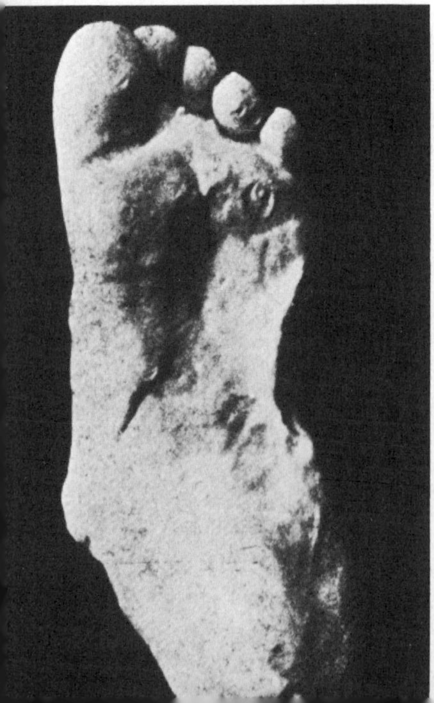

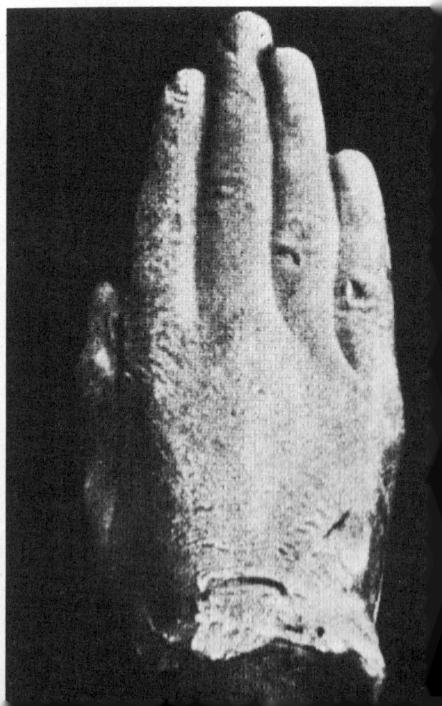

klärung ausfindig zu machen war, der Wirkung von Geistern zuzuschreiben sich gedrungen fanden. Da die Äußerungen dieser Geister überhaupt etwas Unbestimmtes, Seltsames, Eigensinniges, bisweilen Neckisch-spielendes und Lärmendes an sich hatten, so hat man dies ihr Tun mit dem Namen des Spukens, sie selbst aber mit dem Namen der Spuk- und Poltergeister bezeichnet. Die vertrauliche Weise, in der die Unschädlicheren unter diesen Wesen sich oft hilfreich in den Haushalt der Menschen eingedrängt, ... hat diese Art dann bald in der Meinung des Volkes mit den altberufenen Zwergen identifiziert, die, wie sie unaufgehalten durch alle Materie schreitend, sich überall freien Zugang öffnen, so auch sich unsichtbar zu machen wissen... So haben sie im Norden in ihrer kunstreichen Behendigkeit und in ihrem zugreifenden behilflichen Wesen unter ihrem Namen Kobolde... überall im Volke bekannt und im ganzen keines üblen Leumunds sich erfreuend, als eine Art von Hauszwergen ihm gegolten, mit denen es, besonders in der vorchristlichen Zeit, in einem vertraulichen Verhältnis gestanden, die Dienste dieser Laren mit kleinen Opfern lohnend.« (Görres 1927: 301.)

Kogelnik, im Mittelpunkt des »Falls K.« steht Hannie P., die 15jährige Angestellte eines Gasthauses in Lieserbrück (Kärnten). Merkwürdige Dinge sollen sich dort 1921 ereignet haben: Glocken läuteten, Pferde stellten sich auf die Hinterbeine, Gläser zersprangen, Hausrat flog umher und ging kaputt. Nachdem Hannie entlassen worden war, hörte der Spuk auf. Der an okkulten Dingen interessierte Marineoffizier K. stellte Hannie ein, und in seiner Wohnung setzte sich der Spuk in gleicher Weise fort. Der »Poltergeist« war i. allg. böswillig – mit einer Ausnahme, die K. berichtet:

»Am... Nachmittag fehlte der Deckel unserer Teedose, und als ich dies entdeckte, sagte ich: ›Möchtest du nicht auch einmal lieb sein, und das, was du weggeholt hast, zurückbringen?‹ Und nach ein paar Minuten kam tatsächlich der vermißte Deckel hereingerollt! Damals waren sowohl die Köchin wie Hannie mit mir in der Küche, und ich beobachtete alle beide scharf.«

Charakteristisch für die Manifestationen im Haushalt K. waren vor allem das Verstecken von Gegenständen oder ihr Wegfliegen – z. B. von Schüsseln, gerade dann, wenn man nach ihnen griff, u. ä. Beim Reinemachen zerplatzte ein Tintenfaß, und Blumentopferde wurde über den frischgeputzten Boden verstreut. – Hannie ging später nach London, und die Phänomene begleiteten sie auch dorthin.

Lit.: Kogelnik 1922; Schrenck-Notzing 1962; Thurston 1955: 51 ff.

Kollektives Unbewußtes, Bezeichnung Jungs für ein hypothetisches psychisches Feld, das die Archetypen und Instinkte enthält und die Grundlage der Entwicklung der menschlichen Seele bildet. Jung unterschied im menschlichen Unterbewußten 2 Bereiche – einen der persönlichen Komplexe und den, vergleichbar strukturierten, allgemeinmenschlichen des K. U. Dieser Teil des Unbewußten ist eine allen Menschen – normalen und geisteskranken – aller Zeiten und Kulturen gemeinsame Geistesebene, die die Mythen schafft und durch die so jedes Individuum teil an Mythologie schlechthin hat; er ist kein Anhängsel »archaischer Reste« (Freud), »sondern die lebendige schöpferische Matrix all unserer seelischen unbewußten und bewußten Funktionen, die eigentliche Strukturform (das Pattern) unseres psychischen Menschseins« (v. Franz 1970). Was das K. U. eigtl. ist, läßt sich nicht sagen; es ist bewußtseinstranszendent. Jung teilt selbst einen Fall mit (GW VIII: 175), der sich paranormal deuten ließe: Ein Paranoiker gab ihm in detaillierten Bildern eine merkwürdige Erklärung über den Ursprung des Winds aus der Sonne. Später las Jung in einem damals noch nicht publizierten Werk einen zum Mithras-Kult gehörenden Text, der eben diese Vorstellungen enthielt. Die Pps. kann durch Kombination von Präkognition (bei Jung) und Telepathie (zwischen dem Patienten und Jung) oder durch Hellsehen (Patient und ungedrucktes, aber vorhandenes Werk), den Fall zu erklären versuchen; Jung lehnte eine solche Deutung ab. Das K. U., das den im Text überlieferten Mythos produzierte, ist Teil der Psyche des Patienten, also kann diese Vorstellung jederzeit in ihm aufsteigen. → Moser stellte dem Jungschen K. U., das sie das »archaische« nennt, ein sog. »telepathisches« gegenüber: ein überpersönliches Gemeinschafts-Unbewußtes, »Produkt und gemeinschaftlicher Besitz der Menschheit«; einen Teil dieses telepathischen Unbewußten sah sie im von ihr sog. »Zirkel-Unbewußten«, wie es sich gelegentlich zwischen Séanceteilnehmern auszubilden und durch das Medium zu artikulieren scheint. (Moser 1974: 936, 938.) Das Konzept eines überindividuell Psychischen findet sich bereits in der Antike (da bildet die Platonische Ideenlehre seine höchste Ausformung), in außereurop. Kulturen und in neuerer Zeit z. B. bei Eduard v. → Hartmann (s. a. Becher 1917; Kohnstamm 1918).

Kollektivhalluzination, auch *Massenhalluzination,* oft aufgestellte Hypothese zur »natürlichen« Erklärung angeblich paranormaler Ereignisse; zu unterscheiden sind verbalsuggestiv und telepathisch (mentalsuggestiv) ausgelöste K.en. Die ps. und psychopathologische Kasuistik liefert keinen Anhaltspunkt für die Existenz von K.en; in Hypnose ist es zwar in seltenen Fällen möglich, einigen Individuen gleichzeitig die Existenz von irgend etwas verbal zu suggerieren, aber jeder Hypnotisierte sieht dann den suggerierten Gegenstand auf seine Weise (wird z. B. das Vorhandensein eines Autos suggeriert, dann sieht der eine ein Spielzeugauto, der andere einen PKW, der dritte einen LKW). An telepathisch ausgelöste Illusionen oder Halluzinationen ließe sich in folgenden beiden Fällen denken: 1. 4 Damen hatten gemeinsam eine Spiegelvision, die allerdings verschieden wahrgenommen wurde (*J.S.P.R.* Febr. 1905: 17); 2. in einem Gottesdienst sahen mindestens 2 Menschen eine Lichterscheinung, die nicht objektiv vorhanden gewesen zu sein scheint, denn anderen Teilnehmern fiel sie nicht auf (*J.S.P.R.* Dez. 1906: 342).
Lit.: Bozzano ²1975: 136 f.

Kommunikator, svw. → Kontrolle.

Komplex [von lat. *complexio;* Verbindung], Begriff, der in der Tiefenps. zuerst von Freuds Mitarbeiter Joseph Breuer (1895) gebraucht und von Jung mit bestimmter Bedeutung versehen wurde. – Jung arbeitete als junger Psychiater viel mit Wortassoziations-Tests: Dem Probanden wird eine Reihe von Worten vorgelesen, zu denen er je ein weiteres assoziieren soll. Zögern, Stottern, schwer nachvollziehbare Assoziationen – Dinge, die dem Probanden oft nicht bewußt werden, die aber, wie z. B. Zögern, meßbar sind – zeigen, welche Reizworte emotional besonders besetzt sind. Mit K. bezeichnete Jung eine Häufung von Assoziationen, deren »Bindemittel« verwandte Gefühle sind, d. h. affektbesetzte Erinnerungen oder Vorstellungen, die teilweise oder völlig unbewußt sind und eine strukturierte Einheit bilden. »Nach meiner Auffassung besteht sowohl unser persönliches Unbewußtes wie auch das Kollektive Unbewußte aus einer unbestimmten, unbekannten Anzahl von Komplexen oder Teilpersönlichkeiten.« (Jung 1969: 89.) – Das Konstrukt der K.e ist für die Pps. von Bedeutung beim Verständnis der → Kontrollen, vor allem wenn mehrere Trancepersönlichkeiten mehr oder weniger gleichzeitig beim selben Medium auftreten. Außerdem kann man sagen, daß die individuellen K.e des Paragnosten die Inhalte (Bilder) seiner paranormalen Erfahrung ausmachen und strukturieren.

Komplexe Psychologie, svw. → Analytische Psychologie.

Kompromiß, in der Psychoanalyse eine verdrängte Vorstellung, die, um die Abwehr zu passieren, entstellt ins Bewußtsein zurückkehrt; es handelt sich dabei um einen K. zwischen unbewußtem Wunsch und Forderung des → Über-Ich. – Sieht man in den Spukerscheinungen Produktionen des Unbewußten, so können sie als K.e verstanden werden: Eine normale Wunscherfüllung wird abgewehrt, in paranormaler Entstellung aber wird der Wunsch dennoch befriedigt.

Konchylien-Audition → Muschelhören.

Konfabulation [von lat. *confabulari;* schwatzen], Erzählung oder Wiedergabe eines Ereignisses mit phantastischen und dem eigtl.

Sinn widersprechenden Ausschmückungen. – Bei Paragnosten begegnet häufiger, daß paranormale Eindrücke, die dem Sensitiven nicht recht verständlich sind, zu merkwürdigen Erzählungen konfabuliert werden. Die entstellenden Elemente entstammen dabei der persönlichen Sphäre des Sensitiven.

Konflikt [lat.; Zusammenstoß], nach Ansicht der Psychoanalyse eine anthropologische Kategorie: Der Mensch wird gesehen als ein Insgesamt von Instanzen und Systemen, in sich und untereinander im Widerspruch, aber als Ganzes beim gesunden Menschen im Gleichgewicht (Homöostase). Gegensätzliche innere Forderungen, die nicht »austariert« werden können, scheinen manchmal ein Ventil in paranormalen Ereignissen zu finden.

Königssegen, das heilbringende Handauflegen abendländischer Herrscher; es findet seine Entsprechung bei einigen Naturvölkern, wo ebenfalls bestimmte Menschen besondere → Mana-Träger sind. – Von einem Untertan des röm. Kaisers Vespasian wird berichtet, daß die Lähmung seiner Hand verschwand, nachdem er das Gewand des Kaisers berührt hatte. – Im engeren Sinn meint der K. die besondere Gabe der frz. und engl. Könige, die Skrofulose (eine Haut- und Lymphknotenerkrankung, die deshalb auch »Königskrankheit«, engl. *King's Evil,* heißt) zu heilen. Der Merowingerkönig Chlodwig soll schon im Jahre 496 durch Handauflegen geheilt haben; in England war Eduard der Bekenner angeblich der erste (11. Jh.); Heinrich VII. legte das Zeremoniell fest, und Königin Anne († 1714) war die letzte, die den K. spendete. Bischof Cartwright teilt in einer Tagebuchnotiz mit: »Ich war beim Morgenempfang Seiner Majestät [Jakob II.] zugegen, wonach ich ab 9 Uhr in seinem Kabinettsraum weilte, wo er 350 Personen heilte.« – Von Ludwig XIV. erhofften am Ostersonntag 1686 etwa 1600 Personen Heilung.
Man hat – fälschlicherweise – versucht, diese königlichen Heiler mit Mesmeristen oder anderen unorthodoxen Heilern in Verbindung zu bringen, doch dem Volksglauben nach war es nicht die *Person,* die heilte, die Kraft war *amts*gebunden, d. h., die Fähigkeit war erst nach der Krönung gegeben.
Lit.: Tenhaeff 1975: 237 f., 313.

Konnersreuth, Therese von → Neumann, Therese.

Konstrukt, eine nicht unmittelbar gegebene Tatsache, sondern ein Gebilde rein theoretischer Natur; ob ihm Existenz und Realität zukommt, ist grundsätzlich nicht auszumachen, sondern nur von Fall zu Fall. Ein K. erklärt einen Sachverhalt im Sinne eines »so könnte es sein«, behauptet aber nicht, »so ist es«.

Kontagiöse Magie, magische Handlung, bei der durch Berührung Kraft übertragen wird.

Kontamination [von lat. *contaminare;* entstellen], Verschmelzung von Wörtern oder Sätzen, Wortverdrehungen; tritt im Traum und bei Ermüdung auf; auch beim → Automatischen Schreiben zu beobachten. – In der Analytischen Ps. bezeichnet der Begriff das Überschneiden der Bedeutungen von Archetypen, ein wechselseitiges Durchdringen der Bedeutungsfelder an ihren Rändern.

Kontemplation [lat.; Anschauung, Beschauen], bezeichnet, der Meditation verwandt, die innere Betrachtung eines Gegenstandes – eines göttlichen Wortes oder Werkes z. B. –, u. U. auch die Betrachtung der eigenen Person oder eines Teils von ihr. Ziel der K. ist die *Versenkung,* d. h. die Aufhebung der Subjekt-Objekt-Trennung, das vollkommene Einssein von Ich, Welt und (in der Mystik) Gott.

Kontext [lat.; Zusammenhang], nach Jung die Summe aller Angaben zu einem Traum und zugl. Ausgangspunkt der → Amplifikation.

Konträrsuggestibel, bezeichnet die negative

Einstellung gegenüber direkten und vor allem indirekten Suggestionen.

Kontrolle, auch *Kommunikator, Kontrollgeist, Spirit-Kontrolle, Trancepersönlichkeit,* in der Pps. eine Personifikation, die durch ein Medium hindurch als Absender von paranormalen Botschaften oder als Verursacher psychokinetischer Manifestationen in Sitzungen in Erscheinung treten kann; nach spiritistischer Ansicht ist die K. der Geist eines Verstorbenen (u. U. auch eine nichtmenschliche Wesenheit), nach animistischer Hypothese eine Teilpersönlichkeit des Unbewußten des Mediums oder, in selteneren Fällen, Bewußtsein oder Unbewußtes eines anderen Lebenden, der mentalsuggestiv Einfluß auf das Medium ausübt.

Dem Medium und den Teilnehmern unbekannte, plötzlich in der Séance auftretende K.n werden als *Drop-In-K.* [von engl. *to drop in;* unerwartet vorbeikommen, »hereinschneien«] bezeichnet.

Die Ankunft der K. verläuft nach mehrfach wiederholten Sitzungen meist nach einem bestimmten Muster: charakteristische Klopflaute, Lichterscheinungen oder auftretende Automatismen (→ Automatisches Sprechen, Schreiben; → Transfiguration). Auch physiologische Daten können registriert werden: → Doyle beobachtete bei dem Medium John Tichnor 82 Pulsschläge pro Minute im Normalzustand; kontrolliert von der Trancepersönlichkeit »Colonel Lee« stieg der Puls auf 100, bei »Black Hawk« auf 118.

Bekannte K.n sind »George Pelham« und »Phinuit« (→ Piper), »Nell« (→ Silbert), »Katie King« (→ Cook) oder »Walter« (→ Crandon). Nicht immer gaben die K.n ihre Identität preis; → Homes K.n z. B. sagten nur »wir«. Manchmal sind es hist. Persönlichkeiten, etwa Aristoteles oder Victor Hugo, manchmal behaupten sie das aber auch nur und geben dann die detaillierte Biographie (die sich u. U. teilweise verifizieren läßt; so → Fords Kontrollgeist »Fletcher«) einer bislang unbekannten Persönlichkeit aus einem vergangenen Jh. oder einer anderen Kultur. Gelegentlich werden K.n aufgrund der Handschrift (→ Automatisches Schreiben) oder der Stimme von Teilnehmern, die den Verkörperten zu Lebzeiten kannten, identifiziert. – Manches Medium hat mehrere K.n, die nacheinander auftreten oder bestimmte Lebensabschnitte ein und derselben Person verkörpern, andere K.n behaupten zu mehreren gleichzeitig anwesend zu sein, und in einigen Fällen artikulierte sich die gleiche K. nacheinander in mehreren Medien.

Die Kontrollgeist-Vorstellungen scheinen sich aus dem Schutzengelgedanken entwickelt zu haben; in jüngerer Zeit sind K.n, die sich als »reine Geister« bezeichnen, d. h. solche, die nie Mensch gewesen sein wollen, selten (z. B. »Klein-Stasia«, → Tomczyk). Hin und wieder treten auch Lebende als K.n auf. Am Ort ihrer physischen Existenz scheinen sie zur gleichen Zeit zu schlafen (→ Bilokation); Bardella (1911) schildert den Fall, daß ein Sterbender als K. auftritt, um seinen Tod anzukündigen (→ Abmelden). Sowohl Verstorbene als auch lebende K.n sollen sich in Séancen materialisiert haben (→ Phantom). – In der ps. Interpretation sind die K.n verselbständigte und personifizierte Teile des Unbewußten eines Mediums; sofern sie mit Lebenden identisch zu sein scheinen, wird die Verarbeitung einer unbewußten telepathischen Erfahrung angenommen.

Für die individual- und gruppenps. Deutung sind die behaupteten Biographien der K.n wichtig – ob Indianer (sehr oft), Inder, Zuluhäuptling, Kindsmörderin, Pirat oder ägyptische Priesterin: Die Wahl symbolisiert Bedürfnisse des Individuums (Medium) und der Gruppe (Séanceteilnehmer).

Konversion [lat.; Umwendung], nach Freud die Umwandlung unbewältigter seelischer Konflikte in körperliches Leid; verdrängte psychische Vorgänge manifestieren sich in physischen Symptomen. – Jung u. a. sprechen von der K. einer Energie: die Psychokinese wird als K. psychischer in kinetische Energie verstanden.

Konvulsion [lat.], »schüttelnder« Krampf eines Körperteils oder des ganzen Körpers; tritt manchmal in Zushg. mit Visionen sowohl pps. als auch nichtpps. Natur auf. S. a. → Convulsionäre.

Konzentration [von lat. *concentrare;* in einem Punkt vereinigen], die bewußte aktive Hinwendung und Beschränkung der Aufmerksamkeit auf eine bestimmte geistige oder körperliche Tätigkeit; steht am Beginn der meisten meditativen Praktiken. Über den Nutzen der K. im pps. Experiment sind die Meinungen geteilt: Soll etwa die Vp. eine bestimmte Information (z. B. ein Wort oder die Gestalt eines graphischen Gebildes) telepathisch einer anderen Person »senden«, so liegt es nahe, daß der »Sender« sein Denken auf diese Information konzentriert. Andererseits sieht es so aus, als sei Telepathie ein Austausch im *Unbewußten,* der erst nachträglich bewußt wird; dann könnte *bewußte* Konzentration u. U. Telepathie sogar verhindern. Tatsächlich haben wir Beispiele telepathischer Kommunikation (etwa bei Mrs. → Piper), in denen Dinge, auf die sich der Sender konzentrierte, beim Medium nicht »ankamen«, dagegen vergessene Ereignisse (d. h. unbewußte Inhalte) vom Medium »empfangen« wurden.

Koons, Jonathan, einer der ersten amer. Spiritisten; seit den 50er Jahren des vorigen Jh.s trat er zusammen mit seinen 8 Kindern, die ebenfalls medial begabt waren, öffentlich auf. Direkte Stimme und paranormal erzeugte Geräusche waren die hauptsächlich von ihnen produzierten Phänomene, aber auch Materialisationen traten auf.

Kopfuhr, volkstümliche Bezeichnung für die Fähigkeit mancher Menschen, die Zeit verblüffend exakt schätzen zu können, zu genau der Zeit aufzuwachen, die sie sich vorgenommen haben u. ä. Leistungen, deren Ursprung in der unbewußten Aufnahme endogener Rhythmen vermutet wird. Hierher gehören auch die erstaunlichen Reaktionen mancher Hypnotisierter, die posthypnotische Aufträge wie: »Zeichnen Sie in 11 470 Minuten ein Kreuz auf ein Stück Papier« auch prompt ausführten (Bramwell 1903). S. a. → Physiologische Uhr.
Lit.: Du Prel 1905 I: 135–51.

Korona [lat.; Kranz), besondere Form der Gasentladung; Erklärungsversuch des Kirlian-Effekts (→ Kirlian-Fotografie) aufgrund bekannter physikalischer Gesetze. Andere Hypothesen sehen in der K. die → Aura oder den → Bioplasma-Körper. »Wir verwenden bei der Beschreibung des Phänomens alle drei Begriffe abwechselnd, unabhängig davon, als was es sich schließlich erweisen sollte.« (Moss/Johnson in Krippner/Rubin 1975: 56.)

Körper, Zeitweilige, nach anthroposophischer Vorstellung leibhafte Vehikel, die ein Mensch imaginieren kann, um in geistige Welten oder andere irdische Räume zu gelangen.
Lit.: Besant 1897.

Körperseele, Bezeichnung → Wundts für die Vorstellung einer Seele, die den Körper oder bestimmte Teile von ihm als Gefäß oder Träger hat.

Korrespondenz [lat.; Entsprechung], schon früh machte der Mensch die Erfahrung, daß es parallele Ereignisse gibt, die keine kausale Beziehung verknüpft, die aber dennoch einen gemeinsamen Sinn oder eine Gleichartigkeit erkennen lassen. Aus solchen Erfahrungen entwickelte sich die K.lehre, in die ein kausales Element dadurch eingebracht wurde, daß man für die jeweiligen Folgeereignisse einen wirkenden wechselseitigen Einfluß annahm (ein z. B. für die Magie wichtiges Prinzip). Den Höhepunkt der Lehre von der K. bildet für Europa wohl Leibniz' Idee der *prästabilierten Harmonie* (in ihr löst Leibniz das → Leib-Seele-Problem durch die Annahme einer vorherbestimmten Einheit). Jung hat mit seiner Theorie der → Synchronizität eine moderne Differenzierung der alten Begriffe K., Sympathie und Harmonie versucht, die sich nicht auf Philos., sondern auf Experiment und Empirie beruft (Jung 1952: 283). Das *K.prinzip* ist ein von dem Begründer der modernen Atomtheorie, dem dän. Physiker Niels Bohr (1885–1962), eingeführtes Konstrukt, das eine mathematisch beschreibbare Ähnlichkeit zwischen den klassischen mechanischen und den quantenmechanischen Gesetzen behauptet. Auf dieses Prinzip greift → Jordan zurück, der in seinen Überlegungen zur »Freiheit der Entscheidung« eine determinierende K. zwischen der Unvorhersehbarkeit mikrophysikalischer Ereignisse und dem Ablauf der Lebensvorgänge im Organismus annimmt. Im *biophysikalischen K.-prinzip* wird eine K. zwischen physikochemischen und organischen Eigenschaften im Organismus formuliert (Meyer-Abich 1934).

Korrespondierende Visionen, in der → Hagiographie gelegentlich beschriebener Typ von Visionen: In einer Vision wird die Person A auf die Person B hingewiesen, die ihrerseits in einer Vision von A erfährt. Das früheste Beispiel einer solchen → Korrespondenz sind die Visionen des Petrus und des Cornelius in der Apg. (10,1 ff.). Görres (1927: 187 f.) nennt die K. V. »höheren Verkehr«; die Pps. vermutet ein telepathisches Phänomen.

Kosmisches Reservoir, Bezeichnung von → James für ein hypothetisches → Weltgedächtnis. ASW kann als ein Zugang des Sensitiven zum K. R. verstanden werden.

Kosmobiologie, auch *Astrobiologie,* 1. Teildisziplin der Biologie, die Möglichkeit und Bedingungen von Leben außerhalb der Erde untersucht; 2. neuere Bezeichnung für *Astrologie;* auch eine astrol. Zeitschrift heißt *Kosmobiologie* (Aalen 1928 ff.), und die »Kosmobiologische Forschungsgesellschaft« (gegründet 1949) hat es sich zur Aufgabe gemacht, »den Wahrheitsgehalt des astrol. Wissensgutes aufgrund stattgefundener Ereignisse zu prüfen«.

Koestler, Arthur (* 1905), Schriftsteller; emigrierte 1933 aus Deutschland, lebt in England. In seinen zahlreichen Sachbüchern und Essays vertritt er dezidiert die Ansicht, daß die Ratio allein nicht die Ordnung der Natur sichtbar und verständlich machen kann. Mit H. H. → Price ist er der Überzeugung, daß »die Parapsychologie das bedeutendste Forschungsgebiet ist, das der menschliche Geist jemals in Angriff genommen hat ... und die gesamte intellektuelle Weltanschauung, auf der unsere gegenwärtige Zivilisation beruht, verändern könnte ...« K. selbst meint: »Die Annäherung der Begriffswelten der Parapsychologie und der modernen Physik stellt einen wichtigen Beitrag zur Abschaffung des größten Aberglaubens unserer Zeit dar – des materialistischen Uhrwerk-Universums der Physik des frühen 19. Jh.s« (K. 1972).

In *Der göttliche Funke* (1966) erörtert er die möglichen parapsychischen Komponenten der Intuition und des schöpferischen Akts in Kunst und Wiss., in *Die Wurzeln des Zufalls* (1972) die Zushg.e von → Serialität und → Synchronizität mit den Phänomenen der ASW. – *Werke* → Bibl.

Kotik, Naum W., russ. Nervenarzt; begann 1904 an der Universität Odessa mit kryptästhetischen und telepathischen Experimenten. Er arbeitete im wesentlichen mit nur 2 Versuchspersonen und unter höchst unzulänglichen Kontrollbedingungen; dennoch glaubte er, den Nachweis für die Existenz der Telepathie erbracht zu haben. Des weiteren wollte er bewiesen haben, daß Telepathie auf dem Transport einer psychophysischen Energie beruhe, die im Gehirn gebildet werde und deren Abfuhr durch die Extremitäten und durch geeignete Leiter (z. B. Kupferdraht) erfolgte. Diese Energie soll nach K. phosphoreszierende Schirme stärker leuchten lassen. Ihre Annahme geht auf die → N-Strahlen Blondlots zurück. – *Werke* → Bibl.

Lit.: Dessoir 1917: 116 ff.

Kotter, Christopher, protestantischer Visionär des 17. Jh.s, dessen Visionen wie die der → Ponitovia die politischen Kämpfe in Böhmen beeinflußten. Die Zeitgenossen hielten die Visionen für präkognitiv – rückblickend ist ein Urteil darüber schwierig. K.s Berufungsvision aber ist für die Pps. interessant, da sie, wenn auch von ihm völlig anders gedeutet, eine gewisse Ähnlichkeit mit → Elfen-Visionen, wie sie vor allem aus Großbritannien und Irland im 19. und 20. Jh. berichtet werden, aufweist:

K. geht am 27. 9. 1620 zu Fuß nach Sagan; dabei »kommt er von Sinnen«: Er findet sich auf einer grünen Wiese, Sterne funkeln, Sonne und Mond strahlen gleichzeitig. Auf der Wiese tanzen und singen Knaben, K. hört liebliche Musik und ist von dem Anblick ganz bezaubert. Als er wieder zu sich kommt, steht neben ihm ein Engel in menschlicher Gestalt, der ihm das Erlebte als von Gott geschickt deutet. K. unterscheidet also zwischen der Vision und der Erscheinung nach seinem *Bewußtseinszustand.* Am Ende der Vision findet sich K. in der Nähe von Sprottau und merkt, daß er einen ganzen Tag und zwei Nächte dem himmlischen Schauspiel zugesehen hat. (Benz 1969: 300.)

Kozyrew, Nikolai (* 1909), sowjet. Astrophysiker, der einen energetischen Zeitbegriff entwickelt hat. Diese Energie kann als Träger von ASW und PK gedacht werden; K. glaubt, experimentell nachgewiesen zu haben, daß diese Energie mental beeinflußt werden kann (Ostrander/Schroeder 1974: 147–54).

Krafft, Karl Ernst (1900–1945), schweizer. Astrologe, K. entwarf eine Astrobiologie (→ Kosmobiologie) und eine Typokosmie, d. h. ein System, das zu einer allgemeinen mystischen Weltformel führen sollte. Seine statistischen Untersuchungen wurden von → Gauquelin einer kritischen Revision unterzogen. K. arbeitete zeitweilig als Astrologe im Propagandaministerium der NS-Regierung; er wurde mehrfach verhaftet und starb auf dem Weg in das KZ Buchenwald.

Lit.: Howe 1972.

Kraft, psychische, → Helmont spricht von dem »großen Geheimnis ..., daß in dem Menschen ein Vermögen stecke, durch den bloßen Wink seines Willens und durch seine Einbildung außer sich wirken zu können und eine gewisse *einfließende Kraft* einzudrücken, die hernach von sich selbst dauert und ihre Wirkung tut, gegen das, was ihr in sehr weiter Entfernung vorgestellt ist« *(De magnetica vulnerum curatione* § 168*).* Die Ps. bezeichnet die dynamischen Ursachen des psychischen Geschehens als *psychische Kräfte;* die Frage, ob ihnen ein materielles Substrat zukommt, wird unterschiedlich beantwortet. Für die Pps. schlug → Cox (1872 u. 1874), ein Mitarbeiter → Crookes, den Ausdruck p. K. vor. Schon vor Cox' Veröffentlichungen hatte Crookes den Gedanken aufgegriffen: *Experimental Investigations on Psychic Force,* 1871 (»Experimentaluntersuchungen zur psychischen Kraft«). Die für die Begründung der Pps. bedeutende Leistung von Cox und Crookes besteht darin, daß sie, wenn auch nicht als erste, mit ihrem Konzept einer *menschlich*-psychischen K. ihren Forschungsgegenstand aus dem Dunstkreis des Okkulten und Spiritistischen holten: Die Untersuchung des Paranormalen wurde damit zur Wiss. Eine seltsame Rückkehr zum Spiritismus zeigt → Crawfords Ansicht, daß die transzendentalen »Operatoren« im Goligher-Zirkel Partikel im Nervensystem der Medien freisetzten; diese neuralen Partikel sollten die p. K. bilden, die die Phänomene bewirkte. S. a. → Magnetismus; → Od.

Kraftentfaltung, außergewöhnliche, eine extreme Steigerung der physischen Kräfte ist gelegentlich im Affekt zu beobachten, sie kann auch als Begleiterscheinung mancher Krankheiten und in ekstatischen Zuständen auftreten: So gelang es z. B. selbst sehr starken Männern nicht, den schwachen Körper der hl. Hildegard v. Bingen zu biegen, wenn sie verzückt war. – Der Schweizer Physiologe Albrecht v. Haller (1708 bis 1788) teilt in seinen *Elementen der Physiologie* (IV: 470 ff.) mehrere Beispiele außergewöhnlicher Stärke mit (ein Mann z. B. vermochte 19 Zentner zu heben). – Gesichert ist, daß sich bei einigen Medien in Trance die Kräfte wesentlich steigerten. Es bleibt offen, ob diese Erscheinungen auch als paranormale Effekte zu verstehen sind; grundsätzlich ist damit zu rechnen, wobei das Phänomen nicht unbedingt auf einer Kraftsteigerung beruhen muß, auch eine Gewichtsverminderung des bewegten Objekts oder des Mediums selbst ist nach dem, was man etwa von Levitationen weiß, durchaus denkbar (→ Gewichtsveränderungen).

Zu a. K. sind auch → Schamanen fähig – allein der Tanz mit dem schweren Kultgerät stellt schon eine besondere Leistung dar. Von hier aus finden sich allmählich Übergänge zu anderen außergewöhnlichen physischen Leistungen: 1934 trank ein Yogi vor Gelehrten der Universität Kalkutta verschiedene Säuren, ohne gesundheitlichen Schaden zu nehmen; von extremer Resistenz gegenüber Hitze (→ Feuerunempfindlichkeit) und Kälte (→ Gtummo) wird berichtet, von → Asitie und jahrzehntelanger Schlaflosigkeit. Es muß vorerst allerdings offen bleiben, inwieweit diese Erscheinungen paranormal relevant sein mögen.

Kraus, Karl, Pseudonym von K. Weber, PK-Medium der 20er Jahre unseres Jh.s → Schrenck-Notzing hatte K. entdeckt und 1924 mehrere Sitzungen mit ihm veranstaltet, auch → Gruber beteiligte sich an den Untersuchungen. K. fiel nicht in Trance und war ein reines → Dunkelmedium; zur Kontrolle befestigte man Leuchtbänder an seinem Körper und schloß ihn während der Sitzungen in einen Käfig. Dabei sollen paranormale Objektbewegungen, Materialisationen, Abdrücke in Ton und vor allem 35 Autolevitationen (bis 1,50 m hoch) beobachtet worden sein. – K. selbst erklärte später alle seine Leistungen als Betrug, Schrenck-Notzing hatte schon vorher starke Manipulationsneigung bei K. konstatiert, blieb aber dabei, daß einige Phänomene echt gewesen sein müssen.

Lit.: Besterman 1928; Moser 1974: 732–34; Schrenck-Notzing 1926.

Kreativität, die K.sforschung untersucht das schöpferische Vermögen unter den beiden Hauptaspekten *Bedingungen des kreativen Denkens* und die *Persönlichkeit des Kreativen.* K. bezeichnet dabei die Fähigkeit des Individuums, Zugang zu einem schöpferischen Potential in sich selbst zu finden.

Der kreativen Leistung geht der unbewußte Prozeß des Lösungssuchens (→ Inkubation) voraus; naturgemäß ist über ihn wenig auszumachen, doch scheinen bei ein paar bekannt gewordenen Fällen auch ASW-Informationen in diesen Prozeß eingegangen zu sein.

Der Schweizer Zoologe Alexandre Agassiz (1835–1910) versuchte, nach Abdrücken im Schiefer das Aussehen eines fossilen Fischs zu bestimmen; es gelang nicht, aber 3 Nächte hintereinander träumte er die Rekonstruktion; in der dritten Nacht zeichnete er sie auf. Diese Zeichnung enthielt Spuren, die auf der Platte nicht zu sehen waren, aber nach Abschlägen sichtbar wurden. Mit einiger Mühe läßt sich der Fall normalps. erklären, aber ein paranormaler Effekt scheint nicht unwahrscheinlich. (Flournoy 1911.)

Kreuz-Korrespondenzen [engl. *cross correspondences*], um 1906 entdeckten einige Damen, die der S. P. R. nahestanden, bei sich die Fähigkeit des → Automatischen Schreibens. Jede der Damen arbeitete für sich und schickte ihre Niederschriften an die S. P. R. Manche Notierungen bezogen sich offensichtlich auf den gleichen Gegenstand, so daß jeder einzelne Text nur ein Teil der übermittelten Botschaft war. Es schien so, als ob eine unbekannte Instanz die Gesamtmenge der Informationen unter die Schreibenden verteilte – also eigtl. keine »Korrespondenz über Kreuz«, sondern eine »zersplitterte Botschaft«. Was spontan auftrat, waren »ganz kleine Fragmente sehr komplexer Strukturen«, schreibt Piddington (→ S. P. R.), der hervorragend daran beteiligt war, das lit. Puzzle zu lösen. Angeblich stammten die Nachrichten von verstorbenen Mitgliedern der S. P. R., u. a. Henry Butcher, Gurney, Myers, Sidgwick und Verrall. Sie gaben an, durch das Aufteilen wollten sie der Hypothese einer »Quertelepathie« (telepathische Kommunikation zwischen den Schreibmedien, die z. T. räumlich sehr weit getrennt waren, eines z. B. in Indien, andere in England und New York) den Boden entziehen und zeigen, daß eine Intelligenz oder auch Intelligenzen außerhalb der Sphäre der Irdisch-Lebenden am Werk sei. Zu ihrem Identitätsnachweis flochten sie entlegene Stellen aus der antiken Lit. in die Texte ein; vor allem die Gräzisten Butcher und Verrall. Verrall ist der angebliche Urheber des Falls »Das Ohr des Dionysios«: Mehrere Botschaften enthielten mehr oder weniger verschlüsselte Mitteilungen, die sich auf das »Ohr des Dionysios« bezogen, eine aus dem Felsen von Syrakus gehauene Grotte mit der Eigenschaft einer Flüstergalerie; der Tyrann pflegte dort Gefangene einzusperren, um sie zu belauschen. Bezugspunkt der Mitteilungen war, daß sich Verrall zu Lebzeiten einmal über seine Frau lustig gemacht hatte, weil sie die Geschichte der Grotte nicht kannte.

Die Versuchsreihe zog sich über Jahre hin; zu den bekanntesten beteiligten Medien zählen: Mrs. Holland, Edith Lyttelton, Mrs. Piper, die Witwe und die Tochter Verralls, Mrs. Willett. Telepathie scheint sicher, die Hypothese des → Überlebens aber läßt sich so nicht beweisen (s. a. → Jenseits). Weitere K.-K., allerdings nicht so umfangreiche, sind aus früherer und späterer Zeit bekannt geworden. Außer bei Automatischer Schrift finden sich entsprechende Erscheinungen auch in → Korrespondierenden Visionen und Träumen.

Lit.: G. u. W. Balfour 1911; Carrington, Tuckett u. Bayfield 1914; Dessoir 1917: 93 f.; Eisenbud 1974: 10, 211 f.; Lodge 1911; Mattiesen 1962 II; Maxwell 1913; Piddington 1916/1918; E. Sidgwick 1913; Tyrell 1960: 162—69; Verall 1911.

Kreuz-Verweisung [engl. *cross reference*], auch *Kreuz-Referenz*, im 19. Jh. auch *Spirit-Telegraphie* oder *spirituelle Telegraphie*, bezeichnet die mehr oder weniger gleichzeitige Botschaft einer → Kontrolle an verschiedene, räumlich getrennte Personen (Medien); meist die Bitte, einer bestimmten Zielperson etwas mitzuteilen. Das Phänomen soll die Hypothese, das Unbewußte der Medien produziere die Nachricht, entkräften. Tatsächlich läßt es sich aber, wie die → Kreuz-Korrespondenzen, durchaus animistisch mit einem oder mehreren Lebenden als Agenten verstehen.

Mrs. Brenchley, eine engl. Sensitive, »sah« Anfang 1903 einen Mord; Details wiesen, wie sich nachträglich zeigte, auf die Ermordung des serbischen Königs Alexander I. Obrenović am 10. 6. 1903 hin. Mrs. Burchell, eine Sensitive aus Yorkshire, »sah« am 20. 3. die Ermordung einer »Königlichen Hoheit«, als man ihr einen verschlossenen Umschlag mit dem einliegenden Namenszug Alexanders in die Hand gab. Am 9. 7. schließlich wurde um 10 Uhr 30 in einer Séance, bei der → Richet zugegen war, durch Klopftöne übermittelt: »Bancalamo ... Banca la mort guette famille«, ›Banca, der Tod greift [nach deiner] Familie‹. Der Vater der Königin Draga Maschin, Gemahlin Alexanders, hieß Panka.

Kriegsprophezeiungen, da Angst häufig der Auslöser parapsychischen Geschehens ist, wundert es nicht, daß zahlreiche paranormale Manifestationen in Zushg. mit Kriegsereignissen stehen. Eine besondere Gruppe bilden dabei präkognitive Aussagen; sie beziehen sich oft auf Kriege, die in naher oder ferner Zukunft bevorstehen sollen. So wird eine entsprechende Äußerung von → Nostradamus als Voraussage des Ersten Weltkriegs gedeutet; 1931 prophezeite die berühmte amer. Astrologin Evangeline Adams († 1932), daß sich die USA 1942 im Krieg befinden würden.

Das pps. Standardwerk über K. sind Tenhaeffs *Oorlogvoorspellingen*, 1948 (»Kriegsprophezeiungen«). Die Kasuistik zeigt, daß eine globale Kriegsvorausschau äußerst selten ist; der Sensitive »sieht« nicht ein allgemeines Geschehen, sondern bestimmte Umstände, die eine konkrete Person betreffen, und in diesen Umständen mag sich das Allgemeine spiegeln. So sagte keines der Medien → Ostys in den Jahren 1910–14 den Ersten Weltkrieg voraus, aber viele Informationen bezogen sich auf die gewaltsame Todesart dieser oder jener Person, die dann infolge der Kriegsereignisse auch wirklich eintrat (Osty 1925).

»Eine Dame wird im Jahr 1913 wahnsinnig. Ihre geistige Erkrankung äußert sich darin, daß sie zunächst ihrem jungen Bruder plötzlich sagt: in der und der Zeit werde er tot sein; daß sie dann aber weiter auf der Straße, in der Trambahn und wo sonst immer plötzlich junge Männer anredet und ihnen einen baldigen Tod voraussagt. Sie wird in eine Nervenheilanstalt gebracht, wo sich ihr Zustand nicht ändert. Bis der Krieg ausbricht. Von dem Augenblick des Kriegsausbruchs ist sie gesund. Es ist, als ob damit ein ungeheurer, unverstandener Druck, der auf ihr gelastet hatte, gelöst sei. Der junge Bruder ist in der von der Schwester angegebenen Zeit gefallen; bei den anderen konnte man natürlich die Erfüllung der Vorhersage nicht überprüfen.« (v. Scholz [2]1924: 50.)

Lit.: Briere 1916; Freimark 1915; Hellwig 1916; Lomer 1918; Piddington 1923.

Kriminaltelepathie, mehr Schlagwort als eigtl. Fachausdruck; bezeichnet die Hinzuziehung Sensitiver, sog. »Kriminalmedien«, bei polizeilichen oder privaten Ermittlungen. Das bekannteste dt. Kriminalmedium war Hanussen (→ Leitmeritzer Hellsehprozeß). In außereurop. Kulturen kennt man z. T. die institutionalisierte K.: So waren in früherer Zeit die telepathisch begabten *Lebascha* in Äthiopien eine Berufsgruppe, die offiziell bei Diebstählen und Verbrechen konsultiert wurde.

Ein recht eindrucksvoller Fall von K. findet sich in den Akten der Amsterdamer Polizei: 1948 wurde einer Firma Platin entwendet. Zweimal wandte sich die Kriminalpolizei an die Psychoskopistin W. B. Beim zweiten Mal beschrieb die Sensitive einen Werksangehörigen so genau, daß man ihn identifizieren konnte. Dieser sollte angeblich das Diebesgut an einen Mann weiterverkauft haben, der in der Nieuwe Keizergracht über einem Schneider wohne. Dieb und Hehler konnten überführt werden. (Tenhaeff 1974: 290 f.)

Lit.: Hellwig 1924; Herren 1964.

Krippner, Stanley Curtis (* 1932), amer. Psychologe und Psychotherapeut. Arbeitete auf dem Gebiet der Pps. über Probleme der Persönlichkeit und Sensitivität, über Poltergeister, Telepathie im Traum und über die → Kirlian-Fotografie. – *Werke* → Bibl.

Kristallsehen, auch *Kristallomantie,* bezeichnet alle Verfahren, durch Betrachten von spiegelnden, leuchtenden oder durchsichtigen Körpern Visionen oder innere Erfahrungen zu provozieren. Hist. sind verschiedene Techniken der halluzinatorischen Mantik zu unterscheiden (z. B. Hydromantie, mit Unterarten Katoptromantie, Lithomantie und Onychomantie; → Mantie). Die mantischen Traditionen Babyloniens, Persiens, Ägyptens und des klassischen Altertums finden dabei ihre Fortsetzung in den *specularii,* den Sehern des MA.s. »Übernatürliche« und »natürliche« Erklärungen des K.s stehen sich seit der Antike gegenüber: Die Theoretiker des Übernatürlichen postulierten die Vermittlung einer Gottheit, Gottes oder böser Dämonen, natürliche Erklärungen vermuteten Betrug oder, interessanter, eine optische Reizung des imaginativen Vermögens, das manchen Personen in besonderem Maße eignen sollte (so z. B. die Erklärung → Agrippas von Nettesheim).

→ Dee, der, wie es scheint, hauptsächlich akustische Halluzinationen erfuhr, sagte – nach den erhaltenen Protokollen – zu den mit ihm kommunizierenden Engeln:

»Ich meine, ihr habt keine für das Sprechen geeigneten Organe oder Instrumente, sondern seid lediglich geistig und nicht körperlich, aber ihr habt die Fähigkeit und Eigenschaft, von Gott Bild und Botschaft dem Auge und Ohr zu übermitteln, so daß die Menschen sich einbilden, euch mit den Sinnen zu sehen und zu hören.« (Zit. n. Bender 1965: 30.)

K. wurde auch in den künftigen Jh.en betrieben; neue Akzente erhielt es in der Zeit des animalischen → Magnetismus: Es half bei der Herbeiführung des magnetischen Zustands. Die → Hauffe z. B. brauchte, wenn sie sich eines Traumes nicht mehr erinnern konnte, nur auf eine Seifenblase zu starren, und der Traum stand wieder vor ihrem inneren Auge. Im 19. Jh. fanden außerdem, teils unabhängig vom Mesmerismus und verbunden mit dem Spiritismus, kristallseherische Versuche statt, die einen Verkehr mit Geistern anstrebten, so z. B. in den Experimenten von → Vay. Rein rationalistisch waren → Braids Erklärungen, der Personen hypnotisierte unter Verwendung eines glänzenden Gegenstands (sog. Braidscher Spiegel), den die Vpn fixieren mußten. → Janet griff die kristallomantischen Versuche der Mesmeristen und ihrer Nachfolger auf und schlug eine Erklärung der Phänomene durch die Annahme einer unbewußten geistigen Tätigkeit vor; er betonte, daß diese Visionen als fremd erlebt werden, unwillkürlich sind und dennoch Beziehungen zum bewußten Geistesleben aufweisen. Janet ging von einer psychischen Disposition zum K. bei bestimmten Personen aus; Forscher um → Myers dagegen glaubten, jedermann sei der Kristallvision fähig. –

Seit der Jh.wende wurden vereinzelt Experimente mit K. durchgeführt. Dabei leistete → Bender einen wichtigen Beitrag: Es gelang ihm, die Kristallvision als »sensorischen Automatismus« experimentell nachzuweisen. In einer interessanten Versuchsanordnung arbeitete er mit einer sog. »Schusterkugel« (wassergefüllte Glaskugel, die Schuster früher aufhängten, um das Licht einer dahinter befindlichen Lichtquelle zu konzentrieren). Es war möglich, in diese Kugel eine Gesichtsmaske zu projizieren, ohne daß es die Vpn bemerken konnten. Der Vergleich zwischen physikalischer Projektion und psychischer Halluzination ermöglichte es, bei der einzelnen Vp. den Charakter der Vision genauer zu bestimmen. – Nach der heutigen Arbeitsteilung in den Wiss.en gehören diese Versuche ins Gebiet der Ps., Tiefenps. und Medizin; erst wenn paranormale Inhalte sichtbar werden, wird das K. zum Forschungsgegenstand der Pps.

Lit.: Bender 1936, 1938, 1941, 1965; Besterman 1924; Goodrich-Freer ²1899; Hyslop 1896/97; Janet 1889, 1898; Moser 1974: 516–29.

Krösus (Kroisos), letzter König von Lydien (560–546 v. Chr.), dessen Reichtum sprichwörtlich wurde. Nach einem Bericht Herodots (ca. 485–425) wollte K. die Zuverlässigkeit von 7 Orakeln (Delphi, Dodona u. a.) prüfen. Am hundertsten Tag nach der Abreise seiner Boten sollte jedes der Orakel danach gefragt werden, was K. gerade tue. Nur die Antwort der Pythia ist überliefert: »Duft einer Schildkröte kam zu mir, einer fest geschalten. Kochen mit Fleisch zusammen vom Lamme in eherner Pfanne. Erz umschließt es von allen Seiten, so oben wie unten.« – Tatsächlich soll K., um einen »Zufallstreffer« auszuschließen, an diesem Tag ein Lamm und eine Schildkröte zusammen in einem ehernen Gefäß gekocht haben.

Kryptästhesie, bei → Richet für ASW gebraucht; der Ausdruck »bedeutet nach seiner griech. Etymologie, daß eine verborgene Empfindlichkeit vorliegt, eine Wahrnehmung, deren Mechanismus unbekannt ist und von der wir nur die Wirkungen erkennen können« (R. 1923: 65). Der Vorteil des Begriffs liegt darin, daß es, im Gegensatz zu Wörtern wie Telepathie oder Hellsehen, keine Hypothese über die Ursache des Phänomens einschließt.

Kryptästhesie, pragmatische, nach dem Vorschlag → Richets svw. → Psychometrie; »pragmatisch« soll »durch Gegenstände angeregt« ausdrücken.

Kryptästhesie, telepathische, nennt → Amadou die ASW-Hypothese, die der russ.-frz. Schriftsteller u. Maler Raphael Khérumian (* 1903; Mitglied des → I. M. I.) aufstellte. Khérumian formulierte seine energetische Theorie aufgrund von Forschungsergebnissen des russ. Neurologen und Physiologen Pawlowscher Schule Konstantin Michailowitsch Bykow (1886):

»Professor Bykow hat in den Eingeweiden die Existenz von anatomischen Vorrichtungen (er nennt sie Interozeptoren) nachgewiesen, deren Sensibilität sich der der Sinnesorgane vergleichen läßt. Die von diesen Interozeptoren ausgehenden Impulse können sich, obwohl sie unbewußt sind, nach dem Schema des bedingten Reflexes mit anderen Reaktionen des Organismus assoziieren und das eröffnet dem physiologischen Studium des Unbewußten ungeheure Perspektiven. Man hat ebenfalls beweisen können, daß das Kreislaufsystem in sehr enger Weise an der Arbeit dieser Interozeptoren teilnimmt ... Das wirft die Frage auf, ob nicht das Blut unsere Eingeweide den direkten Einflüssen von Faktoren außerhalb des Organismus zugänglich macht.« (Khérumian, zit. n. Amadou 1957: 360.)

Krypto- [griech.], bei Fremdwörtern vorangestellt bedeuten die Silben svw. *geheim-*, verborgen-.

Kryptogen, auch *kryptogenetisch,* griech. Kunstwort; bedeutet: von unbekannter Herkunft, von verborgenem Ursprung.

Kryptographie, bewußtes, aber ungewolltes Schreiben; steht zwischen Kritzeln, Strichmännchen-Zeichnen usw. und → Automatischem Schreiben. Bei manchen Autoren bedeutet K. svw. Automatisches Schreiben.

Kryptolalie, gelegentlich bei Ausnahmezuständen (Ekstase, Trance, Traum, Somnambulismus) Sprechen in pseudosprachlichen Lautgebilden oder — wie im Fall der Helene → Smith — in einer regelhaft transformierten Sprache (→ Automatisches Sprechen).

Kryptomnesie [griech.; verborgenes Gedächtnis], ein »Gedächtnis« des Unbewußten, völlig getrennt vom Bewußtsein; in ihm sind nie bewußt gewesene Inhalte gespeichert. Unter *Hypermnesie* dagegen wird das ehemals Bewußte, jetzt Verdrängte und Vergessene verstanden. Hypermnesie und K. bilden zusammen ein latentes Gedächtnissystem. Der Sprachgebrauch ist nicht völlig einheitlich: Manche rechnen die Hypermnesie der K. zu, andere verstehen unter K. das Wiederhervorbringen vergessener Bewußtseinsinhalte oder nie bewußt gewesener Erfahrungen.

Der engl. Dichter Samuel Taylor Coleridge (1772—1834) teilt in seiner *Biographia Literaria* den Fall eines Küchenmädchens mit, das in Hypnose längere Passagen auf Lateinisch, Griechisch und Hebräisch hersagen konnte. Die Lösung des Phänomens: Jahre zuvor war sie bei einem Altphilologen angestellt, der gelegentlich derartige Sätze rezitierte. Diese Sätze hatte das Mädchen in der Küche gehört und, ohne es zu wollen und zu merken, in sich aufgenommen.

Kryptopsychie, bei → Boirac synonym für Telepathie; sonst bezeichnet K. meist das Insgesamt des unbewußten Seelenlebens.

Bei Moser (1974: 152 f.) wird K. genauer definiert als »das Niebewußtgewesene«. Sie teilt das Unterbewußtsein in eine verborgene Form, die K., und in ein Ich-Unbewußtes (auch Ich-Unterbewußtsein); die Übergänge *scheinen* fließend, theoretisch aber wird unterschieden zwischen Sinneseindrücken, die das Bewußtsein streiften (sie gehören zum Ich-Unbewußten), und nie bewußt gewesenen Erfahrungen, die zur K. zählen. Inhalte beider Systeme können dem Träger, z. B. in Hypnose, bewußt werden oder einem anderen Individuum im telepathischen Akt (dabei könne sie beim ursprünglichen Träger durchaus unbewußt bleiben). S. a. → Kryptomnesie.

Kryptoskopie, räumliches Hellsehen in der Gegenwart; die direkte, d. h. ohne Vermittlung einer fremden Psyche, *monomentale* und außersinnliche Wahrnehmung des Verborgenen. Manche Autoren heben bei großen Entfernungen differenzierend die → *Teleskopie* von der K. ab.

Kublai Khan (1215—1294), mongolischer Groß-Khan, Enkel Dschingis-Khans. — Der engl. Dichter Samuel Taylor Coleridge (1772—1834), der, beeinflußt von der dt. Romantik und dem dt. Idealismus, versuchte, das Übersinnliche poetisch-sinnlich zu fassen, träumte im Sommer 1797 in einer Nacht die Verse seines berühmten Gedichts *Kublai Khan.* Jahrzehnte später erfuhr die westliche Welt aus einer pers. Geschichtensammlung: »Im Osten von Shang tu errichtete Kublai Khan einen Palast nach einem Plan, den er in einem Traum geschaut und im Gedächtnis behalten hatte.« —

Der argent. Schriftsteller Jorge Luis Borges

Nina Kulagina bei einem psychokinetischen Experiment. Am Kopf Elektroden zur Aufzeichnung der Hirnströme.

(* 1899) meint dazu: »Ein mongolischer Kaiser träumt im 14. Jh. einen Palast und erbaut ihn nach dem Vorbild seiner Schau; im 18. Jh. träumt ein englischer Dichter, der nicht wissen konnte, daß dieses Bauwerk sich aus einem Traum herleitete, ein Gedicht über den Palast. Verglichen mit dieser Symmetrie, die mit den Seelen schlafender Menschen arbeitet und Kontinente und Jahrhunderte umfaßt, fallen, will mir scheinen, nicht oder kaum ins Gewicht die Levitationen, Auferstehungen und Erscheinungen der Erbauungsbücher.« (1965: 127.)

Kugelblitz, kugelförmiger Blitz mit bizarrer Verlaufsbahn; eine meteorologische Erscheinung, deren Existenz bei Fachleuten lange Zeit umstritten war; dennoch gab es mehrere physikalische und okkultistische Interpretationsvorschläge. Die Gleichförmigkeit der Beschreibungen von K.en in hist. Quellen und von Augenzeugen (auf 100 Personen, die einen normalen Linienblitzeinschlag beobachteten, kommen immerhin 44 Zeugen eines K.es) spricht bereits für die objektive Realität der Erscheinung. – Eine heute weitgehend akzeptierte These besagt, daß der K. eine Folgeerscheinung des Linienblitzes ist: Unter bestimmten Bedingungen soll sich ein durch den Niedergang des Linienblitzes entstandenes ionisiertes Gasgemisch (Plasma), das luminesziert, zu einer Kugel von etwa Fußballgröße formen. Das von den Beobachtern geschilderte Tanzen und Schwanken des K.es erklärt sich aus den widerstreitenden Tendenzen thermischer Auftrieb und elektrische Anziehung zum Boden hin. Bis der Ball zischend platzt, vergehen durchschnittlich 7 Sekunden.

Lit.: Powell/Finkelstein 1970; Thot in Krippner/Rubin 1975.

Kulagina, Nina (* 1927), psychokinetisch begabte Hausfrau aus Leningrad, die sich als Medium »Nelja Michailowa« nennt; zu ihren Leistungen zählen Ablenken von Magnetnadeln und das Schwebenlassen leichter Gegenstände, ohne sie zu berühren. Bemerkenswert sind Gewichtsverluste (→ Gewichtsveränderungen) des Mediums, die bei Experimenten registriert wurden; die

Versuchsleiter glauben, bei der K. ein besonderes Kräftefeld während ihrer parapsychischen Leistungen nachgewiesen zu haben. – Der erste, der sich mit den Fähigkeiten der K. beschäftigte, war → Wassiliew; es folgten u. a. Zdenek Rejdak und Sergejew (der Filmaufnahmen der Experimente vorlegte; s. → Sergejew-Detektoren); auch westliche Forscher, z. B. → Pratt, wohnten Sitzungen mit der K. bei.

Lit.: Keil/Herbert u. a. 1976; Ostrander/Schroeder 1970: 71–83, 347–350; Rejdak 1970, 1971.

Kult, die ritualisierte Ehrfurcht und Unterordnung des Menschen gegenüber höheren Wesen, meist an bestimmte K.plätze gebunden. In ethnographischen Berichten findet sich manchmal der Hinweis, die Anhänger eines K.es glaubten, beim Vollzug der heiligen Handlungen könnte sich Paranormales ereignen; vor allem gilt dies für K.e mit artifizieller Besessenheit (kultischer Trance). In der Regel scheinen solche Phänomene aber, wo sie überhaupt auftreten, nicht intendiert zu sein; das im K. strukturierte affektive Feld mag sie allerdings begünstigen.

Kundalini-Yoga, Yoga-System mit dem Ziel, *kundalini* [sanskr.], eine im Menschen latent vorhandene, geheime Kraft zu wekken. In der alten ind. Überlieferung wird sie als eine am Ende der Wirbelsäule in 3 Windungen ruhende Schlange dargestellt, daher auch ihr Name »Schlangenkraft«. Sie ist der weibliche Aspekt der Gottheit Shiva. Ihre Erweckung erfolgt über die Stufen der 7 → Chakras, die bestimmten pps. Fähigkeiten entsprechen:

1. *Muladhara-Chakra* (Symbol: 4blättriger Lotus; Element: Erde; Farbe: gelb oder rot; Sitz: zwischen Genitalien und After) – Levitation, primitive ASW, Schwinden der Todesfurcht. 2. *Swadistana-Chakra* (6 Blätter, Wasser, weiß, die Zeugungsorgane) – Intuition, Beherrschung der Sinne und Begierden, keine Angst vor dem Wasser, Wassergehen. 3. *Manipura-Chakra* (10 Blätter, Feuer, rot, Solarplexus) – u. a. Feuerunempfindlichkeit. 4. *Anahata-Chakra* (12 Blätter, Luft, opak, Herznähe) – Fliegenkönnen, Bilokation, Eindringen in andere Körper (telepathisches Mitschwingen). 5. *Vishuddha-Chakra* (16 Blätter, Äther, bläulich, Schlundnähe) – Hellsehen (Prä- und Retrokognition). Den Chakras wurden vor allem in der theosophisch-westlichen Adaption die 3 Ebenen leiblich, feinstofflich (ätherisch) und seelisch (astral) zugeordnet. Auf den nächsten Stufen wird eine geistige (mentale) Ebene zugänglich: 6. *Ajna-Chakra* (2 Blätter, purpur, zwischen den Brauen) – okkulte Fähigkeiten (man denke an »Hellseher«, die das psychometrische Objekt an die Stirn legen!).
7. *Sahasrara-Chakra* (1000, d. h. unzählige Blätter, unter der Fontanelle oder auch – außerhalb des Körpers – über ihr), ihm sind alle Chakras untergeordnet, in ihm alle Fähigkeiten vereint.

Lit.: Avalon ²1971; Bohm ³1974; Krishna 1968, 1975 a, b; Krishna/Weizsäcker 1971; Lekve 1948; Sarasvati 1953; Walther 1956/57.

Künden → Abmelden.

Kunst und Parapsychologie, die *automatische Produktion* von Kunstwerken wie etwa → Automatisches Malen, automatisches schöpferisches Schreiben, Musizieren oder Rezitieren, ist ein gesichertes Phänomen, das die ps. Forschung zwar weitgehend vernachlässigte, das aber zum pps. Forschungsgegenstand eigtl. erst dann wird, wenn in der Produktion paranormale (ASW-)Informationen auftreten. Dennoch ziehen einige, vor allem angelsächsische Forscher, hier keine scharfe Trennung zwischen »Medialer Malerei« (Dichtung usw.) mit oder ohne ASW-Gehalt (für einen Fall mit ASW-Information s. Bender 1971: 13–15).
Auch PK-Manifestationen auf künstlerischem Gebiet werden berichtet: sich selbst vollendende Heiligenfiguren in der Schnitzerwerkstatt, Zeichnen und Malen mit psychokinetisch bewegtem Gerät, Direktes Malen und Direkte Musik. Beim Ausdruckstanz und beim ekstatischen Tanz können motorische Automatismen auftreten, aber auch PK-Phänomene (Elongation und Levitation) werden behauptet.

Lit.: Buchner 1925; Cassoli 1975; Ferrero 1971; Kröner 1924; Lomer 19266; Okolowicz 1926; Peter 1924; Trajtler-Tordai 1925.

Kybernetik [von griech. *kybernetes;* Steuermann], interdisziplinäre Forschungsrichtung, die Regeltechnik, Informationsübertragung und -verarbeitung mathematisierend beschreibt; in gewisser Weise unabhängig davon, ob diese Prozesse in einer Maschine, einem Organismus oder einem sozialen Gebilde ablaufen. Die kybernetische Begriffssprache kann dazu verwandt werden, die paranormalen Phänomene zu beschreiben – ein Verfahren, das zumindest von heuristischem Wert ist.

Kylikomantie [von griech. *kylis;* Trinkschale], auch *Becherweissagung,* Orakel, bei dem man Öl, geschmolzene Metalle oder geschmolzenes Wachs in Wasser gießt und die sich bildenden Formen zu deuten versucht. Ein früher Beleg für diese Orakelform findet sich in der biblischen Josephs-Erzählung: Den Becher, der in Benjamins Gepäck gefunden wird, benutzt Joseph zum Wahrsagen (1. Mose 44, 15).

Verwandte Orakelformen waren die *Lekanomantie* [von griech. *lekanion;* Schüsselchen] und bestimmte Formen der *Hydromantie.* Man denke in diesem Zushg. auch an das Bleigießen, das heute noch, vor allem zu Silvester, geübt wird.

Die Deutung der sich bildenden Formen erfolgt bei diesen Orakeln nach Entsprechungen: Sieht z. B. das entstandene Gebilde wie ein Ring oder Rad aus, so kann der Wahrsager, je nach den persönlichen Verhältnissen des Fragenden, »Eheschließung«, »Gefangenschaft«, »Reise« usw. deuten.

Falls sich in einem solchen Orakel eine paranormale Leistung manifestiert, so ist dabei an 3 mögliche Ursachen zu denken: 1. das Orakelgerät hat die Funktion eines → Psychischen Induktors; 2. das Metall des Gefäßes oder die Wasseroberfläche wirkt als magischer Spiegel; 3. kann man nicht ausschließen, daß der Orakelnde aufgrund unbewußter paranormaler Informationen psychokinetisch die Ausformung des Ölflecks, des Wachses oder des Metalls beeinflußt. Manche Orakelsituationen können auch als → Synchronizitäts-Ereignis betrachtet werden.

Bemerkenswert erscheint der Fall einer Mrs. Leeds, die nachts aufwachte und aus einem Glas Wasser auf ihrem Nachttisch einen Schluck nehmen wollte: Im Wasser sah sie den Ablauf eines Zugunglücks. – 2 Stunden später kam ihr Ehemann nach Hause und schilderte den Unfall, wie sie ihn schon gesehen hatte (J. S. P. R. Dez. 1903).

L

Laboratorium [von lat. *labor;* Arbeit], ursprünglich der Arbeitsraum des Alchimisten; heute die mit Untersuchungsgeräten ausgestattete wiss. Forschungs- und Experimentierstätte, vor allem der Chemiker und Physiker. Die Gründung von Laboratorien erfolgte in der Experimentalps. 1875 gleichzeitig in Leipzig (→ Wundt) und an der Harvard University (William → James). Das erste pps. L. wurde 1927 an der → Duke University in Durham eingerichtet.

Lady, Pferd einer Mrs. Fonda aus Richmond, Virginia, das im Alter von 3 Jahren mit Buchstaben und Zahlen operieren konnte, indem es mit den Hufen klopfte oder vorgegebene Buchstabentafeln mit den Nüstern berührte. → Rhine untersuchte L.; es sah so aus, als ob das Tier mentalsuggestiv beeinflußbar war: Z. B. notierte Rhine auf einem Zettel »Hindustani, Carolina, Mesopotamia« und zeigte ihn der Besitzerin; auf Befehl von Mrs. Fonda buchstabierte L. korrekt diese Wörter. Mit fortschreitender Untersuchung gelang die vielleicht telepathische Kommunikation auch zwischen L. und Rhine. Bei einer Nachuntersuchung im folgenden Jahr klappten die Experimente nicht, L. wirkte jedoch wesentlich aktiver – Indiz dafür, daß auch bei Pferden eine Art → *Abaissement du niveau mental* die paranormale Leistung begünstigt?

Lit.: Rhine/Rhine 1929, 1929/30.

Lafontaine, Charles, berühmter frz. Magnetiseur des 19. Jh.s, Enkel des bekannten frz. Schriftstellers Jean de L., war ein ausgezeichneter Experimentator und Beobachter; er war der erste, der in breit angelegten Versuchen das mentalsuggestive Einschläfern von Somnambulen (Hypnotisierten) auf Distanz untersuchte: Das Experiment gelang in sehr vielen Fällen. L. berichtet auch von erfolgreichem »Magnetisieren« von Pflanzen, er kennt die Phänomenologie von → Krypto- und Hypermnesie, und er führte zahlreiche Experimente zur Telepathie durch. Dabei wies er bereits nach, daß Gedankenübertragung nicht im Medium der Sprache stattfinden muß:

»In Tours magnetisierte ich eine Somnambule, mit der man spanisch, lateinisch, englisch, portugiesisch, deutsch, griechisch sprechen konnte, und sie antwortete auf alle Fragen französisch. Als aber jemand eine Frage auf hebräisch stellte, antwortete die Somnambule nicht. Ich drang in sie und fragte, warum sie nicht antworte. ›Das ist sehr einfach‹, sagte sie, ›dieser Herr spricht Worte, die er selbst nicht versteht; er weiß nicht, was sie bedeuten. Da kann ich ihm nicht antworten. Er denkt nicht... Ich halte mich nicht an die Worte, die kann ich nicht verstehen. Es ist nur der Gedanke, den ich sehe, auf den ich antworten kann.‹ – Tatsächlich hatte der Fragende einen hebr. Satz auswendig gelernt, dessen Sinn ihm verschlossen war.« (Zit. n. Moser 1974: 381.) – *Werke* → Bibl.

Lang, Andrew (1844–1912), schott. Schriftsteller, Völkerkundler und Religionswissenschaftler. Für die Pps. interessierte sich L. vor allem vom phänomenologischen Standpunkt aus, experimentell arbeitete er über → Kristallsehen. Für die *Encyclopaedia Britannica* (10. u. 11. Auflage) schrieb er die pps. Artikel. L. war Mitglied der S. P. R. (seit 1906) und wurde 1911 ihr Präsident. – *Werke* → Bibl.

Lit.: Bayfield 1913.

Lanyi, Josef, Bischof von Ŏradea More (Großwardein), Sprachlehrer des österr. Erzherzogs Franz Ferdinand; sah 1914 im

Traum angeblich die Ermordung des österr. Thronfolgerpaares voraus.

Lit.: Hommel 1970/71; Mischo 1964.

Lanz von Liebenfels, Jörg, eigtl. Adolf Lanz (1874–1954), österr. Okkultist, von 1893 bis 1899 Zisterziensermönch; gründete 1900 einen esoterischen Orden *(Ordo Novis Templi,* »Neuer Templerorden«*).* Die von ihm seit 1905 hrsg. rassistische, antisemitische Schriftenreihe *Ostara Bücherei der Blonden* hat, nach Ansicht des österr. Psychotherapeuten Wilfried Daim (* 1923) Hitlers Rassenideologie geprägt. Hitler verleugnete L. später und belegte ihn 1938 mit Schreibverbot.

Lit.: Daim 1958; Dessoir 1917: 238 ff.; Haack 1966.

Laplace, Pierre Simon Marquis de (1749 bis 1827), frz. Mathematiker, Physiker und Astronom. Für die Pps. ist vor allem die von L. begründete Wahrscheinlichkeitstheorie relevant. In der Präkognitions-Diskussion wird immer wieder auf den Gedanken von ihm hingewiesen, daß man theoretisch den gegenwärtigen Zustand der Welt auf eine Formel zurückführen könne, aus der alle Vergangenheit und alle Zukunft deduzierbar sei.

Larven, in der okkultistischen Lit. gelegentlich für triebhafte Seelenteile; manchmal auch für die »Schatten« der Toten. In der röm. Religion waren die *larvae* bedrohliche Geister; eine Verwandtschaft mit den *Laren,* häuslichen und ländlichen röm. Schutzgöttern, die in den Heinzelmännchen und Hausgeistern des dt. Volksglaubens weiterlebten, ist fraglich.

Lászlo, Ladislaus, ein Ungar, der zu Beginn der 20er Jahre unseres Jh.s viel Aufsehen als Materialisationsmedium erregte. In Budapest wurde sogar ein Zirkel gegründet, nur um seine Phänomene zu studieren. Die Kontrollmaßnahmen scheinen außerordentlich streng gewesen zu sein: peinlich genaue – äußere und innere – Körpervisitation vor der Séance, Sitzungen, bei denen das Medium nur mit einer Badehose bekleidet oder auch nackt war, usw. → Schrenck-Notzing war von der Echtheit der Erscheinungen überzeugt. Dennoch wurde L. im Dezember 1923 beim Betrug erwischt; er enthüllte, auch alle früheren Phänomene (Leuchterscheinungen, Materialisationen, Apporte – stets in Trance) seien betrügerisch zustande gekommen. Schrenck-Notzing weigerte sich zunächst, alles als bloße Manipulationen zu betrachten; später änderte er seine Meinung und sah in L. nur noch den Betrüger.

Lit.: Moser 1974: 670–75; Schrenck-Notzing 1924.

Lateau, Louise († 1883), belg. Stigmatisierte. Der Fall L. ist einer der wenigen medizinisch gut untersuchten Fälle von Stigmatisation. Die Wundmale traten erstmals nach einer mehrtägigen Mutter-Gottes-Andacht (L. L. war damals Novizin) im April 1868 auf und wiederholten sich jeden Freitag bis zu ihrem Tode. Eine Untersuchung, von der Académie royale de médecine de Belgique veranlaßt, bestätigte die Echtheit des Phänomens. U. a. hatte man im Rahmen der Untersuchungen eine Hand der L. 24 Stunden vor dem zu erwartenden Eintritt der Blutungen in einen hermetisch verschlossenen Kasten als »Handschuh« gesteckt – das Zufügen einer Wunde, durch Kratzen z. B., war damit ausgeschlossen –, dennoch erschienen die Stigmata. – Auch ASW-Phänomene sollen aufgetreten sein.

»Auf der obern Seite jeder Hand findet man eine 2½ cm lange, ein wenig eingedrückte, ovale Fläche, welche sich von der übrigen Haut durch stärkeres Rot und größere Glätte unterscheidet. Dieselbe befindet sich in der Mitte der beiden Handflächen. Auf der obern Seite der beiden Füße zeigt sich die Hautvertiefung in Form eines ca. 3 cm langen Carrés mit abgerundeten Winkeln. An den Fußsohlen ist es wie an den Händen. Untersucht man die einzelnen Partien mit einem Vergrößerungsglas, so ist zunächst zu konstatieren, daß die Epidermis (Oberhaut) vollständig geschlossen ist, sie ist zwar dünn, aber ohne den geringsten Ritz ... Die ersten Symptome ... machen sich in der Regel Donnerstag gegen Mittag geltend. Auf den geröteten Flächen sieht man eine Blase entstehen und sich allmählich erheben. Ist diese zu ihrer vollständigen Entwicklung gelangt, so springt sie auf und ergießt eine durchsichtige Flüssigkeit, gleichzeitig aber dringt auch schon das Blut aus der Unterhaut (Corium) hervor, ohne irgendeine Verletzung derselben. Mit Hilfe des Vergrößerungsglases ist zu sehen, daß das Blut durch kleine Öffnungen sich ergießt ... Bemerkenswert ..., daß die an die Wunde grenzenden Teile nicht die (!) geringste Geschwulst oder Röte aufweisen ... Es ergab sich, daß das Plasma vollständig durchsichtig war, ohne jede Spur von Blutfarbstoff. Die roten Kügelchen hatten ihre reguläre Form, die weißen waren in normaler Zahl vorhanden ... muß noch erwähnt werden, daß die Stigmata Sitz sehr großer Schmerzen sind ...« (Lefebvre, Prof. der Medizin in Löwen, in einem Bericht 1873, zit. n. Kreyher 1880 I: 227.) Der Arzt Warlomont klassifizierte in seinem Bericht an die Akademie (1875) L.s Leiden als »Stigmatische Neuropathie.«

Der dt. Pathologe Rudolf Virchow (1821 bis 1902) lehnte die ihm angebotene Möglichkeit, die L. zu untersuchen, ab; auf dem Naturforscherkongreß in Breslau, 1874, verwarf er die Erscheinung als »absolut unmöglich«.

Lavater, Johann Kaspar (1741–1801), schweizer. Pfarrer und Schriftsteller, der sich als philos.-theologischer Autor bemühte, die noch weitgehend unerklärten Phänomene der Trance, der Besessenheit und des animalischen → Magnetismus in ein Bild vom Menschen einzubringen. 1772 erschien *Von der Physiognomik;* die Gedanken dieser Schrift entfaltete er in seinem Hauptwerk *Physiognomische Fragmente zur Beförderung der Menschenkenntniß und der Menschenliebe* (1775 bis 1778). – Physiognomische Theorien zählen zu den frühesten ps. Thesen, schon Aristoteles wird eine *Physiognomika* zugeschrieben, und L. greift auch auf ältere Autoren, z. B. della → Porta, zurück. Dennoch ist sein Ansatz in gewissem Sinne neu: der groß angelegte Versuch der Begründung einer ausdrucksps. Disziplin. Viele Große seiner Zeit bekannten sich zu L.s Lehre, so Herder und Goethe, der an einzelnen Kapiteln der *Fragmente* selbst mitarbeitete. Der Hauptmangel der Arbeit ist wohl darin zu sehen, daß Charakter und (physiognomischer) Ausdruck völlig statisch aufeinander bezogen, d. h. als voneinander abhängig gesehen werden.
Lit.: Forssman 1935.

Lavater, Ludwig (1527–1586), Zürcher Pfarrer, der eine lat. Abhandlung verfaßte, die 1670 auf dt. erschien: *Von Gespenstern, Nachtgeistern, mancherley wundersamen Erscheinungen und merkwürdigen Vorbedeutungen.* Darin räumt er ein, daß manche angeblich übernatürliche Erscheinungen auf Aberglauben und Täuschung beruhen mögen. Es bleibe aber ein Rest objektiven Gespensterwesens und Spuks, für den er z. T. teuflischen Einfluß annimmt.

Leadbeater, Charles Webster (1847–1934), ursprünglich anglikanischer Geistlicher, später führender Theosoph und Bischof der 1916 von ihm und dem Theosophen J. I. Wedgwood gegründeten Liberal-kath. Kirche (okkulte, theosophische Organisation) in Australien. L. entwickelte bei seinen okkultistischen Studien Hypothesen über das »Lesen im Weltäther« (später die → Akasha-Chronik der Anthroposophie), über »Gedankenformen« sowie »astrale« und »mentale Ebenen«, die z. T. Eingang in die Theosophie und Anthroposophie fanden, für die Pps. aber nur von geringem heuristischen Wert sind. – *Werke* → Bibl.

Leade, Jane (1623–1704), engl. Mystikerin und Visionärin, geistliche Führerin der in der Tradition → Böhmes stehenden engl. → »Philadelphen«. In ihren Visionen fanden Erhebungen, »Elevationen« (geistig verstanden) statt, als deren physisches Korrelat auch Levitationen behauptet werden:

»Die Visionärin hatte ›convulsiones‹ ..., da sie mit dem Kopf bald auf, bald niederschlägt, bald an allen Gliedmaßen zittert, bald wie ein Wurm sich wunderlich krümmt, der Leib dann wie eine Pauke aufläuft, und wenn es am heftigsten wird, fähet sie an in die Lufft zu steigen, dan man sie nicht wohl angreiffen, denn nur mit großer Mühe und Tüchern fassen darf ... ist sie ... urplötzlich im Bette mit dem gantzen Leib, Haupt und Füssen bei dritthalbellen hoch aufgehoben worden, da sie nirgends angerühret, und also frey geschwebet, daß es das Ansehen, als wolte sie zum Fenster hinausfahren.« (Zit. n. Benz 1969: 222.)

Lebensbilderschau → Panoramatisches Erlebnis.

Lebenselixier, in der Alchimie svw. der → Stein der Weisen.

Leberschau, auch *Hepatoskopie,* im Altertum die wohl wichtigste der Eingeweideschauen. Bekannt wurde die Tonleber von Boghazköi, eine hethitische Modelleber, die, mit Inschriften versehen, der Unterrichtung in der L. diente; dieselbe Aufgabe erfüllte bei den Etruskern die sog. Bronzeleber von Piacenza. Die Leber galt als Sitz besonderer Mächte, außerdem wurde ihre Form als Bild (Entsprechung) von Himmel und Erde verstanden. »Ganze hepatoskopische Lehrbücher sind aus der Bibliothek des Assurbanipal ausgegraben

Der Seher Kalchas bei der Leberschau. (Etruskischer Bronzespiegel.)

worden.« (Schipperges 1970: 30 f.) Noch im neueren europ. Volksglauben spielt die Leber eine besondere Rolle (Bargheer 1931).

Lectorium Rosicrucianum [lat.; Rosenkreuzerische Vorleserei], religiös-esoterische Vereinigung, von dem Niederländer Jan van Rijkenborgh (eigtl. van Leene, † 1968) gegründet; mit den klassischen → Rosenkreuzern hat das L. R. nichts zu tun. Es vereinigt in seinem Gedankengut Astrol., Theosophisches und Anthroposophisches, von den Mitgliedern werden gewisse Einschränkungen verlangt (vegetarische Ernährung, kein Alkohol, kein Tabak u. a.). Das L. R., das sich auch »Orden vom Rosenkreuz« nennt, ist, etwa seit 1950, auch in der Bundesrepublik aktiv.
Lit.: Rijkenborgh 1950.

Le Fanu, Joseph Sheridan (1814–1873), irischer Schriftsteller, der sich, stark von → Swedenborg beeinflußt, viel mit dem Okkulten und Übernatürlichen beschäftigte. Er zeigte dabei ein für die Zeit untypisches Interesse an den Erscheinungen des Unbewußten, die er zu objektivieren trachtete. Seine *Carmilla* (1872) zählt zu den wichtigsten Vampir-Erzählungen.
Lit.: Penzoldt 1952.

Legenden [lat.; das zu Lesende], erbauliche und unterhaltende Erzählungen in Prosa oder Vers, die ihren Stoff dem Lebenslauf eines Heiligen oder einer biblischen Gestalt entnehmen. Die bekannteste mittelalterliche Sammlung ist die *Legenda aurea* des Jacobus de Voragine (ca. 1230–1298). Rund 25 000 L. umfassen die → *Acta sanctorum.* Die in den L. häufigen Berichte vom »Übernatürlichen« sind als einzelne Erzählung ohne jede Beweiskraft; trotzdem können sie für die pps. Kasuistik und Theorienbildung wertvoll sein, wenn sie, vom religiösen Hintergrund losgelöst, betrachtet werden, um bestimmte Muster des Parapsychischen zu erkennen.

Lehninsche Weissagung, auch *Vaticinum Lehninense,* nach dem brandenburgischen Zisterzienserkloster Lehnin benannte

Sammlung von prophetisch klingenden Äußerungen über die preußischen Herrscher, die sich auf den Zeitraum 13.–19. Jh. beziehen; einem Klosterbruder Hermann, der um 1300 gelebt haben soll, zugeschrieben. Tatsächlich wurde die Sammlung erst gegen Ende des 17. Jh.s verfaßt. Dem zeitgenössischen Leser mußten die Prophezeiungen für die nächsten 2 Jh.e nicht unwahrscheinlich vorkommen, waren doch die, die sich auf die vorhergehenden Jh.e bezogen, offensichtlich eingetroffen. Eine solche Rückdatierung kommt in der pseudoprophetischen politischen Lit. häufiger vor.

Leib-Seele-Problem, die zentrale philos. Frage nach der Beziehung zwischen Körperlichem und Seelischem; die Hauptantworten darauf: 1. Der Idealismus (Spiritualismus) lehrt den Primat des Seelisch-Geistigen, das Körperliche ist davon abhängig, ist sekundär; 2. der Materialismus betrachtet die Seele als ein bloßes Stoffwechselprodukt, als Anhängsel des Physischen; 3. Leib und Seele sind in steter Wechselwirkung aufeinander bezogen; 4. der psycho-physische Parallelismus (in seiner strengen Form) behauptet ein beziehungsloses Nebeneinander von Physis und

Versuch, das Leib-Seele-Problem bildlich zu erfassen. »Das Meer ist der Körper, die beiden Fische sind die Seele und der Geist.« (Lambsprinck 1625.)

Psyche; in seiner Ausformung bei → Fechner und → Schelling sind Leib und Seele 2 verschiedene Seiten derselben Realität, denn die Identitätslehre sieht keine Möglichkeit, die Psyche von ihrem materiellen Substrat, dem Leib, zu trennen.

Bei der Wechselwirkungshypothese (3) bleibt ungeklärt, wie *Wesensverschiedenes* aufeinander wirken soll. Descartes, einer ihrer Vertreter, dachte dabei nicht an ein unmittelbares, gegenseitiges Aufeinandereinwirken, sondern an ein Mitwirken, »Vermitteln« Gottes *(concursus Dei);* der Punkt, an dem die beiden Systeme zueinander in Beziehung treten, sollte die Zirbeldrüse sein. Im Okkasionalismus [von lat. *occasio;* Gelegenheit], einer Variante der Wechselwirkungshypothese, vertrat man die Ansicht, »gelegentlich« eines körperlichen Vorgangs trete die korrespondierende seelische Reaktion auf und umgekehrt. Später ersetzte man die ständige Wechselwirkung durch eine ursprüngliche gottgesetzte Harmonie: Seitdem sind die beiden Systeme in Übereinstimmung, in psycho-physischer Parallelität.

Diese Parallelität schien vielen Denkern aber noch nicht befriedigend, sie betonten entweder die eine oder die andere Seite stärker, und so kam es zum Psychomonismus, der den Leib als bloßes Gefäß der Seele sieht, und zu einem Materialismus, der dagegen die Seele nur als eine manchmal die körperlichen Vorgänge begleitende Erscheinung betrachtet. Die philos. Betrachter der Ps. fanden bis heute noch keinen gemeinsamen Nenner und unterscheiden eine zerebrozentrische [von lat. *cerebrum;* Gehirn] von einer psychozentrischen Ps. Ihren Höhepunkt findet die parallelistische Anschauung in der Zweiseitentheorie Fechners: Leib und Seele auf der einen, Natur und Weltseele auf der anderen Seite verhalten sich zueinander wie die Seiten einer gekrümmten Fläche. Manche experimentelle Befunde stützten den Parallelismus; philos. Einwände standen dagegen – man müßte dann zu jedem leiblichen Geschehen ein seelisches Äquivalent annehmen, und die Willensfreiheit wäre aufgehoben –, was zu einer Weiterentwicklung der Lehre von der Wechselwirkung führte, an der vor allem die Philosophen und Psychologen Erich Becher (1882–1929), → Driesch und Carl Stumpf (1848–1936) beteiligt waren: Es wird postuliert, daß jedes nervöse und jedes seelische Geschehen eine seelische *und* eine leibliche Ursache und Wirkung hat (Doppelursachen-Doppelwirkungs-Lehre). Jüngere Philosophen und Psychologen, z. B. Max Scheler (1874–1928) und Philipp Lersch (1898–1972), vertreten eine ps. Anthropologie, in der das Beobachten von Physischem und Psychischem nur 2 Betrachtungsweisen desselben Vorganges sind. Dabei wird das Problem der Willensfreiheit zum Scheinproblem, eine Frage des Blickwinkels: Was von außen determiniert erscheint, ist freie innere Entscheidung.

Das L.-S.-P. wirft in der Pps. ganz charakteristische Fragen auf. Objekte der Pps. sind psychische Inhalte und bestimmte materielle Wirkungen: Sind sie vielleicht – und wenn ja, auf welche Weise – miteinander verknüpft? Hat die ASW ein physisches Korrelat, und wie sieht das seelisch-geistige Substrat der PK aus? Schon → Swedenborg behauptete, daß sich nichts im Geiste ereignen könne, »das nicht geeignetenfalls mittels der Fasern bis in die letzten Enden z. B. als Muskelbewegung sich abbilden könnte«. Ist Telepathie ein Wahrnehmen dieser letzten Muskelbewegungen und ein verstehendes »Rückübersetzen« in die geistige Ausgangsposition? Auch William → James meinte: »Es gibt nicht zwei Fähigkeiten, die eine des Denkens, die andere der Tätigkeit, sondern in jedem Moment nur ein einziges und gleiches Phänomen, das sich immer auf zwei verschiedene Arten äußert.« Die Diskussion des L.-S.-P.s ist auch in der Pps. noch keineswegs abgeschlossen, wobei ein wesentlicher theoretischer Unterschied zwischen westlichem und östlichem Forschungsansatz besteht. Dem materialistisch-physikalischen Ausgangspunkt sowjet. Wissenschaftler steht z. B. die Position eines → Rhine gegenüber, der eine psychische Grundfunktion »Psi« annimmt und an ihr eine wahrnehmende (kognitive) und eine motorische Seite, ASW und PK, unterscheidet. Psi ist unabhängig von Raum und Zeit und von anderer Qualität als die bekannten physikalischen Energien. Dieses Psi erscheint als psychophysisches Wechselwirkungssystem *neben* dem System der Sensomotorik.

Lit.: Driesch 1938; v. Franz 1970; Selg/Bauer 1971; Thouless/Wiesner 1947; Wenzl 1933.

Leitmeritzer Hellsehprozeß, in Leitmeritz, Böhmen, fand 1928–30 ein Prozeß statt, in dem Hermann Steinschneider, bekannt als »Erik Jan Hanussen«, des Betrugs in 34 Fällen angeklagt war. Er hatte Klienten aufgrund angeblicher paranormaler Erfahrungen beraten. Hanussen verteidigte sich u. a. damit, daß er selbst schon bei vergleichbaren Prozessen als gerichtlich vereidigter Sachverständiger mitgewirkt habe. Außerdem war er zu ASW-Experimenten im Gerichtssaal bereit; bemerkenswert ist die verständnisvolle Reaktion des Gerichts darauf: »Es wird ausdrücklich festgestellt, daß für den Angeklagten kein Zwang besteht, einen Beweis durch Experimente anzubieten. Er ist gegenwärtig großen Anstrengungen ausgesetzt; wenn er von seinem Beweisantrag zurücktreten sollte, würde das Gericht daraus nicht folgern, daß er die von ihm behaupteten Fähigkeiten nicht besitze.« Hanussen bestand auf den geforderten Experimenten, von denen zumindest einige positiv im Sinne der ASW-Hypothese verliefen. Im Urteil (Freispruch!) steht der Satz: »Übrigens glaubt der Gerichtshof bei aller Vorsicht aussprechen zu dürfen, daß der Angeklagte über gewisse rätselhafte Geisteskräfte verfügt.«

Lit.: Wissiak o. J.

Lenormand, auch Le Normand (1772 bis 1843), berühmte frz. Wahrsagerin und Somnambule; sie prophezeite aus Handlinien und Kaffeesatz und hatte eine → Kontrolle namens »Ariel«. Zu ihren bekanntesten Prophezeiungen zählt die gegenüber Joséphine Beauharnais, sie werde einst Kaiserin (Gattin Napoleons I.) sein. – Nach L. benannte Wahrsagekarten wurden in Deutschland bis in die Zeit vor dem Zweiten Weltkrieg gehandelt. – Gelegentlich wird sie mit einer späteren Wahrsagerin, die sich genauso nannte, identifiziert. Über diese zweite Mme. L. liegt, gut beglaubigt, folgender Bericht vor:

Ein Herr de Ch. sieht am 26. 12. 1879 zufällig in Paris das Praxisschild *Me. Lenormand. Nécromancienne.* Er tritt neugierig näher; Mme L. betrachtet seine Hand und sagt: »Sie werden ihren Vater in einem Jahr verlieren, an diesem selben Tag. Bald werden Sie Soldat sein, aber nicht für lange. Sie werden jung heiraten, 2 Kinder haben und mit 26 sterben.« (Damals war Ch. 19.) Sein Vater stirbt nach kurzer Krankheit am 27. 12. 1880; Ch. wird Soldat, 7 Monate lang, heiratet und wird Vater von 2 Kindern. Kurz vor seinem 26. Geburtstag packt ihn Angst, an eben diesem Tag sterben zu müssen. Er geht zu dem bedeutenden Arzt und Hypnotiseur → Liébault und bittet um Hilfe. Liébault bringt ihn mit einem Somnambulen, gen. »der Prophet« zusammen, der, befragt, wann Ch. sterben müsse, antwortet, »in 41 Jahren«. Ch. ist getröstet, heiter und überlebt den 4. 2., seinen Geburtstag, stirbt aber an einer Bauchfellentzündung am 30. 9. 1886, d. h. mit 26 Jahren. (Zit. n. Moser 1974: 450.)

Lit.: Cellier-Dufayel 1845.

Leonard, Gladys Osborne (1882–1968), engl. Trancemedium. → Carington apostrophierte sie als die »engl. Mrs. Piper«; sie gilt als eines der bedeutendsten ASW-Medien überhaupt. Mrs. L. hielt seit 1909 Séancen ab, hatte aber bereits als Kind visionäre Erscheinungen gehabt, später auch → Out-of-Body-Experiences. Die überzeugte Spiritistin wurde meist von der → Kontrolle »Feda« geleitet, sie produzierte hauptsächlich → Automatisches Sprechen, gelegentlich auch Schreiben. Die S. P. R. veranstaltete mehrere experimentelle Sitzungen mit ihr; zahlreiche Séancen gab sie für → Lodge, der überzeugt war, durch sie mit seinem im Krieg gefallenen Sohn zu kommunizieren. Mrs. L. war auch die Vp. des Rev. C. Drayton Thomas († 1953), der durch → Buchtests die → Überlebens-Hypothese beweisen wollte. – *Werke* → Bibl.

Lit.: Broad 1955; Carington 1934, 1935, 1936/1937; Irving/Besterman 1931/32; Radclyffe-Hall/Troubridge 1918/19; Salter 1926/28; 1930/31; Sidgwick 1920/21; C. D. Thomas 1928/29; Walter 1921/22.

Léonie, berühmte hysterische Vp. → Janets, die er zusammen mit Gibert untersuchte. Bei L. hatte sich spontan eine Sekundärpersönlichkeit gebildet, die der Primärpersönlichkeit in vieler Hinsicht überlegen war; später trat noch eine dritte auf, die sich Leonore nannte. Zwei Persönlichkeiten konnten bei L. nebeneinander agieren: Während Léonie I sich z. B. mit Leuten unterhielt, konnte Janet Léonie II einen Auftrag geben, z. B. einen Blumenstrauß zu binden und den Leuten anzubieten. Ohne daß Léonie I etwas merkte, führte Léonie II die Bewegung des Straußbindens aus und bot den Strauß anschließend an. Die für die Pps. bedeutsamsten Experimente mit L. waren Versuche zur Fernhypnose. Janet gelang es, sie oft über mehrere Kilometer Distanz mentalsuggestiv in Hypnose zu versetzen und zu bestimmten Handlungen zu veranlassen. Die Versuche gelten noch heute als zwingender Beweis für die Existenz von Telepathie.

Lit.: Janet 1885; Ochorowicz 1887.

Lerrac, Louis, Anagramm von → Carrel, der unter diesem Pseudonym über Spontanheilungen berichtete, die er 1903 in → Lourdes erlebte, vor allem über den Fall der Marie Ferrand (eigtl. Marie Bailly): Sie litt nach seiner Diagnose an tuberkulöser Bauchfellentzündung im letzten Stadium; ein weiterer Arzt stellte bereits den Eintritt der Agonie fest. – Carrel versichert, daß sich vor seinen Augen an der Grotte von Lourdes die Heilung nach einer Waschung mit dem Wasser vollzog.

Lesen verschlossener Briefe, beliebter Taschenspielertrick, aber auch pps. Experiment. In der Antike hatte sich das Orakel des Jupiter Heliopolitanus in Baalbek darauf spezialisiert, Fragen, die in versiegel-

ten Briefen vorgelegt wurden, zu beantworten, ohne die Umschläge zu öffnen. Werden mehrere Briefe verschiedenen Inhalts gemischt und durch ein Zufallswahlverfahren einer als Objekt für den Sensitiven herausgegriffen, so gilt die Möglichkeit der Telepathie zwischen Vp. und Versuchsleiter als ausgeschlossen; ein positives ASW-Experiment wird dann als Hellsehen interpretiert. Ist das beschriebene Blatt im Umschlag mehrfach gefaltet und wird doch »gelesen«, so ist damit sichergestellt, daß beim »Hellsehen« der Sensitive nicht den Umschlag mit einer Art »Röntgenblick« durchdringt und gleichsam »normal liest«. Die Texterfassung muß von qualitativ anderer Art sein, es sei denn, man vermutet, die eine oder andere hellseherisch wahrgenommene Besonderheit des Blattes diene nur als Anhaltspunkt, um das Papier zu identifizieren; die Information über den Inhalt könnte dann wieder telepathisch erfolgen. S. a. → Kahn, Ludwig.
Lit.: Dessoir 1917: 134–37; Schottelius 1913.

Leuchtphänomene, personen- oder ortsgebundene L. werden aus dem religiösen Bereich berichtet, vor allem aus dem Umkreis der → Erweckungsbewegungen (Pfingstereignis). L. traten aber auch im modernen Mediumismus auf, so bei → Home und Mrs. → Piper. → Grunewald (1920: 55 bis 65, 105 f.) berichtet von leuchtenden Massen als gelegentlichen Vorstufen von Materialisationen; er beschreibt das Austreten eines »leuchtenden Rauches« an bestimmten Körperstellen des Mediums. – Außerdem gibt es angeblich L., die nur Sensitiven wahrnehmbar sind, aber durch geeignete technische Verfahren objektivierbar sein sollen (→ Aura; → Kirlian-Fotografie; → Leuchtung).
Lit.: Woolley/Dingwall 1926/28.

Leuchtung, ältere theologische Bezeichnung für das »Strahlen« des Antlitzes eines Ekstatikers. Vom hl. Johannes Columbini von Siena (ca. 1300–1367) wird z. B. behauptet, daß das Leuchten seines Gesichts in der Verzückung die Augen der Betrachter blendete. In weiterem Sinn wird L. überhaupt für → Leuchtphänomene gebraucht, seien sie mit dem Menschen verbunden (ein allen sichtbarer Strahlenkranz umgab das Haupt von Leonardo da Vinci, als er den Kerker verließ) oder nicht (→ Irrlicht). Zahlreiche Belege für das »Strahlen« eines Gesichts finden sich bei → Görres (1927: 175–83); er unterscheidet dabei zwischen »Ausströmung« und »Einströmung«: Vor Zeugen strömte *auf* die hl. Gertrud (geb. 626) eine »leuchtende Sphäre« ein, als sie einmal vor dem Altar stand – in einem anderen bei Görres mitgeteilten Fall erheben sich zwei »Lichtbälle« von zwei Betenden (die beide in Levitation sind). Vergleichbare Manifestationen werden auch als → Sterbebettphänomene berichtet (Görres ebd.). Entsprechend den Lichterscheinungen als Zeichen vor oder bei der Geburt eines außergewöhnlichen Menschen, werden auch Leuchtphänomene am Grab nach einem Begräbnis geschildert: Noch Tage nach der Beerdigung war eine solche Leuchterscheinung am Grab der Zisterzienserin Mencia zu sehen.

Lethargie [von griech. *lethe;* Vergessen, und *argia;* Trägheit, Schlafsucht], Schläfrigkeit verbunden mit Bewußtseinstrübung (z. B. bei bestimmten Krankheiten, Vergiftungen usw.); allgemeine Unansprechbarkeit, seelische und körperliche Trägheit. Bei der Hypnose kennzeichnet L. einen Zustand, in dem Empfindungs-, Bewegungs- und Vorstellungsvermögen extrem reduziert sind.

Lévi, Eliphas, Pseudonym von Alphonse Louis Constant (1810–1875), frz. Okkultist; ursprünglich kath. Theologe, wandte er sich nie völlig vom Katholizismus ab; vorübergehend sozialreformerisch tätig (und deswegen mehrfach inhaftiert), widmete er sich schließlich theoretisch und praktisch der rituellen Magie und ihrer Wiederbelebung. E. L. (das Pseudonym ist die Hebraisierung seines Vornamens) hatte sowohl in Frankreich als auch im Ausland

Das Medium Collin Evans angeblich in Levitation, während einer Séance in London 1938.

großen Einfluß. Er war mit → Bulwer-Lytton befreundet, und bei einem Besuch in London soll L. in einer gemeinsamen Sitzung mit Erfolg den Geist des → Apollonius von Tyana beschworen haben. Seine Lehre, von → Hoene-Wronski beeinflußt, gab er direkt an einen kleinen Kreis Interessierter weiter, vor allem aber wirkte er durch seine lit. Veröffentlichungen.

L. behauptete 3 grundlegende »Gesetze« der Magie: 1. Das Gesetz der Willenskraft; es gibt eine materielle Gegebenheit, eine Emanation des Menschen, die Dinge bewirkt – den *Willen* (diese Vorstellung ist offensichtlich von der Fluidallehre der Mesmeristen beeinflußt); die Zeichen und Rituale der Magie sind Hilfsmittel, diesen Willen zu steigern; 2. das Gesetz vom *astralen Licht* (auch keine originäre Vorstellung L.s); dem Weltäther vergleichbar ist es eine feinstoffliche Substanz, die das Universum erfüllt und motorische Wirkungen weiterleitet – so erklärt L. die Psychokinese; 3. das Gesetz der Korrespondenz; hier greift L. alte → Makrokosmos-Mikrokosmos-Spekulationen auf: Der Mensch ist ein »magischer Spiegel des Universums«, jedes Objekt, jeder Faktor im All hat seine Repräsentanz (Entsprechung) im Menschen. Deshalb ist es in der rituellen Magie möglich, in der → *Invokation* diese äußeren Repräsentanten herabzurufen; in der → *Evokation* werden dagegen die inneren Repräsentanten hervorgerufen. Gibt es eine materielle Basis (z. B. Blut), so ist es möglich, daß die herbeizitierte Repräsentanz, die aus der Tiefe des Magiers stammt, sich physisch manifestiert. (Man kann in Analogie zur Tiefenps. von einer *magischen Projektion* sprechen.) – *Werke* → Bibl.

Lit.: McIntosh 1972; Waite 1886.

Levitation [von lat. *levitas;* Leichtigkeit], von Mystikern und Medien (oder Gegen-

ständen in ihrer näheren Umgebung) behauptetes Phänomen: das physikalisch unerklärliche freie Schweben einer Person oder eines Objekts; manche Autoren nennen auch eine bloße Gewichtsverminderung L. (→ Semi-Levitation); viele nur das Emporgehobenwerden von Personen.
Das Phänomen ist vielfach bei Heiligen verschiedener Religionen bezeugt; → Görres erwähnt in seiner *Mystik* allein 72 Fälle aus dem christl. Bereich. U. a. levitierten die hl. Agnes, Anna Katharina Emmerich, Franz von Assisi, Joseph von Copertino (etwa 70mal!), der hl. Peter von Alcantara (oft stundenlang), die hl. Theresia und – nach dem gewichtigen Zeugnis von Giordano Bruno (1548–1600) – Thomas von Aquin. Die kath. Kirche wertet allerdings die L. nicht als Wunder – sie kann ein Zeichen göttlicher Gnade sein, aber auch Ausdruck dämonischer Besessenheit.
Aus neuerer Zeit wird die L. u. a. von den Medien → Home, → Paladino und → Slade behauptet; bei Slade im Schlaf, bei Home – wie auch bei manchen Heiligen – manchmal von → Leuchtphänomenen begleitet.
Zahlreiche Belege bietet die Ethnographie, z. B. gilt die L. auch als schamanistisches Phänomen. 1975 wurde der Film des Münchner Produzenten Rolf Olsen *Reise ins Jenseits* uraufgeführt, der u. a. eine Minuten währende L., in Obervolta (Westafrika) aufgenommen, zeigt.
Der ps. Interpretation zugänglich ist sowohl die objektive (falls es sie geben sollte) als auch die subjektive L.; zur subjektiven zählen vor allem Flugträume und Hexenfahrten. Schon → Seuse schildert eine mystische Erfahrung mit den Worten »es war ihm, *als ob* er in der Luft schwebte«. – Erklärungshypothesen für die L. gibt es bisher nur wenige: → Crawford glaubte, daß der Levitierte auf verhärteten und unsichtbaren Ektoplasmafäden ruht (→ Cantilever). Andere Autoren sehen eine Verbindung zwischen Atemübungen und L.: So glaubte → David-Neel, daß die tibet. Tranceläufer (→ *Lung-gom-pa*) den Gewichtsverlust bestimmten Atemübungen verdanken, und auch bei außerordentlichen Leistungen europ. Tänzer könnten Atemtechniken eine Rolle spielen; jedenfalls behaupten manche Autoren auch von dem russ. Tänzer Waclaw Nijinski (1890 bis 1950), daß er manchmal im Tanz levitierte. Eine weitere Erklärungsmöglichkeit kann in der → Biogravitation gesehen werden.
Lit.: De Rochas 1911: 237–92; Devereux 1960; Schüttler 1974: 87 f.

Levy, Walter J. jun., amer. Mediziner, vorübergehend Leiter des pps. Laboratoriums in Durham. Er setzte experimentelle Untersuchungen zur Frage psychokinetischer Fähigkeiten bei Tieren, die → Schmidt 1969 begonnen hatte, fort und publizierte positive Ergebnisse. Mitarbeiter L.s schöpften Verdacht, die Experimente seien manipuliert. L. wurde seines Amtes enthoben, die Versuche neu aufgenommen. Obwohl die »Entlarvung« (ob und in welchem Umfang Betrug vorliegt, ist noch ungeklärt) von seiten der Pps. erfolgte, benützten ihre Gegner den »Fall L.« zu Diffamierungen der gesamten Disziplin (Rhine 1974).

Lewis, Matthew Gregory (1775–1818), engl. Diplomat und Schriftsteller; sein Roman *The Monk*, 1796 *(Der Mönch*, 1799 u. ö.) bildet den Höhepunkt des engl. Schauerromans. Der Autor verwandte zahlreiche Motive des Unheimlichen und Übersinnlichen aus der engl. (u. a. → Glanvill), frz. und dt. Lit. und verwob sie zu einem durchaus eigenständigen Werk, das wiederum E. T. A. → Hoffmann, → Maturin, de Sade u. a. beeinflußte. S. a. → Gothic novel.

Libido [lat.; Lust, Wunsch], bei Freud die Bezeichnung einer von ihm angenommenen Energie, die durch Umwandlungen aus dem Sexualtrieb erwächst. Freud versteht unter L. die allen Trieben innewohnende Antriebskraft. Bei Jung wird unter L. eine unspezifische psychische Energie verstanden, die sich lediglich als allgemeine Lebenskraft definieren läßt.

Licht, für manche Séancen muß angeblich völlige Dunkelheit herrschen. L. erschwert sicherlich betrügerische PK-Manifestationen, es scheint aber auch echte Leistungen stören und verhindern zu können. Dabei mögen sowohl ps. als auch physikalische Faktoren eine Rolle spielen. Für die experimentelle Sitzung ist L. jedoch wünschenswert, um so bessere Möglichkeiten der Betrugskontrolle und der Beobachtung zu haben. Im Hinblick auf die Lichtquellen wurden deshalb verschiedene Kompromisse ausprobiert; doch solange über die Natur und Wirkungsweise von Psi keine genaueren Vorstellungen vorliegen, müssen diese Versuche tastend bleiben; es ist auch nicht möglich, Erfolg oder Mißerfolg einer Sitzung eindeutig auf die Art der gewählten Beleuchtung zurückzuführen. Man versuchte es mit verschiedenen Helligkeitsgraden, Rotlicht, völliger Dunkelheit und gelegentlichen Blitzlichtaufnahmen, winzigen Lichtquellen (am Medium befestigte Leuchtpunkte), Infrarotstrahlung. Plötzlich einfallendes Licht bei Dunkelsitzungen soll gelegentlich zu teils langwierigen Störungen beim Medium geführt haben (sog. »Lichtschock«). – Beobachtungen von nächtlichem Pflanzenwuchs führten zu Versuchen bei Mondlicht; → Geley experimentierte mit biologischem Licht (strahlende Mikroben, lumineszierende Insekten).

Besonders problematisch ist die Frage der Lichtquellen (u. U. auch deren Ausblendung) bei der → Psychofotografie.

Lichtenberger, Johannes (ca. 1445–1503), dt. Astrologe, der in den Sternen personhafte Mächte sah, die Irdisches beeinflussen können, allerdings nichts gegen Gottes Ratschluß vermögen. L. war ein bekannter Prognostiker; für das Jahr 1517 hatte er Neuerungen auf den Gebieten Gottesdienst, Kunst und Medizin vorhergesagt. Man bezog diese Aussagen auf Luther, Dürer und Paracelsus. – Zu seinem Buch *weissagunge* (1527) schrieb Luther ein Vorwort.

Lichtenbergsche Figuren → Kirlian-Fotografie.

Lichtmedium, Medium, bei dem psychokinetische Effekte auch dann auftreten, wenn die Sitzungen bei Tages- oder Kunstlicht stattfinden. Lichtmedien waren → Home, → Paladino, → Silbert und → Slade.

Lichtvision, häufige Form der mystischen religiösen Erfahrung.

Die hl. Marina von Escobar (1554–1633) schreibt darüber: »Als ich mein Bewußtsein wiedererlangte, sah ich gleichsam eine göttliche und überhimmlische Sonne, die mit den schönsten und lieblichsten Strahlen die Höhen rings um sie beleuchtete, wobei meine Seele, von diesen Strahlen getroffen, sich gleichsam mit ihr verschmolz. Ich verlor mich selbst und vermag mit Worten nicht zu erklären (denn keine Worte sind imstande es anzudeuten), welche göttlichen Dinge ich in Gott geschaut, und im Lichte seiner göttlichen Strahlenhülle (ich gebrauche dieses Wort, weil ich zur Erklärung dieses Geheimnisses kein anderes finde) erkannt habe. Ich kann nicht sagen, wie lange ich so mit diesem Licht verschmolzen gewesen, noch wie oder von wem ich dahin gebracht worden sei.« (Zit. n. Benz 1969: 336.)

Lie, Jonas (1833–1908), norweg. Schriftsteller, nach eigenem Bekunden Träger des → Zweiten Gesichts. Seine erfolgreiche Erzählung *Den Fremsynte,* 1870 (dt. *Der Hellseher oder Bilder aus Nordirland*), die zur Weltlit. gerechnet wird, schildert den Weg eines Mannes, der ebenfalls über diese Gabe verfügt. In die Handlung eingewoben und dichterisch gestaltet sind Motive und Erzählungen aus dem Bereich des »Übersinnlichen«; aus germanischer und lappländischer Folklore.

Liébeault, Ambrose A. (1823–1904), frz. Arzt, bedeutender und erfolgreicher Hypnotiseur, der – meist unter Einsatz von → Passes – über 6000 Patienten hypnotisch behandelte und dabei auch Zeuge von ASW-Leistungen seiner Patienten war. – *Werke* → Bibl.

Liebeszauber, magische Handlungen mit

dem Ziel, die Liebe einer anderen Person zu erringen; meist Verabreichung eines Liebestranks *(Philtrum)* oder Operationen mit Gegenständen, die die betreffende Person repräsentieren (Bild, Haare, Kleidungsstück usw.). Der L. ist für den europ. Volksglauben seit der Antike reich belegt und auch für außereurop. Kulturen häufig nachgewiesen. Teilweise dem L. zuzurechnen sind die *Aphrodisiaca* (triebsteigernde Mittel) und vor allem die *Anaphrodisiaca,* Gegenmittel gegen die *Philocaptio* [griech.-lat.; Liebesraserei]. L. ausgeübt zu haben, war ein häufig in Hexenprozessen erhobener Vorwurf, nicht zuletzt in der Variante, daß durch zauberische Einwirkung Impotenz hervorgerufen worden sein soll.

Paranormale Phänomene nach dem Genuß eines Philtrums werden im Fall der Maria Elisabeth de Ranfain (um 1620) behauptet. Der jungen Witwe wurde von dem Arzt Poiret nachgestellt; die Wirkungen eines ersten Liebestranks kämpfte sie durch Gebet und asketische Übungen nieder, ein zweites Philtrum aber führte zu merkwürdigen Erscheinungen: Eine Körperhälfte schien wie vom Frost erstarrt und anästhetisch, die andere war in heftiger Erregung, ihr Haupt öffnete und schloß sich in den Schädelnähten, manchmal schwoll es monströs an. Exorzismen wurden angewendet, da man das Werk böser Geister vermutete. Die Patientin »wurde mit solcher Heftigkeit in die Höhe geschleudert, daß sechs Personen sie kaum niederhalten konnten. Sie kletterte auf den Bäumen, von Zweig zu Zweig, mit der Leichtigkeit der leichtfüßigsten Tiere herum. Man sah sie, ganz in die Luft erhoben, sich in ihr in einer wunderbaren Weise umdrehen. Sie erfüllte alles, was man ihr in italienischer, deutscher, lateinischer, griechischer, hebräischer Sprache gebot, ... las einen verschlossenen lateinischen Brief und gab den Fehler eines ausgelassenen Buchstabens an. Unzählige Zeugen waren bei allen diesen Vorgängen zugegen.« Unter großer Anteilnahme aller Bevölkerungsschichten sollte der Fall juristisch geklärt werden: Poiret wurde angeklagt, Mordanschläge erfolgten gegen die Kranke. Poiret wurde zum Tode verurteilt und 1622 hingerichtet. Nach seinem Tod verhaftete man eine Frau, die sich als seine Komplizin bekannte, bei ihr fanden sich »alle magischen Belegstücke«, und so war der Schuldspruch gerechtfertigt. (Görres 1927: 497–99.) Es läßt sich sicherlich heute nicht mehr klären, wer in diesem Fall das eigtl. Opfer war; Poiret mag unschuldig gewesen sein, Maria Elisabeth ein Spielball von Dämonen, die nur Projektionen ihres eigenen Selbst waren. Der L. war vielleicht der Ausgangspunkt für die *Art* der Dramatisierung eines Konflikts und zugl. für die Umwelt eine Möglichkeit, die Erfahrung des Grauenhaften und »Übernatürlichen« zu bewältigen.

Liguori, Alfonso Maria di (1696–1787), kath. Moraltheologe und Ordensstifter (gründete 1731/32 die Redemptoristen-Kongregation). Von ihm wird ein Fall von Bilokation bezeugt: Als Bischof von Sant' Agata de' Goti sah man ihn 1774 mit anderen Leidtragenden an der Bahre von Papst Clemens XIV. in Rom. Zur gleichen Zeit aber lag er – sei mehreren Tagen schon – in apathischem Zustand in einer Zelle in Arezzo. Nachdem er wieder zu sich gekommen war, berichtete er, er sei im Vatikan gewesen. 1839 wurde er heiliggesprochen.
Lit.: Pichler 1922.

Lilly, auch Lily, William (1602–1681), Astrologe und Prognostiker mit politischem Fingerspitzengefühl. Bekannt machten ihn ein Horoskop für Karl I. bei seiner Krönung zum König von Schottland (1633) und Voraussagen, die man auf die »Große Pest« von London (1665) und den Brand von London (1666) bezog. – L. glaubte an die Kraft der → Wünschelrute, u. a. nahm er an, man könnte mit ihrer Hilfe, spricht man dazu noch die richtigen Worte, Schätze heben. – L. hinterließ neben seinem lit. Werk auch astrol. Texte sowie eine Sammlung von Prophezeiungen. – *Werke* → Bibl.

Lindenberg, Wladimir (1902), aus Rußland stammender, in Berlin lebender Neurologe und Schriftsteller, der in einigen seiner Bücher Fragen der Meditation und des Yoga nachgeht, häufig auch paranormale Geschehnisse – oft autobiographischen Charakters – berichtet. – *Werke* → Bibl.

Linné, Carl v. (1707–1778), der große schwed. Naturforscher berichtet in seiner Autobiographie folgenden Fall einer in Erfüllung gegangenen Weissagung:

»Mein Bruder Samuel galt als Genie und wurde in die Schule von Wexio geschickt; mich hielt man für wenig begabt und schickte mich nach Lund. Alle nannten meinen Bruder ›den Professor‹ und prophezeiten, daß er es würde. Eine arme, kränkliche Frau, die auf der Suche nach Arbeit von einer Hütte zur anderen ging und behauptete, mit einer prophetischen Fähigkeit begabt zu sein, kam eines Tages in die Gemeinde meines Vaters in Raschult. Sie hatte niemals weder mich noch meinen Bruder gesehen. Man brachte ihr auf ihre Bitte einige Gegenstände von uns, und sie erklärte in bezug auf Samuel: ›Der wird Pfarrer‹; von mir: ›Dieser wird Professor, große Reisen unternehmen und der berühmteste Mann des Reiches sein.‹ Hierauf schwor sie. Meine Mutter gab ihr, um sie zu täuschen, ein anderes Kleidungsstück, indem sie sagte, es gehöre meinem Bruder. ›Nein‹, sagte die Prophetin, ›dieses gehört dem Professor, der sehr weit weg von hier leben wird.‹« (Bozzano 1914: 129, zit. n. Moser 1974: 461.)

Linzmayer, A. J., amer. Student, war 1931 Vp. → Rhines bei 32 247 Einzelversuchen; die Durchschnittstrefferzahl in einer Serie von 600 Tests betrug 9,9. – Als L. die Versuche beenden wollte, überredete Rhine ihn, weiterzumachen; daraufhin zeigte sich der Effekt des → Psi missing: Die Ergebnisse sanken signifikant unter die Zufallserwartung.

Lit.: L. E. Rhine 1967.

Lodge, Sir Oliver (1851–1940), engl. Physiker. Er arbeitete über Elektrizität und elektromagnetische Strahlung und entwickelte u. a. ein System der drahtlosen Telegraphie. L. beschäftigte sich intensiv mit der pps. Forschung; von 1901–04 war er Präsident der S. P. R., außerdem veröffentlichte er mehr als 20 einschlägige Bücher. Die experimentelle Arbeit auf pps. Gebiet nahm er 1884 mit Untersuchungen zur »Gedankenübertragung« auf. Beobachtungen bei den Medien → Paladino und → Piper, Untersuchungen der → Kreuz-Korrespondenzen und vor allem die subjektive Erfahrung, durch die → Leonard mit seinem 1915 verstorbenen Sohn Raymond zu kommunizieren, ließen L. fest an das persönliche → Überleben des Todes glauben (Ford 1972: 160 ff.). An Techniken zur ASW-Untersuchung entwickelte L. die Verfahren der → *Proxy-sittings* und der → *Buchtests.* – Jahre vor seinem Tod hatte L. der S. P. R. eine Anzahl versiegelter Umschläge gegeben, deren Inhalt nur er kannte. Nach seinem Tod sollten sie Medien vorgelegt werden, und er wollte versuchen, ihnen beim Erkennen des Inhalts behilflich zu sein. 1946–54 wurden etwa 130 entsprechende Sitzungen abgehalten, dann wurden die Umschläge geöffnet: Sie enthielten die Noten zu einhändigen Klavierübungen. Von den Sensitiven waren vorher u. a. folgende Eindrücke wiedergegeben worden: »... ein deutlicher Eindruck von Musik, ... ich scheine an einem Klavier zu sitzen ... ich spiele alle diese Fünf-Finger-Übungen.« Ein anderer sah L., wie er stumm mit den Fingern eine Melodie spielte, und erkannte richtig die Tonart; ein dritter sang einige Noten. ASW-Eindrücke sind wahrscheinlich, ein Beweis für das Überleben ist damit aber nicht erbracht (s. a. → Jenseits). – *Werke* → Bibl.

Lit.: Besterman 1935; White 1963.

Logik [griech.], die philos. Lehre vom vernunftgemäßen Denken und Schließen; der L. geht es nur um die formale Richtigkeit des Denkens, ohne Berücksichtigung inhaltlicher – ps. und erkenntnistheoretischer – Aspekte. Aus vielleicht ps. erhellbaren Gründen wurde im Abendland die aristotelische (traditionelle, formale, klassische) L. dominierend; sie ist, entsprechend einem ihrer grundlegenden Prinzipien, *zweiwertig,* d. h.: Jede Aussage besitzt einen der beiden »Werte« *wahr* oder *falsch.* Es ist ein allgemeines Vorurteil unserer Kultur, diese zweiwertige L. gleichsam als Naturgesetz zu betrachten. Mehrwertige L.en, z. B. eine *dreiwertige* L. mit den Werten wahr, falsch, unbestimmt, spielen in der Quantentheorie eine Rolle, sie lassen sich vor allem aber auch in verschiedenen religiösen Systemen aufweisen. Es kann gezeigt werden, daß bestimmte religiöse Erfahrungen, z. B. mystische, mit den Begriffen der traditionellen L. nur unzureichend beschrieben werden können. – Das Paranormale, das weder normal noch nichtnormal ist, bildet für die klassische L. ein Ärgernis; manche Anfeindungen, denen die Pps. ausgesetzt ist, erwachsen aus einer verabsolutierten überkommenen L.

Lit.: Bonin 1974; Fromm 1972: 101 ff.; Günther 1933, 1959.

Logurgie, griech. Kunstwort, Bezeichnung → Naegeli-Osjords (1973) für die paranormale »Chirurgie« wie sie philipp. und brasil. Heiler praktizieren (→ Geist-Chirurgie).

Lombroso, Cesare (1836–1909), ital. Psychiater und Kriminologe, der dem Okkulten und Paranormalen lange Zeit ablehnend gegenüberstand; als ihn E. Chiaia, der Arzt, der die → Paladino zum Medium »ausgebildet« hatte, zu einer Untersuchung aufforderte (1888), folgte er 1891 dem Ruf und wohnte 2 Sitzungen bei. Er bezeugte die Realität der Fakten, schloß Betrug aus, sträubte sich aber noch lange gegen die spiritistische Hypothese. Erst Jahre später wurde er zum Spiritisten, und auf dem Totenbett fragte er: »Was soll denn anderes hinter den Erscheinungen des Okkultismus stehen als die Bewohnerscharen einer jenseitigen Welt?« (Zit. n. Meyrink 1973: 447.) – *Werke* → Bibl.

London Dialectical Society, gegründet 1867, um sozialphilos. Fragen zu diskutieren. An der Spitze der Vereinigung standen der Naturforscher John Lubbock Lord Avebury (1834–1913) und der Anatom und Zoologe Thomas Huxley (1825–1895). Bemerkenswert für die damalige Zeit ist, daß Frauen gleichberechtigte Mitglieder waren. Ein Arzt stellte auch spiritistische Phänomene zur Diskussion, und man beschloß deren Untersuchung durch ein Komitee. Huxley lehnte den Vorsitz voll Verachtung ab:

Er habe weder Zeit noch Interesse. »Aber selbst wenn ich annehmen würde, daß die Erscheinungen echt sind, sie interessieren mich nicht. Wenn mich jemand mit der Fähigkeit ausstatten wollte, das Geschwätz alter Weiber und Pfarrer in der nächsten Stadt zu belauschen, würde ich dieses Privileg ablehnen, da ich Besseres zu tun habe. Und wenn die Leute in der Geisterwelt nicht verständiger sprechen, als ihre Freunde berichten, zähle ich sie zu derselben Kategorie. Es ist besser, als Straßenkehrer zu leben, als zu sterben und veranlaßt zu werden, Unsinn durch ein für eine Guinee gemietetes Medium zu schwatzen.« (Zit. n. Moser 1974: 77.)

Auch die (wenigen) Spiritisten in der L. D. S. hielten sich mißtrauisch zurück. Dennoch nahm das Komitee seine Untersuchungen auf und legte 1870 einen Bericht vor, der 1871 als Privatdruck erschien und den → Aksakow auch in der dt. Übersetzung herausbrachte (1875). Der Bericht konstatierte die Existenz von Raps (die Hypothese von der unbewußten Muskelbewegung wurde ausdrücklich zurückgewiesen), die Bewegung von Körpern ohne mechanische Einwirkung und die Notwendigkeit der Anwesenheit von Medien für die Manifestationen. Im einzelnen werden Zeugen für folgende Phänomene aufgeführt: verifizierte ASW-Informationen, Levitationen von Gegenständen und Menschen, menschliche Elongation, materialisierte Hände, Berührungen durch unsichtbare Wesenheiten oder Objekte, Musik von Instrumenten ohne Spieler, Feuerunempfindlichkeit, Automatisches Sprechen, Malen und Schreiben, Geistheilung, Apporte, Direkte Stimme und Kristallvisionen. Mit diesen Untersuchungen wurde die L. D. S. zur Vorläuferin der S. P. R.

Lonviers, im Kloster von L. (Frankreich) traten im 17. Jh. unter den Nonnen Besessenheitszustände auf; die dominierende Person war dabei Magdelaine Bavent (*Werke* → Bibl.). Aus therapeutischen Gründen wurden im Falle L. die Nonnen zu blasphemischen und obszönen Handlungen ermuntert: Man wollte das Böse mit dem Bösen bekämpfen.

Lorbeer, nach dem antiken Glauben ein Zeichen des Ruhms und des Sieges, außerdem Blitzschutz und Sühnemittel; spendete die Gabe der Inspiration und Weissagung (deshalb → Apollon zugeordnet). Seiner besonderen Kräfte wegen pflanzte man ihn oft auf Gräber. Einer umstrittenen These zufolge soll die → Pythia L.-blätter gekaut haben, um ihre prophetischen Fähigkeiten zu aktivieren.

Lorber, Jakob (1800–1864), österr. Mystiker. L., von Beruf Musiklehrer, hielt sich für einen Vermittler göttlicher Offenbarungen; aufgrund von Auditionen und wohl auch in Automatischer Schrift verfaßte er ein umfangreiches Werk. Eine seit 1945 bestehende L.-Gesellschaft, Nachfolgerin der 1937 verbotenen »Neu-Salem-Gesellschaft«, interpretiert und verbreitet seine Gedanken. – *Werke* → Bibl.
Lit.: Lutz 1930.

Losanow, Georgi → Dimitrowa; → Suggestopädie.

Losbücher → Bibliomantie; → Orakel.

Loswerfen, auch *Losen, Sortilegium,* in verschiedenen Bedeutungen gebrauchter Begriff: 1. im Sinne von Auslosen, eine Entscheidung treffen oder jemand durch eine Art Gottesurteil zu etwas bestimmen; 2. im Sinne von Orakel; Thomas von Aquin unterschied 3 Formen des Losens – verteilend, beratend, wahrsagend; die dritte Form war verboten. – In den Fällen, wo eine pps. Relevanz des Losens angenommen wird, sind 2 Erklärungen denkbar: 1. psychokinetische Beeinflussung beim Werfen; 2. Hellsehen beim Greifen eines bestimmten Loses. (ASW kann außerdem bei der Auslegung eines Losspruches eine Rolle spielen.)

Loudun, Stadt in Mittelfrankreich; im dortigen Ursulinenkloster brach 1632/33 eine Besessenheitsepidemie aus. Der Ortsgeistliche Urbain Grandier wurde beschuldigt, die Nonnen und ihre Äbtissin, Mutter Johanna von den Engeln (geb. 1602, aus an-

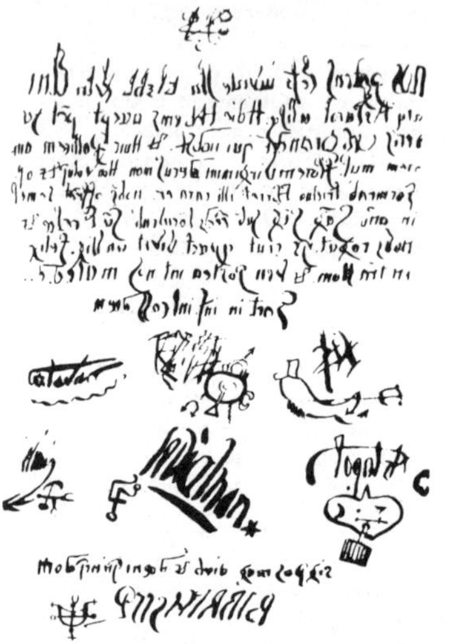

Angeblicher Teufelspakt des Urbain Grandier, 1632/33.

gesehenem Adel), verhext zu haben. Grandier gestand zwar trotz schwerer Folter nicht, wurde aber dennoch in einem heftig umstrittenen Spruch verurteilt und hingerichtet. Pater Lactance, ein erbitterter Feind Grandiers, maßte sich das Amt des Henkers an und entzündete den Scheiterhaufen. Grandier rief ihm zu: »Es gibt einen Gott im Himmel, der über dich und mich richten wird. Ich lade dich vor, noch in diesem Monat bei ihm zu erscheinen.« Die Hinrichtung erfolgte am 18. 8. 1634, am 18. 9 des gleichen Jahres starb Lactance, angeblich an Tollwut. Die besessenen Nonnen blieben aber auch nach Grandiers Tod für viele eine Attraktion. Ein Arzt und 2 Exorzisten verloren selbst die geistige Gesundheit; ein dritter Exorzist, der Jesuitenpater Jean-Joseph Surin, Autor asketischer Schriften, vermochte sich autotherapeutisch aus einer induzierten Umnachtung zu befreien.
Die besessenen Nonnen wälzten sich in ihren Anfällen konvulsivisch am Boden, ihre

Gesichter transfigurierten, Dämonen und Teufel sprachen angeblich aus ihnen. Potentiell parapsychische Phänomene wie → Xenoglossie, sich von selbst bildende Wunden, Kräfte über das Geschlecht hinaus, Erbrechen seltsamer Gegenstände – etwa einen Federkiel oder einen Knopf –, blutende Hostien u. a. m. wurden von manchen Beobachtern behauptet, scheinen aber aufgrund der Quellen nicht sehr wahrscheinlich. – Die »Teufel von L.« wurden zum Sujet von Drama, Roman und Film; aufschlußreich ist eine Studie von Aldous → Huxley; sehr bekannt wurde Jerzy Kawalarowicz' Film *Mutter Johanna von den Engeln* (1961). Wichtige Quellenwerke sind der Bericht Aubins (1693), eines Calvinisten aus L., und die Autobiographie der Mutter Johanna (1886).

Lit.: Aubin 1974; A. Huxley 1955; Legué 1880.

Lourdes, Stadt in Südfrankreich, berühmter kath. Wallfahrtsort. In einer Grotte bei L. hatte 1858 das 1933 heiliggesprochene frz. Hirtenmädchen Maria Bernarda (»Bernadette«) Soubirous (1844–1879) 18 Marienerscheinungen. Von »Bernadette« selbst werden keine paranormalen oder wunderbaren Fähigkeiten behauptet – nur in einem Fall ist von Feuerunempfindlichkeit die Rede –, der Ort der Erscheinungen aber wurde zu einer wunderwirkenden Stätte. Quellgrotten als Heils- und Heilungsorte kennt schon die Antike, aber keine kommt L. an Ruf gleich; Hunderte sollen hier ihre Gesundheit wiedergefunden haben. Die angeblich wunderbaren Heilungen werden von einer theologischen Kommission einer strengen Prüfung unterzogen; um anerkannt zu werden, muß die Heilung 1. innerhalb 24 Stunden erfolgt sein; 2. medizinisch unerklärbar sein; 3. noch nach einem Jahr anhalten; 4. vollkommen sein (nur geringe Spuren wie kleinere Narben werden toleriert). 5. Die Vorgeschichte muß überprüfbar sein; 6. der Patient darf nicht geisteskrank sein; 7. in L. darf keine medizinische Therapie angewandt worden sein. Nach diesen Kriterien wurden bis 1954 immerhin von ca. 1200 außergewöhnlichen Heilungen 49 von der Kommission als Wunder bestätigt (→ Lerrac).

Lit.: Carrel 1951; Le Bec/Leuret 1953; Myers/Myers 1893/94; Schurholz 1952; de St. Pierre 1957; Tauriac 1957; Valot/Valot 1957.

Low-Scorer, Gegenbegriff zu → High-Scorer.

LSD, Abk. von *L*yserg*s*äure-*D*iäthylamid; Psychopharmakon, das sehr leicht zu Halluzinationen führt. LSD wurde öfter bei ASW-Versuchen eingesetzt; → Garrett unterzog sich über 50 Experimenten. → Moss fand über LSD zu ihren pps. Interessen. Sicherlich verändert LSD-Genuß die Wahrnehmung, ein eindeutiger Effekt auf die ASW konnte bislang jedoch nicht nachgewiesen werden.

Lit.: Lockowandt 1974; Servadio/Cavanna 1964.

Lügendetektor, umgangssprachliche Bezeichnung für ein Gerät, das in der Lage ist, mehrere physische Gegebenheiten bzw. Veränderungen (Herzströme, Atemfrequenz, Blutdruck, Hautfeuchtigkeit) zu registrieren. Aus den Daten kann auf den jeweiligen Grad der psychischen Erregung der Vp. geschlossen werden. Manche Psychologen glauben, aufgrund dieser Daten auch Rückschlüsse auf den Wahrheitsgehalt von Aussagen ziehen zu können. Der Vp. werden mehrere Fragen vorgelegt, deren Antwort der Versuchsleiter nur in einigen Fällen kennt. Aus dem Erregungsgrad bei den bekannten richtigen Antworten wird zu folgern versucht, ob auch die anderen Fragen wahrheitsgemäß beantwortet wurden. Man vermutet Lüge bei auffälliger Erregungsabweichung.

Der L. konnte mehrfach auch in der pps. Forschung, sogar für Glaubwürdigkeitsuntersuchungen, eingesetzt werden (→ Polygraph); vor Gericht ist der L. in der Bundesrepublik als Beweismittel nicht zugelassen.

Lullus → Raimundus Lullus.

Luminographie [von lat. *lumen;* Licht, Leben], gelegentlich statt → Effluviographie.

Luminosität, nach Jung besitzen die → Archetypen eine Eigenintelligenz außerhalb unseres Ich-Bewußtseins. Er verweist in diesem Zushg. auf sinnvolle Handlungen, die wir »instinktiv« (im Sinne der Umgangssprache, nicht der Ethologie) tun, und die sich nachträglich als richtig erweisen. Mit L. bezeichnet Jung in Abhebung vom Licht [lat. *lumen*] des Bewußtseins, das spezifische Bewußtsein der Archetypen, ein »absolutes Wissen«.
Lit.: Jung 1954: 544 ff.

Lunatismus [lat.], Mondsüchtigkeit, Schlafwandeln, → Somnambulismus.

Lung-gom-pa, tibet. Trance-Gehen. Besonders trainierte Mönche sollen durch Konzentration, meditative Übungen und Atemtechniken in der Lage sein, ihr Körpergewicht wesentlich zu verringern und in diesem Zustand weite Strecken in kurzer Zeit bewältigen (s. a. → Gewichtsveränderungen; → Levitation).

Lungwitz, Hans → Psychobiologie.

Luria, Isaak ben Salomon, gen. Ari (1534 bis 1572), Begründer eines kabbalistischen Systems, das die Emanation und Seelenwanderung lehrte und das der aus Safed in Obergaliläa stammende Visionär nur mündlich verbreitete.

»Er lebte in beständigem Kontakt mit den verborgenen Welten, in deren Labyrinth er sich ausgekannt zu haben scheint wie in den Straßen von Safed. Er selbst lebte ständig in dieser geheimnisvollen Welt, und sein visionärer Blick entdeckte Seelen und Seelenfunken in allem, was ihn umgab, und machte keinen Unterschied zwischen dem organischen und anorganischen Dasein. Überall sah er und sprach er mit solchen Seelen, ja wir verdanken seinem mystischen Blick eine ganze visionäre Archäologie. Er pflegte nämlich bei seinen Spaziergängen in der Umgebung von Safed Gräber von alten Frommen anzugeben, mit deren Seelen er sich in Kontakt setzte. Da für ihn die Welt des Sohar völlige Wirklichkeit besaß, ›entdeckte‹ er auch Gräber, deren Insassen nichts als literarische Schemen waren, die nur in den romantischen Drapierungen und Rahmenerzählungen dieses Buches existierten.« (Scholem 1967: 280.)

Lusitania, ein im Mai 1915 von einem dt. U-Boot torpedierter brit. Ozeandampfer; in der Nacht des Untergangs meldete sich angeblich ein Passagier, Sir Hugh Lane, und sagte durch → Automatisches Schreiben des Mediums Travers Smith (das sich nicht auf dem Schiff befand) die Katastrophe voraus.

Luther, Martin (1483–1546), von dem dt. Reformator werden Teufels-, Engels- und Christusvisionen überliefert; daneben aber auch Parapsychisches im engeren Sinn: Vor allem während seines Aufenthalts auf der Wartburg (1521/22) soll er unter Poltergeiststörungen gelitten haben, die er als teuflische Anfechtung verstand und mit Gebeten anging. Die Störungen scheinen im wesentlichen aus Raps und → Mimikry-Geräuschen bestanden zu haben: Rollen wie von Fässern auf der Treppe, Klopfen, Pochen an der Decke und in der Bettstatt, auch paranormale Bewegungen des Bettes werden behauptet (→ Religiosität und Pps.).
Lit.: Erikson 1958; Grisar 1926; Magikon Bd. 2.

Lutoslawski, Wincenty (1863–1954), poln. Philosoph und Vertreter eines religiösen Okkultismus. Der graduierte Chemiker L. behauptete von sich ASW und Yogi-Fähigkeiten; seine Lehre integrierte christl., neuplatonische und sexualokkultistische Elemente. L. hielt in Rußland, Polen, England, Algerien und Frankreich Vorträge; eine von ihm gegründete Vereinigung, »Philaretes«, betrieb die Sache des poln. Nationalismus. L. war eine außerordentlich umstrittene Persönlichkeit: Manche bewunderten seine Platon-Studien, andere hielten ihn für geisteskrank; William → James, der ihn persönlich kannte und mit ihm in Briefwechsel stand, glaubte, daß L. eine ungewöhnliche Bewußtseinserweiterung gelungen sei. – *Werke* → Bibl.

Luzider Traum, Traum, bei welchem dem Träumer *bewußt* ist, daß er träumt.
Lit.: Green 1968.

Luzidität [dem frz. *lucidité* nachgebildet], svw. Hellsichtigkeit; in der Zeit des animalischen → Magnetismus Bezeichnung für alle ASW-Formen.

Lykanthropie [griech. Wolfsmenschtum], der Glaube, Menschen könnten sich in bestimmte Raubtiere verwandeln. Lykanthrop bezeichnet nicht nur den Werwolf [*wer* von lat. *vir;* Mann], sondern entsprechend den lokalen Traditionen den Werbären [altnordisch *berserk;* »Bärenhäuter«], oder im außereurop. Bereich Wertiger, Werleoparden usw. Die Verwandlung gilt als reversibel. Die Interpretationen des Phänomens reichen von »krassem Aberglauben« über rein ps. Deutungen bis zu pps. fundierten Interpretationen. Hierher gehören Traumbilder und Visionen mit ASW-Elementen, die den Erlebnisträger sich selbst in Tiergestalt sehen lassen, aber auch das mentalsuggestive Beeinflussen von Tieren (»magische Faszination«): Der Wille eines Menschen besetzt gleichsam das Tier (Beispiele bei Bozzano ²1975). Solche Deutungen schließen wahrscheinlich schon PK-Elemente ein; eindeutig psychokinetisch wäre das ebenfalls behauptete Phänomen, bestimmten Menschen gelänge es, Materialisationen von Raubtieren agieren zu lassen; eine Form von ASW läge vor, wenn Menschen mentalsuggestiv andere durch Tierphantome attackieren könnten (→ Alp). Ein psychokinetisches Phänomen eigener Art bildete die allerdings von nur sehr wenigen Forschern für möglich gehaltene tatsächliche Verwandlung (in einer abgeschwächten Form: die Seelenexkursion in Tiergestalt). In den Umkreis der L. gehören auch die zahlreichen, der klassischen Psychiatrie bekannten Beispiele vermeintlicher Wölfe, Katzen, Hunde usw. → Oesterreich (1921) teilt den Fall eines jap. Mädchens mit, das, von einem Fuchs besessen, die Verhaltensweisen eines Fuchses zeigte.
Der Glaube an eine mögliche Verwandlung in Vögel (Raben, Schwanenjungfrauen) wird nicht den L.-Vorstellungen zugerechnet; davon nochmals abzusetzen ist die Vorstellung vom Seelenvogel (die Seele eines Verstorbenen lebt als Vogel weiter); z. B. das »Herrgottsvögelchen« (ein hessischer Volksglaube) oder die Tauben als die Seelentiere von Aschenbrödels Mutter.
Das MA. nahm das Problem der Tierverwandlung sehr ernst: So untersuchte z. B. → Augustinus die Frage, ob die Verwandlung eines Mannes in einen Esel, die der röm. Schriftsteller Apulejus (um 125 n. Chr.) beschreibt, überhaupt möglich sein könnte. Im 15. und 16. Jh. wurde die L. monographisch bearbeitet; man betrachtete sie als eine Form der Teufelsbesessenheit: Nach dem *Malleus maleficarum* ist der Werwolf kein wirkliches Tier, auch kein verwandelter Mensch, sondern ein Trugbild des Teufels. Thomas von Aquin sah in den Werwölfen dämonenerzeugte Scheinwesen; eine tatsächliche Verwandlung hielt er für unvereinbar mit den göttlichen Naturgesetzen.
Die Religionsethnologie sieht in der L. eine in psychopathologische Bereiche dringende Zerfallserscheinung der alten Wolfsmythologie (Kretschmar 1938 II: 254). Der Pps. bleibt die Aufgabe zu untersuchen, welche paranormalen Elemente sich in ihr evtl. manifestieren. S. a. → Zoanthropie.
Lit.: Hertz 1862; E. Meyer 1913; Weiser-Aal 1933.

Lyon, Schule von, bezeichnet eine Gruppe von Wissenschaftlern, deren Forschungsergebnisse eine Quelle des animalischen → Magnetismus waren. Im letzten Viertel des 18. Jh.s beobachteten in L. die Gelehrten Barbarin, Willermoz u. a. → Luzidität, → Automatisches Schreiben und hypnotische Phänomene.

M

Maack, Ferdinand (1861–1930), dt. Arzt und Okkultist. 1923 gründete er in Hamburg eine Rosenkreuzer-Gesellschaft, »eine Sammelstätte eigentümlicher Prägung« (Dessoir 1946: 131). M. beschäftigte sich zunächst vor allem mit → Xenologie, doch »nicht zufrieden damit, erfand er als Sinnbild geheimer Beziehungen das Raumschach; beim Raumschach ist das Brett zu einem Kubus ausgewachsen, in würfelförmigen Schachzellen tummeln sich jetzt die Figuren als gleichsam kosmische Kräfte über Flächen, Kanten und Ecken nach allen möglichen Richtungen des Raums« (Dessoir ebd.). Als Erbauer des Raumschachs nannte sich M. »Stereosoph«, als Sucher nach dem Anderen, Andersgearteten »Allomatiker«. Das von M. erfundene *Manuradioskop,* ein Gerät zum Nachweis der »Handstrahlen«, ist eine von vielen vergleichbaren Erfindungen (siehe z. B. → Magnetometer). Neben zahlreichen eigenen Publikationen gab er auch → Andreaes Rosenkreuzer-Manifeste neu heraus. – *Werke* → Bibl.

McDougall, Duncan, Arzt aus Massachusetts, USA; er versuchte 1906 als Leiter des Massachusetts General Hospital das Gewicht der Seele durch das Wiegen Sterbender zu bestimmen.

»Er hatte dazu eine sehr präzise Waage konstruiert, die groß genug war, um ein Bett mit einem sterbenden Patienten zu tragen. Die Waage war so genau, daß sie sogar das Gewicht einer Zigarette registrierte, die ein Pfleger für einen Augenblick auf die Plattform gelegt hatte. — Dr. McDougall und seine Kollegen wogen mehrere Patienten während ihrer letzten Stunden und im Augenblick des Todes. Der erste Fall war ein älterer alleinstehender Herr ohne Verwandte. Die Waage zeigte genau im Augenblick des Todes einen plötzlichen Gewichtsverlust von 30 g. Selbst wenn man das Entweichen der Luft aus der Lunge des Patienten mit in Betracht zog, blieb immer noch ein beträchtlicher Gewichtsverlust, für den es keine naheliegende Erklärung gab; daraus schloß Dr. McDougall, daß etwas Reales, wenn auch Unsichtbares den Körper des Patienten verlassen hatte, als er starb. — Man wiederholte das Experiment mehrmals mit anderen Patienten. Jedesmal zeigte die empfindliche Waage an, daß offensichtlich irgend etwas den menschlichen Körper beim Tod verließ. Was es auch immer sein mochte — es wog zwischen 8 und 35 g.« (S. Smith 1974: 177 f.)

McDougall, William (1871–1938), angloamer. Psychologe, Professor an der Harvard und der Duke University; Begründer einer Triebps. und Vertreter der Lehre von der Vererbung erworbener Eigenschaften (→ Deszendenztheorie; → Kammerer). Zusammen mit William → James beteiligte er sich an Untersuchungen der Mrs. → Piper. Dadurch und durch Beobachtungen im Fall Margery (→ Crandon) wurde McD.s Interesse an der Pps. geweckt; zusammen mit → Rhine gründete er 1934 das Parapsychology Laboratory an der Duke University, Durham, N. C. Er war Präsident der S. P. R. (1920/21) und der A. S. P. R. (1921/23). In seinen zahlreichen Publikationen beschäftigte er sich mit Pps. und den verschiedenen Bereichen der Ps. (Sozialps., Ethnops., Psychopathologie, dem Leib-Seele-Problem, u. a. m.). – *Werke* →Bibl.

Lit.: Robinson 1943 (mit Bibl.); Spearman 1939.

McKenzie, James Hewat (1869–1929), engl. Ingenieur und Parapsychologe; gründete zusammen mit seiner Frau 1920 das → British College of Psychic Science und 1922 die Zeitschrift *Psychic Science.* McK. holte die → Silbert nach London und experimentierte mit so bedeutenden Medien wie → Garrett und → Leonard. – *Werke* → Bibl.

Magazin zur Erfahrungsseelenkunde, eine von → Maimon und dem Schriftsteller Karl Philipp Moritz (1756–1793; Autor einer Experimentalseelenlehre, Berlin 1782, und der *Fragmente aus dem Tagebuch eines Geistersehers,* 1786) in 10 Bdn. (1783–93) hrsg. Zeitschrift (auch unter dem griech. Titel *Gnothi sauton,* »Erkenne dich selbst!«, bekannt); die erste dt. ps. Zeitschrift und zugl. eine Publikation, die außerordentlich reiche pps. Kasuistik enthält.

Magie [griech.; Zauberei], die Kunst der → Magier. Ein Handeln, das auf der Weltanschauung beruht, das Universum sei nach den Kategorien der → Entsprechung und der → Sympathie geordnet.

»Unter Magie versteht man seit alters her die Kunst, außerordentliche und wunderbare Wirkungen hervorzubringen, welche mit den bekannten Naturkräften oder vermittelst der im Menschen wohnenden, bekannten Fähigkeiten nicht zu erreichen sind. Um magische Phänomene zu erzielen, suchte man sich daher meist mit Geistern in Verbindung zu setzen — guten oder bösen, daher eine → Weiße und eine → Schwarze Magie unterschieden wurde.« (Staudenmaier 1968: 8.)

Die scharfe Abgrenzung gegenüber Wiss. und Religion, die die europ. Forschung vorgenommen hat, erscheint willkürlich: Auf diese Weise wird z. B. bedeutenden Leistungen der Chinesen die Wissenschaftlichkeit abgesprochen. Auch im Bereich der Religion sind die Übergänge fließend; nur in idealtypischer Betrachtung kann religiöse Praxis als gelebte totale Abhängigkeit von der Gottheit und magische Praxis als demonstrierte Über-Macht des manipulierenden Magiers gesehen werden. S. a. → Jagdzauber; → Magischer Idealismus; → Magisches Denken.

Lit.: Bertholet 1926; Bitter 1959; Danzel 1928; Peuckert 1956; Seligmann 1958; Thorndike 1923–58; Tiedemann 1787.

Magier, auch *Mager,* bei Herodot (484 bis ca. 425 v. Chr.) ein medischer Stamm, der für seine Traumdeutungen, sein astrol. Wissen und seine Kenntnisse auf verwandten Gebieten bekannt war. Wahrscheinlich bestand nicht der gesamte Stamm aus M.n, die wohl nur eine Gruppe mit bestimmten Funktionen bildeten (M. = die Weisen). Das Wort → *Magie* geht auf die M. zurück. – Im weiteren Sinn bezeichnet M. einen jeden, der sich praktisch mit Magie befaßt.

Lit.: Messina 1930.

Magische Imagination, bezeichnet die ideoplastische Leistung (→ Ideoplastik) eines Materialisationsmediums.

Lit.: Mattiesen 1962 III: 206.

Magischer Idealismus, Bezeichnung → Dessoirs für eine Weltanschauung, die er als eine Vorstufe des Idealismus betrachtete: »Während im Fortschritt der Menschheit reinere Formen des Idealismus entwickelt worden sind, hat sich in den Geheimwissenschaften eine Unterschicht erhalten, genauer: die tiefere Stufe der Anfangsbildungen.« (D. 1917: 264.) Sie wird dadurch charakterisiert, daß »die kleinen Teile des Weltalls gleichsam wörtliche Wiederholungen der großen Reiche sein sollen; auch der Mensch macht hiervon keine Ausnahme, seine Vorzugstellung beruht nur darauf, daß er dem *ganzen* Kosmos nachgeschaffen, also ein Mikrokosmos ist. Wo immer solche Ähnlichkeit sich zeigt, da wird ein Zusammenhang vermutet.« (Ebd. 167; → Makrokosmos-Mikrokosmos-Spekulation.)

»Die stabilierte Harmonie beschränkt sich indessen nicht auf Gegenstände ähnlichen Aussehens, sondern sie greift auf Gegenstände über, bei denen irgendeine Gemeinsamkeit vermutet oder schließlich auch grundlos festgesetzt wird. Nach babylonischem Glauben enthält die Erde entsprechend der Fünfzahl der Planeten fünf Elemente ... Nicht viel anders im alten China ... Man kann sich leicht ausmalen, welche Folgerungen aus so weitreichenden Identifizierungen für die Erkenntnis auf allen Gebieten — namentlich für die Heilkunde — zu ziehen sind. Man muß aber auch einsehen, daß diese Zusammenstellungen nicht, wie unsere Okkultisten wähnen, bewunderungswürdige Geheimnisse bergen, sondern lediglich den ersten kleinen

Schritt zur Erkenntnis idealer Gesetzmäßigkeit bedeuten. Denn es ist deutlich, daß hier mit tastenden Händen versucht wird, das erfahrungsmäßig Gegebene zu ordnen, und zwar durch *Aufteilung nach Gruppen mit gleich vielen Bestandteilen.*« (Ebd. 268 f.)

Axiomatisch gilt, daß Gleiches auf Gleiches wirkt. 4 grundlegende Denkprinzipien des M. I. (und damit auch des Okkultismus) sind zu unterscheiden: 1. *Entsprechung;* man sieht »das Weltall als eine Ordnung, in der sich alles entspricht« (ebd. 296); 2. *mehrfache Bedeutung;* 3. *sprachliche Symbolik,* »Namengebung ist zugleich Wesensbestimmung« (ebd. 309); 4. *intuitive Gewißheit.*

Magisches Denken, Begriff der Entwicklungs- und Völkerps.; bezeichnet eine Geisteshaltung, die wirksame Zushg.e sieht, die die neuzeitliche Wiss. als nichtkausal und unlogisch betrachtet (→ Magie). Im m. D. sind die Bereiche der dinglichen Realität, der Phantasie und des Traums nicht scharf voneinander getrennt, und das Subjekt kann sich mit Objekten seiner Umwelt identifizieren *(unio magica).*

Lit.: Spranger 1947; Zeininger 1929.

Magnetismus, animalischer, auch *Animaler M., Tierischer M.,* der Ausdruck geht auf den Jesuitenpater und Gelehrten Athanasius Kircher (1601–1680) zurück und bezeichnet nach → Mesmer und seinen Schülern die Wirkung einer hypothetischen Kraft, die der menschliche Körper abstrahlt oder die ihm entströmt – dem → *Prana* der ind. Lehre vergleichbar. In der magnetischen Kur wird dieses »magnetische Fluidum« (Mesmer) vom Körper des Magnetiseurs oder seiner Helfer abgezogen und durch verschiedene Techniken, von denen die wichtigste die → Passes sind, auf den Patienten oder die Vp. übertragen. Die Magnetiseure des 18. und 19. Jh.s sahen im a. M. die Erklärung für die »somnambulen« Phänomene, zu denen sie auch paranormale Effekte (ASW und PK) zählten. Während der magnetischen Kur bildet sich nach der Annahme der Magnetiseure eine »Fluidalbrücke«, die Gedanken und Empfindungen vom Experimentator auf die Vp. übertragen kann: Man spricht dabei vom magnetischen *Rapport.* Die Wortbildung *a. Magnetismus* ist nicht sehr glücklich, da an gar keine Beziehung zum physikalischen Magnetismus gedacht ist; *animalisch* bedeutet hier svw. »nicht-physikalisch«, »organisch«.

Zusammen mit der Suggestion (die alten Magnetiseure nannten sie »Imagination«) bildet der a. M. eine natürliche Erklärung der okkulten Phänomene. Die Täuschungsquellen, mit denen dabei gerechnet werden muß – namentlich der kritiklose Glaube an die Objektivität subjektiver Eindrücke und die Neigung, aus unbekannten Erscheinungen auf unbekannte Ursachen zu schließen –, kannten die Magnetiseure schon. Neben der (erfolgreichen!) Therapie untersuchten sie den a. M. lange vor der Entwicklung der experimentellen Ps. in wiss. zu nennenden Versuchen. Keineswegs waren alle Magnetiseure Jahrmarktsschreier, eine ganze Reihe gebildeter Gelehrter beschäftigte sich ebenfalls mit dem a. M. Bereits bei den frühen Magnetiseuren können 2 Lager unterschieden werden: Die einen nahmen im a. M. eine *physikalische* Wirkung an, die anderen eine *psychische.* Seit → Braid versucht man, die Phänomene des a. M. als Suggestionseffekte zu verstehen (Hypnotismus). Dabei wird jedoch übersehen, daß es bis heute nicht gelungen ist, im hypnotischen Rapport die gleichen Ergebnisse zu erzielen, die im magnetischen gelungen sein sollen. Man vergißt auch, daß die alten Magnetiseure die Suggestion kannten und sie im experimentellen Design auszuschalten suchten. Eine erste, frz., Untersuchungskommission zum Studium des a. M. kam 1784 zu dem Ergebnis, Suggestion genüge zur Erklärung der Phänomene (→ Glaube), eine zweite dagegen (1825) meinte für einige Erscheinungen eine besondere Kraft (eben das magnetische Fluidum) reklamieren zu können. Die außerordentliche anthropologische Relevanz solcher Erkenntnisse wurde nur von wenigen, z. B. von Schopenhauer, der im a. M. eine

Experimental-Metaphysik sah, erkannt. Im 19. Jh. arbeiteten sowohl Ärzte (Gmelin, Hufeland, Kerner, Kieser, Passavant) als auch Laien (Deleuze, du Potet, Puységur) als Magnetiseure. Heute wird der a. M. von der Schulmedizin nicht anerkannt; er spielt aber eine keineswegs unbedeutende Rolle bei nichtschulischen Heilern (Magnetiseuren, Magnetopathen).

Lit.: Archiv für den Thierischen Magnetismus, *12 Bde. 1817 ff.; Bué 1905/06; Cahagnet 1848/54; Deleuze 1825; Ennemoser 1819, 1842; Foissac 1826, 1833; Ghert 1815; Gretzinger 1922; Groeneweg 1935; Gruber 1930; Harnack 1905; Kieser 1826; Kiesewetter 1891; La Fontaine 1867; Moser 1974; Musaph 1949; E. Pascal 1936; Passavant 1837; du Potet 1904; Revius 1862; Riko 1896; Römer 1821; Schroeder 1899; Schwarzschild 1854; Tenhaeff 1922; Wesermann 1822; M. Wiener 1838; Wilbrand 1824.*

Magnetnadel-Ablenkung, die mögliche Beeinflussung einer Magnetnadel durch die körperliche Nähe einer spezifisch begabten Person (meist »Handmagnetismus«, also Ablenkung durch bestimmte Handbewegungen über oder neben dem Objekt) wurde oft behauptet, so bei Frau Ruf, einer der → Reichenbachschen Sensitiven (Fechner 1878: 38 ff.; Zöllner 1876 II,1: 326–29), bei → Slade (Zöllner, ebd.: 325 f.), und auch Schopenhauer teilt 2 Fälle mit (Du Prel 1888: 300 f.). Zu unterscheiden ist eine mögliche psychokinetische Ablenkung der Magnetnadel von einer, hervorgerufen durch Personen, die Träger eines magnetischen Feldes sind. Ein PK-Effekt ist wahrscheinlich, wenn die Vp. in der Lage ist, von mehreren gleich weit von ihr entfernt liegenden Magneten gleicher Beschaffenheit einzelne gezielt und selektiv zu bewegen; der Nachweis eines magnetischen Feldes bei einer Vp. und der willentlichen Veränderung seiner Intensität gelang bererits Grunewald (1920: 50–54). In einem weiteren Versuch → Grunewalds »sah« ein mitwirkender Sensitiver (aber nur er) eine »materialisierte Hand«, die die Bewegung der Nadel bewirkte (ebd.: 70–73).

Lit.: Aksakow [6]1905 I: 25 f.; Durville 1912: 120—23; Fechner 1876; Harnack 1905; Winkler 1902; Zöllner 1878.

Magnetometer, Erfindung des Abbé Fortin; der Ausschlag einer Papier-»Nadel« in einem Glaszylinder sollte die angenommene »magnetische« Abstrahlung des Menschen messen. Die Ausschläge lassen sich aber durch die Wärmeveränderung erklären, die eintritt, wenn sich die Vp. nähert (vgl. → Biometer; →Sthenometer).

Lit.: Tenhaeff 1957: 44 ff.

Magnetopath → Magnetismus, animalischer.

Maier, auch Majer, Michael (1568–1622), Leibarzt von Kaiser Rudolf II., »rosenkreuzerischer« Philosoph. »Sein Lebenswerk war die Sammlung und Veröffentlichung alchimistischer Texte und die Verbreitung seiner alchimistisch religiösen Philosophie durch eigene Werke.« (Yates 1975: 204.) M. stand → Fludd nahe, beide waren von → Paracelsus und von → Dee beeinflußt. Während Fludd sich aber um ein philos. System bemühte, ist es für M. charakteristisch, seine Gedanken in allegorischen Kupferstichen, besser: *Emblemen,* auszudrücken. Inwieweit hier Probleme der Metalinguistik erkannt und bewältigt wurden, ist noch kaum untersucht. – *Werke* → Bibl.

Lit.: Craven 1962.

Maimon, Salomon, eigtl. Salomon ben Josua (1753–1800), dt. Philosoph, der mit seiner Kantkritik den Idealismus vorbereitete. Sein Werk als Vorläufer einer wiss. Pps. harrt noch weitgehend der Bearbeitung: 1791 kommentierte er in dem Aufsatz »Über das Vorhersehungsvermögen« *(Berliner Deutsche Monatsschrift)* Zitate aus dem *Führer der Unschlüssigen* des Rabbi Mose ben Maimon (Maimonides, 1135–1204); seine im gleichen Jahr veröffentlichten Artikel »Träume« und »Weltseele« im *Philosophischen Wörterbuch* sind ebenfalls pps. relevant. M.s in 2 Bde.n 1792 vorgelegte Autobiographie bringt Beispiele paranormalen Geschehens bei chassidischen Meistern und Fälle von Telepathie und Präkognition. M.s eigtl. pps. Leistung aber war (zusammen mit Karl Philipp Mo-

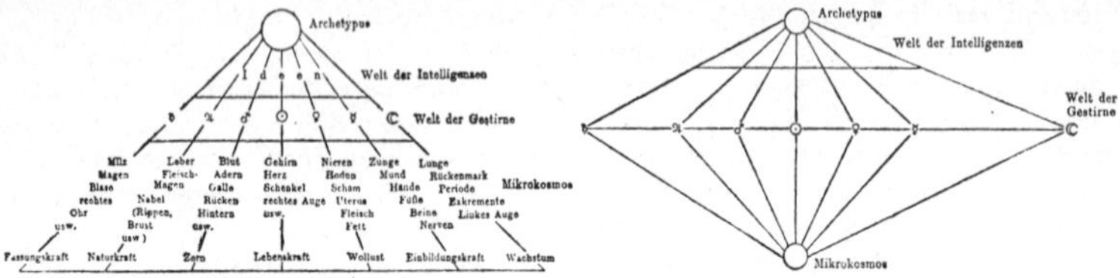

Mikrokosmos-Makrokosmos-Spekulation bei Paracelsus in der schematischen Darstellung von Peuckert (³1944: 44).

ritz) die Herausgabe von *Gnothi sauton* [griech.; »Erkenne dich selbst!«], → *Magazin zur Erfahrungsseelenkunde,* das reiches pps. Material bietet; der von M. geforderte zweite Schritt einer Systematisierung der einzelnen Fälle wurde nicht mehr geleistet.
Lit.: Bergman 1965.

Makrobiotik → Hufeland, C. W.

Makrokosmos-Mikrokosmos-Spekulation, eine der bedeutendsten religionsgeschichtlichen Vorstellungen: Die Welt ist ein großer Mensch, der Mensch eine kleine Welt, und beide entsprechen sich vollkommen. Wird die übereinstimmende Struktur als → Zahlen-Struktur gesehen, so werden Welt und Mensch rechenhaft. – Auf der M.-M.-S. beruhen → Magie, → Mantik und → Astrologie.
Lit.: v. Franz 1955, 1965.

Makyo [jap.; Teufelswelt], Sammelbegriff für bestimmte Erlebnisse (Halluzinationen, Illusionen), die dem → Zen-Schüler nach einiger Zeit der Übung zuteil werden können; sie gelten als (vorübergehende) Zeichen erfolgreicher Meditation, sind aber bloße Begleiterscheinung und haben mit der Erleuchtung an sich nichts zu tun.
Lit.: Schüttler 1974: 31–33.

Malachias von Armagh (ca. 1095–1148), Erzbischof von Armagh, Reformer der irischen Kirche, 1190 heiliggesprochen. Ihm wurden – zu Unrecht – die »Weissagungen des M.« zugesprochen: 111 kurze lat. Sprüche, die sich auf Charakter und Persönlichkeit der Päpste von Cölestin II. an († 1144) bis zum Ende der Welt und des Papsttums beziehen. Die Fälschung dürfte um 1590 in der Zeit des Konklaves (Papstwahl) entstanden sein (deshalb ergeben sich verblüffende Übereinstimmungen – z. B. Spruch Nr. 103: *ignis ardens,* »brennendes Feuer«, für Pius X. – für die Zeit bis zum Ende des 16. Jh.s; vgl. → Lehninsche Weissagung); danach wäre das Datum eines Druckes, 1545, ebenfalls fiktiv (als sein Hrsg. wird ein Benediktiner, Arnold Wion, gen.; Kreyher 1880 I: 178; vgl. Zedler 19, 1739, Spalte 690).

Maleficium [lat.; Übeltat], vom MA. bis in die Neuzeit üblicher Begriff der Rechtspflege; bezeichnet das »Hexenwerk«, die einzelne zauberische Handlung.

Malleus Maleficarum [lat.; Hexenhammer], eine 1487 von den beiden Dominikanern Heinrich Institoris (ca. 1430–1505) und Jakob Sprenger (1436/38–ca. 1495) besorgte systematische Darstellung des spätmittelalterlichen und frühneuzeitlichen → Hexenwesens und zugl. Anleitung zu seiner Bekämpfung. Unter dem Einfluß dieses Werks begann in Frankreich und Deutschland eine »Hexenjagd« im wahrsten Sinne des Wortes, gefolgt von zahllosen → Hexenprozessen. Obwohl der M. M. eigtl. als Privatschrift erschien, erlangte er bald gleichsam gesetzliche Kraft. Er heizte nicht nur die Hexenverfolgungen an, sondern, entgegen seiner Zielsetzung, bestärkte noch den Hexenglauben. Ein besonders hervorstechender Zug der sich wiss. gebenden Arbeit ist ihre starke Frauenfeindlichkeit. Man hat den M. M. mit einer gewissen Berechtigung »das verruchteste und zugleich läppischeste, das verrückteste und dennoch unheilvollste Buch der Weltliteratur genannt« (Diefenbach 1886); dennoch kommt ihm ein gewisser Quellenwert für die pps. Kasuistik zu (dt. Übersetzung in 3 Teilen von J. W. R. Schmidt, ³1922/23).

Malmedium → Automatisches Malen.

Mana, ein melanesisches, ursprünglich wahrscheinlich polynesisches Wort, das der engl. Missionar R. H. Codrington gegen Ende des 19. Jh.s von den Salomonen-Inseln nach Europa brachte. Ihm zufolge ist M. unabhängig von der physischen Stärke; es »wirkt Krankheit und Heilung, regelt Wetter und Regen, läßt die Zukunft erkennen, erweist Schuld oder Unschuld eines Angeklagten; Gift und Beschwörung werden durch M. wirksam« (C. 1891). M. wurde zum religionswiss. Fachbegriff und bezeichnet *Macht* in dem spezifischen Sinn von »numinoser Kraft«. M. kann an bestimmte »heilige« Personen gebunden sein und auch vererbt werden, es kann aber auch von Tieren oder von (nach unseren Vorstellungen »toten«) Objekten ausgehen. Ereignisse können ebenfalls M. setzen; es kann gewonnen und verloren werden. Dem M. verwandte Vorstellungen finden sich bei den verschiedensten Kulturen: *megbe* heißt Vergleichbares bei afrikan. Pygmäen, *elima* bei den Nikundo, *hasina* auf Madagaskar, *wakan* oder *wakonda* bei den Sioux, *oki* bei den Huronen, *orenda* bei den Irokesen usw. Für den europ. Bereich belegt neben anderen Erscheinungen der → Königssegen den M.glauben. Im Einzelfall ist zu prüfen, ob M. selbständige Kraft oder abhängig von einem höheren Wesen ist: Bemerkenswerterweise begleitet der frz. König das Handauflegen beim Königssegen mit dem Satz: *Le Roy te touche et Dieu te guérit!* (Der König berührt dich und Gott heilt dich).

Es bestehen phänomenale Berührungen zwischen M.vorstellungen und den Hypothesen einer psychischen Kraft oder Energie, wie sie in der Pps. und ihrem Umfeld begegnen.

In der → Analytischen Ps. bezeichnet M. die spezifische Kraft eines psychischen Teilbereichs; sie kann die Konstellation, d. h. die Aktivierung, das Heraustreten des ihr zugehörenden → Archetyps bewirken, der damit seine Herrschaft über die Psyche antritt. – *Mana-Persönlichkeit* bezeichnet bei Jung den Archetypus eines Leitbildes; die unbewußte Identifikation einer Person mit einer großen Persönlichkeit (z. B. Beethoven, Jesus, Napoleon usw.) – vielleicht wird hiermit eine Möglichkeit geboten, subjektiv erlebte Wiederverkörperung zu verstehen; es erscheint auch sinnvoll, Trancepersönlichkeiten (→ Kontrolle) auf ihren möglichen Charakter als M.-Persönlichkeit zu prüfen.

Lit.: Jung GW VII 1964, Kap. 4; Lehmann 1922; Thurnwald 1920.

Mänaden [griech.; die Rasenden] → Dionysos.

Mana-Persönlichkeit → Mana.

Manas [sanskr.; Geist, Denkorgan), in der ind. Ps. Träger des psychischen Lebens, Organ der Affekte; im Buddhismus gilt M. als ein inneres Sinnesorgan. Die → Besant und die → Blavatsky verstanden unter M. das »inkarnierte Ego« (auch »5. Körper des Menschen« oder »Mentalkörper« gen.).

Mandala [sanskr.; Kreis], Meditationsbild in tibet. und ind. Religionen; häufig bildet ein vierfach akzentuierter Kreis die Grundstruktur. Die → Analytische Ps. sieht das M. als archetypisches Bild, als Symbol des Selbst. Zeichnet in der Jungschen Therapie der Patient spontan M.s, so deutet sie der Therapeut als inneres Bild, als Versuch, einen bestimmten Gedanken zu artikulieren (Entsprechendes gilt für M.s in Träumen). Jung spricht vom M. als einem »realen Spiegelbild einer Bewußtseinseinstellung ..., über dessen innerste und letzte Struktur wir nichts wissen«.

M.s treten in der Magie auf (»Zauberkreise«), das gezeichnete Horoskop kann als M. betrachtet werden, mnemotechnische Systeme beruhen oft auf M.s, manche Wahrsagebretter (z. B. im Ifa-Orakel; → Orakel) und → Oui-ja-Boards können als M.s aufgefaßt werden. Daraus kann die

Links: Klassisches Mandala. Rechts: Mandalaartige spontane Zeichnung eines depressiven Menschen (Harding o. J.: 370). Die Scheiben im Seelenkreis entsprechen den Lebensschwierigkeiten des Patienten. Die von diesen Punkten ausgehenden Linien können den Mittelpunkt nicht erreichen, weil dieser von einer zusammengerollten Schlange verdeckt und bewacht wird.

Pps. vorläufig nur den Schluß ziehen, daß das M. ein Hilfsmittel ist, das manche psychische und parapsychische Prozesse erleichtert (→ Psychischer Induktor). → Meyrink schildert erfolgreiche Versuche, mittels zweier tibet. M.s verlorene Gegenstände wiederzuerlangen (1973: 264–73).

Lit.: Argüelles/Argüelles 1974.

Mandorla [ital.], mandelförmiger Heiligenschein.

Manen [lat. *Di Manes*], die Totengeister der röm. Religion. Die Etymologie des Wortes ist nicht geklärt; falls die Herleitung von *manus* (gut) zutrifft, also »die guten Götter«, könnte darin der Wunsch zum Ausdruck kommen, die vielleicht gefährlichen Geister geneigt zu stimmen. Der Begriff wird stets im Plural gebraucht: Hinweis auf ein »Totengeisterkollektiv« ohne individuell Überlebende? Auch da, wo M. eindeutig auf *eine* Person bezogen wird, ist unklar, ob damit die Totengeister der Vorfahren des Verstorbenen gemeint sind oder ob an mehrere überlebende Seelen eines Individuums gedacht wird.

Lit.: Otto 1923.

Mangobaumtrick, auch *Mangobaumwunder,* von ind. Fakiren vorgeführtes »Kunststück«: Die Zuschauer haben den Eindruck, Wachsen, Blühen und Früchtetragen einer *Mangifera indica* sozusagen im Zeitraffertempo mitzuerleben. Sicherlich gibt es trickhafte Vorführungen, aber bei einigen Schilderungen ist nicht leicht vorstellbar, wie die Zuschauer getäuscht worden sein sollen; die Naturwissenschaftlerin → Moser hält es jedenfalls für möglich, daß der Mangokern durch eine besondere Behandlung zu hoher Wachstumsgeschwindigkeit gebracht werden kann (M. 1974: 392).

Lit.: v. Klinckowstroem 1922, 1925.

Manichäismus, nach ihrem Stifter, dem Perser Mani (216–276), benannte spätgnostische Religionsgemeinschaft, die sich auf dem Wege der Missionierung bis nach China und Spanien ausbreitete. Bis zum Ende des 19. Jh.s waren die Werke des → Augustinus und kirchliche Abschwörungsformeln die wichtigsten Quellen für das Studium des M. Seit der Zeit wurden syrische, arab., koptische u. a. Quellen bekannt, aber außer einigen Briefen keine vollständige Schrift von Mani selbst. Der M. war eine synkretistische Religion, charakterisiert durch eine dualistische Diesseitsordnung, die einem monistischen Jenseits gegenübersteht. Das Diesseits ist die Bühne für den Kampf des Guten (Licht) gegen das

Böse (Finsternis); aber auch jedes Individuum selbst ist eine solche Bühne, der Erlösungsweg des einzelnen führt aus der Dunkelheit zum Licht. Die Gemeinde zerfiel in Elekten (Erwählte) und Laien. Die Elekten führten ein asketisches Leben: Zölibat, Weinverbot, Vegetarismus. Mysterien, Meditation und Seelenaufstiegsrituale waren für den M. wesentlich. – Die einstige Weltreligion hielt sich in China bis ins 14. Jh., inwieweit im mittelalterlichen Europa in bestimmten Sekten wie den Bogomilen, → Katharern u. a. der M. weiterlebte, ist umstritten.

Lit.: Widengren 1961.

Manie [griech.; Raserei], hochgradige affektive Erregung. Der Begriff *Maniker* bezeichnet einen Persönlichkeitstyp, der voller Unrast ist, voll »unmotivierter« Heiterkeit und übersteigertem Selbstgefühl, das jede Selbstkritik verstummen läßt. – Das *manisch-depressive Irresein* ist eine endogene Psychose, eine »Gemütskrankheit«, bei der manische und depressive Phasen einander in unterschiedlich langen Intervallen ablösen.

Nur in der erstgenannten allgemeinen und auch in der Religionsps. üblichen Bedeutung scheint M. Parapsychisches zu begünstigen.

Manifestation [von lat. *manifestare;* offenbaren, sichtbar machen], 1. in der Medizin das Offenbarwerden einer bestimmten Erkrankung oder einer Erbanlage; 2. in der Tiefenps. das In-Erscheinung-Treten eines unbewußten Komplexes bei krankhaften Störungen oder geistigen Ersatzhandlungen; 3. im Spiritismus das Erscheinen oder zumindest das akustische Sich-Bemerkbarmachen von »Geistern«; 4. in der Pps. jedes Ereignis, in dem sich die Psi-Funktion dokumentiert.

Mann, Thomas (1875–1955), dt. Schriftsteller. Im erzählerischen Werk M.s spielt Parapsychologisches, sieht man von einer Stelle im *Zauberberg* (7. Kap., Abschnitt »Fragwürdigstes«) ab, kaum eine Rolle. Er wohnte aber 4 Sitzungen → Schrenck-Notzings mit dem Medium Willi → Schneider bei und wurde Zeuge mehrerer PK-Phänomene: Materialisationen und Objektlevitationen. Seine Eindrücke davon schilderte er in »Okkulte Erlebnisse« und »Drei Berichte über okkultistische Sitzungen«, erschienen 1924 in *Die neue Rundschau* und in *Nachträge* (1974: 33–48). Auch in Briefen an Schrenck-Notzing bestätigte M. seine Erlebnisse:

»Von Betrug in irgendeinem mechanischen Sinn kann nicht die Rede sein. Es handelt sich um eine okkulte Gaukelei des organischen Lebens, um Vorgänge, deren anormale [!] Realität mir unbestreitbar scheint, untermenschlich-tief verworrene Komplexe, die, zugleich primitiv und kompliziert wie sie sind, mit ihrem wenig würdevollen Charakter, mit ihrem trivialen Drum und Dran den ästhetisch stolzen Sinn wohl gar abstoßen mögen, deren zweifellose Wirklichkeit aber den Erkenntnistrieb des Wissenschaftlers bis zur Leidenschaft reizen muß.« (Zit. n. Bender 1974: 501.)

Manning, Matthew (* 1956), engl. Sensitiver, der vor allem über psychokinetische Fähigkeiten verfügt. 1967 sollen zum ersten Mal paranormale Objektbewegungen beobachtet worden sein; nach 3 Monaten war zunächst alles vorbei; doch setzten die Phänomene nach Bekunden M.s 1970/71 verstärkt wieder ein, als er im Internat war:

»Wir hatten einen Schlafsaal mit 25 Betten. Die Phänomene folgten mir dorthin und wurden bald noch heftiger. Scherben, Messer, Steine und anderes wurden mit großer Gewalt durch den Schlafsaal geschleudert. Nach dem Schlafengehen war's am schlimmsten. Erst mein Bett und dann auch andere Betten bewegten sich, wurden von einer unsichtbaren Kraft von der Wand gezogen.« (Es handelte sich um rutschgesicherte schwere Etagenbetten; Andreas 1974: 785 f.)

Bei M. zu Hause wurden auch Apporte und psychokinetisches Schreiben mit bereitgelegten Bleistiften (die das Medium nicht berührte) beobachtet. Außerdem entwickelte M. Automatische Schrift und Automatisches Zeichnen und Malen. Die automatisch produzierten Bilder, die qualitativ jene, die M. bei Normalbewußtsein zu fertigen vermag, weit übertreffen, haben laut → Bender

»fraglos« einen paranormalen Hintergrund. – Mit M. wurden 1974 wiss. Versuchsserien und Erkundungsexperimente *(pilot studies)* in Toronto und Freiburg i. Br. (im → Institut für Grenzgebiete der Ps.) durchgeführt. – *Werke* → Bibl.

Lit.: Interview mit Bender in Esotera *1975, 2, 104–107.*

Mantik [von griech. *mantis;* Seher, und *mantike;* Wahrsagekunst; lat. *divinatio*], in der Antike der Versuch, Unbekanntes, Zukünftiges, den Willen der Götter zu erfahren. Seit → Cicero – der hierin auf Platon zurückgeht – unterscheidet man zwischen *intuitiver* M. (göttliche Offenbarungen, z. B. im Traum oder in der Ekstase des Sehers; darauf weist auch die ursprüngliche Bedeutung des Wortes *mainesthai,* »rasen«, hin) und *induktiver* M. Die induktive M. ist ein regelhafter, teilweise mechanischer Prozeß; bereits in der Antike waren über 100 verschiedene Verfahren bekannt: Deutung wunderbarer und ungewöhnlicher Naturereignisse, die als »Zeichen« verstanden wurden; Interpretation alltäglicher Erscheinungen wie das Rauschen in den Bäumen oder das Verhalten von Tieren; Vorhersagen mit Hilfe vorgefertigter Geräte wie beim Losorakel; Beschwören der Toten, damit sie bestimmte Auskünfte erteilen. In den meisten Fällen war die Deutung Kundigen vorbehalten, die M. selbst an Gerätschaften oder Medien gebunden, auch bestimmte Lokalitäten (heilige Haine z. B.) und (Tages-, Jahres-) Zeiten spielten eine Rolle.

Aleuromantie — M. mit Weizenmehl; *Alphitomantie* — M. mit Gerstenmehl oder Graupen; *Arithomantie* — M. anhand des Zahlenwerts der Buchstaben eines Namens oder Begriffs; *Astragalomantie* – M. aus mit Zeichen versehenen Knöcheln, mit denen gewürfelt wurde. Da der Schwerpunkt eines Knöchels nicht in seiner Mitte liegt, sind bestimmte Seiten beim Würfeln häufiger; die selteneren Würfe galten als die besseren. Regelhaft waren die Wurfkombinationen nach Göttern, Heroen, bedeutenden Menschen oder bestimmten Ereignissen benannt. Eine Form der Weissagung war, eine Beziehung zwischen dem Namen des Wurfs und der Frage an das Orakel zu konstruieren. Mehrere, teils sehr komplizierte Systeme scheinen in der A. in Gebrauch gewesen zu sein. *Astromantie* — M. aus Sternbildern, Ausdeutung des Sternenhimmels, astrol. Zukunftsdeutung; *Belomantie* — Pfeilorakel; die verbreitetsten Techniken waren im Orient das Schießen auf ein Ziel, das einen Sachverhalt oder einen Gegenstand versinnbildlichte. Auch das Ziehen oder Schütteln beschrifteter Pfeile aus einem Köcher (Lostechnik), das Treffen oder die Art des Vorbeischießens wurden mantisch gedeutet (vgl. im A.T.: 1. Sam. 20, 19–22; 2. Kön. 13, 15 f.; Hes. 21, 26.). *Biomantie* — divinatorische Vorhersage der Lebensdauer, z. B. im Rahmen der → Chirologie; *Cephalomantie* — M. aus den Kopfbewegungen eines Tieres oft eines Esels); *Coscinomantie* — Sieborakel, möglicherweise verwandt mit Aleuromantie und Alphitomantie. Das Sieb galt als ein Kennzeichen der → Magier; *Daktylomantie* – Ringweissagung, Pendeln mit einem an einem Faden aufgehängten Ring (→ Pendel); *Daphnomantie* — M. mit Hilfe des → Lorbeers; *Gastromantie* – besondere Form der Hydromantie: Bauchige Glasgefäße wurden mit Wasser gefüllt und angeleuchtet; in den Spiegelungen auf der Wasseroberfläche wurden Bilder gesehen und gedeutet. *Hippomantie* – M. aus dem Gewieher von der Gottheit geweihten Pferden; *Hydromantie* – Wasserwahrsagung, eine orientalische, bei den Griechen nur selten angewandte Form der Zukunftsdeutung aus Erscheinungen in und über dem Wasser von Quellen und Strudeln, in Schalen, Gläsern usw. So wird z. B. Öl in ein Gefäß mit Wasser gegossen und die sich bildenden Formen des Ölflecks gedeutet; oder man starrt auf eine wassergefüllte Schale und sieht plötzlich oder allmählich in einer Vision eine bestimmte Szene auf der Wasseroberfläche, die ausgedeutet wird. S. a. → Kristallsehen; → Spiegel. *Kapnomantie* – Zusammenfassung bestimmter antiker Orakelformen, vor allem der *Libanomantie* (M. aus dem Rauch verbrennenden Weihrauchs) und der *Pyromantie* (M. aus den Flammen oder dem Rauch des Brandopfers); *Katoptromantie* – Spiegelweissagung (Spiegel waren in der Antike aus poliertem Metall, vor allem Kupfer); *Keromantie* – M. aus Formen, die tropfendes Wachs in Wasser bildet *(Kylikomantie),* oder aus Gestalt und Bewegungen einer Kerzenflamme und ihrer Wachstropfen *(Lychnomantie); Kledonomantie* – Weissagung, die Erscheinungen als Vorzeichen deutet; *Kleromantie* – antikes

Losorakel. In früher Zeit bestanden die Lose aus Steinchen, Scherben oder Holzstückchen, trugen bestimmte Kennzeichen und wurden in einem Helm geschüttelt und dann von den Beteiligten gezogen. Später wurden kunstvollere Steine oder Stäbchen verwandt und statt des Helms eigene Losgefäße *(klärotis)* genommen. In einem anderen Verfahren wurden die Lose in bestimmter Weise auf den Boden geworfen und dann ihre Lage gedeutet. *Kraniomantie* – Schädelweissagung, z. B. aus der Beschaffenheit der Tierschädel nach einem Brandopfer, aber auch M. mit Hilfe eines Totenschädels, den der Seher anblickt oder auf den er die Hand legt, um so eine Verbindung mit dem Jenseits herzustellen; *Krithomantie* – M. aus Gerstenkörnern, z. B. Ausdeutung der Art und Weise, in der ein Hahn Gerstenkörner pickt; *Kybomantie* – Würfelweissagung; kybomantische Verfahren können als Vorläufer unserer heutigen Würfelspiele betrachtet werden; *Lampadomantie* – M. aus den Figuren, die (Fackel-)Flammen bilden; auch die Brenndauer der Fackel wurde berücksichtigt (Gedanke des »Lebenslichts« steht wohl dahinter); *Lekanomantie* – M. mit Hilfe eines Beckens oder einer Schale. Dabei kann es sich um eine Hydromantie handeln, aber auch akustische Erscheinungen können eine Rolle spielen; *Lithomantie* – M. mit Hilfe geschliffener Steine (Gemmen oder Kameen), die als Los benutzt oder intensiv fixiert wurden, um so einen autohypnotischen Effekt zu erzielen, der es, nach heutiger Ansicht, unbewußten Inhalten ermöglicht, ins Bewußtsein aufzusteigen; *Lynomantie* – M. mit Hilfe einer Lampe, in welcher der damaligen Vorstellung zufolge ein gebannter Dämon saß, der Auskünfte geben konnte (vgl. Aladins Wunderlampe in den Geschichten aus 1001 Nacht); auch das Erzeugen eines autohypnotischen Effekts beim Fixieren der Lampe mag von Bedeutung gewesen sein; *Nektromantie* – Bei Paracelsus die Beschwörung persönlicher und familiärer Schutzgeister; *Onymantie* (Onychmantie) – Art der Kristallomantie mit Hilfe eines → Fingernagels; *Ooskopie* – M. aus Eiern; *Orneomantie* (Ornithomantie) → Vogelschau, das antike Augurium (→ Auguren); *Pegomantie* – hydromantische Orakel, gelegen an einer Quelle; *Plumbomantie* – M. aus den Formen gegossenen Bleis; *Rhabdomantie* – Losen mit Holzstäbchen, Schütteln stumpfer Pfeile im Köcher, vielleicht auch M. mit Hilfe einer → Wünschelrute; *Rhapsodomantie* – M. aus Versen, die man scheinbar zufällig, angeblich aber infolge göttlicher Eingebung aufgeschlagen hat; *Sphondylomantie* – M. aus Rückenwirbeln; *Theomantie* – M. aufgrund (vermuteter) göttlicher Inspiration; *Trapezomantie* – M. mit Hilfe eines Tisches, möglicherweise ein Vorläufer des neuzeitlichen → Tischrückens; *Tyromantie* – antikes Ordal: Der Beschuldigte mußte Käse und Brot essen, vermochte er eine bestimmte Menge davon nicht in vorgeschriebener Zeit zu schlucken, so galt er als schuldig, d. h., eine angstbedingte physiologische Reaktion wurde als Wink der Gottheit verstanden; *Xylomantie* – M. mit Hilfe hölzerner Würfel oder hölzerner Lose (Runenstäbe).

S. a. → Aeromantie; → Alektryomantie; → Auspicium; → Axinomantie; → Bibliomantie; → Chiromantie; → Däumeln; → Divination; → Fingernagel-Vision; → Geomantie; → Gyromantie; → Kartomantie; → Kylikomantie; → Leberschau; → Lorbeer; → Losbücher; → Loswerfen; → Metoposkopie; → Nekromantie; → Nigromantie; → Oneiromantie; → Stichomantie.

Lit.: Bouché-Leclercq 1879–82; Hallidays 1913.

Mantis [griech.; Seher, vermutlich von *mainomai*, erregt sein, abzuleiten], in der griech. Mythologie Bezeichnung für jeden institutionalisierten Seher und göttlich Inspirierten.

Manto, Seherin der griech. Mythologie, Tochter des → Teiresias; nach anderer Überlieferung des → Melampus, Mutter des Sehers Mopsos; lebte lange in Delphi und begründete angeblich das Orakel von Klaros in Ionien.

Marbe, Karl (1869–1953), dt. Psychologe, einer der Hauptvertreter der sog. »Würzburger Schule«, die vor allem mit ihren Untersuchungen über das bildlose Denken bekannt wurde; seine Dissertation schrieb M. über die Problematik der verschiedenen Bewußtseinsebenen. Eine massiv anti-pps. Einstellung demonstrierte er in seinem Aufsatz »Die okkultistische Bewegung der Gegenwart« (ersch. in: *Preußisches Jahrbuch* 197, 1924). Telepathie erklärte M. durch psychische Gleichförmigkeit (1916).

Märchen, Gattung der epischen Dichtung, eine mehr oder weniger phantastische Erzählung zum Zwecke der Unterhaltung, in der die Grenzen zwischen der Realität und dem Wunderbaren, Außerordentlichen aufgehoben sind; die Wirklichkeit wird in eine übernatürliche Welt transzendiert. Geister, Dämonen, Hexen und Zauberer greifen in das menschliche Geschehen ein, strafen und belohnen nach Gutdünken; Tiere und Dinge sprechen und handeln wie Menschen. Die *Volksmärchen* sind Schöpfungen eines oder mehrerer unbekannter Urheber (im Gegensatz zum *Kunstmärchen,* das von einem Autor stammt – z. B. Tieck, E. T. A. Hoffmann, Goethe, Mörike u. a. schrieben Kunstm.); im Volksm. werden – je nach Kultur variierend – immer wieder bestimmte, formelhafte Geschehensabläufe und Typen (→ Archetyp) aufgegriffen. Parapsychisches ist häufig Motiv und Element im M. Frühere Formen des Weltverständnisses (z. B. →Makrokosmos-Mikrokosmos-Spekulationen) können im M. erhalten geblieben sein; die Tiefenps. nähert sich dem M. in ähnlicher Weise wie den Träumen.

Lit.: v. Beit ²1960; Laiblin 1969; Peuckert 1938; Sannwald 1965; S. Thompson 1932–36.

Mareysche Waage, nach dem frz. Physiologen Etienne Jules Marey (1830–1904), der sich vor allem dem Studium der menschlichen und tierischen Bewegungen widmete, benannte Waage, die gelegentlich bei mediumistischen Untersuchungen eingesetzt wurde. So z. B. im Institut Général Psychologique bei Séancen mit Eusapia → Paladino, die mit dem Ziel abgehalten wurden, Tischlevitationen zu dokumentieren.

Es »zeigte sich, daß jedesmal, wenn die ihr zunächst befindlichen Tischbeine sich hoben, der Apparat eine Gewichtsvermehrung, wenn die Beine der entgegengesetzten Seite sich hoben, der Apparat eine Gewichtsverminderung registrierte; d. h. alles lief so ab, als ob der Stützpunkt der Kraft im Medium selber liegt. Denn unter der Annahme, daß Eusapia mechanisch tätig ist, muß sie z. B., um die Tischbeine der entgegengesetzten Seite zu heben, einen Druck auf die Tischplatte ausüben und demnach den beim Sitzen auf die Waage geübten Druck vermindern.« (Dessoir 1917: 163.)

Margery → Crandon, M. S.

Maria Judaica, die »Jüdin Maria«, legendäre Alchimistin, der die Überlieferung die Erfindung mehrerer alchimistischer Geräte – am bekanntesten das Wasserbad, *balneum Mariae* – und den Traktat *Practica in artem alchimicam* (1572 u. ö.) zuschreibt, der unter dem Namen »Maria Prophetissa« erschien. Der Text enthält den berühmten Satz: »Aus der Eins wird Zwei, aus Zwei wird Drei, und von dem Dritten das Eine (ist) das Vierte«, der oft Gegenstand kosmologischer Spekulationen war. Wahrscheinlich besagt er, daß die Vier nicht im Verlauf einer fortschreitenden Zahlenreihe (1, 2, 3 ... n) »entsteht«, sondern daß sie rückblickend als von jeher existent erkannt wird, wenn man die Drei als Einheit sieht und zur Ureins in Beziehung setzt (→ Zahlen). (Der nächste Schritt in dieser alchimistischen Zahlenreihe ist der → Stein der Weisen als *quinta essentia*; das »fünfte Seiende« ist nicht ein 5. Element, sondern die 4 Elemente als Einheit gesehen.) Jung nannte den oben zitierten Satz das »Axiom der Maria Prophetissa«; für ihn stellte sich zwischen Drei und Vier ein ps. Problem: Der Weg von der Eins bis zur Drei bildet Dynamik ab, die Rückbeziehung auf die Eins in der Vier bringt dem Menschen die Ganzheit, birgt aber zugl. die Gefahr, daß die Sprengkraft der Dynamik diesen Akt verhindert. In diesem numerischen Bild betrachtete Jung sowohl die individuelle → Individuation als auch geistesgeschichtliche Ereignisse wie die *assumptio Mariae,* das Dogma der Himmelfahrt Mariens, das der Drei der Dreieinigkeit ein Viertes zugesellte.

Lit.: v. Franz 1970: 65, 172 f.; Goldschmidt 1939; Jung 1948.

Maria Maddalena de Pazzi (1566–1607), ital. Karmeliterin. Die 1669 heiliggesprochene M. M. nimmt einen wichtigen Platz in der Geschichte der kath. Mystik ein. Sie durfte sogar mit priesterlicher Genehmigung in Ekstase Exorzismen vornehmen. In der Ekstase war M. M. kataleptisch; ihr Gewicht stieg dabei an. Normalerweise infolge der vielen asketischen Übungen blaß und mager transfigurierte sie in der Ekstase zur gesund aussehenden blühenden Schönheit, die zudem über außerordentliche physische Kräfte verfügte: So sprang sie einmal 15 Ellen hoch auf ein nur ein Drittel Elle breites Gesimse und nahm, ohne zu straucheln, den Gekreuzigten vom Kruzifix. In Ekstase konnte sie auch bei Dunkelheit mechanische Tätigkeiten (Kochen, Handarbeit) verrichten. Den Inhalt eines Briefes erfuhr sie »im Geiste« und konnte ihn ihren Mitschwestern mitteilen, ehe der Brief eintraf. Pps. interessant erscheint auch, daß sie in einer Vision durch das Bild einer Taube erfuhr, daß eine künftige Novizin sich dem Wunsch ihres Vaters beugen wollte und bereit war, auf den Eintritt ins Kloster zu verzichten. Die Visionärin rief: »Halte sie, o Jesu, halte sie!« – und das Mädchen vermochte nicht, das Zimmer zu verlassen, um zu seinem Vater zu gehen.

Lit.: Benz 1969; Cepari 1857.

Maria Prophetissa → Maria Judaica.

Maria von Mörl (1812–1868); Stigmatisierte aus Südtirol. Im Alter von 20 Jahren stellten sich bei ihr, offensichtlich nach längerer Krankheit, die ersten Ekstasen ein; allein in der Zeit von Ende Juli bis zum 15. 9. 1833 mußte M. den Besuch von etwa 40 000 Neugierigen ertragen. 1834, mit 32 Jahren *(imitatio Christi!)*, wurde M. bleibend stigmatisiert.

Lit.: Görres 1927: 233–47.

Marienerscheinungen, traten im Katholizismus offensichtlich erst nach der Reformation auf, als die Gegenreformation in der röm.-kath. Kirche dem Marienkult besondere Aufmerksamkeit schenkte. 1854 wurde das Dogma von der Unbefleckten Empfängnis Mariens verkündet, 1950 das von ihrer leiblichen Himmelfahrt *(assumptio)*. Seit dem frühen 19. Jh. häufen sich M.: Die bekanntesten sind wohl die von La Salette (1846), → Lourdes (1858) und → Fatima (1917). S. a. → Jeanne d'Arc.

Lit.: Algermissen u. a. 1957 ff.; Marillier 1891/92; v. Däniken 1974 (tabellarische Übersicht).

Marina von Escobar (1554–1633), span. Nonne und Visionärin. In der Vision erlebte M. eine Art → Transfiguration: Die Altersrunzeln verschwanden und auch sonst fand eine physische »Verjüngung« statt. Sie berichtet von wiederholten Entzückungen, in denen Seele und Leib in den Himmel entrafft wurden, aber auch vom Erlebnis der Seelen-Exkursion und dem Eindruck, daß der »irdische Rock«, der Leib, »halbtot« zurückbleibe (→ Out-of-Body-Experience). Eine angebliche Elevation (so der theologische Ausdruck, pps. Autolevitation) geschah ohne Zeugen. M. ist eine der wenigen Mystikerinnen mit Visionen des hl. Geistes (in einer Audition hörte sie ein »Brausen vom Himmel«); sie vermochte die Brautmystik in die Hl.-Geist-Vision zu integrieren.

Bemerkenswerterweise wird von ihr berichtet, daß sie auch alle nur den Schein von Heiligkeit erweckenden Sachen zu vermeiden suchte, wie etwa öffentliche Verzückungen, Levitationen, Asitie, Erscheinungen und Stigmata, »die gar nicht selten mit Betrug des Teufels vermischt sind.« (Zit. n. Benz 1969: 47.)

Mark Twain, eigtl. Samuel Langhorne Clemens (1835–1910), amer. Schriftsteller, Mitglied der S. P. R. Das Schreiben, mit dem er um seine Aufnahme ersuchte (dt. in *Sphinx* I, 1886: 82 f.), wird gelegentlich als Persiflage des Okkultglaubens gewertet:

»Es hat sich mir oft bewiesen, daß Menschen eine krystallklare geistige Verbindung miteinander auf weite Entfernungen hin haben können. Um dies zweifellos zu können, müssen beide Gemüter für den Augenblick in einer besonders günstigen Verfassung sein. Gut, warum sollte denn nun nicht irgend ein Mann der Wissenschaft Mittel und Wege ausfindig machen können, diese für die Verbindung nötige Verfassung willkürlich hervorzurufen? Dann würden wir das langsame und umständliche Telephonieren abschaffen und sagen: ›Ich wünsche Anschluß mit dem Gehirn des Polizeimeisters von Peking.‹ Da brauchten wir gar nicht einmal die Sprache des Menschen zu können ... Telephone, Telegraphen und Worte sind zu langsam für unser Zeitalter; wir müssen noch Schnelleres beschaffen.« (A. a. O.: 82.)

M. T. war es jedoch ernst mit dem Paranormalen; eigene Erfahrungen bilden auch den Hintergrund zweier Aufsätze zur »Mental Telegraphy« (Geistige Telegraphie), wie er die ASW bezeichnete (ersch. in *Collected Literary Essays*, 1900).

In einem Traum sah T. die Leiche seines Bruders Henry in einem Metallsarg liegen, der auf 2 Stühlen stand; auf der Brust des Bruders lag ein Strauß weißer Blumen mit einer einzigen roten Blüte in der Mitte. – 2 Tage später verunglückte Henry tödlich bei der Kesselexplosion eines Dampfers. T. ließ sich zu der Leiche führen, die in der geträumten Weise aufgebahrt war. Direkt nach ihm betrat eine Frau den Raum und legte einen weißen Strauß mit einer roten Rose auf den Toten.

Marryat, Florence, verh. Ross-Church, in 2. Ehe Lean (1837–1899), engl. Autorin. M. kannte so ziemlich alle bedeutenden Medien der 2. Hälfte des 19. Jh.s; sie selbst verfügte ebenfalls über eine gewisse mediale Begabung. Trotz der eher unkritischen Tendenz kommt ihren Büchern ein gewisser Quellenwert zu, vor allem im Hinblick auf die Biographien mancher Medien. – *Werke* → Bibl.

Marshall, Mary (1842–1884), engl. Berufsmedium, das PK-Phänomene produzierte. → Crookes und → Wallace zählen zu ihren Untersuchern.
Lit.: Barkas 1862.

Marsmonde, die M. »Deimos« und »Phobos« wurden 1877 von dem amer. Astronomen Asaph Hall (1829–1907) entdeckt. Bereits 1726 erwähnt jedoch seltsamerweise Jonathan Swift in *Gullivers Reisen* (im Kap. »Travels into Several Remote Nations of the World«, Reisen in verschiedene ferne Länder der Erde) 2 M., deren Beschreibung mit den dann später entdeckten M.n eine gewisse Ähnlichkeit aufweist. Eine pps. Erklärung ist vorstellbar, doch mag das Ganze auch auf einen Zufall beruhen. – Der engl. Generalmajor Drayson verkehrte gelegentlich durch ein weibliches Medium mit dem angeblichen Geist eines verstorbenen Astronomen. 1858 fragte Drayson den »Astronomen«, ob er heute mehr wisse als zu Lebzeiten, und der »Geist« bot eine neue Erklärung der Rückläufigkeit der Uranusmonde, die erst später in der Astronomie diskutiert und akzeptiert wurde; 1859 erklärte derselbe »Geist«, es gebe 2 M. (Du Prel [1893]: 54 f.) – 18 Jahre vor ihrer Entdeckung.

Marssprache, die von Helene → Smith entwickelte M. erfuhr eine merkwürdige Parallele in den automatischen Produktionen der »Mrs. Smead« (Pseudonym für die Ehefrau des amer. Predigers Willis M. Cleaveland). Um 1895 und 1900 bezogen sich manche ihrer Niederschriften in sehr naiver Form auf den Mars und seine Bewohner; »martische« Sprache wurde in »martischen« Hieroglyphen festgehalten. Es ist möglich, daß »Mrs. Smead« von dem Phänomen der Helene Smith gehört hatte.
Lit.: Hyslop 1906.

Martinez, Luis, mexikanisches PK-Medium, das seit 1933 Levitationen und Phantome produzieren soll; 1964 von → Roll in einer Dunkelsitzung des Betrugs überführt (das Medium agierte als Phantom).

Martin-Stribic-Experimente, Dorothy Randolph Martin (* 1912), amer. Psychologie-Professorin an der Universität von Colorado, führte zusammen mit der Mathematikerin Francis P. Stribic in den Jahren 1938–40 eindrucksvolle quantitative ASW-Experimente durch: In Vorversuchen wählten sie unter 322 Studenten einen aus, der im → DT-Test hellseherische Fähigkeiten zu zeigen schien. Die beiden Forscherinnen stellten mehr als 300 000 Einzelversuche an, deren Anordnung nur wenig variiert wurde. Die Hauptvp. erreichte in 3500 Spielen eine durchschnittliche Trefferzahl von 6,85; der Trefferdurchschnitt aller 12 000 Spiele betrug 5,83. »Angesichts solcher Zahlen ist der Zufall eine lächerliche Alternative«, meint Rhine (1950: 65) und nennt die M.-S.-E. die »vielleicht ... größte Arbeit, die auf dem Gebiete der Pps. überhaupt geleistet wurde« (ebd.: 64), *Lit.: Martin/Stribic 1938, 1940.*

Martin von Tours (316/17–397), Bischof, Schutzpatron der Franken. Aus dem Leben des hl. M. (ursprünglich ein röm. Soldat; aus jener Zeit stammt auch die bekannte Legende von der Mantelteilung mit dem Bettler) werden zahlreiche Wundertaten berichtet: mehrere Wiedererweckungen von Toten, wunderbare Errettungen u. ä.; allerdings tragen viele dieser Berichte legendenhafte Züge. Bei M.s Tod soll dem Leichnam ein betörend süßer Duft entströmt sein. Sein Grab zu Tours wurde zum Wallfahrtsort, wo sich angeblich zahlreiche Heilungen u. a. Wunder ereignet haben.

Mascon, »der Teufel von M.« wurde für Spukereignisse verantwortlich gemacht, die sich Ende des Jahres 1612 im evang. Pfarrhaus zu M., Burgund, ereigneten: Geschirr flog durch die Luft, Türen öffneten und schlossen sich ohne sichtbare Ursache, gewaltiger Lärm unbekannten Ursprungs wurde gehört. Nach 5 Tagen setzten die charakteristischen Phänomene dieses Falles ein: Erst heiser und zögernd, dann immer sicherer werdend ertönten → Direkte Stimmen. Etwa 8 Wochen lang kamen allabendlich Gäste und unterhielten sich mit dem Unsichtbaren; manche Mitteilungen enthielten ASW-Informationen. Im schriftlichen Bericht des betroffenen Pfarrers François Perrault, der möglicherweise erst 1644 vorlag, wird mehrfach eine Magd erwähnt, die wahrscheinlich die Bezugsperson der Ereignisse war. Die verschiedenen Direkten Stimmen scheinen verschiedene Persönlichkeitsabspaltungen (→ Kontrollen) dieser Magd gewesen zu sein.
Lit.: Perrault 1853; Thurston 1955: 61–75.

Maskelyne, John Nevil (1839–1917), engl. Taschenspieler, der sich vor allem um die Entlarvung betrügerischer physikalischer Medien und um die Nachahmung ihrer Tricks bemühte. Er rühmte sich, die Entfesselungen der → Davenport-Brüder als Betrug entlarvt zu haben, und betonte immer wieder, daß sich Gelehrte besonders leicht täuschen ließen. Im Auftrag der S. P. R. nahm er auch an Sitzungen mit der → Paladino teil. M.s Söhne übernahmen die Arbeitsweise ihres Vaters. – *Werke* → Bibl.

Masochismus, nach dem Schriftsteller Leopold Ritter v. Sacher-Masoch (1836–1895) benannte sexuelle Perversion, die sexuelle Lust nur durch Schmerz erleben kann. – Dem Begriff »Mystischer M.« liegt die irrige Annahme zugrunde, Visionäre erbäten bewußt von Gott eine Krankheit, um zu seinem höheren Ruhme zu leiden. Dieser Fall ist aber selten; ein Beispiel dafür bietet → Juliane von Norwich.

Massenpsychologie, der frz. Psychologe Gustave Le Bon (1841–1931) begründete mit seinem Buch *Psychologie des Foules,* 1895 (dt. *Psychologie der Massen,* 1908), diese ps. Disziplin. Der Autor postulierte in seinem Werk eine »Massenseele« und ein »Kollektivbewußtsein« und beschrieb deren Kennzeichen. Von Freud u. a. wurden die Thesen Le Bons zustimmend aufgegriffen; die heutige Sozialps. sieht in der *Psychologie der Massen* jedoch eher ein kulturphilos. Werk als ein sozialps.; Konstrukte wie »Massenseele« erscheinen ihr fragwürdig. Man versteht heute unter Masse in der Ps. eine wenig strukturierte Vielfalt von Menschen, die, bedingt durch gemeinsame Motivation (Neugier, Angst, Emotionen, Affekte usw.) ein relativ einheitliches (positives oder negatives) Verhalten zeigt. Die Frage nach paranormalen Elementen bei den Phänomenen der Masse ist noch weitgehend ungeklärt; allerdings nehmen → Tenhaeff u. a. Forscher an, daß der Zusammenschluß der Masse durch telepathische Kommunikation mitbedingt ist.
Die Begriffe *Massensuggestion* und *Massenhalluzination,* die immer wieder wunderbare Ereignisse, die mehrere Zeugen hatten, rational »erklären« sollen, bezeichnen selbst wenig gesicherte Tatbestände; ob z. B. paranormale (telepathische) Informa-

In der 2. Hälfte des 19. Jahrhunderts waren »somnambule Séancen« ein beliebter Zeitvertreib in den Salons der Gesellschaft.

tionen dabei eine Rolle spielen, bleibt völlig offen. Ein Beispiel, daß paranormale Massensuggestion belegen könnte, bringt Moser (1974: 36): Ein amer. Journalist behauptete, daß er zusammen mit vielen Zeugen sah, wie ein Priester (vermutlich auf einer Südostasien vorgelagerten Insel) durch ein Flammenmeer schritt; die Fotos zeigten dann aber nur Zuschauer und Flammenmeer – keinen Priester. – Wird von Massensuggestion oder -halluzination gesprochen, so ist nicht immer »Masse« im sozialps. Sinn gemeint, sondern oft einfach nur eine mehr oder weniger große Gruppe von Menschen.

Lit.: Blondel 1958; Hofstätter 1957; McDougall 1921.

Materialisation [lat. Kunstwort; Verstofflichung], pps. Bezeichnung für ein behauptetes parapsychisches Phänomen: eine angeblich objektive (materielle) Erscheinung, optisch und/oder haptisch wahrnehmbar, von unterschiedlicher Dichte und Dauer, manchmal leuchtender Natur.

»Man kann sagen, daß es ein allgemeines Gesetz ist, daß je mehr ein fluidisches Organ materialisiert ist, desto weniger ist es fähig, Licht zu erzeugen. Licht oder Materie – das scheint die energetische Alternative des Mediumismus zu sein.« (Ochorowicz, zit. n. Peter o. J.: 27.)

Nach spiritistischem Verständnis ist die M. die Verdinglichung eines sich manifestierenden Geistes, nach animistischer Hypothese eine durch die Psyche des Mediums und/oder der Sitzungsteilnehmer bewirkte Gestaltung. Das hypothetische → Ektoplasma organisiert sich zu bestimmten Formen: menschenähnlichen Gestalten, Teilen von Menschen (besonders häufig sind Hände), Tieren, Gegenständen. Unterschieden werden Teil- und Vollm.en verschiedenster Grade. Manche bedeutende Forscher, z. B. → Crookes und → Richet, glaubten ernsthaft an zeitweilige Gebilde mit Skelett, Kreislauf, Atem, usw. – Die Annahme, eine M. sei eine extrasomatische Verdinglichung des hypothetischen → Ätherleibs, ist sowohl im Animismus als auch im Spiritismus möglich.

Zur Zeit scheint es in Europa keine M.-Medien zu geben. Soweit bei den M.en bewußter oder unbewußter (in Trance verübter) Betrug ausscheidet, versteht die tiefenps. orientierte Pps. die M.en als vergegenständlichte Produkte psychischer Dissoziationen. Von seiten der Physik wurde erwogen, ob lebende Wesen unter vorerst nicht bekannten Bedingungen in der Lage sind, Neutronen oder gar Protonen auszustoßen, die sich außerhalb des Körpers zu Gebilden organisieren könnten (Wüst 1953).

Lit.: Abbot 1907; Bisson 1914; Bolton 1919; Brackett 1886; Carrington 1908; Delanne 1911; Geley 1920, 1926; Olcott 1875; Sargent 1876; Schrenck-Notzing 1920.

Materialismus, philos. Richtung, die nur die Materie als wirklich existierend anerkennt, als Grund und Ursprung auch von Seele, Geist, Verstand, die nur Funktionen der Materie sind. Die gegengesetzte philos. Position vertritt der Idealismus.

Auseinandersetzungen über die Berechtigung der Pps., sich Wiss. zu nennen, werden häufig unter dem Aspekt des M. geführt: So wenn z. B. manche Gegner der Pps. ihr vorwerfen, sie betreibe das Geschäft des Mystizismus, Spiritismus, Irrationalismus und des Aberglaubens (→ Prokop). Eine solche Kritik zeugt von mangelndem Differenzierungsvermögen zwischen den genannten verschiedenen (Welt-) Anschauungen und verkennt zugl. das aufklärerische Selbstverständnis der Pps. Begünstigt wird sie allerdings durch Positionen innerhalb der Pps. selbst: → Rhine z. B. sieht angesichts der ideologisch-philos. Ost-West-Auseinandersetzung in der Pps. ein Bollwerk zur Verteidigung der westlichen Kultur gegen die »marxistische Gefahr« (Rhine 1945, 1053). Nichtsdestoweniger untersucht die Pps. in erster Linie *Tatsachen* und zwingt zu keinerlei Philos., wohl aber ist zu hoffen, daß ihre Forschungsergebnisse zur philos. Reflexion überhaupt anregen.

Friedrich Engels (1820–1895) schließt an ein polemisch-ironisches Referat über die Anfänge der Pps. – gegen → Crookes – an: »Es zeigt sich hier handgreiflich, welches der sicherste Weg von der Naturwissenschaft zum Mystizismus ist. Nicht die überwuchernde Theorie der Naturphilosophie, sondern die allerplatteste, alle Theorien verachtende, gegen alles Denken mißtrauische Empirie.« (Zit. n. Zwerenz 1974: 148.)

Materie [lat.], Stoff, Substanz, Masse; in der klassischen Physik das, was den Raum ausfüllt; in der Atomphysik aufgelöst in den Dualismus von Wellen und Teilchen; nach der Einsteinschen Masse-Energie-Beziehung auch als Energie zu verstehen. Die Pps., vor allem die der westlichen Länder, betrachtet die Psi-Phänomene als Folgeerscheinungen bestimmter Wechselwirkungen zwischen Geist und Materie, ohne bislang weder das eine (Geist) noch das andere (Materie) näher definieren zu können. – Der Dualismus Geist–Materie wird bei Jung monistisch aufgehoben: Die unterste (kollektive) Schicht der Psyche ist »reine Natur«, sie enthält alles, »also auch Unbekanntes, einschließlich der Materie« (Jung 1961: 4 f.).

Maeterlinck, Maurice (1862–1949), belg. Schriftsteller (Nobelpreisträger 1911), einer der bedeutendsten Vertreter des Symbolismus. In seinen theoretischen Schriften vertrat er die Hypothese einer teleologischen Entwicklung der Evolution; den Menschen und seine Organisationen sah er, Tierstaaten vergleichbar, unbewußt intelligent gesteuert. Pps. Fragen (Phantome, Psychometrie usw.) wandte er sich vor allem in seinem Buch *Der fremde Gast* (1919) zu.

Mathers, Samuel Liddell MacGregor (1854–1918), engl. Okkultist, Vertreter der rituellen Magie. M., Schwager → Bergsons, gründete in England und Frankreich mehrere Orden und okkulte Vereinigungen, zelebrierte »ägyptische Messen« und war in mancher Hinsicht Lehrer → Crowleys. Die beiden entzweiten sich jedoch und führten einen magisch-rituellen Kampf gegeneinander. M. übersetzte neben anderen esoterischen Werken mehrere kontinentaleurop. → Grimoires ins Engl. Den Namen »MacGregor« legte er sich bei, weil er glaubte, gälischer Abstammung zu sein.

Lit.: Howe 1972.

Mattiesen, Emil (1875–1939), aus Livland stammender dt. Philosoph und Komponist. Sein Hauptwerk *Das persönliche Überleben des Todes* (1936–39) untersucht anhand sehr reichhaltigen Materials die spiritistische Hypothese und kommt zu dem Ergebnis, daß sie in manchen Fällen am geeignetsten erscheint, entsprechende Phänomene zu erklären. – *Werke* → Bibl.

Maturin, Charles Robert (1782–1824), irischer Schriftsteller, evang. Geistlicher. Mit seinem Hauptwerk *Melmoth the Wanderer*, 1820 (dt. 1822 u. ö.), legte er zu einer Zeit, als die Blüte der → Gothic novel schon vorbei war, einen Schauerroman vor, den die Kritik als den wohl besten seiner Gattung bezeichnete. Besondere Beachtung verdient, wie M. in seinem Werk, für das er zahlreiche lit. Quellen studiert hatte, die übernatürlichen Ereignisse ps. motiviert.

Lit.: Varma 1957.

Maxwell, Joseph (1858–1915), frz. Jurist (Generalstaatsanwalt am Appellationsgericht Bordeaux). Aus Interesse an der Pps. studierte er zusätzlich Medizin. Er arbeitete mit mehreren Medien, auch mit Meurice, einem PK-Lichtmedium, mit dem er befreundet war, sowie mit der → Paladino. Die Zweiteilung der heute üblichen pps. Klassifizierungen wurde schon von M. vorgenommen; er unterschied bei den »psychischen« Phänomenen »materielle, physikalische« und »geistige« (M. 1903). Seine Veröffentlichungen beschäftigten sich neben dem Mediumismus mit Mantik, Magie und Tarot. – *Werke* → Bibl.

May, Karl (1842–1912), vielgelesener dt. Autor, dessen Werk und außerordentlich reich belegte Biographie mehrfach Gegenstand psychoanalytischer und analytisch-ps. Studien waren. M. selbst verstand sich in reiferen Jahren als »Psycholog«, der das psychodynamische Drama »Mensch« lit. fixiert. Nur in seinen Spätwerken ist die symbolische Gestaltung evident; indessen wollte M. rückblickend alle seine »Reiseerzählungen« allegorisch verstanden wissen. Tatsächlich können sie mit dem Rüstzeug Jungscher Ps. als Beschreibung der →Individuation gedeutet werden. – M. hat sich in mehreren Phasen seines Lebens mit spiritistischen Fragen beschäftigt und sich auch zum Spiritismus bekannt. Ein Verzeichnis seiner Bibliothek weist rund 100 pps. relevante Titel aus. In seinem Haus fanden Séancen (»Tischrücken«), u. a. mit der → Rothe, statt. M.s zweite Frau empfing in Automatischer Schrift Botschaften, die die Lebensverhältnisse M.s stark beeinflußten. Das unvollendet gebliebene Buch *Am Jenseits* (1899, GW 25) beruht auf eigenen spiritistischen Erlebnissen und enthält bedeutende Darstellungen mystischer Erfahrungen. In *Et in terra pax* (1901, GW 30) sind Erscheinungen ein wichtiges Sujet. In anderen Werken, z. B. in dem früher entstandenen *Der blaurote Methusalem* (GW 40), werden spiritistische Praktiken beschrieben, und der Autor distanziert sich ironisch von ihnen.
Von → Aub liegt eine intuitive physiognomische Studie nach einem Porträt M.s vor; sie darf als psychometrische Leistung bezeichnet werden, falls Aub die Abb. als einzige normale Informationsquelle zur Verfügung stand (abgedruckt in May, GW 34, [24]1963: 524–26; ebd., 527 f., eine graphologische Deutung → Klages' von M.s Handschrift).

Lit.: W. D. Bach 1971; Lebius 1908; Wolff 1975; Wollschläger 1976.

Maya, das Sanskritwort bezeichnete ursprünglich die *Zauberkraft*, später die durch sie bewirkte *Illusion*, und als Illusion wird in der vedischen Religion und in den Upanischaden die materielle Welt überhaupt betrachtet, denn es gibt nur eine einzige absolute Wirklichkeit, das All-Eine Brahma. Nur wenn unser Nichtwissen aufgehoben ist, können wir diese Wahrheit erkennen, die Illusion als eine solche durchschauen.

Mean Chance Expectation (MCE) [engl.; Mittlere Zufallserwartung], die Zufallserwartung bezeichnet eine exakte Größe; sie beträgt z. B. bei Versuchen mit den → Zener-Karten 5, d. h. 5 Treffer bei 25 Karten mit 5 je 5mal vertretenen Zeichen. Bei Versuchen ohne Psi-Anteil wird diese 5, die MCE, selbstverständlich nicht jedesmal erreicht, die Ergebnisse streuen um den mittleren Wert.

Medial → Medium.

Mediale Operation → Geist-Chirurgie.

Medianimes Glied, Bezeichnung für → Crawfords hypothetischen → Cantilever.

Medioplasma, svw. → Ektoplasma.
Lit.: Gerloff 1955.

Medium [lat.; das Vermittelnde], bezeichnet im spiritistischen Umfeld eine Person, die den »Geistern« Verstorbener als Mittler für Kontakte zu den Lebenden dient, vor allem indem sie ihnen in Trance oder bei scheinbarem Wachbewußtsein ihre Stimme oder Hand (Automatisches Sprechen und Schreiben) »leiht«. Ob die so empfangenen Botschaften paranormale Informationen enthalten, wird im Spiritismus nicht gefragt. – Auch PK-Phänomene sollen die »Geister« (Operatoren) durch ihre Medien bewirken können.
Obwohl von vielen Forschern abgelehnt, fand der »barbarische Ausdruck« (Myers), das »abscheuliche Wort« (Dessoir, Richet) M. Eingang in die pps. Terminologie und bezeichnet eine Person, die als Agent oder Perzipient ASW-Leistungen vollbringt oder die als Ursache von PK-Phänomenen betrachtet wird. Die Rolle des M.s erscheint dabei im Gegensatz zu der des → Magiers im wesentlichen passiv bestimmt zu sein. Im Spiritismus und in der Pps. unterscheidet man professionelle und nichtprofessionelle Medien; manche Autoren schränken den Begriff M. auf Personen mit PK-Leistungen ein und bezeichnen jene mit ASW-Fähigkeiten als *Sensitive* oder *Paragnosten.*
Die ps. und psychopathologische Beurteilung der Medien ist uneinheitlich: → Lombroso rückte das M. in die Nähe der Hysterica, → Podmore betonte das instabile nervöse Gleichgewicht der Medien. Neben ausgesprochen kranken Medien wie z. B. der → Hauffe oder Mme. → d'Espérance stehen solche, die als normal zu betrachten sind. Und bei den kranken ist zu fragen, ob sie *aufgrund* ihrer Krankheit mediale Fähigkeiten entwickelten, oder ob das kulturell nicht Integrierte dieser ihrer Fähigkeiten als psychosoziale *Determinante* des Krankseins zu sehen ist. Da die Frage, ob das M. Gegenstand der Psychopathologie oder der Ps. sein soll (bis heute) nicht zu beantworten ist, schlug → Dessoir den Ausdruck »Parapsychologie« vor, der sowohl die ps. Komponente umfaßt, zugl. aber darauf hinweist, daß diese nicht das Ganze ausmacht. Bisher ist es nicht gelungen, mediumistische Anlagen aufgrund eines organischen Befunds zu diagnostizieren (von Herodot bis ins 19. Jh. findet sich allerdings die Behauptung, ein Fleck auf der Iris signalisiere parapsychische Fähigkeiten; vgl. → Böser Blick) oder zuverlässige Testverfahren zu entwickeln. – Ein häufiges Persönlichkeitsmerkmal des M.s ist seine übermäßige Selbstbezogenheit. Eine Hypothese geht davon aus, daß in jedem Menschen mediumistische Fähigkeiten latent vorhanden seien, aber nur bei einigen – und dann auch meist nur vorübergehend – manifest werden (u. U. nur einmal im Leben oder während einiger Tage, häufiger in Phasen gesteigerter Selbsterfahrung – z. B. in der Todesstunde). Manche mediale Leistung könnte auf einer kollektiven Anstrengung beruhen: Einige Medien scheinen nur in Gegenwart anderer Menschen ihre Fähigkeiten demonstrieren zu können, und häufig wird nach erfolgreichen Sitzungen behauptet, sämtliche Teilnehmer fühlten sich erschöpft.

Die PK-Manifestation wird von einigen Autoren als Triebabfuhr verstanden. So sah → Carrington (in einem Referat 1921 vor dem Pps. Kongreß in Kopenhagen) Poltergeistphänomene während der Pubertät als ein Phänomen unüblich kanalisierter Sexualenergie an, und → Flammarion schreibt über die → Paladino, daß sie nach längerer Zeit ohne Séance unter einer Art psychischen Triebstaus litt.

Weibliche Medien scheinen zu überwiegen – möglicherweise eine kulturtypische und keine geschlechtsspezifische Erscheinung. Das M. ist »ein so gebrechliches, veränderliches und unbeständiges Instrument« (Richet 1923: 418), daß seine Behandlung als Vp. nicht leicht ist: Man muß dem M. und ggf. den angeblich durch das M. operierenden »Geistern« schmeicheln und entgegenkommen. Das aber kann mit den notwendigen Kontrollmaßnahmen kollidieren, auch therapeutische und wiss. Intentionen können in Konflikt miteinander geraten. – Ob es möglich ist, mediale Fähigkeiten zu trainieren, ist nach wie vor umstritten.

Lit.: Baerwald 1926; A. Johnson 1907/09; Mischo 1970.

Medium, mechanisches, Sammelbegriff für Apparate, die nach spiritistischer Auffassung den »Jenseitigen« den Kontakt zu uns erleichtern sollen. Bereits → Edison entwarf ein solches Gerät. Nach Ansicht der Pps. werden diese Apparate, soweit pps. relevant, jedoch durch die Psyche lebender, bei der Séance Anwesender, »bedient«.

Mediumismus, Sammelbegriff für die durch Medien hervorgebrachten Phänomene, vor allem die psychokinetischen. Manche Autoren verstehen unter M. auch den weltanschaulichen (spiritistischen) Hintergrund, vor dem viele Medien die Erscheinungen sehen.

Mediumistische Psychose, psychische Erkrankung, die sich infolge spiritistischer Praktiken ausbilden kann. Die Genese einer M. P. kann so vonstatten gehen: Der Patient hat mit Hilfe einer → Planchette, die er zunächst nur als eine Art Gesellschaftsspiel betrachtete, verblüffend sinnvolle Botschaften erhalten. Aufgrund der Personifikationstendenz des Unbewußten scheint eine Person Urheber dieser Botschaft zu sein; vielleicht treten sogar ASW-Informationen in der Mitteilung auf. Das dem tiefenps. Laien Unbegreifliche führt zu einer affektiven Erschütterung, aus der der Patient nicht mehr herausfindet. Der »Geist«, der aus der Planchette spricht, wird zur übergeordneten Instanz, die alle Fragen entscheidet; d. h. wesentliche Instanzen im Menschen (in der Sprache der Psychoanalyse: weite Bereiche von Über-Ich und Ich) werden ausgeschlossen. Es kommt zu wahnhaften Ideen, Halluzinose, Zwangserscheinungen usw.

Die ältere psychiatrische Lit. kannte zwar die M. P. (oder *psychographische Psychose,* von Psychographie = Automatisches Schreiben), übersah aber meist den funktionellen Zushg. mit dem psychischen Automatismus. Diesen Zushg. stellte → Bender heraus, zugl. grenzte er die M. P. als »transitorische psychogene Psychose« von der Schizophrenie ab:

»Während die schizophrene Ichstörung und die sie charakterisierenden Automatismen als Symptom einer im Kern der Persönlichkeit angreifenden Grundstörung erscheinen, die vermutlich unableitbar ist, kann die psychogene (›hysterische‹) Ichstörung als verständliche, ableitbare, reversible funktionelle Desintegration der Persönlichkeit betrachtet werden. Diese Desintegration zersplittert die Psyche nicht in Stücke, sondern bringt mehr oder weniger unabhängig voneinander handelnde funktionelle Verselbständigungen von Teilsystemen, die eher das Bild von Schaltungsvorgängen in einem vieldimensionalen Organismus als das einer Spaltung rechtfertigt.« (Bender 1958/59: 198.)

Anzumerken ist, daß die M. P. auch als → *Neurose* gesehen werden kann.

Lit.: Henneberg 1901, 1919; Jakob/Meyer 1924; Kehrer 1922; Leroy/Pottier 1931.

Mediumschaft, die sprachlich unschöne, aber gebräuchliche Übersetzung des engl. *mediumship* bezeichnet das Insgesamt der paranormalen Fähigkeiten eines Mediums.

Mediumwaage, → Grunewald hatte den für das Medium bestimmten Stuhl bei Sitzungen in seinem Laboratorium auf eine Waage gestellt, um so mögliche → Gewichtsveränderungen feststellen zu können. Die Gewichtsschwankungen wurden automatisch durch einen Lichtstrahl registriert und auf lichtempfindlichem Papier graphisch festgehalten. Diese Gewichtsschwankungen setzte man dann zu den auftretenden Phänomenen in Beziehung, z. B.: Nimmt das Medium um das Gewicht eines levitierten Tisches zu oder um das Gewicht eines materialisierten Phantoms ab? Grunewald gelang mit seiner M. der Nachweis, daß bei einer etwa 60 kg schweren Vp. Gewichtsveränderungen von ca. 25 kg erfolgten. Ein sensitiver Teilnehmer an dieser Séance will dabei ein den anderen unsichtbares Phantom gesehen haben; Meßdaten und die behauptete Wahrnehmung paßten zueinander. S. a. → Hexenwaage; → Mareysche Waage; → Phantomwaage.

Lit.: Grunewald 1920: 38–41, 89–99 (mit Protokollauszug).

Meditation [lat.; Nachsinnen], innere Übung der seelischen Entspannung zur Vorbereitung der → Kontemplation oder als → Autogenes Training; vor allem in der → Mystik und im → Yoga gebräuchlich. Die Betrachtung eines Bildes (→ Mandala) oder eines religiösen Textes kann den Erfolg der M. unterstützen.

Medizin, okkulte, Sammelbegriff für schulmedizinisch nicht anerkannte Heilverfahren, die astrol. Lehren, Farbtherapien, wiss. nicht nachweisbare Einflüsse, die von Steinen ausgehen sollen, u. ä. m. bei der Behandlung berücksichtigen. Zum Teil überleben in ihr aus der Schulmedizin ausgegrenzte, durch neue wiss. Erkenntnisse überholte Lehren. Systeme der o. M. können ganz oder teilweise in religiöse Bewegungen integriert werden (→ Anthroposophie).

Medizinmann, -frau, eine Person, die übernatürliche Heilkräfte besitzt, u. U. aber auch oder nur bestimmte chirurgische und pharmakologische Kenntnisse. Bei der Therapie werden magische Mittel eingesetzt: Gesang, Musik, Tanz, Aussaugen der Krankheit u. a. m. Die Funktion des M.s kann mit der des Priesters zusammenfallen. Üblicherweise spricht die Ethnologie nur in Amerika (vor allem Nordamerika) von Medizinmännern. Sie waren bei einigen Stämmen in Medizingesellschaften organisiert, besaßen politische Macht und vollzogen für den Stamm wichtige kraftspendende Zeremonien. – Manche ihrer in der Lit. meist als trickhaft bezeichneten Leistungen könnten parapsychischer Natur sein.

Lit.: Bourke 1892; H. B. Wright 1958.

Meerloo, Joost Abraham Maurits (* 1903), in den USA lebender niederländ. Psychiater und Psychoanalytiker, der sich auch mit pps. Fragen beschäftigte, vor allem mit dem Problem der Telepathie im Therapeut-Klient-Verhältnis (s. a. → Eisenbud). – *Werke* → Bibl.

Meeting case [engl.; Begegnungsfall, Begegnungserlebnis], charakteristisches → Sterbebettphänomen, für das sich keine dt. Bezeichnung eingebürgert hat: Gemeint ist die Halluzination eines Sterbenden von schon früher Verstorbenen, die ihm einst nahestanden; in spiritistischen Kreisen manchmal als eine Art Willkommensgruß aus dem Jenseits gedeutet. – Eine pps. Interpretation ist nicht notwendig; ps. kann der M. c. als eine autosuggestive Sterbeerleichterung (»Ich komme zu Freunden!«) gesehen werden.

Meier, Carl Alfred (*1905), schweizer. Psychotherapeut und Analytischer Psychologe, gründete 1948 das C.-G.-Jung-Institut, Zürich, und war bis 1957 sein Präsident. Auf dem Gebiet der Pps. arbeitete M. über unbewußte Determinanten der ASW und die Hypothese der → Synchronizität. – *Werke* → Bibl.

Melampus [griech.; »Schwarzfuß«], Seher und Arzt der griech. Überlieferung; verstand die Sprache der Tiere, nachdem Schlangen ihm im Schlaf die Ohren ausgeleckt hatten. Er heilte u. a. die vom Wahnsinn befallenen Töchter des Königs Proitos und wurde dafür mit einem Drittel des Königreichs belohnt. – M. gilt als Stammvater einer ganzen Seherdynastie *(Melampoiden),* zu denen u. a. Amphiaraos, der den unglücklichen Ausgang des Zuges der Sieben gegen Theben voraussah, und → Manto gehören. In Argos wurde

M. als Gründer des → Dionysos-Kultes verehrt.
Lit.: Löffler 1963.

Mellon, Annie, geb. Fairlamb, engl. Trancemedium (PK und ASW), das über ein halbes Jh. lang Séancen abhielt. 1857, zu Beginn ihrer medialen Laufbahn, nahmen → Myers und → Sidgwick an Sitzungen teil.
Lit.: H. L. Williams 1931.

Melzer, Heinrich (* 1873), dt. Medium, war vor allem bekannt für seine Apporte (Blumen, Steine u. a. m.); er befand sich dabei in Trance, und → Kontrollen traten auf.
Lit.: McKenzie 1927.

Meng, Heinrich-Otto (1887–1972), dt.-schweizer. Arzt, Psychoanalytiker und Psychohygieniker; Mithrsg. der *Zeitschrift für Parapsychologie und Grenzgebiete der Psychologie*; er arbeitete u. a. über Wunderheilungen und den Komplex Pps. und Psychohygiene. – *Werke* → Bibl.

Mental [von lat. *mens;* Verstand, Vorstellung], den Geist betreffend, geistig, gedanklich.

Mental causality [engl.; mentale (oder psychische) Kausalität], von → Rhine eingeführter Begriff, der eine relative Unabhängigkeit des Geistes vom Raum-Zeitlichen postuliert und damit auch von der raumzeitlichen Kausalität, an deren Stelle eine eigene geistig-seelische Kausalität mit raum-zeit-freien endopsychischen Determinanten treten soll.

Mental Radio [engl.; Geist-Radio] → Sinclair, Upton.

Mentalsuggestion [Übersetzung des frz. *suggestion mentale*], in der älteren Lit. svw. Gedankenübertragung, noch bei → Richet oft synonym zu Telepathie gebraucht. M. bildet aber eine Unterform der Telepathie, die in der Regel nur provoziert auftritt: die telepathisch übermittelte Suggestion. Allerdings scheint die Bezeichnung dem Phänomen nicht gerecht zu werden: Es sprechen Indizien dafür, daß die »gedachte« Suggestion (»Sie sollen jetzt einschlafen!«) weniger wirksam ist als eine entsprechende Vorstellung (»Die Vp. schläft jetzt ruhig und tief.«). Bereits Jean Paul schrieb in einem Brief: »Ich habe in einer großen Gesellschaft eine Frau von K. [Juliane v. Krüdener] durch bloßes festwollendes Anblicken, wovon niemand wußte, zweimal beinahe in Schlaf gebracht und vorher zu Herzklopfen, Erbleichen, bis ihr S. helfen mußte.«
Einschläferungsversuche zählen zu den frühesten M.s-Experimenten. Die Vp. → Léonie wurde in systematischen Versuchen von den Ärzten Janet und Gibert (1886) über größere Entfernungen (bis ca. 2 km) hinweg mentalsuggestiv eingeschläfert: 16 von 22 Versuchen bezeichnen die Experimentatoren als voll gelungen; Gibert erzielte Lethargie bei der Vp., Janet tiefere hypnotische Stadien. Die »Fernschlaf«-Experimente wurden von → Bechterew, → Wassiliew u. a. fortgesetzt. Die Ergebnisse der sowjet. Forschung auf diesem Gebiet sind besonders eindrucksvoll: mentalsuggestives Einschläfern gelang sogar über die Entfernung Leningrad–Sewastopol (ca. 1700 km). Wassiliew berichtet, daß bei 260 Versuchen nur 6mal das mentalsuggestive Einschläfern und 21mal das mentalsuggestive Aufwecken mißlang. Seltener als die Fernschlaf-Experimente, aber ebenfalls erfolgreich, fanden Versuche mit dem Ziel der Realisierung mentalsuggerierter Handlungen oder auch Gedanken, Vorstellungen, Emotionen statt.
In der UdSSR scheint man mittlerweile unter M. ein »suggestives Einwirken« (nach der üblichen Sprachregelung kann man *nicht* von Suggestion sprechen, wenn das Ziel ein totes Objekt ist) auf motorische Abläufe zu verstehen (Puschkin 1974: 17). S. a. → Telebulie.
Lit.: Moser 1974: 282–300; Ochorowicz 1884; Ostrander/Schroeder 1970; Platonow 1965; Richet 1884; Wassiliew 1965.

Mercado, José, philipp. Heiler aus Urdaneta, gehört der Unio Espiritista Cristiana Filipinas an, war Schüler → Agpaoas und → Tertes. Zu seinen besonderen

Operationsmethoden zählt die »magnetische Spritze«: Eine Handbewegung bewirkt einen Einstich, ohne daß der Patient berührt wird; auf die Haut gelegtes Papier oder eine Plastikfolie soll nach der »Spritze« ein Loch gehabt haben (Stelter 1973: 337).

Lothar Lissner, ein dt. Arzt in Manila, und der dt. Hochschuldozent Alfred Stelter waren Zeugen des folgenden Eingriffs: »Wir suchten zusammen mit noch einigen Bekannten Mercado ohne vorherige Anmeldung auf. Dieser operierte gerade in seiner Kapelle, und es warteten etwa dreißig Patienten.

Nach einiger Zeit des Zuschauens wurde eine junge Frau hereingetragen. Dr. Lissner erkannte sofort den auf den Philippinen recht häufigen und gefürchteten Douglas-Abszeß [Eiteransammlung, z. B. als Folge einer Wurmfortsatzentzündung, im Douglas-Raum, der Bauchfellfalte zwischen Mastdarm und Gebärmutter, die ihren Namen nach dem engl. Anatomen James Douglas, 1675–1742, trägt. Der übliche Eingriff ist die Douglas-Punktion] und sagte mir, die Patientin sei nach seinem Dafürhalten verloren. Mercado stellte sofort alle anderen Kranken zurück und ließ die Frau auf den Operationstisch legen. Sie war sehr schwach und konnte nicht mehr die Beine ausstrecken; der Bauch war bretthart. Wir waren mit unseren Augen etwa vierzig Zentimeter vom Operationsfeld entfernt und konnten genauestens beobachten. Vor den Augen des entsetzten Dr. Lissner schob Mercado seine Hände in den Leib der Patientin und holte nach kurzer Zeit zwei Handvoll giftgrünen Eiters heraus. ›Es gibt nur einen Eiter‹, rief der Mediziner, ›der derartig riecht – nämlich der beim Douglas-Abszeß!‹ Kurze Zeit später hatte Mercado die Öffnung bereits wieder geschlossen und ließ die Patientin, die natürlich etwas erschöpft wirkte, beiseite legen. Er verordnete ihr eine Stunde Ruhe. Danach könne sie nach Hause gehen. Dr. Lissner ...: ›Ich will nichts mehr sehen, ich habe genug gesehen. Es gibt für mich keinen Zweifel mehr!‹« (Stelter 1973: 241 f.)

Meridiane → Akupunktur.

Meskalin, aus einer mexikanischen Kakteenart (→ Peyotl) gewonnenes Rauschgift, das bei mittelamer. indianischen Kulten verwendet wird; sein Genuß führt zu Veränderungen im Erleben und in der Wahrnehmung. M. wird auch in der Psychotherapie eingesetzt; nach Ansicht einiger Autoren soll es sogar die ASW begünstigen. Breiten Kreisen wurde M. vor allem durch die Selbstversuche → Huxleys und seinen Bericht *Die Pforten der Wahrnehmung* (1954) bekannt. S. a. → Castaneda.

Lit.: Reko 1936.

Mesmer, Franz Anton, manchmal fälschlich Friedrich Anton (1734–1815), dt. Arzt, Begründer der Lehre vom animalischen → Magnetismus. In seiner *Dissertatio physico-medica de planetarum influxu* (»Dissertation über den physiologischen Einfluß der Planeten«, 1766) behauptete M. Einflüsse der Himmelskörper auf das menschliche Nervensystem; u. a. versuchte er, Astrol. und Medizin miteinander zu verbinden. Sein späteres Werk ist in dieser Arbeit, die auf den Lehren von Fludd, Helmont, Maxwell und Paracelsus aufbaut, bereits angelegt. M. postulierte auch ein organisches universales Fluidum, eine »magnetische« (soll heißen: fernwirkende) Kraft, die er für therapeutisch nutzbar hielt. Er praktizierte zunächst in Wien, dann längere Zeit in Paris und schließlich in Deutschland. Vor allem in Paris erregte M. großes Aufsehen: Viele Ärzte bekannten sich zu seiner Lehre u. übernahmen seine Heilmethoden (sein berühmtester Schüler war Charles d'Eslon, 1750 bis 1786, der in seinem bekannten Werk *Observations sur le magnétisme animal,* 1780, dt. 1781, die Essentials des Mesmerismus zum ersten Mal zusammenfaßte); in den Schaufenstern sah man sein Bild, Dichter besangen ihn, und als er in der Boulevardkomödie *Les docteurs modernes* verspottet wurde, kam es 1784 zu einem regelrechten Theaterskandal. Die frz. Akademie griff ein, und die von ihr eingesetzte Untersuchungskommission gelangte zu einem für M. vernichtenden Ergebnis. M. kam aus der Mode und zog sich an den Bodensee zurück. Nach seinem Tode erfuhr der animalische Magnetismus, wenn auch nur vorübergehend, eine gewisse Anerkennung; eine zweite von der Akademie eingesetzte

Mesmers Baquet: ein mit Wasser und Eisenspänen gefülltes Becken, dem über metallene Stäbe das heilende »magnetische Fluidum« entströmen sollte.

Kommission revidierte das Urteil der ersten.

Das paranormale Wahrnehmungsvermögen bezeichnete M. bereits als → »Sechsten Sinn« des Menschen. Manche Autoren sprechen ihm auch mediumistische Fähigkeiten zu (Vinchon 1936). – *Werke* → Bibl.

Lit.: Benz 1973; Dessoir 1888; Freudenberg 1924; Kerner 1856; Kiesewetter 1893; Ochorowicz 1909; Tischner 1928; Walmsley 1967.

Mesmerische Striche → Passes.

Mesmerismus, gelegentlich synonym zu animalischem → Magnetismus verwandt; im engeren Sinn die orthodoxe, von Mesmer vertretene Lehre des animalischen Magnetismus, ohne Berücksichtigung der verschiedenen Weiterentwicklungen durch andere Magnetiseure. Das System des M. läßt sich in 6 Punkten zusammenfassen:

»1. Es gibt eine das ganze Weltall durchdringende und verbindende Kraft, einen vollkommenen, beweglichen Stoff von unvergleichlicher Feinheit. 2. Alle Krankheiten sind eine Folge der Tatsache, daß im Körper der von ihnen befallenen Personen Gleichgewichtsstörungen dieser Kraft entstehen (unharmonische Verteilung der bewußten Kraft im Körper). 3. Heilen bedeutet, das gestörte Gleichgewicht wiederherstellen. 4. Die Herstellung des Gleichgewichts hat durch Zufuhr dieser geheimnisvollen Kraft in den Körper des Kranken zu erfolgen. 5. Die Zufuhr sollte durch einen Magnetiseur-Arzt geschehen. Dieser muß aber nicht nur mit der medizinischen Lehre vertraut sein, sondern auch mit der Technik des Magnetisierens und den ihm zur Verfügung stehenden Möglichkeiten die Ströme des Stoffes, den er an seine Patienten abzugeben hat, in sich aufzunehmen, durch sich selbst hindurchfließen zu lassen und sie vor der Abgabe je nach Bedarf zu verstärken oder abzuschwächen. 6. Der Magnetiseur muß wissen, wie er den verschiedenen Patienten seine Kraft auf die zweckmäßigste Weise abgeben kann.« (Tenhaeff 1957: 21 f.)

Lit.: Artelt 1965; Bailey 1907; Boring 1942; Darnton 1968; Gurney 1884; Gurney/Myers 1885; van Look 1969; Report on Mesmerism *I, II, III,* Proc. S. P. R. *1882/83, 1884; J. H. Schultz 1952; Tischner 1925, 1928; Townshead 1844.*

Mességué, Maurice (* 1921), berühmter frz.

Heilpraktiker mit Therapien auf pflanzlicher Basis, »Phytotherapeut«.

»Meine Pflanzenmischungen stecken in Reagenzgläschen; über diesen lasse ich mein Pendel kreisen, während ich selbst in körperlichem Kontakt mit dem Kranken bleibe; und nach seiner Oszillation wähle ich dann meine Dosierungen. Natürlich halte ich mein Pendel nicht über irgendwelche Pflanzen, sondern ich treffe vorher eine erste Auswahl, die ich dann modifiziere.« (Mességué 1975: 71.)

Lit.: Lutten 1964.

Messianismus, Polnischer → Polnischer Messianismus.

Messing, Wolf, dt. Sensitiver; floh während des Zweiten Weltkriegs in die Sowjetunion, wo Stalin ihm Asyl gewährte. Zu seinen Leistungen zählte auch die Versetzung des eigenen Körpers in eine kataleptische Trance; in diesem Zustand ließ er sich für 3 Tage in einem Sarg beisetzen.

Lit.: Ostrander/Schroeder 1970; Swinka-Zielinski 1969.

Meta- [griech.], bedeutet in Zusammensetzungen svw. »hinter«, »über etwas hinaus«.

Metaätherisch, Wortprägung von → Myers; bedeutet svw. »jenseits des Äthers«, d. h. in der anderen Welt, transzendental.

Metagnom [von griech. *gnome;* Seelenkraft, Verstand], nach → Drieschs Vorschlag, der auf → Boirac zurückgeht, Bezeichnung für den Sensitiven – statt Medium.

Metagnomie, auch *Metagnomik,* von → Boirac vorgeschlagener Ausdruck, der den Begriff »Hellsehen« ersetzen sollte.

Lit.: Boirac 1920.

Metagraphologie, → Psychometrie mit einer Schriftprobe als → Induktor. Manche Sensitive machen aufgrund einer ihnen vorliegenden Handschriftenprobe vor einer regelrechten graphologischen Auswertung oder statt derselben hellseherische Aussagen über den Schreiber. Soweit diese sich auf Persönlichkeitsmerkmale des Betreffenden beziehen, könnte ein »blitzartiges« intuitives Verständnis des Schriftbildes angenommen werden. Das scheidet aus, wenn ein bestimmter objektiver Sachverhalt oder Zukünftiges aus dem Leben des Schreibers geschildert wird. Otto Reimann, mit dem → Warcollier experimentierte, besaß diese Begabung; noch mehr Aufsehen erregten die Fähigkeiten des Pragers Rafael Schermann. Er sah beim Anblick von Handschriften mehrfach den Freitod des Schreibers voraus, und in einem Fall soll er sogar einen Mord, der 10 Jahre zurücklag und als natürlicher Todesfall galt, aufgrund der Handschrift der Mörderin aufgedeckt haben. Schermann verbreitete eine gewisse Jahrmarktsatmosphäre um sich, häufig irrte er sich auch. Immerhin zählt der Psychiater Oskar Fischer bei 208 von ihm durchgeführten Experimenten 71% Treffer, in 21% der Fälle teilweise Übereinstimmung und nur 8% Fehlaussagen (F. 1924). – Von → Klages wird folgende metagraphologische Anekdote berichtet: Bei einem Besuch legte ihm der Orientalist und preußische Kultusminister Carl Heinrich Becker (1876–1933) einen Brief vor, den er soeben erhalten hatte, und fragte nach dem Charakter des Absenders. Klages schien peinlich berührt und sagte, der Schreiber sei doch tot. 2 Tage später stellte sich heraus, daß der Betreffende tatsächlich in der Zwischenzeit einem Herzschlag erlegen war. (Holmsten 1950: 337 f.) S. a. → Graphologie.

Lit.: Hayek 1921; Schermann 1929, 1932; Warcollier 1939.

Metakörper, Hypothese eines feinstofflichen leiblichen Doppels des Menschen (→ Ätherleib; → Bioplasma).

Metaorganismus, 1. bei → Hellenbach svw. Seele; 2. hypothetisches feinstoffliches leibliches Doppel, → Bioplasma-Körper, → Ätherleib.

Metaphysik, 1. ursprünglich die Bezeichnung der Aristotelischen Schriften, die nach den Büchern über die Physik herauskamen [von griech. *meta ta physika;* nach der Physik]; neuplatonisch umgedeutet meint M. die Wiss., deren Gegenstand hinter bzw. »über« der Natur steht, ihr Sein, Grund,

Wesen und Sinn ist. Manche philos. Richtungen bestreiten die grundsätzliche Möglichkeit von M. überhaupt; 2. in der älteren Lit. (19. Jh.) wird M. oft fälschlich für okkulte Forschungen und Schriften gebraucht.

Metaphysik, experimentelle, der Begriff »experimentelle Philos.« wurde schon von Francis → Bacon gebraucht; gegen Ende des 19. Jh.s bedeutete e. M. svw. »wiss. Okkultismus« (z. B. bei → Du Prel); hinter dem Wortgebrauch steht der auch heute noch bei manchen Autoren anzutreffende Anspruch, die Pps. könne Religion rechtfertigen oder philos. Systeme setzen bzw. aufheben (→ Materialismus).

Metaplasma, wenig gebräuchliches Synonym zu → Ektoplasma (z. B. bei Schröder 1928).

Metapsychiatrie, interdisziplinärer Bereich von Forschung und Therapie, der das Grenzgebiet »zwischen Psychiatrie und Mystizismus« untersucht, wobei Mystizismus ein Gebiet abdeckt, das noch über die Grenzen der Pps. hinausgeht (Dean 1973). Stanley R. Dean, Klinischer Psychiater an der Staatsuniversität von Florida, ist Mitbegründer einer American Metapsychiatric Association (AMPA).

Metapsychik [von frz. *métapsychique*], → Richet schlug 1905 in seiner *Presidential Address* der S. P. R. vor, das Gebiet ihrer Forschungen M. zu nennen; er definierte M. als die Wiss. von physikalischen oder ps. Phänomenen, für die intelligente Kräfte verantwortlich scheinen, die wir noch nicht kennen, die aber latent im Menschen vorhanden sein sollen. Der Begriff vermochte sich jedoch im außerfrz. Sprachgebiet nicht durchzusetzen, und wurde durch »Parapsychologie« verdrängt.

Metapsychologie, 1. svw. Pps. oder Metapsychik; die Ps., die über die Ps. hinausführt und das der normalen Ps. nicht mehr (oder noch nicht) Zugängliche miteinschließt; in diesem Sinn z. B. von → Mattiesen (1925), → Tischner u. a. gebraucht. Der Begriff soll von → Görres geprägt worden sein.

2. In der Psychoanalyse taucht der Ausdruck M. erstmals in Freuds Briefen an → Fliess auf. Freud wählte ihn vermutlich in bewußter Anlehnung an *Metaphysik:* Die Ps. verstand sich als die Wiss. von den *bewußten* seelischen Vorgängen; die M. der Psychoanalyse sollte jedoch die Vorgänge »hinter dem Bewußtsein« mit berücksichtigen. Nach Freuds Verständnis bedeutete das aber zugl. auch – zumindest teilweise – die Aufhebung von Metaphysik: Betrachtete er Religionen und metaphysische Systeme doch als Projektionen unterbewußter Wirklichkeiten auf die Außenwelt. Aufgabe der M. wäre es jedoch, in den Religionen und Philos.n den Kern, nämlich die unterbewußten psychischen Strukturen sichtbar zu machen und zu beschreiben. (Jungs Standpunkt weicht hier etwas ab: Seiner Theorie zufolge *entsprechen* die Strukturen des Unbewußten und die des Übersinnlich-Religiösen einander.)
Freud griff den Ausdruck M. später wieder auf und bezog ihn nun auf die essentiellen theoretischen Annahmen, die das System der Psychoanalyse ausmachen, auf die »Axiome« der Psychoanalyse. In diesem Sinn wird M. auch heute noch in der Psychoanalyse verwandt.

Metempsychose [griech.; Umbeseelung, Seelenwanderung], svw. → Reinkarnation, Wiedergeburt.

Metopososkopie [griech.; Stirnfaltendeutung], soweit die M. sich auf charakterologische Aussagen beschränkt, kann sie als vorwiss. Form der Ausdrucksps. gelten; spezifische weitergehende und zutreffende Aussagen machen eine pps. Erklärung erforderlich. – Ein Hauptvertreter der M. war der im 17. Jh. lebende Astrologe und Physiognom Richard Sanders. Er ordnete 6 Himmelskörpern 6 mögliche Stirnfalten zu, und zwar in der Reihenfolge – vom Haaransatz ausgehend: Saturn, Jupiter, Mars, Sonne, Venus, Merkur. Dem Verlauf der Linien und dem Grad ihrer Ausgeprägtheit sollten Eigenschaften und schicksalhafte Ereignisse im Leben der Träger entsprechen; z. B.: Kräftig geschwun-

Metopososkopie (Stirnfaltendeutung)

gene Marslinie bedeutet, daß der Mensch kriegerisch und mutig ist, eine besonders hervorgehobene Stelle der Marslinie (Verbreiterung, Knick o. ä.) kann bei einem Feldherrn eine konkrete Schlacht und deren Ausgang für ihn meinen.

Lit.: Seligmann 1958.

Meyrink, Gustav, vor Namenswechsel Meyer (1868–1932), dt. Schriftsteller in der Tradition E. T. A. Hoffmanns und E. A. Poes; als Übersetzer widmete er sich vor allem dem Werk von Dickens, Flammarion und Kipling. – 1891 war M. Mitbegründer der theosophischen Loge »Zum blauen Stern« in Prag; es folgten Begegnungen mit dem Weber und Mystiker Alois Mailänder (1844–1905), dem Prager Okkultisten Karl Weinfurter (1870–1942) und → Steiner. M. war Mitglied verschiedener Orden und Bruderschaften (Freimaurer, Rosenkreuzer). – Er widmete sich systematisch der Erforschung paranormaler Phänomene und entwickelte selbst entsprechende Fähigkeiten. Während einer Sitzung mit Eva → C. nahm er Ektoplasma (»Gespensterklebstoff« wie A. Talhoff im Vorwort zu M.s *Golem,* 1946, schreibt) an sich und ließ es hinterher analysieren (es wurde Eiweiß festgestellt). – Nach einem Spukerlebnis meinte M.: »Ich wurde Augenzeuge derart krasser mediumistisch-physikalischer Vorgänge in einem Spukhaus in Levico, daß kein Zweifel mehr für mich bestehen konnte: es gibt, wenn auch sicher sehr selten, Phänomene, die alles, was die Wissenschaft über die Gesetze des Stoffes zu wissen vermeint, sozusagen auf den Kopf stellen.« (1973: 264.) M. beschäftigte sich mit Exteriorisationen, alchimistischen Transmutationen (einmal erzielte er einen chemisch nicht erklärbaren »Farbwechsel« in der Retorte; M. 1973: 300), mit ASW-Phänomenen unter Drogeneinfluß und mit Yoga.

Seine ersten Selbstversuche mit Haschisch bereiteten ihm nur Übelkeit. Über einen Händler aus Kairo erhielt er eine weitere Quantität der Droge mit der Anweisung: »Sie müssen 30 g in schwarzem Kaffee auflösen und dann trinken. Dabei müssen Sie einen Bambusstab in die Hand nehmen: wenn der Keph (Rausch) eintritt, werden Sie die Empfindung bekommen, der Stab sei eine Leiter. Auf dieser Leiter müssen Sie hinaufklettern ... Ich fragte: ›Wohin komme ich dadurch?‹ – ›In den Himmel!‹« – Auf Anraten eines Arztes, der diesen Versuch für lebensgefährlich hielt, nahm

M. im ersten Versuch nur 10 g. Er erlebte ein Gefühl des Wachsens, einen »kalten Rausch«, die Sinne schienen außerordentlich geschärft. »Leise Geräusche hörte ich wie Donner. Von Ekstase irgendwelcher Art keine Spur. Vielmehr nahm eine seelische Nüchternheit von mir Besitz, wie ich sie nie vorher im Leben gekannt habe, ... daß ich zeitweilig glaubte zu fliegen.« M. sah sich plötzlich selbst in einer asiatischen Tracht. Das Bild zerriß, weil einer der Anwesenden einen Beweis von Hellsehen verlangte. Gerade als M. antworten wollte: »Ich wüßte nicht, wie ich das anstellen sollte«, tauchte vor ihm ein Bild auf: Er »sah« einen verspäteten Gast, beschrieb Kleidung, Verhalten, Blick auf die Uhr, Besteigen einer Droschke usw. – der Betreffende bestätigte nachher das Gesicht. – Ein anderer Besucher fragte nach Börsenkursen. M. diktierte 20 Notierungen vom künftigen Dienstag: »›Nordböhmische Kohlen‹, diktierte ich eiskalt und geradezu gelangweilt, ›Nordböhmische Kohlen-Aktien: 414!‹ – ›Dummes Zeug!‹ murmelte Herr von Unold, ›heute noch mit 394 aus Wien gemeldet ...‹« Die Angaben für 16 Papiere erwiesen sich als richtig, sie stimmten nicht für die 4, von denen M. selbst welche besaß. (Meyrink 1973: 249–55.)

Bei eigenen körperlichen Leiden (Rückenmarkserkrankung, Zucker) erzielte M. Besserung durch Yoga, den er nicht als Anfang eines Weges, sondern als dessen Ende betrachtete; ein seelisch-geistiger Zustand geht ihm voraus, »in dem diese Atemeinstellungen, Herzstillstand usw. ganz von selbst auftreten« (1973: 234). Systematisch versuchte M., sich der »inneren Schau« zu nähern:

»... führte ich durch drei Monate das Leben eines beinahe Wahnsinnigen, aß nur Vegetabilien, schlief nicht länger als drei Stunden in der Nacht, genoß zweimal täglich einen in Wassersuppe aufgelösten Eßlöffel voll Gummi arabicum (dies sollte besonders wirksam sein zur Entwicklung des Hellsehens!), machte um Mitternacht schmerzhafte Asana-Stellungen mit verschränkten Beinen, dabei den Atem anhaltend, bis schaumiger Schweiß meinen Körper bedeckte und der Tod des Erstikkens mich durchrüttelte.« (Ebd.)

Die erste Vision erlebte er auf einer Bank an der Moldau: Stundenlang hatte er in den Himmel gestarrt, als ihn plötzlich die Frage nach der Uhrzeit durchzuckte; im Moment des Herausgerissenwerdens aus der Versenkung hatte er dann das visionäre Erlebnis: Am Himmel sah er eine riesige Uhr, die die Zeit angab. Dabei verspürte er eine Verlangsamung des Pulses: »Das wunderbare Gefühl, eine Hand hielte mein Herz fest.« Es gelang ihm, solche Erlebnisse zu wiederholen; die Empfindungen dabei beschreibt M. nicht als traumartig, sondern als einen Zustand abnormen Wachseins. – In Prag, Wien und München, seinen Hauptwirkungsstätten, hatte M. viele Kontakte zu Künstlern und Literaten; er kannte auch Erich Mühsam (1878–1934), dem er, wie Mühsam selbst berichtete, vorausgesagt haben soll, den Krieg würde er gut überstehen, vor einer Revolution aber müsse er sich hüten (als Mitglied des Zentralrates der Münchner Räterepublik wurde Mühsam zu 15 Jahren Festung verurteilt). – Lit. Ambitionen, pps. Forscherdrang und okkultistische Neigungen bestimmen M.s Werk gleichermaßen. Bekenntnis und wiss. Aussage sind derart ineinander verschränkt, daß es unmöglich ist, das Pps. vom Lit. zu trennen. – M.s paranormale Fähigkeiten (»Ich selbst habe beobachten können, daß ein Seifenbüchschen durch meine Hand mehrmals hindurchging«, 1923; → Penetration), seine grenzwiss. Interessen (lediglich der Astrol. stand er ablehnend gegenüber) und seine lit. Sujets müssen vor dem Hintergrund persönlicher komplizierter psychischer Konstellationen (Mutterfixierung, Kompensation des »Makels« der unehelichen Geburt u. a. m.) gesehen werden. C. G. Jung nannte ihn einen »visionären Dichter« und drückt damit die Überzeugung aus, Poesie biete einen (außerwiss.) Zugang zur Welt des Paranormalen. – *Werke* → Bibl.

Lit.: Frank 1973; Fritsche 1925.

Miami, Spuk von, einer der bestdokumentierten Spukfälle in der Geschichte der Pps. In einem Souvenir- und Scherzartikel-Laden in Miami, Florida, flogen im Januar 1967 plötzlich mehrere Warenstücke in merkwürdigen Bahnen durch die Luft. Be-

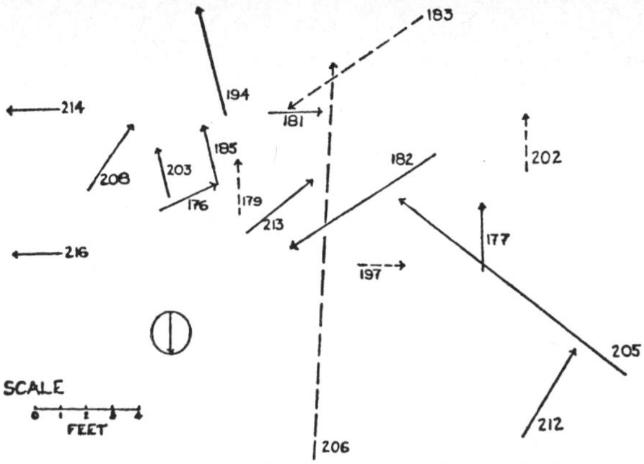

Flugbahnen der im Spukfall von Miami bewegten Gegenstände. Die durchgezogenen Linien bezeichnen jene Fälle, bei denen Zeugen zugegen waren, so daß Julio (Kreis mit Pfeil gibt seinen Standort und seine Blickrichtung an) oder jemand anders aus dem Hause als Ursache der Phänomene nicht in Frage kam. Die gestrichelten Linien betreffen die nicht strikt überwachten Ereignisse. (Nach W. G. Roll und J. G. Pratt, Bauer 1974: 179.)

obachter, darunter Polizisten und ein Trickexperte, vermochten die Vorgänge nicht zu erklären. Die Parapsychologen → Pratt und → Roll wurden hinzugezogen und identifizierten den 19jährigen Angestellten Julio als Agenten der Ereignisse. Die Objektbewegungen fanden auch statt, wenn Julio und alle anderen Anwesenden unter Beobachtung standen. Die Untersuchenden konzentrierten sich auf die Fälle, bei denen die Bewegung von ihrem Ausgangs- bis zu ihrem Endpunkt verfolgt werden konnte und zugl. der Standort Julios bekannt war. Es zeigte sich, daß die Störungen sich nie *vor* dem Agenten abspielten, sondern in einem Kreissegment von $-43°$ bis $+144°$ *hinter* ihm. In der Nähe Julios waren die Bewegungen überwiegend kurz, radial, verliefen im Uhrzeigersinn, waren nach außen gerichtet und lagen bei der 144°-Linie. Die weiter entfernten Bewegungen waren in der Mehrzahl lang, tangential, verliefen entgegen der Uhrzeigerrichtung, waren nach innen gerichtet und lagen bei der 43°-Linie. Diese Beobachtungen lassen keine eindeutigen Schlüsse zu, haben aber die Spukforschung wesentlich weitergebracht, da die Vorfälle offensichtlich regelhaft abliefen.

Mit den Mitteln der Physik ließen sich nun Vorstellungen darüber entwickeln, wie Kräfte beschaffen sein müssen, die, von Julio ausgehend, die skizzierten Bewegungen bewirken könnten. Man kommt dabei zu Modellen zweier rotierender Felder u. ä. Überlegungen. – Physiologische Untersuchungen (EEG) zeigten bei Julio keine Auffälligkeiten, dagegen erbrachten ps. Untersuchungen stark feindselige Gefühle des Jungen, vor allem gegen Eltern-Figuren. Als solche scheinen die Geschäftseigentümer auf Julio gewirkt zu haben, die Störungen waren Effekt einer anders nicht kanalisierbaren Aggression. – Im Laboratorium der Duke University erzielte Julio ein überzufälliges Ergebnis an einer PK-Test-Maschine.

Lit.: Roll 1972, 1974; Roll/Pratt 1971; Roll, Burdick u. Joines 1973.

Michailowa, Nelja → Kulagina, Nina.

Migration [lat.; Wanderung], im christl. Sprachgebrauch Umschreibung für Tod, »Wanderung ins Jenseits«; in der → Hagiographie gelegentlich auch für *Bilokation.*

Mikrogravitation, hypothetische, als ver-

änderlich gedachte Gravitation (→ Biogravitation). Manche Menschen sollen in der Lage sein, Gravitationsfelder zu erzeugen, die PK-Effekte auslösen können.
Lit.: Dubrow 1973; Puschkin 1974.

Mi-la-ras-pa (1038–1123), gilt als der größte Dichter Tibets. Von dem Klausner, Mystiker und Yogi werden auch paranormale Leistungen behauptet, so die Fähigkeit der Levitation und der → Lykanthropie.
Lit.: Evans-Wentz 1928; T. Schmid 1952.

Millesimo, ital. Schloß, das in den Jahren um 1930 berühmt war für seine Séancen: Medium war der Marchese Carlo di Centurione Scotto, weitere angeblich medial begabte Personen, z. B. seine Ehefrau, nahmen ebenfalls an den Sitzungen teil. Der Sohn des Marchese war 1926 bei einem Flugzeugabsturz tödlich verunglückt, und der Vater suchte nun Trost im Spiritismus. Bei Sitzungen in London (mit → Valiantine) und New York sprach der Verstorbene angeblich zu seinem Vater. Centurione Scotto war von der Echtheit des Direkten-Stimmen-Phänomens (mit Hilfe eines Schalltrichters, der sog. »Trompete«) überzeugt. Wieder auf seinem Schloß, entwickelte er selbst mediale Fähigkeiten: Ohne → Kabinett und nur selten in Trance sollen die seltsamsten PK-Phänomene aufgetreten sein: Direkte Stimme mit Xenoglossie gekoppelt (d. h. die Sprachen waren dem Medium angeblich fremd), Apporte, Direkte Schrift, Teleportation des Mediums aus dem Sitzungszimmer durch 4 verschlossene Türen hindurch, vollmaterialisierte Phantome, usw. → Bozzano trat für die Echtheit der Phänomene ein, während andere Forscher seine unkritische Untersuchung tadelten. – → Doyle trat unter Protest aus der S. P. R. aus, weil auch → Besterman Kritik an der Echtheit der Vorfälle in M. geübt hatte (J. S. P. R. 1930: 10–14).
Lit.: Bozzano 1928, 1929, 1930.

Mi-la-ras-pa, der berühmteste Dichter Tibets, hält die rechte Hand ans Ohr, um auf die Stimme des Inneren zu lauschen.

Mimikry [engl.; Nachahmung], in der Biologie Bezeichnung für die »Tarntrachten« von Tieren und Pflanzen: Farb- und Gestaltähnlichkeiten, die es erschweren, sie von ihrer Umgebung zu unterscheiden. In der Pps. bezeichnen *M.-Geräusche* paranormale Geräusche, die eine menschliche oder tierische Tätigkeit »vortäuschen«; in der spiritistischen Deutung signalisieren sie die Anwesenheit (unsichtbarer) Verstorbener, die ihrer gewohnten irdischen Tätigkeit nachzugehen scheinen.

»Dergleichen Phänomene sind z. B. das Klopfen, das scheinbare Versuchen verschlossene Türen zu forcieren, auch solche, die gar nicht verschlossen sind, der Knall eines sehr schweren, im Haus herabfallenden Gewichtes, das lärmende Umherwerfen allen Geräts in der Küche oder des Holzes auf dem Boden, welches nachher sich in völliger Ruhe und Ordnung vorfindet, das Zuschlagen von Weinfässern, das deutliche Vernageln eines Sarges, wenn ein Hausgenosse sterben wird, die schlürfenden oder tappenden Schritte im finsteren Zimmer, das Zupfen an der Bettdecke, der Modergeruch . . .« (Schopenhauer 1961: 189 f.)

Bei dem Geräusch des Sargnagelns tritt ein präkognitives Element hinzu; die Beispiele Modergeruch und Bettdeckenzupfen stellen neben die M.-Geräusche *oleofaktorisches* und *haptisches M.*

Mindon [von engl. *mind;* Geist, Seele], von dem engl. Astronomen V. A. Firsoff postuliertes Elementarteilchen des Geistes (eines »Geiststoffes«), dessen Eigenschaften denen der Neutrinos, einem bestimmten physikalischen Elementarteilchen, gleichen könnten. *Lit.: Firsoff 1967.*

Mind over matter [engl.; Geist (Seele) über Materie], an → Braids Buchtitel *The Power of the Mind over the Body* (1841) anklingende schlagwortartige Kurzdefinition der PK, die sich idealistisch-ideologisch gegen mechanistische pps. Hypothesen wie Strahlen, Fluidum usw. wendet (vgl. L. E. Rhine 1970).

Mind travel [engl.; Geistreise, Seelenreise], bildlicher Ausdruck zur Charakterisierung bestimmter ASW-Phänomene, z. B. des → Abmeldens: Der sich abmeldende Agent »ruft« in Todesnot über große Entfernung hinweg den Perzipienten, und dieser »sieht« den Agenten in seiner augenblicklichen Verfassung (Kleidung, Frisur usw.). Da nicht anzunehmen ist, daß der Agent sich bemüht, gerade diese eher nebensächlichen Informationen mitzuteilen, hat sich die Vorstellung herausgebildet, der Perzipient »begebe sich« aufgrund des Abrufs zum Agenten, d. h. er gehe auf m. t. – → Driesch schlug vor, hierin ein telepathisch-hellseherisches Mischphänomen anzunehmen.

Minkowski-Welt, auch *Minkowski-Einsteinsche Welt,* die Welt als vierdimensionales → Raum-Zeit-Kontinuum. (Der Mathematiker Hermann Minkowski, 1864–1909, schuf mit seinen Schriften *Raum und Zeit* [1908] und *Zwei Abhandlungen über die Grundgleichungen der Elektrodynamik* [1910] die mathematischen Voraussetzungen der speziellen → Relativitätstheorie.) Diesem Raum-Zeit-Kontinuum will der frz. Physiker Olivier Costa de Beauregard ein kosmisches, zeitloses »infrapsychisches« Kontinuum zuordnen, Ort der Bilder von der Außenwelt. Er ist der Ansicht, »daß das von den Physikern erforschte Universum nicht das Ganze sei, sondern die Existenz eines anderen, viel ursprünglicheren *psychischen* Universums ahnen lasse, wovon das materielle Universum nur ein passives und partielles Doppel darstelle« (v. Franz 1970: 172) – eine Parallele zum Jungschen Gedanken des → Unus Mundus. S. a. → Vierte Dimension.

Mirabelli, Carlos (1889–1951), auch in pps. Kreisen umstrittenes brasil. Medium. In 392 Sitzungen wurde M. von der Academia de Estudos psychicos »Cesare Lombroso« (1919 in São Paulo gegründete pps. Forschungsgemeinschaft) untersucht. Die behaupteten Phänomene sind erstaunlich; bei hellem Licht soll M. in Trance Apporte, Teletransportation (90 km in 2 Min.), Levitationen, Fernbewegungen, Materialisationen, Automatisches Sprechen und Schreiben (in ca. 20 Sprachen, → Xenoglossie) geboten haben. Dabei sank sein Puls auf 40 Schläge pro Min. und stieg wieder an bis auf 200.

Ein Phänomen »origineller Perversität« (Moser) soll sich im Beisein des Präsidenten der Republik, de Souza, ereignet haben: ». . . das Medium war noch in einem Stadium der Erschöpfung. Im Kabinett schlug ein Schädel gegen die Türen. Sie öffneten sich, und der Schädel flog in die Luft. Bald erschienen die Knochen eines Skeletts, einer nach dem anderen, vom Nacken bis zu den Füßen. Das Medium ist in einem Delirium, schlägt sich selbst und strömt einen Geruch aus wie von Aas. Das Skelett fängt an zu gehen, taumelt und geht wieder. Es geht, während Dr. de Souza es berührt, im Zimmer herum. Er fühlt feste trockene Knochen. Die anderen berühren es. Dann verschwindet langsam das Skelett, bis der Schädel allein übrigbleibt und schließlich auf einen Tisch fällt. Das Medium war während der Sitzung gefesselt. Sie dauerte 22 Min. bei hellem Tageslicht.« Das Skelett strömte »einen fast unerträglichen Gestank von Verwesung« aus. *(Z. f. Pps.,* Aug. 1927.*)*

→ Driesch besuchte 1928 M.; von all den wunderbaren Erscheinungen sah er lediglich 2 Objektbewegungen, die er sich nicht erklären konnte – allerdings bei ungenügender Betrugssicherung (Driesch 1974: 100). *Lit.: Gerloff 1960.*

Mirin Dajo, eigtl. wohl Henskers Arnold

(1912–1948), niederländ. Schausteller, dessen Vorführungen bestimmten Fakirleistungen glichen: So ließ er sich z. B. vor aller Augen mit einem Florett durchbohren; Röntgenaufnahmen belegten die Verletzung lebenswichtiger Organe – dennoch floß kein Blut, die Wunden schlossen sich rasch wieder und es blieb nicht einmal eine nennenswerte Narbe zurück. Untersuchungen fanden 1947 im Züricher Kantonsspital und in der Basler Universitätsklinik statt. M. D. starb angeblich bei einem gezielten Versuch zur Außerkörperlichen Erfahrung.

Im Zushg. mit den Fähigkeiten M. D.s sind die Darbietungen eines ind. Fakirs zu sehen, die → Staudenmaier 1912 in München beobachten konnte: »Der Mann durchstach sich mit einer Nadel von der rechten zur linken Seite quer den ganzen Hals unterhalb der Kehlkopfgegend und beließ sie ca. eine Viertelstunde lang in demselben. Nach seiner Behauptung ging der Stich durch die Luftröhre, während die zahlreich anwesenden Ärzte bei der Kürze der Zeit nicht mit Sicherheit konstatieren konnten, ob die Nadel in der Luftröhre stecke oder unmittelbar hinter derselben.« (Staudenmaier 1968: 64.) Rahman Bey, ein ägypt. Fakir, bot ähnliche Leistungen um 1925 (s. a. Abb. S. 128).
Lit.: Schumacher 1948.

Mischo, John (* 1930), dt. Psychologe und Parapsychologe, der sich u. a. vor allem mit der Persönlichkeitsstruktur von Medien und mit Fragen des experimentellen Designs beschäftigt; seit 1975 Nachfolger → Benders auf dem Lehrstuhl für Ps. und Grenzgebiete der Ps. an der Universität Freiburg i. Br. – *Werke* → Bibl.

Mischphänomen, Amalgamierung zweier Ereignisstränge in der paranormalen Wahrnehmung: Eigenschaften von Gegenständen werden vertauscht, verschiedene Formen der ASW kombiniert, u. ä. m. – Entsprechendes beschrieb Freud für die Traumarbeit. S. a. → Mind travel.

Missing psi → Psi missing.

Mitbewußtes [Übersetzung des engl. *co-conscious*], hypothetisches psychisches System, dessen Prozesse bewußtseinsperipher ablaufen, aber den zentralen (bewußten) Erlebnissen zugeordnet sind.
Lit.: M. Prince 1929.

Mitchell, Edgar D. (* 1930), amer. Astronaut, der zur Besatzung von »Apollo 14« gehörte, dem ersten bemannten Raumschiff, das auf dem Mond landete (1971). Vor dem Start traf M. Absprachen mit 4 Personen über einen ASW-Test mit den Symbolen der → Zener-Karten, der an 6 Tagen während des Flugs stattfinden sollte. Unter den dann herrschenden Flugbedingungen konnte M. jedoch nur 4 Versuche durchführen und die abgemachten Zeiten wegen einer Startverzögerung nicht exakt einhalten (dadurch bekamen Versuchssituationen, die auf Telepathie hin angelegt waren, Präkognitionscharakter). Auch von den 4 Teilnehmern auf der Erde führten 2 nicht alle Serien durch. Dennoch ergab dieses Erkundungsexperiment Signifikanzen – allerdings für einen → Psi-missing-Effekt. (Eine *psychologische* Erklärung dafür könnte sein, daß die Perzipienten nicht glaubten, daß eine paranormale Kommunikation über den Raum hinweg möglich ist.) Rein formal kann ein solches Experiment nicht als Beweis dafür gelten, daß ASW z. B. zwischen Erde und Mond stattfinden kann; die Möglichkeit, daß der Agent unbewußt präkognitiv »weiß«, was er nach dem Abflug senden wird, und daß er vorher telepathisch »abgezapft« wird, läßt sich im experimentellen Design nicht ausschließen. Das mindert aber keineswegs den Wert des M.schen Versuchs.

M. sollte Leiter eines privaten Instituts für Noetische Wissenschaften in Palo Alto, Kalif., werden, das pps. Untersuchungen durchführen sollte. *(Noetik;* in der Philos. herkömmlicherweise die Lehre vom Denken, bezeichnet bei M. das »Studium von Geist und Bewußtsein.*)* Die Gründung kam nicht zustande.

Mitogenetische Strahlung, von dem russ. Biologen Alexander Gurwitsch (1874 bis 1954) 1923 postulierte Strahlung, die von sich teilenden Zellen *(Mitose* = Kernteilung*)* ausgehen soll; angeblich eine elektromagnetische Welle geringer Intensität und Reichweite. Man hat versucht, die m. S. in das pps. Thesengebäude zu integrieren. Dagegen spricht aber, daß die Existenz dieser Strahlung noch keineswegs gesichert ist, und selbst wenn sie es wäre, könnte sie wegen ihrer geringen Reichweite für pps. Überlegungen kaum relevant sein.

Lit.: Gurwitsch/Gurwitsch 1959; Hofker 1936.

Mneme [griech.; Gedächtnis, Erinnerung], von dem dt. Zoologen Richard Wolfgang Semon (1859–1918), der auch den Ausdruck → Engramm einführte, geprägter Begriff. Um das Problem der Vererbung erworbener Eigenschaften lösen zu können, nahm Semon an, Sinneseindrücke führten zu dauernden Veränderungen in den Nerven; diese Engramme (Spuren) ermöglichen die Leistungen der Assoziation und der Erinnerung, außerdem gehen sie in das Erbgut ein. Die Summe dieser Veränderungen heißt M. Die Theorie erinnert an → Carus' *Leibesgedächtnis*. Ein Nachweis der M. konnte bislang nicht durchgeführt werden; wäre er möglich, so könnte die Telepathie als eine Form des Hellsehens betrachtet werden, weil dann psychische Inhalte physische Gestalt haben.

Lit.: Penfield 1952.

Mnemotechnik, auch Mnemonik, 1. Verfahren zum leichteren Einprägen von Lernstoff durch Merk- und Lernhilfen; »Gedächtniskunst«; 2. ein mnemotechnischer Kniff mancher antiker Rhetoren, z. B. Ciceros, war es, eine Rede im Hinblick auf den Vortragsraum zu memorieren. Während des Vortrags wanderte der Blick dann durch den Raum – von einem bestimmten Punkt *(locus)* zum nächsten; so behielten sie den Faden ihrer Rede. Der Redner Metrodorus ersetzte die *loci* durch die Häuser des → Horoskops; ein Verfahren, das im Lichte der Jungschen Ps. nicht unsinnig erscheint: Durch die Assoziation mit archetypischen Inhalten (das Horoskop als → Mandala!) bleiben diese Inhalte besser haften.

Lit.: v. Franz 1970: 180 f.; Rossi 1960.

Molitor, Ulrich († 1492), schweizer. Advokat und Dämonologe. Bald nach Erscheinen des »Hexenhammers« (→ Malleus Maleficarium) brachte M. einen mehrfach aufgelegten und übersetzten lat. Dialog heraus, der das → Hexenwesen untersuchte. Die Realität einiger Hexereien wird darin anerkannt – für die pps. Methodologie interessiert, daß zur Kasuistik Sagen mit herangezogen werden –, als irreal abgelehnt werden jedoch Hexenflug, Wetterzauber, magisch bewirkte Impotenz, Teufelsbuhlschaft, Tierverwandlung und Präkognition. Als Quelle der subjektiven Täuschung verweist M. auf die Träume. Die Holzschnitte der ersten Drucke haben spätere Künstler beeinflußt und den Hexenglauben eher verbreitet und gefestigt als bekämpft. – *Werke* → Bibl.

Moll, Albert (1862–1939), dt. Arzt und Hypnoseforscher, engagierter Kritiker okkultistischer und pps. Forschung; Mitarbeiter der *Zeitschrift für kritischen Okkultismus*. – *Werke* → Bibl.

Lit.: Dessoir 1888/89; Kurzweg 1975.

Molnar, Vilma, ein Bauernmädchen aus dem Burgenland, in deren Umgebung sich 1925 – sie war damals etwa 14 Jahre alt und als Kindermädchen in Stellung – paranormale Erscheinungen zeigten: Kartoffeln »liefen« eine Treppe hinauf, Hausrat flog durch die Luft, ohne zu zerschellen, die Kleider Vilmas lagen plötzlich verstreut im Zimmer herum, u. ä. m. Zweimal soll ein 6 Monate altes Baby samt Kissen aus der Wiege auf den Fußboden transportiert worden sein – was das Kind fröhlich hinnahm. Später wurden die Manifestationen heftiger und aggressiver, u. a. wurde das Baby von einer Flasche getroffen und trug eine Beule davon. Vilma kam in einen anderen Haushalt: »Selbstverständlich wurde das Kind mit unseren Blicken fortwährend kontrolliert. Trotz dieses Umstandes setzten sich Löffel, Messer, Gabeln, Holzstücke usw. dauernd in Bewegung, verließen die geschlossenen Schubläden und flogen hin und her.« (Schrenck-Notzing 1929: 38.)

Daraufhin nahm die Fürstin Windischgraetz Vilma zu sich nach Wien; sie schreibt: »Bis zwei Uhr nachts saß ich bei ihr und war ratlos, wie ich Herr der Situation werden könnte. Zweimal fiel das schwere Eisenbett, in welchem Vilma lag, um, und begrub das Kind unter sich. Das Bett ist so schwer, daß ich es nicht von der Stelle bewegen kann. Das arme Kind fürchtete sich unsäglich, zitterte und weinte.« (Ebd.: 39.) Die Phänomene klangen allmählich ab und hörten 1927 gänzlich auf. Die endgültige Befreiung von den Manifestationen glaubte Vilma anscheinend einer Wallfahrt zu verdanken, die sie zusammen mit ihrem Vater unternahm. Gelegentlich wurde sie dabei ertappt, daß sie selbst Objekte warf; dennoch ist bei der Vielzahl der Zeugen, der Tatsache, daß auch in größerer Entfernung von ihr unerklärliche Bewegungen stattfanden, vor allem aber weil die Phänomene dem bekannten Muster vom Spuk in der Umgebung eines jungen Mädchens entsprechen, die Echtheit der meisten Manifestationen wahrscheinlich.

Monadisch, sollte auf Anraten → Drieschs den Begriff »spiritistisch« ersetzen; statt »Spiritismus« schlug er *Monadismus* vor.

»Die monadische Theorie ist die Lehre von der *persönlichen* Unsterblichkeit, vermehrt um die Hypothese, daß abgeschiedene Seelen unter gewissen Bedingungen imstande sind, mit noch lebenden in Beziehung zu treten, sei es – hier gabeln sich die Vermutungen – telepathisch, sei es, indem sie unmittelbar den Leib, insonderheit das Gehirn, eines lebenden Menschen benutzen, dessen Seele solange die ›Exkursion‹ vollzieht... Die monadische Theorie kennt also leibbehaftete und leibfreie *personale* Seelen – ›tot‹ dürfen wir nicht sagen, denn sterben tut nur der Leib. Beide sind gleichen Wesens, mögen auch bei den leibfreien manche Vermögen wirksam sein, die bei den leibbehafteten latent sind. Logisch widerspruchsfrei ist diese Lehre.« (Driesch 1949: 188.)

Monck, Francis Ward, engl. Geistlicher, der seinen Beruf aufgab und in den 70er Jahren des vorigen Jh.s Berufsmedium und Heiler wurde. Er produzierte eindrucksvolle Materialisationen, → Tafelschrift u. a. m., wurde aber des Betrugs überführt und zu Gefängnis verurteilt. So wie die Manifestationen jedoch geschildert werden, ist schwer einzusehen, wie *alle* betrügerisch hätten zustande kommen können.
Lit.: Colley 1907.

Mondsucht, auch *Lunatismus* → Somnambulismus.

Monismus [von griech. *monos;* allein], Alleinheitslehre; jede philos. Lehre, die die Welt aus einem einzigen Prinzip – sei es idealistisch, spiritualistisch oder materialistisch – erklärt und versucht, die phänomenale Vielfalt auf eine letzte, ursprüngliche Einheit zurückzuführen. *Naturalistischer* (und in der Weiterentwicklung *energetischer)* M. nannte sich die vom Darwinismus beeinflußte Weltanschauung des dt. Zoologen Ernst Haeckel (1834–1919). *Neutraler* M. wird eine vor allem von engl. und amer. Gelehrten vertretene Weltanschauung gen., die einen letzten Stoff der Welt annimmt, von dem Geist und Materie nur verschiedene Seinsweisen sind.
Lit.: Drews 1913; Metz 1935.

Monition [lat.; »auf etwas aufmerksam gemacht werden«], svw. → Ahnung; → Richet betont – und das ist wichtig für die sog. Animismus-Debatte –, daß das, was einen aufmerksam macht, keine äußere Intelligenz sein muß, es kann sich dabei auch um das eigene Unterbewußtsein handeln (Hellsehen).

Monoideismus [von griech. *monos;* allein, und *idea;* Vorstellung], in der Ps. Bewußtseinsverengung auf eine dominierende Vorstellung. M. ist in der Hypnose provozierbar, und für → Ochorowicz ist er »unzweifelhaft der anziehendste und der am meisten mystische sämtlicher Zustände der Hypnose« (1897). → Du Prel (1920) spricht vom M. als dem »Schlüssel zur magischen Psychologie«. Manchen Beobachtungen nach zu schließen, ist der M. eine gute Voraussetzung für telepathische Experimente. Liest man die Protokolle der Versuche mit der → Piper u. a. großen ASW-Medien, drängt sich der Schluß auf, daß die monoideistische Verengung auch auf der Ebene des Unbewußten in irgendeiner Weise stattfindet. – Gegensatz: *Polyideismus*, Bewußtseinsspektrum.

In der Pps. wird M. auch zur Kennzeichnung des Musters beim ortsgebundenen Spuk verwandt: Die Bandbreite phänomenaler Möglichkeiten des Spuks ist auf eine oder wenige stereotype Handlungen eingeengt.

Monroe, Robert Allan (* 1915), amer. Geschäftsmann, der seit 1958 bei sich Erfahrungen »reisenden Hellsehens« (→ Astralwallen; → Out-of-Body-Experience) systematisch beobachtete. Im Laboratorium, mit → Tart als Versuchsleiter, zeigten sich gewisse Ähnlichkeiten zwischen dem Zustand während der Exkursion und dem während eines Traums (rasche Augenbewegung, vergleichbares EEG-Bild). M. entwickelte verschiedene Techniken, um sich (angeblich) von seinem physischen Leib zu lösen. Während der Exkursionen erwarb er gelegentlich ASW-Daten. Mit wachsender Erfahrung wurden M.s Erlebnisse komplexer: Während der Exkursion hatte er überirdische Visionen, spürte das Eingreifen verkörperter Mächte und hörte Stimmen – hinter diesen Erlebnissen vermutete M. eine sekundäre Wirklichkeit; die Tiefenps. kann sie als Dramatisierung unbewußter Geschehnisse deuten. – *Werke* → Bibl.

Lit.: Tart 1967.

Montgeron, Louis-Basile Carré de (1686 bis 1754), frz. Parlamentsrat. Als um 1731 bei den verfolgten → Jansenisten spontane Wunderheilungen auftraten, war M., vorher eher atheistisch eingestellt, überzeugt, hier Werke Gottes zu sehen. Er stellte eine Dokumentation von 8 Fällen mit zahlreichen Attesten, Zeugenaussagen usw. zusammen. Dieses 1737 ersch. Buch *La vérité des miracles* ... (»Die Wahrheit der Wunder«), überreichte er dem König in Privataudienz, in der Hoffnung, ihn damit zugunsten der Jansenisten stimmen zu können; das erwies sich jedoch als Irrtum, M. kam in die Bastille.

Um folgende 8 Fälle geht es in dem Buch: 1. Ein Augenarzt diagnostiziert baldiges Erblinden des Patienten, der innerhalb von 2 Tagen plötzlich geheilt wird. 2. Völlige Heilung einer Patientin innerhalb einer Viertelstunde; die Kranke litt seit 5 Jahren an Wassersucht, seit 3 Jahren an linksseitiger Lähmung infolge eines Schlaganfalls, außerdem hatte sie zahlreiche Geschwüre. 3. Patientin mit Lähmung des linken Beines und durch Schlaganfall verlorenem Sprechvermögen wird völlig geheilt. 4. Patientin mit Wassersucht, ständigen Blutungen und linksseitiger Lähmung wird völlig geheilt. 5. Patient mit rechtsseitiger Lähmung, seit 20 Monaten nahezu blind, wird völlig geheilt. 6. Fast völlige Blindheit eines Patienten wird geheilt. 7. Mammakarzinom in Ulzeration (geschwüriger Brustkrebs): Heilung und Regeneration der Warze. 8. Patientin mit Lähmung der Beine und weitgehendem Verlust des Sprechvermögens wird völlig geheilt. – In allen Fällen erfolgte die Heilung aufgrund eines Besuchs am Grab des Volksheiligen François de Paris.

Mörike, Eduard (1804–1875), einer der bedeutendsten dt. Lyriker und Erzähler des 19. Jh.s; erlebte als Pfarrer in Cleversulzbach (bei Heilbronn) während seiner gesamten Amtszeit (1834–43) immer wieder Spukphänomene und berichtete darüber in → Kerners Zeitschrift *Magikon* (z. B. II, 1842) anhand seiner Tagebuchaufzeichnungen. Seine z. T. außerordentlich genauen Beobachtungen werden durch Untersuchungen und Zeugenaussagen gestützt. Vor M. hatte Kerner schon andere Darstellungen Cleversulzbacher Spuks gebracht *(Seherin von Prevorst* II, 7 und *Magikon* I, 1840*)*, Die Erlebnisse M.s, seiner Angehörigen und anderer Personen bestehen im wesentlichen aus Geräuschen (Klopfen, Pochen, Schlürfen, Tappen, »Atmen«) und Lichterscheinungen. Außerdem, aber seltener, werden Berührungen und Bewegungen registriert; einmal sieht M.s Schwester das Phantom eines Hundes. Bereits 3 Pfarrer vor M. wußten von derlei Phänomenen zu erzählen, die manche dem Geist eines gewissen Pfarrers Rabausch zuschrieben. Es scheint sich somit um einen ortsgebundenen Spuk zu handeln. Allerdings massierten sich die Phänomene im ersten und letzten Jahr von

»Ein Gespenst«, Federzeichnung Mörikes. (17 × 21 cm, Württembergische Landesbibliothek Stuttgart.)

M.s Aufenthalt dort; vielleicht doch ein Indiz für eine »mediale Beteiligung« M.s oder eines seiner Familienmitglieder. Der amer. Germanist Lee B. Jennings (* 1927; 1974: 102) deutet auch an, daß das Verhältnis M.s zu Kerner die Erscheinungen beeinflußt haben könnte.

Als Fallgeschichte ist Cleversulzbach wenig ergiebig; dennoch ist M. von großem Interesse für die Pps. Er ist kein Biedermeier-Idylliker, sondern ein Dichter, der die dämonischen Seiten der menschlichen Seele kannte und häufig Identitätskrisen erlebte, die er schreibend zu bewältigen suchte. Seine Werke sind deshalb nicht nur lit. von Bedeutung, sondern auch unter dem Aspekt einer Autoanalyse, als »ein Typus visionären Denkens« (Jennings). M.s graphisches Werk ist in diesem Zushg. ebenfalls wichtig (vgl. Abb.). – Von seinen ps. und okkultistischen Interessen zeugen die Texte *Aus dem Gebiete der Seelenkunde* (in *Freya* I, 1861) und *Doppelte Seelentätigkeit* (1909). Im ersten berichtet M. 2 eigene Träume: Der eine, ein präkognitiver Wahrtraum, bezieht sich auf den Tod eines Onkels, beim anderen, einem telepathischen Traumerlebnis, wurde M. geweckt durch »ein plötzliches Gefühl, als wenn mir kalte, schwere Tropfen gewaltsam in das Gesicht gespritzt würden; ich glaubte ihren Fall zugleich auf dem Deckbett zu hören«. Er stellte fest, daß, »obwohl ich nie mit so viel Schein der Wirklichkeit geträumt zu haben glaubte«, alles trocken war. – Am nächsten Tag erwies sich, daß seine Verlobte zu derselben Zeit für ihn gebetet und (sie war Katholikin) Weihwasser in Richtung seiner Wohnung gesprengt hatte. »Hiernach erklärte sich das Rätsel einfach aus einem momentanen Fernsehen der Seele im schlafenden, völlig gesunden Zustand. Die Seele bekam oder gab vielmehr sich selbst ihre Wahrnehmung sinnlich durch einen scheinbar äußeren Eindruck zu fühlen« – eine Erklärung, der die Pps. auch heute noch nichts hinzuzufügen vermag. In der *Doppelten Seelentätigkeit* erzählt M. einen Fall von → Däumeln:

»Halb zum Spaß, halb im Ernst befrug ich das Schicksal ..., indem ich ... den nächsten besten Teil des deutschen Shakespeare herunternahm, mit dem Daumen hineingriff und hier sogleich auf eine Stelle stieß, die wir als bejahende Antwort nahmen. Frappant, gewissermaßen komisch-frappant, war sie dadurch, daß sie selber den Ausdruck *Orakel,* also die genaueste formale Beziehung auf meine Absicht, enthielt.«

Es handelte sich um den Dialog Achill – Hektor in *Troilus* IV, 5:

»Achill: Ja, sag' ich dir.
Hektor: Und wärst du, solches kündend, ein Orakel,
Nicht glaubt' ich dir.«

»Entweder ist es purer Zufall, oder kann ich es nur mit meiner alten Hypothese von einer doppelten Seelentätigkeit erklären ... Die Seele strahlt und wirkt von ihrer Nacht- oder Traumseite aus in das wahre Bewußtsein herüber, indem sie innerhalb der dunklen Region die Anschauung von Dingen hat, die ihr sonst völlig unbekannt blieben. Ihre Vorstellungen in der Tag- und Nachtsphäre wechseln in unendlich kleinen, gedrängten Zeitmomenten mit äußerster Schnelligkeit ab, so daß die Stetigkeit des wachen Bewußtseins nicht unterbrochen scheint. Ich kam auf diesen Gedanken durch den Versuch, das Geistersehen sowie die oft so erstaunlich treffenden Aussagen bei der Tischklopferei usw. natürlich zu erklären ... In dem Fall nun hätte die wissende Traumseele den Einfall, das Buch zu befragen, bei mir angeregt und mich im folgenden durchaus geleitet: das heißt ich verhielt mich in dem Augenblick bis auf den entscheidenden Griff meines Fingers hinaus partiell somnambül.«

Die »wissende Traumseele« nennen wir heute das Unbewußte, und wie M. verstehen wir die Trance (»somnambül«) als die Herrschaft des Unbewußten über das Bewußtsein.

Bemerkenswert ist auch folgende Stelle, die vielleicht ein Erleuchtungserlebnis als den alles entscheidenden Augenblick definiert,

»wo gleichsam ein rascher Blitz des innersten Bewußtseins uns das, was wir besitzen und sind, in seiner ganzen Gestalt sehen läßt, in der überwältigenden Fülle seiner Wirklichkeit, während es dann scheint, als wäre man bisher nur in einem gewöhnlichen Traum befangen gewesen.« (Brief an Luise Rau vom 4. 12. 1828.)

In einem Brief an Theodor Storm (April 1854) erzählt er den »närrischen casum«, daß er für eine Novelle eine Handlung *erfindet,* die Uhland als alte Sage verifizieren kann:

»Ich war nicht wenig über das Zusammentreffen meines Scherzes mit dieser Erzählung erstaunt, da auch in den hintersten Kammern meines Gehirns nicht die leiseste Spur empfangener Überlieferung zu finden ist. Vernünftigerweise kann ich es mir freilich zuletzt nicht anders als auf solchem Wege erklären, oder wie?«

Hier ist ein Problem vorweggenommen, für das die → Archetypen-Lehre eine Antwort bereithält, wo aber auch pps. Deutungen möglich sind. – *Werke* → Bibl.

Lit.: Jennings 1968, 1974; Kerner 1831 bis 1839.

Morin, Jean-Baptiste (1583–1656), Hofastrologe König Ludwigs XIII. von Frankreich; versuchte, die Astrol. in eine allgemeine Systematik der Wiss.en zu integrieren. Berühmt machten ihn neben anderen richtigen Voraussagen die verblüffend genauen Angaben des Todesdatums Richelieus und Gustav Adolfs von Schweden. Seine *Astrologia Gallica* (1661) enthält u. a. die Horoskope Luthers und Wallensteins.

Morpheus, in der antiken Glaubenswelt ein Dämon, der den Schlafenden die Traumgestalten [von griech. *morphe;* Gestalt] schickt; galt als Sohn des → Hypnos.

Morris, L. A. Meurig (* 1899), engl. Sprechmedium.

Bemerkenswert ist folgende Episode: Die Columbia Gramophone Company wollte 1931 mit den → Kontrollen der Sensitiven eine Platte bespielen, doch bei der Aufnahme passierten mehrere Pannen; u. a. sprach ein Beteiligter dazwischen, und die Techniker waren sicher, daß seine Stimme mit auf die Platte gekommen war. Die → Kontrollen versicherten aber eine korrekte Aufnahme. Diese Aussage wurde schriftlich fixiert, ehe das Ganze abgehört werden konnte; die Voraussage erwies sich als wahr.

Morselli, Enrico (1852–1929), ital. Psychiater, der der Pps. zunächst skeptisch gegenüberstand; durch Sitzungen mit der → Paladino wurde er jedoch von der Existenz des Paranormalen überzeugt. Seine Arbeiten zählen zu den wichtigsten Untersuchungen über dieses Medium. – *Werke* → Bibl.

Mors osculi [lat.; Tod des Küßchens], Tod im Kuß. Kabbalistische und neuplatonische Mystiker bezeichnen so den Tod in der Entrückung; noch der engl. Mystiker Thomas Vaughan (1622–1666) erwähnt den m. o. als ein großes Geheimnis.

Mortpetten [von lat. *mortem petere;* zu Tode beten], mittelalterliche Form der →

Schwarzen Magie; nach dem theologischen und religionswiss. Verständnis kein Gebet, sondern verbaler Schadenszauber, gelegentlich durch symbolische Handlungen unterstützt. Eine Variante bildet das *Totsingen*; ein beliebter Text dazu war Psalm 109, 8 ff. Das M. kann als Gegensatz zum Gesundbeten aufgefaßt werden, aber nur dann, wenn das Gesundbeten weniger auf → Gebet, als auf Magie beruht. Wo das M. sein Ziel erreicht, muß an einen autosuggestiven Effekt bei dem »Getöteten« gedacht werden, d. h., er muß auf normale oder paranormale Weise von dem Anschlag Kenntnis erhalten haben. Theoretisch besteht auch die Möglichkeit der Annahme einer psychokinetischen letalen Veränderung mit dem Mortpetter als Agenten. »Ich pit dich ... daz du mich behüetest vor flüechen und vor mortpetten, mich und all mein freund«, lautet ein von der Dominikanerin Adelheid Langmann (14. Jh.) überliefertes Gebet.

Moser, Fanny, verh. Hoppe (1872–1953), schweizer. Zoologin, die 1913 Zeugin von Levitationen eines Tisches während der Séance mit einem Berliner Medium wurde. Sie griff daraufhin temperamentvoll das Thema »Okkultismus« auf und versuchte vor allem in phänomenologischen Darstellungen die verschiedenen Fälle und Hypothesen in »Täuschungen und Tatsachen« zu differenzieren. Ihre Arbeiten wurden Standardwerke der Pps. – *Werke* → Bibl.

Lit.: Frei 1952.

Moses, bereits in der Antike tauchte die Legende auf, M., der jüd. Gesetzgeber und Prophet mit ägypt. Erziehung, sei eigtl. ein ägypt. Zauberer gewesen. Die als 6., 7., 8. »Bücher Moses« immer wieder auftauchenden Schriften sind mehr oder weniger triviale Zauberbücher, die wahrscheinlich im 18. Jh. entstanden sind und deren Erscheinen eine ganze Reihe von Prozessen nach sich zog (der letzte 1960; der Verleger wurde wegen Betruges in Tateinheit mit unlauterem Wettbewerb, Aufforderung zur Tierquälerei, Leichenschändung, Diebstahl usw. zu 1000,– DM Geldstrafe verurteilt, in der nächsten Instanz jedoch freigesprochen).

Lit.: Perty o. J.

Moses, Stainton (1839–1892), engl. Medium. M. war Geistlicher der Kirche von England und seine Integrität wurde nie angezweifelt. Nach seiner Bekehrung zum Spiritismus zeigte sich in den Jahren 1872 bis 1881 seine mediumistische Begabung; die Phänomene des Automatischen Schreibens und Sprechens hielten noch länger an. Bei verschiedenen → Kontrollen, die einem Leiter (»Imperator«) unterstanden, produzierte M. Levitationen, Apporte, Leuchterscheinungen, Penetrationen, Materialisationen, Direkte Stimme, – Musik, – Schrift sowie parachemische Phänomene (Gerüche u. a.). Unter dem Pseudonym M. A. Oxon verfaßte er mehrere Bücher. – *Werke* → Bibl.

Lit.: Cox 1884; Trethewy o. J.; Myers 1893/94, 1895 a.

Moss, Thelma, ehemalige amer. Schauspielerin, die sich aus ps. Interesse der Wiss. zuwandte, promovierte und an der Universität von Kalifornien medizinisch-pps. Grenzgebiete untersucht. Schwerpunkte ihrer Arbeit bilden paranormales Heilen und der Einsatz der → Kirlian-Fotografie in der medizinischen Diagnostik. – *Werke* → Bibl.

Mothe-Guyon, Jeanne Marie Bouvier de la (1648–1717), frz. Visionärin, Vertreterin einer quietistischen Mystik; wegen »verderblicher Irrlehren« wurde sie zwischen 1688 und 1702 mehrfach eingekerkert.

Lit.: Aegerter 1941.

Motoyama, Hiroshi (* 1925), jap. Physiologe; wies mit verschiedenen Hilfsmitteln (EEG, EKG, Plethysmograph u. a.) physiologische Indikatoren einer vorerst unbekannten Wirkung von bestimmten Menschen auf andere nach. Um der Hypothese »elektromagnetische Wellen« zu begegnen, befanden sich die Zielpersonen in einem Faradayschen Käfig; die Agenten (Yogis,

Heiler, Sensitive, »normale« Vpn) hatten den Auftrag, sich auf die Zielpersonen zu konzentrieren. – M. hat mehrere Untersuchungen der Operationen philipp. Heiler durchgeführt und sich für die Echtheit der beobachteten Phänomene ausgesprochen. – *Werke* → Bibl.

Lit.: Stelter 1973.

Müller, Auguste, dt. Somnambule, die zu Beginn des 19. Jh.s »Hellsehen« in wortwörtlichem Sinn praktizierte: »Sie sieht vollkommen hell und erkennt alle Personen und Gegenstände in der dichtesten Finsternis, wo es uns unmöglich wäre, die Hand vor den Augen zu unterscheiden.« (Meier 1818: 36.)

Multiple Persönlichkeit, auch *Doppelbewußtsein,* das Vorhandensein verschiedener Erlebens- und Verhaltenssysteme in einer Person; ein Erklärungsvorschlag vermutet eine Dissoziation der Primärpersönlichkeit in sekundäre, tertiäre usw. Persönlichkeiten (vgl. die Fälle → Beauchamp und → Fisher).

Lit.: Myers 1886/87; Mitchell 1913 a, b; 1920/21; Oesterreich 1928; Prince/Prince 1932; Wilson 1903/04.

Multivariates Experiment, ein Überblick über die vorhandene Lit. zur experimentellen Pps. zeigt, daß die meisten Versuche (das experimentelle Design) uni- oder höchstens bivariat angelegt waren, d. h. nur eine oder zwei Einflußgrößen (Variable) berücksichtigten. Die Erklärung für das Verhalten der Forscher wird weniger in der Scheu vor komplizierten Verfahren gesehen, als in der allgemeinen Auffassung, man müsse Psi *beweisen,* es zu *verstehen,* sei erst in zweiter Linie wichtig. Auch eine gewisse Angst vor möglichen Folgen bestimmter – positiv ausgehender – Experimente (z. B. eine radikale Erweiterung des Menschenbildes) wird für dieses Vorgehen verantwortlich gemacht. Um die vermutete Regelhaftigkeit sog. »spontaner« Phänomene erkennen zu können, scheinen jedoch Multivariate Experimente notwendig zu sein, da nur sie die komplexe Einflußgröße des ganzen Menschen zu erfassen vermögen.

Lit.: Mischo 1974.

Mumie [von pers. *mum;* Wachs; arab. *mumia;* die mumifizierte, verwesungsgeschützte Leiche], in Ägypten waren mindestens seit dem Beginn des 3. vorchristl. Jahrtausends Mumifizierungstechniken bekannt; mumifiziert wurden tierische und menschliche Körper. Im Zushg. mit neuzeitlichen archäologischen Grabungen entstanden Gerüchte über unheilbringende M.n, der »Fluch der Pharaonen« sollte angeblich die Grabstörer treffen. Sehr viele derartige Berichte sind wohl Erfindungen oder Aufbauschungen der Sensationspresse; in einigen Fällen mag der Glaube an einen solchen Fluch auf dem Weg des Erfüllungszwangs zu einem Unfall geführt haben. Möglicherweise wurden auch absichtlich solche Gerüchte ausgestreut, um die zahlreichen Grabräuber abzuschrecken.

Immer wieder erzählt wird die Geschichte der M. einer Priesterin des Amon-Re im Britischen Museum: Das Schiff, das sie nach England brachte, ging unter, der Kutscher, der sie vom Hafen abholte, brach sich ein Bein. Der Besitzer der M. erlitt ein Reihe wirtschaftlicher Verluste, von Begleitpersonen, die mit ihm die M. überführt hatten, starb der eine bei der Ankunft, der andere kurze Zeit später infolge eines Unfalls. Im Museum glitten Besucher aus, Wärter erkrankten, u. a. m. – Von anderer Art scheinen Berichte, nach denen auf Fotografien dieser M. → Extras aufgetreten sein sollen.

Als Zufall, Überinterpretation oder Erfüllungszwang mögen diese behaupteten Vorkommnisse zu verstehen sein; allerdings läßt sich nicht grundsätzlich ausschließen, daß ein bestimmtes Objekt mit Unheil verbunden ist. – Auch ein synchronistisches Ereignis kann erwogen werden (→ Synchronizität):

»Es wurde eine ungewöhnlich schöne Porzellankatze in Ägypten ausgegraben, die wahrscheinlich die Mumie einer Katze enthielt. Der Aufseher über die Altertümer, Herr Weigall, nahm sie mit nach Hause und stellte sie in sein Schlafzimmer. Er suchte die Stelle, wo das Porzellangehäuse

zusammengefügt war, konnte sie aber nirgends finden. In der folgenden Nacht war es ihm unmöglich, einzuschlafen. Es schien ihm, als bewege sich die Katze und sehe ihn mit glühenden Augen an. Schließlich schlief er doch ein. Plötzlich erwachte er durch einen lauten Knall, er sprang auf und wurde von einer riesigen grauen Katze angefallen. Sie kratzte sein Gesicht und seine Hände und verschwand dann durch das offene Fenster. Er sprang hin und sah hinaus: Unten stand seine eigene Katze und fauchte einer eingedrungenen Katze nach, die im Gebüsch verschwunden war. Als er jetzt die Porzellankatze betrachtete, war das Gehäuse zersprungen und die Katzenmumie stand aufrecht in der Mitte.« (Fothergill, zit. n. Z. *f. Pps.*, Jan. 1929: 42 f.).
Lit.: Vandenberg 1973.

Mumifizierung, auch *Mumifikation,* i. allg. Sprachgebrauch svw. Einbalsamierung; in der Medizin der »trockene Brand«, eine Form der Nekrose (lokales Absterben von Zellen). – Ein vielleicht paranormales Phänomen liegt in dem von manchen Personen behaupteten M.s-Vermögen vor: Sie sollen Tiere und Pflanzen durch Berühren, Magnetisieren o. ä. vor Verwesung und Fäulnis schützen können, und zwar aufgrund eines »aseptischen Fluids«, das ihnen entströmt. Systematische Untersuchungen wurden kaum durchgeführt; nur die Doktoren L. Clarac und B. Llaguet aus Bordeaux veröffentlichten 1912 nach 7 Jahren Forschung mit einem ungenannten Medium Ergebnisse, die die Existenz eines solchen Fluids nahelegen. Ende der 20er Jahre mumifizierte angeblich J. Caillard, ein Schuhhändler aus Lyon, der in seiner Rechten »heilende Kräfte« spürte, Tiere und Pflanzen (Sudre 1929). H. → Price (1936) zufolge erlag er aber einer Selbsttäuschung. Auch von Heinrich Nüßlein, einem dt. Malmedium, wurde diese hypothetische Fähigkeit behauptet (Böhm 1928).

Mumler, William H. → Geisterfotografie.

Münchhof, Bauernhof in der Nähe von Voitsberg in der Weststeiermark, der 1818 Ort einiger Spukphänomene war: Bis 15 Pfund schwere Steine flogen in merkwürdig gebogener Linie durch die Luft – trafen sie einen Menschen, glitten sie einfach von ihm ab, ohne den Schmerz zu verursachen, den man aufgrund von Gewicht und Fluggeschwindigkeit des Objekts hätte erwarten müssen. Hausrat bewegte sich ohne erkennbare Ursache, Geschirr und Fensterscheiben zerbrachen. Nach einiger Zeit hörten die Erscheinungen auf.
Lit.: Görres 1927: 305–13.

Murphy, Bridey, der Fall B. M. ist die Geschichte einer vermuteten → Altersrückversetzung aus den 50er Jahren unseres Jh.s. Der amer. Geschäftsmann und Hobby-Hypnotiseur Morey Bernstein führte eine Hausfrau aus Colorado, der er den Decknamen Ruth Simmons, geb. Mills, gab – es handelt sich um die von Indianern abstammende Mrs. Virginia Tighe – per Hypnose in immer frühere Stadien ihres Lebens zurück. Als der Sprung in die Zeit vor ihrer Geburt scheinbar gelang, trat eine Persönlichkeit auf, die sich B. M. nannte und vorgab, eine Irin zu sein, die 1798 in Cork geboren und 66jährig in Belfast verstorben war. Durch »B. M.« mitgeteilte Daten ließen sich z. T. in Irland verifizieren, eine B. M. konnte allerdings urkundlich nicht gesichert werden. Die Indizien, die der Fall B. M. für die Reinkarnationshypothese liefert, sind dürftig, das Auftreten von ASW-Daten dagegen ist sehr wahrscheinlich.
Lit.: Bernstein 1973; Rosen 1956.

Murphy, Gardner (* 1895), amer. Psychologe; seine Hauptforschungsgebiete sind Persönlichkeitstheorie, Sozial- und Paraps. Er war der erste, der den Rundfunk für telepathische Experimente nutzte (Massenexperimente, bei denen die Hörer aufgefordert wurden mitzumachen). 1949 war M. Präsident der S. P. R., seit 1962 ist er Präsident der A. S. P. R. – *Werke* → Bibl.

Murray, George Gilbert Aime (1866–1957), engl. Altphilologe. Seine erstaunlichen Leistungen als Perzipient bei telepathischen Experimenten im Familienkreis beeindruckten Freud. Eleanor Sidgwick schrieb 1924 in den *Proceedings* der S. P. R., M.s telepathische Leistungen seien vielleicht die bedeutendsten, von denen die S. P. R. je Kenntnis erhalten habe. Dingwall erklärte sie allerdings als Hyperästhesie (s. a. → S. P. R.).

Muschelhören, auch *Konchylien-Audition [Konchylie;* griech. Kunstwort; Weichtierschale*]*, das Anlegen einer Konchylie ans Ohr vermag akustische Pseudohalluzinationen bei Automatisten hervorzurufen, in denen paranormales Material (ASW) zutage treten kann.

Musikalische Phänomene, das bekannteste unter den vielleicht paranormalen m.n Phänomenen bildet die *Automatische Musik.* → Aubert, der zu Beginn unseres Jh.s im I. M. I. untersucht wurde, hatte keine musikalische Ausbildung genossen; er glaubte, er spiele unter → Kontrolle klassischer Komponisten wie Beethoven, Chopin, Mozart, Wagner u. a. (Aubert 1920). In jüngerer Zeit wurden mit vergleichbaren Leistungen Rosemary → Brown und → Shepard bekannt. Bislang ist in der Lit. nicht belegt, daß in der Automatischen Musik ASW-Informationen auftauchten, was an sich denkbar wäre; so lange dies jedoch nicht eintritt, bleibt das Phänomen streng genommen für die Pps. irrelevant. – Die Ps. rechnet die musikalische Leistung dem schöpferischen Selbst der Medien zu; der Spiritismus glaubt an ein direktes Eingreifen der verstorbenen Musiker.

Von Sir William Crookes für das Medium D. D. Home entwickelte Versuchsanordnung: Ein Akkordeon befindet sich in einem Drahtkäfig, der gerade unter den Sitzungstisch paßt. Angeblich spielte das Akkordeon während des Experiments selbsttätig einfache Melodien.

Musikalische Auditionen, wie sie vor allem in Heiligenviten berichtet werden, sind ebenfalls zum überwiegenden Teil ps. als subjektive Projektionen innerer Erlebnisse zu verstehen. Jene Auditionen jedoch, die von mehreren Personen erfahren wurden, müssen, schließt man eine akustische Kollektivhalluzination aus, paranormal erklärt werden: als mentalsuggestiv evozierte Audition oder als Phänomen der *Direkten Musik* (vgl. → Direkte Stimme). Das gilt vor allem für die Fälle, in denen der Betreffende selbst »verzückt« war und das Phänomen gar nicht wahrnahm. In neuerer Zeit wird die Direkte Stimme manchmal auch als → Sterbebettphänomen berichtet. Der PK zuzurechnen ist die häufig behauptete Erscheinung, daß ein Instrument während einer Séance, ohne berührt zu werden, plötzlich spielt. – 1900 stellte → Richet den dreieinhalbjährigen Pepito Ariola vor: ein Wunderkind am Klavier, das ganze Oktaven greifen konnte; Beobachtern schien es so, als elongierten seine Hände während des Spiels (→ Elongation). – Keine m.n Ph. im eigtl. Sinne bilden die häufig behaupteten Levitationen von Musikinstrumenten. In einem Fall (Flammarion 1907: 369) wird von einem mehr als 7 Zentner schweren Flügel behauptet, er habe sich unter dem Einfluß eines Kindes erhoben. Musik hat offensichtlich einen stimulierenden Effekt, der Parapsychisches begünstigen könnte. Musik kann den Bewußtseinszustand ändern, z. B. zur Trance führen, sie kann aber auch einfach das Auftauchen von ASW-Informationen begünstigen.

Muskellesen, eine Art von Pseudogedankenlesen, der man heute noch gelegentlich bei Gesellschaftsspielen begegnet: Eine Gruppe denkt sich eine Aufgabe aus, z. B. ein Bild von einem Haken nehmen und auf den Tisch legen. Jemand, der die Aufgabe nicht kennt, soll nun einen Teilnehmer an der Hand nehmen (oder seine

Hand auf dessen Stirn legen o. ä.), langsam mit ihm durchs Zimmer gehen und dabei die gestellte Aufgabe erraten. Dabei helfen ihm nicht willentlich gesteuerte Muskelzuckungen des »Wissenden«.

»Die betreffenden Gedankenleser konzentrieren ihren Geist darauf, ob die Hände des Denkenden (die sie umfassen) zufrieden oder nicht zufrieden sind. In der Tat haben diese Hände eine ganze Sprache: Soll der Gedankenleser in die Höhe greifen, so heben sie sich (beim Denkenden) ein ganz klein wenig, soll er sich bücken, so drücken sie herab, hat er seine Aufgabe noch nicht erfüllt, so lassen sie ihn nicht vom Fleck und ist er glücklich zu Ende, so geben sie ihm durch einen sanften Druck ihre Befriedigung zu erkennen.« (Dessoir 1886.)

Selbstverständlich sind auch die mimischen Reaktionen der Zuschauer und vor allem die Erfahrung (da die Aufgaben sich ja sehr ähneln) von Bedeutung. Die Hypothese der unbewußt gesteuerten Muskelbewegung hatte der frz. Chemiker Michel Eugène Chevreul (1786–1889) bereits 1833 aufgestellt. Aber ehe diese Zushg.e bekannt waren, konnten einige »Medien« mit ihren »telepathischen« Fähigkeiten verblüffen. 1884 beeindruckte Cumberland (→ Cumberlandismus) sein Berliner Publikum mit dieser Kunst; aber schon im gleichen Jahr gelangen → Dessoir die gleichen Leistungen, ohne daß eine paranormale Erklärung nötig war. – Weitere aufsehenerregende »Gedankenleser« jener Zeit waren Bellini, Cetti, Carl Faulhaber, Lucie de Gentry, Grigorowitsch, »und dann wurde das ›Cumberländern‹ zu einer Varieténummer« (Dessoir 1964: 116).
Lit.: Beard 1882; Sugden 1882/83.

Mutter-Kind-Beziehung, nach dem entwicklungsps. Konzept der Tiefenps., vor allem der Psychoanalyse, kommt dem ersten Lebensjahr besondere Bedeutung für den Persönlichkeitsaufbau und das künftige Leben des Menschen zu. Entscheidend dabei scheint die Beziehung zur Mutter oder einer entsprechenden Bezugsperson zu sein. Parapsychologen vermuten, daß im kommunikativen Prozeß in der »Mutter-Kind-Dyade« (ein Ausdruck des Psychoanalytikers René A. Spitz, 1887–1974) ASW eine wichtige Rolle spielt; → Ehrenwald nennt die Wiege des Kindes zugl. auch die Wiege der ASW. Da das Kind in der normalen Kommunikation beeinträchtigt ist, besitzt die ASW für es einen natürlichen »Überlebenswert«. Was man gemeinhin »Mutterinstinkt« nennt, könnte in vielen Fällen sehr wohl eine ASW-Manifestation bilden. Zu bedenken ist, daß der »normale, aufgeklärte, rationale Erwachsene« gewisse Widerstände gegen die Möglichkeit der ASW hat, vielleicht verhindert diese Schranke gelegentlich das Zustandekommen der ASW. Das Kleinkind jedenfalls kennt diesen Begriff des Unnatürlichen, Außernormalen nicht, was wiederum ASW begünstigen mag. – Louisa → Rhine vermutet für das 3. und 4. Lebensjahr besonders häufig gute ASW-Leistungen. Auch Vater-Kind-ASW wird oft erwähnt; z. B. »sah« Anfang 1912 der 3jährige Peter Scott, daß sein Vater, Robert Falcon Scott, *nach* Amundsen den Südpol erreicht hatte. S. a. → Gruber, Karl. – *Lit.: Schwarz 1971.*

Myers, Frederic William Henry (1843 bis 1901), Philosoph und Altphilologe, Gründungsmitglied der S. P. R. und 1900 ihr Präsident. Seine erste bedeutende pps. Publikation (zusammen mit Gurney und Podmore) sind die → *Phantasms of the Living* (1886). Sein Hauptwerk ist das (unvollendete und von → Hodgson und → Johnson zum Druck vorbereitete) 1903 postum erschienene *Human Personality and its Survival of Bodily Death* (»Die menschliche Persönlichkeit und ihr Überleben des körperlichen Todes«). M. brachte mehrere Begriffe in die pps. Terminologie ein, so »Telepathie« und »unterschwelliges« Bewußtsein *(subliminal consciousness)*. Unter »Bewußtsein« verstand M. nur ein Akzidenz des eigtl. Ich, wobei sein Ich-Begriff in etwa dem des heutigen »Selbst« entspricht; ASW schien ihm die eigtl. Wahrnehmungsform des psychischen Apparats. Seine Konstrukte teilt kaum noch jemand; aber in der Zu-

F. W. H. Myers.

sammenschau verschiedener Phänomene leistete er für die Forschung Bahnbrechendes. Sitzungen hielt M. mit → Duguid, → d'Espérance, → Mellon, → Paladino und, wohl die bedeutendsten, mit der → Piper. Nach seinem Tod soll er der Urheber der → Kreuz-Korrespondenzen geworden sein. – *Werke* → Bibl.

Lit.: Lodge u. a. 1901–03.

Mylius, Christine, dt. Schauspielerin, deren Träume gelegentlich präkognitive Informationen zu enthalten scheinen. Bekannt wurde eine Serie von 12 Träumen, die sich auf den Film *Nacht fiel über Gotenhafen,* bei dem Ch. M. später mitwirkte, bezogen (Bender 1973; Bender/Mischo 1960 u. 1961). Seit 1953 führt Ch. M. ein »Traumjournal«, das sie dem → Institut für Grenzgebiete regelmäßig zur Auswertung schickt, damit so die Trauminhalte dokumentiert sind, bevor sie (vielleicht) eintreffen; mehr als 2400 Träume wurden bisher archiviert. Ihre Nachprüfung wird zum »Experiment in erwartender Beobachtung«. Das bisher bekannt gewordene Material (Mylius 1974) bildet einen wichtigen Beleg für die Existenz der Präkognition.

Mystik [von griech. *myein;* Mund oder Augen schließen], 1. gelegentlich svw. Geheimlehre, Okkultismus, Pps.; 2. Erkenntnisform, die an keine bestimmte Religion gebunden ist; der Versuch, der Gottheit oder dem Absoluten jenseits der Ratio in innerer Erfahrung zu begegnen; nach dem Wort Thomas von Aquins die *cognitio dei experimentalis,* die »experimentelle Erfahrung Gottes« (s. a. → Ekstase; → Kontemplation; → Yoga). Parapsychische Manifestationen können in der Mystik auftreten, werden religionsps. und theologisch jedoch als peripher betrachtet.

Lit.: Amadou 1957: 445–49; W. James 1907; Mann 1975; Otto 1926; Resch 1975; Thurston 1956; Walther 1955; Zaehner 1960.

Mythos [griech.; Erzählung, das gesprochene Wort], geglaubte Erzählung aus der Vorzeit. Gegenstand des M. sind Kosmogonien, Taten verschiedener Vorzeitwesen, »Heilsbringer«, Vorstellungen von Entstehen, Leben und Handeln der Götter und Menschen, u. ä. m. Der M. kann in Ritus und Kult wiederholt werden, gelegentlich hat diese Wiederholung eine wichtige soziale Funktion. Vom M. sind andere Erzählformen, z. B. Märchen, Legende und Sage, prinzipiell zu unterscheiden. Die meisten Autoren rechnen auch Erzählungen von der Endzeit der Welt (Eschatologie) zum M. – Die Ethnographie kennt keine mythenlose Kultur. Die wiss. Mythendeutung versucht, den M. als vorwiss. Interpretation der Welt, als poetische Leistung, als gemeinschaftsstabilisierendes Element oder, in der Tiefenps., als Projektion, Vergegenständlichung psychischer Gegebenheiten zu begreifen. – Für die Pps. ist das Verständnis der Zeit im M. von Interesse; z. B. wird oft berichtet, daß in der Vorzeit (mythischen Zeit) die Qualität der Zeit eine andere war als heute, und daß in jener Vorzeit das »Übernatürliche« natürlich war. Außerdem interessiert die Pps., ob in der rituellen Vergegenwärtigung des M.' Vorzeitlich-Übernatürliches nur »symbolisch« wiederholt wird oder ob diese andere Zeit in die Gegenwart »einbricht«, d. h. sich Paranormales manifestiert.

Lit.: Eliade 1966; Jensen 1960; Pettazzoni 1950.

N

Nabi [hebr.; Prophet], das israel. Prophetentum war eine alte Institution; die ersten Seher waren zuständig für das Wiederfinden verlorener Gegenstände, für Diagnose und Therapie, außerdem erteilten sie Rat bei anstehenden Entscheidungen; sie bildeten Schulen und traten gelegentlich gemeinsam auf (in Verzückung, mit Musik und Tanz). Eine andere Stellung nahm der N. ein: Als der große Einzelne, ohne offizielles Amt, berufen und getrieben von Gott, wandte er sich an seine Mitwelt und griff in das Geschehen ein. Daneben gab es auch in späterer Zeit Berufspropheten, die ihren Dienst an einem Heiligtum versahen, sowie zunftmäßig organisierte Propheten.

Das Zentralerlebnis des N. ist seine Berufung in Form einer akustischen Halluzination – oder gar einer objektiven Audition (Direkte Stimme). Jesaia antwortet darauf: »Hier bin ich!«, der sensiblere Jeremias bittet, ihn nicht zu entsenden, fügt sich jedoch. Die N. waren weder Ekstatiker, noch befanden sie sich in Trance; dennoch ist ihr Ich »nicht ihr eigenes Ich, sondern das Ich Gottes«. Sie konnten Fragen an Jahwe richten und fungierten deshalb zuweilen als Orakel. ASW in den 3 Modalitäten hält → Oesterreich bei den N. für erwiesen. Den prophetischen Reden lagen akustische Halluzinationen zugrunde. Dabei unterscheidet sie nach Oesterreich vom Psychotiker, daß Audition und Vision sich völlig in den Grenzen des Prophetenberufs halten. »Die Propheten stellen sich als Fälle von Verdoppelung der Persönlichkeit dar: ein werthöheres Neben-Ich bildet sich in ihnen ... Zu der Annahme einer wirklichen psychologischen Spaltung bei den Propheten stimmt ausgezeichnet die Tatsache, daß sich bei ihnen eben auch allerlei parapsychische Phänomene fanden. Diese gedeihen ja stets auf dem Boden seelischer Spaltung.« (Oesterreich 1930, zit. n. M. Oest. 1954: 106–09.)

Nachbild, optischer Eindruck nach Aufhören des eigtl. optischen Reizes. Man unterscheidet positive und negative N.er: Betrachtet man intensiv ein Bild und blickt dann auf eine weiße Fläche, so sieht man u. U. dort dasselbe Bild in seinen Komplementärfarben (negatives N.); als ursächlich werden Regenerationsvorgänge in der Netzhaut angenommen. Positive N.er, also solche der gleichen Farbqualität wie die primäre Wahrnehmung, werden durch ein Andauern der neuralen Reizung erklärt. N.er sind von Bedeutung für das Verständnis mancher Halluzinationen. In der Pps. tauchte der Begriff eines *fluidalen N.es* auf; gemeint ist damit z. B. die gedankliche »Imprägnierung« eines Stücks Papier: In einer Umkehrung des Sehvermögens wird ein Bild auf ein Blatt Papier projiziert und hinterläßt dort Spuren, die ein Sensitiver wahrnehmen können soll.

Nachtseite der Natur → Schubert, G. H. v.

Nachtwandeln, svw. → Noktambulie.

Nagar, ind. Magier, Zeitgenosse des → Apollonius von Tyana; behauptete u. a. von sich, er könne mit Hilfe seines Schutzgeistes Zauberreisen durchführen.

Lit.: Horst 1821 I: 29.

Nageldiagnostik, der → Chirologie verwandtes Verfahren, das bei der Beantwortung charakterlicher und gesundheitlicher Fragen helfen soll. Soweit auch Aussagen über das persönliche Schicksal erfolgen, ist zu bedenken, daß der glänzende → Fingernagel als »magischer Spiegel« für Sensitive wirken mag (s. a. → Kristallsehen).

Lit.: Issberner-Haldane o. J.

Nägeleinschlagen, begegnet in der Religionsgeschichte mehrfach: Im Tempel der etruskischen Glücksgöttin Nortia in Volsinii wurde jedes Jahr ein Nagel eingeschlagen; dasselbe tat man im Jupitertempel auf dem röm. Kapitol. Auf diese Weise wollte man das Unglück des vergangenen Jahres hindern, die Schwelle zum neuen zu überschreiten. – Vor allem in Afrika kennt man sog. »Nagelfetische«, mit Nägeln gespickte Holzplastiken; angeblich wird durch die Nagelung Zwang auf ein übermenschliches Wesen ausgeübt. Desgleichen sind Vorstellungen des Volksglaubens in Zushg. mit den Nägeln vom Kreuz Christi vor einem breiteren religionsgeschichtlichen Hintergrund zu sehen. Von da her ist auch zu verstehen, daß im Fall → Cideville die Betroffenen an der Stelle, wo man den »Geist« gesehen hatte, Nägel in den Fußboden schlugen.

Naegeli-Osjord, Hans (* 1909), schweizer. Arzt und Psychotherapeut, Präsident der 1952 gegründeten Schweizer Parapsychologischen Gesellschaft (SPG), Zürich; beschäftigte sich u. a. eingehend mit der Problematik des paranormalen Heilens. – In der Kontroverse Animismus gegen Spiritismus vertritt N. zumindest die Diskussionswürdigkeit des Spiritismus:

»Die Naturwissenschaftler verneinen eine Weiterexistenz seelischer Wirklichkeit aus rein dogmatischen Gründen. Wer aber diese wichtigste Lebensfrage ohne weltanschauliche Beschränkung objektiv überprüft, wird zugeben müssen, daß viele Phänomene der Parapsychologie sich zwanglos erklären lassen, wenn die Seele als leibfrei, d. h. unabhängig vom Körperlichen aufgefaßt werden darf ... Der Animist nimmt an, daß es unbewußte Emotionen seien, die psychokinetische Phänomene auslösen, doch eine plausible Erklärung für diese ganz ausgefallenen Emotionen findet sich selten. Die Hypothese, noch nie zur Ruhe gekommene Geistwesen hätten sich gewisser und erst heute sinnvoll auszunützender Geistkräfte einer Lebenden bedient, um eine Entlastung zu finden, *muß* diskutiert werden.« (1974: 973, im Hinblick auf die Phänomene von → Belmez.)

Nagualismus [von aztekisch *naualli;* etwas Verborgenes], auch *Tonalismus* [von aztekisch *tonalli;* Schicksal, Seele], bezeichnet die Vorstellung einer mystischen Gemeinschaft zwischen einem Menschen und einem Tier oder Gegenstand; Schädigungen des einen erleidet (der) das andere mit. Als Fachausdruck der Völkerkunde auch außerhalb indianischer Kulturen gebräuchlich.

Nancy, Schule von, bezeichnet zur Unterscheidung von der »Pariser Schule«, deren Wortführer → Charcot war, die Richtung der Hypnoseforschung, die durch Wissenschaftler wie → Bernheim, → Liébault u. a. repräsentiert ist.

Naometria [von griech. *naos;* Wohnung, vor allem eines Gottes], svw. Tempelmessung. Manuskript des Simon Studion, 1604 dem Herzog von Württemberg dediziert. Aus den in der Bibel mitgeteilten Maßen des Tempels Salomon gewinnt der Autor mittels komplizierter numerischer Verfahren apokalyptisch-prophetische Aussagen. Das Werk ist ein Beispiel für auf Chronologie gestützte Prophetie. → Andreae kannte es, und so wird die N. auch für rosenkreuzerische Studien interessant. Das unveröffentlichte Manuskript (2 Foliobände) ist im Besitz der Württembergischen Landesbibliothek Stuttgart (Cod. theol. 4° 23, a, b).
Lit.: Yates 1975: 43–45.

Nativität → Horoskop.

Natur, mehrdeutiger philos. Begriff; bezeichnet dem lat. Wortsinn nach das zum Werden, Geborenwerden Bestimmte (und damit auch das Vergängliche). In Verbindung mit der pps. Kasuistik wird häufig von »Über-« und »Außernatürlichem« gesprochen, dessen Existenz mit den Mitteln der Pps. allerdings weder bestritten noch bewiesen wird. Die Pps. versteht ihren Gegenstand als »natürlich«; ein potentiell Übernatürliches entzieht sich ihrer Betrachtung.

Naturell-Lehre → Huter, Carl.

Naturwissenschaftliche Parapsychologie, die Richtung innerhalb der Pps., die das Psychische als Naturgeschehen auffaßt und sich bei der Erforschung entsprechender Phänomene naturwiss. Methoden, vor allem des Experiments und der Statistik, bedient. Eine Gegenposition könnte *Spekulative Pps.* genannt werden.

Naughty little girl theorie [engl.; Ungezogenes-kleines-Mädchen-Theorie], scherzhafte Bezeichnung für das Ergebnis einer Analyse → Podmores aller Poltergeistfälle, die die S. P. R. gesammelt hatte. In den als echt erachteten Fällen waren Halbwüchsige, und zwar überwiegend Mädchen, die wahrscheinlichen Agenten der Phänomene.

Naumow, Eduard K. (* 1932), sowjet. Ingenieur und Parapsychologe, der eine Reihe von PK-Experimenten mit der → Kulagina durchführte. N. war Direktor eines Instituts für »Technische Pps.« und nahm vor allem in den 60er Jahren zahlreiche Kontakte zu Parapsychologen und pps. Interessierten in Ost und West auf. 1974 wurde N. zu 2 Jahren Zwangsarbeit verurteilt; bei der Verhandlung spielte das Gutachten des Psychiaters Andrej Snechnewskij eine Rolle, in dem dieser die Pps. als eine Pseudowiss. bezeichnete. Nach einem Jahr begnadigt, blieb N. vorerst jedoch ohne Arbeitserlaubnis. 1968 war N. Mentor der amer. Autorinnen Lynn

Illustration aus *Naometria*, Band 1.

Schroeder und Sheila Ostrander, zu denen er sagte: »Die Zukunft wird zeigen, daß die Schlüsselprobleme der heutigen Psychologie des Menschen parapsychologischer Art sind. Man wird Psi als einen zentralen Faktor des Unterbewußten, der Persönlichkeit und der Emotionen sehen.« (Ostrander/Schroeder 1970: 134.)

Lit.: Gregory 1975; Pratt 1973.

Nautilus, das erste, 1954 vom Stapel gelaufene amer. U-Boot mit atomarem Antrieb; unterfuhr 1958 in 4 Tagen das Nordpolareis. Unbestätigten Zeitungsberichten zufolge sollen ASW-Tests zwischen der Besatzung des getauchten Bootes und Vpn auf dem Festland vorgenommen worden sein – in einer Situation also, in der Radiokommunikation versagt.

Lit.: Messadio 1960; Ostrander/Schroeder 1970: 17 f.

Nebenbewußt [Übersetzung von engl. *coconscious*], als n. bezeichnete Morton → Prince relativ selbständige Gedankenabläufe, die nicht voll bewußt werden, d. h. dem Unterbewußtsein zugehören.

Lit.: Prince 1929.

Negele, Philipp, ein Forstwart, der 1836 seine Leidensgeschichte niederschrieb; sie wurde von → Kerner (1836: 57 ff.) veröffentlicht:

»Schon in meiner frühen Jugend hatte ich ein Aufstoßen aus dem Magen, bei welchem wider meinen Willen mir allerlei wunderliche und mich plagende Gedanken heraufstiegen, die in mir einen innern Kampf und Schwermut verursachten. Dieses Leiden dauerte aber öfters nur kurze Zeit, da ich es durch anhaltendes Gebet immer heben konnte. Es blieb bis in mein 30. Jahr oft mehrere Jahre ganz aus, dann aber stellte sich dieser Umstand stärker und öfter ein. Ich gebrauchte allerlei ärztliche Mittel, aber umsonst; denn das Übel stieg von Jahr zu Jahr und kam endlich in den Kopf. Reißen, Stechen, Schwindel sind die Plagen in meinem Kopfe, wobei ich öfters das Gefühl habe, als schlüge man mich mit Fäusten in den Nacken und reiße den Körper in die Höhe, als wollte man ihn dann mit mörderischer Gewalt auf die Erde schleudern. Oft ist es mir, als würde ein Gewicht von mehreren Zentnern auf meinen Kopf gelegt, womit er samt allen meinen Gebeinen zerbrochen werden sollte. Diese Anwandlung kommt jetzt fast alle Tage, und ich meine, daß meine Fußtapfen von dieser drückenden Last sich in die Erde einprägen sollten. Dabei plagt mich von Tag zu Tag mehr jenes furchtbare Aufstoßen mit den teuflischen gotteslästerlichen Gedanken, welche eine furchtbar quälende innere Pein sind. Die Unruhe in meinem Körper und dieses leidige Aufstoßen vermehrt sich oft aufs heftigste beim Gebet und kommt da öfters zum schrecklichsten Würgen. Alle nur ersinnlichen ärztlichen Mittel habe ich schon in Menge und lange anhaltend gegen diesen Jammer, aber durchaus fruchtlos gebraucht.«

Der Fall zeigt musterhaft die Genese einer Besessenheit. Auch Kerner meint, daß dieses Leiden ohne Zweifel »dämonisch-magnetischer Natur« ist. »Eine magisch-magnetische Behandlung würde wahrscheinlich in ihm [dem Patienten] auch den Dämon zum Sprechen bringen.« Tatsächlich dürfte bei der dargelegten Disposition eine Kur, die von der Realität der Dämonen ausgeht, auch einen Dämon im Patienten induzieren. Das Austreiben dieses fiktiven Dämons hätte zugl. die Heilung vom Leiden bedeuten können – eine Bestätigung exorzistischer Therapie.

Nekromantie [von griech. *nekros;* Leichnam], Totenbeschwörung mit dem Ziel, Zukünftiges zu erfahren (in jüngerer Zeit auch, um verborgene Schätze zu entdekken). Mit Opferblut oder Wein, Milch und Honig wurden die Schatten der Toten so weit gestärkt, daß sie sich mehr oder minder stark materialisieren konnten. Frühe Fälle von N. sind (vielleicht) die Beschwörungen der Hexe von → Endor und des Teiresias in der *Odyssee.* In späterer Zeit immer stärker ritualisiert, gab es ausgesprochene Totenorakel. Gelegentlich wurden Menschenopfer gebracht, nur um die Seelen der Getöteten befragen zu können. → Agrippa von Nettesheim unterscheidet die *Scyomantie,* bei der nur ein Schattenbild erscheint, von der *Nekyomantie,* der Wiederbelebung des Körpers

(Occulta Philosophia III, 42*)*. Die Scyomantie lebte in der rituellen Magie und im Spiritismus des 19. Jh.s wieder auf. S. a. → Dee, John.

Nekrophon [von griech. *nekros;* tot, und *phone;* Stimme], elektrischer Apparat, der nach spiritistischer Auffassung es den Toten ermöglichen soll, mit den Lebenden akustisch in Kontakt zu treten (→ Psychophon).

Neovitalismus, auch *Neuvitalismus,* Wiederbelebung, Erneuerung und Modifizierung des → Vitalismus zu Beginn des 20. Jh.s. Der Vitalismus lehnt im Gegensatz zum Mechanismus eine nur chemisch-physikalische Interpretation des organischen Lebens ab und nimmt ein immaterielles Prinzip als das Eigentliche, Wesentliche alles Lebendigen an. Mit dem Werk *Philosophie des Organischen* von → Driesch setzte 1909 der N. ein. Die führenden Neovitalisten neben Driesch waren → Bergson, → Conrad-Martius und die Vertreter der sog. Hormischen Ps. (eine dynamische Ps., die die Objekte selbst – Nahrung, Leben, Partner usw. – als Ziel allen Strebens betrachtet; auch Zielstrebigkeits- oder teleologische Ps. gen.).

Präkognition und Materialisation können unter dem für den N. zentralen Aspekt der → Entelechie gedeutet werden als Verwirklichungen eines in der Sache (Materie) liegenden Vermögens, als eine sich verwirklichende Wesensform.

Neri, Filippo (1515–1595), ital. Priester und Visionär, der das Charisma der → Durchsicht besessen haben soll (er wußte bereits um die Sünden der Beichtenden, bevor diese sie bekannt hatten). Bei seiner Heiligsprechung (1622) attestierte ihm die Ritenkongregation der Kurie, daß kein Heiliger je über vergleichbare prophetische Gaben verfügt habe. N. selbst äußerte einmal: »Ich sage zuweilen Dinge, und ich weiß nicht, warum ich sie sage, aber Gott läßt mich sprechen.« Träume als Offenbarungen zu verstehen, lehnte N. ab. In der Ekstase war N. kataleptisch und »kalt wie Eis«. Mehrfach soll er in der Verzückung – kniend, stehend oder liegend – levitiert sein.

Lit.: Reiching 1859.

Nervengeist, bei → Kerner u. a. svw. → Ätherleib. Ein hypothetisches vermittelndes Band zwischen Leib (Welt) und Seele; Kerner sagt ausdrücklich, daß der N. auch die Ursache psychokinetischer Erscheinungen ist. Der Gedanke geht wohl auf antike Pneuma- und Lebensgeister-Vorstellungen *(spiritus animales)* zurück. Diese Kräfte dachte man sich, vor der Entdeckung der Nerven, als in den Adern oder Atemwegen fließend.

Neuburg, Victor (1883–1940), engl. Lyriker; Schüler → Crowleys; angeblich vom Gott Mars besessen, soll er den Ersten Weltkrieg vorausgesagt haben. N. selbst beschrieb ausführlich eigene Seelen-Exkursionen.

Lit.: Fuller 1965.

Neudorf, Ort in Baden, wo 1952 die Wohnung des Bürgermeisters Schauplatz eines Spuks war; vor allem schienen Gegenstände, hauptsächlich Nägel, aus den Wänden zu kommen und auf den Boden zu fallen. Diese Gegenstände fühlten sich warm an. Agent der Phänomene war wohl der 13-jährige Sohn Bernhard; die ps. Untersuchung zeigte bei ihm exogene Behinderungen in der Triebbefriedigung und aggressive Tendenzen.

Lit.: Bender 1969 a.

Neugeist [Übersetzung von engl. *New Thought,* Kurzform von: *International New Thought Alliance*], eine Organisation, die seit Ende des 19. Jh.s besteht und deren Mitglieder sich teilweise aus der Theosophischen Gesellschaft und der Christian Science abspalteten; die Vereinigung führt sich auf → Quimby zurück, das Gedankengut ist stark von → Swedenborg beeinflußt, dessen Lehren z. T. über die neuengl. Transzendentalisten in die Bewegung eingebracht wurden. Im Mittelpunkt der N.-Lehre steht der Glaube an die Macht des »konstruktiven Denkens«,

Zeichen der Göttlichkeit des Menschen, das sich auch in → Geistheilungen kundtut. Das Organ der dt. N.-Bewegung ist die Zeitschrift → Esotera.

Neuhäusler, Anton (* 1919), dt. Philosoph, Professor in München, der mehrere Arbeiten zur Pps. publizierte; N. und → Bender veranstalteten zusammen öffentliche Sitzungen mit → Croiset. – Die Zeitproblematik steht im Mittelpunkt seiner Habilitationsschrift *Zeit und Sein* (1958); von der dort gewonnenen Position aus entwarf er eine Theorie der Präkognition, die die Objektivität der Zeit nicht antastet und die Kausalität bestehen läßt: Im Rückgriff auf platonisches Gedankengut nimmt er vor der realisierten Wirklichkeit eine Welt der »Entwürfe« an. Diese Entwürfe oder »Ideen« des Zukünftigen sind hellseherisch für den Sensitiven erkennbar. Die Vorstellung setzt allerdings einen transzendentalen Plan oder ein transzendentales Subjekt voraus. – *Werke* → Bibl.

Neuland der Seele, Buchtitel von Maxwell (dt. Leipzig o. J.) und → Rhine in Drieschs Übersetzung von *New Frontiers of the Mind* (dt. 1938). Die Metapher will andeuten, daß die Pps. den »Gegenstand der Ps.« erweitert hat.

Neumann, Therese (1898–1962), Stigmatisierte und Visionärin aus Konnersreuth (Oberpfalz). Die »Seherin von Konnersreuth« soll seit der Fastenzeit 1926 stigmatisiert gewesen sein, außerdem soll sie jeden Freitag, mit Ausnahme bestimmter Festzeiten, die Passion Christi in Visionen geschaut haben. An möglicherweise paranormalen Phänomenen wird weiterhin behauptet: Asitie, Xenoglossie, Hellsehen, Telepathie, Hierognosie, das Charisma der Durchsicht, Levitationen, Bilokationen und postmortale Wunder (Fürbitte-Erhörungen). Nach ärztlichem Zeugnis war die Visionärin Hysterica, ihren eigenen Aussagen ist somit wenig Vertrauen entgegenzubringen, außerdem muß deshalb mit Manipulationen von ihrer Seite gerechnet werden – z. B. Aufkratzen der »Stigmata«, wofür sie, da krankheitsbedingt, nicht voll verantwortlich wäre. Eine längere zufriedenstellende ärztliche Kontrolle hat nie stattgefunden. Die letzte größere kritische Arbeit über die N. verfaßte der kath. Theologe Josef Hanauer (der früher bereits eine Arbeit über → Gaßner vorlegte); er läßt von allen behaupteten Phänomenen lediglich unerklärliche »blutige Tränen« der N. als echt gelten.

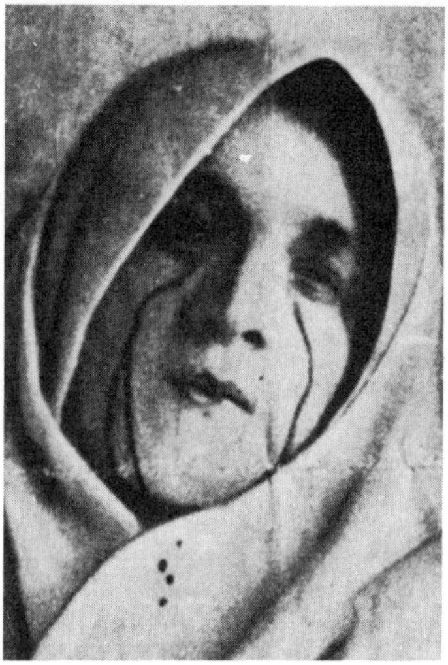

Die blutigen Tränen der Therese Neumann.

Lit.: Böhm 1929; Hanauer 1972 (mit Bibl.); Kröner 1927; Rinser 1955; Thurston 1929, 1933; Verweyen 1932.

Neuraltherapie → Huneke, Ferdinand.

Neuried, Ort in Oberbayern, wo sich 1925 unerklärliche Vorgänge in einem Haushalt abspielten: Klopfen, Kratzen, Standortänderung und Verschwinden von Gegenständen. Die wahrscheinliche Agentin war die 15jährige Anna Grönauer. Der hinzugezogene → Schrenck-Notzing veranstaltete zusammen mit → Gruber u. a. im Beisein Willy → Schneiders eine Séance mit Anna. Die mutmaßliche Agentin sank in eine Art

Halb-Trance; in der Sitzung gelang eine Verständigung mit der klopfenden Instanz via Klopfalphabet. Im Gegensatz zu den anderen Sitzungsteilnehmern will der Sensitive Schneider eine »graue Nebelmasse, die schlangenartig zur inneren Tischplatte aufsteige«, gesehen haben. Der Spuk war nach der Séance nicht weg; er verschwand nur allmählich.
Lit.: Schrenck-Notzing 1926.

Neurismus, vor allem in der sowjet. Forschung betriebene Weiterentwicklung Pawlowscher Ideen. Die Ps. wird als Hilfswiss. der Physiologie, das Nervensystem als eigtl. Lebensträger betrachtet. Der N. wirkt auf die Pps. insofern, als die Forscher in der Sowjetunion neuristisch orientierte Modelle bevorzugen.

Neurogramm, hypothetische Erlebnisspur im Nervensystem, die für die Erinnerung notwendig sein soll. Ihre Existenz wäre für die Telepathie von Belang, die dann als eine Art Hellsehen gedacht werden könnte (→ Engramm).
Lit.: M. Prince 1905.

Neurose, Abweichung vom körperlichen und/oder seelischen »Normalzustand«, eine »Gleichgewichtsstörung«. In der Psychoanalyse enger definiert als in die Kindheit zurückreichender psychischer Konflikt, dessen physische und psychische Symptome ein relativ stabiles System bilden, gegründet auf die → Kompromisse zwischen den ursprünglichen Wünschen und der → Abwehr, zwischen Trieb und Moral oder, korrekter: zwischen *einer* Moral und einer *anderen* (Haerlin 1975). Der Begriff scheint 1777 von dem schott. Arzt William Gullen eingeführt worden zu sein.

Die Ergebnisse experimenteller Untersuchungen lassen vermuten, daß neurotische Persönlichkeitszüge ASW-Fähigkeiten behindern. Bei diesen Versuchen wurden Daten, die bei Persönlichkeitstests ermittelt worden waren, mit den Leistungen der Vpn bei Tests mit → Zener-Karten verglichen.
Lit.: Eilbert/Schmeidler 1950; Freeman/Nielsen 1964; Green 1966, 1967 a, b; Johnson/Kanthamani 1967; Kanthamani, Sailaja u. Rao 1968; Nicol/Humphrey 1953; Nielsen/Freeman 1965; Schmeidler 1954, 1960; Smith/Humphrey 1946; Stuart, Humphrey u. a. 1947.

Neurypnologie, Wortschöpfung → Braids; später von ihm durch *Hypnose* ersetzt.
Lit. Braid 1843.

Newark, Ort in New Jersey, USA, wo 1961 Spukphänomene beobachtet wurden. An der Untersuchung war auch → Roll beteiligt: man registrierte etwa 60 Vorkommnisse, in der Regel unerklärliche Objektbewegungen. Als Roll in der Wohnung, in der sich die Phänomene ereigneten, gerade behauptete, die Objekte würden keine Menschen treffen, wurde er prompt von einer Flasche am Kopf getroffen. Allerdings ist nicht sicher, ob in diesem Fall nicht die mutmaßliche Bezugsperson, der 13jährige Ernest Rivers, die Flasche selbst geworfen hat. Tatsächlich wurde Ernest mehrfach beim Werfen ertappt – doch er leugnete die Manipulationen sogar in Hypnose und an einen → Polygraphen angeschlossen, und der Lügendetektor registrierte keinerlei charakteristische emotionale Erregung. Eine ganze Reihe von Phänomenen fand statt, während Ernest unter Beobachtung stand.
Lit.: Roll 1971.

Newbrough, John Ballou (1828–1891), amer. ASW-begabter Automatist. Der Zahnarzt N. war ein Schreib- und Malmedium, dessen Niederschriften, z. B, *Oahspe. A Cosmic Bible,* 1882 (»Oahspe. Eine kosmische Bibel«), im Spiritismus einige Bedeutung erlangten. N. schrieb sie automatisch mit einer Schreibmaschine!

Newton, Sir Isaac (1642–1727), engl. Physiker und Mathematiker, Begründer der klassischen theoretischen Physik und der Himmelsmechanik und damit der Naturwiss. der Neuzeit. – N. interessierte sich außerdem für Prophetie (er formulierte Anmerkungen zum *Buch Daniel* und zur *Apokalypse*), Astrol. und Alchimie. → Transmutation an sich hielt er für möglich, wenn man annehme, daß die Bau-

steine der Körper prinzipiell gleich seien, nur ihre jeweilige Zusammensetzung den phänomenalen Körper bestimmen.
Lit.: Yates 1975: 203–15.

Nichol, Agnes, bekannt als Mrs. Samuel Guppy oder Mrs. Guppy-Volckman (gest. 1917), engl. Medium, das vor allem durch seine Apporte Aufsehen erregte: Blumen, Früchte, lebende Fische, Hunde, Schmetterlinge, Federn (vgl. → Guy) usw. erschienen plötzlich während ihrer Sitzungen, regneten manchmal geradezu von der Decke; außerdem werden Raps, Levitationen (Objekte und das Medium selbst), Phantom-Materialisationen und Psychofotografie behauptet. Als wunderbarstes Phänomen erscheint der *Transport* des Mediums: Im Negligé, den Federhalter in der Hand (die Feder tintenfeucht, Mrs. Guppy war mit Schreibarbeiten beschäftigt gewesen) und in Trance brachten sie die »Geister« über eine Entfernung von mehr als 5 km von ihrer Wohnung direkt in eine Sitzung mit den Medien Herne und → Williams (leider 2 Medien, die des Betrugs überführt worden sind).
Lit.: Berry 1870; Edmunds 1966.

Nicklheim, Dorf in der Nähe von → Rosenheim (Oberbayern), wo sich 1968/69 rätselhafte Vorgänge im Haus eines Baggerführers ereigneten: Gegenstände flogen durch die Luft, Wäsche wurde verstreut, Puppen entkleidet und in erotische Positionen gebracht, in den Hüten von Besuchern fanden sich aufgeschlagene Eier u. ä. m. Vor allem aber wurde das Phänomen der *Penetration* (Materie durchdringt Materie) beobachtet. → Bender, der die Vorfälle untersuchte, sah in der 13jährigen Brigitte die Bezugsperson der Phänomene; er konnte einmal nachweisen (durch Fingerabdruck), daß sie einen Stein geworfen hatte, in vielen anderen Fällen aber schied das Mädchen als »normale« Ursache aus. Ungeklärt blieb auch, wieso eine automatische Kamera eine reale Objektbewegung *nicht* registrierte.
Lit.: Bender 1969, 1970; Burger 1973.

Nicolai, Friedrich (1733–1811), dt. Schriftsteller und Buchhändler, ein »Aufklärer« durch und durch. N. sah vorübergehend in pathogenen Halluzinationen ohne ASW-Inhalt die Welt mit Geistern bevölkert. Bei Goethe taucht er deshalb (*Faust,* Walpurgisnacht) als »Proktophantasmist« auf.
Lit.: Buchner 1926: 336 ff.

Nictalopen [lat.-griech.; Blinzelaugen], Menschen, die angeblich auch bei völliger Dunkelheit sehen können (Auguste → Müller). Eine »normale« physiologische Erklärung steht für das Phänomen, falls es sich überhaupt sichern läßt, noch aus. Allerdings gibt es Menschen, wie z. B. den kanadischen Schriftsteller Archibald Belaney, gen. Wa-Sha-Quon-Asin (Wäscha-Kwonnesin, d. h. Grau-Eule, 1888–1938), die in relativer Dunkelheit wesentlich besser sehen als andere.

Nielsen, Einar, dän. Materialisationsmedium, dem in den 20er Jahren mehrfach Betrugsversuch (mit rektal verborgener Gaze) nachgewiesen wurde. Noch in den 50er Jahren hielt N. Séancen ab, bei denen es zu echten Materialisationen gekommen sein soll.
Lit.: Schrenck-Notzing 1920; Gerloff 1955.

Nielsson, Harald († 1928), isländ. evang. Theologe. Nachdem N. an Untersuchungen des Mediums → Indridason teilgenommen hatte, sah er Entsprechungen zwischen frühchristl. u. mediumistisch-spiritistischen Erscheinungen. Eine theologische Gegenposition wurde später mit der → Entmythologisierung vertreten. – *Werke* → Bibl.

Nigromantie [von lat. *niger;* schwarz], in Anlehnung an → Nekromantie im MA. neugebildetes Wort: »Schwarzkunst«, schwarzmagische Dämonenbeschwörung. Bei Paracelsus ist N. die Beschwörung der Gestirngeister.

Nihil est in intellectu quod non prius fuerit in sensu [lat.]; nichts ist im Verstand, was nicht vorher in den Sinnen war], die Maxime des Sensualismus, von dem engl. Philosophen John Locke (1632–1704) formuliert, von Leibniz mit dem Zusatz *nisi* *intellectus ipse* (ausgenommen der Verstand selbst) versehen. Der Satz hat dogmatischen Charakter, wurde aber durch die Pps. widerlegt (Tenhaeff 1957: 172).

Nikolajew, Karl, sensitiver sowjet. Schauspieler und Journalist; führte 1966 erfolgreich Telepathieversuche als Perzipient mit dem Biophysiker Juri Kamenskij als Agent zwischen Nowosibirsk und Moskau durch; 1967 über die Distanz Moskau–Leningrad. Es gelang, mittels EEG eine Aktivierung seines Gehirns nach Beginn der Übertragung und vor dem Bewußtwerden der Information nachzuweisen.

Lit.: Ostrander/Schroeder 1974: 23–36; Interview mit N. in Exakt *10, 1974.*

Nirwanaprinzip, psychoanalytischer Begriff, der aussagt, daß die psychische Organisation die Tendenz hat, aufgekommene Erregung abzubauen; so ist eine Nirwana-Phantasie ein von Freud als typisch beschriebener Tagtraum, den Wunsch- und Affektfreiheit charakterisieren.

Nöema [griech.; Denkgegenstand], Begriff aus der Husserlschen Phänomenologie; der Gedanke in seinem idealen Sein, der Sinn eines Bewußtseinsinhalts. In der Pps. gab es Diskussionen darüber, ob in der sog. Gedankenübertragung der psychisch reale Gedanke oder sein Sinn (N.) übertragen wird (→ Phänomenologische Methode).

Nöese [von griech. *noos;* Sinn, Vermögen, Gedanke], nach Willy Hellpach (1877 bis 1955) die Entwicklungsphase des Kindes, in welcher sich der Verstand besonders stark entwickelt; er unterscheidet weiter *Eidese,* die Entwicklung des bildhaften Denkens, und *Thymose,* Gemütsentfaltung. Die N. entspricht in etwa dem 4. bis 10. Lebensjahr; andere Autoren setzen den Beginn mit dem 6. (Einschulungsalter). Nach manchen pps. Befunden läßt sich ein Zushg. zwischen dem Beginn der N. und ASW-Erlebnissen vermuten.

Nöetik → Mitchell, Edgar.

Noeggerath, Rufina, die »edelmütige« (Richet), »verehrungswürdige« (Dessoir) Mme. N. war »von 1870 bis 1908 das Haupt der spiritistischen Bewegung in Paris; ihr Haus in der Rue Milton war Anziehungs- und Sammelpunkt für Medien und Gläubige aus der ganzen Welt« (Dessoir 1946: 121). Sie veröffentlichte Botschaften Verstorbener, die sie empfangen haben wollte; u. a. sind vertreten: Abälard, Buddha, Diderot, der Evangelist Johannes, Molière, Moses, Pythagoras, Robespierre und Sokrates. – *Werke* → Bibl.

Noktambulie [lat.; Nachtwandeln], der Ausdruck wurde später durch Somnambulie (→ Somnambulismus) ersetzt.

Nostradamus, eigtl. Michel de Notre Dame (1503–1566), frz. Arzt und Astrologe, dessen *Centurien* (10 Sammlungen von ge-

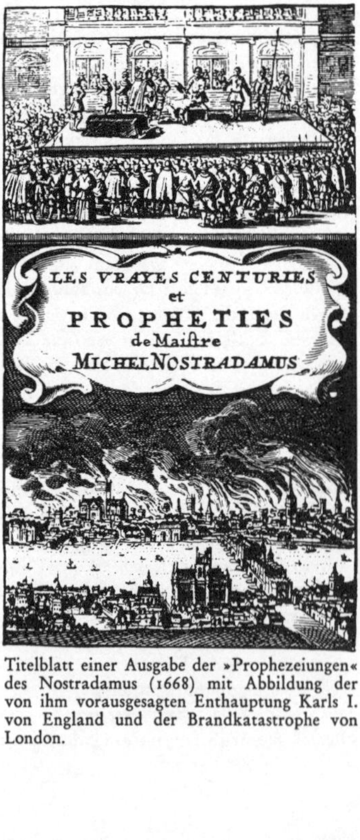

Titelblatt einer Ausgabe der »Prophezeiungen« des Nostradamus (1668) mit Abbildung der von ihm vorausgesagten Enthauptung Karls I. von England und der Brandkatastrophe von London.

reimten Prophezeiungen, geschrieben in einem absichtlich dunklen, mit bewußten Verballhornungen arbeitenden Frz.) bis in die Neuzeit immer wieder neu aufgelegt und diskutiert wurden (Neudruck 1940 u. ö.). Wie N. zu seinen Prophezeiungen gelangte, ist umstritten. Behauptet werden kabbalistische Techniken, Astrol. und echte Visionen. In einem angeblich von ihm stammenden Brief, der 1669 veröffentlicht wurde, »erklärte er seine Weissagungen aus einem divinatorischen Instinkt, der von Gott herrühre und meist begleitet sei von der Bewegung des Himmels, so daß er darin die großen, merkwürdigen und verhängnisvollen Ereignisse, die sich nähern, wie in einem leuchtenden Spiegel oder in einer visionären Wolke schaue« (Kreyher 1880 I: 182). Einige der Prophezeiungen scheinen sich in frappierender Weise erfüllt zu haben; aber die *Centurien* sind »so vieldeutig abgefaßt, daß sie auf mehrere Ereignisse angewendet werden können: treffen sie bei dem einen nicht zu, dann vielleicht bei dem anderen. Das Wunder bei N. ist nicht sein Text, sondern die Auslegekunst seiner Erklärer« (Dessoir 1917: 127).

Von Gent und Brüssel zieht man nach Antwerpen
Der Lond'ner Rat den König führt zum Tod.
Des Witzes Salz und Wein sind sein Verderben,
Um sie zu haben, kommt sein Reich in Not.

(Der Herzog von Parma eroberte 1584 Gent, Brüssel und Antwerpen; Karl I. wird 1649 in London hingerichtet.)

Lit.: Auclair 1958; Drude 1962; Hübscher 1952; Klinckowstroem 1913 (mit Bibl.); Laver 1952; Monterey 1961; Putzien 1958, 1968; Willoquet 1967.

Novalis, eigtl. Friedrich Leopold Freiherr v. Hardenberg (1772–1801), der bedeutendste dt. Dichter der Frühromantik und zugl. ein Gelehrter universellen Wissens. N. hinterließ eine ungeheure Menge von Aphorismen, Exzerpten, Kommentaren u. ä.; aus diesen *Fragmenten* veröffentlichte er nur 2 kleine Sammlungen. In diesen finden sich zahlreiche Stücke, die »okkulte« Gegenstände thematisieren. Eine systematische Arbeit über diese Texte steht noch aus, sie wurden vor allem in anthroposophischen Kreisen rezipiert. Ihr Kennzeichen ist eine Anthropologie mit mystischer Hoffnung: Der ahnenden und gläubigen Seele wird sich die Natur öffnen, im poetischen Akt kann sich der Mensch die Dinge aneignen, bis Subjekt und Objekt eins sind – die Geisteshaltung eines magischen → Idealismus.

Lit.: Stieghahn 1962.

N-Strahlen, René Blondlot (1849–1930), Professor an der Universität Nancy (N steht für Nancy), nahm an, daß das menschliche Nervensystem eine Strahlung aussendet. Diese angeblich langwelligen Strahlen (bestehend aus 4 Untergruppen) sollten verschiedene Materialien, z. B. schwarzes Papier oder Aluminium, durchdringen können. 1903 erhielt der Naturwissenschaftler von der Académie Française einen Ehrenpreis von 50 000 fr. für seine Entdeckung. Die Existenz der N-St. wurde von einigen Forschern angezweifelt, während der Physiker Henri Becquerel z. B. von ihrem Vorhandensein überzeugt war. → Kotik griff in seinen Überlegungen auf die N-St. zurück. – Heute nimmt man eine subjektive Täuschung bei denen an, die die N-St. gesehen haben wollen.

Lit.: Mayer 1904.

Numen, 1. Wille und Vermögen der röm. Gottheit; später svw. die Gottheit selbst. N. kennzeichnet die Gottheit als ein Wollendes und Wirkendes, ohne ihr personhafte Züge zu geben. Umstritten ist in der Religionswiss. die Frage, ob N. als Äquivalent von → Mana betrachtet werden darf; 2. religionswiss. Zeitschrift, Leiden 1954 ff.

Numinose, von dem evang. Theologen und Religionswissenschaftler Rudolf Otto (1869 bis 1937) von → Numen abgeleiteter Begriff, der die Ambivalenz des irrational Göttlichen bezeichnen soll: Schauder *(tremendum)* und Anziehung *(fascinosum)* zugl. Diese Ambivalenz zeigt sich auch in der Begegnung mit dem Paranormalen.

O

Obeah, Sammelbegriff für religiöse schwarz- und weißmagische Praktiken und Systeme unter der negroiden Bevölkerung Westindiens.
Lit.: J. J. Williams 1932, 1934.

Oberbewußtsein, als Gegensatz zu → Unterbewußtsein konstruierter Begriff; auch *Wachbewußtsein, Tagesbewußtsein.*

Oberlin, Johann Friedrich (1740–1826), der elsässische evang. Geistliche, der Wohlergehen und Bildung seiner Pfarrkinder durch die Einführung der Industrie, des Kassenwesens, landwirtschaftlicher Verbesserungen und durch Gründung besonderer Schulen in seinem Pfarrbezirk Steintal *(Ban de la Roche)* förderte, leugnete eine ewige Verdammnis und glaubte mit Lavater und Jung-Stilling an ein postmortales Purgatorium. Er hielt den Kontakt mit Verstorbenen für möglich und behauptete von sich entsprechende Erfahrungen.

»Seit dem Tode meiner Frau sah ich sie 9 Jahre lang fast alle Tage, träumend oder wachend, teils hier bei mir, teils drüben an ihrem jenseitigen Aufenthaltsorte, wo ich merkwürdige Dinge, auch politische Veränderungen, lang eh sie sich ereigneten, von ihr erfuhr. Sie erschien aber nicht nur mir, sondern auch meinen Hausgenossen und vielen Personen im Steintal, warnte sie oft vor Unglück, sagte voraus, was kommen werde und gab Aufschlüsse über die Dinge jenseits des Grabes. Nach 9 Jahren (1792) geschah es, daß ein Bauer von meinem Filialort Belmont (ein gewisser Joseph Müller, der in der anderen Welt seinen Onkel Morel suchte), ein Mann, der samt seiner Familie oft Erscheinungen hatte, in der unsichtbaren Welt war. Dem erklärte mein verstorbener ältester Sohn, seine Mutter sei nun zu einer höheren Wohnung der Seligen aufgestiegen und könne fortan nicht mehr auf Erden erscheinen. Von da ab sah ich meine Frau nicht mehr.« (Oberlin, zit. n. Rosenberg 1951: 140.)

Object association (test), im engl. Sprachgebrauch für → Psychometrie.

Objektivität, die O. eines PK-Phänomens gilt dann als gegeben, wenn es auf Tonträgern oder Filmen dokumentiert ist. Eine größere Zahl von Zeugen gilt nicht als hinreichender Beweis, da mit der Möglichkeit einer kollektiven Halluzination oder einer telepathischen »Zirkelschaltung« gerechnet werden muß.

Objektsuggestion, nach Moser (1974: 209) die Suggestion »durch einen Gegenstand als solchen«, d. h. eine Wirkung, die vom Objekt ausgeht, weil es mit einem früheren Erlebnis assoziiert ist, z. B. daß »der bloße Anblick des Rädchens beim Zahnarzt Schmerzen verursachen« kann.

Objektwahrnehmung, telepathische, typisch für den Aufbau der t. O. scheint eine rasch wechselnde Folge von allgemeinen Eindrücken (Farbe, Glanz, Größe usw.) zu sein. Erst gegen Ende der u. U. bizarren Informationskette scheint der Perzipient die Summe der Splittererfahrungen zu ziehen, d. h. den Gegenstand benennen zu können.

Obsession [von lat. *obsessio;* die Einschließung (im militärischen Sinn)] 1. psychiatrisch-ps.: Zwang, Zwangshandlung, -gedanke; 2. theologisch: Form der → Besessenheit; 3. bei → Ochorowicz auch für unbewußte Vorstellung.

Occamsches Ökonomieprinzip → Wilhelm v. Ockham.

Ochema [griech.; Fahrzeug, Wagen, Schiff], hypothetischer feinstofflicher Leib. Nach Ansicht des niederländ. Philosophen Jakob Johannes Poortman schon bei Proclus, einem Neuplatoniker des 5. Jh.s, svw.

Seelenfahrzeug. Durch Poortmans Dissertation, *Ochema, geschiedenis en zin van het hylisch pluralisme*, 1954 (»Geschichte und Sinn des hylischen Pluralismus«), wurde O. Fachausdruck der Pps. und bezeichnet das materielle Substrat psychisch-mentaler Prozesse, das Vehikel der psychischen Organisation (→ Ätherleib, → Astralleib).

Ochorowicz, Julian (1850–1917), poln. Philosoph, Psychologe und Parapsychologe; studierte in Warschau und Leipzig und unterrichtete an den Universitäten Lemberg und Warschau (Mitbegründer des Psychologischen Instituts der Universität Warschau). Zeitweilig war er Direktor des Internationalen Psychologischen Instituts in Paris. 1881–93 führte O. eine Versuchsreihe zur Telepathie in Hypnose durch; später beschäftigte er sich intensiv mit mediumistischen Phänomenen (PK), dabei zählte u. a. die → Paladino zu seinen Vpn. – *Werke* → Bibl.

Od, von → Reichenbach 1852 eingeführter Begriff (dessen Wortstamm auch in *Odin* und *Wotan* enthalten sein soll); bezeichnet eine alles durchdringende Emanation, eine Lebenskraft, dem *Prana* (Vivekananda 1920) vergleichbar. Dabei benennt Od den medizinisch-therapeutischen Aspekt einer Sache, deren physikalische Seite → Mesmer als Magnetismus beschrieben hatte. Das von Menschen, Tieren, Pflanzen, Magneten, Metallen und Kristallen ausgestrahlte Od soll von bestimmten Menschen, die Reichenbach »Sensitive« nannte, als »odische Lohe«, als eine leuchtende, u. U. farbige Strahlung, wahrgenommen werden können (→ Aura; → Kirlian-Fotografie). Nachprüfungen ergaben, daß Ausscheidungsprodukte der menschlichen Haut, wenn sie eine Verbindung mit Sauerstoff eingehen, schwach leuchten, und daß manche Menschen tatsächlich für diese schwachen Lichteindrücke empfänglich sind (Haschek 1914).
Lit.: Hofmann 1920; Niederl 1930; Quade 1925; Reichenbach 1852, 1854, 1909, 1913 a, b.

Odik, nach einer Systematisierung des Okkulten durch den dt. Chemiker Fritz Quade (1884–1944) bezeichnet O. den paranormalen Bereich des Stofflichen und der Lebensprozesse (PK); die *Psychik* schließt sich als das Okkulte im Seelischen an, während sich die *Pneumatik* auf die Phänomene des Geistigen bezieht.
Lit.: Quade 1925.

Offenbarung [griech. *apokalypsis;* Enthüllung; lat. *revelatio;* Entschleierung], das Sich-Mitteilen eines Verborgenen (insbesondere Gottes) durch Vision, Traum oder Ekstase. Die christl. Theologie (das Christentum gehört neben dem Islam und dem Judentum zu den großen O.sreligionen) unterscheidet natürliche und übernatürliche O.: bei der natürlichen zeigt sich Gott in seinen Werken, bei der übernatürlichen bleibt die Transzendenz gewahrt, d. h. trotz O. entzieht sich das Geoffenbarte der Vernunft-Einsicht. Von daher rührt auch die Schwierigkeit vieler Mystiker, die ihnen zuteil gewordene O. sprachlich zu fassen.

Öffnung des Gesichts, im älteren theologischen Sprachgebrauch die Bezeichnung für die erste Vision eines Visionärs; u. U. Berufungsvision.

Offord, Daniel (geb. 1843), engl. Junge, der im Alter von 9 Jahren Fähigkeiten des paranormalen Diagnostizierens und Heilens zeigte; Rezepte schrieb er in Latein, einer ihm fremden Sprache. Auch präkognitive Leistungen werden behauptet.

Ohr des Dionysios → Kreuz-Korrespondenzen.

Okkasionalismus [von lat, *occasio;* Anlaß, Gelegenheit], Lehre, die sich unter den Schülern → Descartes' ausbildete; sie verwirft die unmittelbare Wechselwirkung zwischen Leib und Seele und vertritt die Ansicht, daß ein Drittes (Gott) jeweils eingreift, um bei jedem Akt die Übereinstimmung von leiblichen und seelischen Vorgängen herzustellen (der O. wird daher auch Lehre von den »gelegentlichen Ursachen« gen.). → Leibniz ersetzte den O. durch die Lehre von der prästabilierten Harmonie (s. a → Leib-Seele-Problem).

Okkultheiler, abwertend gemeinter Sammelbegriff für außerhalb der Schulmedizin praktizierende Laienheiler. Man schätzt ihre Zahl in der Bundesrepublik etwa so hoch wie die der niedergelassenen Ärzte.

Okkultismus [von lat. *occultum;* das (in den Mysterien) Verborgene], Sammelbegriff für alle Lehren und Praktiken, die sich mit »übersinnlichen«, »übernatürlichen« Kräften beschäftigen; die vorwiss. Form der Pps. Ein prinzipieller Unterschied zwischen O. und wiss. Pps. besteht wohl darin, daß im O. der »Eingeweihte« (→ Esoterik) das Verborgene zu ergründen sucht, die Pps. aber das Verborgene *für jedermann* offenbar machen will.

»Ich verstehe unter okkulten Vorgängen alle jene von der offiziellen Wissenschaft noch nicht allgemein anerkannten Erscheinungen des Natur- und Seelenlebens, deren Ursache den Sinnen verborgen, okkulte, sind, und unter O. die theoretische und praktische Beschäftigung mit diesen Tatsachen, bzw. deren allseitige Erforschung.« (Kiesewetter 1909.)

Wissenschaftlicher O. war längere Zeit ein Synonym für Pps. (vgl. Messer 1927). Man vertrat die Ansicht, daß im Laufe der Forschung der O. alle seine Geheimnisse verlieren würde, der letzte Vertreter des Wiss. O. müßte sich dann nach einem neuen Beruf umsehen. Heute dagegen scheint es sinnvoll, den Begriff O. beizubehalten, um damit eine Weltanschauung und eine Art wiss. System zu kennzeichnen, dem mit der akademischen Wiss.stheorie nicht beizukommen ist (z. B. wird im O. das Prinzip der Kausalität durch das der Analogie ersetzt). Diese Weltanschauung ist eine städtisch-bürgerliche Variante des Volksglaubens, wiss. verbrämt (geistesgeschichtlich ein Nachklingen der Aufklärung) und gruppenbildend. Es besteht ein hist.- genetischer Zushg. mit älteren hermetischen Geheimlehren (Neuplatonismus).

Kritiker der Pps. verwenden O. als abwertende Bezeichnung für die Pps. (z. B. Prokop/Wimmer 1976).

Lit.: Kiesewetter 1891—94; Moser 1975; Oesterreich 1921; Schrenck-Notzing 1932; Siegismund 1888; Tischner 1950; Zentralblatt für O. *1912—18;* Zeitschrift für kritischen Okkultismus *1926—28.*

Okkultperversion, Wortschöpfung des Journalisten Horst Knaut für vor allem in Gruppen ausgeübte sexualmagische Praktiken. Die Interessenten haben sich z. T. in Zirkel und Orden zusammengeschlossen, deren Rituale auf alte Überlieferungen zurückgehen sollen (→ Schwarze Messe). Knaut meint (1970), daß allein in der Bundesrepublik etwa 10 000 Frauen solchen Zirkeln angehören.

Lit.: Knaut 1970: 78—123.

Okkulttäter, »Person, welche Straftaten im engeren Sinne, als auch sozialwidrige Handlungen (Straftaten im weiteren Sinne) begeht und dabei ein strafwürdiges Unrecht setzt, wenn sie dabei sich entweder okkulter Methoden bedient oder die okkulte abergläubische Einstellung von ihr angegangener Personenkreise ausnützt« (Schäfer 1963: 96). Gegner der Pps. neigen dazu, auch die Parapsychologen zu den O.n zu rechnen. Bislang fand der Begriff O. keinen Eingang in Kriminologie, Pps., Volkskunde oder Psychohygiene.

Olcott, Henry Stee (1832—1907), amer. Oberst, der 1874 die mediumistischen Phänomene der Brüder Eddy in Chittenden, Vermont, untersuchte; dabei lernte er die → Blavatsky kennen, mit der zusammen er den Miracle Club und später die Theosophische Gesellschaft gründete. Seit 1882 hatte er in Ceylon große Erfolge als Heiler. Sein Buch *People from the Other World,* 1875 (»Menschen aus der anderen Welt«) wurde von → Home heftig angegriffen (H. 1877). Ob O. an den betrügerischen Manipulationen der Blavatsky in Indien, die → Hodgson 1885 aufdeckte, beteiligt war, blieb ungeklärt.

»Old Jeffrey«, scherzhafte Bezeichnung, die die Familie des Pfarrers Samuel Wesley

(Vater des Gründers der Methodistenkirche John Wesley) einem jahrelang in der Familie spukenden Poltergeist gab. Es ereigneten sich Raps und unerklärliche Bewegungen von Gegenständen. Die Vorkommnisse begannen am 2. 12. 1716 und sollen bis zur Mitte des Jh.s angedauert haben. Zunächst stand im Mittelpunkt des Geschehens ein Mädchen, dessen Alter wechselnd mit 13 oder 19 angegeben wird. – Samuel Wesley führte Tagebuch, es liegen Beglaubigungen von Zeugen vor und Teile des Briefwechsels der Familie, die auf »O. J.« Bezug nehmen.

Lit.: Halifax 1944; Lang 1899.

Olfaction colorée [frz.; Geruchsfärbung], Farbempfindungen, die Geruchserlebnisse begleiten; eine → Synästhesie.

Olive Hill, Dorf in Kentucky, USA, wo 1968 unerklärliche (Spuk-)Ereignisse in einem Haushalt auftraten, die → Roll untersuchte. Es handelte sich dabei im wesentlichen um Objektbewegungen ohne erkennbare Ursache (179 Vorfälle wurden gezählt). Agent war vermutlich ein 12jähriger Junge. Die Bewegungen schienen nach einem gewissen Muster abzulaufen, und zwar wuchs die Länge der von den Objekten zurückgelegten Strecke mit der Entfernung vom Agenten (vgl. → Miami).

Lit.: Roll 1971.

Omen [lat.; Vorzeichen], Omina (Mz. von O.) sind Gegenstände oder Sachverhalte, die im Hinblick auf ein künftiges Ereignis positiv oder negativ gedeutet werden. Die Deutungsgrundlage können magisch verstandene Entsprechungen, empirische Beobachtungen oder mißverstandene hist. Überlieferungen sein.

Begegnet ein Mensch einem fliegenden Raben, so kann man dies für ein gutes oder ein böses O. halten, denn als O. ist der Rabe gleich mehrfach determiniert; als böses O., weil er ein schwarzes (Trauerfarbe) Tier ist, ein Aasfresser, und einem heidnischen Gott (Odin) zugeordnet wurde. Er kann aber auch als gutes O. gewertet werden: Er wittert angeblich den Regen, d. h. er ist ein weissagendes Tier, und er lebt monogam, deshalb avancierte er in Athen zum Hochzeitsvogel.

Omphaloskopie [griech.; Nabelschau], meditative Technik der Hesychasten (→ Hesychasmus).

Oneirodynia [von griech. *oneiros;* Traum, und *odynae;* Schmerz], durch Unruhe gekennzeichneter Traumzustand. Nach überholter Ansicht passiv als Alpdrücken, aktiv als Schlafwandeln erlebt; die neuere Forschung hat jedoch gezeigt, daß das Schlafwandeln nicht als agierter Traum betrachtet werden darf.

Oneirokritikon, bekanntes »Traumbuch« aus dem 9. Jh., das ind., pers. und arab. Wissen vereint; die Autorschaft wird einem Höfling des Kalifen, Achmad (Achmet), zugeschrieben, der sich jedoch zum Christentum bekannte. Das Werk bildet ein mit illustrierenden Beispielen versehenes Kompendium der Traumdeutung und fand durch die Jh.e hindurch weithin Interesse (Ausgaben z. B. Paris 1603; Leipzig 1925). – Ähnlich bekannt sind die *Oneirokritika* des griech. Schriftstellers Artemidoros von Daldis, der in der 2. Hälfte des 2. Jh.s n. Chr. in Lydien lebte und durch sein Traumdeutungswerk diesem Zweig der Lit. einen festen Platz im Schrifttum verschaffte *(Werke* → Bibl.*)*

Lit.: Bender 1965; Drexl 1909.

Oneiromantie [griech.; Traumdeutung], in allen Kulturen bekannte, mantische Praxis; die Träume werden nach bestimmten Regeln (z. B. → Inkubation) oder spontan interpretiert. Wichtige antike Schriften zur O. sind Aristoteles' *Von den weissagenden Träumen,* Teile von Ciceros *De divinatione* und das Traumbuch von Artemidoros (→ Oneirokritikon). Die mantische Traumlit. erfuhr ihren Niedergang in den Vulgärdeutungen sog. Ägypt. Traumbücher des 18. und 19. Jh.s; sie wurde teilweise rehabilitiert durch die tiefenps. Traumdeutung und die pps. Forschung.

Lit.: Bender 1965 a.

Operation, eine bestimmten Regeln folgende Verrichtung; in okkultistischen Schriften oft svw. magische Handlung.

Operator, 1. in der Mathematik eine Rechenvorschrift; 2. in der sowjet. pps. Terminologie der Wünschelrutengänger; 3. im spiritistischen Sprachgebrauch sind die O.en die jenseitigen Agenten, die die Phänomene in den Sitzungen bewirken sollen (in diesem Sinn z. B. von → Crawford gebraucht).

Ophiten [von griech. *ophia;* Schlange], Sammelbegriff für gnostische Sekten (ca. 2. Jh.), die die Schlange der Genesis verehrten, weil sie dem Menschen Weisheit *(gnosis)* brachte. Magische Zirkel des 19. u. 20. Jh.s beriefen sich manchmal auf die O.

Opfer, kultische Handlung, die Darbietung einer Gabe an die Gottheit, wodurch eine Gemeinschaft zwischen dem Gott und dem Opfernden gestiftet wird; daneben existieren auch O., mit deren Hilfe z. B. Verbrechen gesühnt oder dem Opfernden Kräfte verliehen werden sollen, ohne daß diese O. an eine Gottheit oder ein höheres Wesen adressiert sind (die im O. frei werdenden Kräfte können auch etwas anderem zugute kommen, etwa der Fruchtbarkeit eines Ackers). Eine besondere Form des O.s – das sühnende Selbsto. – stellt der O.tod Jesu Christi dar, ebenso die im Katholizismus daraus resultierenden O.feiern, Messe und Eucharistie. Die Ausdeutung des O.-geschehens im → Orakel, z. B. Rauchbildung, Beschaffenheit der Organe des O.-tieres, Verhalten des Tieres usw. heißt *Opferschau.*

Oraculum ex eventu [lat.; Orakel aus dem Ereignis], das nachträgliche Erfinden einer Prophezeiung, die sich auf ein schon eingetretenes Ereignis bezieht; u. U. um die Autorität eines Propheten zu stützen (→ Lehninsche Weissagung; → Malachias).

Orakel [von lat. *orare:* beten, vortragen], 1. der O.spruch, die Weissagung; 2. Verfahren oder Apparatur, um Auskunft über

Orakelgerät der ostafrikanischen Azande: Eine Anzahl gekreuzter, aneinandergebundene Holzstäbchen wird in die Hand genommen und ihre Bewegung, die ohne sichtbaren Druck der Hand erfolgt, ausgedeutet. Der Ausschlag nach rechts oder links ist im Sinne von »schuldig« bzw. »unschuldig« festgelegt. Der Apparat kann zwar betrügerisch manipuliert werden, er kann aber auch motorische Automatismen sichtbar werden lassen, denen ASW-Informationen zugrunde liegen können. (Zeichnung aus W. Junker, *Reisen in Afrika, 1875–1886,* Wien 1890.)

räumlich oder zeitlich Entferntes zu erlangen, oder um zu erfragen, was in einer bestimmten Situation zu tun sei. Man kann sich dabei sowohl des Lebenden (z. B. Vogelschau) als auch des Toten (Opferschau) bedienen, man kann Lebloses verwenden (Loswerfen, Orakelbretter usw.; in Antium [das moderne Porto d'Anzio, südlich von Rom], einem in der Antike sehr berühmten O., weissagte man z. B. aus den schwankenden Bewegungen der in einer Prozession mitgeführten Statuen); oder das O. der Natur »ablauschen« (Donner, Blitz, Blätterrauschen usw.).

Sehr häufig Verwendung im O. finden z. B. *Erbsen*; sie gelten als Fruchtbarkeitssymbole oder auch als Seelenspeise (Totenbeschwörung). Aufgrund sympathetischen Verständnisses (Ähnlichkeit der Form) verursachen oder heilen sie angeblich Geschwüre. Auch *Apfel*schalen oder -kerne sind im Volksglauben gelegentlich Utensil im O. Ursprünglich dürften diesen O.formen mythologische Vorstellungen assoziiert gewesen sein: Apfel im Paradies, Apfel der Hesperiden u. ä. m. Hinzutreten tiefenps. Symbolformen wie Brust oder Ganzheit (Reichsapfel). – Auf der ganzen Welt finden sich geomantische O.praktiken; z. B. *Tzité*, ein O. der Maya mit den weiblich gedachten Maiskörnern und den als männlich vorgestellten Tzité-Bohnen. Dieses O. weist eine inhaltliche Verwandtschaft zum → I Ging und zum westafrikanischen *Ifà*-O. (zugl. yorubische Gottheit und O.) auf.

3. Die heilige Stätte, an der ein Priester Weissagungen und Antworten der Gottheit übermittelt (z. B. Delphi; → Pythia). Manche der antiken O.priester erinnern an moderne Medien; so soll sich die Priesterin von Dodona später nicht mehr an den durch sie ergangenen Spruch der Gottheit erinnert haben; sie war also vermutlich während der Handlung in Trance (Dodds 1974: 19).

Man kann technische, inspiratorische und Zeichen-O. unterscheiden. Spruch-O. heißen kodifizierte oder mündlich überlieferte O.texte – oft in Versen: Durch ein technisches Verfahren wird ein bestimmter Vers ausgewählt, der dann auf die Situation des Fragenden hin gedeutet werden muß. Für die → Analytische Ps. wird bei den meisten O.formen dem bloßen (»natürlichen«, umweltgesteuerten) Zufall dadurch begegnet, daß eine archetypische Situation beobachtet wird. Deshalb findet man bei O.n häufig die Warnung, nicht zu spielen, sich nur mit einem echten Anliegen an das O. zu wenden. Je höher die psychische Spannung ist, je intensiver das affektive Feld, um so wahrscheinlicher eine treffende Antwort (v. Franz 1970: 201);

4. O. kann auch einen Menschen als Funktionsträger bezeichnen: etwa wenn man vom Staats-O. in Tibet spricht (Schüttler 1971).

Lit.: Eitrem 1947; Ruge 1939; Schilde 1940; Wölfel 1951.

ORANUR, Abk. von *OR*gone *A*nti *NU*clear *R*adiation [engl.; Orgon-Antikernstrahlung], ein von → Reich 1950 durchgeführtes Experiment, das beweisen sollte, daß das *Orgon* gegen radioaktive Strahlung immunisiert. Die Ergebnisse, u. a. eine angebliche Strahlungszunahme, wurden von Reich dahingehend gedeutet, daß es neben dem gesunden blauen (!) Orgon schwarzes DOR (= *D*eadly *OR*gon) gebe.

Lit.: Orgone Energy Bulletin *III, 4, 1951; Raknes 1973.*

Ordal → Gottesurteil.

Ordres d'harmonie, die von → Mesmer begründeten Schulen, in denen der Mesmerismus in Theorie und Praxis gelehrt wurde.

Organprojektion, 1. Hypothese, daß Erfindungen unbewußt in Analogie zu Teilen des menschlichen Körpers entwickelt wurden (Kapp 1877); 2. in der Pps. gelegentlich für bestimmte Materialisations-Erscheinungen (schreibende Hände u. ä.) gebraucht; 3. in der Lit.wiss. bezeichnet O. das Verfahren, den menschlichen Körper oder seine Teile einer Landschaft einzubeschreiben.

Orgon, Orgonomie → Reich, Wilhelm.

Orlach, Mädchen von, eigtl. Magdalena Cronbach (geb. 1812), Besessene aus dem württembergischen Dorf O. (Kerner 1834). Die Phänomene traten 1832/33 auf, neben der Besessenheit zeigten sich anhaltende Spukvorgänge (auch Stallspuk) und (wahrscheinlich) ASW-Manifestationen.

Lit.: Gehrts 1966.

Orlop, Arthur, zeitgenössischer Sensitiver aus Mannheim.

Berendt (→ Israel Parapsychology Society) führte folgendes Experiment mit O. durch: Er übergab ihm eine zigarettenschachtelgroße Büchse, und O. begann »nach einigem Zögern, mit einer impulsiven Bewegung der Hände gleich der eines

Mannes, der im Orchester die Schellen zusammenschlägt. Dann sagte er: ›ein ungeheurer Zusammenprall, ein Zusammenstoß vielleicht, ich glaube nicht, daß es eine Explosion war ...‹ — Es war doch eine Explosion! Der Inhalt der Büchse: In Watte gelagert ein paar Dutzend Glassplitter, je einen halben Zentimeter groß, die der Autor auf einer Bettdecke gesammelt hatte, Reste einer Fensterscheibe nach eine Explosion von 300 kg TNT in der Ben Jehuda Straße, Jerusalem, bei der 52 Menschen ums Leben kamen.« (Berendt 1972: 63.) S. a. → Ortsbeschreibung, paranormale.

Orphik, abgeleitet von *Orpheus,* einem mythischen Sänger der griech. Sage, 1. Sammelbegriff für die theo- und kosmogonische griech. Lit.; 2. eine nur in Bruchstücken erhaltene gnostisch-philos. Lehre von der Seele des Menschen und den Mitteln, ihr zur jenseitigen Seligkeit zu verhelfen. Eines dieser »Mittel« war die von Wanderpredigern angebotene Einweihung in die orphischen »Mysterien«, für die Reinigungsriten kennzeichnend gewesen zu sein scheinen. Die O. entstand im 6. Jh. v. Chr. und weist Verbindungen zum Pythagoreismus auf.
Der Neuplatonismus schätzte die O. außerordentlich hoch ein, und dieses Urteil wirkte bis in die Gegenwart. Dabei muß festgehalten werden, daß die O. kein System hoher Philos. oder Religion bildete, sondern eine volksreligiöse Bewegung der einfachen Leute darstellte, in die mancherlei Reste abgesunkener hoher Mythologie (Abkunft der Seele von den Sternen, Totengericht, Unsterblichkeit, Wiedergeburt) eingegangen waren.

Ortsbeschreibung, paranormale, ein spontanes Phänomen, das auch als Aufgabe im qualitativen Experiment gestellt wird, dem sich u. a. der Sensitive → Orlop mehrfach unterzogen hat: Die Versuchsanordnung ist im Regelfall so, daß die Bezugsperson, über deren Wohnung oder Wohnort der Sensitive Aussagen machen soll, stumm dasitzt und sich die betreffende Lokalität vorstellt; Orlop zeichnet eine Skizze, die er verbal und gestisch kommentiert. Die Aussagen Orlops sind erstaunlich detailliert, manche Einzelheiten von verblüffender Genauigkeit. Auffallend ist, daß uns gravierend erscheinende landschaftliche Elemente, in einem Versuch war es z. B. das Meer, nicht »gesehen« werden, wohl aber ein unbedeutend erscheinendes Mäuerchen »erkannt« und exakt beschrieben wird. Die Landschaft erscheint in den Schilderungen Orlops häufig aus der Vogelperspektive, dennoch ist kaum anzunehmen, daß seine Bezugsperson, ein lebender → Psychischer Induktor, in dieser Perspektive dachte. Orlop selbst vermutet eine *Seelenexkursion,* »wohl eine Dramatisierung paranormaler Eindrücke« (Bender 1971: 75). Das bei diesen Versuchen Gesehene geht manchmal über das hinaus, was als bewußter oder unbewußter psychischer Inhalt beim »Sender« vermutet wird: Wahrscheinlich wird dadurch die Annahme eines telepathisch-hellseherischen Mischphänomens.

Lit.: Bender 1971: 71—75; Berendt 1968, 1972: 105—107.

Osanami, Tosie († 1907), jap. Medium, Heilerin. Ihre Patienten kamen mit leeren Fläschchen; sie wurden vor den Familienschrein der Schintoistin O. gestellt, die dann etwa 10 Minuten betete, woraufhin die Flaschen sich mit verschiedenfarbigen Flüssigkeiten füllten, die nach dem Verständnis der Gläubigen die richtige Medizin gegen ihr Leiden darstellten. Des Betrugs angeklagt wiederholte O. diesen Vorgang unter strenger Kontrolle vor Gericht.

Lit.: H. Price 1928.

Osis, Karlis (* 1917), aus Lettland stammender, in Amerika lebender Parapsychologe; studierte in München Ps. und promovierte 1950 über ASW; er war Mitarbeiter des pps. Laboratoriums der Duke University, Forschungsdirektor der Parapsychology Foundation und der A. S. P. R. sowie Präsident der Parapsychological Association. O. arbeitete über die Beziehungen zwischen

ASW und PK, führte ASW-Distanzexperimente durch (Entfernungen bis zu 10 000 Meilen), untersuchte die paranormale Kommunikation zwischen Mensch und Tier, spontane Psi-Phänomene (ASW und PK) und machte eine Enquete über → Sterbebettphänomene bei Krankenschwestern und Ärzten. – *Werke* → Bibl.

Ossowiecki, Stephan (* 1877), poln. Ingenieur und nichtprofessionelles Medium. O. zeigte fast ausschließlich psychometrische ASW-Leistungen; dazu versetzte er sich selbst in Trance. Die übliche Versuchsanordnung war, daß man O. eine verschlossene handschriftliche Mitteilung gab, die er zu »lesen« versuchte:

Dazu sagt er selbst: »Ich befasse mich nicht mit dem Papier. Es würde mir nichts nützen, es anzusehen. Ich presse es mit der Hand zusammen, ich knete es – in der Absicht, mit der Person, von der es kommt, wo diese sich auch befinden möge, in Verbindung zu treten. Wenn das Phänomen stattfinden soll, so scheint mir von einem gewissen Augenblick an, ich sei die Person selbst, und es geschieht dann, daß das, was sie gedacht oder geschrieben hat, in meinem Geist wie eine Erinnerung auftaucht, als ob ich die Person selbst sei und mich erinnerte. Ich sehe, was sie gedacht hat. Wichtig ist nur, daß es mir gelingt, mich mit der Person in Verbindung zu setzen. Ohne das geschieht nichts. Mit manchen Personen geht das von ganz allein; mit anderen ist es unmöglich.« (→ Psi missing?) – »Um in Trance zu geraten, sage ich mir zuerst, es ist nötig, daß es mir gelingt. Dann bemühe ich mich, an nichts mehr zu denken, und ich warte. Ich warte ein paar Minuten, manchmal eine Viertelstunde, eine halbe Stunde. Es kommt vor, daß mein Warten vergeblich ist; die Trance kommt nicht. Wenn sie bevorsteht, fühle ich, wie mein Kopf heiß wird, sehr heiß; meine Hände werden kalt. Von nun an fühle ich, daß ich im Besitz meiner Fähigkeiten sein werde. Bald verliere ich allmählich das Bewußtsein meiner Umgebung, und ich sehe, ich höre, ich fühle, ich sage, was man mich aufgefordert hat zu enthüllen.« (Zit. n. Amadou 1957: 201.)

Zu den Experimentatoren, die mit O. arbeiteten, gehören → Geley, → Osty und → Richet. Positive Versuche fanden bei z. T. sehr strengen Kontrollbedingungen statt.

Zu dem Satz »Nichts ist ergreifender als der Ruf des Muezzins zum Gebet«, auf eine Visitenkarte geschrieben und in einen dicken Umschlag gesteckt, äußerte O.: »Es enthält ein Gefühl des Gebets, einen Ruf, Menschen, die getötet und verwundet werden, nein, das ist es nicht. – Nichts ergreift mehr als der Ruf zum Gebet, es ist wie ein Gebet zu wem? Eine gewisse Kaste von Menschen, mazzi, madz – Eine Karte –, ich sehe nichts mehr.« (Richet 1923: 160.)

Lit.: Geley 1926; Schrenck-Notzing 1924.

Oesterreich, Traugott Konstantin (1880 bis 1949), Philosoph und Psychologe, einer der ersten dt. Universitätsprofessoren, der sich zur Realität des Parapsychischen bekannte und dessen wiss. Untersuchung forderte. In eigenen Schriften und Untersuchungen bemühte er sich um die Klärung des pps. Vokabulars, um die Integration des pps. Gegenstands in das Denken der Philosophen, Psychologen und Naturwissenschaftler; Einzeluntersuchungen widmete er den Medien Goligher (→ Crawford)

T. K. Oesterreich

und → Tomczyk. Er versuchte auch, ein »Deutsches Zentralinstitut für Pps.« ins Leben zu rufen; die Einrichtung kam jedoch nicht zustande. – Im Rahmen der Ps. erarbeitete er u. a. eine *Phänomenologie des Ich* (1910), deren zweiter Teil (nicht abgeschlossen) noch ungedruckt vorliegt. Seine bekannteste Leistung auf religionsps. Gebiet ist ein Buch über *Die Besessenheit* (1921); in der Philos. machte sich Oe. einen Namen vor allem durch seine Bearbeitung von *Überwegs, Geschichte der Philosophie vom Beginn des 19. Jh.s bis auf die Gegenwart* (der sog. »Überweg-Oesterreich«, 1916 u. ö.). – *Werke* → Bibl.

Lit.: M. Oesterreich 1954.

Östliches Denken, Philos.geschichte und Kulturanthropologie glauben einen prinzipiellen Unterschied zwischen östlicher und westlicher Denkweise aufzeigen zu können: Westliches (abendländisches) Denken wird als *rational,* östliches als *meditativ* charakterisiert; im Westen dominiert die *zweiwertige* aristotelische → Logik, im Osten, so die Hypothese des Psychoanalytikers Erich Fromm (* 1900), die *dreiwertige.* Eine umstrittene Untersuchung (Ornstein 1974) will die jeweiligen Bewußtseinsformen auf die verschiedenen Funktionsweisen der rechten und linken Gehirnhälfte zurückführen.

Lit.: Fromm 1972; Gebser 1973; Granet 1971; Jung GW XI.

Ostwald, Wilhelm (1853–1932), dt. Chemiker, Physiker und Philosoph; Träger des Nobelpreises für Chemie (1909), entdeckte den Mechanismus der Katalyse, arbeitete über Farbenlehre und entwarf eine naturphilos. *Energetik.* In *Die Forderung des Tages* (1910: 418) schrieb O.:

»Gewisse Menschen vermögen ihren physiologischen Energievorrat (der bekanntlich fast ausschließlich als chemische Energie vorhanden ist) in andere Formen zu verwandeln, die sie durch den Raum versenden und an vorgeschriebenen Stellen in eine der bekannten Energien zurücktransformieren können.«

Osty, Eugène (1874–1938), frz. Arzt und Parapsychologe, 1924–38 Direktor des → I. M. I. O. verfaßte über hundert pps. Bücher und Aufsätze; er arbeitete mit Bergson, Boirac und Richet zusammen. Ausgehend von Studien zur → Chirologie – dabei gelangte er zu der Überzeugung, der »Handleser« benütze die Hand als → Psychischen Induktor – kam er zur Untersuchung der ASW und schließlich der psychokinetischen Phänomene. Obwohl er selbst mehrere betrügerische Medien entlarvt hatte, glaubte er durch seine Untersuchungen mit → Guzyk und Rudi → Schneider Beweise für die Existenz von PK-Phänomenen erbracht zu haben.

1931/32 führte O. (zusammen mit seinem Sohn Marcel) in den Untersuchungen mit Rudi Schneider Infrarot- und Ultraviolett-Licht-Kontrollen in das Experiment ein. Damit war Betrug seitens des Mediums ausgeschlossen. Die Experimente – es wurden 77 Sitzungen durchgeführt – ergaben, daß bei den Versuchen des in Trance befindlichen Mediums, über Distanz hinweg Objekte zu bewegen, vom Medium eine Strahlung (oder irgend etwas Vergleichbares) in Richtung auf das Objekt ausging: Sie war bei normalem Kunstlicht unsichtbar, konnte auch nicht fotografiert werden, absorbierte aber UV-Licht. – *Werke* → Bibl.

Oetinger, Friedrich Christoph (1702–1782), evang. Theologe, Begründer einer platonisch beeinflußten »emblematischen Theologie«; er beschäftigte sich intensiv mit kabbalistischen Studien und systematisierte → Böhmes theosophische Gedanken evang.-theologisch. Seine Arbeit über die »Lehrtafel der Prinzessin → Antonia« ist der letzte bedeutende Versuch einer Christl. Kabbala.

Wenig Beachtung fand bislang Oe.s Stellung zur Alchimie. Er fand zwischen den beiden Möglichkeiten, die Alchimie nur als vorwiss. Chemie zu sehen oder sie wie Jung symbolisch-ps. zu betrachten, einen Mittelweg: Unter *Emblem* versteht er »ein aus den sichtbaren Geschöpfen genommenes Bild, welches teils unsichtbare, teils andere, sichtbare, Dinge bezeichnet«; danach ist emblematische Theologie eine »Wissen-

Automatisches Buchstabieren mit dem Oui-ja-Board.

schaft, das Unsichtbare aus den sichtbaren Geschöpfen durch den Verstand zu ersehen und die ewige Kraft und Göttlichkeit aus der Natur zu erblicken«. Oe. schreibt, daß er neben seiner Tätigkeit als Pfarrer alchimistische Texte las: »Die Autoren las ich Jahr und Tag, ohne daß ich einen Grund des Zusammenhangs gefunden; endlich aber fand ich den Grund, damit ich nachher sicherer experimentieren konnte: Die Philosophie der Adepten hilft ungemein viel zu der Physik der heiligen Schrift, und diese trägt viel bei zur Erkenntnis der heiligen Schrift selbst.« (Ehmann 1859: 183 f.) »Es gibt freilich viele Adepten, die nur die Absicht haben, Gold zu machen, und nicht weiteraufsteigen. Ich aber habe in der Chemie die *Theologia emblematica* zum Grunde und überlasse Gott den Ausgang.« (Hamberger 1845: 85.) Denn: »Chemie ohne Betrachtung der Werke Gottes ist eine Küchenarbeit.« (Ehmann, a. a. O.: 586.) Oe. hält also daran fest, daß das in der Alchimie Erfahrbare nicht intellektuell erbracht werden kann: Die Ausübung der alchimistischen Operation bewirkt die (gottgeschenkte) Erkenntnis.

Oui-ja-Board [Kunstwort aus frz. *oui;* ja, dem dt. »ja« und engl. *board;* Brett], Hilfsmittel des Automatisten: eine Tafel, die das Alphabet zeigt und meist auch Wörter wie »ja«, »nein« (daher der Name), manchmal auch »ich« u. a. Eine oder mehrere Personen können das O. benützen: Man stellt ein Glas darauf oder nimmt einen Ring oder sonst einen Gegenstand, auf den die Teilnehmer die Fingerspitzen legen. Durch unbewußte Muskelbewegungen kommt dieser Gegenstand in Bewegung (nach spiritistischer Ansicht durch das Eingreifen Verstorbener); nach einiger Zeit werden häufig die Buchstaben des O. in sinnvoller Reihenfolge berührt, und es ergibt sich ein Text, der eine Mitteilung enthält. Manchmal kann der Inhalt dieser Mitteilungen auf paranormalem Wissenserwerb beruhen.

Es gibt außerdem O.s mit einem Zusatzgerät: ein gleitender Aufsatz, den die Benützer anfassen und der statt der genann-

ten Gegenstände Glas, Ring usw. die Wörter und Buchstaben berührt. Gelegentlich wird fälschlich → Planchette synonym zu O. verwandt.
Lit.: Barrett 1914.

Ouspensky, auch Uspenskij, Peter Demianowitsch (Moskau 1878–London 1947), russ. esoterischer Schriftsteller und Lehrer, der einflußreichste Schüler → Gurdjews, dessen Werk er in eigenständiger Weise fortgesetzt hat. Seine Lehre ist eine Anthropologie auf der Basis einer esoterischen Ps. und Naturphilos. Sie ist weder Gegenstand noch Teil der Pps., kann aber in einzelnen Überlegungen von heuristischem Wert für die Pps. sein. Außerdem enthalten seine Schriften verstreut Daten zur pps. Kasuistik; z. B. die Mitteilung, daß Yeziden-Knaben (die Yeziden sind Kurden mit einer synkretistischen Religion) »unfähig waren, aus einem Kreis herauszutreten, der um sie auf den Boden gezeichnet worden war« (O. o. J.: 50).

Out-of-(the)-Body-Experience (OOBE) [engl.; die Erfahrung außerhalb des Körpers (zu sein)], auch *exsomatische Erfahrung*; dabei hat der Erlebnisträger das Gefühl, seinen Körper verlassen zu haben und sich selbst von außen zu sehen. Solche Erfahrungen werden manchmal von Menschen behauptet, die vor einer Operation standen, dem klinischen Tod nahe waren oder sich in einer anderen existentiell entscheidenden Situation befanden; daneben stehen Berichte von Leuten, die diese Erfahrung aus einer ganz alltäglichen Situation heraus machten. Für beide Fälle bringt Susy Smith (* 1911), Mitbegründerin der Parapsychology Foundation, in ihrem Buch *Die astrale Doppelexistenz* (1974) zahlreiche Beispiele.
Von dem ital. Naturforscher und Philosophen Geronimo Cardano (1501–1576) weiß → Görres zu berichten: »Er hatte überdem auch die Fähigkeit, in einer Art Exstase sich außer sich zu setzen, wobei er das Gefühl hatte, als ob das Herz sich ihm spalte, um die Seele zu entlassen, und zugleich eine Empfindung über diese seine ganze Seele sich verbreite, als ob eine Tür sich öffne, um einen Geist davonzulassen, worauf es ihn dann däuchte, er sei außer seinem Körper und halte nur durch eine kräftige Anstrengung noch einen Teil seiner Körpergestalt fest.« (1927: 184; *Über den Aberglauben Cardans* legte J. H. Behr 1725 in Leipzig eine lat. Dissertation vor!) Manchmal wird in diesem Zshg. von einer → »Silberschnur« berichtet, die die exteriorisierte Seele mit dem Körper verbinden soll. – Es ist innerhalb der Pps. umstritten, ob das OOBE ein eigenständiges Phänomen oder die Dramatisierung einer »einfachen« ASW-Erfahrung ist. Hornell Norris Hart (1888–1970), ein amer. Soziologe, der 1938–57 an der → Duke University lehrte, gründete 1953 ein Forschungszentrum zur Untersuchung der OOBE *(Werke* → Bibl.).
Lit.: Delacour 1973; Green 1968; Monroe 1971; Muldoon/Carrington 1970; Tart in Mitchell 1974.

Övelgönne [niederdt.; üble Gunst], Bezeichnung für eine Stätte mit ortsgebundenem Spuk; häufig Ort eines früheren germanischen Heiligtums, im Zuge der Missionierung manchmal absichtlich dadurch entweiht, daß man dort eine Richtstätte oder einen Schindanger anlegte.
Lit.: Kaufmann 1970: 83.

Ownbey-Zirkle-Experimente, Sara Ownbey und George Zirkle, ein Brautpaar, waren Vpn → Rhines bei Testserien mit → Zener-Karten. Die beiden waren → High scorer, allerdings nur in dem Arrangement Ownbey-Agent, Zirkle-Perzipient. Ihre enge emotionale Bindung hielten manche für einen ASW-fördernden Faktor. Gegen einige Experimente wurden allerdings Einwände erhoben: Miss Ownbey verständigte Zirkle durch ein Signal, wenn sie sich auf eine neue Karte konzentrierte; man argwöhnte, das Paar könnte einen Code aufgrund des Zeitintervalls zwischen den Signalen ausgearbeitet haben und sich so über die Karten verständigen.
Lit.: Rhine 1950.

Oxon, M. A. → Moses, Stainton.

Ozeanisches Fühlen, bei Freud svw. naturmystische Erfahrung.

P

P, Abk. von engl. *P*robability, Zeichen für Wahrscheinlichkeit.

P, Abk. von engl. *P*robability, Zeichen für ASW-Begabung zeigte; wurde seit 1913 von → Schrenck-Notzing untersucht. → Osty überführte sie 1930 durch Blitzlichtaufnahmen betrügerischer Manipulationen. *Lit.: Lebiedzinski 1921; Osty 1930; Schrenck-Notzing 1914 a.*

Padmasambhava, ind. Tantriker (→ Tantra) des 8. Jh.s, der zu den Begründern des tibet. Lamaismus zählt; die von ihm geübten und vermittelten Fähigkeiten decken das ganze Spektrum parapsychischer und okkulter Phänomene ab:

»Als unter der Regierung des Religionskönigs Khri-srong lde-btsan
Man den Meister Padmasambhava eingeladen hatte,
Segnete er den ganzen tibetischen Boden.
Als er den schädlichen Dämonen das Herzblut entrissen hatte,
Übertrug er acht geistigen Söhnen und dem Herrscher samt seinen Untertanen
Mystische Weihen und wies ihnen tatsächlich das Antlitz der Götterscharen,
Gewährt ihnen einzeln Bannsprüche für Göttergeschlecht und geheime Belehrung.
In mChims-phu und anderen vielen Einsiedeleien
Ließ er sie einzeln drei Jahre der Bannung sich weihn.
Als dann bei jedem die Anzeichen der Vollendung deutlich wurden,
Konnte Akashagarba auf Sonnenstrahlen reiten,
Buddhajnana seinen Zauberdolch in den Felsen stoßen.
Des rGyal-ba mchog-dbyangs Pferdewiehern durchdrang die zehn Weltgegenden,
(Die Königin) mKar-chen mtsho-rgyal rief Leichname getöteter Menschen zum Leben,
Shrijnana unterwarf die Ma-mo-Dämoninnen,
Shrisimha machte sich Götter und Geister zu Sklaven,
Vairocana war mit dem Weisheitsauge begabt,
Der Herrscher, König (Khri-srong) gewann die unerschütterliche Versenkung.
gYu-sgra snying-po war mit der höchsten Erkenntnis versehen,
Jnanakumara gebot über höchste Zaubermacht,
rDo-rje bdud-'joms fand dem Winde gleich kein Hindernis,
Ye-shes-dbyangs begab sich zur Stätte der Dakinis [Luftwandlerinnen],
Sog-po lha-dpal faßte die wilden Bestien am Nacken,
Ye-shes von sNa-nam flog einem Vogel gleich am Himmel,
dPal-gyi dbang-phyug tötete mit Sicherheit vermittels des Zauberdolches,
lDan-ma rtse-mang erlangte Zaubersprüche der Unvergeßlichkeit,
Shrikuta von sKa-ba wußte alle Gedanken der andern,
dPal-seng von Shud-pu ließ einen Bach aufwärts fließen,
rGyal-ba'i blo-gros verwandelte einen verzauberten Leichnam in Gold,

ཁམས་གསུམ་དབང་སྡུད་གུ་རུ་པདྨའི་རྒྱལ།།

Padmasambhava — »der die drei Welten unter der Herrschaft (der Lehre des Buddhismus) vereinigende Guru«.

Khye'u-chung-lo fing die Vögel des Himmels,
Dran-pa nam-mkha schaffte wilde Yaks aus dem Norden herbei,
O-bran dbang-phyug glitt wie ein Fisch im Wasser dahin,
rMa-thog rin-chen nahm Felsen zur Speise,
dPal-gyi rdo-rje war unbehindert durch die Felsen der Berge,
Langs-'gro dkon-mchog schleuderte einen großen Blitz einem Pfeile gleich,
Und rGyal-ba byang-chub verweilte mit untergeschlagenen Beinen im Luftraum.«
(Aus dem *Bericht von den Königen,* zit. n. Hoffmann 1956: 50 f.)

Lit.: Evans-Wentz 1954.

Pagenstecher, Gustav (1855–1942), dt. Arzt. P. war an Pps. nicht interessiert, bis er eines Tages entdeckte, daß eine hypnotisierte Patientin, Maria Reyes (de) Z.(ierold), die er wegen Schlaflosigkeit behandelte, Vorgänge »sah«, die sich hinter einer verschlossenen Tür abspielten. Daraufhin stellte er systematische Versuche mit ihr an. Die Experimente waren auf Hellsehen hin angelegt, die Vp. zeigte aber auch eine starke psychometrische Begabung. 1919 berichtete P. über seine Ergebnisse vor der Medizinischen Gesellschaft in Mexiko; eine Untersuchungskommission dieser Vereinigung bestätigte aufgrund eigener Experimente die Feststellungen P.s. Auch → Prince, im Auftrag der A. S. P. R. nach Mexiko entsandt, überzeugte sich von den paranormalen Fähigkeiten der Vp. Berühmtester Fall der psychometrischen Versuche: Anhand eines Flaschenpost-Briefs rekonstruierte Maria Z. einen Schiffsuntergang. Interessant sind noch folgende, z. T. weniger gut dokumentierte Besonderheiten der P.schen Versuche: Die Vp. empfand in der Hypnose genauso wie ihr Hypnotiseur, wenn dieser weniger als 3 Meter von ihr entfernt war; außerdem wollte sie ein farbiges leuchtendes Band gesehen haben, das sie während der Sitzungen mit dem Körper P.s verband. – Nach den Versuchen konnte bei Hypnotiseur und Vp. regelmäßig eine unerklärliche Gewichtsabnahme registriert werden, die bei je 100 g lag.

Eusapia Paladino

Lit.: Baerwald 1925; Oesterreich 1926; W. F. Prince 1921; Roll 1967.

Paladino, Eusapia, verh. Delgaiz (1854 bis 1918), ital. Medium; neben → Home das bedeutendste PK-Medium der jüngeren Vergangenheit, und sicherlich wurde kein anderes Medium von so vielen Forschern untersucht – in Italien, England, Frankreich, Deutschland, Polen und den USA. – Die verwaiste Bauerntochter aus den Abruzzen kam mit etwa 13 Jahren als Dienstmädchen zu einer spiritistisch interessierten Familie nach Neapel. Ihre paranormalen Fähigkeiten wurden dort entdeckt und ausgebildet. Als schwere Hysterica versuchte die P. in Sitzungen immer wieder, z. T. sehr plump, zu betrügen. Dennoch waren viele der wiss. Beobachter (u. a. Bergson, Curie, Lombroso, Richet, Schrenck-Notzing) und auch der Trickexperten von der Echtheit mancher Phänomene überzeugt; sie betrachteten vor allem mehrere Tischlevitationen als paranormal verursacht:

Sitzungen auf der Insel Roubaud bei Richet, 1894. Bericht von Lodge: »Ich sah zweimal einen schweren Tisch (22 kg) einen Fuß hoch völlig über dem Boden erhoben; alle standen um den Tisch herum – Hände und Füße Eusapias gehalten, ihre Hände auf der Tischplatte nicht in der Nähe des Randes; die Finger der einen Hand berührten die Platte kaum, die der anderen drückten sie leicht. Es war für Eusapia, selbst wenn sie frei gewesen wäre, normalerweise unmöglich, den Tisch zu heben, während sie an einer Ecke desselben stand und ihre Hände auf der Tischplatte hatte; jeder, der einen Tisch von denselben Dimensionen machen läßt, kann dies nachprüfen.« *(J. S. P. R.* Bd. VI.*)* Dieser Tisch von 22 kg hat eine quadratische Platte von 1 m Seitenlänge, keinen übergreifenden Rand, die Höhe der Füße beträgt 75 cm; sie laufen spitz zu, um eine Erhebung des Tisches durch Eusapias Fuß fast unmöglich zu machen. (Lambert 1926: 55.)

Der amer. Taschenspieler Howard Thurston, der sich als Entlarver von Medien einen Namen gemacht hatte, schreibt:

»Ich habe mit meinem Assistenten und Carrington Eusapias Tischlevitationen beobachtet und bin überzeugt, daß die von mir gesehenen Phänomene nicht betrügerisch mit den Füßen, Knien und Händen Eusapias oder auf irgendeine andere mir bekannte Art hervorgebracht wurden. Ich bin überzeugt, daß kein materieller Kontakt zwischen dem Tisch und Eusapias Körper bestand, ihre Füße waren unter meinem rechten Fuß, ihre Knie wurden von mir gehalten, und ihre Hände waren deutlich oberhalb des Tisches sichtbar. Mein Assistent und ich kontrollierten Eusapia, und die Phänomene erfolgten mehrmals in gutem Licht ... Alle Tischfüße waren deutlich auf dem Parkett sichtbar, und wir konnten uns vergewissern, daß kein Fuß sich dazwischenschob.« (Zit. n. Lambert 1926: 66.)

Viele Beobachter waren auch von der paranormalen Bewegung anderer Objekte überzeugt, und selbst der sehr skeptische → Dessoir räumte ein *(Gartenlaube* 1910, zit. n. Dessoir 1917: 163*)*: »Einige Bewegungen und Erhebungen jedoch waren und bleiben mir ganz unerklärlich.«

Sonstige Phänomene waren: Leuchterscheinungen, Spielen von Musikinstrumenten ohne Berührung, Raps, Materialisationen, oft unsichtbare, aber tastbare → Pseudopodien, paranormale Gewichtsveränderungen des Mediums (bis ± 5 kg), in seltenen Fällen ASW; als → Kontrolle trat John → King auf.

Lit.: Bibliografia Paladiniana *in Morselli 1908: 134—70;* Annales des Sciences Psychiques, *Paris 1891—1919, Bd. I, II, III, VI, VII, VIII, XIII, XVII, XX, mit Beiträgen von Morselli, Lombroso u. a.;* J. S. P. R. *Bde. VI, VII, IX, XIV, XV u.* Proc. S. P. R. *Bd. XXIII, 1909, mit Beiträgen von Carrington, Hodgson, Lodge, Myers, Ochorowicz, Richet u. a.; Bozzano 1903; Carrington 1963; Courtier 1908; Dessoir 1917: 153—70; Dingwall 1950; Flammarion 1908; Gellona o. J.; James 1910; Lambert 1926; Lombroso o. J.; Morselli 1908; Oesterreich 1921: 79—109; Peter 1907, 1918; de Rochas 1906; Rosenbusch 1925; Vassallo 1902.*

Paläopsychologie, 1. die Untersuchung »primitiver« Züge im Seelenleben, die sich, aus früheren Stufen der Menschheitsgeschichte stammend, erhalten haben sollen; 2. der Versuch, Aussagen über die psychischen Gegebenheiten des vorzeitlichen Menschen zu machen — z. B. durch Interpretation archäologischer Funde; 3. in der → Analytischen Ps. die Lehre von den → Archetypen und den tiefsten Schichten der Seele.

Palingenesie, auch *Palingenesis* [griech.; Wiedererzeugung], 1. die Rematerialisation eines verbrannten organischen Objekts; oft durch das Bild des Phönix symbolisiert, jenes Vogels, der — nach röm. Überlieferung — sich von Zeit zu Zeit verbrennt, um dann (verjüngt und verschönt) der Asche wieder zu entsteigen (Symbol der ewigen Erneuerung). — Die Pflanzen-P. war im MA. eine weitverbreitete Vorstellung (Francus 1717): → Kircher will 1657 Königin Christine von Schweden das Wiederaufleben einer Rose aus ihrer Asche in einer hermetisch verschlossenen Flasche demonstriert haben, und auch noch → Oetinger hielt die P. für möglich und berichtet von eigenen Versuchen. → Du Prel (1905 I: 76—91) versuchte den Vorgang zu erklären, indem er ein vitalistisches Prinzip annahm, eine Essenz der Pflanze, die durch den Verbrennungsprozeß nicht zerstört wird; aus diesen erhalten gebliebenen Keimen soll es dann einer »magnetisch« begabten Person möglich sein, die Pflanze wiedererstehen zu lassen; d. h. die P. wird auf paranormal stimulierte Regeneration zurückgeführt.

Palingenesie einer Rose.

2. Die Wiederholung stammesgeschichtlich früher Formen in der Entwicklung des Individuums (→ Biogenetisches Grundgesetz); 3. svw. → Reinkarnation.

Palmsonntagsfall → Coombe-Tennant, W. M. S.

Panästhesie [von griech. *pan;* alles, und *aisthesis;* Empfindungsvermögen], eine hypothetische, unbewußte seelische »Fähigkeit, alles zu empfinden oder zu fühlen« (Messer 1927: 27). → Wasielewski (1921) betrachtete Hellsehen und Telepathie nur als Modalitäten der P.

Panoramatisches Erlebnis, auch Lebensbil*derschau,* Phänomen in Katastrophensituationen und auf dem Sterbebett: Der Erlebnisträger sieht sein gesamtes Leben in außerordentlich kurzer Zeit und in gedrängter Form an sich vorbeiziehen. Es liegen ältere legendenhafte Berichte darüber vor (z. B. von Mohammed). 1892 schilderte der berühmte Schweizer Geologe Albert Heim (1849–1937) am Beispiel eines eigenen Absturzerlebnisses eine derartige Lebensbilderschau. – Der Münchner Neurologe Max Mikorey (* 1899) bietet eine Deutung des Phänomens an, die von der Beobachtung ausgeht, daß Herzkranke oft Doppelgänger-Träume haben; man nimmt an, daß der Kranke seinen Tod nahen fühlt und sich deshalb auf diese Weise einen »Ersatzkörper« schafft (L. Braun 1932). So sieht Mikorey das p. E. als »Pointe der Beruhigung, die den Verunglückten aus der Gefahrensituation entrückt und ihm als Quietiv Bilder sorgloser Vergangenheit vorspiegelt« (1952: 36 f.). Voraussetzung des Erlebnisses ist nach Mikorey das bewußte Resignieren des Betroffenen (wobei nicht recht einzusehen ist, warum es *bewußt* sein muß):

»Primär tritt bei allen einschlägigen Fällen durch Verfeinerung des Zeitrasters ein Zeitlupeneffekt auf, welcher dem Verunglückten erlaubt, die akute Katastrophensituation überscharf zu erkennen und womöglich zu parieren. Erst dann, wenn der Betroffene die Aussichtslosigkeit der Situation erkennt und sich in sein Schicksal ergibt, vergehen ihm Hören und Sehen, so daß der Kontakt mit der Außenwelt völlig abreißt. Diese Wendung nach innen gibt das Stichwort für das Auftreten der Lebensbilderschau, wenn die Verfeinerung des Zeitrasters im Leerlauf bestehen bleibt, harmlose Erinnerungsbilder der Vergangenheit emporreißt und im Idealfall zu einer Lebensbilderschau komponiert. Derselbe Zeitlupeneffekt wendet sich also in solchen Fällen in seiner 1. Phase tätig nach außen und verwandelt sich erst in seiner 2. Phase in einem Euthanasie-Effekt.« korey 1963.)

Lit.: Mikorey 1963.

Panpsychismus [griech. Kunstwort], Allbeseelungslehre; der P. leugnet die Existenz toter Materie – alles Seiende, jeder Stoff gilt als beseelt. Der P. wurde nicht nur in der Philos. der Antike und der Renaissance vertreten, sondern auch von manchen neuzeitlichen Philosophen, z. B. von → Fechner und → Schelling.

Pansini, Alfredo (* 1894) und Paolo (* 1896), ital. Brüder, die als Kinder mediumistisch begabt waren: Poltergeistphänomene werden berichtet, bei Alfredo auch Xenoglossie und ASW (gedachte Fragen wurden durch → Automatisches Schreiben beantwortet).
Am merkwürdigsten muten behauptete Teletransportationen der Brüder an: Innerhalb kurzer Frist sollen sie mehrfach bis zu 25 km weit transportiert worden sein. Eine Erklärung bietet die These »Automatisches Gehen« in einem Zustand außerhalb des Normalbewußtseins; sie steht allerdings in Widerspruch zu der Kürze der Zeit, in der der angebliche Transport stattfand.
Lit.: Lapponi 1907.

Pansophie [von griech. *pan;* alles, und *sophia;* Weisheit], philos.-religiöse Bewegung, die eine Zusammenfassung aller Wiss.en und ein weltweites Friedens- und Gelehrtenreich anstrebte; sie blühte im 16. und 17. Jh. und vereinte Tradition (Magie, Alchimie, Signaturenlehre) mit neuzeitlichen Erfahrungswiss. Zu den zentralen Erscheinungen der P. zählt das → Rosenkreuzertum, zu ihren wesentlichen Wirkungen die Gründung der Royal Society, der ältesten engl. Akademie der Wiss. Der Begriff P. geht vermutlich auf Francesco Patrizi (1529–1597) zurück, einen der letzten großen Denker mittelalterlicher Naturphilos. – Für die Geschichte der Pps. ist die P. ein bedeutsames geistesgeschichtliches Gebiet, das erst → Peuckert in seiner *Pansophie. Ein Versuch zur Geschichte der weißen und schwarzen Magie* (1956) wiederentdeckte.
Lit.: Häussermann 1966/67; Yates 1975.

Pantomnesie [von griech. *panta;* alles, und *mneme;* Gedächtnis], von → Richet vorgeschlagener Begriff; P. soll ausdrücken, daß alle Erlebnisse bewußt oder unbewußt im Gedächtnis festgehalten werden, »daß keine Spur unserer geistigen Vergangenheit sich verwischt« (Richet 1923: 52).

Pap, Lajos (* 1883), ungar. PK-Medium, das seit 1922 in Dunkelsitzungen Apporte und Objektbewegungen produzierte. → Besterman (1928/29) bezichtigte P. aufgrund einer Sitzung im Jahre 1928 des Betrugs.

Papus, Pseudonym des frz. Arztes Gérard Analect Vincent Encausse (1865–1916), Mitglied und/oder Begründer mehrerer esoterischer Orden; P. trug sehr zur Popularisierung des Okkultismus bei. – *Werke* → Bibl.

Para- [griech.; neben], auch im Sinne von »daran vorbeigehend«, »darüber hinaus«, »unecht«.

Parabiologie, 1. eine in Ansätzen sich abzeichnende Disziplin, die die pps. relevanten Phänomene im biologischen Bereich erforscht und sie dabei von einer weltanschaulich fundierten »okkulten Biologie«, wie sie → Fritsche vertrat, abzugrenzen versucht; 2. svw. Parapsychologie (Winckelmann 1956).

Parachemie, korrekter (aber ungebräuchlich) wäre *Parapsychochemie,* bezeichnet die pps. relevanten chemischen Phänomene: chemische Reaktionen, die von psychischen Kräften ausgelöst oder beeinflußt werden. Sie scheinen spontan aufzutreten (etwa bei Spukvorgängen; man denke in diesem Zushg. an den Gestank, von dem mittelalterliche Teufelserscheinungen begleitet worden sein sollen), und wurden bei Séancen beobachtet: Man nahm den Geruch von Ozon und Phosphor wahr. Voll materialisierte Phantome sollen nach Aussage → Richets Kohlensäure ausgeatmet und sich später in einer Wolke schwarzen Rauchs aufgelöst haben. In einer Sitzung mit den → Bangs-Schwestern verwandelte sich Tinte in Schmutzwasser, bei anderen Medien färbte sich Wasser, Substanzen änderten ihren Geschmack, oder (in Sitzungen mit → Home) alkoholischen Getränken wurde der Alkohol entzogen. In diesen Zushg. gehören auch die »Wunder«, die von Heiligenbildern und Reliquien berichtet werden (weinende Madonnenbilder; → Blutwunder u. ä. m.), und zumindest einige der → Transmutationen, von denen in der Alchimie berichtet wird.

Bei der paranormalen Medizin (→ Osanami) und bei der → Geist-Chirurgie scheinen ebenfalls parachemische Prozesse eine wesentliche Rolle zu spielen.

Lit.: Stelter 1973.

Paracelsus, eigtl. Theophrastus Bombastus von Hohenheim, nannte sich P. in Erinnerung an Celsus, einen röm. Arzt des 1. Jh.s – möglicherweise ist P. aber auch die Gräko-Latinisierung von »Hohenheim« (1493/94–1541), Arzt und Philosoph, Vertreter der → Makrokosmos-Mikrokosmos-Lehre: Der Mikrokosmos Mensch wird als Entsprechung des Universums, des Makrokosmos gesehen. Damit wird die Medizin als die Wiss. vom Menschen zur Wiss. schlechthin. – Als einer der ersten beschäftigte sich P. mit sozialmedizinischen Problemen und richtete sein Interesse mehr auf Entstehung und Ursache einer Krankheit als auf bloße Symptombehandlung. In seine Überlegungen bezog er die → Volksmedizin als wichtige Erkenntnisquelle mit ein. – Zur Verbreitung seiner Lehren trug wesentlich bei, daß er zum Entsetzen seiner gelehrten Kollegen neben lat. auch dt. Vorlesungen (z. B. an der Universität Basel) hielt.

P. war ein außerordentlich fruchtbarer Schriftsteller; zahlreiche Traktate sind überliefert. An verstreuten Stellen, aber auch in eigenständigen Schriften, beschäftigt er sich mit pps. interessanten Daten. Er beschreibt ASW, kennt Raps als → Sterbebettphänomen, führt das → Umgehen auf Tote zurück, die in starkem Affekt starben (was da »umgeht«, ist der »siderische Teil« des Leibs, der aus den Elementen Luft und Feuer besteht, begraben wurde der »elementische Teil«, der von Erde und Wasser stammt, also spukt nicht die Seele, sondern etwas vergänglich Irdisches). Pps. besonders aufschlußreich ist sein Hauptwerk, die nicht vollständig erhaltene *Astronomia Magna oder Die ganze Philosophia sagax der großen und kleinen Welt* (vermutlich 1536 begonnen; *astronomia* bezieht sich auf die Einflüsse der oberen Welt, *sagax* [lat.; scharfsinnig], meint bei P. den Adepten). P. entwirft darin eine esoterische theosophische Kosmographie, in der hierarchisch geordnet Belebtes und Unbelebtes seinen Platz einnimmt, in der der Mikrokosmos in den Makrokosmos eingebettet ist:

»Der Samen im Menschen liegt umsonst, so die äußere Konfluenz nicht mitwirkt. Denn obschon ein Korn in einem Acker liegt und ist wohl gedüngt, wirkt das Gestirn und Element nicht, so stirbt es und bringt keine Frucht, denn eins ohne das andere mag nicht sein. Also auch mit dem Menschen. Denn also ist je eins in das andere gehängt und zusammengebunden.«

Kräfte von oben wirken nach unten: Die Kräfte des Firmaments wirken unmittelbar psychisch und physisch auf den Menschen, formen seinen Charakter, zwingen ihn zu Handlungen, setzen Zeichen; auf der anderen Seite aber hat der Mensch den göttlichen Auftrag zu erkennen, d. h., bestimmte Künste *(scientiae)* zu über, firmamentische Kräfte aufzunehmen, um sie zu realisieren. Dazu zählen z. B. die Signaturen (→ Signaturenlehre), die nichts sind ohne den erkennenden Akt, und dazu zählt die Magie, ein gottgewolltes »natürliches« Erkenntnismittel.

Als erster beschrieb P. ausführlich die Suggestion (Imagination). Für ihn ist sie ein geistiges Bild, das zu seiner Realisierung das Ja des Menschen braucht. Soweit deckt sich die Ansicht des P. mit der vieler heutiger Gelehrten: Suggestion muß angenommen werden, nur dann wirkt sie, und zwar autosuggestiv. Pps. interessant ist jedoch P.' Ansicht, die weiter reicht: Das Akzeptieren der geistigen Bilder *(imagines)* ist ein seelischer Vorgang, die Bilder müssen aber noch auf einem materiellen Grund ausgeführt werden; dieser materielle Grund kann der Leib eines anderen sein, der Fötus in der Schwangeren beim → Versehen z. B. oder eine entfernte Person.

Lit.: Allendy 1937; H. Carl 1951, 1952, 1954; Frei 1954, 1959; Kiesewetter 1890; Lincke 1944; Pagel 1962; Peuckert 1944, 1957; Schipperges 1974; Sudhoff 1958; Weimann 1963.

Paradatisch, Merkmale, Eigenschaften besitzen, die Paranormales vermuten lassen.

Paraffinabguß → Abdrücke.

Paragnosie, 1. von → Tenhaeff u. a. verwendeter Begriff für kognitive Erfahrungen, deren Zustandekommen vorerst unerklärlich ist; 2. svw. AASW, gelegentlich auch nur auf Hellsehen beschränkt.

Paragnost, Nebenbildung zu → Paragnosie: ein ASW-begabter Sensitiver.

Parakinese, auch *Parakinesie,* 1. pps. vorerst unerklärliche Bewegungserscheinungen bei Objekten, die zwar vom Medium berührt werden, aber nicht mit hinreichendem Druck, der die Bewegung erklären könnte. Die »echte« Fernbewegung bezeichnete man früher als *Telekinese.* Diese definitorischen Unterschiede sind heute jedoch weitgehend aufgegeben worden (→ Psychokinese); 2. in der Psychopathologie: nicht koordinierte Bewegungen des Patienten.

Parallelismus, psychophysischer, Lehre, die die Wechselwirkung zwischen Leib und Seele leugnet; Psychisches und Physisches verlaufen selbständig und ohne kausale Verbindung nebeneinanderher. → Driesch sprach von einer »absurden Lehre«; → Bergson von einer sich wiss. gebenden, aber in sich widersprüchlichen Ansicht: »Ich möchte hinzufügen, daß die Natur sich gewiß nicht den Luxus gestattet hat, in der Sprache des Bewußtseins noch einmal zu wiederholen, was die Gehirnrinde schon mittels der Atom- und Molekülbewegung ausgedrückt hatte.« (B. in einer Ansprache vor der S. P. R. 1913; zit. n. Bender 1974: 61–81.)

Paralleltraum → Doppeltraum.

Paralogisch, von paradoxer Logik; nicht ohne jede Denkgesetzlichkeit, nicht »unlogisch«, sondern nur von anderer als der gewöhnlichen, aristotelischen Logik. Das in der älteren Ps. und Ethnologie gebräuchliche »prälogisch« für das Denken der Naturvölker oder in der Magie wäre sinnvoll durch p. zu ersetzen.

Paramedizin, die wiss. Beschäftigung mit pps. relevanten Phänomenen auf medizinischem Gebiet. Auch Sammelbegriff für die von der Schulmedizin abweichende, nichtorthodoxe Erfahrungsheilkunde, also *angewandte* P. Die Frage, ob medizinisch unerklärliche Heilungen pps. von Belang sind, ist im Einzelfall schwer zu beantworten, da »unerklärlich« sich selbstverständlich nur auf den derzeitigen Entwicklungsstand medizinischer Forschung beziehen kann. Das »Unerklärliche« kann durch künftige medizinische Forschung durchaus eine nicht-pps. Erklärung finden.

Lit.: Bitter 1959; Stelter 1973; Tenhaeff 1957.

Paramnesie, 1. in der Ps.: Erinnerungsfälschung; 2. in der Pps. sollte P. nach dem Vorschlag → Oesterreichs den Ausdruck → Psychometrie ersetzen.

»Das Wort P. ist zwar nicht ganz neu, man versteht darunter bereits gewisse falsche Erinnerungen, z. B. die sogenannte *Fausse reconnaissance,* doch schlage ich vor, in diesem Sinne in Zukunft von *Pseudomnesie,* Fehlerinnerung, zu sprechen und das Wort P. zu reservieren für die nicht normalen, bisher als Psychometrie bezeichneten Phänomene, die sich . . . als parapsychische Gedächtnisphänomene auffassen lassen.« (Oesterreich 1921: 4 u. 27–36.)

Paranoia, Psychose, deren Kennzeichen ein ausgebildetes Wahnsystem ist, ohne Störung der Intelligenz und bei relativ intakt bleibender Persönlichkeit.

Paranormal, jene von der Pps. untersuchten Eigenschaften, die in der Begriffssprache anderer Disziplinen nicht zu fassen sind. Manchmal bedeutet p. svw. einem Grenzbereich zwischen Normalem und Abnormalem zugehörig; diese Zuweisung ist aber problematisch: → Gebser u. a. Autoren sehen im Paranormalen eine *dritte* Position neben oder gegenüber dem Normalen und Abnormalen (vgl. → Logik). Immer jedoch bezieht sich p. auf die Weise, in der etwas zustande kommt; das *Wie* ist p., das Was »normal«.

→ Rhine wollte den Begriff nicht länger verwenden: »›Paranormal‹ und verwandte Ausdrücke können also auf die außersinnliche Wahrnehmung und die Psychokinese nicht angewandt werden; denn allen wesentlichen nichtphysikalischen Merkmalen nach sind sie normale Fähigkeiten. Ihre Erforschung braucht von denen, die mit den zusammengetragenen Beweisen vertraut sind, nicht länger als nicht-orthodox bezeichnet zu werden. Es ist wichtig, daß wir unsere Sprache den experimentellen Tatsachen anpassen.« (1950: 219.) Die Forschung vermochte Rhine hier nicht zu folgen.

Paranormale Bewegungen → Bewegungen, paranormale.

Paranormale Erfahrung (PE), von → Resch 1972 eingeführter Begiff, der den Ausdruck ASW ablösen soll. ASW oder ASE hält Resch für »wiss. untragbar«, weil durch diese Begriffe fälschlicherweise behauptet wird, man kenne die Grenzen der Sinnestätigkeit.

Bereits → Tischner hat darauf verwiesen, daß das Wort »Wahrnehmung« sinnlich Vermitteltes meint und deshalb nicht mit »außersinnlich« verknüpft werden kann. ASW »ist nach dem Wortgebrauch der abendländischen Epistemologie eine contradictio in adiecto, besagt daher nichts Sinnvolles, ist verwirrend und irreführend und mithin unbrauchbar« (Gehrts 1966: 292).

Paranormologie [griech.-lat. Kunstwort], nach dem Vorschlag von → Resch (*Grenzgebiete der Wissenschaft* IV, 1969: 181) die Wiss. von den paranormalen Phänomenen. Der Ausdruck vermeidet die in den Termini Para*psychologie*, Para*physik* usw. implizit nahegelegte Zuweisung des Gegenstands der Untersuchung in den Bereich einer bereits vorhandenen Disziplin.

Paraoptische Wahrnehmung, auch *paroptische W.* → Dermooptik.

Parapädagogik [griech. Kunstwort], Ziel der P. ist es, Methoden und Erkenntnisse der Pps. für den pädagogischen Bereich nutzbar zu machen. Der Verband für P., der sich 1960 in München konstituierte, widmet sich der Sammlung und Auswertung entsprechender Daten.

Lit.: Layritz 1974.

Parapathie, von → Hyslop geprägter Begriff zur Kennzeichnung des Sachverhalts, daß die bei einer Séance auftauchenden paranormal gewonnenen Informationen ausschließlich von Sitzungsteilnehmern stammen können. – Gegensatz: → Abwesenheitstelepathie.

Para-Phänomene, Kurzform für »paranormale Phänomene«.

Paraphysik, Teilgebiet der Pps., das paranormale Effekte untersucht, die als materielle Veränderung beobachtbar werden; auch Bezeichnung für jene sog. Grenzwiss.-en, die angeblich vorhandene Kräfte und Phänomene untersuchen, die physikalischer Natur sein sollen, von der Physik aber nicht anerkannt werden (Aura, Od, verschiedene »Strahlen« und »Wellen«). – Solange nichts Genaueres über die Natur der Psi-Funktion bekannt ist, läßt sich nicht entscheiden, ob die P. ein eigenständiges Gebiet im Rahmen der Pps. bildet; sollte Psi sich jedoch wirklich als »Wechselwirkung zwischen geistigen Vorgängen und äußeren Quantenprozessen« (H. Schmidt 1974) erweisen, wäre auch die P. mit Recht Teil der Pps.

Paraphysisch, von → Tischner eingeführt, bezieht sich p. auf paranormal-physische Funktionen des Menschen. – Gegensatz: *paramental.*

»Eine Art von Übervitalismus ... wäre das Paraphysische. Wir wissen, daß suggestiv, d. h. durch die feste Überzeugung, daß etwas geschehen *werde,* alle möglichen physiologischen Vorgänge, ja ›Stigmatisationen‹ hervorgerufen werden können. Könnte nicht die Überzeugung des Sensitiven, daß sich ein Gegenstand ohne Berührung bewegen, daß sich Formen von Fingern usw. gestalten werden, Telekinesen und Materialisationen hervorrufen? Freilich fehlt hier der unmittelbare Konnex mit dem organischen Leib ... Aber Materie ist überall, sie brauchte nur geordnet, nicht ›geschaffen‹ zu werden. Und könnte man nicht umgekehrt sagen, Regenerationen, etwa die des abgetrennten Beines eines Molches, ja die bloße ›Assimilation‹ seien eigentlich schon ›Materialisation‹?« (Driesch 1974: 101 f.)

Parapsychologie, Sozialwiss., die sich als Teilgebiet der Ps. versteht. Die Bezeichnung hat sich in den meisten westlichen Ländern eingebürgert und Ausdrücke wie »wiss. Okkultismus« u. a. abgelöst. Daneben werden in gleicher Bedeutung oder mit geringer anderer Akzentuierung von einigen Autoren noch die Begriffe *Grenz-*

wissenschaften, Metapsychik, Psychische Forschung u. a. gebraucht. Das Wort Pps. wurde von → Dessoir 1889 vorgeschlagen (und nicht von → Boirac wie bei → Fodor oder → Moser, 1974: 23, zu lesen):

»Bezeichnet man nach Analogie von Wörtern wie Paragenesis, Paragoge, Paragraph, Parakope, Parakusis, Paralogismus, Paranoia, Parergon usf. mit Para- etwas, das über das Gewöhnliche hinaus- oder neben ihm hergeht, so kann man vielleicht die aus dem normalen Verlauf des Seelenlebens heraustretenden Erscheinungen parapsychische, die von ihnen handelnde Wissenschaft Parapsychologie nennen. Das Wort ist nicht schön, aber es hat meines Erachtens den Vorzug, ein bisher noch unbenanntes Grenzgebiet zwischen dem Durchschnitt und den pathologischen Zuständen kurz zu kennzeichnen; und mehr als den beschränkten Wert praktischer Brauchbarkeit beanspruchen ja solche Neubildungen nicht.« (Dessoir in *Sphinx* VII, Juni 1889: 42; wiederabgedruckt in Dessoir 1917: V.)

Auch unter den Forschern, die ihr Gebiet Pps. nennen, besteht keine einhellige Meinung über Wesen und Grenzen ihrer Disziplin. Die Dessoirsche Definition wird nicht von allen akzeptiert — vielleicht liegen die zu untersuchenden Phänomene gar nicht »zwischen« Norm und pathologischem Extrem: Man kann sie auch in einer dritten Position *neben* diesen sehen. Außerdem betrachtet Dessoir entsprechend seiner Definition auch Phänomene der Mystik, psychische Automatismen u. a. als Gegenstände der Untersuchung; manche Parapsychologen beschränken die Pps. aber auf jene Erscheinungen, die ASW- oder PK-Elemente enthalten (wieder andere auf solche, bei denen ASW und PK gekoppelt auftritt). Gemeinsam jedoch ist diesen Abgrenzungsversuchen, einen Bereich von Phänomenen abzustecken, die nicht auf Bekanntes zurückgeführt werden können. Dagegen gibt es Parapsychologen, die den Gegenstand der Pps. als *vorläufig* nicht klassifizierbar betrachten; danach hat die Pps. die Aufgabe, Phänomene zu erhellen, damit sie der Ps., Physik oder Chemie zugeordnet werden können, um *dort* weiter untersucht zu werden. Ist diese Arbeit der Zuweisung einst getan, müßte sich die Pps. als wiss. Disziplin auflösen. Noch verwirrender wird das Bild der Pps. unter dem *anthropologischen* Aspekt; fast alle Parapsychologen gehen von einem impliziten oder expliziten Menschenbild aus: Idealistische, materialistische, animistische und spiritistische Hypothesen stehen hier kaum versöhnbar nebeneinander. Verbindend bleibt nur der Vorsatz, das Wissen vom Menschen zu erweitern, und dazu wurden von allen pps. Richtungen bedeutende Beiträge geleistet.

Aufgabe der Pps. ist es also, die jahrtausendealten und in allen Kulturen anzutreffenden Berichte von »übernatürlichen« Geschehnissen auf ihren rationalen Kern hin zu untersuchen. Dazu wird vorausgesetzt, daß sie in einer geordneten Welt auftreten, d. h. regelhaft sind. Positivistisch und induktiv werden Geschehenstypen aufgezeigt und ihre Gesetze formuliert. Forschungsmöglichkeiten sind 1. das Studium überlieferter Berichte, 2. die Untersuchung spontan auftretender Phänomene und 3. das Experiment im Labor. War es für viele Jahrzehnte Anliegen der Pps., ihren Gegenstand erst einmal als existent zu beweisen, so ist das mittlerweile, zumindest nach Ansicht weiter wiss. Kreise, gelungen. Die nun zu untersuchenden Phänomene betreffen im wesentlichen 2 Bereiche: 1. Erfahrungen in Gestalt bewußter psychischer Inhalte, die nicht durch sinnliche Wahrnehmung vermittelt scheinen, und Verhaltensweisen, die so beschaffen sind, *als ob* ihnen solche Inhalte zugrunde lägen (ASW); 2. Wirkungen mechanischer Natur auf Körper oder materielle Systeme, die vorderhand nicht physikalisch-chemisch erklärbar sind (PK). In beiden Fällen wird als Ursache der extrasensomotorischen Phänomene eine psychische Kraft vermutet, der man den Namen → *Psi* gab. Über die Frage, ob es sich um *eine* Kraft oder mehrere Kräfte handelt, ggf. über die Art ihrer Beziehungen, ob diese Kraft ein materielles Substrat hat oder »rein geistig« zu denken ist, wurde bisher nichts Sicheres ausgemacht. – In ihren *Methoden* folgt die Pps. der Ps.: Selbstbeobachtung und Fremdbeobachtung, experimentelle Beobachtung und Beobachtung eines spontanen Ereignisses (Sonderfall: erwartende Beobachtung) sowie Befragung. Der Aufbereitung der so gewonnenen Daten dient die Statistik. Um den 3 Hauptfehlerquellen in der Deutung pps. Beobachtung – Täuschung, Betrug, Zufall – zu begegnen, modifizierte die Pps. geistes- und naturwiss. Methoden und entwickelte daneben eigene.

Die *dialektische Analyse*: »Hierbei werden in Betrachtung des bisherigen empirischen Materials bei Hintansetzung sämtlicher vorwissenschaftlicher Denkmodelle und Theorien auf rein phänomenologischer Basis Begriffe gesucht, die zu den pps. Phänomenen gehören [phänomenologische Methode]. Die so gewonnenen Begriffe werden miteinander verglichen und zu dialektischen Begriffspaaren geordnet. Sodann sucht man zu jedem Begriff geeignete Meßmethoden. Begriffe, für die keine geeigneten Meßmethoden gefunden werden können, werden modifiziert oder weggelassen. Begriffe, von denen man erwartet, daß sie nicht komplementär zueinander sind, werden jeweils mit ihren komplementären Begriffen zu Klassen und deren komplementären Klassen zusammengefaßt. Nun wird versucht, alle Meßgrößen einer Klasse in einem [!] Experiment zu messen. Falls es sich herausstellt, daß sich innerhalb einer Klasse doch noch komplementäre Größen befinden, so müssen diese ermittelt und ausgeschaltet werden. Die komplementäre Klasse von Größen muß dann ebenfalls in einem [!], mit möglichst gleichen Voraussetzungen beginnenden Parallelexperiment gemessen werden. Stehen nun genügend Meßresultate zur Verfügung, so kann versucht werden, durch die sinnvolle Verknüpfung von Begriffen eine Theorie zu entwickeln.« (v. Lucadou 1974.)

Die *Geschichte der Pps.* unterteilte → Richet in 4 Phasen; er unterschied 1. eine *mythische Periode*, vom Altertum bis Mesmer (1778); zu ergänzen ist, daß es erst mit der Aufklärung notwendig wurde, das Vorhandensein der Phänomene gegen ihre Leugner zu verteidigen und die Verteidiger vor blindem Glauben an alle möglichen Erscheinungen zu warnen; 2. die *magnetische Periode* (von Mesmer bis zu den Geschwistern Fox, 1847), in der die pps. Erkenntnisse vorwiegend Nebenprodukte medizinischer Untersuchungen sind; 3. die *spiritistische Periode* (Geschwister Fox bis Crookes, 1872) und 4. die *wissenschaftliche Periode*. In dieser letzten Phase seit 1872 konstituierten sich die wichtigsten pps. Organisationen mit ihren Publikationsorganen: A.S.P.R. (*Journal* und *Newsletter*), Foundation for Research into the Nature of Man (*Journal of Parapsychology*), The Parapsychological Association, The Parapsychical Foundation (*Paraps. Review*), The Psychical Research Foundation (*Theta*), S.P.R. (*Proceedings* und *Journal*) und viele weitere nationale und lokale Organisationen. Mehrere internationale Konferenzen und Kongresse fanden in jenen Jahren statt.

Die *akademische Integration* der Pps. vollzog sich nur zögernd: 1857 untersuchten 3 Harvard-Professoren die Geschwister Fox (→ Hydesville); 1882 boten 4 amer. Universitäten (darunter Harvard) pps. Vorlesungen an; 1893 wurde an einer frz. Universität eine Dissertation mit pps. Untersuchungsgegenstand vorgelegt. 1912 führte John Coover ASW-Untersuchungen an der Stanford University (Kalifornien) durch; entsprechende Experimente folgten 1916 in Harvard. Die niederländ. Psychologen Heymans, Weinberg und Brugmans kamen 1920 zu positiven Ergebnissen bei Telepathieversuchen an der Universität Groningen. In Deutschland setzten sich damals → Driesch und → Oesterreich für die Pps. an den Universitäten ein, in den 30er Jahren arbeitete → Bender experimentell pps. an der Universität Bonn. Zu der Zeit gab → McDougall seine Ps.dozentur in Harvard zugunsten eines Rufs an die → Duke University (Durham, NC.) auf und errichtete dort ein pps. Laboratorium, das 1934 unter der Leitung → Rhines eröffnet wurde. Der Welt erste Dozentur für Pps. erhielt 1934 → Tenhaeff an der Reichsuniversität Utrecht; die Dozentur wurde 1953 zum Lehrstuhl erhoben (→Johnson). In Freiburg i. Br. ist Bender seit 1950 Leiter eines von ihm gegründeten pps. Instituts; die Ps. und ihre Grenzgebiete vertritt er auch in der akademischen Lehre. An der Universität Leningrad wurde 1960 ein Institut zur Erforschung der psychischen Fernwirkung eingerichtet; sein erster Leiter war → Wassiliew. Dem 1964 gegründeten pps. Laboratorium der Universität von Santiago de Chile steht Prof. Onetto-Baechler vor. Ihren ersten Lehrstuhl für Pps. erhielten die USA 1969 an der University of Virginia (im Fachbereich Psychiatrie; Inhaber war Ian Stevenson). Mittlerweile gibt es in Großbritannien, Indien, Argentinien und in anderen Ländern pps. Einrichtungen auf akademischer Ebene. Mit Genugtuung registrierten Parapsychologen in der ganzen Welt, daß 1969 die angesehene American Association for the Advancement of Science die Parapsychological Association als Mitglied aufnahm. – Allmählich wird Parapsychologe zum akademischen Beruf: 1973 zählte man in den USA 15 hauptberufliche und rund 200 nebenberufliche Parapsychologen.

Lit.: Amadou 1957; Angoff/Shapin 1971; Barrett 1924; Bender 1974; Berendt 1972, 1974; Driesch 1951, 1952; Koestler 1972; McConnell 1970; Moser 1974; Murphy 1961; Rao 1966; Rhine/Pratt 1962; Schrenck-Notzing 1962; Tenhaeff 1934; Thouless 1972; Tischner 1950, 1960; Tyrrell 1972.

Parapsychologie, subjektive, bei Rudolf Lambert u. a. Bezeichnung des pps. Teilgebiets, das die ASW-Phänomene untersucht.

Parapsychologisch, sich auf die wiss. Behandlung des Paranormalen beziehend. Aber selbst Parapsychologen verwenden das Wort auch im Sinne von *parapsychisch,* d. h. paranormal.

Parapsychophysik, in der Systematik der Wiss. von den paranormalen Phänomenen bei → Richet der Zweig, der sich mit den paraphysikalischen und parachemischen Phänomenen, d. h. Psychokinese einschließlich Materialisationen, befaßt. Gegenüber dem von anderen Autoren gebrauchten → *Paraphysik* verweist »psycho« deutlich auf die bei diesen Erscheinungen immer gegebene psychische Komponente. Als *Parapsychologie* bezeichnet Richet ausschließlich die wiss. Untersuchung der ASW-Phänomene.

Parazeptiv, von dem Philosophen und Theologen Georg Krönert (*1889) geprägter Begriff um das Spezifische des Erfassens paranormal gewonnener Daten zu kennzeichnen.

Lit.: Krönert 1952.

Pareidolie [von griech. *eidolon;* Abbild, Schatten], 1. das → »Hineinsehen« von Gestalten in Wolkenformationen, Klecksbilder u. ä.; auch als mantisches Verfahren geübt, wobei mit dem Auftreten von ASW-Daten zu rechnen ist; 2. svw. Illusion.

Parekphorie [von griech. *ekpherein;* heraustragen] Erinnerungstäuschung.

Parergie, extrasomatische, svw. → Ausscheidung des Empfindungsvermögens [frz. *extérorisation de la sensibilité*].

Parosmie [von griech. *osme*; Geruch], Geruchsillusion oder -halluzination.

Parosphresie [von griech. *osphresis*; Geruch], Geruchstäuschung, Synonym: *Parosmie.*

Paroxysmus [griech.; Reizung, Erbitterung], Anfall, Zuspitzung des Krankheitsverlaufs. In der Pps. gelegentlich im Zushg. mit Poltergeistphänomenen gebraucht.

Parthenogenese [von griech. *parthenos*; Jungfrau], Jungfernzeugung; Fortpflanzung durch Entwicklung unbefruchteter Eier bei Tieren und Pflanzen. Auch manchen Menschen wird die Fähigkeit der P. nachgesagt (im Katholizismus ist der Glaube an die »Unbefleckte Empfängnis« Jesu sogar Dogma).

Lit.: Charroux 1970.

Partialseele, gelegentlich für personhaft auftretende Teilpersönlichkeiten gebraucht, wie sie manchmal bei Automatisten vorkommen.

Participation mystique [frz.; mystische

Teilhabe], von dem frz. Philosophen und Soziologen Lucien Lévy-Bruhl (1857–1939) geprägter Begriff, der ausdrücken soll, daß im Denken der Naturvölker Dinge und Ereignisse nicht nur jene Qualitäten besitzen, die auch dem europ. Betrachter erkennbar und einsehbar sind, sondern daß diese zugl. Teil eines »anderen« sein können.

Partizipation, von Lévy-Bruhl (vgl. → Participation mystique) eingeführter Begriff zur Bezeichnung der emotional bedingten und oft unbewußten Teilhabe (die bis zur Identifizierung gehen kann) eines Menschen an einem Objekt; vor allem bei Kindern und Angehörigen von Naturvölkern beobachtbar.

Parusie [griech.; Anwesenheit, Gegenwart], bei Platon die Präsenz der Ideen in den Dingen (Erscheinungen); bei Schopenhauer das Gegenwärtigsein des Willens in der paranormalen Manifestation.

Passes [frz.], magnetische Striche; mit ihrer Hilfe versucht der Magnetiseur, die Vp. in einen hypnoiden Zustand zu versetzen. Im animalischen → Magnetismus sind die streichenden Bewegungen des Magnetiseurs über bestimmten Körperteilen oder dem ganzen Körper des Patienten (mal mit, mal ohne direkte Berührung) eines der wichtigsten therapeutischen Verfahren.

Die P. wurden als ein Ausrichten und Lenken des magnetischen Fluidums betrachtet. Manchmal beschrieben die Magnetiseure eine Art Kribbeln in den Fingerspitzen, ein Gefühl des Wegfließens von etwas; entsprechend behaupteten auch Patienten manchmal ein »Einströmen« zu verspüren. (Diese subjektiven Empfindungen beweisen selbstverständlich nicht die Existenz eines Fluidums.) Mack, ein dt. Magnetiseur des 19. Jh.s, »übernahm« manchmal die Leiden seiner Patienten (durch Berührung) und therapierte sich dann selbst mit P.; er setzte auch die »menschliche Kette« als Heilmittel ein: Assistenten berührten ihn während der Kur, um seine magnetischen Kräfte zu steigern. Ein von der S.P.R. gebildetes Komitee zur Untersuchung des → Mesmerismus stellte ausdrücklich fest, daß die P. eine spezifische Wirkung erzielten, die durch andere Mittel, z. B. verbale, nicht zu erreichen waren. Auch → Janet mußte bei seiner Vp. → Léonie oft mit P. arbeiten; Léonie war allerdings vorher bei einem Magnetiseur in Behandlung gewesen, der sie auf P. »konditioniert« haben mag. Auch nach Aufgabe der Theorie des animalischen Magnetismus wurden von einigen Hypnotiseuren wie von Janet die P. beibehalten oder durch verwandte Manipulationen (z. B. Berühren der Stirn) ersetzt, ohne daß eine zureichende theoretische Erklärung dafür vorliegt (z. B. bei Charcot, dem jungen Freud, Krafft-Ebing, Moll). Es ist schwierig, dieses Streichen oder Berühren immer nur als Suggestion oder Unterstützung einer verbalen Suggestion zu betrachten. → Cox vertrat die Ansicht, der Sinn der P. sei es, die Aufmerksamkeit der Vp. oder des Patienten auf den Körperteil zu lenken, an dem eine Manipulation vorgenommen werden oder der geheilt werden soll. Die »vitale Kraft« des Menschen wird auf diese Körperstelle konzentriert.

In einer neueren Untersuchung (Casler 1965) streichelte der Autor Säuglinge, die zu Beginn des Experiments jünger als ein Jahr waren, 10 Wochen lang 5mal wöchentlich täglich 10 Minuten. Diese taktile Stimulation förderte, wie ein Vergleich mit einer Kontrollgruppe Nichtgestreichelter ergab, psychische Funktionen: die sprachliche Entwicklung, Kooperationsfähigkeit, sensomotorische Anpassung und die Fähigkeit, sich auf Poblemsituationen einzustellen.

Die Frage bleibt vorerst offen, ob der Streichelnde bestimmte Bedingungen (Persönlichkeitsmerkmale, paranormale Fähigkeiten?) erfüllen muß, oder ob Streicheln und die dadurch vermittelte Zuwendung aus sich heraus genügen. → Moser teilt einen Fall von Myers und Gurney mit (Moser 1974: 237): Die beiden lernten einen Jungen mit einem sehr schmerzhaften vergifteten Finger kennen. Man forderte den Knaben, der täglich zu einem Magnetiseur zur Behandlung ging, auf, es mal mit einem andern Arzt zu versuchen; sie unternahmen alles, um den Jungen glauben zu machen, sie seien erfahrenere Heiler als der Magnetiseur: Man führte die vorgeschriebenen P. aus – jedoch ohne Erfolg. Zurückgekehrt zum Magnetiseur genügte 1/2 Minute leichte Striche ohne Berührung, und der Junge blieb 12 Stunden schmerzfrei.

Unter den zeitgenössischen Therapeuten arbeitet z. B. → Dürckheim gelegentlich mit P.

Passio a distante [lat.; Fern-Erleiden], Ausdruck Schopenhauers für die Telepathie. Das telepathische Erlebnis wird dabei so verstanden, daß der Perzipient im »Gehirn« des anderen gegenwärtig ist; eine Ansicht, die moderner anmutet als das heute übliche Sender-Empfänger-Modell. – Der P. a d. entgegen steht die *Actio in distans* [lat.; Fernwirkung], die → Mentalsuggestion, die Schopenhauer aus den Leistungen der Magnetiseure vertraut war.
Lit.: Schopenhauer 1961.

Pastoralmedizin, theologische Disziplin, die sich bemüht, den Wechselbeziehungen zwischen den Bedingungen des medizinisch-therapeutischen Verfahrens und den religiösen Bedürfnissen des Patienten seelsorgerisch gerecht zu werden. Dem Priester können dabei psychotherapeutische Aufgaben zufallen; falls der Patient okkultgläubig ist, auch psychohygienische.
Lit.: Biehlmair 1927; Hartmann 1952.

Pathopsychologie, methodische Richtung der Ps., die sich vom psychopathologischen Befund Erhellendes auch für die Ps. des Normalen erhofft. Viele Aussagen der Psychoanalyse (z. B. alle entwicklungsps. und kulturps.) sind Beispiele pathops. Betrachtung.

Pattern [engl.; Muster, Schema], aus der angelsächsischen Sozialwiss. in den Sprachgebrauch der dt. Sozial- und Verhaltenswiss.en übernommen, bezeichnet P. Verhaltensstrukturen, Verhaltensmuster, rituelle und kulturelle Schemata sowie veranschaulichende Modelle.

→ Frei schreibt (im Vorwort zu Thurston 1955: 7), daß die paranormalen Phänomene in verschiedenen Erdteilen und zu verschiedenen Zeiten ganz unabhängig voneinander außerordentlich übereinstimmend geschildert worden sind. »Man spricht heute direkt von einer ›traditonellen Methode‹ in der Wissenschaft ... Der Grundgedanke ist: eine bestimmte Auffassung hat um so eher Aussicht, dem Zentrum der Wahrheit nahe zu kommen, als sie mit der gesamten Menschheitsüberlieferung übereinstimmt ... Es ist das neu angewandte ›quod semper, quod ubique, quod ab omnibus‹, d. h. ›was immer, was überall, was von allen‹ angenommen wurde, nähert sich am ehesten der Wahrheit.«

So gilt es z. B. als Indiz für seine Echtheit, wenn ein Spukfall in seinem Geschehensablauf einem bekannten P. folgt.

Pauli, Wolfgang (1900–1958), theoret. Physiker, der über Relativitäts- und Quantentheorie arbeitete; für das nach ihm benannte Ausschließungsprinzip (das den Aufbau des Periodischen Systems der Elemente erklärt) erhielt er 1945 den Nobelpreis. P. forderte eine »neutrale« Sprache, die es ermöglichen sollte, Psychisches *und* Physisches zu beschreiben. Zusammen mit Jung veröffentlichte er ein Buch zur Theorie der → Synchronizität.
Lit.: Heisenberg 1973; Koestler 1972.

Paullinismus, auch *Dreckapotheke,* nach Christian Franz Paullini, *Neuvermehrte, heylsame Dreckapotheke, wie nämlich mit Kot und Urin fast alle, auch die schwerste, giftigste Krankheiten und bezauberte Schäden vom Haupte bis zu den Füßen innerlich und äußerlich glücklich curieret worden ...* (1696); therapeutische Verfahren der → Volksmedizin, die tierische und menschliche Ausscheidungsprodukte verwenden. Zugrunde liegt der Gedanke, den Dämon der Krankheit wegzuekeln oder mitausgeschiedene Lebensstoffe zu reaktivieren.

Paulus, jüd. Name Saul (ca. 10–64/67), Apostel Christi, dessen Leben und Wirken durch eigene Schriften *(Paulusbriefe)* und durch die *Apostelgeschichte* bekannt wurden. Um 34 hatte P. vor den Toren von Damaskus ein Bekehrungserlebnis durch eine Christusvision (Apg. 9, 11 ff., 22, 6 ff., 26, 12 ff.; Gal. 1, 15 ff.; 1. Kor. 9, 1 u. 15, 8), das er selbst deutlich von anderen

visionären und ekstatischen Erlebnissen sowie Traumgesichten, die ihm auch zuteil wurden, abgrenzt (2. Kor. 12, 1 ff.; Apg. 16, 9; 18, 9; 23, 11; 27, 23).
Lit.: Dibelius 1909.

Pavlita-Generator → Psychotroner Generator.

PE, Abk. für → *P*aranormale *E*rfahrung.

Pearce, Hubert E. jun., erfolgreiche Vp. in den Rhineschen ASW-Tests. Die Bestleistung des damaligen Theologiestudenten waren 25 Treffer bei einem Spiel → Zener-Karten. Die Zufallswahrscheinlichkeit für dieses Ergebnis beträgt 1 : 298 023 223 876 953 125 (→ Pearce-Pratt-Experiment).
Lit.: Rhine 1938.

Pearce-Pratt-Experiment, auf reines Hellsehen hin angelegtes klassisches Experiment der quantitativen Forschung in den 30er Jahren an der → Duke University: In der 1. Versuchsphase saßen Vp (→ Pearce) und Versuchsleiter (→ Pratt) einander in Reichweite gegenüber. Bei 36 Spielen (900 Calls) erreichte Pearce einen Trefferdurchschnitt von 8 je Spiel. In der 2. Phase betrug die Distanz Vp.–Versuchsleiter etwas über 90 m: In 30 Spielen betrug der Trefferdurchschnitt 9. Nimmt man eine vermittelnde Energie als Ursache der positiven Ergebnisse an, so müßten nach physikalischer Erwartung mit zunehmender Distanz der Partner Streuverluste auftreten. Die 3. Phase bestand aus 44 Spielen (1100 Calls) über 230 m Entfernung. Der Trefferdurchschnitt lag knapp unter 7; in einzelnen Spielen wurden sogar 0 Treffer erzielt: Ein Ergebnis, das unwahrscheinlicher als 10 Treffer ist. – Im Gegensatz zur damaligen Auffassung Rhines nimmt man heute zur Erklärung der Ergebnisse Telepathie an.
Lit.: Rhine 1938.

Pech → Glück.

Peladino, Thomas, ein »Magier«, der um 1747 in Berlin auftrat. Er bewirkte vor allem erstaunliche Verwandlungen (ein Buch in ein Stück Holz; einen Küchenjungen in ein Schwein usw.) und ließ Vögel erscheinen (Vogelapporte werden erst wieder von Medien um 1900 behauptet). Den Verwandlungen folgte sofort die Rückverwandlung: Zur Erklärung dachte man in späterer Zeit an mental und verbal suggerierte Halluzinationen.
Lit.: Kiesewetter 1921: 305 f.

Pendel [von lat. *pendere;* herabhängen], *physikalisches P.* heißt jeder an einer Stange oder einem Faden befestigte Körper, der um eine Achse zu schwingen vermag. Bereits in der Antike wurden P. verwandt, um unbekannte, auch zukünftige Daten in

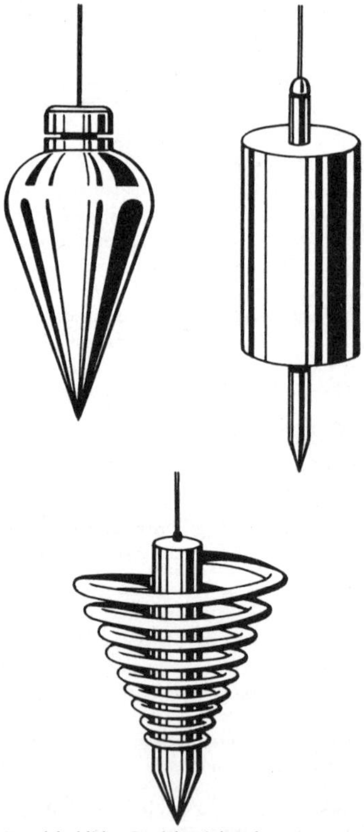

Handelsübliche Pendel. Links oben: Mimosapendel; rechts oben: Hohlpendel; unten: Spiralpendel.

Erfahrung zu bringen. Vor allem 2 Auffassungen stehen einander gegenüber: 1. Das P. reagiert auf der Wiss. noch unbekannte Strahlen; 2. das P. macht unwillkürliche Muskelbewegungen des Pendlers sichtbar. Sensitive Pendler können vielleicht ihnen selbst noch unbewußte paranormal gewonnene Inhalte durch das P.n artikulieren. Dabei folgt der Pendler allgemeinen oder individuellen Konventionen (z. B. P.n über einer Landkarte, um einen Vermißten zu finden: Das P. weist auf die gesuchte Stelle; P.n über einem Patienten: Das erkrankte Organ wird so entdeckt; P.n über einer Schwangeren zur Geschlechtsbestimmung des Kindes: Es ist vorher festgelegt, daß bestimmte Bewegungsbahnen – kreisförmig, elliptisch usw. – männlich oder weiblich bedeuten).

In der mantischen Praxis können Alternativen aufgestellt werden: Wenn das P. etwa kreisförmig schwingt, wird A eintreten, falls es elliptisch schwingt B. Das P.n – wie das Ruten – stellt eine Mischung ideosensorischer und ideomotorischer Erscheinungen dar, d. h. die Person des Pendlers ist ein wesentlicher Faktor beim P.n.

Die P.praxis ist z. T. Gegenstand der pps. Forschung. Man unterscheidet *physikalisches Pendeln,* das auf reale Dinge wie Bodenschätze gerichtet ist; *mentales Pendeln,* wozu medizinisch-diagnostisches P.n, mantisches P.n u. ä. zählt; *astrologisches Pendeln* (über einem Horoskop) und *spiritistisches Pendeln* (z. B. über einem → Oui-ja-Board). Die pps. Fragestellung im Hinblick auf alle diese P.arten lautet: Werden dabei paranormal gewonnene Daten auf normalem Weg (über unbewußte Muskelkontraktionen) objektiviert, und können paranormale oder normale Erfahrungen mit psychokinetischer Einwirkung auf das P. objektiviert werden?

Lit.: Candi 1948; Debo 1923; Glahn 1935; Leuenberg/v. Singer 1915; Mermet 1950; Weiß 1925; Wolff 1950.

Pendelversuch, aus dem pps. relevanten Pendeln in die Ps. herübergenommene Methode, mit der demonstriert wird, daß Vorstellungen von unbemerkten und unwillkürlichen Bewegungen begleitet sind *(Ideoplasie).* Der Versuch soll von dem frz. Arzt und Chemiker Michel-Eugène Chevreul (1786–1889) stammen; der Berliner Nervenarzt J. H. Schultz (*1884) schreibt ihn jedoch dem engl. Naturforscher Sir Francis Galton (1822–1911) zu.

Lit.: Schultz 1956.

Penetration, Nebenform *Kompenetration* [von lat. *penetrare;* durchdringen], das Phänomen, daß Materie Materie durchdringt; als Spukphänomen behauptet, angeblich aber auch in Séancen demonstriert: Bei den Sitzungen Margerys (→ Crandon) in Boston 1932 sollen Gegenstände in verschlossene Behältnisse hinein- und aus verschlossenen hinausgelangt sein; → Flammarion will beobachtet haben, daß in einer Sitzung mit der → Paladino ein Buch durch einen Vorhang »hindurchging«; → Hare behauptet, bei einem Experiment seien 2 Platinstücke in ein hermetisch verschlossenes Glas geraten. Die Erklärungshypothesen zur P. berücksichtigen die Annahme einer Dematerialisierung mit folgender Rematerialisierung und Spekulationen über eine → Vierte Dimension.

Perforation [lat.; Durchbohrung], gelegentlich unkorrekterweise statt *Penetration* gebraucht; soll P. überhaupt in der Beschreibung von PK-Manifestationen verwendet werden, so muß sie den Vorgang bezeichnen, daß ein Gegenstand Materie durchdringt, dabei aber ein Loch hinterläßt – was manchmal bei angeblich paranormalen → Steinwürfen beobachtet wurde. S. a. → Mercado, José (da bleibt allerdings offen, ob »etwas« die Haut durchdringt).

Peripsyche [von griech. *peri;* um, herum, und *psyche;* Seele], 1. in älterer Lit. Bezeichnung für eine hypothetische Gehirnstrahlung; 2. okkultistisch: »Seelenhülle«, → Astralleib.

Périsprit [frz.; Geisthülle], Bezeichnung → Kardecs für das »spirituelle Doppel«; auch svw. → Astralleib.

Perseveration [von lat. *perseverare*; verharren], Bezeichnung für das Verharren (und/oder ständiges Wiederauftauchen) von Erlebnissen im Bewußtsein; auch Beharren auf bestimmten Verhaltensweisen. In der Psychopathologie das krankhafte Festhalten an einer Vorstellung, an einem bestimmten Wort u. ä. m. – In der Pps. wird vor allem bei der Beschreibung ortsgebundenen Spuks von der P. bestimmter, den Fall charakterisierender Geschehensabläufe gesprochen.

Person [lat.; Maske, Gestalt; vermutlich zurückgehend auf *Phersu*, eine etruskische Erdgottheit], in der Ps. versteht man heute unter P. den Menschen, der sich seiner selbst als Individuum bewußt ist, dessen Funktionen einheitlich integriert sind. Freud versteht unter P. meist das individuelle → Ich, Jung das → Selbst.

Persona, in der → Analytischen Ps. das vom Individuum entwickelte Anpassungssystem, mit dem es seiner Umgebung begegnet (seine »Rolle«, »Maske«); auch der Teil des → Kollektiven Unbewußten, der dem individuellen Selbst gegenübersteht.

Personation, Veränderung des Sprechstils beim Sprechmedium im Sinne des sich angeblich mitteilenden Geistes. Der Wortwahl liegt die lat. Volksetymologie von → Person zugrunde, die das etruskische Wort unbekannter Bedeutung von lat. *personare*, hindurchtönen, ableiten will.

Personifikation, 1. abstrakte Begriffe, Objekte und Kräfte werden als Personen mit bestimmten Eigenschaften aufgefaßt (in der Religionsgeschichte als übermenschliche Wesen: Götter, Dämonen usw.); 2. das Personifizieren von Teilen des eigenen Unbewußten, mit denen u. U. Umgang wie mit selbständigen Wesen gepflogen wird; 3. die → Archetypen der Analytischen Ps. stellen P.en von Teilen des → Kollektiven Unbewußten dar.

Personismus, bei → Aksakow eine Hypothese neben Animismus und Spiritismus zur Erklärung der mediumistischen Phänomene. Er versteht darunter jene Leistungen von Automatisten, die nach heutiger Auffassung nicht mehr Gegenstand der Pps. sind: z. B. das Ausbilden von Teilpersönlichkeiten, die sich durch das Medium artikulieren, deren Botschaften und Mitteilungen aber keine paranormal erworbenen Daten enthalten (A. 1884 I: XXX f.).

Persönliches Unbewußtes, in der Jungschen Tiefenps. die vergessenen und verdrängten *individuellen* Erlebnisse und Erfahrungen, die wieder aktualisiert werden können; s. a. → Kollektives Unbewußtes.

Persönlichkeit, i. allg. Sprachgebrauch ein Mensch mit stark ausgeprägtem Charakter. In der Ps. die seelisch-geistige Organisation, deren kennzeichnende Merkmale Besonderheit, Einheitlichkeit und Zielgerichtetheit (Individualität, Integration, Intentionalität) sind. Eine Person ist in ihrer Individualität beschreibbar aufgrund eines von der Ps. erarbeiteten und noch zu erweiternden Katalogs von *P.smerkmalen.* Einige dieser Merkmale scheinen parapsychisches Geschehen zu begünstigen, andere es zu verhindern. Psi selbst scheint kein P.smerkmal zu sein, sondern eine grundlegendere Funktion. Nur *ob* Psi in Erscheinung tritt und ggf. die Modalitäten seines Auftretens sind durch die P.smerkmale determiniert. Diesen Merkmalen, deren Insgesamt *P.sstruktur* heißt, korrespondieren Typen paranormalen Geschehens. Deshalb ist es z. B. nicht möglich, mit → Zener-Karten allgemeine paranormale Begabung zu testen: Aufgrund ihrer P.sstruktur kann eine Vp. an den Kartenexperimenten desinteressiert sein, was wahrscheinlich zur Folge hat, daß die Ergebnisse des Tests zufällig sind; auf einem anderen Gebiet des qualitativen Experiments aber könnte die gleiche Vp. eindrucksvolle Ergebnisse erzielen. Tatsächlich hat sich gezeigt, daß bekannte Sensitive auf bestimmte paranormale Leistungen spezialisiert sind (z. B. auf das Aufspüren Ertrunkener); diese Spezialisierung ist persönlichkeitsbedingt und im Experiment

entsprechend zu berücksichtigen. Die Ps. ermittelt P.smerkmale durch sog. P.stests; die Pps. führt mit ihren Vpn und den Agenten der Spontanfälle die gleichen Tests durch und versucht, Beziehungen zum jeweils Charakteristischen der beobachteten Phänomene herzustellen. Die größten Fortschritte auf diesem Gebiet der Pps. sind bislang bei der Erforschung der P. von Spukagenten erzielt worden: Retardierte Emotionalität, Instabilität, Ich-Schwäche, Aggressivität u. a. m. haben sich als charakteristische Merkmale herausgestellt (→ Sheeps and goats).
Lit.: Mischo 1968; Sannwald 1961.

Persönlichkeit, alternierende, beschreibt den Wechsel der jeweils dominierenden Persönlichkeit in Fällen von → Multipler Persönlichkeit.

Persönlichkeitserweiterung um das Du, Begriffsbestimmung eines Aspekts der Telepathie durch den dt. Psychiater Jaroslaw Marcinowski (1928); einen anderen Aspekt, der aber nur in manchen Fällen der Telepathie realisiert ist, nennt er die *Gegenwartserweiterung im Raum*: das Teilhaben an den Wahrnehmungen einer Person, zu der ein telepathischer Rapport besteht.

Persönlichkeitsspaltung, Störung des Ich-Bewußtseins; Dissoziation der Persönlichkeit. Psychische Funktionen und Komplexe verselbständigen sich mit der Tendenz, neue Personifizierungen zu bilden. S. a. → Depersonalisation; → Doppel-Ich.

Perty, Maximilian (1804–1884), dt. Zoologe und Anatom, Professor in Bern. In seinem 1861 erchienenen Buch *Die mystischen Erscheinungen in der menschlichen Natur* vertrat er die These, daß eine krankhafte »Entzweiung der Persönlichkeit« zu einer »magischen Fernwirkung« (er nennt Bewegungen von Gegenständen, Zerspringen von Gläsern u. ä. m.) führen kann. In späteren Werken, z. B. *Die sichtbare und die unsichtbare Welt. Diesseits und Jenseits* (1881) neigt der kath. Autor mehr spiritistischen Hypothesen zu. Zu dem Bericht von → Joller (1863) verfaßte P. das anonym erschienene Vorwort.

Perzipient [von lat. *percipiare;* ergreifen, empfinden, wahrnehmen], der Empfänger einer ASW-Information (→ Agent).

Pététin, Franz, frz. Arzt und Magnetiseur aus der Schule von → Lyon. P. beobachtete, daß eine seiner Patientinnen in → Katalepsie Spielkarten erkennen konnte, die man ihr auf den Magen legte.

Petrus [griech.; Fels], eigtl. Simon († 63/67), Apostel Jesu. Pps. relevant ist die ihm zugesprochene Fähigkeit der → Kardioskopie (Überführung des Ananias, Apg. 5, 3); besonderes Interesse verdienen seine → Korrespondierenden Visionen (Apg. 10, 1 ff.).

Peuckert, Will-Erich (1895–1969), dt. Volkskundler und Kulturhistoriker an der Universität Göttingen, dessen Werke – über Astrol., Geheimkulte, Pansophie, Sagen u. ä. m. sowie über Böhme, Paracelsus u. a. – für die Pps. wichtige Quellen und Interpretationen enthalten. – *Werke* → Bibl.

Peyotl [aztekisch; Wurzel], mexikanische Kakteenart; Rauschgift. John Wilson alias »Nishkuntu« (Mondkopf) oder »Big Moon« (Großer Mond), ein Angehöriger der nordamer. Delawaren, ist der Begründer des modernen christl. P.-Kults (um 1890). In diesem Kult wird P. als Gottheit oder himmlisches Wesen betrachtet, das Visionen schickt. Wilson trat auch als Heiler und Hellseher auf.
Lit.: Lanternari o. J.

Pfarrhausspuk → Religiosität.

Pfingstbewegungen, meist von Laien getragene christl. → Erweckungsbewegungen des 19. und 20. Jh.s, von ekstatischen Gruppenerfahrungen bestimmt.
Lit.: Wilson 1961.

Pfingsten, nach der Schilderung im N. T. (Apg. 2) ist die dem Pfingstereignis zugrunde liegende Begebenheit eine Gruppenekstase, die von objektiven Phänomenen begleitet war: einem brausenden starken Wind und den bezeugten »Feuerzungen«, im 19. Jh. gelegentlich als »odische Lohe« gedeutet. Das anschließend geschilderte »Sprachwunder« kann wohl nicht als → Xenoglossie verstanden werden, sondern ist telepathisch zu interpretieren.

Mehrfach wurden Parallelen zwischen dem Pfingstereignis und neuzeitlichen Manifestationen gezogen: So bezeugt → Adare, er habe während einer Sitzung Feuerzungen über → Homes Kopf gesehen, dazu hörte er einen Vogel zwitschern (Taube als Symbol des Hl. Geistes!), ein Wind erfüllte das Zimmer und Home sprach in einer ihm unbekannten Sprache. — In einer Sitzung mit →Indridason wurden einmal über 60 verschiedene leuchtende Flammen gezählt; → Nielsson schreibt dazu: »Ich mußte einfach an die Manifestationen denken, die im 2. Kap. der Apostelgeschichte beschrieben sind, zumal, weil sich ein starker Wind erhob, ehe die Lichter erschienen.«

Pflanzenpsychologie, Disziplin, die Vorgänge bei Pflanzen untersucht, die analog zu psychischen Prozessen des Menschen gesehen werden können. Solche Untersuchungen sind unabhängig von naturphilos. Spekulationen, ob die Pflanzen eine »Seele« haben oder nicht, möglich. (Der dt. Philosoph Max Scheler, 1874—1928, sprach z. B. den Pflanzen einen *Gefühlsdrang* zu, in dem Trieb und Gefühl nicht getrennt bestehen, und der empfindungs-, bewußt- und vorstellungslos gedacht ist.)

Teil der pps. Forschung ist es, ein mögliches paranormales Einwirken von Menschen auf Pflanzen zu untersuchen. Eine frühe Behauptung dieses Phänomens findet sich im Evangelium des Matthäus (21, 18 f., Jesus und der Feigenbaum). Bei den alten Magnetiseuren (z. B. Ricard 1841) liest man, daß forciertes Pflanzenwachstum (oder vorzeitiges Keimen) durch → Passes erreicht werden kann oder durch Begießen mit »magnetisiertem« Wasser. In der Zeit nach dem animalischen → Magnetismus versuchte man, solche Effekte nicht durch Magnetisieren zu erreichen, sondern mit den Mitteln gedanklicher Konzentration oder durch »Beten« (Loehr 1969; Vasse/Vasse 1948). Derartige Versuche lassen sich im Rahmen der Psychokinese verstehen. Daneben gibt es aber auch Autoren, die eine Beziehung zwischen der psychischen Organisation des Menschen und einer hypothetischen Pflanzenseele nach der Art der Telepathie annehmen (vgl. → Backster-Effekt).

Lit.: Barry 1966, 1968; Grad 1963; Tompkins/Bird 1974.

Phänomen [griech. phainomenon; was sich in der Erscheinung zeigt], das im Wahrnehmen, Fühlen oder Denken Gegebene. Phänomenologische Ps. geht ausschließlich von diesen Gegebenheiten aus und läßt phänomenal nicht gegebene Daten (z. B. der Physiologie oder der Tiefenps.) außer Betracht. — In der Pps. wird der Begriff Ph. im Sinne von »paranormaler Manifestation« gebraucht.

Phänomenologische Methode, die Phänomenologie ist eine von Edmund Husserl (1859—1928) begründete Erkenntnistheorie, für die zwei Erkenntnisschritte grundlegend sind: die *eidetische* und die *phänomenologische Reduktion.* Eidetik wird hier nicht im ps. üblichen Sinn als Fähigkeit zum bildhaften Reproduzieren von früher Gesehenem gebraucht, sondern meint ein Zurückgehen auf die Ideen hinter den Begriffen, womit jedoch noch nichts über ihre Seinsweise gesagt wird. — Wichtig für die Pps. ist dabei der Gedanke, daß es legitim ist, die *Essenz* von etwas zu betrachten, ohne daß die Frage seiner *Existenz* vorher geklärt sein muß (vgl. Oesterreich 1921).

In der *phänomenologischen Reduktion* wird das Phänomen als (psychischer) Inhalt, als Gegebenheit des Bewußtseins untersucht. Voraussetzung ist, daß jeder Art Phänomen eine konkrete Weise des Gegebenseins im Bewußtsein entspricht; nur sie erlaubt das adäquate Erfassen. Sind Epochen (oder z. B. wiss. Schulen) blind für Erscheinungen, so heißt das nicht, daß es die Phänomene nicht gibt, sondern die *Gegebenheitsweisen* sind im Bewußtsein nicht ausgebildet, verdrängt oder verschüttet. Da die Phänomenologie Husserls keine Ps., sondern eine Philos. ist, geht es dabei nicht um das individuelle empirische Bewußtsein, sondern um die Idee des Bewußtseins. Dieses Bewußtsein bildet nicht ab – das tut die Netzhaut –, sondern ist ein unableitbares Urphänomen, charakterisiert durch sein Gerichtetsein auf das Erfassen eines Gegenstandes, seine *Intentionalität.* Dieser Gegenstand ist das Phänomen als Bewußtseinskorrelat, kein realer Gegenstand, er kann sich aber auf einen solchen beziehen. Die Gegenstandsseite nennt Husserl *Noema,* die Erlebnisseite *Noesis* [von griech. *neotikos;* das Denken betreffend]. Phänomenologische Ansätze unsystematischer Natur, ohne Bezug auf Husserl, gab es bereits in der Pps. (z. B. Garrett, *Telepathy* [1941] und *Awareness* [1943], und Sherman, *Toughts Through Space,* [[3]1957], doch erst von Husserls Schülerin → Walther wurde die Ph. M. für die Pps. wiss. fruchtbar gemacht. Wichtig dabei ist vor allem – etwa in der ASW-Differenzierung – die Frage: Was wird in der Telepathie übermittelt – die Kenntnis der affizierenden Reize (noematisch) oder der dazugehörige Begriff (noetisch)? Walther findet so zu einer eingeschränkten Definition der Telepathie, die, als nicht ableitbares Phänomen (Urphänomen), »das Mitschwingen der spezifischen seelischen Qualität des Senders« einschließt.

Lit.: Husserl 1928; Husserliana 1950 ff.; Walther 1958, 1960, 1974.

Phantasie [von griech. *phantasma;* Erscheinung], Fähigkeit, vorhandene Bewußtseins- und Erlebnisinhalte so umzugestalten oder anders zu kombinieren, daß neuartige Vorstellungen entstehen, für die kennzeichnend ist, daß sie nicht erlebt sind. – In der Psychoanalyse die Befriedigung eines unbewußten Wunsches, der aufgrund der Moralbegriffe des Individuums in der Realität nicht erfüllt werden kann; die Psychoanalyse unterscheidet zwischen bewußten Ph.n (Tagträumen) und unbewußten. Ph.n sind imaginäre Dramatisierungen; manche Poltergeistphänomene können als in die Realität projizierte Ph.n betrachtet werden.

Phantasma [griech.], Trugbild, Sinnestäuschung.

Phantasmie, svw. → Pseudohalluzination.

Phantasms of the Living [engl.; Erscheinungen Lebender], pps. Standardwerk (1886; gekürzte dt. Ausgabe 1896: *Gespenster lebender Personen und andere telepathische Erscheinungen*) der Autoren → Gurney, → Myers und → Podmore; die erste große Publikation aus dem Kreis der S. P. R. Ihr Gegenstand ist die Telepathie, diskutiert anhand der *Erscheinungen,* die in den Vorstellungen aller Völker und Zeiten eine so bedeutende Rolle spielen. Aktuelles Material lieferte die Befragung von 5705 zufällig ausgewählten Personen nach eventuellen visuellen Erscheinungen innerhalb der letzten 12 Jahre. 702 Fälle wurden als pps. relevant betrachtet. Grundlage des Werks bildet Gurneys Theorie von den *Phantasmen:* So nennt er die Erscheinungen, die keine Phantome oder Materialisationen sind, sondern telepathisch induzierte Halluzinationen, denen eine reale äußere Entsprechung zukommt.

Lit.: E. Sidgwick 1923.

Phantastische Literatur, *Phantastik* ist eine lit.geschichtlich noch nicht exakt definierte erzählerische Kategorie; sie steht z. T. neben, z. T. in der Science-fiction-Tradition und folgt den lit. Mustern der Romantik, vor allem der sog. Schwarzen Romantik (→ Gothic novel). Mißtrauen gegenüber der Ratio, nicht jedoch Preisgabe der Logik kennzeichnet dieses Genre: Das Übernatürliche bricht in das Vernünftige ein. Die Phantastik grenzt sich ab gegen Allegorie, Fabel, Utopie, Wortproduktionen psychiatrischer Patienten, das Märchenhafte, das nur geglaubte Übernatürliche (Aberglaube) und das entschleierte Übernatürliche (Pps.). Ihre Thematik bilden: Werwolf, Vampir, Störungen der Identität, das Unsichtbare, Veränderungen der Raum-Zeit-Kontinuität, unbekannte Kommunikationsformen usw. – Das Interesse an der Phantastik wuchs beim dt. Leser deutlich im und kurz nach dem Ersten Weltkrieg, direkt nach dem Zweiten Weltkrieg und wieder neu seit Ende der 60er Jahre. Die theoretische Aufarbeitung der ph. L. hat im dt. Sprachgebiet erst begonnen (Zondergeld 1974 ff.), sie verspricht für die Pps. Aufschlüsse zur Frage der Rezeption des pps. Gegenstandes.

Das Unbegreifliche war der Ausgangspunkt der Pps. und ist die Quelle der ph. L. Okkultismus und Lit. konnte das Geheimnis bewahren *und* darstellen; die Pps. als Wiss. will es aufklären. »Phantastik und Parapsychologie entwickeln sich also, trotz der gemeinsamen Basis, in entgegengesetzte Richtungen. Als der alte Aberglaube verschwand, wurden zwei neue Disziplinen, die sich ergänzen, obwohl sie auseinanderstreben, geboren, damit sowohl die Ratio als auch die Emotion auf ihre Kosten kommen.« (Der frz. Lit.wissenschaftler Louis Vax; zit. n. Zondergeld 1974: 31.)

Phantom [griech.-frz.; Trugbild, Sinnestäuschung], in der Pps. die behaupteten gestalthaften Materialisationen unterschiedlicher Ausprägungsstärke. Von den angeblichen »Vollphantomen« wurden besonders bekannt: »Abd-u-lah«, ein einarmiges Phantom → Eglintons, »Bien Boa«, eine Materialisation der Eva → C., die »Katie King« der → Cook und »Yolande«, das Phantom der → d'Espérance.

Phantomschmerz, Amputationsphänomen; gelegentliche postoperative Erscheinung: Der Patient empfindet Schmerzen in einem amputierten Körperteil, so als sei dieses noch vorhanden. Okkultistisch wurde der Ph. gelegentlich als Indiz für ein astrales Phantomglied (→ Astralleib) betrachtet; psychiatrisch hat man versucht, ihn als kompensatorische Leistung, manchen → Doppelgänger-Phänomenen und dem → Panoramatischen Erlebnis vergleichbar, zu deuten.

Lit.: Mikorey 1952.

Phantomwaage, Waage, auf der sich Materialisationsphänomene entwickeln sollen. Bei der Ph. in → Grunewalds Labor wurden die jeweiligen Gewichtsschwankungen auf dem gleichen Papier registriert wie die der → Mediumwaage, um mögliche Beziehungen augenfällig zu machen: Bei einem Versuch saß das Medium auf der Mediumwaage, als für die Ph. ein Ausschlag festgestellt wurde. Die Ausschläge beider Waagen waren gleich groß, erfolgten zur gleichen Zeit und waren in entgegengesetztem Sinn gerichtet, d. h. die »Abnahme« des Mediums entsprach dem registrierten Gewicht auf der Ph.; ein Sensitiver behauptete, er könne auf der Ph. eine Gestalt erkennen.

Lit.: Grunewald 1920: 41 f., 89–99.

Pharmako-Parapsychologie → Drogen und parapsychische Leistung.

Phelps, Eliakim, Pfarrer und magnetischer Heiler aus Connecticut, USA; in seinem Haushalt ereigneten sich 1850 über Monate hin Poltergeisterscheinungen.

Lit.: Elliot 1852.

Philadelphen, mystisch-spiritualistisch-chiliastisch ausgerichtete Gruppe (ihr Name geht zurück auf Offb. Joh. 3, 7) engl. → Böhme-Anhänger, die 1694 von → Leade gegründet wurde und der → Bromley und → Pordage zeitweise vorstanden. – In der Nachfolge dieser Gruppe bildeten sich auch auf dem Kontinent *philadelphische Sozietäten* (in Deutschland 1702 unter der Führung von Eva v. Buttlar, 1665–1721; ihrer orgiastischen Ausschweifungen wegen die »Buttlarsche Rotte« gen. und verfolgt).

Phone-voyance [engl.-franz.; Telephon-Sehen], die Fähigkeit, beim Telephonieren auf telepathischem Wege »optische« Eindrücke von der Umgebung des Gesprächspartners zu gewinnen.

Phonismen [von griech. *phonein;* tönen], Gehörsempfindungen, denen keine akustische, sondern eine optische Reizung vorausgeht.

Phonopsie, Lichtempfindung bei akustischem Reiz.

Photismen [von griech. *phos;* Licht], svw. → Synopsien.

Phren [griech.], ursprünglich das Zwerchfell als Sitz von Gemüt, Seele und Verstand; später svw. Geist, Gedächtnis, Bewußtsein oder als Inbegriff dieser 3 Funktionen svw. Kopf.

Phrenohypnotismus, von → Braid eingeführte Bezeichnung für hypnoide Erscheinungen, die durch Reizung bestimmter Schädelbereiche erzielt werden sollen.

Phrenologie, auch *Schädellehre,* von dem dt. Arzt Franz Joseph Gall (1758–1828) begründete Lehre, die die Eigenschaften, den Charakter des Menschen in Beziehung zur jeweiligen Schädelform setzt. Gall unterschied 27 affektive und intellektuelle Vermögen, die, in bestimmten Bereichen des Gehirns lokalisiert, Einfluß auf die Schädelform haben sollten. Er selbst nannte seine Lehre *Kraniologie* oder *Organologie*; eine spätere Bezeichnung ist *Kranioskopie.* Der Ausdruck Ph. wurde von Galls Schüler G. Spurzheim eingeführt.

Phrenomagnetismus, populäre Form der Mesmerschen Kuren zu Beginn des 19. Jh.s: Der Magnetiseur behandelte entsprechend der phrenologischen Lehre bestimmte Schädelbereiche des Patienten mit → Passes.

Phylogenie [griech.; Stammesgeschichte], bei manchen Autoren svw. → Deszendenztheorie.

Physikalische Phänomene → Paraphysik; → Parapsychophysik.

Physik und Parapsychologie, in den letzten Jahrzehnten zeigten Physik und Tiefenps., vor allem die Jungscher Prägung, einen gewissen »Parallelismus der Denkmodelle«, bei dem vorerst noch offen bleibt, ob er sachimmanent oder hist. (»Zeitgeist«) bedingt ist; manche Autoren sehen jedenfalls in Materie und Psyche ein Außen und Innen derselben bewußtseinstranszendenten Wirklichkeit (v. Franz 1970: 244 f.). Von diesen Voraussetzungen geht auch der Dialog zwischen Pps. und Physik aus, dessen Ziel es keineswegs ist, die parapsychischen Phänomene physikalisch zu erklären: → Jordan (1951: 122) betont vielmehr ausdrücklich, daß die Pps. auf die Physik als Erklärungsgrundlage verzichten muß, auch wenn bisher durch die von der Pps. beobachteten Phänomene noch kein Axiom der Physik notwendig verletzt worden ist (Schaefer 1952).

»Wenn eine physikalische Erklärung der Psi-Phänomene grundsätzlich unmöglich wäre, so bedeutet dies, daß im Bereich des Lebendigen Faktoren wirksam sind, die sich in keiner Weise auf die Gesetze und Kräfte der ›toten‹ Materie zurückführen lassen. Die Parapsychologie wäre dann die Wissenschaft von diesen besonderen Faktoren und ihren Verhaltensweisen; es ist nicht ersichtlich, inwiefern dadurch der Wissenschaftscharakter der Parapsychologie bedroht sein sollte.« (Büchel 1974: 18 f.)

Zur Zeit ist der Dialog zwischen den Disziplinen für beide Seiten gewinnbringend: »Die mögliche Rolle teleologischer Gesetze in der Natur beschäftigte schon die Begründer der klassischen Mechanik. Es hatte sich nämlich gezeigt, daß sich die Grundgesetze der Mechanik besonders elegant in der Form von Integralgleichungen, die eine teleologische Interpretation nahelegten, schreiben ließen. Andererseits konnte man diese Grundgesetze jedoch auch in Form von Differentialgleichungen schreiben, die mehr anschauliche Interpretation in Form von Ursache und Wirkung erlaubten, so daß auf die Vorstellung grundlegend teleologischer Prinzipien verzichtet werden konnte. In jüngerer Zeit nun sind auch echt teleologische Systeme erörtert worden, so von Wheeler, Feynman und mir (Wheeler/Feynman in: *Review of Modern Physics,* 17, 1945: 157 und 21, 1949: 425; Schmidt, in: *Journal of Math. Physics,* 7, 1966: 494). Bislang bestand kein dringender Anlaß für eine eingehende Untersuchung solcher Systeme mit ihren inhärenten mathematischen und begrifflichen Schwierigkeiten. Die Ergebnisse der pps. Forschung aber könnten den nötigen Anstoß zu einer Untersuchung der zielorientierten Systeme geben, selbst auf die Gefahr hin, daß wir unsere aus dem Alltag heraus entwickelte intuitive Kausalitätsvorstellung revidieren, bzw. z. T. sogar aufgeben müssen.« (H. Schmidt 1974: 194.)

Lit.: Anrich 1963; Büchel 1974; Heyer 1949; Jung/Pauli 1952; Karger 1965; Koestler 1974; Lucadou/Kornwachs 1975; C. A. Meier 1935; Oteri 1975; H. Schmidt 1969; Smythies 1967.

Physiognomik, Teil der Ausdrucksps., die das Gesicht des Menschen – im weiteren Sinn die ganze Gestalt in der Ruhelage – als Ausdruck seelischer Erscheinungen interpretiert. Die bis in die Antike zurückreichenden physiognomischen Lehren erfuhren eine wesentliche Ausweitung und Vertiefung durch → Carus und J. K. → Lavater, der noch von der starren Form ausging. Die Vielseitigkeit seelischen Ausdrucks (Mimik usw.) berücksichtigt erst Charles Darwin in seiner Arbeit *Der Ausdruck der Gemütsbewegungen bei dem Menschen und den Thieren*, 1872.

Physiologische Uhr, nach Ansicht des dt. Pflanzenphysiologen Erwin Bünning (* 1906) den Tieren und Pflanzen eigene »endogene Rhythmik«, »eine genetisch programmierte Gedächtnisuhr, die nichts oder fast nichts aus dem Takt bringen kann, da sie direkt in den Zellen verankert ist« (Gauquelin 1973: 73).
Lit.: Bünning 1958.

Physiologos [griech.; der Naturkundige], antikes Volksbuch, dessen älteste Teile wohl auf das 2. vorchristl. Jh. zurückgehen, jüngere bis zu 4 Jh.e später anzusetzen sind. Erzählt in schlichter kurzer Prosa christl. moralisierend Naturwissenschaftliches, Magisches und Phantastisches von wirklichen und der Fabelwelt angehörenden Tieren (z. B. Schlange, Pelikan, Phönix, Einhorn) sowie von einigen Bäumen und Mineralien. Alle Wesen und Gegenstände dieser Erzählung sind Embleme eines magischen Naturverständnisses. Ihre allegorische, symbolische und nicht zuletzt »übernatürliche« Bedeutung wurde breiter ausgemalt und z. T. systematisiert in den *Bestiarien* des MA.s, die nachhaltig auf den Volksglauben, die bildende Kunst und die Lit. des Abendlandes und des Orients wirkten. S. a. → Antonia; → Salamander.
Lit.: Jauss 1959; Wellmann 1930.

Physis [griech.; Natur], das Reale, naturwiss. (oder sinnlich) Erfahrbare. – Gegensatz oder Ergänzung: *Psyche*.

Phytopsychologie [von griech. *phyton;* Pflanze] → Pflanzenpsychologie.

Picatrix (Entstellung des Namens *Hippokrates),* arab.-span. Sammlung magisch-astrol. Schriften aus dem Vorderen Orient (lat. Übersetzung 1252). Der P. bildet eine wesentliche Quelle für → Agrippas *De occulta Philosophiae*. Von Kaiser Rudolf II. wird behauptet, er habe aufgrund des P. Planetengeister beschworen. Der P. gilt als »der vollkommenste Ausdruck spätmittelalterlicher Zauberei« (Peuckert 1956: 39).

Picking experiment [engl.], svw. Greifversuch; → Croiset, Gérard.

Pike, James Albert (1913–1969), Bischof der Episkopal-Kirche in Kalifornien. Nach der Selbsttötung seines Sohnes Jim, 1966, traten in P.s Umgebung Poltergeistphänomene auf. Durch verschiedene Medien (u. a. durch → Ford), gelang es P. angeblich, mit seinem toten Sohn in Verbindung zu treten. – 1969 wurde P. in der israel. Negev-Wüste vermißt; 3 Tage vor der Entdeckung des Leichnams tauchte in den automatischen Produktionen einer Mrs. E. Twigg, die P. ebenfalls als Medium konsultiert hatte, eine »Botschaft« auf, als deren Urheber der verstorbene Bischof betrachtet wurde: Er teilte die Umstände seines Todes und des Auffindens seiner Leiche mit.
Lit.: Ford 1972: 248 ff.

Piktographie [von lat. *pictum;* gemalt, und griech. *graphein;* schreiben], 1. Bilderschrift; 2. bei → Hyslop die ins Diesseits projezierte Vorstellung eines Verstorbenen (→ Spiritismus).

Pio, Padre → Forgione, Francesco.

Piper, Leonore Evelina Simonds (1859 bis 1950), bedeutendes amer. Medium. Mrs. P. ist das wohl am meisten untersuchte ASW-Medium in der Geschichte der Pps. – dennoch wurde ihr nie ein Betrug nachgewiesen. Die Arbeiten erstreckten sich über einen Zeitraum von fast 3 Jahrzehnten und füllen in den *Proceedings* der S.P.R. über 3000 Seiten. Ihre wichtigsten Untersucher waren Barrett, Hodgson, Hyslop, James, Lodge, Murphy, Myers, Newbold und Sidgwick. »Selbst wenn Frau P. das einzige Medium in der Welt wäre, so wür-

Leonore E. S. Piper

de das genügen, um die Kryptästhesie wissenschaftlich zu begründen.« (Richet 1923: 35.) – Das erste paranormale Erlebnis soll sie mit 8 Jahren gehabt haben (Abmelden einer Tante), es folgten zunächst nur wenige Erfahrungen; mit 22 heiratete sie und mit 25 setzten massiv Trancen ein. Bis 1911 gab Mrs. P. Tag für Tag vermutlich telepathisch empfangene Informationen wieder.

1885 nahm William → James an einer Sitzung teil und war, obwohl zunächst skeptisch, bald vom Außerordentlichen der Leistungen überzeugt. 1887 beauftragte die S. P. R. → Hodgson mit der Untersuchung der Phänomene; dieser Aufgabe widmete sich Hodgson die folgenden 18 Jahre seines Lebens. – 2 Jahre lang wurde Mrs. P. von der Trancepersönlichkeit »Dr. Phinuit«, einem nicht identifizierbaren frz. Arzt kontrolliert, den 1892 »George Pelham« ablöste, der von da ab die alleinige → Kontrolle bildete. Hodgson stellte seine Identität mit George Pelham fest, einem verstorbenen Anwalt und Schriftsteller, den er selbst noch zu Lebzeiten unter einem Pseudonym in die Sitzungen eingeführt hatte. Auch »George Pelham« vermittelte, wie vorher »Phinuit«, Botschaften Verstorbener, vor allem schriftlich, aber auch mündlich und manchmal sogar in beiden Formen gleichzeitig. Hodgson ließ sein Medium von Detektiven überwachen, um sicherzustellen, daß sich Mrs. P. keine Informationen beschaffen konnte, die dann als paranormale Leistung hätten ausgegeben werden können. Er selbst hielt später die These der Telepathie für widerlegt und bekannte sich zur spiritistischen Erklärung; wahrscheinlich unter dem persönlichen Eindruck, daß ein Mädchen, das er vor Jahren in Australien hatte heiraten wollen und von dem er 15 Jahre lang nichts mehr gehört hatte, ihm in Boston durch Mrs. P. ihren Tod mitteilte. Hodgson verifizierte diesen Fall. Alles in allem produzierte Mrs. P. mit Hilfe mehrerer Kontrollen unzählige detailreiche Aussagen über Hunderte von Zielpersonen. Im Regelfall scheint es sich um Anwesenheitstelepathie gehandelt zu haben. – In Hypnose konnte Mrs. P. keine paranormalen Erfahrungen wiedergeben, sondern nur in Trance, in die sie spontan verfiel; hinterher hatte sie keine Erinnerung an das Vorgefallene. PK-Phänomene traten bei Mrs. P. nicht auf, sieht man von einer nicht näher untersuchten Fähigkeit ab, die ihr zugeschrieben wurde: Blumen den Duft zu nehmen und sie rascher welken zu lassen.

Lit.: Berg 1951; Carrington 1901/03; Hodgson 1892 a, 1897/98; Hyslop 1901; James 1909; Myers, Lodge u. a. 1889/90; Lodge 1884; Newbold 1898/99; Oesterreich 1921: 47–71; A. L. Piper 1929; Podmore 1898/99, 1901/03; Robbins 1909; Sage 1921; Sidgwick 1908, 1915; Sidgwick/Lang 1900/01; Sidgwick/Piddington 1906/07; Sidgwick, Piddington u. Verrall 1910.

Pirkalla, Stadt in Finnland, wo die seit dem Januar 1885 in einem Haus des Dorfes Ylojärvi auftretenden Spukphänomene gerichtlich untersucht wurden. Folgende Erscheinungen waren registriert worden: Klopftöne erklangen, Verputz fiel von den Wänden, Haushaltsgegenstände flogen durch die Luft und zerbrachen z. T., Bilder drehten sich um ihren Haken, Erde unbekannter Herkunft wurde apportiert, ebenso Steine, die angeblich nicht aus der Gegend stammten; eine Schlafende wurde gefesselt, Schlüssel verschwanden und Stallspuk wurde beobachtet. Mutmaßlicher Agent der Phänomene war das 13jährige Dienstmädchen des Hauses.

Lit.: Kaufmann 1970: 109–12.

Pithiatismus → Babinski, J. F. F.

Pitois, Christian, Pseudonym P. Christian (1811–1877), frz. Autor, der sich vor allem mit magischen Themen befaßte. In seiner *Histoire de la magie* (1870) und in anderen Werken verband er astrol. und kabbalistische Gedanken mit Elementen des → Tarots. Seine Bücher übten einen gewissen Einfluß auf Napoleon aus.

PK, Akronym oder Kurzwort für *P*sycho*k*inese.

Placebo [lat.; ich werde gefallen], Falsum-, Leer-, Scheinpräparat; Kontrollpräparat bei der ps. Wirkungsprüfung von Pharmaka: Es gleicht dem pharmazeutischen Mittel in Farbe, Form, Geruch usw., enthält aber keine objektiv wirksamen Stoffe; dadurch läßt sich das Ausmaß suggestiver Wirkungen bei der Einnahme eines Medikaments bestimmen. Schon → Liébault (1891), ein Mitarbeiter → Bernheims, verwandte in der Therapie versuchsweise gewöhnliches Wasser, das er als heilkräftig magnetisiert pries – mit Erfolg; und Louis Lasagna, ein amer. Wissenschaftler, versetzte Vpn mittels P. in Zustände, wie sie üblicherweise dem Genuß von Heroin folgen. – In übertragenem Sinn spricht man auch von einem *P.-Effekt,* wenn bei einem Patienten, der an die Möglichkeit der Geistheilung glaubt, gerade dann eine Besserung eintritt, wenn man ihm sagt, daß ein Geistheiler sich mit ihm beschäftigte (→ Blindversuch).

Plagegeist, Phänomen, das zu den Poltergeist- und Spukmanifestationen zählt. Charakteristisch für P.er ist, daß sie ihre Zielpersonen schmerzhaft, mit einem gewissen pervertierten Humor foppen und quälen; sei es durch körperliche Attacken oder durch Zerstörung von Gegenständen (Ungenießbarmachen von Essen; Kaputtmachen einer gerade beendeten Arbeit u. ä. m.). Es sind allerdings im europ. Bereich keine Fälle überliefert, wo Betroffene ernsthafte oder dauernde Schäden erlitten – sieht man von manchen sozialen Folgen der Ereignisse einmal ab.

Lit.: Thurston 1955.

Planchette [frz.; Brettlein], ein 1853 in Frankreich im Zuge der neuzeitlichen Spiritismuswelle wiedergefundenes Gerät, das beim → Automatischen Schreiben Verwendung findet; normalerweise ein kleines dreibeiniges »Tischchen«, bei dem zwei Beine auf Kugeln laufen, das dritte ein durch die Platte gesteckter Bleistift ist (angeblich geht die Erfindung des Kugelschreibers auf die P. zurück). Die geschriebenen Botschaften, die die P. liefert, sobald ein Medium (oder auch irgendeine andere Person) seine Hand auf die P. legt, entstammen tieferen Seelenschichten der Benützer, die eine Personifizierungstendenz zeigen (»Geisterschreiben«). Bei manchen (sensitiven) Benützern können auch ASW-Daten manifest werden.

Das älteste Zeugnis für ein p.-ähnliches Gerät in Europa liefert der röm. Schriftsteller Ammianus Marcellinus (330–390). Aber auch ein sehr altes chin. Divinationsgerät, *shih,* verdient in diesem Zushg. Erwähnung: Es war ein Stab, um den zwei Holzscheiben unabhängig voneinander rotieren konnten; die eine, ein rundes Brett, symbolisierte den Himmel, die andere, quadratisch, die Erde. Erd- und Himmelsbrett trugen Zahlen kosmischer Signifikanz. Der Priester versetzte die Scheiben in Bewegung (Bild der heiligen Hochzeit von Himmel und Erde) und interpretierte nach dem Stillstand das Verhältnis der himmlischen zu den irdischen Zahlen. Läßt der Priester während der Befragung die berührte Scheibe nicht los, können dem Automatischen Schreiben vergleichbare Leistungen erzielt werden; beim freien Rotieren kann man sogar an eine psychokinetische Beeinflussung denken. – Kulturgeschichtlich betrachtet ist die spiritistische P. mit dem (in der Mantik benutzten) Spielbrett verwandt.

Lit.: Monson 1908.

Plasma [griech.; Gebilde], 1. eiweißhaltiges

Versuch mit einer Planchette.

Gemisch in den Zellen von Organismen; Zellp., Zytop., Protop.; 2. bestimmte gerinnungsfähige Flüssigkeiten, z. B. Blutp.; 3. Gasgemisch, das bei Ionisation in Entladungsröhren entsteht. – Für die Pps. vgl. → Ektoplasma und → Bioplasma.

Plasma-Wahrnehmung, Theorie, die früher in der ASW-Diskussion eine gewisse Rolle spielte. Sie geht davon aus, daß der Sinnesapparat sich erst allmählich im Lauf der Evolution differenzierte und ihm eine allgemeine Wahrnehmungsfähigkeit (der Ausdruck »Wahrnehmung« ist physiologisch gesehen hier unrichtig) des Protoplasmas, als Eigenschaft des Lebendigen, vorausging. Dieses hypothetische Vermögen könnte sich, wenn auch von der sinnlichen Wahrnehmung überlagert, erhalten haben.

Platon (427–347 v. Chr.), griech. Philosoph aus vornehmer Athener Familie, Schüler des Sokrates, Gründer der Akademie (387). Einen Teil seiner Philos. schrieb P. nieder, doch eine Lehre, die in den Schriften nur anklingt, trug er mündlich im Kreis der Schüler und Freunde vor; diese »esoterischen« *agrapha dogmata,* die ungeschriebenen Lehren (Aristoteles), bilden das Bindeglied zwischen der rational vermittelbaren Erkenntnis der Texte und einer intuitiven Erkenntnis, die aber an die Logik gebunden bleibt.

Kern der P.ischen Philos. ist ein systematisches Weltverständnis, eine Ontologie, die auf einem grundlegenden Gegensatz beruht. Die konträren Positionen nennt P. »das Eine«, auch »das höchste Gute«, und »die unbestimmte Zweiheit«. Dadurch gehen bei P. Mathematik und Ontologie eine enge Verbindung ein: Die Seele ist mathematisch strukturiert, »Ideen« und → Zahlen werden gleichgesetzt (vgl. → Sefirot). – Der chin. Gelehrte Hu Shih sieht in seiner Dissertation (1917) Verbindungen der P.ischen Ideenlehre zur Gedankenwelt des → I-Ging.

Pps. relevant ist P.s Verständnis der Fernwirkung: Die poetische Inspiration wird im Bild der Wirkung des Magneten auf das Eisen begriffen. – Die Unterscheidung zwischen induktiver (technischer) und intuitiver (natürlicher) Divination geht auf P. zurück *(Phaidros)*; dabei dürften sich in seinem Denken Reste älterer religiöser Vorstellungen spiegeln.

Lit.: Gaiser ²1968.

Platz-Experiment, pps. Versuchsanordnung, eingeführt von → Osty 1926 bei Versuchen mit dem Sensitiven → Forthuny; wieder aufgegriffen von → Tenhaeff und → Bender bei Versuchen mit → Croiset: Die Vp. gibt anhand eines Bestuhlungsplanes (richtige) Daten zu der Person, die bei einer demnächst stattfindenden Veranstaltung auf einem bestimmten Platz des Saales sitzen wird. Croiset hat diese Fähigkeit mehrfach, u. a. auch vor → Neuhäusler, demonstriert. Daß dabei grundsätzlich ASW mit im Spiel ist, wird nicht bestritten. Aber das mögliche präkognitive Element ist schwer zu fassen: Man könnte konstruieren, Croiset hätte zum Zeitpunkt der Aussage in telepathischem Rapport mit dem künftigen Besucher gestanden und der (die) Betreffende später vor der Veranstaltung auf den entsprechenden Stuhl »genötigt«. Diese gewagte Hypothese muß aber noch mit der Annahme weiterer Mentalsuggestionen überfrachtet werden, wenn sie unter Ausschluß der Präkognition erklären soll, wie es Croiset gelang, Angaben zu *künftigen* Erlebnissen der Zielpersonen zu machen. Als Tenhaeff und Bender die Plätze *nach* den gemachten Aussagen auslosten, fiel der Einwand »mentalsuggestives Auf-den-Platz-Nötigen« weg; die Annahme der Präkognition läßt sich jetzt nur noch umgehen, wenn man eine Mischung von ASW und PK beim Auslosen annehmen will. – In Italien wurden P.-E.e mit den beiden Sensitiven Alessandra Bajetto und Tino Menozzi durchgeführt (Perrone 1955). Distanz-P.-E.e fanden zwischen Utrecht und Denver (Croiset) und Mannheim und Jerusalem (→ Orlop) statt.

Lit.: Bender 1974; Neuhäusler 1957; Osty 1926; Tenhaeff 1953.

Plautus, Titus Maccius (ca. 251–183/84 v. Chr.), röm. Komödiendichter. Seine *Mostellaria* (»Gespensterkomödie«) geht wahrscheinlich auf das Stück *Phasma* des griech. Dichters Philemon (365/60-264/63) zurück und hat ihrerseits wieder Nachahmer gefunden (z. B. Ludvig Holbergs *Huus-Spögelse,* 1752). Die Handlung: Ein Vater kehrt überraschend von einer Reise zurück, während der nichtsahnende Sohn gerade mit Freunden und Mädchen zecht. Ein noch nüchterner Sklave vermag die Entdeckung des Gelages dadurch zu verhindern, daß er dem Heimkehrenden erzählt, das Haus sei zum Spukhaus geworden. Pps. interessant ist dabei u. a., daß dem Publikum jener Zeit Spukhäuser durchaus vertraut waren und daß man ihnen ironisch distanziert gegenübertreten konnte.

Plethysmograph [von griech. *plethein;* voll sein, und *graphein;* schreiben], ein Gerät, das Volumenveränderungen eines Körperteiles (meist Arm oder Finger) mißt und damit Durchblutungsveränderungen registriert. In den letzten Jahren hat vor allem → Dean mit Hilfe des P.en ASW-Experimente durchgeführt. Es gelang, ein physiologisches Korrelat der Telepathie auszumachen: In einem spektakulären Distanzexperiment (Florida – Zürich) koinzidierten der P.-Ausschlag (Perzipient) und der Versuch des Agenten, in telepathischen Rapport zu treten; bewußt wurden die ASW-Daten nicht. In weiteren, z. T. früheren Versuchen ergaben sich Beziehungen zwischen physiologischen Daten, die auf Angst hinweisen, und → Psi-missing-Effekten.

Lit.: Dean 1962, 1965, 1966; Figar 1959; Keller 1974: 363 f.; Ostrander/Schroeder 1975.

Plotin (ca. 205–270 v. Chr.), griech. Philosoph, der als Schüler des → Ammonios Sakkas den Neuplatonismus entscheidend mitgeformt hat; in der Neuzeit beeinflußte sein Denken vor allem Goethe, Novalis und Schelling.

P. beschrieb den Stufengang zur Erkenntnis des Lichts so: Durch Reinigung und Läuterung bereitet sich der Visionär vor, dann »aber reißt ihn die Woge des Geistes gleichsam fort, und hoch hebt ihn ihr Schwall hinauf: da erblickt er Es (das unbestimmbare, transzendente Eine) mit einem Schlage, er sieht nicht wie, sondern das Schauen füllt seine Augen mit Licht und läßt durch das Licht nicht etwas anderes sichtbar werden, sondern das Licht selber ist es, was er sieht. Denn in jenem steht nicht das Geschehene für sich und für sich sein Licht, auch nicht das Denkende für sich und das Gedachte, sondern es ist ein Gleißen, das diese Dinge gebiert und von sich entläßt, daß sie von ihm her sind. Er selber aber ist nur das Gleißen, das den Geist gebiert, ein Gleißen, das von seinem Lichte nichts einbüßt im Gebären, sondern es bleibt Gleißen, und jener entsteht eben dadurch, daß er Gleißen ist.« (Zit. n. Benz 1969: 333.)

Lit.: Lambert 1928.

Plutarch (ca. 50 bis ca. 125), griech. Philosoph. Durch P. wissen wir von dem verlorengegangenen Buch des → Demokrit, *Über die Bilder,* das Erklärungsversuche zu ASW-Phänomenen enthielt. P. selbst erwägt, ob geistige Aktivität Luftbewegungen auszulösen vermöchte, die von anderen geistigen Wesen und bestimmten Menschen (Sensitiven) wahrgenommen und richtig entschlüsselt werden könnten. Voraussetzung dazu ist: hinreichende Ruhe der Seele, die am ehesten im Schlaf erlangt wird. (Vielleicht geht dieser Gedanke auf → Poseidonios zurück.) Diese *materiell* gedachten Bilder der Seele waren in der Lit. des MA.s als *simulacra* [lat.; Abbilder, Trugbilder] bekannt. – P.s Schrift *Über den Aberglauben* ist als Vorläufer psychohygienischer Überlegungen bemerkenswert, außerdem enthält sie auch pps. interessante Mitteilungen.

Lit.: v. Arnim 1923; Dodds 1974; Moellering 1963.

Pneumatik → Odik.

Pneumatologie [von griech. *pneuma;* Geist], 1. in der Philos. die Lehre vom Geist, eine metaphysische Ps.; 2. in der Theologie die Lehre von den spirituellen Entitäten (Dämonen, Engel, Geister).

Podmore, Frank (1856–1910), engl. Parapsychologe. Der langjährige Sekretär der S. P. R. (1888–96) war zunächst gläubiger Spiritist; durch die Entlarvung mehrerer betrügerischer Medien wurde P. jedoch zu einem kritischen pps. Forscher. Er war Mitautor der → *Phantasms of the Living.* – *Werke* → Bibl.

Lit.: H. A. Smith 1911; Sidgwick 1911.

Poincaré, Jules Henri (1854–1912), frz. Mathematiker, Physiker und Wiss.stheoretiker; stand kurz vor der Formulierung der → Relativitätstheorie, als Einstein sein entsprechendes Werk veröffentlichte. – Für die Tiefenps. interessant sind P.s Beobachtungen eigener unbewußter Leistungen (Kreativität als Hinhören auf unbewußte Produktionen); er kam zu der Ansicht, daß das Unbewußte Kombinationsfähigkeit und die Möglichkeit der Wahl besitzt. Pps. interessant sind seine Überlegungen zur Wahrnehmung im Raum (P. 1921), beachtenswert der von ihm vertretene Wiss.srelativismus: Wiss. kann nie sagen »so ist es«, sondern nur »so läßt es sich denken« (wodurch manche pps. Probleme zu Scheinproblemen werden). – Sein Vorschlag, Realität zu definieren als das, »was vielen denkenden Wesen gemeinsam ist und allen gemeinsam sein könnte«, wurde von der → Analytischen Ps. aufgegriffen: Das allen Gemeinsame ist, was auf archetypischen Strukturen beruht (v. Franz 1970: 24).

Polnischer Messianismus, eine mystische Personifizierung Polens: Das verfolgte und geknechtete Polen trägt christusgleich die Sünden der Welt und wird dadurch auch die Welt erlösen; bei der Vorstellung spielt die Identifikation Polens mit dem jüd. »auserwählten« Volk eine Rolle. – Revolutionäre, Nationalisten und Okkultisten wie

→ Lutoslawski und Andrzej Towiánski (1799–1878), der 1830 auch die Pariser polnischen Emigranten für die Bewegung gewann, waren die Träger dieser spätromantischen Bewegung im 19. und frühen 20. Jh.

Lit.: Webb 1971.

Poltergeist, ein eher umgangssprachlicher Ausdruck, der auch in den engl. Sprachgebrauch als *poltergeist* (Mz. *poltergeists)* Eingang fand. Es handelt sich dabei um Spukphänomene, oder, in wiss. Formulierung, um *spontane, wiederkehrende Psychokinese.* Charakteristisch für den P. sind Lärm und physische Belästigung; die Phänomene erscheinen intelligent gesteuert und zeigen manchmal einen etwas primitiven Witz. Die Abgrenzungen gegenüber dem Spuk, falls überhaupt welche getroffen werden, sind bei den einzelnen Autoren etwas willkürlich: In etwa kann man sagen, daß Erscheinungen (Phantome, »Halluzinationen«) dem Spuk vorbehalten bleiben, daß die Spukphänomene gleichförmiger ablaufen und daß der Spuk meist länger dauert als die P.-Erscheinungen. Beim P. findet Entwicklung statt, neue Phänomene treten hinzu oder lösen bereits vorhandene ab, es scheint mehr Kommunikation zwischen den Betroffenen und dem P. stattzufinden; die Manifestationen erstrecken sich oft nur über ein paar Tage, längstens über einige Monate.

Bisher zeigen sich für die Interpretation der Vorgänge 3 Ansätze: 1. die gruppendynamisch-soziologische Deutung: Die Phänomene laufen prozeßhaft ab; in einer ersten Phase dumpfe Geräusche, Klopfen, Kratzen, Schaben. Die Betroffenen denken an eine »natürliche« Erklärung wie Ratten, Ungeziefer im Gebälk o. ä. Später werden die Zeichen eindeutiger: → Mimikry-Geräusche. Die Gruppe der Erlebnisträger wird durch Angst – gelegentlich durch forcierte Skepsis – »zusammengeschweißt«. Der Prozeß kann hier ein Ende finden, es können aber auch sichtbare Zeichen auftreten: Steine fliegen umher, ebenso Haushaltsgeräte, Gegenstände werden versteckt, verschlossene Türen öffnen sich. Man kann den Eindruck gewinnen, daß die »Macht« an Selbstvertrauen gewinnt und immer kompliziertere Streiche wagt. Blasphemisches und Obszönes kommt jetzt manchmal ins Spiel Bei den Erlebnisträgern wachsen Angst und gegenseitiges Mißtrauen. Sozialps. bedeutsam ist die nächste Stufe: Die Nachbarn werden aufmerksam und »machen sich ihre Gedanken«. Das Ende ist verschieden: Die Phänomene hören auf, und die Betroffenen finden eine Erklärung, die sie befriedigt; Parapsychologen treten auf und wirken als Innovationsagenten, die für eine gewisse Beruhigung sorgen (vielleicht wirken sie manchmal aber auch gerade entgegengesetzt); von den Nachbarn geächtet zieht die Familie weg, usw.

2. Die pps. Deutung: → Paracelsus glaubte, daß Menschen, die eines gewaltsamen Todes sterben, die ihnen gekürzten Erdentage als »Caballi, Lemuren, Polter- oder Rumpelgeister« zubringen können. Die neuzeitliche Forschung hat dieser spiritistischen Hypothese entgegengestellt, daß die P.-Phänomene einen lebenden Menschen zum Agenten haben. Zwar sind die P.-Manifestationen stets auch soziale Erscheinungen, sie scheinen aber immer einen Urheber zu haben – sehr oft einen meist weiblichen Jugendlichen kurz vor oder während der Pubertät. Psychodiagnostische Untersuchungen haben vor allem in der aktuellen psychischen Disposition dieser Agenten Ähnlichkeiten aufgezeigt: Erregbarkeit, Frustration, gestaute Triebspannungen, aggressive Tendenzen. Früher wurden aus P.-Agenten manchmal Medien (z. B. die Geschwister Fox; → Hydesville); heute sieht man im P. auch eine ärztliche Aufgabe und will nicht aus Patienten Medien machen. (Was außerdem schwierig sein dürfte: Die spezifisch affektive Situation in der Umgebung des Agenten läßt sich im Laboratorium kaum simulieren.)

3. Die unter 1 und 2 referierten Deutungen gelten für kulturspezifische, d. h. kulturabhängige Situationen; → Roll und seine Mitarbeiter haben einen naturwiss.-mathe-

matischen Zugang zu den Phänomenen gesucht, der ggf. kulturunabhängig wäre: Sie maßen die Entfernung vom Agenten zum Ereignis, bestimmten die Häufigkeit der Phänomene und setzten sie zur Distanz in Beziehung und kamen nach der mathematischen Aufbereitung der Daten zu der Hypothese eines »Psi-Feldes«, das, ähnlich einem elektromagnetischen Feld, den Agenten umgibt. Es muß allerdings eingeräumt werden, daß auch diese Beobachtungen ps. gedeutet werden können.

*Lit.: Barrett 1911; Bender 1970; Hyslop 1913 b; Lang 1901/03, 1911 (*Encyclop. brit.*); Roll 1971, 1974; Thurston 1955.*

Poltergeist-Psychose, von → Fodor (1948) eingeführte Bezeichnung für eine transitorische psychogene psychotische Störung, die im Zustandsbild Ähnlichkeiten mit der Schizophrenie zeigt, aber auf anderen Ursachen beruht; Bildung autonomer Komplexe und starke Affektivität charakterisieren die P.-P.

Polygraph [von griech. *poly*; viel, und *graphein;* schreiben], Mehrfachschreiber, Gerät, das mehrere Variablen gleichzeitig registriert; in der Umgangssprache → Lügendetektor. S. a. → Backster-Effekt; → Newark.

Polykarp von Smyrna (ca. 70–155/56 oder 167/68), Bischof und Heiliger, der in einer Vision seinen Flammentod vorausgesehen haben soll. Als man ihn in die Arena brachte, hörten mehrere Zeugen eine → Direkte Stimme: »Mut, Polykarp, sei ein Mann!« Auf dem Scheiterhaufen – so die Legende – umhüllte ihn das Feuer, ohne ihm auch nur das Haar zu sengen, und Weihrauchduft verbreitete sich. Daraufhin starb P. durch das Schwert.

Polypsychismus, bei der Deutung von Séance-Phänomenen die Annahme, die Psyche mehrerer oder aller Teilnehmer bewirkten die Phänomene.

Ponderation [von lat. *ponderare*; abwägen], das Aufwiegen; eine mittelalterliche Form der Heilung, bei der der Patient mit Opfergaben aufgewogen wurde. War das Gleichgewicht erreicht, erwartete man die wunderbare Heilung. – Eine andere Art der P. bildete das Aufwiegen der Hexerei Beschuldigter gegen Bibeln.

Poniatovia, Christina (geb. 1611), evang. Visionärin, Tochter eines ehemaligen Mönchs und evang. Pfarrers aus poln. Adel, der nach Böhmen auswanderte. Sie erlebte Traumgesichte und ekstatische Visionen, einmal erfuhr sie in der Vision eine wunderbare Heilung. Die Niederschriften ihrer Visionen erfolgten durch sie auf tschech. nach »himmlischem Diktat«, vermutlich also in einer Art Automatischer Schrift; → Comenius veröffentlichte sie lat. Mehrfach war Wallenstein Gegenstand ihrer Offenbarungen. In einem Traum vom 11. 12. 1628 sieht sie ihn auf einem Feld in blutbefleckten Mantel gehen. Er beginnt, eine Leiter zum Himmel zu ersteigen, aber die Leiter bricht, und von Wallensteins Sturz erbebt die Erde. Er liegt am Boden, von seinem Mund geht eine Flamme aus, auf ihn fällt ein Aschenregen. Die Brust bricht auf, und aus dem Herzen fließen Blut, Pech und Gift. Vom Himmel fliegt eine Lanze herab und tötet den Röchelnden. Zu P. aber sagt ein Engel: »Das ist der Tag, von dem dir Gott gesprochen hat, daß er jenem Gottlosen zum Ende gesetzt sei!« S. a. → Kotter, Christopher.

Pordage, John (1607–1681), bedeutender engl. Mystiker und Visionär, der zu den → Philadelphen gehörte; er beschreibt ausführlich die Art seiner Visionen, in denen das »geistige Auge« das leibliche als Vehikel der Wahrnehmung benützte.

Lit.: Grzechowiak 1917.

Porta, Giambattista della (1535–1615), ital. Naturwissenschaftler und Bühnenschriftsteller. In seinen wiss. Arbeiten entwickelte P. eine Lehre der Entsprechungen: Alle Bereiche der Schöpfung – Mineralien, Pflanzen, Tiere, Menschen und Planeten – stehen in einer geheimen Übereinstimmung miteinander. Besondere Bedeutung erlangten sein Werk *De humana physiognomia* (»Über die menschliche Physiognomie«), worin der Autor das seit der Antike überlieferte physiognomische Wissen resümiert und systematisiert (das Werk beeinflußte

u. a. → Lavater), und seine 20bändige *Magia naturalis* (»Natürliche Magie«), eine zeitgeschichtlich typische Sammlung von naturkundlichen Merkwürdigkeiten, die bis ins 18. Jh. hinein immer wieder aufgelegt wurde.

Portentum [lat.; Wunderzeichen, Mißgeburt], unheilkündende Zeichen und Abnormitäten (→ Blutregen, Kalb mit 2 Köpfen usw.) nannte man in der Antike und im MA. Portenta.

Porträt, magisches, zu magischen Zwecken gefertigte Porträts oder Plastiken (Puppen), die irgend etwas vom Organismus des Abgebildeten aufweisen (einen Tropfen Blut, Haare, abgeschnittene Nagelstücke usw.). Sie bilden einen gleichsam lebendigen Doppelgänger: An ihnen vorgenommene Manipulationen erleidet der Porträtierte.

Poseidonios (ca. 135–51 v. Chr.), griech. Philosoph, Schulhaupt der mittleren Stoa auf Rhodos. Mit seiner Lehre von einer zeitlosen, alle Teile des Kosmos miteinander verbindenden Sympathie versuchte er, → Monismus und → Dualismus miteinander zu versöhnen. – Wie Cicero *(De divinatione* I, 30.64*)* war P. der Ansicht, daß Wahrträume (intuitive Mantik) nicht unbedingt auf direkten Kontakt mit einer Gottheit zurückzuführen seien – lediglich die Entsprechung zwischen menschlicher und göttlicher Vernunft müsse vorausgesetzt werden. Als weitere mögliche Erklärung sah er »das Lesen der Gedanken [!] der ›Dämonen‹, die die Atmosphäre unter dem Mond bevölkern« (Dodds 1974). – Eine Theorie der Divination, die Heraklit zugeschrieben wird, geht vermutlich auf P. zurück.

Positionseffekt, bei quantitativen Eperimenten kann man innerhalb eines Versuchsganges die Tendenz zum Nachlassen der paranormalen Leistung beobachten. Bei den Versuchen → Rhines zur PK in den Jahren 1934–42 zeigten die Protokolle einen »rhythmischen Wechsel« der Erfolgskurve. Es war möglich, diese Leistungsschwankungen zu systematisieren, und zwar mit Hilfe der sog. QD-Analyse, der → Viertelverteilung.

Postdormitium, Schlafphase kurz vor dem Erwachen.

Posthypnotischer Auftrag, in der Hypnose gegebene, aber erst nach der Hypnose realisierte Suggestion, die einen Auftrag beinhaltet (ein bestimmtes Buch aufschlagen, jemanden anrufen u. ä. m.), den die Vp. u. U. ausführt, ohne zu wissen, warum. Manchmal wird die Erfüllung des Auftrags rationalisiert, d. h. durch Scheinargumente plausibel gemacht.

Potet de Sennevoy, Jules Baron du (1796 bis 1881), frz. Experimentator und Therapeut auf dem Gebiet des animalischen → Magnetismus; Hrsg. der Zeitschrift *Le Propagateur du Magnétisme animal* (1827/28) und des *Journal de Magnétisme* (1845–48). P. kannte aus eigener Beobachtung paranormale Phänomene wie ASW, Levitation, Feuerunempfindlichkeit, Apporte und glaubte, sie ließen sich durch die »magnetische Kraft« erklären. – *Werke* → Bibl.

Poughkeepsie, Seher von → Davis, A. J.

Powell, Evan (* 1881), engl. PK-Medium. Seine → Kontrolle nannte sich »Black Hawk« [engl.; Schwarzer Falke], behauptete, der verstorbene Indianerhäuptling gleichen Namens zu sein, und teilte Einzelheiten aus dessen Leben mit. Viele Spiritisten werteten den Fall als Beweis für ihre Überlebenshypothese, nachdem es gelungen war, einen Algonkin-Häuptling als hist. Black Hawk (1767–1838) zu identifizieren. – Besondere Umstände nach seinem Tod – sein Leichnam wurde gestohlen, später verbrannten seine Gebeine in einem Museum – sollen ihn veranlaßt haben, sich durch P. den Lebenden mitzuteilen. – Es ließ sich nicht ausmachen, durch welche sensorische Vermittlung P. von den Lebensumständen Black Hawks hätte erfahren können. Allerdings lag eine Biographie des Häuptlings vor (*Life of Ma-Ka-Tai-Me-She-Kia-Kiak,*

1833), die dieser dem Dolmetscher Antoine Le Claire diktiert hatte.

Prädormitium, der »Halbschlaf« kurz vor dem Einschlafen.

Präenergie, von → Ochorowicz (1912) in Zushg. mit der → Psychofotografie entwickelte Hypothese, die den cartesianischen Widerspruch zwischen Physis und Psyche *(res extensa, res cogitans)* aufheben sollte: Ochorowicz vermutete in der P. ein Erstes, ein ursächliches Prinzip, von dem Körperliches und Geistiges nur Modalitäten sein sollten (→ Monismus).

Präexistenz, Annahme einer Existenz des individuellen Menschen vor seiner gegenwärtigen Existenz. Die P. kann als vorhergegangene Wiedergeburt gedacht sein, als leibfreie geistige Existenz in einem »Jenseits« oder auch in anderer Weise. Manche Denker halten jedenfalls eine irgendwie geartete P. für das logisch notwendige Korrelat eines angenommenen persönlichen → Überlebens. S. a. → Reinkarnation.

Präkognition [von lat. *prae*; voraus, und *cognoscere*; erkennen], das Erfahren eines zukünftigen Sachverhalts oder Ereignisses, das nicht erwartet und nicht erschlossen werden kann: Die besondere Schwierigkeit dieses Phänomens für das Denken besteht darin, daß die Kausalität aufgehoben ist, wenn die Erfahrung dem Reiz vorausgeht. Deshalb werden und wurden z. T. außerordentlich komplizierte Konstruktionen erfunden, die Scheinp.en beweisen sollen: A hat z. B. einen Traum, in dem ein ihm unbekannter B in einer bestimmten Gegend einen Autounfall hat; A sucht jetzt telepathisch diesen B, nötigt ihn mentalsuggestiv, in die gesehene Gegend zu fahren, dort löst er psychokinetisch einen Defekt am Wagen aus und führt so den Unfall herbei. Solche Konstruktionen bilden nicht nur ebenfalls eine ziemliche Zumutung für das Denken, sie versagen vor allem auch schon bei der Deutung der quantitativen P.s-Experimente, wie sie → Rhine an der Duke University durchführte: Dabei war es Vpn möglich, die Reihenfolge der Symbole in einem Satz → Zener-Karten anzusagen, der erst bis zu 10 Tagen später maschinell gemischt wurde. Um einen psychokinetischen Effekt seitens der Vpn auf das Mischen auszuschließen, erfolgte das Abheben nach einem Schlüssel, dem die Differenz der Höchst- und Niedrigsttemperatur des Vortags zugrunde lag. Hier scheint nur die Wahl zwischen Zufall und P. möglich. – Zahlreiche Forscher versuchten eine Erklärung mit der Annahme eines zeitlosen Weltgedächtnisses (Gott), in dem alle Gegenwart, Vergangenheit und Zukunft gespeichert ist und das telepathisch oder hellseherisch angezapft werden kann. Die Schwierigkeit dieser Vorstellung liegt darin, daß dabei eine Umsetzung von Zeitlosem in Zeitliches geschieht, ohne daß gesagt wird, wie diese Umsetzung zu denken ist. Wieder andere erinnerten an → Laplace (1812), der dargelegt hatte:

»Ein Geist, der alle Kräfte der Natur und die gegenseitige Lage aller ihrer Geschöpfe kennen würde, könnte, wenn er stark genug wäre, alle diese Gegebenheiten der Rechnung zu unterwerfen, mit derselben Formel die Bewegungen der größten Weltkörper und der kleinsten Atome erfassen. Nichts wäre für diesen Geist ungewiß, und die Zukunft wie die Vergangenheit lägen offen vor seinen Augen.«

Daß das menschliche Unbewußte solcher Leistung fähig sein soll, erscheint jedoch außerordentlich kühn. Außerdem, rügen manche Denker, wird mit dieser Vorstellung die menschliche Freiheit aufgehoben – was allerdings kein Argument für oder gegen die P. wäre.

→ Neuhäusler (1957) entwickelte ein P.s-Modell, bei dem die Freiheit bewahrt bleibt: Der Sensitive sieht die *Entwürfe* möglicher künftiger Ereignisse – manche davon werden realisiert, andere nicht. Damit vergleichen läßt sich die Vorstellung, daß in jedem Menschen Bilder existieren, nach denen er sein Leben ausrichtet. Nimmt man diese Imagines (→ Imago) wahr (z. B. telepathisch), sind gewisse Aussagen über die Zukunft des Betreffenden mit einer er-

höhten Wahrscheinlichkeit möglich. – Einen gänzlich anderen Ansatz zur Lösung des Problems boten jene Physiker, die auf akausale Geschehensabläufe im subatomaren Bereich verwiesen: Was da möglich ist, könnte auch woanders möglich sein. – Rhine möchte auf physikalische Parallelen verzichten: → Psi, sagt er, ist nicht-physikalisch; raum-zeitliche Gesetze sind für die P. irrelevant. In diesem Zushg. muß daran erinnert werden, daß die Kategorie der Zeit nach Kant als Kontinuum *gedacht* werden kann; das Kontinuum ist eine Modellvorstellung. Deshalb wäre es zulässig für die P. zu versuchen, ein anderes Zeitmodell zu entwickeln (→ Synchronizität).
Lit.: Bender 1971; Bender/Mischo 1960/61; Dunne 1927; Owen 1966; Priestley 1964; L. E. Rhine 1961.

Präkognostisch, svw. präkognitiv; → Präkognition.

Prämonition, Form der → Präkognition: (warnende) Vorahnung (→ Ahnung).

Prana [sanskr.; (Lebens-)Atem], psychische Energie, Lebenskraft, die sich im Weltall offenbart, deren Sitz aber im Herzen des Menschen ist; desgleichen eine kosmische Kraft; feinstoffliches Element – von westlichen Forschern manchmal mit Fluidum-, Äther- oder Od-Vorstellungen verglichen. In Europa bezeichnen sich manche Handaufleger und Magnetiseure als *pranische Heiler*.
Lit.: Vivekananda 1926.

Pränuntiation [lat.], Vorherverkündigung.

Präsagia [lat.], Vorzeichen, Ahnungen, Vorgefühle.

Pratt, Joseph Gaither (* 1910), amer. Parapsychologe, arbeitete von 1933–64 am Parapsychological Laboratory der → Duke University. Ein wesentlicher Teil seiner Arbeit war und ist der quantitativen pps. Forschung gewidmet. S. a. → Pearce-Pratt-Experiment; → Woodruff-Pratt-Experiment. – *Werke* → Bibl.

Preiswerk, Helene, gen. Helly, »Jungs Medium« (1881–1911), das »Frl. S. W.« in Jungs Dissertation war in Wahrheit seine Cousine H. P., die bereits mit 6 Jahren die ersten »Gesichte« gehabt haben will: Sie sah ihren Schutzengel, erlebte wunderbare Reisen, vom verstorbenen Großvater als → Psychopompos geführt (im Haus kannte man → Flammarions populäre astrol. Werke, und prompt stellten sich auch visionäre interstellare Reisen bei Helly ein). Mit 13 hielt H. P. die erste Sitzung für Jung ab, von 1895–99 untersuchte er sie systematisch. In Trance gelangen ihr auch paranormale Leistungen, z. B. ein vermutlich telepathischer Kontakt zu einer Bezugsperson in Brasilien und PK-Effekte (z. B. Zerspringenlassen eines Tisches). Jung schildert in seiner Dissertation seine Vp. ungerechterweise als ungebildet und dümmlich. Zur verfälschenden Darstellung mögen ihn familiäre Gründe bewogen haben, auch eine gewisse Abneigung, sich zu verlieben (H. P. »schwärmte« für ihn), mag eine Rolle gespielt haben; in der Darstellung wurde so die Distanz zwischen Versuchsleiter und Vp. vergrößert; außerdem verlangte es der Zeitgeschmack geradezu, daß Medien ungebildet zu sein hatten.
Lit.: Ellenberger 1973; Jung 1902, 1962; Zumstein-Preiswerk 1975.

Prevorst, Seherin von → Hauffe, Friederike.

Price, Harry (1881–1948), engl. Autor und pps. Forscher, Begründer des National Laboratory of Psychical Research, London. P. legte den Grundstock für die 20 000 Bände umfassende Harry Price Library of Magical Literature an der Universität London. Von der Echtheit der paranormalen Begabung einiger Medien war P. überzeugt, wesentlich mehr Medien aber überführte er des bewußten oder unbewußten Betrugs. Er geriet jedoch selbst ins Zwielicht durch spektakuläre scheinwiss. Unternehmungen wie eine Hexensitzung in der Johannisnacht 1932 auf dem Brocken und seine 18 Jahre lang währenden Untersuchungen des engl. Spukhauses → Borley Rectory (vgl. Dingwall, Foldney u. Hall 1955).

Price, Henry Habberley (* 1899), engl. Logiker, 1939–41 Präsident der S.P.R.; widmete sich auf philos. Gebiet vor allem der Erkenntniskritik und arbeitete in der Pps. über Telepathie, Erscheinungen und Probleme der Überlebensforschung (s. a. → Andere Welten). – *Werke* → Bibl.

Priester [von griech. *presbyteros;* der Bevollmächtigte], die meisten Religionen kennen das Amt des P.s, dessen Funktion es ist, Stellvertreter der Gemeinde in Kult und Ritus zu sein, z. B. die notwendigen Opfer darzubringen. Darüber hinaus gilt er oft als Mittler zwischen der Gottheit und dem Menschen, was meist durch eine besondere Lebensführung (Askese, Erfüllung bestimmter Reinheitsgebote usw.) betont wird. Häufig wird ihm eine ererbte (P.familien), erworbene oder (z. B. durch Salbung) verliehene (übertragene) Kraft (→ Charisma) zugesprochen, die ihn zu heiligen Handlungen befähigt. Diese Kraft kann sich auch in von der Pps. als paranormal erachteten Manifestationen zeigen, wobei die Übergänge zum Wahrsager, Magier und Medizinmann fließend sind.

Primhistorie, obwohl die → Deszendenztheorie innerhalb der akademischen Wiss.-en als gesicherte Tatsache akzeptiert ist, gibt es nach wie vor Außenseiter (z. B. Erich v. Däniken), die glauben, vor der bekannten Menschheitsgeschichte eine noch unbekannte Geschichte mit hochkulturlichen Zivilisationen annehmen zu müssen, auf die heute noch einige, z. T. archäologische Befunde hinweisen sollen. Für diese Geschichte vor der Vorgeschichte (Prähistorie) schlug der frz. Schriftsteller Robert Charroux (* 1909) die Bezeichnung P. vor. Die Spekulationen zur P. und verwandte Behauptungen gehören nicht eigtl. in den Bereich der Pps.; da die Vertreter dieser Lehren aber bei der Beschreibung ihrer hypothetischen Kulturen paranormale Sachverhalte ins Spiel bringen (z. B. Telepathie als das damals normale Kommunikationsmittel bezeichnen), muß die Pps. von dieser Lit. Kenntnis nehmen.

Primitive [lat.; die ersten ihrer Art], meist in (ab)wertendem Sinn gebraucht für Angehörige von Naturvölkern. – In der Tiefenps. meint *primitiv* die tieferen psychischen Schichten; *Primitivperson* den Teil des personalen Aufbaus, der den entwicklungsgeschichtlich älteren Teilen des neuralen Apparats entspricht. Unbewiesen, aber oft vertreten, findet sich die Behauptung, die Psi-Fähigkeit sei häufiger bei P.n anzutreffen oder den primitiven psychischen Schichten zugeordnet (s. a. → Archaisch).

Primordialsubstanz [von lat. *primordium;* Anfang], Ursubstanz; gelegentlich svw. → Ektoplasma.

Prince, Walter Franklin (1863–1934), amer. Geistlicher und Parapsychologe, gründete 1925 die Boston Society for Psychic Research und war 1930/31 Präsident der S.P.R. Auch nach langjähriger intensiver pps. Forschung war P. nicht von der Existenz der PK überzeugt; ASW in den Modalitäten Hellsehen und Telepathie hielt er jedoch für erwiesen. Als seine bedeutendste Leistung gilt die Untersuchung des Falles → Fisher.

Lit.: A. J. Smith 1955.

Profilierung, retrograde, Erinnerungsverfälschung, → Paramnesie.

Prognose [griech.; Vorhersage], spricht man im Zushg. mit Sensitiven (professionellen Hellsehern, Astrologen usw.) von P.n, so meint man damit meist mehr oder weniger globale Aussagen über zukünftige Ereignisse allgemein interessierender (politischer, wirtschaftlicher usw.) Art.

Projektion [von lat. *proicere;* vorwerfen, hervortreten lassen], 1. in der Ps. seit Ende des vorigen Jh.s in verschiedenem Sinn gebraucht: a) P. beschreibt das Verhältnis zwischen den Inhalten und den Objekten der Wahrnehmung: Einer umstrittenen Theorie zufolge bedeutet Wahrnehmung, daß psychische Inhalte auf die Außenwelt projiziert werden; b) Affekt- und Gefühlsp. nennt man das unmittelbare Deuten von

Ausdrucksqualitäten bei Personen oder Gegenständen: daß sie langweilig, fröhlich oder furchteinflößend sind, wird nicht aus Merkmalen geschlossen, sondern die Betreffenden werden unreflektiert so wahrgenommen; c) in den theoretischen Überlegungen zu den sog. P.stests wird behauptet, daß der Proband bei seinen Deutungen des angebotenen Materials sich selbst, d. h. Charakteristika seiner Persönlichkeit, projiziert.

2. In der Psychoanalyse bezeichnet P. einen elementaren Mechanismus der → Abwehr: Eigenschaften, Wünsche, Emotionen, die jemand bei sich ablehnt, werden einer anderen Person oder Sache »angelastet« und können dort ohne Gefahr für die eigene Person verdammt werden.

3. In der Alchimie: a) svw. → Tingierung; b) im Jungschen Verständnis der Alchimie ist der »chemische Teil« dieser Disziplin eine P. in dem Sinne, daß geistig-seelische Prozesse, in die Außenwelt projiziert, gegenständlich werden.

4. In der Pps. sind subjektive P.en Dramatisierungen der ASW durch den Erlebnisträger: Er empfindet die paranormalen Eindrücke, »als ob« seine Seele den Körper verlassen habe und an einem anderen Ort Beobachtungen mache; objektive P.en nennt man die hypothetischen »Aussendungen« (Materialisationen, Phantome, Doppelgänger) eines medial Begabten, die von anderen Personen wahrgenommen werden. (Strenggenommen müssen sie durch technische Verfahren objektivierbar sein, z. B. durch die Fotografie.)

Prokop, Otto (1921), dt. Mediziner, Direktor des Instituts für gerichtliche Medizin an der Humboldt Universität Berlin (DDR), engagierter Kritiker und Gegner der Pps, der die Auseinandersetzung mit den Parapsychologen und ihrer Disziplin, von ihm als »Okkultismus« apostrophiert, auch in außerwiss. Bereiche trägt:

»Wieviele haben wohl im sog. Dritten Reich gefragt:
– worin die Überlegenheit der Nordischen Rasse bestehe und warum Schwarzhaarige *nieder*rassig seien,
– warum ›Der Weltjude‹ an allem die Schuld trage,
– was ›Blut und Boden‹ konkret bedeuteten,
– worin die Macht der Freimaurer eigentlich bestünde.

Der Vergleich der herangezogenen Ideologie mit den Parawissenschaften ist durchaus treffend.« (P./Uhlenbruck in ihrer Schrift *Über Wissenschaftskriminalität* [!], 1975: 8.)

Prolongation [lat.; Verlängerung], in der älteren pps. Lit. aus → Ektoplasma gebildete physische Fortsätze an verschiedenen Körperteilen des Mediums; u. a. bei der → Paladino beobachtet.

Promnesie [griech.; Vorausgedächtnis], bei → Myers Bezeichnung für vermutete paranormale Qualitäten in der → Fausse reconnaissance.

Prophetie [griech. *propheteia;* Weissagung], →Präkognition innerhalb eines religiösen Bezugsrahmens (Weissagung aufgrund göttlicher Besessenheit usw.). *Prophet* ist daher kein Synonym zu Sensitiver oder Paragnost, auch wenn ein hist. fixierbarer Prophet pps. betrachtet als Sensitiver angesprochen werden kann. S. a. → Nabi.

Prophetie der symbolischen Handlung, archaische Form der Prophetie: Die Prophezeiung erfolgt nicht mit Worten, sondern in gottgetriebenen Handlungen, deren Bedeutung u. U. erst nachträglich offenbar wird (z. B. Jeremias 13,1 ff.). – Präkognitionen, bei denen das Zukünftige nicht visionär oder auditiv vorweggenommen wird, sondern in einer realen Handlung, kann man als paranormale Parallele zu dieser Art von Prophezeiung sehen. Wird das Bedeutungsbewußtsein erst nachträglich erlangt, kann man von einem »fraktionierten Aufsteigen« unbewußter Daten sprechen.

Prophezeiung [griech. *propheteia;* Weissagung], → Prophetie.

Proskopie [griech.; Vorausschau], selten für → Präkognition.

Prosopopese, Wortprägung → Sudres für die »plötzliche, spontane oder eigens hervorgerufene Veränderung der psychischen Persönlichkeit«; von Sudre als Gegenstand der Pps. reklamiert.

Proxy-sitting [engl.; Stellvertreter-Sitzung], spiritistische Séance, in der die Person, die Kontakt zu einem bestimmten Verstorbenen wünscht, das Medium nicht selbst aufsucht, sondern einen Vertreter *(proxy)*, der den Toten zu Lebzeiten nicht gekannt haben darf, schickt. Damit soll verhindert werden, daß durch → Parapathie nichtauthentische Botschaften produziert werden. Die Vertreter des Animismus wenden allerdings ein, daß die → Abwesenheitstelepathie auf diese Weise nicht ausgeschlossen werden kann.

Pseud(o)- [von griech. *pseudos;* Täuschung], Vorsilbe, die das Scheinhafte, Fälschliche einer Eigenschaft anzeigt.

Pseudo-Dionysios Areopagita → Dionysios Areopagita.

Pseudogeständnisse, sehr viele Medien, u. a. die Geschwister Fox (→ Hydesville) und Eva → C., haben sich während oder nach ihrer medialen Laufbahn selbst des Betrugs bezichtigt, später widerrufen, u. U. erneut gestanden, usw.

»Diese Jämmerlichkeiten beweisen nichts als die geistige Gebrechlichkeit der Medien. Wenn man einmal Aussagen über eine Tatsache gemacht hat, genügt es nicht, später zu sagen, man habe gelogen, man muß noch angeben, wie diese Lügen und Betrügereien ausgeführt wurden.« (Richet 1923: 26.)

Pseudohalluzination, Trugwahrnehmung, deren Unwirklichkeit der Erlebende erkennt.

Pseudomnesie, Fehlerinnerung; von → Oesterreich (1921) vorgeschlagener Begriff, um die → Fausse reconnaissance und verwandte Erscheinungen zu bezeichnen (→ Paramnesie).

Pseudopodien [von griech. *pus;* Fuß], Scheinfüßchen, angebliche gliedartige ektoplasmatische Bildungen, die man bei Materialisationssitzungen beobachtet haben will. Sie gehen vom Medium aus, lösen sich auf oder scheinen wieder ins Medium zurückzukehren. So schreibt z. B. → Dessoir (1917: 157 f.), er habe bei der → Paladino ein spitzes »rätselhaftes Etwas« gesehen und gespürt, das er »vergeblich zu packen suchte«.

Pseudo-Telekinese, durch elektrische Hautladung erklärbare Bewegungen leichterer Objekte.

Psi, der 23. Buchstabe des griech. Alphabets mit dem Lautwert »ps« (als Zeichen: Ψψ); erster Buchstabe des Wortes *psyche* [griech.; Seele]. Bei Freud ist »Psi-System« ein Dachbegriff, der die seelischen Subsysteme in sich schließt. Unabhängig davon schlugen → Thouless und H. P. Wiesner vor, eine hypothetische psychische Fähigkeit, die einem Menschen Kontakt mit der Umwelt ohne die normale sensorische oder muskuläre Betätigung ermöglichen soll, Psi zu nennen (Wiesner/Thouless 1942). Nach Auffassung der → Rhine-Schule ist die Psi-Funktion nicht-physikalischer Natur und als ein allgemeiner und unbewußter Faktor anzusehen. S. a. → Parapsychologie.

Im folgenden Schema wird eine kognitive (ASW) und eine motorische (PK) Seite der Grundfunktion unterschieden:

Psi (Ψ)

Psi-gamma (Ψγ)	Psi-kappa (Ψκ)	Psi-epsilon (Ψε)
ASW (ESP) Hellsehen Telepathie Präkognition	PK (PK) PK-BZ (PK-MT) PK-SZ (PK-ST) PK-LZ (PK-LT)	Materialisationen

(BZ: Bewegte Ziele, *Moving Targets;* SZ: Statische Ziele, *Static Targets;* LZ: Lebende Ziele: *Living Targets)*

Psi-Feld, -Funktion, Bezeichnung in der Physik für immaterielle Felder.

Psi missing [engl.; fehlendes Psi], meint nicht das Fehlen der paranormalen Begabung bei einem Individuum, sondern eine

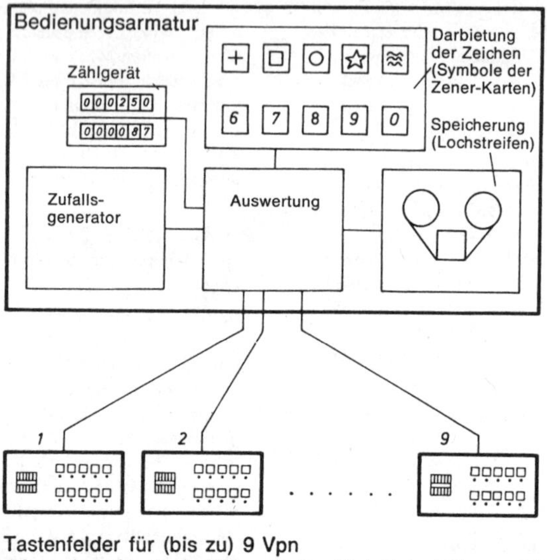

Schema des auf S. 69 abgebildeten Geräts. (Nach Fischer/Hübner 1968.)

vorhandene Psi-Fähigkeit, die auf paranormale Weise Psi-Manifestationen *verhindert*; sei es, daß z. B. eine Vp. im quantitativen Test signifikant unter der Zufallserwartung liegt, sei es, daß die Gegenwart eines Psi-m.-Trägers spontane oder provozierte Psi-Leistungen beim Medium in einer Séance ausschließt oder behindert. Die unbewußte Motivation für ein signifikantes unterzufälliges Ergebnis dürfte vielfach die uneingestandene Angst vor dem Unheimlichen sein. Jedenfalls muß angenommen werden, daß beim Psi m. im ASW-Versuch die korrekte Identifikation des Zielobjekts zwar stattfindet, jedoch nicht bewußt werden kann.

Psi m. beim Versuchsleiter ist im folgenden Experiment anzunehmen, das der engl. Forscher George William Fisk (geb. 1882) und der engl. Psychiater Donald James West (* 1924) gemeinsam durchführten: Beide hatten vorher bereits Kartenexperimente vorgenommen – Fisk mit, West ohne Erfolg. Beide bereiteten Karten vor, die Fisk dann an die vorher bereits erfolgreichen Vpn schickte; und wieder verliefen die Versuche mit den von Fisk vorbereiteten Karten wesentlich positiver als die mit den von West ausgesuchten (Bender 1974: 123).

Lit.: Cadoret/Pratt 1950; Nash 1955; Rao 1965; Rhine 1952; L. E. Rhine 1965; Timm 1968.

Psinergie, hypothetische Energie, die dem Denkvorgang korrespondierend manifest werden soll; sie wird aus dem sog. *Delpasse-Effekt,* einem energetischen Vorgang im Gehirn Sterbender gefolgert, der in Fortsetzung von hirnphysiologischen Untersuchungen des amer. Neurologen Grey Walters (* 1910) beobachtet wurde, und soll paranormale Phänomene durch Erweiterung des gegenwärtigen physikalischen Weltbilds verständlich machen.

Lit.: Bedford/Kensington 1974.

Psi-Recorder, → Tyrrell arbeitete mit einem Apparat, der die Fehlerquellen beim Mischen, Protokollieren und mathematischen Aufbereiten im quantitativen Kartenexperiment ausschließen sollte. Das Freiburger → Institut für Grenzgebiete der Psychologie benützt eine automatische ASW-Testanlage (»Psi-Recorder 70«), die das Institut für Allgemeine Nachrichtentechnik der Technischen Hochschule Darmstadt unter der Leitung des Nachrichtentechnikers Wilhelm Klein (* 1910) entwickelt hat. Man kann damit Hellsehen, Präkognition und AASW untersuchen (eine reine Darstellung der Telepathie ist aus theoretischen Gründen nicht möglich: Das Objekt, das der Agent sieht bzw. senden möchte, kann vom Perzipienten auch hellseherisch erkannt werden). Vom Zufallsgenerator läßt sich durch Knopfdruck ein Symbol (das bei den → Zener-Karten entliehen wurde) abrufen, der räumlich entfernte Perzipient erhält ein »Achtung«-Signal und drückt auf die ihm »richtig« erscheinende Taste einer Tastatur, die alle Symbole umfaßt. Verschiedene Modifikationen sind möglich; der Computer enthält zahlreiche Programme, um die Ergebnisse unter mehreren Aspekten auswerten zu können.

Lit.: Fischer/Hübner 1970.

Psi-Trailing [von engl. *to trail;* einer Spur folgen], bei manchen Haustieren vorhandenes paranormales Vermögen, ihren Herrn über die größten Entfernungen hinweg aufzuspüren; vielleicht Sonderfall eines allgemeinen → Heimfindevermögens.

Lit.: Rhine/Feather 1962/63; Selous 1931.

P-Strahlen, von »*P*endel« abgeleitet; Strahlen, die die Bewegungen des → Pendels beeinflussen sollen.

Lit.: Kallenberg 1920.

Psyche [griech.; Hauch, Atem; Seele; Seelentier (Vogel, Schmetterling, Mischwesen)], nach der Lehre der Stoiker und modifiziert auch bei → Demokrit ist die → Seele ein feinstofflicher feuriger Hauch *(pneuma),* der den ganzen Körper durchdringt. Der heutige Sprachgebrauch von P. ist nicht eindeutig; i. allg. wird unter P. die seelisch-geistige Organisation des Menschen verstanden, wobei offenbleibt, ob bestimmte Funktionen oder ein immaterielles »Etwas« gemeint ist.

Psychedelisch [von griech. *delosis;* Enthüllung], die charakteristische Eigenschaft eines tranceartigen Zustands gesteigerter Sensibilität; auch für die Stimulanzien gebraucht, die ihn hervorrufen (Pharmaka, Musik usw.).

Psychiatrie, Wiss. von den Geisteskrankheiten, ihren Arten, Entstehungen, Verlaufsformen und den möglichen Therapien. Berührungen zur Pps. sind mehrfach gegeben. 1. Ein »Pseudo-Psi-Symptom« bei psychiatrischen Patienten – ein Kranker behauptet z. B., er werde »telepathisch« verfolgt; 2. Psi in der Ätiologie der Krankheit (vgl. → Mediumistische Psychose) – z. B. affektive Erschütterung aufgrund eines echten paranormalen Erlebnisses. → Janet nahm sogar für Mediumismus und Geisteskrankheit eine gemeinsame Wurzel an (eine These, die heute kaum noch vertreten wird); → Ehrenwald (1948) erwog, daß telepathisches Material Auslöser einer Schizophrenie sein könnte; 3. ASW- und PK-Phänomene in und aufgrund der therapeutischen Situation; am häufigsten scheint die Telepathie zwischen Patient und Arzt zu sein. S. a. → Metapsychiatrie.

Lit.: Alberti 1975; Eisenbud 1949; Rhine 1946; Schwarz 1965; Urban/Köck 1949; Zorab 1957.

Psychic [engl.], bei → Flammarion, → Cox u. a. svw. Medium; der Begriff P. schließt aber auch den Automatisten ein, dessen Produktionen keine paranormalen Daten enthalten. – *Cool Psychic:* Medium, das nicht religiös (z. B. spiritistisch) orientiert ist.

Psychifikation der Triebe, nach Jung die Modifikation der Triebe im Laufe der Evolution, entsprechend der jeweiligen Entwicklung des Zentralen Nervensystems (ZNS) und der psychischen Organisation. »Primitive Instinkte« werden mit der stammesgeschichtlichen Entwicklung einer Psyche immer weniger notwendig; das blinde Drängen der Natur wird gerichtet (s. a. → Atavismus).

Psychik → Odik.

Psychisch, auf das Seelische bezogen; im angloamer. Sprachgebrauch wird → *psychic* (psychisch) manchmal synonym zu pps. und zu paranormal gebraucht.

Psychischer Induktor, bei der → Psychometrie gewinnt der ASW-Begabte seine Informationen angeblich dadurch, daß er einen Gegenstand, der mit der Zielperson oder der Zielsituation in Berührung kam, sieht oder in Händen hält. Manche Autoren und vor allem Sensitive selbst glauben, ein früherer Besitzer oder irgendwelche Umstände hätten paranormal wahrnehmbare und deutbare Spuren an dem Objekt hinterlassen (→ Imprägnationstheorie). Diese Hypothese wird aber hinfällig, wenn z. B. die Fotografie eines Menschen, die der Abgebildete selbst nie in Händen hielt, als → Induktor dient und zu Aussagen über den Porträtierten führt. Eine andere Hypothese besagt deshalb, der Sensitive werde durch den *Glauben* an die Wirksamkeit eines induzierenden Objekts zur paranormalen Leistung befähigt, das Objekt bilde also nur eine eigentlich überflüssige Brücke. – Auch Horoskope, Handabdrücke (in der → Chirologie), Pendel, Wünschelruten u. a. m. können als p.I.en gedeutet werden.

Psychoanalyse [griech. Kunstwort; svw. »Seelenzergliederung«], ursprünglich ein von Joseph Breuer und Freud ausgebildetes psychotherapeutisches Verfahren, wurde die P. später durch Freud zu einer Lehre, bei der die Aspekte einer philos. Anthropologie, einer organisierten Bewegung, einer entwicklungsps. Theorie und der Psychotherapie zu unterscheiden sind. – Die psychische Organisation sieht die P. im Raster verschiedener sich überschneidender Systeme: Bewußt – Unbewußt und die Instanzen Es, Ich und Über-Ich. Das Unbewußte kann nur erschlossen werden aus spontanen und provozierten Handlungen, vor allem durch das Material der Träume (und, wie die pps. Forschung gezeigt hat, auch durch die paranormalen Phänomene). Es lassen sich verschiedene Berührungspunkte zwischen P. und Pps. aufzeigen, obwohl die Vertreter der P. in der Mehrzahl peinlich Distanz zur Pps. bewahrten – vermutlich in der richtigen Annahme, da sie sowieso schon um ihre Anerkennung als Wissenschaftler bangen müßten, wäre es der Reputation abträglich, wenn sie sich mit der als noch umstrittener geltenden Pps. einließen. Dabei hatte schon Freud (1922) pps. Phänomene akzeptiert und zugl. eine noch heute gültige und wichtige Erkenntnis formuliert, nämlich, daß die telepathische Erfahrung in ihrer Entstehung ähnlichen oder gleichen, den ursprünglichen Gehalt verzerrenden und verändernden Prozessen ausgesetzt ist wie der Traum. Andere Analytiker (z. B. H. Deutsch, Ehrenwald, Eisenbud, Hollòs, Servadio) bestätigten Freud, daß in Träumen telepathische Informationen auftauchen können. István Hollòs beschrieb 1933 die besondere Situation, daß Material, das der Analytiker zu verdrängen suchte, beim Patienten telepathisch abgezapft auftaucht (und damit dem »allmächtigen« Analytiker die Macht des Patienten demonstriert).

Einer der ersten Anhänger Freuds, der ungar. Nervenarzt und Analytiker Sandor Ferenczi (1873–1933), interessierte sich schon früh für okkultistische und spiritistische Phänomene. In den Jahren 1897/99 nahm er an Sitzungen in Buda teil, die im Haus des Pharmakologie-Professors Emil Felletàr (1834–1917) stattfanden. Dessen Großnichte war das Medium. Ein beeindruckendes Erlebnis war für Ferenczi die Antwort auf die Frage: »Was tut die Person, an die ich im Augenblick denke?« – Durch das Medium wurde geantwortet: »Die Person, an die Sie denken, richtet sich im Bett auf, bittet um einen Schluck Wasser, sinkt zurück und stirbt.« Tatsächlich dachte Ferenczi an einen Pflegefall in der Klinik, der Patient starb, wie sich nachträglich erwies, zu eben der Zeit unter den geschilderten Umständen. – Seit 1907 diskutierte Ferenczi mit Freud die pps. Problematik. 1917 wurde er noch Zeuge, daß die Träger Felletàrs Sarg nicht zu heben vermochten; erst als die Nichte ihn berührt hatte, konnten sie ihn tragen (Fodor 1966). Der engl. Psychoanalytiker Ernest Jones (1879–1958), der maßgeblich an der Etablierung der P. beteiligt war, versuchte stets, die »okkulten« Neigungen Freuds zu leugnen.

An fruchtbarer Berührung zwischen P. und Pps. ist vor allem zu nennen das Konzept des Unbewußten, das die Pps. teilweise von der P. übernommen hat, und die pps. Deutung mancher Vorkommnisse im Therapeut-Klient-Verhältnis, die die P. mit ihren Mitteln allein nicht hätte verstehen können.

Lit.: Balint 1955; Deutsch 1926; Devereux 1953; Ehrenwald 1947; Eisenbud 1946, 1974; Fodor 1942, 1945, 1947, 1958; Freud 1913, 1922; Kröner 1928; Long 1918/19; Mitchell 1918/19; Servadio 1935 a, b, 1958, 1974; Winterstein 1966.

Psychobiologie, von dem dt. Neurologen Hans Lungwitz (* 1881) begründete naturwiss.-medizinische Ps., die das Seelisch-Geistige als Funktion des Nervensystems beschreibt. Das → Leib-Seele-Problem existiert für diese Ps. nicht länger.

Psychobolie [von griech. *bolos;* Wurf], → Tanagras wollte die Präkognition als Scheinpräkognition entlarven, indem er versuchte, Aussagen Sensitiver über einen künftigen Sachverhalt mittels Mentalsuggestion in Erfüllung gehen zu lassen; dieses Verfahren nannte er P. (vgl. → Telebulie).

Psychochirurgie → Geist-Chirurgie.

Psychod, Bezeichnung → Thurys für → Ektoplasma.

Psychofotografie, auch *Gedankenfotografie,* das paranormale Erzeugen von Bildern oder Bildteilen mit oder ohne Kamera auf Platte oder Film. Ein Phänomen, das zum ersten Mal 1861 als → Extra auf einer Aufnahme W. H. Mumlers in Boston beobachtet worden sein soll (→ Geisterfotografie). 1896 erzielte der frz. Offizier Darget P.n, indem er die Platte, in schwarzes Papier gehüllt, an die Stirn hielt: Nach dem Entwickeln zeigten sich die Bilder gedachter Objekte (Darget 1909, 1913). In den ersten Jahren der P. waren die Betrugsmöglichkeiten infolge der noch wenig entwickelten Technik relativ groß. Nachdem aber durch die Arbeit mit → Serios das Phänomen als solches gesichert scheint, müssen rückblickend auch echte Psychofotos aus der Anfangszeit der P. vermutet werden. Das gilt vor allem für die um 1910 vorgenommenen Arbeiten des Tokioter Professors Tomokichi Fukurai (1931): Mit seiner Frau Takahashi als Medium entwickelten sich sowohl Bilder als auch Schriftzeichen auf Fotoplatten (Freudenberg 1914). – Die Wirkung der P. setzt wohl direkt am Film ein; → Schrenck-Notzing allerdings vertrat die Hypothese instabiler Materialisationen, die »normal« fotografiert werden. – Die meisten Psychofotos sind Schwarz-Weiß-Aufnahmen; allerdings wurden schon 1912 farbige Extras erzielt.

Lit.: Baraduc 1908; Coates 1912; Doyle 1922; Duchatel 1914; Eisenbud 1975; Houghton 1882; Hyslop 1914 b; Kotik 1908; Ochorowicz 1912; Peter o. J.; W. F. Prince 1919/20; Reid 1901; Sidgwick 1891/92.

Psychogen, seelisch bedingt (z. B. Verhaltensauffälligkeiten oder körperliche Störungen). – Gegensatz: *Physiogen, somatogen,* organisch, physisch bedingt.

Psychogenetisches Grundgesetz, von dem amer. Psychologen Stanley Hall (1846–1924) in Weiterentwicklung des → Biogenetischen Grundgesetzes formuliert, besagt das P. G., daß die individuelle psychische Entwicklung den wichtigen Schritten in der Evolution der Menschheit entspricht. – Manche Parapsychologen glauben, daß im ersten Lebensjahr ASW-Manifestationen häufiger sind als im späteren Leben, und verweisen dabei auf die Hypothese, daß in der menschlichen Frühgeschichte ASW ein normales Kommunikationssystem gewesen sein soll (s. a. → Archaisch).

Psychognosis, bei → Dessoir Bezeichnung für die bis weit in die Antike zurückreichende vorwiss. Seelenkunde.

Psychogone, hypothetische feinstoffliche Ausscheidungen des → Ätherleibs.

Psychogramm [von griech. *gramma;* Buchstabe], in der Pps. 1. svw. → Direkte Schrift, Direktes Bild (das Produkt, nicht der gleichnamige Vorgang!); 2. Schrift oder Ornament in der → Psychofotografie; zur ps. Bedeutung des Begriffs vgl. → Psychographie.

Psychograph, 1. Schreibmedium; 2. Hilfsgerät beim → Automatischen Schreiben (z. B. → Planchette).

Psychographie, 1. → Direkte Schrift; 2. → Automatisches Schreiben; 3. Buchstaben oder ganze Wörter auf Bildern der → Psychofotografie. – Die Bedeutung von 1 scheint die älteste zu sein, die von 2 die derzeit verbreitetste.
In der Ps. bezeichnet P. das Erfassen der Daten, die die Persönlichkeit eines Individuums ausmachen, in einem sog. Psychogramm.

Psychographologie, Bezeichnung → Schermanns für die von ihm geübte »Graphologie«, die als eine Mischung aus intuitiver → Graphologie und → Psychometrie anzusprechen ist.

Psychohygiene [griech.; seelische Gesundheit; engl. *mental health;* geistige Gesundheit], die P. hat sich gegen Ende des vorigen Jh.s zu einer eigenständigen wiss. Disziplin entwickelt. Ihre Hauptaufgabenbereiche als Angewandte P. sind Therapie, Prophylaxe und – als Teil der Prophylaxe – die Aufklärung. Der Beitrag der Pps. zur P. besteht in erster Linie in ihrer aufklärerischen Tätigkeit (»positive Kritik des Aberglaubens«), hinzu treten aber auch spezifische Beiträge zur Nosographie (Krankheitsbeschreibung) und Therapie (→ Mediumistische Psychose).
Lit.: Brezina/Stransky 1955; Meng 1939 ff.; Tramer 1960.

Psychoid [griech.; seelenähnlich], 1. bei → Bleuler (1925) eine »seelenartige Ganzheit«, z. B. die psychischen Vorformen bei niederen Lebewesen; jene Funktionen, die die vegetativen Prozesse in der psychischen Organisation des Menschen lenken; 2. Jung nannte den → Archetyp, den er nicht rein seelisch auffaßte, einen P.; 3. bei → Driesch (1905) svw. → Entelechie.

Psychokinese (PK), [von griech. *kinein;* bewegen], »physikalisch vorläufig unerklär-

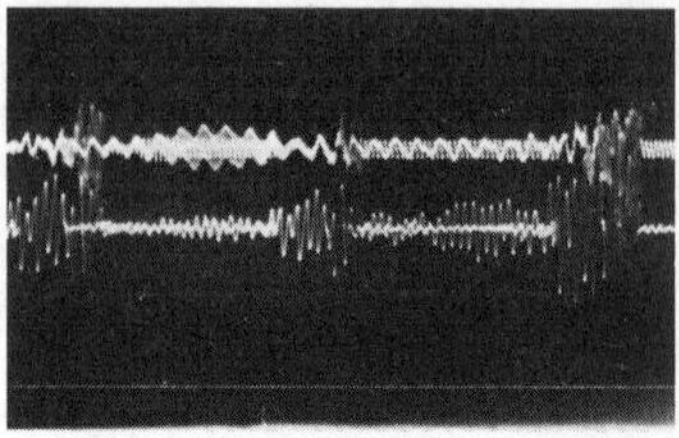

Tischklopfen ist ein klassisches psychokinetisches Phänomen; mit Hilfe eines seismischen Tondetektors wurden bei Experimenten in Los Angeles 1959–61 solche Raps auf Band genommen. (Paul, Fantl u. a. 1963.)

bare, psychisch ausgelöste Bewirkungen auf materielle Systeme« (Bender 1974, nach Rhine 1946); die Psi-Funktion in ihrem motorischen Aspekt (Psi-kappa); Bewegungen und/oder Veränderungen von Körpern, ohne daß man deren Ursache mit den heute bekannten Mitteln der Wiss. erklären könnte. Die amer. Forschung, die seit 1933 systematisch mit quantitativen Experimenten Untersuchungen zur PK durchführte, hat erst fast ein Jahrzehnt später ihre Ergebnisse publiziert. Nach Rhine ist mit diesen Ergebnissen die Existenz der PK bewiesen. Andere, vor allem europ. Wissenschaftler sahen den Existenzbeweis erst durch die Spukforschung, die qualitative Leistungen untersucht, erbracht. Über die physikalischen Ursachen, auch nur über die physikalische Relevanz der PK liegen kaum Erkenntnisse vor (zur ps. Kausalität vgl. → Poltergeist). In der sowjet. Forschung wird unter PK ein psychischer Effekt auf tote Ziele verstanden; PK-LZ (→ Psi) wird nicht der PK zugerechnet.

Psychologie, erstmals 1590 als Buchtitel (Rudolf Goclenius, *Psychologica*) belegter Begriff; Wiss., die die bewußten Vorgänge im Menschen und ihren regelhaften Zushg. untersucht. Ihre Mittel sind Experiment und Beobachtung. Ob die Untersuchung unbewußter Vorgänge, die unabhängig vom Bewußtsein ablaufen oder dessen Grundlage bilden, Teil der Ps. oder Gegenstand einer eigenen Disziplin, der → *Tiefenpsychologie* sind, ist nicht einhellig entschieden.

Unstreitig haben die von der Pps. untersuchten Phänomene ps. Relevanz, und nicht wenige Parapsychologen betrachten deshalb ihr Fach als Teilgebiet der Ps. Dennoch gilt für weite Bereiche der Ps. und ihr Verhältnis zu den parapsychischen Phänomenen noch immer, was → Moser 1935 schrieb: »... mit scheuem Blick und fast komischem Entsetzen schleicht sie [die Psychologie] daran vorbei« (1974: 141). Dabei liegen die Fortschritte der Pps. vor allem auf ps. Gebiet, und die Methoden ihres Vorgehens entsprechen den in der Ps. üblichen Verfahren. Dennoch ist von der allgemeinen akademischen Integration der Pps. eine spezielle ps. zu unterscheiden, die sich nur allmählich vollzieht.

Lit.: Bender 1957/58; W. Brown 1933; Driesch 1952; McDougall 1947; Schjelderup 1964.

Psychologistik, Sammelbegriff des amer. Psychologen Tom A. Waters für verschiedene Möglichkeiten und Techniken zur Aktivierung geistiger Fähigkeiten. Waters (1973) stellt dem Bewußtsein ein *Außerbewußtes* gegenüber und beschreibt Techniken (z. B. Planchette, Pendel – bei Waters »Mentalisman« gen.), mit denen Informationen vom Außerbewußten ins bewußte System gelangen. Der paranormale Wissenserwerb bildet einen Teil dieses Informationsflusses.

Psychometrie [griech.; Seelenmessung], 1. in der Ps. das Messen psychischer Erscheinungen, die quantifizierende Beschreibung der Beziehungen psychischer Funktionen untereinander und zwischen nichtpsychischen und psychischen Funktionen; 2. in der Pps. ASW-Leistung mit Hilfe eines → Psychischen Induktors. Die alten Magnetiseure hatten das Phänomen bereits bei ihren Somnambulen beobachtet; als eigtl. Entdecker der P. gilt jedoch → Buchanan, der sie 1842 experimentell untersuchte und den Wortsinn als »ein Messen, Erfassen durch die Seele« wiedergab:

»Die Psychometrie ist die Entwicklung und Ausübung der göttlichen Fähigkeiten im Menschen. Diese dunkle Sphäre des Intellekts, zu der die Weissagungen und Enthüllungen der Somnambulen gehören, die Prophezeiungen der Heiligen wie die Voraussagen der Schicksalsforscher, die geheimnisvollen Zeichen und plötzlichen Gefühle, die das Verhalten so vieler Menschen bestimmen, die Vorgefühle des Todes oder des Unglücks, die geheimen Einflüsse, die von manchen Gegenständen ausgehen – diese Sphäre erhellt die psychometrische Wissenschaft; denn sie gibt dem Menschen Aufschluß über die Orientierung seiner transzendentalen Kräfte, welche die philosophischen Theorien bisher verspotteten.« (Buchanan, n. Amadou 1957: 167).

Buchanans Arbeit wurde von seinem Schüler → Denton fortgesetzt. Die Definitionen der P. sind nicht eindeutig: Manche Autoren schränken die psychometrischen Möglichkeiten ein auf das Erfassen von psychischen Inhalten des Vorbesitzers eines Induktors bis zu dem Zeitpunkt, als dieser das psychometrische Objekt aus der Hand gab; dagegen treten offensichtlich Sensitive wie → Croiset mittels des Induktors im Moment des Betrachtens oder Berührens in einen telepathischen Rapport mit der Zielperson, und manchmal enthalten die Aussagen sogar präkognitive Elemente. Andere Autoren schließen die Telepathie aus und beschränken die P. auf Hellsehen und Präkognition oder, wie → Driesch, nur auf die → Retrokognition. Weitere Unterscheidungen beziehen sich auf das psychometrische Objekt: Es kann ein lebloser, aber auch ein organischer Gegenstand sein, es kann einem Menschen gehört haben, aber auch eine Gesteinsprobe oder ähnliches aus vormenschlicher Zeit sein. (Wird in diesem letzteren Fall die Beschreibung einer frühen geologischen Epoche geliefert, so handelt es sich nicht nachweisbar um Hellsehen: Es kann eine reine Leistung der Phantasie sein, sobald sich aber die Schilderung verifizieren läßt, ist die gemachte Erfahrung auch Inhalt der Psyche eines anderen Menschen, und damit wäre Telepathie eine mögliche Erklärung.) Die Vermutung, daß jedes Objekt ein Energiefeld besitzt, in dem sich Spuren seiner Geschichte finden, die der Sensitive »erspürt«, wird spätestens dann problematisch, wenn der Induktor z. B. die Fotografie der Zielperson ist. Andere Bezeichnungen für P.: *Paramnesie* (Oesterreich), *pragmatische Kryptästhesie* (Richet), *Hylomantie* (Bleuler), *rückgreifende Metaästhesie* (Oskar Fischer) und *Psychoskopie* (Tischner 1926).

Lit.: Brandt 1925; Buchanan 1849; Denton/Denton 1863; Duchatel 1910; Lambert 1923; Langsdorff 1911; Peter 1922; W. F. Prince 1924; Thaneg 1902.

Psychon, von → Carington geprägter Begriff; bezeichnet eine konkrete Vorstellung als individuelle Wesenheit. Die Beziehungen der P.en untereinander denkt sich Carington so geregelt, wie sie die Assoziationsgesetze beschreiben. Die ASW wird als eine Verbindung von P.en verstanden.

Lit.: Carington 1945.

Psychopathologie, Wiss. von den krankhaften Veränderungen des Seelenlebens. Eine »Para-Psychopathologie« wird von Eisenbud gefordert und in Ansätzen beschrieben (E. 1974: 279 ff.); dabei versucht Eisenbud, bestimmte Psi-Phänomene mit den üblichen Mitteln der P. zu deuten.

Psychophon, ein von dem Wiener Ingenieur Franz Seidl entwickeltes Vorschaltgerät, das zu besseren Aufnahmen bei → Tonbandstimmen-Phänomenen (s. a. → Jürgenson; → Raudive) führen soll. Vielleicht haben solche Geräte lediglich einen ps. Effekt: Der Glaube des Experimentators an den Apparat erleichtert die (animistisch-paranormale) Stimmenproduktion.

Lit.: Seidl 1971.

Psychophonie, die Beschäftigung mit paranormalen Ton- und Geräuschphänomenen, vor allem den sog. → Tonbandstimmen-Phänomenen; der Begriff P. bezieht sich sowohl auf die Produktion als auch auf die wiss. Untersuchung der Phänomene.

Psychophysik, die von → Fechner begründete exakt messende Sinnesps.; die P. beschreibt die Abhängigkeiten zwischen Physis und Psyche.

Psychoplasma, svw. → Ektoplasma.

Psychopomp(os) [griech.; Seelengeleiter], in der griech. Mythologie Begleiter der Toten in die Unterwelt; gelegentlich zur Bezeichnung einer miterlebten Begleitperson in der visionären → Seelenreise.

Psychorrhagische Diathesis [von griech. *ragdaios;* ungestüm, und *diathesis;* Anordnung, Gemütszustand], → Myers Hypothese eines »Ausbrechens der Seele« zum Verständnis der Telepathie: Das Unbewußte des Agenten ruft eruptiv Phantasmata hervor, die von anderen wahrgenommen werden können.

Lit.: Gurney, Myers u. Podmore 1886.

Psychose, im 19. Jh. sich ausbildender Begriff, der ein breites Spektrum seelischer Erkrankungen umfaßt. Es liegen verschiedene psychiatrische und psychoanalytische Systematiken der Geisteskrankheiten und seelischen Erkrankungen vor; eine verbindliche Definition der P. gibt es nicht.

Psychoskopie [griech.], von → Tischner (1926) anstelle von → Psychometrie vorgeschlagener Begriff; ein *Psychoskopist* ist also ein Sensitiver, der sich eines Gegenstands als Hilfsmittel bei der ASW bedient.

Psychotrone Energie, auch *bioplasmatische E.*, von tschech. Forschern vermutete, dem Menschen zur Verfügung stehende Energie, die die paranormalen Phänomene bewirken soll. Der tschech. Mathematiker und Physiker Julius Krmessky schreibt über diese Energie: »Es kann sich weder um Hitze noch um Luftzug handeln ... Die Ausstrahlung der Energie durchdringt Glas, Wasser, Holz, Pappe, jedes Metall, selbst Eisen, und ihre Kraft wird dadurch überhaupt nicht gemindert. Außerdem scheint *der menschliche Geist* diese Energie zu beherrschen.« (Zit. n. Ostrander/Schroeder 1970: 323.)

Psychotroner Generator, in der ČSSR durch Robert Pavlita, Design-Direktor einer großen Textilfabrik, entwickelter Apparat, der *bioplasmatische (psychotrone) Energie* akkumulieren, speichern und wieder abgeben soll.

Lit.: Ostrander/Schroeder 1970: 317–38.

Psychotrope Substanzen, synthetische oder natürliche Mittel, die psychische Veränderungen hervorrufen. Die Untergruppe *Psycholytika* (Halluzinogene) umfaßt jene Pharmaka, die sog. experimentelle Psychosen hervorrufen können.

Puharich, Henry Karl, nennt sich »Andrija« (* 1918), amer. Arzt, der auf pps.-ethnomedizinischem Gebiet arbeitete und über Telepathie. Er trat als eine Art Mentor → Gellers auf, von dem er Kontakte zu UFOs behauptete. – *Werke* → Bibl.

Pulsatio mortuorum [lat.; Klopfen der Toten], bei → Paracelsus Bezeichnung für Raps als Sterbebettphänomen; akustische Form des → Abmeldens.

Puységur, Armand Marie Chastenet Marquis de (1751–1825), frz. Magnetiseur. Der ehemalige Offizier wurde Schüler → Mesmers und baute zusammen mit Charles d'Eslon und → Deleuze die Methoden des animalischen → Magnetismus weiter aus zum »provozierten Somnambulismus«. – P. prägte den Begriff »Somnambulismus«. – Schwerpunkte seiner Arbeit waren Diagnose und Therapie; Psi-Manifestationen wurden zwar oft von ihm beobachtet, aber nicht zum Forschungsgegenstand gemacht.
Lit.: Deleuze 1834.

Pyramide [griech. *pyramis;* spitzer Kuchen, hängt vielleicht mit dem ägypt. Wort für P., *mer,* dessen Vokalisation unbekannt ist, zusammen], P.n sind bestimmte, sich nach oben hin verjüngende Bauwerke Altägyptens und einiger amer. Kulturen. Die größte P. ist die Cheops-P. (137 m, in der Antike ca. 146 m) bei Gizeh, die Cheops, ein ägypt. König der 4. Dynastie (wahrscheinlich 2553–2530 v. Chr.), erbaute. – Nach der einhelligen Meinung der Ägyptologen sind die P.n Königsgräber. Kulturhist. Theorien versuchten eine Zuordnung der P.n zu einer nicht recht faßbaren globalen Megalith-Kultur.
Gegen die ägyptologischen Ansichten haben wiss. Außenseiter immer wieder z. T. außerordentlich faszinierende Hypothesen aufgestellt, die die P.n als Schlüssel zu verborgenen Wiss.en sehen wollen; danach liegt dem Bau eine »hermetische Geometrie« zugrunde, deren Deutung erweisen soll, daß die P.n eigtl. Observatorien, astronomisch-astrol. »Uhren« o. ä. waren und sogar zu mantischen Zwecken errichtet wurden. Freimaurer, Tarotkundige u. a. Esoteriker berufen sich auf eine Tradition, die ihren Ausgang bei den P.n genommen haben soll.
Die Frage, *wie* die gigantischen Steinblöcke zu P.n getürmt wurden, stellt die Wiss. auch heute noch vor Rätsel; bereits im MA. vermutete man, Zauberei sei im Spiel gewesen, und auch heute wird gelegentlich noch erwogen, daß parapsychische Kräfte oder uns unbekannte Psychotechniken zur Bewegung der Steine eingesetzt worden wären (so z. B. Keller 1973).
Lit.: Borchardt 1911; Edwards 1949; Tompkins 1975.

Pyramidenenergie, hypothetische Energie, die in Pyramiden gebildet oder akkumuliert werden soll, die den ägypt. maßstabgerecht – meist aus Karton – nachgebaut sind; sie soll angeblich Verwesungsprozesse verzögern (Mumifizierung der Pharaonen!) und u. a. Rasierklingen schärfen können, vorausgesetzt, die Pyramidenmodelle sind in ihrer Stellung auf den magnetischen Nordpol hin ausgerichtet (»genordet«). – Ausgangspunkt der Spekulationen zur P. ist möglicherweise ein Scherz des schottischen Physikers Reginald V. Jones, der um 1939 in einem Leserbrief (unter dem Pseudonym »Colonel Musselwhite«) an die *Times* behauptet haben soll, der Erdmagnetismus vermöchte stumpfe Rasierklingen zu schärfen, wenn man sie genau in Nord-Süd-Richtung lege (Owen 1973).
Lit.: Alter 1973; Simmons 1973.

Pythia, Bezeichnung für weibliche Medien beim Delphischen Apollo-Orakel; Inschriften, Herodot u. a. Autoren überlieferten die Namen mehrerer Pythien; zur Blütezeit des Orakels scheinen bis zu 3 gleichzeitig tätig gewesen zu sein.
Lit.: Oesterreich 1937/38.

Q

QD-Analyse → Positionseffekt.

Qualitative Experimente, in der Pps. die experimentelle Arbeit mit Personen, die man für paranormal begabt hält (Sensitive, Medien). Die Versuche knüpfen an Berichte von Spontanerlebnissen an und versuchen, die Erscheinungen in der Laboratoriumssituation zu wiederholen. Im Regelfall darf man sich von q. E. mehr Aufschlüsse über die Natur des Phänomens, über seine ps. Aspekte u. ä. m. erhoffen als von der statistischen Untersuchung. Doch ist die Einteilung der Experimente in qualitative und quantitative eine vorläufige und grobe Differenzierung, zumal man auch das qualitative Experiment zu quantifizieren versucht (Timm 1964). Der amer. Physiker Henry Margenau urteilt: »Qualitative Arbeiten sind lediglich unzureichend analysierte Arbeiten; alle gute Arbeit ist quantitativ.« (N. Bender 1974:650.)

Lit.: Thouless 1972.

Quantentheorie, von Max Planck entwickelte physikalische Theorie vom Verhalten der Atome, Moleküle und Elementarteilchen, wobei unter »Verhalten« nicht die »objektive« Wirklichkeit, sondern nur unsere *Kenntnis* des Verhaltens zu verstehen ist. Die formulierten Gesetze sind statistischer Natur; das bedeutet, daß die Kausalität nicht länger allgemein gültig ist, sondern auf Einzelbereiche der Natur beschränkt wird. Die Q. verlangt einen grundlegenden Wandel unseres überkommenen Weltbildes; sie hat auch bedeutende Anregungen für die pps. Arbeit gebracht: Daß in einem Bereich der Naturwiss. die Kausalität nicht mehr gilt, macht es dem Parapsychologen leichter, Phänomene wie die Präkognition anzunehmen und zu beschreiben. Allerdings vermag die Physik als Wiss. vom Verhalten der Materie und ihrer Struktur kein Modell für Psi-Phänomene, die grundsätzlich an Lebendes geknüpft sind, zu liefern. Die Frage einer Wechselwirkung zwischen geistigen und materiellen Prozessen kann von der Physik allein nicht beantwortet werden.

Lit.: Büchel 1972; Chari 1956; H. Schmidt 1974.

Quantitative Experimente, Untersuchungen zur Psi-Funktion, die statistisch ausgewertet werden. Sowohl → Barrett als auch → Richet arbeiteten schon vor der Jh.-wende mit statistischen Methoden. 1922 veröffentlichten Psychologen von der Universität Groningen eine quantitative Untersuchung (→ Brugmans). Anfang der 30er Jahre begann → Rhine die berühmt gewordenen Versuchsserien an der Duke University (Durham, N. C.). Zur Untersuchung der ASW wurden vor allem die → Zener-Karten verwandt. Da sich *im Effekt* außersinnliche Erfahrung und sinnliche Wahrnehmung nicht unterscheiden, kommt es bei diesen Experimenten darauf an, den Nachweis zu führen, wie wenig zufällig das richtige Ergebnis ist. Darin sahen Rhine und seine Mitarbeiter das ausschlaggebende Kriterium für die Annahme von ASW. Rhines Verdienst ist es u. a., durch diese Versuche die Frage einer paranormalen Wahrnehmungsfähigkeit für viele andere Wissenschaftler, die in ihrer Disziplin auch statistisch arbeiteten, diskussionswürdig gemacht zu haben. Ob mit der beschriebenen Methode allerdings ein Existenzbeweis für ein unbekanntes Phänomen geliefert werden kann, wurde mit Recht angezweifelt. Bei den Versuchen → Soals in London hat man deshalb die Ver-

Ein quantitatives Vorhersage-Experiment: Der Versuchsleiter hebt den Deckel eines mechanischen Kartenmischers. Die Versuchsperson hat ihre Vorhersage über die Reihenfolge der Karten niedergeschrieben, bevor gemischt wurde. (Rhine, *Die Reichweite des menschlichen Geistes*, 1950.)

suchsanordnung variiert; dabei zeigten sich »induktive Korrelationen«, d. h. Ergebnisänderungen, die in Beziehung zu der Veränderung einer Versuchsbedingung standen: Dieser Effekt ist mathematisch nicht faßbar und kann als ASW-Beweis gewertet werden. – Vergleichbar den Versuchen mit den Zener-Karten, gingen Rhine und seine Mitarbeiter auch die PK an.

Lit.: Pratt 1964; Rhine/Pratt 1962; L. E. Rhine 1967; Soal/Bateman 1954.

Quarter distribution (QD) → Positionseffekt.

Quelle, seit alters her wird Q.n eine besondere Bedeutung beigemessen: Pausanias (2. Jh. n. Chr.) überliefert, daß sich beim Tempel der Ceres in Achaia (Peleponnes) eine Quelle befand, in die Kranke unter Räucherungen und Gebet Spiegel hinabließen: Zog man den Spiegel wieder herauf, so zeigte er den Kranken den Verlauf ihrer Krankheit in Bildern. S. a. → Lourdes.

Lit.: C. A. Meier 1949.

Quimby, Phineas Parkhurst (1802–1866), amer. Geistheiler, ursprünglich Uhrmacher. Q., der seine Patienten zunächst nach den Lehren → Mesmers behandelte, gelangte allmählich zu der Überzeugung, Krankheit sei eine geistige Störung und daher auch nur mit geistigen Mitteln zu heilen. Er arbeitete seine Lehre des *mind cure* nicht völlig aus; sie nahm erst unter seinen Schülern, meist ehemaligen Patienten, den Charakter einer religiösen Bewegung an. Am bekanntesten wurde Mary Baker → Eddy, die er 1862 von einem (wahrscheinlich hysterisch bedingten) Leiden geheilt hatte; sie erweiterte seine Lehre dualistisch durch die Annahme eines bösen animalischen Magnetismus und begründete die → Christian Science.

Lit.: Podmore 1909.

R

Radar der Psyche → Sinclair, Upton.

Radiästhesie [griech.; Strahlenfühligkeit], Abbé M. L. Bouly schlug den Begriff R. 1930 für die wiss. Untersuchung und die praktische Ausübung des Rutengehens und Pendelns vor. Der Ausdruck schließt eine »radio-psychische« Theorie ein: die Vermutung eines besonderen Reaktionsvermögens mancher Menschen in bezug auf Strahlungen (Kraftfelder, geopathische Reizzonen, Erdstrahlen, N-Strahlen, P-Strahlen usw.). Unbeschadet der Frage, ob es diese Strahlen und dieses Vermögen gibt oder nicht, ist es sinnvoll, von den physiologisch-physikalischen Theorien die pps. Hypothese abzusetzen und bei ihr von *mentaler R.* zu sprechen. Beim Pendeln und Rutengehen ist mit folgenden 4 Geschehenstypen zu rechnen (die Bewegungen selbst sind jeweils psychische Automatismen): 1. ideopathische Reaktion: Es werden Phantasien ausgedrückt; 2. unbemerkt gebliebene Wahrnehmungen werden artikuliert; 3. den Bewegungen liegt ASW zugrunde; 4. der Rutler oder Pendler ist ein »biologischer Indikator« und reagiert auf physikalische Einflüsse. (Die 4. Möglichkeit ist auf jeden Fall ausgeschlossen, wenn nicht über dem Zielobjekt direkt, sondern über einem das Zielobjekt repräsentierenden Gegenstand gependelt wird; → Psychometrie).

Lit.: Bender 1960; v. Klinckowstroem/v. Maltzahn 1931; Mermet 1959; Prokop/Wimmer 1976; Wethered 1957; Zeitschrift für Radiästhesie 1948 ff.

Radioaktivität, die Eigenschaft mancher chemischer Elemente oder Isotope Energie abzustrahlen, ohne daß ein äußerer Anreiz vorliegt; die instabilen Atomkerne werden dabei in stabile umgewandelt: Atomzerfall. Mehrfach hat man in der Pps. versucht, Zerfallszeiten vorauszusehen (Präkognition) oder zu beeinflussen (PK), wobei nicht auszumachen ist, ob dabei wirklich ein Unterschied zwischen PK und Präkognition vorliegt; auch mit einer Beeinflussung der registrierenden Geräte – statt der Quantensprünge – ist zu rechnen. Jedenfalls gibt es Hinweise auf die Existenz einer »Psi-Wechselwirkung« zwischen Mensch und Umwelt »in dem Sinne, daß etwa ein statistisches atomares System nicht nur durch den Akt seiner Messung, sondern schon durch den reinen Gedanken eines Beobachters beeinflußt werden kann« (H. Schmidt 1974: 187; es ist eine Hypothese der → Quantentheorie, daß im subatomaren Bereich nicht »Realität« festgestellt werden kann: Die Messung legt das System fest).

Lit.: Chauvin/Genthon 1974; Onetto 1968; H. Schmidt 1969.

Radio des Gehirns, bildhafte Vorstellung, die, einen psychophysischen Parallelismus voraussetzend, ASW-Phänomene mit der Theorie der »Gehirnstrahlen« erklären will. Tatsächlich ist die elektrische Sensitivität des Gehirns nicht in der Lage, Kommunikation herzustellen. S. a. → Sinclair, Upton.

Radiographie, auch *Röntgenographie* oder *Strahlenfotografie,* die Erzeugung eines Bildes auf lichtempfindlichem Material (Platte, Film), in der Regel ohne Kamera, mittels hypothetischer Strahlen. Im Mesmerismus spielten vom Menschen ausgehende Strahlen eine wichtige Rolle; später sprach man von Effluvien, Lebensstrahlen u. ä. Vor allem frz. Gelehrte (Chaigneau, Darget, Delanne, Luys) versuchten die fotografische Darstellung dieser Strahlen. Tat-

sächlich wurden Aufnahmen erzielt, auch wenn die Möglichkeit der Wärmeabstrahlung ausgeschlossen war; am interessantesten sind jene Aufnahmen, die unter gleichen Bedingungen verschiedene Ergebnisse bei Medien und Nichtmedien zeigten.
Lit.: Baraduc 1908; de Fontenay 1912; Girod 1912.

Radionik, Teilgebiet der → Radiästhesie, das sich der medizinischen Diagnostik mittels Geräten widmet, die pathogene Strahlen anzeigen sollen. Als Begründer der R. gilt der dt.-amer. Arzt Albert Abrams (1863–1924), dessen »Schwarze Kiste« (von Abrams selbst »Reflexophon« gen.) angeblich bestimmte »elektrische Oszillationen« als Krankheitserreger registrierte, wenn man nur einen Blutstropfen des Patienten damit untersuchte. Nach dem Zweiten Weltkrieg setzten in England George de la Warr und in den USA Ruth Drown die Arbeit Abrams' fort. Parapsychologen glauben, daß bei sensitiven Diagnostikern radionische Geräte als → Psychischer Induktor wirken können.
Lit.: Tompkins/Bird 1974: 202 ff.; Wethered 1957; Wilcox 1960.

Radiostimmen, Bezeichnung angeblich paranormaler *(psychophoner)* Tonbandstimmen, die gewonnen werden, indem man ein Tonbandgerät direkt an ein Radiogerät, das auf einen senderfreien Bereich eingestellt ist, anschließt. S. a. → Diodenstimmen; → Jürgenson-Effekt; → Raudive, Konstantin.

Raimundus Lullus, auch L(l)ull (1235–1315), Mathematiker, Mystiker und Alchimist aus Mallorca. Seine *ars generalis* (allgemeine Kunst) oder *ars magna et ultima* (große und höchste Kunst), die Lullische Kunst, stellt eine Art magischer Computer dar: Mehrere in unterschiedlichen Graden drehbare Scheiben sind konzentrisch angeordnet, die Kreisscheiben jeweils bestimmten Grundthemen (Gott, Vernunft usw.) zugeordnet. Der Apparat gab, indem man an den Kreisen drehte, »logische« Antwort auf alle Fragen im Bereich der entsprechenden Themata. Die Scheiben bilden → Mandalas, aber L. erhoffte sich weder magische Wirkungen noch »Bewußtseinserweiterung«, sondern eine mechanisch-logische Deduktion *aller* wiss. Lehrsätze. – Mit R.' symbolischer Darstellung des jeweiligen Themas auf den Scheiben als Buchstaben, Zahlen, Kreise, Dreiecke, Zeichen usw. befaßten sich eingehend Agrippa von Nettesheim, Giordano Bruno, Athanasius Kircher, Leibniz u. a. R. wurde *doctor illuminatus,* erleuchteter Gelehrter, gen., weil ihm die Idee zu seiner *ars generalis* durch eine plötzliche Inspiration kam. (Versteht man die Inspiration als eine Eingabe des Unbewußten, so erhält die Tatsache, daß die Scheiben Mandalas sind, einige Bedeutung.) Bei vielen R. zugeschriebenen alchimistischen Traktaten ist seine Autorschaft umstritten.
Lit.: Platzeck 1963; Yates 1954, 1960.

Ramakrishna Paramahamsa, Heiligenname des Gadadhar Chatterji (1834–1886), ind. Stifter einer religiösen Bewegung. Mystiker, von dem zahlreiche, vielleicht parapsychische Phänomene berichtet werden, die er selbst jedoch geringschätzte: Über einen Yogi, der → Wassergehen konnte, soll er geäußert haben: »Wie weit muß dieser Erbarmungswürdige noch in der wahren Erkenntnis zurückstehen!«
Lit.: Isherwood 1974; M. Müller 1898; Rolland 1931.

Randomisierung, Herstellung einer Zufallsauswahl (s. a. → Psi-Recorder).

Rao, Koneru Ramakrishna (* 1932), ind. Philosoph, Psychologe und Parapsychologe, der sich vor allem mit methodologischen und theoretischen Problemen der Pps. befaßt; Direktor der Abteilung für Ps. und Pps. an der Andhra University, Waltair, Indien. Nach seinem Studium in Indien und den USA war R. 1962–65 Mitarbeiter des Pps. Laboratoriums an der → Duke University, Durham. – *Werke* → Bibl.

Rapport [frz.; Beziehung], unmittelbarer psychischer Kontakt zwischen 2 Menschen.

Im engeren Sinn die Beziehung zwischen Magnetiseur und Somnambulen, Hypnotiseur und Hypnotisiertem, Agent und Perzipient in der Telepathie, Psychoanalytiker und Patient oder, im Spiritismus, Medium und → Kontrolle. Psychoanalytisch betrachtet findet beim R.-Abhängigen eine Regression des Ich-Bewußtseins statt; die Grenzen zwischen Ich und Nicht-Ich schwinden. Zu unterscheiden sind der *suggerierte R.* der Hypnose und der *magnetische R.*, der sich bei tieferen Stadien des Somnambulismus angeblich spontan einstellt. Die Mesmeristen bildeten – so steht es in ihren Berichten – mit ihren Patienten und Vpn vorübergehend eine psychische Einheit (die man durch Vermischung der Fluida, der »Ode« erklären wollte). Die Vp. roch, schmeckte und sah mit dem Sinnesapparat des Magnetiseurs; sie dachte, fühlte, wollte und handelte mit ihm.
Die Frage eines möglichen feinstofflichen Substrats für den magnetischen R. ist noch nicht entschieden: → Tischner kam in Fortsetzung der Versuche de → Rochas' über die *Extériorisation de la sensibilité* (»Ausscheidung des Empfindungsvermögens«) entgegen seinen Erwartungen zu Ergebnissen, die für die Existenz einer → Aura (die dieses materielle Substrat bilden könnte) sprechen.

Lit.: Ochorowicz 1911.

Raps [engl.; Schläge], in der Pps. paranormale Klopflaute, die häufig spontan als Spukphänomene, vor allem in der Initialphase, aber auch provoziert in mediumistischen Sitzungen auftreten. Die R. – der Gebrauch des Singulars *rap* ist selten – scheinen aus Gegenständen (mit Vorliebe Tischen), aus dem »freien« Raum, in seltenen Fällen (z. B. bei → Rasmussen) auch aus Personen zu dringen. Ihre Objektivität wurde gelegentlich durch Bandaufnahmen bewiesen (falls man nicht annimmt, das Band sei psychokinetisch manipuliert worden). Meistens treten R. in der Nähe eines Sensitiven auf; das Phänomen der R. über-Distanz liegt vielleicht bei bestimmten Formen des → Abmeldens vor (falls der Sterbende der PK-Agent ist). Häufiger liest man, daß die R. eine »Erfindung« der Schwestern Fox seien (→ Hydesville). »Vor 1847 wußte man nichts von Klopftönen und R.«, schreibt Richet (1923: 27) und fügt in einer Anmerkung einen Hinweis auf einen möglichen Fall aus dem Jahr 1526 hinzu. Von paranormalen Klopftönen wird aber mehrfach in hist. Quellen berichtet (eine kurze Übersicht findet sich bei Kiesewetter 1886); es fragt sich nur, ob bei einigen dieser Fälle bereits eine Art → Klopfalphabet Verwendung fand, wie es beim Fall Hydesville ausgebildet wurde. Ein Bibelzitat läßt das fast vermuten: »Mein Volk befragt sein Holz, und sein Stab soll ihm wahrsagen« (Hosea 4, 12). S. a. → Klopfen; → Klopfgeist.

Lit.: Paul u. a. 1963.

Raptologie, Lehre von den parapsychischen Klopflauten (→ Raps). Bei manchen Autoren auf sinntragende Töne und Geräusche eingeschränkt.

Raptus [von lat. *rapere;* fortreißen], 1. in der scholastischen Theologie die Verzükkung; 2. in der Psychiatrie ein aggressiver Anfall.

Rasmussen, Anna (* 1898), dän. Medium, das als »Lichtmedium« auftrat; in Trance bot sie ASW- und PK-Leistungen; besonders bemerkenswert waren Raps in ihrer linken Schulter.

Lit.: Winther 1928.

Rationalisierung, 1. i. allg. Sinn prozeßerleichternde und vereinfachende Maßnahmen; 2. in der Psychoanalyse das innere »Bemänteln« eines Sachverhalts; das wahre, aber »unmoralische« Motiv wird nicht eingestanden, sondern durch ein falsches, aber »moralisches« ersetzt. Manche Ausdeutungen im Okkultismus und Spiritismus können als R.en paranormaler Realitäten betrachtet werden; sie sind weniger als ein Effekt konkurrierender Moralsysteme zu sehen, denn als Abwehrmaßnahme gegen das bedrohliche Unerklärliche. (So betrachtet wird der Glaube an »Geister« zum Ausweichmanöver.)

Raudive, Konstantin (1909–1974), lettischer Schriftsteller; Ehemann der bekannten Autorin Zenta Maurina. Nach Studien in Paris, Madrid, Uppsala und Edinburgh lebte R. in der Bundesrepublik, 1964 lernte er durch Jürgenson (→ Jürgenson-Effekt) das Tonbandstimmen-Phänomen kennen, auf dessen Untersuchung er sich von da ab konzentrierte. Dabei entwikkelte er die These einer »Gegenüberwelt«, zu der unsere Welt so in Beziehung steht, daß beide Welten einander bedingen, sich komplementär zueinander verhalten. R. formulierte die Hypothese, daß die Seelen Verstorbener aus jener Welt über die Tonbandstimmen die Kommunikation zu unserer Welt suchen könnten. – *Werke* → Bibl.

Raum, in der Philos. wird der R. sowohl als objektive Realität wie auch als idealistische Kategorie, die Erfahrung möglich macht, betrachtet. Die Mathematik rechnet mit verschieden-dimensionalen R.en, ohne daß behauptet würde, ihnen entspreche eine physikalische Realität. Für die Physik gibt es keinen R. »an sich«, sondern nur Körper, eine Mannigfaltigkeit, für die sich Nachbarschaftsbeziehungen, Abstände, definieren und messen lassen. Die Ps. kennt den R. als phänomenale Gegebenheit, als Erleben des R.es. (→ Raum-Zeit-Kontinuum). – Die Pps. untersucht Phänomene, bei denen R.e überwunden, Entfernungen überbrückt werden (Hellsehen, Telepathie, Fernbewegungen). Lange und vergeblich hat sie nach einem Substrat für diese Überbrückung in Gestalt einer Energie gesucht. Es fand sich keine generelle Beziehung zwischen Psi-Leistung und überwundener Distanz. Daraus folgerte → Rhine, Psi stünde außerhalb des R.modells, die psychische Energie sei prinzipiell anders als die materielle Energie und nicht den Bedingungen des R.es (und auch nicht denen der Zeit und der Masse) unterworfen. Diese Energie soll allerdings umwandelbar sein, um im R. auf materielle Systeme wirken zu können.

Lit.: Carl 1924; Rhine 1945; Weyl 1961.

Raum-Zeit-Kontinuum, die Zeit-Körper-Anordnung, die in Raum und Zeit »unendliche Größen« sieht, denn nach Kant sind Raum und Zeit keine empirischen Begriffe, sondern Kategorien der Wahrnehmung, notwendige Bedingungen der Anschauung für *jeden* wahrnehmenden Menschen. Dazu hat die Hist. Verhaltensforschung August Nitschkes (* 1926) aufgezeigt, daß zu verschiedenen Zeiten und in verschiedenen Kulturen auch Raum und Zeit verschieden erfahren werden; daß z. B. die Zeit gleichförmig linear-skalar gesehen wird (die notwendige Voraussetzung zur Erfindung der Uhr!), ist nicht sachimmanent und naturnotwendig, sondern ein *Vorurteil,* das sich allmählich in Europa herausbildete. Entsprechendes gilt für die Anschauung des Raumes. – Diese Feststellung der Kulturrelativität von R.- und Z.-Erfahrung ist für die Pps. von Bedeutung, weil sie zeigt, daß die R.-Z.-Unabhängigkeit der Psi-Manifestationen, wie sie z. B. → Rhine postuliert, nicht unbedingt mit dem Wesen der Natur, sondern nur mit einer begrenzten menschlichen Anschauung kollidiert.

Lit.: Eichberg 1974; Kant, Kritik der reinen Vernunft; *Nitschke 1973.*

Readings → Cayce, Edgar.

Reaktualisierung, auch *Reaktualisation,* Wiederauftreten einer vergangenen Situation; etwa das Durchspielen, Wiedererleben eines Ereignisses aus der Kindheit während der psychoanalytischen Sitzung oder die Rückversetzung in ein früheres Geschehnis mittels Hypnose.

Realität → Erscheinung.

Rechenkünstler, Personen, die außergewöhnliche Leistungen im Kopfrechnen vollbringen; manchmal ist die Leistung an eine bestimmte Altersstufe gebunden (→ Wunderkinder). → Maeterlinck sah mögliche Beziehungen zwischen dieser Begabung und paranormalen Phänomenen (M. 1924: 161, 167 ff.).

Recurrent Spontaneous Psychokinesis (RSPK) [engl.; wiederkehrende spontane Psychokinese] → Poltergeist; → Spuk.

Redehaupt, ein sprechendes künstliches Haupt mit übermenschlichem Wissen. Papst Silvester II., Albertus Magnus und Roger Bacon haben angeblich einen solchen orakelnden Sprechautomaten besessen; Thomas von Aquin soll den seines Lehrers Albert Magnus zertrümmert haben (Zeichen theologischer Rivalität?). – Einer Überlieferung zufolge war *Baphomet,* ein im Templerorden verehrtes Idol, das auch in der Theosophie, der Freimaurerei und bei anderen Esoterikern von Bedeutung ist (als Weltfriede, Weltseele, kraftreiches Symbol), ebenfalls ein R. (Charpentier 1965: 152–60). – Als mythischer Vorläufer des R.es, wenn auch nicht künstlich gefertigt, erscheint in der germanischen Mythologie Mimirs Haupt, das Odin weissagt.

Reese, Bert (1851–1926), »Professor« R. gab sich als amer. Hellseher aus und machte um die Jh.wende in den USA und in Europa viel von sich reden; sein eigtl. Name war »Bertold Rieß«, er stammte aus Pudewitz bei Posen. → Hyslop überführte ihn der Taschenspielerei; eines anderen Falles wegen stand er unter Betrugsanklage vor Gericht; in der Verhandlung demonstrierte er das Lesen gefalteter Zettel. Richet, Schrenck-Notzing u. a. Forscher glaubten trotz der in einigen Fällen erwiesenen Trickdarbietungen an bedeutende paranormale Fähigkeiten R.s.
Lit.: Dessoir 1917: 129–32; Hoppe 1916; Richet 1923: 157 f.

Reflex, bedingter hypnogener, Bezeichnung → Bechterews und → Wassiliews für den (auto)hypnotischen Zustand ihrer Vpn bei mentalsuggestiven Einschlafversuchen.

Regardie, Francis Israel (* 1907), engl.-amerik. Autor magischer Werke, Mitarbeiter → Crowleys; als Psychotherapeut Schüler → Reichs. – *Werke* → Bibl.

Regenmacher → Cloudbuster; → Wetterzauber.

Regression [lat.; Rückschritt], 1. Rückbildung im Sinne einer Degeneration; Zurückgehen auf frühere Stadien der Entwicklung; 2. in der Statistik die Beziehung zwischen 2 Variablen; der Zushg. zweier Meßreihen. 3. in der Psychoanalyse das Zurückgehen auf eine frühere Stufe der psychischen Entwicklung; ein durch Frustration ausgelöster Abwehrmechanismus; 4. in der Pps. kann die Telepathie (verstanden als »Persönlichkeitserweiterung um das Du«) als regressive Schwächung des Ich interpretiert werden. In diesen Zushg. gehören auch die Vermutungen zur Mutter-Kind-Telepathie.

Regurgitation [von lat. *urgere;* drängen], svw. → Rumination.

Reich, Wilhelm (1897–1957), Psychoanalytiker und tiefenps. Theoretiker. Begründer der *Orgonomie* und der *Vegetotherapie,* einer psychotherapeutischen Technik.
Nach kurzem Jurastudium wechselte R., von → Freud beeinflußt, zur Medizin und praktizierte schon bald – ohne je seine Lehranalyse abzuschließen – als Analytiker. Die Arbeiten R.s trugen entscheidend zur Etablierung der Psychoanalyse bei. Gleichzeitig engagierte er sich in der kommunistischen Bewegung und versuchte eine Synthese von Marxismus und Psychoanalyse. 1934 wurde er sowohl aus der Internationalen Psychoanalytischen Gesellschaft als auch aus der Kommunistischen Partei ausgeschlossen. Über Skandinavien in die USA emigriert, betrieb er eine erfolg- und einflußreiche (er wirkte auf so bedeutende Therapeuten wie Ronald D. Laing, Alexander Lowen und Fritz Perls) psychotherapeutische Praxis.
»Die letzte Phase der Entwicklung Reichs ist durch die Entdeckung des ›Orgons‹ bestimmt. Darunter versteht Reich ein sowohl im Organismus als auch im Kosmos existierendes biophysikalisches Fluidum, das in Feldern um und im Organismus zentriert ist. Alle psychischen Vorgänge der Charakteranalyse: Lösen des Widerstandes, Interpretation der Übertragung, Ambiva-

lenz usw. sind nur die psychische Beschreibung biophysikalischer Vorgänge des Orgons. Diese sind in den Muskelspannungen, den Zwerchfellbewegungen und vegetativen Erscheinungen und Empfindungen während der Analyse beobachtbar. Waren diese für Freud nur Begleiterscheinungen der Analyse, so wurden sie für Reich die biophysikalischen Grundvorgänge derselben, die er in einer eigenen Terminologie beschreiben und für die Therapie als entscheidend ansehen wollte. Die Projektion der Schizophrenen ist z. B. die Wahrnehmung des eigenen Orgon-Feldes. Die Orgon-Energie sei mit Oszillographen meßbar, sie tötet Bakterien und Krebszellen.« (Wyss 1972: 157.)

R. will diese »Lebensenergie« in sog. *Orgonenergie-Akkumulatoren* gespeichert haben. Ein gerichtliches Verbot der Orgon-Kästen als medizinisch nutzlos oder schädlich, ließ ihn die Kompetenz des Gerichts für wiss. Fragen bezweifeln. Daraufhin wurde er wegen Mißachtung des Gerichts zu 2 Jahren Haft verurteilt. Er starb im Gefängnis an den Folgen eines Herzanfalls und nicht, wie die Legende wissen will, als Unzurechnungsfähiger in einer psychiatrischen Anstalt.

R., der sich intensiv mit → Bergson beschäftigt hatte, glaubte mit seiner *Orgonomie* Vitalismus und mechanistisches Denken auf der Grundlage exakter naturwiss. Ergebnisse versöhnt zu haben. Orgonenergie oder *Bioenergie* ist »universell anwesend, visuell demonstrierbar, thermisch, elektroskopisch und mit Geiger-Müller-Zählern nachweisbar« (R. 1960: 11), ihre Erscheinungsformen sind pulsierende Bläschen *(Orgonen)* und lebende Körper *(Bionen)*. In einem 1945 von R. beschriebenen Versuch, der sog. »primären Biogenese«, hat er Wasser Bionen zugesetzt; daraus soll sich eine lebende Substanz entwickelt haben. R.s Schüler, der norweg. Philosoph und Psychotherapeut Ola Raknes (* 1887), der R. 1934 in Oslo kennenlernte und später am Orgone Institute in New York studierte, will den Versuch erfolgreich wiederholt haben. Der gesunde Mensch strahlt diese Energie ab, der psychisch Kranke in geringerem Maße, und sie erfüllt die gesamte Atmosphäre. Selbst → UFO-Phänomene werden auf der Basis des Orgons erklärt: Die Erde steht im Mittelpunkt eines intergalaktischen Kampfes, feindliche Fliegende Untertassen entziehen der irdischen Atmosphäre Orgon, der Erde wohlgesinnte ersetzen es wieder. – Der Orgonentheorie vergleichbare Gedanken finden sich in der mystischen Tradition seit langem. Ein Dialog zwischen R., Reichianern und Parapsychologen hat nie stattgefunden, obwohl es lohnend erscheint, pps. Konzepte wie → *Od* oder → *Bioplasma* mit den Orgonen zu vergleichen. Da R. dem naturwiss. Denken seiner Zeit fernstand, könnte man seine Behauptung des empirischen Nachweises der Bioenergie als → Projektion abtun. Bevor aber dieses Urteil gefällt wird, ist es notwendig, R.s Experimente nachzuprüfen, was bislang kaum geschehen zu sein scheint. (Im übrigen findet sich ein Hinweis, daß in einer anderen Kultur, nämlich in Tibet, in schwarzmagischem Zushg. ein Gerät gebraucht wurde, das – mit R. verglichen in pervertierter Zielsetzung – an die Orgon-Akkumulatoren erinnert; David-Neel 1952: 199 ff.) S. a. → Cloudbuster; → ORANUR; → Rotundum; → VACOR-Phänomen.

Lit.: Raknes 1973 (mit Bibl.); Rycroft 1972.

Reichenbach, Carl Ludwig Freiherr v. (1788 bis 1869), dt. Chemiker und Naturphilosoph. Zu R.s Leistungen als Chemiker gehören die Entdeckungen des Paraffins (1830) und des Kreosots (1832). Die Pps. verdankt ihm u. a. den Begriff »Sensitive«. So nannte er Menschen, die seiner Beobachtung zufolge die Nähe anderer unwillkürlich zu scheuen schienen, da sie mit ihrer gesteigerten Empfindlichkeit deren »Ausstrahlungen« (zuweilen sogar schmerzhaft) zu spüren schienen. Er behauptete weiter, gestützt auf experimentelle Daten, Sensitive könnten nach einigen Stunden Aufenthalt in Dunkelheit Gegenstände leuchten sehen und bei Menschen Farbabstrahlungen wahrnehmen (z. B. die Rechte blau, die Linke gelb). Ursache des Leuch-

tens sollte emanierendes → Od sein. Die R.schen Experimente halten wiss. Kontrollen allerdings nicht stand. Nachprüfungen durch die S. P. R. 1882 führten zu keinem positiven Ergebnis; von R. als beweiswürdig betrachtete Pendelversuche zum Nachweis des Ods wurden – ergebnislos – von → Fechner wiederholt. – *Werke* → Bibl.
Lit.: Barrett u. a. 1882/83; Warcollier 1939.

Reimpell, Eduard, um 1925 in Hamburg auftretender »Hellseher«; er sah Auren, die er charakterologisch zu deuten versuchte und mit Pinsel oder Zeichenstift wiedergab.
Lit.: Zeller 1927.

Reines Hellsehen → RH.

Reine Telepathie → RT.

Reinheit, schon in der Antike galt R. der Seele und des Leibes als notwendige Voraussetzung bei bestimmten mantischen Verfahren. Folgerichtig wurden vorbereitende Reinigungsriten entwickelt, und häufig dienten Jungfrauen oder unberührte Knaben im Orakel als Medien.

Reinkarnation [lat.; Wiederfleischwerdung], die Behauptung, eine individuelle seelisch-geistige Wesenheit überlebe den Tod und könne in einem Menschen oder in einem Tier wiedergeboren werden. Angebliche »Rückerinnerungen« werden als Beweis für die R. angeführt, doch können sie im Einzelfall auch als Betrug, (Selbst-)Täuschung, Leistungen eines möglichen Kollektiven Gedächtnisses, ASW oder mittels anderer Hypothesen, z. B. Besessenheit, gedeutet werden. Die R. ist Glaubensgut mancher Religionen, auch im christl. Kulturbereich anzutreffen, aber laut christl. Dogmatik glaubensfremd. Unter den abendländischen Philosophen beschäftigten sich u. a. Empedokles, Pythagoras, Platon, Kant und Schopenhauer mit der Frage der R. – In den letzten Jahren verstärkten sich bestimmte Tendenzen, in der R. eine »transzendente Hoffnung« zu sehen, so daß dieses Thema auch zu einem wichtigen psychohygienischen Problem geworden ist.
Nach wiss.stheoretischen Überlegungen gilt die R. als nicht beweisbar – einige Autoren sind allerdings anderer Meinung. Der Autor des pps. Standardwerks zur Frage der R., → Stevenson (*Twenty Cases Suggestive for Reincarnation*, ²1967; die Fälle verteilen sich folgendermaßen: 7 Indien, 3 Ceylon, 2 Brasilien, 7 Tlingit [Indianer in West-Kanada], 1 Libanon), kommt nach der Analyse der von ihm untersuchten Fälle zu dem Schluß, daß die normalen und paranormalen Hypothesen nicht ausreichen, alle Phänomene zu erklären, und sieht in seinem Material Indizien für die R.shypothese:

»Ich will daher offen sagen, daß nach meiner Meinung die R. die plausibelste Hypothese für die Fälle dieser Serie ist. Damit will ich aber nicht sagen, daß ich diese Fälle – einzeln oder insgesamt – für einen Beweis der R. halte. Ich bin sogar völlig sicher, daß sie dafür nicht in Anspruch genommen werden können ... Eine weitere Erforschung angeblicher Wiederverkörperungserinnerungen könnte wohl dazu führen, daß R. als die wahrscheinlichste Erklärung solcher Erlebnisse angenommen wird. Als Ergebnis solcher Forschungen können wir vielleicht überzeugendere Hinweise auf das menschliche Überleben des körperlichen Todes erhalten als aus allen anderen Beobachtungen. Bei mediumistischen Kommunikationen sind wir mit dem Problem konfrontiert, zu beweisen, daß ein Verstorbener weiterlebt. Bei der Analyse der Wiedergeburtserinnerungen besteht das Problem darin, zu beurteilen, ob ein heute Lebender schon einmal gestorben war. Es könnte sich herausstellen, daß dies die einfachere Aufgabe ist, die, mit genügend Eifer und Erfolg betrieben, entscheidend zur Frage des Fortlebens beitragen kann.« (St. 1961/62: 122 u. 130.)

In Indien beschäftigt sich vor allem der Philosoph und Direktor der pps. Abteilung der Universität Radschasthan, Hemendra Nath Banerjee (* 1929), mit Fragen der R.sforschung.

Lit.: Banerjee/Oursler 1974; Cerminara o. J., 1967; Ducasse 1961; Eliade 1961, 1962; Head/Cranston 1968; Mattiesen 1936—39; K. E. Müller 1970; Osborn 1968; Stevenson 1961/62, 1966, 1968, 1976.

Reisendes Hellsehen → Exkurrierendes Hellsehen; → Hellsehen.

Rejdak, Zdenek, einer der führenden Vertreter der tschech. Psychotronik-Forschung, der über Bretislav Kafka (1893–1969), der vor allem ASW unter den Bedingungen der Hypnose untersuchte, zur Pps. fand. – *Werke* → Bibl.

Lit.: Ostrander/Schroeder 1970.

Relationismus, Hypothese eines dem Diesseits als Anti-Welt, »Gegenüberwelt«, korrespondierenden Jenseits, dem Aufenthaltsort der Verstorbenen (→ Raudive, Konstantin).

Relativismus, parapsychologischer, bei → Oesterreich (1921) Bezeichnung des Sachverhalts, daß erkenntnistheoretische Gründe nicht ausreichen, die spiritistische Hypothese zu verifizieren oder zu falsifizieren.

Relativitätstheorie, als *spezielle* 1905 und als *allgemeine R.* 1915 von → Einstein begründete Theorie, die, ohne die Gesetze der klassischen Physik aufzuheben, zusammen mit der → Quantentheorie zu einer Änderung des Weltbildes führte und damit auch sozialwiss. Relevanz methodologischer und theoretischer Natur besitzt. – Für die Pps. sind 3 Aussagen der R. von Bedeutung: 1. Raum und Zeit sind nicht absolut, sie sind mögliche Ordnungen, die innerhalb eines konkreten Bezugssystems definiert werden müssen (vgl. → Raum-Zeit-Kontinuum); 2. Masse und Energie sind keine autonomen Urphänomene, sondern Erscheinungsweisen eines zugrunde liegenden Einen; 3. Die Newtonsche Gravitationstheorie ist um die Annahme von Gravitationsfeldern zu erweitern.

»Die Charakteristik des Raumes, auf den die Prinzipien der allgemeinen R. angewendet werden können, stimmt mit einer gewissen umfassenden Charakteristik des Organismus überein. Der Raum wird als mit Materie ausgefüllt betrachtet, die sich in ungeordneter Bewegung befindet. Diese Materie kann sich beliebig deformieren, muß aber ihre kontinuierliche Einheitlichkeit beibehalten. Sie erinnert nach Einstein an eine ›Molluske‹. Sicherlich kann der Mensch als solch ein ununterbrochen sich deformierendes und zugleich den Zusammenhang beibehaltendes Stück Materie angesehen und als Bahnsystem für die sich bewegenden Elementarteilchen betrachtet werden. In manchen Punkten des Systems krümmt sich die Bahn, die sich auf ihr bewegenden Teilchen ändern ihre Bewegungsrichtung. In diesem Moment erzeugt das Teilchen ein Gravitationsfeld. Folglich kann der Mensch als Bezugssystem im Einsteinschen Sinne gelten. Ein solches System erzeugt laut der allgemeinen R. Gravitation.«

→ Puschkin zufolge können PK-begabte Personen in seltenen Fällen dieses Gravitationsfeld in gewissem Maße nach außen verlegen: »Trotzdem darf man vermuten, daß eine derartige Systemgravitation in unterschiedlichem Maße einem jeden Organismus eigen ist. Wir wollen diese bei den Funktionen des Organismus als eines einheitlichen Ganzen auftretende Gravitation als Autogravitation bezeichnen und sie als eine Form der → Biogravitation betrachten.« (Puschkin 1974: 20.)

Lit.: Born 1962.

Religiosität und Parapsychologie, gelegentlich wird Paranormales, vor allem Spuk, aus religiösem Umfeld berichtet (z. B. → Cideville, Dittus, Jung, Kerner, Mörike, »Old Jeffrey«). Beim Versuch, solche Fälle zu verstehen, ist die Dimension des Glaubens als *affektives Feld* von Bedeutung; komplizierter zu durchschauen, aber in diesem Zushg. wichtig, sind Machtkämpfe, wie sie das Denken der Neuzeit charakterisieren: ein Gegeneinanderausspielen von Aufklärung und Romantik, von Religion und Wiss. (»Wissenschaft« als Weltanschauung!). Der Teufel, der bei der Bewältigung des MA.s auf der Strecke bleiben sollte, machte sich noch einmal nachdrücklich (per Spuk) bemerkbar. Nach Ansicht der Pps. braucht er dazu keine reale personale Existenz, es genügt völlig, daß er in einem *Teil* einer menschlichen Psyche repräsentiert ist (daß jemand »in einem Winkel seines Herzens an ihn glaubt«). Verständlich also, daß *Pfarrhausspuk* typisch für eine bestimmte Epoche ist.

Fälle von Spuk in Zentren neuer R. müssen vor dem Hintergrund der Ambivalenz besonderer Glaubenstiefe gesehen werden.

Lit.: Krönert 1952; Pearce-Higgins/Whitby o. J.

Reliquienkult, die Verehrung von Erinne-

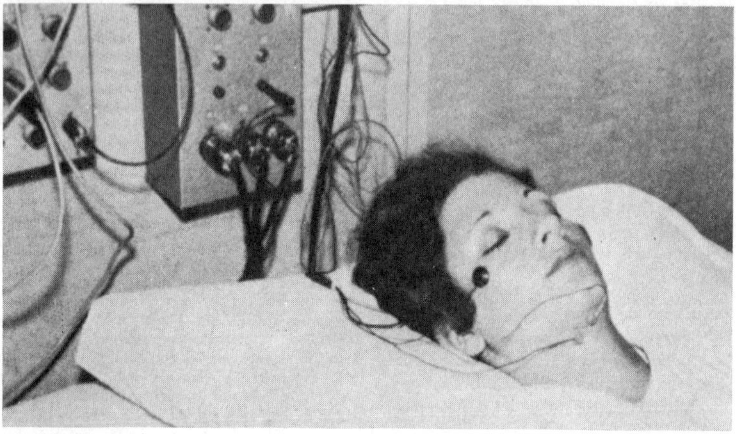

REM-Messungs-Technik: Die an verschiedenen Gesichtspartien der schlafenden Versuchsperson angeschlossenen Elektroden registrieren ihre Augenbewegungen. (Krippner, Dream Laboratory, Maimonides Medical Center, Brooklyn, N.Y.)

rungsstücken (auch Skeletteile, Haarbüschel, Zähne usw.) an Heilige oder als heilig geltende Menschen kannte bereits der griech. Heroenkult, vor allem ist sie jedoch Teil des buddhistischen und christl. Heiligenkults. Manchen Reliquien werden dabei wunderbare Eigenschaften zugeschrieben: So sollen sich gelegentlich spontane Heilungen vollziehen, wenn man vor ihnen betet und den entsprechenden Heiligen um Hilfe anruft. Dabei ist ein autosuggestiver Effekt, u. U. auch ein massenhysterisches Phänomen durchaus möglich (→ Blutwunder). Dennoch sei darauf verwiesen, daß die in der Psychometrie behauptete Annahme, der → Psychische Induktor trage in einer Art fluidaler Imprägnierung Spuren der Vergangenheit, etwa seines Vorbesitzers, im R. eine gewisse Entsprechung hat.

Lit.: Pfister 1909—12.

Rematerialisation → Dematerialisation.

Remission, spontane [von lat. *remittere;* zurücksenden], der Medizin unerklärliche plötzliche Besserung oder Heilung einer Krankheit. – Im Einzelfall ist zu prüfen, ob parapsychische Faktoren eine Rolle dabei gespielt haben können.

REM-Phase [Abk. von engl. *R*apid *E*ye *M*ovements oder *R*olling *E*ye *M*ovements], Phase des Schlafs, die durch schnelle Augapfelbewegung charakterisiert ist. Diese Phase ist die *Traum*phase. Nachdem diese Erkenntnis gesichert war, wurden neue telepathische → Traumexperimente möglich, da man jetzt erstmals ein Mittel hatte, den genauen Zeitpunkt eines Traumes festzustellen.

Lit.: Strauch 1974.

Reperkussion [von lat. *repercussus;* das Zurückschlagen], Begriff aus dem Mediumismus der Materialisations-Phänomene, besagt, daß dem Ektoplasma zugefügte Verletzungen auf das Medium »zurückschlagen«, d. h. von ihm als schmerzhaft empfunden werden. – Eine Parallele findet diese Vorstellung im Volksglauben: Wenn z. B. die der schwarzen Katze zugefügte Wunde an deren Besitzerin, der Hexe, sichtbar wird (dabei scheint die Katze als das tierische Alter Ego der Hexe verstanden zu werden).

Reperkussionsgeräusch, gelegentlich behauptetes subjektives Phänomen bei → Out-of-Body-Experiences: Beim Austritt oder Wiedereintritt der »Seele« in den Leib wird ein Geräusch im Kopf erfahren – vermutlich eine Dramatisierung des Reiseerlebnisses.

Resau, Ortschaft bei Berlin; *Der Spuk von Resau,* so der Titel einer Broschüre (1888), geschah 1888/89; er begann mit einem Stallspuk, dann flogen Kleidungsstücke und Eßwaren durch die Wohnung. Die Phänomene ereigneten sich nur, wenn der 15jährige Karl Wolter anwesend war; er geriet deshalb in Verdacht, der Urheber eines groben Schabernacks zu sein, und ein Nachbar, dessen Fenster durch Steinwürfe zerschlagen worden waren, erstattete Anzeige gegen ihn. Trotz bemerkenswerter Zeugenaussagen – ein Pastor Dr. Müller beschrieb dabei die merkwürdigen Flugbahnen der Wurfgeschosse – stellte sich das Gericht auf den Standpunkt, Spuk sei eine wiss. unzulässige Hypothese und erkannte auf eine Haftstrafe; in der Berufungsinstanz wurde das Urteil bestätigt.

Lit.: Thurston 1955: 129–33.

Resch, Andreas (* 1934), österr. Theologe und Psychologe, Chefredakteur der Zeitschrift → *Grenzgebiete der Wissenschaft;* seine Arbeit – als Inhaber des Resch Verlages (Innsbruck), in der Gemeinschaft → Imago Mundi sowie als Hrsg. der gleichnamigen Schriftenreihe – dient der Konsolidierung und dem Ausbau der → Paranormologie. – *Werke* → Bibl.

Responsa [lat.; Antworten], in der röm. Kultsprache Bezeichnung für die Antworten, die Orakel oder Seher auf die formelle Befragung erteilten.

Retrokognition [von lat. *retro;* zurück, und *cognitio;* Erkenntnis], auf die Vergangenheit gerichtetes Hellsehen. – Ein Sonderfall der R. ist die *psychometrische R.*, die Rekonstruktion vergangener Sachverhalte mittels eines → Induktors. So »sah« eine Vp. → Pagenstechers den Untergang der »Lusitania« aufgrund einer ihr ausgehändigten Flaschenpost von diesem Schiff.

Lit.: Myers 1950.

Retroskopie, svw. → Retrokognition.

Reuchlin, Johannes (1455–1522), bedeutender dt. Humanist, Dichter und Jurist, später Priester, Begründer der Wiss. vom Judentum – bemerkenswerterweise mit Arbeiten zur → Kabbala: *De verbo mirifico,* 1494 (»Vom wundertätigen Wort«) und *De arte cabalistica,* 1517 (»Über die kabbalistische Kunst«), die ihm den Vorwurf der Ketzerei eintrugen. In den gen. Schriften machte sich R. die mystische Zahlen- und Buchstabenspekulation zu eigen und gab damit Impulse, die bis in die Esoterik des 20. Jh.s wirkten.

Revenant, im frz. Sprachgebrauch allgemein das *Gespenst (il y a des revenants,* es ist dort nicht geheuer); im engeren und wörtlichen Sinn – allerdings nur im dt. Sprachgebrauch – der → *Wiedergänger.*

RH, bei → Tischner Kürzel für *R*eines *H*ellsehen; verwendet in bezug auf Versuchsanordnungen, die ASW unter Ausschluß möglicher Telepathie untersuchen sollen.

Rhabdische Kraft [von griech. *rhabdos;* Rute], hypothetische, vom Menschen ausstrahlende Kraft, die die Muskelzuckungen in den Händen der entsprechend begabten Rutler und Pendler auslösen soll.

Rhine, Joseph Banks (* 1895), amer. Biologe und Parapsychologe, R. war Mitbegründer (1935) und Direktor des Parapsychology Laboratory an der → Duke University in Durham, North Carolina, das 1965 in die private Foundation for Research on the Nature of Men (FRNM) überging. Er ist der Hrsg. des *Journal of Parapsychology,* das er 1937 begründete. Seine groß angelegten quantitativen Experimente zur ASW und PK erregten das Interesse der ganzen wiss. Welt. Seine Versuchsergebnisse versteht er als Beweis der nicht-physikalischen (raum-zeit-freien) Natur von Psi. – *Werke* → Bibl.

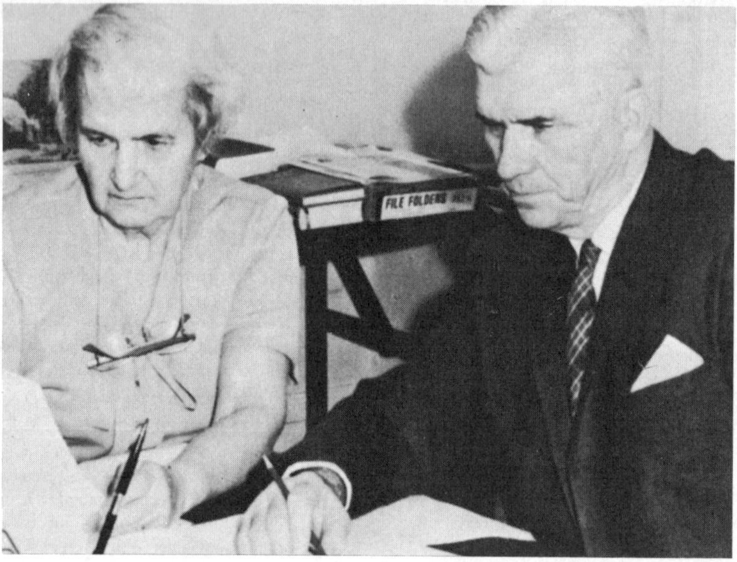

J B. Rhine und Louisa Rhine

Rhine, Louisa Ella (1891), amer. Biologin und Parapsychologin, die zusammen mit ihrem Ehemann J. B. → Rhine an der Gründung des Parapsychology Laboratory an der Duke University beteiligt war, dessen Vorstand sie bis 1962 angehörte. Ihre Hauptforschungsgebiete bilden die Spontanphänomene und die Psychokinese. – *Werke* → Bibl.

Ricci, Caterina de' → Katharina von Ricci.

Richet, Charles (1850–1935), frz. Physiologe. Für seine Entdeckung der Anaphylaxie (Gegensatz zur Immunität) erhielt R. 1913 den Nobelpreis; er ist Mitbegründer der Serotherapie und verfaßte außerdem mehrere belletristische und hist. Werke. Einen Schwerpunkt seines Schaffens bilden Arbeiten zur Pps.: R. ist der Begründer der sog. »Metapsychologie« in Frankreich; bereits 1875 veröffentlichte er eine Arbeit über Hypnose, und 1884 forderte er die statistische Untersuchung pps. Phänomene. Nach 6 Jahren experimenteller Arbeit veröffentlichte er eine Studie über »Telepathie und Hellsehen«. Er war der erste

Charles Richet

Forscher, der ASW bei nicht-hypnotisierten (nicht-mesmerisierten usw.) Vpn. untersuchte. R. hielt sowohl ASW als auch PK für erwiesen, in der von ihm aufgestellten Systematik der Metaps. (so der zumindest in der 1. Hälfte des Jh.s übliche frz. Ausdruck für Pps., R. selbst sprach von »Metapsychik«) gliederte er den Gegenstand in *Kryptästhesie* (ASW), *Telekinese* (PK-Phänomene mit Ausnahme der Materialisationen) und *Teleplastie* (Materialisationen). In den Jahren 1930–35 war R. Präsident des → I. M. I.

Lit.: Tomorrow *5, 5, 1957.*

Richmond, Cora → Tappan-Richmond, Cora.

Ridley, Hazel (* 1900), amer. Medium. R. wurde bekannt durch eine eigentümliche Variante der → Direkten Stimme, die bei ihr aus dem Körper selbst gekommen sein soll. Mundbetätigung wurde im Experiment ausgeschlossen (indem man ihren Mund mit Wasser füllte).

Lit.: Bailey 1923.

Rijnberk, Gerard A. van (1875–1953), niederländ. Mediziner und Historiker; legte einige für die Pps. wichtige medizin-hist. Arbeiten vor, in denen er vor allem auch Werke der bildenden Kunst als Quellen berücksichtigte. – *Werke* → Bibl.

Rilke, Rainer Maria (1875–1926), österr. Dichter. Lit.psychologen haben mehrfach darauf hingewiesen, daß die Dichtung R.s z. T. Züge einer fast automatischen Produktion zeigt; er selbst hat mit leiser Ironie angedeutet, das eine oder andere Werk habe ein Geist ihm geschrieben. Tatsächlich beschäftigte er sich wiederholt mit Spiritismus, unternahm Versuche mit der → Planchette und war Teilnehmer an Séancen. Einen Verkehr mit den Jenseitigen hielt er für möglich. Direkt abstoßend fand er die Materialisationsphänomene:

»Hier ist so ein Zeitungsblatt mit einer widerwärtigen Abbildung, es ist das einzige, was ich in Sachen Schrenck-Notzing gesehen habe, und, wahrlich, es ist schon degoutierlich genug. Das Buch [gemeint ist Schrenck-Notzing 1914] habe ich nicht kommen lassen ... ich überlegte, – aber für mich ist das alles doch nicht das Rechte ... Ich will jedem Geiste Rede stehen; wenn er die Expansion hat und die Not, in mein Leben einzubrechen, dann wird er auch was Vernünftiges zu sagen haben, wofür wir uns nicht beide schämen müssen. Aber diesen Geisterzucker ausstreuen, damit Gott weiß, welches abgelegte und drüben verpönte Gespenstergesindel heranschleicht und uns (genau wie die aus Afrika herbeigeschleppten Wilden) Gebräuche und Geheimnisse vormacht, die von keinerlei Welt sind, das ist geschmacklos und trübt Diesseits und Jenseits mit seinem Bodensatz ... Nein, ich mag dieses Metier nicht und werde mich hüten, mein bißchen Gewässer in jene zweideutigen Kanäle zu leiten, damit es dort vielleicht zum Sumpf sich vermüßige und Blasen und Irrlichter in die schlechte Luft spiele.« (Brief an die Fürstin Taxis aus dem Jahr 1913, wahrscheinlich lag R. eine Vorankündigung von Schrenck-Notzings Buch vor. Zit. n. Herzog 1954: 668.)

Ringexperiment, den Zöllnerschen → Knotenexperimenten verwandtes Experiment zur Frage der De- und Rematerialisation: 2 getrennte Ringe sollen durch psychokinetische Einwirkung eines Mediums ineinandergehängt werden, oder – eine angebliche Leistung → Sambors – während die Hand des Mediums gehalten wird, soll sich ein Ring oder Armreif um den Arm des Mediums legen. Ein R. Zöllners mit → Slade gelang nur teilweise.

Lit.: Zöllner 1878 II.

Rites d'entrée [frz.; Eingangsriten] → Rites de sortie.

Rites de sortie [frz.; Ausgangsriten], völkerps. Begriff, eine Art »Desinfektionsritus«, dem die Vorstellung zugrunde liegt, infolge bestimmter Ereignisse (bei Männern z. B. der Kampf, bei Frauen die Niederkunft) seien Individuen Träger einer besonderen Macht geworden, die nach dem Ereignis nicht mehr benötigt wird und gefährlich werden könnte. Die R. d. s. entabuieren den Träger und gliedern ihn wieder in den Sozialverband ein. – Eine andere Gruppe von Riten, die *Rites* *d' entrée* – können den R. d. s. vorausgehen, insofern sie bestimmte Menschen zum Bewältigen bestimmter Ereignisse (Kampf, Niederkunft, Jagd) ausrüsten, d. h. mit Macht versehen.

Rituale Romanum, das 1614 durch Papst Paul V. der Öffentlichkeit übergebene und der gesamten röm.-kath. Kirche als Handbuch empfohlene liturgische Werk. Es enthält neben den Riten der Sakramente und Sakramentalien, der Prozessionen und Exequien auch die des → Exorzismus. Dabei werden als Zeichen dämonischer Besessenheit genannt (XI, 1): Kenntnis zukünftiger Ereignisse, Hellsehen im Raum, Gedankenlesen, Sprechen und Verstehen fremder Sprachen, intellektuelle Exaltation, außergewöhnliche Steigerung der Kräfte, Levitation.

Rochas, Eugène Auguste Albert d'Aiglun (1837–1914), frz. Offizier und Forscher auf dem Gebiet des Paranormalen. Arbeitete über hist. Okkultismus und untersuchte experimentell den Magnetismus, ASW-Phänomene, PK, Reinkarnation und vor allem, nachdem er → Reichenbach in Frankreich bekannt gemacht hatte, Fragen des → Ods, einer menschlichen Emanation. Den experimentellen Befunden entsprechend, formulierte er die Thesen einer »Exteriorisation der Sensibilität« und einer »Exteriorisation der Motorität«, zum Verständnis von ASW und PK. S. a. → Rapport. – *Werke* → Bibl.

Rolf, der nicht ganz reinrassige Airedale-Terrier einer Frau Möckel aus Mannheim machte zu Beginn des Jh.s von sich reden: Er »las« und »schrieb« mittels eines (Pfoten-)Klopfalphabets; er addierte, subtrahierte und multiplizierte zweistellige Zahlen, und die Legende will wissen, daß er den Kindern bei den Hausaufgaben half. *Lola*, eine Nachkommin R.s der ersten Generation, vermochte die Uhrzeit anzugeben, die genaue Anzahl ihres Wurfs usw.

Lit.: Duchatel 1913; MacKenzie 1912; Tubby 1919/20.

Roll, William George, Jr. (* 1926), dt.-amer. Parapsychologe. R. richtete an der Universität Oxford ein pps. Laboratorium ein und wirkt heute in Durham an der Duke University; er arbeitete experimentell über ASW und PK, die Beziehungen zwischen Persönlichkeitsstruktur und Psi-Begabung und untersuchte Spontanphänomene (Poltergeist). In theoretischen Überlegungen beschäftigte er sich auch mit dem Problem des persönlichen Überlebens. – *Werke* → Bibl.

Rolle, Richard (1300–1349), engl. visionärer Dichter, Mystiker, Eremit. Er hatte vor allem Auditionen musikalischer Art und beschrieb eine besonders in der Herzgegend erfahrbare gewaltige körperliche Hitze, die nicht fiebriger Natur zu sein schien und als beseligend erlebt wurde. Wie viele Mystiker bediente auch R. sich des Stilmittels der Katachrese, um das Unaussprechliche mitzuteilen: Eine Melodie nennt er unsichtbar und honigsüß; den Engelsgesang heiß und nahrhaft; die Hitze fröhlich und süß.

Lit.: Arnold 1957; Comper 1933.

Romantik, nachklassizistische und nachaufklärerische geistesgeschichtliche Epoche in Europa, die um 1800 einsetzte. Romantische Wiss. und Kunst nahmen sich des von der Aufklärung verdammten okkulten Gegenstandes wieder an – von ihren Gegnern als »irrational« verspottet, die nicht sahen, daß es sich hier nur um eine *andere* Ratio handelt: »In Wirklichkeit verhalten sich Aufklärung und Romantik weder wie dialektische Gegenstände noch wie Ursache und Wirkung, sondern wie ego und alter ego in der gleichen Person« (Landmann 1975). Die R. wirkte bis weit in das 20. Jh. hinein: In der Kunst z. B. zählt der → Surrealismus zu ihren Erben, in der Wiss. zeigt sich ihr Einfluß u. a. in der Psychoanalyse. Die seltsame Verbindung von mechanistischer Naturwiss. und R., die die Freudsche Psychoanalyse charakterisiert, findet sich bis heute auch in weiten Bereichen der Pps.

Lit.: Praz 1963; Saurat 1929; Viatte 1928.

Rosa von Lima, eigtl. Isabella (1586–1617), peruanische Mystikerin, 1671 heiliggesprochene Schutzpatronin Amerikas. Bereits die 6jährige unterwarf sich asketischen Übungen. Sie lebte in der Nachfolge der → Katharina von Siena und wollte wie diese Dominikanerin werden; als sie aber, um sich ihren eigenen Wunsch zu versagen, in ein anderes Kloster gehen wollte, »fand sie sich wie ein Fels dem Boden angewachsen; sie suchte sich loszumachen und rief ihren Bruder zu Hilfe: beide aber strengten sich umsonst an« (Görres 1927: 72). Ihre Ekstasen kulminierten darin, daß sie »im ganzen Antlitz leuchtete und *Funken sprühend* strahlte« (ebd.). Ein besonderes Verhältnis hatte die Heilige zu Tieren und Pflanzen: Ganze Scharen von Schnaken waren in ihrer Zelle, aber nie wurde sie gestochen (im Gegensatz zu ihren Besuchern). Sie forderte Pflanzen auf, Gott zu loben, und Äste und Blüten reckten sich gen Himmel. Verdorrte Pflanzen begannen in ihrer Gegenwart zu blühen, und als sie eines Tages sich daran ergötzte, Rosen in die Luft zu werfen, blieben die Blumen als Kreis mit einbeschriebenem Kreuz in der Luft stehen. S. a. → Blumenwachstum, paranormales.

Rosenheim, Stadt in Oberbayern, wo sich in einer Anwaltskanzlei vom Sommer 1967 bis zum Januar 1968 ein ausgedehnter → Bürospuk ereignete. Zeugen waren Parapsychologen, Physiker, Techniker der Bundespost und andere qualifizierte Personen. Die Phänomene zeigten sich als Störungen in der Elektrizitätsversorgung, Manipulationen am Telefon (ohne daß jemand den Apparat berührte, wurden laufend Anrufe bei der Zeitansage, oft 6 in einer Minute, registriert), Schwanken von Lampen, und zwar so, daß die Schwingung stetig zunahm (also kein Auspendeln, sondern Bewegung unter Energiezufuhr!), rotieren von Bildern um ihren Haken (ein solcher Vorgang wurde von einem Videotape-Recorder festgehalten: Damit wurde zum ersten Mal ein psychokinetischer Vorgang unter überzeugender Kontrolle gefilmt), paranormale Geräusche, Verschieben eines zentnerschweren Aktenschrankes u. ä. m. Die Ereignisse fanden ausschließlich während der Bürozeit statt und waren, wie → Bender zeigte, in irgendeiner Weise um die 19jährige Annemarie S. konzentriert. – Nach ihrem Ausscheiden aus der Kanzlei scheinen sich, Protokollen einer Gerichtsverhandlung in Traunstein zufolge, noch einige Zeit weitere merkwürdige Vorgänge auch in ihrer neuen Umgebung abgespielt zu haben.

Besonderes Gewicht erhält der Fall R. durch die außerordentlich genauen Untersuchungen des Ingenieurs Paul Brunner von den Stadtwerken R.; um den Phänomenen auf den Grund zu gehen, versuchte er unter Einsatz seiner gesamten technischen Möglichkeiten (bis hin zum Notaggregat), die Störung zu isolieren. Sowohl er als auch die Physiker Friedbert Karger und Gerhard Zicha fanden jedoch keine Erklärung für die Phänomene: »Eine Beschreibung mit den vorhandenen Mitteln der Physik ist nicht möglich!«

Lit.: Bender 1968 a, b, 1971: 108–15; Brunner 1967; Karger/Zicha 1967.

Rosenkreuzer, auch *Rosencreutzer,* Bezeichnung für die Anhänger verschiedener esoterischer Vereinigungen im Laufe der letzten 4 Jahrhunderte, die sich, ohne hist. überzeugenden Nachweis, auf einen ursprünglichen »Orden vom Rosenkreuz« berufen. Dieser erste R.orden ist möglicherweise fiktiv, ebenso sein angeblicher Begründer Christian Rosencreutz, der von 1378–1484 gelebt haben soll.

Nach der *Fama Fraternitatis* (»Geschichte der Bruderschaft«), einer anonym erschienenen Schrift, an deren Abfassung → Andreae beteiligt gewesen sein dürfte, reiste ein Frater Christianus Rosencreutz mit einem älteren Klosterbruder nach Jerusalem. Von arab. Weisen in Ägypten, Marokko und anderswo unterrichtet, werden ihm tiefe Erkenntnisse zuteil. Wieder in Deutschland, gründet er mit 3 Gefährten die Bruderschaft des Rosencreutz. Sie nehmen weitere 4 Genossen auf, gehen in alle Himmelsrichtungen auseinander, treffen sich

Allegorische Darstellung der »Unsichtbaren Bruderschaft der Rosenkreuzer« (1618).

aber einmal jedes Jahr in einem verborgenen Haus. Vor seinem Tod benennt jedes Mitglied seinen Nachfolger.

Vielleicht soll diese Legende den Namen R. erklären; eine andere Deutung führt ihn auf die Alchimie zurück [von lat. *ros*, Tau; und *crux*, Kreuz]. Den Ordensmitgliedern wurde die Fähigkeit, sich unsichtbar zu machen, nachgesagt; es besteht eine Verwandtschaft mit der Vorstellung von den 40 unerkannten Gerechten, die nach chassidischer Tradition den Bestand der Welt garantieren.

Die R.schriften *Fama Fraternitatis* (1614), *Confessio Fraternitatis* (1614) (»Bekenntnis der Bruderschaft«) und die *Chymische Hochzeit* (1616) greifen Gedanken christl. → Kabbala und spätmittelalterlicher Mystik auf; ihre Autoren traten für eine Reform von Wiss. und Gesellschaft ein; es handelt sich dabei um das Programm einer religiös orientierten *Aufklärung*, dem sich Denker wie → Comenius verpflichtet fühlten, und dem auch → Descartes zumindest zeitweilig nahegestanden haben soll. Selbst wenn die ursprüngliche Gemeinschaft nie bestand, wirkte ihre Idee doch auf Gründungen realer Vereinigungen, nicht nur esoterischer Natur (z. B. Freimaurer), sondern z. B. auch auf die Gründung der Royal Society.

Die engl. Historikerin Frances Yates schrieb über die R.: »Das Wort führt zu bösen Assoziationen, und das ist vor allem den unkritischen Behauptungen von Okkultisten zuzuschreiben über die Existenz einer Sekte oder geheimen Gesellschaft, die sich R. nennt, mit deren Geschichte und deren Mitgliedern sie in Zusammenhang zu stehen erklären.« (1975: 230.) Dagegen versucht sie, »rosenkreuzerisch« als eine bestimmte Art des Denkens zu verstehen und die R. als eine vor allem religiöse, aber auch politische Bewegung des 17. Jhs. aufzuweisen, die jedoch nicht in Form eines Ordens existiert haben muß. Diese Bewegung betrachtet Yates allerdings als eine dezidiert engl.: »Ich sagte, der rosenkreuzerische Denker stehe im Strom der hermetisch-kabbalistischen Tradition der Renaissance, unterscheide sich aber von den früheren Phasen dieser Bewegung, indem er noch die Alchimie in sein Interessengebiet hineinnahm. Das änderte nichts an der grundlegenden Verbundenheit der R. mit dem Schema der ›okkulten Philosophie‹, wie Cornelius Agrippa sie dargelegt hatte. Ich wies auf John Dee als einen typischen rosenkreuzerischen Denker hin, der alchimistische und kabbalistische Interessen miteinander vereinte. Ich erklärte des weiteren, daß Spuren dieser Weltanschauung bei Francis Bacon und sogar noch bei Isaac Newton zu entdecken seien.« (Ebd.)

Im Jahre 1915 wurde durch Harvey Spencer Lewis (1883–1939) AMORC in den USA gegründet (engl.: *A*ncient *M*ystical *O*rder of the *R*osy *C*ross, oder lat.: *A*ntiquus *M*ysticus *O*rdo *R*osae *C*rucis, zu deutsch: Alter Mystischer Orden vom Rosenkreuz), eine von theosophisch-rosenkreuzerischem Gedankengut geprägte esoterische Vereinigung, die die ägyptisch-rosenkreuzerische Initiations-Tradition fortführt.

Durch Monographien werden die Mitglieder über Zeit und Raum, die Phasen des menschlichen Bewußtseins, Aktualität und Realität, über die Entdeckung noch latenter Fähigkeiten sowie über die Zusammenhänge von »Körper – Seele – Geist« unterrichtet. AMORC ist in mehr als 80 Ländern der Welt verbreitet. Die deutsche Niederlassung des AMORC ist in Baden-Baden.

Lit.: Arnold 1955; Freedland 1972; Gardner 1923; Grasser 1967; Häussermann 1966/67; Hoßbach 1819; Krüger 1932; Peuckert 1928; Wittemanns 1925; Yates 1975.

Rothe, Anna (1850–1907), dt. PK-Medium, das vor allem durch Blumenapporte bekannt wurde, aber auch andere psychokinetische Leistungen vollbrachte; ASW und inspiriertes Reden in Trance werden ebenfalls behauptet. Frau R. stammte aus einfachen Verhältnissen, ihr Ehemann war Kesselschmied; sie erlangte um 1900 eine außerordentliche Berühmtheit, bis sie des Betrugs überführt wurde.
Lit.: Bohn 1900, 1901, 1902; Dessoir 1917: 170–77.

Rotundum [lat.; das Runde], in der Alchimie das gesuchte Endprodukt, der → Stein der Weisen, Lebenselixier, *aurum nostrum* (unser Gold, das *nostrum* verweist auf das esoterische Verständnis). In der Interpretation der → Analytischen Ps. ein Ganzheitssymbol. Bemerkenswerterweise vertritt auch → Reich (in einer isoliert stehenden Textstelle in *Die Funktion des Orgasmus* allerdings) die Ansicht, die »eigentliche« Gestalt des Menschen sei die Kugel.

RSPK, Abk. von → *R*ecurrent *S*pontaneous *P*sycho*k*inesis.

RT, bei → Tischner Kürzel für *R*eine *T*elepathie; verwendet in bezug auf Testanordnungen, die ASW unter Ausschluß möglicher Präkognition oder möglichen Hellsehens untersuchen sollen. Nach neuerer Ansicht gilt allerdings der Ausschluß der präkognitiven Komponente als unmöglich. Bei der RT-Versuchsanordnung liegen keine Karten oder Notizen des zu übertragenden Gedankens oder Bildes vor, solange nicht der Perzipient seinen Eindruck notiert hat. Ein klassisches Experiment zur RT ist das → Turner-Ownbey-Experiment.

Ruach [hebr.; Geist], in der kabbalistischen Ps. (z. B. im → Sohar) seelische Wesenheit. »Nach der Kabbala befindet sich der Astralleib *(Ruach)* sowohl innerhalb als auch außerhalb des stofflichen Leibes *(Nephesch)*; er erfüllt den Menschen zur Gänze und dringt bis in die feinsten Teile ein. Überdies aber bildet er eine Art fluidischer Ausstrahlung, eine Aura, die den gesamten Körper umhüllt und besonders stark an Kopf und Händen ist. Unter gewissen Umständen ist sie dort sogar sichtbar. Sie bildet eine Aureole... wie man sie rings um die Köpfe auf den Bildern von Heiligen sieht.« (Platenga, zit. n. Tenhaeff 1957: 283.)

Rumination [lat.; Wiederkäuen], auch *Regurgitation* [lat.; Wiederausstoßen], ist eine betrügerische Manipulation, die bei einigen Materialisationsmedien beobachtet wurde: Statt Ektoplasma auszuscheiden, würgen sie verschluckte Gaze oder andere Materialien aus. Eine Schutzmaßnahme gegen R. bildet die Verabreichung eines Brechmittels vor der Sitzung; eine elegantere Methode wandte man bei den Pariser Sitzungen mit Eva → C. an: Man ließ sie vor der Sitzung Heidelbeerkompott essen und beobachtete dann, ob die Materialisationen gefärbt erschienen. In einer Sitzung vor der S. P. R. 1920 wurde Eva C. der R. überführt.
Lit.: H. Price 1931.

Run [engl.; Lauf], Versuchseinheit im quantitativen Experiment; bei ASW-Experimenten üblicherweise das Durchspielen eines Satzes [engl. *set*] → Zener-Karten *(25 calls)*; bei PK-Versuchen mit → Würfeln 24 Würfe.

Ruten (gehen), svw. die → Wünschelrute gebrauchen.

Rutler, Rutengänger → Wünschelrute; → Pendel.

Ruten, psychische, auch psychische Gerten → Crawford, W. J.

Rýzl, Milan (* 1928), tschech. Biochemiker und Parapsychologe, um den sich in den 50er Jahren in Prag eine pps. Arbeitsgemeinschaft bildete; heute lebt R. in den USA. R. beschäftigt sich vor allem mit ASW in Hypnose und Training der AS-Fähigkeit mittels Hypnose. – *Werke* → Bibl.
Lit.: Mischo 1963.

S

Sabbatianismus, häretische Bewegung in der jüd. Mystik, begründet von dem Propheten Nathan von Gaza (1644–1680) und dem kabbalistischen Messias Sabbatai Zwi (1626–1676). Das Hauptcharakteristikum der Bewegung ist die praktizierte Gesetzesverletzung (Antinomismus, Antitalmudismus); der – so die Darstellung → Scholems – manisch-depressive Sabbatai Zwi verstieß in seiner manischen Phase gegen das Gesetz und bereute in der depressiven. Er suchte Hilfe bei Nathan, der aber aufgrund einer Vision die Psychose noch stabilisierte: Er erklärte Sabbatai Zwi zum verkündeten Messias. Beim Versuch, den Sultan in Konstantinopel abzusetzen (1666), wurde Sabbatai Zwi gefangengenommen und gezwungen, zum Islam überzutreten. – Der S. fand Nachfolger in einem christl.-kabbalistischen Zirkel, den »Frankisten« (um Jakob Frank, 1726–1791, und seine Tochter Eva, † 1817), und der jüd.-islamischen Sekte der »Dönmeh« [türk.; Abtrünnige], die sich um Sabbatai Zwis Schwager Jakob Querido (1662–1695) bildete und bis heute Anhänger hat (1923 noch ca. 15 000 in Saloniki). Sowohl Nathan von Gaza als auch Sabbatai Zwi hatten visionär-prophetische Gesichte, bei denen präkognitive Inhalte wahrscheinlich sind, und die ihre Anhänger als Bestätigung des Sendungsauftrags der beiden betrachteten.

Lit.: Scholem 1973.

Sagée, Emilie → Doppelgänger.

Saint-Germain, Comte de († 1784), nannte sich ein Abenteurer des 19. Jh.s, der vermutlich portugies. Abstammung war und seit 1740 an verschiedenen Höfen Europas auftauchte. Er rühmte sich des Besitzes mehrerer magisch-alchimistischer Geheimnisse, u. a. eines »Lebenselixiers«, das ihn selbst angeblich seit über 2000 Jahren jung erhalten habe. Casanova berichtet über eine Transmutation von Silber in Gold, die S.-G. in Den Haag vorgenommen haben soll; Casanova hält das Ganze allerdings für Taschenspielerei. – Bei S.-G. berühren sich auf merkwürdige Weise die Ziele der chin. Alchimie (Unsterblichkeit) und der abendländischen (→ Stein der Weisen). – → Cagliostro bezeichnete sich als Schüler S.-G.s.

Lit.: Bülau 1850–60 I.; Volz 1923.

Sakkas → Ammonios Sakkas.

Salamander, vom S. sagt der → *Physiologos:* »Wenn er hineingeht in den Feuerofen, löscht er ihn aus. Und wenn er in die Heizung des Bades hineingeht, löscht er das ganze Bad aus«, und er verweist dabei auf die 3 Jünglinge im Feuerofen *(Daniel 3).* – Im Volksglauben ist der S. ein Spuktier, ein beißender und stechender Dämon, oder er symbolisiert die Seelen im Fegefeuer. Im pps. Schrifttum wurde S. gelegentlich zur Bezeichnung von Pyrobaten (angeblich feuerunempfindliche Menschen) verwendet (so bei Leroy 1931/32 und Du Prel 1905 I: 152–84).

Salem, 1626 gegründete Hafenstadt in Massachuesetts, USA; Ende des 17. Jh.s Ort berühmter Hexenprozesse. 22 Menschen wurden gehängt, einer starb unter der Folter. Angeheizt wurde die Atmosphäre durch die Schriften und Predigten Cotton Mathers (1663–1728) – z. B. durch sein Buch *The Wonders of the Invisible World,* 1693 (»Die Wunder der unsichtbaren Welt«), das zahlreiche Fälle teuflischen Wirkens aufführt. Schließlich beschuldigten die der Hexerei Angeklagten während der Folterung so viele Mitbürger, daß etwa 400 Personen in Verdacht gerieten – darunter die Frau des Gouverneurs und eine Verwandte Cotton Mathers. Eine gewisse aufklärerische Wirkung hatte die satirische Schrift von Robert Calef (1648–1719), *More Wonders of the Invisible World* (1700). – Ein bemerkenswertes Dokument ist die Abbitte und Schulderklärung der Richter und Geschworenen nach Beendigung der Prozesse; 12 von ihnen erklärten öffentlich und schriftlich, daß sie die Gerichteten für Märtyrer hielten, daß sie durch »dunkle Täuschungen der Mächte der Finsternis« nicht das Recht erkannten, daß sie ihre Opfer, deren Angehörige und die überlebenden Beschuldigten um Verzeihung bäten. – Mit S. fanden die Hexenverfolgungen in Nordamerika ihr Ende (sie flammten später wieder in Mexiko auf). Die Ereignisse von S. wurden mehrfach lit. bearbeitet, z. B. in dem bekannten Schauspiel *The Crucible (Hexenjagd,* 1954*)* des amer. Dramatikers Arthur Miller.

Lit.: Burr 1914.

Salem, Seher von → Foster, Ch. H.

Salter, Helen (1883–1959), engl. Parapsychologin, verh. mit W. H. → Salter; 1953–57 Vizepräsidentin der S. P. R. Wie ihre Mutter Margaret → Verrall war sie eine der wichtigsten Beteiligten bei den → Kreuz-Korrespondenzen. – *Werke* → Bibl.

Salter, William Henry (geb. 1880), engl. Rechtsanwalt, Präsident der S. P. R. 1947/48, verh. mit Helen → Salter. S. veröffentlichte mehrere pps. Arbeiten, unter denen vor allem seine Untersuchungen der → Kreuz-Korrespondenzen Beachtung verdienen. – *Werke* → Bibl.

Saludadores → Ensalmadores.

Salvator ab Horta (1520–1567), katalanischer Laienbruder (Rekollekten), von dem zahlreiche Wunder und nach heutigem Verständnis auch paranormale Leistungen berichtet werden: Levitationen in der Ekstase, Auferweckung dreier Toter, vor allem aber Heilungen: 300 Taubstumme sollen durch ihn Stimme und Gehör erhalten haben. Bei manchen Festen drängten sich Tausende (einmal gar 10 000) von Kranken um ihn, und vielen soll er durch Segnungen die Gesundheit wiedergegeben haben.

Lit.: Görres 1927: 134.

Samadhi [sanskr.; Einfaltung], »die höchste Stufe der Tiefenbesinnung des Yoga« (Hauer 1958: 336). Der Ausdruck bezeichnet verschiedene Zustände des Bewußtseins; vom Wortsinn her meint er ein »Zusammenfügen«, Zusammenlegen von etwas Getrenntem zu einer Einheit – nämlich Betrachter und Gegenstand der Betrachtung, Subjekt und Objekt. In der Definition des bekannten ind. Religionsphilosophen und Politikers Sarwapalli Radhakrishnan (1888–1975): »Die Isolierung des individuellen Selbst ist zerbrochen und überschwemmt von einem universalen Selbst, welches das Individuum als sein eigenes erlebt.« (Zit. n. Hauer 1958: 355.)

Beim S. handelt es sich um eine menschliche Urerfahrung, die auch außerhalb des Yoga Parallelen hat; in Ostasien wie im Abendland und auch bei Naturvölkern. Hegel beschrieb das Hindurchgehen durch ein solches Erlebnis im Gedicht (zit. bei Hauer 1958: 353).

Lit.: Prabhavananda in Isherwood 1963: 253–62.

Sambor († 1902), russ. PK-Medium, wurde des Betrugs überführt, dennoch hielten manche Forscher einige seiner Leistungen für echt; so soll er 1896 in Riga das berühmte Zöllnersche → Knotenexperiment wiederholt haben. In seinen Séancen materialisierte sich manchmal ein Phantom, »Friedrich«, das u. a. verschiedene Niederschriften anfertigte. Beachtung verdient die Bemerkung eines Beobachters: »Das Medium scheint manchmal fähig, bewußt oder unbewußt, in der Kontrollperson [d. h. in einem Sitzungsteilnehmer, nicht in der → Kontrolle] etwas wie eine taktile Halluzination hervorzurufen« (Perovsky 1927:

250). Gemeint ist, daß während einer Dunkelsitzung zur Kontrolle des Mediums dessen beide Hände von einem oder zwei Teilnehmern gehalten werden; sollte das Medium nun in der Lage sein, eine Hand zu befreien, dem betreffenden Teilnehmer aber mentalsuggestiv das Erlebnis zu vermitteln, er hielte diese Hand noch, so liegt zwar eine ASW-Manifestation vor, die befreite Hand aber wäre in der Lage, pseudokinetische Phänomene zu manipulieren.

Sanders, C. B. (geb. 1831), amer. Geistlicher (Presbyter); gen. *»the sleeping preacher of North Alabama«* (der schlafende Prediger aus Nord-Alabama). In den Jahren 1854–76 ergriff fallweise eine Sekundärpersönlichkeit, die sich »X + Y = Z« nannte, von ihm Besitz und bot ASW-Leistungen. Das Normalbewußtsein wußte von »X + Y = Z« nichts, dagegen war der Sekundärpersönlichkeit das normale Gedächtnis zugänglich.
Lit.: G. W. Mitchell 1877.

Satanismus, auch *Teufelskult,* entgegen den Schilderungen in Sensationsromanen und den Phantasien religiöser Eiferer ist der S. eine relativ junge und seltene Erscheinung. Kulturhist. faßbar wird er nur im 17., 19. und 20. Jh. (→ Crowley). Zwar gab es mittelalterliche Sekten gnostisch-manichäischen Ursprungs, die von der Kirche des S. verdächtigt wurden – im wesentlichen aber kann der S. als lit. Fiktion (Byron, de Sade, Baudelaire, E. T. A. Hoffmann u. a. verwandten Motive des S. in ihren Dichtungen) betrachtet werden, eine Fiktion, die allerdings realen psychischen Bedürfnissen diente: Man konnte verbotene, verdrängte Wünsche auf die Satanisten projizieren.
Den Anhängern des S. wurden außerordentliche parapsychische (schwarzmagische) Fähigkeiten nachgesagt; auch heute gibt es noch Gruppen, die Teufelskult, Sexualmagie und Okkultismus in seltsamer Mischung betreiben; z. B. die Gruppe junger Leute um Charles Manson (* 1935), der sich Christus und Satan zugl. nannte und seine Anhänger zu sexuellen Orgien, Blut- und Mordritualen animierte. Außerdem spekulierte man über Astralleib und Seelenwanderung und verstand sich als endzeitliche Kirche. Lynn Fromme, eine Anhängerin Mansons, sagte über ihn: «He gave off a lot of magic.«
Lit.: Barney 1957; Bodin 1580; Brévannes 1904; Chancellor 1925; Lillie 1896; McCabe 1948; Milner 1960; Praz 1963; Przybyszewski 1897; Rhodes 1954; Symonds 1971; Zacharias 1964.

Satori [sanskr.], die Erleuchtung im → Zen-Buddhismus, auch *kensho,* Selbstwesensschau, gen. Es sind Selbstzeugnisse von Zen-Meistern, die S. erfahren haben, überliefert. Dogen Zenji (1200–1253) z. B. sagte: »Leib und Seele sind mir ausgefallen«, und Hsüeh-yen Tsu-ch'in († 1287):
»Die Erfahrung war unbeschreiblich und ganz unmittelbar. Denn es gibt nichts in der Welt, womit man sie vergleichen könnte... Als ich um mich und nach oben und unten schaute, erschien das ganze Weltall mit seinen vielfachen Gegenständen jetzt völlig anders. Was zuvor häßlich und mit Unwissen und Leidenschaften beschmutzt war, schien jetzt nichts anderes zu sein als der Ausfluß meiner eigenen innersten Natur, die in sich selbst hell, wahr und durchsichtig blieb. Dieser Bewußtseinszustand dauerte mehr als einen halben Monat.« (Zit. n. Schüttler 1974: 33, 35.)
Die Schilderungen zeigen die Erleuchtung als ein überwältigendes Erlebnis, das sich blitzartig einstellt und sprachlich nicht faßbar ist; die Berichte verweisen dennoch alle auf bestimmte Erfahrungen: Erweiterungsgefühle (alle Gegensätze erscheinen aufgehoben), Veränderungen im Ich- und Zeiterleben. S. a. → Samadhi.
Lit.: Enomiya 1966.

Sauchie, in dem schott. Ort ereigneten sich im November/Dezember 1960 Poltergeiststörungen. Bezugsperson der Ereignisse – im wesentlichen unerklärliche Bewegungen von Objekten – war die 11jährige Virginia Campbell. Die Phänomene zeigten sich nicht nur im Haushalt der Campbells, sondern ereigneten sich auch in der Schule, wenn Virginia dort war.
Lit.: Owen 1964.

Savonarola, Girolamo (1452–1498), ital. Bußprediger, Dominikaner. S. wurde als Häretiker gehängt und verbrannt; bis heute versuchen Theologen, seine kirchliche Rehabilitation und die Heiligsprechung zu erlangen. Von S. werden zahlreiche Prophezeiungen überliefert, die sich meist auf Todesfälle bezogen und die in Erfüllung gegangen sein sollen; einige trug der große evang. Kirchengeschichtler Karl August v. Hase (1800–1890) in seinen *Neuen Propheten* (1851) zusammen.

Schamanismus [tungusisch, vielleicht mit den *Samans,* altind. Liedern, und altnordisch *seithr;* Zauberhandlung in Verbindung zu bringen], zirkum-arktischer und zentralasiatischer Vorstellungskomplex, meist nicht direkt einer Religion integriert, wohl aber aus religiösen und magischen Gedanken gebildet. Den Sch. charakterisieren bestimmte ekstatische Praktiken; sie werden von männlichen oder weiblichen *Schamanen* geübt und dienen in der Regel dem Wohl eines Individuums (z. B. seiner Heilung) oder der Gemeinschaft (z. B. dem Jagdglück). Schamane wird man durch Geburt oder Berufung, dem Amt geht eine Lehrzeit voraus; dem Schamanen stehen Hilfsgeister zur Verfügung. Um sich in Trance zu versetzen, bedient sich der Schamane seiner Trommel (s. Abb. S. 520; in Ekstase unternimmt er entweder eine Jenseitsreise, oder er wird von »Geistern« besessen. Praktiken des Sch. finden sich in allen Erdteilen, aber nur im gen. geographischen Rahmen treffen die konstituierenden Elemente Weltbaum (→ Sefirot) → Seelenreise. → Mikrokosmos-Makrokosmos-Gedanken, initiatorische Zerstückelung (s. Abb.) und Schamanentrommel zusammen; die Funktion des Schamanen ist jedoch nicht eindeutig: Er ist Heiler, Zauberer, Wahrsager, Seelengeleiter, u. U. aber auch Priester, Mystiker und Dichter.

Zu den paranormalen Manifestationen, die die Schamanen in der durch Musik, Tanz oder Drogen erreichten Trance erzielen sollen, gehören der magische Flug,

Skelettierung und Zerstückelung des Initianten sind Teil der Ausbildung des Schamanen; ein Gedanke, der sich auch in der Alchimie findet: Zerstückelung und Reinigung sind Voraussetzung der Verjüngung und Wiedergeburt. (Aus der alchimistischen Traktatsammlung *Splendor solis,* 16. Jh.)

die magische Hitze, Feuerunempfindlichkeit, Raps, Steinregen, Levitationen, Operationen (gelegentlich mit Öffnen und Schließen des behandelten Körpers ohne Blutverlust und ohne bleibende Narben), das Erlangen von ASW-Informationen u. a. m. Vor der → Initiation des Schamanen können Verwirrtheitszustände auftreten; nach der Initiation ist er in der Regel überdurchschnittlich intelligent und zeigt eine ungewöhnliche Körperbeherrschung. Sein Wissen ist größer als das der übrigen Bevölkerung (bei den Jakuten geht man von etwa 4000 üblichen Vokabeln der Stammessprache aus, beim Schamanen kommen noch ca. 12 000 Vokabeln seiner Fachsprache hinzu), so daß das Paranormale sicherlich nicht als das Pathogene zu verstehen ist.

Lit.: Bouteiller 1950; Eliade 1957; Findeisen 1957; Friedrich/Buddruss 1955; Harva 1938; Nioradze 1925; Olmarks 1939; Vajda 1964.

Scharlatan [von ital. *ciarlatano;* Gaukler, Quacksalber, Schwindler], der Sch. lebt vom Erfolg, der die Suggestivität seiner Handlungen, Reden und Therapien er-

höht; deshalb macht er reichlich Gebrauch von frisierten Statistiken, Universitätsgutachten, Anerkennungsschreiben und bombastischen Titeln. Wohl der bekannteste dt. Sch. ist der »Dr. Eisenbart« des Volksliedes, Johann Andreas Eisenbarth (1661–1727), der seinen Auftritten große Reklameveranstaltungen vorausschickte (er hatte immerhin ein, wenn auch abgebrochenes, Medizinstudium hinter sich).
Lit.: Francesco 1937.

Schatten, 1. antikisierend poetisch: Totengeister; 2. im europ. Volksglauben, im Märchen und in der Magie hält sich der Glaube, daß der Sch. die Seele des Menschen ist (oder eine seiner Seelen). Wenn jemand seinen Sch. nicht sieht, gilt das als Zeichen des eigenen Todes (entseelt werden); wer auf seinen Schatten tritt, fügt sich Übles zu, wer von jemandes Schatten getroffen wird, muß damit rechnen, von ihm überwunden zu werden; 3. in der → Analytischen Ps. ist der Weg zu dem (oder: zu den) Sch. die erste Stufe der → Individuation. Der Sch. gilt als Verkörperung aller Eigenschaften, die der Träger an sich haßt und fürchtet; seine verdrängte »linke Seite« (Jung 1934). In der Lit. des 19. Jh.s tritt der Topos des Sch.s im letztgenannten Sinn schon vor Jung auf (z. B. bei → May).

Schaukelexperiment → Wittelmeyer, Michael.

Scheinsignifikanz, auch *Scheinkorrelation,* 1. ein verfälschter statistischer Zushg. zwischen zwei oder mehr Variablen: Eine tatsächlich nicht gegebene Beziehung kommt dem Betrachter wahrscheinlich vor. Ursachen sind Fehler in der Erhebung oder Auswertung; 2. ein sinnleerer »echter« Zufall: Betrachtet man die Ziffern nach dem Komma der Zahl π (3,1415 ...) auf 8000 Stellen, so ergibt sich für alle Werte von 0 bis 9 eine gleichmäßige Verteilung. Bei der Eulerschen Zahl (e; 2,7182 ...) aber treten in Sequenzen von je 200 Ziffern Häufungen auf, die einer Wahrscheinlichkeit von 0,0001 entsprechen. Eine Tatsache, die von dem Oxforder Logiker Spencer Brown (Werke → Bibl.) u. a. als Argument gegen die statistische Beweisführung in der Pps. angeführt wurde. Um seine Behauptung zu untermauern, nahm Spencer Brown Tafeln mit Zufallsreihen von Zahlen. Die Zahlen der einen Tafel betrachtete er als »Zielzahlen«, die der anderen wertete er wie die »Angaben eines Sensitiven«: Es ergaben sich scheinbare »Signifikanzen« und sogar Erscheinungen vergleichbar der → Viertelverteilung. Versuche, ähnliche Auffälligkeiten in den Ausspiellisten von Spielkasinos zu entdecken, schlugen fehl. Durch den Nachweis dieser Sch.en wird die quantitativ-statistische Arbeit der Pps. jedoch keineswegs wertlos. Bei einigen quantitativen Untersuchungen konnte nämlich gezeigt werden, daß einer planmäßigen Variation der Versuchsbedingungen eine entsprechende Variation der signifikanten Ergebnisse folgt.

Schelling, Friedrich Wilhelm v. (1775–1854), dt. Philosoph, einer der Hauptvertreter des dt. Idealismus. Der Romantik nahestehend, entwickelte er zunächst eine spekulative Naturphilos., dann seine Identitätsphilos., bei der er monistisch von *einer* schöpferischen Urkraft ausgeht, von der ursprünglichen Einheit von Sein und Denken, Natur und Geist, Subjekt und Objekt im Weltgrund, der absoluten Vernunft.

In seinem mystisch-philos. Fragment *Die Weltalter* versucht Sch. zu zeigen, wie sich das Absolute, das als ewiger Wille aufgefaßt wird, in verschiedenen Stufen der Entwicklung von Welt und Zeit entfaltet. Pps. interessant ist dabei, daß Sch. in den einzelnen Entwicklungsstufen verschiedene Formen des »magnetischen Schlafs« annimmt. – *Clara oder Über den Zusammenhang der Natur mit der Geisterwelt,* ein weiteres Fragment, zeigt den Einfluß → Oetingers und → Swedenborgs auf Sch.s Denken, wenn dieser schreibt: »Wenn es wahr ist, was so viele glaubhafte Männer, insbesondere Ärzte, versichern, daß menschliche Wesen durch Einwirkung anderer Menschen bei völlig erloschenen, äußeren Sinnen und während sie sich ge-

gen alles andere, den Einwirkenden ausgenommen, wie tot verhalten, zur höchsten inneren Klarheit und einem Bewußtsein ihrer selbst übergehen, mit dem das im Wachen nicht von fern zu vergleichen ist, so hätten wir, wie ich glaube, die Erfahrung eines Zustandes, den wir mit Recht einen höheren nennen und als ein wachendes Schlafen oder schlafendes Wachen ansehen können. Und ich würde darum mit ihm nicht den Tod, sondern den Zustand, der ihm folgt, vergleichen, der, wie ich glaube, das höchste durch kein Erwachen unterbrochene Hellsehen sein wird.«
Lit.: Jaspers 1955; Wieland 1956.

Schermann, Rafael → Metagraphologie.

Schichtig [norddt.; hellsichtig; Schichtvermögen], die Gabe des → Zweiten Gesichts. Die Etymologie ist unklar, wahrscheinlich besteht ein Zushg. mit altnordisch *skipa* und damit auch mit »Schicksal«.

Schin [hebr. Buchstabe (ש) mit dem Lautwert *sch*], bei → Thouless u. a. statt *Seele,* da ihnen dieser Begriff emotional mit zu viel Vorbedeutungen belastet schien.

Schizophrenie, auch *Spaltungsirresein,* von → Bleuler 1911 vorgeschlagener Begriff zur Bezeichnung einer Gruppe von Psychosen, die als gemeinsames Kennzeichen Assoziations- und Affektstörungen aufweisen. Die Ätiologie der Sch.n ist noch weitgehend ungesichert. Bei bestimmten Formen von Sch. halten Parapsychologen es für denkbar, daß die Unterschiede zwischen sinnlich wahrgenommener und paranormal erfahrener Zuwendung eine Rolle spielen: Eltern können z. B. verbal und durch Überhäufen mit Geschenken einem Kind ihre Liebe und Zuneigung beteuern, telepathisch aber erfährt es, daß es eigtl. unerwünscht ist. Eine mögliche Reaktion auf diese widersprüchlichen »Informationen« könnte die Entwicklung einer Sch. sein. Anzumerken ist, daß der Sch.-Begriff der Psychiatrie und der Psychoanalyse sich in mehreren Punkten unterscheiden.
Lit.: Bleuler 1966.

Schlaf, Zustandsform des Menschen und höherer Tiere, von der wir, wie → Bernheim sagte, nicht die »Essenz«, sondern nur die »Symptome« kennen. Ausgelöst und gesteuert wird der Sch. vom Sch.-zentrum; über die auslösenden Reize besteht keine einhellige Meinung (chemische Reize, Dunkelheit, Körperlage usw.); als Funktion des Sch.s wird häufig ein Aussondern von Ermüdungsstoffen vermutet. Im Sch.bedürfnis bestehen beträchtliche Unterschiede; das individuelle Bedürfnis (Sch.muster) scheint angeboren zu sein, doch treten bei einzelnen beträchtliche Veränderungen im Lauf des Lebens auf: In der Lit. werden Fälle von jahrelangem Schlaf behauptet *(attaques de sommeil)* neben anderen, wo Menschen ohne beobachtbare Schädigung Wochen und Monate ohne zu schlafen auskommen und dabei ihre Arbeit verrichten. I. allg. scheint das Sch.bedürfnis im Alter zurückzugehen. Der Sch. bietet das Bild einer vorübergehenden Bewußtseinseinschränkung, aber keine -aufhebung. Auch im Sch. bestehen Kontakte zur Umwelt. Der Traum ist – nach Freud – nicht die einzige Sch.leistung; das unbewußte »Denken« wird auch im Sch. fortgesetzt, und wie manche Autoren vermuten, ist ASW im Sch. (→ Wahrtraum) ein Produkt dieses »Denkens«, das, durch die Senkung des Bewußtseinsniveaus begünstigt, in den Traum aufzusteigen vermag. S. a. → Cayce, E.

Schlaf, kritischer, gelegentlich bei → Mesmer für den somnambulen Zustand, wenn er sich während einer Kur bei der Wendung zum Guten (Krise) spontan einstellt.

Schleich, Carl Ludwig → Schwangerschaft, hysterische; → Solarplexus.

Schmidt, Helmut (* 1928), dt.-amer. Physiker und Parapsychologe, ehemaliger Mitarbeiter am Institute for Parapsychology, Durham, North Carolina, jetzt an einem Forschungsinstitut in Texas. Sch. arbeitete bisher vor allem über den Gebrauch elektronischer Zufallsgeneratoren in der ASW- und PK-Forschung. 1970 unternahm er als erster quantitative Untersuchungen zur

Frage psychokinetischer Fähigkeiten bei Tieren. – *Werke* → Bibl.

Schnabel, Maria, 1923/24 war die damals 14jährige Epileptikerin Agentin von Spukphänomenen auf einem steirischen Bauernhof in Rauchen (Gemeinde Mautern). Die Manifestationen bestanden im wesentlichen im Umherfliegen von Gegenständen (Holzscheite, Haushaltsgerät, ein Gebetbuch) und in Stallspuk. In einem Fall war das Mädchen längere Zeit an einen Besen »gebannt« und mußte das ganze Haus kehren. Zumindest ein mitauslösender Faktor der Erscheinungen war, daß die Kinder des Hofes etwa 2 Monate vor Beginn der Ereignisse eine → Planchette bekommen hatten, mit der sie herumexperimentierten.

Lit.: Zahlner 1967.

Schneider, Rudi (1908–1957), österr. Medium, das vor allem von → Osty und → Schrenck-Notzing untersucht wurde und wie sein weniger bekannt gewordener Bruder Willi in Trance psychokinetische Effekte (Objektbewegungen und Materialisationen) produzierte. Die Kontrollbedingungen waren teilweise außerordentlich streng (sie schlossen selbstverständlich Untersuchungen des Mediums vor der Séance ein, meist wurde ein Kleiderwechsel verlangt, und gelegentlich war das Medium während der Sitzung in einem Käfig). R. Sch. und die »Echtheit« seiner Phänomene waren Gegenstand manch heftiger Kontroverse, aber nie wurde ihm Betrug nachgewiesen – wohl aber mit einem, vermutlich manipulierten, Foto als Indiz behauptet. Den Vorwurf machte sich auch H. → Price zu eigen, der zuvor geschrieben hatte:

»Tatsache ist, daß Rudi der gnadenlosesten dreifachen Kontrolle unterworfen wurde, die man je einem Medium ... zumutete, und daß er diese harte Probe glänzend bestanden hat. Die Echtheit der Erscheinungen, die er auf seinen Londoner Séancen zeigte, hat an die 100 Personen beeindruckt, darunter Wissenschaftler, Doktoren, Geschäftsleute, Berufsmagier, Journalisten usw.« (P. 1930.)

1930 arbeitete Osty mit R. Sch. in Paris; dabei sollte in einer Dunkelsitzung ein durch eine Infrarotschranke abgeschirmtes Taschentuch bewegt werden; die Verletzung der Schranke löste eine Blitzlichtaufnahme aus. Tatsächlich blitzte es, aber auf dem Foto war nichts zu sehen; Osty schloß daraus, daß etwas Unsichtbares (nicht voll materialisiertes → Ektoplasma) der Auslöser war (O. 1932). Sch. setzt sich durch Hyperpnoe in Trance und behielt ca. 200–300 Atemzüge in der Minute während der Trance bei; Osty zeigte die entsprechende Vibration im Ektoplasma.

1919 begann R. Sch. ähnliche mediumistische Leistungen zu zeigen wie sein Bruder, 1924 soll die letzte Levitation beobachtet worden sein; im gleichen Jahr fand die erste Sitzung mit Schrenck-Notzing statt (die letzte 11 Tage vor dessen Tod, 1929). Die letzten positiven Experimente wurden 1935 in Wien durchgeführt; 4 Sitzungen unter → Fodor 1937 ergaben keine paranormale Leistung. R. Sch. litt unter dem Betrugsvorwurf, zeigte aber kein großes Interesse an der Pps. (»Ihr habt's die Gaudi, und ich muß schlafen!«). – Als sich die Phänomene zurückbildeten, hörte er mit den Sitzungen auf und arbeitete als Automechaniker und Fahrlehrer.

Lit.: Besterman 1931/32; Dingwall 1926 bis 28 a; Gregory 1968; Schrenck-Notzing 1933.

Schneider, Willi (1903–1971), von → Schrenck-Notzing u. a. untersuchtes österr. PK-Medium; die ersten Phänomene zeigten sich, nachdem die Familie den Spiritismus als Gesellschaftsspiel entdeckt hatte. Beim → Automatischen Schreiben trat eine → Kontrolle »Olga« auf, die vorgab, Lola Montez zu sein. 1921/22 fanden Sitzungen in München statt, bei denen etwa 100 Personen als Zeugen teilnahmen, darunter auch Thomas → Mann. Als W. Sch.s paranormale Kräfte nachzulassen schienen – »Olga« erklärte, sie wolle zu seinem jüngeren Bruder Rudi übergehen –, nahm Rudi seinen Platz als

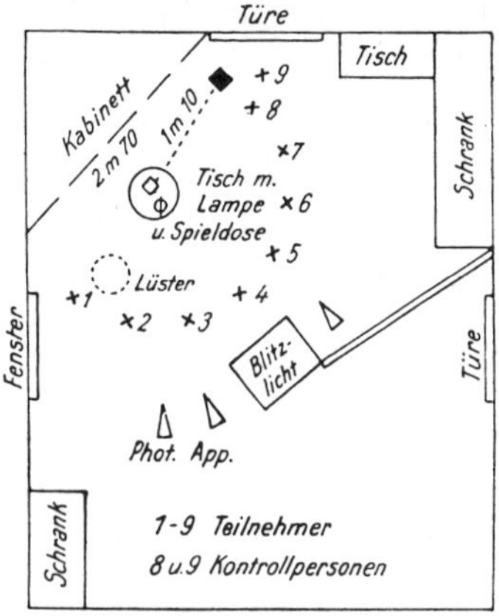

Planskizze von einer Séance mit dem Medium Willi Schneider. (Schrenck-Notzing 1924: 51.)

Medium ein. W. Sch., von Beruf Zahntechniker, zog sich Mitte der 20er Jahre krank nach Davos zurück.

→ Klages notierte am 7. 7. 1922 über eine Sitzung vom 1. 7. im Hause von Schrenck-Notzing: »An die Stelle des Tisches mit der Lampe stellt Dr. v. Schrenck einen leichten niedrigen Tisch, der bedeckt ist mit über und über phosphoreszierenden Fächern sowie einem stark leuchtenden Armband. Bald der eine, bald der andere der genau sichtbaren Fächer wird in die Luft gehoben und macht wiederum Bewegungen, als befinde er sich in einer Hand. Das Armband hebt sich vom Tische, geht *unter* den Tisch und wirft diesen *von unten herum*. Der Tisch muß wieder aufgerichtet werden; aber die Sache wiederholt sich. Der Tisch wird abermals aufgerichtet. Das Armband verläßt ihn von neuem, schwebt etwa in Tischnähe in der Luft herum, kommt endlich in *vertikaler* Stellung auf mich *zugeschwebt (nicht* geworfen!*)* und nähert sich rasch meiner linken Kniekehle. Ehe es sie aber noch völlig berührt, erhalte ich an der Kniekehle einen leichten Stoß, wie wenn mich jemand mit zusammengelegtem Daumen, Zeige- und Mittelfinger berühren würde. Im selben Augenblick fällt das Armband zu Boden, wo es bis zum Schluß der Sitzung liegen bleibt. – Der Tisch schiebt sich schließlich im Zimmer hin und her und bleibt sehr weit vom Medium stehen. Das Medium ist erschöpft, die Sitzung wird ... abgebrochen. – Ich bin nach dem Wahrgenommenen subjektiv von der Echtheit der hier mitgeteilten ›telekinetischen‹ Erscheinungen überzeugt und halte objektiv einwandfrei für *bewiesen* das Phänomen des schwebenden Armbands.« (Klages, zit. n. Schrenck-Notzing 1924: 193.)

Scholem, Gers(c)hom Gerhard (* 1897), bedeutender dt.-jüd. Gelehrter und → Kabbala-Forscher. 1933–65 hatte S. eine Professur für Kabbalistik an der Hebräischen Universität in Jerusalem. – *Werke* → Bibl.

Schopenhauer, Arthur (1788–1860), dt. Philosoph, der u. a. Freud und → v. Hartmann beeinflußte. Sch. war so weit Kantianer, als er den subjektiven Charakter der Raum- und Zeitvorstellungen und der Kategorien vertrat. Aber das bei Kant nicht erkennbare »Ding an sich« ist bei Sch. erkannt: Letzter Grund aller Erscheinung ist der *Wille,* d. h. der Trieb, der Lebensdrang, ein immaterielles Agens; selbst im Anorganischen manifestiert sich noch dieses Lebensprinzip in Kräften, die dem Willen verwandt sind. Eine Form der Welterkenntnis ist das Erfahren dieses Willens: Dabei sind paranormale Erlebnisse von Bedeutung; Sch. sah in ihnen eine empirische Bestätigung seiner Theorie. – Vor allem 4 Schriften Sch.s sind pps. relevant: In *Animalischer Magnetismus und Magie* (1836, ein Teil der Arbeit *Über den Willen in der Natur*) wird die pseudonaturwiss. Erklärung von eigtl. unerklärlichen Phänomenen entlarvt als eine Methode, das Nichtverstehen zu vertuschen. – Im *Versuch über das Geistersehen und was damit zusammenhängt* (1851) werden noch heute gültige Konstrukte aufgestellt: Geistersehen ist kein eigtl. Sehen, aber zu vergleichen den Bildern, die ein hypothetisches »Traumorgan« uns schafft. Dieses letztlich allwissende Traumorgan (ein Konzept des Unbewußten) kann in Ausnahmen auch im Wachzustand operieren: Dann ist außersinnliche Wahrnehmung möglich. – In *Zur*

Lehre von der Unzerstörbarkeit unseres wahren Wesens durch den Tod (1851) wird die spiritistische Hypothese überzeugend kritisiert, und die ASW-Manifestationen werden als Leistungen Lebender beschrieben; da aber der Wille als Lebensprinzip über dem Tod steht, ist auch ein Einwirken Verstorbener grundsätzlich denkbar ebenso wie die Reinkarnation. – Die *Transzendentale Spekulation über die anscheinende Absichtlichkeit im Schicksal des Einzelnen* (1851, wie die letztgenannte Schrift in *Parerga und Paralipomena* enthalten) zeigt, daß das »Zufällige« des sog. Zufalls nur bei äußerer Betrachtung auffällt, innere, uns nicht zugängliche Betrachtung könnte zeigen, daß eine tiefere Kausalität im Lebensurgrund, dem Willen, liegt: In ihm ist die Harmonie aller künftigen Ereignisse im voraus gesetzt. Aktuell wird diese Schrift in Verbindung mit der Jungschen Lehre von der → Synchronizität, deren anordnende → Archetypen auch in einem Lebensgrund wurzeln, der dem Lebenden nicht ohne weiteres zugänglich ist (allerdings kennt Jung den strengen Determinismus nicht mehr). – Naturphilos. bedeutsam, wenn auch heute nicht mehr von der Pps. zu akzeptieren, ist Sch.s Unterscheidung zwischen Natürlichem und Übernatürlichem: »Natur« geschieht bei ihm in Raum und Zeit; der Ort und die Ordnung des Okkulten sind anderswo und anders.

Sch. hatte selbst mehrfach paranormale Erfahrungen oder wurde Zeuge von solchen: In Mailand von seiner Wirtin in angeregtem Gespräch nach ihren 3 Losnummern gefragt, nannte er spontan die ersten beiden richtig, »dann durch ihren Jubel stutzig geworden, gleichsam aufgeweckt und nun reflektierend, die dritte falsch«. – Und häufig verweisen Parapsychologen auf den klassischen Fall vom Tintenklecks: In Gedanken schüttete Sch. das Tintenfaß statt des Streusandes über einen Brief. Tinte floß auf den Boden, und die zum Aufwischen gerufene Magd erzählt, letzte Nacht habe ihr geträumt, sie wische an eben der Stelle Tinte auf. Eine zweite Magd, nicht Zeugin der Unterredung, bestätigte, daß die erste ihr beim Aufwachen diesen Traum erzählt hatte (Schopenhauer 1961: 131). – *Werke* → Bibl.

Lit.: Bender 1961; Driesch 1936.

Schrenck-Notzing, Albert Freiherr v. (1862–1929), dt. Arzt und Parapsychologe. Als Student lernte Sch.-N. den Hypnotismus und die Möglichkeiten einer Suggestionstherapie kennen; persönliche Begegnungen mit → Du Prel, → v. Hartmann und → Hellenbach verstärkten die daraus resultierenden philos., ps. und okkultistischen Fragen. Weitere Nahrung erhielten diese Fragen bei mehreren Studienaufenthalten in Frankreich, wo er u. a. zusammen mit Freud bei → Bernheim Kenntnisse der hypnotischen Psychotherapie erwarb. Wichtig wurde auch eine Begegnung mit → Richet 1889 in Paris. Sch.-N. übersetzte daraufhin pps. Arbeiten Richets und setzte eigene Untersuchungen auf dem Gebiet der ASW fort. Einen ersten Bericht legte er bereits 1891 in den *Proceedings* der S. P. R. vor.

Sch.-N. war als praktischer Arzt tätig, daneben arbeitete er wiss. über die Suggestionslehre und machte sich einen Namen in der Gerichtspsychiatrie. Immer stärker wandte sich sein Interesse dem Problem des physikalischen Mediumismus zu. Er veranstaltete Sitzungen mit den berühmtesten Medien seiner Zeit, z. T. in seinem eigenen Münchner Laboratorium. Die namhaftesten waren Eva C., Eglinton, Gazerra, Kluski, Tomczyk und vor allem die Brüder Schneider und die Paladino. Die Hauptaufgabe sah Sch.-N. in der Sicherung der Phänomene, ihre Deutung hielt er für sekundär; allerdings neigte er deutlich dem → Animismus zu.

→ Bleuler beschreibt Sch.-N. als »einen ernsthaften Mann ..., dem es nicht um Emotionen fabelhafter Erlebnisse zu tun war, sondern vor allem um die ganz realistische Festlegung der Existenz paraphysischer Erscheinungen, und zwar womöglich durch physikalische Kontrollen. Wir waren überrascht über die Skepsis, mit der er bestrebt war, Fehlerquellen aufzudecken und auszuschließen, und wie er seine Maßregeln immer wieder gegenüber dem Medium durchzusetzen suchte, dabei aber sich immer bewußt blieb, wie sehr ein Medium sich nicht nur von einem physikalischen Apparate, sondern auch von dem lebendigen Versuchstiere des Physiologen unterscheidet.« (Bleuler in *Z. f. Pps.* IV, 4, 1929: 185; das Heft enthält ausschließlich Nachrufe auf Sch.-N.) – *Werke* → Bibl.

Lit.: Kafka 1913; Walther 1962.

Schrift, Automatische → Automatische Schrift.

Schröpfer, auch Schrepfer oder Schrepffer, Johann Georg (1739–1774), ein Leipziger Gastwirt, der am Dresdener Hof Aufsehen mit Sitzungen erregte, in denen sich die Geister Verstorbener materialisierten. S. betrog mit untergeschobenen menschlichen »Phantomen« und bediente sich physikalischer und chemischer Tricks; dennoch ist die Frage nach einem möglichen paranormalen Rest seiner Leistungen nicht endgültig entschieden.

Lit.: Binz/Bonin 1962/63.

Schubert, Gotthilf Heinrich (1780–1860), dt. Philosoph und Naturforscher. Der bedeutende Denker der Romantik trug wesentlich zur Popularisierung → Schellings bei (während Schelling vor den schwärmerischen Spekulationen Sch.s warnte). Sch.s Interesse galt der »Nachtseite der Naturwiss.« (Titel seines Hauptwerks: *Ansichten von der Nachtseite der Naturwissenschaft,* 1808) – dem animalischen → Magnetismus, dem Hellsehen und den Träumen. Dabei werden Gedanken wie das → Kollektive Unbewußte vorweggenommen, wenn Sch. annimmt, daß in den Mythen der Völker und in den Träumen der Individuen die Ordnung des Seins und ein einheitlicher Mensch sich als »Ahnung« spiegeln. Sch. distanzierte sich später selbst von Teilen seines Werks, und jahrzehntelang war er vergessen; 1961 wurde seine *Geschichte der Seele* (1830) neu aufgelegt.

Schücking, Levin (1814–1883), dt. Schriftsteller. Der aus Westfalen stammende, mit der → Droste befreundete Sch. berichtet über einen mit dem → Zweiten Gesicht begabten Menschen:

»In aller Unheimlichkeit sehe ich noch durch die Tage meines Knabenalters eine hohe, gebückte Gestalt mit schmalem, blassem Antlitz und starren, hellgrauen Augen schreiten, die unter dem breitbeschatteten Rand eines runden Bauernhutes hervorstachen. Wir Knaben scheuten diese bohrenden Blicke, am meisten aber seine Scherze, denn er stak voll schnackiger Einfälle – als ob die Heiterkeit seiner Tage das Grauen seiner Nächte betäuben solle, die ihn hinaustrieben unter den Apfelbaum seiner Hütte, auf den Kreuzweg, auf den Grenzrain, um fern am Himmelsrand den Feuerbrand eines Gehöfts, auf dem nahen Kirchweg das Vorüberziehen eines lautlosen Leichenzuges zu sehen, um das Fallen von Brettern, aus denen ein Sarg gezimmert würde, oder den Marschtritt von Soldaten und das Rasseln von ›Kanonenwagen‹, die einen Heereszug bedeuteten, zu hören.« (Schücking 1886, zit. n. Moser 1974: 505.) S. a. → Vörbrand.

Schuppart, Johann Gottfried, evang. Theologe (1. Hälfte des 18. Jh.). Nach eigenem Bekunden waren er und seine Frau jahrelang Opfer der Attacken eines beißwütigen Poltergeists: Scheiben wurden eingeschlagen, pfundschwere Steine verfehlten Sch. nur um Haaresbreite, und oft zeigten sich, nachdem er sich geschlagen, gestochen und gebissen fühlte, Zahnmale auf seiner Haut.

Lit.: Thurston 1955.

Schutzgeist, im spiritistischen Sprachgebrauch die Trancepersönlichkeit, die, als Jenseitiger dramatisiert, aus dem Medium spricht und handelt (→ Kontrolle).

Schwangerschaft, hysterische, Ausbildung der Schwangerschaftssymptomatik ohne vorhergehende Schwängerung.

»Bei einem mir bekannten Gynäkologen wurde während meiner Anwesenheit ein 17jähriges junges Mädchen in die Anstalt gebracht, welches behauptete, guter Hoffnung zu sein. Von wem, wollte sie nicht sagen. Obwohl das unentwickelte Kind Virgo intacta war, sollte die Möglichkeit einer Schwängerung wegen des schwer seelischen Leids der Kleinen nicht ganz von der Hand gewiesen werden. Und siehe da! Im dritten Monat war wirklich Gravidität zu konstatieren. Im fünften fühlten wir unter wachsender Gebärmuttervergrößerung kleine Teile, hörten die Herztöne des Kindes, wie stets in der Schwangerschaft abweichend vom Puls der jungen Mutter. Im sechsten Monat subjektive Bewegungsstöße des Kindes, im neunten normaler Stand der Gebärmutter. Wir glaubten, Schädellage feststellen zu können. Im 10., im 11. Stillstand, aber keine Geburt. Im 12. Erklärung des Professors: ›Meine Herren, wir müssen uns geirrt haben, es ist keine Schwangerschaft, sondern eine Geschwulst. Operieren wir also.‹ Der Leib wurde geöffnet, und es ergab sich – nichts. Normale Gebärmutter, normale Eingeweide, keine Geschwulst im Leibe. ›Also Hysterie!‹ sagte kopfschüttelnd der Professor.« (Schleich 1916: 257 f.)

Carl Ludwig Schleich (1859–1922), der diesen Fall wiedergibt, sieht in ihm ein, wie er sagt, »metaphysisches« Problem: Woher »wußte« die Patientin (oder ihr »Organismus«), wie die Symptomatik einer Schwangerschaft beschaffen ist? Dieselbe pps. relevante Frage stellt sich da, wo »durch Vorstellungseinwirkung etwas Positives, Gewebsveränderndes, Formumwandelndes oder Formabschaffendes vor sich geht. Wo also eine produktive pathologische *Gewebsumbildung* statthat«. Schleich unterscheidet eine zweite Gruppe, »wo krankhafte Zustände imitiert werden, mit einem Symptomkomplex, von welchem der Kranke keinerlei Kenntnis haben konnte, den er aber doch haarscharf, völlig identisch mit dem des realen Krankheitsbildes reproduziert«. Schleich nennt dies »ein mediumistisches Schauen, eine Art Hellsehen von Krankheitsmöglichkeiten« (1916: 256).

Schwarze Magie, Schadenszauber oder Magie mit Hilfe böser Geister (→ Magie).
Lit.: Aaron 1821; Guazzo 1608; de Jong 1938; Waite 1898.

Schwarze Messe, die christl. Messe pervertierende und karikierende rituelle Praktik im → Satanismus. In ihr finden schwarzmagische Handlungen statt (dazu sind, ihrer Weihen wegen, Priester nötig).

Als »Montespan-Affäre« wurden in der Lit. Sch. M.n bekannt, die ein Zirkel feierte, den der Pariser Polizeipräfekt Nicholas de la Reynie 1679 auffliegen ließ. Die Hauptbeteiligten waren die Hebamme, Abtreiberin, Kartenlegerin und Giftmischerin Cathérine Voisin und Athénais de Tonnay-Charente, Marquise de Montespan. Außerdem gehörten mehrere Priester zu diesem Kreis. 360 Verhaftungen wurden vorgenommen, 110 Urteile gesprochen. Aus den Aussagen des Abbé Guibourg: »Leroy ... hat als erster mit mir darüber gesprochen, für Madame de Montespan zu arbeiten, und er hat mir 50 Pistolen und eine Pfründe von 2000 Livres versprochen. Die erste Messe, die ich in dieser Absicht gelesen habe, ist in Ménil gewesen, in der Nähe von Monthléry, auf dem Bauch einer Frau, die dorthin gekommen war mit einer anderen vornehmen Person. Zur Konsekration habe ich folgende Beschwörungsformel gesprochen: ›Astaroth, Asmodeus, Fürsten der Freundschaft, ich beschwöre euch, das Opfer anzunehmen, das ich euch darbringe mit diesem Kinde für die Dinge, die ich von euch erbitte, nämlich daß die Freundschaft des Königs und des Monseigneurs le Dauphin [die Marquise war die Geliebte Ludwigs XIV.] für mich fortdauere und daß ich von den Prinzen und Prinzessinnen des Hofes hoch geachtet werde, daß mir nichts verweigert werde von all dem, worum ich den König bitten werde, ebenso für meine Eltern wie Bedienten!‹ ... Das Kind, das bei dieser Messe geopfert wurde, habe ich um einen Taler gekauft. Ein großes Mädchen hatte es mir angeboten. Ich habe das Blut des Kindes, in dessen Kehle ich mit einem Federmesser gestochen habe, herauslaufen lassen und in einen Kelch gegossen ... Ich habe eine zweite Messe in einer Ruine auf den Wällen von Saint-Denis, auf der gleichen Frau, mit denselben Zeremonien gelesen [diese Frau soll die Marquise gewesen sein] ... Ich habe bei der Voisin, bekleidet mit der Albe, der Stola und dem Manipel, eine Beschwörung in Gegenwart der DesOeillets gemacht, die verlangt hat, einen Zauber für den König zu machen. Sie war begleitet von einem Mann, der mir die Beschwörungsformel übergab. Zu dieser Beschwörung war Sperma beider Geschlechter nötig. Da aber die DesOeillets gerade ihre Tage hatte, habe ich etwas von ihrem Blut in einen Kelch geschüttet. Dann ging ich mit ihr in ein Nebenzimmer, und ihr Begleiter gab etwas Sperma hinzu. Schließlich haben wir noch pulverisiertes Blut der

Fledermaus und Mehl hinzugetan, um der Mischung eine festere Form zu geben. Als ich die Beschwörungsformel gesprochen hatte, gab ich das Ganze aus dem Kelch in ein kleines Gefäß, das die DesOeillets und ihr Begleiter mitnahmen.« (Zit. n. Dreikandt 1975: 59–61.)

Die Riten der Sch. M. haben unter dem Druck weltlicher und kirchlicher Verfolgung und aufgrund der auch von den Beteiligten als ungeheuerlich empfundenen Blasphemie ein starkes affektives Feld gestiftet, das gelegentlich auch synchronistische (→ Synchronizität) und parapsychische Phänomene freigesetzt haben dürfte, deren Auftreten wiederholt behauptet wird.

Lit.: Vgl. → Satanismus.

Schweitzer, Albert (1875–1965), der bedeutende Theologe, Arzt, Musiker und Musikhistoriker, wurde bei seiner missionsärztlichen Tätigkeit auch Zeuge paranormaler Manifestationen. In einem Aufsatz für die *Revue Métapsychique* (1, 1951) beschrieb er eine pflanzliche Droge, *Ibogain,* die ASW begünstigen soll.

Ibogain ist das Hauptalkaloid der *Tabernanthe iboga*; es spielt in der westafrikan. Volksmedizin eine wichtige Rolle und gilt als stärkeres Halluzinogen als LSD. Bei rituellen Handlungen ruft es u. a. epilepsieartige Zustände hervor. Bei Versuchen mit Europäern traten nur Halluzinationen auf. (Engel 1972: 73 f.)

Score [engl.; Rechnung, Punktzahl, Spielergebnis], in der Pps. die Treffersumme im quantitativen Experiment.

Scotto, Marchese Centurione Carlo → Millesimo.

Screened Touch Matching Test (STM Test), [engl.; Abgeschirmte Tippzuordnung], von → Pratt und Gardner → Murphy in den 30er Jahren entwickelte ASW-Versuchsanordnung mit → Zener-Karten.

»Auf dem Tisch zwischen dem Versuchsleiter und der Versuchsperson befand sich eine undurchsichtige Scheidewand. Eine Öffnung in der Wand ermöglichte es dem Experimentator, die Bewegungen eines kleinen Zeigestocks zu verfolgen, den die Versuchsperson in der Hand hielt. Mit diesem Zeigestock deutete sie auf eines der fünf Symbole der sogenannten ›Schlüsselkarten‹. Auf diese Weise gab sie zu erkennen, welches ihrer Meinung nach die oberste der Karten sei, die der Experimentator hinter der Scheidewand – mit den Symbolen nach unten – in der Hand hielt. Der Experimentator legte die Karte dann – wieder mit dem Symbol nach unten – auf den Tisch, und zwar der von der Versuchsperson bezeichneten Schlüsselkarte gegenüber. Bei dieser ›Gleiches zu Gleichem‹-Methode wurde es üblich, eine nur in einer Richtung trennende Scheidewand zu benutzen: d. h. die Versuchsperson konnte die Karten aus keinem Winkel sehen, der Experimentator aber sah den Zeigestock der Versuchsperson und die Schlüsselkarten.« (Rhine 1950: 62 f.)

Dieses Zuordnen mit dem Zeigestock könnte es ermöglichen, daß motorische Automatismen bei der Stockbewegung auftreten; das scheint jedoch nicht geschehen zu sein. Die erzielten Ergebnisse waren signifikant, aber nicht besser als bei Versuchen, in denen die Vp. die von ihr für richtig gehaltenen Symbole ansagte.

Scyomantie → Nekromantie.

SD, Abk. für *S*tandard *D*eviation → Signifikanz.

Seaford, Ort auf Long Island (New York), wo im Februar/März 1958 in der Wohnung der Familie Herrmann unerklärliche Störungen auftraten: Im wesentlichen handelte es sich um Geräusche und Objektbewegungen. Besonders auffällig war, daß sich ohne erkennbare Ursache Flaschen mit Schraubverschlüssen öffneten. Verschiedene Versuche mit gasgefüllten Flaschen führten zu Explosionen; in keinem Fall gelang es, das Aufdrehen eines Schraubverschlusses zu simulieren. – Agent der Ereignisse war offensichtlich der 13jährige Sohn James; die Phänomene konnten dabei auch in einem Zimmer auftreten, in dem James gerade nicht war.

Lit.: Pratt/Roll 1958, 1958/59; Roll 1971.

Séance [frz.; Sitzung], gemeint ist vor allem die spiritistische Sitzung, doch wird S. auch für Sitzungen gebraucht, deren Teilnehmer der spiritistischen Hypothese neutral oder ablehnend gegenüberstehen. Ziel einer S. ist es, Psi-Manifestationen zu erleben oder Kontakte zu einem → Jenseits herzustellen; die Gegenwart eines oder mehrerer Medien wird in der Regel für notwendig erachtet. Von den übrigen Teilnehmern werden keine medialen Kräfte verlangt, doch werden manchmal unterschiedliche Bedingungen gestellt, z. B.: Nicht mehr als 6 bis 8 Personen dürfen teilnehmen, möglichst einige jüngere Menschen darunter, keine Kranken, nicht zu viele neue Teilnehmer, Musik (oder auch völlige Stille), Sprechen der Teilnehmer untereinander, Anfassen der Teilnehmer (»Kette« bilden) usw. Manche Medien haben besondere Anordnungen entwickelt, die der teilnehmende und beobachtende Parapsychologe nicht nur unter dem Aspekt der Betrugserleichterung sehen darf. Stets gilt, daß eine Sitzung vor allem aus Teilnehmern und nicht aus Nur-Beobachtern bestehen sollte. Der Parapsychologe muß also, wenigstens zu Beginn seiner Arbeit, auf die Wünsche (die als Launen erscheinen mögen) des Mediums und seines Zirkels eingehen. Sehr lockere Sitzungen sollen den Anfang machen, und erst allmählich können dann strengere Kontrollen eingeführt werden. Weitere Wünsche des Mediums (Wetter, Lokalität, Kabinett, Licht, Dunkelheit usw.) und die bereits gen. Anordnungen scheinen keinen direkten Einfluß auf das Zustandekommen von Psi-Manifestationen zu haben, sondern nur im jeweiligen Kreis dazu zu dienen, ein psychisches Klima herzustellen, das den Phänomenen förderlich ist. So gab es neben Sitzungen mit 4 bis 8 Teilnehmern auch solche mit 100 und mehr Leuten und öffentliche Aufführungen mit 1000 und mehr Zuschauern. Die ältesten Berichte von S.n reichen bis in die Antike zurück.

Sechste Sinn, die Physiologie unterscheidet 12 Sinne beim Menschen (Wärme-, Bewegungs-, Gleichgewichts-, Schmerz-, Raum-, Zeit-, Tast-, Geruchs-, Geschmacks-, Gehörs-, Gesichtssinn und einen Sinn für das Gemeinempfinden, der z. B. Hunger und Durst wahrnimmt). Im alltäglichen Sprachgebrauch aber wird von 5 Sinnen (Geruchs-, Geschmacks-, Gehörs-, Gesichts- und Tastsinn) ausgegangen. Der hypothetische S. S. bezieht sich auf die Wahrnehmung des »Übernatürlichen«; in diesem Verständnis scheint Tardy de Montravel, einer der frühen Magnetiseure, als erster vom S.n S. gesprochen zu haben. → Charcot griff die Bezeichnung wieder auf; sie ist mittlerweile in die Umgangssprache eingegangen und begegnet auch häufig als Buchtitel: Bender 1971, Emrich 1963, Heywood 1959, Richet 1928, Sinel 1927.

Seele, die Etymologie des Begriffs ist unklar, vielleicht besteht eine Verbindung zu griech. *aiolos* (leicht beweglich). Die Deutung »die zum See Gehörende« – der die Vorstellung zugrunde liegt, ein See sei der Aufenthaltsort der Ungeborenen und der Verstorbenen – ist umstritten. Obgleich *Psychologie* mit »Seelenlehre« zu übersetzen ist, macht die Ps. doch keine Aussagen über die Existenz oder das Wesen der S. Ebenso sind → *Psyche, seelische Organisation* usw. nur Modelle, Kürzel für etwas, das imaginär sein kann oder auch nicht. Allerdings bringen manche Psychologen und auch Parapsychologen implizit S.nbilder in ihre Arbeit ein. → Rhine geht sogar bewußt von der Annahme einer S. bei seiner Arbeit aus (psychozentrische Ps. bzw. Pps.). Strenggenommen aber sind Fragen nach der Existenz und dem Wesen der S. Gegenstand der Theologie und der Philos. Auch eine pps. Anthropologie, die nach dem gegenwärtigen Wissensstand vor allem die Unabhängigkeit der S. von Raum und Zeit und eine gewisse Leibfreiheit zu reflektieren hätte, ist so gesehen Teil der Philos.

Seelenexkursion → Seelenreise.

Seelenfeld, nach dem Vorschlag → Drieschs (1937) ein unräumliches und überpersönliches psychisches Feld, in dem sich Hellsehen und Telepathie ereignen (schwieriger wird es, die Präkognition zu integrieren). Von → Osty (1923) wurde das Konzept zum »plantragenden Weltbewußtsein« erweitert.

Seelenreise, bereits der Antike und vielen außereurop. Kulturen vertrautes Bild für die Vorstellung einer vorübergehenden Trennung von Leib und Seele. Aristoteles soll nach dem Zeugnis seines Schülers Clearchus an einem Experiment zur S. teilgenommen haben (Dodds 1974: 21). → Schamanen-Reise und Hexenfahrt sind als S.n anzusehen, und alte Rezepte nennen Salben, die die S. erleichtern sollen (→ Hexenwesen). Sie enthalten z. T. Hyoszyamin, ein Wirkstoff des Bilsenkrauts, der Atemerleichterung verschafft und damit vielleicht eine subjektive Voraussetzung für Flugempfindungen. In einer besonderen Form der S. vermag die »Seele« ihren verlassenen Leib zu sehen (→ Furseus). Die neuere Forschung und heutige Esoterik sprechen hier von *Seelenexkursion.*

Bericht einer Patientin von Erlebnissen während der Narkose: »Zunächst stellte ich das Phänomen fest, das mir damals auch theoretisch vollkommen unbekannt war, das ich aber seither als typisch in den Beschreibungen anderer gefunden habe, als schwebe mein Selbst wie eine Wolke über meiner Brust, und ich konnte mich so mit Muße von außen betrachten. Was mir zunächst auffiel, war das ganz ungewohnte Aussehen meiner Nase, die ich natürlich noch nie von diesem Winkel aus betrachtet hatte ...« Die Patientin erlebte die Operation bei Bewußtsein, aber einem Bewußtsein, das außerhalb ihrer selbst ist. Sie vermag nach dem Aufwachen bestimmte Umstände während der Operation zu schildern und Gespräche wiederzugeben. (Ellen R. Maexie, zit. n. Ringger 1972: 54.)

Das Vogelschau-Erlebnis spricht im ersten Augenblick für eine tatsächliche Exteriorisation von »irgend etwas«; dabei wird aber vergessen, daß es unsinnig ist zu verlangen, Hellsehen müsse unter den gleichen Aspekten wie normales Sehen erfolgen: Wenn die ASW raum- und zeitfrei geschieht, wie z. B. → Rhine vermutet, dann ist sie selbstverständlich auch keiner Perspektive unterworfen. Es mag also sein, daß Seelenexkursionen kein eigenständiges Phänomen bilden, sondern nur ps. interessante Dramatisierungen einer ungewohnten Erfahrung sind. S. a. → Out-of-Body-Experience.

Lit.: Bousset 1901; S. Smith 1974.

Seelentausch, besondere, von tibet. Yogis behauptete Form des »magnetischen Rapports«, bei dem ein Austausch der psychischen Gegebenheiten zwischen 2 Individuen stattfinden soll.

Sefirot, auch Sephiroth [hebr.], im Hebr. heißen die Zahlen allgemein *mispar,* die von 1 bis 10 *sefer* (S. = Mz. von *sefer).* Die kabbalistische Zahlenlehre, die die gnostische Zahlenlehre beeinflußte und dann wieder von ihr einiges übernahm, sieht in den S. »Sphären«, Emanationen des unerkennbar. Einen, schöpferische Kräfte des Göttlichen: *Keter* (Krone),

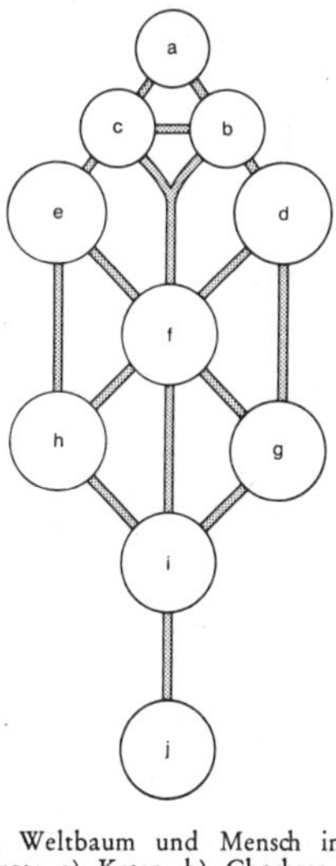

Kosmos, Weltbaum und Mensch im Modell der Sefirot: a) Keter, b) Chochma, c) Bina, d) Gedula, e) Gewura, f) Tiferet, g) Nezach, h) Hod, i) Jesod, j) Malchut.

Chochma (Weisheit), *Bina* (Vernunft), *Gedula* (Größe), *Gewura* (Kraft), *Tiferet* (Schönheit), *Nezach* (Dauer), *Hod* (Majestät), *Jessod* (Fundament), *Malchut* (Reich). Nach einer abweichenden Zählung stehen *Chochma* (Weisheit), *Bina* (Vernunft) und *Daat* (Erkenntnis) am Anfang. Die 10 Zahlen werden in eine Anordnung gebracht, die der »kabbalistische Baum« heißt (s. Abb.). Dieser Baum bildet nach der → Makrokosmos-Mikrokosmos-Spekulation sowohl das Universum als auch den Menschen ab (die 3 ersten Zahlen stellen den Kopf dar, andere die Extremitäten usw.); auch ein zeitliches Verständnis ist neben dem räumlichen möglich. Der S.baum kann in der Weise eines → Mandala betrachtet werden und als ein Vehikel der Erkenntnis dienen, so wie das manche mnemotechnischen (→ Mnemotechnik) Systeme wollten. Zusammen mit den 22 Buchstaben des (hebr.) Alphabets ist eine vollständige Ableitung der Welt möglich: Daraus erwächst eine besondere Signifikanz der Zahl 32. (Allerdings mag die 32 ihre Bedeutung auch anderen Beziehungen verdanken; Bonin 1969.) Die in der S.-Lehre vorgenommene qualitative Zahlenbetrachtung verdient erneut Interesse, nachdem Jung und seine Mitarbeiterin Marie-Luise v. Franz versucht haben, durch die Betrachtung von Zahlenqualitäten der Ps. eine neue Dimension zu erschließen (v. Franz 1970). S. a. → Zahlen.

Sehen, 1. die optische Wahrnehmung; 2. die visionären, präkognitiven Erfahrungen eines »Sehers« – gelegentlich mit, gelegentlich ohne Beteiligung des Auges gedacht; der paranormale Wissenserwerb mit quasi-optischem Charakter (»inneres Auge«).

Seherin von Prevorst → Hauffe, Friederike.

Seiltrick, indischer, von Indienreisenden gelegentlich berichtetes Zauberkunststück: Der Vorführende wirft ein Seil in die Luft, das stehenbleibt. Ein Knabe erklettert das Seil und entschwindet dem Gesichtskreis der Zuschauer; plötzlich fallen Stücke seines Körpers (Arm, Bein usw.) vom Himmel, die der »Meister« mit einem Tuch bedeckt. Nachdem er irgendwelche Formeln gemurmelt und bestimmte Gesten ausgeführt hat, steht der Knabe plötzlich wieder lebendig da. – Manche Autoren vermuten eine »Reihe künstlich herbeigeführter Halluzinationen«, die alle Zuschauer gemeinsam erleben sollen (z. B. Dessoir 1917: 189).

Lit.: Klinckowstroem 1922, 1925.

Seismograph, menschlicher, Ausdruck J. C. Barkers, Begründer des British Premonitions Bureau (Britisches Büro für Vorahnungen) in London. Er verstand darunter nicht nur die Sensitiven, sondern alle Menschen, die einmal künftige »erschütternde« bzw. dramatische Ereignisse (Naturkatastrophen, aber auch Attentate) vorausgefühlt haben.

Sejunktion [lat.; Trennung, Absonderung], in der Psychiatrie der Zerfall der Individualität, von Sinnestäuschungen begleitet.

Selbst, der bewußtseinsunabhängige Wesenskern eines Subjekts in der Form, in der das erlebende Subjekt sich seiner selbst bewußt und sich zugl. selbst zum Objekt wird (in dieser Bedeutung seit dem 17. Jh.). – Jung erweiterte die entwicklungsps. Lehre der Psychoanalyse um den Begriff des S.; ihm zufolge tritt das S. ungefähr zu Beginn des 4. Lebensjahrzehnts in Erscheinung und intgriert die bis dahin entwickelten Elemente der Persönlichkeit; damit wird das S. zur letzten Stufe der → Individuation. – Bei William → James ist das S. in *Ego* (ich) und *Me* (mich) geteilt; außerdem werden die Aspekte geistiges, soziales und materielles S. unterscheiden.

Selbstaufbau der Natur → Conrad-Martius, Hedwig.

Selbstbeobachtung, Methode in der Ps., bei der die eigenen Bewußtseinsvorgänge beobachtet werden; systematisch ausgebildet durch den dt. Psychologen Oswald Külpe

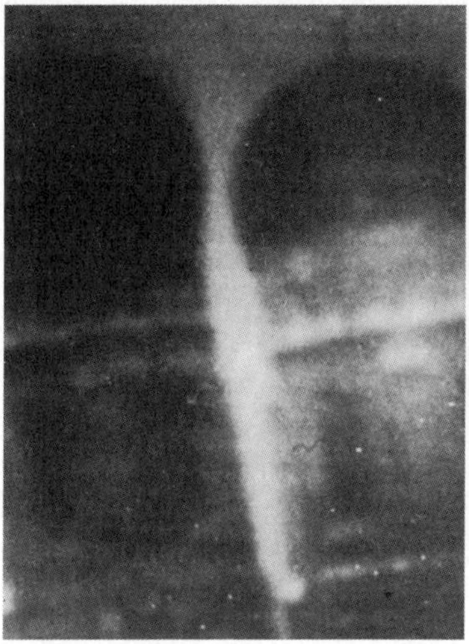

Von Ted Serios »gedachtes« Bild der Türme der Münchner Frauenkirche (links), daneben normales Foto.

(1862–1915). Da in der S. subjektive Inhalte objektiviert werden, betrachten behavioristische Forscher die S. als unwiss. – Ein bedeutender Praktiker der pps. S. war → Staudenmaier.

Selbstverbrennung, Spontane → Spontane Selbstverbrennung.

Semi-Levitation, Begriff → Richets für vorübergehenden paranormalen Gewichtsverlust ohne → Levitation.

Sender, → Agent bei der telepathischen Kommunikation.

Sensitive(r) [lat. *sentire;* fühlen, empfinden], von → Reichenbach eingeführt, bezeichnet S. heute eine Psi-, vor allem ASW-begabte Person.

»Manche Personen sind mit offenkundigem Hellsehen begabt, ohne daß man sie weder den Somnambulen, noch den Medien, noch den Normalen zuzählen könnte. Wir wollen sie Sensitive nennen.« (Richet 1923: 138.)

Untersuchungsergebnisse legen die Annahme nahe, daß für die *Sensitivität* eine Kondition anzunehmen ist, die durch mehrere Faktoren der Persönlichkeit gebildet wird (Sannwald 1974). – In der Ps. bezeichnet S. einen Persönlichkeitstyp mit überdurchschnittlicher Reaktionsbereitschaft und gesteigertem Empfindungsvermögen.

Lit.: Tenhaeff 1954/55.

Sensualismus, in Erkenntnistheorie und Ps. die Ansicht, alle Bewußtseinsinhalte seien von Sinnesempfindungen abhängig. Die Pps. vertritt einen empirischen antisensualistischen Standpunkt.

Sergejew-Detektoren, von dem russ. Physiologen Genadij Sergejew entwickelte Apparate, die, etwa 4 m vom menschlichen Körper entfernt aufgestelt, angeblich ein Kraftfeld nachweisen, dessen Ursache der hypothetische → Bioplasma-Körper sein soll und das selbst Auslöser psychokinetischer Effekte sein könnte.

Lit.: Ostrander/Schroeder 1974: 346–48.

Serialität → Kammerer, Paul.

Serios, Ted, Vp. von → Eisenbud, dem gelegentlich unerklärliche Fotografien ge-

langen, die Parapsychologen auf psychokinetische Effekte zurückführen. Während der Versuche trank S. größere Mengen Alkohol; bei normaler Zimmerbeleuchtung wurde eine Polaroidkamera auf S. gerichtet und mit Blitzlicht ausgelöst. Manchmal starrte S. dabei durch eine kleine (etwa 25 × 17 mm) Pappröhre, die er »Gismo« nannte, auf die Linse – angeblich als Konzentrationshilfe; manche Kritiker behaupten, er benütze sie zur betrügerischen Manipulation, erklären aber nicht, *wie* dieser Betrug vonstatten gehen soll. Man sollte bei den sofort fertigen Bildern das Gesicht von S. sehen; das war aber nur manchmal der Fall: Einige Bilder sind unerklärlicherweise schwarz (sog. *Blackies)*, auf anderen zeigen sich, oft nur in einer Ecke, verschiedenartige Gegenstände und Menschen. Die über 100 Bilder, bei denen ein paranormaler Effekt vermutet wird, entstanden z. T. durch einen → Faradayschen Käfig hindurch, ihr Zustandekommen ist physikalisch unerklärbar, ihre Inhalte weisen Beziehungen zu Träumen auf. – In einigen Versuchen realisierte S. seine »Gedankenfotos« auch auf Rollfilm und auf einem Monitor. Die Fähigkeit, paranormal »Bilder« zu produzieren, erlosch bei S. 1967; seit der Zeit treten nur noch *Blackies* und gelegentlich auch *Whities* auf. Laut Eisenbud konnte S. nie Betrug nachgewiesen werden, noch vermochte ihn jemand – entgegen dem anderslautenden Bericht des ehemaligen Zauberkünstlers David B. Eisendrath (1967) – nachzuahmen.
Lit.: Eisenbud 1974, 1975; Neuhäusler 1970.

Servadio, Emilio (* 1904), ital. Psychoanalytiker, Mitbegründer der Ital. Gesellschaft für Pps. (1937). Untersuchte außergewöhnliche Heilungen und ASW unter Drogeneinfluß; sein pps. Hauptinteresse gilt der psychonalytischen Erhellung des Paranormalen und der allgemeinen Reaktion auf das Parapsychische. – *Werke* → Bibl.

Seuse, Heinrich, latinisiert Suso (1925 bis 1366), Mystiker, Dominikaner. Autor der ersten Autobiographie in dt. Sprache. Unter den Visionen und Auditionen des Asketen S. sind, selten für die christl. Mystik, auch Visionen von Toten: So erschienen ihm die verstorbenen Johannes Futerer (Straßburger Prediger des 14. Jh.s) und sein Lehrer Meister → Eckhart, wobei bemerkenswerterweise der als Häretiker exkommunizierte Eckhart durch den Mund des Schülers in seinen alten Begriffen predigt.
Lit.: Wentzlaff-Eggebert 1947.

Sexualität, die Tatsache, daß in jeder bekannten Kultur das menschliche sexuelle Triebleben stark tabuiert war oder ist, scheint diese Sphäre in besonderer Weise für paranormale Besetzungen zu prädestinieren. Manche Spukphänomene können als paranormale Ableitung sexueller Energie betrachtet werden. – Alt sind Praktiken des → Liebeszaubers mit dem Ziel, sexuelle Kraft zu steigern oder zu lähmen. – In vielen Kulturen findet sich der Gedanke, der rituelle Beischlaf sei für das Gelingen bestimmter magischer Operationen notwendig (Heilige Hochzeit). – Frustrierte S. spielte bei vielen Fällen von → Besessenheit eine wichtige Rolle. – In Europa und USA lebte im 20. Jh. vor allem durch → Crowley und seine Nachfolger die *Sexualmagie* wieder auf. S. a. → Kundalini-Yoga; → Tantrismus.
Lit.: Fiedler 1964; Freimark 1909; Klingsor 1967; Laurent/Nagour 1902; Partridge 1960; Praz 1963.

Seybert-Kommission, Henry Seybert, Spiritist aus Philadelphia, USA, hinterließ der Universität von Pennsylvanien 60 000 Dollar mit der Auflage, »transzendentale« Fragen, vor allem den Wahrheitsgehalt spiritistischer Hypothesen, wiss. zu untersuchen. Die daraufhin gegründete Kommission nahm 1884 ihre Arbeit auf. Mehrere Untersuchungen verschiedener Gegenstände führten allerdings zu keinem positiven Ergebnis. Ein Schwerpunkt der Bemühungen der S.-K. bildete das Phäno-

men der → Tafelschrift. Dabei wurde → Slade betrügerischer Manipulation überführt; ein Mitglied der Kommission, George S. Fullerton, reiste eigens nach Deutschland, um sich über → Zöllners Experimente mit Slade zu informieren.
Lit.: Myers 1888/89.

Shackleton, Basil, Vp. → Soals bei Kartenexperimenten, bei denen der Effekt der → Verschiebung besonders gut beobachtet werden konnte: Bei einem Intervall von etwa 2,6 Sek. zwischen den einzelnen → Calls nannte Sh. signifikant häufig die nächstfolgende Karte, die aufgedeckt werden sollte. Verkürzte man den Zeitabstand auf die Hälfte, nannte er mit gleicher Zuverlässigkeit die übernächste Karte. Diese regelhaften Variationen mit → Antizufallswahrscheinlichkeiten von Milliarden zu eins lassen den Gedanken an eine mathematische Illusion nicht zu.
Lit.: Murphy 1961.

Shanti Devi, Kumari (* 1926), berühmter Fall einer angeblichen Reinkarnation. Etwa vom 3. Lebensjahr an »erinnerte« sich Sh. D. an ein früheres Leben in Mutra (ca. 120 km von ihrem jetzigen Wohnort entfernt), wo sie 1902 geboren sein wollte, den Namen Dugdi trug, der Choban-Kaste angehörte, einen Händler mit Namen Kedar Nath heiratete und nach der Geburt eines Sohnes starb. – Als das Mädchen 9 Jahre alt war und noch immer entsprechende Angaben machte, zog man brieflich Erkundigungen ein, die ihre Aussagen bestätigten. Der Witwer Kedar Nath besuchte die Kleine, und sie erzählte ihm Dinge, die außer ihm und seiner verstorbenen Frau niemand wissen konnte. Bei einem Besuch in Mutra erkannte sie in Gegenwart einer Kommission aus der Menge ihre »Verwandten«, fand den Weg zu ihrer angeblichen früheren Wohnung und machte weitere Angaben, die sich verifizieren ließen.
Lit.: Manas 1956; Stevenson 1960.

SHC, Abk. für Spontaneous Human Combustion → Spontane Selbstverbrennung.

Sheeps and goats [engl.; Schafe und Ziegen], von der Ps.professorin Gertrude Schmeidler (* 1913), City College, New York, eingeführte Bezeichnung für der Pps. gegenüber positiv eingestellte *(sheeps)* bzw. negativ eingestellte *(goats)* Vpn bei quantitativen Experimenten. Es hat sich gezeigt, daß die Testergebnisse von der Einstellung der Vpn nicht unabhängig sind, die möglicherweise bereits erfahrungsbedingt ist: Wer schon häufiger »paranormale Zufälle« erlebt hat, selbst wenn er sie nicht eigtl. registrierte, ist paranormal begabt und zugl. positiv eingestellt und erzielt der Begabung wegen mehr Treffer. Dieses Konzept wird allerdings nicht allgemein vertreten; man glaubt, daß die Einstellung wirksam, aber begabungsunabhängig ist (→ Psi missing).
Lit.: Schmeidler 1945.

Sherman, Harold (* 1898), amer. Autor, der selbst Experimente auf den Gebieten ASW und PK durchführte und zahlreiche einschlägige Arbeiten veröffentlichte. Er beschäftigte sich außerdem mit dem Problem des → Überlebens und Fragen der → Geistheilung; bekannt wurde sein Buch über philipp. Heiler (1967).

Sibylle, legendäre kleinasiatische Ekstatikerin der Antike, die nicht im Rahmen der festgelegten Frage-Antwort-Riten der → Orakel weissagte, sondern »von Gott getrieben mit rasendem Munde Ungelachtes und Ungeschminktes und Ungesalbtes redet und mit ihrer Stimme durch tausend Jahre reicht« (Heraklit). – S. wurde schon in der Antike zur Berufsbezeichnung; von zahlreichen S.n spricht die Überlieferung, und die Sibyllinischen Weissagungen reichen bis ins Juden- und Christentum. – In Griechenland waren vor allem die S.n von Marpessos bei Gergis *(Herophile* gen.*)*, von Delphi und von Erythrai bekannt. Der Kult von Erythrai soll nach Cumae (→ Sibyllinische Bücher) verpflanzt worden sein.
Lit.: v. Scheffer 1940.

Sibyllinische Bücher, 1. Sammlung von

Orakelschriften, die im offiziellen Kult von Rom eine Rolle spielten und der Sibylle von Cumae (älteste griech. Ansiedlung in Italien; Ort eines berühmten etruskischen Orakels) zugeschrieben wurden. Nur auf Geheiß des Senats durften die Priester die Texte befragen. 83 v. Chr. verbrannte die Sammlung bei einem Tempelbrand auf dem Kapitol. Aus griech. Quellen wurde eine neue Sammlung zusammengetragen, die um 400 zerstört wurde. – Ursprünglich lagen etruskische Orakelvorschriften der ersten Sammlung zugrunde; die Texte der Sibylle zuzuschreiben, ist eine Zwecklegende im Zuge der allgemeinen Hellenisierung.

2. Die *Oracula Sibyllina* (»Sibyllinische Weissagungen«) sind eine im 5. oder 6. Jh. erstellte Sammlung anonymer griech. Weissagungen in Hexametern; 12 von 14 Büchern sind erhalten. In den Texten lassen sich hellenische, jüd. und christl. Schichten unterscheiden, doch ist noch mit weiteren Einflüssen zu rechnen; inhaltlich dominiert das Eschatologische.

»Unseliger Hellespont, dich wird einstmals überbrücken der Sohn Assyriens; es wird kommen der Kampf der Thrakier und deine Kraft zerstören. Und das makedonische Land nimmt der ägyptische König ein, und die barbarische Gegend wird niederwerfen die Macht der Herrscher. Die Lyder und Galater, die Pamphylier mit den Pisidiern werden mit aller ihrer Macht gerüstet den bösen Streit herbeiführen.
Dreimal unseliges Italien, du wirst ganz verlassen bleiben, unbeweint, in dem glühenden Lande ...
Es wird aber an dem ätherischen weiten Himmel droben ein donnerartiges Getöse, die Stimme Gottes, zu hören sein. Die nie schwindenden Flammen der Sonne selbst werden nicht mehr sein, noch wird das glänzende Licht des Mondes wieder sein in der letzten Zeit, wenn Gott die Führung annimmt.« (V, 336–348; Übersetzung Kautzsch 1900: 213.)

Lit.: Hoffmann 1933.

Siderischer Leib, bei → Paracelsus ein feinstoffliches Doppel des Menschen, das den Tod überleben kann.

Sidgwick, Eleanor Mildred, geb. Balfour (1845–1936), engl. Parapsychologin, 1908/09 Präsidentin der S. P. R. Sie untersuchte, z. T. in gemeinsamen Sitzungen mit ihrem Ehemann Henry, ihrem Bruder A. J. → Balfour und Lord Rayleigh, verschiedene Medien, darunter Mrs. → Piper und Mrs. → Leonard, und führte in den Jahren 1889–91 Telepathie-Experimente mit hypnotisierten Perzipienten durch. – *Werke* → Bibl.

Sidgwick, Henry (1838–1900), engl. Philosoph, Mitbegründer und erster Präsident (1882–85) der S. P. R. Nahm u. a. an Untersuchungen der Medien → Paladino und → Piper teil; verh. mit E. M. → Sidgwick – *Werke* → Bibl.

Lit.: Myers 1900/01.

Sidheoga, irische Geister in menschlicher Gestalt; Kobolde, Elfen – vielleicht die Überbleibsel vorchristl. Gottheiten, die sich als *Aes Side,* »Leute der Sidhügel«, in bestimmte Hügel (archäologisch oft als Grabhügel nachweisbar) zurückzogen, an bestimmten Tagen den Menschen sichtbar erscheinen, ihnen Zukünftiges künden oder sie mit lockender Musik in ihre Hügel ziehen.

Siebenmännerbuch, die Antwort → Schrenck-Notzings u. a. Gelehrter (Gruber, Kröner, Oesterreich, Tischner, der Stuttgarter Studienrat Lambert und der Grazer Lehrer Walter) auf das sog. → Dreimännerbuch; eigtl. Titel: *Die physikalischen Phänomene der großen Medien. Eine Abwehr* (1926).

Signaturenlehre, durch ein Kennzeichen, eine Signatur, zeigt sich in der Natur eine geheime Verwandtschaft zwischen verschiedenen Dingen. Diese Verwandtschaft macht sich die S., etwa bei → Paracelsus und bei → Porta, in der Therapie zunutze: *similia similibus curantur* (Gleiches kann durch Gleiches geheilt werden) – die herzförmigen Blätter der Melisse zeigen z. B. an, daß diese Pflanze bei Herzkrankheiten nützt.

Signifikanz [von lat. *significare;* anzeigen], Bedeutsamkeit; vor allem statistische Bedeutsamkeiten heißen S.en. Die S. zeigt an, wann ein Ergebnis als nicht mehr zufällig betrachtet werden soll. Dabei wird der Grad der Wahrscheinlichkeit vorher willkürlich festgelegt. Üblicherweise operiert man in den Sozialwiss.en mit S.en auf dem Ein- und Fünf-Prozent-Niveau, d. h., die Wahrscheinlichkeit, daß das Ergebnis zufällig zustande kam, beträgt 1 : 100 oder 5 : 100.

Beispiel → Zener-Karten: Die Zufallserwartung für richtiges Raten von Karten beträgt bei einem Satz von 25 Karten mit 5 gleich oft vertretenen Symbolen 5. Die Abweichung der Treffer von der 5 nach oben oder unten heißt Deviation. Bei 49 Runs à 25 Calls beträgt die Zufallserwartung 245 (49 × 25 = 1225 Calls; 1225 : 5 = 245). Angenommen, es liegen 287 Treffer vor, so beträgt die Deviation 42. Jetzt muß geprüft werden, ob dieses Ergebnis größer ist, als vernünftigerweise zufällig erwartet werden darf. Man vergleicht deshalb das Ergebnis mit der bekannten Standardabweichung (SD, *Standard Deviation*). Die SD errechnet sich für die Zener-Karten nach der Formel $2\sqrt{N_r}$, wobei N_r die Anzahl der Runs ist. In unserem Beispiel also $2\sqrt{49} = 14$. Der Quotient aus beobachteter Abweichung und SD heißt Kritischer Wert (CR, *Critical Ratio*). Im Beispiel: CR = 42 : 14 = 3. Einem CR von 3,00 entpricht nach der *Tabelle für die Umwandlung kritischer Brüche in Wahrscheinlichkeitswerte* (→ CR) der Wert P (= *Probability*) von 0,0027. (Meist 0,0027 oder auch nur .0027 geschrieben.) Für unser Beispiel besagt das, unter 10 000 Versuchen ist 2mal mit dieser Trefferzahl zu rechnen.

Silberschnur, bei → Out-of-Body-Experiences wird gelegentlich berichtet, der Exteriorisierte erlebe sich mit seinem Körper noch durch eine Art »S.« verbunden, die am → Solarplexus oder an der *Medulla spinalis* (Rückenmark) austritt und elastisch ist.

Silbert, Maria (1866–1936), die »Seherin von Waltendorf« (bei Graz) war in den 20er Jahren ein bekanntes Medium. Bereits aus ihrer frühen Jugend werden ASW-Phänomene berichtet; PK-Erscheinungen zeigten sich, als ihr Ehemann schwer erkrankte. Er starb 1914; in den Jahren 1920–22 erreichten die Erscheinungen ihren Höhepunkt. Meist fanden die Séancen bei hellem Lampenlicht und ohne → Kabinett statt. Dabei traten Raps als Knistern und Krachen, oft als deutliches Klopfen auf. Die Klopflaute »wanderten«, sie erklangen mal aus dem Tisch, mal aus der Wand, aus Einrichtungsgegenständen usw. Nach einem → Klopfalphabet erfolgten sinnvolle dt. und manchmal auch lat. Diktate. Weiter wird von Leuchtphänomenen (bläuliche und hellgrüne Funken und Blitze, einmal gar »zwei Feuergarben«) berichtet. Häufiger sollen Berührungen vorgekommen sein, d. h., mehrere Teilnehmer spürten – oft gleichzeitig – bei strenger Kontrolle der Extremitäten des Mediums »Tupfer« oder ein richtiges Zupacken an Knie oder Unterschenkel. Manche dieser »Tupfer« ergaben sinnvolle Texte nach dem Code der Klopflaute. Was da griff, war nicht zu sehen. Beglaubigt sind wiederholtes Schweben eines Eichentisches in 10 cm Höhe; der Tisch konnte andrerseits aber auch so schwer werden, daß ihn 2 Männer kaum zu heben vermochten. In Hunderten von Fällen erschienen auf Taschenuhren, Trinkbechern, Fotografien u. ä. Zeichen oder Wörter als »okkulte Gravierung« oder in → Direkter Schrift. Der Augenblick der Niederschrift wurde nie beobachtet: Die Gegenstände verschwanden und tauchten graviert wieder auf – mal befanden sie sich plötzlich in der Hand ihres Besitzers, mal fielen sie mit Getöse auf den Tisch (→ Dematerialisation, → Apport). Auch Materialisationen wurden beobachtet (eine Hand, Finger, Nebelartiges usw.). Dabei wollen einige Teilnehmer ein Abkühlen der Zimmertemperatur und bei sich selbst einen »Kraftentzug« registriert haben. Manche der Phänomene traten auch außerhalb der Sitzungen und unter freiem Himmel auf. Das Medium glaubte, einen jenseitigen Führer und Beschützer zu haben, die → Kontrolle »Franziskus Nell«. Er galt als Urheber der Diktate und Gravuren und behauptete, ein Nürnberger Gelehrter aus dem 17. Jh. zu sein. 1922 wurde wäh-

rend einer Sitzung das Gesicht »Nells«, mit Spitzbart und Schnurrbart, in weichem Ton abgedrückt.
S. war gläubige Katholikin; »Nell« antwortete besonders gern auf religiöse Fragen, und vor allem kath. Geistliche waren Teilnehmer der Séancen. Die angewandten Kontrollen genügen heutigen wiss. Ansprüchen nicht mehr. Tatsächlich wurde mehrfach der Betrugsvorwurf erhoben und auch von kritischen Parapsychologen wie z. B. → Moser geteilt. Es fällt jedoch schwer, sich das Zustandekommen mancher Erscheinungen, etwa Gravieren eines Uhrglases von der Innenseite aus, durch Tricks erklären zu wollen.

Lit.: Hohenwarter 1954; Sünner 1931; Tischner 1954; G. Walther 1950/51; Verweyen 1927; v. Winterstein 1927.

Silvester II. (ca. 940–1003), der 999 zum Papst gewählte Erzbischof von Ravenna, Gerbert von Aurillac, gehörte zu den gelehrtesten Männern seiner Zeit. Er führte die arab. Zahlen in Europa ein und verfaßte Lehrschriften über Arithmetik und Geometrie. Seine Rechenkunststücke und frappierenden Gedächtnisleistungen trugen ihm den Ruf ein, mit dem Teufel im Bunde zu stehen. Im Volksglauben entwickelten sich ähnliche Sagen um ihn wie später um → Albertus Magnus, → Agrippa von Nettesheim und → Faust.

Simile [lat.; das Ähnliche], von → Tischner gewählter Begriff, um die verschiedenen Ähnlichkeitslehren zu systematisieren: Er unterscheidet z. B. das *magische* S., auf dem der Analogiezauber (→ Analogie) beruht, vom *funktionellen* der → Homöopathie. S. a. → Signaturenlehre.

Lit.: Tischner 1959: 52–69.

Simmons, Ruth → Murphy, Bridey.

Sinclair, Upton (1878–1968), amer., sozialkritisch engagierter Schriftsteller. Ende der 20er Jahre unternahm S. mit seiner Frau Mary Craig Kimbrough als Perzipientin groß angelegte qualitative Experimente zur Telepathie: Es wurde jeweils versucht, oft über eine Entfernung von mehreren hundert Kilometern, eine Zeichnung mental zu übertragen (s. Abb. S. 483). Bei 290 Versuchen wurden 65 Erfolge, 155 Teilerfolge und 70 Fehlschläge erzielt. S.s. Bericht über diese Versuchsserie, 1930 als *Mental Radio* ersch. (dt. *Radar der Psyche, 1973*), ist für die Geschichte der Pps. von großer Bedeutung: William McDougall, der das Ehepaar S. und seine Versuche kannte, hat nicht zuletzt unter dem Eindruck dieser Experimente 1934 zusammen mit → Rhine das pps. Laboratorium an der → Duke University gegründet.

Lit.: W. F. Prince 1932 (in S. 1973 enthalten).

Singer, Isaac Bashevis († 1904), in den USA lebender, bedeutender jiddischer Erzähler. Von seinen Romanen enthalten vor allem *Der Zauberer von Lublin* (dt. 1967) und *Satan in Goraj* (dt. 1969) der Welt des Ostjudentums entnommenes Material, das für die Pps. von Interesse ist.

»Und es lebte ein Mann in der Stadt Foraj der weit und breit berühmt wurde weil er gottesfürchtig und schön von Angesicht war und weil er viel viel Gutes tat und der Name des Mannes war Gedalja: Und dieser Mann war vertraut mit der Kabbala und den Mysterien und deren Anwendung: So konnte er zum Beispiel Wein aus einer Wand sprudeln lassen und war erfahren in der alchimistischen Wissenschaft ... In Wahrheit aber war er ein Sohn Belials ...« Ein Dybbuk (Totengeist) fährt vaginal in Gedaljas Frau, und »die junge Frau (Rechele war ihr Name) lag nackt in ihrem Haus und nicht einmal ihre Scham war bedeckt und alle Gegenstände waren zerbrochen und die Bettlaken zerrissen und sie stieß laute verzweifelte Schreie aus. Und als die ältesten und die Vorsteher der Gemeinde an ihr Lager traten erkannten sie sie nicht wieder: Denn Recheles Gestalt hatte sich gänzlich verändert und ihr Gesicht war kreidebleich und der Mund verzerrt ... Und die Stimme die aus ihr schrie war keine Frauenstimme ... Und sie hatte eine so unnatürlich große Kraft in den Gliedern daß selbst die Männer nichts ausrichten konnten und alle standen vor einem Rätsel.« (Singer 1969: 176 f.)

Sinnestransposition, von A.-A. Tardy de Montravel (in *Essai sur la théorie du somnambulisme magnétique*, 1786) beschrieben und von dem Lyoner Arzt Pététin d. Ä. (1744–1808) »transposition de sens« gen. (in *Mémoires sur la catalepsie et le somnambulisme,* 1787), bezeichnet die S. die Reizaufnahme mittels ungewöhnlicher Rezeptoren (bei Tardy z. B. Sehen mit dem Nabel). Schon → Lafontaine (1851: 47) hatte darauf verwiesen, daß es bei manchen Vpn keinen »speziellen Sitz des Sehens« gebe. Die Annahme einer → Hyperästhesie ist zur Erklärung der S. unzulänglich.

Sinnesvikariat [von lat. *vicarius;* stellvertretend], das Ersetzen eines Sinnes durch einen anderen (z. B. Tasten statt Sehen bei Blinden). In der Lit. wird S. manchmal unzulässigerweise mit → Sinnestransposition gleichgesetzt.

Skotographie [von griech. *scotos;* Dunkelheit], »Dunkelschrift«; selten für in Dunkelsitzungen erlangte → Direkte Schrift, häufiger für das »Belichten« von Filmmaterial mit oder ohne Kamera bei völliger Dunkelheit in der → Psychofotografie.

»In der [unerfüllt gebliebenen] Hoffnung, eine bisher unbekannte, vom Sehnerv ausgehende Strahlungsenergie zu entdecken, hatte ich in verdunkelten Räumen stundenlang konzentriert auf offenes Filmmaterial gestarrt« (Eisenbud 1974: 179.)

Skriptoskop [von lat. *scriptum;* Geschriebenes, und griech. *skopein;* schauen], Abart des → Oui-ja-Boards, »ein Karton mit dem Alphabet und ›ja‹ und ›nein‹ unter einer Glasplatte, auf der die → Planchette mit Glaskügelchen statt Beinen und einem Pfeil oder Zeiger sich entsprechend bewegt« (Moser 1974: 159).

Slade, Henry († 1909), amer. Sensitiver, u. a. von → Zöllner in über 40 Séancen untersucht, bei gelegentlicher Hinzuziehung des dt. Anatomen und Psychologen Ernst Heinrich Weber (1795–1878), → Fechner und dem Mathematiker Wilhelm Scheibner (1826–1908). Bei S. traten Materialisationen, Fernbewegungen, Apporte und Direkte Schrift (auf Tafeln; → Tafelschrift) auf. Besondere Aufmerksamkeit widmete Zöllner Versuchen mit Bindfäden und Lederstreifen, deren Enden versiegelt waren und die dennoch in der Sitzung, z. T. mehrere, echte Knoten erhielten (→ Knotenexperimente). Zöllner versuchte eine Erklärung des Vorgangs mit der Hypothese einer → Vierten Dimension. – Auch → Dessoir hielt Sitzungen mit S. ab, war aber von einem paranormalen Effekt nicht überzeugt: »... glaube ich eher, daß mir ein Trick verborgen geblieben, als daß mir eine Wirkung geheimnisvoller Kräfte gezeigt worden ist.« (D. 1917: 152.) Sicherlich betrog S. gelegentlich, z. B. indem er eine präparierte Tafel in die Sitzung einschmuggelte. Aber → Gibier, der 1886 den an den Folgen eines Schlaganfalls leidenden S. als Arzt behandelte und dann 33 Sitzungen mit ihm abhielt, verbürgt sich für über 100 echte Tafelschriften (s. Abb.) und zitiert als Echtheitsbeweis das Zeugnis eines Taschenspielers.

Lit.: Gibier 1886; Moser 1974; Zöllner 1878 bis 1881.

Slater, John (1861–1932), amer. Berufshell-

Psychographie des Mediums Slade in mehreren Sprachen aus einer Sitzung mit Zöllner. (Nach Moser 1974, Tafel 55.)

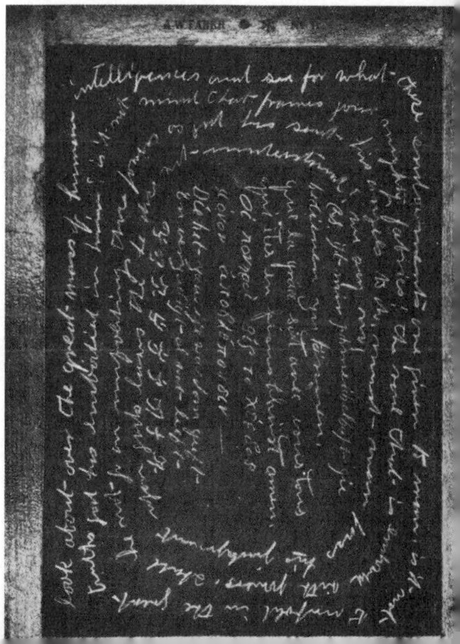

seher, der jahrzehntelang die USA bereiste und seine Fähigkeit, verschlossene Briefe zu lesen, u. ä. Künste öffentlich vorführte.

Sloan, John C. (1870–1951), engl. PK-Medium, bot unter der → Kontrolle von »Weißer Feder«, einem Indianer, vor allem das Phänomen der → Direkten Stimme. Im Inhalt dieser Botschaften und in Automatischem Sprechen traten auch ASW-Informationen zutage.
Lit.: Findlay 1931, 1955.

Smead, Mrs., Pseudonym einer Mrs. Cleaveland, die seit 1895 automatisch Botschaften mit der → Planchette buchstabierte und auch automatisch schrieb. Bemerkenswerterweise tauchten in ihren Produktionen Nachrichten in »Mars-Schrift« auf; die möglichen Verbindungen zum »Martisch« der Helene → Smith sind nicht recht geklärt.
Lit.: Hyslop 1907 b, 1918.

Smith, Helene, eigtl. Catherine Elise Müller (1861–1929), schweizer. Medium, das in spiritistischen Zirkeln auftrat und 1894–98 von → Flournoy untersucht und beobachtet wurde. Die parapsychischen Leistungen des Mediums in Trance oder in einem hemisomnambulen Zustand waren gering: unsichere, jedenfalls nur leichte PK-Phänomene traten auf, und einige ASW-Informationen mischten sich in die Automatische Produktion. Außerordentliches aber leistete H. S. bei der Dramatisierung ihrer angeblichen früheren Existenzen als Hindu-Mädchen und als Marie Antoinette: In Fortsetzungen wurde jeweils ein breites Lebenspanorama entworfen. Auch Victor

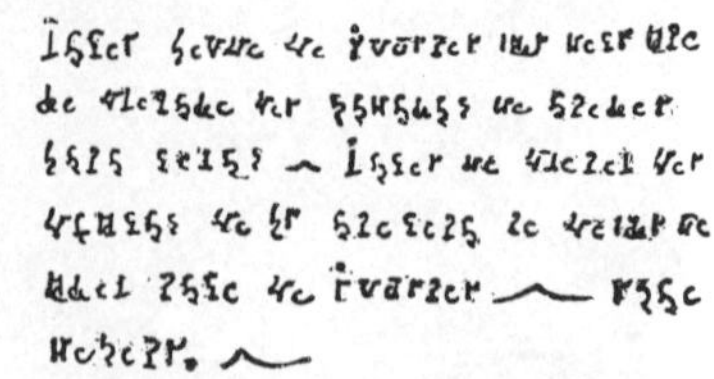

»Martischer« Text der Helene Smith vom 27. 10. 1898. (Flournoy 1914: 236.)

Hugo und Cagliostro sprachen aus ihr. Am bekanntesten wurde der »Mars-Zyklus«: Der verstorbene Sohn eines Mitglieds ihres spiritistischen Kreises berichtete durch sie über den Mars, seine Natur, die Bewohner und ihre Kultur. Fließend drückte sich das Medium in Mars-Sprache und -Schrift (s. Abb.) aus. Flournoy konnte zeigen, daß dieses »Martisch« ein geschickt und regelhaft camoufliertes Frz. war, dessen »Erfindung« eigtl. nicht pps. relevant ist, aber eine staunenswerte Leistung des schöpferischen Unbewußten demonstriert.
Lit.: Flournoy 1914; Lemaitre 1907.

Smith-Blackburn-Experiment, George Smith und Douglas Blackburn traten in der 2. Hälfte des 19. Jh.s als »Hellseher« auf. Die S. P. R. ließ die beiden 1882 durch 2 ihrer Mitarbeiter untersuchen und wertete das Ergebnis lange Zeit als Beweis einer »Gedankenübertragung«:

Während des Experiments saß Smith auf einem Stuhl, seine Augen waren mehrfach verbunden, die Ohren verstopft und mit Kitt geschlossen, der Boden mit schweren Teppichen belegt, um Klopfsignale zu verhindern. Über Smith hatte man 2 Wolldecken gebreitet. Blackburn gab man eine komplizierte Zeichnung, die er sich in tiefer Konzentration betrachtete; er zeichnete sie mehrfach nach. Dann ging Blackburn ein paar Mal in offensichtlicher geistiger Anspannung durch den Raum und wurde von krampfhaften Zuckungen befallen. Plötzlich schrie Smith, er habe die Information, schrie nach einem Schreibgerät und streckte eine Hand unter den Decken hervor. Blackburn gab ihm einen Bleistift, und Smith warf nach einigen Minuten die Decken ab und präsentierte eine dem Zielobjekt außerordentlich ähnliche Zeichnung. Erst 1908 enthüllte Blackburn den Trick: Er hatte die Zeichnung auf ein Stück Zigarettenpapier kopiert, den Fetzen in den Radiergummihalter des Bleistifts geschoben, den er Smith gab, und Smith trug unter seiner Kleidung eine Lichtquelle, die ausreichte, seinerseits die Zeichnung auf ein größeres Papier zu übertragen. (Klein 1975: 30 ff.)

Smoky, eine 3jährige Perserkatze, die einen gutbeglaubigten Fall von → Psi-Trailing lieferte: Ihre Besitzer zogen – ohne sie –

von Oklahoma nach Memphis, Tennessee; nach einem Jahr kam auch S. in Memphis an. Die Identifizierung gelang aufgrund einer eigentümlichen Verhaltensweise der Katze: Spielte die Tochter des Hauses Klavier, setzte sich S. neben sie und legte die Vorderpfoten auf die Tasten. S. a. → Katzen.

Soal, Samuel George (1889–1975), engl. Mathematiker u. Parapsychologe, arbeitete seit 1919 mit Medien, seit 1927 führte er quantitative ASW-Experimente durch. 1945 promoviert er als erster in England mit einer pps. Dissertation in Ps. 1949/51 war S. Präsident der S. P. R. – *Werke* → Bibl.

Society for Psychical Research (S. P. R.), [engl.; Gesellschaft für Psychische Forschung (= Parapsychologie)], von → Barrett, → Gurney, → Myers und dem Zoologen George John Romanes (1848–1894) 1882 aufgrund einer Anregung Barretts aus dem Jahr 1876 gegründete engl. Gesellschaft, die sich der Erforschung des Paranormalen widmet. Die ersten Mitglieder beschäftigte vor allem das Problem der Unsterblichkeit, die Frage einer unsichtbaren geistigen Welt, der wiss.stheoretische und empirische Zugang zum Problem der Wahrheit mystischer Erfahrung. Das Programm der Gesellschaft formuliert allerdings erreichbarere Ziele:

»Allgemein wurde empfunden, daß es an der Zeit ist, einen organisierten und systematischen Versuch zu machen, die große Gruppe umstrittener Phänomene zu untersuchen, die mit dem Namen Mesmerismus, Psychismus, Spiritismus bezeichnet werden. Es scheint aus den Zeugnissen vieler kompetenter Beobachter der Gegenwart und Vergangenheit, einschließlich der in neuerer Zeit gemachten Beobachtungen hervorragender Gelehrter hervorzugehen, daß neben viel Täuschung und Betrug ein wichtiger Kern merkwürdiger Erscheinungen vorhanden ist, die auf den ersten Blick unerklärlich scheinen durch irgendeine allgemein anerkannte Hypothese, und doch, wären sie einwandfrei festgestellt, von höchster Bedeutung sein müßten.
Die Aufgabe, diese abseits liegenden Erscheinungen zu untersuchen, ist oft von einzelnen unternommen worden, niemals aber durch eine auf genügend breiter Basis organisierte Gesellschaft. Unser Ziel wird sein, die verschiedenen Probleme ohne Vorurteil und im gleichen Geist exakter und leidenschaftsloser Forschung in Angriff zu nehmen, der die Wissenschaft in den Stand gesetzt hat, so viele Probleme zu lösen, die einst nicht weniger dunkel und heiß umstritten waren.« (Zit. n. Moser 1974: 117.) Die Ergebnisse der Arbeit der S. P. R. liegen mittlerweile in den fast 100 Bd.n der *Proceedings* und des *Journal of the S. P. R.* vor; bedeutende Gelehrte zählen zu den Mitarbeitern der Gesellschaft, die 1900 schon ca. 1500 Mitglieder zählte. Präsidenten der S. P. R. waren durchweg Persönlichkeiten der Wiss. und des öffentl. Lebens; in chronologischer Folge:

1882–84	Henry → Sidgwick.
1885–87	Balfour Stewart (1827–1887), engl. Naturwissenschaftler und Philosoph, Prof. für Physik an der Universität Manchester. – *Werke* → Bibl.
1888–92	erneut Henry → Sidgwick.
1893	Arthur, Earl of → Balfour.
1894–95	William → James.
1896–97	Sir William → Crookes.
1900	Frederic W. H. → Myers.
1901–03	Oliver → Lodge.
1904	William → Barrett.
1905	Charles → Richet.
1906–07	Gerald, Earl of → Balfour.
1908–09	Eleanor → Sidgwick.
1910	Henry Arthur Smith (geb. 1848), engl. Rechtsanwalt.
1911	Andrew → Lang.
1912	W. Boyd Carpenter (1841–1918), Bischof von Ripon, Domherr von Westminster.
1913	Henri → Bergson.
1914	Ferdinand Canning Scott Schiller (1864–1937), dt.-amer. Philosoph, Vertreter einer pragmatischen Anthropologie, die er »Humanismus« nannte. Arbeitete auf pps. Gebiet vor allem über Probleme des → Überlebens und erkenntnistheoretische Fragen und Pps. – *Werke* → Bibl.
1915–16	George Gilbert Aime → Murray.
1917–18	Lawrence Pearsall Jacks (1860–1955), Prof. für Philos. am Manchester College, Oxford. Er interessierte sich vor allem für die Bedeutung der Pps. im Hinblick auf das philos. Denken. – *Werke* → Bibl.

1919 Lord John William Strutt Rayleigh (1842–1919), Prof. für experimentelle Physik in Cambridge, erhielt 1904 als Mitentdecker des Edelgases Argon den Nobelpreis für Physik.
1920–21 William → McDougall.
1922 Thomas Walter Mitchell (1869–1944), engl. Arzt und Psychologe, Hrsg. des *British Journal of Medical Psychology;* er beschäftigte sich u. a. mit Fragen der Hypnose, der Multiplen Persönlichkeit und dem Zeiterleben in anderen Bewußtseinszuständen. – Werke → Bibl.
1923 Camille → Flammarion.
1924–25 John George Piddington (1869–1952), engl. Geschäftsmann und Parapsychologe, von seinen pps. Untersuchungen wurden vor allem seine Arbeiten über die → Kreuz-Korrespondenzen bekannt.
1926–27 Hans → Driesch.
1928–29 Sir Lawrence Jones (geb. 1885),
1930–31 Walter Franklin → Prince.
1932 Eleanor → Sidgwick (Ehrenpräsidentin) und Oliver Lodge.
1933–34 Edith Lyttelton (1865–1948), engl. Dramatikerin, sensitive Automatistin. – *Werke* → Bibl.
1935–36 Charlie Dunbar Broad (*1887), engl. Philosoph, Prof. an der Universität Cambridge. – *Werke* → Bibl.
1937–38 erneut Lord John William Strutt Rayleigh (Daten s. unter 1919).
1939–41 Henri Habberley → Price.
1942–44 Robert H. → Touless.
1945–46 George N. M. → Tyrrell.
1947–48 William Henri → Salter.
1949 Gardner → Murphy.
1950–51 Samuel George → Soal.
1952 erneut Gilbert Aime → Murray.
1953–55 Frederick J. M. Stratton (geb. 1881), Prof. für Astrophysik, Universität Cambridge. – *Werke* → Bibl.
1956–58 Guy William Lambert (*1889), engl. Diplomat; auf pps. Gebiet beschäftigte er sich vor allem mit Spontanphänomenen (ASW und PK). – *Werke* → Bibl.
1958–60 erneut Charlie Dunbar Broad (Daten s. unter 1935–36).
1960–61 erneut Henri Habberley → Price.
1960–63 Eric Robertson Dodds (*1893), engl. Gräzist, Prof. in Birmingham und Oxford; auf pps. Gebiet arbeitete er über antike Berichte von parapsychischen Geschehnissen. – *Werke* → Bibl.
1963–65 Donald James West (* 1924), engl. Psychiater und Kriminologe; auf pps. Gebiet arbeitete er u. a. in der experimentellen ASW-Forschung und über Heilung in → Lourdes. – *Werke* → Bibl.
1965–69 Sir Alister Clavering Hardy (* 1896), engl. Meeresbiologe und Ozeanograph, Prof. für Zoologie in Oxford. Er arbeitete u. a. über das Thema »Biologie und Pps.« – *Werke* → Bibl.
1970 W. A. H. Rushton (*1901), engl. Physiologe, Prof. für Wahrnehmungsphysiologie am Trinity College, Cambridge.
1971–74 Clement Williams Kennedy Mundle (*1916), engl. Philosoph. – *Werke* → Bibl.
seit 1975 John Beloff (* 1920), engl. Psychologe, vertritt am Department of Psychology der Universität Edinburgh die Pps. – *Werke* → Bibl.

Lit.: E. Sidgwick 1932; Sphinx *1886, I: 26–33.*

Sokrates (470–399 v. Chr.), griech. Philosoph. S. hinterließ keine Schriften, sein Leben und seine Lehre wurden durch seine Schüler Platon und Xenophon überliefert: »Seit meiner Kindheit begleitet mich durch Fügung des Himmels ein fast göttliches Wesen, dessen Stimme mir manchmal von irgendwelchen Unternehmen abrät, mir aber nie zuredet, dieses oder jenes zu vollführen. Ihr kennt doch den Charmides ... Eines Tages sagte er mir, er wolle in den Nemeischen Spielen beim Wettlauf auftreten ... Ich suche ihm dies auszureden und sage ihm: Während du sprachst, habe ich die göttliche Stimme vernommen ... Gehe nicht nach Nemea! Er wollte nicht auf mich hören Nun wohl! Ihr wißt, daß er umgekommen ist.« (Platon, *Theages.*)
»Diese prophetische Stimme habe ich während meines ganzen Lebens vernommen, sie ist sicher zuverlässiger als die aus dem Flug oder den Eingeweiden der Vögel gewonnenen Vorzeichen. Ich nenne sie Gott oder Dämon. Ich habe meinen Freunden die so gewonnenen Ankündigungen mitgeteilt, und bis heute offenbarte mir die Stimme

nie etwas Unrichtiges.« (Xenophon, *Apologie des Sokrates.*)
Im Altertum war die Geschichte von S.' *Daimonion* gut bekannt; in neuerer Zeit hat → Myers darüber gearbeitet. Er zieht einen Vergleich zu der Stimme der → Jeanne d'Arc.

Lit.: Lelut 1836; Myers 1889/90.

Solarplexus [lat. *plexus solaris;* Sonnengeflecht], unter dem Zwerchfell liegendes Geflecht sympathischer Nervenknoten, das Schleich (→ Schwangerschaft, hysterische) den »Empfangsapparat der menschlichen Seele« nannte. Bei den alten Magnetiseuren wurde gelegentlich eine Transposition des optischen Sinns zum S. beobachtet. S. a. → Silberschnur.

Somnambulismus, auch *Somnambulie* [von lat. *somnus;* Schlaf, und *ambulare;* umhergehen]; der spontane S., auch *Lunatismus* gen., bezeichnet das Schlaf- oder Nachtwandeln; ein, u. U. sehr komplexes, Handeln im Schlaf, an das sich der Betreffende im Wachzustand nicht mehr zu erinnern vermag. Da somnambules Handeln nicht in die → REM-Phase fällt, kann es sich nicht, wie man früher glaubte (Loewenfeld 1900, Sadger 1914), um ein Agieren von Träumen handeln. Der provozierte oder induzierte S. bezeichnet hypnotische Zustände, bei denen der Hypnotisierte nicht lethargisch ist, umhergehen, sich unterhalten kann und trotz Rapport eigener Handlungen fähig ist. → Janet beobachtete bei seinen hypnotisierten Patienten, daß sie im tiefsten Stadium der Hypnose wieder über den vollen Gebrauch ihrer Glieder verfügten. Die Persönlichkeitskontrolle übernehmen in diesem Zustand nicht normalbewußte Instanzen; vom Schlaf unterscheidet sich der S. u. a. durch eine dem Wachen entsprechende Muskelspannung, die totale Amnesie unterscheidet aber den S. deutlich vom Wachzustand. (Blieb das Wachbewußtsein teilweise erhalten, so sprach → Richet von *Semi-S.*) Als Entdekker des S. und als der Wortschöpfer gilt → Puységur (vgl. aber → Willermoz); hervorgerufen wurde er von ihm und durch die alten Magnetiseure mit Hilfe von → Passes; doch schon seinerzeit wurde von einigen Autoren an → Mentalsuggestion als mögliche Ursache gedacht.
Beim S. müssen verschiedene Formen unterschieden werden: »natürlicher«, krankhafter (hysterischer) und hypnotischer S. Die Funktion des Induzierenden (Hypnotiseur, Magnetiseur) ist noch ungeklärt. Ebenfalls offen ist noch die Frage, in welchem Maß der S. pps. relevant ist: Unstreitig paranormal wäre mentalsuggestiv hervorgerufener S., ebenfalls pps. relevant sind selbstverständlich parapsychische Erscheinungen und Leistungen in diesem Zustand. Recht zahlreich sind Berichte, nach denen eine somnambule Vp. hellseherische oder telepathische Leistungen erbrachte, z. B. das Lesen verschlossener Botschaften (Deleuze 1836; Husson 1804). Darüber hinaus gibt es aber auch die Vermutung, S. sei nach Entstehung und Wesen grundsätzlich eine parapsychische Erscheinung, definierende Merkmale seien paranormaler Natur (dazu wird manchmal ein behaupteter Gewichtsverlust während des Zustands gerechnet; die oft erzählte Geschichte, daß Nachtwandler auf Dachfirsten balancieren, rückt so gesehen in die Nähe der Levitation).

Lit.: Hennings 1784; Meyer 1758; Moser 1974; Wiersma 1931.

Somnolenz [lat.], Benommenheit, leichte Bewußtseinstrübung, Schläfrigkeit; auch 1. Grad der Hypnose.

Sonnengeflecht → Solarplexus.

Sonnenwunder → Fatima.

Sonrel, Léon (1839–1870), frz. Physiker. Auf einem Spaziergang mit dem ihm befreundeten Arzt W. Tardieu im Juni 1869 hatte S. eine mit Unterbrechungen 3 Stunden dauernde Vision, während der er in heftiger Erregung, oft unter Tränen und nicht bei normalem Bewußtsein persönliche und politische Voraussagen machte, und zwar so, daß diese jeweils zeitlich einander zugeordnet waren. Die Koinzi-

denzen zwischen Weltgeschichte und persönlichen Ereignissen trafen tatsächlich ein.
Lit.: Moser 1974: 469 f.; Tardieu 1915.

Sopor [lat.; tiefer Schlaf], Bewußtseinseinschränkung, die über → Somnolenz hinausgeht; stärkere Benommenheit und Schläfrigkeit.

Sordi, Lucia (geb. 1871), ital. PK-Medium, von dem eindrucksvolle Phänomene behauptet wurden: Materialisationen, Leuchterscheinungen, Fernwirkungen, Penetration, Autolevitation u. a. m. → Moser steht allerdings nicht allein mit ihrer Überzeugung, daß Lucia, die man zu den großen Medien unseres Jh.s zählte, die gen. Phänomene manipulierte (Moser 1974: 721).

Soule, Minnie Meserve, Pseudonym »Mrs. Chenoweth«, amer. spiritistisches Trancemedium Ende 19., Anfang 20. Jh., das vor allem Kontakte zu verstorbenen Dichtern herstellte: Barrett-Browning, Longfellow, Tennyson u. a. m.
Lit.: Allison 1929; Corson 1914.

Spagyrik [von griech. *spagein;* trennen, und *ageirein;* verbinden], vermutlich von → Paracelsus geprägter Begriff für eine alchimistisch-hermetisch orientierte Medizin, die auch astrol. Überlegungen in ihr System mit einschloß. Als »letzter deutscher Spagyriker« gilt der Arzt Ch. F. Zimpel (1800–1876).
Lit.: Zimpel 1924.

Spear, John Murray (1804–1887), amer. Prediger, sozial engagiert (Straffälligenfürsorge u. ä). 1851 erwachte sein Interesse am Spiritismus; er entwickelte bei sich → Automatische Schrift und heilende Kräfte.

Von höheren Geistern inspiriert, baute S. eine kostspielige Apparatur unter Verwendung von sehr viel Zink und Kupfer. Eine seiner Schülerinnen war ausersehen, der Maschine Leben »einzuhauchen«, dann sollte das Gerät als biologisches *perpetuum mobile* weiterexistieren. Die in einer Vision bestimmte Frau fiel in mehrstündige konvulsivische Trance; dann wollen Zuschauer Lebenszeichen an dem Apparat bemerkt haben. Die Maschine galt den Anhängern S.s als ein neugeborenes Kind und als eine Art Messias, bis aufgebrachte (oder ängstliche) Bürger sie zerstörten.

Sphäre des Demokrit, antikes → Mandala, das angefertigt wurde, um zu sehen, ob ein Patient überleben würde: Es handelt sich um den Versuch, die Zeitqualitäten der Krankheit horoskopähnlich zu erfassen und ein synchronistisches (→ Synchronizität) Phänomen zu provozieren, um ein rational nicht zugängliches Wissen zu erlangen.
Lit.: v. Franz 1970: 174–76.

Sphären, auch Ebenen, werden von Esoterikern die einzelnen Abteilungen der Organisation der Welt gen., wobei die S. des Irdisch-Materiellen eine Stufe unterhalb der geistigen Ebenen (in hierarchischer Ordnung gedacht) liegen. Von S. wird in physikalisch-räumlichem und in moralisch-geistigem Sinn gesprochen.

Sphinx [griech.], 1. Todesdämon im alten Griechenland; im Mythos Tochter des Giganten Typhon, Widersacher des Zeus; eine menschenköpfige geflügelte Löwin, die sich selbst das Leben nimmt, nachdem Ödipus das Rätsel, das sie ihm gestellt hatte, zu lösen vermochte; 2. Standbilder in Ägypten, menschenköpfige Löwen; ursprünglich wohl Porträts der Pharaonen, galten sie später als Abbilder des Sonnengottes; ein ikonographischer Anschluß an afrikan. Felsbilder scheint möglich. In der okkultistischen Lit. wird die S. verschiedentlich gedeutet; → Crowley z. B. sah in ihr eine Metapher des Menschen; 3. Theosophische Zeitschrift (Leipzig 1886 bis 1896), begründet und hrsg. von → Hübbe-Schleiden.

Spielbrett, altes Kulturgut, bei dessen frühem Gebrauch Ritus, Spiel und → Divination oft nicht auseinanderzuhalten sind; formal häufig ein → Mandala (z. B. das Mühlebrett). Die Brettspielpraxis in alter Zeit kann in vielen Fällen als Versuch betrachtet werden, ein synchronistisches (→ Synchronizität) Phänomen zu provozieren (Divination), in anderen Fällen scheint die Absicht zu bestehen, einen laufenden Prozeß zu beeinflussen, so wenn z. B. während einer Schlacht gespielt wird (Wer wird – soll – gewinnen?) oder an der Bahre eines Toten (sympathetische Einflußnahme auf die Seelenreise ins Jenseits).

Spieß, Edmund (1836–1889), evang. Theologe und Religionsgeschichtler, Professor in Jena; veröffentlichte 1874 seine grundlegende *Entwicklungsgeschichte der Vorstellungen vom Zustande nach dem Tode* (Neudr. 1975) mit zahlreichen bibliographischen Angaben zur Jenseitsforschung.

Spirit-form, ältere spiritistische Bezeichnung für → Materialisation.

Spiritismus [von lat. spiritus; Atem, Seele, Selbstbewußtsein; über engl. *spirit;* Geist], Theorie, die auf der Hypothese beruht, eine personale geistig-seelische Wesenheit könne den leiblichen Tod des Menschen überleben und sich unter bestimmten Bedingungen in der Sphäre der noch Lebenden mitteilen und physikalische Veränderungen hervorrufen. Der »Geist« des Verstorbenen soll dabei entweder aus sich heraus wirken oder der mehr oder minder passiven Hilfe Lebender, sog. Medien, bedürftig sein. Zu unterscheiden ist zwischen der *spiritistischen Hypothese* als Gegenposition zum → Animismus (sie will paranormale Phänomene als Wirkungen solcher »Geister« verstehen) und dem S. als *religiöser Erscheinung,* dessen Inhalte nicht bewiesen, sondern geglaubt werden sollen. Im Rahmen des religiösen S. haben sich verschiedene Formen herausgebildet, der Umgang mit den Verstorbenen wurde ritualisiert, und vielfach etablierte sich ein Kult. Seinen Ausgang nahm der moderne S. – es gibt zumindest phänomenologisch vergleichbare Formen in der Vergangenheit und im Bereich der Naturvölker – von den hist. Ereignissen in → Hydesville (1848). Doch liegen auch Wurzeln im → Mesmerismus. Heute schätzt man für die ganze Welt ca. 100 Millionen gläubige Spiritisten, allein in England existieren ca. 500 organisierte Glaubensgemeinschaften. Im Gegensatz zum angelsächsischen S. integriert der romanische S. (→ Kardec-S.) meist noch den Gedanken der → Reinkarnation (Seelenwanderung). Grundsätzlich entzieht sich spiritistisches Glaubensgut der wiss. Verifikation, aber auch der Falsifikation. Nur subjektive Wahrscheinlichkeiten können dafür oder dagegen geltend gemacht werden. So ist es im Sinne der spiritistischen Hypothese bemerkenswert, daß in unserem Kulturkreis Medien mit einer gewissen Gleichförmigkeit von postmortalen Zuständen berichten, die der christl. Dogmatik teilweise widersprechen (»Zwischenaufenthalte«, Schlafzustände). Da derartige Lehren aber z. B. auch durch die moderne → Theosophie verbreitet werden, ist der Indiziencharakter solcher Berichte gemindert. Ein oft gen. Argument *gegen* die spiritistische Hypothese ist die häufige Trivialität des aus dem Jenseits Mitgeteilten (Ford 1972): → Dessoir vergleicht den Hörer (oder Leser von derartigen Protokollen) einem Reisenden, der in einem Zugabteil Zeuge einer Unterhaltung zweier Familienmitglieder wird, von denen eines schwerhörig, das andere schwachsinnig ist, und → Richet erklärt scharf: »Die spiritistische Religion ist die Feindin der Wissenschaft.« (1923: 13.) Dagegen muß gesagt werden, daß die Wiss., nämlich die Pps., dieser Religion doch viel verdankt, wenn es im Einzelfall auch oft schwierig war, das paranormale Phänomen aus seinem religiösen Kontext zu lösen, denn spiritistischer Glaube und spiritistische Praxis interessieren die Pps. nur mittelbar. Pps. relevant werden sie erst, wenn in der Séance ASW oder PK auftreten, und das scheint in der regulären spiritistischen Sitzung, zumindest heute, selten zu sein.

Lit.: Bradley 1926; Dennert 1926; Hardinge-Britten 1870, 1884; Lodge o. J., 1928/29; Ohlhaver 1916–21; Oesterreich 1921; Owen 1873, 1874, 1876; Peter 1922; Tenhaeff 1951, 1973.

Spiritoid, Bezeichnung → Boiracs für Informationen, die personhaft aus dem Unbewußten treten.

Spirits [engl.; Geister], so nannten → Home, → Slade u. a. die Wesenheiten, die ihrer Auffassung nach die sog. mediumistischen Phänomene hervorriefen.

Spiritualismus, 1. im Engl. bedeutet *spiritualism* svw. *Spiritismus* (ohne den Wiedergeburtsglauben); 2. im dt. und frz. Sprachgebrauch wird zwischen Spiritismus und S. unterschieden: Der Spiritismus schließt (vor allem in den romanischen Ländern) meistens den Glauben an die → Reinkarnation mit ein; S. meint eine idealistische Weltanschauung, die spiritistisches Gedankengut und den Glauben an eine Wiedergeburt einschließen kann, aber nicht muß.

Spiritualismus, christlicher, Sammelbegriff für christl. orientierte spiritistische Bewegungen in Südamerika. Sie können teilweise schon als Volkskirche angesehen werden.

Spiritus mundi [lat.; Weltgeist], antike Vorstellung, die die Welt als einheitlich belebtes Ganzes sieht. Die Annahme eines Weltgeists oder einer Weltseele, *anima mundi,* findet ihre neuzeitliche Fortsetzung in der Annahme eines Weltbewußtseins, an dem die Individualseelen als Partialseelen teilhaben und aus dem sie wie aus einem → Kosmischen Reservoir überindividuelle Informationen gewinnen können (William → James, → Osty). S. a. → Weltgedächtnis.

Spökenkieken [niederdt.; ein Gespenst, eine Erscheinung sehen], svw. → Zweites Gesicht.

Spontaneous Human Combustion (SHC) → Spontane Selbstverbrennung.

Spontane Selbstverbrennung, SHC *Spontaneous Human Combustion),* in der Medizin bis zum Ende des vorigen Jh.s gelegentlich behauptetes Phänomen: das ohne erkennbare Ursache erfolgende Selbstentzünden, Verbrennen eines lebenden Menschen.

Charles Dickens verwendete das Motiv in *Bleakhaus* (1852): »Etwas auf dem Boden vor dem Feuer. Auf dem Rost ist nur noch ein sehr kleines Feuer übrig, aber das ganze Zimmer erfüllt ein schwerer erstickender Dampf, und ein dunkler schmieriger Überzug bedeckt Wände und Decke. Die Stühle und der Tisch und die auf dem Tisch so selten fehlende Flasche stehen alle wie gewöhnlich da. Auf einer Stuhllehne hängt des Alten Pelzmütze und Rock.« In der Vorrede verteidigt sich der Autor gegen den Vorwurf, Unmögliches beschrieben zu haben: »Man hat ... die Möglichkeit der sogenannten Selbstverbrennung geleugnet ... Man kennt ungefähr dreißig Fälle, deren berühmtesten, den mit der Gräfin Cornelio de Bandi, Cesenate Giuseppe Bianchini, ein Stiftsgeistlicher in Verona, auch sonst als Schriftsteller bekannt, genau untersucht und beschrieben hat. Er veröffentlichte darüber 1731 in Verona einen Bericht, den er später in Rom nochmals drukken ließ. Alle bei diesem Fall beobachteten Erscheinungen, die sich vernünftigerweise nicht bezweifeln lassen, sind dieselben, wie sie bei Mr. Krook beschrieben sind. Der nächstberühmte Fall kam in Reims vor, sechs Jahre früher, und ihn hat Le Cat, einer der berühmtesten Chirurgen Frankreichs, beschrieben. Das Opfer war eine Frau, deren Mann aus Unkenntnis wegen ihrer Ermordung verurteilt wurde; aber er appellierte an eine höhere Instanz und wurde freigesprochen, da aus den Zeugenaussagen hervorging, daß sie an Selbstverbrennung gestorben war.« Der letzte bekanntgewordene Fall, allgemein zitiert als *Cinder Woman* [engl.; verkohlte Frau], ereignete sich 1951: Eine Mrs. Reeser soll in St. Petersburg, Florida, am Morgen des 2. Juli den SHC-Tod erlitten haben. Der metallene Türknauf ihres Appartments war glühend heiß, das Zimmer voll Hitze, die Fenster waren geöffnet, eine hölzerne Vorhangstange brannte, in halber Zimmerhöhe bedeckte eine fette Rußschicht die Wände. Einige Schalter und Steckdosen waren geschmolzen, ebenso ein Plastikgefäß (die daneben liegende Plastik-Zahnbürste jedoch nicht). Sonst war das Zimmer unversehrt bis auf ein Loch im Fußboden, dort wo immer der Stuhl der Bewohnerin stand. Auch der Geruch von verbranntem Fleisch fehlte. Zwischen der Asche des Stuhls fanden sich ein unversehrter Fuß, etwas verbranntes Lebergewebe,

ein stark geschrumpfter Kopf. Der Fall ist unerklärlich: Kann die zu solcher Zerstörung notwendige Temperatur von über 1600° C kurzfristig auf kleinem Raum wirken, ohne daß das ganze Zimmer in Flammen steht? Und wenn ja, wo ist die Energiequelle zu suchen?
Lit.: Eckert 1964; Gaddis 1967; Kaufmann 1970; Marryat 1834.

Spontanphänomen, in der Pps. ein nicht provoziertes paranormales Ereignis, das allerdings im Fall des Spuks aufgrund seines wiederholten Auftretens prognostizierbar sein kann.

S. P. R., Abk. für → *S*ociety for *P*sychical *R*esearch.

Sprechender Tisch, Mitte des vorigen Jh.s volkstümliche Bezeichnung für den Tisch beim → Tischrücken oder für die → Planchette.

Spuk, sich wiederholende, u. U. variierende, spontane psychokinetische Erscheinungen (→ RSPK); die Etymologie des Wortes ist nicht ganz klar: schwed. *spok;* Vogelscheuche, norweg. *spjok;* Gespenst, dän. *spøg;* Ulk, könnten auf eine indogermanische Wurzel für »leuchten« zurückgehen. S.phänomene verraten manchmal intelligente Steuerung und gelegentlich Reaktionen auf das Verhalten der Betroffenen; sie werden akustisch, haptisch und optisch wahrgenommen und wurden gelegentlich durch Bild- oder Tonträger objektiviert.
Man unterscheidet personengebundenen (personalen, mediumistischen) und ortsgebundenen (lokalen) S. Beim personengebundenen S. läßt sich ein Agent, oft ein Pubertierender oder ein Sterbender, identifizieren oder zumindest vermuten; der ortsgebundene S. ereignet sich, wie es scheint, ohne lebenden Agenten, über lange Zeit hinweg (Jahrzehnte, gar Jahrhunderte) mit unregelmäßigen Unterbrechungen, aber immer am gleichen Ort. Der Spiritismus vermutet beim lokalen S. verstorbene Agenten; der Animismus steht da vor großen theoretischen Schwierigkeiten: Manche Autoren vermuten eine »Imprägnierung« der betreffenden Lokalität; die »reine« ASW-Hypothese nimmt an, daß die Erinnerung an ein paranormales Erlebnis telepathisch weitergegeben wird oder daß das Ereignis retrokognitiv erfahrbar ist und bei entsprechend befähigten potentiellen Agenten zur jeweils neuen Auslösung des S.s führt.
Manchmal begegnet auch die Unterscheidung von subjektivem und objektivem S., dabei meint objektiver S. tatsächliche psychokinetische Phänomene, subjektiver S. dagegen die Dramatisierung einer ASW-Information allein in der Phantasie. Auch beim subjektiven S. kann nach lokal und personal unterschieden werden.
Der personengebundene S. kann einen bewirkenden Agenten haben, er kann aber auch der Effekt einer (paranormalen) gruppendynamischen Interaktion sein; Agent und Bezugsperson sind nicht notwendig identisch, sie stehen aber im selben »affektiven Feld«, der Aufbau dieses Feldes, das den notwendigen Rahmen für den S. bildet, ist in der Regel wohl eine Gruppenleistung. Es scheint geradezu Familien mit einer Prädisposition für S. zu geben (Volmar 1969: 167 ff.).
Was spukt, ist eine noch ungeklärte Frage – auch wenn der Agent bekannt ist; nach einer tiefenps. Überlegung könnten es verselbständigte Teile des Unbewußten sein: »Tatsächlich habe ich einmal bei der Analyse einer Frau, deren Bruder in einer unheilbaren Schizophrenie ›zerfiel‹, beobachten können, wie gleichsam Teilseelen dieses Bruders pps. Spukphänomene in der Umgebung der Patientin bewirkten, und als ich Jung das mitteilte, erzählte er mir, daß er ähnliches öfters beobachtet habe und es daher für möglich halte, daß Teilkomplexe auch eines lebenden Menschen ›spuken‹ könnten. Wenn dies sich empirisch durch weitere Beobachtungen als zutreffend erweisen sollte, so würde dies eines der größten Probleme der Pps. neu beleuchten, nämlich, warum ›Geister‹ und ›Spukphänomene‹ sich so oft töricht, halb intelligent – halb sinnlos zu benehmen scheinen. Wenn sie nur Teilseelen sind, so wäre dies erklärt, denn von den psychischen Komplexen können wir nachweisen, daß sie einerseits eine gewisse Eigenintelligenz entwickeln können, zugleich aber auch sinnlose Störmanö-

ver par excellence im psychischen Zusammenhang auszuüben lieben.« (v. Franz 1970: 248.)

Lit.: Bender [2]1973: 40–67; Bozzano 1930; Flammarion 1923; Kemmerich 1921; Moser 1950; Owen/Sims 1972; Robbins 1959 (mit Beispielen früher Fälle); Sexauer 1958/59.

Spukhaus, Stätte eines ortsgebundenen Spuks; vor allem aus England wird von vielen Häusern berichtet, sie seien »heimgesucht« *(haunted).* Einen Fall erlebte Jung: 1920 verbrachte er in England mehrere Wochenenden auf dem Land im Haus eines Freundes. Von Mal zu Mal verstärkten sich Spukphänomene: Raps, Rauschen, übler Geruch. Die Erscheinungen kulminierten darin, daß Jung eines Nachts auf seinem Kopfkissen einen »kompakten halben Frauenkopf« sah, der ihn mit seinem einen verbliebenen Auge anblickte. Jung entzündete eine Kerze, und das Phänomen, das ihm nicht als Vision, sondern »real« erschien, verschwand. Jung verbrachte daraufhin die Nacht im Lehnstuhl. Am nächsten Tag erfuhr er, daß es in dem Haus spuke. (Moser 1950: 253 bis 261.) An diesem und ähnlichen Fällen interessiert, ob telepathischer Kontakt zu Menschen, die wissen, daß es hier spuken soll, zur Auslösung der Phänomene führt, ob (unbewußtes) Hellsehen in die Vergangenheit (Retrokognition) die Phänomene akualisiert oder ob – und das hieße ortsgebundener Spuk im strengen Sinn – unabhängig von einem Erlebnisträger hier etwas Paranormales geschehen soll. Wäre das letztere möglich – aus methodischen Gründen erscheint es zur Zeit ausgeschlossen, den Nachweis zu führen –, so läge ein gewichtiges Indiz für die spiritistische Hypothese vor.

Lit.: Vgl. → Spuk.

Spurenfeld, gestalttheoretischer (→ Gestaltpsychologie) Begriff, der besagt, daß Erlebnisse »Spuren« hinterlassen, die sich zu einer Ganzheit, dem S. zusammenschließen. Das S. determiniert die gegenwärtige Wahrnehmung, die ihrerseits auf das S. zurückwirken kann. Vor allem bei Paragnosten, die in ihrem sensitiven Erleben inhaltlich spezialisiert sind (z. B. → Croiset und seine ASW-Fähigkeit in bezug auf Ertrunkene), scheint es sinnvoll, das Konstrukt des S.s in die Deutung einzubeziehen.

Stahl, Georg Ernst (1659–1736), dt. Arzt und Chemiker, wird gelegentlich als Begründer des → Animismus bezeichnet, da er die körperlichen Vorgänge als durch die seelischen bestimmt betrachtete. Unter »Seele« verstand St. ausdrücklich nicht nur bewußte Vorgänge, sondern er betonte die Existenz eines wirkenden Unbewußten. Der → Vitalismus knüpfte später an St.s Gedanken an. – *Werke* → Bibl.

Stallspuk, separat oder als Teil eines größeren Spukkomplexes auftretende unerklärliche Ereignisse in Stallungen: Pferde wirken so, als seien sie geritten worden; Pferdeschwänze sind plötzlich zu Zöpfen geflochten; Vieh scheint ohne erkennbare Ursache erschreckt; es finden unerklärliche Objektbewegungen statt, in einem Fall befanden sich 2 Pferde in einem Kummet u. ä. m. Für die pps. Kasuistik sind die St.erzählungen des Volksglaubens deshalb von besonderem Interesse, weil die Landbevölkerung eine Reihe von Gegenmaßnahmen entwickelt hat, die Einblick in ihr Verständnis des Unerklärlichen geben. In kath. Gegenden spielen bei den Abwehrmaßnahmen oft die Viehheiligen Martin, Wolfgang und Leonhard eine Rolle. Die apotropäischen Maßnahmen werden meist von zauberkundigen Geisterbannern vorgenommen:

»Jost bohrte in die Türschwelle eines Kuhstalles, in dem Tiere auf angeblich unerklärliche Weise zugrundegegangen waren, ein Loch von 1 bis 2 cm Durchmesser. Ein Papierli, auf dem etwas geschrieben stand, faltete er ganz klein zusammen, um es so sorgfältig zuunterst ins Bohrloch legen zu können. Dann veschloß er dieses mit einem Holzpfropfen, der mit gewaltigen, das ganze Haus durchdröhnenden Hammerschlägen und mit grimmigen Flüchen auf die bösen Geister in die Türschwelle getrieben wurde.« (Volmar 1969: 155; s. a. → Einzäpfen.)

Auch heute noch bildet der Komplex St. und Geisterbanner einen besonderen Aufgabenbereich der Psychohygiene.

Lit.: Klee 1926; Moser 1950: 293–302.

Standardabweichung → Signifikanz.

Stanislawa P. → P., Stanislawa.

Stärke, außergewöhnliche physische St., die zeitweilig weit über die Alter und Geschlecht entsprechende St. hinausgeht, kann in Unfallsituationen und in Momenten krankhafter Erregung auftreten. Für das → *Rituale Romanum* ist sie ein Indiz dämonischer Besessenheit. Es wurden Überlegungen angestellt, ob in Fällen, in denen z. B. ein einzelner einen Baumstamm oder ein Kraftfahrzeug von einem Unfallopfer hebt, daran gedacht werden darf, daß bei dem bewegten Objekt paranormal eine Gewichtsverringerung eingetreten sein könnte.

Starre Strahlen, auch *rigide Strahlen,* Hypothese, die → Ochorowicz bei Untersuchungen mit dem Medium → Tomczyk entwickelte, und die → Schrenck-Notzing übernahm: Paranormale Bewegungen leichter Objekte werden durch das Medium mittels erstarrter und oft unsichtbarer → Ektoplasma-Fäden bewirkt.

Statistik, auf die Wahrscheinlichkeitslehre zurückgehende Erfassung und Auswertung von Häufigkeiten, die experimentell oder durch Erhebung (z. B. Fragebogen) gewonnen wurden. Die Ergebnisse werden graphisch dargestellt oder in Zahlen angegeben; eine Zusammenstellung solcher Zahlenwerte heißt ebenfalls St.

Die Anwendung der St. in der Pps. setzt 1884 mit → Richet ein. Ihre Aufgabe in der Pps. ist die Prüfung von Zushg.en, die durch Korrelations- oder Kontingenzkoeffizienten ausgedrückt werden. – In den 50er Jahren entwickelte sich eine Diskussion über die Grundlagen der statistischen (quantitativen) pps. Forschung, die in ihrer Bedeutung auch die statistische Arbeit der Naturwiss. und aller Sozialwiss.en anging (auch wenn diese die Diskussion nicht zur Kenntnis nahmen). Ausgehend von der Feststellung, es gebe sinnleere → Signifikanzen (mathematische Illusionen), wurde behauptet, aus statistischen Ergebnissen dürfe kein Schluß auf die Existenz eines Phänomens gezogen werden. Heute scheint sich die Position durchgesetzt zu haben, daß die Pps. ihre quantitativen Ergebnisse vor dem Hintergrund qualitativer Erfahrung betrachten und werten muß.

Lit.: Bender 1960; Bridgman 1956; G. S. Brown 1953, 1957; R. A. Fisher 1930/31; Nicol 1959; Tornier 1960.

Statuen, sollen laut Überlieferung in bestimmten Situationen reagieren, als seien sie lebendig. So wandte z. B. die Statue der Athene ihre Augen ab, als Aias d. J. nach dem Fall Trojas Kassandra vergewaltigte. Man hat solche Erzählungen – wie auch das Motiv des Steinernen Gastes in der Don-Juan-Legende – vor allem poetisch-lit. verstanden; gelegentlich wird aber auch noch heute von einem St.-»Wunder« (z. B. weinende Heiligenfiguren, sprechende Kruzifixe) oder einem paranormalen Effekt gesprochen.

Statuvolence, auch *Statuvolenz* [lat. Kunstwort; willentlich hervorgerufener Zustand], Baker Fahnestock, ein Arzt aus Atlanta, USA, unterrichtete in der 2. Hälfte des 19. Jh.s seine Schüler darin, diesen Zustand zu erreichen, in dem man in der Lage ist, willentlich seinen → Astralleib auszusenden. Fahnestock sammelte auch in Deutschland Anhänger (Dessoir 1946: 117).

Staudenmaier, Ludwig (1865–1933), nach philos. und theologischen Studien wurde St. Chemiker und bayerischer Gymnasialprofessor. Mit 36 Jahren begann er Selbstversuche in der »Experimentalmagie« durchzuführen: In Automatischer Schrift meldeten sich Geister, St. hörte Stimmen, er entwickelte akustische und optische Illusionen sowie Halluzinationen. Bei den insgesamt über 20 Jahre andauernden Versuchen sollen auch PK-Phänomene

(Raps, Zersplitterung einer Substanz; St. 1968: 26 f.) vorgekommen sein. – Die auftretenden selbständigen Intelligenzen wurden mit der Zeit zu archetypischen (→ Archetyp) Personifikationen: »Hoheit«, »Kind«, ein → Trickster. Die psychischen Zustandsbilder St.s stehen nosographisch zwischen → Schizophrenie und → Mediumistischer Psychose.

Stead, William T. (1849–1912), engl. Journalist und Automatist, der seine schriftlichen automatischen Produktionen Verstorbenen zuschrieb, bis er entdeckte, daß auch manche Lebende »durch ihn« schreiben konnten.

Seine 1893 ersch. Erzählung *From the Old World to the New* (»Aus der Alten in die Neue Welt«) scheint wesentliche Züge des Untergangs der → »Titanic« vorweggenommen zu haben; auch in anderen seiner Erzählungen spielen Schiffskatastrophen eine Rolle. St. starb beim Untergang der »Titanic«. 2 Tage danach soll er durch das Medium Mrs. Wriedt, Detroit, detaillierte Angaben zu dem Unglück gemacht haben.

Lit.: Coates 1913.

Steganographie → Geheimschrift.

Steigrohre des Un(ter)bewußten, ein Bild → Tischners für das Aufsteigen unbewußter Inhalte mit Hilfe eines → Induktors. S. a. → Psychischer Induktor.

Stein der Weisen, in der Alchimie die notwendige Voraussetzung für die → Transmutation; er gilt nicht als tote Materie, sondern als etwas Lebendiges (in der christl. Alchimie Christus), zugl. aber auch als reale Substanz (→ Meyrink bemühte sich, sie experimentell zu gewinnen). Für die → Analytische Ps. ist der St. d. W. ein Symbol des → Selbst.

Steiner, Rudolf (1861–1925), dt. Philosoph, Begründer der → Anthroposophie, St. promovierte über Fichte und war Mitarbeiter des Goethe-Archivs in Weimar; der → Theosophie stand er anfangs ablehnend gegenüber: »Wie ist es möglich, daß so ein intelligenter Mensch wie Sie der Theosophischen Gesellschaft angehört?« fragte er → Hübbe-Schleiden (v. Glasenapp 1960: 204), um kurz darauf (1902) ein von diesem befürwortetes Gesuch um Aufnahme an die → Theosophische Gesellschaft zu richten. St. löste später seine Bewegung von den Theosophen, bewahrte aber einiges von deren Denken, vermischte es mit Anschauungen Goethes, mit Christl. und Okkultem der europ. Tradition. Als außerordentlich fruchtbarer Redner und Schriftsteller beschäftigte sich St. mit so verschiedenen Gebieten wie Religion, Pädagogik, Medizin, Ästhetik, Ps., Soziologie u. a. m. Außerdem trat er als Dichter hervor.

»Nicht durch abstraktes Denken, auf das wir Abendländer nun einmal angewiesen sind, sondern durch mystisches Schauen, durch Intuition suchten diese orientalischen Wahrheitssucher zu ihren Zielen zu gelangen. Es wäre vergebens, wenn wir Abendländer es ihnen nachmachen wollten. Unsere Natur ist von der ihrigen verschieden; und deshalb muß auch der Weg ein anderer sein, auf dem wir zum Gipfel der Erkenntnis und zur Höhe einer freien Lebensführung gelangen. Nicht so denken die Theosophen ... die Zahl derer, die sich lieber dem dunklen Gerede vom Erleben der Gottheit im Innern zuwenden als der klaren, lichten, begrifflichen Erkenntnis des Abendlandes ist nicht gering. Dabei kommt den Theosophen zugute, daß sie in der Lage sind, gute Beziehungen zu den Spiritisten und ähnlichen sonderbaren Geistern zu halten. Sie sagen zwar auch von den Spiritisten, diese behandeln die Erscheinungen der Geisterwelt äußerlich, während sie selbst sie nur innerlich, ganz geistig erleben wollen. Aber sie lehnen es nicht ab, mit den Spiritisten Hand in Hand zu gehen, wenn es gilt, die freie auf Vernunft und Beobachtung allein sich stützende Wissenschaft der Neuzeit zu bekämpfen.« (Steiner 1897, zit. n. v. Glasenapp 1960: 193 f.)

Nicht näher bekanntgewordene Erlebnisse und Erfahrungen führten zu einer Konversion: St. lehrte später die Möglichkeit einer »empirischen« Welterkenntnis durch innere Erfahrung, die er »Hellsehen« nannte. – *Werke* → Bibl.

Lit.: Hemleben 1964; R. Meyer 1961.

Steinwürfe, unerklärliche St., bis hin zu einem Steinhagel, werden aus vielen Jh.en und aus allen Erdteilen berichtet. Zu Theoderichs Zeiten (5./6. Jh.) wurde der Haushalt des Arztes Elpidius in Ravenna durch St. geplagt; Cäsarius, der Bischof von Arles, vermochte mit Weihwasser zu helfen. In einem Fall, den Antonio de Torquemada in seinem *Garten seltsamer Blumen* (1570, dt. 1616) schildert und der sich im 16. Jh. in Salamanca zutrug, half ebenfalls die Geistlichkeit, diesmal durch Exorzismen. Torquemada hebt ausdrücklich hervor, daß der unsichtbare Agent der St. intelligent auf eine Untersuchung reagierte. Für Deutschland scheint der älteste belegte Fall nach einer Fuldaer Chronik sich 858 in Bingen zugetragen zu haben. Die Summe der überhaupt bekanntgewordenen Fälle, die Eingang in die Lit. fanden, liegt zwischen 200 und 300 Spontanphänomenen. Als auffällig wird berichtet: Manchmal folgen die Steine einer Person, manchmal sind die Steine warm, vor allem wenn sie vorher Wände durchdrungen zu haben scheinen. Aus dem Jahr 1927 liegt ein Bericht aus der Tschechoslowakei vor, nach dem die Steine erst ca. 30 cm vor den Beobachtern sichtbar wurden (Thurston 1955: 17); oft scheinen die Steine von weit her zu kommen (→ Pirkalla) und nur in seltenen Fällen verursachen sie ernsthafte Verletzungen.

Lit.: Bozzano 1975; Moser 1950; Volmar 1969.

Stella C. → C., Stella.

St(h)enometer [von griech. *steno;* belastet werden], von dem frz. Arzt Paul Joire (geb. 1856) entwickeltes kompaßartiges Gerät mit einem Strohhalm als »Nadel«. Die Bewegungen dieser Nadel sollen menschliche Effluvien (→ Effluvium) nachweisen. Bewegt sich der Halm, so ist in erster Linie jedoch an thermische Veränderungen und an Luftströmungen zu denken, u. U. auch an einen PK-Effekt. S. a. → Biometer.

Lit.: Joire 1905.

Stepanek, Pavel, von → Rýzl 1961 in Prag entdeckter Sensitiver, ein → High Scorer, bei dem der sog. »Fokal-Effekt« beobachtet wurde – d. h., im ASW-Versuch bevorzugte St. ganz bestimmte Ziele. Die Zielobjekte waren in einer Versuchsanordnung farbige Karten in undurchsichtigen Umschlägen; Versuche mehrerer Forscher (→ Pratt u. a.) sicherten den Fokal-Effekt als ASW-Phänomen, lassen aber noch Fragen offen, welche Faktoren im einzelnen ihn bedingen; offensichtlich spielte die Art des Umschlags eine Rolle.

Lit.: Blom/Pratt 1968; Pratt 1964, 1967; Pratt/Blom 1964; Pratt/Roll 1968; Rýzl/Pratt 1963; Rýzl/Rýzlova 1962.

Sterbebettphänomene, Sammelbegriff für paranormale Manifestationen, die mit einem Todesfall in Verbindung stehen: → Abmelden, Erscheinungen Sterbender, Erscheinungen, die ein Sterbender hat (→ Meeting case), Präkognition eines Sterbenden u. ä. m.

»Könnten wir in einer Kurve das Verhältnis zwischen den Erscheinungen vor und nach dem Tode veranschaulichen, so sähen wir, daß diese Erscheinungen in den letzten Stunden vor dem Tode rapid zunehmen, um in den ersten Stunden und Tagen nach dem Tode stufenweise abzunehmen, nach dem ersten Jahre finden sie nur noch ganz ausnahmsweise statt.« (Myers 1903.)

Lit.: Barrett 1926; Bozzano 1923; Delacour 1973; Osis 1961.

Stereosophie → Maack, Ferdinand.

Steudner, Louise, die 16jährige war 1862 bei einem Weber in Nieder-Oderwitz (in der Nähe von Dresden) in Stellung. Im Haus hörte man, vor allem abends, täglich ein merkwürdiges Klopfen, z. B. wenn L. gerade am Webstuhl saß. Die Geräusche hielten an, als L. für 10 Tage nach Hause fuhr. Dennoch geriet sie in den Verdacht, den Lärm zu verursachen. Sie wurde entlassen, doch in weiteren Stellen hielten die Phänomene an, ja sie wurden immer stärker. Gegenstände, Steine usw. flogen durch die Luft, Pfeifen und Heulen war zu hören. – Mit der Zeit veränderte sich das Verhalten des Mädchens: Es verfiel in einen somnambulen Zustand, sprach in

Trance, hatte Halluzinationen, Krämpfe und Visionen von 2 schwarzen Gestalten, die es bedrohten. → Direkte Schrift mit Kreide auf Türen, Wänden und Hausrat mit teils unflätigem Inhalt trat auf, bis zu 200mal an einem Tag, später auch beschriebene Zettel. L. kam in Untersuchungshaft, wo sie unter fürchterlichen Krämpfen litt – 4 Männer konnten sie kaum halten. Wieder zurück begann nach einiger Zeit erneut der Spuk: Fenster und Gläser zersprangen; einmal brannte das Bett des Hausherrn: Die Seitenpfosten waren nach dem Löschen verkohlt, Kleider im Schrank verbrannt, nicht aber das Stroh im Bett. Außerdem trat jetzt Stallspuk auf. L. blieb allmählich vom Spuk verschont, der aber, schwächer und kurzfristiger, jetzt bei anderen Familien, die mit den Steudners verwandt waren, auftrat. – Der praktische Arzt Berthelen war selbst Zeuge mancher Phänomene und hat den Fall recherchiert. In seinem 1864 vorgelegten Bericht verwies er auf Parallelfälle: → Joller, → Dittus u. a.

Lit.: Berthelen 1864; Moser 1950: 157–65.

Stichomantie [von griech. *stigma;* Stich], mantisches Verfahren, bei dem eine »zufällige« Textstelle im Hinblick auf eine konkrete Frage gedeutet wird; die Stelle wird dadurch ermittelt, daß man blindlings mit einem Stäbchen oder auch dem **Finger** (→ Däumeln) in ein Buch sticht.

Stigmatisierung, auch *Stigmatisation* [von lat. *stigma;* Wundmal, Brandmal], Auftreten der, gelegentlich blutenden, Wundmale Jesu bei einem Menschen; ein psychogener Effekt oder, theologisch verstanden, charismatisches Zeichen; die Kirchengeschichte kennt etwa 500, meist kath. Stigmatisierte, in Einzelfällen sind die Stigmata von Hystericas durch Kratzen hervorgerufen worden. – Für die nicht-theologische Betrachtung gehört die St. zu den physiologisch noch nicht recht erklärbaren organischen Bildungen (»organische Plastik«) aufgrund der Einbildungskraft: So teilt → Kerner *(Blätter aus Prevorst* Bd. IX*)* einen Fall mit, in dem eine Frau von einer weißen oder roten Rose träumt und ein entsprechendes Zeichen nach dem Erwachen auf ihrem Arm findet – für die Medizin ein neurogenes Exanthem [griech.; »Hervorblühung«]. Auch in Hypnose wurden Stigmata provoziert (z. B. Brandblasen). – Die Stigmatisierten der Kirchengeschichte waren fast ausschließlich Frauen; Ausnahmen bilden Franz von Assisi, bei dem die St. sich angeblich überhaupt zum ersten Mal zeigte (bei ihm simulierten schwärzliche Hautknoten sogar die Kreuznägel), und Padre Pio (→ Forgione). Verschiedene Ärzte, so der berühmte Pathologe Rudolf Virchow (1821–1902), hielten die St. für Betrug oder Täuschung, andere glauben an einen normalen oder pathogenen psychophysiologischen Effekt. Pps. relevant wird die St. erst, wenn eine ASW-Information bei der Genese mitwirkt (es sei denn, man will die St. als PK-Effekt deuten): So wird ein Fall berichtet (Jacobi 1924: 3), wo bei der Schwester eines Soldaten der Rücken wie von Geißelhieben zerhauen wurde; gleichzeitig war an ihrem Bruder an einem weit entfernten Ort das Urteil des Spießrutenlaufens vollzogen worden. S. a. → Dermographismus.

Lit.: Apte 1903; Bourneville 1875; Höcht I/II 1952; Imbert-Gourbeyre 1894; Kohnstamm 1908; Schamoni 1950; Thurston 1921/22, 1956.

STM Test, Abk. für → *S*creened *T*ouch *M*atching Test.

Stoker, Bram, eigtl. Abraham (1847–1912), irischer Schriftsteller. Sein Roman *Dracula* (1897) ist der wohl berühmteste Vampir-Roman. St. verband darin das → Vampir-Motiv mit den Erzählungen um den im 15. Jh. in der Walachei lebenden Woiwoden Wlad, den die ungar. Überlieferung *Dracole* nennt.

Strahlenfotografie, svw. → Radiographie.

Strahlenmystik, auch *Strahlenmythologie,* abschätzige Bezeichnung für pseudonaturwiss. »Erklärungen« bei der → Psychometrie und bestimmten Formen der Wünschelrutenpraxis und des Pendelns. Die Erklärungen können, soweit sie nicht in betrügerischer Absicht erfolgen, als Rationalisierung eines paranormalen Phänomens betrachtet werden.

Strahlung, Ausbreitung von Energie im Raum als → Wellen oder in Quanten. In der Pps. wurden mehrfach St.shypothesen formuliert, d. h. der Versuch unternommen, ASW und/oder PK durch Annahme eines Energietransports im physikalischen Sinn zu verstehen. Bereits → Crookes formulierte eine entsprechende Hypothese, zahlreiche Forscher (vgl. → Berger) folgten ihm; auch heute sind in Ost und West noch St.shypothesen in der Diskussion, ohne daß eine als verifiziert betrachtet werden könnte.

Stratford, im presbyterianischen Pfarrhaus von St., Connecticut, ereigneten sich 1850 bis 1852 Spukphänomene: Es begann damit, daß in Abwesenheit aller Bewohner Möbel verrückt, Hausrat und Kleidung verstreut wurden. Später ließen sich die Bewegungen der Objekte beobachten, und Apporte sowie → Direkte Schrift traten auf. 71 Fensterscheiben wurden eingeschlagen und Hunderte von Einzelereignissen verschiedenster Art registriert. Das seltsamste Vorkommnis fand eines Morgens statt: In einem Zimmer versammelten sich nach und nach 11 bis 12 Figuren aus ausgestopften Kleidungsstücken (z. B. Kleid mit Kissen, dazu Hut und Schuhe). Fast alle stellten weibliche Wesen in Gebetshaltung dar – manche sogar mit Bibel und Gesangbuch versehen. – Im Mittelpunkt der Ereignisse standen die 16jährige Tochter und der 12jährige Sohn Harry des Pfarrers Dr. Phelps. Vor allem Harry wurde übel mitgespielt: Seine Hosen wurden einmal vor den Augen eines Besuchers in Streifen zerfetzt, er wurde in eine Zisterne mit Wasser geworfen, gefesselt fand man ihn an einem Baum hängen, und zeitweilig wurde er bis zur Decke gehoben.

Lit.: Capron 1855; Thurston 1955: 22–27.

Strena, in der röm. Kultur glückverheißende Vorzeichen; auch die glückbringenden Neujahrsgaben.

Strindberg, August (1849–1912), schwed. Dichter; studierte Medizin und unternahm zeitweise alchimistische Experimente. St. war von der Realität des Paranormalen überzeugt, er glaubte z. B. an magische Fernwirkungen. In seiner Weltanschauung gelangte St. über → Swedenborg zu einem kath. gefärbten Mystizismus. Von seiner Begegnung mit okkultistischen Kreisen legt das *Okkulte Tagebuch* (dt. 1964) Zeugnis ab.

»Zuweilen habe ich nachts Träume, die die Zukunft voraussagen, mich vor Gefahren warnen oder mir Geheimnisse offenbaren. Zum Beispiel tritt in einem Traum ein längst verstorbener Freund auf, der eine Silbermünze von ungewöhnlicher Größe bei sich hat. Auf meine Frage, woher die Münze stamme, antwortet er: Amerika! und verschwindet. – Am Tage darauf erhalte ich einen Brief mit einer amerikanischen Briefmarke. Er kommt von einem in Amerika lebenden Freund, den ich seit zwanzig Jahren nicht mehr gesehen habe. Der Schreiber teilt mir darin mit, der Auftrag, einen Text für die Ausstellung in Chicago zu verfassen, sei mir durch ganz Europa nachgesandt worden. Ein Honorar von 12 000 Francs sollte gezahlt werden. In meiner verzweifelten Lage bedeutet dies eine ungeheure Summe, die mir auf diese Weise entgangen ist ...

In einem anderen Traum von größerer Tragweite sehe ich Jonas → Lie mit einer Pendule aus Goldbronze, die ungewöhnliche Verzierungen aufweist. Als ich einige Tage darauf auf dem Boulevard Saint-Michel entlangschlendere, zieht das Schaufenster eines Uhrmachers meine Aufmerksamkeit auf sich. – Das ist ja die Pendule von Jonas Lie! rufe ich. Es ist wirklich die gleiche: von einer Himmelskugel gekrönt, an die sich zwei Frauen lehnen. Das Räderwerk ruht auf vier Pfeilern. Außerdem ist ein Datumszeiger angebracht, der auf den 13. August zeigt.

In einem späteren Kapitel werde ich berichten, was für ein schicksalsschweres Datum der 13. August für mich geworden ist.« *(Inferno* 1961: 49 f.*)*

Lit.: Bachler 1931; Fritsche 1933, 1940.

Strippentisch, Konstruktion → Grunewalds, die ausschließen sollte, daß Tischbewegun-

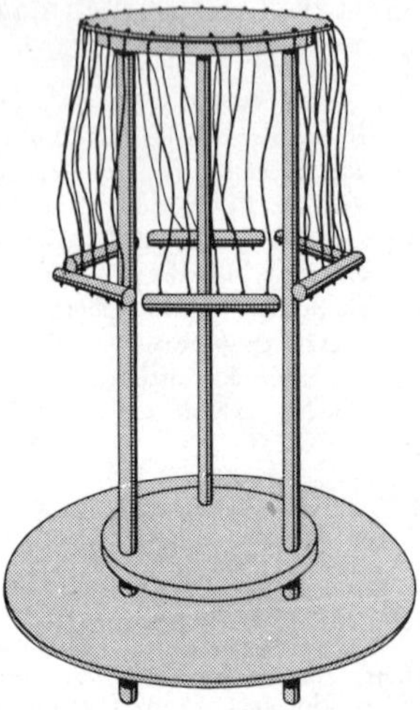

»Strippentisch«. Zeichnung nach Grunewald 1920.

gen in einer Séance durch unbewußte Muskeltätigkeit herbeigeführt sein könnten (s. Abb.).

»Er besteht aus zwei Teilen, aus einem dreibeinigen, mittels einer kräftigen Schraube am Fußboden befestigten Untersatz und dem eigentlichen, auf dem plattenförmigen Untersatz frei stehenden Tisch. Der aus zwei runden, durch drei Säulen verbundenen Holzscheiben bestehende Tisch trägt auf seiner oberen Platte wieder eine ebenfalls kreisrunde Pappscheibe, die auf dieser Platte um einen zentralen Stift leicht drehbar angeordnet ist. Am Umfang der Pappscheibe sind 30 Löcher angebracht, in denen, dem Vorgang des Grafen → Gasparin folgend, Bindfäden befestigt sind, von welchen je 5 zu einem Holzgriff führen. Die ganze Höhe des Tisches ... beträgt rund 60 cm ... Der Tisch ist für drei Teilnehmer berechnet. Sie stellen ihre Füße unter den Untersatz. Dabei ist der verfügbare Platz so bemessen, daß die sechs Füße der Experimentatoren sich notwendig gegenseitig berühren müssen ... Eine Bewegung der Füße oder Knie ist wegen der Enge des Platzes einfach nicht möglich, ohne daß sie sofort vom Nachbar bemerkt ... werden würde.« Jeder Teilnehmer soll nun mit jeder Hand einen Griff nehmen und auf seine Knie legen, damit auch jeder die Hand seines Nachbarn kontrolliert. Der Tisch selbst wird nicht von den Teilnehmern berührt, sie stehen nur über die »Strippen« (die Bezeichnung stammt aus dem Kreis um Grunewald) mit ihm in Verbindung. Mehrfach erlebten Grunewald und sein Zirkel Levitationen des Tisches; in einem Fall schildert er: »Der Tisch erhob sich jedenfalls plötzlich mit einer derartigen Gewalt in die Luft, daß uns dreien die mit den Bindfäden versehenen Holzgriffe einfach aus den Händen gerissen wurden. Der Tisch erhob sich mehr als 30 cm hoch. Dabei hörte man, wie die sämtlichen Holzgriffe mit größter Gewalt gegen die Tischbeine geschleudert wurden und fast gleichzeitig ein äußerst intensives Krachen, welches sich anhörte, als ob alle drei Holzsäulen des Tisches auf einmal in tausend Splitter zerbrochen würden. Doch dem Tisch passierte gar nichts. Nachdem er mit einem mächtigen Aufschlag auf den Untersatz niedergesaust war, stand er völlig unversehrt wieder mitten auf demselben.« (Grunewald 1920: 27 f.)

Subjektive Phänomene, veraltet für ASW-Manifestationen (im Gegensatz zu den *objektiven* der PK).

Subliminal [lat.; unterschwellig], von → Myers eingeführter Begriff; er bezeichnete die → Kontrollen der Mrs. → Piper als »subliminales Bewußtsein«.

Subud, Bewegung, die auf den Indonesier Mohammad Subuh Sumohadiwidjojo, gen. »Bapak« (Vater) zurückgeht. »Bapak« hatte 1925 ein Erleuchtungserlebnis: Eine strahlende Kugel kam vom Himmel und ging durch seinen Kopf in ihn ein; er fühlte sich gereinigt und im Besitz einer neuen Kraft. Seine Anhänger versuchen, sich auf dem Wege der Meditation den kosmischen Kräften zu öffnen. Nach dem Krieg wurde S. in England von → Gurdjew-Anhängern aufgegriffen.
Lit.: Sumohadiwidjojo 1961.

Succubus → Incubus.

Sudre, René (geb. 1880), frz. Wissenschaftler, der 4 Jahrzehnte seiner Arbeit in den Dienst der Pps. stellte; wesentliche pps. Autoren machte er durch Übersetzungen in Frankreich bekannt (Barrett, Crawford, James, Rhine; Oesterreich, Schrenck-

Notzing). In eigenen Werken vertritt er einen streng animistischen Standpunkt und versucht, Psi als eine allgemeine Fähigkeit des Lebendigen aufzuweisen. – *Werke* → Bibl.

Sufismus, Dachbegriff für die Mystik im Islam. Eine Verbindung mit griech. *sophia* (Weisheit) ist etymologisch nicht haltbar; wahrscheinlich bezeichnet *Sufi* den in groben Wollstoff *(suf)* gekleideten Asketen. In der Theologie des S. wurden bestimmte Begriffe erarbeitet, mit denen auch Parapsychisches systematisiert wird: *firasa*, etwa mit Ahnung, Intuition wiederzugeben, die »Kenntnis des Verborgenen«, ist ein Vermögen, das es dem Sufi manchmal erlaubt, die eigene Todesart oder den Todestag zu erfahren. Als eine Art präkognitive Psychometrie kann es bezeichnet werden, wenn der Sufi über den Leib einer Schwangeren fährt und mittels *firasa* erkennt: Der Fötus ist männlich, er wird einst ein Dichter werden. – Der *dikr* [arab.; das Gedenken (Gottes im Herzen)] ist eine besondere Form des Verkehrs mit Gott; sie besteht in der gemeinsamen Rezitation der Gottesnamen, des Glaubensbekenntnisses, einer Sure aus dem Koran, des bloßen *hu* (»Er«, d. h. Gott) o. ä. Bei einem Sufi kann das *dikr* zu einer Technik werden, die *vilaja* (Gottnähe, Heiligmäßigkeit, Ekstase) vorbereitet. In diesem Zustand können parapsychische Erscheinungen auftreten, z. B. Feuerunempfindlichkeit (seine Kleider verbrennen, der Sufi selbst nicht), Fliegen, Levitation, Selbstverletzung ohne Blutverlust, *tatawwur* (Exteriorisation, auch die postmortale Erscheinung). Auf der höchsten *Vilaja*-Stufe ist dem Sufi die Totenerweckung möglich.

Lit.: Khan ²1975; Kissling 1957, 1960/61.

Suggestibilität [von lat. *suggerere;* eingeben, einreden], Bezeichnung für den Grad der individuellen Bereitschaft, Suggestionen zu folgen. Die S. schwankt inter- und intraindividuell. Gruppenbildungen können von S.ssteigerung begleitet sein. Bei der Prüfung der Zuverlässigkeit von Zeugenaussagen bei möglichen paranormalen Phänomenen ist die Frage der S. von großer Bedeutung.

Suggestible Personen, *Individus suggestibles* [frz.] nannte → Janet Somnambule und Sensitive.

Suggestion, das Hervorrufen von Empfindungen oder Verhaltensweisen bei sich (Autosuggestion, Selbstsuggestion) oder anderen (Fremdsuggestion, Heterosuggestion) unter Umgehung der rationalen Instanzen. Scheinbar parapsychische Manifestationen können u. U. auf S. zurückgeführt werden; das kann für sog. Wunderheilungen wie für den ind. → Seiltrick gelten. Dagegen ist die → Mentalsuggestion immer ein paranormales Phänomen. Die S. wird häufig als Erklärung der Hypnose herangezogen, dabei ist diese selbst der Erklärung bedürftig. Was der suggestible Zustand ist, wie die Mechanismen wirken, die ihn herbeiführen können, was sich dabei an und in der Vp. ändert, sind offene Fragen. Manche Autoren sehen im Realisieren einer S. einen völlig normalen Vorgang: Eine Handlung, der willentlich nichts entgegensteht, wird, durch eine Art Zureden unterstützt, vollzogen; andere betrachten es als ein eigenständiges oder gar pathologisches Phänomen. Ebenfalls umstritten ist die Frage, ob S.en aus sich wirken oder nur, nachdem sie akzeptiert worden sind, also stets *Auto*suggestionen sind. – Nimmt man an, Wachs. und hypnotische S. seien wesensverschieden (und nicht nur graduell), wird die S. nicht einmal mehr als ein Phänomen betrachtet.

Lit.: Barrows 1896/97; Bernheim 1888; Du Prel o. J.; Hilger 1928.

Suggestivität, bezeichnet den Grad der individuellen Fähigkeit, erfolgreich Suggestionen zu vermitteln.

Suggestopädie, auch *Losanow-Methode,* von dem bulgar. Psychiater Georgi Losanow (→ Dimitrowa) entwickelte Methode pas-

siven Wissenserwerbs. Die Technik berücksichtigt → Yoga-Erfahrungen und die Erkenntnisse von im Westen entwickelten Übungen wie z. B. dem → Autogenen Training.
Lit.: Losanow in Ostrander/Schroeder 1970: 230 ff.

Summerland → Davis, A. J.

Sundar Singh (* 1889), ind. Sadhu, nach 1929 in Tibet verschollen. Er zog als Wanderprediger durch Asien, Europa und Amerika und versuchte, Christl. mit Elementen ind. Religiosität zu verbinden. Über die Echtheit mancher Erfahrungen dieses Mystikers und Visionärs kam es zu theologischen Kontroversen (»Sadhu-Streit«), die aber zu S. S.s Gunsten entschieden wurden.
Lit.: Heiler 1924; Pfister 1927.

Support [engl.; Unterstützung], gelegentlich auch im dt. Sprachgebrauch für einen → Psychischen Induktor.

Supranormal, bei → Myers und in der Folge bei vielen anderen Autoren der Wortvorläufer des heutigen *paranormal;* Thomas Mann z. B. sprach in bezug auf den Mediumismus von einer »supranormalen Physiologie«.

»Aber das Wort *übernatürlich,* wie das Wort *supranormal* von Myers, ist schlecht gewählt, da es in der Welt nur Natürliches und Normales geben kann. Eine Tatsache ist allein dadurch, daß sie existiert, notwendig natürlich und normal. Wir verwerfen also die Worte *supranormal* und *übernatürlich,* ebenso wie das Wort *okkult,* denn der Ausdruck okkulte Wissenschaften sagt in sehr naiver Weise, daß diese Wissenschaften geheimnisvoll und infolgedessen für uns unzugänglich sind. Wir wählen statt dessen den Ausdruck *Parapsychologie.*« (Richet 1923: 2.)

Surrealismus, eine vor allem in Frankreich beheimatete Kunstrichtung des 20. Jh.s, die die tiefenps. Entdeckung des Unbewußten für die Kunst fruchtbar zu machen suchte. Der Begriff S. wurde 1918 von dem frz. Dichter Guillaume Apollinaire (1880–1918) geprägt. André Breton (1896–1966), einer der Wortführer des S., betrachtete die Dichtung als eine besondere Form der Erkenntnis; die metaphysischen Grundlagen dieser Erkenntnisweise aufzudecken, hielt er für eine legitime Aufgabe des Dichters. Der S. sollte helfen, wieder in den Besitz »des Schlüssels zur Entzifferung der Hieroglyphen und Chiffren der Welt zu gelangen«, dann sollte er »die Wege jener inneren Revolution ... beschreiten, deren vollkommene Verwirklichung sehr wohl eins sein könnte mit dem Opus magnum der Alchimisten« (Breton, zit. n. Nadeau 1965: 215 f.). Breton, der 1921 Freud besuchte, verglich Leben und Traum mit »kommunizierenden Röhren«; den S. definierte er als *reinen psychischen Automatismus,* »in den man sich versetzt, um mündlich, schriftlich oder auf irgendeine sonstige Weise das wirkliche Funktionieren des Denkens zum Ausdruck zu bringen. Man steht dabei unter dem Diktat des Denkstroms; jegliche Kontrolle durch die Vernunft fällt ebenso weg wie alle ästhetischen oder moralischen Bedenken« (ebd.: 63). Zu Beginn der 20er Jahre versuchten sich die Surrealisten in der Herbeiführung von Trance und Automatischer Schrift. Louis Aragon (* 1897) schreibt über Robert Desnos (1900–1945):

»Im Kaffeehaus, mitten im lauten Stimmengewirr, bei der strahlendsten Beleuchtung, trotz der sich drängenden Gäste, braucht Robert Desnos bloß die Augen zu schließen, und schon schwimmt er ab und redet in Trance; und mitten im Durcheinander aus Biergläsern, Tellern, Untersätzen, überspült ihn der ganze Ozean mit ahnungsvollem Tosen, mit Gischt, Dunst und Nebeln, der in zerfetzten Fahnen daherweht. Die Freunde stellen diesem unwahrscheinlichen Schlafkünstler Suggestivfragen. Und schieben sie ihn auch nur um Nuancen auf dieses oder jenes Gleis, so ergeht er sich im Nu schon in Weissagungen oder schlägt den Ton des Magiers an, gibt Offenbarungen von sich, predigt die Revolution, redet wie ein Fanatiker, wie ein Apostel. Verstiege sich Desnos nur ein bißchen beharrlicher in dieses Außersichsein, gäbe er, wenn er unter anderen Umständen und in anderen Zeiten lebte, einen guten Religionsstifter, Städtegründer oder

Anführer einer Volkserhebung ab.« (Zit. n. Nadeau 1965: 55.)
Das Paranormale wird im S. als *ein* möglicher Zugang zum Außerlogischen und Surrealen gesehen (Amadou 1957: 466–69).

Swain, Marcia M. (1819–1900), ein nichtprofessionelles amer. Medium, das »Stimmen« mit religiösen Botschaften produzierte.

Lit.: Bailey 1886.

Swedenborg, Emanuel (1688–1772), schwed. Naturforscher und theosophischer Mystiker, Sohn eines Bischofs; arbeitete als Ingenieur und betrieb naturphilos. Studien. Aus einer 7 Jahre währenden religiösen Krise halfen S. 1743 Visionen und Erfahrungen heraus, die seine Berufung bestätigten. Von da an stand seinen Augen und Ohren ein Jenseits der Engel und Geister offen, und er erstattete darüber schriftlich minuziösen Bericht. Die Niederschriften seiner Visionen wirkten auf das Geistesleben bis in unser Jh.: Goethe und Schiller, Schelling, Strindberg und William James haben sie beachtet, und über Jung wirkten sie auch auf die moderne Tiefenps. – Anhänger S.s schlossen sich in verschiedenen Gemeinschaften zusammen.
Einige der Gesichte S.s scheinen echte ASW-Informationen enthalten zu haben; so soll er in einer Vision in Göteborg den gleichzeitigen Brand in Stockholm gesehen haben (1756). → Kant schrieb dazu an ein Frl. v. Knobloch (1763): »Was kann man wider die Glaubwürdigkeit dieser Begebenheit anführen? Der Freund, der mir dies schreibt, hat alles das nicht allein in Stockholm, sondern vor ungefähr zwei Monaten in Gotenburg selbst untersucht.« *Werke* → Bibl.

Lit.: Benz 1947, 1948; Fritsche 1940; Geymüller 1936; Kiefer 1974; Lamm 1923; Musaeus 1863; Du Prel 1904.

Sweethearts-Experiment, häufig wurde vermutet, daß positive Gefühlsbindungen paranormale Kontakte erleichtern: »Formelhaft gesprochen, können wir sagen, daß Sym-pathie Tele-pathie begünstigt« (Berendt 1974: 18; Beispiele für Ehegatten-Telepathie bei E. L. Rhine 1961, 1967). Versuche am Edinburgh Electronic ESP-Tester, einem automatischen Psi-Recorder, die als S.-E. in die Lit. eingingen, vermochten keinen Einfluß emotionaler Anziehung in der spezifischen Situation des Kartentests nachzuweisen.

Lit.: Beloff 1968.

Symbol [von griech. *symballein;* zusammenfügen], im antiken Griechenland benutzte man zerbrochene Gegenstände, z. B. einen Ring, als Erkennungs- und Erinnerungszeichen; *zusammengefügt* waren sie ein Zeichen für die frühere Beziehung. Somit sind S.e *Zeichen* für etwas; in den Religionen (und esoterischen Zirkeln) oft Hinweise auf etwas nur dem Eingeweihten Bekanntes. Die Bedeutung des S.s in der Tiefenps. ist nicht einheitlich. Bei Freud u. a. bezeichnet das S. etwas Konkretes: Immer und unter allen Umständen bedeutet Treppensteigen Koitieren, ein Topf etwas Weibliches, und eine Zigarre ist ein Phallussymbol; meist stehen S.e für Wünsche, die nicht bewußt werden sollen. – Jung wandte sich gegen diesen »semantischen« S.begriff, wie er es nannte, bei ihm werden im S. Tendenzen sichtbar, die in einem Kontext verstanden werden müssen. »Wenn Symbole überhaupt etwas bedeuten wollen, so sind es Tendenzen, die einen bestimmten, noch unerkennbaren Zweck verfolgen und sich infolgedessen nur durch Analogien auszudrücken vermögen.« (Jung 1956 II: 236.)
In der ASW können S.e auftreten und bei PK-Phänomenen können sie eine Rolle spielen; man denke an den Spiegel, der bei einem Todesfall zerspringt (ein häufig berichtetes Phänomen). Sowohl mit dem Freudschen als auch Jungschen S.begriff kann die Deutung versucht werden.

Lit.: Kadinsky 1975.

Symeon der (neue) Theologe, auch S. der Jüngere (949–1022), griech. Heiliger, dessen mystische Erfahrungen (vor allem

Lichtvisionen) dem → Hesychasmus den Weg bereiteten.

Sympathie [griech. *sympatheia;* Mit-Leiden], 1. in neuerer Zeit svw. zwischenmenschliche Zuneigung; 2. in der Stoa und im Neuplatonismus kosmisches Prinzip, nach dem alle Teile über das Ganze spirituell oder materiell miteinander verbunden sind. Aufgrund der so gegebenen Ähnlichkeit der Teile untereinander sind Wirkungen möglich, deren Kausalität nicht dem üblichen Kausalitätsdenken entspricht. Bestimmte magische oder volksmedizinische Handlungen oder Verordnungen, die dem modernen Betrachter irrational erscheinen, sind bei einem auf Sympathie gegründeten Weltbild konsequent. – Ein neuerer, theoretisch weniger vorbelasteter Begriff als S. ist *Entsprechung.* S. und Entsprechung sind nach Jung vorwiss. Begriffe, die er mit Hilfe seiner Theorie von der → Sychronizität auch für die Wiss. akzeptabel zu machen versuchte.

Sympsychium, svw. → Gruppenseele.

Synästhesie [griech.; Mitempfindung], das Empfinden verschiedener Eindrücke bei der Reizung eines Sinnes, z. B. bei einer Farbdarbietung zugl. Farbe sehen und Töne hören. Den S.n ähnelnde Empfindungen werden von manchen Sensitiven geschildert, etwa ein akustischer Eindruck beim → Aura-Sehen. Gelegentlich wird in der Ps. auch die Addition verschiedener, sich überlagernder Reize zu einer Empfindung als S. bezeichnet. – Nicht durchzusetzen vermochte sich S. als Bezeichnung für die Übereinstimmung einer großen Gruppe von Menschen im Fühlen und Denken und *Symboulie* für die entsprechende Übereinstimmung im Wollen (Dietz 1931).

Synchronizität [von griech. *syn;* zusammen, und *chronos;* Zeit], Bezeichnung Jungs für ein Prinzip, das die sinnvolle, aber nicht kausale Verbindung von Ereignissen erklären soll, die »sinngemäße Koinzidenz« zweier oder mehrerer Ereignisse. Akzeptiert man die Hypothese, wird die Annahme einer Psi-Funktion – die ein kausales Verstehen ermöglichen soll – überflüssig. Die Hypothese entwickelte Jung in Zusammenarbeit mit dem Physiker Wolfgang Pauli (1900–1958). Aus den Beispielen Jungs:

»Am 1. April 1949 habe ich mir am Vormittag eine Inschrift notiert, in welcher es sich um eine Figur handelt, die oben Mensch, unten Fisch ist. Beim Mittagessen gab es Fisch. Jemand erwähnte den Brauch des ›Aprilfisches‹. Am Nachmittag zeigte mir eine frühere Patientin, die ich seit Monaten nicht mehr gesehen hatte, einige eindrucksvolle Fischbilder. Am Abend zeigte mir jemand eine Stickerei, die Meerungeheuer und Fische darstellt. Früh am nächsten Morgen sah ich eine frühere Patientin, die mir nach zehn Jahren zum erstenmal wieder begegnete. Sie hatte in der Nacht vorher von einem großen Fisch geträumt. Als ich einige Monate später diese Serie in einer größeren Arbeit verwendete und eben die Niederschrift beendet hatte, begab ich mich vors Haus an den See an eine Stelle, wo ich am selben Morgen schon mehrere Male gewesen war. Diesmal lag nun ein fußlanger Fisch auf der Seemauer. Da niemand dort gewesen sein konnte, weiß ich nicht, wie der Fisch dorthin gelangt ist.« (Jung 1952: 272.)

Im einzelnen unterscheidet Jung 3 Kategorien der S.: 1. Koinzidenz eines psychischen Zustandes des Beobachters mit einem gleichzeitigen, objektiven, äußeren Ereignis, das dem psychischen Zustand entspricht, ohne daß ein Kausalzushg. denkbar ist; 2. Koinzidenz eines psychischen Zustandes mit einem entsprechenden äußeren Ereignis, das vom Erlebenden nicht wahrgenommen werden kann; 3. Koinzidenz eines psychischen Zustandes mit einem zukünftigen (»zeitlich distanten«) Ereignis. Diese Koinzidenzen sind zweigliedrig: 1. eine unbewußte Bildvorstellung wird bewußt; diese Bilder sind direkt, d. h. sie bilden unmittelbar das äußere Ereignis ab, oder sie sind indirekt, sie symbolisieren das Ereignis. Die Bilder sind Jung zufolge meist archetypischer Natur; diesem Bewußtwerden korrespondiert 2. das äußere Ereignis. – Mit der Hypothese der S. versucht Jung nicht nur die paranormalen Manifestationen im engeren Sinne zu erfassen, er möchte von ihr aus auch die Astrol., die Mantik u. a. verstehen. In Jungs Überlegungen zur S. spielten vorübergehend auch Konzepte wie das gnostische Pleroma eine Rolle: Pleroma heißt in der Gnosis der Ort Gottes und aller Offenbarungen; nimmt man einen intermediären Raum an, weder innen (psychisch) noch außen (Umwelt), so könnte man das synchronistische Phänomen begreifen als ein Teilnehmen des Innerseelischen und der äußeren Realität an den Geschehnissen dieser intermediären Welt.

»Die Parallelereignisse lassen nämlich im Prinzip keinen gegenseitigen Kausalzusammenhang erkennen, weshalb sie eben einen Zufallscharakter tragen. Die einzige erkenn- und feststellbare Brücke zwischen ihnen ist *der gemeinsame Sinn* (oder eine Gleichartigkeit). Auf der Erfahrung solcher Zusammenhänge beruht die alte Korrespondenzlehre, welche in der Idee der prästabilierten Harmonie von *Leibniz* ihren Gipfel und zugleich ihr vorläufiges Ende erreichte und dann durch den Kausalismus ersetzt wurde. S. bedeutet die moderne Differenzierung des obsoleten Begriffes der Korrespondenz, Sympathie und Harmonie. Sie gründet sich nicht auf philosophische Voraussetzung, sondern auf Erfahrbarkeit und Experiment. [Letzteres bestreiten Nicht-Jungianer.] Die synchronistischen Phänomene beweisen das simultane Vorhandensein von sinngemäßer Gleichartigkeit in heterogenen, akausal nicht verbundenen Vorgängen, oder mit anderen Worten die Tatsache, daß ein vom Beobachter wahrgenommener Inhalt *ohne kausale Verbindung* zugleich auch durch ein äußeres Ereignis dargestellt sein kann. Daraus ergibt sich der Schluß, daß entweder die Psyche räumlich nicht lokalisierbar, oder daß der Raum psychisch relativ ist. Dasselbe gilt auch für die zeitliche Bestimmung der Psyche oder für die Zeit.« (Jung 1952: 283.) S. a. → Kammerer.

Lit.: Amadou 1957: 345—52; Friedrichs 1967; Jung 1952, Jung/Pauli 1952; Koestler 1972, 1974; H. H. Price 1953; Ringger 1952.

Synopsie, begleitende Lichterscheinung (etwa bei Erschrecken) ohne optische Reizung; keine → Synästhesie.

T

T., Mrs. → Thompson, R.

Tabu [polynesisch *ta-pu;* etwas Außerordentliches], Meidungsgebote verschiedenster Art, die, zumindest ursprünglich, in Zushg. mit dem → Mana-Glauben stehen: Allen oder einzelnen Menschen wird für immer oder zeitweilig eine Meidung auferlegt, d. h. etwas Bestimmtes darf nicht getan, bestimmte Objekte nicht berührt, gesehen oder genannt, bestimmte Speisen nicht gegessen werden. Auch die Handlung oder das Objekt, das dem T., der Meidungsvorschrift, unterliegt, wird adjektivisch als »tabu« bezeichnet. T.übertretungen werden z. T. streng bestraft (manchmal sogar mit dem Tod).

In der Beschreibung hochkulturlicher Gesellschaften wird das durch Konvention, durch die gesellschaftliche Norm Verbotene (»Wovon *man* nicht spricht«, »Was *man* nicht tut«) als T. bezeichnet, dessen Nichtbeachtung bestimmte Sanktionen nach sich ziehen kann.

Lit.: Binde 1954; Lehmann 1930; Radcliffe-Brown 1939.

Tafelschrift, paranormale Manifestation, die zum ersten Mal bei einer gewissen Mrs. Marshall in den 50er Jahren des vorigen Jh.s aufgetreten sein soll: Auf einer berußten Fläche, einer mit weißer Farbe bedeckten Glasplatte oder einer Schiefertafel bilden sich Schriftzeichen in → Direkter Schrift oder mit Hilfe bereitgelegter Griffel, die vom Medium jedoch nicht berührt werden. Betrug ist, besonders bei Dunkelsitzungen, leicht, doch liegen einige Fälle vor, die nicht so einfach durch die Betrugshypothese zu entkräften sind. Die bekanntesten Medien, die T. produzierten, sind → Eglinton, → Monck und → Slade. Bei Laura Pruden, einem Medium aus Cincinnati, war das PK-Phänomen der T. mit ASW gekoppelt: So wurden z. B. 1925 in einer Sitzung per T. Fragen beantwortet, die schriftlich gestellt worden waren, d. h. dem Medium unbekannt blieben (Carrington 1926/27). Bei einem anderen Medium, Fred Evans aus San Francisco, soll in Sitzungen um 1890 auch → Xenoglossie aufgetreten sein: Einmal fanden sich auf einer Tafel Texte in 12 verschiedenen Sprachen. Evans produzierte auch Direkte T. in verschiedenen Farben und farbige Porträts auf Papier, das zwischen 2 Tafeln gelegt worden war.

»Herr Slade... nahm die zweite seiner Tafeln, ließ mich dieselbe abwischen, legte ein Stückchen Stift darauf und hielt dieselbe so unter den Tisch, daß der Daumen oben auf der Tischplatte ruhte und die übrigen Finger sich unter der Tafel befanden. Er bat alsdann Herrn Hulisch [der Dolmetscher], seine linke Hand auch unter die Tafel zu legen und dieselbe mitzuhalten; auch ich nahm auf seinen Wunsch eine meiner Tafeln und hielt sie mit der Linken unter den Tisch, während unsere anderen Hände sich zur ›Kette‹ zusammenlegten. Während sich mit meiner Schiefertafel nichts ereignete, hörten wir es auf der anderen lang und andauernd schreiben; jetzt klagte auch Herr Slade wieder ganz besonders über die starken Einflüsse und meinte, es machten sich fremde ›spirits‹ geltend. Nach einigen Minuten ertönten drei scharfe Klopftöne in der Tafel zum Zeichen der Beendigung; wir zogen die Tafel hervor und fanden auf derselben folgende Sätze, die ich genau mit der Orthographie und Interpunktion des Originals wiedergebe:

Ich danke ihnen für ihren lieben besuch.
Leben Sie wohl. J. S.
Dass wir gott gedankt haben. viel vergufigen.
C – W.
The german friends are not able to do more.
D Clark.

Ich untersuchte selbstverständlich die Tafel sofort, erkannte, daß es dieselbe war, die Herr Slade unter den Tisch gelegt hatte, und auch auf der Seite die Schrift trug, die der Tischplatte zugekehrt war.« (Dessoir 1886: 193.)

Lit.: W. F. Prince 1921 b.

Tagesreste, nach der psychoanalytischen Theorie des Traums Erlebnisinhalte des vergangenen Tages, die mehr oder minder fragmentarisch ins Traumgeschehen eingehen und mit dem Triebwunsch, der im Traum befriedigt werden soll, in keinem engen Zushg. stehen müssen. Die T. stammen also aus der unmittelbaren Vergangenheit des Träumers; die Pps. fügt in der Theorie vom → Dunne-Effekt ergänzend hinzu, daß auch Erlebniselemente aus der unmittelbaren Zukunft ins Traumgeschehen eingehen können.

Tagtraum, auch *Wachtraum,* Bezeichnung Freuds für Erlebnisse und Erlebnisketten, die sich der Mensch im Wachzustand vorstellt, wobei er sich über die Wirklichkeit, ihre Gegebenheiten und Grenzen hinwegsetzt und sich ganz seinen Wunsch- oder Angstphantasien hingibt. Offensichtlich ist dieser Wachzustand eine Sonderform des normalen wachen Bewußtseins und begünstigt, wie die pps. Kasuistik zeigt, das Aufsteigen von ASW-Daten, die dann u. U. in einen T. eingebettet werden.

Talisman [von arab. *tilasm;* Weihung], ein angeblich mit magischen Kräften versehener Gegenstand, der Unheil von seinem Besitzer abwenden soll. S. a. → Amulett.

Lit.: Greiser 1926; Hansmann/Kriss-Rettenbeck 1966; Laers ³1932; Ph. Schmidt 1936.

Tanagra, Angelos (geb. 1875), griech. Arzt und Parapsychologe; von 1923 bis zu seinem Tode Präsident der Griech. Gesellschaft für Pps., Organisator des 4. Internationalen Kongresses für Pps. 1930 in Athen. Mit → Warcollier testete er Telepathie über große Entfernung. – *Werke* → Bibl.

Tantrismus [von sanskr. *tantras,* den hl. Schriften einer bestimmten Shivasekte, die

Dieser arabische Talisman preist Allah, Mohammed – »Die löwenmütige Tapferkeit des Gesandten Gottes führte die Menschen zum Islam« – und Ali, »den Lehrer der Religion«. Die Zacken des Sterns tragen den Gottesnamen, daneben die Namen Mohammed, Abu-Bakr, Omar, Ossman und Ali. Der Kalligraph nennt sich im Zentrum des Sterns: Mohaii-ud-din, 1248 A. H. (= 1870 n. Chr.).

den Aspekt der weiblichen Macht Shivas, *Shakti,* verehrt], eine ind. Heilsbewegung, die auf alle hinduistischen Religionen einen gewissen Einfluß ausübte und auch in den Buddhismus Eingang fand. Der für das ind. Denken charakteristischen Weltverneinung setzt der T. ein Ja zum Diesseits entgegen:

»Es gibt im T. viele verschiedene Praktiken und Glaubensvorstellungen. Es gibt jedoch einen Leitfaden durch das Labyrinth, auf dem alle die verschiedenen Manifestationen von Tantra aufgefädelt werden können. Und dies ist der Begriff des tantrischen Ekstasekultes, in Beziehung gesetzt zur Vision kosmischer Sexualität. Lebensweisen, Ritual, Magie, Mythos, Philosophie und ein Komplex von Zeichen und Symbolen laufen in jener Vision zusammen.« (Rawson o. J.)

Ein im T. verbreiteter Gedanke nimmt eine Entsprechung zwischen kosmischer Energie und menschlicher Libido an; eine Akkumulation dieser Libido versetzt den Übenden in die Lage, Übernatürliches zu bewirken. So gesehen ist der T. ein System, das dazu dient, die Libido zu manipulieren.

Lit.: Avalon 1913–40, 1969/70, 1971; Blofeld 1970; Govinda ³1972.

Tanz, i. allg. von Musik begleitete, mehr oder weniger regelhafte Bewegungen des Körpers; ein menschheitsgeschichtlich sehr altes Phänomen, dessen Anfänge bis in die Tierwelt reichen (Balztänze bei Vögeln z. B.) und dessen Vielfalt noch nicht befriedigend systematisiert ist. – Die Pps. interessiert sich vor allem für den T. als Technik zur Erlangung einer Bewußtseinsveränderung (Ekstase); daneben muß erwähnt werden, daß bei großen Tänzern, wie etwa Waclaw Nijinski (1890–1950) manche Beobachter glaubten, Levitation und Elongation konstatieren zu dürfen, und zwar als parapsychisches Phänomen im strengen Wortsinn, nicht als poetische Umschreibung.
Lit.: Schrenck-Notzing 1904.

Tapas [sanskr.; Hitze, Erhitzung], etymologisch ist t. auf »brüten« (von Hühnern) zurückzuführen; die Alchimisten sprachen z. B. von der ersten Stufe des »Großen Werks« als von der »Wärme der brütenden Henne«.
Mit t. »sind Übungen gemeint wie Fasten, schweigendes Stillsitzen in einer dunklen Hütte oder an einem abgelegenen Ort, oft zwischen Feuern, Stehen in der glühenden Sonne, Krampfstellungen, ermüdende Anstrengungen bei der Vorbereitung des Opfers... Diese Übungen schufen eine physiologische, vornehmlich aber eine ›innere Erhitzung‹, die psychische Veränderungen in der Richtung eines überwachen Bewußtseins verursachten, in dem sich magische Machterlebnisse, Visionen, Auditionen, Entrückungen, wie es scheint, häufig ereigneten...« (Hauer 1958: 21 f.)

Tappan-Richmond, Cora L. V. (1840–1923), Geistliche einer amer. Spiritisten-Kirche; berühmte Heilerin, Inspirationsrednerin und Trancemedium.
Lit.: Barrett 1895.

Tarock, auch *Tarot* [frz.; auch im Dt. gebräuchlich, um das T. als Unterhaltungsspiel vom T. als Wahrsagespiel zu unterscheiden], ein Kartenspiel, dessen Name aus dem Arab. über das Ital. *tarocco* ins Dt. gelangte. Zigeuner haben als erste die

Tarot-Karte: »Die nach oben und unten weisenden Hände deuten die Mittlerrolle des Jokers zwischen oben und unten, Himmel und Erde an.«

T.karten zum Wahrsagen benutzt; diese Tatsache mystifizierte die okkultistische Spekulation zu einer jahrtausendealten Weisheitslehre. Dabei sollen die 21 Trümpfe Kopien ägypt. Grabmalereien sein u. ä. m. Falls bei der mantischen Verwendung des T. paranormale Informationen auftreten, hat die Pps. verschiedene Deutungsmöglichkeiten: 1. Unbewußte paranormale Informationen können psychokinetisch die Reihenfolge der Karten so beeinflussen, daß ihr Inhalt der festgelegten Symbolik der Spielkarten entspricht; 2. die Karten wirken als → Psychischer Induktor, ASW-Informationen werden beim Betrachten der Karten bewußt; 3.

die Orakelsituation baut ein affektives Feld auf, das synchronistische Phänomene (→ Synchronizität) begünstigt. So gesehen besteht eine grundsätzliche Ähnlichkeit des T. zu anderen → Orakeln.

Die esoterische Spekulation sieht im T. ein Buch, das die Welt vollständig beschreibt; eine »philos. Maschine«, die *alle* im Kosmos möglichen Operationen ausführen kann (einer Überlieferung zufolge ist → Raimundus Lullus der Erfinder des T.). Die Abb.en auf den Karten lösen durch ihre Beziehungen zueinander metalinguistische Probleme. Mehrere esoterische Texte folgen im Aufbau den Regeln des T.

Lit.: Case 1947; Crowley 1969; Glahn o. J.; E. Gray 1960; Lind 1969; Sadhu Mouni 1962; Ouspensky 1970: 203—36; Papus 1973; Waite 1971; Wirth 1889.

Taschenspielerei, auch *Taschenspielerkunst,* »natürliche Zauberei«, die mit Fingerfertigkeit, menschlicher und apparativer Hilfe arbeitet; eine vorsätzliche Täuschung des Zuschauers zum Zwecke der Unterhaltung. Ein wesentlicher Teil dieser »Kunst« besteht darin, die Wahrnehmungen und Vorstellungen des Betrachters zu manipulieren. Für die Pps. sind Taschenspieler wichtig als →Trickexperten: Sie können bei der Medienentlarvung oder bei der »natürlichen« Aufklärung eines angeblichen Spuks eingesetzt werden. Die Beobachtung ihres Publikums kann wertvolle Aufschlüsse geben, die zu berücksichtigen sind, will man die Glaubwürdigkeit von Zeugen, z. B. einer psychokinetischen Spontanmanifestation, beurteilen.

Ein Mr. Davey, Mitglied der S. P. R., dessen Hobby die T. war, hatte Tricks zur Erzeugung von → Tafelschrift eingeübt. Dem Publikum wurde nicht gesagt, ob hier eine taschenspielerische oder eine paranormale Leistung gezeigt werde. Die Mehrzahl derer, die sich ihm zur Verfügung stellten, beobachteten: »Schreiben auf verschlossenen und sorgfältig bewahrten Tafeln, die von den Zeugen fest gegen die untere Fläche der Tischplatte gedrückt oder von ihnen über dem Tisch gehalten wurden — Antworten auf Fragen, die heimlich auf verschlossenen Tafeln niedergeschrieben wurden — richtige Angaben aus Büchern, die von den Zeugen aufs Geratewohl und manchmal sogar bloß in Gedanken gewählt worden waren ... Botschaften in verschiedenen dem ›Medium‹ unbekannten Sprachen ... Und obwohl selbstschreibende Schieferstückchen bei der Arbeit gehört und selbständig sich bewegende Kreidesplitter gesehen wurden, sah doch niemand von den Beisitzern das interessanteste Phänomen, nämlich den schreibenden Herrn Davey.« (Dessoir 1917: 199.)

Lit.: Dessoir 1917: 196—99; Hodgson 1893/94 b; Klinckowstroem 1968; Peter 1925.

Tattvas [sanskr.; »Dasheiten«], die Weltprinzipen in der ind. Spekulation, das »wahre Wesen«. Die T. sind auch im Individuum gegenwärtig und können nach esoterischem Verständnis als eine »Schwingungskraft« Ursache für bestimmte Zustände und Leistungen des einzelnen sein.

Lit.: Hauer 1958.

Täuschung, Fehlbeurteilung eines Sachverhalts, hervorgerufen durch Wahrnehmungs- oder Gedächtnisfehler, Wunschvorstellungen, Vorurteile; schon → Albertus Magnus führte in *De somno et vigila* aus, daß die T.en des Traums auch bei Fieber, Trunkenheit und »gewissen Krankheiten« auftreten können. Die Pps. interessiert sich namentlich für T.squellen beim Beobachten angeblich paranormaler Manifestationen — z. B. bestimmte Erwartungen bei Okkultgläubigen, mangelhafte Schulung in der ps. Beobachtung und geringe Kenntnis taschenspielerischer T.smöglichkeiten.

→ Moser unterschied nach *allgemeinen* und *speziellen T.en.* Allgemeine: 1. vorsätzlicher Betrug, 2. Taschenspielerei, 3. unbewußte T. verbunden mit Selbstt. beim Ausführenden, 4. unbewußte T. in Trance (medialer Betrug), 5. Suggestion, 6. Hyperästhesie, 7. Sinnest., 8. mangelhafte Beobachtung, 9. Gedächtnist., 10. Fehldeutung, 11. Unter- oder Überschätzung von Versuchsergebnissen, 12. Zufall. Spezielle: 1. Steigerung intellektueller Fähigkeiten, 2. Persönlichkeitskonvergenzen, 3. sachimmanente Gleichförmigkeit, Prozeßkonvergenz bei vergleichbarer Ausgangslage. (Moser 1974: 269 ff.) Die Wahrnehmungsps. kennt die Prägnanztendenz, eine Tendenz in der Organisation der Wahrnehmung, ausgezeichnete Gestalten zu sehen; so wird bei kurzfristiger Darbietung ein nicht völlig geschlossener Kreis als Kreis und nicht als gekrümmte Linie gesehen. Die Prägnanztendenz ist z. B. die Ursache der *optischen T.en*, sie ist aber biologisch nützlich, da sie die Wahrnehmung als Gestaltwahrnehmung verbessert (Metzger 1968). Diese Verbesserung ist jedoch nur eine allgemeine; im konkreten Einzelfall, etwa einem bestimmten Taschenspielertrick, kann die Prägnanztendenz auch als Mittel zur T. dienen.

Tedworth drummer, klassischer engl. Spukfall, der sich 1661/63 im Haus des Stadtrats H. Mompesson in Tedworth, Grafschaft Wiltshire, zutrug. Zu den Untersuchenden gehörte → Glanvill, der darüber in seinem Buch *Sadducaeus triumphatus* Bericht erstattet: Eine konfiszierte Trommel, die einem zur Deportation verurteilten Landfahrenden gehörte, wurde von einem »Geist« geschlagen; ohne erkennbare Ursache bewegten sich Gegenstände, Gestank breitete sich aus, Leuchtphänomene wurden gesehen, Verunreinigungen angerichtet; auch Stallspuk trat auf. Ein Schuß mit der Pistole auf den unsichtbaren »Geist« ließ einige Blutstropfen entstehen. Zu den Höhepunkten der Erscheinungen zählten Levitationen von Menschen. Die Manifestationen schienen intelligent gesteuert; über die Anzahl der Trommelschläge war eine Art Kommunikation mit dem Agenten der Phänomene möglich.
Lit.: Görres 1927: 314–24; Moser 1950: 323 bis 326, 335 f.

Teiresias, griech. Sagengestalt, wie ein Gott verehrter blinder Seher in Theben (er sagte u. a. das Schicksal des Ödipus voraus), der seine Gabe über den Tod hinaus behielt (Homer, *Odyssee* 10 u. 11); in der antiken Lit. der Seher schlechthin.

Telakustik, bei → Moser u. a. Autoren die paranormalen akustischen Phänomene: Geräusche und Töne ohne physikalisch erklärbare Ursachen (Direkte Stimme, Raps, Mimikry-Geräusche).

Telästhesie, von → Myers 1882 vorgeschlagen und von → Moser 1935 in Anlehnung an Myers definiert als »ein mono-mentales Phänomen, die direkte, außersinnliche Wahrnehmung von Dingen oder Zuständen, unabhängig von Raum, Zeit und anderen Seelen« (Moser 1974: 403); also Retrokognition, Hellsehen und nichttelepathische Präkognition.

Tele- [griech.], Fern-, »über eine Entfernung hinweg«.

Teleaudition, Audition mit paranormalem Inhalt (Benz 1969: 206).

Telebulie [griech. Kunstwort; Fern-Wille], svw. → Mentalsuggestion.

Teledynamist, nach dem Vorschlag des anglo-kanadischen Physiologen und Histologen David Fraser-Harris (1867–1937), der u. a. mit Rudi → Schneider experimentierte, soll T. eine PK-begabte Person bezeichnen. – *Werke* → Bibl.

Telekinese [von griech. *kinesis;* Bewegung], Fernbewegung, Bewegung von Objekten, die mit den Mitteln der gegenwärtigen Physik nicht verstanden werden kann. Die Erklärungshypothesen sprechen von einer Konversion psychischer in physikalische Energie oder von einer Exteriorisation motorischer Energie. Bei der → Paladino wurde beobachtet, daß Fingerbewegungen »als ob« sie ein Objekt berührte, dieses Objekt in einiger Distanz entsprechend bewegten. – In der Terminologie der heutigen Pps. ist T. im Begriff der → Psychokinese aufgegangen.
Lit.: Schrenck-Notzing 1924; Tanagras 1932.

Telekinese, physiologische, nannte der tschech. Physiologe Edward Babák das Realisieren mentalsuggestiver Befehle, die sich auf die motorische Aktivität beziehen; eine »telepathische Übertragung motorischer Innovationsimpulse«, die unbewußt ausgeführt werden. (Babák in Moser 1974: 296 f.)

Telekryptoskopie, selten für Hellsehen in der Gegenwart über eine größere Entfernung hinweg.

Telenergie, Zusammenziehung aus Tele-Energie, in der älteren Lit. manchmal für Telepathie oder auch jede andere paranormale Fernwirkung (einschließlich PK).

Teleologie [von griech. *telos;* Ende, Ausgang, Ziel], die Lehre von der Zweckbestimmtheit, Zielgerichtetheit von Natur- und Weltgeschichte; wobei der Zweck nicht in funktionaler Abhängigkeit von gegenwärtigen Bedingungen gesehen wird, sondern in Analogie zum menschlichen Zweckhandeln gedacht ist. Formal stellt die T. die Aufhebung der → Kausalität dar; dagegen betont → Conrad-Martius (1944), daß zwar nach der teleologischen Naturbetrachtung alles Geschehen durch Absichten determiniert ist, daß diese Art der Betrachtung aber dennoch nicht der kausalen widersprechen muß.

Telepathie [griech. Kunstwort; »Fernerleiden«, »Fernerfahren«], von → Myers eingeführter Fachausdruck der Pps.:

»Ursprünglich haben wir das Wort auf die Fälle beschränkt, bei denen eine Übertragung von Eindrücken stattfindet, die die Reichweite der bekannten Sinne weit überschreitet. Aber es empfiehlt sich sehr, den Ausdruck auf alle Fälle von Eindrücken auszudehnen, die ohne irgendeine Einwirkung auf die bekannten Sinne des Empfängers zustande kommen, was auch die augenblickliche Entfernung von dem Geber sei.« (Myers 1882, *Proc. S. P. R.* II: 118, zit. n. Messer 1927: 28.)

Heute kann T. definiert werden als eine nicht durch die uns bekannten Sinne vermittelte Erfahrung eines fremdseelischen Vorgangs (Gefühle, Antriebe, Gedanken usw.), also als kommunikativer ASW-Akt. Beim Transfer der psychischen Inhalte können Informationen verzerrt oder verschlüsselt werden (z. B. in Bildern, wie sie die Traumps. kennt), keineswegs muß die Information dem Perzipienten bewußt werden: u. U. darf aufgrund einer Verhaltensändeung, z. B. scheinbar unmotiviertes Weinen (→ Todesahnung), das, wie sich später zeigt, mit einem bestimmten Todesfall koinzidierte, auf telepathische Kommunikation geschlossen werden; auch eine

Beispiele der telepathischen Versuche von Mary Craig Kimbrough, der Frau des Schriftstellers Upton Sinclair. Die linken Abbildungen geben die »gesendete« Zeichnung wieder, die rechten zeigen, wie sie »empfangen« worden sind. »Die Flügel eines Schmetterlings hat sie bemerkenswert gut ›empfangen‹. Und die Warenzeichen auf meiner kleinen Schachtel werden als ›winzige Sterne und Funken‹ bezeichnet.« (Sinclair 1973: 111.)

psychokinetische »Entladung« (z. B. Zerspringen eines Spiegels) kann Indiz für eine unbewußt gebliebene telepathische Information sein. T. ist im Traum möglich, in veränderten Bewußtseinszuständen (Absence, Trance u. ä.) und bei scheinbarem Wachbewußtsein.

Myers sprach von der T. auch als einer *transmission of thought* (Gedankenübertragung), es ist aber sehr selten, daß tatsächlich *Gedanken* übertragen werden. Was übermittelt wird, wechselt: Ideen, Namen, Eindrücke, Bilder, Wörter, Stimmungen, Sachverhalte, usw., dabei kann es durchaus zu »Mißverständnissen« kommen, deren Eigenart auf T. weist.

2 Versuche zwischen Geschwistern, W.D.B. (Bruder) und U.G. (Schwester), aus dem Jahr 1952: Die beiden saßen in getrennten Räumen, etwa 6 m voneinander entfernt; beide zeichneten gleichzeitig, mit dem Bestreben, etwas Ähnliches wie der andere aufs Papier zu bringen: 1. Bild W.D.B.: kastenförmiger Radioapparat, im unteren Drittel 2 runde Bedienungsknöpfe und die

Skala; in den oberen 2 Dritteln die Stoffverkleidung des Lautsprechers. Bild U.G.: Truhe in entsprechender Perspektive und Linienführung; 2 scheibenförmige Ornamente in der Mittelzone der Frontfläche; Sockelzone der Truhe durch ähnliche parallele Linienstrukturen gekennzeichnet wie die Skala des Radioapparates. 2. Bild W.D.B.: dreimastige Kogge mit hohem Vorder- und Hinterschiff; Bild U.G.: Blumenschale mit hochgeschwungenen Seiten, schiffsförmig, darin drei Blumenstengel mit großen Blättern.

Ganz ähnlich verblüffende Entsprechungen ergaben sich immer wieder bei den T.versuchen der Frau des amer. Schriftstellers Upton Sinclair (s. Abb.).

T. gilt — wie Hellsehen — für die → Rhine-Schule seit 1934 als statistisch gesichert. Sie soll sich gewollt oder ungewollt, bewußt oder (einem oder mehreren Partnern) unbewußt, mit zwei oder mehr Kommunizierenden (Menschen oder Tiere), unabhängig von der räumlichen Distanz ereignen. Ihr Gegenstand kann gegenwärtig oder vergangen sein — wobei nur selten zu entscheiden ist, ob bei vergangenen Inhalten angenommen wird, der Agent erinnere sich jetzt, oder ob der telepathische Akt länger zurückliegt, dem Perzipienten bislang unbewußt blieb und gegenwärtig erst ins Bewußtsein steigt. Darum ist *retrokognitive T.* mit einem verstorbenen Agenten auch keineswegs ein Beweis für die spiritistische Hypothese: Der telepathische Akt kann zu Lebzeiten des Toten stattgefunden haben. Vielleicht kann auch eine Unabhängigkeit der T. von der Zeit überhaupt angenommen werden: Das schlösse die Übertragung künftiger psychischer Inhalte in der Gegenwart ein, sog. *präkognitive T.* (in diesem Zushg. ist die Hypothese von Bedeutung, jeder Mensch kenne in seinem innersten Wesen seine eigene Zukunft, und diese Kenntnis sei in der Regel unbewußt). Die wichtigsten Schemata der T. sind: 1. Agent wirkt auf Perzipient (→ Mentalsuggestion); 2. der Perzipient scheint zugl. der Agent zu sein, sog. → Abzapfen; 3. die Kommunizierenden teilen ein psychisches Feld.

»Am 28. Juli 1928 war ich auf Besuch bei Bekannten in Nürnberg und lauschte abends voller Begeisterung der Übertragung von Richard Wagners *Meistersingern*... Während ich hingerissen jedes Wort des Wahnmonologs in mich aufnahm, kamen plötzlich innerlich folgende Gedanken daher: ›Ach, ist das langweilig, ich verstehe kein Wort, wie lange geht das noch weiter, wann hört er denn endlich auf?‹ — und dann: Was ich wohl in Nürnberg treiben mochte. ›Durchtränkt‹ war das von der Ausstrahlung des mir gut bekannten österr. Mediums Rudi → Schneider. Ich hörte den Wahnmonolog also gleichzeitig auf zweifache, entgegengesetzte Weise: voller Begeisterung ›als ich selbst‹, äußerst gelangweilt ›als Rudi Schneider‹. Ich war tatsächlich ›gespalten‹, nicht in meinem Ichzentrum, sondern durch diese nicht zu vereinbarenden, auf den gleichen äußeren Gegenstand gerichteten Erlebnisse.« Später zeigte sich, daß Schneider tatsächlich gegen jede Erwartung die Übertragung auch gehört hatte und sich beim Wahnmonolog besonders gelangweilt hatte. (Walther 1955.)

Unabhängig von der Frage nach der Übertragungsweise der T. (Energietransport, Strahlen, Wellen?), kann nach ihrem Sinn gefragt werden. Man kann sie z. B. »normal« zu erklären versuchen, etwa als eine Illusion von Liebenden (Pagès 1975: 203). — Psychokinetische Mediumschaft erscheint, tiefenps. betrachtet, oft als ein Versuch der Lebenssteigerung, gelegentlich aber auch als Abwehrreaktion; die T. wirkt, tiefenps. gesehen — wenn man die T. zwischen Mutter und Kind ausnimmt —, als eine Regression auf archaische Beziehungsformen, d. h. in der Regel als Abwehr des Gegenwärtigen. Selbst in den seltenen Fällen, wo die Inhalte einer (spontanen) telepathischen Erfahrung keine schmerzlichen Ereignisse zum Gegenstand haben, scheint somit Angst das Motiv für das Parapsychische zu sein.

Lit.: Baerwald 1925; Barrett 1918/19; Bayfield 1916—18; Bruck 1925; W. Carington 1945; M. Driesch 1926; Ermacora 1892; Friedländer 1926; Hofmann 1921; Hyslop 1914 a; Kindborg 1923; Kröner 1924; Myers 1884; Neuhäusler 1957; Reichenau 1925; Rýzl 1971; E. Sidgwick 1924; Sigerus 1911; Sinclair 1973; Stevenson 1970; Tenhaeff 1962; Ullman 1973; Warcollier 1921; Wasielewski 1921.

Telepathin → Yage.

Telepathischer Rapport, die Beziehung zwischen Sender und Empfänger in der Telepathie.

Telephanie, das Auftreten einer entfernten Person als Phantom.

Teleplasma, svw. → Ektoplasma, angebliche feinstoffliche Körperausscheidung, von manchen als Sublimat eines hypothetischen Fluidums gedacht.

Lit.: Chiva 1926; Gruber 1924; Grunewald 1922; Schrenck-Notzing 1914 a, 1923.

Teleplastie, nach → Schenck-Notzings Vorschlag der Zweig der Pps., der sich mit teleplasmatischen Erscheinungen beschäftigen sollte.

Teleplastik, Bezeichnung → Myers für die aus Teleplasma gebildeten Materialisationen.

Teleportation, auch *Teletransport,* das Verbringen eines Menschen an einen anderen Ort: nur von wenigen Autoren als parapsychisches Phänomen behauptet. Falls die T. ohne Vermittlung einer fremden Psyche geschehen sein soll, spricht man von *Autoteleportation.* T.en finden sich in ethnographischen Berichten, in der Mythologie und im neuzeitlichen Mediumismus.

Telepsychie, bei → Moser u. a. svw. ASW.

Telepyretik [von griech. *pyr;* Feuer], spontane oder provozierte paranormale Leuchterscheinungen.

Teleradiästhesie, psychometrische Pendeln oder Ruten, z. B. über einer Landkarte (→ Psychometrie).

Telergie [von engl. *telergy*], Wortprägung → Myers'; bezeichnete die hypothetische Kraft, die der Telepathie und möglichen anderen paranormalen Phänomenen zugrunde liegen soll. Bei psychischen Automatismen unterschied Myers 2 mögliche auslösende Mechanismen: das Unbewußte der betreffenden Person (da sprach Myers von »subliminal«) oder eine fremde Psyche auf *telergischem* Weg.

Teleskopie, svw. → Kryptoskopie.

Telesomatik, Bezeichnung → Aksakows für das Gebiet der Materialisationen.

Television, im theologischen Sprachgebrauch selten für eine Vision mit hellseherischen oder telepathischen Elementen.

Telfair-Mackie, als »Fall Telfair-Mackie« berichtet → Moser von einem Spuk in Schottland im Jahre 1695. Gut 2 Monate lang tobte im Hause des Maurers Andrew Mackie ein heftiger Spuk. Es gab viele Zeugen, darunter auch den Pfarrer Telfair, der 1696 in Edinburgh einen Bericht über die Vorkommnisse veröffentlichte. Die Phänomene begannen mit einem Stallspuk; es folgte eine seltsame Brandlegung; dann wurde Tag und Nacht mit Steinen geworfen, Klopfen und Rufen gehört, Anwesende schmerzhaft berührt; mancher Steinwurf führte zu blutenden Wunden. Einmal sah Telfair eine kleine weiße Hand. Die Phänomene häuften sich immer mehr: Längere Zeit sprach eine Stimme, und an einem Tag wurde 7mal ein Brand ans Haus gelegt. Nach 3 Wochen endete der Spuk.

Lit.: Moser 1950: 311–20.

Tellurismus [von lat. *tellus;* Erde], in Deutschland im 19. Jh. svw. animalischer → Magnetismus; manche Autoren bezeichnen die Kraft, die die Wünschelrute bewegt, als *tellurisch* und drücken damit aus, daß sie eine objektive physikalische Erscheinung als Ursache annehmen (»Erdstrahlen«). – Der Komplementärbegriff *Siderismus,* der sich auf stellare Einflüsse bezieht, erlangte nur geringe Verbreitung.

Lit.: Kieser 1826.

Témoin [frz.; Zeuge], → Induktor bei der psychometrischen Form der mentalen → Radiästhesie.

Tempelschlaf, → Puységur wurde als »Wiederentdecker des T.s« gefeiert, nachdem seine Vp. Victor Rasse im »magnetischen Somnambulismus« (Wortprägung Puységurs) in der Lage war, bei anderen Patienten medizinische Diagnosen zu stellen und

W. H. C. Tenhaeff

Therapien zu verordnen. S. a. → Heilschlaf; → Inkubation.

Lit.: Du Prel 1905 II: 76–92.

Temperaturveränderungen, paranormale, betrachtet man die PK als einen energetischen Vorgang, so sind T. während einer Séance zu erwarten. Tatsächlich wurden T. im Sitzungszimmer und Körpertemperaturschwankungen (vor allem der Hände) beim Medium und bei Sitzungsteilnehmern beobachtet. Bei der Penetration wird gelegentlich angemerkt, der Gegenstand, der Materie durchdrungen haben soll, sei fühlbar warm.

Lit.: Paul/Fantl u. a. 1963.

Tenhaeff, Wilhelm Heinrich Carl (* 1894), niederl. Parapsychologe, Inhaber des ersten Lehrstuhls für Pps. (Utrecht 1953), begründete 1928 die *Tijdschrift voor Parapsychologie.* T. interessierte sich schon als Jugendlicher (nach seiner Begegnung mit einer Sensitiven) für Pps. Er studierte Ps. und verwandte Gebiete (z. B. Völkerkunde) und promovierte 1933 mit einer Arbeit über ASW und Empathie. Seit 1933 hatte er als Privatdozent einen Lehrauftrag für Pps. an der Universität Utrecht. Als Widerstandskämpfer verfolgt, mußte T. 1942 untertauchen. Nach dem Krieg nahm er seine Tätigkeit als Hochschullehrer wieder auf und richtete ein pps. Institut ein. Er untersuchte die ASW in ihren verschiedenen Modifikationen und ihren Bedingungen, außerschulisches Heilen und das Wünschelrutenproblem. Bekannt wurden seine Studien über den niederländ. Sensitiven → Croiset. Vor allem der Aufbau der Persönlichkeit des Sensitiven, der Entwurf einer pps. Anthropologie hat ihn immer wieder beschäftigt. – *Werke* → Bibl.

Teratoskopie [griech.], Zeichendeutung.

Terte, Eleuterio, Nestor der philipp. Heiler, von einigen als Lehrer → Agpaoas betrachtet; auch → Mercado wurde von T. ausgebildet. Er ist wie viele philipp. Heiler Mitglied der Unio Espiritista Cristiana Filipinas. Zu seinen therapeutischen Techniken gehören neben dem eigtl. operativen Eingriff die »magnetische Spritze« (→Mercado) und »magnetic healing« (→ Passes). T. wird als außerordentlich »starker« Magnetiseur beschrieben: Eine von ihm wegen einer Venenentzündung behandelte Amerikanerin empfand die Wirkung der Striche, als werde »ein dicker Strick« aus ihren Beinen gezogen; daraufhin erfolgte schnelle Heilung (Stelter 1973: 23).

Lit.: Sherman 1967.

Test [von lat. *testimonium;* Zeugnis, Beweis], Fachbegriff der Ps.; bezeichnet ein standardisiertes Prüfungsverfahren, das angewendet wird, um bei einem einzelnen Persönlichkeitsmerkmale zu identifizieren oder eine konkrete Eigenschaft nachzuweisen. – In der Pps. wird T. in einer Bedeutungsnuancierung verwendet: In den klassischen Versuchen → Rhines mit den → Zener-Karten *(ESP-test)* wurden nicht so sehr die paranormalen Fähigkeiten eines Individuums getestet, sondern vielmehr versucht, durch die T.s den generellen Nachweis der ASW zu erbringen.

Teufel [von griech. *diabolos;* Verwirrer], allgemein für Personifikationen des Bösen in den verschiedensten Religionen; im engeren Sinn auf Spätjudentum und Christentum beschränkt. Erst im Spätjudentum tritt der *Satan* [hebr.; Widersacher] auf, sein Ursprung dürfte in den Religionen Babylons und des Iran liegen. In der Legende wird er zum gefallenen Engel, zum ursprünglich guten Geist. Offensichtlich mischen sich hier mehrere mythische Motive: Denn der gefallene Engel heißt *Luzifer* [lat.; Lichtbringer]; er ist Prometheus, der den Menschen das himmlische Licht (vom Baum der Erkenntnis) bringt und den die Gottheit für diesen Verrat, der zugl. Dienst am Menschen ist, bestraft. Dieser Doppelaspekt seiner Handlung, Verrat und Dienst, macht, daß der T. tricksterhafte (→ Trickster) Züge annehmen kann. – In der christl. Mission wurden »heidnische« Götter dem T. integriert. Sehr viele T.sagen dürften gesunkene Göttergeschichten sein, d. h. mythische Elemente enthalten. Mythisch überhöht tritt der T. im Hexenwesen auf: als der oberste Hexenmeister, der Anti-Gott. Für die Pps. relevant ist der T. als Erklärung für paranormale Phänomene; Spuk kann z. B. auf diese Weise in das herrschende Weltbild integriert werden. In der Geschichte des T.sglaubens finden sich Tatsachenbehauptungen, die eine pps. Deutung sinnvoll erscheinen lassen (z. B. Besessenheitsphänomene, bestimmte Erscheinungen im → Hexenwesen).

»Wer sich weigert, die Existenz der Dämonen anzuerkennen, verläßt den Bereich der biblischen und kirchlichen Lehre, ebenso, wer aus ihr ein in sich stehendes Prinzip macht, das nicht wie jegliche Kreatur von Gott seinen Ursprung hat, oder wer sie als Pseudo-Realität, als eine begriffliche und phantasievolle Personifizierung der unbekannten Ursachen unserer Übel erklärt.« (Papst Paul VI., in einer Generalaudienz vom 15. 11. 1972, zit. n. *Konradsblatt*, 6. 7. 1975.)

Lit.: Dubal 1953; Garcon/Vinchon 1938; Haag 1974; Hammers/Rosin 1974; McLabe 1948; Milner 1960; Obendiek 1931; Roskoff 1859; Villeneuve 1963; Waite 1896; Zacharias 1972.

Teufelsaustreibung → Exorzismus.

Teufelsverschreibung, auch *Teufelspakt,* verbreitetes Motiv mittelalterlicher Teufelssagen (z. B. → Faust): Schriftlich vereinbaren ein Mensch und ein Teufel (oder *der* Teufel), daß nach einer bestimmten Anzahl von Jahren die Seele des Betreffenden der Hölle anheimfallen soll, wenn zuvor der Teufel bestimmte Leistungen im Dienste dieses Menschen erbringt. – Soweit entsprechende Dokumente erhalten sind, darf vermutet werden, daß sie in Automatischer Schrift bei verändertem Bewußtsein erfolgten. Wieder bei Normalbewußtsein erkannte der Schreiber den Text als von fremder Hand gefertigt und vermutete auf dem Hintergrund des allgemeinen Teufelsglaubens der Zeit den Urheber im Satan.

Lit.: Freud 1923.

Thaumatologie [von griech. *thauma;* Wunder], theologischer Fachausdruck: die Lehre vom Wunder.

Thaumaturgie [griech.], die Kraft, Wunder zu wirken.

Theobald, Morell (1828–1908), engl. Spiritist, in dessen Familie das »Geistersehen« häufig war. Bei seinen Séancen »tanzten« die Tische, man hörte Raps und beobachtete → Direkte Schrift, Untersuchungen von → Podmore legen nahe, daß zumindest die Direkte Schrift keine paranormale Manifestation bildete.

Lit.: F. J. Theobald 1870.

Theologie [griech.; Gottes(Götter-)lehre], Wiss., die eine Religion methodologisch, hist. und systematisch zu erfassen sucht. Da Religion nie allein Theorie vom Göttlichen ist, sondern immer auch Weltanschauung und Naturphilos., sind die Th.n aller Religionen auch mit dem Paranormalen konfrontiert. Die Reaktionen darauf reichen vom radikalen Leugnen solcher Phänomene bis zur völligen Integration des Paranormalen in das entsprechende religiöse System. – Die christl. Th. – allerdings ist die Meinung der Theologen nicht einhellig – deutet derartige Ereignisse als Folge übernatürlicher (göttlicher oder teuflischer) Eingriffe, als Ausdruck von → Charisma, als Zeichen oder Wunder. Die Pps. kann unbeschadet des theologischen Verständnisses dieselben Sachverhalte als natürliche (Psi-)Phänomene begreifen. – Eine wirkliche Zusammenarbeit zwischen Th. und Pps. findet auf dem Gebiet der → Pastoralmedizin und der → Psychohygiene in Forschung und Praxis statt (vor allem in südamer. Ländern, wo sich die kath. Kirche im Kampf mit dem → Spiritismus sieht).

Lit.: Hammers/Rosin 1974; Hutten 1974; Krönert 1952; Weckesser 1928.

Theosophie [von griech. *theos;* Gott, und *sophia;* Weisheit], allgemeine Bezeichnung für mystische Bestrebungen, Gott und durch ihn die Welt zu erfahren. In diesem Sinn ist z. B. die → Kabbala eine theosophische Mystik, sind → Böhme, → Oetinger und → Swedenborg Theosophen. – Gelegentlich wird unter Th. ausschließlich die Lehre der → Theosophischen Gesellschaften verstanden.

Theosophische Gesellschaft, Name verschiedener esoterischer Vereinigungen; die erste wurde 1875 durch die → Blavatsky u. a. gegründet. Die Th.n G.en vertreten eine mystische Weltanschauung, die von ind. Lehren beeinflußt bzw. auf pseudoind. Gedanken zurückzuführen ist. Ziel der Theosophen ist eine universale Bruderschaft, deren Wissen die Quintessenz aller Religion, Philos. und Wiss. bildet; erlangt wird dieses Wissen auf dem Weg mystischer Erfahrung (s. a. → Anthroposophie). –

Die theosophischen Lehren akzeptieren das Paranormale, stellen es aber nicht in den Mittelpunkt ihres Denkens. In der Frühzeit der Th. G. (1879–84) weilten Frau Blavatsky und → Olcott in Indien. In der Umgebung von Frau Blavatsky sollen sich dabei die erstaunlichsten Dinge zugetragen haben: Direkte Musik, Apporte usw. »Aber die Hauptsache waren die ›okkulten Briefe‹, welche bald dieser, bald jener von den Adepten erhielt und worin persönliche Ratschläge mitgeteilt wurden. Diese ›okkulten Briefe‹ wurden mitunter an verschlossenen Orten gefunden, wohin sie nicht auf gewöhnliche Weise hätten gelangen können, bald fielen sie plötzlich von der Zimmerdecke herab oder lagen auf dem Tische, ja es geschah sogar, daß man sah, wie eine Art von Nebel in der Luft entstand und ein geschriebener Brief mit Adresse sich daraus bildete und materialisierte.« (Hartmann 1909: 114.) → Hodgson, den die S. P. R. zur Untersuchung dieser Phänomene nach Indien schickte, veröffentlichte 1885 in den *Proceedings* der S. P. R. seine Ergebnisse: Zumindest ein Teil der Phänomene beruhe auf betrügerischen Manipulationen.

Lit.: Dessoir 1917: 248–53; Farquhar 1929; v. Glasenapp 1960: 186–202; Hodgson 1893/94 a; Hodgson, Sidgwick u. a. 1885; Oesterreich 1921: 126–46.

Theresia von Avila (Teresa de Jesús), eigtl. Teresa de Cepeda y Ahumada (1515–1582), span. Mystikerin, trat 1535 in den Karmel von Avila ein und reformierte den Karmeliterorden grundlegend. Die Heilige gilt als bedeutendste christl. Mystikerin, ihre Schriften bilden einen wesentlichen Beitrag zur klassischen span. Lit. In einer berühmt gewordenen Vision durchbohrte ein Engel mit einem Pfeil *(el dardo)* ihr Herz: dargestellt als Marmorstatue Berninis in der Chiesa di S. Maria della Vittoria, Rom. Nach dem Tod wies ihr Herz eine ca. 5 cm breite Wunde mit Brandspuren auf. – Th. erlebte mehrfach Levitationen.

Theta-Phänomene [so gen. nach dem achten Buchstaben des griech. Alphabets, dem Anfangsbuchstaben von *thanatos*; Tod], auch *Überlebensphänomene,* paranormale Manifestationen, für die nach spiritistischer Hypothese ein Verstorbener verantwortlich ist.

Theurgie [von griech. *theourgia;* göttliche Handlung], »Weiße Magie«, ausgeübt mit Unterstützung von Engeln oder guten Geistern. Der Theurg sucht die Nähe und Hilfe von der Gottheit näherstehenden Wesenheiten. Neben den geistig-mystischen Weg der Annäherung an diese Zwischenwesen tritt als materielles Korrelat die → Magie. In dieser mystisch-magischen Verflechtung werden manchmal Ereignisse als hist. Faktum überliefert, die wir heute der Pps. zurechnen. Beispielsweise waren für → Dee, die Engel, die ihn entfernte oder künftige Ereignisse in einer Kristallkugel sehen ließen, eine Realität; die Pps. würde, wenn es gelingt, den Wahrheitsgehalt solcher Bilder zu erweisen, ein ASW-Phänomen konstatieren. Ließe sich die Objektivität der Bilder zeigen (heute z. B. durch Fotografie), müßte man eine PK-Manifestation annehmen. – Bedeutende Theurgen waren u. a. →Agrippa, → Paracelsus und → Trithemius; im naturvolklichen Bereich können schamanistische Praktiken analog zur Th. betrachtet werden.

Thomas von Aquin (1225/26–1274), der bedeutendste mittelalterliche Philosoph und Theologe, Dominikanermönch, Schüler von → Albertus Magnus, 1322 Heiligsprechung, Kirchenlehrer seit 1567. Seit 1879 ist der »Thomismus« die offizielle Philos. der kath. Kirche. – Von Th. v. A. berichten Zeitgenossen, sie hätten über seinem Haupt oder auf seiner Brust einen Strahlenkranz (eine Sonne) wahrgenommen; er selbst sprach von mehreren Visionen, die ihm zuteil geworden seien. – Die Echtheit eines ihm zugeschriebenen Textes über die alchimistische → Transmutation ist umstritten (Meyrink 1973: 308).

Thomas von Villanueva (1488–1555), Erzbischof von Valencia; seine Heiligsprechungsakte weiß zu berichten, daß er beim Beten eines Teils der Himmelfahrts-Liturgie in die Luft erhoben wurde, 11 Stunden soll die ekstatische Levitation gedauert haben.

Lit.: Görres 1927: 150.

Thompson, Mrs. R., in manchen Veröffentlichungen »Mrs. T.«, stellte sich ab 1898 Mitgliedern der S. P. R. als Medium zur Verfügung; allein → Myers hielt rund 150 Sitzungen mit ihr ab. In den Anfängen ihrer medialen Laufbahn sollen vor allem psychokinetische Effekte beobachtet worden sein: Objektbewegungen, Raps, Apporte, Direkte Stimme, auch Materialisationen, Elongation und Leuchterscheinungen. Später bot sie vor allem ASW-Phänomene.
»Dr. Friedrich van Eeden, ein holländischer Arzt, wohnhaft in Bussum, wurde durch Myers mit Frau Th. in Verbindung gebracht. Man gab sich alle Mühe, um seinen Namen und seine Nationalität zu verbergen. Im Verlauf der Sitzung nannte Frau Th. ihn Bussum, sagte ihm, er habe einen Verwandten namens Friedrich und er sei Gärtner in Eden.« (Assoziation Garten Eden – Paradies?) »Herr van Eeden hatte ein Kleidungsstück eines jugendlichen Selbstmörders mitgebracht, ohne irgend jemand ins Vertrauen zu ziehen. Frau Th. gab den Vornamen des Toten an und beschrieb seinen Charakter. Sie sagte ferner, er habe Blut an der Kehle (was der Art des Selbstmords entsprach). Als van Eeden holländisch sprach, verstand ihn Frau Thompson sehr gut, ohne indes diese Sprache selbst zu sprechen. Sie erinnerte van Eeden genau an das Gespräch, das er mit dem Selbstmörder gehabt hatte.« (Richet 1923: 128.)

Lit.: van Eeden 1901; Hyslop 1909; Piddington 1903/04; Proc. S. P. R. *XVII 1901–03 mit Beiträgen von: van Eeden, Hodgson, A. Johnson, Lodge, Myers, Piddington u. Verrall.*

Thompson-Gifford-Fall, Frederic L. Thompson, ein Goldschmied aus Brooklyn, USA, verspürte 1905 plötzlich einen unwiderstehlichen Drang zu zeichnen und zu malen – dabei hatte er seit seiner Kindheit keinen Malversuch mehr unternommen. 1906 sah er auf einer Ausstellung Werke des anderthalb Jahre vorher verstorbenen amer. Malers Robert Swain Gifford. Er malte zwanghaft weiter Landschaften, die er nie gesehen hatte, alles im Stil Giffords. Fotografien dieser Gegenden fanden sich in Giffords Nachlaß. Auch Giffords Wohnhaus sah Thompson detailliert in Visionen.

Lit.: Hyslop 1919.

Thorybismus, von → Sudre vorgeschlagener, aber nicht allgemein aufgegriffener Ausdruck zur Bezeichnung der sog. → Poltergeist-Phänomene.

Lit.: Sudre 1926: 309.

Thouless, Robert Henry (* 1894), engl. Psychologe und Naturwissenschaftler, 1942–44 Präsident der S. P. R., Autor religions- und sozialps. Schriften; auf dem Gebiet der Pps. beschäftigte er sich vor allem mit methodologischen Problemen und mit quantitativen Experimenten zur ASW und PK, aber auch mit dem Problem des → Überlebens. – *Werke* → Bibl.

Thun, Stadt in der Schweiz, wo 1967 in einer Dreizimmerwohnung, bewohnt von einer 37jährigen Frau, deren Mutter (70 Jahre) und Tochter (13), ein → Poltergeist sein Unwesen trieb: Klopfen (auch intelligentes Antwort-Klopfen), Bewegungen von Möbeln, fliegende Gegenstände. Agentin scheint die 13jährige gewesen zu sein; der psychiatrische Befund (Volmar 1969: 189–91) legt allerdings nahe, die Vorfälle nicht nur im Hinblick auf das Mädchen zu sehen, sondern im Rahmen der gesamten interfamiliären Psychodynamik.

Lit.: Bender 1967.

Thury, Marc (1822–1905), schweizer. Naturwissenschaftler; einer der ersten Forscher, der die Psychokinese einer strengen empirischen Untersuchung unterzog. Er postulierte eine »ektenische Kraft« als Mittlerin zwischen Psyche und Materie (→ Gasparin).

Thymogen → Ideagen.

Tiefenpsychologie, Wiss., die als ihren Gegenstand die un- und unterbewußten Schichten der psychischen Organisation postuliert; zugl. Anthropologie und Psychotherapie. Sammelbegriff für → Psychoanalyse, → Analytische Ps. und verwandte Richtungen. – Vor allem westliche Parapsychologen sehen in der T. einen vielversprechenden Weg zum Verständnis des Parapsychischen.

Tierhypnose, seit → Kirchner ein Huhn bewegungslos machte, indem er es an den Boden drückte und einen Kreidestrich an seinem Schnabel vorbeizog – es gleichsam an diesen »bannte« –, wird dem Phänomen Aufmerksamkeit geschenkt, das *fälschlich* T. genannt wird: 3 Modalitäten sind zu unterscheiden: 1. Durch längeres Festhalten von Tieren in abnormaler Stellung läßt sich bei manchen eine → Katalepsie hervorrufen; die ihnen ungewohnte Stellung scheint vorübergehend die Orientierung im Raum zu verhindern; 2. manche aufgeregten Tiere (Pferde, Hunde) lassen sich durch monotones Reden und Streicheln (→ Passes?) beruhigen; 3. Kataplexie, Schreckstarre, von ihr können manche kleineren Tiere beim Anblick eines Raubtieres befallen werden (Schutzfunktion des Totstellens!). S. a. → Faszination, magische.

Tierischer Magnetismus → Magnetismus, animalischer.

Tierkreis, auch *Zodiak(us)*, die in der Astrol. in 12 gleich große Abschnitte geteilte scheinbare Sonnenbahn (Ekliptik). Die Teilung setzt in den Punkten der Tagundnachtgleichen an (Äquinoktialpunkte), die Abschnitte tragen die Namen von Sternbildern.

Um die Mitte des 2. vorchristl. Jh.s entsprachen die Zeichen den nach ihnen benannten Sternbildern; heute beträgt die Abweichung etwa 30 Grad, d. h. das Sternbild Fische fällt mit dem Zeichen Widder zusammen (Effekt der Präzession des Frühlingspunktes). Älter als die Zwölfteilung des T.es ist eine Sechzehnteilung; altägypt. ist die Teilung in 36 *Dekane*. – Die T.zeichen werden gelegentlich in 2 Sechser- oder 4 Dreiergruppen zusammengefaßt, z. B. die *Trigone* Feuerzeichen (Widder, Löwe, Schütze), Wasserzeichen (Krebse, Skorpion, Fische), Luftzeichen (Zwillinge, Waage, Wassermann) und Erdzeichen (Stier, Jungfrau, Steinbock). In der Astrol. entspricht dem T. eine charakterologische Typologie; je nachdem in welchem Zeichen die Sonne in der Geburtsstunde steht, werden die Menschen ihrem Typ nach bestimmten T.-zeichen zugeordnet.

Lit.: Schwabe 1951.

Tiermaterialisation, sehr umstrittene angebliche PK-Manifestation. Während beim *Tierapport* normale lebende oder tote Tiere paranormal an den Ort der Sitzung gelangen sollen, wird bei der T. behauptet, daß es sich bei den wahrgenommenen Tieren um ektoplasmatische Bildungen handelt. Entsprechende Leistungen wurden von den

Medien → Gazerra, → Guzyk und → Kluski behauptet.

Tierparapsychologie, auch *Animal-Psi* und *Anpsi,* Teilgebiet der Pps., das die Hypothese, Tiere zeigten paranormale Fähigkeiten, überprüft. Die möglichen Phänomene sind im wesentlichen Präkognition (Warnungen durch Tiere!) und Hellsehen bei Tieren, Telepathie zwischen Tier und Tier und zwischen Mensch und Tier, → Psi-Trailing (vermutlich Telepathie oder Hellsehen), PK bei Tieren und – möglicherweise der Humanpps. zuzuzählen – Tierphantome und Tiermaterialisationen.

Besondere Beachtung verdient die Frage, ob Psi-Phänomene an einzelne Tiere gebunden sind oder als Gruppenphänomene auftreten (Imker sprechen z. B. vom »Bien« als einer Art »Seele« ihres Bienenstocks). Außerdem interessiert das reaktive Verhalten von Tieren bei PK-Manifestationen: Schon Homer spricht Hunden die Fähigkeit zu, Geister sehen zu können, und neuere Beobachter wollen wissen, daß Tiere (z. B. Katzen) auf menschliche → Out-of-Body-Experiences ansprechen. Die Forschungslage ist dadurch beeinträchtigt, daß die Zoologie und Ethologie im Bereich des tierischen räumlichen Orientierungsvermögens (Zugvögel, Heimfindevermögen von Brieftauben, Aalzug u. ä. m.) vor vielen noch offenen Fragen stehen, für die sie eine »normale« Erklärung erhoffen, d. h. eine Erklärung, die sich in die gegenwärtigen biologischen Erkenntnisse einordnen läßt. (Vgl. den bei Rotkehlchen entdeckten »Magnetsinn«; Merkel/Witschko 1965.) – Spekulativ vermuten manche Autoren, daß die T. den Nachweis erbringen könnte, Psi sei ein phylogenetisch altes Vermögen, älter z. B. als die sinnliche Wahrnehmung.

Zahlreich und weit zurückreichend sind Berichte darüber, daß Tiere vor Katastrophen fliehen, ehe der Mensch auch nur erste Anzeichen bemerkt. Angeblich verwandten portugies. Kolonisatoren bereits im 17. Jh. auf den Molukken Katzen er-

Ankündigung des Wunderhundes Munito. (Wien 1820/30; im Original 45,4 × 33,5 cm groß; Sammlung Günter Böhmer, München.)

folgreich als Erdbebenseismographen. 1939 weigerten sich Bernhardiner am St. Bernhard, die Klosteranlagen zu verlassen; eine Stunde später war das Kloster durch eine Lawine von der Umwelt abgeschnitten. Tage vor dem Erdbeben von Agadir (1960) mieden Fische und Seevögel die Küstennähe, und 1966 sollen vor dem Bruch von Elbdämmen in Hamburg und Niedersachsen Kaninchen, Mäuse u. a. Tiere ihr Revier verlassen haben. Derartige Vorkommnisse können über die Annahme fein ausgebildeter sensorischer Vermögen verstanden werden. Das wird aber schwierig bei spontanen, nicht natürlichen Katastrophen: 390 v. Chr. warnten Gänse vor dem Sturm der Kelten auf das Kapitol; am 27. 11. 1944 warnte eine Gans in Freiburg i. Br. vor einem Bombenangriff; im Juli 1927 verließen Tauben ihren angestammten Platz auf dem Justizpalast in Wien, wenige Tage darauf brannte das Dachgestühl infolge eines Brandanschlags aus. Ein Geschäftsmann aus Bronx, New York, berichtete, sein Hund habe ihn durch Unruhe und Zupfen am Ärmel gezwungen, seine ebenerdige Wohnung zu verlassen; er nahm den Hund an die Leine, und das Tier hatte nichts anderes im Sinn, als vom Haus fortzukommen. In diesem Augenblick zerstörte ein ins Schleudern geratener Omnibus die Hauswand völlig. »In diesem Falle scheint eine sensorische Information schwer vorstellbar. Unterstellt man die Richtigkeit dieser Erzählung, würde es sich vermutlich um ein präkognitives Warnverhalten eines

Tieres handeln, das auf seinen Herrn bezogen ist.« (Bender 1971: 123.)
Beispiele telepathischer Kommunikation zwischen Mensch (Agent) und Tier (Perzipient) kann man manchen Heiligenlegenden entnehmen (Görres 1927: 139–43). Auch die Frage der Geistheilung bei Tieren gehört teilweise in den Kontext Telepathie zwischen Mensch und Tier; manche westliche Autoren vermuten dabei allerdings PK-Prozesse (Grad, Cadoret u. Paul 1963; Trampler 1952; Watkins 1971). Besser beglaubigte Fälle von Telepathie zwischen Menschen und Tieren sind jene, in denen das Tier als Agent fungiert (z. B. → Haggard). Interesse verdient hier auch das oft berichtete antizipatorische Verhalten von Haustieren in bezug auf die Rückkehr ihres Herrn. Es sind vor allem Hunde, die zu wissen scheinen, daß jetzt bald ihr Besitzer kommt, auch wenn dies zu unregelmäßigen Zeiten geschieht und die Rückkunft nicht erwartet werden kann. Als Ursache hat man u. a. an ein → Vardögr-Phänomen gedacht, das unter der Schwelle menschlicher paranormaler Perzeption liegen soll. Da aber der Vardögr nicht objektiv gesichert ist, liegt es näher, an ein → Abzapfen seitens des Tieres zu denken. Bei Fällen tierischer Doppelgänger (O'Donnell 1913, auch → Mörike überliefert einen Fall) bleibt vorerst offen, ob es sich um Dramatisierungen im Rahmen einer telepathischen Kommunikation oder um materielle (»feinstoffliche«) Phantome handeln soll.

Über positive Experimente zur Telepathie zwischen Mensch und Tier, die er noch vor dem Ersten Weltkrieg durchführte (mit dem Dompteur Wladimir Durow und dessen Hunden), berichtete schon Bechterew (1924). Eindrucksvoll plädiert der folgende Bericht – dessen Authentizität z. T. bestritten wird – für eine Telepathie zwischen Tier und Tier:

Der russ. Psychologe Pawel Naumow erzählte amer. Besuchern über ein russ. ASW-Experiment mit einem U-Boot: »Wir verwendeten keine menschlichen Medien, sondern eine Kaninchenmutter und ihre frisch geborenen Jungen. Wie Sie wissen, hat ein getauchtes U-Boot keine Möglichkeit, sich mit dem Land in Verbindung zu setzen. Das Funkgerät funktioniert nicht. Wissenschaftler brachten die jungen Kaninchen an Bord des Unterseebootes, während sie die Kaninchenmutter in ihrem Laboratorium behielten, wo sie ihr Elektroden ins Gehirn einsetzten. Als das Unterseeboot tief unter Wasser war, wurde eines der Jungen nach dem andern getötet. Die Kaninchenmutter wußte natürlich nichts davon, und doch *reagierte* ihr Gehirn in jedem synchronisierten Augenblick des Todes. Und unsere Instrumente registrierten ganz deutlich diese Augenblicke von ASW.« (Ostrander/Schroeder 1970: 41.)

Systematische Forschung zu Fragen der T. begann an der → Duke University zu Beginn der 50er Jahre unseres Jh.s. Spontane Fälle, vor allem von Psi-Trailing wurden nachuntersucht und quantitative Experimente zum Psi-Verhalten bei Tieren entwickelt. Die Untersuchungen zur tierischen ASW von → Osis und → Pratt waren nicht beweiskräftig, aber ermutigend. Später konstruierte Helmut → Schmidt Zufallsgeneratoren, die durch den Zerfall radioaktiver Substanzen gesteuert wurden.

Ein Erkundungsexperiment war wie folgt angelegt: Eine Katze wurde in ein kaltes Zimmer gesetzt (0 Grad C); eine 200-Watt-Heizlampe mit der Brenndauer 1 Sek. wurde von dem Generator bedient; zu erwarten war, daß von dem Generator gegebene Impulse (während des ganzen Versuchs 9000) je zur Hälfte Brennen und Nicht-Brennen auslösen würden. Von der Katze konnte man vermuten, daß ihr eine längere Brenndauer erwünscht wäre; daß sie ggf. den Impulsgeber psychokinetisch beeinflussen würde. Tatsächlich schaltete sich die Lampe 115mal mehr als die zu erwartenden 4500 Fälle ein; das ist statistisch, nach pps. Konvention, fast signifikant und ermutigte zur Weiterarbeit, zumal die Versuchsapparatur fern von Tieren und Menschen (auch der Versuchsleiter könnte ungewollt psychokinetisch Impulse geben) exakt die Zufallserwartung erfüllte.

Die quantitativen Tierversuche zur ASW erreichten zuerst in Frankreich signifikante Ergebnisse:

→ Chauvin und seine Mitarbeiter setzten Feldmäuse in einen Doppelkäfig, dessen Trennwand übersprungen werden konnte.

Die Böden des Käfigs wurden in *zufälliger* Reihenfolge unter Strom gesetzt; ein rechtzeitiger Sprung bewahrte also vor einem Schlag. Die Signifikanz spricht für einen präkognitiven Effekt.

Die Forschungsrichtung der T. geriet durch die von Parapsychologen (!) vermuteten Manipulationen → Levys etwas in Verruf. Levy war aber nur für einen Teil der Experimente auf diesem Gebiet verantwortlich. Die experimentelle T. hat eine erfolgversprechende Zukunft: Zwar scheinen auch Tiere, vor allem Säuger, in ihren Psi-Leistungen von bestimmten Faktoren wie Angst, Ermüdung, Erregung abhängig zu sein, dennoch scheinen sie in ihrem Psi-Verhalten konstanter als menschliche Medien zu sein, und ihre paranormalen Leistungen sind weniger als beim Menschen von anderen Verhaltensweisen überlagert. Für die statistische Aufbereitung ist wichtig, daß man im Tierversuch in der Regel rascher den Bereich der großen Zahlen erreicht als mit Vpn.

Lit.: Bozzano 1905, 1926; Bender 1974; Chauvin 1961/62; Extra 1972; Fritsche 1952; Metta 1972; O'Donnell 1913; Osis 1952; Osis/Foster 1953; Pleines 1971; Pratt 1953; Rhine 1951; Wood/Cadoret 1958.

Tillymoan, Ort bei Claudy, Irland; einer seiner Bauernhöfe war 1866 Schauplatz eines heftigen Spuks; Steinregen trat auf, Geschirr fiel zu Boden, Töpfe und Krüge bewegten sich gemächlich durch die Räume, vor dem Anzünden stiegen die Kohlen von der Feuerstätte auf und verteilten sich im Haus. Bezugsperson war vermutlich der Sohn des Bauern.

Lit.: Thurston 1955: 14 f.

Tischner, Rudolf (1879–1961), dt. Augenarzt und Parapsychologe. 1911 wohnte er in Freilassing (Bayern) und lernte dort → Staudenmaier kennen, der sein Interesse für die Pps. weckte. Kurz darauf hatte T. Gelegenheit, ASW-Experimenten beizuwohnen, die → Wasielewski mit einer Sensitiven durchführte. Der ASW-Forschung galt fortan T.s Hauptinteresse, ihr widmete er praktische und theoretische Arbeiten. Daneben nahm er aber auch an Sitzungen

Teilnehmer einer Séance warten darauf, daß der »sprechende Tisch« ihnen durch Klopftöne irgend etwas mitteilt.

der großen physikalischen Medien teil (z. B. der Brüder → Schneider und der → Silbert). Er beschäftigte sich außerdem mit pps. geschichtlichen Themen und widmete → Crookes, → Home und → Zöllner Monographien. Die → Homöopathie und → Hahnemann waren weitere Schwerpunkte seiner Forschung. – *Werke* → Bibl.

Tischrücken, paranormales Bewegen eines Tisches, hervorgerufen durch einen oder mehrere Teilnehmer einer Séance. Schon im Altertum kannte man die *mensa divinatoriae* [lat.; Wahrsagetisch]; Tertullian (ca. 160 – ca. 220) berichtet von Tischen, die dem Verkehr mit dem Jenseits dienen, und Ammianus Marcellinus (2. Hälfte des 4. Jh.s n. Chr.) beschreibt ein → Oui-ja-Board in Gestalt eines Tisches, auf dem eine Platte mit dem Alphabet lag. Mit einem Ring an einem Faden wurden Botschaften ausgependelt, d. h., die Buchstaben, zu denen der Ring hinschwang, ergaben aneinandergesetzt eine sinnvolle Botschaft. Philostratus, der Biograph des → Apollonius von Tyana, berichtet, dieser habe in Indien »sprechende Tische« gesehen; die Planchette soll in Tibet seit altersher bekannt sein, und die keltischen Dolmen (tischförmig gebautes urgeschichtliches Steingrab) dienten nach den phantasievollen Spekulationen mancher Autoren dem von → Druiden geübten T. (»schwingende Steine«).

Epidemisch wurde das T. in den USA nach den Vorfällen in → Hydesville. Die übliche Technik war, daß die Teilnehmer, der »Zirkel«, sich rund um einen kleinen

Tisch setzten, die Hände auf ihn legten und irgendwelcher Dinge harrten. Gelegentlich geriet der Tisch in Bewegung, man spürte Vibrationen, hörte Geräusche – Aufstoßen eines Tischbeins auf dem Boden z. B. –, die entsprechend dem → Klopfalphabet gedeutet wurden. Man vermutete einen anwesenden Geist, mit dem Kommunikation möglich schien. Die keineswegs pps. Erklärung der Vorgänge stammt von Chevreul (→ Pendelversuch) und → Faraday: Beide führten die Bewegungen auf unwillkürliche und unbemerkte Muskelspannungen zurück (→ Automatismus). In ihnen können sich bewußte oder unbewußte Inhalte eines oder mehrerer Teilnehmer mitteilen; diese Inhalte zeigen eine Tendenz zur Personifikation (»Geister«). Von der skizzierten Technik des T.s gibt es Übergänge und Weiterführungen zum → Glasrücken, zur Planchette (auch sie gelegentlich »Tischchen« gen.) und zum Ouija-Board.

Es können beim T. paranormale Phänomene auftreten, z. B. ASW, wenn sich die Mitteilungen auf Sachverhalte, Gegenstände oder künftige Ereignisse beziehen, die keinem der Teilnehmer bekannt sein können. Aber auch psychokinetische Manifestationen werden behauptet: Raps und Tischbewegungen bis hin zur Levitation, ohne daß die Teilnehmer den Tisch berühren (sie halten nur die Hände über die Platte).

1852 erreichte die Welle des T.s England, schon vorher hatte es → Güldenstubbe in Frankreich eingeführt. 1853 kam es nach Deutschland. T. wurde zum Gesellschaftsspiel (keinem ganz ungefährlichen, wie die → Mediumistische Psychose zeigt). Eine wiss. Untersuchung des behaupteten Phänomens versuchten → Gasparin und → Thury; über die Beweiskraft ihrer positiven Ergebnisse besteht keine einhellige Meinung (Amadou 1957: 113). Untersuchungen eines 1869 von der S. P. R. gebildeten Komitees führten zu dem Ergebnis, »daß Bewegung erzeugt werden könne in festen Körpern ohne materielle Berührung« (Tischner 1924: 47). S. a. → Strippentisch.

Lit.: Gasparin 1854; Paul/Fantl u. a. 1963; Thury 1855.

Titanic, engl. Dampfer (Baujahr 1911), der seinerzeit als unsinkbar, als »sicherstes Schiff der Welt« galt. Auf seiner Jungfernfahrt stieß er jedoch in der Nacht vom 14. auf den 15. 4. 1912 mit einem Eisberg zusammen und sank; 1517 Menschen fanden dabei den Tod.

Morgan Robertson, der früher selbst zur See gefahren war, veröffentlichte 1898 eine Erzählung *The Wreck of the Titan,* die eine Reihe von Parallelen zu der tatsächlichen Katastrophe aufweist; Robertson will seinen Text in »psychischer Inspiration« verfaßt haben. – Gleich mehrere Personen träumten den Untergang der T.; doch muß man sich hier fragen, wie oft geträumte Katastrophen *nicht* eintreten. Ein Mr. J. O'Connor (unter diesem Pseudonym veröffentlichte die S. P. R. den Fall) träumte zweimal den Untergang der T., auf der er eine Überfahrt gebucht hatte. Er machte die Buchung rückgängig, als auch geschäftliche Umstände dafür sprachen, die Reise zu verschieben. Seine Träume teilte er aber seiner Frau und Freunden noch vor der Ausfahrt des Schiffes mit. → Stevenson (1960) untersuchte 19 Fälle, in denen eine paranormale Beziehung zwischen einem Menschen und der Schiffskatastrophe der T. gegeben zu sein schien.

Tobiskop, von russ. Wissenschaftlern entwickeltes Gerät zur Bestimmung der → Akupunktur-Punkte.

Tod, das Erlöschen jeder Lebensäußerung eines Organismus; bereits über die Frage, wann wirklich *jedes* Leben in einem Organismus erloschen ist, sind sich die empirischen Wiss.en nicht einig, so daß die Definition von T. (und Leben) weitgehend in den Bereich philos. und theologischer Spekulation fällt. – In den Anfängen der S. P. R., und gleichzeitig in Deutschland etwa bei → Du Prel, erhoffte man sich von der Pps., die seinerzeit bezeichnenderweise gelegentlich »Experimental-Metaphysik«

gen. wurde, verifizierbare Antworten auf die Frage nach dem → Überleben, der Wiedergeburt u. ä. m. Eine Antwort bot der Spiritismus, doch gilt er mittlerweile auch bei vielen seiner Anhänger eher als Glaubenssache denn als Wiss. Damit hat sich das Interesse der Pps. vom T. auf das *Sterben* als Grenzsituation verlagert, das gelegentlich von paranormalen Manifestationen begleitet zu sein scheint (→ Sterbebettphänomene).

Todesahnung, inhaltlich näher bestimmte und besonders häufige Art der → Ahnung. Paranormal gewinnt jemand Informationen, die auf den Tod eines anderen hinweisen. Nach den in der Pps. gebräuchlichen Modellvorstellungen kann die Hellsehhypothese ausgeklammert werden. Es bleibt die Vermutung eines telepathischen Kontaktes mit den beiden extremen Möglichkeiten → Abmelden (nur der Sterbende agiert) oder → Abzapfen (der Perzipient »holt« sich die Information). Entsprechende Fälle werden auch vom Tod eines Tieres berichtet (→ Haggard). Wie bei Ahnung und Vorahnung finden wir im Modus der T. optische und akustische Erfahrungen oder ein bloßes emotionales Gestimmtsein, das entsprechend gedeutet wird.

Der Kunstmaler Wilhelm v. Kügelgen (1802–1867) schreibt am Ende seiner vielgelesenen *Jugenderinnerungen eines alten Mannes* (1870): »... begab ich mich frohen Herzens nach dem alten Posthaus in der Pirnaischen Gasse, wo wir unseren Konzertsaal hatten. – Eine mir ganz neue Musik, ›die sieben Worte‹ von Haydn, ward probiert und mit hohem Genusse sang ich mit den andern die herrlichen Chöre. Als wir aber an die Stelle kamen:

›Wenn wir mit dem Tode ringen
Und aus dem bedrängten Herzen
Heiße Seufzer zu dir dringen:
Hilf uns, Mutter aller Schmerzen!‹

da erfaßte mich eine so schmerzliche Rührung, daß mir die Stimme versagte. Weder in den Worten noch in den Tönen konnte der Grund zu einer so tiefen Bewegung gesucht werden, doch schnitt mir beides dermaßen durch die Seele, daß mir diese Stelle, obgleich ich sie seitdem nie wieder hörte, nach Text und Melodie bis heute unvergeßlich geblieben ist. Ich stellte mir wunderlicherweise den geliebten Vater als mit dem Tode ringend vor, und es war, als wäre dies Gebet zur heiligen Jungfrau aus seiner Seele aufgestiegen. Ich konnte mich nicht halten, verließ den Saal und brach im Nebenzimmer in einen Strom von Tränen aus ... Ich wußte nichts zu sagen, als daß jene Musikstelle mich so sonderbar ergriffen habe. Das konnte jener, dem dieselbe Stelle nicht den geringsten Eindruck gemacht hatte, nicht begreifen ... Aber die Trauer wollte mich nicht mehr verlassen; der Tod stand mir in seiner Unerbittlichkeit lebendig vor der Seele; ich sah das Ringen des Sterbenden, ich hörte seine letzten heißen Seufzer, und der Angstschrei: ›Hilf uns, Mutter aller Schmerzen!‹ wich mir den ganzen Abend nicht aus den Ohren. – Als ich nach Hause kam und den Vater noch nicht vorfand, ergriff mich die lebhafteste Sorge. Ich machte mich sogleich auf ... wir brachten die Nacht in namenloser Angst hin. Am anderen Morgen in aller Frühe ... da lag mein Vater mit dem Gesicht auf nackter Erde, erschlagen und entkleidet in einer Ackerfurche.«

Diese T. scheint überdies ein präkognitives Element zu enthalten, vorher schreibt der Autor über seinen Vater: »Mir aber brannte das Herz, als er mich verlassen, war er doch heute so besonders weich und gut gewesen.« Im übrigen illustriert der Fall, daß die unbewußte Information dem Erlebnis wahrscheinlich vorausging, die »zufällige« (→ Synchronizität) Musik aber als → Steigrohr des Unbewußten benützte, um die Erfahrung zu konkretisieren. Typisch ist, daß das rationale Ich den Tränenstrom selbst als inadäquat erlebt.

Lit.: Richet 1923: 225–56.

Todesbote, im europ. Volksglauben sind der Holzwurm, *Anobium pertinax,* und der Kauz (meist Steinkauz, *Athene noctua)* die bekanntesten T.n. Im Fall des Holzwurms kann von der Pps. vermutet werden, daß Raps als Sterbebettphänomen, rationalisiert und »natürlich gedeutet«, dem Holzbewohner zugeschrieben wurde. – Beim Kauz mag es eine Rolle spielen, daß er gern zum Licht hinfliegt, und deshalb oft an die erleuchteten Scheiben stieß, wenn man bis tief in die Nacht am Bett eines Schwerkranken wachte.

Todeszauber, der Ethnographie aus verschiedenen Kulturen bekannte Erscheinung; eine magische Praktik wird mit dem Ziel des Ablebens einer bestimmten Person vorgenommen, und tatsächlich stirbt diese Person manchmal bald darauf. Auch → Paracelsus kannte das Phänomen: »Imagination, die wider mich gebraucht wird, mag also streng gebraucht werden, daß ich durch eines anderen Imagination mag getötet werden.« Neben die Imagination, d. h. die Wirkung des bösen Willens, treten oft schadenszauberische Operationen mit Gegenständen, die das Opfer repräsentieren, oft sogar von ihm stammen (abgeschnittene Nägel oder Haare z. B.). – Eine einfache Erklärung sieht im T. einen autosuggestiven Effekt (vorausgesetzt das Opfer weiß von der magischen Handlung); manche Autoren scheinen auch eine psychokinetische letale Wirkung für möglich zu halten. Daneben ist aber zu bedenken, daß der T. ein *affektives Feld* schafft und strukturiert; die Ereignisse in diesem Feld sind mehr als bloße Suggestion, außerdem könnte dieses Feld synchronistische (→ Synchronizität) Phänomene begünstigen.

Lit.: Gerstner 1963; G. Müller 1956; Sterly 1965.

Tomczyk, Stanislawa, verh. Feilding, poln. Medium, 1908/09 u. ö. von → Ochorowicz untersucht; ihre → Kontrolle »Klein-Stasia« bewirkte Fernbewegungen und die Levitation leichter Objekte. Aufgrund seiner Untersuchungen mit diesem Medium entwickelte Ochorowicz seine Theorie der → »starren Strahlen«. »Klein-Stasia«, die Ochorowicz 1909 in Paris fotografierte, war ihm zufolge eine ca. 55 cm große fluidale Personifikation, die dem Medium glich. Mit den Sitzungsteilnehmern kommunizierte sie durch Raps, in der Regel konnte nur das Medium in Trance »Klein-Stasia« sehen und sprechen hören. Tiefenps. verstanden war »Klein-Stasia« ein Teil des Unbewußten des Mediums, materiell betrachtete sie Ochorowicz als vergegenständlichte Emanation des Mediums.

Eine Sitzung Ochorowicz' 1911 brachte folgendes eindrucksvolles Ergebnis: In einer Dunkelsitzung sollte die Hand von »Klein-Stasia« durch einen schmalen Flaschenhals dringen, sich in der Flasche materialisieren und dabei so leuchten, daß ein in der Flasche liegender Film die Radiographie der Hand bewahren sollte. Das Medium – in Trance – stellte zusätzlich die Bedingung, die Flasche zu verschließen. Unbeabsichtigt rollte sich der Film beim Einführen in die Flasche. Ochorowicz hielt die Flaschenöffnung mit der Hand verschlossen, und das Medium legte seine Hände um die Flasche, plötzlich schrie es auf und wurde von Krämpfen geschüttelt. – Ochorowicz zerschlug die Flasche und entwickelte den Film: er zeigte eine Hand, größer als die des Mediums und Ochorowicz'. Betrug schloß Ochorowicz aus. Das Medium glaubte, die Hand des Phantoms sei fluidal durch die Hand des Experimentators oder das Glas gedrungen, habe sich in der Flasche flächig materialisiert und den Windungen des Films entsprechend sich auf diesem abgerollt. Eine andere pps. Erklärung bildet die Annahme, die Filmschicht sei psychokinetisch verändert worden (in der Flasche oder beim Entwickeln). Das Medium geriet in Betrugsverdacht; nach der Eheschließung 1919 mit einem ihrer Untersucher hielt sie keine Séancen mehr ab.

Lit.: Ochorowicz 1909; Schrenck-Notzing 1920.

Tonbandstimmen-Phänomen, auf Band gespeicherte, angeblich paranormal produzierte Geräusche, Stimmen oder Musik. Ein Tonbandgerät wird bedient wie bei einer normalen Aufnahme – nur hört der Experimentator nichts. Nach der Aufnahme mit einem Mikrophon oder mittels anderer Verfahren werden von den Bändern Stimmen abgehört, die sich gewöhnlich durch bestimmte Eigenheiten von normalem menschlichem Sprechen unterscheiden: Syntax und Vokabular können verschiedenen Sprachen entnommen sein, die Inhalte verweisen gelegentlich scheinbar auf verstorbene Urheber oder paranormalen Wissenserwerb. Beim Abhören können Schwierigkeiten auftreten: So bevorzugen die »Stimmen« nach → Raudive Frequenzbereiche, die dem menschlichen Ohr fast nicht mehr zugänglich sind. Die von Raudive aufgestellte »Relationstheorie« einer »Gegenüberwelt« versucht eine physikalisch gestützte spiritistische Erklärung des Phänomens. Die animistische Erklärung, daß am Magnetband psychokinetisch Veränderungen bewirkt würden, lehnte Raudive ab. Er meinte, der Inhalt der »Stimmen« lasse diese Deutung nicht zu. (Dem Einwand kann dadurch begegnet werden, daß man annimmt, dem PK-Effekt ginge eine ASW-Information voraus.) Eine andere Interpretation versteht die Tonbandstimmen als *ideoplastisches* Phänomen (→ Ideoplastie): Wie in den Sitzungen mancher Materialisationsmedien die dort gewonnenen Paraffinabgüsse von Körperteilen denen des Mediums glichen, so bestehen Ähnlichkeiten zwischen der Stimme des Experimentators und der Tonbandstimme. Bei den Paraffinabgüssen wurde manchmal eine Größenveränderung unter Wahrung der Proportion (meist Verkleinerung) beobachtet – dem sollen Verkürzungen der Einspielungen gegenüber dem normalen Sprechtempo des Experimentators entsprechen (Mulacz 1974). – Weitere Erklärungsversuche schließen selbst UFOs in die Überlegungen ein (Renaud 1964). – Pionier der Forschungen auf diesem Gebiet ist → Jürgenson.

Lit.: Bander 1972; Bender 1971; Jürgenson 1967; Raudive 1968, 1971, 1973 a, b, 1974; A. Schneider 1972; Seidl 1971; Sheargold 1973.

Topik [von griech. *topos*; Ort], in der Tiefenps. die Annahme, die psychische Organisation bestünde aus mehreren Systemen, Zwischen denen Beziehungen angegeben werden können; die Systeme werden dabei in einem räumlichen Bild gesehen. Die wichtigsten topischen Modelle sind das Instanzenmodell (Es, Ich, Über-Ich) und die Differenzierung nach Unbewußt, Vorbewußt, Bewußt.

Totbeten → Mortpetten.

Totenorakel, Beschwörung von Verstorbenen, um sie zu befragen. Im Altertum lassen sich 2 Vorstellungen nachweisen, die dem T. zugrunde liegen: 1. Verstorbene haben allgemein ein höheres Wissen als Lebende; 2. Menschen, die zu Lebzeiten bedeutende Seher und Propheten waren, behalten diese Fähigkeit über den Tod hinaus. Beide Vorstellungen können zum T. führen. Im alten Griechenland wurden die »Nekydaimones«, die Seelen der Verstorbenen, an ihren Gräbern oder an bestimmten Eingängen zur Unterwelt auf die Erde geholt und befragt. Das konnte in der Form der → Inkubation geschehen oder »realistischer«, indem durch Zauberformeln und Blutopfer Phantome (in Menschen- oder Schlangengestalt) zitiert wurden. Suchte man nach einem Mörder, konnte auch durch magische Manipulation an der Leiche des Opfers versucht werden, den »Schatten« des Getöteten zu beschwören, damit er den Täter nenne. – In Italien galt der Avernersee bei Cumae als Eingang zur Unterwelt; in vorhist. Zeit fand sich dort ein berühmtes T. – Mehrfach wurde in der Lit. darauf hingewiesen, daß im spiritistischen Verständnis bestimmter mediumistischer Phänomene der antike Glaube des T.s wieder auflebt.

Bei Homer *(Odyssee 11)* wird ein T. beschrieben, das Lukian in den *Totengesprächen* (6 ff.) parodiert. – Im *Pharsalus-Epos* des Marcus Annaeus Lucanus (39–65), einem Neffen des Seneca, wird ein T., vorgenommen durch die in Besessenheit versetzte thessalische Zauberin Erichto, beschrieben: Die Hexe zerrt eine Leiche an einem Haken hinter sich her in eine Höhle, eine Schlange züngelt um ihr Haupt, die Brust des Toten wird mit warmem Blut gefüllt, und Beschwörungen heben an, die auch Tierstimmen und Donnergrollen in sich schließen. Die Leiche wird mit einer lebenden Viper gepeitscht, Dämonen beschworen, bis der Schatten des Toten Rede und Antwort steht.

Trampler, Kurt, Volkswirt (Dr. rer. pol.), in den 50er Jahren bekannter Geistheiler, der seine therapeutischen Bemühungen als »geistig-energetische Heilmethode« beschrieb: Er übergab seinen Patienten Staniolfolien, die er vorher in seinen Händen gehalten und »durchströmt« hatte, außerdem stellte er sich zu festgesetzten Zeiten geistig auf die Patienten ein; dabei verstand sich T. als Mittler göttlicher Kräfte.

Die erste eingehende statistische Untersuchung zum Problem der Geistheilung überhaupt wurde 1955 mit T. in Freiburg i. Br. vom Institut für Grenzgebiete der Ps. und Psychohygiene in Zusammenarbeit mit der Universitäts-Poliklinik durchgeführt. Bei einer Gruppe von 650 Patienten T.s wurden in Vor- und Nachuntersuchungen medizinische, ps. und soziologische Daten erhoben. Über 60 Prozent der Patienten verspürten eine subjektive Besserung; bei 247 klinisch nachuntersuchten Patienten konnte bei 11 Prozent eine Besserung konstatiert werden, die nicht der ärztlichen Prognose entsprach. – Bei einem anderen Experiment, das der Hamburger Internist Rehder durchführte, wurde T. gebeten, sich zu einem bestimmten Zeitpunkt auf 3 schwerkranke Patienten »einzustellen«; die Patienten wurden nicht informiert, eine Veränderung des Krankenbildes trat nicht ein. Dann gab Rehder diesen Patienten ein Buch T.s zu lesen und nannte ihnen einen späteren Zeitpunkt, an dem sich T. angeblich spirituell um sie bemühen werde. Die fiktive Fernbehandlung führte in 2 Fällen zu spontanen Besserungen, die Rehder als Effekt bloßer Suggestion deutete. Nach → Bender ist diese Interpretation zu einfach: Durch die Lektüre wurde ihm zufolge ein »affektives Feld« erzeugt, in dem T. durchaus präsent war, und die Heilung erfolgte in diesem Feld. Auch den Gedanken an einen synchronistischen Effekt (→ Synchronizität) hält Bender in diesem Zushg. für erwägenswert (Bender in Bitter 1959: 179 f.). – *Werke* → Bibl.

Lit.: Strauch 1958.

Trance [von lat. *transire;* hinübergehen], Sammelbegriff für verschiedene, meist nicht pathogene Verfassungen oder Zustandsbilder, die durch Bewußtseinsdissoziation, Bewußtseinstrübung und Willensschwäche gekennzeichnet sind. Ursachen können sein: Hypnose, Mediumismus, Drogen, Musik, Tanz, physische Traumata, Atemtechniken, Autosuggestion u. a. Das Identitätsgefühl ist vorübergehend gestört bis aufgehoben. Bei leichter T. bleiben Erinnerungen, schwerere Zustandsformen sind von Amnesie gefolgt. Die physiologischen Grundlagen der T. sind ungeklärt, es scheint, daß sowohl ein psycho- als auch ein somatogener Weg zur T. führt.
Die Unterscheidung der T.medien von solchen, die im »wachen« Zustand bleiben, beruht auf bloßer Annahme und dient nur einer ersten Verständigung. Wahrscheinlich ist es richtiger, diesen »Wachzustand« als leichte T. aufzufassen und die T. als den psycho-physiologischen Zustand zu definieren, der Voraussetzung einer paranormalen Manifestation ist.

Lit.: Amadou 1957: 279–308; Tenhaeff 1957: 91.

Trancepersönlichkeit → Kontrolle.

Trans- [lat.], 1. lat. Vorsilbe mit der Bedeutung »hinüber«, »jenseits«; 2. seltene Eindeutschung von → Trance.

Transfiguration, bei Besessenheitszuständen und in Trance beobachtbares Phänomen: Das Medium nimmt ihm wesensfremde Gesichtszüge an, angeblich die des Inkorporierten; auch die Stimme kann sich verändern. Manche Autoren nennen auch den unbewußten Betrug eines Mediums, das sich als »Phantom« zeigt, T. – In okkultistischen Schriften begegnet T. auch als Bezeichnung für eine *Verwandlung*: Mann in Frau, Frau in Mann, Mensch in Tier (→ Lykanthropie). Beim → Lectorium Rosicrucianum bezeichnet T. das Sich-frei-Machen für die Arbeit in der Vereinigung, die Aufgabe bisheriger Lebensgewohnheiten; in der durch A. → Bailey gegründeten Arkanschule heißt die dritte Einweihung T.

Transfusion [von lat. *transfundere;* hinübergießen], der religionsps. Begriff der *T. der Psyche* bezeichnet die Vorstellung, daß im Kuß oder im Atemaustausch die Seele den Körper wechseln könne. Der Gedanke spielt in der Mystik, aber auch in der → Schwarzen Magie (mit Menschentötung) eine Rolle.

Transitus [lat.; Übergang, Umwandlung], wichtiger Schritt in der Therapie der →

Analytischen Ps. (→ Individuation). Die *Umwandlung der Triebe* ist nicht der Sublimierung gleichzusetzen, vielmehr gerät psychische Energie unter die Herrschaft eines neu auftauchenden → Archetypus.

Transmigration, Seelenwanderung; wenn von T. gesprochen wird, ist meist die besondere Vorstellung gemeint, daß die menschliche Seele sich nach dem Tod vorübergehend in einem Tier aufhält.

Transmission des Pensées [frz.; Gedankenübermittlung], svw. → Mentalsuggestion, seltener: Telepathie.

Transmutation [von lat. *mutare;* verwandeln], 1. in der Alchimie die Umwandlung eines Elements in ein anderes, vor allem in Gold; *transmutatio metallorum* meint die Umwandlung der Metalle in edlere *(Edelmetalle)*, von Jung in übertragenem Sinn auf den Fortschritt in der → Individuation gedeutet (vgl. *Sohar* II 148 a). Es liegen Berichte geglückter alchimistischer T.en vor; will man sie nicht als Betrug abtun, so ist an Täuschung zu denken (eine Gelbfärbung wurde als Goldumwandlung gedeutet). – Eine weitere Hypothese geht davon aus, daß heutzutage, nach der Entdeckung der Kernspaltung, T.en möglich sind, daß die Alchimisten bereits dieses Wissen hatten und wegen der Gefahren der Radioaktivität geheimhielten; diese Ansicht (Pauwels 1962) fand bei Wissenschaftlern jedoch keinen Anklang. Eine letzte Deutungsmöglichkeit bietet der Gedanke eines parapsychischen Einflusses, also die Annahme eines psychokinetischen (parachemischen) Prozesses.

2. Gelegentlich auch svw. → Transfiguration und (z. B. Moser 1974: 229) Persönlichkeitsveränderung.

Transnormal, bei → Moser, die als Naturwissenschaftlerin nicht den Begriff »übernatürlich« gebrauchen wollte, svw. paranormal.

Transphysisch, selten für paraphysisch.

Transplantation [lat.], Verpflanzung (von Gewebe und Organen), bei Autoren des 19. Jh.s für eine Praktik, »bei welcher man einen Schmerz oder eine Krankheit durch allerlei Manipulationen mit und ohne Formeln auf die Bäume oder Tiere zu übertragen sich bemüht« (J. Chr. Blumhardt; → Dittus). S. a. → Einzäpfen.

Transzendentale Bewegung, aus der Unitarierbewegung (protestantische Gruppe, die die Einheit Gottes betont und die Trinitätslehre ablehnt) sich im 19. Jh. in Massachusetts entwickelnde geistige Richtung, die Kant und der dt. Romantik verpflichtet war. Protagonisten der T. B. waren Amos Bronson Alcott (1799–1872), Ralph Waldo Emerson (1803–1882) und Henry Thoreau (1817–1872). Die Bewegung war nicht organisiert, gab aber eine Zeitschrift, *Dial* (1840 ff.), heraus; die Angehörigen vertraten ein empathisches Verständnis der Umwelt (der Natur, fremder Religionen usw.). Die Einflüsse der T. B. reichen von der → Theosophischen Gesellschaft bis zu bestimmten neueren Formen der Psychotherapie in den USA (z. B. die Süchtigenrehabilitation »Synanon« oder die »klientenzentrierte Gesprächstherapie« nach Carl R. Rogers) und wirkten auf die Ausbildung der naturphilos.-religiösen Seite des amer. Spiritismus in der 2. Hälfte des 19. Jh.s.

Transzendentalfotografie, in Anlehnung an → Transzendentalphysik gebildeter, heute nicht mehr gebräuchlicher Begriff; meist wurde darunter die Fotografie realer, objektiver Gebilde verstanden, die aber dem normalen Auge unsichtbar blieben, lediglich Sensitive sollten sie sehen können. Manche Autoren rechneten auch die Fotografie sichtbarer paranormaler Materialisationen dazu. Eine psychokinetische Veränderung des Filmmaterials wurde in den frühen Überlegungen zu diesen Phänomenen nicht berücksichtigt; auch nicht bei den Versuchen mit »mesmerisierten Platten« im 19. Jh.

Lit.: Wedel 1898.

Transzendentalphysik, auch *Transzendentale Physik,* → Zöllner (1879) nannte die

Pps. eine T., als ihren Begründer betrachtete er → Crookes.

Transzendentalstimmen, veraltet für psychophone Phänomene; heute gelegentlich für → Tonbandstimmen-Phänomene.

Traum [etymologisch vermutlich an *Trugbild* anzuschließen], noch nicht befriedigend definierte, an den Schlaf gebundene Form der Erfahrung, vielleicht den Phantasien (→ Tag*träume!*) verwandt. Die auslösenden Reize können vielfach nur vermutet werden. Außer den Menschen träumen vermutlich auch die höheren Tiere. Durch physiologische Daten (→ REM-Phase) läßt sich die T.phase im Schlaf identifizieren; dadurch werden bestimmte Experimente erst möglich: ps. etwa das Studium der Reaktionen auf T.entzug (durch Wecken in der T.phase), pps. z. B. das zeitlich genaue telepathische → T.experiment.
Von der frühesten Lit. (ca. 4000 v. Chr.) bis in die Gegenwart, in allen Religionen begegnet eine besondere Wertschätzung des T.s: T.e gelten als wichtige Botschaften, wenn nicht gar – wie in einigen Kulturen – angenommen wird, das T.land sei die eigtl. Realität. Auch die heutige Tiefenps. und Ps. sehen im T. eine wichtige Informationsquelle; die jahrtausendealte Frage, ob diese Botschaften von außen (Göttern) oder innen kommen, haben sie im letzteren Sinn entschieden, aber die Religionen vertreten z. T. auch noch die erstgenannte Hypothese. Den Alternativen (innen- oder außenausgelöster T.) nicht recht zuordnen lassen sich telepathisch induzierte Träume; bei entsprechender Definition des Psychischen werden sie allerdings zu innenbestimmten. Nicht durchzusetzen vermochte sich die Ansicht, es gäbe Träume, die sich innerhalb von Familien vererbten (das könnte manches Phänomen, das für die Reinkarnation als Beleg genommen wird, anders erklären; Letourneau nach Joire 1916).
Zu Beginn abendländischer Wiss. vertrat Platon die Ansicht, der T. sei wesentlich ein göttergesandtes, auf Künftiges bezogenes Zeichen; sein Schüler Aristoteles sah im T. die Fortsetzung psychischer Tätigkeit über den Wachzustand hinaus. In der Folge suchte man meist zu unterscheiden zwischen gewichtigen (zukunftsweisenden) und gewöhnlichen Träumen. Zum Verständnis brauchte man die Kenntnisse einer Fachkraft, des *T.deuters.* Diesen Beruf gibt es schon früh in allen Hochkulturen. Der bekannteste antike T.deuter ist → Artemidoros; bei ihm findet sich bereits das gesamte Arsenal moderner tiefenps. T.deutung: die Auslegung von Symbolen, das »existentiale« Verständnis, allegorische Deutungen, Mechanismen der Wortvertauschung, symbolische Handlungen, usw. Die moderne tiefenps. T.deutung – das Schrifttum umfaßt mittlerweile Tausende von Arbeiten – setzt mit Freuds *Traumdeutung* (1900) ein, und in der Psychoanalyse zählt das Arbeiten mit Träumen zu den wichtigsten Verfahren. In der Nachfolge Freuds und teils in gewisser Gegnerschaft zu ihm standen u. a. Wilhelm Stekel (1868–1940), der – allzu pedantisch – das erste moderne T.symbollexikon zusammenstellte, und Otto Rank (1884–1939), der auf die Parallelität mancher Themen im T. mit mythischen Sujets verwies. Diese Ähnlichkeiten erklärte Jung durch den Rückgriff auf das Kollektive Unbewußte und vollzog damit die Rehabilitation des mythischen Gedankens eines *T.landes.*
Übereinstimmend sehen alle Tiefenpsychologen in den Träumen Produkte psychischer Prozesse, die regelhaft, und d. h. analysierbar sind. Sie sind somit diagnostisch und therapeutisch verwertbar; Freud sah im Traum geradezu die *via regia,* den Königsweg, zum Unbewußten. Nach Ansicht der Psychoanalyse sind die wichtigsten Mittel der *T.arbeit* → Verdichtung, → Verschiebung und die Umsetzung eines Inhalts in eine Handlung; im Produkt der T.arbeit, dem T., wird der zugrunde liegende Inhalt zwar ausgedrückt, aber entstellt, da psychische Instanzen angeblich eine → Zensur ausüben, ein Widerstand, der das Individuum bedrohende Inhalte (z. B. ver-

botene Sexualwünsche) nicht unverhüllt zur Darstellung gelangen läßt. Diese Hypothese vom Widerstand wurde 1974 durch David Cohen (University of Texas) wenn nicht widerlegt, so doch sehr fragwürdig. – Freud sah eine wesentliche Funktion des T.s in der *Wunscherfüllung*, eine zweite im *Binden psychischer Spannung*, das notwendig ist, um den Schlaf zu ermöglichen (der T. als »Hüter des Schlafs«). Nicht scharf von diesen Funktionen zu trennen ist eine dritte: das Realwerden von im Wachen vernachlässigten Möglichkeiten, die *kreative*, schöpferische und problemlösende *Tätigkeit*. – Bei Freud wurden Träume wesentlich mechanistisch *kausal* erklärt, bei dem schweiz. Psychologen Alphonse Maeder (geb. 1882) und nach ihm vor allem bei Jung *final*, d. h. als Versuch, einem aktuellen Konflikt dadurch zu begegnen, daß sich symbolisch Lösungstendenzen und Lösungen darstellen.

Die Pps. interessiert sich in zweifacher Weise für Träume: Zum einen verwendet sie teilweise beim Verständnis von ASW-Manifestationen und spukhaften Ereignissen die Methoden tiefenps. T.deutung (vgl. v. Uslar 1957/58/59), zum anderen interessiert sie der paranormale Wissenserwerb im T. Rund 50 Prozent der spontanen ASW geschehen nach dem Zeugnis der Fallsammlungen nämlich im T. Dabei werden die bekannten 3 Modalitäten der ASW unterschieden. Vor allem der Aspekt des Zukünftigen, der *präkognitive* T., faszinierte bereits in der Antike. Aufgrund ihrer Kasuistik hält die Pps. den präkognitiven T. für wiss. gesichert (→ Dunne-Effekt). Allerdings erklären sich viele scheinbar die Zukunft vorwegnehmende T., z. B. solche, die eine Krankheit des Träumers ankündigen, aus einer verfeinerten inneren Wahrnehmung; unter einem *prospektiven* (vorausschauenden) T.e, verstand denn auch Jung »bloß ... eine Vorauskombinierung der Wahrscheinlichkeiten« (Jung 1948). Läßt man alle möglichen → Wahrträume der Kasuistik unberücksichtigt, die nicht gut verbürgt sind – die Pps. verlangt selbstverständlich die nachweisbare Mitteilung des T.s vor dem Eintreffen des Ereignisses –, und jene, die vielleicht durch »Vorauskombinierung« oder infolge von Erfüllungstendenzen sich erklären lassen, so bleibt dennoch ein Rest »echter« Wahrträume. Dieser Rest ist statistisch nicht signifikant, wenn man an die Unzahl von Träumen denkt, deren Handlungen keiner Realität zu entsprechen scheinen; aber aufgrund ihrer besonderen Qualität nimmt die Pps. dabei echte Präkognition an (vgl. z. B. Mylius).

Lit.: Adler 1927; Allendy 1930; Bender 1955; Bergson 1914; Bjerre 1936; Büchsenschütz 1968; Busse 1936; Dessoir 1947; Devereux 1951; van Eeden 1913; Ettig 1933; Fodor 1951; Fromm 1951; Galen, Von der Weissagung im Traume, *in:* Werke: *1939 ff.; Garma 1948; Gotthardt 1912; Green 1968; Gruhle 1929; Hellpach 1948; Hey 1908; Hippokrates 1900; Hundt 1935; Janet 1909; A. Johnson 1918/19; Kemper 1955; Kurth 1951; Lersch 1923; Liébault 1889; Lomer 1919; Luria 1927; Maeder 1913, 1949; Marcinowski 1921; Moufang/Stevens 1953; Nacht 1934; Pfaff 1868; Rogers 1923; Roscher 1900; Servadio 1955; Silberer 1919; Simonson 1928; Stekel 1911, 1920; Sydow 1935; v. Uslar* ²*1969; Wilkenhauser 1939; Winkler 1953; Woods 1947.*

Trauma [griech.; Wunde, Verletzung], medizinisch jede Verletzung, im weiteren Sinn auch eine psychische Schädigung; in der Psychoanalyse definiert als eine Situation, der das Individuum nicht gerecht zu werden vermochte und die deshalb zu bleibenden psychischen Beeinträchtigungen führte.

Traumexperimente, telepathische, viele spontane parapsychische Phänomene ereignen sich in Träumen. Erste gezielte Experimente dazu scheint → Ermacora vorgenommen zu haben: Er versuchte 1892–94 in 100 Einzelversuchen eine Übertragung von einem Unbewußten zum anderen, indem er einer Hypnotisierten suggerierte, sie solle bestimmte Traumbefehle an einen entfernt schlafenden 5jährigen Knaben übertragen. Die Suggestionen waren, um zufällige Übereinstimmungen auszuschließen, so gewählt, daß sie nicht zum Alter und den Kenntnissen des Kindes paßten. Die Anzahl der Treffer (54 Voll-, 21 Einzeltreffer) ist eindrucksvoll, aber die vorgenommenen Kontrollen entsprachen bei allem aufgewandten Scharfsinn nicht den heutigen Anforderungen. – 1948 hat der österr. Psychotherapeut Wilfried Daim (* 1923) 30 Experimente mit verschiedenfarbigen geometrischen Figuren als Reiz durchgeführt. Über 3 Viertel erschienen ihm erfolgreich.

Beispiel: *»Bericht des Agenten:* Am 20. 4. 1948 gegen 3 Uhr morgens versuchte ich, das Bild eines roten Kreises zu übermitteln, aber es fiel mir sehr schwer, mich auf den Kreis zu konzentrieren. Immer wieder nahm er die Form einer Ellipse an. – *Bericht des Perzipienten:* Am 20. 4. 1948 wachte ich gegen 5 Uhr morgens auf. Alles, was ich von meinem Traum noch erinnern konnte, war eine rote Sonne, aber es könnte auch ein ellipsenförmiger roter Ballon gewesen sein.«

Neue Möglichkeiten für t. T. waren gegeben, als E. Aserinsky und N. Kleitman 1953 EEG-Phasen und REM-Phasen als physiologische Indikatoren von Träumen nachwiesen. Danach konnten telepathische Induktionen gezielt angesetzt werden. 1962 führte die dt. Psychologin und Parapsychologin Inge Strauch (* 1932) entsprechende Versuche in New York durch: Sobald die physiologischen Aufzeichnungen einen Traum anzeigten, versuchte der Agent einen Bildinhalt »einzublenden«. Das Bild kannte der Agent vorher nicht, er entnahm es erst während des Versuchs einem verschlossenen Umschlag. Die Traumexploration nahm ein Dritter vor, der das Bild nicht kannte. Bei 8 von 12 Vpn stellten sich gelegentlich Bezüge ein; dabei konnten mehrere Formen unterschieden werden:

1. Das Zielbild geht realistisch als Thema in den Traum ein (Beispiel: Bild mit Schulklasse – Vp. träumt von Lehrtätigkeit). 2. Das Zielbild wird in einzelnen Fragmenten erfaßt, die an verschiedenen Stellen in den Traum eingearbeitet werden. 3. Ein Element des Bildes gerät isoliert in den Traum (Beispiel: Auf dem Bild ist eine Schlittenfahrt zu sehen – im Traum tritt plötzlich eine »Frau Schnee« auf). 4. Das Bild wird zensiert (z. B. scheint ein Soldat mit roter Mütze in aggressiver Haltung für die Vp. zu sehr angstbesetzt gewesen zu sein: Sie träumte von einem rothaarigen Clown). 5. Anscheinend gingen auch affektbesetzte Erlebnisse des Agenten in die Träume mit ein; diese Elemente sind aber schwer auszuwerten.

Lit.: Daim 1953; Ermacora 1898; Strauch 1974.

Traumkörper [engl. *dream body*], hypothetischer feinstofflicher Körper, entspricht in etwa dem → Astralleib.

Travelling clairvoyance [engl.], im dt.sprachigen Schrifttum findet sich, wenn auch selten, gelegentlich die wörtliche Übersetzung *reisendes Hellsehen;* gemeint ist der »Aufenthalt im Geist« an einem fremden Ort. Die paranormale Erfahrung wird als eine Art unkörperliches Dort-Sein erlebt, bei dem aber eine gleichsam optische Wahrnehmung möglich ist. Die Trennung von der Telepathie ist schwierig, wenn am »Reiseziel« Menschen sind. Besondere Bedeutung kommt da jenen Fällen zu, in denen zwar Personen am »Ziel« sind, der Sensitive aber den Raum aus einer Perspektive sieht, die den Anwesenden normalerweise nicht möglich ist; z. B. so, als ob er von der Decke herabblickt.

Bemerkenswert ist folgender Fall, der allerdings gegen eine wie auch immer geartete Anwesenheit des Sensitiven spricht: Der schwed. Arzt Backmann experimentierte 1888 mit der 14jährigen Ann S. In den Sitzungen befahl er ihr, die Augen zu schließen, aber nicht einzuschlafen. Dann »schickte« er sie an bestimmte Orte, die sie beschreiben sollte. In einem solchen Experiment »ging« A. in das etwa 20 km entfernte Haus des Arztes, beschrieb richtig die Einrichtung der Wohnung und das Äußere der Ehefrau, außerdem ein junges Mädchen, und zwar so genau, daß Backmann dieses Mädchen identifizieren konnte. Tatsächlich hatte zur Zeit des Versuchs seine Frau mit diesem Mädchen gesprochen – allerdings telephonisch. (Moser 1974).

Tremendum → Numinose.

Trial [engl.; Versuch, Probe], bei → Rhine ein einzelner Versuch (also nicht im Rahmen einer Versuchsreihe), ein bestimmtes Ziel zu identifizieren (ASW) oder zu erreichen (PK).

Triangulation, von dem Psychoanalytiker

→ Eisenbud geprägter Begriff, mit dem die Bedeutung der Psi-Kräfte in der Analyse erfaßt werden sollen:

»Wenn wir die Anwendung der Psi-Hypothese auf eine bestimmte Entsprechung (meist wird das bei Träumen sein) rechtfertigen wollen, dann kann das Absuchen des ›inneren‹ und ›äußeren‹ Horizonts nach passenden Gegenstücken manchmal unerwartet relevante Informationen erbringen. Wenn ein Traum also zunächst eine innere Entsprechung aufzeigt, so sucht man die ›Umgebung‹ nach einer äußeren ab, und umgekehrt. Diesen Vorgang des Herstellens einer Dreiecksbeziehung nenne ich ›Triangulation‹.« (Eisenbud 1974: 95; ebd. zahlreiche Fallbeispiele.)

Trickexperte, Fachmann für Varietétricks und Taschenspielerkünste. Bei der Untersuchung angeblicher Psi-Leistungen ist der T. ein unentbehrlicher Helfer, da die in der Regel bloß wiss. Ausbildung der Psychologen und Parapsychologen nicht ausreicht, trickhafte Manipulationen zu durchschauen, obwohl die angewandten Tricks meistens auf bekannten ps. Gesetzen und Regeln beruhen. – Mehrfach stellte sich → Houdini als T. für pps. Untersuchungen zur Verfügung. S. a. → Taschenspielerei.

Trickster [engl.], religionsethnologischer Fachbegriff, bezeichnet ein mythisches, manchmal halbgöttliches Wesen mit widerspruchsvollem Charakter, z. B. einen Götterboten, der den Menschen hilft und ihnen zugl. auch boshafte Streiche spielt. – Die die → RSPK scheinbar steuernde Intelligenz zeigt oft tricksterhafte Züge (Kobold, Foppgeist). S. a. → Poltergeist.

Lit.: Radin 1955.

Tripeltraum → Doppeltraum.

Trithemius, Johannes, eigtl. Johannes von Heidenberg (aus Trittenheim bei Trier), (1462–1516), Benediktinerabt von umfassender Gelehrsamkeit, dem man besondere Kenntnisse der »geheimen Wiss.en« nachrühmte; u. a. soll er für Kaiser Maximilian 1482 dessen verstorbene Frau zitiert haben; Peuckert (1956: 73) vermutet, daß die mehrfach überlieferten Totenbeschwörungen mit optischen Tricks *(camera obscura,* Spiegel*)* vorgetäuscht worden sind. – Pps. relevant dagegen scheint die Nachricht einer Quelle aus dem Jahr 1725, nach der T., sein Schüler → Agrippa und ein Dritter eine gewisse Anna Sidow durch »magisch Experiment« derart in ihrem Bewußtsein verändert, daß sie »dem kurfürstlichen Hause die darin obhandenen Sterbefälle vorher zu verkündigen« fähig ward: provozierte Präkognition bei einer Hypnotisierten? (Peuckert 1956: 323.) T. hinterließ mehrere Werke, darunter Arbeiten über Talismane und Geheimschriften (bei einigen Texten ist die Zuschreibung strittig); seine eigtl. Arbeitsgebiete aber waren Alchimie und natürliche Magie – noch mittelalterlich-christl. verstanden, obschon er am Beginn der Neuzeit steht.

Lit.: Arnold 1971; Silbernagl 1868.

Trockenbleiben bei Regen, unerklärliches Phänomen, das manchmal von sog. Wunderrabbinern (→ Chassidismus) berichtet wurde. Vielleicht spiegeln sich in diesen Erzählungen Erinnerungen an Legenden wider wie z. B. die vom Durchqueren des Roten Meeres (Exodus 14, 16 ff.). – Aber auch von → Home wird bezeugt, daß bei einer Levitation unter freiem Himmel er und seine Kleidung trotz Regen trocken blieben (→ Ektoplasma-Schirm).

Trugwahrnehmung → Halluzination; → Illusion.

Tumo → Gtummo.

Turner, Nat (1800–1831), Sohn eines entflohenen Sklaven aus Virginia, Anführer eines Sklavenaufstandes (1831). Den Aufstand – der darin bestand, alle Weißen ohne Unterschied des Alters und Geschlechts zu ermorden – verstand der Visionär T. als ein Gebot des hl. Geistes. Seine Anhänger überzeugte er von seiner Auserwähltheit u. a. durch das Deuten von Zeichen: Eine Sonnenfinsternis u. ä. interpretierte er als Signale der Erweckung. Bereits als Kind von etwa 4 oder 5 Jahren glaubten ihn die Erwachsenen zum Propheten bestimmt: Es ist überliefert, daß er in diesem Alter retrokognitive Leistungen zeigte, die seine Umwelt als Bestätigung der künftigen Berufung nahm.

Lit.: Aptheker 1966.

Turner-Ownbey-Experiment, May Turner und Sara Ownbey waren Vpn → Rhines aus der Frühzeit der quantitativen ASW-Versuche an der → Duke University.

»Die Kontrollversuche umfaßten bei diesem Experiment 11 Spiele (275 Aussagen) auf dem Gebiete der reinen Telepathie, bei denen sich die Versuchspersonen Miss Turner und Miss Ownbey, die als Sender wirkte, in demselben Zimmer befanden. Bei diesem Abschnitt des Experiments erzielte Miss Turner einen Durchschnitt von 8 Treffern bei jedem Spiel. Bei einer Entfernung von 380 km betrug der Durchschnitt mehr als 10 Treffer in jedem Spiel bei einer Gesamtheit von 8 Spielen (200 Aussagen). Die täglichen Ergebnisse (an jedem Tage wurde je ein Spiel gemacht) ließen auffallend nach: 19, 16, 16, 7, 7, 8, 6, 2. Aber auch hier war die Ursache nicht in der größeren Entfernung des Empfängers vom Sender zu suchen.« (Rhine 1950: 87.)

In Experimenten mit dem → High scorer George Zirkle (→ Ownbey-Zirkle-Experimente) wirkte Ownbey ebenfalls als Sender; dabei sanken Zirkles Leistungen, wenn er unter Drogeneinfluß (Koffein, Natrium) stand. In einem RT-Experiment ohne Drogen erzielte Zirkle einmal 23 Treffer bei 25 Aussagen (gesamt: 85 Treffer von 100); beider ASW-Fähigkeiten schwanden, als sie einander heirateten.

Turvey, Vincent Newton (1873–1912), engl. Sensitiver, der bereits als Kind Visionen hatte. Nach schwerer Krankheit verbrachte er Jahre mit Meditationen und der Lektüre esoterischer Schriften: eine Lebensweise, die – wie sein Buch *The Beginnings of Seership* (1911; »Die Anfänge des Sehertums«) nahelegt – anscheinend seine ASW-Begabung trainierte.

Tuttle, Hudson (1836–1910), Bauernjunge ohne besondere Schulbildung, Trancemedium mit Automatischer Schrift und psychokinetischen Leistungen (Raps, Tischbewegungen). Automatisch schrieb er, wie er glaubte, unter dem Einfluß Lamarcks, A. v. Humboldts u. a. ein großes naturphilos. Werk: *Arcana of Nature* (1860–63).

Twain → Mark Twain.

T-Wert, svw. → CR.

Tyche, im antiken griech. Glauben das, was ohne Zutun des Menschen eintrifft – Glück oder Unglück. T. ist eine *Macht,* die allerdings schon früh, z. B. bei Hesiod (um 700 v. Chr.), personifiziert wurde als T., Göttin des Schicksals.

Typtologisch [von griech. *typtein;* klopfen], nennt die Pps. den paranormalen Wissenserwerb durch die Beobachtung sinntragender Bewegungen und Geräusche, die aufgrund eines vereinbarten Codes verstanden werden; eine Äußerungsform des Unbewußten in vorgegebenen Signalen. Werden z. B. durch Kippbewegungen eines Tisches »Botschaften« empfangen, so sind folgende Kombinationen denkbar: 1. PK und ASW; 2. unwillkürliche Muskelzuckungen und ASW; 3. unwillkürliche Muskelbewegungen und Aufsteigen unbewußter nicht-paranormaler Inhalte; 4. PK ohne ASW-Information. S. a. → Klopfalphabet; → Pendel; → Tischrücken.

Tyrrell, George Nugent Merle (1879 bis 1952), brit. Mathematiker, Präsident der S. P. R. 1945/46. Als pps. Forscher entwickelte er experimentelle Designs für die quantitative Forschung und konstruierte Zufallsgeneratoren; spätere Veröffentlichungen sind vor allem theoretischen und philos.-anthropologischen Fragen gewidmet. – *Werke* → Bibl.

U

Überdetermination, Fachausdruck der Psychoanalyse; meint, daß ein Sachverhalt durch mehrere Ursachen bedingt (determiniert) ist, von denen auch weniger oder nur eine schon ausgereicht hätten, ihn herbeizuführen.

Über-Ich, auch *Überich,* 1. in der Psychoanalyse dem → Es und → Ich übergeordnete psychische Instanz; bei der Geburt keimhaft angelegt, entwickelt sie sich durch die psychische Verinnerlichung (Internalisierung) der gesellschaftlichen und kulturellen Ansprüche, wie sie vor allem in der Erziehung vermittelt werden. Das »Gewissen« bildet einen wesentlichen Aspekt des Ü.-I., 2. daneben findet sich der Begriff Ü.-I. im Sinn von Weltseele, Weltbewußtsein (eine Instanz über den individuellen »Ichs«, aber u. U. dem einzelnen Ich zugänglich).

Überleben, Postulat verschiedener Religionen und Philos.n, das voraussetzt, daß beim Tod mehrere Komponenten (mentale, psychische, physische) unterschieden werden. Die einzelnen Ausformungen der Ü.s-hypothesen sind mannigfaltig: Neben einem ewigen Leben in der Zeit oder jenseits aller Zeit *(Unsterblichkeit)* stehen Vorstellungen eines befristeten Ü.s; neben der Idee der Erhaltung der Person (persönliches, individuelles Ü.) findet sich die Behauptung, das Individuell-Psychische ginge in ein Kollektiv-Psychisches ein oder psychische Inhalte überlebten isoliert, ohne von einem Neuen absorbiert zu werden und ohne Fortdauer der personhaften Integration. Der Gedanke eines befristeten oder ewigen Ü.s liegt auch den → Reinkarnations-Vorstellungen zugrunde. »Der einzige Grund an das Erlöschen des Bewußtseins nach dem Tode zu glauben, ist die Auflösung des Körpers, und dieser Grund wird hinfällig, wenn man die Unabhängigkeit fast des ganzen Bewußtseins vom Körper ebenfalls als Tatsache konstatieren kann.« (Bergson 1913: 77.) – Mit dem Ü. hängt auch die von manchen christl. Theologen vertretene Auffassung zusammen, der Tod bedeute die völlige leib-seelische Aufhebung der menschlichen Existenz, ein spurloses Verschwinden, Gott aber vermöchte die Neuschöpfung der Person aus dem Nichts.

Nach alter chin. Lehre gehen der physische und psychische Aspekt des Menschen beim Tod in einem beseelten All auf; eine bewußtseinsfähige psychische Komponente kann aber überleben, wenn es ihr gelungen ist, sich zu Lebzeiten einen Geistleib zu bilden – aber nur die großen Weisen seien dazu fähig (R. Wilhelm 1951). Der Ort dieses Geistleibs und des ihn regierenden Bewußtseins ist das *Tao,* der dem Sein zugrunde liegende Sinn, ein »Jenseits« also, das vom Diesseits weder räumlich noch zeitlich getrennt ist. – Daneben gibt es in China noch die Idee »irrender Einflüsse« (ohne integrierendes Bewußtsein), die den Tod eine Zeitlang überstehen und für Spuk verantwortlich gemacht werden. – Jung griff diesen Gedanken auf: Er hält es für möglich, daß Bilder, Erinnerungen, dissoziiert zu »isolierten psychischen Fakten« (Broad → S. P. R.) postmortal Einfluß ausüben können. Solcher Spuk – vor allem im ersten Jahr nach dem Ableben eines Menschen wird von Spukvorgängen berichtet! – wäre allerdings nicht dem Verstorbenen anzulasten, nur weil diese Bilder einmal Teil seiner Persönlichkeit waren.

Im spiritistischen Sprachgebrauch versteht

man unter Ü., daß die personale Identität total oder in identifizierbaren Persönlichkeitsfragmenten den körperlichen Tod überlebt, und daß diese Persönlichkeiten oder Teilpersönlichkeiten die Möglichkeit haben, sich in der Sphäre der Lebenden zu manifestieren. Diese Vorstellungen sind freilich älter als der moderne Spiritismus, das zeigen die antike → Inkubation am Heroengrab, der Glaube an das Weiterwirken großer verstorbener → Schamanen, Totenorakel und -beschwörung und die Forderung der kath. Kirche nach postmortalen Wundern als »Beweise« im Heiligsprechungsprozeß. – Grundsätzlich kann die pps. Kasuistik nicht als Indiz für das Ü. dienen: Die den Toten zugeschriebenen Leistungen lassen sich auch als paranormale Leistungen Lebender verstehen. Schon Schopenhauer spottete: »Das wäre freilich allerliebst, wenn mit dem Tode nicht der Intellekt unterginge: da brächte man das Griechisch, das man in dieser gelernt hat, ganz fertig in die andere Welt mit« (Sch. 1961: 235; vgl. dazu → Kreuz-Korrespondenzen!). Dennoch vertrat er in *Zur Lehre von der Unzerstörbarkeit unseres wahren Wesens durch den Tod* (1851), es sei prinzipiell nicht zu leugnen, daß auch ein Verstorbener noch wirken könne, da der *Wille* durch den Tod nicht zu zerstören ist. Die prinzipielle Unbeweisbarkeit der spiritistischen Hypothese hinderte viele Parapsychologen nicht, das Ü. in die pps. Theorienbildung einzubeziehen, vor allem weil viele komplexe Phänomene dadurch ihres Erachtens leichter verstehbar werden: »Wenn ich also auch nicht zugeben kann, daß der Spiritismus eine bewiesene Lehre ist, so gestehe ich doch andererseits zu, daß es gewisse Tatsachen gibt, für welche die spiritistische Erklärung einfacher und weniger künstlich ist, als jede andere, so daß dem Spiritismus ein gewisser Grad von Wahrscheinlichkeit zugebilligt werden kann... Nicht verwerfen und annehmen bleiben jedoch noch zwei verschiedene Dinge.« (Driesch 1926: 39–41.) Andere unterscheiden zwischen persönlicher (oft religiös motivierter) Überzeugung und wiss. Anahme: »Als Parapsychologe glaube ich nicht, daß man einen Kontakt mit Verstorbenen beweisen kann, wie es die Spiritisten vorgeben. Meine ›private‹ Meinung zu diesem Thema des Weiterlebens ist wirklich privat.« (Bender in Belline 1973: 126).

Lit.: G. W. Balfour 1914, 1916–18; Jack 1916–18; W. James 1926; Lodge 1924; Mattiesen 1936–39; Myers 1903; Pigou 1909; Richet 1924; Saltmarsh/Lodge 1931/32; Schiller 1900/01, 1903/04; Sidgwick 1916–18; Siemelink 1858; Tenhaeff 1973.

Übertragung, 1. in der Psychoanalyse die Aktualisierung früher(er) unbewußter Wünsche und Einstellungen, die sich damals auf ein bestimmtes Objekt bezogen haben, sich jetzt – in der Ü. – aber auf ein neues Objekt (in der analytischen Situation oft der Analytiker) richten; 2. in der Pps. ist Ü. kein Fachausdruck, doch wird in der älteren Lit. der telepathische Wissenserwerb manchmal als Gedankenübertragung bezeichnet. Außerdem gibt es mehrere Beobachtungen zur *Übertragbarkeit* paranormaler Fähigkeiten, meist durch Berührung (kontagiös). Besonders häufig wird die Übertragbarkeit der → Feuerunempfindlichkeit berichtet.
Schopenhauer sprach in diesem Zushg. von »Ansteckungsfähigkeit«; Goethe behauptete, in der Nähe seines Großvaters hätten Menschen, denen Ahnungen sonst fremd waren, derartige Fähigkeiten entwickelt. Auch das → Zweite Gesicht soll in Gegenwart von Sehern selbst bei angeblich nicht paranormal Begabten spontan auftreten.

Uffikon, Ortschaft im Kanton Luzern, wo in der 1. Hälfte des 19. Jh.s im kath. Pfarrhaus mehrfach vermutlich ortsgebundener Spuk beobachtet wurde. Die Phänomene scheinen bis mindestens 1836 angehalten zu haben; besonders heftige Störungen werden aus den Jahren 1814–16 berichtet. Neben akustischen Erscheinungen das selbsttätige Öffnen verschlossener Türen, paranormale Bewegungen von Gegenständen; einmal schien eine Stube in Flammen

Im 16. Jahrhundert beobachtete rätselhafte Himmelserscheinungen in Form von Flugkörpern. (Nürnberger Flugblatt, 1561.)

zu stehen, ohne daß es tatsächlich brannte, ein andermal zersprang die Klinge einer Axt so, daß der Schmied glaubte, die Bruchstellen seien geschliffen. Der Pfarrer wurde auch körperlich attackiert, z. B. erhielt er einen Stoß gegen die Brust, ohne daß man einen Urheber sah, und ein kleines Mädchen wurde einmal von seinem Platz emporgehoben (→ Levitation) und hinter der Sessellehne wieder zu Boden gesetzt.

Lit.: Kerner 1836: 239–92; Moser 1950: 303–309.

UFO [Abk. von engl. *U*nidentified *F*lying *O*bject; nicht identifiziertes fliegendes Objekt, oder dt. »*U*nbekanntes *F*lug*o*bjekt«], auch *Fliegende Untertasse* [engl. *Flying Saucer*], aus der Frühzeit der Kolonisierung Amerikas gibt es Berichte von »fliegenden Schiffen« am Himmel; gegen Ende des 19. Jh.s – vor der Erfindung des Zeppelins – wurden auf beiden Seiten des Pazifiks sog. »fliegende Zigarren« gesichtet. Damals begann eine Gesellschaft, nach ihrem Gründer Charles Hoy Fort Fortean Society gen., entsprechende Berichte zu sammeln und zu veröffentlichen (Pauwels/Bergier [5]1970: 171 ff.).

Die ersten »Fliegenden Untertassen« sah der Privatpilot Kenneth Arnolds (der den Begriff prägte) am 24. 6. 1947 über den Cascade Mountains (Washington, USA): eine Staffel diskusförmiger Objekte, die mit etwa dreifacher Schallgeschwindigkeit dahinflogen. Seit jener Zeit häufen sich ähnliche Berichte. Einige »Ufologen« wollen eine Beziehung zwischen dem angeblichen Auftreten der UFOs und der relativen Marsnähe erkennen; zahlreiche Gesellschaften (z. B. NICAC, National Committee for Investigation of Aerial Phenomena, USA; BUFORA, British UFOs Research Organization) sehr unterschiedlichen Niveaus nahmen sich der Sache an. Einige UFO-Beobachter behaupten, mit Insassen von UFOs gesprochen zu haben (→ Geller z. B. versichert, er habe sogar Botschaften von ihnen auf Tonbändern erhalten, die sich später selbsttätig dematerialisierten; Puharich 1974) oder gar mit ihnen geflogen zu sein; im Jargon der »Ufologen« nennt man diese Personen »Kontaktler«:

Am 11. 10. 1973, so behaupteten die amer. Dockarbeiter Charles Hickson und Calvin Parker, hätten sie beim East River in Pascagoula, Missouri, ein im Durchmesser ca. 8–13 m großes diskusförmiges UFO gesehen. »Dann sahen wir im gleißenden Licht, das aus dem Inneren des Diskus drang, drei menschenähnliche, große Gestalten auf uns zukommen ... sie schwebten ... Die drei schwebenden Gestalten kamen auf uns zu, faßten uns ganz sacht an den Unterarmen – und plötzlich schwebten auch wir, ohne unsere Füße zu bewegen, langsam auf das Raumschiff zu.« Die beiden Männer wurden angeblich in das Raumschiff gebracht, dort irgendwelchen Behandlungen unterzogen und nach etwa 20 Minuten wieder freigelassen. (Krassa 1974: 613 f.)

Sehr viele dieser Phänomene können als Sinnestäuschung, etwa als Luftspiegelung erklärt werden, andere als Wetterballon, auch an ein unbemanntes Objekt, das Aufklärungs- oder Spionagezwecken dient, könnte man denken. Aber ein ungeklärter Rest bleibt: einmal die Fälle, in denen Kommunikation behauptet wird, zum anderen solche, bei denen viele Zeugen präzise Beschreibungen lieferten. Gegen die Interpretation, daß reale außerirdische intelligente Wesen Urheber der UFOs sind, sprechen solide technische und evolutionsgeschichtliche Gründe. – Jung versuchte in seinem Buch *Ein moderner Mythus – Von Dingen, die am Himmel gesehen werden* (1958) eine tiefenps. Deutung, die er unbeschadet der möglichen Realität der UFOs für zulässig hielt. Die zylindrischen und runden Formen der UFOs sind für Jung Symbole der Ganzheit, sie stellen die »Vereinigung der Gegensätze« dar; kollektive Bedrängnis in Krisenzeiten wirft sie als Projektionen an den Himmel – als Ausdruck einer Heilserwartung. Diesem Verständnis widerspricht die von anderen Autoren betonte phänomenale Ähnlichkeit zwischen dem Auftreten von UFOs und Spukerscheinungen nicht. – In einem von Bender (1959) recherchierten Fall kündigten »Untertassenleute« 1954 durch ein Schreibmedium (→ Automatisches Schreiben) in Wien für eine bestimmte Zeit und einen bestimmten Ort ihr Erscheinen an. Mehrere, z. T. skeptische Zeugen fanden sich ein und beobachteten tatsächlich UFOs in der ziemlich detailliert angekündigten Weise; die Berichte dieser Zeugen können nicht als vorsätzliche Täuschung abgetan werden. Damit bleiben die Hypothese einer Kollektivhalluzination, die Annahme von Präkognition (wann und wo sich bekannte oder unbekannte Flugobjekte zeigen) sowie die Möglichkeit parapsychisch produzierter Phantasmen.

Lit.: Adamski 1958; Brand 1975; Condon 1969; F. Edwards 1966; Gaddis 1967; Hynek 1972; T. James 1958; Jung 1958; Rehn 1973; Ruppelt 1956; A. Schneider 1974.

Ufonen, auch *Lichtfreunde,* hypothetische Lebewesen aus dem All, die nach der Überzeugung von vielen UFO-Gläubigen Kontakte mit Irdischen anknüpfen wollen oder schon angeknüpft haben.

Umbanda, nach dem Spiritismus die verbreitetste nichtkath. Religionsform Brasiliens; die U. ist eine synkretistische Religion, in der sich amer., europ. und afrikanische Elemente verbinden; ein wesentliches Charakteristikum bildet die kultische Besessenheit: Die inkorporierten Geister sind die einzig anerkannte Autorität in Kult und Glauben der U.

Lit.: Figge 1973.

Umgehen, volkstümlich für Spukphänomene (»es geht um«); meist in dem Sinne, daß der Geist eines Verstorbenen mehr oder minder »materiell« umherirren soll (oft werden Schritte gehört!), manchmal als Buße für irgendwelche ungesühnt gebliebenen »Sünden« des Toten (vielfach Grenzsteinversetzungen oder Totschlag) oder als Reaktion auf eine unwürdige Bestattung interpretiert. Das U. ist ein verbreiteter Sagen-Topos, z. T. mit paranormalem Kern.

Unbewußte, das, die Summe aller vorhandenen, aber nicht im Bewußtsein befindlichen psychischen Inhalte; die verschiedenen Interpretationen des U.n verbindet, daß es meist als Chiffre für etwas letztlich Unfaßbares verstanden wird.

Leibniz gebraucht das Bild, jede Seele sei ein Spiegel des Universums; das All affiziere den einzelnen im U.n. In ebenfalls eher philos. Sinn verwandten auch Goethe, Carus, Schelling, Fechner, Herbart, v. Hartmann und Nietzsche den Begriff. Für das 20. Jh. wichtig wurden die Auffassungen Freuds – er unterschied U.s, Vorbewußtes und Bewußtes – und Jungs Trennung des persönlichen von einem kollektiven U.n. – Jaspers verwies auf 4 Aspekte, unter denen das U. gesehen wird: 1. das ehemals Bewußte, Vergessene, aber Erinnerbare (= Vorbewußtes); 2. das Unbewertete, das, was keine Gestalt erlangte; 3. das machtvoll Kreative, Ursprung und Ziel des Menschen (Jung sprach vom »schöpferischen Mutterboden des Bewußtseins«); 4. das psychisch Reale, das absolute Sein.

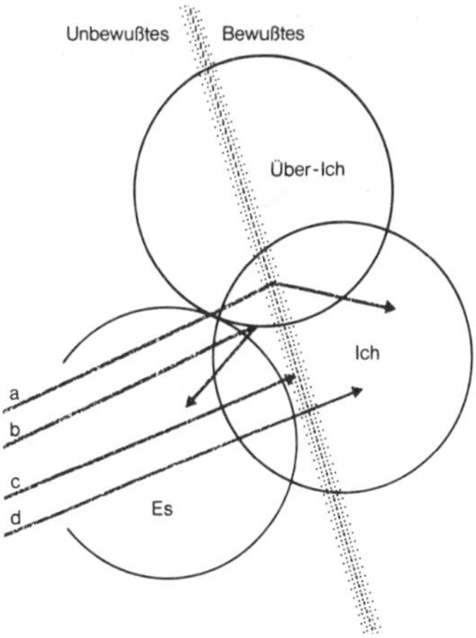

Das Schema verbildlicht verschiedene tiefenpsychologische Konzepte zur psychischen Schichtung. Das Es ist der psychische Bereich unter der Bewußtseinslinie. Die Grenze zwischen Unbewußtem und Bewußtem ist nicht scharf, sondern veränderlich: »Was Es ist, wird Ich werden« (Freud).

Die Pfeile versinnbildlichen ASW-Informationen; die Öffnung im Es kann als Übergang zum Kollektiven Unbewußten verstanden werden. Die Information *a* wird an der Schwelle zum Bewußtsein zensuriert (Zensur) und gelangt in einer bestimmten Einkleidung (Dramatisierung) ins Bewußtsein, etwa als Wahrtraum oder bildliche Vorstellung; *b* scheitert an der Zensur, die Information wird verdrängt, kann aber verhaltensdeterminierend wirken; *c* wird ebenfalls nicht bewußt, ihr Vorhandensein kann aber unter Umständen registriert werden (Plethysmograph); die Information *d* steigt geradewegs ins Bewußtsein, sie kann beispielsweise als spontanes Wissen auftreten. (Schema in Anlehnung an Schraml ²1969: 110.)

Die Notwendigkeit des tiefenps. Postulats vom U.n wird von der Ps., namentlich der Neurops., gelegentlich bestritten:

»Da wir heute mit voller Sicherheit wissen, daß die Grundlagen jeden bewußten Erlebens in Erregungsprozessen des Gehirns bestehen, ist es überflüssig, zwischen das bewußte Erleben und seine organischen Grundlagen noch ein unbewußtes Seelenleben als Zwischenstadium einzuschalten: denn dieses unbewußte psychische Geschehen müßte dann selbst wieder organische Grundlagen haben. Die Hypothese unbewußter psychischer Prozesse ist daher eine überflüssige Annahme; sie bringt keinen wissenschaftlichen Gewinn ... Die Lehre vom unbewußten psychischen Geschehen ist durch den Fortschritt der neuropsychologischen Forschung überholt; man braucht diese Hypothese nicht mehr. Mit dieser Entwicklung ist genau dasjenige eingetreten, was Freud nicht nur geahnt, sondern mit klaren Worten vorausgesagt hat. Die Größe seiner Persönlichkeit zeigt sich kaum irgendwo eindrucksvoller als in seinen selbstkritischen düsteren Prognosen über die Zukunft der psychoanalytischen Theorien: man dürfte Theorien, die den analytischen Auffassungen widersprechen, zurückweisen – so erklärte Freud im Jahre 1920 und fährt dann wörtlich fort: ›... und kann dabei doch wissen, daß die Richtigkeit derer, die man selbst vertritt, nur eine vorläufige ist.‹ Die Tatsache, daß seine Lehren manchmal zu befremdenden Vorstellungen führen, ›rührt nur daher, daß wir genötigt sind, mit den wissenschaftlichen Termini, d. h. mit der eigenen Bildersprache der Psychologie (richtig: der Tiefenpsychologie) zu arbeiten. Sonst könnten wir die entsprechenden Vorgänge überhaupt nicht beschreiben, ja würden sie gar nicht wahrgenommen haben.

Die Mängel unserer Beschreibung würden wahrscheinlich verschwinden, wenn wir anstatt der psychologischen Termini schon die physiologischen oder chemischen einsetzen könnten‹ (*Jenseits des Lustprinzips*). Bis zu einem gewissen Grade kann man heute schon die physiologischen Termini einsetzen, ja es kündet sich sogar schon die Möglichkeit der chemischen Termini an: es ist daher an der Zeit, die Bildersprache des unbewußten Seelenlebens aufzugeben.« (Rohracher 1972: 267 f.)

Für die Pps. wurde der Begriff des U.n in der Akzentuierung → Janets von Bedeutung: »Es soll bei den parapsychisch veranlagten Menschen unbewußte psychische Akte geben, die sich nach außen in ganz gleicher Weise kundgeben wie entsprechend bewußte Erlebnisse« (Oesterreich 1921: 9); d. h., der Aktionsradius des U.n soll über die leibliche Grenze hinausreichen.

Das U. der Tiefenps. und weiter Bereiche der Pps. ist hypothetisch; ob Freud in dem angeführten Zitat das Ende der Psychoanalyse vorwegnimmt oder hinter ihre Anfänge zurückfällt, bleibt eine offene Frage. Jedenfalls sind die von dem österr. Psychologen Hubert Rohracher (* 1903) vermuteten Veränderungen der molekularen Feinstrukturen in den Ganglienzellen durch gehirnelektrische Prozesse, die dem bewußten Erleben zugrunde liegen sollen, auch hypothetisch. Der Unterschied beider Auffassungen besteht darin, daß das U. nur wahrscheinlich gemacht werden kann, aber grundsätzlich unbeweisbar bleibt; die Hypothese der Neurops. könnte jedoch durch neue oder verfeinerte Untersuchungsmethoden empirisch verifiziert oder falsifiziert werden. Auf der einen Seite wird somit den Theoretikern des U.n der Vorwurf gemacht, sie stünden nicht auf der Höhe der naturwiss. Erkenntnis ihrer Zeit; andererseits aber wird eine bemerkenswerte Annäherung zwischen physikalischen und tiefenps. Theorien sichtbar:

Der frz. Physiker Olivier Costa de Beauregard sagt, »daß das von den Physikern erforschte Universum nicht das Ganze sei, sondern die Existenz eines anderen, viel ursprünglicheren *psychischen* Universums ahnen lasse, wovon das materielle Universum nur ein passives und partielles Doppel darstelle.« (C. de B. 1963; zit. n. v. Franz 1970: 172.)

Lit.: Aeppli 1947; Alexander 1908/09; H. Baumann [2]1944; Carus 1846; Chabanais 1897; Freud 1913; Geley 1919; v. Hartmann [12]1923; Hellpach 1936; Hyslop 1913; Jung 1948, 1950; Kankeleit 1958; Klages [4]1960; Lersch [7]1956; Myers 1891–95; Rohracher [4]1967; Rothacker [5]1952.

Ungläubigkeitsreaktion, von → Servadio eingeführte Bezeichnung des »normalen« Verhaltens gegenüber dem Parapsychischen. Er deutet das rationale Denken als mühsam errungene Überwindung eines magischen Weltverständnisses. Das archaisch strukturierte Paranormale drängt den einzelnen gleichsam zurück auf eine überwundene Ebene des Verstehens; in der psychoanalytischen Betrachtung, die Servadio vorschlägt, erscheint die Ungläubigkeit so als Abwehr des Ich, zur Verteidigung des rationalen Standpunkts.

Lit.: Servadio 1958.

Unio mystica [lat.; mystische Vereinigung], eine das Normalbewußtsein übersteigende Erfahrung des Mystikers: die Vereinigung, das Einswerden mit dem der Empirie entzogenen Grund der Wirklichkeit (Gott, All o. ä.).

Meditationen in den *Upanishaden* münden oft in der Erkenntnis *aham brahma asmi* (ich bin das Weltall): Das Erleben dieser Erkenntnis ist die u. m.

Universalbewußtsein [frz. *conscience universelle*], gedankliche Weiterentwicklung des *Kosmischen Reservoirs* von William → James durch → Osty (vgl. → Weltgedächtnis), das ein kollektives überpersönliches Bewußtsein meint, in dem alle je geschehenen menschlichen Erlebnisse gespeichert sein sollen, vielleicht auch jeder individuelle (künftige) Lebensplan. Dem Sensitiven soll es möglich sein, in diesem »Überbewußten« zu lesen.

Unsichtbarkeit, angebliche Eigenschaft übermenschlicher Wesen; nach dem Volksglauben können Menschen die U. durch Gebrauch bestimmter Mittel (z. B. »Tarn-

kappe«) erhalten. In den → Rosenkreuzer-Erzählungen spielte die U. der Brüder vom Rosenkreuz eine wichtige Rolle; das ging so weit, daß Descartes auf seine Sichtbarkeit verwies, um Gerüchten, er sei ein Rosenkreuzer, entgegenzutreten.
U. von Objekten als Effekt einer verbal- oder mentalsuggestiven negativen Halluzination ist ein Problem, das vor allem von Praktikern des animalischen → Magnetismus untersucht wurde. Moser (1974: 300) zitiert in diesem Zushg. Charpignon, einen Magnetiseur:

»Ich frage eine Somnambule, ob sie den kleinen Tisch in der Mitte des Zimmers sieht? Sie antwortet ›Ja‹. Dann umhülle ich ihn mit magnetischem Fluid, und sie wundert sich, ihn frei in der Luft hängen zu sehen. Beim Erwachen nicht zu beschreibendes Staunen; von allen Seiten drückt Vp. auf den luftigen Tisch, findet ihn solide und entfernt sich, höchst beunruhigt meinetwegen.« – »Manchmal bot ich meinen Somnambulen drei Orangen an, eine davon magnetisiert, mit einer dicken Schicht Fluidum umhüllt, mit der Absicht, diese solle unsichtbar bleiben. Tatsächlich blieb sie unsichtbar, auch als Vpn in den Normalzustand zurückgekehrt waren. Vergebens versicherten wir, es seien drei Orangen. Sie lachten uns aus und zeigten die beiden, die sie berührten. Schließlich, beim Herumtasten, begegnen sie einem Gegenstand, den sie packen – der Zauber verschwindet und die drei Orangen erscheinen.«

Unsterblichkeit → Überleben.

Unterbewußtes, im 18. Jh. aufgekommener Begriff zur Bezeichnung eines hypothetischen (strukturierten oder unstrukturierten) psychischen Bereichs. Psychische Inhalte, die ins Unterbewußte absinken, sind dem Bewußtsein entzogen, können aber wieder auftauchen oder bewußte Erscheinungen und Verhaltensweisen beeinflussen. Vielfach meint U. etwas Ähnliches (oder dasselbe) wie → Unbewußtes, gelegentlich wird es aber auch scharf davon getrennt. Manche Autoren sprechen von *Unterbewußtsein* und *Oberbewußtsein* und verstehen Bewußtsein als übergreifenden Begriff.

Unterscheidung der Geister [lat. *discretio spirituum*], theologischer Ausdruck, gleichbedeutend mit »Charisma der → Durchsicht« und → Kardioskopie.

Unus Mundus [lat.; Eine Welt], der von den Alchimisten bereits angedeutete Einheitsaspekt des Seins, d. h. die Aufhebung des Dualismus Psyche und Materie in der Bezeichnung Jungs. Der U. M. ist in der Kategorie der Zeit nicht zu fassen; seine potentielle Struktur leuchtet in gelegentlichen Manifestationen auf, wenn im → Synchronizitäts-Phänomen die beiden Welten einander begegnen – für Jung ein *empirischer* Hinweis auf die Einheit des Seins (was ihm den Vorwurf einer naiven Philosophie eintrug).
Das Konzept der mittelalterlichen Philos. eines präexistent in Gott gegebenen Weltentwurfs darf als Vorläufer des U. M.-Gedankens gesehen werden.

»Da der Begriff des U. M. bewußtseinstranszendent ist, erscheint er in der Menschheitsgeschichte durch *Symbole* dargestellt, an denen auffällt, daß sie häufig aus einem *doppelten* Mandala bestehen, von denen das eine eine zeitlose, das andere eine zeitgebundene Ordnung darstellen soll. Das erstere scheint sich auf den Oberbegriff des akausalen Angeordnetseins in der Welt der physikalischen und psychischen Phänomene zu beziehen, das andere auf dessen Randphänomene, also auf die Synchronizitätsereignisse, welche wahrscheinlich Schöpfungsakte in der Zeit sind. Die ersteren Phänomene bilden vermutlich die Grundlage kommunizierbarer Information und Erkenntnisse der Menschheit, während letztere eher als so etwas wie Botschaften des Urgrundes an den Einzelnen wirken, die auch nur vom Einzelnen wirklich verstanden werden können. Die beiden Systeme sind inkommensurabel und bilden eben gerade dadurch ein Symbol der letzten Einheit des Seins als einer coincidentia oppositorum. In der *Spiegelung* der beiden Wirklichkeiten, der einen in der anderen, liegt das Geheimnis ihrer individuellen Erfahrbarkeit.« (v. Franz 1970: 267.)

Unverweslichkeit, das »fleischliche Überleben«. Die Erscheinung, daß ein Leichnam auch nach längerer Zeit im Grab

keine Verwesungsspuren zeigt. Das Phänomen wird von christl. Heiligen mehrfach behauptet, ist aber auch aus anderen Kulturen bekannt; so bestätigte ein frz. Regierungsarzt, daß die Leiche des ind. Weisen Sri Aurobindo (1872–1950) noch 5 Tage nach seinem Ableben keine Zeichen der Verwesung bot. »Natürliche« Erklärung für die U. könnte u. a. sein, daß der Tod später als konstatiert eintrat, natürliche Mumifizierung (→ Kahlbutz) oder Sterilität dank bestimmter Umweltbedingungen. Die U. wird von manchen aber auch als pps. Phänomen betrachtet.
Lit.: Yogananda 1972; Santner 1974.

Unverwundbarkeit, Effekt bestimmter magischer oder zauberischer Operationen (feien, festmachen); spielte früher vor allem im Soldatenleben eine Rolle. Noch 1724 wurde in Preußen das zauberische Unverwundbarmachen offiziell verboten. Üblicherweise bewog sich die U. nur auf einzelne Waffen oder Elemente: Stich, Kugel, Feuer usw. Mit Hilfe einer anderen Waffe oder durch Gegenzauber konnte der »Gefeite« also doch noch verwundet werden.
Lit.: Berthold 1911.

Uranium, → Chauvin stellte 1964 in einem PK-Experiment Vpn die Aufgabe, die Zerfallszeit eines radioaktiven Uranpräparats zu beeinflussen. 2 Personen erzielten hochsignifikante Ergebnisse; die Wahrscheinlichkeitswerte betrugen in einem Fall $1 : 3 \times 10^{-12}$, im anderen $1 : 3 \times 10^{-11}$. Über die Natur des Phänomens ist nichts auszumachen: Wurde der Zerfall oder das Meßgerät beeinflußt? Chauvin wagt die Vermutung, »daß PK mit Elementarteilchen sich nicht prinzipiell von den Würfelexperimenten unterscheidet« (→ Würfel).
Lit.: Chauvin/Genthon 1974.

Urban, Hubert Josef (* 1904), österr. Psychiater, hielt sich mehrmals zur psychiatrischen und pps. Feldarbeit in Indien auf. Mit psychiatrischen Patienten führte U. quantitative ASW-Experimente durch: Nach einer Schocktherapie verbesserten sich die Leistungen der Vpn beim Test mit → Zener-Karten. Auf dem pps. Kolloquium in Utrecht, 1953, formulierte U. die Hypothese, bei der Entwicklung einer Paranoia spielten vom Patienten telepathisch empfangene aggressive Tendenzen eine Rolle, z. B. Tendenzen aus der familiären Umwelt, die nie geäußert wurden und oft allen Beteiligten unbewußt blieben. – *Werke* → Bibl.

Urindiagnostik, auch *Urinschau* → Harnbeschau.

Uroboros, die sich in den Schwanz beißende Schlange, kosmisch und psychisch ein Symbol des Anfangs, als die Gegensätze noch nicht unterschieden waren. Zugl. ist der U. ein Zeichen der Ewigkeit (Ring ohne Anfang und Ende) und – bei den Germanen (Mitgardschlange) und in Westafrika – das die Erde ringförmig umspielende Meer. Gelegentlich wird der Tierkreis als U. gedeutet.
Lit.: Eliade 1966; Evola 1962.

Uroskopie → Harnbeschau.

Urphänomen, von Goethe geprägter Begriff: »... ein Urphänomen [ist] nicht einem Grundsatz gleichzuachten, aus dem sich mannigfaltige Folgen ergeben, sondern anzusehen als eine Grunderscheinung, innerhalb deren das Mannigfaltige anzuschauen ist« (Goethe, Brief an v. Buttel, 3. 5. 1827). Das U. bezeichnet eine ursprüngliche Ganzheit, ein selbst nicht ableitbares Phänomen. → Driesch glaubt, auch das Hellsehen zu den U. rechnen zu dürfen (s. a. → Archetyp; → Phänomenologische Methode).
Lit.: Goethe, Farbenlehre *§ 175; Driesch 1952: 59–66.*

Uspenskij → Ouspensky, P. D.

V

VACOR-Phänomen (Abk. von *VAC*uum und *OR*gone), angebliche Entdeckung → Reichs (1948); mit *Orgonenergie* geladene Hochvakuumröhren zeigten entgegen der physikalischen Erwartung Leuchteffekte.

Valiantine, George, berühmtes amer. Medium, das bis in die 30er Jahre des 20. Jh.s auftrat. V. produzierte Raps, vor allem jedoch → Direkte Stimme; dabei hielt er in den Dunkelsitzungen einen Schalltrichter (sog. »Trompete«) in der Hand. Zumindest bei den späteren Séancen ist Betrug sehr wahrscheinlich.

Lit.: Bradley o. J., 1930; Hope 1931/32; Kröner 1929; Salter 1931/32.

Validität [von engl. *validity;* Gültigkeit], Bezeichnung für den Genauigkeitsgrad eines ps. Tests; eines der Hauptkriterien bei der Test-Auswertung. Im ASW-Test (→ Zener-Karten) ist eine *Validierung* (Überprüfung der Gültigkeit) nicht möglich.

Lit.: Lienert ²1967.

Vampir, im slawischen Volksglauben ein blutsaugender → Wiedergänger (ursprünglich in Vogelgestalt), der zu einem bedeutenden lit. Sujet wurde (z. B. *Dracula* von dem irischen Schriftsteller Bram Stoker, 1897, dt. 1926 u. ö.). V.e liegen tagsüber unverwest in ihren Gräbern; ihr Biß macht das Opfer selbst zum V.

Der frz. Spiritist und Gegenspieler → Kardecs A. T. Pierart († 1878) versuchte, den V.glauben in den Okkultismus zu integrieren: Er nahm an, daß der → Astralleib versehentlich bestatteter Scheintoter als V. in Erscheinung trete.

Lit.: Arnold 1801; Braun 1967; Calmet 1749; Davanzati 1789; Demelius 1732; Epaulard 1901; Harenberg 1733; Havekost 1914; Hérold 1891; Hock 1900; Plancy 1820; Sturm/Völker ²1971; Villeneuve 1963; Wright 1914.

Vampirismus, 1. der Glaube an → Vampire; die Vampire betreffenden Erscheinungen; 2. in weiterem Sinn der Glaube an einen paranormalen Entzug der Lebenskraft in der okkulten Medizin *(Od-Vampirismus).* Schon im antiken Rom brachte man Kranke und Gesunde, Alte und Junge zu therapeutischen Zwecken zusammen; auch → Galen empfahl diese Methode, und sogar das A. T. kann als Beleg dafür dienen (Abisag u. David, 1. Kön. 1,1–4).

In neuerer Zeit tauchte z. B. der Gedanke auf, Lehrer würden infolge des Umgangs mit ihren Schülern überdurchschnittlich alt. Aus der Vorstellung, die Lebenskraft habe ihren Sitz im Blut, erwuchsen Vorschriften wie das Baden in Blut zur Verjüngung: → Hufeland *(Makrobiotik 1796)* spricht vom »Lebensdunst frisch aufgeschnittener Tiere«. Erinnert sei in diesem Zushg. auch an den wiederholt beobachteten Kräfteverlust bei Teilnehmern an Materialisationssitzungen (→ Erschöpfung des Mediums); → Ochorowicz wies darauf hin, daß es so aussähe, als ob auf Kosten aller Anwesenden ein selbständiger dynamischer Organismus geschaffen werde.

Vardögr, norweg. Bezeichnung einer Doppelgängererscheinung, die nur zu hören ist; sie geht dem Eintreffen einer Person voraus und nimmt die Geräusche der tatsächlichen Ankunft als → Mimikry-Geräusche vorweg. In Björnstjerne Björnsons (1832 bis 1910) Lustspiel *Geographie und Liebe* sagt das Dienstmädchen Ane im 2. Akt: »Früher war das bloß so, daß er da war, eh' er kam. Zuerst, wenn wir ihn hörten – denn war er's nicht. Denn hörten wir ihn das zweite Mal, und dann war er's« → Wereide behauptet eine Koinzidenz des V.-Phänomens mit dem Aufbruch der be-

treffenden Person: Seine sensitive Ehefrau »hörte« seinen V., wenn er seinen Arbeitsplatz in der Stadt verließ, um nach Hause zu fahren.
Lit.: Wereide 1956/57; S. Smith 1974: 97 ff.

Vas Hermetis → Hermetisches Gefäß.

Vates [lat.; Seher], der enthusiastische Seher, wie ihn das antike Griechenland kannte, blieb der lat. Kultur ziemlich fremd; Cicero erwähnt einen V. Publicius *(De Divinatione* 1 u. 2*)*, ohne von ihm nähere Nachricht zu geben. – In der Lit.theorie Karl Wolfskehls (1869–1948) spielt die Vorstellung des Poeten als V. eine wichtige Rolle. – »V.« nannte sich auch eine → Kontrolle Stainton → Moses'.

Vay, Baronin Adelma von (1840–1924), ungar. Sensitive, veröffentlichte 1874 *Studien über die Geisterwelt:* Automatische Niederschriften und Berichte eigener Erfahrungen, u. a. mit → Kristallsehen. Sie war die erste Präsidentin der von ihr und ihrem Ehemann gegründeten ungar. Spiritistenvereinigung.

VBV → Bohrversuch.

Vé, Cécile, Deckname, den → Flournoy einer von ihm untersuchten Ekstatikerin gab. Infolge einer Vergewaltigung im Alter von 17 Jahren zeigte Vé gewisse schizophrene Symptome: Sittlichkeit und triebhaftes Begehren fielen auseinander und konnten psychisch nicht mehr integriert werden. Die »gute Seite« nahm dabei personhafte Züge an und wurde auch als innere Stimme vernommen. Eines Nachts trat die erste Ekstase auf: Cécile verlor Körpergefühl und Ich-Bewußtsein und erfuhr sich »aufgehoben« in Gott. Das bedeutete zugl. eine Versöhnung der widerstreitenden Seiten: Gottesliebe und sexuelle Erregung fielen in eins. Es liegen Selbstaufzeichnungen von 31 Ekstasen vor, die ihr Hrsg. Flournoy ps. gedeutet hat.
Lit.: Dessoir 1917: 111–14; Flournoy 1915.

Veitstanz, auch *Chorea Sancti Viti* [von griech. *choreia;* Tanz], volkstümliche Bezeichnung für motorische Störungen infolge bestimmter Hirnschädigungen, gegen die der hl. Veit († um 300 als Märtyrer in Rom) als Helfer angerufen wird. *Chorea maior* oder *Chorea germanorum* heißen in der älteren Lit. die körperlichen Symptome des hysterischen Anfalls. Im 14. und 15. Jh. trat die *Tanzwut* (Tarantella) oft epidemisch auf; Heilung erhoffte man sich durch eine Wallfahrt zur Veitskapelle bei Ulm.

Ventriloquismus [von lat. *venter;* Bauch, und *loquor;* sprechen], Kunst des Bauchredens; → Bauchredner.

Verdichtung, nach psychoanalytischem Verständnis einer der wichtigsten Modi unbewußter Tätigkeit: Aus einer Fülle möglicher Wünsche und Gedanken wird ein Traum gebildet, in dem verschiedene latente Vorgänge in einer Vorstellung (einer Szene, einer Person) zusammenfallen. → Tenhaeff u. a. konnten auch in den Bildungen der ASW das Prinzip der V. nachweisen.

Verdoppelung, eine Sonderform der → Materialisation kann in der V. eines toten oder lebenden Objekts gesehen werden.
»Es ist eine ziemlich gewöhnliche Tatsache, daß man, während das Medium bei den Händen gehalten wird, die V. der Hand des Mediums mit dem Ärmel seines Rokkes sieht.« (Aksakow 1894 I: 120 f.). → Aksakow erwähnt weiter einen Versuch → Crookes mit dem Medium → Fay, bei dem eine materialisierte Hand beobachtet wurde, die einen Ärmel von gleicher blauer Seide wie das Kleid des Mediums trug. – »Eine andere, ganz ebenso schätzenswerte Tatsache dieser Art begab sich, und zwar mehr als einmal, als bei einer Séance der Gebrüder Davenport, welche im Dunkeln gegeben wurde, ein Streichhölzchen plötzlich entzündet wurde und man Davenport sitzend, und mit den Händen an einen Stuhl gebunden, und den vollkommenen Doppelgänger seines Körpers mit dessen Bekleidung in den Körper des Mediums hinein verschwinden sah.« (Ebd.: 121.)

Verdrängung, in der Psychoanalyse der wohl elementarste Abwehrmechanismus des Ich: das unbewußte Zurückweisen eines Triebanspruchs mit dem Ergebnis, daß das verdrängte Bedürfnis *scheinbar* nicht mehr vorhanden ist; dabei ist der ursprüngliche Trieb nur im → Unbewußten untergetaucht und kann weiter verhaltensdeterminierend wirken: In Phantasien, Träumen und Handlungen können verdrängte Inhalte symbolische Gestalt gewinnen. Diese Inhalte sind zwar unbewußt, infolge der V. aber von besonderem Gewicht. – Vielleicht treten sie deshalb auch in der telepathischen Kommunikation zutage.

Vergessen, das Schwinden eines Bewußtseinsinhalts aus dem Gedächtnis; nach Ansicht der Psychoanalyse bleiben vergessene Inhalte im → Unbewußten erhalten und könnten somit u. U. der ASW zugänglich sein.

Veridike Halluzination, Halluzination, deren Inhalt ganz oder fragmentarisch einem räumlich entfernten Geschehen entspricht.

Verklärung, im religiös-theologischen Sprachgebrauch Form der ekstatischen → Transfiguration, bei der das Antlitz oder der ganze Körper eines Menschen verschönt (»im himmlischen Licht«) strahlt und leuchtet.

Verkörperung, selten für → Materialisation.

Verladeprobe, Form des Pendelns, bei der nicht über dem Zielobjekt selbst, sondern über einem das Zielobjekt repräsentierenden Gegenstand gependelt wird (→ Radiästhesie).

Verrall, Arthur Woollgar (1851–1912), engl. Altphilologe und Lit.wissenschaftler, der sich im Rahmen der → Kreuz-Korrespondenzen postmortal seiner Frau und seiner Tochter mitgeteilt haben soll.
Lit.: Tyrrell 1972.

Verrall, Helen → Salter, Helen.

Verrall, Margaret, geb. de Gaudrion Merrifield (1859–1916), engl. Altphilologin und Parapsychologin (Ehefrau von A. W. → Verrall), Mitglied der S. P. R. seit 1889; sie nahm an wichtigen Untersuchungen der Gesellschaft (z. B. mit Mrs. → Piper) teil. V. schrieb selbst automatisch; außerdem war sie eine der wichtigsten Beteiligten bei den → Kreuz-Korrespondenzen. – *Werke* → Bibl.

Versailles-Abenteuer, unter den Pseudonymen »Morrison« und »Lamont« veröffentlichten die beiden Engländerinnen Anne Moberly und Eleanor Jourdain 1911 ihren Bericht *An Adventure* (»Ein Abenteuer«). Darin schildern sie Visionen, die sie 1901 und 1902 bei Besuchen in Versailles hatten: Sie fühlten sich plötzlich in das ausgehende 18. Jh. zurückversetzt und trafen Menschen in der Kleidung jener Zeit. In der Lit. wurde darüber spekuliert, ob mit diesem Erlebnis ein Durchbrechen der »Zeitschranke« verbunden war – wahrscheinlich nicht, sonst fände man wohl in Texten jener Zeit einen Hinweis auf 2 plötzlich auftretende, seltsam gekleidete und ein merkwürdiges Engl. sprechende Damen. – Gegen Ende ihres Lebens sollen die beiden Autorinnen übrigens zugegeben haben, daß sie sich die ganze Geschichte nur ausgedacht hatten.
Lit.: Evans 1955; Gibbons 1958; Iremonger 1957; Mackenzie 1966.

Verschiebung, 1. in der Pps. gelegentlich beobachteter, von → Carington entdeckter Effekt, daß die Vp. z. B. im Versuch mit → Zener-Karten nicht das Ziel errät, sondern regelhaft eine oder mehrere Karten vorauseilt oder nachhinkt (s. a. → Shackleton); 2. in der Psychoanalyse die Verlagerung der Bedeutung und der Intensität einer Vorstellung auf eine andere geringeren Gewichts, die aber der ursprünglichen assoziativ verbunden ist.
Lit.: Soal/Bateman 1954.

Versehen, 1. in der Psychoanalyse eine dem Versprechen vergleichbare Fehlleistung bei der optischen Wahrnehmung; 2. von der Schulmedizin bestrittenes und vielleicht paranormales Phänomen einer organischen (somatischen) Auffälligkeit, die pränatal durch psychische Einwirkung der Mutter auf den Fötus hervorgerufen sein soll; z. B.: Die Schwangere sieht einen Brand –

das Kind kommt mit einem flammenförmigen Muttermal zur Welt. Man sprach gelegentlich von einer »plastischen Wirkung der Imagination«, denn eine nervöse Verbindung zwischen Mutter und Fötus besteht nicht. Somit kann das V. als das Sichtbarwerden einer affektiven Spannung der Mutter beim Kind definiert werden. – Möglicherweise stellt das V. einen Elementargedanken dar; jedenfalls warnten schon die Geburtshelfer im alten China davor, Schwangere beim Schlachten zuschauen zu lassen; in Indien empfahl man der Mutter, während der Schwangerschaft häufig in einen Spiegel zu sehen (wahrscheinlich, um die Ähnlichkeit des Kindes mit der Mutter zu fördern); aus dem alten Ägypten wird überliefert, die dunkle Pigmentierung eines Kindes erkläre sich daraus, daß die Schwangere häufig schwarze Statuen und Sklaven gesehen habe, und Empedokles lehrte, daß die Phantasien der Mutter – vor allem während der Empfängnis – das Kind gestalten. Plinius' *Naturgeschichte* bringt Belege für das V., und Soranos aus Ephesos, ein griech. Arzt zu Beginn des 2. nachchristl. Jh.s, schreibt:

»Wunderbarerweise hat auch der Zustand der Seele Einfluß auf die Gestaltung des Empfangenden. So wurden solche, die im Augenblicke des Beischlafs Affen sahen, mit affenähnlichen Wesen schwanger. Ein mißgestalteter Herrscher von Zypern zwang seine Gattin, während er ihr beiwohnte, auf schöne Statuen zu blicken und erzeugte so schön gestaltete Kinder. Die Pferdezüchter stellen beim Bespringen vor die Stuten edle Tiere ...« (Vgl. dazu die Jakob/Laban-Episode, Genesis 30, 37 ff.)

In der Neuzeit hielten neben vielen anderen → Bacon und → Glanvil das V. für möglich. Und selbstverständlich versuchte man auch Kapital daraus zu schlagen: So offerierte → Graham »... das himmlische Bett, mit dessen Hilfe Kinder von höchster Schönheit empfangen werden können. Es für eine Nacht zu benützen, kostet trotzdem nur 500 Guineen« (Blei 1929: 152 f.).

Ein sehr interessanter Fall möglichen V.s wurde 1942 berichtet: Ein Mann verlor die Fingerspitzen einer Hand durch die Kreissäge; seine schwangere Frau fürchtete nun, ihr Kind könnte mit einer verstümmelten Hand geboren werden, und suchte deshalb verschiedene Ärzte auf. Tatsächlich kam das Kind mit einer anomalen Kurzfingrigkeit zur Welt (Kremer 1942).

Die pps. Erklärungen des V.s sind Telepathie oder, was seltener vermutet wird, ein unbewußtes psychokinetisches Wirken der Mutter auf den Körper des Kindes. Eine derartige Einflußnahme wäre grundsätzlich auch nach der Geburt noch möglich. Tatsächlich berichtet der Psychoanalytiker Georg Groddeck (1866–1934) von einer Patientin, die während der Schwangerschaft entsetzliche Angst hatte, daß sie ein Kind mit verkrüppeltem Fuß bekommen werde. Als das Kind gesund zur Welt kam, glaubte sie, es müsse sich irgendwie die Beine verletzen. Ihr ältestes Kind hatte »einige Wochen nach der Geburt auf rätselhafte Weise eine Eiterung des Schleimbeutels am linken Kniegelenk bekommen ..., die recht unangenehm verlief ... Ich meinerseits glaube es, wenn ich auch nicht angeben kann, auf welche Weise die Mutter – unbewußt selbstverständlich – die Erkrankung herbeigeführt hat« (1961: 83 ff.).

Lit.: Isolani o. J.: 89–97; Tenhaeff 1957: 111 ff.; v. Welsenburg 1899.

Versetzung der Sinne → Sinnestransposition.

Verwandlung → Lykanthropie; → Transfiguration.

Verweyen, Johannes Maria (1883–1945), dt. Psychologe und Philosoph, Professor an der Universität Bonn, 1934 von den Nationalsozialisten entlassen; starb im KZ Bergen-Belsen. Er beschäftigte sich mit Theosophie, Graphologie, Chirologie und östlicher Mystik, vor allem aber auch mit den philos., religiösen und praktischen Fragen des Mediumismus; u. a. nahm er an Untersuchungen mit → Silbert teil. – *Werke* → Bibl.

Lit.: Kamps 1955.

Verzückung, svw. → Ekstase.

Vesme, Cesare Baudi Conte di (1862–1938), ital. Parapsychologe, gab 1898 die *Rivista die Studi Psichici*, 1904–29 die *Annales des Sciences Psychiques* heraus und übersetzte → Bozzano ins Frz. In eigenen Schriften legte er seine Erfahrungen aus Sitzungen mit Eva → C., → Paladino, → Tomczyk u. a. nieder; er verfaßte ein Standardwerk zur Präkognition im Glücksspiel (1930) und wiss.sgeschichtliche Darstellungen des Spiritismus und der Pps. – *Werke* → Bibl.

Vianney, Jean Baptiste (1786–1859), frz. Priester; das Gebet des Pfarrers von Ars (bei Metz) galt als außerordentlich wirksam: Bis zu 20 000 Kranke aus allen Teilen Westeuropas sollen jährlich bei ihm Hilfe gesucht haben, und von vielen spontanen Heilungen wird berichtet. – Ging V. durch die gläubige Menge, so sprach er ihm bis zu diesem Moment Unbekannte mit deren Namen an und teilte ihnen Einzelheiten aus ihrem Leben und über ihre Krankheit mit. Außerdem traten in seiner näheren Umgebung wiederholt PK-Phänomene auf: Jahrzehntelang erschollen → Raps, und oft hörte man unter seinem Arbeitszimmer ein Stampfen wie von einem wilden Pferd; auch optische Erscheinungen wurden beobachtet. Die Manifestationen waren stärker, wenn ein Hilfesuchender nahte. V. selbst hielt diese Phänomene für Störversuche feindlich gesinnter Dämonen, die seine guten Werke – V. heilte nicht nur, sondern ließ von eingehenden Spenden Waisenhäuser, Ledigenheime und Kirchen bauen – hintertreiben wollten.

Lit.: Hellwig 1916; Howitt 1863.

Vibrationen [von lat. *vibrare;* schwingen], mehrere Hypothesen im Okkultismus und in der Pps. gehen von der Existenz bestimmter V. aus: 1. → Kontrollen behaupteten mehrfach, akustische Schwingungen lieferten ihnen die Energie für psychokinetische Effekte, deshalb sollten die Teilnehmer der Séance singen oder ein Grammophon spielen lassen (möglicherweise spiegelt sich in diesem Gedanken die Erfahrung, daß Musik Trance und Ekstase auslösen kann); 2. → Doyle entwickelte die Hypothese, daß nichtmenschliche feinstoffliche Wesen Wellen aussenden, deren V. normalerweise vom Menschen nicht wahrgenommen werden können, nur entsprechend begabten Personen wäre ein »Empfang« möglich, d. h., diese Menschen können Elfen, Feen u. a. derartige Wesen »sehen« (Doyle 1922); 3. manche allgemeinen Hypothesen zur ASW gehen von der Annahme universeller V. aus: »Es gibt V. im Universum, die unsere Empfindlichkeit erregen und gewisse Erkenntnisse über die Wirklichkeit vermitteln, welche die normalen Sinne uns nicht verschaffen können.« (Richet 1923: XXIX.)

Vierte Dimension, in der philos. und physikalischen Diskussion, vor allem aber in pseudowiss. Spekulationen spielt eine hypothetische V. D. seit dem Ausgang des 19. Jh.s eine gewisse Rolle. So wollten einige – wogegen sich → Bergson massiv wandte – in der Zeit eine V. D. sehen.
In den Überlegungen von Okkultisten, Spiritisten und Parapsychologen wurde gelegentlich erwogen, ob die behaupteten Phänomene der De- und Rematerialisation mit der Hypothese einer V. D. verstehbar würden; die Phase der Rematerialisation sollte gleichsam ein zeitweiliges Verbringen des Objekts in die V. D. darstellen. Vor allem → Zöllner, gestützt auf seine → Knotenexperimente mit Slade im Jahre 1877, vertrat diese Hypothese, die auch heute noch diskutiert wird.

Lit.: v. Eickstedt 1954; Krafft 1925; Maeterlinck 1929; O. Michel 1925; R. Miller 1934; Oesterreich 1925; Pick o. J.; Sausgruber 1958; Weitzenböck 1956; Zöllner 1922.

Viertelverteilung *(VV, V/V),* von → Rhine und Mitarbeitern entwickeltes statistisches Verfahren bei der Aufbereitung der Protokollbögen von quantitativen ASW- und PK-Experimenten, das den Absinkungseffekt veranschaulicht: Die Protokollbögen werden dabei in 4 gleiche Quadrate eingeteilt; die Trefferzahl im ersten Quadrat ist signifikant höher als die im vierten (in

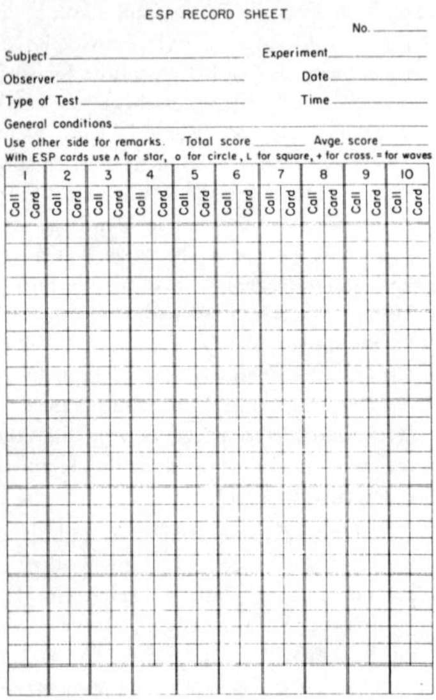
ESP RECORD SHEET

No. ______

Subject ______ Experiment ______

Observer ______ Date ______

Type of Test ______ Time ______

General conditions ______

Use other side for remarks. Total score ______ Avge. score ______

With ESP cards use ∧ for star, o for circle, L for square, + for cross. = for waves

1		2		3		4		5		6		7		8		9		10	
Call	Card	Call	Card	Call	Card	Call	Card	Call	Card	Call	Card	Call	Card	Call	Card	Call	Card	Call	Card

Viertelverteilung: Protokollbogen.

den Rhineschen PK-Versuchen mit einer → Antizufallswahrscheinlichkeit von 1 zu 1 000 000).

»Auch wurden einige der besten V/V aus Reihen gewonnen, bei denen die Würfel maschinell geworfen wurden. Irrtümer, Ermüdung, Sinnestäuschungen und alle anderen Gegenerklärungen passen ganz und gar nicht in das V/V-Bild. Dergleichen Faktoren ändern sich nicht mit der Struktur der Protokollspalte, der Gruppe der Spalten oder selbst der Seite als Ganzem. Was auch immer das Absinken in einer Gruppe erklären mag: es ist verantwortlich für das erneute Ansteigen der Ergebnisse zu Beginn der nächsten. Die V/V entzieht sich so allen diesen Fragen und erzählt ihre eigene beweiskräftige Geschichte der Psychokinese, die unsichtbar geschrieben zwischen den Zeilen der Protokollseiten gestanden hätte.« (Rhine 1950: 249.)

Vignes, Cyprien, frz. Bauer aus Vialas (Cevennen), der seit ca. 1860 jahrzehntelang als Heiler wirkte und sich dabei als praktizierender Christ verstand; jährlich kamen Tausende zu ihm.

»Ein Patient... war so krank, daß er nicht vom Wagen heruntersteigen konnte. Herr V. tritt zum Wagen und spricht: ›Steigen Sie herunter!‹ – ›Das kann ich nicht‹, erwidert der Kranke. ›Im Namen Gottes, steigen Sie herunter!‹ Und der Mann steigt vom Wagen herunter und ist gesund.« (Ris 1896: 10.)

Lit.: Schinz 1896; Schlachter 1896 a, b.

Villiers de l'Isle-Adam, Philippe-Auguste, Comte de (1839–1889), frz. Schriftsteller, der sich intensiv mit okkulten Fragen beschäftigte. Seine *Contes cruels,* 1883 *(Grausame Geschichten,* dt. 1904 u. ö.) thematisieren mehrfach ein Durchdringen von Diesseits und Jenseits in den als real verstandenen Bereichen von Traum und Vision.

Vincent, Isabeau → Cevennische Inspirierte.

Vintras, Eugène, nannte sich Pierre-Michel V. (1807–1875), frz. Visionär, Begründer einer christl.-okkulten Bewegung, die dem → Polnischen Messianismus nahestand. Seinen zahlreichen prophetischen Gesichte von Katastrophen und Strafgerichten scheinen keine präkognitiven Erfahrungen zugrunde zu liegen. Als parachemischen Effekt deuteten manche Autoren das Austreten von »Blut« an von ihm konsekrierten Hostien (s. a. → Blutwunder).

Lit.: Webb 1973.

Vinzenz Ferrer (1398–1419), berühmter span. Prediger, der in Spanien, England, Frankreich, Irland, Italien und Schottland Hunderttausende für das Christentum gewann. Obwohl er im Dialekt seiner Heimat Valencia predigte, soll man ihn überall verstanden haben.

Vision [von lat. *visio;* Gesicht, Schau], eine Gesichtshalluzination, die, theologisch betrachtet, Offenbarungscharakter besitzt; paranormale Informationen können in eine V. eingehen, PK-Phänomene sie begleiten (Manifestationen, die aber in der theologischen Sicht peripher sind).

Der Inhalt einer V. kann sich der sprachlichen Wiedergabe entziehen; so lesen wir über die hl. Katharina von Genua (1447 bis 1510): »... sie vermochte nicht den allerkleinsten Teil dessen, was ihr Gott in diesem Gesichte gezeigt, auszusprechen ...« (Görres 1927: 165). Dennoch ist V. im Prinzip auf Kommunikation ausgerichtet, sie ist mehr soziale als individuelle Erscheinung; das zeigt sich auch im Sendungsbewußtsein und Mitteilungsbedürfnis des Visionärs, das in der Regel selbst dann zutage tritt, wenn sich der Visionär der empfangenen V. als unwürdig erachtet.

Der typische Visionär ist, wie die Kirchengeschichte zeigt, gesund und keineswegs hysterisch. – Die Bilder der V. sind nach Jung aus der Kenntnis des → Kollektiven Unbewußten zu deuten (sie haben archetypischen Charakter), aber auch die Interpretation auf der jeweiligen Stufe des religiösen Bewußtseins und der geschichtlichen Epoche ist aufschlußreich und legitim.

Lit.: Benz 1969.

Vision de soi [frz.; Sich-selbst-Sehen], Form der → Autoskopie, vor allem in existentiellen Situationen (Krisenzeiten, Todesstunde).

Vis-Knut (1792–1876), norweg. Bauer, der paragnostisch begabt zahlreiche Schiffbrüchige und Verirrte aufgespürt und gerettet haben soll. Der Dichter Björnstjerne Björnson (1832–1910) veröffentlichte 1898 eine Monographie über ihn.

Lit.: Leaf 1907–09.

Vis medicatrix naturae [lat.; die heilende Kraft der Natur], »der Arzt in uns«, die vitalistische Hypothese eines aufbauenden und regenerierenden Prinzips im Menschen; die Tätigkeit des Arztes wird, die Existenz dieser Kraft vorausgesetzt, als Anleitung zur Selbstheilung verstanden. Der Schweizer Psychoanalytiker Alphonse Maeder deutete das Auftreten hilfreicher Erscheinungen bei Heilungen (Gottesboten, Engel u. ä.) als Externalisierung dieses Prinzips.

Vitalismus, biologisch-philos. Theorie, nach der eine eigenständige *Lebenskraft (vis vitalis)* alle Lebensprozesse bestimmt; damit wird das Prinzip der Kausalität zumindest teilweise in Frage gestellt. In der abendländischen Wiss. kann Aristoteles als erster Vitalist betrachtet werden: Im Samenkorn sah er aktuell den Samen, potentiell die Pflanze. Der Samen ist Träger der Entelechie (das, was sein Ziel in sich trägt, die »vegetative Seele«); damit kann das Konzept der Reifung in der Entwicklungsps. verglichen werden: Auch sie ist angelegt, wirksam, aber nicht erkennbar. – In der Wiss.sgeschichte ist Thomas von Aquin der nächste große Vitalist. Er lehrt, daß ein Ereignis aus seinen Ursachen oder aus seinem Ziel begriffen werden kann (Finalität); in Weiterentwicklung von Aristoteles vertritt er die Theorie von der *causa immanens,* der dem Organischen eigenen, immanenten intentionalen Ursache (eine Ansicht, die später Descartes in seiner Auffassung vom Körper als Automaten bestreitet). In neuerer Zeit bekämpften die »energetischen Monisten« (Ernst Haeckel, 1834–1919, und seine Anhänger) den V., dagegen begründete → Driesch einen kritischen → Neovitalismus, der zielgerichtete Strebungen (Kräfte) im Organischen und Psychischen als »Organisator« postuliert.

Die von Driesch beschriebenen objektiven biologischen Gegebenheiten, dargestellt durch experimentelle Eingriffe am Seeigelei, werden heute nicht mehr bestritten, angezweifelt wird lediglich ihre Deutung als ein Mechanismus der »Selbstregulierung des Organismus«. Die Kontroverse in der Biologie zwischen konventioneller (z. B. biochemischer) Deutung und neovitalistischer beeinflußt auch die Pps., wobei, etwas voreilig, jene Parapsychologen, die einen idealistischen Standpunkt vertreten (d. h. die nichtphysikalische Natur von Psi vermuten), meinen, die neovitalistische Position entspreche auf jeden Fall ihrer Ansicht.

Lit.: Conrad–Martius 1944; 1950.

Vivekananda, eigtl. Narenda Nath Datta (1862–1902), ind. Religionserneuerer mit bemerkenswerten Yogi-Fähigkeiten: Nachdem er 11 Tage lang keinen Tropfen Flüssigkeit zu sich genommen hatte, sagte er:

»Der Körper ist nur die Hülle der Seele. Die Seele befiehlt, er gehorcht. Jetzt denke ich nicht einmal mehr an das Wasser; es fehlt mir nichts. Ich sehe, daß es nichts gibt, was ich nicht vollbringen könnte.« Wahrscheinlich starb V. den Tod im → Samadhi.
Lit.: Rolland 1930.

Vodu, auch *Voodoo, Voudou* oder *Wudu,* auf westafrikanische Kultformen zurückgehende und mit christl. Gedankengut und Bräuchen verbundene Riten westind. Neger; Opfer, Tanz und Gesang spielen dabei eine Rolle, auch Magie kann mit V. verbunden sein; charakterisiert wird V. vor allem durch das Element der artifiziellen → Besessenheit. – Die Bezeichnung V. geht auf *vodun* zurück, in der Sprache der Fon (Dahomé) eine bestimmte Klasse von Gottheiten.
Lit.: Herskovits 1937; Simpson 1940; J. Williams 1933.

Vogelschau, mantisches Verfahren, dem das Auftreten und Verhalten von Vögeln zugrunde liegt; nach einer Überlieferung geht die V. auf Prometheus zurück. Bei Homer ist z. B. → Kalchas ein V.kundiger, ein *Ornithomant;* daneben kannte die Antike noch Seher wie Melampos und Mopsos, die die Sprache der Vögel verstanden (im Bereich germanischer Überlieferung z. B. Sigurd).
Lit.: R. Bloch 1963.

Völkerkunde und Parapsychologie, das pps. relevante Material der V. *(ethnographische* Kasuistik*)* ist außerordentlich umfangreich, seine theoretische Durchdringung *(ethnologische* Theorie*)* steht noch weitgehend aus – obwohl sie erfolgversprechend ist. Die Hemmung der Wissenschaftler läßt sich tiefenps. aus einer Scheu vor dem *Unheimlichen,* wie es Freud 1919 beschrieb, verstehen. Noch immer überwiegen jene Gelehrte, die, wie Konrad Theodor Preuß (1869–1938), zur Erklärung von Behauptungen paranormaler Manifestationen eine »Urdummheit« postulieren, und die anderen, wie z. B. Margaret Mead (* 1901),

Lappischer Schamane in Trance, mit Trommel auf dem Rücken; bereit, die von ihm erwarteten Prophezeiungen kundzutun.

die 1969 in einer Rede vor der American Association for the Advancement of Science erfolgreich für die Mitgliedschaft der Parapsychological Association plädierte, sind in der Minderzahl. Aber allmählich gewinnt die Überzeugung Raum, daß die V. ihrem Gegenstand nicht gerecht wird, wenn sie die Ergebnisse und Theorien der Pps. ignoriert. – Die Integration pps. Methoden in die völkerkundliche Feldarbeit steht noch völlig am Anfang; daß z. B. Kunz Dittmer (1907–1969) in Obervolta bei seinen Informanten ASW-Tests mit → Zener-Karten durchführt (Dittmer 1958), zeigt eine erfreuliche Aufgeschlossenheit, verrät aber wenig Kenntnis des pps. Wissensstandes (s. a. Foster 1943; Pope 1953). Verbreitet ist die Ansicht, paranormale

Manifestationen seien bei Naturvölkern häufiger als in der westlichen Welt; die Kasuistik stützt diese Meinung. Allerdings könnte die vermutlich angstdeterminierte Wundersucht mancher Bevölkerungskreise diese Erscheinung erklären: Das Wunderbare in größerer Entfernung entzieht sich der Nachprüfung und nötigt zum Glauben! Eine andere Erklärung verknüpft die Überlegung, daß Psi-Fähigkeiten beim Kleinkind »normal« sein könnten, mit dem problematischen Gedanken, die Naturvölker stünden – im 20. Jh. – auf einer kindlichen, archaischen Stufe der Menschheitsentwicklung. Pragmatisch ist die Überlegung, daß ein affektives Feld paranormale Manifestationen begünstigt, und daß bei Naturvölkern – aus Gründen, auf die hier nicht näher eingegangen werden kann – der Glaube an die Möglichkeit solcher Ereignisse besonders stark ist (und daher ein solches Feld zu konstituieren vermag). Außerdem ist, zumindest teilweise, die soziale Toleranz gegenüber Zuständen veränderten Bewußtseins größer als in unserer Kultur. Deshalb sind Psi-Phänomene bei Naturvölkern tatsächlich häufiger zu erwarten als in der abendländischen Kultur. Diese Überlegung ruft zur entsprechenden Feldarbeit auf und legt zugl. nahe, die immense (z. T. in entlegenen Missionszeitschriften u. ä. verstreute) Lit. aufzuarbeiten.

In der Zeitschrift *Psychic News* vom 2. 9. 1939 schreibt eine Mrs. Margaret A. Bevan, daß sie an einer Séance bei kanadischen Indianern teilnahm. »Die Sitzung wurde im Freien abgehalten, in einer Waldlichtung. Die teilnehmenden Indianer waren in 2 Dreiecken, eins innerhalb des anderen, aufgestellt, und uns wurden Plätze im inneren Dreieck zugewiesen.
Im Mittelpunkt stand ein schönes, ringsum mit bunten Zeichnungen geschmücktes buntes Zelt, das nicht festgepflockt war, sondern auf dem Grasboden aufstand. Weiter hinten, in einem Wäldchen, stand eine Gruppe indianischer Musikanten, die zu spielen und ihre Tom-Toms zu schlagen begannen.
Nach zweistündigem Warten begann das Zelt zu zittern und sich darauf langsam zu erheben, bis es sich so weit erhoben hatte, daß wir das Innere sehen konnten. Wir stellten nun fest, daß das Zelt ohne menschliche Hilfe in die Höhe gestiegen war. Darauf sank es ebenso langsam wieder hinab und nahm seinen Platz im Grase wieder ein.
Aber kurz darauf begann es sich wieder zu erheben, und dieses Mal sah man, daß im Inneren ein Feuerchen aus kleinen, kreuzweise geschichteten Hölzchen brannte, mit züngelnden Flammen und einem aromatischen, dem Weihrauch ähnlichen Rauch. Das Zelt stieg rasch auf eine Höhe von 12 bis 14 Fuß und sank dann wieder auf die alte Stelle bei dem kleinen Feuer hinab.
Da gingen die Musikanten plötzlich auf eine andere Tonart über und zugl. hob das Zelt sich zum drittenmal.
Wo es gestanden hatte, war nun die materialisierte Gestalt des Geistes eines kräftigen, weißgekleideten Indianers zu sehen. Als das Zelt so weit stieg, daß die Gestalt vollständig frei war, machte diese mit dem Kopf Zeichen des Grußes, worauf alle Indianer im Chor enthusiastisch Grüße ausriefen.
Hierauf senkte sich das Zelt langsam wieder, und bevor es den Boden berührte, das heißt also, solange die mit weißen Mokassins verkleideten Beine des Gespenstes noch sichtbar waren, sahen wir sie an Ort und Stelle verschwinden«. (Bozzano 1975: 242 f.)

Lit.: Angoff/Barth; Beattie 1963; Belo 1960; Besterman 1928/29; Bourguignon 1973; Bozzano ²1975; Brockhaus 1968; Carrington 1930; v. d. Castle 1974; Devereux 1961; Evans-Pritchard 1937; H. T. Fischer 1940; Frazer 1890; Furst 1972; Hardy 1966, 1971; Hartlaub 1966; Humphrey 1944; Kingsley 1898/99; Kluckhohn 1967; de Martino 1942, 1943–46; Matthews 1886; Middleton/Winter 1963; Mischo 1966; Nadel 1952; Pope 1953; Rose 1952, 1955, 1956; Rose/Rose 1951; Skeat 1901/03; Trilles 1966; Williams 1934.

Volkskunde, sozialwiss. Disziplin, die Verhalten und Überlieferung von Hochkultur-Völkern kulturanthropologisch betrachtet, soweit nicht eigenständige Wiss.en, wie z. B. die Sinologie, diese Aufgabe wahrnehmen; im konkreten Fall ist eine Differenzierung gegenüber Soziologie und Völkerkunde nicht immer möglich. In ihrer Erschließung des *Volksglaubens* bietet die V. ein Reservoir pps. Kasuistik und vorwiss. Interpretation des Paranormalen. Die

Theorien und Erkenntnisse der Pps. blieben in der V. bisher weitgehend unberücksichtigt.

Lit.: Assion 1975; Bächtold-Stäubli 1927–42; Funk/Wagnals 1949 ff.; Grimm 1935; Grober-Glück 1972; Radford/Radford 1948; Riehl 1935; Spamer 1934; Volmar 1969.

Volksmedizin, die im Volksglauben lebendigen, z. T. jh.ealten Lehren von Krankheit und Heilung. Nach verbreiteter (irriger) akademischer Ansicht enthält die V. »gesunkenes« Wissen der Schulmedizin – dabei rät die V. oft zu Therapien, die die Schulmedizin erst später (oder bis heute nicht) akzeptierte; z. B. empfahl die europ. V. schon im 16. Jh. bei schweren Geburten den Gebrauch von »Mutterkorn« – erst im 20. Jh. folgte hier die Schulmedizin. Vor allem aber bietet die V. in ihren Theorien Grundanschauungen, die die »aufgeklärte« Wiss. z. T. über Bord warf, die aber im Licht pps. Erkenntnisse neu bedacht werden müssen und die zugl. die pps. Theorienbildung beeinflussen können.

Lit.: Bartels 1893; v. Hovorka/Kronfeld 1908/09; Jungbauer 1934; Saller 1950; Stemplinger 1925; Zimmer 1939.

Vollhardt, Maria, verh. Rudloff, dt. Medium, das um 1920 Materialisationen, Apporte, Levitationen und paranormale Bewegungen von Objekten produzierte. Forscher wie → Grunewald hielten Betrug für »sehr wahrscheinlich«.

Lit.: Moll 1929; Schwab 1923.

Volometer, von → Alrutz entwickeltes Gerät, das aufgrund willentlicher Beeinflussung Bewegungen ausführen und registrieren sollte; von Alrutz auf dem Psychologischen Kongreß in Genua 1909 vorgestellt.

Voltura, brit. Schiff, das 1913 im Atlantik in Brand geriet. Bei einer Séance in London »hörten« die Teilnehmer zur selben Zeit verschiedene Explosionen, »sahen« die Katastrophe, »rochen« Verbranntes und »fühlten« kalte Luftschauer im Sitzungszimmer. Man kann an einen Fall kollektiver ASW denken, vielleicht aber auch an nur einen Perzipienten, dessen paranormale Erfahrungen mentalsuggestiv zur Kollektivhalluzination wurden.

Voluntarismus [von lat. *voluntas;* Wille, Wunsch], die philos. Lehre vom Willen als dem grundlegenden Prinzip des Seins (Fichte, Schopenhauer, Eduard v. Hartmann). Der dt. Philosoph und Pädagoge Friedrich Paulsen (1846–1908) gründete seine Ethik und Pädagogik auf den V. und führte damit den Begriff in die Ps. ein. Der ps. V. betrachtet das Wollen als primäre seelische Gegebenheit, die dem Denken und Fühlen vorgeordnet ist. Einer der Hauptvertreter des ps. V. war → Wundt.

Vorahnung, mehr oder weniger vage Ahnung eines künftigen Ereignisses (während → Präkognition eher als eine Art Voraus-*Wissen* bezeichnet werden darf). Um als V. anerkannt zu werden, muß sie sich – wie die Präkognition – auf ein Ereignis beziehen, das weder aus der Gegenwart erschlossen, noch vom Vorahnenden manipuliert werden kann, ja, dessen Eintreten nicht einmal wahrscheinlich sein darf. Vor allem der letzten Bedingung, Ausschluß des Zufalls, haftet etwas Willkürliches an: Aufgrund nicht exakt objektivierbarer Daten wie Detailreichtum, ps. Hintergrundsbezüge u. ä. gewinnt der Betrachter den subjektiven Eindruck der »Überzufälligkeit«. Außerdem wird eine präzise und detaillierte V. heute als Präkognition klassifiziert, wenn sich die einzelnen Fakten verifizieren lassen. Die ältere Lit., z. B. → Richet, nennt korrekterweise *jede* Präkognition V., da es sich nie um »exaktes Wissen« handelt. Heute betrachtet man die V. eher als eine *Vorform* der Präkognition.

Die Bedingung, daß der Vorahnende das Ereignis nicht selbst herbeiführen darf, führt dazu, daß fast alle Fälle von »V.en«, die sich auf den Verlauf der eigenen Krankheit, die Todesstunde u. ä. beziehen, ausgeklammert werden müssen: Ein unbewußter autosuggestiver Eingriff läßt sich dabei nicht ausschließen.

Gelegentlich treten V.en auch bei spiritisti-

Der Spökenkieker sieht einen Vörbrand. (Holzschnitt von Heinz Everz, 1926.)

schen Sitzungen auf, normalerweise äußern sie sich jedoch als spontane Erlebnisse oder Vorstellungen, die den Betroffenen oft gleichsam überfallen, denen aber auch entsprechende Emotionen (z. B. unerklärliches Traurigsein) längere Zeit vorausgehen können.

Lit.: Bozzano 1914; Richet 1923: 269–304; Tenhaeff 1962.

Vorauswissen → Präkognition.

Vorbewußtes; bei Freud System innerhalb der psychischen Organisation; seine Inhalte sind unbewußt (wie die des Unbewußten), unterscheiden sich aber von den Inhalten des Unbewußten dadurch, daß sie keiner → Zensur unterliegen (z. B. nicht verdrängt sind) und somit leicht bewußt werden können.

Vörbrand, in Schleswig-Holstein Bezeichnung für einen im → Zweiten Gesicht geschauten Brand. Nach dem Volksglauben in Schleswig und Jütland kann ein im V. geschauter Brand »gebannt« werden; das Verfahren wird allerdings nicht recht klar – der Brand scheint dann in einem Baum (»Brandbaum«), See, Stein o. ä. »festzusitzen« und ereignet sich erst, wenn er wieder freikommt, d. h., der Baum gefällt wird oder der See austrocknet. S. a. → Einzäpfen.

»Von de Besitz von en Onkel in Foldevraa worr vertellt, de harr een Vörbrand sehn, und de harr dat fassmakt in en Bom. De Besitz ist doch afbrannt naher. De Bom weer umslagen worn, worr seegt.« (Schmeïng 1937: 8.)

Lit.: G. F. Meyer 1933; Raben 1935.

Vorschau → Präkognition; → Zweites Gesicht.

Vorschau-Bohrversuch → Bohrversuch.

Vorstellung, in der Ps. anschauliche Erinnerung einer Wahrnehmung; in der Pps. werden die bildhaften Eindrücke eines Sensitiven gelegentlich auch V.en genannt.

W

Wachsuggestion, Suggestion, die einer Vp. gegeben wird, die bei normalem Bewußtsein ist (also z. B. nicht hypnotisiert).

Wachvision, Vision bei zumindest scheinbar erhaltenem Normalbewußtsein.

Wahrnehmung, sinnlich vermittelte Erfahrung (vgl. dagegen → ASW), die als Ganzes (gestalthaft) erlebt wird, nicht als Kette einzelner Empfindungen. Die Sinnesorgane werden dabei meist als »Einfallstore« gesehen, hinzu treten innere Faktoren, die die W. organisieren und im Zentralnervensystem, wie → Bergson (in Bender 1874: 75) sagt: »Instrumente der *Wahl* ..., deren Aufgabe darin besteht, in dem ungeheuren Felde der für uns möglichen W.en diejenigen auszuwählen, die sich realisieren sollen.«

Lit.: Bender 1936 a.

Wahrsagen, Wahrsagung, umgangssprachlich für das Voraussagen des zukünftigen Schicksals mit oder ohne → Psychischen Induktor (Handlinien, Spielkarten, Kristallkugel, Gebrauchsgegenstand der Zielperson usw.). S. a. → Hellsehen; → Kaffeesatz; → Kartenlegen; → Kristallsehen; → Mantik; → Orakel.

Wahrscheinlichkeit, das Spektrum zwischen Unmöglichkeit und Gewißheit im Hinblick auf ein bestimmtes zukünftiges Ereignis; mit statistischen Verfahren lassen sich W.swerte ermitteln, d. h. man nähert sich von beiden Seiten dem Stellenwert des Ereignisses auf diesem Spektrum, man versucht, den Grad der Erwartung zu bestimmen. Der Begründer der W.srechnung ist der Schweizer Mathematiker Jakob Bernoulli (1654–1705); doch bis heute ist es nicht möglich, eine mathematische W.stheorie in den Natur- und Sozialwiss.en anzuwenden ohne Einschluß nichtmathematischer Prämissen oder Regeln: In der außermathematischen Anwendung des Begriffes der W. ist ein subjektives Moment enthalten. S. a. → Antizufallswahrscheinlichkeit.

Lit.: Bender 1959; Feller 1968; Koestler 1972; Murphy 1970; Rhine/Pratt 1962; Timm 1965; van der Waerden 1954.

Wahrtraum, Traum, dessen Inhalt in Erfüllung geht, d. h. ein Traum, in dem ASW-Informationen bewußt werden; dabei kann es sich um hellseherisch, telepathisch oder präkognitiv erlangte Informationen handeln; manche Autoren verstehen jedoch nur einen präkognitiven Traum als W. Mit → Tenhaeff kann man bei präkognitiven Träumen solche »mit fragmentarischer Übereinstimmung« von jenen, »in denen das zukünftige Ereignis kongruent erlebt wird«, unterscheiden; allerdings wendet sich Tenhaeff gegen die Bezeichnung telepathischer oder hellseherischer Traum und schlägt statt dessen *Nacht-* oder *Schlafgesicht* vor. – Der W. arbeitet mit allen der tiefenps. Traumforschung bekannten Mechanismen: Verdichtung, Verdrängung, individuellen Zeichen (die im privaten Kontext ihre Erklärung finden) und kollektiven Symbolen (z. B. Brücke = Übergang = Sterben).

Das engl. *dreaming true* entspricht nicht dem W.; in eingeschränktem Sinn meint es, daß die Tatsache des Träumens dem Träumer bewußt ist (van Eeden 1913).

Nach Dantes Tod (1321) vermißte man den 13. Gesang der *Divina Commedia.* Suchen blieb erfolglos, bis Dantes jüngster Sohn träumte, sein Vater nehme ihn an der Hand, führe ihn in ein bestimmtes Zimmer und zeige ihm das Manuskript;

tatsächlich wurde es am angegebenen Ort gefunden.
Lincoln träumte am 21. 3. 1865, er werde ermordet; das tödliche Attentat erfolgte am 14. 4.
Am 13. 6. 1886 erzählte der Psychiater A. v. Gudden beim Frühstück, in der vergangenen Nacht habe er sich im Traum im Wasser gesehen, mit einem hünenhaften Mann ringend. In der Nacht darauf wurden die Leichen König Ludwigs II. von Bayern, der wegen Geisteskrankheit am 10. 6. hatte abdanken müssen, und Guddens aus dem Starnberger See geborgen.
Am 9. 2. 1898 verließen die Mannschaft und der Kapitän des Kohlenfrachters *Atacampa* das sinkende Schiff, das am 29. 1. von Sydney ausgelaufen war. Am gleichen Tag träumte die 13jährige Tochter des Kapitän Spruit das Geschehnis. Sie erwachte in großer Aufregung, schweißgebadet, und erzählte ihrer Mutter von dem Unglück. Zugl. hatte sie geträumt, daß ihr Vater gesund, aber in zerfetzter Uniform vor sie trete — und genauso geschah es einige Tage später.

Vom (paranormalen) W. ist der (normale) kreative Traum zu unterscheiden:

Der Assyrologe Hermann Hilprecht hatte Mühe mit der Entzifferung zweier Inschriften auf 2 Achatfragmenten, die vermutlich von einem babylonischen Königsring stammten. – Im Traum erschien ihm ein Priester aus Nippur und erklärte ihm, die beiden Fundstücke seien Teile von 3 Ohrgehängen, angefertigt aus einem Achatzylinder mit zusammenhängendem Text. – Hilprecht fand daraufhin in einem Asservat in Istanbul, wo Grabungsfunde aus Nippur lagen, das dritte Fragment und vermochte nun den Text zu lesen.

Hat man Grund anzunehmen, ein Traum enthalte präkognitive Elemente, so sollte man ihn vor dem möglichen Eintreffen des Ereignisses schriftlich niederlegen; nur so kann man ggf. die parapsychische Manifestation dokumentieren (→ Mylius). Bestimmte Institutionen beschäftigen sich auch mit dem Registrieren potentieller Wahrträume: das Institut für Grenzgebiete der Psychologie und Psychohygiene in Freiburg i. Br., und vor allem das British Premonitions Bureau, London, sowie die Central Premonitions Registry, New York.

Lit.: Besterman 1933; Greenhouse 1971; Shipley 1908.

Waite, Arthur Edward (1857–1942), amer., meist in England lebender Esoteriker, Rosenkreuzer, Theosoph, Freimaurer und Okkultist; Schwager → Bergsons. Übersetzte → Lévi ins Engl. und schrieb selbst über Tarot, Alchimie, rituelle Magie (er stand vorübergehend → Crowley nahe) und Kabbala, für deren Lehren er ein »tiefes Verständnis« entwickelte (Scholem 1967: 232).

Walküren, in der germanischen Mythologie Jungfrauen, die die Krieger im Kampf führten und schützten (darum wurden sie auch Schlachtjungfrauen, Schild- oder Wunschmädchen gen.) und die Gefallenen nach Walhalla [altnordisch; Halle der Erschlagenen] geleiteten. Häufig werden die W. mit den *Nornen* verwechselt, da auch sie gewissermaßen »Schicksalsgöttinnen« sind, indem sie auf Tod und Leben, Sieg oder Niederlage Einfluß nehmen.

Wallace, Alfred Russel (1823–1913), engl. Zoologe und pps. Autor; der erste Mitarbeiter Darwins. W. hielt zahlreiche Sitzungen mit den Medien seiner Zeit ab. → Nichol wurde von ihm entdeckt. Seine Untersuchungen auf diesem Gebiet verstand er als Erkundungsexperimente:

»Ich behaupte, daß dieses Übernatürliche eine Experimentalwissenschaft ist, die zur Kenntnis der wahren Natur des Menschen gewaltig beitragen muß. Wir schreiben nicht, um zu überzeugen, sondern den Forschergeist zu wecken! Wir bitten nicht zu glauben, sondern geduldig zu experimentieren, ehe man schließt, daß wir samt und sonders Narren oder Idioten sind, in betreff eines Gegenstandes, dem wir viele Jahre unsere besten Kräfte und Beobachtungsgaben gewidmet haben.« (Zit. n. Moser 1974: 108.) – *Werke* → Bibl.

Walther, Gerda (* 1897), dt. Philosophin und Parapsychologin, die dafür eintrat, die von Husserl und Pfänder entwickelte → Phänomenologische Methode auch in der Pps. anzuwenden. Auf dem Internationalen Kolloquium für Pps. 1953 in Utrecht vertrat sie die Ansicht: Selbst wenn bei der Entstehung der Telepathie »Gehirnstrahlen« eine Rolle spielten, so könnte man noch lange nicht sagen, »Telepathie sei ihrem Wesen nach ›nichts anderes als‹ bestimmte Arten von Gehirnstrahlen« (W. 1974: 686), und forderte daher, das Phänomen als Gegebenheit des *Bewußtseins* zu untersuchen. – W., die zu den wenigen Parapsychologen gehört, die eigene paranormale Erfahrungen besitzen, war auch Mitarbeiterin → Schrenck-Notzings. – *Werke* → Bibl.

Wang, Ort in Oberbayern, dessen kath. Pfarrhaus lange Zeit als Spukhaus galt; man sprach von Geräuschen und Erscheinungen, die dort seit dem 18. Jh. bis etwa 1910 aufgetreten sein sollen. Besonders bemerkenswert ist, daß einer der Pfarrer, mit dem → Moser selbst sprach, hin und wieder, wenn er nachts zu einem Sterbenden gerufen wurde, schon kurz vorher in einer Art → Audition davon erfuhr, wobei auch der Name des Kranken genannt wurde. Diese Erlebnisse hatte der Pfarrer jedoch nur in W. und in keiner seiner anderen Pfarrstellen.
Lit.: Clericus 1910; Moser 1950: 213–35.

Warcollier, René (1881–1962), frz. Chemiker und Parapsychologe; er führte vor allem qualitative ASW-Experimente durch. 1929–38 und 1951–62 war er Leiter des → Institut Métapsychique; 1938–40 Hrsg. der *Revue Métapsychique*. Etwa seit 1906 untersuchte W. intensiv die Telepathie, zusammen mit Gardner → Murphy führte er dabei auch transatlantische Experimente durch. – *Werke* → Bibl.
Lit.: Bender 1974.

Warzen, daß W. durch Besprechen beseitigt werden können, berichtet schon Francis → Bacon *(Silva silvarum* § 997*)*; neuere Beobachtungen bestätigen einen wahren Kern des alten Volksglaubens. Unter klinischer Kontrolle gelang es, per Suggestion W. zum Verschwinden zu bringen (Tenhaeff 1957: 216, 256 f.); man vermutet, daß sich durch die »Besprechung« oder eine andere »Scheinbehandlung« die Durchblutungsverhältnisse der Haut verändern, was zum Absterben der W. führen könnte. Pps. interessanter sind aber jene Fälle, in denen Suggestion zwar nicht ausgeschlossen, aber doch weniger wahrscheinlich ist – wenn der Patient nämlich nicht an die Wirksamkeit des Besprechens glaubt (einen solchen Fall bringt Moser 1974: 177).

Wasielewski, Waldemar von, dt. Arzt, der Anfang des 20. Jh.s, z. T. zusammen mit → Tischner, auf Telepathie und Hellsehen hin angelegte Experimente durchführte. Gute Ergebnisse erzielten die beiden mit einem Frl. v. B. (der späteren Ehefrau W.s): Sie »las« Texte im verschlossenen Kuvert und machte Angaben über in Schachteln verpackte Gegenstände. – *Werke* → Bibl.
Lit. Tischner: 1922.

Wasser, magnetisiertes, in bestimmter Weise behandeltes Wasser, dessen Genuß heilsam sein (z. B. bei Schlaflosigkeit) oder das Pflanzenwachstum fördern soll. Ursprünglich wohl ein Notbehelf: Der Magnetiseur, der nicht ständig für eine Behandlung zur Verfügung stand, teilte dem Wasser magnetisches Fluidum mit (indem er z. B. den Glasbehälter oder die Wasserflasche rieb, oder einfach seine Rechte über das Wasser hielt); der Patient hatte damit einen Fluidum-Vorrat. Der beobachtete therapeutische Effekt von Kuren mit m. W. läßt sich nicht allein als Placebo verstehen. Schon im 18. Jh. wurden erfolgreich Unterscheidungsproben durchgeführt: Manche Vpn konnten aus einer Anzahl wassergefüllter Gläser das mit m. W. herausfinden. Wo das Wasser direkt berührt wurde, könnte man an eine Veränderung aufgrund natürlicher Hautausscheidungen denken (u. U. ein homöopathischer Effekt?). Im Regelfall wurde das Wasser aber nicht berührt. Telepathische Information und unbewußte Zeichengebung scheiden in den Fällen aus, wo der Magnetiseur bei der Probe nicht zugegen ist. Es bleibt somit die Vermutung einer retrokognitiven Leistung oder die Annahme eines physikalisch-che-

Wasserprobe. (Holzschnitt, 1613.)

mischen Effekts: die Wirkung eines »Fluidums«.
Lit.: Hofmann 1926.

Wassergehen, der → Levitation verwandtes Phänomen, ein früher Beleg dafür findet sich bei Matth. 14, 25–32 (Jesus und Petrus wandeln auf dem Wasser); von Heiligen wird die Erscheinung mehrfach berichtet, z. B. von Peter von Alcantara († 1562). Auch von der → Droste-Hülshoff wird das Phänomen überliefert; nach dem Zeugnis eines ihrer Nachfahren (Droste zu Hülshoff 1927 b) war die Gabe des W.s in früheren Zeiten gelegentlich mit der des → Zweiten Gesichts verbunden.

Wasserprobe [lat. *iudicium aquaticum, iudicium aquae frigidae*], Form des Ordals (→ Gottesurteil) bei der Beschuldigung der Hexerei. Die W. wurde in fließendem oder stehendem Wasser vorgenommen, meist band man Daumen und Zehen der beschuldigten Person über Kreuz und ließ sie dann an einem Seil ins Wasser herab; ging sie nicht unter, so sah man darin ein Zeichen ihrer Schuld. – Auch von der »Seherin von Prevorst« (→ Hauffe) wird überliefert, daß sie in »magnetischem Zustand« im Bad nicht unterging; von einer weiteren Somnambulen liest man, daß sie »magnetisiert« in der Elbe badete, ohne zu sinken; sie sagte selbst: »Der Magnetismus kann die Schwere vermindern und erhöhen ... Könnte man einen Nachtwandler auf seinen Wanderungen wiegen, so würde man finden, daß er nichts wiegt.« (Perty 1861 I: 271.)

Wassiliew, Leonid Leonidowitsch (1891 bis 1966), russ. Physiologe. Neben zahlreichen

Arbeiten in seinem eigtl. Fachgebiet führte W. am Leningrader Institut für Hirnforschung (heute Bechterew-Institut) auch Untersuchungen zur ASW durch. Die in den 20er und 30er Jahren geleistete Arbeit dokumentierte er u. a. in den 1962 vorgelegten *Experimentellen Untersuchungen zur Mentalsuggestion* (dt. 1965). W. tat außerordentlich viel für die akademische Integration der Pps. in der Sowjetunion; auf seine Anregung hin wurde an der Universität Leningrad das erste sowjet. pps. Laboratorium errichtet. – *Werke* → Bibl.

Watseka-Wunder, unter diesem Namen wurde in der spiritistischen Lit. ein klassischer Besessenheitsfall bekannt:
1865 starb 19jährig die geisteskranke Mary Roff in Watseka, Illinois. Im Juli 1877 zeigten sich am gleichen Ort bei der kleinen Mary Lurancy Vennum plötzlich hysterische Symptome; sie glaubte sich wechselnd von verschiedenen Geistern besessen, u. a. dem der Mary Roff. »Sie sank in Trance und begann die Redensarten und Ausdrücke einiger wenig angesehener Leute des Ortes zu benutzen. Schließlich holte man Dr. Stevens, einen Arzt, der zugleich Spiritist war, damit er sie untersuchte. Er schlug ihr vor, als sie sich wieder einmal in Trance befand, eine starke geistige Wesenheit um Schutz vor den Eindringlingen zu bitten.
Lurancy erwähnte den Namen Mary Roff als einen Geist, der bereit wäre, ihr zu helfen.« (S. Smith 1974: 182.) Allmählich glaubte Lurancy, sie selbst sei Mary, und wollte zu »ihren« Eltern zurück. Vom 11. 2. bis zum 21. 5. 1878 lebte sie glücklich »in einem entliehenen Körper« in der Familie Roff. Von ihrer Vergangenheit als Lurancy Vennum wußte sie in der Zeit nichts, dagegen soll sie eine erstaunliche Kenntnis der Dinge und Personen besessen haben, die Mary gekannt hatte. Im Mai kam zeitweilig die Persönlichkeit Lurancys wieder zum Vorschein, am 21. 5. 1878 verabschiedete sich »Mary« und Lurancy Vennum hatte künftig keine Anfälle mehr. (Anderen Angaben zufolge kehrte »Mary« zeitweilig zurück.) – E. W. Stevens, der auch der Arzt von Mary Roff gewesen war, veröffentlichte den Fall 1887 als *The Watseka Wonder*.

Weber, Friedrich Wilhelm (1813–1894), dt. Dichter (Hauptwerk: Das Versepos *Dreizehnlinden*, 1878), Arzt und Politiker. W. hatte die Gabe des Zweiten Gesichts.
W. war Hausarzt der Familie Zengerling in Driburg; von den Kindern der Familie war er einem, Emilie, besonders zugetan. Einst lag W., um sich etwas auszuruhen, auf dem Sofa; Emilie war bei ihm und sprang zur Haustür. In diesem Augenblick sah W. im Flur einen kleinen Sarg stehen. Er blickte schärfer, der Sarg blieb, er ging hin, und der Sarg war verschwunden. Kurz darauf erkrankte Emilie an Masern und starb. Die Sargträger stellten »zufällig« den Sarg an eben der Stelle ab, wo W. ihn gesehen hatte. (zur Bonsen 1916: 44.) – Daß W. sich ausruhen wollte, läßt vermuten, daß bei ihm ein → Abaissement du niveau mental eingetreten war, der die paranormale Erfahrung begünstigte. Das gleiche gilt für den zweiten Fall: W. saß *nachts* lesend im Zimmer; plötzlich hörte er Geräusche und die Stimme eines Bauern, der den Doktor mit seinem Wagen holen wollte – seine Mutter habe sich ein Bein gebrochen. W. griff nach Hut und Mantel und rief aus dem Fenster, doch niemand gab Antwort. Etwa eine Stunde später wurde W. von einem Bauern mit dem Wagen geholt, weil dessen Mutter sich ein Bein gebrochen hatte (ebd.: 53.)

Weise Frau, Gestalt des mitteleurop. Volksglaubens; ursprünglich die Hebamme, die über volksmedizinische Kenntnisse verfügt und Geburt, Kind und Wöchnerin gegen Dämonen zu schützen weiß. Mythisch überhöht wird die W. F. zur Kinderbringerin, zur Wilden Frau oder Waldfrau.
Lit.: Beitel 1942; Ploß/Bartels 1908 II: 165 f.

Weissagung, altertümliche Bezeichnung für das präkognitive Verkünden des Zukünftigen. Kant unterschied in seiner *Anthropologie* die W., die das Schicksal ganzer Völker im Auge habe, von der *Wahrsagung*, deren Gegenstand individuelle Lebensumstände bilden. Unter den berühmten W.en der Weltlit. (→ Lehninsche Weissagung, → Nostradamus u. a. m.) finden sich zahlreiche Prophezeiungen *ex eventu*, die der Verfolgung politischer Ziele dienten (so z. B. schon die ägypt. anonymen *W.en des Neferti*, die aus den ersten Jah-

ren des 2. vorchristl. Jahrtausends stammen).
Lit.: Ellerhorst 1951; Hübscher 1952; Silver 1975.

Weiße Frau, Figur des Volksglaubens, bei der 2 Typen unterschieden werden können: 1. die dämonische W. F., wie Frau Holle oder Perchta, gelegentlich mit Zügen eines Ernte- oder Waldgeistes; 2. ein Totengeist (Gespenst, Arme Seele). Einen Sonderfall der W. F. bildet die *Ahnfrau,* die sich mit Vorliebe in bestimmten Schlössern oder Burgen (z. B. Ansbach, Bayreuth, Berlin) und zu bestimmten Gelegenheiten (z. B. vor einer Geburt oder einem Todesfall) zeigt, um das betreffende Ereignis anzukündigen. Der Glaube an sie entwickelte sich erst mit Aufkommen einer adlig-bürgerlichen Oberschicht. Sie wird mit einem hist. faßbaren Vorfahren oder früheren Bewohner identifiziert. Manchmal weiß die Sage zu melden, welche Schuld sie zwingt zu spuken und wann sie erlöst sein wird. Oft ist die Erlösung an das Erlöschen des Geschlechts, aus dem sie stammt, gebunden – z. B. in Grillparzers Trauerspiel *Die Ahnfrau* (1817).

Hector Durvilles Fotografie einer Weißen Frau. (Ende des 19. Jh.s.)

Auf Schloß Bernstein (ursprünglich Bärenstein) im Burgenland soll sich seit Jh.en immer wieder eine W. F. zeigen, die man mit Giovanna Frescobaldi aus Florenz identifiziert; diese heiratete um 1485 den Schloßherrn Lorenz von Ujlak. Für die Zeit nach den ersten Ehejahren fehlen alle Dokumente über sie; Gerüchte beschuldigen sie des Ehebruchs und deuten an, daß ihr Gemahl sich an ihr durch Einmauern rächte. Ihr Erscheinen in der Folgezeit wurde von den Beobachtern mit Krieg und Unruhen in Verbindung gebracht. 1913 gelang eine Fotografie der Erscheinung (Abb. bei Moufang 1954). Zuletzt sah man sie Anfang der 50er Jahre.

Die Pps. kann die Ahnfrau als Form des ortsgebundenen Spuks betrachten; die W. F. der Hohenzollern nimmt dabei allerdings eine Sonderstellung ein: Sie manifestierte sich in mehreren Schlössern, man müßte bei ihr von familiengebundenem Spuk sprechen.
Lit.: Schrammen 1888; Wähler 1931.

Weiße Magie, Zauberei mit Hilfe guter Dämonen oder Engel; magische Praktiken zum Wohl der Menschen; *natürliche Magie,* wie es in einer theologischen Definition heißt: *ars operandi mira per media naturalia* (die Kunst, Wunder mit natürlichen Mitteln zu wirken). S. a. → Theurgie.
Lit.: Stemplinger 1948.

Wellen, mehrfach wurden zur physikalischen Erklärung von Telepathie und Hellsehen Hypothesen formuliert, die W. als Träger der Information annahmen (→ Berger, → Cazzamalli). Dagegen wandte man vor allem ein, daß bei der Telepathie die Entfernung nur eine geringe Rolle zu spielen scheine, die Effizienz von W. aber proportional zur Entfernung abnehme, und daß beim Menschen anatomisch keine »Sende«- und »Empfangsstation« nachzuweisen sei; außerdem müßte das System, nach dem Informationen für den energetischen Transport codiert (und später decodiert) werden, völlig unbewußt sein. Allen diesen Einwänden lassen sich wieder andere Argumente entgegenhalten: Elektromagnetische Kurzwellen könnten Informationen rund um den Globus tragen; das vegetative Nervensystem könnte als Sender und Empfänger fungieren; die Bedeutung der Zeichen muß nicht, wie z. B. beim Morse-Alphabet, unbedingt durch Konvention festgelegt sein. Die Gegeneinwände werfen aber neue Schwierigkeiten auf: So ist z. B. telepathische Kommunikation durch einen → Faradayschen Käfig hindurch möglich; damit aber scheinen elektromagnetische W. als Informationsträger ausgeschlossen zu sein. Vor allem aber spricht gegen die W.hypothese, daß sie allenfalls bei der Telepathie als denkbar erscheint, im Rahmen der Erklärungsmöglichkeiten der heutigen Physik jedoch nicht bei der Präkognition; und beim Hellsehen, wie es z. B. im → Buchtest vorzuliegen scheint, nützt ein möglicher »Röntgenblick« nichts: Bei aufeinanderliegenden Textseiten sähe man nur Schichten von Druckfarbe. Da die meisten Parapsychologen die ASW in ihren 3 Modalitäten für gesichert halten und nicht, wie z. B. → Baerwald, an eine Rückführung von Präkognition und Hellsehen auf Telepathie denken, bilden die letztgenannten Überlegungen die Hauptargumente gegen die W.hypothese.

Lit.: Schrenk 1970; Wassiliew 1965.

Weltäther → Weltgedächtnis.

Weltbild, das in ein Ganzes integrierte Wissen, das wir von der Welt haben. Das W. der Physik z. B. betrifft nur einen Ausschnitt der Gesamtwirklichkeit, und dieser Ausschnitt wird nur in einem Modell repräsentiert.

»Der Fortschritt der Wissenschaft war immer Ergebnis zwischen unseren Weltbildern *(concepts of the universe)* und unseren Beobachtungen der Natur. Die ersten können sich nur aus den letzteren entwickeln, und doch sind die letzteren zu einem bedeutenden Teil durch die ersten bedingt.« (Lee 1966.)

Wesentliche Determinanten des neuzeitlichen W.es sind Kausalität und Zeit (wie Kant sie sah); durch die bedeutendsten physikalischen Theorien unseres Jh.s werden sie problematisch: die Kausalität durch die → Quantentheorie, die Zeit durch die → Relativitätstheorie. Auch die Befunde der Pps. attackieren den herkömmlichen Kausalitäts- und Zeitbegriff.

Welten, andere → Andere Welten.

Weltgedächtnis, Hypothese einer zeitlosen Instanz im Universum, in der alle zeitlichen Ereignisse (aus irdischer Sicht: vergangene und künftige) gespeichert sein sollen. In diesem Zushg. wird gern an Lukas 10, 20 erinnert: »... freuet euch aber, daß eure Namen in den Himmel eingeschrieben sind.« – → Lévi sprach im 19. Jh. vom *Astrallicht,* in dem die Ereignisse aller Zeit registriert sind; später die Theosophen und Anthroposophen – vermutlich durch Paracelsus' *Weltseele (anima mundi)* angeregt – von der *Akasha-Chronik.* Der moderne → Rosenkreuzer Max Heindel (1865–1919) entwickelte das Konzept des *Weltäthers,* »rückstrahlenden Äthers«, der »das Gedächtnis der Natur« bilde.

William → James' *Kosmisches Reservoir* und → Ostys *Weltbewußtsein,* Universalbewußtsein *(conscience universelle)* kommen ebenfalls Funktionen eines W.es zu. In jüngster Zeit hat → Neuhäusler (1957, 1958) zur Erklärung der Präkognition noch einmal den Gedanken eines *Weltplans* formuliert, mit latenten Ereignissen, die in der Geschichte realisiert werden *können.*

Wereide, Thorstein (* 1882), norweg. Physiker, Mitbegründer und langjähriger Präsident der Norwegischen Gesellschaft für psychische Forschung sowie Hrsg. der *Psyskisk Tidsskrift;* pps. arbeitete er als Beobachter, Experimentator und Historiker. – *Werke* → Bibl.

Werwolf → Lykanthropie.

Wesley, Samuel → »Old Jeffrey«.

Wetterstrand, Otto Georg (geb. 1845), schwed. Arzt und berühmter Hypnotiseur, dessen hypnotische Schlafkuren um die Jh.wende geradezu sensationell wirkten. In mehreren Fällen beobachtete W. bei hypnotisierten Patienten ASW-Leistungen; z. B. beschrieb eine Patientin im somnambulen Zustand W.s Arbeitszimmer, das sie nicht kennen konnte. – *Werke* → Bibl.
Moser (1974: 33 f.) teilt mit, daß jene Patientin, durch die Freud zur Psychoanalyse fand (Freud, *Die Abwehr-Neuropsychosen,* 1894), ursprünglich Patientin W.s war, und daß W. erst nach sehr langen Bemühungen in der Lage war, die Patientin zu hypnotisieren. Freud dagegen, der nicht als guter Hypnotiseur gilt, gelang bei ihr die Hypnose auf Anhieb. Moser sieht im individuellen Unterschied zwischen den Hypnotiseuren ein Hauptproblem des Hypnotismus.

Wetterzauber, von Naturvölkern und aus der Antike bekannte Praktiken, das Wetter zu beeinflussen. Besonders verbreitet war der *Regenzauber* (im alten Rom *Aquaelicium;* Wasserlocken), oft ein Analogiezauber: Man vergoß rituell Wasser, damit es regne.
Aus neuerer Zeit seien genannt → Gaßner, der gegen schlechtes Wetter zu exorzieren versuchte, und der →Cloudbuster Wilhelm Reichs (s. a. Stearn 1968).
Lit.: Andrian 1894; Fiedler 1931.

Weyer, auch Weier, Wier, Wierus, Wierius, Johannes (1515–1588), fläm. Arzt, Schüler des → Agrippa von Nettesheim. W. war ein bedeutender Gegner des Hexenglaubens. Er war der Ansicht, daß jene, die sich für Hexen hielten, Melancholiker seien, und ihr Glaube auf bloßer Einbildung beruhe. → Bodin bekämpfte W. in diesem Punkt heftig, zumal W. durchaus dämonengläubig war: Er beschrieb die Hierarchien der Bösen Geister und glaubte, man könne sie durch Magie zwingen. – *Werke* → Bibl.

White, Stewart E. → Paraphysik.

White Eagle Lodge [engl.; Loge Weißer Adler], engl. Gesellschaft, 1936 gegründet; die Mitglieder widmen sich der Sonnenverehrung, üben sich in der → Astrologie, lehren die → Seelenwanderung und praktizieren die → Fernheilung.

Wicca, im zeitgenössischen, vor allem angelsächsischen Hexenwesen die Bezeichnung für eine hypothetische Kraft der »Hexen«.

Widerstand, in der Psychoanalyse jene Kraft, die die Aufdeckung unbewußter Inhalte zu verhindern sucht. Der Begriff wurde von Freud in erweitertem Sinn auf die Haltung der wiss. Gegner der Psychoanalyse angewandt, soweit deren Ablehnung durch unbewußte Wünsche bestimmt war. Im letztgenannten Sinn spricht man gelegentlich auch von W. bei Gegnern der Pps.: Man unterstellt ihrer Ablehnung unbewußte Ängste und Wünsche als Motiv.

Wiedergänger, identifizierbares Phantom eines Verstorbenen; nach dem Volksglauben Tote, die in ihrem Leben (noch ungesühnte) Schuld auf sich geladen haben und nun ruhelos → umgehen, meist zur Mitternacht auf Kirchhöfen oder am Ort ihrer Untat, oder unwürdig Bestattete. → Vampire sind eine Form des W.s; ein Versuch, diese Vorstellungen zu erklären, wurde mit dem Begriff des »lebenden Leichnams« (Naumann 1921) gemacht.

Wiedergeburt, in der Esoterik in verschiedener Bedeutungsnuancierung gebraucht, entspricht W. in etwa den Begriffen → Metempsychose und → Reinkarnation. W. meint den Eintritt in ein neues Leben; sie kann mit dem Eintritt in einen neuen oder wiedererschaffenen Leib verbunden sein (man denke auch an den verbreiteten Gedanken, Vorfahren würden in ihren Nachkommen wiedergeboren) oder »rein geistig« verstanden werden (so im christl.

Taufakt und in den Mysterienkulten durch die → Initiation; die Erwachsenen der 3 obersten Kasten der traditionellen Hindu-Gesellschaft heißen nach Aufnahme in die Kultgemeinschaft *dvija*, »Zweimalgeborene«).

Wiederverkörperung → Verdeutschung von → Reinkarnation.

Wiegeversuche, spielten schon in der Frühzeit der Pps. eine wichtige Rolle; in Séancen wurden paranormale → Gewichtsveränderungen beobachtet und daß Medien eine Waage zum Ausschlag brachten, ohne sie zu berühren. Entsprechende Versuche → Crookes' mit → Home (1871) wiederholte erfolgreich → Grunewald (vgl. auch → Hexenwaage).
Lit.: Grunewald in Psychische Studien *1919, Heft 5 u. 1920, Hefte 2, 3, 4, 5, 6; Grunewald 1920: 66–70.*

Wilhelm von Ockham (1285–1349), latinisiert Guilelmus Occam, engl. Franziskaner, scholastischer Theologe und Philosoph. Forderte die völlige Trennung von Glauben und Wissen (und daraus resultierend von Kirche und Staat). Das sog. *Occamsche* Ökonomieprinzip *entia non sunt creanda praeter necessitatem* [(neue) Wesenheiten dürfen (in der Theorienbildung) nicht eingeführt werden, es sei denn aus Notwendigkeit], ist eine erkenntnistheoretische Maxime, die für die Diskussion Animismus contra Spiritismus besagt, daß die spiritistische Hypothese keine Geltung hat, solange die Phänomene animistisch erklärt werden können.
»Es heißt gegen die Grundsätze wissenschaftlicher Methodik sündigen, wenn man für etwas, was durch bekannte Mittel zu erklären ist, außerdem noch unbekannte Gründe annimmt. Nur dort, wo alle bekannten Erklärungsgründe versagen, dürfen wir zu neuen Hypothesen greifen.« (Dessoir 1917: 178.)

Will, Matthias, Geistlicher aus Sitten im Wallis, der im 17. Jh. durch Gebet, Handauflegen und Exorzismus heilte. Seine Patienten kamen selbst von außerhalb des Landes zu ihm.
Lit.: Tenhaeff 1957.

Wille, in der Philos. Fichtes ein »schöpferisches Prinzip«; bei Schopenhauer das Metaphysische schlechthin, das, was Kant »Ding an sich« gen. hatte, der vitale Grund. (Schon Paracelsus' Äußerung: »Ihr sollt wissen, daß die Wirkung des Willens ein großer Punkt ist in der Arznei«, zielt nicht auf Suggestion oder Autosuggestion, sondern meint ein vitales Prinzip.)
In der Ps. werden W.nsakte dem bewußten Ich zugesprochen, das Triebansprüche mit Entscheidungen, dem Finden einer Absicht beantwortet. – Auch im Unbewußten gibt es nach Jung dem W.n vergleichbare »finale Strebungen«; das Gewollte und Erreichte dieser Strebungen kann bei »abgeblendetem« Ichbewußtsein als paranormales Phänomen beobachtet werden.

Willermoz, auch Vuillermoz, Jean-Baptiste (1730–1824), frz. Esoteriker und Freimaurer; die (Wieder-)Entdeckung des sog. magnetischen Somnambulismus gelang ihm möglicherweise vor de → Puységur (van Rijnberk 1934).
Lit.: Dermenghem 1926.

Willett, Mrs. → Coombe-Tennant.

Williams, Charles, engl. Materialisationsmedium, das in den 70er Jahren des 19. Jh.s von sich reden machte; als Kontrolle trat John → King auf. In Séancen wurden durch Apparate normal nicht erklärbare → Gewichtsveränderungen registriert. Bei einer Sitzung in Amsterdam wurde W. des Betrugs überführt: Eine Helferin mit Umhängebart und anderen Hilfsmitteln ausgerüstet trat als »Materialisation« auf.
Lit.: Berry 1876.

Willing Game [engl.], svw. Cumberlandismus, → Muskellesen. Nach Berechnungen von → Ochorowicz sind rund 60 Prozent der Bevölkerung in der Lage, sich diese Fähigkeit anzueignen.

Winklhofer, Therese, gen. »Resi« (* 1919), wurde 1927 als 18jähriges Dienstmädchen in München »wegen groben Unfugs, ausgeübt durch das Werfen harter Gegenstände« mit 2 Wochen Haft bestraft. Zwar lag ein Geständnis der Hysterica – so das psychiatrische Urteil – vor (der Psychiater Bumke über seine Probandin: »körperlich und geistig zurückgeblieben«); bereits die untersuchenden Ärzte → Schrenck-Notzing und → Tischner äußerten Zweifel.

Schrenck-Notzing: »Soll man wirklich annehmen, daß Therese imstande war, fortlaufend unter den Augen der Mitbewohner raffinierte Täuschungen vorzunehmen, indem sie bald läutete, bald an der Tür pochte, bald Geschirr zerschlug und Gläser warf? ... Die Qualität von drei so einwandfreien Zeugnissen wie sie hier vorliegen, würde, angewendet auf anderweitige kriminelle Handlungen (Diebstahl, Mord oder dergleichen), in unserem heutigen Rechtsleben völlig ausreichen zur Verurteilung. Sobald es sich aber um angeblichen Spuk, also um eine wissenschaftlich und rechtlich noch nicht abgestempelte paranormale Naturerscheinung handelt, wird das Urteil sonst nüchtern denkender Menschen gefühlsbetont und tendenziös.«

Lit.: Kaufmann 1970: 113–16; Walther 1962: 313 ff.

Wirklichkeit, auf Meister → Eckhart zurückgehende Bezeichnung des Seienden in der Philos.; das tatsächlich Existierende, außerhalb der Wiss. oft mit dem Beobachtbaren gleichgesetzt. Wiss. aber heißt beobachten und dadurch (Denk-)Modelle gewinnen, die nicht »wirklich« oder »wahr« sind, sondern lediglich eine Verständigungsbasis schaffen.

»Wie die neue Physik dargelegt hat, sind alle früheren physikalischen Systeme von der Newtonschen Mechanik bis herab zur alten Quantentheorie in den Irrtum verfallen, Erscheinung und Wirklichkeit gleichzusetzen; sie beschränkten ihre Aufmerksamkeit ... (auf die Erscheinung), und dachten nicht einmal an eine tiefere jenseitige Realität. Die neue Quantentheorie hat gezeigt, daß wir die tiefere Unterschicht der Realität sondieren müssen, um die Welt der Erscheinung zu verstehen, sogar schon, um die Resultate unserer Experimente vorhersagen zu können.« (Jeans 1952.)

Wirth, Oswald (1860–1943), schweizer. Okkultist, der vor allem in Frankreich wirkte; beschäftigte sich u. a. mit Astrol., Mesmerismus und Tarotstudien; Sekretär → Guaitas, mit dem zusammen er eine rosenkreuzerische, satanistische Kultgemeinschaft gründete. – *Werke* → Bibl.

Wissende, auch *Eingeweihte,* gelegentliche Bezeichnung für erfahrene Okkultisten und Esoteriker. Das nichtöffentliche Wissen ist Ziel des Esoterikers, während der neuzeitliche Wissenschaftler und damit auch der Parapsychologe ein eher demokratisches Wiss.sverständnis hat, selbst wenn er sich anderen nicht immer in der von ihm gewünschten Weise mitteilen kann:

»Als Kind fühlte ich mich einsam, und ich bin es noch heute, weil ich Dinge weiß und andeuten muß, von denen die anderen anscheinend nichts wissen und meistens auch gar nichts wissen wollen, Einsamkeit entsteht nicht dadurch, daß man keinen Menschen um sich hat, sondern vielmehr dadurch, daß man ihnen die Dinge, die einem wichtig erscheinen, nicht mitteilen kann, oder daß man Gedanken für gültig ansieht, die dem anderen als unwahrscheinlich gelten.« Jung, zit. n. Storr 1974: 65.)

Wittelmeyer, Michael (* 1944), technischer Assistent am Institut für Grenzgebiete der Psychologie in Freiburg i. Br., der hin und wieder auch mit Begeisterung pokerte. 1966 verband er sein Interesse für die Pps. und seine Pokerleidenschaft, indem er sich als Vp. für Experimente mit → Zener-Karten zur Verfügung stellte. Er erwies sich als → High scorer. Bemerkenswert ist folgendes »Schaukelexperiment«: In einem ASW-Experiment, das sowohl auf Hellsehen als auch auf Telepathie angelegt war, hatten W. und 5 weitere Vpn überzufällige Treffer erzielt. Im »Schaukelexperiment« sollte W. nun als Agent fungieren, aber nur einen Teil der aufgehobenen Karten ansehen, die anderen nicht. Die übrigen Vpn glaubten bei jedem Klingelzeichen des Distanzversuchs, W. wolle jetzt ein Symbol »senden«. So entstanden eine Hellseh- *und* eine Telepathiesituation; die Ergebnisse des »Hellsehens« lagen bei der Zufallserwartung, in der Telepathiesituation scheint tatsächlich Telepathie stattgefunden zu haben:

	Calls	Zufallserwartung	Treffer
RH	3575	715	701
RT	3575	715	985

Die → Antizufallswahrscheinlichkeit für Telepathie ist mit 1 : 10^{29} außerordentlich hoch. – In späteren, auf Präkognition hin angelegten Experimenten erzielte W. ebenfalls signifikante Ergebnisse.
Lit.: Bender 1971: 50 f., 65 f., 68; Bender/Lischke 1968.

Wolkenbilder, Wolkenformationen, die die Menschen als Zeichen künftiger Ereignisse deuteten. Man hat versucht, diese Erscheinungen als physikalische Spiegelungen oder auch als Kollektiv-Illusion zu verstehen, hat aber auch die phantastische Vermutung geäußert, die »Bilder« seien materielle Kollektiv-Projektionen, erklärlich aus einem anderen Sozialgefühl als dem unseren.
So sahen unmittelbar vor der Schlacht von Lützen (1632) zahlreiche Zeugen über dem königlichen Schloß in Stockholm eine Jungfrau von überirdischer Größe und Schönheit in der Luft; in der einen Hand trug sie eine brennende Fackel, in der anderen Hand einer Art weißes Schnupftuch. Die nachträgliche Deutung der Erscheinung war: Nach des Königs Tod wird die Kriegsfackel neu auflodern, das Tuch zeigt an, daß Tränen fließen werden. In diesem Fall ist allerdings fraglich, ob die Erscheinung überhaupt als Wolkenbild gesehen werden darf. – Anders im folgenden Fall: »In voriger Nacht, nämlich zwischen dem 22. und 23. hujus (Mai 1677), haben mehr denn 1000 Personen allhier [Kopenhagen] abermahlen zwey große Armeen am Himmel, die eine auß dem Süden, die andere auß dem Norden hervorkommende, gesehen, und daß vor jedweder Armee ein großer Stern als deroselben General-Anführer vorauß marschieret, deme solche Armeen nachgezogen. Die auß dem Norden trieb die inß Süden stehende Armee Anfangs ziehmlich weit zurücke, zuletzt aber bekame diese die Oberhand, jagte die andere zurücke u. s. w. Was nun solche Gesichte zu bedeuten haben, ist zwar biß jetzo dem Allwissenden alleine bekannt, jedoch zu vermuthen.« (Nach Horst 1830 I: 154.)

Woltersdorf, Seherin von → Silbert, Maria.

Woodruff-Price-Experiment → Würfel.

Worksop, Ort in der engl. Grafschaft Nottinghamshire, wo 1883 Poltergeistphänomene auftraten, die vor allem aus Objektbewegungen mit bizarren Flugbahnen bestanden. Agent scheint ein schwachsinniges Mädchen gewesen zu sein, das zu Besuch in jenem Haus war.
Lit.: Podmore 1896/97.

Worrall, Ambrose Alexander (* 1899), in den USA lebender engl. Ingenieur; W., verh. mit Olga W., ist ein bekannter Geistheiler, der sich lit. mit verschiedenen pps. Themen beschäftigte (ASW, Psychometrie, PK, aber auch Überleben, Meditation, Gebet u. a. m.) und durch Experimente u. a. spirituell bewirktes Pflanzenwachstum untersuchte (R. N. Miller 1972). – *Werke* → Bibl.

Worrall, Olga Nathalie (* 1906), amer. Geistheilerin, die die religiösen und pps. Interessen ihres Ehemannes A. A. W. teilt; sie gehört dem Direktorat der New Life Clinic, Mount Washington Methodist Church, Baltimore, an. – *Werke* → Bibl.

Worth, Patience, als »Fall P. W.« wurde die Geschichte einer 1883 geb. amer. Hausfrau, Mrs. Pearl L. Curran aus St. Louis, bekannt: 1913 erhielt sie ein → Oui-ja-Board zum Geschenk und schon kurze Zeit später manifestierte sich durch Automatisches Buchstabieren ein Wesen — »P. W.« — in einem altertümlichen Engl., daß der nicht sonderlich gebildeten Mrs. Curran nur schwer verständlich war. P. W. behauptete, sie sei in Dorset, England, im 17. Jh. als Tochter eines Webers nach Amerika ausgewandert und von Indianern getötet worden. Einige hist. Angaben, von denen kaum vorstellbar ist, daß Mrs. Curran auf normale Weise von ihnen Kenntnis erhalten haben konnte, waren verifizierbar. Zuerst mittels Oui-ja-Board, später durch Automatisches Sprechen, verfaßte »P. W.« *The Sorry Tale* (einen Roman, der zur Zeit Christi spielt). Andere Werke entstanden durch Diktat aufgrund eines

halluzinierten Textes. Mrs. Curran schrieb noch *Telka*, eine mittelalterliche Erzählung in Versen, *Hope Trueblood*, eine Geschichte aus dem 19. Jh., *Light from Beyond*, *The Pot Upon the Wheel* u. a. m. (Gedichte, Kurzgeschichten, Rätsel, Sentenzen). Für eines ihrer Werke erhielt sie den Pulitzer-Preis! Die Produktion erfolgte rasch, oft ca. 3500 Wörter in 2 Stunden. Am erstaunlichsten aber ist, daß das Medium Slang sprach – »P.W.« dagegen korrektes Engl., das sie bei hist. Texten ebenfalls korrekt archaisierte.
Lit.: Patience Worth's Magazine *1918/19 (10 Nummern); W. F. Prince 1927; Yost 1916.*

Wriedt, Etta (geb. 1860), amer. professionelles Medium, vor allem für → Direkte Stimme bekannt; W. arbeitete ohne → Kabinett, gelegentlich sogar (scheinbar) bei Bewußtsein. Neben den Stimmen werden folgende Phänomene berichtet: Materialisationen (darunter bellende Hunde!), Leuchterscheinungen, Apporte (Blumen, Wasser), paranormale Berührungen und ASW-Leistungen. Bei Besuchen in England war John → King ihre → Kontrolle.
Lit.: Moore 1913.

Wronski → Hoene-Wronski.

Wulff, Wilhelm, Sensitiver, Protegé Hitlers, dessen Tod »unter mysteriösen Umständen« er für einen Zeitpunkt vor dem 7. 5. 1945 voraussagte. Hitler tötete sich am 30. 4. 1945.
Lit.: Walther 1956.

Wunder, theologischer Begriff (nicht auf den christl. Bereich beschränkt) zur Bezeichnung des außerordentlichen Ereignisses, das jeglicher Erfahrung oder gar den Naturgesetzen widerspricht (Thomas von Aquin definierte: *extra ordinem totius naturae*). Augustinus war allerdings der Ansicht, daß das Ereignis nicht im Widerspruch zur Natur stünde, sondern in Widerspruch zu dem, was wir von der Natur wissen. Hume definierte das W. als die Aufhebung eines Naturgesetzes. Unbeschadet seiner theologischen Dimension ist das W. vor allem eine »soziale Tatsache« und eine »soziale Sanktion«. Auf die soziale Funktion des W.s verweist auch, daß die W.dichte in verschiedenen Sozialstrukturen variiert (Scharfe 1868/69).
Lit.: Keller/Keller 1968; Mensching 1957; Mischo in Zeitschrift f. Pps. *12, 1970 u. 13, 1971.*

Wunderheilung, spontane Heilung eines organischen Leidens in einem religiös determinierten »affektiven Feld«, oft durch einen charismatischen Heiler oder an bestimmten Orten (Heiligengräbern, Stätten einer Erscheinung, vor »wundertätigen« Madonnen, usw.; auch ein bestimmter Zeitpunkt, z. B. ein Jahrestag, kann eine Rolle spielen). Handelt es sich um einen an einer Quelle oder einer Grotte gelegenen Wallfahrtsort (→ Lourdes), so können dabei, hist. gesehen, vorchristl. Kulte in Spuren überlebt haben; tiefenps. betrachtet dürften archetypische Paradiesvorstellungen eine Rolle spielen (C. A. Meier 1949). Jung denkt bei W.en auch an synchronistische Phänomene (→ Synchronizität).
Lit.: Bender in Bitter 1959; Bibl: 2 Kön. 5, 1–19; Matth. 14, 14; 15, 30; Joh. 5, 8 f.; Mark. 6, 13; Luk. 9, 1–10; Apg. 3, 1 ff.; Bitter 1959; Bozzano 1975; Kreyher 1880 I/II; Liek ²1931; Meng 1956.

Wunderkinder, Kinder, die Fähigkeiten demonstrieren, die über das Altersgemäße hinausgehen und oft sogar die normalen Fähigkeiten Erwachsener übersteigen. Solche Begabungen können vorübergehend auftreten, z. B. in der 1. Latenzphase (Alter 8–10 Jahre) der psychosexuellen Entwicklung, um dann mit beginnender Pubertät wieder zu verschwinden. Im Einzelfall wurden schon parapsychische Faktoren vermutet.

Einen bekannten Fall bildet Mozart, der mit 6 Jahren schon (z. T. meisterhaft) komponierte. – Den wohl verblüffendsten Fall stellt Christian Heinrich Heinecken dar: Er wurde 1721 in Lübeck geboren; mit 10 Monaten benannte er bereits Gegenstände, noch im 1. Lebensjahr erteilte man ihm Elementarunterricht im A. T.; mit 3 Jahren sprach er Frz. und Lat., vorher verfügte er schon über Geschichtskenntnisse. Christian starb – er begann gerade zu schreiben – mit 4 Jahren.

Als Wunderrechner wurde Johann Martin Zacharias Dase (1824–1861) bekannt; er besaß keine theoretischen mathematischen Kenntnisse, rechnete aber außerordentlich schnell, so daß ihn der Mathematiker Carl Friedrich Gauß (1777–1855) zeitweilig als eine Art menschliche Rechenmaschine benutzte; u. a. wurde von Dase eine Tafel der natürlichen Logarithmen der Zahlen erstellt. Außerdem war er hyperästhetisch begabt: Er konnte über 30 Gegenstände nahezu gleichzeitig getrennt wahrnehmen, z. B. außerordentlich rasch die Anzahl der Bücher in einem Regal oder der Schafe einer Herde nennen.

Wundermaler, Bezeichnung → Ostys für Produzenten Automatischer Malerei; dabei wird nicht unterschieden, ob die gesamte Produktion des Betreffenden automatisch ist oder nur Teile von ihr automatisch entstehen; auch die Frage paranormaler Inhalte bleibt offen.

Wundermänner, vor allem aus der griech. Überlieferung bekannte Männer, denen außergewöhnliche Fähigkeiten nachgesagt wurden; so soll z. B. der antike Wundermann Hermotimos von Klazomenai (hist. nicht fixierbar) der Aussendung seiner Seele fähig gewesen sein (Plutarch, *Moralia*); von Epimenides aus Kreta (vielleicht 7. Jh. v. Chr.) wird berichtet, er habe 57 Jahre schlafend in einer Grotte verbracht, und Abaris (im antiken Denken Beispiel für einen ekstatischen, gottnahen Menschen) konnte angeblich auf einem Pfeil fliegen (Dodds 1951). – Aus dem nichtgriech. Raum wäre als Beispiel noch zu nennen der zyprische Zauberer jüd. Herkunft Elymas (eigtl. Bar-Jesu), der den röm. Prokonsul Sergius auf Zypern gegen die Lehren des Paulus einnehmen wollte. Paulus, »voll heiligen Geistes«, weissagte ihm zur Strafe dafür Blindheit, die ihn auch auf der Stelle befiel (Apg. 13, 8).

Der Wundermann Apollonius von Tyana bewahrt einen Jüngling davor, das Opfer einer Lamie (Vampir, der sich von Menschenfleisch nährt) zu werden.

Wundt, Wilhelm (1832–1920), dt. Mediziner, Philosoph und Psychologe, Gründer des ersten Instituts für experimentelle Ps. (1879, Universität Leipzig) und Begründer einer Völkerps.

Der Pps. stand W. schroff ablehnend gegenüber; sein Urteil *(Der Spiritismus, eine sog. wissenschaftliche Frage*, 1879*)* stützte er dabei im wesentlichen auf eine nur etwa halbstündige Teilnahme bei einer Sitzung → Slades mit Zöllner: »Ich kann nicht finden, daß irgend eines der Experimente, die ich bei Herrn Slade gesehen habe, über die Leistungsfähigkeit eines guten Taschenspielers hinausgegangen wäre.« Allerdings vermag er auch keine konkrete Möglichkeit zu nennen, wie Slade die Phänomene hätte tricksen können. Und so hielt ihm auch Samuel Bellachini, von Beruf Hof-Prestidigitateur (Taschenspieler) zu Berlin, entgegen: »Hiernach erkläre ich, daß es sehr vermessen ist, über die objektive Leistung des amerikanischen Mediums Mr. Henry Slade nach einer gehaltenen Sitzung ein endgültiges Urteil ... abgeben zu wollen.«

Wünschelrute, bereits in der Antike bekanntes Gerät – vielleicht sogar schon auf ca. 30 000 Jahre alten nordafrikanischen Felsbildern zu erkennen –, eine gebogene Metallgerte, ein gegabelter Zweig, auch ein Walknochen oder sonstiges Material, das in den Händen von Rutengängern über bestimmten »Reizzonen« (Wasser-, Erzadern, Öllagern u. a.) ausschlägt. Die meisten Rut-

Wünschelrutengänger auf der Suche nach Erz- und Silberadern. (Holzschnitt, 16. Jh.)

ler glauben, sie selbst seien nur Werkzeug und reagierten auf geoelektrische Reize, magnetische Felder, bestimmte Strahlungen oder dergleichen (manche vermuten auch, daß ein vom Rutengänger selbst erzeugtes »magnetisches« Feld auf physikalische Reize reagiert); manche, vor allem angelsächsische Parapsychologen dagegen vermuten im W.nausschlag einen Automatismus, durch den sich eine paranormale Information (z. B. über die Lage von Bodenschätzen) kundtut. Diese Deutung trifft jedenfalls – klammert man den Zufall aus – auf jene Rutengänger zu, die ihre Entdekkungen nicht vor Ort, sondern anhand einer Landkarte machen, wie z. B. der Sensitive Joseph Matthieu, der diese Fähigkeit 1913 auf dem Internationalen Kongreß für experimentelle Psychologie demonstrierte, und das Medium Evelyn M. Penrose, das in den 30er Jahren Erdöllager in British Columbia mittels W. und Landkarte lokalisierte.

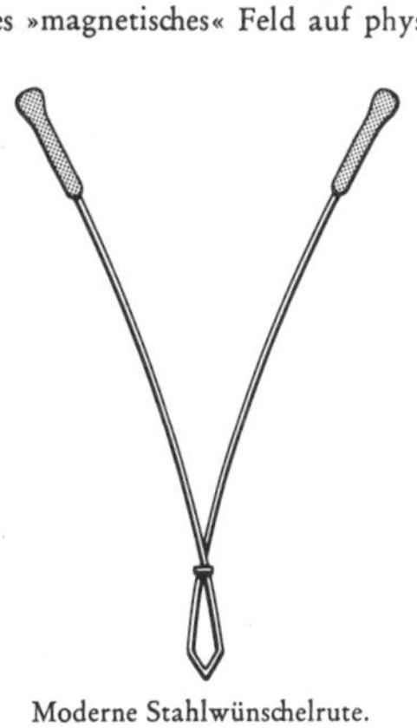

Moderne Stahlwünschelrute.

Um die wiss.-pps. Untersuchung des W.nproblems machten sich als erste → Barrett, → Besterman und in Deutschland vor allem → Klinckowstroem verdient.

Lit.: Aigner 1922; Archiv zur Klärung der Wünschelrutenfrage, *NF, I–V, 1952–56; Barrett*

1897/98, 1900/01; Barrett/Besterman 1926; Hofmann (1922); v. Klinckowstroem 1911, 1922, 1960; Klinckowstroem/Maltzahn 1931; H. L. König 1975; Pease 1884; Prokop 1957; Schriften des Verbandes zur Klärung der Wünschelrutenfrage *I-XIV, 1912—31; Sollas 1884; J. Walther o. J.; Wendler 1925.*

Würfel, Experimente mit W.n spielen eine wichtige Rolle beim quantitativen PK-Experiment. An der → Duke University begann man damit 1934:

»Für unsere Zwecke bot sich das Würfelspiel als ideale Lösung an. Glücklicherweise glauben viele Leute, sie könnten geistig auf die Würfel einwirken. Sie glauben, sie könnten, wenn sie in der richtigen Stimmung sind, ihren Fall durch eine Willensbetätigung direkt beeinflussen (also nicht etwa durch Manipulationen beim Werfen der Würfel oder durch die Benutzung falscher Würfel). Als ein junger Mann, der ein leidenschaftlicher Spieler war, uns in Duke [University] darauf aufmerksam machte, erkannten wir sogleich, daß das Würfeln sich ganz ausgezeichnet zu einer experimentellen Erforschung der PK-Hypothese eignete. Es ließen sich bei diesem Experiment nicht nur alle erforderlichen Kontrollmaßnahmen anwenden, sondern es eignete sich auch dazu, das Interesse und den Wetteifer der Versuchspersonen wachzurufen. Die Protokolle konnten leicht ausgewertet werden, und es ließ sich leicht berechnen, welchen Trefferdurchschnitt man zu erwarten hatte, wenn der Zufall allein wirksam war.« (Rhine 1950: 142.) »Wie bei den ASW-Experimenten war auch bei den psychokinetischen Experimenten eine feste Versuchszahl als Vergleicheinheit erforderlich. Schon sehr früh wurde es bei allen PK-Experimenten üblich, 24 Einzelablesungen als ein solches ›Spiel‹ anzusehen. Ob diese Zahl durch 12 Würfe mit 2 Würfeln oder durch 8 Würfe mit 3 Würfeln oder endlich durch 24 Würfe mit einem einzigen Würfel zustande kam, war belanglos.« (Ebd.: 144.)

Bekannt wurde das sog. »Ablenkungsexperiment« Woodruff-Price: Joseph Leroy Woodruff (* 1913), später Professor der Ps. in New York, hatte überzufällige Ergebnisse mit W.n erzielt; er glaubte, auch wenn jemand versuche, ihn abzulenken, könne er vergleichbare Leistungen erbringen.

»Die Würfel wurden durch einen von einem Elektromotor zum Rotieren gebrachten Drahtkorb geworfen. Während der ganzen Versuchsreihe und der Kontrollen wurden die beiden selben Würfel benutzt. Das Ziel war stets das gleiche: die Sechs. Der Einfluß der Ablenkung (durch die Vp. Margaret Price) war unverkennbar. Woodruff erzielte die besten Ergebnisse, als er allein arbeitete. In 60 Spielen erzielte er 58 Treffer für jedes Spiel. Fast genauso gute Ergebnisse hatte er unter neutraler Kontrolle erzielt, nämlich in 32 Spielen 27 Treffer über ›Zufall‹. Als Miss Price ihn aber ablenkte, sanken die Ergebnisse bis unter die Zufallsgrenze: so erzielte er nur 10 Treffer unter ›Zufall‹ in den 60 Spielen. Da er aber noch immer nicht überzeugt war, schlug er vor, das Experiment um 20 weitere Spiele zu verlängern, aber auch da lagen seine Ergebnisse unter ›Zufall‹.« (Ebd.: 180 f.)

Wyllie, Edward (1848—1911), engl., später in Kalifornien lebender Fotograf, dessen Bilder häufig → Extras aufwiesen. Dabei wurden ihm gewisse psychometrische Fähigkeiten zugeschrieben: Man gab ihm einen Gegenstand, z. B. eine Locke, und das Extra zeigte in diesem Fall das Antlitz der Mutter der Frau, von der die Locke stammte.

X

X, Miss → Goodrich-Freer.

X, *Substanz X* nannte → Osty die materiale Grundlage der extrasomatischen → Ideoplastik; also das, was bei anderen Autoren Teleplasma, Ideoplasma, Ektoplasma, Astral u. a. heißt.
Lit.: E. u. M. Osty 1932.

Xenoglossie [von griech. *xenos;* fremd, und *glossa;* Zunge], Sprechen, aber auch Verstehen, Lesen, Schreiben einer Sprache, die man nicht erlernt hat; die von Medien erfundenen Sprachen (vgl. Helene → Smith) gehören nicht dazu. Manche Autoren unterscheiden noch zwischen X., dem *Schreiben* in fremden Sprachen, und *Xenoglossolalie,* dem *Sprechen* von Fremdsprachen.
Der biblische Pfingstbericht (Apg. 2, 4) bezeugt X., und in der → Hagiographie werden viele Fälle überliefert; laut kath. Lehre kann sie auch ein Zeichen von → Besessenheit sein. – In neuerer Zeit wurde u. a. der Fall der Laura Edmonds bekannt: Miss Edmonds, Tochter eines Senatspräsidenten in New York, sprach nur Engl., in der Schule hatte sie noch einige frz. Vokabeln gelernt. Bei einer Abendgesellschaft, 1859, wurde ihr ein Grieche vorgestellt. Sie unterhielt sich mit ihm länger als eine Stunde auf Neugriechisch – angeblich sprach aus ihr ein Landsmann und Freund des Gastes – und teilte ihm mit, soeben sei sein Sohn in Griechenland gestorben, was sich nachträglich als wahr erwies. Aus der gleichen Zeit wird von einer Mrs. Young aus Chicago, Arbeiterin mit Volksschulbildung, berichtet, daß sie gelegentlich Dt., Span. und Ital. sprach. – Von Mrs. → Wriedt, einem amer. professionellen Medium behauptete der serbische Diplomat Chedo Miyatovitsch (1912 a, b), »aus ihr« habe sich seine Mutter auf Serbisch und ein kroatischer Arzt auf Kroatisch mit ihm unterhalten. – Von Mme. → d'Espérance wird erzählt, daß einmal eine ihrer Materialisationen einen Satz in klassischem Griech. niederschrieb, »doch ist den Versuchen der Frau d'Espérance gegenüber stets äußerste Zurückhaltung geboten« (Richet 1923: 167). – Das ital. Medium Alfredo Pansini soll einmal in einer Sitzung hintereinander 12 Sprachen gesprochen haben, und nach einer Meldung der New Yorker *Evening Post* (10. 11. 1930) führte eine 4jährige Polin, die einen schott. Urgroßvater hatte, Selbstgespräche in einem Idiom, das sich später als Gälisch herausstellte.
Der Musikpädagoge Frederic Wood (gest. 1963) dokumentierte die außergewöhnlichen Fähigkeiten der engl. Lehrerin »Ivy B.« († 1961; ein Pseudonym, ihren richtigen Namen hat sie nie preisgegeben), die, wie der Oxforder Ägyptologe Alfred J. Howard Hulme bestätigte, plötzlich altägypt. sprach und schrieb (Wood 1933). Es existieren von »Ivy B.« in altägypt. besprochene Schallplatten, die unter der Aufsicht → Fodors aufgenommen wurden. Der Oxforder Ägyptologe Prof. Gunn behauptete allerdings, diese Laute hätten mit der alten ägypt. Sprache nichts zu tun.
Von → Valiantine bezeugt der Orientalist Nevill Whymant, daß dieser in 12 Sitzungen 14 Sprachen beherrschte; u. a. meldete sich »Konfutse« in klassischem Chin. Bei »Margery« (→ Crandon) und einigen Automatisten ihrer Zeit traten sogar Kreuz-Korrespondenzen in Chin. auf. Insgesamt sind die Berichte aus neuerer Zeit wenig überzeugend; unbewußte Erinnerung und absichtliche Täuschung lassen sich gerade auf diesem Gebiet nur schwer nach-

weisen. S. a. → Automatisches Schreiben bei Analphabeten; → Gaßner; → Neumann.
Lit.: Andreas 1967; Busching 1907; Dessoir 1917: 98—100; van Eeden 1901—03; Richet 1905, 1923: 163—68; de Vesme 1905, 1907.

Xenographie [von griech. *xenos;* fremd, und *graphein;* schreiben], Automatisches Schreiben mit einem paranormalen Element: Entweder ist die Sprache, in der die Information oder der Text niedergeschrieben wird, dem Medium fremd, oder die Handschrift ist als die eines anderen (oft eines Verstorbenen) identifizierbar, dessen Schrift das Medium jedoch nie gesehen hat.

Xenologie, Bezeichnung → Maacks für die von ihm entwickelte Form des wiss. Okkultismus.

Xenoskopie [von griech. *skopein;* schauen], das »Hineinblicken« in einen fremden Körper bei der medialen Diagnose; Gegenbegriff zu → *Autoskopie.*

X-Strahlen, 1. gelegentlich für die → Starren Strahlen von Ochorowicz gebraucht; 2. veraltet für Röntgenstrahlen; ausgehend vom Bild der Röntgenstrahlen wurde die heute ebenfalls veraltete Bezeichnung *X-ray clairvoyance* (»X-Strahlen-Hellsehen«) für das Lesen verschlossener Briefe (→ Buchtest) geprägt.

Bildliche Darstellung der Übertragung »magnetischer« Kraft durch unbekannte Strahlen. (Radierung, 18. Jh.)

Y

Yage, Droge, die von Indianerstämmen am Oberlauf des Amazonas genommen wird; sie soll telepathische Fähigkeiten verstärken. »Ein kolumbianischer Wissenschaftler hat eine Droge, die er *Telepathin* nannte, aus dem Yage isoliert« schreibt 1953 der amer. Schriftsteller William S. Burroughs (* 1914); die wiss. Bestätigung dieser Meldung steht noch aus (Burroughs 1972: 157). Y. ist ein Extrakt aus *Haenadictyon amazonica,* einem Hundsgiftgewächs, mit Zusätzen einer anderen Droge, die aus der Liane *Banisteria caapi* gewonnen wird (Schurz 1969).

Yantra [sanskr.; von der Wurzel *yam,* die etymologisch verwandt ist mit lat. *jugum;* Joch], auch *Jantra,* im Tantrismus und Lamaismus ein geometrisches Diagramm, in der Funktion dem → Mandala des Mahayana-Buddhismus vergleichbar. Es wird als Hilfsmittel bei Übungen gebraucht, die das Ziel haben, den Geist »anzujochen«, zu zügeln. Nach anderem Verständnis braucht der Übende ein Y., »um eine telepathische und noch engere Verbindung mit den Gottheiten herzustellen, die er anruft« (Evans-Wentz 1937).

Yeats, William Butler (1865–1939), irischer Dichter, der sich außerordentlich für Mystik, Alchimie, Okkultismus und Esoterik interessierte (und dessen Frau als medial begabt galt). In verschiedenen Phasen seines Schaffens war er von der Theosophie, ritueller Magie, Tarot, Kabbala und ind. Denkern unseres Jh.s, z. B. Rabindranath Tagore (1861–1941), beeinflußt. Ein eigenes synkretistisches System entwickelte er in *A Vision* (1925).
Lit.: Howe 1972.

Yin und Yang, grundlegendes Begriffspaar der traditionellen chin. Philos. aller Schulen: als Rhythmus gedachte Seinszustände der idealen und faktischen Ordnung.
Emblem dieser Ordnung ist das Tao (Weg, Sinn); ihm gegenüber erscheinen Y. und Y. als sekundäre Embleme, die es möglich machen, die Welt zu strukturieren, Beziehungen zwischen Raumabschnitten, Zeitabschnitten und Zahlen herzustellen. Die abendländische Sinologie versuchte lange, Y. und Y. als Kräfte, Substanzen oder Prinzipien zu sehen. Im Gebrauch verweisen Y. und Y. auf die gegensätzlichen Aspekte Raum und Zeit. Die chin. Wiss. von Y. und Y. hat somit die Aufgabe, Ordnungen und Beziehungen zu erkennen; sie ist damit die Grundlage der Orakel (→ I Ging).
»Yin und Yang dürfen weder als rein logische Gegebenheiten noch einfach als kosmogonische Prinzipien definiert werden. Sie stellen weder Substanz, noch Kräfte, noch Arten dar. Im Bewußtsein der Gemeinschaft sind sie unterschiedlos all dieses ... sie lassen sich ebensowenig

Yin-und-Yang-Symbol mit den 8 I-Ging-Hexagrammen.

realisieren wie transzendieren, wie man auch nichts tut, um sie zu abstrakten Begriffen zu machen. Das völlig dem Gedanken der Wirksamkeit beherrschte chinesische Denken bewegt sich in einer Welt von Symbolen, die aus Entsprechungen und Gegensätzen bestehen – und man braucht Symbole nur praktisch anzuwenden, wenn man handeln oder verstehen will. Man verfügt über Wissen und Macht, sobald man die zweifache Aufzählung der sich anziehenden oder sich hemmenden Embleme kennt.« (Granet 1971: 108.)

Im Anziehen und Hemmen wird deutlich, daß der Gegensatz zwischen Y. und Y. kein absoluter ist, beide sind Teile eines Ganzen. Eine vergleichbare Lehre wurde im Abendland an der Schwelle zur Wiss. von Heraklit entwickelt – seine »antagonistische Sympathienlehre« wurde aber in den europ. Lehren der Sympathie nicht fortgeführt.

Yin-Yang, Bezeichnung des (androgyn gedachten) chin. Zauberers.

Yoga [sanskr.; Anspannung, etymologisch verwandt mit lat. *jugum;* Joch], ein aus der indo-iran. Religiosität erwachsener »Heilsweg«, dessen Ziel die Erfahrung des Selbst, des »Tiefen-Ich« *(purusha)* ist – mit den Worten des Indologen Heinrich Zimmer (1890–1943), die für alle Mystik gelten: »Y. ist Aufhebung des Gewahrwerdens zugunsten des Innewerdens.« – In der Geschichte des Y. entwickelten sich verschiedene Phasen und Ausformungen: die Systeme des Bhakti-Y. (Y. der liebenden Hingabe); des Karma-Y. (Y. der guten Werke), des auf Erkenntnis gerichteten Inana-Y.; des Kundalini-Y. und des Hatha-Y., den vorwiegend körperliche Übungen charakterisieren.

Bestimmte paranormale Fähigkeiten von Anhängern des Y. riefen im Westen ein breites Interesse hervor; von Hellsehen, Levitationen, Asitie u. a. Phänomenen liegen Berichte vor. Dabei wird meist verkannt, daß diese parapsychischen Erscheinungen nicht das Ziel des Y. sind, sondern eher Randerscheinungen oder gar Zeichen eines Abstiegs in einen vulgären Y. Dennoch müssen diese Phänomene selbstverständlich von der Pps. im Rahmen der östlichen Ps. und Philos. betrachtet werden. Auffälligerweise hat gerade die ind. Pps. das lange versäumt und eine vorwiegend westlich orientierte, durch quantitatives Arbeiten charakterisierte Forschung betrieben. Erst in jüngerer Zeit bahnt sich hier ein Wandel an (vgl. z. B. Das Gupta, *Werke* → Bibl.).

Lit.: Eliade 1936, 1954; Hauer 1958; Isherwood 1963; Iyengar 1975; Jacobi 1929; Lindquist 1932; Markus 1886; Sacharow 1954; Vishnudevananda 1975; Vivekananda o. J.; Walther 1956/56.

Yorks, Sir William, engl. Edelmann aus Lessingham, Lincolnshire, dessen Haus 1679 für 3 Monate Ort eines gutdokumentierten Spukfalls war; Geräusche, Objektbewegungen, Klopfen, daß man meinte, die Türen zersprängen – doch alles, ohne daß ein ersichtlicher Schaden auftrat.

Lit.: Görres 1927: 327 f.

Z

Z., Maria Reyes de → Pagenstecher, Gustav.

Zahlen, numerische Vorstellungen gab es bereits in vorgeschichtlicher Zeit, ob sie kultisch oder praktisch motiviert waren, ist unsicher. Aus z.theoretischen Überlegungen scheinen Z.magie und Z.symbolik entstanden zu sein; dabei werden die Z. entweder als tatsächliche Götter verstanden oder, häufiger, in eine bestimmte Ordnung gebracht und mit dem Göttlichen in Bezug gesetzt; diese Verbindung wird als Korrespondenz betrachtet, d. h., die Z. bilden das Göttliche oder das Universum ab. Vertreter dieser Lehre in der Neuzeit waren u. a. Agrippa v. Nettesheim und Giordano Bruno. – Bemerkenswert in diesem Zushg. ist auch die ps. Tatsache, daß Menschen regelhaft bestimmte Zahlen assoziieren, zu bestimmten Zahlen neigen (z. B. beim Lottospielen). Man bezeichnet dieses Phänomen mit dem engl. Begriff *Number habit* (Marbe 1916).

Bei Jung finden sich Andeutungen, die Z. seien weder Konstrukte noch Eigenschaften, sondern hätten archetypischen Charakter; sie gelten ihm als primitivste Ausdrucksform des Geistes. Diese Ansätze griff seine Schülerin Marie-Louise v. Franz auf; sie betont das »irrationale So-Sein der individuellen natürlichen Zahl« und schreibt ihr die Fähigkeit zu, »Psyche und Materie gemeinsam anordnen« zu können. Ihrer Ansicht nach liegt darin der Schlüssel zur → Synchronizität. Es erscheint ihr »wünschenswert, daß man eine zur bisher gültigen Zahlidee komplementäre neue qualitative Zahlauffassung einführen könnte, ohne deswegen in numerologisch-magische Vorstellungen zurückzufallen« (1970: 85). Vorläufer einer solchen Auffassung sieht sie in ethnographischen Daten, aber auch in der Alchimie, z. B. in der Formel der Maria Prophetissa (→ Maria Judaica): »Aus der Eins wird Zwei, aus Zwei wird Drei, und von dem Dritten das Eine ist das Vierte«, die sie so deutet: Die Vier entsteht nicht durch Progression, sondern wird dadurch gewonnen, daß die Drei-Einheit rückblickend in Beziehung zur Ur-Eins gesehen wird. So betrachtet sind die individuellen Zahlen nur verschiedene Realisierungen eines Eins-Kontinuums. Die Vier des Beispiels wird zum Ganzheitsmodell, sowohl im Psychischen (viele → Mandalas sind vierpunktakzentuiert!) als auch in der Welt der Dinge. Diese »Annäherung von Tiefenps. und Physik« bietet auch neue Verstehensmöglichkeiten des Parapsychischen.

Lit.: Andres 1935; Danckert 1966; Enders 1951; Heller 1936; Hopper 1938; Kluge 1937–43; Lüttich 1891; Murphy 1967; Paneth 1952; Reß 1926; Seidenberg 1963–66; Stenzel 1959; Weyl 1953.

Zancig, Julius (1857–1929), dän. »Gedankenleser«, der mit sehr viel Erfolg u. a. in London zusammen mit seiner Frau öffentlich auftrat und sich als »Telepath« produzierte. → Moll und → Dessoir untersuchten das Paar, das auch vor der kaiserlichen Familie in Berlin auftrat. Wahrscheinlich ist, daß sich das Ehepaar mittels eines komplizierten Codes verständigte.

Zauberei, der Gebrauch magischer Mittel (Beschwörung, Anrufen von Geistern und Dämonen, Brauen schädlicher oder heilsamer Getränke oder Salben usw.) in der »Volksmagie« bzw. der niederen → Magie. Als Hauptgruppen können *Schadens-* und *Mehrungszauber* unterschieden werden. Vom → Hexenwesen hebt sich die Z. dadurch ab, daß ihre Vertreter meist keine Verbindung zum Teufel aufnehmen. In den Elementen der europ. Z. kann vielfach gesunkenes Kulturgut nachgewiesen werden. – Ein schon für die Antike bezeugter *Analogiezauber* ist das *Nestelknüpfen.* Durch Operationen mit Knoten, Schlössern, Ketten oder anderen Materialien, die mit Binden oder Verschließen zu tun haben, sollten Bindungen hergestellt oder ihre Auflösung verhindert werden. Es gibt das Nestelknüpfen als Liebeszauber; im MA. war es meist eine schadenszauberische Übung (und sollte bei der Zielperson oft Impotenz bewirken). S. a. → Magie.

Lit.: Horst 1821–26; Hälsig 1910; Lehmann 1908.

Zeichen, bedeutungstragender Gegenstand oder Umstand; nach der Überlieferung oft Ankündigung oder Begleitung hist. wichtiger Ereignisse, deren Bedeutung die Zeitgenossen nicht erkennen konnten (z. B. Geburt einer später großen Persönlichkeit; das berühmteste Beispiel eines sog. *pränatalen* Z.s ist wohl der »Stern von Bethlehem«). Aus außereurop. Kulturen sowie aus dem vorchristl. Bereich werden viele Erzählungen überliefert, die von derartigen besonderen Z. berichten. → Görres (1927: 175 f.) bringt einige Fälle aus dem christl. Umfeld:

»So erschien, als der hl. Karl Borromeo geboren wurde, über dem Gemach der Mutter ein ungewöhnlicher Glanz, einem Lichtgusse gleich, sechs Ellen in der Breite und von einer Länge, so weit ein Büchsenschuß austrägt ... Ebenso ruhte über dem Vaterhaus des hl. Wilfried von Eborach in der Geburtsstunde eine Feuersäule, die das Dunkel der Nacht erhellte; eine gleiche auch über dem des hl. Franz von Paula.«

Spontan sich bildende Z. (Blitz, Donner, Sonnen- und Mondfinsternisse, Sternschnuppen, → Wolkenbilder oder → Blutregen, Mißgeburten, bestimmtes Verhalten von Tieren u. a. m.) dienten in vielen Kulturen als Basis einer → Divination (→ *Omen).*

Manche Autoren verwenden die Begriffe Z. und → Symbol synonym, während Jung z. B. differenziert: Für ihn ist ein Z. völlig rational deutbar, das Symbol dagegen hat »Obertöne«.

Zeit, in der Ps. kann Z. nur als erlebt, erfüllt gedacht werden (→ Klages sah im Z.-bewußtsein das Unterscheidungsmerkmal zwischen Mensch und Tier); in der Philos. wird jedoch auch der Gedanke einer »leeren« Z. diskutiert (die aber »unvorstellbar« bleibt).

Der Mathematiker Albert Lautmann unterschied eine kontinuierliche *geometrische Vektorzeit* (in ihr geschehen die irreversiblen physikalischen Prozesse) und eine diskontinuierliche *kosmogonische Zeit,* die die dynamischen Eigenschaften der Körper bestimmt (synonym: *Parameter-* und *Dimensionszeit*). Der sowjet. Astrophysiker → Kozyrew erwägt eine Z.energie (die z. B. den Informationstransport in der Telepathie leisten könnte), und einige neuere physikalische Hypothesen gehen dahin, daß Z. vielleicht auf einen Grundrhythmus im Universum zurückgeführt werden könne: Z.messung wäre dann möglich in der Beobachtung der Atombewegung und einer endogenen Rhythmik im Organischen. Z. würde dann auf Rhythmik beruhen – und nicht umgekehrt (Whitrow 1961).

Immer wieder wurde festgestellt, daß sich das Parapsychische oft verhält, *als ob* es keine Z.schranke kenne. Diese Aussage wird dadurch weiter relativiert, daß verschiedene, z. T. unvereinbare Hypothesen über die Z. nebeneinanderstehen (auch die Probleme des → Überlebens und der Unsterblichkeit lassen sich eigtl. erst diskutieren, wenn der Begriff Z. befriedigend definiert ist).

Vorerst kann nur konstatiert werden, daß sich Parapsychologen und Nichtparapsychologen bei der Einordnung der Präkognition großen Schwierigkeiten gegenübersehen. Diese Schwierigkeiten sind z. T. jedoch nicht so sehr theoretischer Natur, sondern erwachsen aus subjektiven Barrieren, die durch das herkömmliche Z.bild bedingt sind (s. a. → Raum; → Raum-Zeit-Kontinuum). Neben der seit Kant traditionellen Z.vorstellung (Z. als endloses Kontinuum) gab es schon früh (z. B. in der christl. Theologie) Überlegungen zu einem Schon-Vorhandensein der Zukunft in der Gegenwart. In neuerer Zeit vertraten u. a. Dunne (→ Dunne-Effekt) und → Ouspensky diese Ansicht, und auch Jung schreibt in seinen *Erinnerungen* (1962: 238), »... daß die Zukunft sich im Unbewußten auf lange Sicht vorbereitet und darum von Hellsichtigen auch schon lange vorher erraten werden kann.«

Ein merkwürdiges »Zeit-Abenteuer« erlebte der Theologe Spencer: Er ging am 31. 5. 1859 abends mit einem Freund durch die Straßen Aberdeens, als ihm eine Erzieherin, Miss Wallis, zusammen mit einem Herrn begegnete. Er drehte sich nach ihr um – sie war spurlos verschwunden. Die Sache beschäftigte ihn so, daß er sie in seinem Tagebuch vermerkte; dann reiste er bis Anfang September nach Norwegen. Wochen später traf er Miss Wallis in London. Sie beschwerte sich, daß er neulich in Aberdeen einfach an ihr vorbeigegangen sei, und es stellte sich heraus, daß sie dasselbe Erlebnis hatte – ebenfalls in ihrem Tagebuch vermerkt – allerdings im Juli und zu einer früheren Tageszeit (Halifax ²1944). Schenkt man dem Bericht Glauben, so ergibt sich ein höchst unbefriedigendes Gespinst aus Telepathie, Präkognition/Retrokognition und Halluzination.

Lit.: Barnes 1971; Borges 1965, 1966; Chari 1956; v. Franz 1966, 1970; Heidegger ⁷1953; Hooper 1923; Lautmann 1946; Mitchell 1907/09; Neuhäusler 1958; Ouspensky 1970.

Zeitschrift für Parapsychologie und Grenzgebiete der Psychologie, die von → Bender begründete und – unter Mitarbeit zahlreicher Fachgelehrter aus Pps., Ps., Psychoanalyse, Medizin, Philos. und Physik – hrsg. Zeitschrift erscheint seit 1957 (außer 1969). 1970 (Jahrgang XII ff.) wurde sie mit der Zeitschrift *Neue Wissenschaft,* die 1950–68 selbständig erschien, vereint; der Titel »Neue Wissenschaft« wird im Untertitel weitergeführt.

Die Zeitschrift berichtet über Methoden, Ergebnisse und Probleme der Pps., ferner über sozialps., psychohygienische, tiefenps. und psychopathologische Fragen, »die sich auf den Glauben an ungewöhnliche Fähigkeiten und Zusammenhänge beziehen, wie etwa Fragen der außerschulmäßigen Medizin (Geistige Heilung) oder nicht anerkannte Deutungspraktiken (Chirologie, Astrologie u. a. m.)«. Dieser Fragenkreis entspricht den Zielen des Freiburger → Instituts für Grenzgebiete der Psychologie und Psychohygiene. »Dazu gehört auch die sich wachsend bemerkbar machende Ausstrahlung der Parapsychologie auf andere Wissensbereiche (z. B. Verhaltensforschung, Ethnologie, Literatur- und Religionswissenschaft). Berücksichtigt werden ferner Stellungnahmen von Physik und Biologie zu der sich abzeichnenden Erweiterung des Bildes vom Menschen, seiner Stellung in der Welt, und der Struktur dieser Welt.« (Programmatische Notiz, zit. n. 4/1975.)

Zen [jap. Wiedergabe von chin. *ch'an,* aus sanskr. *dhyána;* Meditation], aus dem chin. Ch'an-Buddhismus erwachsenes buddhistisches System in Japan. Da Z. weder Gott noch Jenseits und Unsterblichkeit kennt, wird ihm gelegentlich der Charakter einer Religion abgesprochen – zu Unrecht: hist. und phänomenologisch erweist sich Z. als Religion. Ziel des Z. ist erlebte innere Erfahrung, ein Zugang zum Selbst (→ Satori); dazu wird im Z. dem Schüler unter Anleitung eines Meisters ein Weg jenseits intellektueller Bemühungen gewiesen. Grundlegende Übungen sind geistige Konzentration, Atemtechniken und vor allem *Zazen,* die aufrechte, meditative Sitzhaltung. In einigen Sekten meditieren die Schüler auch über ein *Koan,* das ihnen der Meister gibt. Das Koan ist eine kurze Geschichte mit einem logisch nicht lösbaren Problem. Manche Jünger haben Jahre »geopfert«, um über ein Koan Satori zu erlangen.

Als mystisches Erlebnis kann Z. nicht Gegenstand ps. Betrachtung sein; aber Daten, die dem Z.-Übenden peripher erscheinen mögen, sind der medizinischen, ps. und

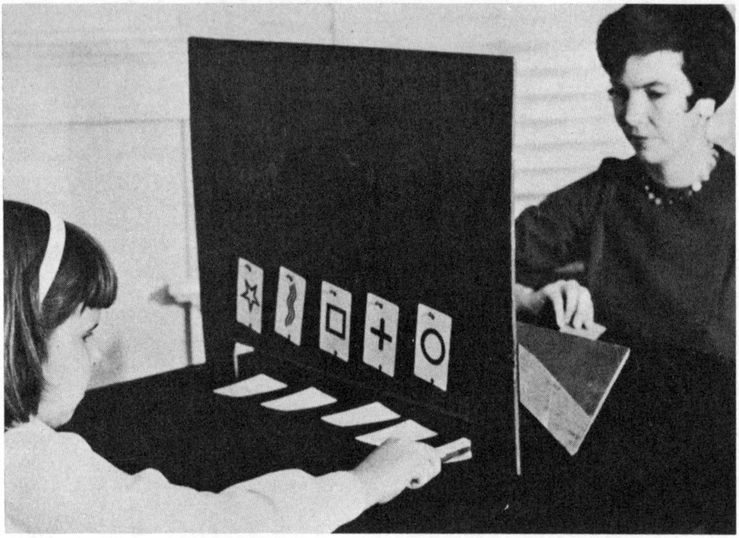

Sender und Empfänger bei einem Zener-Karten-Test.

auch pps. Betrachtung zugänglich: Die Pps. interessiert sich vor allem für Veränderungen in der Wahrnehmung im Z. wie etwa Pseudo-Halluzinationen und optische oder akustische Trugwahrnehmungen; normalerweise nimmt man das eigene Körpergewicht nicht sinnlich wahr, im Z. wird jedoch gelegentlich vom Gefühl einer Gewichtsverringerung bis hin zur subjektiven Empfindung der Levitation berichtet. Der Z.-Meister Hakuin (1683–1768) führte aus: »Beim Lehrvortrag hörte ich zwar die Erklärung des Meisters, aber es war, als ob ich von weitem eine Erörterung in der fernen Zen-Halle vernähme. Auch fühlte ich mich wie durch die Luft fliegend.« (Zit. n. Schüttler 1974: 88.) Im Westen hat der jap. Z.-Meister Daisetz Teitaro Suzuki (1870–1966), der lange in Amerika lebte, einflußreiche Veröffentlichungen über Z. vorgelegt; allerdings werfen ihm einige Gelehrte zu weitgehende »verwestlichende« Modifikationen des »ursprünglichen« Z. vor.

Lit.: Benz 1962; Dumoulin 1953, 1959; Herrigel ³1970; Kapleau 1969; Liebenthal 1968; Chasama ²1968; Shibayama 1974; Suzuki 1969, 1971; Uchijama Roshi 1973; Ueda 1965; Watts 1961.

Zener-Karten, nach einem Assistenten → Rhines, Karl E. Zener, benannte Karten, die vor allem in der quantitativen ASW-Forschung an der → Duke University seit den 30er Jahren eingesetzt werden. Ein Spiel umfaßt 25 Karten mit 5 Zeichen, die jeweils 5mal vertreten sind. Versucht jemand die Reihenfolge der Zeichen in einem (vorher gemischten) Spiel zu erraten, so ist nach der statistischen Erwartung mit 5 Treffern zu rechnen. Aus Abweichungen von der Zufallserwartung glauben Rhine und seine Schüler auf einen Psi-Faktor als Ursache schließen zu dürfen. Variationen im experimentellen Design machen es möglich, Tests mit den Z.-K. auf Hellsehen, Telepathie oder Präkognition hin anzulegen.
Die Technik dieser Experimente wurde von europ. Forschern im 19. Jh. eingeführt, eine

Anregung findet sich bereits in den Schriften Francis → Bacons; aber erst durch die Arbeiten Rhines wurden die Kartenexperimente zu einem der wichtigsten Instrumente der Pps. Sowohl Forscher in den USA als auch in anderen Ländern variierten die Z.-K.-Technik dadurch, daß sie auch andere Ziele als die 5 Zeichen der Z.-K. verwandten (vgl. z. B. Margaret Anderson im *Journal* der A. S. P. R., April 1966). S. a. Abb. → Viertelverteilung.
Lit.: Fischer/Hübner 1970; Murphy ²1970; Rao 1966; Rhine/Pratt 1962; Schmeidler 1969; Soal/Bateman 1954.

Zensur, von Freud vermuteter, unbewußt operierender Mechanismus an der Grenze zwischen → Unbewußtem und Bewußtem; die Z. soll das Ich vor den gefährlichen Regungen des Es schützen, die es, wenn sie bewußt würden, aus dem seelischen Gleichgewicht brächten (vgl. → Traum). In Analogie zu den psychoanalytischen Vorstellungen einer Z. und unabhängig davon wurden Überlegungen formuliert, daß die Telepathie ständig oder zumindest häufiger als vermutet stattfände, aber »daß ein Gehirnmechanismus zu unserem besten ihre Wirkung in dem Augenblick aufhält, wo sie die Schwelle unseres Bewußtseins überschreiten will« (Bergson in Bender 1974: 64).
»Unsere Körper befinden sich außerhalb voneinander im Raum; und sofern unsere Bewußtseine an diese Körper gebunden sind, sind sie durch Intervalle voneinander getrennt. Aber wenn sie nur mit einem Teil ihrer selbst an den Körper gebunden sind, so darf man schließen, daß sie sich im übrigen gegenseitig durchdringen. Es könnte zwischen den verschiedenen Bewußtseinen ständig ein Austausch in der Art der Endosmose vor sich gehen. Wenn eine solche Kommunikation existiert, dann hat die Natur offenbar Maßnahmen getroffen, um sie unschädlich zu machen, und wahrscheinlich sind gewisse Mechanismen speziell dazu da, die so eindringenden Bilder, die sich im täglichen Leben sehr lästig machen würden, ins Unbewußtsein zurückzudrängen. Das eine oder andere von diesen Bildern könnte indessen als Kontrebande durchschlüpfen, besonders wenn die hemmenden Mechanismen schlecht funktionieren.« (Bergson, ebd.: 76.)

Zentralschau [lat. *cognitio centralis*], mystisch-theologischer Begriff, ein Innewerden im Geist, der Blick in das »Mark der Dinge«. → Oetinger behauptet von seinem Lehrer in der Mystik, dem Tübinger Professor der Medizin Elias Camerer, er habe die Z. besessen.

Zerebrozentrische Psychologie [von lat. *cerebrum;* Gehirn], meist etwas abschätzig gemeinte Bezeichnung für bestimmte Richtungen innerhalb der Ps. (z. B. für den → Behaviorismus). Den Gegensatz dazu bilden die sog. *psychozentrischen* Methoden, z. B. die → Analytische Ps. Jungs oder die Hormische Ps. → McDougalls. Rhine spricht sich ausdrücklich für ein psychozentrisches Menschenbild aus, das er näher zu beschreiben versucht.
Lit.: Rhine 1974; Studynka 1974.

Ziegler, Leopold (1881–1958), dt. Philosoph, Schüler von → Hartmann. In seiner Religionsphilos. und Anthropologie zeigt sich Z. beeinflußt vom Buddhismus und einigen Vertretern der abendländisch-christl. Tradition (Baader, Böhme, Kierkegaard). In seiner Kritik der philos. Grundlagen heutiger Wiss. versuchte Z. den Nachweis, daß der Versuch eines Weltverständnisses ohne Gott selbst »Mythos« ist *(mythos atheos)*. Das rationale naturwiss. System erweist sich laut Z. als Rationalisierung im Sinne Freuds: Die Grundlage des Systems ist irrational. Diese Irrationalität ist menschlich, sie korrespondiert der beobachtbaren Sehnsucht nach dem Heil. Z.s Religionsphilos. ist zugl. Geschichtsphilos.: Das Leugnen der Götter entspricht unserer geschichtlichen Reife. Die verborgene, aber wirksame Irrationalität, auf der Wiss, gründet, kann sich mit der Heilssehnsucht verbünden und sowohl religiöse Bewegungen als auch das Irrationale thematisierende Wiss.en ins Leben rufen. – Solche Wiss.en sind die Psychoanalyse, die → Analytische Ps. und die Pps. – *Werke* → Bibl.

Ziel [engl. *target*], das im ASW-Versuch zu identifizierende Objekt, z. B. ein bestimmtes Symbol der → Zener-Karten, ein Gegenstand im Hellsehversuch, ein psychischer Inhalt des Agenten beim Telepathieversuch; im Würfelversuch (PK) die Augenzahl *(target face)*, die die Vp. zu werfen wünscht.

Zierold, Maria Reyes → Pagenstecher, Gustav.

Ziito (14. Jh.), berühmter Magier am Hof des Königs Wenzel IV. von Böhmen. Viele der von ihm überlieferten Zaubereien scheinen Tricks gewesen zu sein; doch bleibt ein Rest, der vielleicht als paranormal verstanden werden darf. Besonderes Interesse verdienen Berichte über seine Fähigkeiten, sich in andere Personen zu verwandeln; sie gingen offenbar über normales schauspielerisches Talent hinaus und lassen an → Transfigurationen in Trance denken.

Zirkel [von lat. *circulus;* Kreis], meist die Bezeichnung für eine Gruppe praktizierender Spiritisten, die sich um ein Medium oder mehrere Medien gebildet hat; im engeren Sinn die Teilnehmer einer Séance, die einen Kreis bilden. Fassen sie sich dabei an den Händen, so spricht man von → Kette (s. a. → Tischrücken).

Zoanthropie [von griech. *zoon;* Tier, und *anthropos;* Mensch], Bezeichnung für ein besonderes Mensch-Tier-Verhältnis; meist meint Z. die (vorübergehende) Verwandlung eines Menschen in ein Tier (→ Lykanthropie), wie sie im europ. Volksglauben und auch bei Naturvölkern für möglich gehalten wird; sie kann aber auch eine Art »spirituelle Identität« zwischen bestimmten Tieren und Menschen bezeichnen. Vor allem letztere Bedeutung ist pps. interessant: die Z. als Sonderform der Bilokation, bei der der Agent psychische Inhalte in Tiergestalt anderen wahrnehmbar exteriorisiert. Zahlreiche europ. Volkssagen erzählen von »Hexen«, die in Katzengestalt spukten und als Plagegeister auftraten, und gerade mit der → Katze, dem Tier der germanischen Göttin Freya (christl. bedingte Assoziation: »weiblich-heidnisch«), sind verschiedene Volksbräuche verknüpft. Vermutlich müssen 2 Vorstellungskomplexe unterschieden werden: die *tierdämonische Besessenheit* und der Gedanke des *Seelentiers* (die Seele des Verstorbenen wird zu einem Vogel, einem Insekt oder auch einem Säuger: Die dem Tier zuteil werdende Behandlung wird in Wahrheit den Ahnen zuteil).

Madame Michaël Bouissou (* 1900), ein Pariser Medium, berichtet von einem schwarzmagischen zoanthropischen Zauber, dessen Opfer sie sein sollte – vielleicht ein mentalsuggestiv provozierter Spuk, bei dem offen bleibt, ob es sich um eine reine Halluzination handelt oder ob an ein materielles Substrat zu denken ist, und bei dem bemerkenswerterweise auch ein Tier Perzipient war. Die Vorgänge wiederholten sich mehrmals: »Wie ich in jenen Nächten jeweils plötzlich erwachte, hörte ich erst unten im Studio und dann auf den wenigen Stufen, die zu mir heraufführten, leise, tappende Schrittchen. Erst dachte ich mir, meine Katze hätte vielleicht einen kleinen nächtlichen Spaziergang unternommen und kehrt wieder in ihr, vielmehr in *mein* Bett zurück. Das leise Tappen kam näher, und plötzlich fühlte ich, wie eine Katze auf meine Decke sprang und sofort wieder vom Bett herunterfiel. Im gleichen Augenblick hörte ich neben meinem Kopfe das Fauchen eines erschrockenen Tieres. Ich griff mit der Hand nach der Seite und berührte das seidene Fell meiner kleinen Katze ... Ich machte Licht. Doch ich sah nichts ... Als ich mich umwandte, entdeckte ich, wie meiner Katze die Haare zu Berge standen. Mit ihren schwefelgelben Augen verfolgte sie etwas, das für mich unsichtbar sein mußte. Ich hörte nur ihr schweres, böses Knurren ... In der dritten Nacht aber bekam auch ich es mit der Angst zu tun: Das arme Tier zitterte und geiferte mit aufgeworfenen Lefzen, als hätte man ihm Gift gegeben. Über dem hochgekrümmten Rücken standen ihm wieder die Haare zu Berg, aber auf den Seiten fielen sie ihm schlaff herab, als wäre es krank ...« Später bekannte eine Nachbarin, eine professionelle Kartenschlägerin, daß sie den Spuk »produziert« habe. (Bouissou 1956: 177 f.)

Zodiak → Tierkreis.

Zöllner, Johann Karl Friedrich (1834 bis 1882), dt. Physiker, der Begründer der Astrophysik, den seine photometrischen und spektroskopischen Untersuchungen berühmt machten. 1874 beschäftigte Z. sich mit der Hypothese eines vierdimensionalen Raumes, ein Gedanke, den schon der Mathematiker Berhard Riemann (1826–1866) u. a. vor ihm erwogen hatten. 3 Jahre später begann er seine pps. Experimente (→ Knotenexperimente). Die eindrucksvollen Ergebnisse, die er mit → Slade erzielte, versuchte er mittels der Hypothese der → Vierten Dimension zu erklären. Einige seiner Sitzungen hielt er allein mit Slade ab, bei anderen waren → Fechner, der Mathematiker Wilhelm Scheibner (1826–1908) u. a. Zeugen anwesend. Später experimentierte er mit → Eglinton und der → d'Espérance. Er starb, ehe er seine Auswertungen abschließen konnte.

Die pps. Experimente untergruben Z.s Ruf als Wissenschaftler, manche hielten ihn gar für geisteskrank. Tatsächlich erfüllen seine Versuchsanordnungen nicht die Bedingungen, die man *heute* stellt; sie waren nach Art des Naturwissenschaftlers angelegt und berücksichtigten zuwenig die Besonderheiten eines ps. Experiments. Obwohl nicht in wünschenswertem Maß ausgeschlossen werden kann, daß Z. Opfer eines Betrugs durch Slade wurde (Dessoir 1917: 188), sind seine Versuche und Überlegungen zur Pps. ein Markstein dieser Wiss. – *Werke* → Bibl.

Zschokke, Heinrich (1771–1848), aus Magdeburg stammender schweizer. Schriftsteller und Politiker, der aus eigenem Erleben parapsychische Erscheinungen kannte. Kleist, der im *Käthchen von Heilbronn* (1808) paranormale Manifestationen auf die Bühne brachte, wurde vielleicht durch seine Begegnung mit Z. dazu angeregt. – In seiner *Selbstschau* (1842) berichtet Z.:

»Es begegnete mir zuweilen, beim einmaligen Zusammentreffen mit einer Person, wenn ich schweigend ihre Reden hörte, daß dann ihr bisheriges Leben mit vielen kleinen Einzelheiten darin, oft nur diese oder jene besondere Szene daraus, traumhaft und doch klar an mir vorüberging, ganz unwillkürlich und oft im Zeitraum weniger Minuten. Währenddessen ist mir gewöhnlich, als wäre ich in das Bild des fremden Lebens so völlig versunken, daß ich zuletzt weder das Gesicht des Unbekannten, in welchem ich absichtslos las, deutlich mehr sehe, noch die Stimme des Sprechenden verständlich höre.« So saß Z. einmal mit Fremden im Wirtshaus und erzählte einem von ihnen auf dessen Bitte hin einiges aus dessen Vergangenheit, u. a. »auch eine von ihm begangene kleine Sünde an der Kasse seines Prinzipals. Ich beschrieb ihm dabei das unbewohnte Zimmer mit geweißten Wänden, wo, rechts der braunen Tür, auf einem Tische der schwarze Geldkasten gestanden usw.«

Zuccarini, Amedée, ital. PK-Medium; eine Autolevitation Z.s wurde fotografiert (Murani 1907).

Zufall [Übersetzung von → Eckhart für lat. *accidens*], nicht kausal determiniertes Ereignis. Damit der Z. als solcher auffällt, muß er irgendeiner Absicht begegnen oder in irgendeiner Hinsicht sinnvoll erscheinen. Der sinnvolle Z. ist ein Ausgangspunkt pps. Forschung; neben Versuchen, ihn kausal zu verstehen (z. B. Annahme einer kausal wirkenden Psi-Funktion), stehen Vermutungen über akausale Prinzipien wie → Serialität und → Synchronizität (s. a. → Anziehungskraft des Bezüglichen). – In der quantitativen Forschung wird aufgrund der Regeln der Wahrscheinlichkeitstheorie durch Übereinkunft die Grenze zwischen zufällig und überzufällig festgelegt: das Signifikanzniveau.

Lit.: Hyslop 1919/20; Koestler 1972; Tielsch 1974.

Zugun, Eleonore, gen. »the poltergeist girl« (* 1913), rumän. Medium, das in den 20er Jahren vor allem in England von sich reden machte. Das Bauernmädchen Eleonore wurde von der pps. interessierten Gräfin Zoe Wassilko-Serecki entdeckt. Die Phänomene, die das Mädchen bot, bestanden in psychokinetischen Effekten mit Spukcharakter (Apporte, Asporte, Raps,

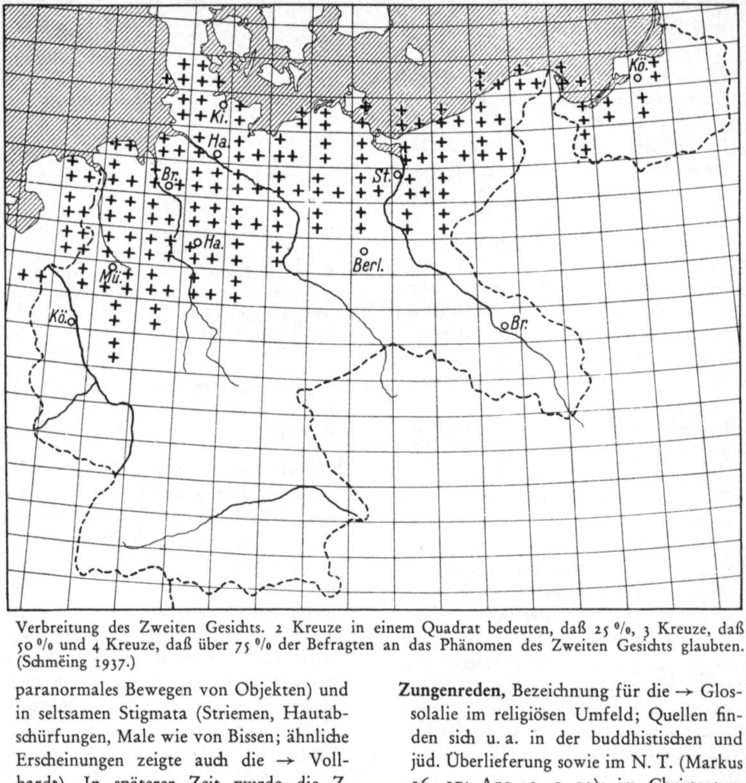

Verbreitung des Zweiten Gesichts. 2 Kreuze in einem Quadrat bedeuten, daß 25 %, 3 Kreuze, daß 50 % und 4 Kreuze, daß über 75 % der Befragten an das Phänomen des Zweiten Gesichts glaubten. (Schmëing 1937.)

paranormales Bewegen von Objekten) und in seltsamen Stigmata (Striemen, Hautabschürfungen, Male wie von Bissen; ähnliche Erscheinungen zeigte auch die → Vollhardt). In späterer Zeit wurde die Z. durch → Klinckowstroem u. a. als Betrügerin entlarvt; H. → Price, → Grunewald u. a. wiederum verbürgten sich für die Echtheit einiger Phänomene. Price hatte allerdings ausdrücklich darauf hingewiesen, daß die Stigmata auch selbst zugefügt sein könnten (P. 1927: 26). Dennoch urteilt Moser: »Für jeden Einsichtigen ist die Z. als Medium erledigt, ebenso H. Price als ernstzunehmender Forscher.« (1974: 741.) – Das Mädchen war sexuell retardiert, die verspätet einsetzenden Menses beendeten möglicherweise die echten medialen Manifestationen, und daraufhin erst könnte die Z. betrogen haben.

Zungenreden, Bezeichnung für die → Glossolalie im religiösen Umfeld; Quellen finden sich u. a. in der buddhistischen und jüd. Überlieferung sowie im N. T. (Markus 16, 17; Apg. 2, 1–13); im Christentum wird das Z. als → Charisma verstanden, mehrere Ekstatiker (z. B. die hl. Johanna vom Kreuz) waren damit begabt. Die Theologie unterscheidet allerdings vom charismatischen Z. das dämonische, das bei manchen Besessenheitsfällen beobachtet worden sein soll. In neuerer Zeit wurde Z. – gelegentlich als Gruppenphänomen – bei → Erweckungsbewegungen beobachtet. *Lit.: Rust 1924.*

Zuordnen → Screened-Touch-Matching-Test.

Zweites Gesicht [engl. *second sight;* gälisch *taighatrim* oder *phissichin;* Schattenwissen,

Vorwissen], auch *Deuteroskopie* [griech. Kunstwort], in bestimmten Landschaften um die Nordsee (Schottland, Färöer, Teile Irlands, Dänemark, Norwegen bis Lappland, Bretagne, Hebriden, Westfalen mit Schwerpunkten im Sauer- und Münsterland, Friesland usw.) früher stark verbreitete Form der ASW. Die Träger des Z. G.s hießen in Norddeutschland *Spökenkieker* (Geisterseher), und manche Familien waren als sog. »Spökenkiekerfamilien« bekannt. — → Carus sprach von einem »Hineinragen der Traumwelt in den Wachzustand«. Das Charakteristische des Z. G.s ist, daß die außersinnliche Information in bestimmten Patterns erfahren wird (→ Vörbrand, Leichenzug u. ä., mit lokalen Varianten); schon → Horst erkannte die »sinnbildlichen Repräsentationen«, das Symbolische als »Grundcharakter«. Der Erlebende ist scheinbar im Besitz des normalen Wachbewußtseins, wenn er spontan die meist optische (Tenhaeff 1957: 124 spricht auch von *Zweitem Gehör, Zweitem Gefühl*) Halluzination erfährt, die sinnbildlich auf ein räumlich oder zeitlich entferntes Ereignis verweist. Neben die Symbolik können auch realistische Details treten. Der Spökenkieker hat ein Gefühl für das Bedeutungsvolle des Gesichts, dessen vollständiger Sinn sich ihm aber oft erst nach Eintreffen oder Bekanntwerden des Ereignisses enthüllt.

»Das Gesinde eines Bauerngutes hatte im Herbst die letzte Fuhre Grummet aus den Wiesen am Fluß geholt; auf dem Nachhauseweg ergab sich, daß ein Rechen in den Wiesen vergessen worden war, und der Großknecht ging zurück, ihn zu holen. Inzwischen war die Dämmerung eingetreten. Der Knecht, der allein durch die einsame Stille ging, hatte nun ein aufregendes Erlebnis. Er sah inmitten der Wiesen, wo kein Weg war, einen Ackerwagen fahren und einen Sarg darauf. Der Wagen fuhr nicht in der Richtung auf den Kirchhof des eigenen Dorfes, sondern dem Nachbardorf zu. Der Knecht erzählte den rätselhaften Vorgang am gleichen Abend der ganzen Familie des Bauern, wie mir übereinstimmend versichert wurde. Etwa ein Jahr später wurde ein Ertrunkener, der aus dem Nachbardorf stammte, an dieser Stelle aus dem Fluß gezogen, und die Erscheinung des Wagens mit dem Sarge darauf wurde Wirklichkeit.« (Schmeïng 1937: 1 f.)

Die begrenzte geographische Verbreitung des Z. G.s (s. Abb.) führte zu mancherlei kühnen Überlegungen und Hypothesen; doch → Wereide meint einfach: »In unseren Bergen war man jahrhundertelang auf übernatürliche Kommunikation stärker als anderswo angewiesen.«

Lit.: Grober-Glück 1975; Horst 1830; S. Johnson 1924; Zur Bonsen 1916.

Zwi, Sabbatai → Sabbatianismus.

Zwischenreich, von → Hartlaub für die dt. Ausgabe von → Amadous Werk *La Parapsychologie* (1954) gewählter Titel, der zum Ausdruck bringen soll, daß der Ort parapsychischer Manifestationen nicht die vom Menschen als natürlich empfundene Umwelt ist, noch die Transzendenz der Philos. oder das Jenseits der Religionen, sondern eine dritte, noch unerkannte Dimension der Natur.

Zwölffeldersystem, geomantische Technik, bei der ein 12-Felder-Quadrat, der »geomantische Spiegel«, der Deutung dient.

BIBLIOGRAPHIE

AARON (d. i. Simon Blocquel), *La magie rouge*, Paris 1821.
ABBOT, D., *Behind the Scenes with the Mediums* (1907), Chicago [5]1916.
ABNER, T., *Les apparations du Diable*, Brüssel 1879.
ABRAHAM v. WORMS, *Die heilige Magie des Abramelin*, Bln. 1957.
ACHELIS, H., *Die Ekstase*, Bln. 1902.
ADAM, J., *C. Brentanos Emmerick-Erlebnis*, Frbg. 1955.
ADAMENKO, V. G., »Electrodynamics of Living Systems«, in *JoP* 1970.
— »Seminar on the Problems of Biological Plasma«, in: *JoP* 1971.
— »The Tobiscope«, in: *JoP* 1972.
— /Kirlian, W. K. u. S. D., »Das Biometer«, in: Krippner/Rubin 1975.
ADAMS, G., *Von dem ätherischen Raume*, Dornach 1939.
ADAMSKY, G., *Im Innern der Raumschiffe*, Wiesbaden-Schierstein 1958.
ADCOCK, C. J./Quartermain, D., »Some Problems in Group Testing of ESP«, in: *JoP* 1959.
ADLER, A.: »Weiteres zur individualpsychologischen Traumtheorie«, in: *Z. f. Individualps.* 1927.
ADLER, G., *Es gibt Dinge zwischen Himmel und Erde . . .*, Ffm. 1974.
ADOLPH, H., *Die Weltanschauung G. Th. Fechners*, Stgt. 1923.
AEBLY, J., *Die Fließ'sche Periodenlehre . . .*, Dornach 1928.
AEGERTER, E., *Madame Guyon*, Paris 1941.
AEPPLI, E., *Psychologie des Bewußten und Unbewußten*, Zürich 1947.
— *Der Traum und seine Deutung*, Zürich/Stgt. 1950, [3]1960.
AGEE, D., *Edgar Cayce on ESP*, N. Y. 1969.
AIGNER, E., *Die neuesten Ergebnisse der Wünschelrutenforschung*, Stgt. 1922.
AIGRAIN, R., *L'hagiographie*, Paris 1953.
AGRIPPA v. NETTESHEIM, *De occulta philosophia*, hrsg. v. K. A. Nowotny, Graz 1967.
AKSAKOW, A., *Animismus und Spiritismus*, Lpz. 1890, [2]1894, [4]1905.
— *Vorläufer des Spiritismus*, Lpz. 1898.
ALACOQUE, M. M., *Leben und Offenbarungen*, Friebourg 1950.
ALBERTI, G., »Psychopathologie und Parapsychologie — mögliche Berührungspunkte«, in: *ZPpsGPs* 1975.
ALBRECHT, C., *Psychologie des mystischen Bewußtseins*, Bremen 1951.
ALEXANDER, H. B., »The Subconscious in the Light of Dream«, in: *Proc. ASPR* Bd. 3, Nr. 8, 1908/09.
ALGERMISSEN, K./Böer, L., u. a., *Lexikon der Marienkunde*, Regensburg 1957 ff.
ALLEAU, R., *Aspects de l'alchemie traditionelle*, Paris 1953.
ALLENDY, R. F. E., *Le problème de la destinée*, Paris 1927.
— *Les rêves et leur interprétation psychoanalytique*, Paris 1930.
— *Paracelse*, Paris 1937.
ALLISON, L. W., *Leonard and Soule Experiments*, Boston 1929.
— »Further Proxy Sittings«, in: *JASPR* 1941.
ALLPORT, G. W., *The Use of Personal Documents on Psychological Science*, N. Y. 1942.
ALLWOHN, A., »Die Handauflegung«, in: *Seelsorge* 1939.
— »Magie und Suggestion in der Heilpraxis«, in: Bitter 1959.
ALRUTZ, S., »Problems of Hypnotism«, in: *Proc. SPR* Bd. 32, Nr. 83, 1921/22.
— *Neue Strahlen des menschlichen Organismus*, Bln./Stgt. 1924.
— »The Mechanisms of the So-called Mediumistic Trance«, in: *Proc. SPR* Bd. 34, Nr. 91, 1924.
ALTER, A., »The Pyramid and Food Dehydration«, in: *New Horizons* 1973.
ALTHAUS, P., *Evangelischer Glaube und Anthroposophie*, Mchn. 1949.
AMADOU, R., »Victor Hugo and the Ghosts«, in: *Tomorrow* 1952.
— *Das Zwischenreich*, Baden-Baden 1957.
— *Les grands médiums*, Paris 1957.
AMAND, D., *Fatalisme et liberté dans l'antiquité Grecque*, Löwen 1945.
AMMANN, A. M., *Die Gottesschau im . . . Hesychasmus*, Würzburg [2]1948.
ANDEL, M. A. van, *Volksgeneeskunst in Nederland*, Diss. Leiden 1909.
ANDERSON, F. H., *The Philosophy of Francis Bacon*, Chicago 1948.
— *Francis Bacon*, Los Angeles 1962.
ANDERSON, M., »A Survey of Work on ESP and Teacher-Pupil Attitudes«, in: *JoP* 1958.
— »The Relations of Psi to Creativity«, in: *JoP* 1962.
ANDREAE, J., *Die Chymische Hochzeit Christiani Rosencreutz*, Mchn.-Planegg 1957.
ANDREAS, P., »Mediale Kunde vom Hofe des Pharao«, in: *Esotera* 1967.
— »Interview mit M. Manning«, in: *Esotera* 1974.
— /Adams, G., *Was niemand glauben will*, Bln. 1967.
ANDRES, F. C., *Die Zahlensymbolik in Mystik und Glaube*, Zürich 1935.
ANDRIAN, F. v., »Über Wetterzauberei«, in: *Mitt. d. Anthropol. Ges. Wien*, Bd. 24, 1894.
ANGOFF, A., »Yeat's Poetic Sources«, in: *Tomorrow* 1959.
— *Eileen Garrett*, N. Y. 1974.
— /Barth, D. (Hrsg.), *Parapsychology and Anthropology*, N. Y. 1974.
— /Shapin, B. (Hrsg.), *A Century of Psychical Research*, N. Y. 1971.
— *Psi Factors in Creativity*, N. Y. 1970.
— *Parapsychology Today. A Geographic View*, N. Y. 1973.
ANONYMUS, *De spiritu Guidonis*, Delft 1486.
— *Kurtzer Begriff . . .*, Luzern 1753 (Übersetzung der Vita des Joseph von Copertino von P. Angelo Pastrovicchi, Rom 1753).
— *The Mystery Revealed*, Ldn. 1762.
— *Das verschleierte Bild zu Sais . . . Seherin von Prevorst*, Lpz. 1830.
ANRICH, E., *Moderne Physik und Tiefenpsychologie*, Stgt. 1963.
ANSCHÜTZ, G., *Das Farbe-Ton-Problem im psych. Gesamtbereich*, Halle 1929.

ANSPACHER, L. K., *The Challenge oft the Unknown*, N. Y. 1947.
APTE, M., *Les stigmatisés*, Diss. Paris 1903.
APTHEKER, H., *Nat Turner's Slave Rebellion*, N. Y. 1966.
ARAM, K., *Magie und Zauberei in der Alten Welt*, Bln. 1927.
— *Magie und Mystik in Vergangenheit und Gegenwart*, Bln. 1929.
ARGÜELLES, J. u. M., *Das große Mandala-Buch*, Frbg. 1975.
ARNAU, F., *Macht und Geheimnis der Magie*, Hannover 1965.
ARNIM, H., *Blicke auf die Vergangenheit und Gegenwart Deutschlands ... Prophezeiungen der hl. Hildegard*, Bremen 1849.
ARNIM, H. v., *Plutarch über Dämonen und Mantik*, Amsterdam 1923.
ARNOLD, E. J. F. (Hrsg.), *The Melos amoris of Richard Rolle*, Oxford 1957.
ARNOLD, K., *J. Trithemius*, Diss. Würzburg 1971.
ARNOLD, P., *Histoire des Rose-Croix ...*, Paris 1955.
ARNOLD, Th., *Der Vampir*, Schneeburg 1801.
ARTELT, W., *Der Mesmerismus in Berlin*, Mainz/Wiesbaden 1965.
ARTEMIDOR, *Traumbuch*, Basel/Stgt. 1965.
ASCHOFF, J., u. a., *Ermüdung, Schlaf, Traum*, hrsg. v. W. Baust, Ffm. 1971.
ASHBY, R. H., *The Guide Book for the Study of Psychical Research*, N. Y. 1972.
ASSION, P., »Zur Kritik einer parapsychologischen Volkskunde«, in: *ZfVolkskunde* Bd. 71, 1975.
AUBERT, G., *La mediumnité spirite*, Paris 1920.
AUBIN, *Histoire des diables de Loudon*, Amsterdam 1693; dt.: *Geschichte der Teufel von Loudun*, Birkenau/Scheden 1974.
AUBOURG, M., »La Divination dans le Vodou«, in: *Bull. Hait. Ethnol. Bureau*, 1956.
AUCLAIR, R., *Les centuries de Nostradamus*, Paris 1958.
AUHOFER, H., *Aberglaube und Hexenwahn*, Frbg. 1960.
AUMONT, G. (d. i. A. Crowley), *Die drei Schulen der Magie*, Zürich 1956.
AUROBINDO, Sri, *So spricht Sri Aurobindo*, Mchn. 1957.
AVALON, A. (d. i. Sir John G. Woodroffe), *Tantric Texts I/XXI*, Kalkutta 1913—40.
— *Principles of Tantra* I/II, Madras [4]1969/70.
— *Die Schlangenkraft*, Weilheim [2]1971.
AZAM, E. E., *Hypnotisme, double conscience et altération de la personalité*, Paris 1887.
— »Les troubles sensoriels organiques ...«, in: *Arch. gén. de médecine*, 1890.
— »A propos des expériences ... Cazzamalli ...«, in: *RM* 1927.

BAADER, F. v., *Sämtliche Werke*, Lpz. 1851—60.
— »Fragment aus der Geschichte einer magnetischen Hellseherin«, in: *Sämtliche Werke* I, 4, Lpz. 1953.
BABINET, J., *Etudes et lectures sur les sciences d'observations*, Paris 1856.
BACH, M., *Strange Sects and Curious Cults*, N. Y. 1961.
BACH, S. R., *Spontanes Malen schwerkranker Patienten*, Basel 1966.
BACH, W. D., »Fluchtlandschaften«, in: *Jb. Karl-May-Ges.* 1971.
BACHLER, K., *August Strindberg. Eine psychoanalytische Studie*, Wien 1931.
BACKSTER, C., »Evidence of a Primary Perception in Plant Life«, in: *JoP* 1968.
BÄCHTOLD-STÄUBLI, H., *Handwörterbuch des deutschen Aberglaubens*, Stgt. 1927—41.
BAERWALD, R., *Okkultismus, Spiritismus und unterbewußte Seelenzustände*, Lpz./Bln. 1920.
— »Die intellektuellen Phänomene«, in: Dessoir 1925.
— »Urteilsblendung durch psychische Osmose in der Prophetie und Psychoanalyse«, in: *ZKO* Bd. 1, 1926.
— *Okkultismus und Spiritismus und ihre weltanschaulichen Folgerungen*, Bln. 1926.
— »Karl Krall und der Kampf gegen die Flüstertheorie«, in: *ZKO* Bd. 2, 1927.
BAGDASARIANZ, W., *William Blake*, Zürich/Lpz. 1936.
BAILEY, A. A., *Unfinished Autobiography*, N. Y. 1951.
— *Die geistige Hierarchie tritt in Erscheinung*, Zürich 1967.
BAILEY, D. E., *Thoughts from the Inner Life*, Boston 1886.
BAILEY, W. D., »Some Facts in Mesmerism«, in: *Proc. ASPR* 1967.
BAILEY, W. G., *No, not Dead; they Live*, Philad. 1923.
BAIRD, A. T., *100 Cases for Survival after Death*, Ldn. 1943, N. Y. 1944.
— *Richard Hodgson*, Ldn. 1949.
BAKAN, D., *S. Freud and the Jewish Mystical Tradition*, N. Y. 1965.
BALFOUR, A. J., »Presidential Address«, in: *Proc. SPR* Bd. 10, Nr. 26, 1894.
BALFOUR, G. W., »Prof. Pigou on Cross Correspondences«, in: *Proc. SPR* Bd. 25, Nr. 62, 1911.
— »Some Recent Scripts according Evidence of Personal Survival«, in: *Proc. SPR* Bd. 27, Nr. 69, 1914.
— »The Ear of Dionysius«, in: *Proc. SPR* Bd. 29, Nr. 73/74, 1916—18.
— »A Study of the Psychological Aspects of Mrs. Willet's Mediumship«, in: *Proc. SPR* Bd. 43, Nr. 140, 1935.
BALFOUR, J., »The ›Palm Sunday‹ Case«, in: *Proc. SPR* Bd. 52, Nr. 189, 1960.
BALINT, M., »Notes on Parapsychology and Parapsychological Healing«, in: *Int. J. Psa.* 1955.
BALL, H., *Byzantinisches Christentum*, Zürich/Köln [2]1958.
BALMER, H., *Die Archetypenlehre von C. G. Jung*, Bln./Hdb./N. Y. 1972.
BANDER, P., *Carry on Talking*, Gerrards Cross, Buckinghamshire, 1972.
BANERJEE, H. N./Oursler, W., *Lives Unlimited*, N. Y. 1974.
BANKOFER, H., *Gespenster, Geister, Aberglaube*, Bayreuth 1974.
BARADUC, H., *L'âme humaine ... et l'iconographie de l'invisible fluidique*, Paris 1896.
— *Photographie des états hypervibratoires ...*, Paris 1897, 1908.
— *La force curatrice à Lourdes et la psychologie du miracle*, Paris 1909.
BARBANELL, M., *The Case of H. Duncan*, Ldn. 1945.
— *Harry Edwards and his Healing*, Ldn. 1953.
— *This is Spiritualism*, Ldn. 1959.
BARBER, Th. X., »The Eidetic Image«, in: *Psych. Bull.* Nr. 56, 1959.
»Mrs. Bardelia«, in: *Revue Spirite*, Jan. 1911.
BARDON, F., *Der Weg zum wahren Adepten*, Frbg. [2]1965.
BARGHEER, E., *Die Eingeweide*, Bln./Lpz. 1931.
BARKAS, P., *Outlines of Ten Year's Investigations into the Phenomena of Modern Spiritualism*, Ldn. 1862.
BARKER, J. C., »Premonitions of the Aberfan Disaster«, in: *JSPR* Bd. 44, Nr. 734, 1967.
BARKWORTH, Th., »Some Recent Experiments in Automatic Writing«, in: *Proc. SPR* Bd. 6, Nr. 18, 1891/92.
BARLOW, F./Doyle, C., u. a., *The Case for Spirit Photography*, Ldn. 1923.
BARLOW, F./Rampling-Rose, W., »Report of an Investigation into Spirit-Photography«, in: *Proc. SPR* Bd. 41, Nr. 129, 1933.
BARNES, J. A., »Time Flies like an Arrow«, in: *Man* Bd. 6, 1971.
BARNEY, F., *Prière à Satan*, Paris 1957.
BAROJA, J. C., *Die Hexen und ihre Welt*, Stgt. 1967.
BARRETT, H. D., *Life Work of Mrs. C. L. V. Richmond*, Chicago 1895.
BARRETT, W. F., »On the So-called Divining Rod«, I/II, in: *Proc. SPR* Bd. 13, Nr. 32, u. Bd. 15, Nr. 37, 1897/98 u. 1900/01.
— *Grundzüge der spiritistischen Wissenschaft*, Lpz. 1904.

— »The Poltergeists Old and New«, in: *Proc. SPR* Bd. 25, Nr. 64, 1911.
— *On Swedenborg*, Ldn. 1912.
— »On Some Experiments with the Ouija-Board«, in: *Proc. ASPR* Bd. 8, Nr. 18, 1914.
— *On the Threshold of the Unseen*, Ldn. ²1917.
— »Note on Telepathy and Telergy«, in: *Proc. SPR* Bd. 30, Nr. 76, 1918/19.
— »In Memory of Sir Wm. Crookes«, in: *Proc. SPR* Bd. 31, Nr. 79, 1920/21.
— »Some Reminescences of Fifty Years' Psychical Research«, in: *Proc. SPR* Bd. 34, Nr. 92, 1924.
— *On Psychical Research*, Ldn. ²1926.
— *Death-Bed Visions*, Ldn. 1926.
— /Besterman, Th., *The Divinig Rod*, Ldn. 1926.
— /Creery, A. M., u. Stewart, B., »Reports on Thought-Reading«, in: *Proc. SPR* Bd. 1, Nr. 1—3, 1882/83.
BARROWS, C. M., »Suggestions without Hypnotism«, in: *Proc. SPR* Bd. 12, Nr. 30, 1896/97.
BARRY, J., »Essais relatif à l'influence de la pensée sur la croissance des champignons«, in: *RM* 1966.
— »General and Comparative Study of the Psychokinetic Effect on Fungus Culture«, in: Inst. für Grenzgeb. d. Ps., Frbg. (Hrsg.) 1968.
BARTA, W. (Hrsg.), *Das Gespräch eines Mannes mit seinem Ba*, Bln. 1969.
BARTELS, E., *Wahrsagen aus den Karten*, Bln. o. J.
BARTELS, M., *Die Medizin der Naturvölker*, Lpz. 1893.
BARTHAS, C., *Fatima*, Toulouse ⁵1974.
BASCHWITZ, K., *Hexen und Hexenprozesse*, Mchn. 1963.
BASCOM, W., *Ifa-Divination*, Bloomington/Ldn. 1969.
BASTIAN, A., *Der Völkergedanke im Aufbau einer Wissenschaft vom Menschen*, Bln. 1881.
BAUDOUIN, Ch., *Suggestion und Autosuggestion*, Lpz. 1926.
— *Der Coueismus*, Darmstadt 1926.
— *Psychoanalyse de Victor Hugo*, Genf/Annemasse 1944.
BAUER, E., »Max Dessoir und die Parapsychologie als Wissenschaft«, in: *ZPpsGPs* 1967.
— (Hrsg.), *Psi und Psyche. Festschrift für Hans Bender*, Stgt. 1974.
BAUHOFER, A., *Wunderheiler auf den Philippinen*, Salzburg 1971.
BAUMANN, H., *Das Unbewußte als schöpferische Kraft*, Thalwill/Zürich 1944.
BAUMANN, F., *Fatima*, Kevelaer ²1950.
BAVENT, M., *Histoire de M. B.*, Rouen 1878.
— *The Confessions*, Ldn. 1933.
BAXTER, R., *A Narrative of Facts . . . Supernormal . . . Mr. Irving's Congregation*, Ldn. 1833.
BAYFIELD, M. A., »Andrew Lang and Psychical Research«, in: *Proc. SPR* Bd. 26, Nr. 67, 1913.
— »Some Recent Cases of Premonition and Telepathy«, in: *Proc. SPR* Bd. 29, Nr. 74, 1914—18.
BAYONNE, H., *Das Leben der hl. Caterina Ricci*, Kevelaer 1911.
BAZAK, J., *Judaism and Psychic Phenomena*, N. Y. 1972.
BEARD, P., Survival of Death, Ldn. 1966.
BEATTIE, J. H. M., »Sorcery in Bunyoro«, in: Middleton, J. F./Winter, E. H. (Hrsg.), *Witchcraft and Sorcery in East Africa*, Ldn. 1963.
— »The Ghost Cult in Bunyoro«, in: *Ethnology* Bd. 3, H. 2 1964.
BEC, R. le/Leuret, F., *Die großen Heilungen von Lourdes im ärztlichen Urteil*, Wiesbaden 1953.
BECHER, E., *Die fremddienliche Zweckmäßigkeit der Pflanzengallen und die Hypothese eines überindividuellen Seelenlebens*, Lpz. 1917.
BECHTEREW, W., *Psyche und Leben*, Wiesbaden 1908.
— »Versuche über die ›unmittelbare Einwirkung‹ auf das Verhalten von Tieren« (1924), in: Bender 1974.
BECK, P., *Ekstase*, Bad Sachsa 1906.
BECKER, A. M., *The Mental Vampyre by Telepathy*, N. Y. 1928.
BECQUER, G. A., *Von Teufeln, Geistern und Dämonen*, Mchn. 1922.
BEDFORD, J./Kensington, W. B., *Das Delpasse-Experiment*, Düsseldorf 1974.
BEESON, E. B., *Luther Burbank*, San Francisco 1927.
BEISSEL, G., *Die Verehrung der Heiligen und ihrer Reliquien in Deutschland* I/II, Frbg. 1890—92.
BEIT, H. v., *Symbolik des Märchens* I/III, Bern 1965.
BEITL, R., *Der Kinderbaum*, Bln. 1942.
BEKKER, B., *Die bezauberte Welt*, Hbg. 1781/82.
BELLINE, M., *Das dritte Ohr*, Bonn 1973.
BELO, J., *Trance in Bali*, N. Y. 1960.
BELOFF, J., »The ›Sweethearts‹ Experiment«, in: Inst. f. Grenzgeb. d. Ps., Frbg. (Hrsg.) 1968.
— *The Existence of Mind*, Ldn. 1972.
— (Hrsg.), *New Directions in Parapsychology*, Ldn. 1974.
BEN-CHORIN, Sch., »Zeit und Raum als Paradox der Religion«, in: *Eckart* Bd. 29, 1960.
BENDER, H., *Zum Problem der außersinnlichen Wahrnehmung*, Lpz. 1936.
— *Psychische Automatismen*, Lpz. 1936.
— »The Case of Ilga K.«, in: *JoP* 1938.
— »Experimentelle Visionen«, in: *Forschungen u. Fortschritte* 1938.
— »Zur Nachuntersuchung des Falles Ilga K.«, in: *Z. f. angew. Ps. u. Charakterkunde* Bd. 58, 1940.
— »Der Okkultismus als Problem der Psychohygiene«, in: *NW* 1950.
— »Telepathie, Hellsehen und Prophetie«, in: *Schweizer Rundschau* Bd. 53, H. 11/12, 1954.
— »Der Traum als psychologisches Problem«, in: *Eckart* Bd. 23, 1954.
— *Parapsychologie*, Bremen 1954, erw. 1970.
— »Präkognition im qualitativen Experiment«, in: *ZPpsGPs* 1957.
— »Ein Rundgespräch über die soziale Funktion des Aberglaubens«, in: *ZPpsGPs* 1958.
— »Die außersinnliche Wahrnehmung als Kontaktmittel zur Umwelt«, in: Hassenstein, D. (Hrsg.), *Der Mensch und seine Umwelt*, Gütersloh 1958.
— »Mediumistische Psychosen«, in: *ZPpsGPs* 1959.
— »Zur Psychologie der UFO-Phänomene«, in: *ZPpsGPs* 1959.
— »Zum Problem der statistischen Methode«, in: *ZPpsGPs* 1959.
— »Glaubensheilung und Parapsychologie«, in: Bitter 1959.
— »Parapsychologie und Radiästhesie«, in: *ZPpsGPs* 1960.
— »Editorial: Statistik und Parapsychologie«, in: *ZPpsGPs* 1960.
— »Schopenhauer und die Parapsychologie«, in: *ZPpsGPs* 1961.
— »Gespräch mit W. v. Scholz«, in: *NW* 1961.
— »Traum und ›okkulte‹ Erfahrungen als seelische Wirklichkeiten — zum Tode von C. G. Jung«, in: *NW* 1961.
— »Charakter und Schicksal«, in: *NW* 1963.
— »Hans Berger«, in: *ZPpsGPs* 1963.
— »Wunderheilungen im affektiven Feld«, in: *ZPpsGPs* 1964.
— »Astrologie und Aberglaube«, in: *NW* 1964.
— »Das ›Blutwunder‹ des hl. Januarius«, in: *ZPpsGPs* 1965.
— »Zur Geschichte des Kristallsehens«, in: *NW* 1965.
— »Der Spuk in Thun«, in: *Blick*, Zürich 1967.
— »Der Rosenheimer Spuk«, in: *ZPpsGPs* 1968.
— »Neue Entwicklungen in der Spukforschung«, in: *ZPpsGPs* 1970.
— »Zur Analyse außergewöhnlicher Stimmenphänomene auf Tonband«, in: *ZPpsGPs* 1970.
— *Unser sechster Sinn*, Stgt. 1971.
— »Parapsychologie und Spiritismus«, in: *ZPpsGPs* 1971.
— *Telepathie, Hellsehen und Psychokinese*, Mchn. 1972.
— *Verborgene Wirklichkeit*, Olten/Frbg. 1973.
— »Von sinnvollen Zufällen«, in: *ZPpsGPs* 1973.
— (Hrsg.), *Mylius, Traumjournal*, Stgt. 1974.
— (Hrsg.), *Parapsychologie*, Darmstadt ³1974.
— Interview, in: *exakt*, Juli 1974.
— /Lischke, G., »The Wittelmayer Precognition Experiment«, in: Inst. f. Grenzgeb. d. Ps., Frbg. (Hrsg.) 1968.

— /Mischo, J., »›Präkognition‹ in Traumserie« I/II, in: *ZPpsGPs* 1960/61.
— u. a., »Der ›Geller-Effekt‹« I/II, in: *ZPpsGPs* 1975/76.
BENDIT, L. J., *Paranormal Cognition*, Diss. Cambridge 1944.
BENDIT, Ph. D. P. u. L. J., *Die Brücke des Bewußtseins*, Graz 1961.
BÉNET, A. (Hrsg.), *Procès verbalfait pour délivrer une fille possédée par le malin ésprit à Louviers*, Paris 1862.
BEN GORION, E. (Hrsg.), *Der Born Judas*, Wiesbaden 1959.
BENHAM, W. G., *Laws of Scientific Hand Reading*, Ldn./N. Y. 1900.
BENNETT, G., *The Heart of Healing*, Valley Forge, Pa., 1972.
BENNETT, J. G., *Gurdjieff*, Ldn. 1973.
BENTLEY, W. P., »A Fully Externalized Apparition«, in: *JASPR* 1945.
BENZ, E., *Der vollkommene Mensch nach Jakob Böhme*, Stgt. 1937.
— *Swedenborg in Deutschland*, Ffm. 1947.
— *E. Swedenborg*, Mchn. 1948.
— *Schellings theologische Geistesahnen*, Mainz 1955.
— *Adam, der Mythos vom Urmenschen*, Mchn. 1955.
— (Hrsg.), Sonderheft »Reinkarnation«, der *Z. f. Rel. u. Geistesgesch.* Bd. 9, H. 2, 1957.
— *Die christliche Kabbala*, Zürich 1958.
— *Zen in westlicher Sicht*, Weilheim 1962.
— *Die Vison*, Stgt. 1969.
— »Drogen und übersinnliche Erfahrung«, in: *Z. f. Rel. u. Geistesgesch.* 1972.
— »Christlicher Glaube und Parapsychologie«, in: *Worauf ist Verlaß?*, Stgt. 1973.
BERENDT, H. C., »Bericht über einen Fall paranormaler Ortsbeschreibung«, in: *NW* 1965.
— *Parapsychologie*, Stgt. 1972, ²1974.
BERG, D., »Modus Operandi of Trance Communications — Mrs. Piper«, in: *JASPR* Bd. 45, 1951.
— »Gedanken über Hellseherei . . .«, in: *Schweizer Rundschau* Bd. 53, H. 11/12, 1954.
BERGENGRUEN, W., *Das Buch Rodenstein*, Zürich 1951.
BERGER, H., *Untersuchungen über die Temperatur des Gehirns*, Jena 1910.
— *Psyche*, Jena 1940.
BERGMAN, H. S., »Salomon Maimon und die Anfänge der wiss. Parapsychologie«, in: *NW* 1965.
BERGSON, H., *L'évolution créatrice*, Paris 1907.
— *Dreams*, N. Y. 1914.
— »Presidential Address«, in: *Proc. SPR* Bde. 26/27, Nr. 67/68, 1913/14.
— »Geistererscheinungen und psychische Forschungen«, in: Bergson, *Die seelische Energie*, Jena 1928.
BERLITZ, Ch., *Das Bermuda-Dreieck*, Wien 1975.
BERNARD-LEROY, E., *L'illusion de fausse reconnaissance*, Paris 1898.
BERNHEIM, H., *Die Heilwirkung der Suggestion*, Wien 1888.
— *Automatisme et suggestion*, Paris 1917.
BERNOULLI, R., »Prof. E. Bleuler und der Okkultismus«, in: *ZfPps* 1927.
BERNSTEIN, M., *Protokoll einer Wiedergeburt*, Bern/Mchn./Wien 1973.
BERNUS, A. v., *Alchymie und Heilkunst* (1948), Nürnberg ³1969.
BERRY, C., *Experiences in Spiritualism*, Ldn. 1870.
BERTHELEN, K. A., *Die Klopf- und Spukgeister zu Oderwitz . . .*, Zittau 1864.
BERTHELOT, M., *Die Chemie im Altertum und im Mittelalter*, Neudr. Hildesheim 1968.
BERTHOLD, O., *Die Unverwundbarkeit in Sage und Aberglaube der Griechen*, Gießen 1911.
BERTHOLET, A., *Das Wesen der Magie*, Göttingen 1928.
BERTRAND, Ch., *Traité de somnambulisme . . .*, Paris 1823.
BESANT, A., *Die Zukunft, die unser wartet*, Lpz. 1897.
— /Leadbeater, C. W., *Gedankenformen*, Lpz. 1901.
BESTERMAN, Th., *Crystal-Gazing*, Ldn. 1924.
— *Bibliography of Annie Besant*, Ldn. 1924.
— *The Mind of Annie Besant*, Ldn. 1928.
— »Evocation of the Dead . . . among the Natives of Madagascar«, in: *Proc. SPR* Bd. 38, Nr. 111, 1928/29.
— »Report of a Four Month' Tour of Psychical Investigation«, in: *Proc. SPR* Bd. 38, Nr. 111, 1928/29.
— *Some Modern Mediums*, Ldn. 1930.
— »The Mediumship of Rudi Schneider«, in: *Proc. SPR* Bd. 40, Nr. 125, 1931/32.
— »Further Inquiries into the Element of Chance in Booktests«, in: *Proc. SPR* Bd. 40, Nr. 121, 1931/32.
— »Report of an Inquiry into Precognitive Dreams«, in: *Proc. SPR* Bd. 41, Nr. 130, 1933.
— *A Bibliography of Oliver Lodge*, Ldn. 1935.
BEURMANN, A., *Der Aberglaube der Jäger*, Hbg. 1961.
BIANQUIS, G., *Faust à travers quatre siècles*, Paris 1935.
BIEDERMANN, H., *Handlexikon der magischen Künste*, Graz 1968.
— *Hexen*, Graz 1974.
BIEHLMAIR, G., *Okkultismus und Seelsorge*, Innsbruck 1927.
BILLOT, G.-P., *Recherches psychologiques sur la cause des phénomènes extraordinaires . . .* I/II, Paris 1839.
BINDE, W., *Tabu*, Bern 1954.
BINDEL, E., *Die Zahlengrundlagen der Musik*, Stgt. 1950.
— *Die geistigen Grundlagen der Zahlen*, Stgt. 1958.
BINET, A./Féré, Ch., *Le magnetisme animal*, Paris 1887.
BINSKI, S. R., *Experimentelle Untersuchungen über Psychokinese*, Diss. Bonn 1956 (Auszug in: *ZPpsGPs* 1958).
BINZ, U./Bonin, W. F., »›Geistige Heilung‹ und Spiritismus am Ende des 18. Jh.s«, in: *NW* 1962/63.
BIRD, M., *Margery*, Boston 1925.
— »The Margery Mediumship« I/II, in: *Proc. ASPR* Bd. 20/21, 1926/27.
— »Margery«, in: *Psychic Research* 1929.
BIRGITTA von Schweden, *Offenbarungen*, Ffm. 1961.
BIRVEN, H., *Der historische Dr. Faust*, Gelnhausen 1963.
BISCHKO, J., *Einführung in die Akupunktur*, Hdb. ⁸1975.
BISSON, J. A., *Les phénomènes dits de matérialisation*, Paris 1914.
BITTER, W. (Hrsg.), *Magie und Wunder in der Heilkunde*, Stgt. [1959].
BJERRE, P., »Der Fall Karin«, in: *Neue Rundschau* 1907.
— *Das Träumen als Heilungsweg der Seele*, Zürich/Lpz. 1936.
— *Spökerier*, Stockholm 1947.
BJÖRKHEM, J., *Die verborgene Kraft*, Frbg. 1954.
BLACHER, C., »Ein unbezweifelbares Apporterlebnis«, in: *ZfPps* 1926.
BLEI, F., *Ungewöhnliche Menschen und Schicksale*, Bln. 1929.
BLEKASTRAD, M., *Comenius*, Oslo 1969.
BLEKSLEY, A. E. H., »An Experiment on Long Distance ESP during Sleep«, in: *JoP* 1963.
BLEULER, E., »Vortrag über Ambivalenz«, in: *Zentralbl. f. Psa.* Bd. 1, 1910.
— »Rezension von: Dessoir (Hrsg.), Der Okkultismus in Urkunden«, in: *ZfPps* 1926.
— *Lehrbuch der Psychiatrie*, Bln./Hdb./N. Y. ¹⁰1966.
BLOCH, R., *Les prodiges dans l'antiquité classique*, Paris 1963.
BLOFELD, J., *The Way of Power*, Ldn. 1970.
BLOM, J./Pratt, J. G., u. a., »The Focusing Effect«, in: Inst. f. Grenzgeb. d. Ps., Frbg. (Hrsg.) 1968.
BLONDEL, Ch., *Einführung in die Kollektivpsychologie*, Bern 1948.
BLONDLOT, R., *Rayons »N«*, Paris 1904.
BLUMHARDT, J. Chr., . . . *Krankheits- und Heilungsgeschichte der Gottliebin Dittus*, Stgt. ¹²o. J.
BLUNSDON, N., *A Popular Dictionary of Spiritualism*, Ldn. 1961.
BODIN, J., *De la démonomanie des sorciers*, Paris 1580.
BÖHM, J., »Das ›mediumistische‹ Malen des Nürnbergers Heinrich Nüßlein«, in: *ZfPps*. 1928.
— »Ein ernstes Wort nach Konnersreuth«, in: *ZfPps*. 1929.
BÖHME, J., *Sämtliche Werke*, hrsg. v. W.-E. Peuckert, 11 Bde., Stgt. 1955 ff.

BÖMER, F., »Gedanken über die Gestalt des Apollon«, in: *Athenaeum* NS 41, 1963.
BOHM, W., *Chakras*, Bern/Mchn./Wien [3]1974.
BOHN, E., »Ein deutsches Medium«, in: *Nord und Süd* 1900.
— *Der Fall Rothe*, Breslau 1901.
— *Geisterschrift und Drohbriefe*, Mchn. 1902.
— »Zur Geschichte der Apporte«, in: *ZKO* Bd. 1, 1926.
BOIRAC, E., *La psychologie inconnue*, Paris 1920.
BOLL, F./Bezold, C., *Sternglaube und Sterndeutung*, Lpz. [4]1931.
BOLTON, G., *Ghosts in Solid Form*, Ldn. 1919.
BOND, F. B., *The Gate of Remembrance*, Oxford 1918.
— *The Hill of Vision*, Boston 1919.
— *The Company of Avalon*, Ldn. 1924.
BONIN, W. F., *Ifa und Eshu* (Diss. Tbg.), Stgt. 1969.
— »Der Geist der Medizin und die nicht-aristotelische Logik«, in: *Ethnomedizin, Referate der Fachkonferenz München* 1973, Hdb. 1974.
BONNEAYMÉ, *La force psychique*, Paris 1919.
BONNER, C., *Studies in Magical Amuletts*, Ann Arbor, Mich., 1950.
BOOTH, G., »Les Dimensions parapsychologiques en médecin«, in: *RM* 1954.
BORCHARDT, L., *Die Pyramiden*, Bln. 1911.
BORDERIEUX, C., *Les animaux pensants*, Paris 1925.
BOREL, Th., *Le Comte Agénor de Gasparin*, Lausanne [2]1880.
BORGES, J. L., *Geschichte der Ewigkeit*, Mchn. 1965.
— *Das Eine und die Vielen*, Mchn. 1966.
BORING, E. G., *Sensation and Perception in the History of Experimental Psychology*, N. Y. 1942.
BORMANN, W., *Der Schotte Home*, Lpz. [2]1909.
BORN, M., *Einstein's Theory of Relativity*, N. Y. 1962.
BORRI, G. F., *La Chiave de Gabinetto del Cavagliere G. F. B. Milanese*, Köln 1681.
BORST, A., *Die Katharer*, Stgt. 1953.
BOSCO, G. Don, *Memorie Biografiche di San G. B.* I/IXX, Turin 1898—1939.
BOSE, J. Ch., *Response in the Living and Non-Living*, Ldn. 1902.
BOUCHÉ-LECLERCQ, A., *Histoire de la dévination dans l'antiquité* I/IV, Paris 1879—82.
— *L'astrologie grecque*, Paris 1899.
BOUISSOU, M., *Ein seltsamer Beruf*, Luzern 1956.
BOURGUIGNON, E. (Hrsg.), *Religion, Altered States of Consciousness, and Social Change*, Columbus, Ohio, 1973.
BOURKE, J. G., »The Medicin-Men of the Apache«, in: Ann. Rep. 9, Bur. Amer. Ethn., 1892.
BOURNEVILLE, D. M., *Science et miracle*, Paris 1875.
BOUSSET, W., »Die Himmelsreise der Seele«, in: *Arch. Religionswiss.* Bd. 4, 1901.
BOUTEILLER, M., *Chamanisme et guérison magique*, Paris 1950.
BOZZANO, E., *Ipotesi spiritica . . .*, Genua 1903.
— »Animals and Psychic Perceptions«, in: *Ann. Ps. Sc.* 1905.
— »Des cas d'identification spirite«, in: *Ann. Sc. Ps.* 1910.
— »Dei fenomeni premonitori«, in: *Luce e Ombra* 1914.
— *Phénomènes psychiques au moment de la mort*, Paris 1923.
— *Les animaux et les manifestations métapsychiques*, Paris 1926.
— *Die Spukphänomene*, Bamberg 1930.
— »Dei fenomeni di ›apporto‹«, in: *Luce e Ombra* 1930.
— *Übersinnliche Erscheinungen bei Naturvölkern*, Frbg. [2]1975.
BRACKETT, E. A., *Materialised Apparitions*, Boston 1886.
BRADLEY, H. D., *Den Sternen entgegen*, Stgt. [1926].
— *Die Sitzungen mit Valiantine in Berlin*, Lpz. 1930.
BRAID, J., *Neurypnology*, Ldn. 1843.
— *Der Hypnotismus*, Bln. 1882.
— *Observations on Trance . . .*, Ldn. 1850.
— *Hypnotisme*, Ldn. 1903.
BRAMWELL, J. M., »James Braid«, in: *Proc. SPR* Bd. 12, Nr. 30, 1896/97.
BRANDT, P., »Telepathische Einwirkung von Gegenständen«, in: *Ps. St.* 1925.
BRAUCHLI, J., *Der engl. Schauerroman*, Diss. Zürich 1928.
BRAUN, L., *Herz und Angst*, Wien 1932.
BRAUN, K., »Der Vampirismus in der Weltliteratur«, in: *Total* Bd. 5, H. 16, 1967.
BRÉVANNES, R., *L'orgie satanique*, Paris 1904.
BREZINA, E./Stransky, E. (Hrsg.), *Psychische Hygiene*, Wien 1955.
BRIDGMAN, P. W., »Probability, Logic, and ESP«, in: *Science* 1956.
BRIERE, Y. de la, *Le destin de l'Empire Allemand et les oracles*, Paris 1916.
BRITTEM, E. H., *Modern American Spiritualism*, Ldn. 1870.
BRO, H. H., *Traumdeutungen in Trance*, Genf 1969.
BROAD, C. D., »The Phenomenology of Mrs. Leonard's Trance«, in: *JASPR* 1955.
— *Lectures on Psychical Research*, Ldn./N. Y. 1966.
BROCKHAUS, E., »Möglichkeiten und Grenzen der Erforschung paranormaler Phänomene in Westafrika«, in: *NW* 1968.
BROWN, B. B., *New Mind, new Body*, N. Y. 1974.
BROWN, F. A., »Persistent Activity Rhythms in the Oyster«, in: *Amer. J. of Physiology*, 1954.
— *Biological Clocks*, Boston 1962.
BROWN, G. S., »Statistical Significance in Psychological Research«, in: *Nature* Nr. 4369, 1953.
— *Probability and Scientific Inference*, Ldn. 1957.
BROWN, R., *Musik aus dem Jenseits*, Wien/Hbg. 1971.
BROWN, W., »Psychology and Psychical Research«, in: *Proc. SPR* Bd. 41, Nr. 127, 1933.
BRUCK, C., *Experimentelle Telepathie*, Stgt. 1925.
BRUGMANS, H. J. W. E., »Über telepathische Experimente . . .«, in: Bender 1974.
— /Heymans, G./Weinberg, A. A., »Een experimenteel oderzoek betr. telepathie«, in: *Mededeelingen SPR NL* Bd. 1, 1921.
BRUNNER, P., *Revisionsbericht Stadtwerke Rosenheim*, Abt. E-Werk vom 21. 12. 1967.
BRUNTON, P., *Geheimnisvolles Ägypten*, Zürich 1951.
BRYAN, D., *Jeane Dixon: The Witnesses*, N. Y. 1976.
BUBER, M., *Die Legende des Baal-Schem*, Ffm. 1916.
BUCHANAN, J. Rh., *Manual of Psychometry*, Boston 1885.
— *Journal of Man*, Boston 1849.
BUCHINGER, O., *Heilfasten*, Stgt. 1935.
BUCHNER, E., *Medien, Hexen und Geisterseher*, Mchn. 1926.
BUCKE, R. M., *Die Erfahrung des kosmischen Bewußtseins* (1910), Frbg. 1975.
BUDGE, E. A., *Amulets and Talismans*, N. Y. [2]1970.
BUÉ, A., *Le magnétisme curatif* I/II, Paris 1905/06.
BÜCHEL, W., »Physik und Parapsychologie« (1972), in: Bauer 1974.
BÜCHSENSCHÜTZ, B., *Traum und Traumdeutung im Alterthume*, Bln. 1868.
BÜHLER, K., »Tatsachen und Probleme zu einer Psychologie der Denkvorgänge«, in: *Arch. f. d. ges. Ps.* Bd. 9, 1907.
BÜLAU, F., *Geheime Geschichten und rätselhafte Menschen*, I/XII, Lpz. 1850—60.
BÜNNING, E., *Die physiologische Uhr*, Bln. 1958.
BULWER-LYTTON, E. G., *Das Haus des Zauberers*, Lorch 1931.
BULL, T., *Analysis of Unusual Experiences in Healing*, Ldn. 1932.
BULTMANN, R., *Jesus*, Tbg. [3]1951.
BUMKE, J., *Die Wolfram von Eschenbach-Forschung*, Mchn. 1970.
BURBANK, L., *How Plants are Trained to Work for Men*, N. Y. 1921.
BURDACH, K., *Der Gral*, Darmstadt [2]1974.
BURGER, H., »Sozialps. Aspekte spontaner PK«, in: *ZPpsGPs* 1973.
BURKHARD, H., *Zur Psychologie der Erlebnissage*, Diss. Zürich 1951.
BURLAND, C. A., *The Art of the Alchemists*, Ldn. 1967.

BURR, G. L., *Narratives of the Witchcraft Cases 1648—1706*, N. Y. 1914.
BURROUGHS, W., *Junkie*, Ffm. 1972.
BUSCHING, J., *Drei Tage in Groß-Almerode*, Groß-Almerode 1907.
BUSSE, H., *Astrologie, Schlaf und Träume*, Görlitz 1936.
BUTTERSACK, F., *Unsichtbare Mächte*, Göttingen 1950.
BYLOFF, F., *Das Verbrechen der Zauberei*, Graz 1907.

CADORET, R. J./Pratt, J. G., »The Consistent Missing Effect in ESP«, in: *JoP* 1950.
CAESARIUS v. HEISTERBACH, *Die Wundergeschichten des* —, hrsg. v. A. Hilka, I/III, Bonn 1933—37.
CAHAGNET, C. A., *Magnétisme* I/III, Paris 1848—54.
CAILLET, A. L., *Manuel bibliographique des sciences psychiques*, Paris 1912.
CALCAR, E. van, *De macht der menselijke hand*, Zalt Bommel 1912.
CALMEIL, L.-F., *De la folie* ... Paris 1845.
CALMET, A., *Dissertations sur les apparations* ..., Einsiedeln 1749.
CAMPBELL, A., *Der Irrtum mit der Seele*, Bern/Mchn./Wien 1973.
CANDI (d. i. L. C. Mohlberg), *Briefe an Tschü*, Ulm 1959.
CANNEL, C. R., Crowley, Ldn. 1951.
CAPRA, F., *The Tao of Physics*, Ldn. 1975.
CAPRON, E. W., *Modern Spiritualism*, Boston 1855.
CARDANUS, H., *Metopososcopia*, Paris 1658.
CARINGTON, W. W., »The Quantitative Study of Trance Personalities«, I—IV, in: *Proc. SPR* 1934, 1935, 1936/37, 1938/39.
CARL, A., »Betrachtung über das Raum-Zeit-Problem«, in: *Ps. St.* 1924.
CARL, H., »Paracelsus, ein Weißmagier des 16. Jh.s«, in: *Okkulte Stimme* Bd. 2, H. 12/13, 1951.
— »Paracelsus und die Astrologie«, in: *Okkulte Stimme* 1952.
— »Paracelsus und die Magie«, in: *Okkulte Stimme* 1954.
CARR, A., »Navigation of the Green Turtle«, in: *Scientific. American* 1965.
CARREL, A., *Die Wunder von Lourdes*, Stgt. 1951.
CARRINGTON, H., »Discussion oft the Trance Phenomena of Mrs. Piper«, in: *Proc. SPR* Bd. 17, Nr. 45, 1901—03.
— *The Physical Phenomena of Spiritualism*, Ldn. 1908.
— »Experiences in Psychic Photography«, in: *JASPR* 1925.
— »The Story of Psychic Science«, in: *JASPR* 1930.
— *The American Seances with E. Palladino*, N. Y. 1954.
— /Fodor, N., *Haunted People*, N. Y. 1951.
— /Tuckett, I. L./Bayfield, M. A., »A Discussion of the Willett Scripts«, in: *Proc. SPR* 1914.
CARTER, C. E., *The Principles of Astrology*, Madras ⁴1952.
— *An Encyclopedia of Psychological Astrology*, Madras ⁴1974.
CARTER, M. E., *Prophezeiungen in Trance*, Mchn. 1974.
CARTY, Ch. M., *Pater Pio*, Weilheim 1954.
CARUS, C. G., *Über Grund und Bedeutung der verschiedenen Formen der Hand*..., Stgt. 1846.
— *Symbolik der menschlichen Gestalt*, Neudr. Darmstadt 1962.
CASAUBON, M. A., *A True and Faithful Story of What Happened Between John Dee and Some Spirits*, Ldn. 1659.
CASE, P. F., *The Tarot*, N. Y. 1947.
CASLER, L., *The Effects of Extra Tactile Stimulation on a Group of Institutionalized Infants*, Provincetown, Mass., 1965.
CASPER, G. W., »Effect of the Receiver's Attitude towards Sender in ESP-tests«, in: *JoP* 1952.
CASSIRER, E., *Die Philosophie der Aufklärung*, Tbg. 1932.
CASSOLI, P., »Studie eines Falles sog. medialer Malerei«, in: *GW* 1975.
CASTANEDA, C., *Die andere Realität*, Ffm. 1972.
— *Die Reise nach Ixtlahan*, Ffm. 1974.
CASTLE, R. L. van de, »Anthropology and Psychic Research«, in: White, J. (Hrsg.), *Psychic Exploration*, N. Y. 1974.
CAUZONS, Th. de, *La magie*, Paris 1922.
CAVANNA, R. (Hrsg.), *Psi Favorable States of Consciousness*, N. Y. 1970.
— /Ullman, M. (Hrsg.), *Psi and Altered States of Consciousness*, N. Y. 1968.
CAVENDISH, R., *Encyclopedia of the Unexplained*, Ldn. 1974.
CAZZAMALLI, F., »Ausstrahlungen von ›Gehirnwellen‹ bei telepathischen Phänomenen«, in: *ZfPps* 1926.
— »Über die Kritiken ... betr. die Ausstrahlungen von Gehirnwellen«, in: *ZfPps*. 1927.
CELLIER-DUFAYEL, N.-H., *Le vérité sur Mme. Lenormand*, Paris 1845.
CEPARI, V., *Leben der hl. Maddalena de' Pazzi*, Regensburg 1857.
CERMINARA, G., *Die Welt der Seele*, Frbg. 1967.
CHABANAIS, *Le subconscient chez les artistes* ..., Paris 1897.
CHANCELLOR, B. B., *The Hell-Fire Club*, Ldn. 1925.
CHAPMAN, C., *The Blue Room*, Auckland 1927.
CHARI, C. T. K., »Quantenphysik und Parapsychologie« (1956), in: Bender 1974.
CHARPENTIER, J., *Die Templer*, Stgt. 1965.
CHARROUX, R., *Unbekannt, Geheimnisvoll, Phantastisch*, Düsseldorf 1970.
CHAUVIN, R., »Über die Möglichkeit parapsychischer Phänomene bei Tieren« (1961/62), in: Bender 1974.
— /Genthon, J. P., »Eine Untersuchung über die Möglichkeit psychokinetischer Experimente mit Uranium und Geigerzähler«, in: Bender 1974.
CHERRY, Ch., *Kommunikationsforschung*, Ffm./Hbg. ²1967.
CHEVREUIL, M. E., *De la baguette divinatoire du pendule*, Paris 1854.
CHIVA, J., »Erscheinungsformen der lebenden Materie«, in: *ZfPps* 1926.
CHOWRIN, A. N., *Experimentelle Untersuchungen auf dem Gebiete des räumlichen Hellsehens* (1898), Mchn. 1919.
CHRISTIAENS, L., »War es ein Geist?«, in: *NW* 1960/61.
CLAPARÈDE, E., »Les chevaux savants d'Elberfeld«, in: *Arch. Ps.* Bd. 12, 1912.
CLASEN, S., *Antonius von Padua*, M.Gladbach 1959.
CLAUS, A., *Dämonen und Himmelsboten*, Pfullingen 1921.
CLAUS, L., *Leben und Offenbarungen der hl. Birgitta*, Regensburg 1888.
CLERICUS, »Okkulte Phänomene, beobachtet im Pfarrhaus zu G.«, in: *Ps. St.* 1906, 1910, wiederabgedr. in: Moser 1950.
COATES, J., *Photographing the Invisible*, Ldn./Chicago 1911.
— *Has W. T. Stead Returned?*, Ldn. 1913.
COCKREN, A., *Alchemy*, Ldn. 1940.
CODRINGTON, R. H., *The Melanesians*, Oxford 1891.
COLINON, M., *Les Guérisseurs*, Paris 1957.
COLLEY, Th., *Sermons on Spiritualism*, Ldn. 1907.
COLLIN, R., *The Theory of Celestial Influence*, Ldn. 1955.
COMPER, F. N. M., *The Life of Richard Rolle*, Ldn. 1933.
CONDON, E. U., *Scientific Study of UFO's*, Univ. of Colorado 1969.
CONGER, A. L., *Practical Occultism*, Pasadena 1951.
CONRAD-MARTIUS, H., *Bios und Psyche*, Hbg. 1950.
— *Der Selbstaufbau der Natur* (1944), Mchn. ²1961.
COOVER, J. E., »Thought Transference«, in: *Proc. SPR* 1914.
COOPER, R., *Spiritual Experiences*, Ldn. 1867.
COPE, J. I., *Joseph Glanvil*, Ldn. 1958.
CORREVIN, H., *Gespenstergeschichten aus Bern*, Bern 1919.
CORSON, H., *Spirit Messages*, Rochester 1914.
COSTA DE BEAUREGARD, O., *Le second principe de la science du temps*, Paris 1963.
COUÉ, E., *Die Selbstbemeisterung durch bewußte Autosuggestion*, Basel 1925.

COURTIER, J., »Séances d'Esapia Paladino«, in: *Bull. de l'Inst. Gen. Ps.*, Paris 1908.
COX, W. E., *Spiritualism Scientifically Examined . . .*, Ldn. 1872.
— *What Am I?*, Ldn. 1874.
— *Beweise für die Existenz einer psychischen Kraft*, Lpz. 1884.
— »Precognition«, in: *JASPR* 1956.
CRANDON, L. G., *Margery*, Boston 1925.
CRAVEN, J. B., *Dr. R. Fludd*, Ldn. 1962.
CRAWFORD, J. W., *Experiments in Psychical Science*, Ldn. 1919.
CROOKALL, R., *The Study and Practice of Astral Projection*, Hackensack, N. J., 1961.
— *More Astral Projections*, Hackensack, N. J., 1974.
CROOKES, W., ältere Aufsätze aus den Jahren 1871 ff. sind wiederabgedr. in: Barrington, M. R. (Hrsg.), *Crookes and the Spirit. World*, N. Y. 1972.
— *Aufzeichnungen über Sitzungen mit D. D. Home*, Bln. 1890.
— *Der Spiritismus und die Wissenschaft*, Lpz. 1891.
— *Strahlende Materie*, Lpz. 1907.
— *Researches in the Phenomena of Spiritualism*, Ldn. 1926.
CROWLEY, A., *The Book of Thot*, N. Y. 1969.
— *Magick*, Ldn. 1973.
CUMBERLAND (d. i. Ch. Gardner), *Besucher aus dem Jenseits*, Breslau [1844].
CUMMINS, G., *Swan on a Black Sea*, Ldn. 1965.
CUMONT, F., *L'Egypte des Astrologues*, Brüssel 1937.
— u. a., *Catalogus codicum astrologorum Graecorum*, 1898—1953.
CURRAN, P., »The Sorry Tale«, Ldn./N. Y. 1917.
CUSHMAN, A., »An evidential Case of Spirit Photography«, in: *JASPR* 1922.

DACQUÉ, E., *Urwelt, Sage und Menschheit*, Mchn. 1924.
— *Natur und Seele*, Mchn. [2]1927.
DÄNIKEN, E. v., *Erscheinungen*, Düsseldorf 1974.
DAHL, L., *We are here*, Ldn. 1931.
DAILEY, A. H., *Mollie Fancher*, Brooklyn 1894.
DAIM, W., *Experimente mit der Seele*, Graz 1949.
— »Experimentelle Traumtelepathie«, in: *Wiss. u. Weltbild* Nr. 10, 1948.
— *Der Mann, der Hitler die Ideen gab*, Mchn. 1958.
— »Studies in Dream-Telepathy«, in: *Tomorrow* 1953.
DAM, W. C. v., *Dämonen und Besessene*, Aschaffenburg 1970.
DANCKERT, W., *Tonreich und Symbolzahl*, Bonn 1966.
DANZEL, Th. W., »Über magisches und mitteilendes Zeichnen«, in: *Globus* 1910.
— *Der magische Mensch*, Potsdam/Zürich 1928.
DARGET, *Exposé des differentes méthodes pour obtention des photographies fluido-magnetiques et spirites*, Paris 1909.
— »Gedankenphotographie« (Vortrag), abgedruckt in: *Kamerakunst* (Wien), H. 1, 1913.
DARNTON, R., *Mesmerism and the End of the Enlightment in France*, Cambridge, Mass., 1968.
DAS GUPTA, N. K., »Religion and Parapsychology«, in: *Indian JoP* 1960.
DASSMANN, E. (Einleitung zu:), *Das Leben des hl. Ambrosius*, Düsseldorf 1967.
DAUMER, G. F., *Das Geisterreich*, Dresden 1867.
— *Kaspar Hauser*, Regensburg 1873.
DAVANZATI, *Dissertazione sopra i vampiri*, Neapel 1789.
DAVEY, S. J./Hodgson, R., »The Possibilities of Mal-Observation and Laps of Memory . . .«, in: *Proc. SPR* Bd. 4, Nr. 11, 1886/87.
DAVID-NEEL, A., *Liebeszauber und schwarze Magie*, Mchn.-Planegg 1952.
DAVIDSON, G., *A dictionary of Angels*, N. Y. 1971.
DAVIES, I. G., *The Theology of Wm. Blake*, Oxford 1948.
DAVIS, J. A., *Der Zauberstab*, Lpz. 1868.
— *Die Prinzipien der Natur*, Lpz. [2]1889.
DEACON, R., *John Dee*, Ldn. 1968.
DEAN, E. D., »The Plethysmograph as an Indicator of ESP«, in: *JSPR* Bd. 41, Nr. 713, 1962.
— »Plethysmograph Recordings as ESP Responses«, in: *Int. J. of Neuropsychiatry*, Okt. 1965.
— »Psi-Missing During Examination Time as Measured by the Plethysmograph«, in: *JoP* Bd. 30, 1966.
DEAN, S. R., »Metapsychiatry«, in: *Amer. J. of Psychiatry*, Nr. 130, 1973.
DEBO, F., »Zum siderischen Pendel«, in: *Ps. St.* 1923.
DECK, J., *Grundlagen der Irisdiagnostik*, Ettlingen 1965.
DEFOE, D., *The History and Reality of Apparitions* (1727), N. Y. 1973.
DEINHARD, I., »Die Materialisationssitzungen in Algier«, in: *Ps. St.* 1906.
DELACOUR, J.-B., *Aus dem Jenseits zurück*, Düsseldorf/Wien 1973.
DELANNE, G., *Le phénomène spirite*, Paris 1893.
— *Les apparitions materialisées des vivants et des morts* I/II, Paris 1909—11.
DELATTE, A., *La catoptromancie grecque et ses dérivès*, Paris 1932.
DELBOEUF, M. J., *Le sommeil et les rèves*, Paris 1885.
DELEHAYE, H., u. a. (Hrsg.), *Acta Sanctorum*, Brüssel 1920 ff.
DELEUZE, J. Ph. F., *Instruction partique sur le magnetisme animal*, Paris 1825.
— *Mémoire sur la faculté de prévision*, Paris 1834.
— *Recherches physiologiques . . .* (Korrespondenz mit Billot), Paris 1839.
DEMELIUS, Chr. F., *Philosophischer Versuch . . . Blutsauger in Niederungarn . . .*, Wien 1732.
DENNERT, D., »Das Feuergehen der Inder«, in: *Ps. St.* 1925.
DENNERT, E., »Sind Spiritismus und Animismus ›legitime‹ Hypothesen?«, in: *ZfPps* 1926.
DENTON, W. u. E. M. F., *The Soul of Things*, Boston 1863.
DERMENGHEM, E., *Le sommeil de J. B. Willermoz*, Paris 1926.
DESSOIR, M., »Gedankenübertragung«, in: *Sphinx* Bd. 1, 1886.
— »Experiments of Muscle-Reading and Thought-Transference«, in: *Proc. SPR* Bd. 4, Nr. 10, 1886/87.
— »Rezension: Moll, Hypnotismus«, in: *Proc. SPR* Bd. 5, Nr. 14, 1888/89.
— *Bibliographie des modernen Hypnotismus*, Bln. 1888.
— *Das Doppel-Ich*, Lpz. 1896.
— *Vom Jenseits der Seele*, Stgt. 1917, [6]1931, Neudr. Stgt. 1967.
— (Hrsg.), *Der Okkultismus in Urkunden:* W. v. Gulat-Wellenburg, Graf C. v. Klinckowstroem, H. Rosenbusch, *Der physikalische Mediumismus*, R. Baerwald, *Die intellektuellen Phänomene*, Bln. 1925.
— *Buch der Erinnerung*, Stgt. 1946.
— *Das Ich, der Traum, der Tod*, Stgt. 1947, [2]1951.
— /Schröder, Ch., »Briefwechsel über angebl. Entlarvungen«, in: *Ps. St.* 1925.
DETHLEFSEN, Th., *Das Leben nach dem Tod*, Gütersloh 1974.
DEUBNER, L., *De incubatione*, Lpz. 1900.
DEUTSCH, H., »Okkulte Vorgänge während der Analyse«, in: *Imago* Bd. 12, 1926.
DEVEREUX, G. (Hrsg.), *Psychoanalysis and the Occult* (1953), N. Y. 1970.
— »Psychoanalytic Reflections on the Expericenes of ›Levitation‹«, in: *JoP* 1960.
— »Shamans as Neurotics«, in: *Amer. Anthropologist* Bd. 63, 1961.
— /Mars, L., »Haitian Voodoo and the Ritualization of the Nightmare«, in: *Psychoanalytic Review* Bd. 38, 1951.
DIALEKTISCHE GESELLSCHAFT, Ldn., *Bericht über den Spiritualismus*, Lpz. 1875.
DIBELIUS, M., *Geisterwelt im Glauben des Paulus*, Göttingen 1909.
DIDIER, A., *Animal Magnetism and Somnambulism*, Ldn. 1856.

DIEDERICH, E., *Das Dekret des Bischofs Burchard von Worms*, Diss. Glogau 1908.
DIEFENBACH, J., *Der Hexenwahn*, Mainz 1886.
DIEPGEN, P., *Hahnemann und die Homöopathie*, Frbg. 1926.
DIETRICH, F., *Erdstrahlen*, Villach 1952.
DIETZ, P. A., »De zieneres van Prevorst«, in: *Tijdschr. Pps.* Bd. 4, 1931/32.
— »Menschelijke uitstraling«, in: *Tijdschr. v. pps.* Bd. 12, 1942.
DINGFELDER, J., *Ludwig Aub*, Mchn. 1914.
DINGWALL, E. J., »A Report on a Series of Sittings with Mr. W. Schneider«, in: *Proc. SPR* Bd. 36, Nr. 97, 1926—28.
— »Ein neuer Geisterphotograph«, in: *ZKO* Bd. 1, 1926.
— »A Report on a Series of Sittings with the Medium Margery« (1925), in: *Proc. SPR* Bd. 36, Nr. 98, 1927.
— *Some Human Oddities*, Ldn. 1947.
— *Very Peculiar People* (1950), N. Y. 1962.
— (Hrsg.), *Abnormal Hypnotic Phenomena* I/IV, Ldn. 1967/68.
— /Foldney, K. M./Hall, T. H., *The Haunting of Borley Rectory*, Ldn. 1956.
DISRAELI, B., *The Wondrous Tale of David Alroy*, Ldn. 1833.
DITTMER, K., »Die Methoden des Wahrsagens im Ober-Volta-Gebiet . . .«, in: *Baessler Arch.* NF 6, 1958.
DIXON, J., *Reincarnation . . .*, N. Y. 1970.
DODDS, E. R., *The Greeks and the Irrational*, Berkeley 1951; *Die Griechen und das Irrationale*, Darmstadt 1970.
— »Telepathie und Hellsehen in der klassischen Antike«, in: Bender 1974.
DORPE, C. M., van der, »Bio-magnetodyl-radiometer«, in: *Maandblatt v. d. Ver. v. Psychisch oderz. en toegen. magnetisme*, 1922—25.
DOSCH, P., *Lehrbuch der Neuraltherapie*, Hdb. 1970.
— *Wissenswertes über die Neuraltherapie*, Hdb. 1972.
DOTEN, E., *The Inner Mystery*, Boston 1868.
DOUVAL, H., *Magische Hilfsmittel*, Frbg. 1955.
DOWDEN, H. (Travers-Smith), *Voices from the Void*, Ldn. 1919.
DOYLE, A. C., u. a., *The Case for Spirit Photography*, Ldn. 1922.
— *The Coming of the Fairies* (1922), N. Y. 1972.
— *History of Spiritualism*, Ldn. 1926.
— *The Edge of the Unknown*, N. Y./Ldn. 1930.
DREIKANDT, U. K., *Schwarze Messen*, Mchn. 1970, 1975.
DREXL, F. X., *Achmets »Traumbuch«*, Freising 1909.
DRIESCH, H., »Zwei telepathische Erlebnisse«, in: *ZfPps.* 1926.
— »Presidential Address«, in: *Proc. SPR* Bd. 36, Nr. 99, 1926—28.
— »Schopenhauers Stellung zur Pps.«, in: *Schopenhauer Jb.* 23, 1936.
— *Leib und Seele*, Lpz. ⁴1938.
— »Magische und okkulte Bestrebungen in der zeitgenöss. Philosophie«, in: v. Dungern 1949.
— *Parapsychologie*, Zürich ³1952.
— »Die wissenschaftliche Parapsychologie der Gegenwart« (1936), in: Bender 1974.
DRÜSCHER, V. B., *Magie der Sinne im Tierreich*, Mchn. 1975.
DROSTE zu HÜLSHOFF, H. Freih., »Fernsehen«, in: *ZfPps* Nr. 7, 1927.
— »A. Droste zu Hülshoff als Spökenkiekerin«, in: *ZfPps* Nr. 9, 1927.
DRUDE, K., *Nostradamus*, Mchn.-Pasing 1963.
DUBAL, R., *La Psychoanalyse du Diable*, Paris 1953.
DUBNOW, S., *Geschichte des Chassidismus*, Bln. 1931.
DUCASSE, C. J., »Causality und Parapsychology«, in: *JoP* 1959.
— *A Critical Examination of the Belief in a Life after Death*, Springfield, Ill., 1961.
DUCHATEL, E., *Enquête sur des cas de psychometrie*, Paris 1910.
— »Quelques nouvelles experiences de photographie de la pensée«, in: *Ann. Sc. Ps.* 1914.
DUDDEN, F. H., *The Life and Time of St. Ambrose*, Oxford 1935.
DÜKER, H., »Hat Jaenschs Lehre von der Eidetik heute noch Bedeutung?«, in: *Psychol. Beiträge* Bd. 8, 1965.
DÜRCKHEIM, K. Graf, »Selbstdarstellung«, in: Pongratz 1973.
— *Vom doppelten Ursprung des Menschen*, Frbg. 1973.
— /Mangoldt, U., *Der Mensch im Spiegel der Hand*, Weilheim ²1966.
DÜSTERBEHN, G./Schaumberger, K., *Bibliographie der Hypnose 1890—1969*, 1974.
DUGUID, D., *Hafed*, Ldn./Glasgow 1876.
DUINKERKEN, A. v. (d. i. W. J. M. A. Asselbergs), *Bernhard von Clairvaux*, Wien/Frbg./Basel 1966.
DUKE, M., *Akupunktur*, Bern/Mchn./Wien 1973.
DUMOULIN, H., *The Development of Chinese Zen*, N. Y. 1953.
— *Zen. Geschichte und Gestalt*, Bern 1959.
DUNBAR, E., »The Light Thrown on Psychological Processes by the Action of Drugs«, in: *Proc. SPR* Bd. 19, Nr. 50, 1905—07.
DUNGERN, E. v. (Hrsg.), *Mensch und Kosmos*, Düsseldorf 1949.
DUNNE, J. W., *An Experiment with Time*, Ldn. 1909, ²1927.
— *Nothing Dies*, Ldn. 1940.
DUNRAVEN, The Earl of, *Experiences in Spiritualism with D. D. Home*, Glasgow ²1924.
DU PREL, C., *Der Spiritismus*, Lpz. o. J.
— *Hypnotische Experimente* (1888), wiederabgedruckt in: Du Prel 1904/05 II.
— *J. Kerner und die Seherin von Prevorst*, o. O., o. J. (1887).
— *Studien aus dem Gebiete der Geheimwissenschaften* I/II, Lpz. ²1904/05.
— *Das Rätsel des Menschen* (1892), neu hrsg. v. H. Fritsche, Wiesbaden 1950.
— *Die Psyche und das Ewige*, Pforzheim 1971.
DURVILLE, H., *Die Physik des animalen Magnetismus*, Lpz. 1912.
DUSARD, D., Beitrag in: *Trib. Méd.* vom 16. u. 30. Mai 1875.

EBBINGHAUS, H., *Über das Gedächtnis*, Lpz. 1885.
EBBINGHAUS, J., »Kant und Swedenborg«, in: *Jb. d. Auslandsamtes d. dt. Dozentenschaft*, 1943.
EBERMANN, E., *Über Blut und Wundsegen*, Diss. Bln. 1902.
EBERTIN, R., *Kosmospsychologie*, Aalen 1950.
EBON, M., *They knew the Unknown*, N. Y. 1971.
— *Die Titanic wird untergehen . . .*, Mchn. 1974.
ECKARTSHAUSEN, K. v., *Mystische Nächte*, Mchn. 1791.
ECKERT, A. W., »The Baffling Burning Death«, in: *True*, Mai 1964.
ECKHART, Meister, *Werke*, hrsg. v. d. Dt. Forschungsgemeinschaft, lat. 1940 ff., dt. 1948 ff.
EDDY, S., *You Will Survive after Death*, N. Y. 1950.
EDELSTEIN, E. J. u. L., *Asclepius*, Baltimore 1950.
EDMONDS, J. W., *Der amerikanische Spiritualismus*, Lpz. 1873.
EDMUNDS, S., *Spiritualism: A Critical Survey*, Ldn./N. Y. 1966.
— *Hypnotism and Psychic Phenomena* (1961), Hollywood ³1974.
EDWARDS, F., *Stranger than Science*, N. Y. 1959.
— *Flying Saucers — Serious Business*, N. Y. 1966.
EDWARDS, H., *Geistheilung*, Frbg. 1968.
EDWARDS, I. E. S., *The Pyramids of Egypt*, Ldn. 1949.
EEDEN, F. van, »Account of Sittings with Mrs. Thompson«, in: *Proc. SPR* Bd. 17, Nr. 44, 1901—03.
— »A Study in Dreams«, in: *Proc. SPR* Bd. 26, Nr. 67, 1913.
EGIDI, F., *Pittura e disegni metapsichici*, Mailand 1954.
EHMANN, K. Ch. E., *Oetingers Leben und Briefe*, Stgt. 1859.

EHRENFELS, Chr. v., »Über Gestaltqualitäten«, in: *Vjs. für wiss. Philos.* Bd. 14, 1890.
EHRENSTEIN, W., *Grundlegung einer ganzheitsps. Typenlehre*, Bln. 1935.
EHRENWALD, J., *Telepathy and Medical Psychology*, Ldn. 1947.
— *From Medicine Man to Freud*, N. Y. 1956.
— »Ein neurophysiologisches Modell der Psi-Phänomene«, in: *ZPpsGPs* 1973.
— »Hitler: Schamane, Schizophrener, Medium?«, in: Bauer 1974.
EICHBERG, H., »Raum und Zeit als hist.-kulturelle Variablen«, in: *SVU-Magazin* (Stgt.) Bd. 2, Nr. 5/6, 1974.
EICHLER, N. A., *Sonnenstadt im Nebel*, Obernhain 1975.
EICKSTEDT, E., *Atom und Psyche*, Stgt. 1954.
EILBERT, L./Schmeidler, G. R., »A Study of Certain Psychological Factors in Relation to ESP Performance«, in: *Journ. Pps.* 1950.
EISENBUD, J., *Psychologie mit Psi*, Bern/Mchn./Wien 1974.
— »Gedanken zur Psychofotografie und Verwandtem«, in: Bauer 1974.
— *Gedankenfotografie*, Frbg. 1975.
— »Telepathy and Problems of Psychoanalysis«, in: *Psa. Quart.* Bd. 15, 1946.
EISENDRAHT, D. B., »An Amazing Weekend with the Amazing Ted Serios«, in: *Popular Photography*, Okt. 1967.
EITREM, S., *Orakel und Mysterien am Ausgang der Antike*, Zürich 1947.
ELIADE, M., *Yoga*, Bukarest/Paris 1936.
— *Die Religionen und das Heilige*, Salzburg 1954.
— *Schamanismus und archaische Ekstasetechnik*, Zürich/Stgt. 1954.
— *Schmiede und Alchemisten*, Stgt. 1960.
— *Das Mysterium der Wiedergeburt*, Zürich/Stgt. 1961.
— *Unsterblichkeit und Wiedergeburt*, Wiesbaden 1962.
— *Kosmos und Geschichte*, Reinbek 1966.
ELLENBERGER, H. F., *Die Entdeckung des Unbewußten*, Bern/Stgt./Wien 1973.
ELLERHORST, W., *Prophezeiungen über das Schicksal Europas*, 1951.
ELLIOTSON, J., *Animal Magnetisme*, Ldn. 1837.
ELLIOTT, Ch. W., *Mysteries, or, Glimpses of the Supernatural*, N. Y. 1852.
ELLIOTT, G. M., *The Psychic Life of Jesus*, Ldn. [2]1969.
EMRICH, L., *Der sechste Sinn*, Baden-Baden 1963.
ENDRES, F. C., *Mystik und Magie der Zahlen*, Zürich [3]1951.
ENGEL, F.-M., *Die Giftküche der Natur*, Hannover 1972.
ENNEMOSER, J., *Der Magnetismus nach der allseitigen Beziehung seines Wesens* . . ., Lpz. 1819.
— *Der Magnetismus im Verhältnis zur Natur und Religion*, Stgt. 1842.
ENOMIYA-LASSALLE, H., *Zen-Buddhismus*, Köln 1966.
ENROTH, A. C., *The Movement towards Mysticism in the Novels of Aldous Huxley*, Diss. Univ. of Minnesota 1956.
EPAULARD, A., *Vampyrisme, nécrophilie, nécrophagie*, Lyon 1901.
ERDMANN, E., *Glockensagen*, Wuppertal-Elberfeld 1931.
ERIKSON, E. H., *Der junge Mann Luther* (1958), Mchn. 1964.
ERMACORA, G. B., *I fatti spiritici et le ipotesi affrettate*, Padua 1892.
— *La telepatia*, Padua 1898.
ERMAN, A., *Gespräche eines Lebensmüden mit seiner Seele*, Bln. 1896.
ERNST, B. M./Carrington, H. H. L., *Houidini und C. Doyle*, Ldn. 1932.
ESCHENMAYER, C. A., *Konflikt zwischen Himmel und Hölle*, Tbg./Lpz. 1837.
ESCHSTRUTH, N. v., *Spuk*, Lpz. 1897.
ESDAILE, J., *Mesmerism in India*, Ldn. 1846.
ESPÉRANCE, E. d', *Im Reich der Schatten*, Bln. 1897.
ETTIG, F., *Wahrträume. Wesen und Probleme*, Brandenburg 1933.
EVANS, J. (Hrsg.), *Moberley/Jourdain, An Adventure*, Ldn. [5]1955.
EVANS, W. H., *Twelve Lectures of the Harmonic Philosophy of Andrew Jackson Davis*, Manchester 1925.
EVANS-PRITCHARD, E., *Witchcraft, Oracles, and Magic Among the Azande*, Ldn. 1937.
EVANS-WENTZ, W., *Fairy Tales in Celtic Countries*, Ldn. 1912.
— *Milarepa — Tibets großer Yogi* (1928), Weilheim 1971.
— *Der geheime Pfad der großen Befreiung* (1954), Weilheim 1972.
EVOLA, J., *La tradition hermétique*, Paris 1962.
EXTRA, J., »GESP in the Rat«, in: *JoP* 1972.
EYSENCK, H. J., »Personality and ESP«, in: *JSPR* 1967.

FAHLER, J. I., *Parapsykologia*, Helsinki [2]1975.
FARADAY, M., *The Table Turning Delusion*, Cancet 1853.
FARIGOULE, L. (d. i. J. Romains), *La vision extraretinienne*, Paris [3]1932.
FARMER, J. S., *Twixt Two Worlds*, Ldn. 1886.
FARNUM, M. A., *Der hl. Antonius*, Aschaffenburg 1960.
FARQUHAR, J. N., *Modern religious Movements in India*, Ldn. 1929.
FECHNER, G. Th., *Erinnerungen an die letzten Tage der Od-Lehre* . . ., Lpz. 1876.
— *Zend-Avesta*, Lpz. [4]1919.
— *Die Tagesansicht gegenüber der Nachtansicht*, Lpz. 1879.
FEDERMANN, R., *Die königliche Kunst*, Wien 1964.
FEILDING, E., *Sittings with E. Palladino* . . ., N. Y. 1963.
FELDER, H., *Die Antoniuswunder nach den ältesten Quellen untersucht*, Paderborn 1933.
FELLER, W., *An Introduction to Probability Theory*, N. Y. 1968.
FÉRÉ, Ch., »Aureoles neuropathique«, in: *Rev. de Médicine* 1905.
FERGUSON, J., *Bibliotheca chemica*, Neudr. Ldn. 1954.
FERRERO, F., »Zur hist. Erforschung des Paranormalen in der christl. Kunst«, in: *GW* 1971.
FESTUGIÈRE, A.-J., *Hermétisme et mystique paienne*, Paris 1967.
— *La révélation d'Hermès Trismégiste*, Paris 1944—54.
— *Corpus hermeticum*, Paris 1945—49.
FICHTE, I. H., *Der neuere Spiritualismus*, Lpz. 1878.
FIEDLER, L. A., *Liebe, Sexualität und Tod*, Bln. 1964.
FIEDLER, W., *Antiker Wetterzauber*, Stgt. 1931.
FIERZ-DAVID, W. E., *Die Entwicklungsgeschichte der Chemie*, Basel 1945.
FIGAR, S., »The Application of Plethysmography to Objective Study of So-Called Extrasensory Perception«, in: *JSPR* Bd. 40, 1959.
FIGGE, H., *Geisterkult, Besessenheit und Magie in der Umbanda-Religion*, Frbg./Mchn. 1973.
FINDEISEN, H., *Schamanentum*, Stgt. 1957.
FINDLAY, J. A., *On the Edge of the Etheric*, Ldn. 1931.
— *Looking Back*, Ldn. 1955.
FINGER, P., »Die zwei mantischen Systeme in Ciceros Schrift ›Über die Weissagung‹«, in: *Rheinisches Museum für Philologie* Bd. 78, 1929.
FIRSOFF, V. A., *Life, Mind, and Galaxies*, Edingburgh u. Ldn. 1967.
FISCH, G., *Akupunktur*, Mchn. 1974.
FISCHER, D./Hübner, H., »Test Equiment for Experiments in ESP«, in: Inst. f. Grenzgeb. d. Ps., Frbg. (Hrsg.) 1968.
— »Psi-Recorder 70«, in: *ZPpsGPs* 1970.
FISCHER, O., *Experimente mit Raphael Schermann*, Bln./Wien 1924.
— »Eine einfache Bindungskontrolle der Medien«, in: *ZfPps* 1926.
FISCHER, H. T., »Ethnologie en Parapsychologie«, in: *Tijdschr. Pps.* 1940.

FISHER, R. A., »The Statistical Method in Psychical Research«, in: *Proc. SPR* Bd. 39, Nr. 112, 1930/31.
FLAMMARION, C., *L'inconnu et les problèmes psychiques*, Paris 1900.
— *Unbekannte Naturkräfte*, Stgt. 1908.
— *La mort et son mystère* I/III, Paris 1920/21.
— *Les maisons hautées*, Paris 1923.
FLOURNOY, Th., *Esprits et Médiums*, Genf/Paris 1911.
— *Die Seherin von Genf*, Lpz. 1914.
— »Une mystique moderne«, in: *Arch. Ps.* Bd. 15, 1915.
FODOR, N., *The Encyclopaedia of Psychic Science*, N. Y. ³1969.
— *On the Trail of the Poltergeist*, N. Y. 1958.
— *The Haunted Mind*, N. Y. 1959.
— »Ferenczis parapsychische Erlebnisse«, in: *NW* 1966.
FOGELKLOU, E., *Die heilige Birgitta*, Mchn. 1929.
— *Birgitta*, Stockholm 1955.
FOGELKLOU-NORDLIND, E. (Hrsg.), *Brigitta, Offenbarungen*, 1933.
FOISSAC, P., *Mémoire sur le magnetisme animal*, Paris 1826.
— *Rapports et discussions de l'Académie Royal du Médicin sur le magnétisme animal*, Paris 1833.
FONTENAY, G. de, *Apropos d'Eusapia Paladino*, Paris 1898.
— *La photographie et l'étude des phenomènes psychiques*, Paris 1912.
FORD, A., *Bericht vom Leben nach dem Tod*, Bern/Mchn./Wien 1972.
FORSSMANN, J., *Lavater und die religiösen Strömungen des 18. Jh.s*, Riga 1935.
FORTHUNY, P., *Je lis dans les destinées*, Paris 1937.
FORTUNE, D., *The Cosmic Doctrine*, Ldn. 1966.
FOSTER, A., »ESP Tests with American Indian Children«, in: *JoP* 1943.
FOURNIER D'ALBE, E. E., *The Life of Sir William Crookes*, Ldn. 1923.
FRANCÉ, R. H., u. a., *Das Leben der Pflanzen* I/VIII, Stgt. 1905—13.
FRANCESCO, G. de, »Die Macht des Charlatans«, in: *Ciba Zeitschr.* 37, 1937.
FRANCKENBERG, A. v., *Raphael oder Arzt-Engel* (1729), Wolfenbüttel 1924.
FRANCUS DE FRANKENAU, *De palingenesia*, Halle 1717.
FRANK, E., *Einleitung* zu Meyrink 1973.
FRANZ, M.-L. v., »Die alchemistische Makrokosmos-Mikrokosmos-Idee im Lichte der Jungschen Psychologie«, in: *Symbolon* Bd. I, Basel 1955.
— *C. G. Jung, sein Mythos in unserer Zeit*, Frauenfeld u. Stgt. 1972.
— »Time and Synchronicity in Analytic Psychology«, in: Fraser 1966.
— *Zahl und Zeit*, Stgt. 1970.
— »Aurora consurgens. Ein Thomas v. Aquin zugeschriebenes Dokument der alchemistischen Gegensatzproblematik«, in: Jung, *Mysterium Coniunctionis* Bd. III, 1957.
— »The Idea of the Macro- and Microcosmos . . .«, in: *Ambix* Bd. 13, 1965.
FRASER, J. T. (Hrsg.), *The Voices of Time*, N. Y. 1966.
FRAZER, J. T., *The Golden Bough* I/VII, Ldn. 1890.
FRAUCHINGER, E., *Die Bedeutung der Seelenkunde von Klages für Biologie und Medizin*, Bern 1947.
FREEDLAND, N., *The Occult Explosion*, N. Y. 1972.
FREEMAN, J. A., »Boy-girl Differences in a Group Precognition Test«, in: *JoP* 1963.
— »Differencial Response of the Sexes to Contrasting Arrangements of ESP Target Material«, in: *JoP* 1965.
— »Sex Differences and Target Arrangement«, in: *JoP* Bd. 30, 1966.
— »Sex Differences, Target Arrangement, and Primary Mental Abilities«, in: *JoP* 1967.
— »Sex Differences, Target Arrangement, and Primary Mental Abilities: A Follow-Up Study«, in: Inst. f. Grenzgeb. d. Ps., Frbg. (Hrsg.) 1968.
— /Nielsen, W., »Precognition Score Deviations as Related to Anxiety Levels«, in: *JoP* 1964.
FREI, G., »Dem Andenken von Dr. F. Moser«, in: *NW* 1952/53.
— »Der Doppelgänger«, in: *NW* 1954.
— *Vorwort* zu Thurston 1955.
— »Parapsychologie und Anthroposophie«, in: *NW* 1956/57.
— »Das Weltbild des Paracelsus in pps. Sicht«, in: *NW* 1959.
— *Probleme der Parapsychologie*, Mchn./Paderborn 1969.
FREIMARK, H., *Okkultismus und Sexualität*, Lpz. 1909.
— *Geheimlehre und Geheimwiss.*, Lpz. 1913.
— »Prophetie und Krieg«, in: *Westermanns Monatshefte* 1915.
FRENCH, P., *John Dee*, Ldn. 1972.
FREUD, A., *Das Ich und die Abwehrmechanismen*, 1936.
FREUD, S., *Gesammelte Werke*, Ldn. 1948 ff.
— »A Note on the Unconscious in Psycho-Analysis«, in: *Proc. SPR* Bd. 26, Nr. 66, 1913.
— *Analyse der Phobie eines fünfjährigen Knaben* (1909), GW 7.
— *Eine Teufelsneurose im 17. Jh.* (1923), GW 13.
FREUDENBERG, F., »Gedankenphotographie in Japan«, in: *Ps. St.* 1914.
— »Mesmers Bedeutung für die Gegenwart«, in: *Ps. St.* 1924.
FREYBE, A., *Der deutsche Volksaberglaube*, Gotha 1910.
FRICK, H., *Religiöse Strömungen der Gegenwart*, Lpz. 1923.
FRIESE, R., *Stimmen aus dem Reich der Geister*, Lpz. 1879.
— *Das Leben jenseits des Grabes*, Lpz. 1880.
FRIEDLÄNDER, A., »Bemerkungen zu einer telepathischen Sitzung«, in: *ZfPps*, 1926.
FRIEDRICH, A./Buddruss, G., *Schamanengeschichten*, Mchn.-Planegg 1955.
FRIEDRICHS, K., »Über Koinzidenz oder Synchronizität«, in: *GW* 1967.
FRITSCHE, H., *Strindberg — Meyrink — Aram*, Prag 1933.
— *Strindbergs Erweckung durch Swedenborg*, Lpz. 1940.
— *Hahnemann — die Idee der Homöopathie*, Bln. 1944.
— »Einführung« zu: Du Prel 1950.
— *Tierseele*, Stgt. 1952.
— *Erlösung durch die Schlange*, Stgt. 1953.
— *Briefe an Freunde*, hrsg. v. H. Arbogast, Stgt. 1970.
FRITZ, H., *Where are the Dead?*, Ldn. 1873.
FROMM, E., *The Forgotten Language*, N. Y. 1951; *Märchen, Mythen, Träume*, Zürich 1957.
— *Die Kunst der Liebe*, Ffm. 1972.
FROST, W., *Bacon und die Naturphilosophie*, Mchn. 1927.
FUKURAI, T., *Clairvoyance and Thoughtography*, Ldn. 1931.
FULLER, J. O., *The Magical Dilemma of Victor Neuburg*, Ldn. 1965.
— *Arigó: Surgeon of the Rusty Knife*, Crowell 1974.
FUNK/WAGNALS, *Standard Dictionary of Folklore, Mythology and Legend*, 1949 ff.
FURST, P. T. (Hrsg.), *Flesh of the Gods*, Ldn./N. Y. 1972.
FRYE, N., *Fearful Symmetry*, Princetown 1947.

GADDIS, V. H., *Invisible Horizons*, N. Y. 1965 (dt. Mchn. 1976).
— *Msterious Fires and Lights*, N. Y. 1967.
GAGERN, F. v., *Geister, Gänger, Gesichte, Gewalten*, Lpz. 1932.
GAISER, K., *Platons ungeschriebene Lehre*, Stgt. ²1958.
GARCON, M./Vinchon, J., *Le Diable*, Paris 1938.
GARDNER, F. L., *A Catalogue Raisonné of Works on the Occult Sciences; Rosicrucian Books*, Privatdruck 1923.
GARDNER, G. B., *Ursprung und Wirklichkeit der Hexen*, Weilheim 1965.
GARMA, A., *Psicoanálisis des los suenos*, Buenos Aires 1948.
GARRETT, E. J., *Telepathy*, N. Y. 1941.
— *Awareness*, N. Y. 1949.

— *Many Voices*, N. Y. 1968.
GARTE, H., *Kunstform Schauerroman* (Diss.), Lpz. 1935.
GASPARIN, Comte, A. de, *Des tables tournantes . . .*, Paris 1854.
GAUGER, W., »Die Bewegungen des Grals« I, in: *ZPpsGPs* Bd. 18, H. 1, 1976.
GAULD, A., *The Founders of Psychical Research*, Kondon, N. Y., 1968.
GAUQUELIN, M., »Der Einfluß der Gestirne . . . .«, in: *ZPpsGPs* 1957/58 u. 1959/60.
— *Die Uhren des Kosmos gehen anders*, Bern/Mchn./Wien 1973.
GAY, S. E., *J. W. Fletcher*, Ldn. 1883.
GEBSER, J., *Ursprung und Gegenwart*, Stgt. 1949—53, 1973.
GEHRTS, H., »Jacob Dürr aus Kirchheim«, in: *Der Teckbote* Nr. 137, 1962.
— »Der Schneider von Kirchheim«, in: *Der Teckbote* Nr. 266, 1963.
— *Das Mädchen von Orlach*, Stgt. 1966.
GELEY, G., *De l'inconscient au conscient* (1919); *Vom Unbewußten zum Bewußten*, Stgt. 1924.
— *Die sog. supranormale Physiologie . . .*, Lpz. 1920.
— *Materialisations-Experimente mit F. Kluski*, Lpz. 1922.
— *Hellsehen und Teleplastik*, Stgt. 1926.
GELLER, U., *My Story*, N. Y. 1975.
GELLONA, K., *Eusapia Paladino*, Genua o. J.
GENNEP, A. v., *Les rites de passage*, Paris 1909.
GERLACH, W./List, M., *Joh. Kepler*, Mchn. 1966.
GERLOFF, H., *Materialisation . . .*, Mchn. 1955.
— *Das Medium Carlos Mirabelli*, Bayrisch Gmain 1960.
GERSTNER, A., »Der magische Meuchelmord im Wewäk-Boikin-Gebiet (Nordost-Neuguinea)«, in: *Anthropos* 1963.
GETTINGS, F., *The Book of the Hand*, Ldn. 1965.
GEYMÜLLER, H. de, *Swedenborg . . .*, Stgt. 1936.
GHASALI, AL-, *Der Pfad der Gottesdiener*, Salzburg 1964.
GHERT, P. G. van, *Mnemosyne . . . animalisch magnetismus*, Amsterdam 1815.
GIBIER, P., *Le spiritisme*, Paris 1886.
GIBBONS, A. O. (Hrsg.), *The Trianon Adventure*, Ldn. 1958.
GIESECKE, F., *Die Mystik J. B. van Helmonts*, 1908.
GIROD, F., *Pour photographier les rayons humaines*, Paris 1912.
GLAHN, A., *Der Gebrauch des Pendels*, Frbg. 1961.
GLAHN, F. A., *Das dt. Tarotbuch*, Frbg. [5]o. J.
— *Prakt. Anleitung zum Erlernen der wiss. Prophetie aus Karten*, Bad Oldesloe 1925.
GLASENAPP, H. v., *Die nichtchristl. Religionen*, Ffm./Hbg. 1957.
— *Glaube und Ritus der Hochreligionen*, Ffm./Hbg. 1960.
— *Das Indienbild dt. Denker*, Stgt. 1960.
GLASER, V., *Sinnvolles Atmen*, Bln. 1957.
GLOUMELINE HOME, J. de, *Home: His Life and Mission*, Ldn. 1888.
— *The Gift of D. D. Home*, Ldn. 1890.
GMELIN, E., *Über tierischen Magnetismus*, Tbg. 1787.
GOBRON, G., *History and Philosophy of Caodaism*, Saigon 1950.
GÖRRES, J. v., *Die christliche Mystik*, Regensburg 1836 bis 1842.
— *Mystik, Magie und Dämonie*, Mchn./Bln. 1927.
GOICHON, A. M., *La philosophie d'Avicenna . . .*, Paris 1951.
GOLDBRUNNER, J., *Individuation*, Krailling b. Mchn. [1949].
GOLDSCHMIDT, G., »Die Quellen der mittelalterlichen Alchemie«, in: *Ciba Zeitschr.* Nr. 65, 1939.
GOODRICH-FREER ➤ X.
GOTTHART, O., *Die Traumbücher des Mittelalters*, Eisleben 1912.
GOVINDA, LAMA A., *Grundlagen tibetischer Mystik*, Weilheim [3]1972.
GRABINSKI, B., *Spuk und Geistererscheinungen*, Graz [4]1953.
— »Das Phänomen der eingebrannten Hand«, in: *NW* 1950/51; 1954.
GRAD, B., »A Telekinetic Effect on Plant Growth«, in: *JoP* 1963.
— /Cadoret, R./Paul, G., »Eine unorthodoxe Behandlungsmethode der Wundheilung bei Mäusen«, in: *ZPpsGPs* 1963.
GRAESSE, J., *Bibliotheca magica et pneumatica*, Lpz. 1843; Neudr. Hildesheim 1960.
GRANET, M., *Das chinesische Denken*, Mchn. [2]1971.
GRASSER, J., *AMORC*, Paris 1917.
— *Fraternitas Rosis . . .*, Paris 1967.
GRAY, E., *The Tarot Revealed*, N. Y. 1960.
GREEN, A. W., *Bacon*, Denver 1952.
GREEN, C., »ESP and the Extraversion Scale of the Mandsley Personality Inventory«, in: *JSPR* Bd. 43, 1966.
— »ESP and the Mandsley Personality Inventory«, in: *JSPR* Bd. 44, 1967.
— »The Mandsley Personality Inventory and Differential Scoring in a Card-guessing Situation«; zit. v. Eysenck in: *JSPR* Bd. 44, 1967.
— *Lucid Dreams*, Ldn. 1968.
— *Out-of-the-Body-Experiences*, Ldn. 1968.
GREENHOUSE, H. B., *Premonitions*, N. Y. 1971.
— *The Book of Psychic Knowledge*, N. Y. 1973.
GREGORY, A., The Physical Mediumship of R. Schneider, in: *Proc. Pps. Ass.* Bd. 5, 1968.
— »Zur gegenwärtigen Lage der sowjetischen Psi-Forschung«, in: *ZfPpsuGdPs* Bd. 17, Nr. 2/3, 1975.
GREGORY, W., *Letters to a Candid Inquirer on Animal Magnetism.*, Ldn. 1851.
GREISER, W., »Von Amuletten und Talismanen«, in: *ZKO* Bd. 1, 1926.
GRETZINGER, J., *Das magnetische Heilverfahren*, Wien [3]1922.
GRIMM, J., *Dt. Mythologie* I/III, Nachdr. Darmstadt 1953, 1965.
GRISAR, H., *M. Luthers Leben*, Frbg. 1926.
GROBER-GLÜCK, G., *Zweites Gesicht und Wahrsagekunst*, Marburg 1966.
— »Das ›Zweite Gesicht‹«, in: *ZPpsGPs* 1972.
— »Second Sight in Northern Germany . . .«, in: Angoff/Barth 1974.
GRODDECK, G., *Das Buch vom Es*, Wiesbaden 1961.
GROENEWEG, L., *Het wesen en de praktijk van het z. g. magnetiseeren*, Amsterdam 1935.
GRUBER, K., »Materialisationen bei Kranken«, in: *Ps. St.* 1924.
— *Pps. Erkenntnisse*, Mchn. 1925.
— »Telepathie bei Mutter und Kind«, in: *Erde* [Lpz.] 1926.
— *Okkultismus und Biologie*, Mchn. 1930.
GRUHLE, H. W., »Die Traumdeutung in der Antike«, in: *Arch. f. Psychiatrie* Bd. 86, 1929.
GRUNDWALD, M., *Ludwig Klages*, Bln. 1938.
GRUNEWALD, F., »Faraday über das Tischrücken«, in: *Ps. St.* 1920.
— *Physikalisch-mediumistische Untersuchungen*, Pfullingen 1920.
— »Untersuchungen des Teleplasma-Phänomens«, in: *Ps. St.* 1922.
GRUNSKY, H., *Jakob Böhme*, Stgt. 1956.
GRZECHOWIAK, F., *Die Visionen des Mystikers John Pordage* (Diss.), Bonn 1917.
GUAITA, St. de, *La clef de la magie noire*, Paris 1896.
GUAZZO, F. M., *Compendium maleficarum*, Neudr. Ldn. 1970.
GUBISCH, W., *Hellseher, Scharlatane, Demagogen*, Mchn. 1961.
GÜLDENSTUBBE, L. v., *Positive Pneumatologie*, Stgt. 1870.
GÜNTHER, G., *Grundzüge einer neuen Theorie des Denkens in Hegels Logik*, Lpz. 1933.
— *Idee und Grundriß einer nicht-aristotelischen Logik I*, Hbg. 1959.
GÜNZIG, J., *Die Wundermänner im jüdischen Volk*, Antwerpen 1921.

GUILLAUME D'AUVERGNE, »Über die ›Divinatio per puerum‹«, in: Bender [3]1974.
GULAT-WELLENBURG, W. v., in: Dessoir 1925.
GUNDEL, W., *Sterne und Sternbilder im Glauben des Altertums und der Neuzeit*, Bonn 1922.
GURDJEW, G. I., *All and Everything*, N. Y. 1969.
GURLITT, L., *Ludwig Aub*, München o. J.
GURNEY, E., »The Stages of Hypnotisme«, in: *Proc. SPR* Bd. 2, Nr. 5, 1884.
— »An Account of Some Experiments in Mesmerism«, in: *Proc, SPR* Bd. 2, Nr. 6, 1884.
— »Hallucinations«, in: *Proc. SPR* Bd. 3, Nr. 8, 1885.
— »Hypnotisme and Telepathy«, in: *Proc. SPR* Bd. 5, Nr. 12, 1888/89.
— /Myers, F. W. H., »Some Higher Aspects of Mesmerism«, in: *Proc. SPR* Bd. 3, Nr. 9, 1885.
— /Myers, F. W. H./Podmore, F., *Phantasms of the Living*, Ldn. 1886, Neudr. Gainsville, Florida 1970.
GURWITSCH, A. G. u. L. D., *Die mitogenetische Strahlung*, Jena 1959.
GUSTAFSSON, L., *Eine Insel in der Nähe von Magora*, Ffm. 1973.
GUTHRIE, M., »An Account of Some Experiments in Thought-Transference«, in: *Proc. SPR* Bd. 2, Nr. 5, 1884.
— »Further Report on the Experiments in Thought-Transference at Liverpool«, in: *Proc. SPR* Bd. 3, Nr. 9, 1885.
GUTHRIE, V. L./Abbot, D. P./Hyslop, J. H., u. a., »The Case of Mrs. Blake«, in: *Proc. ASPR* Bd. 7, Nr. 15, 1913.

HAACK, F. W., *Geheimreligion der Wissenden*, Stgt. 1966.
HAAG, H., u. a., *Teufelsglaube*, Tbg. 1974.
HAARDT, R., *Die Gnosis*, Salzburg 1967.
HAASE, R., *Der meßbare Einklang*, Stgt. 1976.
HAEHL, R., *S. Hahnemann* I/II, Lpz. 1922.
HÄNIG, H., *Levitation*, Pfullingen 1921.
— »Der Fluidalkörper und seine experimentelle Erforschung«, in: *Ps. St.* 1925.
HAERLIN, P., *Recht und Anerkennung*, Stgt. 1976.
HÄUSSERMANN, F., »Pictura docens«, in: *Blätter f. württ. Kirchengesch.* 1966/67.
— »Theologia emblematica«, ebd. 1968/69.
HAFNER, F., *Die Dämonischen des Neuen Testaments*, Ffm. 1894.
HAGER, W., *Ludwig Klages in memoriam*, Mchn. 1957.
HAHN, J., *Der »Geisterhannesle«*, Ludwigsburg o. J.
HAHNEMANN, S., *Organon der Heilkunst*, Lpz. 1921.
HALBWACHS, M., *Das Gedächtnis und seine sozialen Bedingungen*, Bln./Neuwied 1966.
HALDANE, J. S., *Die Philosophie eines Biologen*, Bln. 1936.
HALIFAX, Ch. L. W. Viscount, *Ghost Book*, N. Y. 1944.
HALL, T. H., *The Spiritualists*, Ldn. 1962.
HALLER, A. v., *Elementa physiologiae* . . ., Lausanne 1757—66.
HALLIDAY, W. R., *Greek Divination*, Neudr. Chicago 1968.
HAMILTON, C. J. H., »Projection d'images fluidiques?« in: *Annales des Sciences Psych.*, 1913.
HAMMERS, A. J., *Die Pps. im Urteil kath. Theologen*, Diss. Frbg. 1973.
— /Rosin, U., »Fragen über den Teufel«, in: Bauer 1974.
HAMON, A., *St. Marguerite*, Paris [2]1922.
HANAUER, J., *J. J. Gaßner*, Diss. Würzburg 1958.
— *Konnersreuth als Testfall*, Mchn. 1972.
HANEFELD, E., »Erlebnisformen paranormaler Spontanfälle«, in: *ZPpsGPs* 1971.
HANKEY, M. W. A., *J. H. McKenzie, Pioneer of Psychical Research*, N. Y. 1963.
HANLON, J., »Uri Geller and Science«, in: *New Scientist* 1974.
HANNESON, G., »Remarkable Phenomena in Iceland«, in: *JASPR* 1924.
HANSEL, C. E. M., »A Critical Review of the Experiments on Mr. Basil Shackleton and Mrs. Gloria Stewart«, in: *Proc. SPR* 1960.
— *ESP*, N. Y. 1966.
HANSEN, J., *Quellen und Untersuchungen zur Geschichte des Hexenwahns*, Bonn 1901.
HANSMANN, L./Kiss-Rettenbeck, L., *Amulett und Talisman*, Mchn. 1966.
HARDING, E., *Das Geheimnis der Seele*, Zürich o. J.
HARDINGE-BRITTEN, E., *Modern American Spiritualism*, Ldn. 1870.
— *19th Century Miracles*, Ldn. 1884.
HARDY, A. C., »Biology and Psychical Research«, in: *Proc. SPR* Bd. 50, Nr. 183, 1953.
— »Psychical Research and Civilization«, in: *Proc. SPR* Bd. 55, Nr. 199, 1966.
— »Parapsychology in Relation to Religion«, in: *Pps. Rev.* 1971.
— »Anthropology, Parapsychology, and Religion«, in: *Pps. Rev.* 1974.
HARE, R., *Experimentelle Untersuchungen über Geister-Manifestationen*, Lpz. 1871.
HARENBERG, J. Ch., *Vernünftige und christliche Gedancken über die Vampirs oder Bluhtsaugende Todten*, Wolfenbüttel 1733.
HARNACK, E., *Studien über Hautelektrizität und Hautmagnetismus des Menschen*, Jena 1905.
HARRIS, Th. L., *Arcana of Christianity*, N. Y./Ldn. 1857.
HART, H., Six Theories about Apparitions, in: *Proc. SPR* 1956.
HARTER, G., *Das Rätsel der denkenden Tiere*, Wien 1914.
HARTLAUB, G. F., *Das Unerklärliche*, Stgt. 1951.
— *Der Stein der Weisen*, Mchn. 1959.
— »Ethnologie und Pps.«, in: *NW* 1966.
HARTLEY, C., *The Western Mystery tradition*, Ldn. 1968.
HARTLIEB, J., »Puech aller verpotten kunst«, Auszüge in: Grimm 1965.
HARTMANN, E. v., *Philosophie des Unbewußten*, Bln. [12]1923.
— *Der Spiritismus*, Lpz. [2]1898.
HARTMANN, F., *Denkwürdige Erinnerungen*, Lpz. 1898.
— *Unter den Adepten*, Lpz. [1909].
— *Das Wesen der Alchemie*, Würzburg 1961.
— *Über den Verkehr mit der Geisterwelt*, Calw 1963.
HARTMANN, O. J., *Medizinisch-pastorale Psychologie*, Ffm. 1952.
HARVA, U., *Die religiösen Vorstellungen der altaischen Völker*, Helsinki 1938.
HASCHEK, E., *Über Leuchterscheinungen des menschlichen Körpers*, Wien 1914.
HASTINGS, R. J., »An examination of the ›Borley Report‹«, in: *Proc. SPR* 1969.
HAUER, J. W., *Die Anfänge der Yoga-Praxis im alten Indien*, Stgt. 1922.
— *Der Yoga*, Stgt. 1958.
HAUPT, J., *Die Elementargeister bei Fouqué, Immermann* . . ., Lpz. 1923.
HAWKEN, P., *The Magic of Findhorn*, Ldn. 1975.
HAYEK, M., *Der Schriftdeuter Raphael Schermann*, Wien 1921.
HEAD, J./Cranston, S. L., *Reincarnation*, N. Y. 1961, [2]1970.
— *Reincarnation in the World Thought*, N. Y. [2]1968, [3]1971.
HECKETHORN, C. W., *Secret Societies*, Ldn. 1897.
HEIDEGGER, M., *Sein und Zeit*, Tbg. [10]1963.
HEILER, F., *Das Gebet*, Mchn. 1918.
— *Sadhu Sundar Singh*, Mchn. 1924.
HEIM, K., *Ich gedenke der vorigen Zeiten*, Hbg. 1960.
HEIMPEL-MICHEL, E., *Die Aufklärung*, Langensalza 1928.
HEIN, R., *Der Fluidalkörper des Menschen*, Lpz. 1923.
HEINDEL, M., *Die Botschaft der Sterne*, Darmstadt 1965.
HEINISCH, J., *Das Zeugnis von der reinen Wahrheit von den sonder- und wunderbaren Würkungen . . . Kobolds oder unsichtbaren Wesens in der Pfarr-Wohnung zu Gröben*, Jena 1723.

HEISENBERG, W., »Wolfgang Paulis philos. Auffassungen«, in: *ZPpsGPs* 1959/60.
— *Schritte über Grenzen*, Mchn. [2]1973.
HEISS, R., *Die Deutung der Handschrift*, Hbg. 1943.
HELD, H. L., *Das Gespenst des Golem*, Mchn. 1927.
HELLENBACH, L. Freih. v., *Ist Hansen ein Schwindler?* Wien 1880.
— *Philosophie des gesunden Menschenverstandes*, Wien [2]1887.
— *Geburt und Tod als Wechsel der Anschauungsform*, Wien 1885.
HELLER, A., *Biblische Zahlensymbolik*, Reutlingen-Betzingen 1936.
HELLER, O., »Gedanken zum Problemgehalt des Taschenspiels«, in: *Ps. Beitr.* Bd. 6, H. 3—4, 1962.
HELLPACH, W., *Schöpferische Unvernunft*, Lpz. 1937.
— *Das Magethos*, Stgt. 1947.
— *Geopsyche*, Stgt. 1950.
HELLWIG, A., *Verbrechen und Aberglaube*, Lpz. 1908.
— *Gesundbeten*, Lpz. 1914.
— *Weltkrieg und Aberglaube*, Lpz. 1916.
— *Okkultismus und Strafrechtspflege*, Bln./Lpz. 1924.
HELSON, H., »The Psychology of Gestalt«, in: *Amer. Journ. Ps.* Bde. 36/37, 1925/26.
— »The Fundamental Propositions of Gestalt Psychology«, in: *Psychological Review* Bd. 40, 1933.
HEMLEBEN, J., *Rudolf Steiner*, Reinbek 1964.
— *Jenseits*, Reinbek 1975.
HENN, G., »Aspekte der Tonbandstimmenforschung«, in: *Parapsychika* H. 3, 1974.
HENNEBERG, R., Über Spiritismus und Geistesstörung, in: *Arch. f. Psychiatrie* Bd. 34, 1901.
— »Mediumistische Psychosen«, in: *Berl. Klin. Wochenschr.* Bd. 56, Nr. 37, 1919.
HENNIG, R., *Wunder und Wissenschaft*, Hbg. 1904.
— *Der moderne Spuk- und Geisterglaube*, Hbg. 1906.
— »Beiträge zur Psychologie des Doppel-Ichs«, in: *Z. f. Ps.* Bd. 49, 1908.
HENNINGS, J. Chr., *Von Geistern und Geistersehern*, Lpz. 1780.
— *Von den Träumern und Nachtwandlern*, Weimar 1784.
HERICOURT 1878: zit. n. Moser 1974: 287 f.
HERING, E., *Über das Gedächtnis als eine allgemeine Funktion der organisierten Materie*, Lpz. 1870, Wien [2]1876.
HEROLD, A. F., *Les Contes du Vampire*, Paris 1891.
HERREN, R., »Prävention und Bekämpfung der Okkultkriminalität«, in: *ZPpsGPs* 1970.
HERRIGEL, E., *Der Zen-Weg*, Weilheim [3]1970.
HERRMANN, Ch., *M. Dessoir — Mensch und Werk*, Stgt. 1929.
HERRMANN, J., *Das falsche Weltbild*, Mchn. 1973.
HERSKOVITS, M. J., »African Gods and Catholic Saints in New World Negro Belief«, in: *American Anthropologist* Bd. 39, 1937.
HERTZ, W., *Der Werwolf*, Stgt. 1862.
HERWEGEN, I., *Der hl. Benedikt*, Düsseldorf [4]1951.
HERZOG, B., »Rilkes Interesse für den Spiritismus«, in: *Schweizer Rundschau* Bd. 53, H. 11/12, 1954.
HERZOG, R., *Die Wunderheilungen von Epidauros*, 1931.
HESSE, H. (Hrsg.), *Blätter aus Prevorst*, Bln. 1926.
HEY, F. O., *Der Traumglaube in der Antike*, Mchn. 1908.
HEYER, G. R., *Vom Kraftfeld der Seele*, Stgt. 1949.
HEYMANS, G., »Über Depersonalisation und Fausse reconnaissance«, in: *Z. f. Ps.* Bde. 36—43, 1904—06.
HEYWOOD, R., *The Sixth Sense*, Ldn. 1959.
HILL, D., *Fortune Telling*, Ldn. 1972.
HILGER, W., *Die Suggestion*, Jena 1928.
HILKA ► Caesarius v. Heisterbach.
HIPPIUS, M. (Hrsg.), *Transzendenz als Erfahrung. Festschrift für Graf Dürckheim*, Weilheim 1966.
HIPPOCRATES, *Über die Träume*, Mchn. 1900.
HIS, M., »Die magische Flucht und das Wettverwandeln«, in: *Schweizer Arch. Volkskunde* Bd. 30, 1930.
HOCK, S., *Die Vampyrsagen und ihre Verwertung in der dt. Literatur*, Bln. 1900.
HODGSON, R., »A Record of Observations of Certain Phenomena of Trance«, in: *Proc. SPR* Bd. 8, Nr. 21, 1892.
— »Indian Magic and the Testimony of Conjurers«, in: *Proc. SPR* Bd. 9, Nr. 25, 1893/94.
— »A Further Record of Observations of Certain Phenomena of Trance«, in: *Proc. SPR* Bd. 13, Nr. 33, 1897/98.
— /Sidgwick, E., »Report on Phenomena Connected with Theosophy«, in: *Proc. SPR* Bd. 3, Nr. 9, 1885.
HODSON, G., *Meditationen über das okkulte Leben*, Graz 1964.
HÖCHT, J. M., *Träger der Wundmale Christi* I/II, Wiesbaden 1952.
HOFFMANN, H., *Die Religionen Tibets*, Frbg./Mchn. 1956.
HOFFMANN, W., *Wandel und Herkunft der Sibyllinischen Bücher*, Diss. Lpz. 1933.
HOFMANN, A., *Die odische Lohe*, Pfullingen 1920.
— »Versuche über Telepathie«, in: *Ps. St.* 1921.
— *Wünschelrute und siderisches Pendel*, Pfullingen 1922.
— »Zur Mechanik der Odstrahlen«, in: *ZKO* Bd. 1, 1926.
HOFSTÄTTER, P. R., *Gruppendynamik*, Hbg. 1957.
— »Die pps. Beunruhigung«, in: *Psychologie Heute*, Juni 1974.
— /Wendt, D., *Quantitative Methoden der Psychologie*, Mchn. 1965.
HOHENWARTER, P., »Unsere Experimente mit Maria Silbert«, in: *Schweizer Rundschau* Bd. 53, H. 11/12, 1954.
HOLE, C., *Mirror of Witchcraft*, Ldn. 1957.
HOLGERSÉN, A., *Das Buch von Fatima*, Mödling b. Wien 1967.
HOLMYARD, E. J., *Alchemy*, Baltimore 1968.
HOLMSTEN, G., *Die Welt der Geheimnisse*, Düsseldorf 1959.
HOLT, R., *G. W. Carver*, N. Y. 1947.
HOLTERHOFF HEYN, L./Maublanc, R., *Une éducation paroptique*, Paris 1926.
HOLZER, H., *Gespensterjäger*, Frbg. 1963.
— *Fenster zur Vergangenheit*, Genf 1970.
— *Psi-Kräfte*, Mchn. 1975.
HOME, D. D., *Incidents in my Life*, Ldn. 1863.
— *Lights and Shadows of Spiritualism*, Ldn. 1877.
HOMMEL, J., »Der Traum des Bischof Lanyi« I/II, in: *GW* 1970/71.
HONORTON, Ch./Krippner, St., »Hypnosis and ESP Performance«, in: *JASPR* Bd. 63, 1969.
HONORTON, Ch./Davidson, R./Bindler, P., »Feedback-Augmented EEG Alpha Shifts in Subjective State, and ESP Card Guessing Performance«, in: *JASPR* Bd. 65, 1971.
HOOPER, S. E., »An Experimental Study of the Appreciation of Time by Somnambules«, in: *Proc. SPR* Bd. 33, Nr. 88, 1923.
HOPE, Lord Ch., »Report on Some Sittings with Valiantine . . .«, in: *Proc. SPR* Bd. 40, Nr. 125, 1931/32.
HOPF, L., *Tierorakel und Orakeltiere*, Stgt. 1888.
HOPKINS, A. J., *Alchemy, Child of Greek Philosophy*, Ldn. 1930.
HOPP, M., *Über Hellsehen* (Diss. Königsberg 1914), Bln. 1918.
HOPPER, V. F., *Medieval Number Symbolism*, N. Y. 1938.
HORKEL, W., *Botschaft von Drüben*, Stgt. 1967.
— *Träume sind keine Schäume*, Lahr 1974.
HORNUNG, H., *Die forensische Bedeutung des Hellsehens und der Gedankenübertragung*, Diss. Lpz. 1925.
— »Dream-Analysis«, in: *Proc. SPR* Bd. 30, Nr. 75,
HORST, G. C., *Zauberbibliothek*, Mainz 1821—26.
HORST, G. O., *Deuteroskopie* I/II, Ffm. 1830.
HOSSBACH, J., *Andreä und sein Zeitalter*, Bln. 1819.
HOUDIN, R., *Confidences d'un prestidigitateur* I/II, Paris 1859.
HOUDINI, H. (d. i. E. Weiss), *A Magician among the Spirits*, Ldn. 1924.
HOUGHTON, G., *Chronicles of the Photographs of Spiritual Beings and Phenomena Invisible to the Material Eye*, Ldn. 1882.

HOVORKA, O. v./Kronfeld, A., *Vergleichende Volksmedizin* I/II, Stgt. 1908/09.
HOWE, E., *The Magicians of the Golden Dawn*, Ldn. 1972.
HOWITT, W., *The History of the Supernatural* . . . I/II, Ldn. 1863.
HOWITT-WATTS, E., *Pioneers of the Spiritual Reform*, Ldn. 1883.
HUARD, P./Wong, M., *Chinesische Medizin*, Mchn. 1968 (TB Ffm. 1973).
HUBBELL, W., *The Great Amherst Mystery*, N. Y. 1888.
HUBER, G., *Akaça — der mystische Raum*, Zürich 1955.
— *Übersinnliche Gaben*, Zürich 1959.
HUBY, P. M. C./Wilson, C. W. M., »The Effects of Drugs on ESP Ability«, in: *JSPR* 1961.
HÜBBE-SCHLEIDEN, W., *Hellenbach*, Lpz. 1891.
HÜBSCHER, A., *Die große Weissagung*, München 1952.
HÜMPFNER, W., *Brentanos Glaubwürdigkeit in seinen Emmerick-Aufzeichnungen*, Würzburg 1923.
— *L'interpretazione dei fenomeni Metapsichici*, Rom 1951.
HUGHES, O., *Witchcraft*, Ldn. 1952.
HUMMEL, K., »Was Theologen nicht mehr sagen sollten«, in: *Theol. Quartalschr.* Bd. 149, H. 4, 1969.
HUMPHREY, B., »Paranormal Occurences Among Preliterate People«, in: *JoP* 1944.
HUNDT, J., *Der Traumglaube bei Homer*, Greifswald 1935.
HUNEKE, F., *Krankheit und Heilung anders gesehen*, Köln-Krefeld [7]1949.
HURKOS, P., *Psychic*, N. Y. 1971.
HURWITZ, S., »Archetypische Motive in der chassidischen Mystik«, in: *C.A.* Meier 1952.
HU SHI, *The Development of the Logical Method in Ancient China* (Diss. 1917), Shanghai 1922.
HUSSERL, E., »Vorlesungen zur Phänomenologie des inneren Zeitbewußtseins«, in: *Jb. f. Philos. u. phänomenolog. Forschung* Bd. 9, 1928.
Husserliana, Den Haag 1950 ff.
HUSSON, »Bericht der 2. Kommission der Akademie zu Paris zur Untersuchung des Somnambulismus«, zit. bei du Potet 1904.
HUTTEN, K., *Seher, Grübler, Enthusiasten*, Stgt. [11]1968.
— »Überweltpropheten gegen Diesseitigkeitsapostel«, in: Bauer 1974.
HUXLEY, A. L., *The Doors of Perception* (1954) und *Heaven and Hell* (1956) in 1 Bd., Harmondsworth [2]1960.
— *Die Teufel von Loudun*, Mchn. 1955.
HYNEK, A. J., *The UFO Experience*, Chicago 1972.
HYSLOP, G. H., »The Biological Approach to Psychic Phenomena«, in: *JASPR* 1942.
— »J. H. Hyslop«, in: *JASPR*. 1950.
HYSLOP, J. H., »Some Experiments in Crystal Vision«, in: *Proc. SPR* Bd. 12, Nr. 31, 1896/97.
— »A Further Record of Observations of Certain Trance Phenomena, in: *Proc. SPR* 1901.
— *Borderland of Psychical Research*, Boston [2]1906.
— »Preliminary Report of the Trance Phenomena of Mrs. Smead«, in: *Proc. ASPR* Bd. 1, Nr. 3, 1907.
— *Probleme der Seelenforschung*, Stgt. 1909.
— *Science and Future Life*, Boston [5]1910.
— *Psychical Research and Survival*, Ldn. 1913.
— »A Case of Poltergeist«, in: *Proc. ASPR* Bd. 7, Nr. 14, 1913.
— »Telepathic Experiments«, in: *Proc. ASPR* Bd. 8, Nr. 16, 1914.
— »Photographing the Invisible«, in: *JASPR* 1915.
— *Contact with the other World*, Ldn. 1919.
— »Chance Coincidence . . .«, in: *Proc. ASPR* Bd. 13, Nr. 23, 1919/20.
— /Hamilton, W. H./Smyth, J. S., »A Case of Hysteria«, in: *Proc. ASPR* Bd. 5 Nr. 10, 1911.

ILLIG, J., *Der Spuk von Großerlach*, Neudr. hrsg. v. H. Regner, Großerlach 1971.
IMBERT-GOUBEYRE, A., *La stigmatisation* I/II, Paris 1894.
IMODA, E., *Fotografie di fantasmi*, Turin 1912.
INGALLS, A. G., »Fire Walking«, in: *Scientific American*. 1939.
INJUSCHIN, V. M., »Report from Alma-Ata«, in: Herbert, B./ Cassirer, M., Parapsychology in USSR, in: *JoP* 1972.
Institut für Grenzgebiete der Psychologie, Frbg. i. Br. (Hrsg.), *Papers, Presented for the 11th Annual Convention of the Pps. Ass.*, Frbg. 1968.
IREMONGER, L., *The Ghosts of Versailles*, Ldn. 1957.
IRVING, W. S./Besterman, Th., »Evidential Extracts from Sittings with Mrs. Leonard«, in: *Proc. SPR* Bd. 40, Nr. 122, 1931/32.
ISHERWOOD, Ch. (Hrsg.), *Vedanta und wir*, Mchn.-Pasing 1963.
— *Ramakrishna and His Disciples*, Kalkutta 1974.
ISOLANI, G., *Stadt ohne Männer*, Hbg. o. J.
ISSBERNER-HALDANE, E., *Wissenschaftliche Handlesekunst*, Frbg. [9]o. J.
— Die medizinische Hand- und Nageldiagnostik, Frbg. 1963.
IVANOV, A. (Pseud.), »Soviet Experiments in Eye-less Vision«, in: *Int. JoP* 1964.
IYENGAR, B. K. S., *Licht auf Yoga*, Mchn. 1975.
IYER, N., *Hatha Yoga*, Würzburg 1956.

JACKS, L. P., »The Theory of Survival . . .«, in: *Proc. SPR* Bd. 29, Nr. 74, 1916—18.
JACOB, A. H., *Pensées du Zouave Jacob*, Paris 1867.
JACOBI, H., *Über das ursprüngliche Yoga-System*, Bln. 1929.
JACOBI, J., *Komplex, Archetypus, Symbol in der Psychologie von C. G. Jung*, Zürich 1957.
JACOBI, W., *Die Stigmatisierten*, Mchn. 1924.
JACOBSOHN, H., »Das Gespräch eines Lebensmüden mit seinem Ba«, in: C. A. Meier 1952.
JACOBSOHN, N.-O., *Leben nach dem Tod?*, Düsseldorf 1973.
JACOBY, H., *A. Adlers Individualpsychologie*, Ffm. 1974.
JAENSCH, F. R., *Die Eidetik*, Lpz. 1925.
— *Über den Aufbau der Wahrnehmungswelt* . . ., Lpz. 1927—31.
— u. a., *Zur Eidetik und Integrationstypologie*, Lpz. 1941
JAFFÉ, A., *Geistererscheinungen und Vorzeichen*, Zürich 1958.
— (Hrsg.), *Erinnerungen, Träume, Gedanken von C. G. Jung*, Zürich 1962.
— »C. G. Jung und die Pps.« (1960), in: Bender [3]1974.
JAHODA, G., *The Psychology of Superstition*, Ldn. 1969.
JAKOB, C./Meyer, G., »Über Spiritismus und Psychose«, in: *Arch. Psych.* Bd. 72, 1924.
JAMES, W., *The Principles of Psychology* I/II, Ldn. 1890.
— »Presidential Address«, in: *Proc. SPR* Bd. 12, Nr. 30, 1896/97.
— *Die religiöse Erfahrung in ihrer Mannigfaltigkeit*, Lpz. 1907.
— »Report on Mrs. Piper's Hodgson Controll«, in: *Proc. ASPR* Bd. 3, Nr. 7, 1909.
— »An Estimate of Paladino«, in: *Cosmopolitan Magazine*, Febr. 1916.
— *Unsterblichkeit*, Bln. 1926.
JAMES, T., *They live in the Sky*, Los Angeles 1958.
JANET, P., »Notes sur quelques phénomènes du somnambulisme«, in: *Bull. Soc. Psych.-Phys.* Bd. 1, 1885.
— *L'état mental des hysteriques*, Paris 1892.
— »Bericht vor der Société de psychologie physiologique vom 31. Mai 1886«, in: *La Revue philosophique*, Aug. 1886.
— *L'automatisme psychologique*, Paris [8]1919.
JASPERS, K., *Schellings Größe und Verhängnis*, Mchn. 1955.
— *Allgemeine Psychopathologie*, Bln./Hdb./N. Y. [8]1965.
JAUSS, H. R., *Untersuchungen zur mittelalterl. Tierdichtung*, Tbg. 1959.
JAWORSKI, H., *Le Géon sur la terre vivante*, Paris [9]1928.
JEANS, J., *Der Weltenraum und seine Rätsel*, Stgt. u. Bln. 1931.

JENNINGS, L. B., »Justinus Kerner und die Geisterwelt«, in: *NW* 1966.
— »Der aufgespießte Schmetterling: J. Kerner und die Frage der psychischen Entwicklung«, in: *Antaios* Bd. 10, 1968.
— »Neues zu Mörikes Okkultismus«, in: *NW* 1968.
— »Geister und Germanisten«, in: Bauer 1974.
JENSEN, A. E., *Mythos und Kult bei Naturvölkern*, Wiesbaden [2]1960.
JEPHSON, I., »A Behaviourist Experiment in Clairvoyance«, in: *Proc. SPR* Bd. 41, Nr. 128, 1933.
— /Soal, S. G./Besterman, Th., »Report of a Series of Experiments in Clairvoyance, Conducted at a Distance . . .«, in: *Proc. SPR* Bd. 39, Nr. 118, 1930/31.
JEREMIAS, J., *Heiligengräber in Jesu Umwelt*, Göttingen 1958.
JOACHIM v. FIORE, *Il libro delle figure* I/II, Turin [2]1953 (Auszüge dt. in: Rosenberg, A., *Joachim v. Fiore*, Mchn.-Planegg 1955).
JOHANNA, *Soeur Jeanne des Anges, Autobiographie d'une hysterique possédée* (1644), Paris 1886.
JOHNSON, A., »On the Automatic Writings of Mrs. Holland«, in: *Proc. SPR* Bd. 21, Nr. 55, 1907—09, Forts. ebd. 1910.
1918/19.
JOHNSON, M. U., *Model of Control and Control of Bias in Experimental Parapsychology*, Utrecht 1974.
— »ESP and Subliminality«, in: *Europ. JoP* Bd. 1, 1975.
— /Kanthami, B. K., »The Defense Mechanism Test as a Predictor ESP scoring Direction«, in: *JoP* Bd. 31, 1967.
— /Nordbeck, B., »Variation in the Scoring Behavior of a ›Psychic‹ Subject«, in: *JoP* Bd. 36, 1972.
JOHNSON, S., *A Journey to the Western Islands of Scotland*, Ldn. 1924.
JOINES, W. T./Artley, J. L., »Study of a Haunted House«, in: *Theta* 27, 1969.
JOIRE, P., *Psychical and Supernormal Phenomena*, N. Y. 1916.
JOLLER, M., *Darstellung selbsterlebter mystischer Erscheinung* (1863), wiederabgedr. in: Moser 1950.
JOLY, A., *Un mystique Lyonnais*, Macon 1938.
JONAS, H., *Gnosis* I/II, 1934—54.
JONES, E., *Das Leben und Werk von S. Freud* I/III, Bern 1960—62.
JONG, K. E. H., de, *De magie bij de Grieken en Romeinen*, Haarlem 1921.
— *De parapsychologie*, Haarlem 1936.
— *De zwarte magie*, Haarlem 1938.
JORDAN, P., *Verdrängung und Komplementarität*, Hbg. [2]1951.
— »Die Einordnung der Pps.«, in: Jordan, *Erkenntnis und Besinnung*, Oldenburg/Hbg. 1972.
JOSSELIN DE JONG, J. P. B., *De Oersprong van den goddelijken bedrieger*, Amsterdam 1929.
JOSTEN, C. H., »Translation of J. Dee's ›Monas Hieroglyphica‹«, in: *Ambix* Bd. 12, 1964.
— »Robert Fludd's Theory of Geomancy . . .«, in: *Journ. Warburg and Courtauld Institute* Bd. 37, 1964.
— *Elias Ashmole*, Oxford 1966.
JUDGE, W. Q., *Das Meer der Theosophie*, Stgt. 1948.
JÜRGENSOHN, F., *Sprechfunk mit Verstorbenen*, Frbg. 1967.
JULIANE v. NORWICH, *Offenbarungen*, Paderborn 1927.
— *Eine Offenbarung* . . ., Basel/Frbg./Wien 1960.
JUNG, C. G., *Gesammelte Werke*, Zürich 1958 ff.
— »Über Synchronizität«, in: *Eranos-Jb.* 1951, Zürich 1952.
— »Das Fastenwunder von Bruder Klaus«, in: *NW* 1951.
— »Ein Brief zur Frage der Synchronizität, in: *ZPpsGPs* 1957/58.
— *Zur Psychologie und Pathologie sog. occulter Phänomene*, Lpz. 1902.
— »The Psychological Foundations of Belief in Spirits«, in: *Proc. SPR* Bd. 31, Nr. 79, 1920/21.
— *Psychologie und Alchimie* (1944), GW 12.
— *Die Psychologie der Übertragung* (1946), GW 16.
— *Über die Psychologie des Unbewußten*, Zürich 1948.
— *Die Beziehungen zwischen dem Ich und dem Unbewußten* (1928), Zürich [5]1950.
— *Von den Wurzeln des Bewußtseins*, Zürich 1954.
— *Mysterium Coniunctionis* I/II, Zürich 1955 f.
— *Ein moderner Mythos*, Zürich/Stgt. 1958.
— *Seelenprobleme der Gegenwart*, Zürich 1969.
— /Jaffé, A. (Hrsg.), *Erinnerungen, Träume, Gedanken*, Zürich 1962.
— /Pauli, W., *Naturerklärung und Psyche*, Zürich 1952.
— /Wilhelm, R. (Hrsg.), *Das Geheimnis der goldenen Blüte*, Zürich/Stgt. 1957.
JUNGBAUER, G., *Deutsche Volksmedizin*, 1934.
JUNG-STILLING, J. H., *Theorie der Geisterkunde*, Nürnberg 1808.

KACHLER, A., *Mitteilungen aus dem magnetischen Schlafleben in Dresden*, Dresden 1843.
KADINSKY, D., »Symbolgriff«, in: *Z. f. Analyt. Ps.* 1975.
KAFKA, G., »Ein Beitrag zur Methodik mediumistischer Untersuchungen«, in: *Die Naturwissenschaften*, 19. 12. 1913.
KAHN, S. D., »The Enigma of Psi . . .«, in: *JASPR* 1962.
KAISER, G., »Die Unverwesbarkeit der Leichen von Heiligen aus medizinischer Sicht«, in: *Informationen der Arbeitsgemeinschaft für Pps. an der Wiener Katholischen Akademie* Bd. 2, H. 1, 1974/75.
KALLENBERG, F., *P-Strahlen*, Lpz. 1920.
KAMMACHER, S., »Wer hat geläutet?«, in: *NW* 1952.
KAMMERER, P., *Das Gesetz der Serie*, Stgt./Bln. 1919.
KAMPS, K., *J. M. Verweyen*, 1955.
KANKELEIT, O., *Das Unbewußte als Keimstätte des Schöpferischen*, Mchn./Basel 1958.
KANT, I., *Träume eines Geistersehers*, Lpz. o. J.
— *Vorlesungen über Psychologie*, hrsg. v. Du Prel, Pforzheim 1964.
KANTHAMI, B. K./Sailaja, P./Ramakrishna Rao, K., »ESP and the HSPQ Scores on Neuroticism«, in: Inst. f. Grenzgeb. d. Ps., Frbg. (Hrsg.) 1968.
KANZOG, K., *Der dichterische Begriff des Gespenstes*, Diss. Bln. 1951.
KAPLEAU, Ph., *Die drei Pfeiler des Zen*, Zürich/Stgt. 1969.
KAPP, *Philosophie der Technik*, Braunschweig 1877.
KARAGULLA, Sh., *Breakthrough to Creativity*, Santa Monica 1973.
KARDEC, A., *Das Buch der Medien*, Neudr. Frbg. 1964.
— *Das Buch der Geister*, Neudr. Frbg. 1964.
KARDOS, U., *Hellsehen*, Bln. 1950.
KARGER, F., »Paraphysik und Physik«, in: *ZPpsGPs* 1965.
— /Zicha, G., »Physikalische Untersuchungen des Spukfalls in Rosenheim«, in: *ZPpsGPs* 1967.
KARLINS, M./Andrews, L. M., *Biofeedback*, Stgt. 1973.
KASDORF, H., *L. Klages*, Bonn 1969.
KASSNER, R., *Physiognomik*, Wiesbaden 1951.
KAUFMANN, R., *Das Übersinnliche als Ärgernis*, Düsseldorf/Köln 1970.
KAY, M., »Die Rückkehr der Katie King«, in: *Esotera* Nr. 11, 1974.
KEES, H., *Der Götterglaube im alten Ägypten*, Bln. 1956.
KEHRER, F., »Über Spiritismus, Hypnotismus und Seelenstörung, Aberglaube und Wahn«, in: *Arch. f. Psychiatr.* 1922.
— *Wach- und Wahrträume bei Gesunden und Kranken*, Lpz. 1935.
KELLER, E. u. M.-L., *Der Streit um die Wunder*, Gütersloh 1968.
KELLER, W., *Was gestern noch als Wunder galt*, Mchn. 1973.
KELLOCK, H., *Houidini. His Life Story*, Ldn. 1928.
KEIL, H. H. J./Herbert, B./Pratt, J. G./Ullman, M., »Directly Observed Voluntary PK-Effects«, in: *Proc. SPR* Bd. 56, Nr. 210, 1976.
KEMMERICH, M., *Gespenster und Spuk*, Ludwigshafen 1921.
— *Prophezeiungen*, Mchn. 1925.

KEMNITZ, M. v., *Moderne Medienforschung*, Mchn. 1914.
KEMPER, W., *Der Traum und seine Be-Deutung*, Reinbek 1955.
KERÉNYI, K., *Der göttliche Arzt* (1948), Darmstadt ²1956.
— *Apollon*, Düsseldorf ³1953.
— *Die Herkunft der Dionysosreligion . . .*, Köln 1956.
KERNER, J., *Blätter aus Prevorst*, Stgt. 1831—39 (gekürzt Zürich 1961).
— *Geschichten Besessener neuerer Zeit*, Stgt. 1834.
— *Nachricht von dem Vorkommen des Besessenseins*, Stgt./Augsburg 1836.
— *Die somnambulen Tische*, Stgt. 1853.
— *Franz Anton Mesmer aus Schwaben*, Ffm. 1856.
— *Die Seherin von Prevorst* (1829), Neudr. Stgt. 1963.
— *Die religiöse Erfahrung in ihrer Mannigfaltigkeit*, Lpz. 1907.
— »Report on Mrs. Piper's Hodgson Controll«, in: *Proc. ASPR* Bd. 3, Nr. 7, 1909.
— »An Estimate of Paladino«, in: *Cosmopolitan Magazine*, Febr. 1916.
— *Unsterblichkeit*, Bln. 1926.
KERVRAN, L. C., *Biological Transmutations*, Ldn. 1972.
KEYSERLING, Graf H., »Heilkunst und Tiefenschau«, in: *Der Weg zur Vollendung* H. 8/9, 1924.
— u.a., *Das Okkulte*, Darmstadt 1923.
KHAN, V. I., *Sufismus. Der Weg zum Selbst*, Bern/Mchn./Wien ²1975.
KHERUMIAN, R., »Physiologie et parapsychologie, in: *RM* 1955.
KHUNRATH, H., *Amphitheatrum sapientiae aeternae*, Hbg. 1604.
KIEFER, W., *E. Swedenborg*, Erlangen/Zürich 1974.
KIENAST, R., *J. V. Andreae und die vier echten Rosenkreuzerschriften*, Lpz. 1926.
— *Über die eigentümliche Seelenstörung der sog. ›Seherin von Prevorst‹*, Bln. 1831.
— /Eschenmayer, C. A./Nasse, F., *Archiv für den Thierischen Magnetismus*, 6 Bde., 1817—24.
KIESER, D. G., *Das System des Tellurismus*, Lpz. 1826.
KIESEWETTER, K., »Der Hexenschlaf«, in: *Sphinx* 1889.
— »Paracelsus über Geist und Geister«, in: *Sphinx* Bd. 10, 1890.
— *Geschichte des neueren Okkultismus*, Lpz. 1891.
— *Der Okkultismus des Altertums*, Lpz. 1891—96.
— *Franz Anton Mesmers Leben und Lehre*, Lpz. 1893.
— *Faust in der Geschichte und Tradition*, Lpz. 1893, Neudr. Hildesheim 1963.
— *Die Geheimwissenschaften*, Lpz. 1895.
KILNER, J. W., *The Human Atmosphere*, Ldn. 1911.
KINDBORG, E., *Suggestion, Hypnose und Telepathie*, Mchn. 1920.
— »Das Wesen der Telepathie«, in: *Ps. St.* 1923.
KING, F., *Ritual Magic in England*, Ldn. 1970.
— *Sexuality, Magic and Perversion*, Ldn. 1971.
KINGSLEY, M. H., »The Forms of Apparitions in West Africa«, in: *Proc. SPR* Bd. 14, Nr. 35, 1898/99.
— *Was she (Mme. Blavatsky) a Charlatan?*, Ldn. o. J.
KIPP, H., *Goethes »Faust«, Einführung aufgrund theosophischer Forschung*, Calw 1967.
KIRCHER, A., »Dissertatio de lapide philosophico«, in: *Manget's Bibliotheca chemica curiosa* Bd. 1, Genf 1702.
KIRK, R., *The Secret Commonwealth of Elves, Faunes, and Fairies*, Ldn. 1691.
KIRLIAN, S. D. u. W. K., »Fotografie mit Hilfe von Hochfrequenzströmen«, in: Krippner/Rubin 1975.
KIRMAYER, A., *Die Prophezeiungen des Waldpropheten*, Passau 1949.
KIRNESSE, K. E., *Der thierische Magnetismus und seine Geheimnisse*, Plauen ⁴1853.
KISSLING, H. J., »Die Wunder der Derwische«, in: *Z. dt. Morgenld. Ges.* 1957.
— »Islamisches Mystikertum in pps. Sicht«, in: *NW* 1960/61.
KITTREDGE, G. L., *Witchcraft in Old and New England*, Cambridge, Mass., 1928.
KLAGES, L., *Handschrift und Charakter*, Bonn ²¹1949.
— *Der Geist als Widersacher der Seele*, Bonn/Mchn. ⁴1960.
KLAUSER, Th., *Christlicher Märtyrerkult, heidnischer Heroenkult und spätjüdische Heiligenverehrung*, Köln 1960.
KLEE, »Zopfflechten und Stallspuk«, in: *ZfPps* 1926.
KLEIN, A., »Der Kreuzweg im dt. Volksaberglauben«, in: *Blätter für Heimatkunde* Bd. 6, Graz 1928.
KLEIN, A. E., *Parapsychologie*, Mchn. 1975.
KLIMSCH, R., *Leben die Toten?*, Olten 1949.
KLINCKOWSTROEM, K. Graf v., *Die Bibliographie der Wünschelrute*, Mchn. 1911.
— »Bibliographie Nostradamus«, in: *Z. f. Bücherfreunde*, März 1913.
— *Die Wünschelrute als wiss. Problem*, Stgt. 1922.
— »Indische Gauklerkünste«, in: *Ps. St.* 1922 u. 1924.
— »Indische Zauberkünste«, in: *Waldenburger Schriften* Bd. 6, 1925.
— »Der Fall von Madame Bisson«, in: *ZKO* Bd. 3, 1928.
— »Meine Stellungnahme zum Wünschelrutenproblem«, in: *ZPpsGPs* 1960.
— *Die Zauberkunst*, Mchn. 1968.
— /Maltzahn, R. Freih. v., *Handbuch der Wünschelrute*, Mchn. 1931.
KLINGSOR (d. i. A. Hemberger), *Experimental-Magie*, Frbg. 1967.
KLOPPENBURG, B., *A Umbanda no Brasil*, Petrópolis 1961.
KLOSSOWSKI DE ROLA, St., *Alchemie*, Mchn. 1974.
KLUCKHOHN, C., *Navaho Witchcraft*, Boston 1967.
KMETZ, J. M., »An Examination of Primary Perception in Plants«, in: *Pps. Rev.* Bd. 6, Nr. 3, 1975.
KNAUT, H., *Rückkehr aus der Zukunft*, Bern/Mchn./Wien 1970.
KNOBLOCH, H., *Deine Schrift Dein Charakter*, Mchn. 1953.
KNOWLES, F. W., »Rat Experiments and Mesmerism«, in: *JASPR* Bd. 53, 1959.
KOCH, H., »›Selbstaufbau der Natur‹ nach H. Conrad-Martius«, in: *Der Biologieunterricht* Bd. 4, H. 1, 1968.
KOCH, K. E., *Der Spiritismus aus der Sicht der Seelsorge*, Berghausen 1961.
KÖBERLE, A., *Heilung und Hilfe*, Darmstadt 1968.
— *Kosmische Prägung und personale Freiheit*, Aalen 1956.
KOEHLER, D. F., »Okkulte Phänomene im Alten und Neuen Testament«, in: *Ps. St.* H. 3/4, 1924.
KÖHNLECHNER, M., *Die machbaren Wunder*, Mchn. ²1975.
KÖNIG, B. E., *Hexenprozesse*, Bln. o. J.
KÖNIG, G./Wancura, I., *Neue chinesische Akupunktur*, Wien 1975.
KÖNIG, H. L., *Unsichtbare Welt. Der Mensch im Spielfeld elektromagnetischer Kräfte*, Mchn. 1975.
KOENIG, O., *Urmotiv Auge*, Mchn. 1975.
KÖPRÜLÜZADE, M. F., »Influence du chamanisme sur les ordres mystiques musulmane«, in: *Mem. l'Inst. Turk. Univ. Stamboul*, NS 1, 1929.
KÖSTER, K., »Das visionäre Werk Elisabeth von Schönaus«, in: *Arch. f. mittelrhein. Kirchengesch.* Bd. 4, 1952.
KOESTLER, A., *Von Heiligen und Automaten*, Bern 1961.
— *Der Krötenküsser*, Wien/Mchn./Zürich 1972.
— *Die Wurzeln des Zufalls*, Bern/Mchn./Wien ⁴1972.
— »Physik und Synchronizität«, in: Bauer 1974.
KOGELNIK, H., Artikel über den Fall »Hanni«, in: *Psychic Science* Bd. 1, S. 272—287, 1922.
KOHLER, I., »Der Fernsinn der Blinden«, in: *Umschau* 1952.
KOHNSTAMM, O., »Hypnotische Stigmatisierung«, in: *Z. f. d. Ausbau d. Entwicklungslehre* Bd. 2, 1908.
— *Medizinische und philosophische Ergebnisse aus der Methode der hypnotischen Selbstbesinnung*, Mchn. 1918.
KOLLE, K., *Große Nervenärzte* I/III, Stgt. 1956—62.
KOREN, H., *Die Spende — eine volkskundliche Untersuchung*, 1945.
KORVIN-KRASINSKI, C. v., *Mikrokosmos und Makrokosmos*, Düsseldorf 1960.

KOTIK, N., *Die Emanation der psychophysischen Energie*, Wiesbaden 1908.
KOYRÉ, *La philosophie de Jakob Boehme*, Paris 1929.
KRAFFT, C., »Zur Frage der vierten und weiteren Dimensionen«, in: *Ps. St.* 1925.
KRAL, J., *Die Wirklichkeit des Außersinnlichen*, Abensberg 1964.
KRALL, K., *Denkende Tiere*, Lpz. 1912.
— *Über unwillkürliches Flüstern*, Lpz. 1925.
— »Über ›unwillkürliches Flüstern‹«, in: *ZfPps* 1926.
KRAMER, Ph. W., *Der Heilmagnetismus*, Lpz. 1907, Lorch 1949.
KRASSA, P., Artikel zur Ufologie, in: *Esotera* Nr. 3, 5, 6, 10 u. 11, 1974.
KRAUSE, W., *Die Kelten*, Tbg. [2]1929.
KREMER, J., »Ein bemerkenswerter Beitrag zur Frage der Vererbung traumatischer Verstümmelungen«, in: *Z. f. menschl. Vererbungs- u. Konstitutionslehre* 25, 1942.
KRETSCHMAR, F., *»Die Seherin von Prevorst« und die Botschaft J. Kerners*, Weinsberg 1930.
— *Hundestammvater und Kerberos* II, Stgt. 1938.
KRETSCHMER, W., *Psychologische Weisheit der Bibel*, Bern/Mchn. 1956.
KREWALD, A., *C. G. Carus, seine philos., ps. und charakterolog. Grundgedanken*, Bln. 1939.
KREYHER, J., *Die mystischen Erscheinungen des Seelenlebens* I/II, Stgt. 1880.
KRIEGE, Th., *Krankheitszeichen in der Iris*, Osnabrück 1969.
— *Fundamental Basis of Irisdiagnosis*, Ldn. 1969.
KRIPPNER, St. C./Hastings, A., »A Poltergeist Phenomena and Expectancy Set«, in: *Northwestern Tri-Quarterly* Bd. 3, 1961.
KRIPPNER, St. C./Rubin, D. (Hrsg), *Lichtbilder der Seele*, Bern/Mchn. 1975.
KRISHNA, G., *Kundalini*, Weilheim 1968.
— *Die neue Dimension des Yoga*, Bern/Mchn. 1975.
— /Weizsäcker, C. F. v., *Biologische Basis der Glaubenserfahrung*, Weilheim 1971.
KRÖNER, W., *Telepathie und Hellsehen*, Bln. 1924.
— »Zur Psychologie medialer Kunstleistungen«, in: *Ps. St.* 1924.
— *Mediale Diagnostik*, Lpz. 1925.
— *Das Rätsel von Konnersreuth*, Mchn. 1927.
— *Die Wiedergeburt des Magischen*, Lpz. 1928.
— »Valiantines Entlarvung«, in: *ZfPps* 1929.
— »Zum Problem der Nahrungslosigkeit«, in: *ZfPps* 1929.
— *Hellwig ante portas!*, Lpz. 1930.
— »Um die Aura-Analyse«, in: *Z. f. Spagyrik* Nr. 4, 1955.
KRÖNERT, G., »Der Spuk von Großerlach« I/II, in: *NW* 1951/52.
— *Parapsychologie und Religion*, Zürich 1952.
KRUEGER, F., *Über psychische Ganzheit*, Lpz. 1926.
— *Zur Psychologie und Philosophie der Ganzheit*, Bln./Hdb./N. Y. 1953.
KRÜGER, G., *Die Rosenkreuzer*, Bln. 1952.
KRUIJT, A. C., *Het animisme in den indischen archipel*, Den Haag 1906.
KRUMM-HELLER, A., *Vom Weihrauch zur Osmotherapie*, Bln. 1934.
KRUSE, J., *Hexen unter uns*, Hbg. 1951.
KÜHNEL, G., »Die Konstitutionsformen der Hand«, in: *Z. f. d. ges. Neurologie u. Psychiatrie*, 1932.
KÜNKEL, F., *Grundzüge der praktischen Seelenheilkunde*, Stgt. 1935.
KUHLENBECK, L., *Der Okkultismus der nordamerikanischen Indianer*, Lpz. o. J.
KUHLMANN, K., *God can do it again*, Englewood Cliffs, N. J., 1969.
KUHNE, L., *Gesichtsausdruckskunde*, Bietigheim 1968.
KUMMER, S. A., *Heilige Runenmacht*, Hbg. 1932.
KUNZ, W., *Das Kartenlegen*, Zürich 1951.
— *Johann Georg Schröpfer*, Zürich 1957.
KUPFER, A., *Carl Huter*, 1958.
KUPPE, K. O. (Hrsg.), *Zeitspiegel des Atems*, Bad Homburg 1960.
KURTH, W., »Das Traumbuch des Artemidoros im Lichte der Freudschen Traumlehre«, in: *Psyche* Bd. 4, H. 10, 1951.
KURTZAHN, E. T., *Die Runen als Heilszeichen und Schicksalslose*, Bln. o. J.
KURZWEG, A., *Die Gesch. der »Berliner Gesellschaft für Experimental-Psychologie« mit bes. Berücksichtigung ... des Wirkens von Max Dessoir*, Diss. Bln. 1975.
KUSCHE, L., *The Bermuda Triangle Mystery — Solved*, N. Y. 1974.
KYBER, M., *Einführung in das Gesamtgebiet des Okkultismus*, Stgt. [4]1923.

LAARSS, R. H., *Das Buch der Amulette und Talismane*, Lpz. [3]1932.
LACKEIT, C., *Aion*, Diss. Königsberg 1916.
LACKMANN, M., *Verehrung der Heiligen*, Stgt. 1958.
LADIGES, P. M., »Der Feuerlauf auf La Réunion ...«, in: *Ethnomedizin* Bd. 2, 1973.
LAFONTAINE, Ch., *L'art de magnétiser*, Brüssel 1851.
— *Mémoirs d'un magnétiseur* I/II, Paris 1867.
LAIBLIN, W. (Hrsg.), *Märchenforschung und Tiefenpsychologie*, Darmstadt 1969.
LAMBERT, G. W., »The Psychology of Plotinus and its interest for the Student of Psychical Research«, in: *Proc. SPR* Bd. 36, Nr. 101, 1926/28.
— »The Dieppe Raid Case«, in: *JSPR* Bd. 36, 1952.
— »Poltergeists«, in: *JSPR* 1955.
LAMBERT, R., *Spuk, Gespenster und Apportphänomene*, Bln. 1923.
— »Psychometrie«, in: *Ps. St.* 1923.
— *Die okkulten Tatsachen und die neuesten Medienentlarvungen*, Stgt. 1925.
— »Eusapia Paladino«, in: Schrenck-Notzing 1926.
— »Die Experimente mit Eusapia Paladino und ihr Kritiker Rosenbusch«, in: *ZfPps* 1927.
— »Der Insterburger Prozeß«, in: *ZfPps*, H. 4, 1929.
LAMOND, J., *Arthur Conan Doyle. A Memoir*, Ldn. 1931.
LAMM, M., *Swedenborg*, Lpz. 1923.
LAMPEN, W., *St. Gertrudis de Grote*, Hilversum 1939.
LANCASTER, J. B., »A GESP Experiment with a Dual Target«, in: *JSPR* 1959.
LANCZKOWSKI, G., *Die neuen Religionen*, Ffm. 1974.
LANDMANN, M., *Entfremdende Vernunft*, Stgt. 1975.
— *Anklage gegen die Vernunft*, Stgt. 1976.
LANG, A., »The Voices of Jeanne d'Arc«, in: *Proc. SPR* Bd. 11, Nr. 28, 1895.
— *The Book of Dreams and Ghosts*, Ldn. 1899.
— »The Fire-Walk«, in: *Proc. SPR* Bd. 15, Nr. 36, 1900/01.
— »The Poltergeist historically considered«, in: *Proc. SPR* Bd. 17, Nr. 45, 1901/03.
— »The Poltergeist at Cideville«, in: *Proc. SPR* Bd. 18, Nr. 49, 1903/04.
— *The Maid of France*, Ldn. 1908.
— *Cock Lane and Common Sense*, Ldn. 1894, N. Y. 1970.
LANGE, F., *Die Sprache des menschlichen Antlitzes*, Mchn. 1952.
LANGELAAN, G., *Die unheimlichen Wirklichkeiten*, Bern/Mchn./Wien [2]1969.
LANGEN, D., *Archaische Ekstase und asiatische Meditation*, Stgt. 1963.
— (Hrsg.), *Hypnose und Autogenes Training in der psychosomatischen Medizin*, Stgt. 1971.
LANGSDORFF, G. v., *Kurze Anleitung zur Erlernung der Psychometrie*, Lpz. 1911.
LANTERNARI, V., *Religiöse Freiheits- und Heilbewegungen unterdrückter Völker*, Neuwied/Bln. o. J.
LAPPONI, J., *L'hypnotisme et le spiritisme*, Paris 1907.
LASHLEY, K. S., »In Search of the Engram«, in: *Physiological Mechanism in Animal Behavior; Symposium of the Society for Experimental Biology*, N. Y. 1950.
LAURENT, E./Nagour, P., *L'occultisme et l'amour*, Paris 1902.
LAUSANNE, M. de, *Des principes ... du magnétisme animal* ... I/II, Paris 1819.

LAUTMANN, A., *Symétrie et dissymétrie en mathématique et physique*, Paris 1946.
LAVATER, H. F., *Bad Boll*, Gießen 1952.
LAVATER, J., *Vom Leben im Jenseits*, Basel 1946.
— *Physiognomische Fragmente*, Lpz. 1968.
LAVATER, L., *Von Gespänsten* (1569), Zürich 1670.
LAVER, J., *Nostradamus*, Harmondsworth 1952.
LAYRITZ, R., Mehrere Arbeiten zur Parapädagogik, in: *Esotera* 1974 ff.
LEADBEATER, C. W., *Die Astral-Ebene*, Lpz. o. J.
— *Die Chakras*, Frbg. 1965.
— *Der sichtbare und der unsichtbare Mensch*, Frbg. 1968.
— /Besant, A., *Gedankenformen*, Frbg. 1968.
LEAF, W., »Vis-Knut«, in: *Proc. SPR* Bd. 21, Nr. 54, 1907—09.
LEANING, F. E., »An Introductory Study of Hypnagogic Phenomena«, in: *Proc. SPR* Bd. 35, Nr. 95, 1925.
LEBIUS, R., *Unter Spiritisten* (Schwank), Bln. 1908.
LECOMTE DU NOÜY, P. A. L., *Human Destiny*, N. Y. 1947.
LEE, E., *Animal Magnetisme*, Ldn. 1866.
LEE, T. D., »Space Inversion, Time Reversal, Particle-Antiparticle«, in: *Physics Today* Bd. 19, Nr. 3, 1966.
LEESE, K., *Moderne Philosophie*, ²Bln. 1921.
LEESER, J., *Prof. W. Wundt und der Spiritismus*, Lpz. 1879.
LEEUW, G., van der, *Unsterblichkeit oder Auferstehung*, Mchn. 1956.
LEGUÉ, G., *Documents pour servir à l'histoire médicale des possédées de Loudun*, Paris 1876.
— *Urbain Grandier*, Paris 1880.
LEHMANN, A., *Aberglaube und Zauberei*, Stgt. ²1908, ³1925.
LEHMANN, R., *Mana, Der Begriff des außerordentlich Wirkungsvollen bei Südseevölkern*, Lpz. 1922.
— *Die polynesischen Tabusitten*, Lpz. 1930.
LEISEGANG, H., *Die Grundlagen der Anthroposophie*, Hbg. 1922.
— *Die Gnosis*, Stgt. ⁴1955.
LEISERING, B., *Studien zu Fechners Metaphysik der Pflanzenseele*, Bln. 1907.
LEKVE, F., *Thelemitische Lektionen*, Hildesheim 1948.
LELAND, Ch. G., *Aradia*, Ldn. 1899, Neudr. 1974.
LÉLUT, F., *Le démon de Socrate*, Paris 1836.
LEMAITRE, G. C., »Une étude psychologique sur les tableaux medianimiques de Mlle. H. Smith, in: *Arch. de Ps.*, Genf, Juli 1907.
LEONARD, G. O., *My Life in Two Worlds*, Ldn. 1931.
LEROY, E. B./Pottiér, C., »Délire systématisé de persécution et de possession démoniaque consécutif à des pratiques spirites«, in: *Ann. médico-psychol.* Bd. 2, 1931.
LEROY, M., *Descartes, le philosophe au masque* I/II, Paris 1929.
LEROY, O.-G., *La lévitation*, Paris 1928.
— *Les hommes salamandres*, Paris 1932.
LERSCH, Ph., *Der Traum in der dt. Romantik*, Mchn. 1923.
— *Aufbau der Person* (1938, ⁷1956), Mchn. ⁸1962.
LE SHAN, L., »A Spontaneous Psychometry Experiment with Mrs. Eileen Garrett«, in: *JSPR* 1967.
— »The Vanished Man«, in: *JASPR* 1968.
— *Toward a General Theory of the Paranormal*, N. Y. 1969.
LETORT, E. S. u. M. Ch., »Charles Eldred«, in: *Light*, 2. Sept. 1905.
LÉVI, E., *Geschichte der Magie* I/II, Mchn. 1926.
— *Der Schlüssel zu den großen Mysterien*, Weilheim 1966.
— *Transzendentale Magie I: Dogma (Dogma und Ritual der Hohen Magie Bd. I)*, Basel 1975.
LEVY, W. J. jun., »Possible PK by Chick Embryos to Obtain Warmth«, in: *JoP* 1971.
LÉVY-BRUHL, L., *Die Seele der Primitiven*, Wien 1930.
LEWIN, K., *Field Theory in Social Science*, N. Y. 1951.
LEY, H., *Avicenna*, 1953.
LHERMITTE, J. J., *L'image de notre corps*, Paris 1938.
LIÉBEAULT, A. A., *Thérapeutique suggestive . . .*, Paris 1891.
— *Le sommeil provoqué . . .*, Paris 1889.
LIEBENTHAL, W., *The Book of Chao*, Peking 1948.
— *The Treatises of Seng-chao*, Hongkong 1968.
LIEK, E., *Das Wunder in der Heilkunde*, Mchn. ²1931.
LIENERT, G. A., *Testaufbau und Testanalyse*, Weinheim ²1967.
LILJEGREN, S. B., *Studies on the Origin and Early Tradition of English Utopian Fiction*, Uppsala 1961.
LILLIE, A., *The Worship of Satan in Modern France*, Ldn. 1896.
LILLY, W., *Merlinus anglicus junior*, Ldn. 1644.
— *Messenger of the Stars*, Ldn. 1645.
— *Introduction to Astrology*, Ldn. 1832.
LINCKE, H., *»Geister der Menschen . . .« und »Der Begriff der Imagination« bei Paracelsus* (Diss.), Mchn. 1944.
LIND, F., *How to Understand the Tarot*, Ldn. 1969.
LINDEMANN, H., *Überleben im Stress*, Gütersloh 1973.
LINDENBERG, W., *Über die Schwelle*, Mchn. 1973.
— *Geheimnisvolle Kräfte um uns*, Mchn. 1974.
LINDENLAUB, E., »Über das Heimfindevermögen der Säugetiere . . .«, in: *Z. f. Tierps.* Bd. 12, 1955.
LINDQUIST, S., *Die Methoden des Yoga*, Lund 1932.
LINDSAY, J., *The Origins of Alchemy . . .*, Ldn. 1970.
LIPPMANN, E. O. v., *Entstehung und Ausbreitung der Alchemie* I/II, Bln. 1919—31.
LIST, G. v., *Die Bilderschrift der Ario-Germanen*, Lpz. 1910.
— *Das Geheimnis der Runen*, Bln. 1924.
LITVAG, S., *Singer in the Shadow. The Strange Story of Patience Worth*, N. Y. 1972.
LOCKOWANDT, O., »Spuk und Hypnose«, in: *NW* 1962/63.
— »Präkognition und Drogensucht«, in: Bauer 1974.
LODGE, O., »An Account of Some Experiments in Thought-Transference«, in: *Proc. SPR* Bd. 2, Nr. 6, 1884.
— »Some Recent Thought-Transference Experiments«, in: *Proc. SPR* Bd. 7, Nr. 20, 1891/92.
— »Evidence of Classical Scholarship and of Cross-Correspondence in Some New Automatic Writings«, in: *Proc. SPR* Bd. 25, Nr. 63, 1911.
— »In Memoriam G. Geley«, in: *Proc. SPR* Bd. 34, Nr. 92, 1924.
— »The Possibility of Survival«, in: *Proc. SPR* Bd. 34, Nr. 90, 1924.
— »The Life of Crookes«, in: *Proc. SPR* Bd. 34, Nr. 92, 1924.
— *Making of Man*, Ldn. 1924.
— *Raymond*, Pfullingen [1925].
— »W. Crookes und die Metapsychologie«, in: *Ps. St.* 1925.
— *Why I believe in Personal Immortality*, Ldn. 1928.
— *Bibliographie*, hrsg. v. Th. Besterman, Ldn. 1935.
— *Das Fortleben der Menschen*, Bad Schmiedeberg o. J.
— /James, W./Richet, Ch./Podmore, F./Leaf, W., »In Memory of F. W. H. Myers«, in: *Proc. SPR* Bd. 17, Nr. 42. 1901—03.
LÖFFLER, J., »Die Melampodie«, in: *Beitr. z. klass. Philol.* 1963.
LOEHR, F. D., *The Power of Prayer on Plants*, N. Y. 1959.
— *The Power of Prayer on Plants*, N. Y. 1969.
LOEWENFELD, L., *Die psychischen Zwangserscheinungen*, Wiesbaden 1904.
— *Somnambulismus und Spiritismus*, Wiesbaden ²1907.
— *Hypnotismus und Medizin*, Mchn. 1922.
LÖWENSTIMM, A., *Aberglaube und Strafrecht*, Bln. 1897.
LOMBROSO, C., *Hypnotische und spiritistische Forschungen*, Stgt. 1909.
LOMER, G., »Kriegsahnungen im Traum«, in: *Ps. St.* 1918.
— *Die Welt der Wahrträume*, Lpz. 1919.
— »Ein komponierendes Medium«, in: *ZfPps* 1926.
LONG, C. E., »The Psychoanalytical Use of Subliminal Material«, in: *Proc. SPR* Bd. 30, Nr. 75, 1918/19.
LONG, M. F., *Kahuna-Magie*, Frbg. 1966.
LOOK, M. v., *F. A. Mesmer*, Frbg. 1969.
LOON, F. H. G. v./Thouless, R. H., »Report of a Demonstration of Experiments on Hypnotism by G. Wellenius . . .«, in: *Proc. SPR* Bd. 36, Nr. 102, 1926—28.

LORBER, J., *Die geistige Sonne* I/II, Bietigheim 1955/56.
— *Geschichte der okkultischen Forschung*, Pfullingen 1922.
LORENZ, M., »Die okkulte Bedeutung der Edelsteine«, in: *Zentralblatt f. Okkult.* Bd. 8, 1914.
LU, K., *Geheimnisse der chinesischen Meditation*, Zürich 1967.
LUCADOU, W. v./Kornwachs, K., »Methodologische Betrachtung zur Beschreibung komplexer Systeme«, in: *ZfPpsGPs* Bd. 16, H. 3/4, 1974.
LUCE, G. G., *Körperrhythmen*, Hbg. 1973.
LUDWIG, A. F., *Okkultismus und Spiritismus*, Mchn. 1921.
— *Geschichte der okkultistischen Forschung*, Pfullingen 1922.
LÜTTICH, S., *Über bedeutungsvolle Zahlen*, Naumburg 1891.
LURIA, S., »Studien zur Geschichte der antiken Traumdeutung«, in: *Bull. Acad. Sc. UdSSR* 1927.
LUTTEN, L. P., *Maurice Mességué*, Gelnhausen 1964.
LUTOSLAWSKI, W., *The World of Souls*, Ldn. 1924.
LUTZ, W. L., *Die Grundfragen des Lebens nach Jakob Lorber*, Bietigheim 1930.
LUYS, J., *Les émotions dans l'état d'hypnotisme et l'action à distance des substances médicamenteuses ou toxiques*, Paris 1890.
LYSEBETH, A. v., *Durch Yoga zum eigen Selbst*, Mchn. 1973.
LYTTELTON, E., »Presidential Address«, in: *Proc. SPR* Bd. 41, Nr. 132, 1933.

MAACK, F., *Zweimal gestorben!*, Lpz. 1912.
McCABE, J., *A History of Satanism*, Gérard, Kansas, 1948.
McCONNELL, R. A., »ESP: Fact or Fancy?«, in: *Scientific Monthly* Bd. 69, 1949.
— »Psi Phenomena and Methodology«, in: *American Scientist* Bd. 45, 1957.
— »Nature of the Discontinuity in Schmeidler's ESP Rorschach Data«, in: *JoP* Bd. 52, 1961.
McDOUGALL, W., *The Group Mind*, Cambridge 1921.
— *Aufbaukräfte der Seele*, Stgt. ²1947.
McINTOSH, Ch., *The Astrologers and their Creed*, Ldn. 1969.
— *Astrology*, Ldn. 1970.
MACKENZIE, A., *The Unexplained*, Ldn. 1966.
— *Frontiers of the Unknown*, Ldn. 1966.
— *Apparitions and Ghosts*, Ldn. 1971.
McKENZIE, B. H., »A Female Quack in Austria«, in: *Quart. Transact. Brit. College of Psychic Science* Bd. 6, Nr. 2, 1927.
McKENZIE, J. H., *Spirit Intercourse*, Ldn. 1918.
MAC KENZIE, N., *Geheimgesellschaften*, Genf 1969, Bayreuth 1974.
MACKENZIE, W., »Rolf of Mannheim«, in: *Proc. ASPR* Bd. 13, Nr. 23, 1919/20.
McMAHAN, E. A., »An Experiment in Pure Telepathy«, in: *JoP* Bd. 10, 1946.
MACROBERT, R. G., »Current Attitudes of American Neuropsychiatrists Toward Parapsychology«, in: *JoP* 1948.
MAEDER, A., »Über das Traumproblem«, in: *Jb. psa. Forsch.* Bd. 5, 1913.
— *Selbsterhaltung und Selbstheilung*, Zürich 1949.
MAETERLINCK, M., *Die vierte Dimension*, Stgt. 1919.
— *Der fremde Gast*, Jena ²1924.
MAGER, A., »Görres und die Mystik«, in: *Das Neue Reich* Nr. 16, 1926.
— *Mystik als seelische Wirklichkeit*, Graz 1945.
MAHALUXMIVALA, P. D., »The Fire Walk«, in: *JSPR* 1928.
MAIER, M., *Tripus aureus*, Ffm. 1618.
— *Arcana arcanissima*, Oppenheim 1614.
— *Atalanta fugiens*, Oppenheim 1617.
MAIMON, S., Sachartikel »Träume« und »Weltseele« im *Philos. Wörterb.*, 1791.
— »Über das Vorhersehungsvermögen«, in: *Berliner Dt. Monatsschrift*, 1791.
MANAS, J., *Metempsychosis*, N. Y. 1956.
MANN, F., *The Meridians of Acupuncture*, Ldn. 1972.
MANN, U., *Die Religion in den Religionen*, Stgt. 1975.
MANNING, M., *The Link*, Gerrads Cross 1974.
MARBE, K., *Die Gleichförmigkeit in der Welt*, Mchn. 1916.
MARCINOWSKI, J., »Zur Anmeldung Sterbender«, in: *Ps. St.* 1925.
— »Dreams, superstition, and neuroses«, in: *Psyche* Bd. 2, 1921.
— *Die Gefühlszerrissenheit der neurotischen Psyche*, Prien 1924.
— »Intuitive Charakterdiagnosen«, in: *ZfPps* 1928.
MARCUS, E., *Theorie einer natürlichen Magie gegründet auf Kants Weltlehre*, Mchn. 1924.
MARILLIER, L., »Apparations of the Virgin in Dordogna«, in: *Proc. SPR* Bd. 7, Nr. 18, 1891/92.
MARKUS, P., *Die Yoga-Philosophie nach dem Rajamartanda* (Diss. Lpz.), Halle 1886.
MARK TWAIN, *Christian Science*, N. Y. 1907.
MARRYAT, F., *Jacob Faithful*, Ldn. 1834.
MARRYAT, F., *There is no Death*, Ldn. 1892.
MARS, L., »Phenomena of Possession«, in: *Tomorrow* 1954.
MARTENSEN-LARSEN, H., *An der Pforte des Todes*, Hbg. 1954.
MARTIN, D. R., »Chance and Extra-Chance in Card Matching«, in: *JoP* Bd. 1, 1937.
— /Stribic, F. P., »Studies in Extrasensory Perception« I/II, in: *JoP* Bd. 2, 1938.
— »A Review of All University of Colorado Experiments«, in: *JoP* Bd. 4, 1940.
MARTIN, M., »An Account of the Second Sight, in Irish Called Taish«, in: Ders., *A Description of the Western Islands of Scotland*, Ldn. 1916.
MARTINO, E. de, »Percezione Extrasensoriale e Magismo Etnologico«, I/II, in: *Studi e Materiale di Storia delle Religione* Bd. 18/19, 1942, 1943/46.
— »Magismo Sciamanistico e Fenomenologia Paranormale«, in: *Metapsichica* Bd. 1, 1946.
— »Lineamenti de etnometapsichica«, in: *Problemi di Metapsichica*, 1942.
MASKELYNE, J. N./Weatherly, A., *The Supernatural*, Ldn. 1891.
MASTERS, R. E. L./Houston, J., *The Varieties of Psychodelic Experience*, Ldn. 1967.
MATAS, F./Pantas, L., »A PK Experiment Comparing Meditating Versus Non-Meditation Subjects, in: *Proc. Pps. Ass.* Bd. 8, 1971.
MATHERS, S. L. M., *The Book of the Sacred Magic of Abra-Melin*, Chicago 1948.
MATLA, J. L. W. P./Zaalberg van Zelst, G. J., *Le mystère de la mort*, Paris 1912.
MATTHEWS, F., »An Account of an Outbreak of Religious Hallucinations in the Bahamas ...«, in: *JSPR* Bd. 2, 1886.
MATTIESEN, E., *Der jenseitige Mensch*, Bln. 1925.
— *Das persönliche Überleben des Todes* I/III, Neudr. Bln. 1962.
MAUGHAM, S., *Der Magier*, Zürich 1975.
MAURY, L. F. A., *La magic et l'astrologie dans l'antiquité et au moyen-age*, Paris 1877.
MAXWELL, J., *Les phénomènes psychiques*, Paris 1903.
— »Correspondences croisées«, in: *Proc. SPR* Bd. 26, Nr. 65, 1913.
— »Les sciences psychiques«, in: *Révue de Paris*, Bd. 1, H. 3, 1921.
— *La divination*, Paris 1927.
— *Neuland der Seele*, Stgt. o. J.
MAYER, H., *Blondlots N-Strahlen*, Lpz. 1904.
MEERLO, J. A. M., »Telepathy as a Form of Archaic Communication«, in: *Psychiatric Quarterly* Bd. 23, 1949.
MEAD, G. R. S. (Hrsg.), *Thrice Greatest Hermes*, Ldn. 1949.
MEDHURST, R. (Hrsg.), *Crookes and the Spirit World*, Ldn. 1972.
MEEK, G. W./Harris, B., *From Seance to Science*, Ldn. 1973.
MEERLO, J. A. M., »Telepathy as a Form of Archaic Communication«, in: *Psychiatric Quarterly* Bd. 23, 1949.

— »The Biology of Time«, in: *Tomorrow* 1954.
MEHNERT, G., »Ansgar als Visionär«, in: *Schriften des Vereins für Schleswig-Holsteinische Kirchengeschichte*, II. Reihe, Bd. 21, 1965.
MEIER, C. A., *Moderne Physik — moderne Psychologie*, Bln. 1935.
— *Antike Inkubation und moderne Psychotherapie*, Zürich 1949.
— (Hrsg.), *Zeitlose Dokumente der Seele*, Zürich 1952.
MEIER, *Höchst merkwürdige Geschichte der magnetisch hellsehenden Auguste Müller*, Stgt. 1818.
MEISEN, K., »Der böse Blick und seine Abwehr in der Antike und im Frühchristentum«. in: *Rhein. Jb. f. Volkskunde* Bde. 1 u. 3, 1950, 1952.
MEISINGER, Th., *Der Rodensteiner*, Darmstadt 1954.
MEISSNER, B., »Magische Hunde«, in: *Z. d. dt. Morgenldt. Ges.* 1919.
MELVILLE, J., *Crystal Gazing*, N. Y. 1970.
MELZER, F., *Stufen und Wege der Meditation*, Kassel 1968.
MENG, H., »Zum Problem der Wunderheilungen«, in: *Die Heilkunst* 1956.
— (Hrsg.), *Psychohygiene*, Basel 1939 ff.
MENNINGER-LERCHENTHAL, E., *Das Trugbild der eigenen Gestalt*, Bln. 1933.
— *Der eigene Doppelgänger* (1946), Bern 1947.
— »Heautoskopie und Exteriorisation«, in: *NW* 1954.
MENSCHING, G., *Das Wunder im Glauben und Aberglauben der Völker*, Leiden 1957.
MERKT, J., *Die Wundmale des hl. Franz von Assisi*, Lpz. u. Bln. 1910.
MERMET, A., *Der Pendel als wissenschaftliches Instrument*, Kolmar 1950.
— *Principles and Practice of Radiesthesia*, Ldn. 1959.
MESMER, F. A., *Mémoire sur la decouverte du magnetisme animal*, Genf u. Paris 1779, stark erweitert Paris 1799.
MESSADIÉ, G., »Du Nautilus«, in: *Science et Vie*, Nr. 509, 1960.
MESSER, A., »Erlebnisse mit dem Medium ... Silbert«, in: *ZfPps* 1926.
— *Wiss. Okkultismus*, Lpz. 1927.
MESSINA, G., *Der Ursprung der Magier* (Diss.), Rom 1930.
MESSÉGUÉ, M., *Von Menschen und Pflanzen*, Ffm./Bln./Wien 1975.
METAPSYCHICUS, *Prophetische Stimmen über den Weltkrieg ...*, Lpz. ²1916.
MÉTRAUX, A., *Voodoo in Haiti*, Ldn. 1959.
METTA, L., »Psychokinesis on Lepidoperus larvae«, in: *JoP* 1972.
METTE, A., *Die psychologischen Wurzeln des Dionysischen und Apollinischen*, Bln. 1940.
METTERNICH-SANDER, Fürstin P., *Geschehenes, Gesehenes, Erlebtes*, Lpz./Wien 1920.
METZ, *Die philosophischen Strömungen der Gegenwart in Großbritannien* I/II, 1935.
METZGER, W., »Gestaltungswahrnehmung«, in: *Naturwiss. Med.* Bd. 23, 1968.
MEYER, A. F., *Materialisationen und Teleplastie*, Mchn. 1922.
MEYER, G. F., *Versuche einer Erklärung des Nachtwandelns*, Bln. 1758.
MEYER, G. F., »Vörbrandbannen«, in: *Die Heimat* (Neumünster) Okt. 1933.
MEYER, J. F. v., *Hades. Ein Beitrag zur Theorie der Geisterkunde* ... Ffm. 1810.
MEYER, R., *Goethe der Heide und der Christ*, Stgt. 1936.
MEYER-ABICH, A., *Naturphilosophie auf neuen Wegen*, Stgt. 1948.
MEYER-ABICH, K. M., *Korrespondenz* (Diss.), Hbg. 1964.
MEYRINK, G., *Der Golem*, Lpz. 1915.
— *Haus zur letzten Latern*, Mchn. 1949.
MICHAELIS, E., *Geisterreich und Geistesmacht*, Bern 1949.
— »Der Heilungs- und Dämonenkampf J. Chr. Blumhardts«, in: Bitter 1959.
MICHEL, O., »Vierte Dimension«, in: *Ps. St.* 1925.
MICHELET, J., *Die Hexe* (Lpz. 1863), Neudr. Karlsruhe 1975.
MICHON, J. H., *Système de graphologie*, Paris 1875.
— *Lexikon des Geheimwissens*, Frbg. 1970.
MICHOTTE, A. E. v. d. BERCK, *La perception de la causalité*, Löwen u. Brüssel 1954.
— »La préfiguration dans les données sensorielles de notre conception spontanée du monde physique«, in: *Bericht 13. Int. Kongr. Ps.*, Edingburgh 1948.
MIDDLETON, J. F./Winter, E. H. (Hrsg.), *Witchcraft and Sorcery in East Africa*, Ldn. 1963.
MIERS, H. E., »Experimente zur Sichtbarmachung der menschlichen Aura«, in: *Die andere Welt* 1967.
— *Lexikon des Geheimwissens*, Frbg. 1970.
MIKOREY, M., *Phantome und Doppelgänger*, Mchn. 1952.
— »Das Zeitparadoxon der Lebensbilderschau in Katastrophensituationen«, in: G. Schaltenbrand (Hrsg.), *Zeit in nervenärztlicher Sicht*, Stgt. 1963.
MILES, C./Ramsden, H., »Experiments in Thought-Transference« I/II, in: *Proc. SPR* Bde. 21 u. 26, Nr. 54 u. 69, 1907—09, 1914.
MILLAR, G. R. M., »Fire Walking in Perak«, in: *JSPR* 1930.
MILLARD, J., *Edgar Cayce*, N. Y. 1967.
MILLER, R., »Interessante Spontanphänomene in Freising«, in: *ZfPps* 1934.
MILLER, R. D., *The Origin and the Original Nature of Apollo*, Philadelphia 1939.
MILLER, R. N., »The Positive Effect of Prayer on Plants«, in: *Psychic* 1972.
MILNER, M., *Le diable dans la littérature franç.*, Paris 1960.
MINOZA, A., »A Study of Extra-Sensory Perception« (Diss. M. A.), in: *Education Quarterly*, University of the Philippines, Bd. 1, Nr. 1, 1953.
MIREL, E., »Sees' with Fingers«, in: *Science News Letter* 4. Jan. 1964.
MIRVILLE, J.-E. de, *Des Esprits*, Paris 1851.
MISCHO, J., »Dr. Milan Rýzls ASW-Experimente in Hypnose«, in: *ZPpsGPs* 1963.
— »Psychoanalyse und Parapsychologie. Interview mit P. Matussek«, in: *NW* 1966.
— »The Achtert-Zutz GESP Experiments«, in: Inst. f. Grenzgeb. d. Ps., Frbg. (Hrsg.) 1968.
— »Personality Studies of ›Poltergeist‹ Mediums«, in: ebd.
— »Zur Persönlichkeitsstruktur psychokinetischer Medien«, in: *ZPpsGPs* 1970.
— »Parapsychologie und Wunder«, in: *ZPpsGPs* 1970 u. 1971.
— *Außersinnliche Wahrnehmung, spontane Erfahrung u. d. quantitativ-statistische Experiment als Gegenstand der Forschung*, Habil. Frbg. 1972.
— »Der andere Freud«, in: Bender ³1974.
— »Neue Perspektiven pps. Forschung«, in: Bauer 1974.
— /Timm, U./Vilhjálmsson, G., »A Psychokinetic Effect Personally Observed (The Bremen Boy)«, in: Inst. f. Grenzgeb. d. Ps., Frbg. (Hrsg.) 1968.
MISSON, M., *Theatre sacré des Cevennes* ..., Ldn. 1707.
MITCHELL, E. D., »An ESP Test from Apollo 14«, in: *JoP* 1971.
— (Hrsg.), *Psychic Exploration*, N. Y. 1974.
— »The Doris Fisher Case«, in: *Proc. SPR* Bd. 31, Nr. 79, 1920/21.
MITCHELL, G. W., *X + Y = Z, or The Sleeping Preacher of North Alabama*, 1977.
MITCHELL, Th. W., »The Appreciation of Time by Somnambules«, in: *Proc. SPR* Bd. 21, Nr. 54, 1907—09.
— »Some Types of Multiple Personality«, in: *Proc. SPR* Bd. 26, Nr. 66. 1913.
— »A Study of Hysteria and Multiple Personality«, in: *Proc. SPR* Bd. 26, Nr. 66, 1913.
— »Psychology of the Unconscious and Psycho-Analysis«, in: *Proc. SPR* Bd. 30, Nr. 75, 1918/19.
MITSCHERLICH, A., »Ödipus und Kaspar Hauser«, in: *Der Monat* 1950.
MITTENECKER, E., »Erfahrungen eines Psychologen mit

der Parapsychologie«, in: *Österr. Hochschulzeitung* Bd. 26, H. 5, 1974.
MIYATOVITSCH, Ch., »Deux extraordinaires séances avec la médium Mad. Wriedt à Londres«, in: *Light*, 8. Juni 1912, und *Ann. Sc. Ps.* 1912.
MÖRING, E., *Theophanien und Träume in der biblischen Literatur*, Göttingen 1914.
MOELLERING, H. A., *Plutarch on Superstition*, Boston 1963.
MOHR, P,. »Die direkte Verständigung mit dem Unbewußten durch Träume und andere Symbole«, in: *Bericht 6. Allg. Kongr. Psychotherapie*, 1931.
MOHR, V., *Jakob Lorber und das moderne Weltbild*, Bietigheim 1967.
MOLINARI, P., *Juliana of Norwich*, 1958.
MOLITOR, U., *De lamiis et phitomicis mulieribus, teutonice unholden vel hexen*, Köln 1489.
— *Von Hexen und Unholden*, Salzburg 1575.
MOLL, A., *Der Hypnotismus*, Bln. [4]1907.
— »Der Hellseher L. Kahn«, in: *ZKO* Bd. 1, 1926.
— *Psychologie und Charakterologie der Okkultisten*, Stgt. 1929.
MONDEIL, G., *Le fluide humain* . . ., Paris 1927.
— »La légende de l'homme électrique«, in: *RM* 1937/38.
MONER, G., »L'êmanation humaine«, in: *RM* 1937.
MONROE, R. A., *Der Mann mit den zwei Leben*, Düsseldorf/Wien 1972.
MONSON, E. L., »Experiments with the Planchette«, in: *Proc. ASPR* Bd. 2, Nr. 5, 1908.
MONTAG, U., *Das Werk der hl. Birgitta von Schweden in oberdt. Überlieferung* (Diss.), Mchn. 1964.
MONTANDON, R., *Les radiations humaines* . . ., Paris 1927.
— *Das Geheimnis des Todes*, Zürich 1946.
— *Maisons et lieux hantés*, Paris 1953.
MONTEREY, J., *Nostradamus*, Paris 1961.
MONTGOMERY, R., *Die Voraussagen der Jeane Dixon*, Hbg. 1965.
— *Born to Heal*, N. Y. 1973.
MOORE, W. V., *The Voices*, Ldn. 1913.
MORRIS, R. L., »Animals and ESP«, in: *Psychic* Okt. 1973.
MORSELLI, E., *Psicologia e »Spiritismo«* I/II, Turin 1908.
MOSER, F., *Spuk* I, Baden b. Zürich 1950.
— *Das Große Buch des Okkultismus (Okkultismus — Täuschungen und Tatsachen* I/II, Mchn. 1935), Olten/Frbg. 1974.
MOSES, W. St., *Spirit Teachings*, Ldn. 1962.
MOSS, Th., *A Study of Experiment. Bias Through Subliminal Perception, Non-Verbal Communication, and ESP*, Diss. Los Angeles 1966.
— »Searching for Psi from Prague to Lower Sibiria«, in: *Psychic* 1971.
MOST, G. F., *Encyclopädie der gesamten Volksmedizin*, Lpz. 1843/44.
MOTOYAMA, H., *The Present Situation of Parapsychology in the World*, Tokio 1969.
— *Chakra*, Tokio 1972.
— *Psychic Surgery in the Philippines*, Tokio 1972.
MOUFANG, W., *Magie, Mächte und Mysterien*, Hdb. 1954.
— /Stevens, W. O., *Mysterium der Träume*, Mchn. 1953.
MOUNI, Sadhu, *The Tarot*, Ldn. 1962.
MÜHL, A., *Automatisches Schreiben*, Dresden 1930.
MÜLLER, A., *Medizin und Okkultismus um die Jahrhundertwende*, Zürich 1967.
MÜLLER, E. K., *Objektiver elektrischer Nachweis der Existenz einer »Emanation« des lebenden menschlichen Körpers* . . ., Basel 1932.
MÜLLER, F. M., *Ramakrishna* (1898), Ldn./Bombay 1923.
MÜLLER, G., *Gründl. Nachricht von einer begeisterten Weibsperson* . . ., Wittenberg 1759.
MÜLLER, G., *Krankheits- und Todeszauber in Melanesien*, Diss. Wien 1956.
MÜLLER, K. E., *Reincarnation Based on Facts*, Ldn. 1970.
MÜLLER, W. H./Enskat, A., *Graphologische Diagnostik*, Bern 1961.
MÜLLER-ERZBACH, I., *Zur Psychologie und Psychopathologie der Doppelgängererscheinungen*, Diss. Mchn. 1951.
MÜLLER-FREIENFELS, R., *Schicksal und Zufall*, Mchn. 1949.
MÜLLER-STERNBERG, R., *Die Dämonen*, Bremen 1964.
MÜNSTERBERG, H., *Gedankenübertragung*, Frbg. 1889.
MUISHEAD, J. H., »Wm. James as Philosopher«, in: *Proc. SPR* Bd. 25, Nr. 62, 1911.
MULACZ, W. P., »Miszellen zum Stimmenphänomen«, in: *Parapsychika* 1974.
MULDOON, S. J./Carrington, H., *The Projection of the Astral Body*, Ldn. 1929, N. Y. 1970; *Die Aussendung des Astralkörpers*, Frbg. 1964, [2]1966.
MUNDLE, C. W. K., »Selectivity in Extrasensory Perception«, in: *JSPR* März 1951.
MURPHY, G., »Pythagorean Number Theory and Its Implications for Psychology«, in: *The Amer. Psychologist*, Juni 1967.
— *The Challenge of Psychical Research*, N. Y. [2]1970.
— /Ballou, R., *Wm. James and Psychical Research*, N. Y. 1960.
MURRAY, M. A., *The Witch-Cult in Western Europe* (1921), Neudr. Oxford 1962.
— *The God of the Witches* (1933), N. Y. 1960.
MUSAEUS, *Der Geisterseher Swedenborg*, Weimar 1863.
MUSAPH, H., »Researches into tho So-called Magnetisme or Mesmerisme«, in: *Folia Neurologica et Neurochirurgica Nederlandica*, 1949.
MYERS, F. W. H., »On A Telepathic Explanation of some so-called Spiritualistic Phenomena«, in: *Proc. SPR* Bd. 2, Nr. 7, 1884.
— »Automatic Writing«, in: *Proc. SPR* Bde. 3/4, Nr. 8 u. 11, 1885, 1886/87.
— »Notes on Certain Reported Cases of Hypnotic Hyperaesthesia«, in: *Proc. SPR* Bd. 4, Nr. 11, 1886/87.
— »Human Personality in the Light of Hypnotic Suggestion«, in: *Proc. SPR* Bd. 4, Nr. 10, 1886/87.
— »Report of the Seybert Commission . . .«, in: *Proc. SPR* Bd. 5, Nr. 12, 1888/89.
— »French Experiments on Strata of Personality«, in: *Proc. SPR* Bd. 5, Nr. 13, 1888/89.
— »The Daemon of Socrates«, in: *Proc. SPR* Bd. 5, Nr. 14, 1888/89.
— »Rezension: ›Aksakow, Animismus und Spiritismus‹«, in: *Proc. SPR* Bd. 6, Nr. 17, 1889/90.
— »Rezension: ›James, Principles of Psychology‹«, in: *Proc. SPR* Bd. 7, Nr. 18, 1891/92.
— »The Subliminal Consciousness« I/XI, in: *Proc. SPR* 1891—95.
— »The Experiences of W. Stainton Moses I/II«, in: *Proc. SPR* Bd. 9, Nr. 25, 1893/94 u. Bd. 11, Nr. 27, 1895.
— »Glossary of Terms Used in Psychical Research«, in: *Proc. SPR* Bd. 12, Nr. 30, 1896/97.
— »Pseudopossession«, in: *Proc. SPR* Bd. 15, Nr. 38, 1900/01.
— »In Memory of Henry Sidgwick«, in: *Proc. SPR* Bd. 15, Nr. 39, 1900/01.
— »On the Trance Phenomena of Mrs. Thompson«, in: *Proc. SPR* Bd. 17, Nr. 44, 1901—03.
— *Human Personality and its Survival of Bodily Death* (1903), Neudr. mit Einl. v. A. Huxley, hrsg. v. S. Smith, N. Y. 1961.
— u. A. Th., »Mind-Cure, Faith-Cure, and the Miracles of Lourdes«, in: *Proc. SPR* Bd. 9, Nr. 24, 1893/94.
— /Lodge, O./Leaf, W./James, W., »A Record of Observations of Certain Phenomena of Trance«, in: *Proc. SPR* Bd. 6, Nr. 17, 1889/90.
MYLIUS, Ch., *Traumjournal*, Stgt. 1974 (TB 1976).
MYLONAS, G. E., *Eleusis and the Eleusinian Mysteries*, *Princeton*, N. J., 1961/Ldn. 1962.

NACHMANSOHN, M., »Über experimentell erzeugte Träume«, in: *Z. f. Neur.* Nr. 98, H. 3/4, 1925.

NACHT, S., »La pensée magique dans le rêve«, in: *Rev. Franç. Psa.* 1934.
NACHTIGALL, H., »Die kulturhistorische Wurzel der Schamanenskelettierung«, in: *Z. f. Ethnologie* 1952.
NADEAU, M., *Geschichte des Surrealismus*, Reinbek 1965.
NADEL, S. F., »Witchcraft in Four African Societies«, in: *Amer. Anthropologist* Bd. 54, 1952.
NAEGELI-OSJORD, H., »Firedancing and Firewalking«, in: *JoP* 1970.
— »Die Logurgie in den Philippinen«, in: *Imago Mundi* Bd. 4, hrsg. v. A. Resch, Paderborn 1973.
— »Versuch einer Deutung der ›teleplastischen Phänomene‹ von Belmez«, in: *Esotera* H. 11, 1974.
NAGER, K., »Der Spuk im Roger-Haus in Emmenbrücke bei Luzern«, in: *NW* 1964.
— »Die ›Geisterporträts‹ von Belmez«, in: *Esotera* H. 11, 1974.
NASH, C. B., »Psi and Probability Theory«, in: *Science* Nr. 120, 1954.
NASH, C. S., »Experiments in Plant Growth«, in: *Int. JoP* 1959.
NAUERT, C. G., »Magic and Scepticism in Agrippa's Thought«, in: *J. of the History of Ideas* Bd. 18, 1957.
— »Agrippa in Renaissance Italy«, in: *Studies in the Renaissance* Bd. 6, 1959.
NAUMANN, H., *Primitive Gemeinschaftskultur*, Jena 1921.
NEEDHAM, J., *Science and Civilization in China* IV, Cambridge 1959.
NEEDLEMAN, J., *The New Religions*, N. Y. 1970.
NEES v. ESENBECK, C. G., *Entwicklungsgeschichte des magnetischen Schlafes und Traumes*, Bonn 1820.
NEGELEIN, J. v., *Weltgeschichte des Aberglaubens*, Bln. 1931.
NEGUS, K., *Hoffmann's Other World*, Philadelphia 1965.
NETHERCOT, A. H., *The First Five Lifes of Annie Besant*, Ldn. 1961.
— *The Last Four Lifes of Annie Besant*, Ldn. 1963.
NEUGEBAUER, O., *The Exact Sciences in Antiquity*, ²1957.
NEUHÄUSLER, A., *Telepathie, Hellsehen, Präkognition*, Bern 1957.
— »Die Evidenzfrage in der Pps.«, in: *Tijdschr. Pps.* 1959.
— »Die ›Psychofotos‹ des Ted Serios«, in: *ZPsGPs* Bd. 12, 1970.
— »Präkognition, Zeit und Freiheit« (1957), in: Bender ³1974.
NEUREITER, F. v., *Wissen um fremdes Wissen*, Gotha 1935.
NEWBOLD, W. R., »A Further Record of Observations of Certain Phenomena of Trance«, in: *Proc. SPR* Bd. 14, Nr. 34, 1898/99.
NEWNHAM, W., *Human Magnetism*, Ldn. 1865.
NICHOLS, T. L., *A Biography of the Brothers Davenport*, Ldn. 1864.
— *Supra-mundane Facts in the Life of the Reverend J. B. Ferguson*, Ldn. 1865.
NICOL, J. F., »The Statistical Controversy in Quantitative Research«, in: *Int. JoP* Bd. 1, 1959.
— /Humphrey, B. M., »The Exploration of ESP and Human Personality«, in: *JASPR* Bd. 47, 1953.
NIEDERL, J. B., »Über den chemischen Nachweis gewisser Körper-(Od)-Strahlen«, in: *ZfPps* 1930.
NIELSEN, E., *Das Unerkannte auf seinem Weg durch die Jahrtausende*, Ebenhausen b. Mchn. 1922.
— *Das große Geheimnis*, Ebenhausen b. Mchn. 1923.
NIELSEN, W./Freemann, J. A., »Consistency of Relationships between ESP and Emotional Variables«, in: *JoP* 1965.
NIELSSON, H., *Eigene Erlebnisse auf dem okkulten Gebiet*, Lpz. 1926.
NIEUWENHUIS, A. W., »Die Wurzeln des Animismus«, in: *Int. Arch. Ethnogr.*, Suppl., 1917.
NIGG, W., *Heimliche Weisheit*, Zürich 1959.
NIORADZE, G., *Der Schamanismus bei den sibirischen Völkern*, Stgt. 1925.
NITSCHKE, A., »Verhalten und Wahrnehmung« und »Anthropologie mittelalterlicher Naturwissenschaftler«, in: H.-G. Gadamer/P. Vogler (Hrsg.), *Neue Anthropologie* Bd. 4: *Kulturanthropologie*, Stgt./Mchn. 1973.
NOACK, F., *Eleusis*, Bln. 1927.
NOEGGERATH, R., *Das Fortleben — Stimmen aus dem Jenseits*, Lpz. o. J.
NOMAD, A., *Cosmic Consciousness*, Chicago 1913.
NOORBERGEN, R., *Leben und Prophezeiungen der J. Dixon*, Bietigheim 1972.
NOORDEN, H. v., »Theorien der Außersinnlichen Wahrnehmung«, in: *ZPpsGPs* 1968.
NORMAN, R., *Die Symbolik des Traums*, Hdb. 1923.
NOTTARP, H., *Gottesurteile*, Bamberg 1949.
NOWAK, A., *Das große persisch-türkische Traumbuch*, Wien 1948.
NUTI, R., *Vita del . . . Giuseppe da Cobertino*, Palermo 1678.
NYAULD, A. de, *De la lycentrophie . . .*, Paris 1615.

OBENDIEK, H., *Der Teufel bei Martin Luther*, Bln. 1931.
OCHOROWICZ, J., *La suggestion mentale*, Paris ²1887.
— *Magnetismus und Hypnotismus*, Lpz. 1897.
— »La question de la fraude . . .«, in: *Ann. Sc. Psych.* 1896.
— »Un nouveau phénomène médiumnique«, in: *Ann. Sc. Psych.*, 1909.
— *Hypnotisme et Mesmerisme*, Lpz. 1911.
OCHSNER, K., *Hoffmann als Dichter des Unbewußten*, Frauenfeld/Lpz. 1936.
O'DONNELL, E., *Animal Ghosts*, Ann Arbor 1913.
OESTERREICH, M., *T. K. Oesterreich*, Stgt. 1954.
OESTERREICH, T. K., »Die Entfremdung der Wahrnehmungswelt und die Depersonalisation in der Psychasthenie«, in: *Journal f. Ps. u. Neurol.* Bde. 7—9, 1906/07.
— *Grundbegriffe der Pps.*, Pfullingen 1921.
— *Der Okkultismus im modernen Weltbild*, Dresden 1921.
— *Die Besessenheit*, Langensalza 1921.
— »Die okkultische Bewegung«, in: *Almanach der Tgl. Rundschau*, Breslau 1922.
— *Die philos. Bedeutung der mediumistischen Phänomene*, Stgt. 1924.
— »Fälle von Besessenheit und Telekinesie bei Hindus, aus Missionsberichten von J. Goetz«, in: *Ps. St.* H. 1, 1924.
— »Zur Geschichte der vierten Dimension«, in: *Ps. St.* 1925.
— »Kathleen Goligher u. Stanislawa Tomczyk«, in: Schrenck-Notzing 1926.
— *Die Probleme der Einheit und Spaltung des Ich*, Stgt. 1928.
— »Das Verhältnis des israelischen Prophetismus zu den Problemen der Bewußtseinsspaltung«, in: *Transactions of the 4th Int. Congress for Psychical Research, Athen*, Ldn. 1930.
— (Hrsg.), M. u. W. F. Prince, *Die Spltung der Persönlichkeit*, Stgt. 1932.
— »Das Delphische Orakel«, in: *Velhagen u. Klasings Monatsh.* Bd. 52, H. 1, 1937/38.
— »Gestalt und Werk: Hans Driesch«, *Westermanns Monatshefte* Sept. 1941.
OETINGER, Fr. Chr., *Offentliches Denckmahl der Lehr-Tafel einer weyl. Würtembergischen Princessin Antonia . . .*, Tbg. 1763.
— *Biblisches und Emblematisches Wörterbuch*, o. O., 1776.
— *Sämtl. Schriften*, Stgt. 1858 ff.
OHLHAVER, H., *Die Toten leben* I/III, Hbg. 1916—21.
OHLMARKS, A., *Studien zum Problem des Schamanismus*, Lund/Kopenh. 1939.
OKOLOWICZ, N., »Bilderausstellung des polnischen Trancemalers M. Gruzewski«, in: *ZfPps.* 1926.
OLANDER, A., »Telekinetic Experiments with Anna Rasmussen Melloni«, in: *JSPR* Bd. 41, 1961.
OLCOTT, H. S., *People From the Other World*. Hartford, Conn., 1875.
ONETTO BAECHLER, B., »PK with a radioactive compound: the Cesium 137«, in: Inst. Grenzgeb. Ps., Frbg. (Hrsg.) 1968.

OPPENHEIM, G., »Elektrische Ladungen des menschlichen Körpers«, in: *Westdt. Ärztezeitung* Nr. 6, 1933.

ORGONE INSTITUTE PRESS, *Bibliographie of Orgonomy*, Rangeley, Maine, 1953.

ORTH, J., (d. i. Erzherzog Johann Nepomuk Salvator), *Einblicke in den Spiritismus*, Linz 1884.

OSBORN, A. W., *The Meaning of Personal Existence in the Light of Paranormal Phenomena, Reincarnation and Mystical Experience*, Ldn. 1966; Wheaton, Ill., 1968.

OSIS, K., »A Test of ESP in Cats«, in: *JoP* 1953.

— *Deathbed Observations by Physicians and Nurses*, Boston 1961.

— »ESP Over Distance«, in: *JASPR* 1965.

— »Raum, Zeit und Bewußtsein in pps. Sicht«, in: Bauer 1974.

— /Foster, E. B., »A Test oft the Occurence of a Psi Effect Between Man and the Cat«, in: *JoP* 1952.

—/Turner, M. E. jun./Carlson, M. L., »ESP over Distance«, in: *JASPR* 1971.

— /Bokert, E., »ESP and Challenged States of Consciousness induced by Meditation«, in: *JASPR* 1971.

OSTRANDER, Sh./Schroeder, L., *Psi*, Bern/Mchn./Wien 1970.

— /—/Dean, D./Mihalasky, J., *Vorauswissen mit Psi*, Bern/Mchn./Wien 1975.

OSTY, E., *La connaissance supra-normale*, Paris 1925.

— *Pascal Forthuny*, Paris 1926.

— *Lucidité et intuition*, Paris o. J.

— »Le diagnostie des maladies par les sujets doués de connaissance paranormale«, in *RM* 1929/30.

— u. M., *Les pouvoirs inconnus de l'ésprit sur la matière*, Paris 1932.

OTTO, R., *Aufsätze, das Numinose betreffend*, Stgt. 1923.

— *West-östliche Mystik*, Tbg. 1926.

OTTO, W. F., »Religio und superstitio«, in: *Arch. f. Relig.s-wiss.* Bd. 12, 1909.

— *Dionysos (1933)*, Darmstadt ³1960.

— *Die Manen*, Darmstadt ²1958.

OUSLEY, S. G. J., *The Power of Rays, the Science of Color Healing*, Ldn. 1961.

OUSPENSKY, P. D., *Auf der Suche nach dem Wunderbaren*, Stgt. o. J./Weilheim 1966.

— *Ein neues Modell des Universums*, Weilheim 1970.

OWEN, A. R. G., *Can we explain the Poltergeist?*, N. Y. 1964.

— »Time and Prediction«, in: *Int. JoP* 1966.

— *Hysteria, Hypnosis, and Healing: the Work of J. M. Charcot*, N. Y. 1968.

— »The Shapes of Egyptian Pyramids«, in: *New Horizons* 1973.

OWEN, R. D., *Threading my Way*, Ldn. 1874.

— *Das streitige Land*, Lpz. 1876.

OXON, M. A. (d. i. St. Moses), *Spirit Identity*, Ldn. 1879, ²1908.

— *Higher Aspects of Spiritualism*, Ldn. 1880.

— *Psychography*, Ldn. 1882.

— *Spirit Teachings*, Ldn. 1883, ²1924.

PABST, K. R., *Gespenster in Sage und Dichtung*, Bern 1867.

PAGEL, W., *Das medizinische Weltbild des Paracelsus*, Wiesbaden 1962.

PAGENSTECHER, G., *Außersinnliche Wahrnehmung*, Halle 1924.

— *Die Geheimnisse der Psychometrie*, Lpz. 1928.

— *Hellsehen in Vergangenheit, Gegenwart und Zukunft*, Lpz. 1928.

PAGÈS, M., *Das affektive Leben der Gruppen*, Stgt. 1974.

PAHNKE, W. N., »Psychopharmaka und mystische Erfahrung«, in: *ZPpsGPs* 1966.

— »The Use of Psychodelic Drugs in Pps. Research«, in: Angoff 1971.

PANETH, L., *Zahlensymbolik im Unbewußten*, Zürich 1952.

PAPUS, *The Tarot of the Bohemians*, Hollywood 1973.

PARACELSUS, *Sämtl. Werke*, Mchn./Bln. 1919—55.

Parapsychologocical Association: s. ➤ Inst. f. Grenzgeb. d. Ps., Frbg.

PARISH, E., *Über die Trugwahrnehmung, mit bes. Berücksichtigung der int. Enquête über Wachhalluzinationen bei Gesunden*, Mchn. 1894.

— *Zur Kritik des telephatischen Beweismaterials*, Lpz. 1897.

PARTHEY, G. (Hrsg.), *Jamblichos ›Über die Mysterien‹*, Bln. 1857.

PARTRIDGE, B., *A History of Orgies*, N. Y. 1960.

PASCAL, E., »La question du ›fluide magnetique‹«, in: *RM* 1936.

PASSAVANT, C., *Untersuchungen über den Lebensmagnetismus und das Hellsehen*, Ffm. 1821.

Patience Worth's Magazine, Hefte 1—10, 1918/19.

PAUWELS, L., *Gurdjew der Magier*, Bern/Mchn. 1974.

— /Bergier, J., *Aufbruch ins 3. Jahrtausend*, Bern/Mchn. ⁵1970.

PAUL, M. A./Fantl, K./Gardner, L. B./Puharich, H. K., »Physikalische und psychologische Faktoren bei psychokinetischem ›Tischklopfen‹«, in: *ZPpsGPs* 1963.

PAWLOWSKI, F. W., »Die Mediumschaft des F. Kluski«, in: *ZfPps* 1926.

PAYNE, Ph./Bendit, L., *The Psychic Sense*, Ldn. 1958.

PEARCE-HIGGINS, J. D./Whitby, G. St. (Hrsg.), *Life, Death, and Psychical Research*, Ldn. o. J.

PEASE, E. R., »The Divining Rod«, in: *Proc. SPR* Bd. 2, Nr. 5, 1884.

PECHLIN, J. N., *Observationes . . . Valentin Greaterakes*, Hbg. 1691.

PEDERSON-KRAG, G. H., »Telepathy and Depression«, in: *Psa. Quart.* Bd. 16, 1947.

PENFIELD, W., »Memory Mechanisms«, in: *Arch. Neurol. Psychiatr. Amer. Med. Ass.* Bd. 67, 1952.

— *The Excitable Cortex in Conscious Man*, Liverpool 1958.

PENZOLDT, P., *The English Short Story of the Supernatural*, Diss. Genf 1952.

PEROVSKY-PETROVO-SOLOVOVO, Graf, »The Hallucination Theory as Applied to Certain Cases of Physical Phenomena«, in: *Proc. SPR* Bd. 21, Nr. 56, 1907/09.

— »Namenlose Betrüger?«, in: *ZKO* 1927.

— »Some Thoughts on D. D. Home«, in: *Proc. SPR* Bd. 39, Nr. 114, 1930/31.

PERRAULT, F., *L'antidémon de Mascon* (1653), Bourg-en-Gresse 1853.

PERRONE, V., »Della precognizione ›a sedia vuota‹«, in: *Bulletino della Società Italiana di Metapsychica* Bd. 1, Nr. 1, 1955.

PERTY, M., *Die mystischen Erscheinungen der menschlichen Natur*, Hdb. 1872.

— *Der jetzige Spiritualismus*, Hdb. 1877.

— *Die sichtbare und die unsichtbare Welt*, Hdb. 1889.

— *Einleitung* (anon.) zu Joller 1863.

— *Das 13. Buch Moses . . .*, o. O., o. J.

PESCH, J., *Die Glocke in Geschichte, Sage, Volksglaube, Volksbrauch und Volksdichtung*, Dülmen 1919.

PETER, J., »Eusapia in Genua«, in: *Ps. St.* 1907.

— *Die wiss. Untersuchungen der Eusapianischen Phänomene in der Universität Neapel*, Lpz. 1918.

— *Der Spiritismus und seine Phänomene*, Lpz. ²1922.

— *Psychometrie*, Pfullingen 1922.

— *Das Phänomen der eingebrannten Hand*, Pfullingen 1923.

— »Ein Malmedium«, in: *Ps. St.* 1924.

— »Sind Taschenspieler nötig zur Medienentlarvung?«, in: *Ps. St.* 1925.

— *Die Photographie des Unsichtbaren*, Pfullingen o. J.

PETERS, F., *Gurdjieff Remembered*, Ldn. 1965.

PETERSDORFF, E. v., *Dämonologie I/II*, 1956/57.

— *Dämonen, Hexen, Spiritisten*, Wiesbaden 1960.

PETRASCHEK, C. O., *Die Logik des Unbewußten* I/II, Mchn. 1926.

PETRIE, W. M. F., *Amulets*, Ldn. 1914.

PETTAZZONI, R., *Der allwissende Gott*, Ffm. 1960.

PETZOLD, J., Diskussionsbeitrag zum 11. Kongress Pps. Ass. Frbg. 1968, in: *ZPpsGPs* Bd. 11, H. 2, 1968.

PEUCKERT, W.-E., *Die Rosenkreutzer*, Jena 1928.
— *Dt. Volkstum in Märchen u. Sage*, 1938.
— *Paracelsus*, Stgt./Bln. ³1944.
— »Dr. Joh. Faust«, in: *Z. f. dt. Philol.* Bd. 1948/49.
— *Geheimkulte*, Hdb. 1951.
— *Pansophie*, Bln. ²1956.
— »Paracelsische Zauberei«, in: *Nova Acta Paracelsica* Bd. 8, 1957.
— *Geschichte der Alchemie*, 1960.
— *Geschichte der Astrologie*, Stgt. 1961.
— *Quellen und Untersuchungen zur Gesch. d. Hexenglaubens im 16.—18. Jh.*, Hildesheim 1968.
PFAFF, E. R., *Das Traumleben und seine Deutung nach den Prinzipien der Araber, Perser, Griechen, Inder und Ägypter*, Lpz. 1868.
PFISTER, E., *Der Reliquienkult im Altertum*, Gießen 1909—12.
— »Zur Geschichte der technischen Ausdrücke der Wahrsagekunst«, in: *Oberdt. Z. f. Volkskunde* 7, 1933.
PFISTER, O., *Die Legende Sundar Singhs*, Bern 1926.
PFLUG, G., *H. Bergson. Quellen und Konsequenzen einer induktiven Metaphysik*, Bln. 1959.
PFUNGST, O., *Clever Hans*, N. Y. 1911.
— *Das Pferd des Herrn von Osten*, Lpz. 1907.
PICARD, M., *Grenzen der Physiognomik*, Erlenbach 1952.
PICHLER, A., *Der hl. Alfons v. Liguori*, Rgb. 1922.
PICK, L., *Die vierte Dimension* . . ., Lpz. o. J.
PICO DELLA MIRANDOLA, G., *Opera omnia*, Neudr. Hildesheim 1967.
PIDDINGTON, J. G., »A Series of Concordant Automatisms«, in: *Proc. SPR* Bd. 22, Nr. 57, 1908.
— »Cross Correspondence of a Gallic Type«, in: *Proc. SPR* Bd. 29, Nr. 72, 1916—18.
— »Forecasts in Scripts Concerning the War«, in: *Proc. SPR* Bd. 33, Nr. 87, 1923.
PIES, H., *Kaspar Hauser*, Stgt. 1926.
PIGOU, A. C., »Psychical Research and Survival after Bodily Death«, in: *Proc. SPR* Bd. 23, Nr. 58, 1909.
PIKE, J. A., *The Other Side*, Ldn./N. Y. 1969.
PILCZ, A., *Okkultismus und Rechtspflege*, Wien 1927.
PIPER, A. L., *The Life and Work of Mrs. Piper*, Ldn. 1929.
PIPER, O., *Der Spuk*, Köln 1917.
PLANCY, C. de, *Histoire des vampires*, Paris 1820.
— *Dictionnaire infernal (1818)*, Paris ⁶1863.
PLATONOW, K. I., *Psychology as you may like it*, Moskau 1965.
PLATZECK, E. W., *Ramon Lull*, Düsseldorf 1963.
PLEASANTS, H. (Hrsg.), *Biographical Dictionary of Parapsychology*, N. Y. 1964.
PLOSS, E. E./Roosen-Runge, H./Schipperges, H./Buntz, H., Alchimia, Mchn. 1970.
— *Ideologie und Technologie*, Mchn. 1970.
PLOSS, H./BARTELS, M., *Das Weib in der Natur- und Völkerkunde* I/II, Lpz. ⁹1908.
PLOWMAN, M., *An Introduction to the Study of Blake*, Ldn. 1927.
PODMORE, F., »Poltergeists«, in: *Proc. SPR* Bd. 12, Nr. 30, 1896/97.
— *Studies in Psychical Research*, Ldn. 1897.
— »Discussion of the Trance Phenomena of Mrs. Piper«, in: *Proc. SPR* Bd. 14, Nr. 34, 1898/99.
— »On Professor Hyslop's Report on his Sittings with Mrs. Piper«, in: *Proc. SPR* Bd. 17, Nr. 45, 1901—03.
— *Uneigennützige Betrüger*, Lpz. 1907.
— *Telepathic Hallucination*, Ldn. 1909.
— *Mesmerism and Christian Science*, Ldn. 1909.
PÖTZL, O., »Über Störungen der Selbstwahrnehmung bei linksseitiger Hemiplegie«, in: *Z. f. d. ges. Neur. u. Psych.* Bd. 93, 1924.
POGGENDORFF, J. Ch., *Biogr.-lit. Handwörterbuch zur Geschichte der exakten Wissenschaften* I/VII, Lpz., später Bln., 1863 ff.
POINCARÉ, J. H., *Der Weg der Wissenschaft*, Lpz. ³1921.
POLLACK, J. H., *Croiset der Hellseher*, Frbg. 1965.
POLLAK, K., *Die Heilkunde der Antike*, Düsseldorf 1969.
PONGRATZ, L., u. a. (Hrsg.), *Psychologie in Selbstdarstellungen*, Bern 1972.
— *Psychotherapie in Selbstdarstellungen*, Bern 1973.
POORTMAN, J. J., »Het occultisme van Victor Hugo«, in: *Theosofia* Bd. 53, 1952.
POPE, D., »ESP-Tests with Primitive People«, in: *Pps. Bull.* Nr. 30, 1953.
— »The Search for ESP in Animals«, in: *Tomorrow* 1953.
POPPE, M. v., *Neuer Wunderschauplatz der Künste und interessantesten Erscheinungen im Gebiete der Magie, Alchymie* . . ., Stgt. 1839.
POTET DE SENNEVOY, J. du, *Traité complait du magnétisme animal*, Paris 1904.
POWELL, A./Finkelstein, D., »Ball lightning«, in: *American Scientist* 1970.
POWELL, A. E., *The Astral Body*, Ldn. 1954.
PRADINES, M., *Spiritualisme et psychologie chez H. Bergson*, Paris 1943.
PRATT, J. G., »The Homing Problem in Pigeons«, in: *JoP* Bd. 17, 1953.
— *Parapsychology Today*, N. Y. 1964.
— *Parapsychology*, N. Y. ²1966.
— *A Decade of Research with a Selected ESP Subject* (P. Stepanek), 1973.
— *ESP Research Today*, Metuchen, N. J., 1973.
— /Blom, »A Confirmatory Experiment with a ›Borrowed‹ Outstanding ESP Subject«, in: *JASPR* Bd. 42, 1964.
— /Roll, W. G., »The Seaford Disturbances«, in: *JoP* 1958.
— / — »Die Vorfälle in Seaford«, in: *ZPpsGPs* Bd. 2, Nr. 2/3, 1958/59.
— / — »An ESP-Test with Aluminium Targets«, in: Inst. f. Grenzgeb. d. Ps., Frbg. (Hrsg.) 1968.
— / — »Confirmation of the Focusing Effect in Further ESP Research with Pavel Stepanek in Charlottesville, in: *JASPR* Bd. 62, 1968.
PRAZ, Mario, *Liebe, Tod und Teufel* (1930), Mchn. 1970.
PRECHT, H./Lindenlaub, E., »Über das Heimfindevermögen bei Tieren« — I: »Versuche an Katzen«, in: *Z. f. Tierps.* 1954.
PREUSS, K. Th., *Tod und Unsterblichkeit im Glauben der Naturvölker*, Tbg. 1930.
PREYER, W., *Die Entdeckung des Hypnotismus*, Bln. 1881.
PRICE, H., »Wm. Hope«, in: *JASPR* 1922.
— *Stella C.* (1925), Neudr. Ldn. 1973.
— »Das Spukmedium E. Zugun und seine Phänomene«, in: *ZfPps* H. 1, 1927.
— *Rudi Schneider*, Ldn. 1930.
— *Regurgitation and the Duncan Mediumship*, Ldn. 1931.
— *Confessions of a Ghost Hunter*, Ldn. 1936.
— »A Report on Two Experimental Fire Walks«, in: *Univ. of Ldn. Council for Psychical Research*, Bull. 2, 1936.
— *50 Years of Psychical Research*, Ldn. 1939.
— *The Most Haunted House in England*, Ldn. 1940.
— »Firewalking Experiments«, in: *Brit. Med. Journ.* 1953.
— /Sinclair, U. B., *Hauntings*, 1948.
PRICE, H. H., »Haunting and the ›Psychic Ether‹ Hypothesis«, in: *Proc. SPR* Bd. 45, 1939.
— »Some Philosophical Questions About Telepathy and Clairvoyance«, in: *Philosophy*, Okt. 1940.
— »Psychical Research and Human Personality«, in: *Hibbert Journ.* 1949.
— »Survival and the Idea of Another World«, in: *Proc. SPR* Bd. 50, 1953.
— »Ein neuer Zugang zum Problem des Überlebens«, in: Bender ³1974.
PRIESTLEY, J. B., *Man and Time*, Ldn. 1964.
PRINCE, M., »The Misses Beauchamp . . .«, in: *Proc. SPR* Bd. 15, Nr. 40, 1900/01.
— *The Dissociation of a Personality*, N. Y. 1905.
— *Clinical and Experimental Studies in Personality*, 1929.
PRINCE, W. F., »The Doris Case«, in: *Proc. ASPR* Bde. 10/11, Nr. 20/21, 1915/16.
— »A Critical Study of the Great Amherst Mystery«, in: *Proc. ASPR* Bd. 13, Nr. 23, 1919/20.
— »Suplementary Report on the Keeler-Lee Photographs«, in: *Proc. ASPR* Bd. 13, Nr. 24, 1919/20.

— »Psychometrical Experiments with Senora Maria Reyes d. Z.«, in: *Proc. ASPR* Bd. 15, Nr. 26, 1921.
— »A Survey of American Slate Writing Mediumship«, in: *Proc. ASPR* ebd.
— »Studies in Psychometry«, in: *Proc. ASPR* Bd. 18, Nr. 29, 1924.
— *The Case of Patience Worth*, Boston 1927.
— *Noted Witnesses for Psychic Occurences*, Boston 1928.
— »The Sinclair Experiments«, in: *Boston SPR Bull.* 16, 1932.
PRINCE, M. u. W. F., *Die Spaltung der Persönlichkeit*, Stgt. 1932.
PROKOP, O., *Wünschelrute, Erdstrahlen und Wissenschaft*, Lpz./Jena 1957.
— »Bemerkungen zu dem abergläubischen Buch von Wassiliew und die Stellungnahme von Birjukov«, in: *Zeitschr. f. ärztl. Fortbildung* Bd. 60, Nr. 223, 1966.
— *Medizinischer Okkultismus*, Jena [3]1973.
— »Naturwissenschaft contra Parapsychologie«, in: *Arch. Kriminol.* Bd. 154, 1974.
— »Was gestern schon nicht mehr als Wunder galt«, in: *Dt. Ärztebl.* Bd. 72, 1975.
— /Uhlenbruck, G., *Über Wissenschaftskriminalität*, Aachen 1975.
— /Wimmer, W., *Der moderne Okkultismus*, Stgt. 1976.
PRZIBRAM, H., »Paul Kammerer als Biologe«, in: *Monistische Monatshefte*, Nov. 1926.
PRZYBYSZEWSKI, S., *Die Synagoge des Satans*, Bln. 1897.
PUHARICH, H. K., *The Sacred Mushroom*, N. Y. 1959.
— *Beyond Telepathy*, N. Y. 1962.
— (Andrija), *Uri*, N. Y. 1974.
PURUCKER, H., *Goldene Regeln der Esoterik*, Stgt. 1949.
PUSCHKIN, W., »Erzeugen Menschen Gravitationsfelder?«, in: *Exakt*, H. 7, 1974 (wiederabgedr. in: *ZPpsGPs* 1974).
PU SUNG-LING, *Gaukler, Füchse und Dämonen*, Basel 1955.
PUTZIEN, R., *Frieden unter den Völkern?*, Mchn. 1958.
— *Weissagungen über den Atomkrieg*, Mchn. 1968.
PUYSÉGUR, Ch. de, *Recherches, expériences et observations physiologiques sur l'homme dans l'état de somnambulisme naturel, et dans le somnambulisme provoqué par l'acte magnétique*, Paris 1811.

QUADE, F., »Das Od, der Schlüssel zur Paraphysik«, in: *Ps. St.* 1925.
— *Odlehre*, Pfullingen o. J.
QUINZ-SAPPADA, H., *Nostradamus*, Regensburg 1949.
QUISPEL, G., *Gnosis als Weltreligion*, Zürich 1953.

RABBOW, P., *Seelenführung, Methoden der Exerzitien in der Antike*, Mchn. 1954.
RABEN, J., »Brandsteine und Brandbäume«, in: *Dt. Volkskalender Nordschleswig* 1935.
RACANELLI, F., *Der animale Magnetismus*, Zürich 1950.
RADCLIFFE-BROWN, A. R., *Taboo*, Cambridge 1939.
RADFORD, E. u. M. A., *Encyclopaedia of Superstitions*, Ldn. 1948.
RADIN, P., *The Trickster*, Ldn. 1955.
RAIKOW, W. L., »Artificial Reincarnation through Hypnosis«, in: *Psychic* 1971.
RAIMUNDUS LULLUS, *Opera omnia*, Mainz 1721—42.
RAKNES, O., *W. Reich und die Orgonomie*, Ffm. 1973.
RAKOCZI, B. I., *Fortune Telling*, Ldn. 1970.
RAMSAY, W., »Partial Anaesthesia«, in: *Proc. SPR*. Bd. 9, Nr. 25, 1893/94.
RANDALL, E. C., *The Dead Have Never Died*, N. Y. 1917.
— *An Hour in the After Life*, Buffalo 1931.
RANK, O., *Der Doppelgänger*, Lpz./Wien/Zürich 1925.
RANKE, F., *Volkssagenforschung*, Breslau 1935.
RANKE-GRAVES, R. v., *Griechische Mythologie* I/II, Reinbek 1960.
RANSOM, J., *Madame Blavatsky as Occultist*, Ldn. 1931.
RAO, K. R., »Vedanta and the Modus Operandi in Paranormal Cognition«, in: *Philosoph. Quarterly*, 1955.
— »ESP and the Manifest Anxiety Scale«, in: *JoP* Bd. 29, 1965.
— *Experimental Parapsychology*, Springfield, Ill., 1966.
— »Die Theorie J. B. Rhines«, in: Bender [3]1974.
— /Kanthamani, B. K./Sailaja, P., »ESP Scores Before and After a Scheduled Interview«, in: Inst. Grenzgeb. d. Ps., Frbg. (Hrsg.) 1968.
RASMUSSEN, E., *Jesus. Eine vergleichende psychopathologische Studie*, Lpz. 1905.
RATHGEBER, A., *Natürliches und Übernatürliches*, Kempten 1965.
RATTNER, J., *Neue Psychoanalyse*, Ffm. 1974.
RAUDIVE, K., *Unhörbares wird hörbar*, Remagen 1968.
— *Überleben wir den Tod?*, Remagen 1973.
— »Erfahrungen mit dem Stimmenphänomen«, in: *Parapsychika* 1974.
RAWSON, H. G., »Experiments in Thought-Transference«, in: *Proc. SPR* Bd. 11, Nr. 27, 1895.
RAWSON, P. S., *The Art of Tantra*, Ldn. 1973.
— *Einleitung* zum Ausstellungskatalog »Tantra«, hrsg. vom Institut für Auslandsbeziehungen Stuttgart, Stgt. o. J.
RAYLEIGH, Lord, »On a Method of Silhouette Photography by Infra-red Rays for Use in Mediumistic Investigation«, in: *Proc. SPR* Bd. 41, Nr. 128, 1933.
READ, C., *Man and His Superstitions*, Ldn. 1920.
READ, J., *Prelude to Chemistry*, Ldn. 1936.
— *Through Alchemy to Chemsitry*, Ldn. 1957.
REGARDIE, I., *The Golden Dawn*, St. Paul, Minn., 1970.
REDGROVE, St. H., *A Mathematical Theory of Spirit*, Ldn. 1912.
REHN, G. K., *Die fliegenden Untertassen sind hier*, Zug 1973.
REICH, W., *Ether, God, or Devil*, Orgone Institute, Maine, 1951.
— *Contact with Space*, N. Y. 1957.
— *Selected Writings*, N. Y. 1960.
— *Die Entdeckung des Orgons*, Ffm. 1973.
REICHART, E., *Wahrsagerei und Zauberei*, Gießen 1959.
REICHENAU, J., »Über das Zustandekommen von Telepathie und Hellsehen«, in: *Ps. St.* 1925.
REICHENBACH, C.-L., Freih. v., *Odisch-magnetische Briefe*, Stgt. 1852.
— *Der sensitive Mensch und sein Verhalten zum Ode* I/II, Stgt. 1854/55.
— *Die odische Lohe*, Wien 1867, Lpz. 1909.
— *Köhlerglaube und Afterweisheit*, Wien 1855.
— *Odische Begebenheiten*, Lpz. 1913.
REICHENBACH-COMMITTEE, »Reports«, in: *Proc. SPR* Bd. 1, Nr. 2/3, 1882/83.
REICHENBACH, H., *Wahrscheinlichkeitslehre*, Leyden 1935 (rev. engl. Berkeley/Los Angeles 1949).
— *Philosophische Grundlagen der Quantenmechanik*, Basel 1949.
REICHING, C. B., *Das Leben des hl. F. Neri*, Regensburg 1859.
REICHSTEIN, H., *Praktisches Lehrbuch der Kabbala*, Bln. 1961.
REID, H. A., *Unseen Faces Photographed*, Los Angeles 1901.
REITZ, J. H., *Historie der Wiedergeborenen*, Berleburg [6]1940.
REITZENSTEIN, R., »Alchemistische Lehrschriften und Märchen bei den Arabern«, in: *Religionsgeschichtliche Versuche*, Bln. u. Lpz. 1922—24.
REJDAK, Z., »Die psychokinetischen Phänomene von Nina Kulagina«, in: *ZPpsGPs* 1970.
REKO, V. A., *Magische Gifte*, Stgt. 1936.
RENAUD, B., *Meine Fernseh-, Radio- und Direktkontakte mit Außerirdischen*, Wiesbaden 1964.
RENKER, G., *Irrlichter*, Zürich 1924.
RESCH, A., »Der Fall Rosenheim«, in: *GW* 1967/68 u. 1969/70.

— »Psychotronische Forschung«, in: *GW* Bd. 23, H. 1, 1974.
— (Hrsg.), *Mystik*, Innsbruck 1975.
RESS, R., *Die Zahl als formendes Weltprinzip*, Bln. 1926.
REUCHLIN, J., *De verbo mirifico*, Basel 1514.
— *De arte cabbalistica*, Hagenau 1517.
REUTER, F. v., »Eine Dortmunder Spukhausgeschichte«, in: *ZfPps* 1931.
REVIUS, J., *Het magnetisme*, Den Haag 1862.
RHINE, J. B., *Extrasensory Perception* (1934), Boston ²1964.
— *Neuland der Seele*, Stgt. 1938.
— *Die Reichweite des menschlichen Geistes*, Stgt. 1950.
— u. a., *Extrasensory Perception After Sixty Years* (1940), Boston ²1966.
— »Pps. and Religion«, in: *JoP* 1945.
— »Are Psi Phenomena Normal or Paranormal?«, in: *JoP* 1946.
— »Pps. and Psychiatry«, in: *JoP* 1949.
— »The Present Outlook on the Question of Psi in Animals«, in: *JoP* Bd. 15, 1951.
— »The Challenge of the Dowsing Rod«, in: *JoP* 1952.
— *New World of the Mind*, N. Y. 1953.
— »ESP and Hypnosis«, in: L. M. Le Cron. *Experimental Hypnosis*, N. Y. 1965.
— »Parapsychology«, in: R. Cavendish (Hrsg.), *Encyclopedia of the Unexplained*, Ldn. 1974.
— u. E. L., »Investigation of a ›Mind-Reading‹ Horse«, in: *Journ. of Abnormal and Social Psychology* Bd. 23, 1929.
— u. E. L., »Second Report on Lady, the ›Mind-Reading‹ Horse«, in: *J. of Abnormal and Social Ps.* Bd. 24, 1929/30.
— /Feather, S. R., »The Study of Cases of Psi-Trailing in Animals«, in: *JoP* 1962.
— /Humphrey, B. M., »A Transoceanic ESP Experiment«, in: *JoP* 1942.
— Pratt, J. G., *Parapsychologie*, Bern/Mchn. 1962.
RHINE, L. E., *Hidden Channels of the Mind*, N. Y. 1961.
— *ESP in Life and Lab*, N. Y. 1967.
— *Mind Over Matter*, N. Y. 1970.
RHODES, H. T. F., *The Satanic Mass*, Ldn. 1954.
RICARD, J., *Traité théorique et practique du magnétisme animal*, 1841.
RICE, G. E./Townsend, J., »Agent-Percipient Relationship and GESP Performance«, in: *JoP* Bd. 26, 1962.
RICHARDSON, M. W., u. a., *Margery*, Boston 1928.
RICHET, Ch., »Du somnambulisme provoqué«, in: *Journ. de l'anatomie et de la physiologie*, 1875.
— »La suggestion mentale et le calcul des probabilités«, in: *Revue Philosophique*, Dez. 1884.
— »Relation de diverses expériences sur la transmission mentale, la lucidité . . .«, in: *Proc. SPR* Bd. 5, Nr. 12, 1888/89.
— *Experimentelle Studien auf dem Gebiete der Gedankenübertragung und des sog. Hellsehens*, Stgt. 1891, ²1921.
— »La Métapsychique«, in: *Proc. SPR* Bd. 19, Nr. 50, 1905—07.
— »Xénoglossie«, in: *Proc. SPR* Bd. 19, Nr. 51, 1905—07.
— *Grundriß der Parapsychologie und Parapsychophysik*, Stgt./Bln./Lpz. [1923].
— *Notre sixième sens*, Paris 1928.
— »Chez Victor Hugo«, in: *RM* 1923.
— »The Difficulty of Survival from the Scientif Point of View«, in: *Proc. SPR* Bd. 34, Nr. 90, 1924.
— »A propos de Thérèse Neumann, in: *RM* 1928.
RICHMOND, A. B., *What I Saw at Cassadaga Lake*, 1888.
RICHMOND, C. L. V., *Discourses Through the Mediumship of Mrs. Cora L. V. Tappan*, Ldn. 1878.
RICHTER, J., »L'ésoterisme du ›Diable amoureux‹«, in: *Les Cahiers de La Tour Saint-Jacques*, 1960.
RICHTER, L. C., *Jakob Böhme*, Hbg. 1943.
RICHTER, V. v., *Palingenesis . . .*, Lpz. 1888.
RIKO, A. J., *Louise Lateau*, Amsterdam 1872.
RING, Th., *Astrologische Menschenkunde*, Zürich 1956 ff.
RIEGLER, S., *Geschichte der Hexenprozesse in Bayern*, Stgt. 1896.
RIEHL, W. H., *Volkskunde als Wissenschaft*, 1858, Neudruck 1935.
RIEMANN, F., *Grundformen der Angst . . .*, Mchn. 1973.
RIJKENBORG, J. v. (d. i. van Leene), *Die elementare Philosophie des modernen Rosenkreuzes*, Haarlem 1950.
RIJNBERK, G. v., »L'occultisme et la métapsychologie du XVIII siècle en France: l'adepte lyonnais J.-B. Willermoz«, in: *RM* 1934.
RINGGER, P., »Jungs Synchronizitätsbegriff«, in: *NW* 1952.
— *Das Problem der Besessenheit*, Oberengstringen 1953.
— »Schopenhauer als Pionier der Pps.«, in: *NW* 1958.
— *Das Weltbild der Pps.*, Olten 1959.
— *Parapsychologie*, Zürich/Stgt. 1972.
RINSER, L., *Die Wahrheit über Konnersreuth*, Einsiedeln/Zürich/Köln 1954.
RIS, O., *Der Cevennenbauer Vignes und seine Glaubensheilungen*, Stgt. 1896.
RITTER, H., *Picatrix*, Lpz. 1923.
ROBBINS, A. M., *Both Sides of the Veil*, 1909.
ROBBINS, R. B., *The Encyclopedia of Witchcraft and Demonology* (1959), N. Y. ⁸1972.
ROBERTS, C. E. B., *The Mysterious Madame*, Ldn. 1931.
ROBERTS, O., *Healing Through Faith*, Tulsa 1958.
ROBINSON, A. L. (Hrsg.), *Wm. McDougall, a Bibliography*, Durham, N. C./Cambridge, G. B. 1943.
ROBINSON, L. W., *Rückschau und Prophezeiungen*, Frbg. (1974).
ROCHAS, E. A. d'Aiglun, *Les états profonds de l'hypnose*, Paris 1892.
— *Les états superficièles de l'hypnose*, Paris 1894.
— *L'exteriorisation de la motricité* (1896), Paris ⁴1906.
— *Die Ausscheidung des Empfindungsvermögens*, Lpz. 1909.
— *Die Grenzen der Wissenschaft*, Lpz. 1911.
— »Les radiations lumineuses du corps humain«, in: *Ann. Sc. Ps.* 1911.
RODEWYK, A., *Dämonische Besessenheit heute*, Aschaffenburg 1966.
RÖHR, J., »Der okkulte Kraftbegriff im Altertum«, in: *Philologus*, Suppl. 1923.
ROELLENBLECK, G., *Offenbarung, Natur und jüd. Überlieferung bei Jean Bodin*, Gütersloh 1964.
RÖMER, C., *Ausführliche Darstellung einer höchst merkwürdigen Somnambulen*, Stgt. 1821.
ROGERS, L. W., *Dreams and Premonitions*, Chicago 1923.
ROGERS, R., *A Psychoanalytic Study of the Double in Literature*, Detroit 1970.
ROGO, D. S., *Parapsychology*, N. Y. 1975.
ROHEIM, G., *Spiegelzauber*, Lpz./Wien 1919.
— »Die wilde Jagd«, in: *Imago* Bd. 12, 1926.
— »Die Psychoanalyse primitiver Kulturen«, in: *Imago* Bd. 18, 1932.
ROHLFS, D., *Irrationales und rationales Erkennen*, Mchn. 1950.
ROHRACHER, H., »Die Leugnung der Kausalität«, in: *Festschrift für Richard Meister*, 1961.
— *Die Arbeitsweise des Gehirns und die psychischen Vorgänge*, Mchn. ⁴1967.
— *Selbstdarstellung* in Pongratz u. a. 1972.
ROLL, W. G., »Pagenstecher's Contribution to Parapsychology«, in: *JASPR* Bd. 61, 1967.
— *The Poltergeist*, N. Y. 1972.
— »Kann man den Poltergeist mit dem Bandmaß fangen?«, in: Bauer 1974.
— /Burdick, D. S./Joines, W. T., »Radial and Tangential Forces in the Miami Poltergeist«, in: *JASPR* Bd. 67, 1973.
— /Pratt, J. G., »The Miami Disturbances«, in: *JASPR* 1971.
ROLLAND, R., *La vie de Vivekananda*, Paris 1930.
— *La vie de Ramakrishna*, Paris 1931.
ROSCHER, W. H., *Ephialtes*, Lpz. 1900.
ROSE, L., »Some Aspects of Paranormal Healing«, in: *JSPR* 1955.
ROSE, R. K. H., »Australia's Medicine Men«, in: *Tomorrow* 1954.

— »Experiments in ESP and PK with Aboriginal Subjects«, in: *JoP* Bd. 16, 1952.
— »A Second Report on Psi Experiments with Australian Aborigines«, in: *JoP* Bd. 19, 1955.
— *Living Magic*, N. Y. 1956.
— u. L., »Psi Experiments with Australian Aborigines«, in: *JoP* Bd. 15, 1951.
ROSEN, H., *A Scientific Report on »The Search for Bridey Murphy«*, N. Y. 1956.
ROSENBERG, A., *Zeichen am Himmel*, Zürich 1949.
— »J. F. Oberlin«, in: *NW* 1951/52.
— *Die Seelenreise*, Olten/Frbg. 1952.
— *Praktiken des Satanismus vom Mittelalter bis zur Gegenwart*, Nürnberg 1965.
— *Engel und Dämon*, Mchn. 1967.
ROSENBERGER, L., *Geisterseher*, Mchn. 1952.
ROSENBUSCH, H., »Eusapia Paladino«, in: Dessoir 1925.
ROSENFELD, B., *Die Golemsage und ihre Verwertung in der dt. Literatur*, Breslau 1934.
ROSIN, U./Wessels, C.-H., »Der Exorzist« I, in: *ZPpsGPs* 1974.
ROSKOFF, G., *Geschichte des Teufels* I/II, Lpz. 1869.
ROSSI, P., *Clavis universalis*, Mailand/Neapel 1960.
ROTH, F. W. E., *Die Visionen der hl. Elisabeth*, Brünn 1884.
ROTHACKER, E., *Schichten der Persönlichkeit*, Bonn [5]1952.
ROTHMAN, M. A., »Response to McConnell«, in: *Amer. Psychologist* Bd. 25, 1970.
ROTHSCHILD, F. S., *Das Zentralnervensystem als Symbol des Erlebens*, Basel 1958.
— »Foundation for a Biosemiotic Theory of Parapsychological Phenomena«, in: Inst. f. Grenzgeb. d. Ps., Frbg. (Hrsg.) 1968.
ROYCE, J., »Report on the Committee von Phantasms ...«, in: *Proc. ASPR* 1887.
RUDOLPH, E., *Pps. und Sinnfrage des Lebens*, Sonderdruck des Arbeitskreises Pps., Griesheim 1975.
— *Die geheimnisvollen Ärzte*, Olten/Frbg. 1976.
RUPPELT, E. J., *The Report of Unidentified Flying Objects*, N. Y. 1956.
RUST, H., *Das Zungenreden*, Mchn. 1924.
RYCROFT, Ch., *Wilhelm Reich*, Mchn. 1972.
RÝZL, M., »Some Observations Bearing Upon the Mental Impregnation Hypothesis«, in: Inst. f. Grenzgeb. d. Ps., Frbg. (Hrsg.) 1968.
— *Parapsychologie*, Genf 1970.
— *Hellsehen in Hypnose*, Genf 1971.
— *ASW — Phänomene außersinnlicher Wahrnehmung*, Genf 1972.
— *Jesus — größtes Medium aller Zeiten*, Genf 1974.
— *ASW-Training*, Genf 1975.
— /Pratt, J. G., »The Focusing of ESP upon Particular Targets«, in: *JoP* Bd. 27, 1963.
— /Rýzlova, »A Case of High-Scoring ESP Performance in the Hypnotic State«, in: *JoP* 1962.

SABATIER, P., *Leben des hl. Franz v. Assisi*, Bln. 1895.
SACHAROW, B., *Das große Geheimnis*, Mchn. 1954.
SADGER, J., *Über Nachtwandeln und Mondsucht*, Wien 1914.
SAGE, M., *Madame Piper et la société Anglo-Américaine pour les recherches psychiques*, Paris 1902.
— *Die Mediumschaft der Fr. Piper*, Lpz. [4]1921.
SAINT PIERRE, M. de, *Bernadette, die wahre Geschichte von Lourdes*, Olten/Frbg. 1957.
SAINTYVES, P., »Les notions de temps et d'éternité dans la magie et la religion«, in: *Rev. de la Histoire des Religions*, 1919.
SALLER, K., *Volksmedizin und außerschulgemäße diagnostisch-therapeutische Methoden*, Ulm 1950.
— »Die Parapsychologie vom Standpunkt des Anthropologen«, in: *Die Heilkunst* Bd. 68, H. 7, 1955.
SALTER, H. W., »A Report on Some Recent Sittings with Mrs. Leonard«, in: *Proc. SPR* Bd. 36, Nr. 99, 1926/28.
— »The History of G. Valiantine«, in: *Proc. SPR* Bd. 40, Nr. 125, 1931/32.
SALTER, W. H., u. a., »Some Automatic Scripts Purporting to be Inspired by Margaret Veley, Poet and Novelist (1843—1887)«, in: *Proc. SPR* Bd. 38, Nr. 110, 1928/29.
SALTMARSH, H. F./Lodge, O., »Is Proof of Survival Possible?«, in: *Proc. SPR* 1931/32.
SANDER, F., »Experimentelle Ergebnisse der Gestaltpsychologie«, in: E. Becher (Hrsg.), *Ber. 10. Kongr. exp. Ps.*, Bonn 1927, Jena 1928.
SANDERS, E., *The Family*, Reinbek 1972.
SANDWICH, E., Earl of, *My Experiences in Spiritual Healing*, Ldn. 1915.
SANNWALD, G., »Beziehungen zwischen parapsychischen Erlebnissen und Persönlichkeitsmerkmalen«, in: *ZfPpsGPs* 1961.
— »Parapsychische Phänomene im Volksmärchen«, in: *ZPpsGPs* 1965.
— »Zur Psychologie parapsychischer Spontanphänomene«, in: Bender 1974.
SARASVATI, S., *Kundalini Yoga*, Mchn. 1953.
SARGENT, E., *Planchette or The Despair of Science*, 1867.
— *Proof Palpable of Immortality*, Boston 1876.
SARTON, G., *Galen of Pergamon*, Lawrence, Kansas, 1954.
SATORI, P., »Glockensagen und Glockenaberglaube«, in: *Z. d. Vereins f. Volkskunde* Bd. 7, 1897.
SAURAT, D., *La littérature et l'occultisme*, Paris 1929.
— *Blake and Modern Thought*, 1929.
— *La religion de Victor Hugo*, 1929.
— *L'éxperience de l'au delà*, 1951.
SAUSGRUBER, *Atom und Seele*, Frbg. 1958.
SAUSSE, H./Duchatel, E., »Projection d'images fluidiques?«, in: *Ann. Sc. Ps.*, 1913.
SCHÄFER, H., *Der kriminelle Aberglaube in der Gegenwart*, Gladbeck 1963.
— *Der Okkulttäter*, Hbg. 1959.
SCHÄFER, H., »Telepathie und Hellsehen«, in: *Die Umschau* Bd. 52, 1952.
— »Ist die Existenz parapsychologischer Phänomene bewiesen?«, in: *Mchn.er Med. Wochenschr.* Bd. 99, 1957.
SCHAMONI, W., *Stigmata*, Wiesbaden 1950.
SCHARFE, M., »Wunder und Wunderglaube im protest. Württemberg«, in: *Blätter für württ. Kirchengeschichte*, 1968/69.
SCHAUERTE, H., *Die volkstümliche Heiligenverehrung*, Münster 1948.
SCHEEBEN, H. Chr., *Albertus Magnus*, Köln [2]1955.
SCHEFFER, Th. v., *Hellenistische Mysterien und Orakel*, Stgt. 1940.
SCHEFTELOWITZ, J., *Das Schlingen- und Netzmotiv im Glauben und Brauch der Völker*, 1912.
— »Tierorakel im altjüd. Volksglauben«, in: *Z. d. Vereins f. Volkskunde* Bd. 23, 1913.
SCHEIDT, J. v., »Drogenrausch und parapsychische Phänomene«, in: *ZPpsGPs* 1972.
SCHERING, E., *Die innere Schaukraft, Träume, Erscheinungen des Zweiten Gesichts und Visionen des Johannes Falk*, Mchn./Basel 1953.
— *Mystik und Tat*, Mchn./Basel 1959.
SCHERMANN, R., *Die Schrift lügt nicht!*, Bln. 1929.
— (Hrsg.), *Schicksale des Lebens*, Bln. 1932.
SCHERTEL, E., *Magie*, Prien 1923.
SCHIEBELER, W., »Das Rätsel der Hebeversuche«, in: *Schweizer. Bull. Pps.* Bd. 7, H. 1, 1972.
SCHILDE, W., *Orakel und Gottesurteile in Afrika*, Lpz. 1940.
SCHILDER, P., *Das Körperschema*, Bln. 1923.
SCHILLER, F. C. S., »On Some Philosophical Assumptions in the Investigation of the Problem of a Future Life«, in: *Proc. SPR* Bd. 15, Nr. 36, 1900/01.
— »The Answers to the American Branch's Questionnaire Regarding Human Sentiment as to a Future Life«, in: *Proc. SPR* Bd. 18, Nr. 49, 1903/04.
— »*Rezension:* Dessoir, Vom Jenseits der Seele«, in: *Proc. SPR* Bd. 32, Nr. 82, 1921/22.
SCHINZ, M., *Cyprien Vignes*, Zürich [5]1896.

SCHIPPERGES, H., *Die Welt der Engel bei Hildegard von Bingen*, Salzburg 1963.
— *Moderne Medizin im Spiegel der Geschichte*, Stgt. 1970.
— *Paracelsus*, Stgt. 1974.
SCHJELDERUP, H., *Das Verborgene in uns*, Bern/Stgt. 1964.
SCHLACHTER, F., *Frohe Botschaft für die Kranken*, Biel 1896.
SCHLEICH, C. L., *Vom Schaltwerk der Gedanken*, Bln. 1916.
— *Gedankenmacht und Hysterie*, Bln. 1925.
— *Wunder der Seele*, Bln. 1934.
SCHLEINKOFER, P., *Biographie*, hrsg. durch J. Schuster, Cham ²1932.
SCHLEYER, F., *Die Stigmatisation*, Hannover 1948.
SCHLÖTERMANN, H., *Vom Hellsehen*, Schlehendorf 1951.
SCHMEIDLER, G., »Picture-frustration Ratings and ESP-Scores for Subjects who Showed Moderate Annoyance at the ESP Task«, in: *JoP* Bd. 18, 1954
— »ESP in Relation to Rorschach Test Evaluation«, in: *Pps. Monograph* 2, 1960.
— *Extrasensory Perception*, N. Y. 1969.
— »High ESP Scores After a Swami's Brief Instruction in Medition and Breathing«, in: *JASPR* Bd. 64, 1970.
— »The Psychic Personality«, in: Mitchell 1974.
— /McConnell, R. A., *ESP and Personality Patterns*, 1958.
SCHMEING, K., »Das zweite Gesicht und die Eidetik«, in: *Niedersachsen* 1930.
— »Eidetische Studien zum Problem des zweiten Gesichts«, in: *Z. f. Ps.* Bd. 139, 1936.
— *Das zweite Gesicht in Niederdeutschland*, Lpz. 1937.
— *Geschichte des zweiten Gesichts*, Bremen/Horn 1950.
— *Seher und Seherglaube*, Darmstadt 1954.
SCHMID, L., »Erfahrungen in der Stimmenforschung«, in: *Parapsychika* H. 3, 1974.
SCHMID, T., *The Cottonclad Mila*, Stockholm 1952.
SCHMIDBAUER, W., *Psychotherapie*, Mchn. 1971.
SCHMIDT, E., *Die Wunderheilungen des Bruno Göring*, Bln. 1949.
SCHMIDT, H., »Quantum Processes Prodicted?«, in: *New Scientist*, Okt. 1969.
— *Instrumentation in the Parapsychology Laboratory*, Ldn. o. J.
— »PK-Experiments with Animals as Subjects«, in: *JoP* Bd. 34, 1970.
— »Quantum-Mechanical Random Number Generator«, in: *J. of Applied Physics* Bd. 41, H. 2, 1970.
— »Psi als Wechselwirkung zwischen geistigen Vorgängen und äußeren Quantenprozessen«, in: Bauer 1974.
SCHMIDT, K. O., *Gedankenmacht und Glaubenskraft*,
— *Wunder der Lebenskunst*, Büdingen 1956.
SCHMIDT, Ph., *Talisman und Zauberwahn*, Einsiedeln 1936.
SCHMIDT, R., *Fakire und Fakirtum im alten und modernen Indien*, Bln. 1921.
— *Das Leuchtvermögen des menschlichen Körpers*, Pfullingen o. J.
SCHMIEDER, K. Ch., *Geschichte der Alchemie* (1832), Neudr. Ulm 1959.
SCHMITT, F. A., *Alexander von Bernus, Dichter und Alchymist*, Nürnberg 1971.
Büdingen 1956.
SCHMOLL, A., »Experiments in Thought-Transference«, in: *Proc. SPR* Bd. 4, Nr. 11, 1886/87.
— /Mabire, J. E., »Experiments in Thought-Transference«, in: *Proc. SPR* Bd. 5, Nr. 12, 1888/89.
SCHNEIDER, A., »Die paranormalen Tonbandstimmen«, in: *Imago Mundi* III, Paderborn 1972.
— *Das Geheimnis der unbekannten Flugobjekte*, Frbg. 1974.
SCHNORRENBERGER, C. C., *Chen-chiu, das neue Heilprinzip*, Frbg. 1975.
SCHOLEM, G., »Alchemie und Kabbala«, in: *Monatsschr. f. Gesch. u. Wiss. des Judentums* Bd. 69, 1925.
— *Bibliographia Kabbalistica*, Lpz. 1927.
— »Der Begriff der Kawwanah in der alten Kabbala«, in: *Monatsschr. f. Gesch. u. Wiss. des Judentums* Bd. 78, 1934.
— *Sabbatai Zwi* I/II, hebr. Tel Aviv 1957, engl. 1973.
— »Schöpfung aus dem Nichts ...«, in: *Eranos-Jb.* 1956, Zürich 1957.
— *Die jüdische Mystik in ihren Hauptströmungen*, Ffm. 1967.
SCHOLZ, W. v., *Der Zufall*, Stgt. ²1924.
— *Der Zufall und das Schicksal*, Mchn. 1937.
— »Gespräch mit H. Bender«, in: *NW* 1961.
SCHONAUER, F., »Die Rolle des Okkulten in der Romantik«, in: *Schweizer Rundschau* Bd. 53, H. 11/12, 1954.
SCHOPENHAUER, A., *Pps. Schriften*, Basel 1961.
SCHOTTELIUS, M., »Ein ›Hellseher‹«, in: *J. f. Psych. u. Neur.* Bd. 20, 1913 (Stellungnahme T. K. Oesterreichs dazu: ebd. Bd. 22, 1916).
SCHRAML, W. J., *Einführung in die Tiefenpsychologie*, Stgt. ²1969.
SCHRAMMEN, J., *Die Schicksals- oder Totenfrau im Hause der Hohenzollern*, 1888.
SCHRENCK-NOTZING, Baron A. v., »Experimental Studies in Thought-Transference«, in: *Proc. SPR* Bd. 7, Nr. 18, 1891/92.
— *Die Traumtänzerin Madeleine G.*, Stgt. 1904.
— *Materialisations-Phänomene*, Mchn. 1914.
— *Physikalische Phänomene des Mediumismus*, Mchn. 1920.
— *Das Materialisationsproblem nach den Untersuchungen von J. Crawford*, Lpz. 1921.
— *Materialisationsphänomene* (Ergänzungsband), Mchn. 1923.
— *Experimente der Fernbewegung*, Stgt./Lpz./Bln. 1924.
— *Der Betrug des Mediums L. Laszlo*, Lpz. 1924.
— (Hrsg.), *Die physikalischen Phänomene der großen Medien*, Stgt./Bln./Lpz. 1926.
— »Der Spuk von Neuried in Obb.«, in: *ZfPps* H. 1, 1926.
— »Nachruf Karl Gruber«, in: *ZfPps* 1927.
— »Das Spukmedium Vilma Molnar«, in: *ZfPps* H. 1, 1929.
— *Die Entwicklung des Okkultismus zur Pps. in Deutschland*, Lpz. 1932.
— *Die Phänomene des Mediums R. Schneider*, Bln./Lpz. 1933.
— *Grundfragen der Parapsychologie*, hrsg. v. G. Walther, Stgt. 1962.
SCHRENK, M., »Hans Bergers Idee von der ›psychischen Energie‹«, in: *Der Nervenarzt*, Bd. 41, 1970.
SCHRÖDER, Chr., »Pseudoentlarvungen«, in: *Ps. St.* 1924.
SCHROEDER, H. R. P., *Geschichte des Lebensmagnetismus*, Lpz. 1899.
SCHRÖDTER, W., *Neuer Ausflug ins Wundersame*, Frbg. 1967.
SCHUBERT, G. H. v., *Die Symbolik des Traumes*, Lpz. 1840.
— *Die Geschichte der Seele* I/II, Stgt. 1878.
SCHÜCKING, L., *Das malerische und romantische Westfalen*, 1842.
SCHÜTTLER, G., *Die letzten tibetischen Orakelpriester*, Wiesbaden 1971.
— *Die Erleuchtung im Zen-Buddhismus*, Frbg./Mchn. 1974.
SCHULTZ, J. H., »Psychotherapie und Okkultismus«, in: *ZKO* 1926.
— *Psychotherapie, Leben und Werk großer Ärzte*, Stgt. 1952.
— *Das autogene Training*, Stgt. ⁹1956, ¹⁴1973.
SCHULZE, W. A. Chr., »Fr. Oetinger und die Kabbala«, in: *Judaica* H. 4, 1948.
— »Jakob Boehme und die Kabbala«, in: *Judaica* H. 1, 1955.
SCHUMACHER, J., *Das Wunder M. Dajo*, Zürich 1948.
SCHURHOLZ, G., *Zola, Huysmans, Werfel — Das Wunder von Lourdes*, Diss. Ffm. 1952.
SCHURZ, J., *Vom Bilsenkraut zum LSD*, Stgt. 1969.
SCHUYLER, C., »Islamic and Indian Magic Squares«, in: *Int. J. of Comp. hist. Studies* Bd. 8, 1969.
SCHWAB, F., *Teleplasma und Telekinese*, Bln. 1923.
SCHWABE, J., *Archetyp und Tierkreis*, 1951.
SCHWARTZ, W., »Vom Spuken«, in: *Z. d. Vereins f. Volkskunde* Bd. 6, 1896.

SCHWARZ, B. E., *Psychic-Dynamics*, N. Y. 1965.
— *Parent-Child-Telepathy*, N. Y. 1971.
SCHWARZ, H., *Das Verständnis des Wunders bei Heim und Bultmann*, Stgt. 1966.
SCHWARZENFELD, G. v., »Magica aus der Zeit Rudolfs II.« u. »Prag als Esoterikerzentrum«, in: *Antaios* Bd. 4, 1963.
SCHWARZSCHILD, H., *Magnetismus, Somnambulismus und Clairvoyance*, Kassel 1854.
SCRIVEN, M. J., »Some Theoretical Possibilities in Psi Research«, in: *JSPR* 1957.
SCULTHORP, F., *Meine Wanderungen in der Geisterwelt*, Frbg. 1962.
SEELING, O., *Der Bernburger Hellseher-Prozeß*, Bln. 1925.
— *Hellsehen ...*, Bln. 1925.
SEHRINGER, E., *Christl. Glaube und Pps.*, Pforzheim 1963.
SEIDENBERG, A., »The Ritual Origin of Counting«, in: *Arch. Hist. Exact Sc.* Bd. 2, 1963—66.
SEIDL, F., *Phänomen Transzendentalstimmen*, Stgt. 1971.
SEILING, M., *Ernst Haeckel und der »Spiritismus«*, Lpz. 1914.
— *Goethe als Okkultist*, Bln. [2]1920.
SEITZ, A., *Die Welt des Okkultismus*, Mchn. 1926.
SELG, H./Bauer, W., *Forschungsmethoden der Ps.*, Stgt. 1971.
SELIGMANN, K., *Das Weltreich der Magie*, Stgt. 1958.
SELIGMANN, S., *Der Böse Blick und Verwandtes* I/II, Bln. 1910.
— *Augendiagnose und Kurpfuschertum*, 1910.
— *Die Zauberkraft des Auges und das Berufen*, Hbg. 1922.
— *Die magischen Heil- und Schutzmittel aus der unbelebten Natur*, Stgt. 1927.
SELLIN, C., »Eduard v. Hartmann und die Materialisation«, in: *Sphinx* Bd. 1, 1886.
SELOUS, E., *Thought Transference — or what? — in Birds*, Ldn. 1931.
SEMLER, J. S., *Umständliche Untersuchung der dämonischen Leute ...*, Halle 1762.
— *Commentatio de daemoniacis quorum in Novo Testamente fit mentio*, Halle [4]1779.
SEMON, R., *Die Mneme als erhaltendes Prinzip* (1904), Lpz. [5]1920.
SEMPER, O., *Träume sind keine Schäume*, Ffm. 1955.
SEPP, J. N., *Görres und seine Zeitgenossen*, Nördlingen 1877.
SERGEJEW, G. A., »Detection of PK by Semi-Conductors«, in: *JoP* 1973.
SERVADIO, E., »La baguette des sourciers«, in: *Rev. Franç. Psa.* 1935.
— »Psychoanalyse und Telepathie«, in: *Imago* 21, 1935.
— »A presumptively Telepathic-Precognitive Dream during Analysis«, in: *Int. J. Psa.* Bd. 36, 1955.
— »Freud's Occult Fascination«, in: *Tomorrow* 1958.
— »Of what Use Parapsychology«, in: *Int. JoP* 1966.
— /Cavanna, R., *ESP Experiments with LSD 25 and Psilocybin*, 1964.
— »Pps. und Ungläubigkeitsreaktion«, in: *ZPpsGPs* 1958.
— »Psychoanalyse und Pps.«, in: Bauer 1974.
SERVIER, J. H., »Geomancie, clairvoyance et initiation«, in: *La Tour St.-Jacques*, 1956.
SESSA, P. D., *Pater Pio von Pietrelcina*, Luzern [6]1958.
SEXAUER, H., »Zur Phänomenologie und Psychologie des Spuks«, in: *ZPpsGPs* 1958/59.
— »Die Anekdote in der Pps.«, in: *NW* 1964.
SEYBERT-COMMISSION, *Preliminary Report of the Seybert-Commission Appointed by the University of Pennsylvania to Investigate Modern Spiritualism*, Philadelphia 1887, Philadelphia/Ldn. 1920.
SHEARGOLD, R. K., *Hints on Receiving the Voice Phenomenon*, Maidenhead 1973.
SHERMAN, H., *Wonderhealers of the Philippines*, Ldn. 1967.
— *Wundervolle Kräfte in Dir*, Frbg. 1970.
— /Wilkins, Sir H., *Thoughts Through Space*, N. Y. 1942, 1957.
SHIBAYAMA, Zenkei, *Zen in Gleichnis und Bild*, Bern/Mchn./Wien 1974.
SHINDLER, M. D., *A Sothern Among the Spirits*, Memphis 1877.
SHIPLEY, M. F., »A Record of Dreams and Other Coincidental Experiences«, in: *Proc. ASPR* Bd. 2, Nr. 6, 1908.
SIDGWICK, A. S. u. E. M., *Henry Sidgwick. A Memoir*, Ldn. 1906.
SIDGWICK, E. M., »On the Evidence for Premonitions«, in: *Proc. SPR* Bd. 5, Nr. 13, 1888/89.
— »On Spirit Photographs«, in: *Proc. SPR* Bd. 7, Nr. 19,
— »Involuntary Whispering«, in: *Proc. SPR* Bd. 12, Nr. 31, 1896/97.
— »An Incident in Mrs. Piper's Trance ...«, in: *Proc. SPR* Bd. 22, Nr. 57, 1908.
— »Frank Podmore and Psychical Research«, in: *Proc. SPR* Bd. 25, Nr. 62, 1911.
— »A Reply to ... Maxwell's Paper on ›Cross-Correspondences ...‹«, in: *Proc. SPR* Bd. 26, Nr. 67, 1913.
— »On the Development of Different Types of Evidence for Survival in the Work of the Society«, in: *Proc.* SPR Bd. 29, Nr. 74, 1916—18.
— »An Examiation of Book-Tests« (Mrs. Leonard), in: *Proc. SPR* Bd. 31, Nr. 81, 1920/21.
— »Phantasms of the Living ...«, in: *Proc. SPR* Bd. 33, Nr. 86, 1923.
— »On Hindrances and Complications in Telepathic Communication«, in: *Proc. SPR* Bd. 34, Nr. 89, 1924.
— »The Society for Psychical Research«, in: *Proc. SPR* Bd. 41, Nr. 126, 1933.
— /Johnson, A., »Experiments in Thought-Transference«, in: *Proc. SPR* Bd. 8, Nr. 23, 1892.
— /Lang, A., »Discussions of the Trance Phenomena of Mrs. Piper«, in: *Proc. SPR* Bd. 15, Nr. 36, 1900/01.
— /Piddington, J. G./de Wolfe Howe, M. A., »Richard Hodgson in memoriam«, in: *Proc. SPR* Bd. 19, Nr. 52, 1905/07.
— /Verrall, A. W./Piddington, J. G., »Further Experiments with Mrs. Piper«, in: *Proc. SPR* Bd. 24, Nr. 60, 1910.
SIDGWICK, H., »The Canons of Evidence in Psychical Research«, in: *Proc. SPR* Bd. 6, Nr. 15, 1889/90.
— /Piddington, J. G., »Note on Mrs. Piper's Hodgson-Control in England 1906/07«, in: *Proc. SPR* Bd. 23, Nr. 58, 1909.
SIDIS, B./Goodhart, S. P., *Multiple Personality*, Ldn. 1905.
SIEGL, J., *Franz von Baader*, Mchn. 1957.
SIEGMUND, G., *Hellsehen*, Fulda 1951.
SIEMELINK, *De eeuwigheid onthult af het leven na den dood*, Amsterdam 1958.
SIGERUS, R., *Die Telepathie*, Lpz. 1911.
SILBERER, H., »Bericht über eine Methode, gewisse symbolische Halluzinationserscheinungen hervorzurufen und zu beobachten«, in: *Jb. Psa.*, 1909.
— *Probleme der Mystik ... (1914)*, Neudr. Darmstadt 1961.
— *Der Traum*, Stgt. 1919.
SILBERNAGEL, I., *Trithemius*, Landshut 1868.
SILVER, J., *Prophezeiungen bis zur Schwelle des 3. Jahrtausends*, Genf 1975.
SIMMONS, D., »Experiments on Alleged Sharpening of Razor Blades and the Preservation of Flowers by Pyramids«, in: *New Horizons* 1973.
SIMON, G., *Les tables tournantes de Jersey*, Paris 1923.
SIMONSON, E., »Über das Verhältnis von Raum und Zeit zur Traumarbeit«, in: *Imago* Bd. 14, 1928.
SIMPSON, G. E., »The Vodun Service in Northern Haiti«, in: *Amer. Anthropologist* Bd. 42, 1940.
SINCLAIR, U., *Radar der Psyche*, Bern/Mchn./Wien 1973.
SINGER, I. B., *Satan in Goraj*, Hbg. 1969.
SINEL, J., *The Sixth Sense*, 1927.
SIUTS, H., *Jenseitsvorstellungen in dt. Volksmärchen*, Lpz. 1911.
SKEAT, W. W., *Malay Magic Being*, Ldn. 1900.

— »Malay Spiritualism«, in: *Proc. SPR* Bd. 17, Nr. 45, 1901—03.
SMART, J. C., *Problems of Space and Time*, N. Y. 1964.
SMITH, A. J., *Psychic Source Book*, 1950.
— »W. F. Prince«, in: *Tomorrow* 1955.
SMITH, B. M./Humphrey, B. M., »Some Personality Characteristics Related to ESP Performance«, in: *JoP* Bd. 10, 1946.
SMITH, H. A., »Presidential Address«, in: *Proc. SPR* Bd. 24, Nr. 61, 1910.
— »Commemorative Address: Wm. James and Frank Podmore«, in: *Proc. SPR* Bd. 25, Nr. 62, 1911.
SMITH, H. Travers (H. Dowden), *Voices from the Void*, Ldn. 1919.
— *Psychic Messages from Oscar Wilde*, Ldn. 1923.
SMITH, S., »The One White Crow«, in: *Tomorrow* 1960.
— »The Violent Ghosts of Amherst«, in: *Tomorrow* 1960.
— »Alfred Russel Wallace«, in: *Tomorrow* 1960.
— »Ghosts in the White House«, in: *Tomorrow* 1961.
— *Die astrale Doppelexistenz*, Bern/Mchn./Wien 1974.
SMITH, W. W. (d. i. W. W. Carington), »A Suggested New Method of Research«, in: *Proc. SPR* Bd. 31, Nr. 81, 1920/21.
SMUTS, J. Ch., *Die holistische Welt*, 1938.
SMYTHIES, J. R. (Hrsg.), *Science and ESP* Ldn. 1967.
SOAL, S. G., »A Report on Some Communications Received through Mrs. Blanche Cooper«, in: *Proc. SPR* Bd. 35, Nr. 96, 1925.
— »Experiments in Supernormal Perception at a Distance«, in: *Proc. SPR* Bd. 40, Nr. 123, 1931/32.
— »Fresh Light on Card Guessing«, in: *Proc. SPR* Bd. 46, 1940.
— /Bateman, F., *Modern Experiments in Telepathy*, Ldn. 1954.
S. P. R., »Library Catalogue«, (Suppl. der *Proc. SPR)*, 1927 u. ö.
— Classified List of the Contents of the Society's Proceedings and Journals«, in: *Proc. SPR* Bd. 41, Nr. 126, 1933.
SÖDERBLOM, N., *Das Werden des Gottesglaubens*, ²1926.
SOLDAN, W. G./Heppe, H., *Geschichte der Hexenprozesse*, hrsg. v. M. Bauer, Köln 1972.
SOLLAS, W. J., »Report ... Divining Rod«, in: *Proc. SPR* Bd. 2, Nr. 5, 1884.
SOLLIER, P., *Les phénomènes d'autoscopie*, Paris 1903.
SOPP, E./Spiesberger, K., *Auf den Spuren der Seherin*, Sersheim 1953.
SPAMER, A., *Die dt. Volkskunde*, 1934.
SPEARMAN, Ch., »Life and Work of Wm. McDougall«, in: *Character and Personality* Bd. 7, Nr. 3, 1939.
SPEISER, F., »Die Eleusinischen Mysterien als primitive Initiation«, in: *Z. f. Ethnol.* Bd. 60, 1928.
SPENCE, L., *Encyclopaedia of Occultisme*, Ldn. 1920.
SPERBER, M., *A. Adler oder das Elend der Ps.*, Mchn. 1970.
SPIER, J., *The Hands of Children*, Ldn. 1955.
SPIESBERGER, K., *Die Aura des Menschen*, Frbg. 1963.
SPRAGGETT, A., *Arthur Ford*, N. Y. 1973.
SPRANGER, E., *Magie der Seele*, Tbg. 1947.
STAACK, G., *Die mag. Krankheitsbehandlung in der Gegenwart, in Mecklenburg*, 1930.
STAHL, G. E., *Theoria medica vera* (Halle 1707), dt. I—III, Bln. 1831/32.
STANFORD, R./Lovin, C., »EEG Alpha Activity and ESP Performance«, in: *JASPR*, Bd. 64, 1970.
STARCK, A. T., *Der Alraun*, 1917.
STARK, W., *Marah*, Genf 1975.
STAUDENMAIER, L., *Die Magie als experimentelle Naturwiss.* (1912), Darmstadt ³1968.
STEAD, W. T., *Letters from Julia*, Ldn. 1908.
STEAD, E. W., *My Father* (W. T. Stead), Ldn. 1913.
— *Faces of the Living Dead*, Manchester 1925.
— *Spirit Return of W. T. Stead*, Ldn. 1947.
STEARN, J., *The Search for the Girl with the blue Eyes*, N. Y. 1968.
— *Taylor Caldwell und das Jenseits*, Wien 1973.
— *Der schlafende Prophet*, Genf 1974.
STEBBING, L., *A Dictionary of the Occult Sciences*, Ldn. o. J.
STEINER, R. (Rezension Hartmann), »Übersetzung der Bhagavadgita«, in: *Magazin für Literatur* Bd. 66, Nr. 35, 1897.
— *Die Geheimwissenschaft*, Lpz. 1910, Dornach 1930.
— *Aus der Akasha-Chronik*, Dornach 1939, Basel 1953.
STEKEL, W., *Die Sprache des Traums*, Wiesbaden 1911.
— *Der telepathische Traum*, Bln. 1920.
STELTER, A., *Psi-Heilung*, Bern/Mchn./Wien 1973.
STEMPLINGER, E., *Antike und moderne Volksmedizin*, 1925.
— *Antiker Volksglaube*, Stgt. 1948.
STENZEL, J., *Zahl und Gestalt bei Plato und Aristoteles*, Homburg 1959.
STERLY, J., »Kritische Bemerkungen zur Erörterung des sog. gewaltsamen Todeszaubers in Melanesien«, in: *Kölner Ethnol.* Mitt. 1965.
STEVENSON, I., »A Review and Analysis of Paranormal Experiences Connected with the Sinking of the Titanic«, in: *JASPR* 1960.
— »The Evidence for Survival from Claimed Memories of Former Incarnations«, in: *JASPR* Bd. 54, H. 2/3, 1960; dt. in: *NW* 1961/62.
— »Telepathic Impressions«, in: *Proc. ASPR* Bd. 29, 1970.
— »Are Poltergeists Living or Are They Dead?«, in: *JASPR* 1972.
— »Twenty Cases Suggestive of Reincarnation«, in: *Proc. ASPR* Bd. 26, 1966, ²1967; dt. Frbg. 1976.
STEWART, B., »Presidential Address«, in: *Proc. SPR* Bd. 3, Nr. 8, 1885.
STEWART, K. M., »Spirit Possession in Native America«, in: *Southwestern J. of Anthrop.* Bd. 2, Nr. 3, 1946.
STIEGHALM, J., *Magisches Denken in den Fragmenten Friedrichs von Hardenberg* (Diss.), Bln. 1962.
STOKVIS, B., »Hypnose in de hedendaagse parapsychologie«, in: *Tijdschr Pps.* 1947.
— *Hypnose in der ärztlichen Praxis*, Basel/N. Y. 1955.
— /Wiesenhütter, E., *Der Mensch in der Entspannung*, Stgt. 1961.
STOLL, O., *Suggestion und Hypnotismus in der Völkerps.*, Stgt. 1904.
STOLPE, S. (Hrsg.), *Die Offenbarungen der hl. Birgitta von Schweden*, Ffm. 1961.
STOLZENBURG, A. F., *Anthroposophie und Christentum*, Bln. 1925.
STORCH, A., *Das archaisch-primitive Erleben und Denken der Schizophrenen*, Bln. 1922.
STORR, A., *C. G. Jung*, Mchn. 1974.
STRATTEN, F. J. M., »Presidential Address«, in: *Proc. SPR* 1953.
STRAUCH, I., »Zur Frage der Geistigen Heilung«, in: *ZPpsGPs* 1958 u. 1960.
— »Die ›geistigen‹ Heilungen von Dr. rer. pol. Trampler«, in: Bitter 1959.
— »Telepathische Traumexperimente«, in: Bender 1974.
STRAUMANN, H., *Kerner und der Okkultismus in der Romantik*, Zürich/Lpz. 1928.
STRAUSS, D. F., *Zwei friedliche Blätter über Just. Kerner*, Altona 1839.
STRAUSS, H. A., *Der astrol. Gedanke in der dt. Vergangenheit*, Bln./Mchn. 1926.
STRINDBERG, A., *Inferno*, Paris 1898.
— *Aus meinem Leben*, Mchn. 1961.
STRUNZ, F., *J. B. Helmont*, 1907.
— *Albertus Magnus*, Wien/Lpz. 1926.
STUART, C. E./Humphrey, B. M./Smith, B. M./McMahan, E. A., »Personality Measurements and ESP Tests with Cards and Drawings«, in: *JoP* Bd. 11, 1947.
STUBBE, H., *The Miraculous Conformist ... Mr. Valentine Greatarick*, Oxford 1666.
STUBENVOLL, F. B., *Religion und Aberglaube*, Lpz. 1897.
STUDYNKA, G., *Hirnforschung*, Ffm. 1974.
STURM, D./Völker, K., *Von denen Vampiren ...*, Mchn. ²1971.

SUDHOFF, K., *Bibliographia Paracelsica*, Graz 1958.
SUDRE, R., *Introduction à la métapsychique humaine*, Paris 1926.
— *Treatise on Parapsychology*, Ldn. 1960.
SÜNNER, P., *Carlos Mirabelli*, Lpz. 1927.
— *Die psychometrische Begabung der Frau Lotte Plaat*, Lpz. 1929.
— »Zur Frage des Zusammenhangs zwischen Hysterie und Mediumismus«, in: *ZfPps* 1931.
SUGDEN, E. H., »Note on Muscle Reading«, in: *Proc. SPR* Bd. 1, Nr. 4, 1882/83.
SUGRUE, Th., *There is a River*, N. Y. [9]1971.
SULZER, G., *Die Besessenheitsheilungen Jesu*, Lpz. 1921.
— *Truggeister*, Pfullingen 1924.
SUMMERS, M., *The History of Witchcraft and Demonology*, Ldn. 1926.
SUMOHADIWIDJOJO, M. S. (»Bapak«), *Vier Reden über Subud*, Braunschweig 1961.
SUNDAR SINGH, *Gesichte aus der jenseitigen Welt*, Hbg. 1958.
SUTTER, P., *Satans Macht und Wirken in zwei besessenen Kindern*, Kehl 1913.
SUZUKI, D., *Der westliche und der östliche Weg*, Ffm. 1960.
— *Die große Befreiung*, Zürich; Stgt. [5]1969.
SWANN, I., »Cosmic Art«, in: *Psychic* 1973.
SWEDENBORG, E., *Arcana coelestia* I/VIII, Ldn. 1749 bis 1756 (dt. in 16 Bänden, Tübingen/Basel 1837—70).
SWINKA-ZIELINSKI, L., »Wolf Messing«, in: *Newsletter of the Pps. Found.*, Jan./Febr. 1969.
SYDOW, E. W., »Träume und Visionen in der Religion der Amerikaner Nordamerikas«, in: *Imago* Bd. 21, 1933.
SYKES, M., *The Taiping Rebellion in China*, Ldn. 1863.
SYMONDS, J., *Madame Blavatsky, Medium and Magician*, Ldn. 1958.
— *The Great Beast*, Ldn. 1971.

TACZAK, Th., *Dämonische Besessenheit*, Diss. Münster 1903.
TANAGRA, A., »Chromatoskopie«, in: *ZfPps* 1926.
— »Die Natur der telekinetischen Energie«, in: *ZfPps* 1932.
TANCHOU, *Enquête sur l'authenticité des phénomènes électriques d'Angelique Cottin*, Paris 1846.
TARG, R./Putthoff, H., »Information Transmission under conditions of Sensory Shielding«, in: *Nature* Bd. 251, 1974.
TART, Ch. T., »A Second Psychophysiological Study of Out-of-the-Body Experiences in a Gifted Subject«, in: *Int. J. Psychology* 1967.
— (Hrsg.), *Altered States of Consciousness*, N. Y. 1969.
— »Out of the Body Experiences«, in: Mitchell 1974.
— *The Spiritual Psychologies*, N. Y. 1975.
TARTARUGA, U., *Kriminal-Telepathie*, Lpz. 1922.
TAURIAC, J. M., *Wunder in Lourdes*, Innsbruck 1957.
TAYLOR, F. S., *The Alchemists*, N. Y. 1949.
TECHTER, D., *A Bibliography and Index of Psychic Research*, Chicago 1962—64.
TEESING, H. P. H., »Mystiek en Literatuur«, in: *Tijdschr. v. Pps.* 1959.
TENHAEFF, W. H. C., *Het dierlijk magnetisme*, 1922.
— *Hoofdstukken uit de pps.*, Utrecht 1934.
— *Parapsychologische verschijnselen en beschouwingen*, Utrecht 1949.
— *Het spiritisme*, Den Haag [2]1951.
— »Gérard Croiset«, in: *NW* 1952.
— »Zur Psychologie der Paragnosten«, in: *NW* 1954/55.
— *Außergewöhnliche Heilkräfte*, Olten/Frbg. 1957.
— *Hellsehen und Telepathie*, Gütersloh 1962.
— *Kontakte mit dem Jenseits*, Bln. 1973.
— »Der tiefenpsychologische Hintergrund spontaner paragnostischer Phänomene«, in: Bauer 1974.
— »Über die Anwendung paranormaler Fähigkeiten« (1958), in: Bender [3]1974.
— »Anthropologische Pps.«, in: *Parapsychika* H. 1, 1974.
TESTE, A., *Le magnetisme animal . . .*, Paris 1845.
THANEG (d. i. Descormiers), *Méthode de clairvoyance psychometrique*, Paris 1902.
THAW, A. B., »Some Experiments in Thought-Transference«, in: *Proc. SPR* Bd. 8, Nr. 23, 1892.
THEENS, K., *Dr. Joh. Faust*, 1948.
THEOBALD, M., *Spirit Workers in the Home Circle*, Ldn. [1887].
THOMAS v. CELANO, *Leben und Wundertaten des hl. Franz von Assisi*, Mchn. 1925, in anderer Übers. Werl 1955.
THOMAS, E. S., »The Fire Walk«, in: *Proc. SPR* Bd. 42, 1934.
THOMAS, J. F., *An Evaluative Study of the Mental Content of Certain Trance Phenomena* (Diss.), Durham 1935.
THOMPSON, St., *Motif-Index of Folk-Literature* I—IV, Kopenh. 1932—36.
THORNDIKE, L., *A History of Magic and Experimental Science*, Ldn. 1923—58.
THOULESS, R. H., *From Anecdote to Experiment in Psychical Research*, Ldn. 1972.
— *Experimental Psychical Research*, Harmondworth 1963.
— /Wiesner, H. P., »The Psi Processes in Normal and ›Paranormal‹ Psychology«, in: *Proc. SPR* 1947.
THURSTON, H., »The Phenomena of Stigmatization«, in: *Proc. SPR* Bd. 32, Nr. 83, 1921/22.
— »Some physical Phenomena or Mysticism«, in: *The Month* 1919.
— »The Stigmatica of Konnersreuth«, in: *The Month* 1929.
— »More about Teresa Neumann«, in: *The Month* 1933.
— *Poltergeister*, Luzern 1955.
— *Die körperlichen Begleiterscheinungen der Mystik*, Luzern 1956.
THURY, M., *Les tables tournantes*, Genf 1855.
TIEDEMANN, D., *Disputatio de quaestione quae fuerit artium magicarum origo*, Marbg. 1787.
TIELSCH, E. (Hrsg.), »Kritik der Philosophiegeschichtsschreibungen«, in: K.-J. Grundner u. a. (Hrsg.), *Der Mensch als geschichtliches Wesen*, Stgt. 1974.
TIETZE, Th. R., *Margery*, N. Y. 1973.
TIMM, U., »Die statistische Anlage qualitativer paragnostischer Experimente«, in: *ZfPpsGPs* Bd. 8, 1965.
— »ASW-Experimente bei einem Fall spontaner Psychokinese, in: *ZPpsGPs* 1967.
— »Mixing-Up of Symbols in ESP Card Experiments as a Possible Cause for Psi-Missing«, in: Inst. f. Grenzgeb. d. Ps., Frbg. (Hrsg.) 1968.
TINDALL, G., *A Handbook of Witches*, N. Y. 1966.
TISCHNER, R., *Über Telepathie und Hellsehen*, Mchn. 1920.
— *Monismus und Okkultismus*, Lpz. 1921.
— *Geschichte der Pps.* (1922), Tittmoning [2]1960.
— *Materialisationsversuche von Crookes*, Lpz. 1923.
— *Geschichte der okkult. Forschung . . .*, Pfullingen 1924.
— »Der Betrug der Medien«, in: *Umschau* Bd. 30, 1924.
— »Crookes und die Metaphysik«, in: *Ps. St.* 1925.
— *Das Medium D. D. Home*, Lpz. 1925.
— *Fernfühlen und Mesmerismus*, Mchn. 1925.
— »Zur Methodologie des Okkultismus«, in: *ZKO* 1926.
— »Bemerkungen zu der Arbeit von Cazzamalli«, in: *ZfPps* 1926.
— »Die Gehirnstrahlen Cazzamallis«, in: *ZfPps* 1927.
— »Mesmers Bedeutung für die Metapsychik« (1928), in: Bender [3]1974.
— *Ergebnisse okkulter Forschung* (1950), Darmstadt 1974.
— »Pps. und Eidetik«, in: *NW* 1951.
— »Das Lichtmedium Maria Silbert«, in: *NW* 1955.
— »Zweites Gesicht und Eidetik«, in: *NW* 1955.
— *Samuel Hahnemanns Leben und Lehre*, Ulm 1959.
TIZANÉ, E., *Sur la piste de l'homme inconnu*, Paris 1951.
TOEPPEN, M. v. (Hrsg.), »Das Leben der hl. Dorothea von Montow«, in: *Scriptores rerum prussicarum* Bd. 2, Lpz. 1863.
TOMPKINS, P., *Cheops*, Bern/Mchn./Wien 1975.
— /Bird, Ch., *Das geheime Leben der Pflanzen*, Bern/Mchn./Wien 1974.

TORNIER, E., »Die Arbeitshypothese Antizufallswahrscheinlichkeit«, in: *ZPpsGPs* 1959.
TOWNSHEAD, Ch. H., *Facts in Mesmerism* . . ., Ldn. 1844.
TRACHTENBERG, J., *Jewish Magic and Superstition*, N. Y. 1961.
TRAJTLER-TORDAI, W. v., »Mediale Zeichnungen«, in: *Ps. St.* 1925.
TRAMER, M., *Allgemeine Psychohygiene*, Basel 1960.
TRAMPLER, K., *Lebenserneuerung aus dem Geist*, Mchn. ^{3}1956.
— »Geistige Heilung an Tieren«, in: *NW* 1952.
TRAXEL, W., »Kritische Untersuchung zur Eidetik«, in: *Arch. f. d. ges. Ps.* Bd. 114, 1962.
TREICHLINGER, W. M., *Okkulte Erlebnisse berühmter Frauen und Männer*, St. Gallen/Stgt. 1950.
TRETHEWY, A. W., *The Controls of St. Moses*, Ldn. o. J.
TREVOR-ROPER, H. R., *The European Witch-Craze* . . ., Harmondsworth 1969.
TRILLES, R. P., »Magie und Heilkunde bei den Pygmäen«, in: *NW* 1966.
TRUESDELL, J. W., *The Bottom Facts of Spiritualism*, N. Y. 1884.
TSCHUBINOW, G., *Beiträge zum Verständnis des sibirischen Zauberers* (Diss.), Halle 1914.
TUBBY, G. O., »A Note on the Mannheim Dog Case«, in: *Proc. ASPR* Bd. 13, Nr. 24, 1919/20.
— *James J. Hyslop — X, His Book*, 1929.
TYLOR, E. B., *Die Anfänge der Kultur*, Lpz. 1873.
TYRELL, G. N. M., *Apparitions*, 1953.
— *Mensch und Welt in der Pps.*, Hbg. 1960, Bremen 1972.

UCCUSIC, P., *Naturwissenschaft und Paranormologie*, Zürich 1975.
— *Psi-Resümee*, Genf 1965.
UCHIYAMA ROSHI, K., *Weg zum Selbst*, Weilheim 1973.
UEDA, Sh., *Die Gottesgeburt in der Seele . . . Die mystische Anthropologie Meister Eckharts und ihre Konfrontation mit dem Zen-Buddhismus*, Gütersloh 1965.
ULLMAN, M./Krippner, St., *Dream Studies and Telepathy*, N. Y. 1970.
UNDERHILL, E., *Mystik*, Mchn. 1928.
UNDERWOOD, S. A., *Automatic or Spirit Writing*, Chicago 1896.
UNGER, C., *Aus der Sprache der Bewußtseinsseele*, Basel 1954.
URBAN, H. J., *Übernatur und Medizin*, Innsbruck 1946.
— *Das Überbewußtsein*, Innsbruck 1950.
URBANTSCHITSCH, V., *Über subjektive optische Anschauungsbilder*, Wien 1907.
USLAR, D. v., »Über traumartige Struktur telepathischer Aussagen«, in: *ZPpsGPs* 1957—59.
— *Der Traum als Welt*, Pfullingen ^{2}1969.
— *Ontologische Voraussetzungen der Psychologie*, 1973.

VAJDA, L., »Zur phaseologischen Stellung des Schamanismus« (1959), in: C. A. Schmitz (Hrsg.), *Religions-Ethnologie*, Ffm. 1964.
VALOT, Th. u. G., *Lourdes et l'illusion*, Paris ^{3}1957.
VANDENBERG, Ph., *Der Fluch der Pharaonen*, Bern/Mchn. 1973.
VARMA, D. P., *The Gothic Flame*, Ldn. 1957.
VASCHIDE, N., *Les hallucinations télépatiques*, Paris 1908.
VASSALO, L. A., *Nel mondo degli invisibili*, Rom 1902.
VASSE, P. M. u. Ch. M., »Influence de la pensée sur la croissance des plants«, in: *RM* 1948.
Verband zur Klärung der Wünschelrutenfrage, Schriftenreihe 1—14, 1912—31.
VERRALL, M., »On a Series of Automatic Writings« I/II, in: *Proc. SPR* Bd. 20, Nr. 53, 1906.
— »Note on the Cross Correspondence ›Cup‹«, in: *Proc. SPR* Bd. 25, Nr. 63, 1911.
VERRALL, H. (verh. Salter), »Some Recent Experiments in Thought-Transference«, in: *Proc. SPR* Bd. 27, Nr. 70, 1914.
— »The History of Marthe Béraud«, in: *Proc. SPR* Bd. 27, Nr. 69, 1915.
VERRIER, R., *Etudes sur Arnaud de Villeneuve*, Leiden 1947/49.
VERWEYEN, M. J., *Weltgeheimnis und Probleme des Okkultismus*, Bln. 1926.
— »Phänomene bei dem Grazer Medium Frau Silbert«, in: *ZfPps* 1927.
— *Das Problem des Mediumismus*, Stgt. 1928.
— *Das Geheimnis von Konnersreuth*, Stgt. 1932.
VESME, C. B. de, *Geschichte des Spiritismus I/III*, Lpz. 1900.
— »Xenoglossie«, in: *Ann. Sc. Ps.* Bd. 15, 1905.
— »La xénoglossie de Miß Laura Edmunds«, in: *Ann. Sc. Ps.* Bd. 17, 1907.
VIATTE, A., *Les sources occultes du romantisme* I/II, 1928.
— *Victor Hugo et les illuminés de son temps*, 1942.
VILLEDIEU, R., *Das Geheimnis des Pater Pio*, Aschaffenburg ^{7}1971.
VILLENEUVE, R., *Le Diable*, Paris 1963.
VINCHON, J., »Mesmer et son Secret«, in: *RM* 1936.
VIRCHOW, R., *Über Wunder*, Breslau 1874.
VISHNUDEVANANDA, *Das große illustrierte Yoga-Buch*, Frbg. 1975.
VIVEKANANDA, (d. i. Narendranatha Datta), *Raja Yoga*, N. Y. 1926.
— *Karma-Yoga u. Bhakti-Yoga*, Zürich 1953.
VÖLGYESI, F. A., *Die Seele ist alles*, Zürich 1948.
— *Menschen- und Tierhypnose*, Zürich 1963.
VÖLKER, K. (Hrsg.), *Künstliche Menschen*, Mchn. 1971.
VOGEL, K., *Unsterblichkeit*, Dachau 1917.
VOGELGSANG, F., »Herkules bei uns . . «, in: *Schwäbische Wünschelrutengänge*, Tbg. 1976.
VOLMAR, F. A., *Berner Spuk*, Bern 1969.
— »Spukhaftes in Erlebnissagen«, in: ZfPps 1972.
VOLZ, G. B., *Der Graf von St.-Germain*, Dresden 1923.
VORE, N. de, *Encyclopedia of Astrology*, Toronto 1947.

WAERDEN, B. L. v. d., *Einfall und Überlegung*, Basel/Stgt. 1954.
WAGN, K., *Was Zeit ist und was nicht*, Mchn. 1975.
WAGNER, G. W., *Gedanken von Gespensten* . . ., 1749.
WAGNER-JAUREGG, J., *Telepathie und Hypnose im Verbrechen*, Wien 1919.
WAITE, A. E., *The Mysteries of Magic*, Ldn. 1886.
— *Lives of Alchymistical Philosophers*, Ldn. 1888.
— *Devil Worship in France*, Ldn. 1896.
— *Book of Black Magic*, Ldn. 1898.
— *The Pictorial Key to the Tarot*, Ldn. 1971.
— *The Secret Tradition in Alchemy*, Ldn. 1972.
WALDEMAR, Ch., *Theorie und Praxis der Energiekunst*, Mchn. 1960.
WALES, H., »Report on a Series of Cases of Apparent Thought-Transference without Conscious Agency«, in: *Proc. SPR* Bd. 21, Nr. 80, 1920/21.
WALKER, K., *A Study of Gurdjieff's Teaching*, Ldn. 1957.
— *Die andere Wirklichkeit*, Zürich 1964.
WALKER, R., »Parapsychology and Dualism«, in: *Scientific Monthly* 1954.
WALLACE, A. R., *On Miracles and modern Spiritualism*, Ldn. 1873.
— *Die wiss. Ansicht des Übernatürlichen*, Lpz. 1874.
— *My Life*, Ldn. 1908.
WALMSLEY, D. M., *Anton Mesmer*, Ldn. 1967.
WALTER, W. G., *Das lebende Gehirn*, Köln/Bln. 1969.
WALTHER, G., »Neuere Forschungen mit dem Medium ›Margery‹«, in: *ZfPps* 1929.
— »Some Experiences Concerning the Human Aura«, in: *JASPR* 1932.
— *Ahnen und Schauen unserer germanischen Vorfahren*, Lpz. 1938.

— »Mikroskopische Untersuchung medialer Gravierungen«, in: *NW* 1950/51.
— »Die menschliche Aura«, in: *NW* 1952/53.
— *Zur Phänomenologie der Mystik*, Frbg. ²1955.
— »Hitler's Black Magicians«, in: *Tomorrow* 1956.
— »Pps. Probleme des Kundalini Yoga«, in: *NW* 1956/57.
— »Zum Problem der Visionen«, in: *Jb. Görres-Ges.* Bd. 66, 1958.
— *Zum anderen Ufer*, Remagen 1960.
— (Hrsg.), *Schrenck-Notzing, Grundfragen der Pps.*, Stgt. 1962.
— »Die Bedeutung der phänomenologischen Methode Edmund Husserls für die Pps.« (1955), in: Bender ³1974.
WARCOLLIER, R., *La Télépathie*, Paris 1921.
— »Les anciennes experiences de Reichenbach«, in: *RM* 1939.
— »50 Jahre Telepathie«, in: Bender ³1974.
WARRICK, F. W., *Experiments in Psychics*, Ldn. 1938.
WASIELEWSKI, W. v., *Telepathie und Hellsehen*, Halle 1921.
WASSILIEW, L. L., *Experimentelle Untersuchungen zur Mentalsuggestion*, Bern/Mchn. 1965.
WASSILKO-SERECKI, Gräfin Z., *Der Spuk von Talpa*, Mchn. 1926.
WASSON, R. G., »Hallucinogenic Fungi of Mexico«, in: *Int. JoP* 1962.
WATERS, T. A., *Psychologistik*, Bern/Mchn. 1973.
WATKINS, C., »Possible PK in the Lizard anilis sagrei«, in: *Proc. Pps. Ass.* 1971.
— »Possible PK Influence on the Resuscitation of Anethetizied Mice«, in: *JoP* 1971.
WATSON, A. A., »Death by Cursing«, in: *Medicine, Science and Law*, Bd. 13, 1973.
WATTS, A., *Geist des Zen*, Basel 1956.
— *Zen-Buddhismus*, Reinbek 1961.
WATTS, P., *Music. The Medium of the Metaphysical in Hoffmann*, Amsterdam 1972.
WEBB, J., *The Flight from Reason*, Ldn. 1971 (u. unter dem Titel *The Occult Revival*, N. Y. 1973).
WEBSTER, J., *The Displaying of Supposed Witchcraft*, Ldn. 1677.
WECKESSER, A., *Die pps. Forschung und ihre Bedeutung für Religion und Religionswiss.*, Karlsruhe 1928.
WEDEL, »Entwicklung und Wesen der Transzendental-Photographie«, in: *Übersinnliche Welt*, 1898.
WEIMANN, K.-H., *Paracelsus-Bibliographie 1932—60*, Wiesbaden 1963.
WEISER-AAL, L., »Zur Geschichte der altgerm. Todesstrafe . . .«, in: *Arch. f. Relig.wiss.* Bd. 30, 1933.
WEISS, K. E., *Das siderische Pendel*, Bln. 1925.
WEISS, V., *Die Gnosis Jakob Böhmes*, Zürich 1956.
WEITZENBÖCK, R. W., *Der vierdimensionale Raum*, Basel/Stgt. 1956.
WELLHAUSEN, J., *Reste arabischen Heidentums*, Bln. ³1961.
WELLMANN, M., *Der »Physiologus«*, Lpz. 1930.
WELSENBURG, G. v., *Das Versehen*, Lpz. 1899.
WENDLER, A., *Experimentelle Untersuchungen zum Problem der Wünschelrute*, Erlangen 1925.
— »Die Züricher Versuche zum objektiven Nachweis einer menschlichen Emanation«, in: *ZKO* Bd. 3, 1928.
— *Physikalische Betrachtungen zu den Fragen der Radiästhesie*, Mchn. 1950.
WENTZLAFF-EGGEBERT, F. W., *H. Seuse*, Lindau 1947.
WENZEL, F., *Okkultismus, Wahn oder Wirklichkeit*, Hannover 1950.
WENZL, A., *Das Leib-Seele-Problem*, Lpz. 1933.
— (Hrsg.), *H. Driesch, Persönlichkeit und Bedeutung*, Basel 1951.
WEREIDE, Th., »Doppelgängererscheinungen in Norwegen«, in: *NW* 1956/57.
WERTHEIMER, M., *Kurze Geschichte der Psychologie*, Mchn. 1971.
WERTHMANN, H.-V., »›Sehen‹ mit den Fingerspitzen«, in: *NW* 1964.
— »Astrologie und Psychologie«, in: *ZfPpsGPs* 1971/72.
WESERMANN, H. M., *Der Magnetiseur*, Krefeld 1822.
WESSELING, M., *Biologie u. Pathologie in J. v. Görres' Christlicher Mystik* (Diss.), Frbg. 1923.
WEST, D. J., *Psychical Research Today*, Ldn. 1954.
WETTERSTRAND, O. G., *Hypnotisme*, N. Y. 1897.
WEYER, J., *De praestigiis daemonum . . . libri V*, Basel 1563.
WEYL, H., »Über den Symbolismus in der Mathematik . . .«, in: *Studium generale* 1953.
— *Raum, Zeit, Materie*, Darmstadt 1961.
WHITE, J. W., »Acupuncture«, in: *Psychic* 1972.
WHITE, S. M., »A ›Fire Ceremony‹ in Fiji«, in: *JSPR* 1934.
WHITE, St. E., *Das uneingeschränkte Weltall*, Zürich 1963.
WHITROW, G. J., *The Natural Philosophy of Time*, Ldn./Edinburgh 1961.
WICKLAND, C., *30 Jahre unter den Toten*, Remagen 1957.
WIDENGREN, G., *Mani*, Stgt. 1961.
WIECK, H. H., *Zur Psychologie und Psychopathologie der Erinnerungen*, Stgt. 1955.
WIELAND, W., *Schellings Lehre von der Zeit*, Hbg. 1956.
WIENER, M., *Selma, die jüd. Seherin*, Bln. 1838.
WIERSMA, E. D., *Capita psychopathologica*, Groningen 1931.
WIESER, R., *Grundriß der Graphologie*, Mchn. 1973.
WIESINGER, A., *Okkulte Phänomene im Lichte der Theologie*, Graz 1953.
WIESNER, B. P./Thouless, R., »The Present Position of Experimental Research into Telepathy . . .«, in: *Proc. SPR* Bd. 47, 1942.
WIJK, H., »Karin, Etude Experimental«, in: *Ann. Sc. Ps.* 1905.
WIJK, W. R. v., »Het probleem der menschelijke uitstraling«, in: *Tijdschr. v. Pps.* 1940.
WILBRAND, J. B., *Darstellung des Thier. Magnetismus*, Ffm. 1824.
WILCOX, J., *Radionics*, Ldn. 1960.
WILHELM, H., »Der Sinn des Geschehens nach dem Buch der Wandlung«, in: *Eranos Jb.* 26, 1957, Zürich 1958.
WILHELM, R., *Weisheit des Ostens*, Düsseldorf/Köln/Den Haag 1951.
— *I Ging*, Düsseldorf/Köln 1960.
WILKENHAUSER, A., »Die Traumgesichte des Neuen Testaments . . .«, in: *Pisculi*, 1939.
WILLIAMS, H. L., »Brief an Harry Price«, in: *Psychic Research*, Juni 1931.
WILLIAMS, J. J., *Voodoo and Obeah*, N. Y. 1932.
— *Psychic Phenomena in Jamaica*, N. Y. 1934.
WILLOQUET, G., *La vérité sur Nostradamus*, Paris 1967.
WILSON, A., »A Case of Multiple Personality«, in: *Proc. SPR* Bd. 18, Nr. 49, 1903/04.
WILSON, B. R., *Sects and Society*, Ldn. 1961.
WILSON, C., *The Occult*, N. Y. 1971.
WILTSCHKO, W./Merkel, F. W., »Magnetismus und Richtungsfinden zugunruhiger Rotkehlchen«, in: *Die Vogelwarte* Bd. 23, 1965.
WINCKELMANN, J., *ABC der Geheimwissenschaften*, Bln. 1956.
WINKLER, H. A., *Die reitenden Geister der Toten*, Stgt. 1936.
WINKLER, M., »Der Traum«, in: *Fschg. Neurol. Psychiat.* Bd. 22, Nr. 6, 1953.
WINKLER, W., »Motorische und akustische Phänomene«, in: *Übersinnliche Welt*, 1902.
— *Eine neue Methode zur exakten Feststellung und Erforschung supernormaler, sog. mediumistischer Phänomene*, Lpz. 1911.
WINOWSKA, M., *Das wahre Gesicht des Pater Pio*, Aschaffenburg ¹⁰1972.
WINTERSTEIN, A. v., »Eine Sitzung bei Frau M. Silbert«, in: *ZfPps* 1927.
— *Telepathie und Hellsehen*, Wien 1948.
— »Zur Psychoanalyse des Spuks«, in: *NW* 1966.
WINTHER, Ch., »A. Rasmussen«, in: *Psychic Research* 1928.
WIRTH, O., *Les 22 clefs kabbalistiques du Tarot*, Paris 1889.
— *Stanislas de Guaita*, Paris 1935.

WISSIAK, H., *Der Leitmeritzer Hellseher-Prozeß*, Lpz. o. J.
WITHRON, J. G. J., *The Natural Philosophy of Time*, Ldn. 1961.
WITTE, J., *Das Jenseits im Glauben der Völker*, 1929.
WITTE, W., *Zur Metaphysik von L. Klages*, Diss. Hdb. 1939.
— »Das Erlebnis der Grenze und die Grenzen des Erlebens . . .«, in: *Stud. Gen.* 1952.
— »Der Vorgang des Sich-Besinnens«, in: *Bericht 19. Kongr. d. Dt. Ges. f. Ps.*, Köln 1953.
— »Aktualgenese der Erinnerung«, in: *Z. f. experiment. u. angew. Ps.*, 1959.
— *Aktualgenese von Wahrnehmung, Gedächtnis und Denken im Vergleich*, 16. Int. Kongr. Ps., Bonn 1960.
WITTIG, G. C., *Die Kehrseite der angeblich zu Bln. entlarvten Klopf- und Schreibmediumschaft Mr. Slades*, Lpz. 1877.
WÖLFEL, J. D., »Die Religionen des vorindogermanischen Europa«, in: F. König (Hrsg.), *Christus und die Religionen der Erde* I—III, Frg. 1951.
WOLFE, N. B., *Startling Facts in modern Spiritualism*, Cincinnati 1874.
WOLFF, G., »Unter Spiritisten«, in: *Mitt. Karl-May-Ges.* Nr. 24, 1975.
WOLFF, H., *Siderische Pendelpraxis*, Memmingen 1950.
WOLFF, H. M., *Die Weltanschauung der dt. Aufklärung*, 1950.
WOLLERSHEIM, Th., *Das Leben der ekstatischen und stigmatischen Jungfrau Christina von Stommeln*, Köln 1859.
WOLLSCHLÄGER, H., *Karl May*, Zürich 1976.
WOLZOGEN, H. v., *Hoffmann, der dt. Geisterseher*, Lpz. 1922.
WOOD, G. H./Cadoret, R. J., »Tests of Clairvoyance in a Man-Dog Relationship«, in: *JoP* Bd. 22, 1958.
WOODS, R. L., *The World of Dreams*, N. Y. 1947.
WOOLLEY, V. J., »The Visit of M. Pascal Forthuny to the Society in 1929«, in: *Proc. SPR* Bd. 39, Nr. 117, 1930/31.
— /Dingwall, E. J., »Luminous and Other Phenomena Observed with the Medium J. Fronczek«, in: *Proc. SPR* Bd. 35, Nr. 97, 1926—28.
WORRALL, A. u. O., *The Gift of Healing*, N. Y. 1965.
WRIGHT, D., *Vampirs and Vampirism*, Ldn. 1914.
— *The Epworth Phenomena*, Ldn. 1917.
WRIGHT, H. B., *Zauberer und Medizinmänner*, Zürich 1958.
WÜST, J., »Über den objektiven Nachweis der ›Handstrahlen‹«, in: *NW* 1951/52.
— »Physikalische und chemische Grundlagen der menschlichen Aura«, in: *NW* 1954.
— /Wimmer, J., »Über neuartige Schwingungen der Wellenlänge 1—70 cm . . .«, in: *Roux' Archiv*, 1934.
WUNDERLI, J., *Vernichtung oder Verwandlung*, Stgt. 1976.
WUNDT, W., *Der Spiritismus*, Lpz. 1879.
— *Völkerpsychologie I/X*, Lpz. 1900—20.
WUNNENBERG, W., »Zum Thema Besessenheit«, in: Zacharias 1972.
WUTTKE, A., *Der dt. Volksaberglaube*, Bln. [3]1900.
WYLD, G., *Theosophy*, Edinburgh 1884.
WYSS, D., *Die tiefenpsychologischen Schulen . . .*, Göttingen 1972.
WYSSLING, E., »Mystik und Magie im Islam« I/II, in: *NW* 1952/53.

X, Miss (d. i. A. Goodrich-Freer), *Essays in Psychical Research*, Ldn. 1899.

YATES, F. A., »The Art of Ramon Lull«, in: *Journ. Warburg and Courtauld Inst.* 1954.
— »Ramon Lull and John Scotus Erigena«, in: *J. of the Warburg and Courtauld Inst.*, 1960.
— *Giordano Bruno and the Hermetic Tradition*, Ldn. 1964, N. Y. 1969.
— *Aufklärung im Zeichen des Rosenkreuzes*, Stgt. 1975.
YEATS, W. B., *Die chymische Rose*, Hellerau 1927.
YESUDIAN, S., *Raja Yoga*, Mchn. 1966.
YOGANANDA, Paramhansa, *Autobiographie*, Mchn. [4]1957.
YONGDEN, Lama, *Die Macht des Nichts*, Wiesbaden 1956.
YOST, C. S., *Patience Worth*, N. Y. 1916.
YÜAN-KUANG, *I Ging*, Mchn.-Planegg [2]1975.
YVE-PLESSIS, R., *Bibliographie franç. de la sorcellerie*, Paris 1900.

ZACHARIAS, G. P., *Psyche und Mysterium*, Zürich 1954.
— *Satanskult und Schwarze Messe*, Wiesbaden 1964.
— (Hrsg.), *Das Böse*, Mchn. 1972.
ZAEHNER, R., *Mystik religiös und profan*, Stgt. 1960.
— *Drugs, Mysticism and Makeelieve*, Ldn. 1972.
ZAHLNER, F., »Der Fall Maria Schnabel«, in: *GW* 1967.
— *Kleines Lexikon der Paranormologie*, Abensberg 1972.
ZEDLER, J. H. (Hrsg.), *Großes vollständiges Universal-Lexikon . . ., 68 Bde.*, Lpz./Halle 1732—54, Graz 1961—64.
ZEININGER, K., *Magische Geisteshaltung im Kindesalter*, 1929.
ZELLER, G., *Okkultismus und dt. Wiss. seit Kant und Goethe*, Lpz. 1922.
— »Der Hamburger Charakterologe und Hellseher E. Reimpell«, in: *ZfPps* 1927.
ZENZ, R., *Ist Hellsehen möglich?*, Königsberg 1928.
ZIEGLER, L., *Gestaltwandel der Götter*, Darmstadt [3]1922.
ZIMMER, H., *Signaturen in der Volksmedizin*, 1939.
ZIMMERMANN, W., *Lichtbote Edgar Cayce*, 1950.
ZIMPEL, C., *Handbuch der spagyrischen Heilkunst*, Göppingen 1924.
ZÖLLNER, F., *Wiss. Abhandlungen*, Lpz. 1878—81.
— *Vierte Dimension und Okkultismus*, hrsg. v. R. Tischner, Lpz. 1922.
ZONDERGELD, R. A. (Hrsg.), *Phaïcon, Almanach der phantast. Literatur*, Ffm. 1974 ff.
ZORAB, G., »ESP Experiments with Psychotics«, in: *JSPR* Bd. 1957.
ZSCHOKKE, H., *Eine Selbstschau* I/II, Aarau 1853.
ZUCKER, K., *Psychologie des Aberglaubens*, Hdb. 1948.
ZÜNDEL, F., *J. Chr. Blumhardt*, Basel 1920.
ZULLIGER, H., »Ein prophetischer Traum«, in: *Psyche* 1951.
ZUMSTEIN-PREISWERK, S., *C. G. Jungs Medium*, Mchn. 1975.
ZUR BONSEN, F., *Das Zweite Gesicht*, Köln 1916.
— *Die Prophezeiungen zum Weltkrieg 1914—16*, Köln 1916.
ZWEIG, S., *Die Heilung durch den Geist*, Lpz. 1931.
ZWERENZ, G., *Magie, Sternenglaube, Spiritismus* (1956), Neudr. Ffm. 1974.

ZEITSCHRIFTEN

Annales des Sciences Psychiques (Ann. Sc. Psych.), Paris 1891—1919; engl. Parallelausgabe *Annals of Psychic Science* (Ann. Ps. Sc.) 1905—10.
European Journal of Parapsychology (Europ. JoP), Utrecht 1975 ff.
Grenzgebiete der Wissenschaft (GW), Innsbruck 1967 ff.
International Journal of Parapsychology (Int. JoP) 1959 bis 1968, seit 1969 *Parapsychology Review*, N. Y.
Journal of the American Society for Psychical Research (JASPR), N. Y. 1896 ff.
Journal of Paraphysics, Downton, Wiltshire, GB, 1966 ff.
Journal of Parapsychology (JoP), Durham, N. C., USA, 1937 ff.
Journal of the Society for Psychical Research (JSPR), Ldn.

Luce e Ombra, Rom 1900—1931, fortgeführt als *La Ricerca Psichica*, Mailand 1932 ff.
Neue Wissenschaft (NW), zuletzt Bern, 1950—68.
New Horizons, Toronto 1972 ff.
Parapsychology Review (Pps. Rev.), N. Y. 1969 ff.
Proceedings of the American Society for Psychical Research (Proc. ASPR), N. Y. 1885—89, 1907 ff.
Proceedings of the Parapsychological Association (Proc. Pps. Ass.) 1957 ff., seit 1972 unter dem Titel *Research in Parapsychology*, Metuchen, N. J.
Proceedings of the Society for Psychical Research (Proc. SPR), Ldn. 1882 ff.
Psychic, San Francisco 1969 ff.
Psychische Studien (Ps. St.), Lpz. 1874—1925, fortgeführt 1926 ff. als *Zeitschrift für Parapsychologie* (ZfPps).
Revista de Parapsicologia, Santiago de Chile 1972 ff.
Revue Métapsychique Parapsychologie (RM), Paris 1920 ff.
Tijdschrift voor Parapsychologie, Utrecht 1930 ff.
Zeitschrift für Kritischen Okkultismus (ZKO), Stgt. 1926 bis 1928.
Zeitschrift für Parapsychologie und Grenzgebiete der Psychologie (ZfPpsGPs), Bern/Mchn. 1957—68; Frbg. i. Br. 1970 ff.

Bildquellennachweis (soweit nicht bereits in der entsprechenden Legende angegeben): Aurum Verlag, Frbg. i. Br. (Eisenbud, *Gedankenfotografie*, 1975); Verlag Hermann Bauer KG, Frbg. i. Br.; Verlag Heinrich Bauer, Hbg.; Deutsche Verlags-Anstalt GmbH, Stgt.; Leif Geiges, Staufen; Sigrid Haag, Stuttgart (Zeichnungen); Katharina Nager, Zürich; Süddeutscher Verlag GmbH, Mchn.; Ullstein Bilderdienst, Bln.; Württembergische Landesbibliothek, Stgt.

NACHBEMERKUNG ENDE 1980

Reproduktionstechnische Gründe sind die Ursache dafür, daß dieses 1976 abgeschlossene Buch nicht überarbeitet und auf den neuesten Stand gebracht als Taschenbuchausgabe erscheint. Kleinere Fehler und Unzulänglichkeiten müssen so leider in Kauf genommen werden.

Manches Mitgeteilte ist revisionsbedürftig geworden: So gelten beispielsweise die Experimente mit Basil → Shackelton heute in Kreisen der Parapsychologie als nicht länger zitabel; Betrug war sehr wahrscheinlich im Spiel (vgl. *B. Markwick:* The Soal-Goldney experiments with Basil Shackelton: New evidence of data manipulation. In: *Proceedings of the Society for Psychical Research* 56, 1978, S. 250–277). Auf der anderen Seite sind neue, aussagekräftige Versuche, nicht zuletzt von parapsychologisch arbeitenden Forschern in Freiburg i. Br. vorgelegt worden. Auch auf die Arbeit des bekannten Atomphysikers J. B. Hasted ist zu verweisen; er untersucht physikalisch den paranormalen «Metallbiegeeffekt». Für diese Entwicklungen schlage man die jüngeren Ausgaben der → *Zeitschrift für Parapsychologie und Grenzgebiete des Psychologie,* Freiburg im Breisgau (Aurum Verlag), nach.

Fragt man nach möglichen «Tendenzwenden» innerhalb der Parapsychologie während der letzten Jahre – : Es wird die Faktizität dessen, was man den Psi-Faktor genannt hat, keineswegs in Frage gestellt, handelt es sich doch um einen rein deskriptiven Begriff; deutlicher aber ist die Absage an die Hoffnung (oder Befürchtung!) geworden «Psi» werde beherrschbar, in immer stärkerem Maße praktisch verwertbar, es revolutioniere die Technik, den Menschen. Dagegen glaubt man immer stärker, im Flüchtigen, Sich-dem-Zugriff-Entziehen dieses «Psi» läge sein Eigentliches. Und von da hofft die noch immer junge Disziplin der Parapsychologie, ihren Beitrag zum neuen Menschenbild einer allgemeinen Anthropologie liefern zu können. Das ist noch lange keine Theorie, und manche Parapsychologen bedauern ausdrücklich das Theoriedefizit ihres Faches. Aber wesentlich erscheint doch allen die Arbeit, empirische Daten zu sammeln. Die Theorie – keine bloß spekulative, sondern eine, die Vorraussagen für die experimentelle Arbeit ermöglicht – erhofft man sich als Ergebnis interdisziplinärer Bemühungen (vor allem unter Mitsprache der Physik).

Zu korrigieren ist das Todesdatum von Franz Bardon; er starb 1958 in Opava (Troppau), ČSSR.

Von den als lebend Vermerkten starben seit dem ersten Erscheinen des Buches u. a.:
G. Croiset 1980,
P. Jordan 1980,
G. Murphy 1978,
J. G. Pratt 1979,
J. B. Rhine 1980,
G. Walther 1977.

An wichtigen, in der Zwischenzeit erschienenen Publikationen seien genannt:

BELOFF, J. (Hrsg.), *Neue Wege der Parapsychologie.* Olten u. Freiburg i. Br. 1980.

CONDRAU, G. (Hrsg.), *Transzendenz, Imagination und Kreativität. Die Psycho logie des 20. Jahrhunderts,* Bd. XV. Zürich 1979.

MÜLLER , L., *Para, Psi und Pseudo. Parapsychologie und die Wissenschaft von der Täuschung.* Berlin 1980.

SHAPIN, B. / COLY, L. (Hrsg.), *Psi and States of Awareness.* New York 1978.

SHEPARD, L. A., *The Encyclopaedia of Ocultism and Parapsychology,* I/II. Detroit 1978.

WOLMAN, B. B. (Hrsg.), *Handbook of Parapsychology.* New York, London 1977.